杭州年鑑

HANGZHOU YEARBOOK

2022

中共杭州市委党史研究室
（杭州市人民政府地方志办公室） 编

方志出版社
Publishing House of Local Records

图书在版编目（CIP）数据

杭州年鉴. 2022 / 中共杭州市委党史研究室（杭州市人民政府地方志办公室）编. —北京 ：方志出版社，2022.12

ISBN 978-7-5144-5361-4

Ⅰ. ①杭… Ⅱ. ①中… Ⅲ. ①杭州－2022－年鉴 Ⅳ. ①Z525.51

中国版本图书馆CIP数据核字(2022)第238884号

责任编辑：刘方圆
责任校对：刘玉霞
责任印制：梅中英
出 版 者：方志出版社
地　　址：北京市朝阳区潘家园东里9号（国家方志馆4层）
邮　　编：100021
网　　址：http://www.zgfzcb.cn
发　　行：方志出版社图书营销中心（010-67110500）
印　　刷：杭州捷派印务有限公司
开　　本：889毫米×1194毫米　1/16
印　　张：34印张　插页：3.25印张　地图：2幅
字　　数：1418千字
版　　次：2022年12月第1版
印　　次：2022年12月第1次印刷
定　　价：320.00元

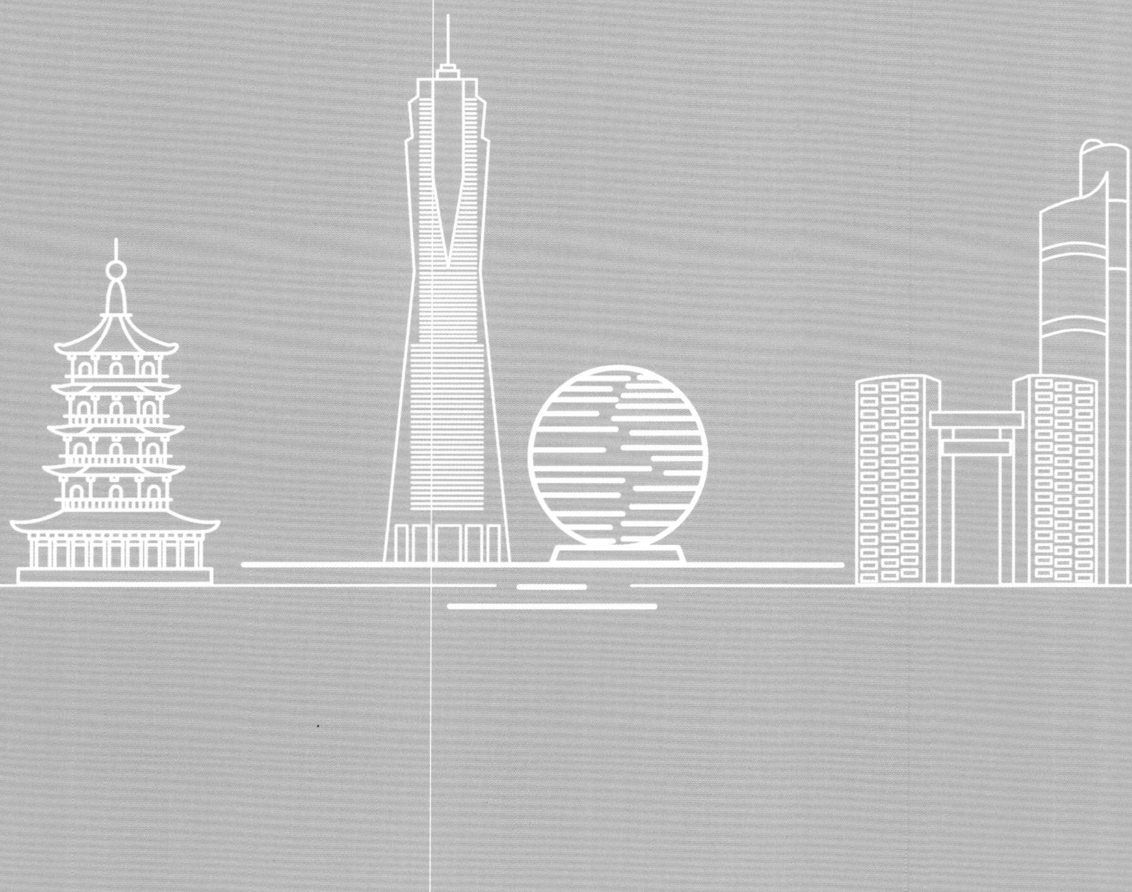

编辑说明

一、《杭州年鉴》是中国共产党杭州市委员会、杭州市人民政府主办的地方综合年鉴，逐年记载杭州经济建设、政治建设、文化建设、社会建设、生态文明建设基本情况，为各级党政机关、研究机构，以及社会各界人士了解、研究杭州提供丰富、翔实的地情资料。

二、《杭州年鉴（2022）》（以下称本卷年鉴）是1987年首次编纂出版以来的第36卷。本卷年鉴坚持以马克思列宁主义、毛泽东思想、邓小平理论、"三个代表"重要思想、科学发展观、习近平新时代中国特色社会主义思想为指导，坚持辩证唯物主义和历史唯物主义的立场、观点和方法，全面反映杭州忠实践行"八八战略"、奋力打造"重要窗口"，奋进新时代、建设新天堂，向着世界一流的社会主义现代化国际大都市阔步前进的奋斗历程。

三、本卷年鉴按分类法编辑，主体内容分为类目、分目、条目三个层次。全书框架结构在上年基础上，结合年度热点和杭州实际情况，对部分类目名称、排列顺序、所辖分目做了适当调整。"年度聚焦"类目设立"党史学习教育""杭州市部分行政区划优化调整""争当浙江高质量发展建设共同富裕示范区城市范例""数字化改革""国家人工智能创新应用先导区创建""中国（杭州）知识产权保护中心建成""淳安特别生态功能区建设法治化"等分目。"东西部扶贫协作·区域合作"类目调整为"区域合作"，"公共文化"类目调整为"文化事业"，"区县（市）"类目根据杭州市部分行政区划优化调整情况调整分目设置。本卷年鉴资料以2021年度为主，部分内容适当突破年度时限，以保持资料的完整性。

四、本卷年鉴主要数据由杭州市统计局提供，入鉴内容资料及保密问题经各供稿单位审核。文中数据比较除特别说明外，均为2021年与2020年相比，"上年"指"2020年"，其他年份之间数据的比较写明年份。因统计范围、统计口径的调整，部分数据与往年不具可比性，以统计部门公布的为准。

五、本卷年鉴中"党"特指中国共产党，其他党派名称用全称或规范化简称。市直属各单位和相关单位名称根据有关文件规定使用规范化简称。因党政机构改革或机构调整导致前后名称不一致的，据文中具体时间使用实际名称。供稿单位署名按党政机构改革后确定的新名称。

六、"特载"及"附录"中的"政府工作报告""组织机构名录"内容照原文登载，不做编辑规范方面的处理。

七、《杭州年鉴》历年资料载入杭州市人民政府门户网站、杭州党史与地方志网。

数字杭州

地区生产总值及其指数

地方财政收入

固定资产投资总额发展指数

社会消费品零售总额

三次产业增加值

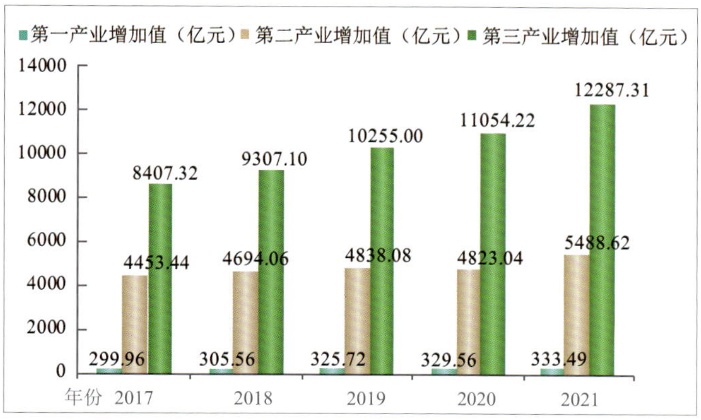

三次产业增加值结构

城乡居民人均可支配收入和人均消费性支出

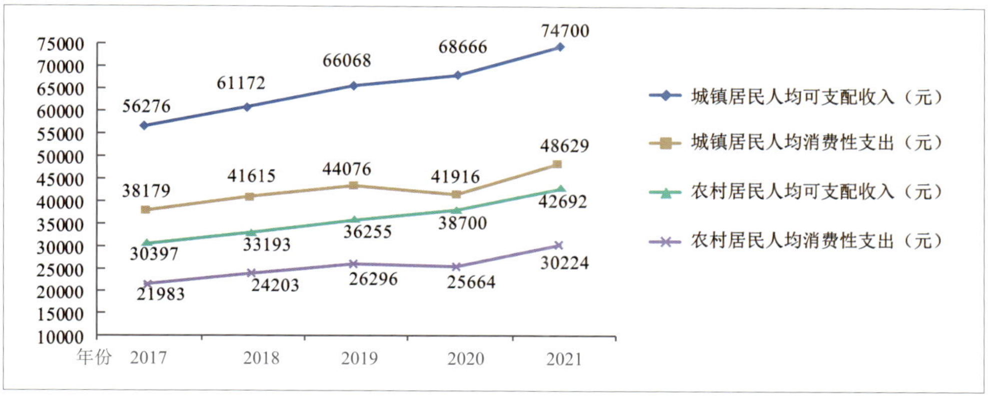

社会保险参保人数

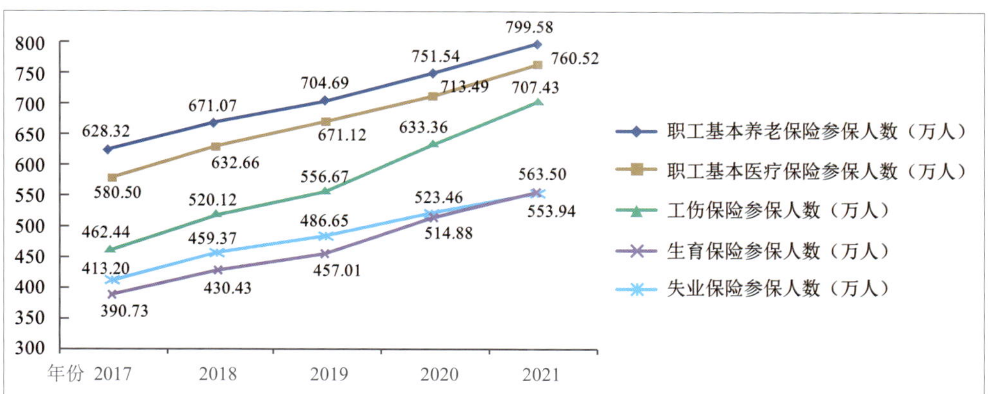

2021 年杭州市各项经济指标占浙江省的比重

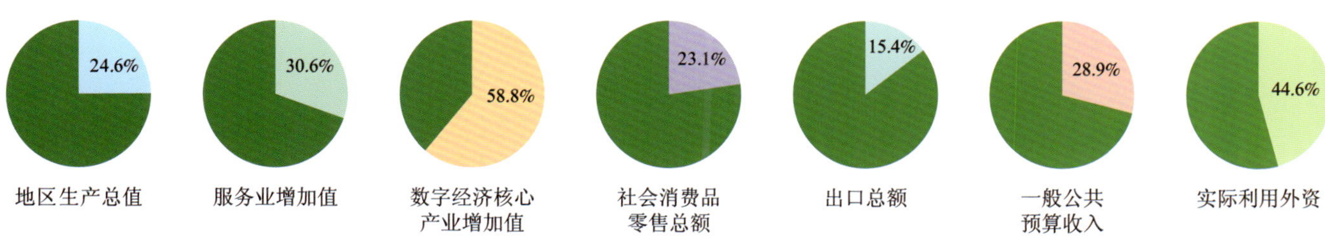

临平区东来阁鸟瞰图（摄于 2021 年）

[临平区委党史研究室（临平区地方志编纂研究室） 供稿]

钱塘区金沙湖湖畔中心（摄于 2021 年）

（钱塘区地方志编纂研究室 供稿）

淳安县中洲镇茶山村（摄于2021年）

（淳安县中洲镇政府 供稿）

2021 年 4 月 23—25 日，由杭州演艺集团、杭州话剧艺术中心创排的情景诗话剧《红船·追梦》在上海演出

（杭州文广集团 供稿）

2021 年 6 月 5—6 日，“你是灯塔”主题晚会在杭州演艺·红星剧院举行

（杭州文广集团 供稿）

2021 年 6 月 15 日，同心筑梦跟党走——杭州民族宗教界与党同心同行故事会举行

（市民族宗教局 供稿）

2021 年 6 月 24 日，市消防救援支队开展“建党百年齐宣誓 请战授旗践初心”战地党日暨党内“一先二优”表彰活动

（市消防救援支队 供稿）

2021年6月23日，“党课进庭院，家庭绣党旗”杭州市妇联庆祝中国共产党成立100周年“颂党恩，传家风”主题活动在临安举行
（市妇联 供稿）

2021年6月25日，“庆祝中国共产党成立100周年：百年百印祝福祖国——西泠印社100位社员篆刻‘福’文化作品展”在西泠印社美术馆开幕
（西泠印社集团 供稿）

2021 年 6 月 25 日，信仰的旗帜——庆祝中国共产党成立 100 周年交响合唱音乐会在杭州奥体中心举行

（杭州文广集团 供稿）

2021 年 7 月 16—23 日，红色印记——庆祝中国共产党成立 100 周年青少年创意剪纸大赛优秀作品展在杭州市民中心举行（市园文局 供稿）

2021 年 4 月，杭州市党史学习教育领导小组办公室确定 51 个爱国主义教育基地和相关特色红色资源为杭州市党史现场学习基地。图为南堡精神纪念馆　　　　（市委宣传部 供稿）

2021 年 5 月 17 日，杭州市深入推进党史学习教育“民呼我为”主题活动部署会召开

（市委宣传部 供稿）

2021 年 7 月 17 日，“青春力量”杭州宣讲团“百名宣讲员、百场党史课”巡回宣讲在浙大城市学院举行

（市委宣传部 供稿）

2021 年 8 月 20 日，2021 年杭州市青年理论宣讲大赛暨微型党课大赛决赛举行

（市委宣传部 供稿）

2021 年 12 月 30 日，杭州举行"民呼我为"最佳实践案例向人民汇报活动

（市委宣传部 供稿）

亚运会筹办

2021 年 3 月 12 日，杭州 2022 年第 19 届亚运会首批优秀音乐作品发布活动在杭州奥体中心举行。图为首批优秀乐曲作品发布　　（杭州亚组委 供稿）

2021 年 5 月 22 日，杭州亚运会赛会志愿者全球招募启动活动举行　　（杭州亚组委 供稿）

2021 年 7 月 20 日，杭州 2022 年第 19 届亚运会开幕式主创团队发布会在北京举行

（杭州亚组委 供稿）

2021 年 9 月 10 日，杭州亚运会火炬“薪火”发布　　（杭州亚组委 供稿）

2021 年 9 月 10 日，杭州亚运会、亚残运会礼仪服装发布　　（杭州亚组委 供稿）

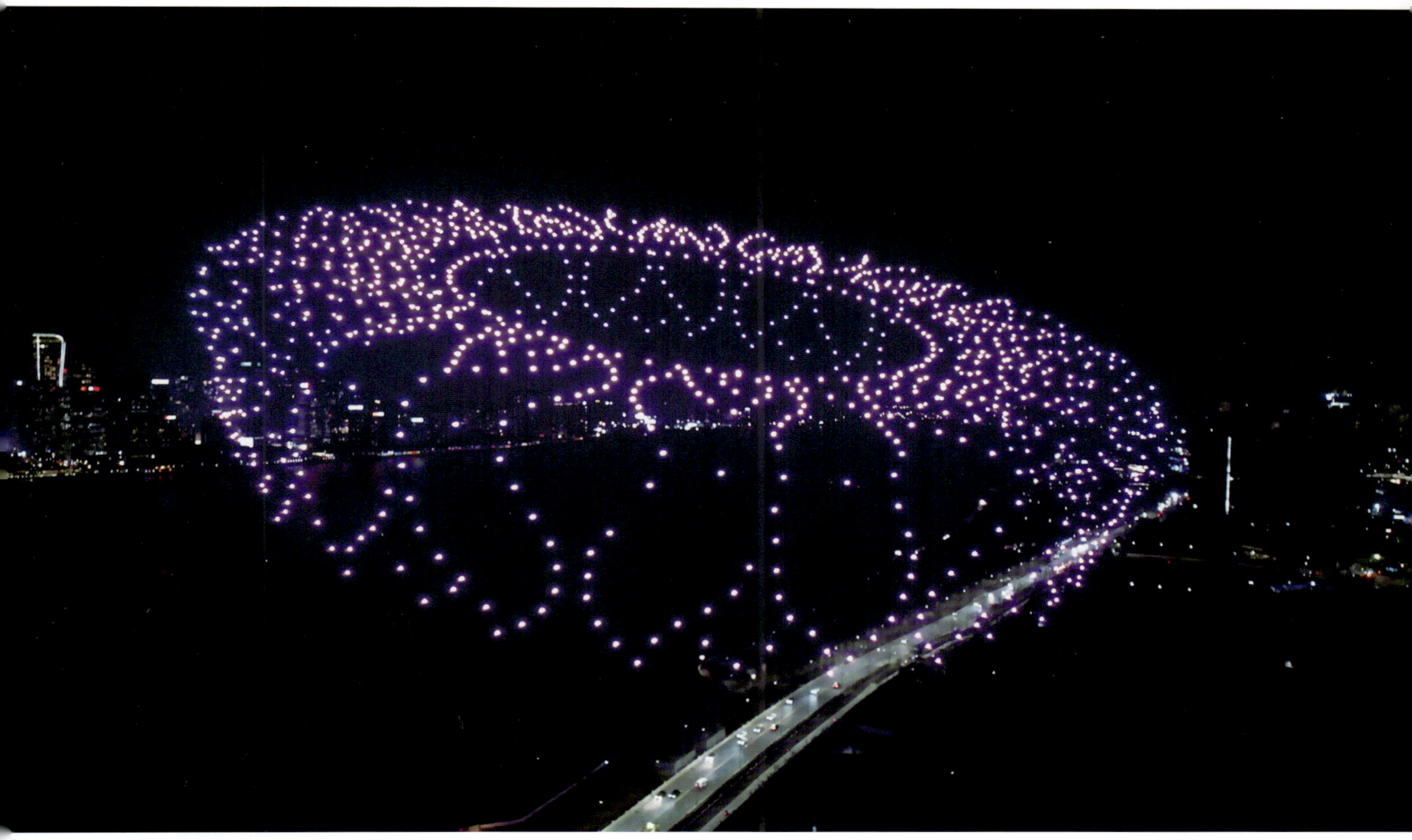

2021 年 12 月 30 日，亚运主题无人机捐赠仪式暨首演活动在杭州奥体中心举行。图为无人机组成的莲花图案　　（杭州亚组委 供稿）

杭州亚运会场馆之一——临平体育中心（摄于2021年）

［临平区委党史研究室（临平区地方志编纂研究室） 供稿］

杭州亚运会场馆之一——钱塘区轮滑中心（摄于2021年）

（钱塘区地方志编纂研究室 供稿）

杭州亚运会场馆之一——淳安界首体育中心（摄于 2021 年）

（杭州亚组委 供稿）

杭州亚运会场馆之一——富阳银湖体育中心（摄于 2021 年）

（富阳区迎展办 供稿）

2021 年 7 月，基层派出所民警开展党员宣誓活动　　（市委政法委 供稿）

2021 年 9 月，市公安局拱墅区分局长庆派出所“沈 Sir 工作室”面向群众开设公民防范大讲堂　　（市委政法委 供稿）

上城区人民法院推出青少年司法维权项目“尚法小达人”。图为2021年10月开办的法治教育课堂

（市委政法委 供稿）

“运河平安管家”小分队开展平安巡防和法治宣传活动（摄于 2021 年）　（市委政法委 供稿）

拱墅区文晖街道依托“大脑和大妈”“网络和网格”，推进基层社会治理（摄于 2021 年） （市委政法委 供稿）

桐庐县横村镇白云村组织“斗笠议事会”，由村民代表、党员、乡贤、商会代表共同参与村内重大决策（摄于 2021 年） （市委政法委 供稿）

2021 年 6 月 5—6 日，“2021 全球人工智能技术大会”在杭州举行　　（余杭区融媒体中心 供稿）

2021 年 5 月 17 日，“跨越数字鸿沟，智享美好生活”活动启动仪式在西湖区老年大学举行。图为志愿者向社区老人展示数字产品　　　　　　　　（西湖区志编纂委员会办公室 供稿）

杭州市智慧工会大数据系统（摄于 2021 年）　　　　（市总工会　供稿）

市税务局实施“非接触式”办税缴费集中处理（摄于 2021 年）　　　　（市税务局　供稿）

天子岭分类减量综合体监控室（摄于 2021 年）　　（市城投集团 供稿）

萧山区“一体化数字驾驶舱”（摄于 2021 年）　　（萧山区数据资源管理局 供稿）

2021 年 10 月 23 日，京杭对话雅集活动在杭州举行　　（市运河集团 供稿）

2021 年 10 月 29 日，首届宋韵文化节开幕。图为开幕式主题晚会
[上城区委党史研究室（上城区地方志编纂研究室） 供稿]

2021年国庆节期间，杭州演艺集团“西子国乐”乐团开展“悦动杭州”文化演出活动。图为演艺人员在集贤亭演出

（杭州文广集团 供稿）

Spark·杭州书房（摄于 2021 年）（市文化广电旅游局 供稿）

吴山明美术馆内景（摄于 2021 年）（市商旅集团 供稿）

吴越国遗址公园太庙山区块（摄于2021年）

［临安区委党史研究室（临安区地方志研究室）供稿］

运河文化公园（摄于 2021 年）

［拱墅区委党史研究室（拱墅区地方志编纂研究室） 供稿］

2021 年 5 月 29 日，闲林水厂建成投入运行　　（市城投集团 供稿）

2021 年 6 月 25 日，沪杭甬高速公路改建工程新彭埠大桥合龙　　（范方斌 摄）

2021 年 7 月 8 日，银湖水厂一期工程建成投入运行　　（市城投集团 供稿）

2021 年 8 月，临安区岛石镇的“四好农村路”倒上线完工　　（王棋林 摄）

2021 年 8 月 1 日，运溪高架路开通

2021 年 11 月 6 日，杭州地铁 6 号线二期开通。图为枸桔弄站　　（市地铁集团 供稿）

［余杭区委党史研究室（余杭区地方志编纂研究室） 供稿］

2021 年 12 月，杭州临江环境能源项目启动运营 （市生态环境局 供稿）

2021 年 12 月 24 日，千岛湖配水工程通过竣工验收 （市城投集团 供稿）

目　录

1　特　载
Special Report

2　亚运会筹办
The 19th Asian Games Preparations

3 年度聚焦
Highlights of the Year

4 大事记
Chronicles of Major Events

5 市情综览
City Overview

6 中国共产党杭州市委员会

Hangzhou Municipal Committee of the Communist Party of China

7 杭州市人民代表大会

Hangzhou Municipal People's Congress

8 杭州市人民政府

Hangzhou Municipal People's Government

9 中国人民政治协商会议杭州市委员会

Hangzhou Committee of the Chinese People's Political Consultative Conference

10 中国共产党杭州市纪律检查委员会 杭州市监察委员会

Hangzhou Commission for Discipline Inspection of CPC, Hangzhou Commission of Supervision

11 民主党派

Democratic Parties

12 人民团体

People's Organization

13 外事·侨务·港澳台事务

Foreign Affairs; Overseas Chinese Affairs; Hong Kong, Macao and Taiwan Affairs

14 法 治

Rule of Law

15 军　事

Military Affairs

16 经济管理

Economic Management

17 西湖风景名胜

The West Lake Historic & Scenic Area

18 旅游业

Tourism Industry

20 文化产业
Cultural Industry

21 农 业
Agriculture

22 工 业
Industry

23 建筑业

Construction Industry

24 商贸服务业

Commerce Service

25 会展业

Exhibition Industry

26 金融业

Finance Industry

27 房地产业

Real Estate Industry

28 交通运输·邮政

Transportation & Postal Service

29 产业投资促进

Industrial Investment Promotion

30 对外经贸
Foreign Trade

31 区域合作
Regional Cooperation

32 开发区·产业平台
Development Zones & Industrial Platform

33 民营经济

Private Economy

34 城乡建设

Urban-Rural Development

35 生态环境保护
Ecological Environmental Protection

36 科学技术
Science & Technology

37 教 育
Education

38 文化遗产保护

Cultural Heritage Protection

39 文化事业

Cultural Undertakings

40 社会科学

Social Science

41 出版传媒

Publication and Media

42 卫生健康

Health and Wellness

43 体 育

Sports

44 人力资源

Human Resources

45 社会生活

Social Life

46 区县（市）

Districts & Counties（Cities）

47 人 物

Figures

48 附 录
Appendix

49 索 引
Index

1 特载

高举习近平新时代中国特色社会主义思想伟大旗帜 奋力打造世界一流的社会主义现代化国际大都市

——在中国共产党杭州市第十三次代表大会上的报告

（2022年2月23日）

中共浙江省委常委、杭州市委书记　刘　捷

这次大会的主题是：高举习近平新时代中国特色社会主义思想伟大旗帜，认真落实党的十九大和十九届历次全会精神，深入学习贯彻习近平总书记对杭州工作的重要指示批示精神，围绕忠实践行“八八战略”、奋力打造“重要窗口”，奋进新时代、建设新天堂，向着世界一流的社会主义现代化国际大都市阔步前进。

一、过去五年的工作

市第十二次党代会以来的五年，是杭州发展史上极不平凡的五年。面对错综复杂的外部环境和艰巨繁重的改革发展稳定任务，我们在中央和省委的坚强领导下，团结带领全市干部群众统筹推进“五位一体”总体布局、协调推进“四个全面”战略布局，推动经济社会发展和党的建设取得新成效，高水平全面建成小康社会，胜利完成市第十二次党代会确定的目标任务，杭州在全省的龙头地位不断巩固，在全国的战略地位日益提高，在国际上的知名度和影响力持续提升。

*经济保持平稳较快发展。*推动数字经济与制造业高质量融合发展，产业结构不断优化。全市生产总值年均增长6.8%，2021年达18109亿元、居全国城市第8位；一般公共预算收入2387亿元、居全国城市第5位；数字经济核心产业比重达27.1%。加快建设国家新一代人工智能创新发展试验区，提升城西科创大走廊创新策源能级，之江、西湖实验室进入国家实验室建设序列，成功获批2个大科学装置，全社会研发投入强度从3.1%提升到3.6%，国家高新技术企业有效数达10222家，人才、海外人才、互联网人才净流入率连续多年保持全国第一，民营企业500强数量连续19年蝉联全国第一，上市企业累计达262家、居全国第4位。

*改革开放实现重大突破。*扎实推进数字化改革，在全国首创健康码，建设场景应用488项，数字治理指数居全国前列。高质量完成机构改革、事业单位改革。顺利实施部分行政区划优化调整，市域统筹、拥江发展、城乡融合的格局加快形成。率先实行企业开办“分钟制”和项目审批“小时制”，被列为全国营商环境创新试点城市。深度参与长三角一体化发展，扎实推进杭甬“双城记”，做大做强杭州都市区、都市圈，山海协作、对口支援和对口合作持续深化，东西部扶贫协作成效明显。全面提升对外开放水平，中国（浙江）自由贸易试验区杭州片区获批成立，累计实际利用外资突破300亿美元，出口总额全国占比突破2%。全力做好亚运筹办工作，入选全球15个旅游最佳实践样本城市、全球百强会议目的地城市。

*民主法治建设不断加强。*坚持总揽全局、协调各方，支持市人大、政府、政协和监委、法院、检察院依法依章程履职。召开市委人大工作会议，制定实施高水平推进新时代人大工作和建设的意见，实现民生实事项目人大代表票决制全覆盖，健全“两个密切联系”机制，街道人大和开发区人大工作探索实践取得新进展。召开市委政协工作会议，出台新时代加强和改进人民政协工作的实施意见，实

现政协系统党的建设工作两个“全覆盖”，协商民主成效显著。构建大统战工作格局，高水平推进多党合作、民族宗教等工作。群团改革持续推进，桥梁纽带作用充分发挥。坚持党管武装，实现全国双拥模范城“八连冠”。深入推进依法治市，出台加强党领导立法工作的实施意见，全面推进法治政府建设，深化综合行政执法体制改革，设立全国首家互联网法院，“五四宪法”历史资料陈列馆入选首批全国法治宣传教育基地。

思想文化建设取得重大进展。开展庆祝改革开放40周年、新中国成立70周年、建党100周年系列活动，党的创新理论更加深入人心。持续推进“我们的价值观”主题实践活动，新时代文明实践中心试点建设成效明显，全国文明城市创建实现“四连冠”。良渚古城遗址成功申遗，西湖西溪实现一体化保护提升，大运河国家文化公园建设加快推进。德寿宫遗址公园、国家版本馆杭州分馆、国家（杭州）短视频基地等重大文化项目有序推进。农村文化礼堂实现500人口规模以上村全覆盖，社区文化家园、杭州书房等基层文化空间日益丰富。之江文化产业带建设提前2年完成省定目标。高水平办好西博会、茶博会、动漫节等会展活动，入选首批国家文化和旅游消费示范城市。

人民生活水平持续提升。千方百计推进富民增收，2021年城镇、农村居民人均可支配收入分别为74700元、42692元，年均分别增长7.4%和8.9%，倍差由1.87缩小为1.75，家庭年人均收入1万元以下现象全面消除。实施“5433”交通大会战，杭黄高铁、杭台高铁、杭州南站和绕城西复线建成通车，地铁运营里程达401公里、在建115公里。全市域建成“基本实现教育现代化区、县（市）”，新增基础教育学位40.2万个。深化健康杭州建设，全力打赢新冠肺炎疫情防控遭遇战阻击战歼灭战，户籍人口预期寿命提高到83.12岁。完善就业和社保体系，实现零就业家庭动态清零，低保、低边等标准实现全市统一。完成149个小城镇环境综合整治、365个城中村改造、714个老旧小区改造，城乡住房保障体系不断完善。健全社会治理“六和塔”工作体系，扫黑除恶专项斗争、政法队伍教育整顿取得明显成效，安全生产事故、交通事故、命案死亡人数等持续下降，连续15年蝉联中国最具幸福感城市，被评为全国唯一的“幸福示范标杆城市”。

生态环境质量明显改善。制定实施新时代美丽杭州建设规划纲要，统筹推进“五水共治”“五气共治”“五废共治”，市控以上断面水质100%达标，空气优良天数由260天增加到321天，“无废城市”建设取得突破性进展。累计建成绿道4282公里，森林覆盖率居全国同类城市首位。完成千岛湖临湖地带217个项目综合整治，设立淳安特别生态功能区，千岛湖配供水工程正式通水。深化“百村示范、千村整治”工程，34个乡镇（街道）创建为省级美丽城镇样板，建成美丽乡村272个，被评为国家生态园林城市。

全面从严治党纵深推进。认真开展“两学一做”学习教育、“不忘初心、牢记使命”主题教育和党史学习教育，理论武装不断加强，意识形态工作总体向好向上。高质量完成村（社区）组织换届，“一肩挑”率达99.7%，持续深化党建引领社区治理，创新开展新业态新就业群体党建全国试点。加强干部队伍建设，完善常态化轮岗交流、梯队建设、考评激励等机制。全面落实中央八项规定及其实施细则精神，持续开展“走亲连心三服务”“企业大走访”等活动。抓好“七张问题清单”整改，完成十二届市委巡察全覆盖，我市被列为“市级巡察机构在上下联动中更好发挥作用”全国试点。以清廉杭州建设为抓手，层层压实管党治党政治责任，深化纪检监察体制改革，查办全国留置第一案，在省会城市中率先实现乡镇一级监察全覆盖，一体推进不敢腐、不能腐、不想腐。深刻汲取周江勇案件教训，推进以案促改、以案促治工作，开展警示教育，全面肃清影响，净化修复政治生态。

五年来，我们之所以能够经受复杂局面的考验、取得来之不易的成绩，归功于以习近平同志为核心的党中央的英明领导，归功于习近平新时代中国特色社会主义思想的科学指引，归功于省委的坚强领导，归功于全市76万党员和1200万人民的奋力拼搏，归功于改革开放以来历届市委奠定的坚实基础，同时也离不开中央各部委、省直各单位和兄弟城市的大力支持，离不开各民主党派、工商联、社会各界人士、海内外朋友的积极参与，离不开解放军驻杭部队和武警部队指战员的关心协助。在此，我代表中共杭州市第十二届委员会向所有为杭州发展作出贡献的同志们、朋友们表示衷心的感谢和崇高的敬意！

在肯定成绩的同时，我们清醒地看到，工作中也存在许多不足，前进的道路上还面临不少风险挑战。主要表现在：经济发展质量还有差距，科技创新能力不足，城市国际化相对滞后；城市治理精细化水平还不够高，历史文化保护、城市基础设施、公共安全风险防范存在较多短板；城乡区域发展不平衡问题仍然突出，解决群众在教育、医疗、养老、住房、交通等方面的诉求还有不少难题；全面从严治党还存在薄弱环节，干部作风、能力素质与改革发展要求还不相适应，党风廉政建设和反腐败斗争形势依然严峻复杂，特别是周江勇严重违纪违法，对杭州的城市形象造成了极大伤害，对杭州的改革发展造成了负面影响，对杭州干部队伍的思想造成了严重冲击。这些问题，必须着力加以解决。

二、新时代杭州的历史使命

杭州是一座伟大的城市，浸透着江南韵味，凝结着世代匠心。千百年来，历代先贤在这片土地上辛勤耕耘、治水营城，成就了人间天堂之美誉。让我们感怀至深、铭刻在心的是，习近平总书记对杭州知之深、爱之切，55次深入实地考察指导，指出人间天堂是历史留给杭州的一块“金字招牌”，明确要求杭州“构筑大都市、建设新天堂”。进入新时代，我们要坚决扛起历史担当，举办一届成功的亚运会，奋力打造世界一流的社会主义现代化国际大都市，奉献给世界一个锦绣繁华的人间新天堂。

奋进新时代、建设新天堂，必须牢记殷殷嘱托。习近平总书记对杭州工作作出的一系列重要指示批示，是习近平新时代中国特色社会主义思想的重要组成部分，是马克思主义基本原理在城市发展和治理上的生动运用，是习近平总书记给予杭州人民最为宝贵的精神财富。我们要用心感悟习近平总书记对杭州人民的似海深情、对杭州发展的如山厚望，自觉把习近平总书记重要指示批示精神作为想问题、作决策、办事情的根本遵循，完整准确全面贯彻新发展理念，持续深化"八八战略"在杭州的具体实践，坚决守好"红色根脉"，坚定不移做"两个确立"忠诚拥护者、"两个维护"示范引领者。

奋进新时代、建设新天堂，必须锚定一流标准。杭州是"重要窗口"省会城市，地位十分特殊，国际关注度高。我们要遵照"四个杭州、四个一流"的要求，胸怀"两个大局"、心怀"国之大者"，牢固树立"没有走在前列也是一种风险"的意识，跳出杭州谋划杭州、立足全局发展杭州，在全省更好发挥头雁作用，争取跻身国内一线城市、全球城市第一方阵。始终保持唯实惟先的勇气、踔厉奋发的朝气和攻坚克难的锐气，不断解放思想，深化改革开放，开辟干在实处、走在前列、勇立潮头的新境界，为习近平新时代中国特色社会主义思想的无穷魅力提供令人信服的现实明证。

奋进新时代、建设新天堂，必须厚植特色优势。强化现有优势、挖掘后发潜力，是推进高质量发展的题中之义。我们要根据杭州的城市功能定位，充分发挥历史积淀深厚、生态本底良好、区位条件优越、民营经济发达、数字经济先行、创新创业活跃等优势，着力补齐基础研究、高等教育、公共服务、城市国际化、区域协调发展等短板，把长期性目标和阶段性任务结合起来，不断彰显历史文化名城、创新活力之城、生态文明之都的特色，在建设新型智慧城市和宜居城市上提供更多经验，充分展现杭州的鲜明标识和独特魅力。

奋进新时代、建设新天堂，必须践行人民至上。人民就是江山，江山就是人民。我们要自觉践行以人民为中心的发展思想，坚持人民主体地位，尊重群众首创精神，把人民满意作为衡量一切工作的根本标准，扎实推进共同富裕美好社会建设。坚持和完善为民办实事长效机制，尽力而为、量力而行，切实解决上好学校难、重病负担难、刚需购房难、幼儿托育难、养老照护难、出行停车难等群众急难愁盼的问题，不断满足群众日益增长的美好生活需要，切实做到"民有所呼、我有所应，民有所呼、我有所为"。

奋进新时代、建设新天堂，必须贯彻系统观念。特大城市是一个复杂的巨系统，需要全面考量、整体协同、综合平衡。我们要牢固树立"大杭州"意识，坚持全市一盘棋，集中力量办大事。实行差异化协调发展导向，因地制宜确定主体功能、明确目标定位、分类精准施策，不断增强整体效应。发挥数字化改革的牵引作用，聚焦牵一发而动全身的重大改革、重大平台、重大政策，加强系统重塑和综合集成。统筹发展与安全，把全生命周期管理理念贯穿城市规划、建设、管理全过程各环节，为特大城市安全高效有序运行提供系统解决方案。

奋进新时代、建设新天堂，必须坚持党的领导。党政军民学，东西南北中，党是领导一切的。必须加强党的全面领导和全面加强党的建设，更好发挥党总揽全局、协调各方的领导核心作用，不断提升各级党委把方向、谋大局、定政策、促改革的能力和水平，完善上下贯通、执行有力的组织体系，确保中央大政方针和省委决策部署不折不扣落实。坚持全面从严治党，把党的政治建设摆在首位，思想建党和制度治党同向发力，统筹推进党的各项建设，切实增强自我净化、自我完善、自我革新、自我提高的能力，始终保持党的先进性和纯洁性。

三、开启建设社会主义现代化国际大都市新征程

当今世界百年变局和世纪疫情交织叠加，"东升西降"已成时代大势。我国已实现第一个百年奋斗目标，开启实现第二个百年奋斗目标新征程，朝着实现中华民族伟大复兴的宏伟目标继续前进。浙江正全力争创社会主义现代化先行省，扎实推进高质量发展建设共同富裕示范区。未来五年是杭州举办亚运会、建设大都市、推进现代化的重要窗口期，机遇前所未有，挑战也前所未有。我们必须坚持稳中求进工作总基调，立足新发展阶段，贯彻新发展理念，服务新发展格局，始终坚持以高质量发展统揽全局，推动建设世界一流的社会主义现代化国际大都市迈出坚实步伐，争当浙江高质量发展建设共同富裕示范区城市范例，为2035年基本实现高水平现代化、到本世纪中叶建成具有全球影响力的独特韵味别样精彩世界名城打下坚实基础，以"城市之窗"展现"中国之治"。具体要实现以下目标：

——高质量发展取得重大突破，努力建成创新之窗。数字化改革全面突破，跻身全球创新型城市前列，成为具有国际影响力的创新发展策源地和先进制造业基地，力争全市生产总值达到2.5万亿元，人均生产总值达到19万元，全社会研发投入强度超过4%。

——历史文化魅力精彩呈现，努力建成人文之窗。社会主义核心价值观深入人心，世界遗产群落联动效应充分彰显，宋韵文化传承展示中心全面建成，文化产业竞争力更加强劲，国际文化交流更为活跃，都市风范更富感召力、亲和力、吸引力。

——人与自然和谐相处共生共荣，努力建成美丽之窗。生态环境质量、资源能源集约利用、美丽经济发展处于国内领先和国际先进水平，成功创建国际湿地城市，力争全域建成国家生态文明建设示范区，让老百姓呼吸更新鲜的空气、喝上更干净的水、吃上更放心的食物。

——城市国际化水平大幅跃升，努力建成开放之窗。2022年杭州亚运会成功举办，国际门户枢纽功能持续增强，高能级开放平台体系不断完善，高水平开放型经济新格局加快形成，营商环境竞争力跃居全球前列，争取世界城市名册排名跻身前60强。

——城市治理水平全国领先，努力建成善治之窗。社会主义民主形式更加丰富，各领域法治化水平全面提升，基层治理体系和治理能力持续增强，始终位于全国最智慧、最安全城市行列，城市运行更有序、管理更高效、服务更精准。

——人民享有高品质生活，努力建成幸福之窗。社会保障体系更加完善，公共服务供给更加优质均衡，区域差距、城乡差距和收入差距持续缩小，居民人均可支配收入达到9万元，家庭年可支配收入20万元至60万元群体比例超过50%，城乡居民收入倍差缩小至1.7以内。

通过全市上下的不懈努力，未来的杭州一定能成为生活富裕富足、精神自信自强、环境宜居宜业、社会和谐和睦、公共服务普及普惠的卓越城市，一定能成为人们心生向往、人生出彩、情感归属的梦想城市，一定能成为新时代全面展示中国特色社会主义制度优越性的窗口城市。

四、推进高水平科技自立自强，打造创新创业的新天堂

习近平总书记强调，"杭州发展还是要靠高科技，现代化不靠这个东西不行"，希望杭州打造"硅谷天堂，高科技的天堂"。我们要认真贯彻习近平总书记对创新的重要论述，实施创新强市、人才强市首位战略，推动创新活力竞相迸发、创新人才充分涌流，率先打造世界重要人才中心和创新高地的战略支点。

（一）加快建设全球创新策源地。以更大手笔、更大魄力、更大担当推进科技创新，争取建成综合性国家科学中心。举全市之力推进城西科创大走廊建设，优化调整体制机制，打造"面向世界、引领未来、服务全国、带动全省"的高水平现代化引领区，努力成为比肩"硅谷"的科创高地。着力构建新型实验室体系，把之江实验室建成具有世界一流水平的国家实验室，以浙江大学、西湖大学、省实验室等为基础形成国家实验室杭州基地群。加快推进世界级大科学装置建设，争取更多"国之重器"落户杭州。强化企业创新主体地位，推动企业和高校院所、新型研发机构组建创新联合体，力争国家高新技术企业达到2万家。

（二）打造全球人才蓄水池。全面落实人才新政，营造最优人才生态，深化人才管理、评价、激励、流动体制机制改革，形成高水平人才雁阵。实施"西湖明珠工程"，大力引育具有战略科学家潜质的顶尖人才。面向基础研究、应用基础研究和"卡脖子"关键技术领域，引进一大批全球一流领军人才和创新团队。持续扩大青年科技人才规模，让更多年轻人挑大梁、当主角。打造卓越工程师队伍，积极培育技艺精湛、素质精良的杭州工匠。通过努力，形成集聚百名全球顶尖人才、千名领军人才、百万大学生在杭创新创业的人才高地。

（三）构筑科技成果转移转化首选地。坚持政府引导、企业主体、平台支撑、机制创新，构建全市域全周期孵化链。推进职务科技成果权属改革，实施知识产权转化专项计划，实现科技成果产业化畅通无阻。高水平建设国家"双创"示范基地、国家级科技孵化器、特色小镇等平台，加大对首台套、首批次、首版次示范应用的支持，让更多科技成果就地交易、就地转化、就地应用。优化科技金融服务，充分发挥千亿级产业基金、创投引导基金等撬动作用，加快形成万亿级科技大市场。

创新是第一动力，人才是第一资源。我们要把建设创新活力之城作为赢得现在、制胜未来的重要法宝，争取进入国家战略科技力量第一方阵，在新旧动能转换中跑出杭州加速度！

五、铸就实体经济的铁柱钢梁，打造产业兴盛的新天堂

习近平总书记强调，"杭州要深入推进先进制造业基地建设，在发展高新技术产业和现代服务业方面抢占制高点，在统筹产业协调发展上当好示范"。我们要深刻领会习近平总书记对杭州产业发展的精准把脉，深化供给侧结构性改革，显著增强经济质量优势，加快构建具有国际竞争力的现代产业体系。

（一）勇当数字经济的开路先锋。坚定不移支持数字经济高质量发展，推动数字经济由侧重模式创新向注重技术创新迭代升级，实现数字经济核心产业增加值占比超过30%。巩固传统优势产业，持续壮大数字视觉、区块链、云计算、大数据、电子商务等产业，始终保持行业领跑地位。全面提升数字经济硬核实力，聚力集成电路、人工智能等前瞻性战略性产业，着力打造世界领先的万亿级智能物联产业集群，厚积数字经济二次爆发的新动能。抓紧布局量子科技、深海空天、元宇宙等未来产业，大力抢占新赛道竞争主动权。优化升级数字基础设施，建设国际数字交易中心，构建数字贸易链条，打造数据综合开发利用示范高地。

（二）加快建设全球先进制造业基地。坚持把制造业作为强市之基，推进制造业高端化、绿色化、集约化，确保制造业比重和质效显著提升。突出抓好生物医药、高端装备、新材料、智能网联汽车等重点产业，加快培育形成若干千亿级产业集群。实施新一轮制造业"腾笼换鸟、凤凰涅槃"攻坚行动，推动产业园区专业化特色化发展，千方百计降低制造业企业综合成本，全域整治工业低效用地，严守工业用地底线。推进"产业大脑+未来工厂"，完善工业互联网平台体系，积极培育"鲲鹏企业"和"单项冠军""隐形冠军""专精特新"企业，构建大企业顶天立地、中小企业铺天盖地的新格局。

（三）着力打造新型消费中心城市。坚持把扩大消费作为拉动经济增长的核心引擎，推动商业重塑、实体复兴，力争社会消费品零售总额进入全国前列。建设世界级地标商圈、高品质步行街，做强"首店经济""首发经济""夜间经济"，推动"老字号"焕发新活力，培育更多网红国货新品牌。积极构建现代金融产业体系，打造融资畅通工程升级版，深化钱塘江金融港湾建设，加快建设国际金融科技中心。大力发展现代物流、工业设计、检验检测等生产性服务业，积极培育一批具有国际竞争力的服务企业。

产业兴则经济强，产业优则动能足。我们要始终扭住发展实体经济这个关键不动摇，大力推动质量变革、效率变革、动力变革，为构建全新的现代产业体系注入硬核力量，奏响新时代杭州发展的最强音！

六、全面深化改革开放，打造活力迸发的新天堂

习近平总书记强调，"唯有改革才有出路，唯有改革才有发展"，要求杭州"在更大范围、更广领域、更高层次上参与国际经济技术合作和竞争”。我们要牢记习近平总书记关于改革开放的谆谆教诲，深度融入国家战略，真刀真枪推进更深层次改革、更高水平开放，努力成为服务构建新发展格局的战略枢纽。

（一）当好数字化改革标杆。紧扣省委部署的“1612+N”体系架构，全面落实重大需求、多跨场景、重大改革“三张清单”，形成一批具有全国影响力的标志性成果，打造数字治理标杆城市。建强一体化智能化公共数据平台，推进全量全要素数据归集，确保数出一门、全面贯通。迭代党建统领整体智治、数字政府、数字经济、数字社会、数字文化、数字法治系统，深化“城市大脑+现代城市+未来社区+活力乡镇+未来乡村”核心场景建设，率先建成高水平的“掌上办事之城”“掌上办公之城”“掌上治理之城”。完善“基层治理四平台”，全面实现业务协同和数据共享。推进理论和制度创新，以数字化改革推动各领域制度重构、流程再造、系统重塑。

（二）打造全国最优营商环境。坚持“两个毫不动摇”，实施杭州区域性国资国企综合改革，坚定不移推动民营经济实现新飞跃，持续擦亮民营企业500强首位度的金名片，大力发扬企业家精神，健全企业、企业家权益司法保护机制，充分激发各类市场主体活力。坚持有效市场与有为政府更好结合，扎实推进国家首批营商环境创新试点城市建设，深化资源要素配置改革，抓好“一件事”改革，不断提升营商环境市场化、法治化、国际化水平。依法加强资本监管，推动平台经济规范健康持续发展，坚决反垄断和防止资本无序扩张。加快社会信用体系建设，打造“最讲信用的城市”。

（三）全力打造长三角金南核。贯彻实施长三角区域一体化发展国家战略，主动接轨上海，持续唱好杭甬“双城记”，加快杭州都市区同城化，夯实杭州都市圈基本盘，推进交通互联、产业互融、民生互通。联动发展G60科创走廊、杭合创新带、杭绍甬城市连绵带、宁杭生态经济带、杭黄世界级自然生态和文化旅游廊道，扎实做好与宿州结对合作帮扶，努力成为长三角南翼核心增长极。

（四）创建全球数字贸易中心。主动参与“一带一路”建设，打造“数字丝绸之路”枢纽，发挥自贸试验区杭州片区与跨境电商综试区叠加效应，高水平办好全球数字贸易博览会，加快数字人民币试点落地。深化服务贸易创新发展试点，推进国际贸易“单一窗口”建设，打造国际数字口岸，高质量建设国家服务外包示范城市、国家数字服务出口基地和国家文化出口基地。

没有改革开放，就没有杭州今天的繁荣，也就没有杭州明天的昌盛。我们必须以“弄潮儿向涛头立”的担当，坚决破除传统路径依赖、固有惯性思维和体制机制弊端，将改革开放进行到底，创造属于我们这个时代的新奇迹！

七、大力推进文化繁荣兴盛，打造别样精彩的新天堂

习近平总书记强调，“杭州的灵魂在于历史文化名城，在保护文化遗存、延续城市文脉、弘扬历史文化方面应该做得更好”。我们要深刻体悟习近平总书记深厚的文化情怀，高水平推动优秀传统文化创造性转化、创新性发展，持续提升城市文化软实力，努力打造东方文化国际交流重要城市。

（一）争当崇德向善的文明典范。推动习近平新时代中国特色社会主义思想武装头脑、指导实践、教育人民，深入践行社会主义核心价值观，大力弘扬红船精神和浙江精神，牢牢掌握意识形态工作领导权。加强网络综合治理，营造清朗网络空间，推动媒体深度融合发展。塑造开放大气、包容创新的城市品格，充分激发全体市民的主人翁精神，强化多元融合的文化认同。构建覆盖全市域的新时代文明实践体系，不断提升市民诚信素养，加快形成“人人争当最美、处处尊崇最美”的社会风尚，全力创建全国文明典范城市。

（二）推动城市历史文脉薪火相传。加快构建世界遗产群落，高水平推进大运河国家文化公园、良渚国家考古遗址公园、西湖世界爱情文化公园建设，有序推进南宋皇城遗址保护利用，全面实施宋韵文化传世工程，打造国家宋韵文化高地。开展千年古城复兴行动，进一步加大古镇、古村落保护力度，尊重和善待历史建筑、风貌街区、工业遗迹、古树名木。推进城市记忆工程，更好发挥文史馆、文促会作用，统筹做好金石篆刻、丝绸、茶叶、瓷器等东方传统文化元素活态传承，打造具有国际影响力的历史文化名城。

（三）着力打造国际文化创意中心。高水平推进之江文化产业带、钱塘江诗路文化带、之江艺术长廊建设，壮大数字内容、电竞动漫、创意设计等优势产业，开发更多镌刻杭州印记的文化IP。启动“三馆一中心”等地标性文化设施建设，加快杭州音乐厅建设，优化布局公共文化空间，完善城乡一体的“15分钟品质文化生活圈”，打造新时代展现精神共富图景的城市范例。实施文艺“攀峰”工程，创作一批体现时代特征、杭州特色的精品力作。推动文旅深度融合发展，打造全域旅游品牌，高水平建设国际旅游休闲目的地。

杭州处处有历史、步步有文化。我们一定要把典籍中的杭州、文物中的杭州、遗迹中的杭州、创意中的杭州全方位展示出来，充分彰显历史与现实交汇、现实为未来注解的东方文化魅力，让历史文化名城的金字招牌更加熠熠生辉！

八、朝着共同富裕目标大步迈进，打造共享幸福的新天堂

习近平总书记指出，实现共同富裕是关系党的执政基础的重大政治问题，强调“杭州中等收入家庭的比例应该更高，我们要看到自己所处的位置，我们的发展还要从人的发展、人的水平来看，还要结合分配、收入等问题看”。我们要准确把握习近平总书记对共同富裕的重要论述，围绕人的全生命周期多元化需求，在率先推进共同富裕上取得更多标志性成果，当好缩小“三大差距”的探路者、领跑者、带动者。

（一）大力推进扩中提低改革。坚持以高水平创业带动高质量就业，健全重点群体就业支持体系，完善新业态从业人员劳动权益保障机制，引导广大劳动者通过自身

努力迈进中等收入行列。制定实施居民收入和中等收入群体双倍增计划，稳步提高城乡居民基础养老金标准，稳步提升低收入群体和困难群众生活补贴标准。构建广覆盖可持续的社会救助、社会福利、优抚安置制度体系，大力发展公益慈善事业，积极探索“三次分配”的有效路径，确保共富路上一个也不少。

（二）推动公共服务优质均衡。大力发展人民满意的教育，全面落实义务教育“双减”政策，规范民办义务教育发展，支持跨区域跨层级的名校集团化办学，推动职普融通，新增基础教育学位45万个，推动市属高校内涵式发展，支持在杭省部属高校高质量发展，让更多孩子接受更优质的教育。构建大健康体制机制，提升县域医共体、城市医联体发展水平，努力实现三甲医院区、县（市）全覆盖，支持中医药传承创新发展，完善大病、慢性病医疗保险制度，加快残疾人康养服务体系建设。健全城市住房体系，筹措保障性住房40万套以上，探索促进职住平衡的住房租购政策和老旧小区“拆改结合”试点，全面完成2000年前建成的老旧小区改造提升，推进未来社区建设。健全智慧交通体系，率先探索取消“错峰限行”和优化替代的政策举措。加快构建“一老一小”友好型社会，推进居家养老服务中心村（社区）全覆盖，全面实施长期护理保险制度，加强普惠性婴幼儿服务体系建设，积极探索推出三孩生育政策的配套支持措施，为更多家庭解决后顾之忧。

（三）以超常规举措推动区域协调发展。完善以生态补偿为重点的转移机制，以更大力度支持淳安特别生态功能区建设，努力成为全省山区县跨越式高质量发展的典范。大力推进优质公共资源向西拓展，构建区县（市）协作、“联乡结村”、镇街结对、村社结对、干群结对“五大机制”，探索飞地双赢新机制，建立紧密型的教共体、医共体、帮共体，实现西部区、县（市）与主城区公共服务水平大体相当。统筹做好山海协作和东西部协作、对口支援、对口合作等工作，带动对口地区共同富裕。

（四）高质量建成全国乡村振兴示范市。坚持农业农村优先发展，推动美丽乡村建设、农业社会化服务、乡村数智治理、优质公共服务等四个全覆盖，加快建设未来乡村，实现村集体经济总收入和经营性收入“两个倍增”。坚决扛起粮食安全主体责任，遏制耕地“非农化”，防止耕地“非粮化”。推广大下姜乡村振兴联合体共富模式，探索推进集体经营性建设用地入市等举措，让集体强起来、让农民富起来。

人民对美好生活的向往就是我们的奋斗目标。我们要坚持人民城市人民建、人民城市为人民，推动共同富裕美好图景转化为可感可及的美好生活，把最具幸福感城市的响亮品牌永远坚守下去！

九、推进新时代美丽杭州建设，打造独特韵味的新天堂

习近平总书记指出，“要扎实实施‘环境立市’战略，把杭州建成‘生态市’，努力成为美丽中国建设的样本”。我们要深刻领会习近平生态文明思想的核心要义，加快形成节约资源和保护环境的空间格局、产业结构、生产方式、生活方式，高水平绘就现代版“富春山居图”。

（一）优化城市空间格局。科学编制国土空间总规，大力实施城市内涵式发展计划，加快构建多中心、网络化、组团式、生态型的空间结构，落实多规合一，强化边界约束，防止“摊大饼”式蔓延扩张。坚持做优主城、做强副城、集聚县城、培育重镇，精心打造重点城市单元，加快建设产城融合、职住平衡、生态宜居、交通便利的郊区新城，形成更多兼具国际范与江南风的高品质空间。加快构建便捷、高效、安全的一体化交通网，全面建成铁路西站枢纽、京杭运河二通道、杭州萧山国际机场三期等交通基础设施，打造轨道上的杭州，努力形成都市圈、省域、市域、城区4个“1小时交通圈”。

（二）完善生态环境治理体系。统筹推进山水林田湖草系统治理，强化水气土固污染防治，推动主要污染物排放大幅下降，实现环境质量明显改善。开展街巷环境整治，大力推进城市公园、郊野公园、社区公园、口袋公园建设。建立健全“河（湖）长制”“林长制”“田长制”等机制，实施重点生态敏感地区生态系统保护修复工程，全面落实钱塘江流域禁渔制度，积极推进自然保护地建设，加强生物多样性保护。创新生态产品价值实现机制，让生态效益更好转化为经济效益、社会效益。

（三）高水平建设“湿地水城”。推进西湖西溪一体化保护提升，实施西湖全域综合提升行动和西溪湿地原生态保护提升行动，加强湘湖综合保护利用，实施千岛湖沿湖湿地和钱塘江、运河、苕溪流域湿地群的生态修复，加快建设湿地公园群落。加强水利工程建设，全面提升城市防洪排涝能力。精心打造三江两岸生态人文景观，贯通织密城市绿道网，构筑更多让市民群众共享的滨水空间。

（四）有序推进碳达峰碳中和。加快构建“1+N”政策体系，坚决遏制高耗能、高排放项目无序发展，抓好能源、工业、建筑、交通、农业、居民生活等重点领域绿色低碳转型。加大可再生能源、能效、零碳、固碳等领域的技术攻关和产业投资，做强绿色环保战略性新兴产业集群。大力推动能源结构调整，推进抽水蓄能电站等项目建设，科学布局城市储能设施，加快充电、加氢等基础设施建设。大力倡导简约适度、绿色低碳生活方式，推动形成绿色文明的健康风尚。

水光潋滟晴方好、山色空蒙雨亦奇，是诗画江南、最忆杭州的独特意境。我们必须把绿水青山建得更美，把金山银山做得更大，使“西湖繁星、钱塘碧水、天目叠翠、江南净土”成为生态文明之都的生动写照！

十、推进城市治理体系和治理能力现代化，打造良法善治的新天堂

习近平总书记强调，“推进国家治理体系和治理能力现代化，必须抓好城市治理体系和治理能力现代化”。我们要深入贯彻习近平总书记关于城市治理的重要指示精神，推进系统治理、依法治理、综合治理、源头治理，积极探索特大城市治理现代化新路子。

（一）建设法治中国示范城市。打造全过程人民民主的市域典范，加强和改进新时代人大工作，支持和保证人

大及其常委会依法行使立法权、监督权、决定权、任免权，扩大人民有序政治参与。充分发挥人民政协作为专门协商机构作用，提高政治协商、民主监督、参政议政水平，推动社会主义协商民主广泛多层制度化发展。完善基层民主制度，不断丰富街道居民议事会议制度、人大代表联络站、"请你来协商"平台、民生议事堂等载体。坚持科学立法、民主立法、依法立法，探索形成更多具有杭州特点的创制性立法成果。推进法治政府建设，构建协同高效的依法行政体制，完善"大综合一体化"行政执法体系。深化司法责任制综合配套改革，强化司法服务和保障职能，积极探索全域数字法治监督体系。加大普法力度，高标准建好国家宪法宣传教育馆。巩固和发展新时代爱国统一战线，打造新型政党制度建设示范区、民营经济"两个健康"发展示范区，高质量推进民族、宗教、侨务和对台、港澳工作，加强工会、共青团、妇联等群团组织建设，画好最大同心圆。全面贯彻党管武装制度，深化全国双拥模范城市建设。

（二）建设更高水平的平安杭州。坚持和发展新时代"枫桥经验"，推行"县乡一体、条抓块统"高效协同治理模式，完善党员干部进村入户长效机制，建成全国首批市域社会治理现代化标杆城市。巩固国家安全人民防线，筑牢网络空间安全铜墙铁壁，加强经济安全风险预警防控机制和能力建设。推进城市"里子工程""避险工程"建设，健全隐患排查机制，强化安全生产和食品药品监管，全面提高防灾减灾救灾能力。完善常态化疫情防控体系，全面落实动态清零目标任务，提升突发公共卫生事件监测预警处置能力。深化重复信访和信访积案攻坚化解，推进社会治安防控体系立体化智能化法治化建设，常态化开展扫黑除恶专项斗争，严厉打击治理电信网络诈骗等突出违法犯罪，创建平安中国示范城市。

（三）加快建设新型智慧城市。推动数字孪生城市建设取得重大突破，夯实城市治理数字"底座"，构建城市运行数字体征体系。完善线上线下贯通、多跨协同作战、实时快速响应的城市运行指挥体系，推进政务服务"一网通办"、城市运行"一网统管"建设，打造一批实战管用、群众爱用、基层受用的特色应用，不断提高覆盖面和使用率。建立健全数据分级分类安全保护制度，构筑数字城市防御体系。

一流的城市需要一流的治理。我们要把城市作为生命体、有机体，敬畏城市、善待城市、塑造城市，让城市更安全、更健康、更加聪明、更具韧性，以匠心守护好千年古都、服务好千万人民！

十一、坚定不移推进全面从严治党，以高质量党建引领高质量发展

习近平总书记强调，杭州要"建立健全党要管党、从严治党的党建工作领导机制，持之以恒地加强和改进党的思想、组织、作风和制度建设，努力把各级党组织建设成为坚强的领导核心和战斗堡垒"。我们要以习近平总书记关于管党治党的重要指示要求为根本遵循，全面贯彻新时代党的建设总要求和新时代党的组织路线，大力弘扬伟大建党精神，着力建设变革型组织、提高塑造变革能力，以伟大自我革命引领伟大社会革命。

（一）永葆绝对忠诚的政治本色。大力加强政治建设，深入实施铸魂工程、溯源工程、走心工程，扎实推进习近平新时代中国特色社会主义思想教育培训计划和"第一议题"制度，推动党史学习教育常态化长效化，教育引导广大党员干部增强"四个意识"、坚定"四个自信"，忠诚拥护"两个确立"、坚决做到"两个维护"。建立贯彻习近平总书记重要指示批示精神和党中央重大决策部署的闭环管理系统，定期评估、督办跟踪、反馈整改，切实加强政治监督，不断提升政治判断力、政治领悟力、政治执行力，做到总书记有号令、党中央有部署、浙江见行动、杭州真落实。

（二）实施"红色根脉强基工程"。以提升组织力为重点，突出政治功能，把党的基层组织建设成为坚强战斗堡垒。实施"红色领杭·争星晋位"行动，推动村（社区）党组织全面达标、整体创优。扎实推进两新党建"双强创优"，实现新业态新就业群体党建全面有效覆盖。统筹抓好机关、学校、国企、公立医院等党建工作，建强全域党建联盟，深化小区党建、物业企业和业委会党建、未来社区（乡村）党建，推动各领域党建工作融合发展。实施以党组织书记为重点的"领雁工程"，加强发展党员和党员教育工作，探索流动党员管理新路径，打造堪当重任的基层执政骨干和党员队伍。

（三）锻造忠诚干净担当的高素质干部队伍。坚持新时期好干部标准，把政治标准放在第一位，完善全过程识人育人用人机制，加强领导班子领导力和干部执行力评价，常态化开展领导干部政治素质考察和领导班子政治建设分析，考准考实推动高质量发展政绩，动真碰硬推进干部"能上能下"。优化干部队伍结构，开展干部新能力提升计划，健全年轻干部选拔任用机制，统筹抓好女干部、党外干部等培养选拔，推进跨地区、跨部门制度性交流，充分调动各年龄段、各方面干部的积极性。坚持严管与厚爱相结合，完善容错纠错机制，为担当者担当，为负责者负责。

（四）打造新时代清廉建设高地。坚定不移把"严"的主基调长期坚持下去，层层压实全面从严治党主体责任，不断实现不敢腐、不能腐、不想腐一体推进的战略目标。认真落实中央八项规定及其实施细则精神，着力解决群众身边的不正之风和腐败问题，驰而不息纠治"四风"。深化"七张问题清单"常态化整改落实机制，精准落实政治巡察要求，形成全面覆盖、常态长效的监督合力。全面彻底肃清周江勇案影响，加强对"一把手"和领导班子的监督，严格执行领导干部廉洁从政从业相关制度，加强家庭家教家风建设，加快构建亲而有度、清而有为、亲清合力的政商关系，营造风清气正的良好政治生态。

办好杭州的事情，关键在党、关键在人。只要我们以永远在路上的坚韧执着推进全面从严治党，切实把全市各级党组织建设得更加坚强有力，杭州的各项事业就一定能劈波斩浪、一往无前！

十二、举办一届成功的亚运会，高水平完成习近平总书记和党中央赋予杭州的重大政治任务

习近平总书记强调，“相信杭州有能力举办一届成功的亚运会”。我们要坚决扛起习近平总书记交给杭州的千钧重托，从“国之大者”的政治高度领悟把握杭州亚运会的办会初心、筹办定位，把亚运筹办作为今后五年开局第一要事，确保办一届成功、精彩、经典的亚运会，高水平实现“办好一个会、提升一座城”，向党中央、向历史、向全国人民交出一份满意答卷。

（一）*精益求精筹办亚运*。办好亚运会，不仅是中国建设体育强国路上的标志性事件，也是促进我国发展、振奋民族精神的重要契机；不仅是高质量发展建设共同富裕示范区新征程的重要篇章，也是向世界展示中国良好形象的重要窗口。全市广大党员干部要以最高标准、最快速度、最好作风、最佳效果抓好亚运筹办各项工作，安全办赛、简约办赛、智能办赛，全力做好赛时服务保障，把杭州亚运会办成一届“中国特色、浙江风采、杭州韵味、精彩纷呈”的体育文化盛会，全面呈现杭州日新月异的新进步、浙江改革发展的新成就，集中展示中国的制度优势、大国自信，充分彰显以习近平同志为核心的党中央的治国理政能力、习近平新时代中国特色社会主义思想的实践伟力。

（二）*乘势而上全面提升城市能级*。亚运会是杭州城市发展面临的重大历史机遇。我们必须紧紧抓住机遇，持续放大亚运效应，推动城市综合承载力、资源配置力和国际竞争力迈上新台阶。全面提升城市品质，加快推进城市更新，强化环境综合整治和基础设施质量管理，推进美丽街区、美丽家园建设，营造宜居宜业宜学宜游的最佳体验。全面提升治理能力，以“绣花”功夫推进城市管理精细化，坚持高标准引领，于细微处下功夫，强化基层力量、激活基本单元、夯实基础工作，构建与特大城市相匹配的治理模式。全面提升文明程度，大力开展以“迎亚运讲文明树新风”为主题的群众性精神文明创建活动，完善全民参与的志愿服务体系，把城市精神品格转化为每个市民的丰厚滋养和自觉行动。全面提升发展质效，促进新产业新业态新模式茁壮成长，推动科技新发明、经济新蓝海、时尚新潮流不断涌现，为持续高质量发展蓄势赋能。全面推动体育城市建设，加强亚运场馆综合运营，提高办会办赛能力，优化体育设施布局，充分激发全民健身热潮，打造国际赛事之城、会展之都。全面提升开放能级，实施国际投资贸易、国际城市魅力、国际公共服务、国际传播能力等专项行动，办好“亚洲之光”国际艺术节和世界知识产权大会，精心打造国际交流会客厅，让世界更好读懂杭州、让杭州更好走向世界。

同志们，杭州是一座有着厚重历史积淀、光荣革命传统、蓬勃创新活力的城市，习近平总书记对我们关怀备至，中央和省委对我们寄予厚望，人民群众对我们充满期待。让我们更加紧密地团结在以习近平同志为核心的党中央周围，在省委的坚强领导下，牢记嘱托、接续奋斗，凝心聚力、砥砺前行，共同谱写“奋进新时代、建设新天堂”的壮丽篇章，加快建设世界一流的社会主义现代化国际大都市，以优异成绩向党的二十大献礼！

中共杭州市委关于高水平打造“数智杭州·宜居天堂”争当浙江高质量发展建设共同富裕示范区城市范例的决议

（2021年6月25日中国共产党杭州市第十二届委员会第十二次全体会议通过）

中国共产党杭州市第十二届委员会第十二次全体会议，深入学习贯彻习近平新时代中国特色社会主义思想和习近平总书记对浙江、杭州工作的重要指示精神，就全面落实《中共中央国务院关于支持浙江高质量发展建设共同富裕示范区的意见》《浙江高质量发展建设共同富裕示范区实施方案（2021—2025年）》作出系统部署，原则通过《杭州争当浙江高质量发展建设共同富裕示范区城市范例的行动计划（2021—2025年）》。

全会指出，共同富裕是社会主义的本质要求，是人民群众的共同期盼。党的十八大以来，习近平总书记围绕共同富裕发表了一系列重要论述，开辟了中国特色社会主义共同富裕理论新境界，为我们推动共同富裕提供了根本遵循和行动指南。站在“两个一百年”奋斗目标的历史交汇点上，习近平总书记和党中央赋予浙江高质量发展建设共同富裕示范区的光荣使命，充分体现了对浙江的关心厚爱和信任重托。杭州作为省会城市，我们必须学深悟透习近平总书记关于共同富裕的重要论述和中央、省委的重大决策部署，切实增强思想自觉和行动自觉，准确把握政治逻辑、历史逻辑、实践逻辑，坚持“数智杭州·宜居天堂”的发展导向，持续放大部分行政区划优化调整的综合效应，率先探索破解新时代社会主要矛盾的有效途径，率先形成推动共同富裕的体制机制，争当浙江高质量发展建设共同富裕示范区的城市范例，使浙江示范区建设这一政治责任在杭州忠实履行、这一金字招牌在杭州熠熠生辉，从特大城市层面充分印证习近平新时代中国特色社会主义思想的巨大真理力量，以“城市之窗”展示“中国之治”，以“杭州之答”回应“时代之问”。

全会强调，进入新发展阶段，我们必须遵循特大城市发展的内在规律，在争当城市范例中奋力开创“大杭州、高质量、共富裕”的发展新局。要主动适应阶段性特征的发展变化，迈向大杭州时代，按照“四个杭州”“四个一流”的要求，把 1.68 万平方公里作为一个整体进行统一谋划，进一步强化市域大统筹，下决心打通主动脉，抢抓亚运机遇提升城市综合能级，努力成为世界城市版图中的重要一极。要牢牢把握共同富裕社会形态的基本属性，聚力高质量发展，让动力系统更高能、经济形态更高级、资源配置更高效、发展韧性更高强，在更高水平上促进效率与公平的动态平衡、发展与共享的辩证统一。要以杭州的先行探索为全省全国探路，锚定共富裕跑道，促进区域共富、城乡共富、群体共富、物质精神共富、协作地区共富，率先展现共同富裕美好社会的基本图景。到 2025 年，城市新型空间格局持续优化，以数字化改革撬动共同富裕体制机制创新实现重大突破，区域差距、城乡差距和收入差距不断缩小，共建共享的公共服务体系、市域一体的规划建设体系、高效联通的交通网络体系、全域统筹的保障支撑体系“四大体系”更加完善，基本达到生活富裕富足、精神自信自强、环境宜居宜业、社会和谐和睦、公共服务普及普惠，取得“先富引领、共富示范”的阶段性标志性成果。

全会强调，要推动社会深刻变革，找准发展与改革的增长点、支撑点和均衡点，着力推动人的全面发展和社会全面进步，不断取得阶段性成效、形成标志性成果、凝练普遍性经验，努力在争当城市范例的道路上越走越坚定、越走越宽广。要加快市域一体化发展，着眼全市域、立足大统筹，加快构建“一核九星、双网融合、三江绿楔”城市新型空间格局，绘好全市域规划“一张图”，推动“优核强星”、错位协同发展，完善综合交通网络体系，强化资源要素全市域优化配置，着力形成空间新架构。要推进高水平科技自立自强，聚焦打造全球数字变革策源地，争创综合性国家科学中心，打造重大产业创新中心、全球数字贸易中心，构建热带雨林式创新创业生态，推动绿色低碳转型，着力形成动能新支撑。要推进公共服务优质共享，坚持和完善为民办实事长效机制，围绕人的全生命周期多元化需求，加快构建幼有善育、学有优教、病有良医、老有颐养、住有宜居、劳有厚得、弱有众扶的公共服务体系，着力形成民生新供给。要营造尊法守信的环境，提升法治素养，维护公平正义，坚持守信为本，推动规则意识、契约精神真正深入人心、成为自觉行动，着力形成社会新风尚。要创建市域社会治理示范城市，推动特大城市全周期管理，坚持系统施治，强化源头施治，推进精准施治，着力形成治理新体系。要激发新老杭州人的自豪感，坚持以社会主义核心价值观为引领，构建牢固的文化纽带，塑造共同的精神气质，营造诗意的栖居环境，着力形成城市新魅力。

全会指出，今年是“十四五”开局之年，也是争当城市范例的元年。要按照“每年有新突破、五年有大进展、十五年基本建成”的安排，构建统筹高效的组织体系、工作体系和政策体系。要加强党的全面领导，成立社会建设委员会，扎实做好市县乡领导班子换届，夯实基层基础，驰而不息推进转作风、优作风，建立清单管理机制、试点引领机制、比学赶超机制，把各项工作抓紧抓实、抓出成效。要推进数字化改革，全面落实“152”工作体系，持续做强做优城市大脑与产业大脑，谋深抓实多跨场景重大改革，注重解决“数字鸿沟”问题。要做实基本单元，高水平推进未来社区、乡村新社区建设，推广“大下姜”乡村联合体共富模式，建立健全农村村（社区）共享优质公共服务机制，让共同富裕惠及每一位群众。要注重共建共治共享，汇聚奋斗共识，形成强大合力，强化系统观念，坚持民呼我为，增强实际感受，在人人参与、人人尽力的基础上实现人人享有、人人出彩。

全会号召，全市广大党员干部群众更加紧密地团结在以习近平同志为核心的党中央周围，传承世代匠心、接续砥砺奋进，高水平打造“数智杭州·宜居天堂”，为争当浙江高质量发展建设共同富裕示范区的城市范例而努力奋斗！

责任编辑 郦 晶

2 亚运会筹办

综 述

【杭州亚组委机构与人员】2021年，杭州亚组委对组成人员进行调整。9月，浙江省委常委、常务副省长陈金彪担任2022年第19届亚运会组委会副主席，冯飞不再担任2022年第19届亚运会组委会副主席。12月，浙江省委常委、杭州市委书记刘捷担任2022年第19届亚运会组委会副主席，浙江省政府副秘书长徐张艳担任2022年第19届亚运会组委会副秘书长，蔡晓春不再担任2022年第19届亚运会组委会副秘书长。

1月7日，杭州亚组委第五次执行委员会会议暨第五次全体委员会议、亚残组委第二次执行委员会会议暨第二次全体委员会议以视频会议形式召开。执行委员会成员、杭州亚组委委员近250人参加会议。会议原则通过《杭州亚运会、亚残运会筹办工作报告》《杭州亚运会和亚残运会场馆运行工作实施方案》《2022年第19届亚运会竞赛项目设置方案（修订）》《2022年第19届亚运会组委会组成名单（修订）》《2022年第4届亚残运会组委会组成名单（修订）》。

2月，杭州亚组委印发《2022年第4届亚残运会组委会主要职责内设机构和人员编制规定》。6月，印发《2022年第19届亚运会组委会环境保障部处室设置职责配置和人员编配规定》，成立环境保障部，内设综合处（环境保障协调处）和气象保障协调处2个处室。杭州亚组委实体化运行部室增至18个。

至年末，杭州亚组委有各类人员751名，其中专职人员252名（含市管干部38名）、挂职人员70名、帮助工作人员45名、社会专业人士380名。

（杭州亚组委组织和人力资源部）

【场馆运行】2021年4月30日，杭州亚组委印发《杭州亚运会、亚残运会场馆运行团队设置意见》等文件，确定杭州亚运会、亚残运会竞赛场馆运行团队42个，非竞赛场馆运行团队33个。9月28日，印发《杭州亚运会和亚残运会场馆运行团队培训实施方案》，建立场馆运行阶段教育培训体系的课程框架，明确各主体的职责分工与工作要求。

9月16日，杭州亚组委召开竞赛场馆运行工作进度计划编制工作培训部署会议，布置指导竞赛场馆运行工作进度计划编制工作，印发《2022年第19届亚运会组委会办公室关于开展杭州亚运会和亚残运会竞赛场馆运行工作进度计划编制工作的通知》，明确各竞赛场馆团队编制进度计划的基本原则、方法和程序、工作阶段及编制内容、相关管理规定、工作要求。9月30日，各竞赛场馆团队全部完成场馆运行进度计划的编制工作。

10月13日，杭州亚组委召开竞赛场馆赛时运行计划（第一版）编制工作动员部署会议，布置竞赛场馆赛时运行计划（第一版）的编制工作，并印发《杭州亚运会、亚残运会竞赛场馆赛时运行计划编制工作方案》，明确赛时运行计划编制的工作流程、工作安排、工作机制、工作要求等内容。10—11月，杭州亚组委就竞赛场馆赛时运行计划中基础信息、赛时运行任务、资源计划、详细运行设计、政策与程序、风险管理、亚残运会7个单元内容组织4次培训，邀请相关专家对场馆团队如何编制运行计划、如何通过“亚运钉”知识库做在线编辑指导和交流。12月26日，各竞赛场馆团队全部完成赛时运行计划（第一版）的编制工作。

（杭州亚组委办公室
组织和人力资源部）

【客户群服务计划和业务领域运行计划编制】2021年，杭州亚组委启动《杭州亚运会、亚残运会客户群服务计划（第二版）》和《杭州亚运会、亚残运会业务领域运行计划（含通用政策与程序）（第二版）》编制工作。1月22日，杭州亚组委召开编制工作部署会，提出建立服务计划和运行计划的编制工作协调机制，部署和指导编制工作，审核工作成果，研究解决相关问题。1—2月，各客户群主责业务领域在《客户群服务计划（第一版）》基础上修改和完善；3月，形成《客户群服务计划（第二版）》；4月，简化版的《客户群服务计划（第二版）》通过杭州亚组委机关党组会审议。

2月3日至4月7日，杭州亚组委召开11场交流审核会，对51个

《业务领域运行计划（第二版）》进行逐一交流和交叉审核，并研究解决业务领域间工作边界不清等问题。4月，修改完善的业务领域运行计划提交杭州亚组委机关党组会审定。

【团长指南编制发布】2021年，杭州亚组委启动《杭州2022年亚运会、亚残运会代表团团长指南（1.0版）》编制工作。3月，杭州亚组委召开团长指南编制工作动员部署会议，明确指南编制的具体安排；印发《杭州2022年亚运会、亚残运会代表团团长指南（1.0版）编制工作方案》，明确编制工作的指导思想、工作机制（责任分工、协调及审核机制）、工作任务、进度安排和指南目录等。

3—8月，杭州亚组委各参与部门根据该工作方案展开内容编写。8月和10月，分别完成《杭州亚运会代表团团长指南1.0版》《杭州亚残运会代表团团长指南1.0版》英文翻译，并分别征求亚奥理事会和亚残奥委会意见。9月8日，对外发布《杭州亚运会代表团团长指南1.0版》；11月18日，对外发布《杭州亚残运会代表团团长指南1.0版》。

（杭州亚组委办公室）

【测试赛举行】2021年3月4日，杭州亚组委印发《杭州2022年亚运会测试赛和测试活动工作指导意见》，明确杭州亚运会测试工作的测试目标、组织原则和运行模式。7—12月，杭州亚组委举办田径、篮球、帆船、自行车、龙舟、柔道、跆拳道、乒乓球8场测试赛，结合测试赛完成3个项目的国内技术官员选拔、培训及6场竞赛组织的管理人员培训。12月30日，杭州亚组委召开2021年测试赛竞赛组织总结会议，围绕赛事组织程序化规范化、如何开展一项多馆项目联调联动、如何融入属地场馆团队等多个主题进行分享，业务领域负责人对测试赛中体育展示与颁奖、反兴奋剂、竞赛管理等业务领域的经验进行总结。

3月，根据《杭州2022年亚运会测试赛和测试活动工作指导意见》，亚残运会测试赛（活动）与亚运会测试赛同步开展方案设计。7月，经中国残联和亚洲残奥委会确认，明确田径、游泳、草地掷球、坐式排球、盲人门球和硬地滚球5个项目开展测试赛，其余项目开展测试活动。7—12月，杭州亚残组委完成轮椅篮球、盲人柔道、乒乓球3场测试活动。

（杭州亚组委竞赛部）

【观众服务】2021年1月，杭州亚组委组建观众服务业务领域（Spectator Services，简称SPS），启动编制基础文件。先后编制观众客户群服务计划、观众服务业务领域运行计划、观众服务通用政策及程序、SPS通用应急预案等政策规程，并编写《场馆SPS工作指南》，为场馆观众服务工作开展提供全面直接的参考。6月，启动《杭州亚运会观众服务指南》编制工作。11月，经多轮讨论研究，形成《杭州亚运会观众服务指南（1.0版）》。同时，启动《杭州亚运会观众服务指南》设计制作项目招标采购工作。

7月，"韵味杭州"田径邀请赛，观众服务业务领域首次实战练兵，5000多名观众现场观赛，观赛环境及秩序良好、观赛氛围热烈、观众体验良好。10—12月，观众服务业务领域结合浙江青少年五人制篮球冠军赛、萧山临浦体育馆柔道测试赛、临安跆拳道测试赛等"韵味杭州"系列测试赛，在实践中熟悉工作岗位、工作职责、工作流程，加强对场馆观众服务质量的把控力度，强化场馆观众服务团队业务水平。（杭州亚组委办公室）

【协办城市联动】2021年1月28日，杭州亚组委印发《2022年第19届亚运会组委会关于建立杭州亚运会协办城市协调保障机制的意见》，通过实地调研、座谈和指导等方式，督促5个协办城市从工作部署、方案制订、机构设置、力量配备和运行机制等方面落实工作。5月，5个协办城市亚筹办相继完善机构设置，启动实体化运行。6月16日，组织协办城市亚筹办观摩杭州亚运城市行动比学赶超活动，学习借鉴杭州亚运城市行动推进经验。明确协办城市参与杭州亚运会市场开发的政策、流程和权益，鼓励协办城市发挥当地优势，推荐优秀企业参与赞助招商、特许经营、公益捐赠等市场开发工作。至年末，宁波有2个企业签订公益捐赠协议。

7月，杭州亚组委多次召开工作会议，策划、指导、审核协办城市"倒计时一周年"活动实施方案及主会场连线分镜头脚本，组织5个协办城市"倒计时一周年"联动，展现各地筹办风采。9月10日，5个协办城市分别在当地举办倒计时一周年主题活动，通过歌舞、诗朗诵等节目展演以及水幕秀、亚运主题灯光秀等多种形式，展现全省人民喜迎亚运、期盼亚运的热烈氛围，并通过视频连线的方式，与杭州主会场进行互动展示。

（杭州亚组委杭外工作部）

【亚组委纪检监察与审计】2021年，杭州亚组委专题研究部署党风廉政建设工作4次，出台从严治党有关制度10项。3月2日，印发《亚组委机关2021年度党风廉政建设主体责任清单》。4月28日，印发《关于整改落实全面从严治党主体责任有关问题的通知》和《亚组委机关2021年廉政风险排查防控工作要点》，共排查出73个权力事项存在廉政风险，涉及243个廉政风险点，指导制定防控措施421条。10月25日，下发《2022年第19届亚运会组委会纵深推进清廉机关建设实施方案》，深化巩固清廉机关建设成果。

8月6日，杭州亚组委印发《杭州亚运会和亚残运会场馆运行监督工作方案》，与场馆权属单位逐一沟通对接，协调指导各监督组组建和各项测试赛监督组组建，制定测试赛监督工作联系制度，对田径、帆船、篮球、乒乓球、柔道、跆拳道等测试赛监督工作组进行全程指导协调，形成齐抓共管的场馆运行监督工作机制。召开测试赛监督工作座谈会8次，做好测试赛监督工作交流与总结复盘，制定《场馆运行监督工作手册》，明确监督工作政策与程序。

杭州亚组委重点关注普遍性、苗头性、倾向性问题，相继开展广播电视和信息技术部内控制度建设及执行情况的跟踪审计调查、亚组委现金等价物管理和使用情况专项审计、亚组委赛时官网建设和运维及运营情况跟踪审计调查、与杭州市审计局协同开展2020年度亚组委机关财务收支审计4个项目，在合同管理、制度执行等方面发现问题18个，从加强合同执行、重视协议条款、明晰核价标准等方面提出意见和建议12条，强化风险防控和规则意识、提升项目绩效管理。

（杭州亚组委纪检监察和审计部）

【亚运会知识产权保护】2021年，杭州亚组委通过确权、规范指导、侵权处置、普法宣传等方式全面保护亚运会知识产权。4月23日，杭州亚组委完成《向晚夕照》《共创未来》《共此时》等31首亚运音乐作品的第一轮版权登记。8—9月，完成杭州亚运会标志海外商标注册服务项目公开招标。11月29日，完成对杭州亚运会二级标志、体育图标、核心图形、火炬设计等14件作品的著作权登记。至年末，向日本、韩国、新加坡、菲律宾、泰国、科威特6个国家及中国香港、中国澳门、中国台湾3个地区，提交亚运标志（会徽和吉祥物组合）商标注册申请并全部受理。

杭州亚组委授权相关机关单位、公益组织等无偿使用杭州亚运会标志开展官方活动，接收金华湖海塘小学、浙江省人民医院等10多起亚运标志非商业使用申请及咨询。4月21日，授权杭州中国动漫博物馆在陈列布展中无偿使用杭州亚运会标志。5月29日，授权杭州市奥体实验小学使用杭州亚运会标志举办"亚运定制"美术作品定制活动。11月12日，授权拱墅区教育局在"运河好少年"数字博物馆活动中无偿使用杭州亚运会标志。许可新加坡、中国澳门、中国台湾等国家和地区奥委会在杭州亚运会代表团制服上无偿使用杭州亚运会会徽。

杭州亚组委处置41件侵犯杭州亚运会知识产权及隐性营销案件。其中杭州亚组委诉杭州龙都置业有限公司、杭州百房网络科技有限公司侵犯杭州2022年第19届亚运会特殊标志一案是国内首例涉杭州亚运会知识产权诉讼案，10月9日，该案在杭州市萧山区人民法院公开开庭审理，超过1.5万人在线观看庭审直播。

4月26日，主题为"走进亚运 法治护航"的杭州亚运会知识产权保护高峰论坛在杭州举行，《2020年度杭州亚运会知识产权保护白皮书》发布。论坛期间，杭州亚组委与省、市、区各级市场监管部门，浙大城市学院，浙江省工商联等单位合作开展讲座，与浙江省知识产权中心合作建立"杭州亚运会知识产权保护主题展区"，发布杭州亚运会知识产权保护系列漫画，鼓励社会合法使用杭州亚运会知识产权。

（杭州亚组委法律事务部）

【亚运会财务保障】2021年5月，杭州亚组委聘请中怡保险经纪有限责任公司作为保险顾问，制订12类保险产品的初版保障方案。通过"韵味杭州"田径邀请赛、"韵味杭州"篮球测试赛的保险保障服务，测试保险工作流程。

6月，杭州亚组委发布《2022年第19届亚运会收费卡政策和流程V1.0》，明确工作职责和流程。9月9日，通过杭州亚运会代表团团长大会向各国家（地区）奥委会发布《2022年第19届亚运会国家（地区）奥委会收费卡指南V1.0》。10月18日，通过第一次世界媒体大会向注册媒体发布《2022年第19届亚运会媒体收费卡指南V1.0》。至10月，杭州亚组委对亚运收费卡系统97个功能模块提出43项缺陷或优化建议，完成收费卡系统的需求、开发、调试和验收工作。10月20日，亚运收费卡网站上线。

9月，杭州亚组委新增5个核价服务供应商，解决核价渠道单一的问题。同时，制定《杭州亚运会现金等价物（VIK）供应商核价服务指引》，帮助赞助企业快速了解VIK制度规定，加快核价流程。根据市场开发的产品（服务）信息表，涉及VIK赞助类别31类，VIK赞助金额23.36亿元。全年完成包括正装服饰（二期）、语言服务管理及国际联络系统、航空客运服务（礼宾及抵离服务）、体育服饰（夏装）、西式餐饮服务（产品部分）和饮用水净化6个赞助类别的VIK核价工作，核价金额为6028.24万元。（杭州亚组委财务部）

竞赛组织

【概况】2021年，杭州亚组委推进亚运会和亚残运会各项竞赛组织筹备工作。对亚运会部分项目（网球、羽毛球、柔术、壁球、皮划艇等）小项的具体方案和亚残运会部分预设小项进行调整，完成亚运会和亚残运会总赛程（1.0版）编制发布与单元赛程编制，组织亚运会第一阶段45个国家（地区）奥委会、61个分项的报名工作，组织亚残运会第二阶段44个国家（地区）残奥委会的报名工作，做好无疫区建设方案和规范性文件制定、无疫区评估验收、疫病防控、马术竞赛组织筹备工作，同亚奥理事会体育委员会、各国际和亚洲单项体育联合会举行非正式会议30多场，同亚残奥委会、各国际和亚洲单项体育联合会举行非正式会议30多场；召开杭州亚运会技术代表大会，实地勘察53个场馆中的57个检查站，推动反兴奋剂教育拓展站和兴奋剂管制中心建设，组织赛时反兴奋剂工作团队组建与培训；确定颁奖仪式运行服务工作形式和颁奖仪式团队，完成所有杭内颁奖执行团队来源高校初步选拔工作。编写完成《竞赛技术手册》《反兴奋剂工作方案》《兴奋剂管制指南》《反兴奋剂教育工作方案》《DOP工作人员读本（初稿）》。

【竞赛项目设置】2021年，杭州亚组委完善亚运会小项设置，在原有482个小项（数量保持不变）预设方案基础上，对部分项目（网球、羽毛球、柔术、壁球、皮划艇等）小项的具体方案进行调整。9月，该方案获亚奥理事会、国家体育总局批准。8月，杭州亚组委起草《关于申请在2022年第19届亚运会中设置马拉松大众项目的报告》并提交亚奥理事会审议。9月，亚奥理事会同意马拉松设大众项目。

9月6日，亚奥理事会致函杭州亚组委，通知电子竞技设置"王者荣耀亚运版本""炉石传说""梦三国2""DOTA2""FIFA Online 4"" 和平精英亚运版本""英雄联盟""街霸5"8个小项，并设2个表演项目。11月5日，杭州亚组委在第四届中国国际进口博览会上对外公布电竞项目的8个小项。

全年杭州亚残组委完善亚残运会小项设置，在原有616个小项预设方案基础上，对部分小项进行调整，至年末，小项数调整为594个。

【总赛程（1.0版）编制发布与单元赛程编制】2021年2月，杭州亚组委启动亚运会单元日程编制。8月，确定总赛程1.0版及单元日程初稿。9月13日，对外发布杭州亚运会总赛程1.0版，微信公众号阅读量超过7万人次。至年末，单元日程更新至3.0版。

12月，杭州亚组委对排球、篮球赛程及场馆安排进一步优化。确定排球继续使用4个场馆，将男排决赛安排到临平体育中心体育馆，交换德清体育中心体育馆、临平体育中心体育馆原有男子、女子排球预赛安排；取消富阳体育中心体育馆篮球（五人制）办赛任务，保留其他3个场馆办赛任务。

3月，杭州亚残组委启动单元赛程编制。10月，确定总赛程1.0版及单元日程初稿。11月，对外发布杭州亚残运会总赛程1.0版。

【竞赛报名】2021年3月16日，杭州亚运会第一阶段（按项目）报名工作结束，有45个国家（地区）奥委会提交报名表，项目涵盖杭州亚运会61个分项。5—7月，第二阶段（按人数）报名开展，经与各项目技术代表多轮商讨，全部报名政策、报名表得到确认。8—9月，杭州亚组委公布杭州亚运会竞赛报名时间节点、报名方式和报名表格。9—11月，杭州亚组委完成竞赛报名系统开发、测试活动。

10月29日，杭州亚组委向亚洲各国家（地区）奥委会发送官方信函和人数报名表（60个分项），启动线下报名工作。11月29日，竞赛报名系统上线，向亚洲各国家（地区）奥委会发送竞赛报名系统账号和使用手册，启动线上报名工作。12月13—25日，杭州亚组委组织42场与亚洲各国家（地区）奥委会（NOC）"一对一"会议，介绍按人数报名核心内容，解答竞赛报名相关问题。12月30日，电子竞技项目技术手册得到确认，补充发布电子竞技项目技术手册和报名表。

12月，杭州亚组委明确大洋洲参赛配额分配、报名方式等核心问题。12月21日，与亚奥理事会召开视频会议，双方同意由亚奥理事会与大洋洲奥协沟通确认：大洋洲运动员人数最多不超过235人，随队官员人数最多不超过65人；由大洋洲奥协统一成团，统筹竞赛报名等工作。

7月，杭州亚残组委启动亚残运会第二阶段报名筹备工作。9月，亚残运会技术代表一对一专项会议启动，就22个大项的报名政策、报名表格向技术代表征求意见。同时，编制报名政策，撰写报名指南。10月15日，亚残奥委会和杭州亚残组委共同向44个国家（地区）残奥委员会发出杭州亚残运会参赛邀请函。11月，杭州亚残运会代表团团长大会正式公布按人数报名安排，杭州亚残运会按人数报名工作启动。

【马术无疫区建设】2021年1月，杭州市无规定马属动物疫病区领导小组办公室召开无疫区现场推进会。2月，市农业农村局印发《杭州桐庐无规定马属动物疫病区疫病净化方案》。3月，2021年度各成员单位任务书印发，召开无疫区保护区工作督促会，对淳安、建德无疫区存在问题进行重点督查。4月，市无疫区办公室印发《2021年度马属动物疫病监测计划》。6月，建立市、县两级工作日报告制度。

2月，市无疫区办公室组织无疫区评审专项检查，对照评审意见逐条查验相关台账，梳理出问题52条，反馈桐庐县整改。4月，指导各地做好评估验收准备。5月，全面启动无疫区评估验收工作，明确验收对象、内容、时间安排和有关要求。6月，召开无疫区自我评估报告专家论证会，完成无疫区省级评估申请书并报省农业农村厅。7月，完成无疫区省级评估现场评审，将存在问题反馈涉及区县（市）政府并督促完成整改。11月，通过无疫区国家评估迎检。

1月，市林水局召开无疫区野生动物调查评审会，谋划2021年无疫区野生动物调查监测工作。市农业农村局完成2020年度马属动物疫病监测和流行病学调查任务。2月，市农业农村局启动猪日本脑炎疫苗、虫媒调查和重大动物疫病监测的招标程序。5月，按计划开展2021年度无疫区马病监测工作。9月，完成野生动物采样检测、第二次虫媒调查工作。10月，完成2021年度第二次马属动物疫病监测采样工作、2021年度无疫区监测计划八种马病项目比对。11月，完成全市猪病流行病学调查采样检测和全市重大动物疫病监测任务，以及2021年度虫媒调查和马病检测任务。

7月，杭州海关、钱江海关会同海关总署动植物检疫司和杭州亚组委，共同组建亚运会参赛马进出境检疫工作专班，邀请香港渔护署、香港赛马会相关专家参加。杭州亚组委召开亚运会参赛马进出境检疫工作专班第一次领导小组会议和专家组会议，专题研究参赛马匹进出境相关政策和程序。8月，杭州海关、钱江海关成立杭州海关第19届亚运会马术比赛检疫工作领导小组，对杭州亚运会入境马匹检疫相关工作程序和方案进行修订。11月，无疫区领导小组办公室配合农业农村部做好无疫区建设现场评审，开展杭州亚运会马术比赛马匹检疫专班集中工作。

【马术竞赛组织筹备】2021年2月，杭州亚组委完成第一次马术项目报名工作。4月，举办亚运会无规定马属动物疫病区建设情况通报会，邀请亚洲赛马联合会、原北京奥运会马术项目竞赛部有关专家到桐庐指导工作。5月，会同桐庐马管委、亚洲赛马联合会与马术三项赛赛道设计师召开视频会议，商讨马术项目三项赛赛道设计事宜。8月，印发《关于明确杭州2022年亚运会马术项目测试赛相关事项的指导意见》。12月，启动马术第二次报名工作，22个国家和地区奥委会报名，共201匹马，来自美国、印度、印度尼西亚、阿拉伯联合酋长国、日本等14个国家和地区。

【与亚洲（国际）体育单项组织交流合作】2021年，杭州亚组委通过电话、电子邮件、视频会议等方式与各亚洲（国际）体育单项组织加强交流与合作，收发邮件2000多封。同亚奥理事会体育委员会、各亚洲（国际）体育单项联合会召开非正式会议30多场。8月初，杭州亚运会40个大项、61个分项的71位技术代表的任命工作全部完成。9月8—10日，杭州亚运会代表团团长大会暨技术代表大会第一阶段会议召开，邀请技术代表共同参会，帮助技术代表了解组委会各业务领域工作进展。10月18—19日，杭州亚运会第一次世界媒体大会召开，邀请各亚洲（国际）体育单项联合会媒体官员线上参会，为做好亚运会媒体服务工作奠定基础。

2021年，杭州亚残组委通过电话、电子邮件、视频会议等线上形式与各亚洲（国际）体育单项组织加强交流与合作，全年收发邮件500多封。同亚残奥委会竞赛委员会，各亚洲（国际）体育单项联合会召开沟通会议30多场。完成杭州亚残运会22个大项技术代表任命工作。11月，杭州亚残运会代表团团长大会暨技术代表大会会议召开，邀请技术代表共同参会，帮助技术代表了解亚残组委会各业务领域工作进展。

【亚运会技术代表大会】2021年12月15日，杭州亚运会技术代表大会召开。会议通过播放杭州亚运会宣传片、各业务领域汇报、现场问答等环节，向各技术代表介绍亚运整体筹备进展，并听取各位代表的意见与建议。

【体育展示与颁奖仪式筹备】2021年2月1日，《杭州2022年第19届亚运会体育展示与颁奖仪式总体规划》发布。8月17日，杭州亚组委确定上海峥唐体育科技有限公司作为《杭州2022年第4届亚残运会体育展示与颁奖仪式总体规划纲要》编制服务商，签订合同并启动编制工作；12月30日，《杭州2022年第4届亚残运会体育展示与颁奖仪式总体规划纲要》及总体工作方案获亚残奥委会审定通过。10月25日，杭州亚组委确定北京七季天时体育文化有限公司为杭州亚运会体育展示总体服务商。

11月22日，杭州亚组委确定颁奖仪式团队划分为24支颁奖执行团队，包括19支杭内流动团队和5支杭外固定团队。团队包括颁奖礼仪380人、升旗手182人，总计562人。12月，完成所有杭内颁奖执行团队来源高校初步选拔工作。

【反兴奋剂工作推进】2021年，杭州亚组委在58个杭州亚运会、亚残运会场馆中建设62个不同类型的检查站，勘察53个场馆中的57个检查站，将反兴奋剂教育拓展站设立在亚运村/亚残运村、运动员酒店、亚运分村等区域，提供反兴奋剂教育拓展活动的全覆盖。初步开展兴奋剂管制中心场地选址工作。

杭州亚运会计划采用合理有效的安全链将样本运输至北京兴奋剂检测实验室及香港赛马协会兴奋剂检测实验室。7—12月，暂定样本传送由赛会指定物流供应商圆通速递运输承担，并初步明确运动员样本运输方案和马匹样本运输方案。10月，为各场馆编制通用物资、专用物资、特殊物资计划表，并指导各场馆检查站完成反兴奋剂业务领域经费预算和物资统计。11月24日，完成反兴奋剂业务领域《客户群服务计划》和《业务领域运行计划（第二版）》修改工作。12月30日，完成杭州亚运会场馆运行设计及运行计划的审查，并指导属地场馆完善。

11月，确定兴奋剂管制中心运行团队工作人员由国家体育总局反兴奋剂中心、杭州亚组委反兴奋剂工作处构成。杭州亚运会计28人，杭州亚残运会计17人，下设综合事务、运行管理、检查运行和宣传教育4个组，分别承担相应工作，预估亚运会赛时兴奋剂检查团队将由280名检查官和480名志愿者构成。12月9—10日，开展第一期属地场馆副站长及检查官的培训，有110多人参加培训。

【竞赛手册编制】2021年1月，杭州亚运会竞赛技术手册编制启动。5月，杭州亚组委完成61个分项《竞赛技术手册》初稿编写。6—9月，58个分项的《竞赛技术手册》经技术代表审核并确认，并同步完成中英双语版本的校对、排版。9月，向亚奥理事会、国家体育总局以及各国家（地区）奥委会公布《竞赛技术手册（1.0版）》。高尔夫、电子竞技项目分别于11月、12月确认并发布《竞赛技术手册（1.0版）》。

根据亚奥理事会要求，杭州亚组委竞赛部和信息技术部共同负责《竞赛需求书》编制。根据项目特点，分成六大类别，启动各项目《竞赛需求书》编制工作。10月，杭州亚组委竞赛部和信息技术部共同完成60个分项竞赛需求书编制，并发给技术代表进行审核确认。

10月、11月，杭州亚组委先后编制完成杭州亚运会《反兴奋剂工作方案》和《兴奋剂管制指南（中文版）》。12月，编制完成《反兴奋剂教育工作方案》《DOP工作人员读本（初稿）》。

7月，杭州亚残运会《竞赛技术手册》编制启动，至年底，完成22个大项《竞赛技术手册》初稿编写。

（杭州亚组委竞赛部）

场馆建设

【概况】2021年，亚运场馆建设总体推进顺利，57个比赛场馆累计完成总投资的95%，其中49个场馆通过竣工验收，46个场馆通过赛事功能验收，33个场馆通过消防专项验收，10个场馆通过电气配置查验。亚运村竣工。31个训练场馆按计划全部开工，完成总投资的88.5%。全年杭州亚组委完成场馆96项技术审查，包括4项方案设计审查、3项初步设计审查、35项施工图设计审查、22项不同阶段的体育工艺专项深化审查，以及19项无障碍专项设计审查。完成轮椅篮球、乒乓球、盲人柔道的亚残运会测试赛无障碍硬件设施保障工作。推进赛事器材工作，编制完成《2022年第4届亚洲残疾人运动会赛事器材清单汇编（第一版）》和《2022年第4届亚残运会赛事器材指导清单》。

【比赛场馆与训练场馆建设】2021年年初，杭州亚组委发布《2021年度亚运会、亚残运会场馆项目建设主要节点计划安排》《2022年第19届亚运会训练场馆建设计划任务》，协调解决主材供货、概算审核、前期审批、电力供应等各类问题。3月，第一批42个竞赛场馆陆续竣工。10月，第二批7个竞赛场馆陆续竣工。

4月，杭州亚组委发布《关于开展杭州亚运会和亚残运会场馆赛事功能验收的通知》，明确赛事功能验收相关要求，并组织相关部门、相关专家及华体集团有限公司组成赛事功能验收工作专项小组，对各竞赛场馆进行验收前的现场技术指导和交流（预验收）。自7月起，逐步对各个完成整改的竞赛场馆进行赛事功能验收。至年末，49个场馆通过竣工验收，46个场馆通过赛事功能验收，26个场馆通过消防专项验收，10个场馆通过电气配置查验。

2021年下半年，杭州亚运会31个训练场馆全面开工建设，杭州奥体中心综合训练馆、温州奥体中心训练场、金华市中心室外足球场项目提前竣工。

【亚运村通过验收】2021年12月，亚运村媒体村、运动员村1号地块通过竣工验收；运动员村2号地块、技术官员村通过赛时使用功能验收。12月29日，杭州亚运会主亚运村竣工仪式暨媒体开放日活动举行，标志着杭州亚运村赛时使用建筑建设目标实现。杭州亚运村建设历时3年多，打桩2.6万根，施工塔吊近100台、吊篮2700多组，使用钢筋超10万吨、混凝土100万吨，种植绿化面积近34万平方米，完成19.8千米道路、21.5千米地下综合管廊、108幢建筑1万余套241万平方米房屋的建设。

【场馆评估与技术审查】2021年，亚运会、亚残运会竞赛场馆、训练场馆均完成前期设计。杭州亚组委完成96项技术审查意见书，包括4项方案设计审查、3项初步设计审查、35项施工图设计审查、22项不同阶段的体育工艺专项深化审查以及19项无障碍专项设计审查。完成训练场馆的设计审查工作，确保所有训练场馆在年底之前进入施工阶段。

全年杭州亚组委同步进行体育工艺检测监督与指导工作，检测内容包括场地（规格、布置、构造、材质等）、场地照明系统、场地扩声系统、显示屏系统、标准时钟系统和升旗控制系统等。3月，确定体育工艺第三方检测服务项目的供应商。8月、10月，会同体育工艺检测单位，先后对各场馆进行两次体育工艺检测，针对检测中存在的问题，下发整改通知书。

【场馆设施运行维护】2021年，为规范场馆运行团队场馆设施运维业务领域工作，杭州亚组委编制一系列规范和导则。8月，编制完成《2022年第19届亚运会保电场馆信息采集规范》《杭州亚（残）运会场馆及设施电气配置查验规范》。10月，编制发布《杭州亚运会电力保障工作临时负荷管理规范》《杭州亚（残）运会电力保障应急电源配置及管理规范》《杭州亚运会场馆清洁服务规范》《杭州亚运会场馆废弃物管理规范》。12月，发布《杭州亚运会场馆设施运行维护导则》。

【场馆无障碍环境建设】2021年5月，杭州亚组委建立无障碍专班，根据《2022年第4届亚残运会竞赛场馆无障碍建设指导意见》相关要求，对各亚残运会竞赛场馆无障碍设计进行专项审查，从流线、空间、设施展开研究分析，确保满足运动员、贵宾、观众等主要客户群的无障碍需求。全年无障碍专班对19个亚残运场馆进行两轮审查，提出图审意见635条，下发联系单涉及的问题205条，对各亚残运竞赛场馆开展现场检查督促工作80多次，实时跟进建设进度，及时查漏补缺。自10月起，杭州亚组委开展亚残运会测试活动，邀请残疾人运动员、残疾人观众、残疾人贵宾分别体验场馆的无障碍区域，提出意见与建议。至年末，完成轮椅篮球、乒乓球、盲人柔道的测试活动的无障碍硬件设施保障工作。

【景观布置与运行设计】2021年6月，杭州亚组委完成《2022年第19届亚运会组委会场馆景观布置（含引导标识）综合咨询管理服务》招标采购工作。8月，编制发布《杭州亚运会、亚残运会场馆景观布置实施方案》，明确景观布置业务领域的工作内容、各工作阶段的工作任务和景观布置各相关团队职责分工。9月，完成《场馆景观布置空间布置规范（1.0版）》编制工作，对温州龙舟基地、杭州奥体中心体育游泳馆等类型场馆开展阶段成果审查会。7—10月，指导“韵味杭州2021田径邀请赛”景观设计、搭建，完成“韵味杭州”2021年篮球冠军赛景观元素规范及规划设计项目实施采购工作。12月，制定景观服务商入库标准，确定14个公司入围杭州亚运会景观服务商主题馆库。

3月，完成《杭州亚运主题馆2022年第19届亚运会组委会场馆详细运行设计编制服务商类目》采购工作，确定中国电建集团华东勘测设计研究院有限公司等6个单位为运行设计服务商。6月，编制发布《杭州

2021年7月9—11日，“韵味杭州2021田径邀请赛”在杭州奥体中心体育场举办（杭州亚组委 供稿）

亚运会、亚残运会场馆运行设计实施方案》(含经费测算方式),明确工作界面及工作计划,并指导场馆开展场馆详细运行设计编制招标工作。7月,编制发布《场馆运行设计导则及制图标准》修编版。8月,召开亚运会、亚残运会运行设计启动大会,解读《杭州亚运会、亚残运会场馆运行设计实施方案》、《杭州亚运会、亚残运会场馆运行设计导则及制图标准》、主题馆采购等问题。9月,推进"韵味杭州"2021年篮球冠军赛运行设计工作,召开杭州奥体中心体育馆、富阳体育中心、浙江大学紫荆港校区体育馆、绍兴奥体中心篮球测试赛场馆运行设计审查会议。12月,完成竞赛场馆V1.0版运行设计审查工作。

【赛事器材工作推进】2021年5月,杭州亚组委启动《2022年第4届亚洲残疾人运动会赛事器材清单汇编(第一版)》[简称《亚残运会赛事器材清单汇编(第一版)》]编制工作。12月,编制完成《亚残运会赛事器材清单汇编(第一版)》,在沿用亚运会赛事器材的基础上,添置100多类亚残运会专用器材。在《亚残运会赛事器材清单汇编(第一版)》基础上,按场馆编制完成《2022年第4届亚残运会赛事器材指导清单》,印发给各亚残运会场馆。

(杭州亚组委场馆建设部)

信息技术

【概况】2021年,杭州亚组委按照"智能"办赛理念,推进亚运会信息系统建设,完成赛事管理类(GMS)全部系统建设的需求定义和原型设计工作,7个系统如期上线;计时记分类项目备忘录顺利签订,启动6个项目场馆成绩类系统(VRS)第一阶段集成测试;完成成绩发布类(RDS)全部系统的需求定义及上云部署工作,启动集成测试;完成赛事支持类(GSS)2个系统上线运行。推动"智能亚运"重点项目建设,启动赛事综合指挥平台建设;迭代升级数字办赛一体化平台"亚运钉"App,启动数字参赛一体化平台"杭州亚运行"App建设;完成数字观赛一体化平台"智能亚运一站通"二期建设;完成"数字政府亚运会子门户"平台建设,并在"浙政钉"电脑端上线;在亚运会重点场馆全面应用3DGIS、BIM、IoT和5G等技术。做好通信网络建设,完成50个场馆网络方案第一阶段设计,完成36个场馆AGIS(亚运会信息系统)专网部署工作,完成6个场馆AGIS业务开通,完成4个场馆互联网业务开通。强化网络安全保障,做好信息技术场馆化运行,推进亚残运会信息技术保障,完成第二次和第三次亚奥理事会IT审计工作。

【亚运赛事信息系统建设】2021年,杭州亚组委完成赛事管理类(GMS)全部12个系统的需求定义和原型设计工作,7个系统如期上线。9月30日,赛程编排系统上线。10月13日,工作人员和志愿者管理系统上线。10月20日,收费卡系统上线。10月27日,亚运村住宿系统上线。11月10日,注册系统上线。11月26日,竞赛报名系统按人数报名功能上线。11月30日,制服管理模块上线。

推进赛事成绩类(GRS)系统建设,全年杭州亚组委与亚奥理事会、天梭公司召开21次专题会议,开展技术磋商。8月31日,与亚奥理事会、天梭公司签署三方合作备忘录,标志着计时记分类系统供应商的确定和计时记分类项目建设的启动。12月,启动手球、柔道、皮划艇激流回旋、水球4个项目场馆成绩类系统(VRS)第一阶段远程集成测试,七人制橄榄球、铁人三项2个项目第一阶段离线集成测试。完成成绩发布类(RDS)6个系统[包括中央成绩系统、赛事信息发布系统(INFO)、myINFO、INFO内容管理系统、成绩打印分发系统、互联网接口系统]的需求定义及开发环境上云部署工作。11月,陆续交付。12月,启动集成测试。

9月13日,赛事支持类(GSS)2个系统(IT事件跟踪与管理系统、部署管理系统)上线运行。10月27—31日,IT事件跟踪与管理系统、部署管理系统在"韵味杭州"2021年浙江省青少年五人制篮球冠军赛(男子甲组)中试运行。

【"智能亚运"建设】2021年3月12日,杭州亚组委成立亚运会、亚残运会主运行中心(MOC)建设和运行工作专班(简称MOC专班)。3月23日,召开MOC专班第一次会议,启动赛事综合指挥平台建设。赛事综合指挥平台融合安保、交通、赛事等专项系统。通过对基础数据进行综合分析,梳理赛事、保障、人员、突发事件4种态势,设立赛事进程、注册抵离、事件任务、信息技术、预案管理、视频信息等13个专题,形成宏观到态势、中观到专题、微观到场馆的三级可视化界面。4月21日,确定杭州海康威视数字技术股份有限公司为赛事综合指挥平台建设赞助候选企业。8月9日,确定浙江天航咨询监理有限公司为赛事综合指挥平台建设服务项目的咨询监理单位。11月17日,通过《杭州亚运会亚残运会总指挥部信息系统服务项目可行性研究报告》。

推进数字办赛一体化平台"亚运钉"App迭代升级,5月27日,上线实时翻译、会议扫码签到、投屏等功能,接入协同办公系统、亚运培训等应用。8月6日,推出自动登录、密码输入可见等功能。11月15日,推出扫码登录、忘记密码、自助解冻账号等功能。

启动数字参赛一体化平台"杭州亚运行"App建设,在"带疫办赛"要求下打造"疫情防控+数字参赛"一体化平台,为技术官员、运动员、媒体记者等参赛人员提供线上预约、查询、入场等"云闭环"防疫服务和新闻资讯、气象服务、语言服务、交通服务、赛程成绩服务、亚运村服务等智能便捷的赛事服务。12月3日,启动杭州亚运会、亚残运会健康检测服务类别市场开发征集工作。

完成数字观赛一体化平台"智能亚运一站通"平台二期功能建设和运营工作。1月25日,完成"智能亚运一站通"首页改版优化,推出热门话题、热门活动及精彩视频等栏目。2月8日,推出"点亮梦想"公益捐赠功能。3月4日,推出"亚运PASS"功能,整合健康码、行程卡、公交地铁码、门票码等各类二维码,为用户提供公共交通出行、景区入园、文博预约等"一码通行"服务。4月

30 日，推出智能篆刻、酒店住宿等功能。5 月 30 日，推出“游亚运”协办城市、一键求助及 VR 导览功能。7 月 5 日，推出爱心体验店、亚运火苗、AI 健身等功能。7 月 8 日，整合扫一扫、走一走、动一动和捕火苗等功能，推出“亚运火苗”模块。9 月 10 日，推出赛事查询、捕火苗、英文版、“我的亚运”及数字商品等功能。9 月 27 日，完成“亚运 PASS”迭代升级公测。10 月 15 日，完成“智能亚运一站通”二期里程碑功能验收。12 月 14 日，引入都市快报专业运营团队，开展日常内容运营服务和活动运营。12 月 20 日，推出数字藏品专区、火苗图鉴、一站通长辈版等功能。平台获评浙江省数字化改革数字政府系统 2021 年度最佳应用。至年末，平台在“浙里办”、学习强国等实现“一端多投”，注册用户超过 1300 万人，总访问量 13.6 亿人次，日均访问用户超 74 万，日均访问量超过 300 万人次。上线“跑向 2022，争当亚运火炬手”活动 15 个城市站点 47 条路线，活动参与人数超过 3080 万（含杭州站新增用户），完成 24 所足球梦想学校捐赠。

杭州亚组委在亚运重点场馆、倒计时装置、观赛空间等场所建设基于视觉定位的 AR+ 服务，构建集 AR 导航、文化体验、迎宾解说、虚拟互动的场景应用。7 月 2 日，确定浙江商汤科技开发有限公司为杭州亚运会、亚残运会官方智能视觉服务独家供应商赞助候选企业，启动亚运会 AR 服务平台建设。

推进“数字政府亚运会子门户”平台建设，2021 年 3 月 12 日，启动平台建设。6 月 15 日，完成平台建设工作，并在“浙政钉”电脑端上线。

结合 AI 智能审计技术和区块链技术，杭州亚组委建设亚运资金监管系统，将亚运资金使用全程上链，实现项目流程、资金使用、合规审计的全程上链和全过程监管，创新亚运资金使用监管。12 月 14 日，支付宝（中国）网络技术有限公司成为亚残运会官方金融科技服务合作伙伴。

杭州亚运会重点场馆全面应用 3DGIS、BIM、IoT 和 5G 等技术，提升场馆智能化水平。至年末，黄龙体育中心“场馆智慧大脑”三维驾驶舱、物业管理等 8 个业务系统、物联网平台、官网建设完成，实现场馆监测、预警、指挥一体化管理。杭州奥体中心游泳馆 IBMS 综合运维管理平台 1.0 版上线，实现场馆设备设施远程可视、可控；奥体中心体育场（大莲花）完成国内首创“2.6G 异频 + 4.9G 同频”双层组网方案设计及功能测试，可满足 8 万观众 5G 网络使用需求。9 月 28 日，杭州亚组委“杭州亚运会：泛 5G 智能场馆赛事应用”项目在 2021 年世界互联网大会总决赛中获一等奖。

【通信网络建设】2021 年，杭州亚组委完成 50 个场馆网络方案第一阶段设计工作，完成 36 个场馆 AGIS（亚运会信息系统）专网部署，完成 6 个场馆 AGIS 业务开通，完成 4 个场馆互联网（Wi-Fi）业务开通。3 月 8 日，杭州亚组委首次完成云资源 VIK（Value In kind，现金等价物）服务验收。7 月 9 日，首次完成云资源 VIK 服务核销。至年末，完成 89 批次云资源申请，在线云资源达 1500 多个；完成 9 个里程碑的云运行支持服务和云运行支持服务 4 次季度验收。

6 月，梳理核实赛事保障对讲服务需求。8 月 18 日，确定按照竞赛保障用专网对讲、场馆运行保障用公网对讲的分类实施方案，明确专网对讲采用单场馆部署 3116 台；公网对讲依托 4G/5G 公网 1923 台。11 月 4 日，印发《关于配合做好杭州亚运会、亚残运会 400MHz 竞赛对讲保障服务工作的通知》，开启赛事保障对讲实体部署。

【无线电安全保障】2021 年 9 月，杭州亚组委编制完成《2022 年杭州亚运会、亚残运会无线电安全保障总体工作方案》初稿。12 月 27 日，经广泛征求意见，该工作方案对外发布。10 月 1 日，“第 19 届杭州亚运会无线电频率申请门户”在杭州亚运会官方网站上线，面向亚运无线电用户征集频率需求。11 月，《杭州 2022 年第 19 届亚运会无线电频率申请使用指南》《杭州 2022 年第 4 届亚残运会无线电频率申请使用指南》启动编制。12 月 31 日，两份指南的中英文双语版对外发布。

【网络安全保障】2021 年 5 月 19 日，杭州亚组委印发《2022 年第 19 届亚运会组委会网络安全管理办法》，将信息系统上线、运维、应急、重保、关停 5 个阶段的网络安全管理细则纳入网络安全管理体系规划。9 月 10 日，发布实施《2022 年第 19 届亚运会组委会信息系统上线阶段网络安全管理细则》；至年末，23 个场馆的 AGIS 专网和互联网 Wi-Fi 的网络安全一馆一册建设方案通过评审。12 月 7 日，杭州亚组委昆仑中心大楼作为首个场馆，完成场馆专网的网络安全设备部署和调试。12 月末，杭州亚组委共计完成 4 个非竞场馆的网络安全设备部署和调试。

3 月 3 日，杭州亚组委召开首次网络安全等级保护定级评审会，邀请省、市网络安全等级保护评审专家对杭州亚组委建设的专网网络，以及 NOC/NPC 联络网站、杭州亚运会票务系统、志愿者招募系统等 27 个网络和信息系统开展网络安全等级保护定级评审。12 月 29 日，召开第二次网络安全等级保护定级评审会，对总指挥部信息系统、竞赛视频系统、统一网管平台、互联网接口系统、物流管理系统 5 个亚组委信息系统，以及分级系统、注册管理系统、竞赛报名系统、赛会服务系统 4 个亚残组委的信息系统进行网络安全等保定级。至 12 月末，完成 36 个信息系统定级备案，其中 13 个信息系统取得网络安全等级保护评测证书。

【信息技术场馆化运行】2021 年 6 月 22 日，杭州亚组委发布《示范场馆技术运行手册》。12 月，启动场馆化运行信息技术保障调研工作，通过视频会议、现场调研等方式与场馆属地对接，全面了解各场馆信息技术基础设施建设相关情况，解决场馆信息技术领域难题，推进场馆信息技术运行工作。与德清体育中心体育馆、桐庐马术中心、临平体育中心、杭州师范大学（仓前校区）体育馆、浙江工商大学文体中心等 7 个场馆逐一对接，建立常态化沟通机制。做好田径邀请赛、篮球冠军赛、乒乓球邀请赛、柔道冠军赛和跆拳道冠军赛 5 场“韵味杭州”测试赛的信息技术运行保障，模拟正赛运行流程。

12月，杭州亚组委完成杭州亚运会、亚残运会信息技术指挥中心集成实验室、竞赛视频工作室、呼叫中心等功能区域的建设工作。信息技术指挥中心位于奥体综合训练馆七至八层，是杭州亚运会、亚残运会的核心技术运行中枢，包括指挥大厅、集成实验室、竞赛视频工作室、呼叫中心等功能区域。12月29日，运行团队首批人员入驻信息技术指挥中心。

【亚残运会信息技术保障】2021年10月26日，《杭州2022年第4届亚残运会信息技术总体规划》编制完成。该规划参照亚运会信息化建设范围，依据“非必要不建设”原则，对亚残运会信息化建设内容的建设模式分成沿用（沿用亚运会信息化成果）、改造（改造亚运会信息化成果）和新建（亚残运会特殊需求）3类，避免重复建设，为杭州亚残运会成功举办提供信息技术保障。主要内容包括规划概述、需求分析、指导思想原则及目标、信息系统规划、通信网络服务规划、云服务规划、网络安全规划、基础设施和通用设备规划、技术运行规划、亚残运会IT转换建议、项目管理与集成、实施模式及路径等章节，为建设项目的落地提供依据和输入。11月10日，该规划通过专家评审。

11月25日，杭州亚组委完成《杭州2022年第4届亚残运会信息技术方案》编制和翻译。该方案梳理杭州亚运会信息技术建设所具备的功能和杭州亚残运会信息技术建设需求，围绕杭州亚残运会核心业务，聚焦杭州亚残运会竞赛特殊和特色需求，统筹设计杭州亚残运会信息技术建设和服务内容。完成翻译后，该方案提交亚残奥理事会审核通过。

（杭州亚组委广播电视和信息技术部）

市场开发

【概况】2021年，杭州亚组委完成杭州亚运会物流服务、在线教育、非酒精饮料3个官方赞助商招商，完成西式餐饮、咖啡、床垫、空调、邮政服务、箱包、日化用品、生活家电8个官方独家供应商招商。完成杭州亚残运会物流服务、在线教育2个官方赞助商招商，完成咖啡、空调、邮政服务、箱包、日化用品、生活家电6个官方独家供应商招商。制定《赞助企业无形资产使用规范指导手册》《赞助企业权益应用线上审批系统操作指南》等相关指导手册。至年末，完成现金捐赠总金额1.01亿元。杭州亚运会、亚残运会市场开发收入共计39.92亿元（协议签订金额），其中亚运会收入38.51亿元、亚残运会收入1.41亿元。

【赞助招商】2021年，杭州亚组委完成杭州亚运会物流服务、在线教育、非酒精饮料3个官方赞助商招商，分别为圆通速递股份有限公司、新东方教育科技集团有限公司、杭州娃哈哈集团有限公司。完成西式餐饮、咖啡、床垫、空调、邮政服务、箱包、日化用品、生活家电8个官方独家供应商，分别为百胜中国控股有限公司、杭州羽嬉贸易有限公司、顾家家居股份有限公司、宁波奥克斯电气股份有限公司、中国邮政集团有限公司、力高控股集团有限公司、纳爱斯集团有限公司、松下电器（中国）有限公司。完成杭州亚运会黄酒、浴霸、装修服务、淡水产品、铁皮石斛、茶叶、汽车护理用品赛艇和皮划艇赛事器材等44个类别、63个官方供应商赞助企业征集工作。

完成杭州亚残运会金融科技服务、银行服务官方合作伙伴，分别为支付宝（中国）网络技术有限公司、中国工商银行股份有限公司，完成物流服务、在线教育2个官方赞助商招商工作，分别为圆通速递股份有限公司、新东方教育科技集团有限公司，完成咖啡、空调、邮政服务、箱包、日化用品、生活家电6个官方独家供应商招商工作，分别为杭州羽嬉贸易有限公司、宁波奥克斯电气股份有限公司、中国邮政集团有限公司、力高控股集团有限公司、纳爱斯集团有限公司、松下电器（中国）有限公司。完成杭州亚残运会涂料、智能门锁、消防器材及装备等42个类别60个官方供应商赞助企业征集工作。

【赞助企业服务】2021年，杭州亚运会赞助企业服务以“提升赞助企业服务满意度”为核心，通过完善顶层规划设计，优化日常服务流程，拓展企业合作渠道，搭建信息共享平台，提升杭州亚运会和赞助企业的品牌价值，降低赞助合同执行风险。线下，围绕赞助商俱乐部，举办安恒信息“西湖论剑·网络安全大会智能亚运安全分论坛”、太平洋保险“乐行天下”交响音乐会等4次轮值主席单位主题活动，温州龙舟运动中心等3次场馆踏勘，广州亚运会、亚残运会博物馆1次考察活动，1场赞助企业大会，1场联合营销大会，6场赞助企业业务领域培训对接会和2场专家座谈会，发布16期《杭州亚运会赞助商服务工作动态》。线上，依托赋能亚运App，推出“亚运答达星人”“亚运吉祥物AR游园会”“美食相伴薪火相传”等3场主题营销活动，开展线上营销活动37场，参与人次超1600万。4月，完成与“智能亚运一站通”的平台互通，实现视觉交互与产品功能的互通。

7月，上线权益应用赛前审批系统，制定《赞助企业权益应用线上审批系统操作指南》《赞助企业无形资产使用规范指导手册》《赞助企业十类权益服务计划》等相关指导方案及手册，帮助赞助企业明晰权益应用的边界与准则，推进日常服务标准化建设。

全年完成公益晚会、田径测试赛、篮球测试赛、倒计时装置、英语之星、走十城等6个项目的二次市场开发工作，创收826万元（新增现金454万元、VIK72万元），节省经费2000万元。

【特许经营】2021年年初，杭州亚组委完成《特许经营业务领域运行计划（第一稿）》的编制工作，从业务领域概述、客户群服务、组织架构与工作计划等方面进行初步谋划。5月初，完成第一版应急预案编制工作，并确定第二版风险清单与应急预案内容。

杭州亚组委完成8个类别、24个特许生产企业征集工作，新增美妆、数字特许商品类目。完成零售企业常态化征集3批次，新增零售企业33个。创造性开发数字特许商品，数字火炬、数字手伴等商品受到好评，其中超过50万人次参与抢购亚运数字火炬，20秒售罄，销售额78万元，微博话题“杭州亚运会数字火炬发布”阅读量超过5400万人次。亚残运会数字火炬总计4万枚，总销售额63.6万元，全部收入均捐赠给公益项目。7月，杭州亚组委发售《亚运在中国》时代专列徽章套装，限量2022套，3天售罄，微博话题阅读量超过9519万人次，讨论量超过4.6万人次。

9月10—12日，杭州亚运特许游园会在杭州湖滨步行街举行。以亚运特许新品首发、“亚运在中国”主题展、亚运电竞体验、主题之夜表演、赞助商品牌推广、直播带货等形式传播亚运文化，线下参与近50万人次，特许商品线下销售额13.6万元，微博话题阅读量1.2亿人次，直播观看量1799万人次，销售额696万元。

【票务】2021年3—12月，杭州亚组委对杭州奥体中心场馆群、黄龙体育中心场馆群等44个场馆进行踏勘与对接，将其中33个竞赛场馆座席录入票务系统，产出28个竞赛分项的42张票价方案图。自5月31日起，公众售票官网完成第一阶段开发测试及图文审批工作，并在杭州亚组委内部上线试运行。试运行后，结合个人信息保护、无障碍功能设计等要求，对公众售票官网进行优化完善。公众售票官网是杭州亚运会公众门票销售的官方线上渠道，包括电脑页面、H5页面和“智能亚运一站通—票务通”小程序，与大客户销售管理系统、票务运营管理后台共同组成杭州亚运会票务系统。全年杭州亚组委启动并完成所有竞赛场馆“一馆一方案”的研究和编制工作，明确各场馆票务空间与硬件设施等相关要求，完成54个场馆的票务人员设置计划方案。

7月8—11日，在杭州奥体中心体育场举行的“韵味杭州”系列测试赛首场比赛中，结合场馆踏勘和票务相关政策，进行票务工作全程测试演练。11月，杭州亚组委启动疫情防控下的票务运营方案编制工作，参考2021年大型国际体育赛事票务工作惯例，结合12月发布的《杭州亚运会、亚残运会新冠肺炎疫情防控工作方案（第一版）》，针对场馆容量和上座率控制，重点从销售、运营、保障、机制4个方面，提出在保障防疫安全的前提下实现门票销售和观众上座，同时优化赛场氛围和转播效果、争取利益最大化的具体实操方案。

【公益捐赠】至2021年年末，完成亚运现金捐赠总金额1.01亿元，其中，41个省级和市级国有企业捐赠现金9440万元，28个民营企业、社会团体及个人捐赠现金637.92万元。捐赠物资及服务25笔，协议总价值1179.79万元（含14笔“一元捐”）。除杭州本地企业外，还有来自宁波、北京、上海、广州等全国多地的企业响应支持捐赠，形成“以杭为主，多城联动”的局面。

4月18日，杭州亚组委在浙江国际影视中心举行“汇聚星光·点亮梦想”杭州亚运公益捐赠晚会。参与捐赠的24个省、市国有企业和4个民营企业代表，杭州亚运会部分赞助企业、亚运公益联合助梦方代表及其他嘉宾300多人参加颁发仪式。晚会现场直播总观看量超过1300万人次，全网总曝光量超过5000万次。11月17日，杭州亚运会第二批企业捐赠仪式在杭州亚组委大楼举行。杭州亚组委有关领导、12个捐赠企业负责人出席仪式。杭州亚组委现场向企业颁发公益捐赠证书和纪念品。12月16日，杭州亚组委发布“杭州亚运捐赠荣誉榜”，总结亚运捐赠取得的成绩、捐赠流程、荣誉激励政策、重要节点性活动等信息。12月30日，亚运主题无人机捐赠仪式暨首演活动在杭州奥体中心主体育场（大莲花）平台举行，广州穿越千机创新科技有限公司向杭州亚组委以“一元捐”形式捐赠为期9个月的无人机表演及配套服务。

（杭州亚组委市场开发部）

亚运宣传

【概况】2021年，杭州亚组委做好亚运新闻宣传、宣传矩阵建设、官方会刊（杂志）发行、媒体运行和主转播等工作。分别发布亚运会、亚残运会形象景观总体规划、亚运会、亚残运会火炬形象、亚运会、亚残运会礼仪服装等亚运会、亚残运会视觉形象。举办第一次世界媒体大会。推进亚运音乐作品征集工作，最终产生30件首批优秀音乐作品。举办亚运国际文明礼仪大赛，吸引近2万名选手报名参赛，最终产生十大城市文明礼仪之星、十大赛事服务礼仪之星及优秀奖。推进亚运主题电影、主题电视剧和《嗨，亚运》系列纪录片制作等工作。启动“亚运走十城”文化推广活动，全年在上海、西安、天津、武汉、成都5个城市完成活动。举办亚运短视频大赛、“亚运之星”英语大赛等，全方位传播亚运文化。

【亚运新闻宣传】2021年，各类媒体发布相关新闻报道超过1500篇。9月10日，杭州亚运会倒计时一周年系列活动举行，《人民日报》、新华社、中央广播电视总台等中央、省、市主流媒体在主要版面和栏目刊登专题报道。中央广播电视总台综合频道《新闻联播》播出时长约1分钟的新闻报道。亚太地区15个国家和地区，近170个媒体，涵盖9种语言联动报道，精准覆盖受众超过1.4亿人次。

全年中央媒体和各级地方主流媒体推出各类报道2000多篇。“学习强国”全国平台推出亚运筹办稿件200多篇，单篇最高阅读量600万人次，最高点赞量7万余人次。杭州亚组委全年举行新闻发布会9场，对外发布电竞项目设置、场馆和亚运村建设进展、竞赛组织和测试演练情况、开闭幕式导演人选和筹备情况、赛时媒体服务政策等方面资讯。举办线上发布、媒体采风、媒体吹风会、大型集中采访等新闻发布活动120多场。全市160块户外大屏、公交地铁屏幕、西湖游船等全天播放杭州亚运会宣传视频。

杭州亚组委分别于3月、7月、12月举办3场媒体采风活动，邀请中外媒体参观亚运场馆、参观体验城市地标、感受办赛城市特色文化，围绕亚运宣传工作进行交流座谈。3月，开展中日乒乓外交30周年纪念活动亚运宣传推介工作。7月，在中国澳门开展“诗画浙江”推介会和杭州亚运会主题展位宣传推介工作。11月，在中国国际进口博览会、中国·东盟旅游展投放亚运主题宣传。9—10月，先后邀请11个海外主流媒体参观报道亚运场馆和亚运会筹办情况。12月30—31日，举办亚运无人机捐赠仪式和跨年表演活动，并在奥体中心区域开展无人机常态化展演。

自1月起，杭州亚组委策划推出《走近亚运》中英双语国际电视专题节目第3期至第30期，共28期，覆盖五大洲200多个国家和地区。

【亚运宣传矩阵】2021年，杭州亚组委官网发布中文信息6900条、英文信息635条，平均每周发布原创稿件20多条，总页面浏览量（PV）超过400万人次。“抖音”发布作品545个，总阅读量超过4亿人次，总点赞量1200万人次；单条播放量最高6072万人次，单条点赞最高162.6万人次。至年末，粉丝数量增长至150多万人。播放超过1000万人次的作品12个，播放超过500万人次的作品18个，点赞量超过10万人次的作品35个。#亚运官宣#合集播放量3858.2万人次，多次登上“抖音”热榜板块。#来吧志愿者#合集播放量736.8万人次。#我们的宝宝#吉祥物合集播放量2320.1万人次。

微信发布推文1332篇，其中阅读量超过10万人次的推文13篇。微博#倒计时一周年#相关话题最高阅读量5.9亿人次，超过1亿人次的话题4个，千万级的话题近10个。

Facebook账号粉丝数超过26万人，推送1380条。Twitter账号关注1.54万人次，推送1450条，总阅读量超过1500万人次。Instagram账号关注4.2万人次，推送735条。YouTube账号关注超过2.9万人次，发布视频155个，总播放量超过325万人次。TikTok在日本、泰国、马来西亚分别开设当地账号，总关注量10.2万人次，发布内容120条。

亚运频道自制亚运筹办相关节目2.65万分钟，播出亚运及相关文化体育节目（含宣传片）时长1701.65小时。直播亚运会国际文明礼仪大赛决赛、“韵味杭州”田径邀请赛时长1080分钟。新闻报道548条，会议纪录片7020分钟。

2月，杭州亚运会吉祥物原创动漫作品大赛获奖漫画绘本作品《我在最美的地方等你》《江南忆·玩转亚运非奥项目》《亚运江南忆——跟着丰子恺游杭州》完成深化修改和线上发布，并先后于4月、7月正式出版。

【亚运官方会刊、杂志】2021年，《杭州亚运》官方会刊为中文季刊，发行4期，每期印发15万册。官方杂志为中英双语，发行4期，每期印发0.5万册。记录杭州亚运会筹办进程，反映亚洲体育事业发展状况。

【亚运会短视频大赛】2021年2月24日至6月18日，杭州亚组委面向全球开展以“每个人都了不起”为主题的杭州亚运会短视频大赛。大赛征集1504部参赛作品，总时长41小时56分钟，平均时长2分25秒。其中，高校师生作品385件，杭州市各区县（市）和各有关单位作品131件，各协办城市作品23件。7月19日，短视频大赛评选结果公布，其中二等奖作品4个、三等奖作品5个、最佳组织奖6个。8月，所有获奖作品通过杭州亚运会官方网站等平台进行展播。

【亚运媒体运行】2021年6月，杭州亚组委启动主媒体中心赛时运行团队组织架构和人员配置方案编制工作。7月，确定新华社为杭州亚运会、亚残运会媒体运行服务商。8月，完成主媒体中心核心工作专班组建，9月，完成主媒体中心工作专班组建，联合新华社启动主媒体中心运行设计工作。9月中旬，启动主媒体中心运行计划编制工作。10月，确定杭州国际博览中心1B、1C、1D展厅及其序厅、负一层餐厅等共3.9万平方米的区域为赛时主媒体中心场地。

1月，杭州亚组委编制完成《杭州亚运会场馆媒体中心运行服务手册》，向各竞赛场馆媒体运行团队发放。4—12月，完成对建成竞赛场馆的场馆媒体中心的踏勘。5月，启动8场“韵味杭州”系列测试赛，测试场馆媒体中心运行工作，并成立测试赛官方摄影队。7月9—11日，“韵味杭州”田径邀请赛，摄影运行团队为55名注册记者提供专业服务。

8月，杭州亚组委确定由新华社中国新华新闻电视网承接杭州亚运会新闻信息服务项目，并由中国新华新闻电视网完成赛前信息的采集和录入工作。9月，杭州亚组委配合亚运会信息与新闻发布平台开发方，完成所有需求规格书的确认。10月，启动亚残运会新闻信息服务筹备工作。11月，完成《亚残运会媒体运行计划》编制工作。

【第一次世界媒体大会】2021年10月17—20日，杭州亚运会第一次世界媒体大会在杭州国际博览中心举办。大会采取线上与线下结合的方式召开，国家体育总局及省、市相关领导出席开幕式，110多个新闻机构、400多人参会。

10月18日，杭州亚组委13个业务领域围绕竞赛日程、场馆建设、媒体运行、媒体抵离、交通、物流、住宿、餐饮、收费卡等政策内容介绍杭州亚运会各项筹办工作进展，组织参观竞赛场馆及媒体村。10月19日，举行新闻发布会、中央级媒体座谈会、国际传播座谈会、亚奥理事会单边会议等专题会议。

10月，亚奥理事会、“欧洲头条”等英文网站发布大会相关新闻，《人民日报》、《中国日报》、美联社等500多个媒体进行集中报道。

【亚运会主转播】2021年4月30日，浙江省政府与中央广播电视总台签订《杭州亚运会广播电视宣传战略合作协议》，明确中央广播电视总台为杭州亚运会和亚残运会主播机构，负责统筹国际广播中心（IBC）设计、建设和运行，开闭幕式及赛事公共信号制作，国内外持权转播商赛时服务等各项工作。5月和10月，杭州亚组委先后审议通过《亚运会、亚残运会主播机构认定后总体工作方案》《杭州2022年第19届亚运会主播机构服务协议》《杭州2022年第4届亚残运会主播机构服务协议》。11月16日，杭州亚组委和亚残组委与中央广播电视总台分别签订《杭州2022年第19届亚运会主播机构服务协议》和《杭州2022年第4届亚残运会主播机构服务协议》，约定主播机构各项服务内容。

12月15日，中央广播电视总台召开杭州亚运会主播机构工作动员大会，部署主播机构工作计划，明确由国际传媒港（上海）文化发展有限公司承接主播机构主要工作任务。12月23日，杭州亚组委与中央广播电视总台、国际传媒港（上海）文化发展有限公司三方召开主转播工作第一次会议，研讨开展主转播工作有关事项。

【亚运会、亚残运会形象景观总体规划发布】2021年1月29日，《杭州2022年亚运会、亚残运会形象景观总体规划（1.0版）》在线上发布。该规划将整体氛围定位为“东方诗意、中国窗口”。在亚运城市空间布局上，以杭州奥体中心、杭州亚运村为赛事核心，秉持“一心璀璨、四组齐发、多点闪耀、全域精彩”的理念，内容包括会徽、口号、吉祥物、体育图标、核心图形及色彩系统等形象元素在亚运会、亚残运会场馆内外及城市景观中的运用规范。8月，该规划2.0版及社区版印发。

【亚运会、亚残运会火炬形象发布】2021年9月10日，杭州亚运会倒计时一周年主题活动在杭州奥体中心网球中心（小莲花）举行。杭州亚运会火炬形象“薪火”发布。中央、省、市主流媒体及杭州亚组委官方新媒体矩阵进行报道，杭州亚运会火炬形象发布话题微博阅读量近900万人次，“抖音”流量近800万人次。

10月9日，杭州2022年第4届亚残运会倒计时一周年主题活动在杭州市杨绫子学校举行，杭州亚残运会火炬形象“桂冠”发布。杭州籍残奥冠军代表、全国助残先进个人、残疾人群众代表、亚残运会竞赛场馆负责人等参加活动。杭州亚残运会火炬形象“桂冠”发布话题微博阅读量近90万人次，“抖音”关注量近600万人次。

▶资料：亚运会火炬形象

“薪火”火炬造型自下而上“生长”，整体高730毫米，净重1200克。炬身以良渚螺旋纹为演化，形似指纹，自然交织，精致细密；炬冠以玉琮语意为特征，方圆相融，昂然而立；出火口设计源自“琮”最早的甲骨文字形，寓意“光在内周而复始”；整体轮廓曲线犹如手握薪柴，在动静之中迸发出由外向融合的运动员力量感和汇聚态势。“薪火”寓意着中华文明薪火相传。火炬以玉琮为表征，以人文历史和山川风物为主干，既是对中华文化的致敬和传承，也向世界展示真实、立体、全面的古代中国、现代中国和未来中国，使中华文明圣地闪耀出更加璀璨的光芒。“薪火”，表达了各国运动员的团结共融。火炬四面八槽，聚合至顶部中心@形象，以生命之河的形式象征各国家和地区运动员汇聚杭州共襄盛事，呼应亚运会“心心相融，@未来”的主题口号；炬身纹样以中国结穗尾结束，以东方元素展现着亚运大舞台上的团结共融，也寄托着面向未来，共建人类命运共同体的良好愿望。“薪火”，展示浙江智造的魅力。火炬以天然圣火与智能技术为双核支撑，在历届大型赛事火炬设计中独树一帜，先后突破工艺、材料、生产、运输等技术瓶颈。金属部分采用1070铝合金旋压成型工艺，表面先后经历激光精雕和阳极氧化两道工艺淬炼；握把采用可回收生物质材料，环保轻盈，便于手持；燃料采用生物质燃气，清洁安全可靠。

▶资料：亚残运会火炬形象

“桂冠”设计思想源自实证五千年中华文明史的良渚玉琮和杭州市花——桂花，尊良渚玉琮为文化本源，礼通天地，道贯古今；以杭城桂花的芳香四溢，寓意阳光、和谐、自强、共享的办赛理念。通体月桂黄与虹韵紫交相辉映，整体高756毫米，净重1160克，与亚运火炬“薪火”形成一种相互呼应关系。火炬造型提炼“琮”为核心语义，显承上启下态势：向上共生，点滴星光迸涌金桂华浪，铸就炬冠；向下延伸，绵长文脉散发智慧之光，汇成炬基；顶部以双层镂空金属的火口设计，保障轻量化与安全性，火焰强健稳定。火炬底部刻有盲文，团队研究火炬手持握的人机工学要素，也为驾轮椅运动员设计专用火炬支架，彰显人文与科技双重融合的理念。“桂冠”具有较高的杭州亚残运会的辨识度，其良渚玉琮和杭州市花的组合呈现出唯一性、独到性，既具深厚底蕴，又富时代气息，既庄重又活泼。

“桂冠”的设计在保证其在亚残运会庆典活动展现美好效果的同时，也保证火炬传递的易用性和可行性。

【亚运会、亚残运会礼仪服装发布】2021年9月10日，杭州亚运会礼仪服装在杭州亚运会倒计时一周年之际发布，亚残运会礼仪服装同日发布。亚运会礼仪服装包括1套颁奖礼仪服（女装）、1套颁奖托盘员服（女装）和1套升旗手装（男装）；亚

2021年9月10日，亚运会、亚残运会礼仪服装发布　（杭州亚组委 供稿）

残运会颁奖礼仪服装和托盘员服装皆为1套（女装）以及1套升旗手服装（男装）。中央、省、市主流媒体及杭州亚组委官方媒体矩阵进行报道，杭州亚运会礼仪服装发布话题流量超过800万人次。

【亚运会、亚残运会视觉形象发布】2021年2月2日，杭州亚残运会体育图标在线上发布。发布的体育图标包括22个大项，设计以奔涌的钱江潮为灵感来源，呼应杭州亚残运会会徽"向前"奋勇拼搏的运动激情和勇立潮头的浙江精神。发布后将应用于场馆内外的标识和装饰、城市空间、道路指示系统、广告宣传、景观环境布置、电视转播、纪念品设计、运动员参赛和观众观赛指南等方面。中央、省、市主流媒体及杭州亚组委官方新媒体矩阵对发布进行报道，微博阅读量超过400万人次。

3月26日，杭州亚运会、亚残运会引导标识系统基础元素设计在线上发布。该引导标识系统发布后，将覆盖各种场馆内外场景，形成连贯的信息场与信息链。4月6日，亚运会、亚残运会重要标志组合使用及拓展设计在线上发布。重要标志组合使用项目侧重于从整体上对会徽、口号、吉祥物、体育图标等重要视觉元素规范中存在缺漏项及不适用的情形进行优化升级；拓展设计项目侧重于从产品端实际需求出发，对会徽、口号、吉祥物、体育图标、场馆图形、文化遗产、数字媒体等重要视觉元素进行造型、颜色、设计语言等多方面的多元化艺术再创作与衍生。发布后，可应用于特许商品、衍生产品、宣传品印制等。

4月13日，杭州亚运会、亚残运会吉祥物项目运动造型设计在线上发布。该设计是对各体育项目比赛中最具代表性瞬间的造型定格与动画设计，是亚运视觉体系的重要组成部分。通过"江南忆"3个吉祥物进行竞技比赛动作展示，将竞技运动定格在饱含视觉冲击力的瞬间，展现亚运会积极进取、活力青春的竞技精神。中央、省、市主流媒体及杭州亚组委官方新媒体矩阵对发布进行报道，微博相关话题阅读量超过500万人次，"抖音"播放量超过800万人次。

5月10日，杭州亚运会、亚残运会二级标志在线上发布。7个二级标志以各具特色的图形特征诠释不同亚运活动主题，可应用于各对应的活动场景。在造型上，二级标志呼应亚运会、亚残运会会徽，尤其与亚运会徽形成互补关系，二者可视为由一对同心圆衍生而来，传递"珠联璧合"之意。在色彩上，二级标志采用杭州亚运会、亚残运会的色彩体系，并根据各自的表现力，形成一个完整的色环系统。中央、省、市主流媒体及杭州亚组委官方新媒体矩阵对发布进行报道，微博阅读量130万人次。

7月28日至10月29日，杭州亚组委面向全球发出亚运会、亚残运会官方海报设计征集，收到海内外应征作品1789份；11月，杭州亚组委组织评审后，对入选的60套方案进行意见深化与修改指导。7月28日至10月20日，亚运会、亚残运会奖牌及其他颁奖物资设计面向全球征集，收到海内外应征作品1105份；10月、11月，杭州亚组委组织评审，选出10套方案。

【"亚运走十城 吉利伴你行"文化推广活动】2021年5月30日，"亚运走十城 吉利伴你行"文化推广活动在杭州奥体中心主体育场（大莲花）启动，活动立足于杭州亚运会筹办实际，围绕亚运精神传承，以亚运UP（亚运趣味跑）、亚运MUSIC（亚运好声音）、亚运TALK（亚运宣讲）3个活动为载体，走进北京、上海、广州、深圳、南京、武汉、成都、西安、天津、厦门10个城市，根据不同城市体育文化特色，策划"一地一方案"。5—9月，活动走进上海市松江区、西安、天津、武汉和成都。每一站都落地城市地标，融合落地城市的体育文化特色，展示中国亚运风采。

【亚运会音乐作品征集】2021年，杭州亚组委公开征集音乐作品，收到海内外应征作品2102件。1月，四大赛区完成初选工作，评选出120件入围作品（歌曲61件、歌词30件、乐曲29件），最终产生30件首批优秀音乐作品（歌曲10件、歌词10件、乐曲10件）。3月12日，"亚运好声音'西子'来传韵"杭州亚运会首批优秀音乐作品发布活动在杭州奥体中心网球中心（小莲花）举行，30件优秀作品发布。中央广播电视总台综合频道《新闻联播》、《人民日报》、新华社、浙江新闻、杭加新闻、浙江卫视、《浙江日报》等40多个中央、省、市主流媒体对活动进行采访和报道。发布活动在杭州亚组委官网与官微、"抖音"和浙江卫视官方微博等平台同步直播。相关微博话题总阅读量超过6000万人次。

【亚运会国际文明礼仪大赛】2021年2月，杭州亚运会国际文明礼仪

2021年5月31日，"亚运走十城 吉利伴你行"文化推广活动首站在上海市松江区举行
（杭州亚组委 供稿）

大赛报名工作结束，近2万名选手报名参赛，报名选手遍布全国以及35个国家和地区，年龄最大72周岁，最小8周岁。2—8月，经过初赛、复赛和总决赛，产生十大城市文明礼仪之星、十大赛事服务礼仪之星及优秀奖，共40强选手。9月4日，杭州亚运会国际文明礼仪大赛颁奖仪式暨全省“迎亚运 讲文明 树新风”启动活动于杭州文广集团1号演播厅举行。

6月23日，“锦绣中华，文明亚洲”国际奥林匹克日·杭州亚运服饰秀活动在武林广场举行。近300名参演人员展示亚运服饰秀。活动通过“杭州之家”App进行网络直播，吸引6万余名网友在线收看。

9月28日，杭州亚运会亚洲文明礼仪高峰论坛在杭州举行。来自杭州的青年代表以主办城市的名义，向全亚洲青年发布文明礼仪倡议。自5月起，亚洲文明礼仪高峰论坛启动论文征集环节，收到论文近60篇。参会嘉宾230人，围绕城市与礼仪、体育与礼仪、青年与礼仪等话题展开探讨。

【“亚运英语之星”大赛】2021年5月20日，主题为“有你，更精彩！（Together, we achieve more!）”的“亚运英语之星”大赛在中国丝绸博物馆启动。比赛有高校组选手46429名、公众组选手770名、国际组选手81名（来自韩国、俄罗斯、乌兹别克斯坦等30多个国家和地区），最后选拔出优异选手400名。

【《嗨，亚运》系列纪录片】2021年，《嗨，亚运》系列纪录片制作团队与20多个亚洲国家和地区奥委会以及14个国内单项运动管理中心（协会）沟通相关采访拍摄诉求。自3月起，完成乒乓球、羽毛球、蹦床、赛艇、沙滩排球、龙舟、击剑、攀岩等9个项目国家队会徽设计，亚运会体育图标、火炬设计、礼仪服装设计，“韵味杭州”田径邀请赛，多个亚运场馆（杭州奥体中心体育场/网球中心/游泳馆、富阳水上运动中心和银湖体育馆、绍兴柯桥羊山攀岩中心等）以及陈经纶体育学校、浙江省体育职业技术学院的拍摄工作。自6月起，委托多个国际专业纪录片制作机构完成巴基斯坦、日本、哈萨克斯坦、卡塔尔、巴勒斯坦等国家，中国香港、中国澳门等地区的拍摄工作。1—12月，完成7集（总时长200分钟）分集剧本的撰写工作。12月，组织剧本研讨会。

2月，注册并运营《嗨，亚运》“抖音”“今日头条”“西瓜视频”等专属账号，为系列纪录片的播出预热。全年制作播出21条音乐微纪录片，拓展杭州公交、地铁、全市公共空间大屏等线下传播渠道。12月，纪录片被列为浙江省文化艺术发展基金2021年度资助项目。

【亚运会主题电影】2021年2月，杭州亚组委明确亚运会主题电影单一故事结构和霹雳舞主题。3月，确定导演大鹏、制片人陈祉希的主创团队。4月，大鹏导演团队到亚运场馆等场地调研。4—12月，主创团队先后赴河南郑州、辽宁大连观摩街舞比赛，进行创作调研，形成7稿剧本大纲和3稿分场剧本。其间，杭州亚组委多次组织专家研讨，重点探讨杭州元素和亚运元素如何更好嵌入剧本。11月，授权儒意影业（杭州）有限公司为杭州亚组委亚运会主题电影摄制团队。12月，杭州亚组委和摄制团队开展勘景。

【亚运会主题电视剧】2021年6月28日，杭州亚组委发布“杭州亚运会主题电视剧摄制团队征集公告”。7月9日，与天鹏传媒有限公司签订授权书和承诺书。7—12月，天鹏传媒完成分集（60分钟×20集）剧本创作工作，落实导演、主演及剧组各部门核心工作人员。10月15日，杭州市副市长、杭州亚组委副秘书长陈卫强主持召开创作恳谈会，邀请省委宣传部、市委宣传部、省广电局、省体育局、市体育局领导，及影视、媒体专家共同探讨主题电视剧创作。

（杭州亚组委宣传部
杭州亚组委办公室）

庆典活动

【概况】2021年，杭州亚组委相继发布杭州亚运会、亚残运会开幕式主创团队以及亚运火炬“薪火”、亚残运会火炬“桂冠”形象，征集开幕式点火创意，启动开闭幕式纪录片拍摄项目。先后举办亚运会倒计时500天、300天和亚残运会倒计时一周年等主题活动。12个杭州亚运会倒计时装置亮相。

【亚运会开幕式主创团队发布】2021年7月20日，杭州亚运会开幕式主创团队发布会在北京正大中心举行。总导演陆川、总制作人沙晓岚、音乐总监谭盾、副总导演崔巍、制作人吴艳、总撰稿冷淞、执行导演孟可和高燕、美术总设计尚天宝、技术总监于建平、制作总监Scott Givens、舞美总设计Nathan Heverin、技术总监Nick Eltis、舞美总设计李斌、音响总设计何飚、焰火总设计蔡灿煌、威亚总设计谢永伟等17人主创团队出席。

【亚残运会开幕式主创团队发布】2021年10月9日，杭州亚残运会倒计时一周年主题活动，亚残运会开幕式主创团队发布。总导演沙晓岚、总制作人吴艳、副总导演崔巍、总撰稿吕媛、音乐总监王备、执行导演王醒、文学策划曲林、舞美总设计任兴华、舞美总设计赵坤、视觉总设计杨骞、视觉总设计刘猛、音响总设计何飚等12人主创团队出席。

【亚运会开幕式点火创意征集】2021年11月13日，杭州亚运会倒计时300天之际，开幕式点火创意征集活动线上启动。全网用户在奥运会射击冠军杨倩、举重冠军吕小军、重剑冠军孙一文、女排冠军惠若琪和薛明的号召下，通过视频形式在哔哩哔哩社区为亚运会开幕式点火仪式提出创意。至年末，整体活动视频总播放量超过500万人次，收到征集稿件近9000份。点火创意征集视频《燃》同步上线。

【亚运会开闭幕式纪录片拍摄项目启动】2021年8月31日，杭州亚运会开闭幕式纪录片项目获批启动。11月22日，确定浙江广播电视集团为项目执行单位。12月15日，纪录片团队启动拍摄工作，在北京、杭州两地分组拍摄。

【亚运会倒计时装置安装】2021年，杭州亚组委在西湖景区、交通枢纽、地标性建筑和商业街区设计制作安装倒计时装置。4月28日，首批倒计时装置在湖滨步行街、城市阳台和运河广场落地。此后，倒计时装置先后在虎跑路之江路口、湘湖、城站火车站、良渚古城遗址公园、杭州萧山国际机场、杭州青少年宫、铁路杭州东站室内场地、西溪湿地落地，并在杭州东站出发层倒计时装置前举办倒计时装置快闪活动。《人民日报》、"今日头条"等媒体进行报道，阅读量超过22.8万人次。

【火炬传递总体方案规划】2021年3月10日，亚奥理事会复函同意在杭州良渚古城遗址举办火种采集仪式，并在中国境内进行火炬传递。自2021年年初起，杭州亚组委围绕传递规模、工作机制、组织架构、传递线路和疫情防范等工作对杭州亚运会火炬传递进行科学规划，编制完成《杭州亚运会火炬传递总体工作方案》《杭州亚残运会火炬传递总体工作方案》。11月30日，杭州亚组委通过《杭州亚运会火炬传递总体工作方案》，并报国家体育总局。

【线上火炬传递活动】2021年，杭州亚组委举办"跑向2022，争当亚运火炬手"线上火炬传递主题活动，鼓励用户通过释放日常行走、跑步积累的步数，解锁全部虚拟亚运路线，争当亚运火炬手。至年末，活动吸引超过3080万人次在线参与。

（杭州亚组委大型活动部）

对外联络与交流

【概况】2021年，杭州亚组委、亚残组委加强与亚奥理事会、亚残奥委会、国家（地区）奥委会、国家（地区）残奥委会及其他国际赛事组织交流合作，召开亚运会代表团团长大会和亚残运会代表团团长大会，并与亚洲国家（地区）奥委会召开42场"一对一"会议，与亚洲国家（地区）残奥委会召开39场"一对一"会议。加强抵离、语言、礼宾服务等各项筹备工作，编制《抵离服务运行团队设置方案》《抵离服务运行团队组织架构图》《抵离服务运行团队人员计划表》《抵离服务运行团队空间场地及设施需求表》，编制完成《杭州亚（残）运会英语规范使用手册（2.0）》《杭州亚（残）运会英语口语读本（2.0）》《杭州亚（残）组委中英常用词汇手册》《亚运会礼宾指南（第二版）》《亚残运会礼宾指南（第一版）》，印发《2022年第19届亚运会礼宾旗帜规范》《2022年第4届亚残运会礼宾旗帜规范》，确定44个竞赛场馆和12个非竞赛场馆礼宾旗杆设置方案。

【亚运会代表团团长大会】2021年9月8—9日，杭州亚运会代表团团长大会以视频会议形式召开。会上，杭州亚组委各业务领域介绍新冠疫情防控措施、竞赛服务与报名、反兴奋剂、竞赛与训练场馆、注册制证、国家（地区）奥委会服务、抵离服务、交通服务、物流货运、礼宾服务、运动员村及分村、住宿服务、餐饮服务、开闭幕式及文化活动、媒体运行、票务、信息技术、财务及收费卡、医疗服务、安保服务等筹备进展和相关政策，并与参会代表进行交流讨论。亚奥理事会再次向亚洲和大洋洲各国家（地区）奥委会发出参赛邀请。会后，亚奥理事会与杭州亚组委联合举行新闻发布会，集中回应本次会议媒体关注的热点问题。

12月10—28日，杭州亚组委与亚洲国家（地区）奥委会以视频会议形式召开42场"一对一"会议，杭州亚组委就竞赛服务、注册、住宿、礼宾、抵离、财务与收费卡、亚运村运行、餐饮等业务领域分别与各奥委会确认第二次竞赛报名情况，根据代表团预估规模计算器（ETS）核对每个参赛奥委会第二次竞赛报名数据、沟通注册系统上线和注册时间节点、住宿预订、确认旗帜和会歌等。

【亚残运会代表团团长大会】2021年11月18—19日，杭州亚残运会代表团团长大会以视频会议形式召开。会上，杭州亚残组委各业务领域介绍新冠疫情防控措施、竞赛服务与报名、反兴奋剂、竞赛场馆、注册制证、抵离服务、交通服务、物流货运、礼宾服务、亚残运村及分村、住宿服务、餐饮服务、开闭幕式及文化活动、媒体运行、票务、信息技术、财务及收费卡、医疗服务、安保服务等筹备进展和相关政策，并与各参会代表进行交流讨论。闭幕式上，亚残奥委会向各残奥委会发出参赛邀请。会后，亚残奥委会与杭州亚残组委联合举行新闻发布会，集中回应本次会议媒体关注的热点问题。9月22日至10月13日，杭州亚残组委与亚洲国家（地区）残奥委会以视频会议形式召开39场"一对一"会议，就代表团团长大会筹备、参赛邀请函寄送、东京残奥会参

2021年9月8日，杭州亚运会代表团团长大会召开　（杭州亚组委 供稿）

赛情况等进行沟通交流。

【与亚奥理事会交流合作】2021年4月8日，杭州亚运会协调委员会第四次会议以视频会议形式召开。亚洲10个国家的协调委员会委员及亚奥理事会官员出席会议。会议听取杭州亚运会筹办工作总体进展汇报和各个专题陈述，着重就竞赛项目、反兴奋剂、医疗服务、场馆设施与亚运村建设、市场开发、宣传推广、确定主播机构、赛事信息技术解决方案和计时与记分、礼宾、代表团团长大会、倒计时一周年纪念活动、火炬传递、亚运文化博览会、开闭幕式等重要议题进行讨论和审议。

11月20—21日，亚奥理事会第76届执委会会议和第40届全体代表大会以视频会议形式召开。会上，杭州亚组委代表介绍筹办进展情况，以及竞赛报名、场馆建设、亚运文化活动、宣传和市场等工作。

【与亚残奥委会交流合作】2021年5月26日，杭州亚残组委通过视频形式参加亚残奥委会第26届执委会会议。杭州亚残组委从竞赛组织、场馆设施建设、亚残文化构建、品牌打造、赛会保障等方面陈述杭州亚残运会筹办情况。8月19日，杭州亚残组委通过视频形式与亚残奥委会召开杭州亚残运会首次分级工作会议，就分级工作开展情况和分级工作后续建议、杭州亚残运会竞赛项目、竞赛场馆、竞赛日程及测试赛、测试活动规划等进行介绍。会议初步确认杭州亚残运会的分级规模。

11月29日至12月1日，亚残奥委会第27届执委会会议和全体代表大会在线上召开。会上，杭州亚残组委陈述杭州亚残运会整体工作进展。

【与国际赛事组委会交流合作】2021年3月10日，日本爱知·名古屋亚组委发函邀请杭州亚组委为其倒计时2000天活动提供宣传照片，杭州亚组委应邀支持爱知·名古屋亚运会2000天倒计时活动。9月，杭州亚运会倒计时一周年主题活动，日本爱知·名古屋亚组委主席、爱知县知事大村秀章通过视频祝贺杭州亚运会倒计时一周年仪式举行。9月30日，杭州亚组委与日本爱知·名古屋亚组委召开视频会议。双方就杭州亚运会开闭幕式主题及概念构思展开交流，并就杭州亚运会闭幕式接旗仪式环节进行规划探讨。12月23日，杭州亚组委与爱知·名古屋亚组委双方签署合作备忘录。双方组委会将通过人员交流、信息共享、联合宣传等合作形式，为两届亚运会造势，并以亚运会为纽带促进两国人民的互动交流，共同推动亚洲奥林匹克运动发展。

【与国家（地区）奥委会、残奥委会交流合作】2021年1月，杭州亚组委向印度尼西亚奥委会致函，邀请参与过第18届雅加达—巨港亚运会筹办的印度尼西亚奥委会（或印度尼西亚亚组委）高级官员，介绍第18届亚运会的过程以及亚运会如何对一座城市的发展产生深远影响。7月，应杭州亚组委邀请，印度尼西亚奥委会安排其执委会成员、第18届亚运会场馆和环境部部长阿兰·佩尔卡萨·卢克曼接受采访、录制视频。

5月28日，斯里兰卡奥委会来函邀请杭州亚组委为国际奥林匹克日录制致辞视频，杭州市副市长、杭州亚组委副秘书长陈卫强应邀拍摄视频，分享对于奥林匹克精神和疫情下的亚运会的思考。

【其他国际交流合作】2021年6月30日，澳大利亚驻上海总领事馆领事胡墨客（Michael McGregor）到杭州亚组委访问，杭州亚组委介绍杭州亚运筹办情况，双方就大洋洲各国家（地区）奥委会参赛相关事宜进行探讨交流。

10月15日，杭州市副市长、杭州亚组委副秘书长陈卫强会见泰国驻上海总领事乐达·普玛一行，双方就亚运场馆建设、竞赛项目设置、疫情防控措施等亚运筹办工作进行交流。

11月25日，杭州市副市长、杭州亚组委副秘书长陈卫强会见伊朗驻沪总领事拉马赞·帕尔瓦兹一行。陈卫强介绍杭州亚运会筹办工作取得的阶段性进展，对伊朗积极参与杭州亚运会表示欢迎。

12月20日，杭州亚组委联合马中教育协会在马来西亚吉隆坡举行“亚运足球梦想”海外站发布仪式。

【抵离服务】2021年1—8月，杭州亚组委根据相关国家部委反馈意见，对出入境政策进行修改完善。5月28日，召开杭州亚运会、亚残运会人员和物资出入境政策编制申报专项组第二次会议，强化专项组各省、市成员单位协调配合、高效运转的工作机制。9—11月，分别在杭州亚运会与亚残运会代表团团长大会、世界媒体大会上向各参赛国家（地区）奥委会、残奥委会、注册媒体介绍出入境政策部分相关内容。

全年杭州亚组委与杭州海关、浙江边检、民航浙江监管局、省机场集团、杭州萧山国际机场有限公司、浙江长龙航空有限公司等相关单位召开工作对接会，征求意见，讨论研究，编制《抵离服务运行团队设置方案》《抵离服务运行团队组织架构图》《抵离服务运行团队人员计划表》《抵离服务运行团队空间场地及设施需求表》，作为赛时抵离服务工作开展的组织基础。

【语言服务】2021年，经前期调研和规划，杭州亚组委全面推行赛时远程同传/交传技术实战运用。7月起，依托“韵味杭州”系列测试赛，梳理和明确远程同传/交传技术标准和要求、设备型号等，制定《杭州亚运会远程同传技术指南》，编入竞赛场馆媒体中心设施设备配置标准，为赛时远程同传/交传技术标准化应用奠定基础。9月，杭州亚组委采用远程人工同声传译技术，为亚运代表团团长大会、亚奥理事会全体代表大会及执委会、第一次世界媒体大会等会议提供语言服务，保障国际会议举行。12月，编制完成《语言服务中心工作人员操作指南v1.0》，对远程同传/交传操作流程进行规范。

7—12月，杭州亚组委通过“韵味杭州”田径邀请赛等测试赛，对竞赛场馆公用空间英文标识标牌、标语口号英文翻译等进行实地检查。

12月，杭州亚组委编制完成《杭州亚（残）运会英语规范使用手册（2.0）》，从赛会主要术语到行文规范，全方面统一对外交流的英文使用方式，树立语言上的“亚运形象”；编制完成《杭州亚（残）运会英语口语读本（2.0）》，内容涵盖亚运会常见的情景会话；编制完成《杭州亚（残）组委中英常用词汇手册》，收录近4000条亚运常用中英词汇。

【礼宾服务】2021年2月，杭州亚组委对《第19届亚运会亚奥理事会大家庭礼宾指南（第一版）》进行细化完善；11月，形成《第19届亚运会亚奥理事会大家庭礼宾指南（第二版）》。4月，杭州亚残组委启动《第4届亚残运会亚残奥委会大家庭礼宾指南》编制工作；11月，完成《第4届亚残运会亚残奥委会大家庭礼宾指南（第一版）》。

2月，杭州亚组委启动《2022年第4届亚残运会礼宾旗帜规范》编制工作。5月26日，将《2022年第4届亚残运会礼宾旗帜规范（征求意见稿）》保送中国残联。7月，发布《2022年第4届亚残运会礼宾旗帜规范》。杭州亚组委确定44个竞赛场馆和12个非竞赛场馆礼宾旗杆设置方案，针对情况较为特殊的富阳水上运动中心、象山亚帆中心、淳安铁人三项等竞赛场馆，综合考量场馆实际情况、节俭办赛及赛后利用情况，为场馆量身定制旗杆选址和旗帜悬挂方案。

1月，杭州亚组委启动旗歌收集确认工作，向亚奥理事会、亚残奥委会、国家和地区（残）奥委会、亚洲/国际单项体育联合会收集国（会）旗、国（会）歌。8月，完成样旗制作，10月，完成亚残样旗制作，于亚运会、亚残运会代表团团长大会前分别寄送给各国家（地区）奥委会和残奥委会进行确认。12月，在亚运会代表团“一对一”会议上就旗帜图案细节与各国家（地区）奥委会再次进行确认，同时现场播放国（会）歌供国家（地区）奥委会参会代表确认。至年末，收到41个国家（地区）奥委会的旗歌确认函、29个国家（地区）残奥委会的国（会）旗确认函、44个国家（地区）残奥委会的国（会）歌确认函。

7—12月，杭州亚组委通过“韵味杭州”田径邀请赛等测试赛，制定《“韵味杭州”系列测试赛礼宾接待（OFS）工作方案》，完成场馆礼宾接待团队培训与指导工作，并与各场馆礼宾接待团队建立高效沟通机制。调研竞赛场馆的OCA/APC大家庭区设置情况，包括贵宾流线、大家庭休息室、随行人员休息室、贵宾座席区、旗帜储藏室等空间。对于设置不合理的场馆，杭州亚组委根据礼宾接待工作要求结合场馆实际情况提出建议。12月17—18日，杭州亚组委在浙江大学紫金港校区开展亚奥理事会大家庭助理面试，约500名学生参加现场面试。（杭州亚组委外联部）

安全保卫

【概况】2021年，杭州亚组委推进安保指挥中心和安保综合数据平台建设。印发《杭州亚运会竞赛场馆安保工作指南（第一版）》《杭州2022年第19届亚运会注册指南》。推进安防基础设施验收，完成亚运会注册系统上线，启用亚运会注册中心。编写完成《注册机构运行指南（试行）》《杭州2022年第4届亚残运会注册指南（1.2版）》《工作人员注册手册（初稿）》。做好赛会证件样式设计，完成2套杭州亚运会人员身份证件、挂绳的样式设计方案及打样工作。

【安保指挥中心建设】安保指挥中心是杭州亚运会赛事运行指挥部下设中心之一。2021年3月，杭州亚运会赛事运行指挥部建设和运行专班组建，统筹开展赛事运行指挥调度中心、竞赛指挥中心、安保指挥中心、交通指挥中心、信息技术指挥中心的设计布置、物资计划制订、信息系统建设等各项工作。3—7月，杭州亚组委多次踏勘现场，研究修改装修方案。8月，初步研究提出安保指挥中心团队组建方案及指挥架构、运行模式等。12月，完成安保指挥中心布置项目预验收。

【安保综合数据平台建设】安保综合数据平台负责全局掌握亚运安保不同阶段的情况，实时监测和展示来自亚运安保各项相关数据，主要包括系统建设、系统开发、系统测试、集成工作、网络安全、系统验收、联调联试7项关键工作，实现决策指导、联络协调、分析研判、基础信息、指挥调度5项功能。2021年3月，杭州亚组委启动该平台功能模块梳理工作。6月，初步完成安保综合数据平台需求方案。12月，建立各办赛城市安保信息化系统建设联络机制，推进安保综合平台系统数据交换工作。

【安防基础设施验收】2021年，杭州亚组委开展安防基础设施现场指导服务和各赛事功能联合验收工作。3月31日，杭州亚组委会同浙江省公安厅亚运安保专班，联合部署杭州亚运会竞赛场馆安防基础设施建设情况摸底调查工作。6月2日，杭州亚组委召集浙江省公安厅和各办赛城市公安局亚运安保专班召开专题会议，通报场馆安防基础设施建设摸底调查情况，研究讨论建设过程中遇到的问题困难，部署下步验收工作。至年末，杭州亚组委对50个竞赛场馆开展安防基础设施现场指导服务工作，反馈整改意见400多条；完成38个竞赛场馆的赛事功能联合验收工作。

【《杭州亚运会竞赛场馆安保工作指南（第一版）》发布】2021年2月，杭州亚组委牵头公安及消防救援等专业职能部门，启动《杭州亚运会竞赛场馆安保工作指南》编制工作。经多轮征求意见和优化调整，12月24日，《杭州亚运会竞赛场馆安保工作指南（第一版）》发布。该指南包括概念界定、组织指挥、安保措施3个部分，对竞赛场馆的安保组织架构、团队组建、指挥部建设、指挥通信、场馆现场各项安保设置、安保职责任务等方面进行明确和规范。

【亚运会、亚残运会注册指南发布】2021年年初，杭州亚组委进一步完善注册指南编制工作，于8月完成初稿。9月、10月，经国家体育总局2轮审核，并修改完善。11月，提请亚奥理事会并经批准。当月，杭州亚组委发布《杭州2022年第19届亚运会注册指南》。

7月，杭州亚组委完成《杭州2022年第4届亚残运会注册指南（征求意见稿）》编制工作。至年末，修改形成《杭州2022年第4届亚残运会注册指南（1.2版）》。

【亚运会注册中心启动、注册系统上线】2021年12月10日，杭州亚运会注册中心揭牌启用，杭州亚组委相关处室入驻注册中心。同日，杭州亚运会注册系统全面正式启用。注册系统外网侧主要功能包括在线提交身份注册卡注册申请（单个新增及批量导入）、查看注册人员列表、在线提交赛事辅助通行证件申请等。注册系统内网侧主要功能包括基础数据维护、注册申请信息及照片审核、额度管理、人员信息查重、添加注册人员信息（支持单个新增和批量导入）、管理客服数据权限、生成统计报表等。

【注册手册编制】2021年12月，杭州亚组委编制印发《注册机构运行指南（试行）》，对注册机构的职责、配置、工作任务和管理规范等进行明确。

7月，杭州亚组委启动《工作人员注册手册》编制工作。9月，在吸收往届亚运赛事以及“韵味杭州”系列测试赛经验的基础上，确定工作人员信息采集及权岗匹配相关事宜。12月，形成《工作人员注册手册（初稿）》。

【赛会证件样式设计】2021年8月起，杭州亚组委开展亚运会身份注册卡及配套辅助证件样式设计。经多次讨论和设计修改，确定13项身份注册卡证件要素。12月，基本完成2套杭州亚运会人员身份证件及挂绳的样式设计方案并打样。

（杭州亚组委安全保卫部）

志愿服务

【概况】2021年，杭州亚组委围绕亚运筹办任务，推进落实赛会志愿服务各项工作。印发《杭州亚运会和亚残运会高校赛会志愿服务工作实施方案》《杭州亚运会和亚残运会志愿服务工作联席会议制度》等。启动5.2万名赛会志愿者全球招募工作。印发《杭州2022年亚运会和亚残运会赛会志愿者培训总体方案》《关于推进“志愿服务课程进高校”工作的建议方案》，制订赛会志愿者通用培训、骨干志愿者培训课程体系与课程大纲，全面推进赛会志愿者培训工作。发布《杭州亚运会和亚残运会赛会志愿者保障通用政策》，指导46所“馆校对接”高校制定赛会志愿者校内保障激励实施方案等，提前谋划赛会志愿者保障激励和志愿服务工作场馆化运行工作。发布赛会志愿者标志、口号、歌曲、歌曲MV、形象大使、服装及招募动员宣传片、海报、折页等，做好“小青荷”文化建设与宣传。

【志愿者管理业务领域组织体系建立】2021年，杭州亚组委先后走访对接省内51所高校和5个协办城市，面对面沟通赛会志愿服务“馆校对接”及赛会志愿者招募、培训、保障激励等工作设想和初步安排，听取高校意见和建议。3月，杭州亚组委编制完成《2022年杭州亚运会、亚残运会志愿服务工作联席会议制度（征求意见稿）》，并向浙江省教育厅、团省委、各亚运筹建办、部分高校等征求意见。4月，杭州亚组委通过该制度。4月21日，在高校赛会志愿服务工作动员部署会上，《联席会议制度》印发，要求各高校、各协办城市亚运筹建办和团委建立统一领导、上下联动的组织体系。

【志愿者招募】2021年4月，杭州亚组委确定5.2万名赛会志愿者的招募计划，其中亚运会3.8万名、亚残运会1.4万名。4月21日，高校赛会志愿服务工作动员部署会上，《杭州亚运会和亚残运会赛会志愿者招募配岗工作方案》等相关文件印发，明确高校、属地按照“馆校对接、高校主导、属地协同”的原则谋划、推进赛会志愿者招募配岗工作。

5月22日，杭州亚运会赛会志愿者全球招募启动活动在浙大城市学院举行。亚运会赛会志愿者招募公告发布，杭州亚运会赛会志愿者口号“来吧，朋友！”、杭州亚运会志愿者之歌《等你来》、招募动员宣传片同步发布。至10月31日，赛会志愿者注册总数32.14万人，成功报名22.50万人。其中：46所“馆校对接”高校团队报名16.12万人，社会报名6.38万人；省内报名19.20万人，省外报名3.30万人；主办城市杭州报名14.49万人（其中社会报名2.80万人），5个协办城市报名4.35万人（其中社会报名2.90万人），其他城市报名3.66万人。11月19日，杭州亚运会和亚残运会赛会志愿者首场面试在浙江旅游职业学院千岛湖校区举行。至年末，46所“馆校对接”高校中，有36所确定面试选拔工作方案，浙江大学、浙江工业大学等7所高校完成面试工作，面试志愿者超过3万人。

【志愿者培训】2021年4月，30万报名人员参加线上培训和测试。6月，《关于推进“志愿服务课程进高校”工作的建议方案》印发，17所高校新开设志愿服务课程，31所高校将志愿服务课程纳入2021年秋季学期始业教育。7月，制订赛会志愿者通用培训、骨干志愿者培训课程体系与课程大纲，并与相关高校共同开发志愿服务技巧、纪律要求、应急处理、心理调适等12门课程。8月，制定《杭州2022年亚运会和亚残运会赛会志愿者培训总体方案》和《高校赛会志愿者通用培训指导方案》，明确培训主体、培训方式和培训要求等。

【志愿服务工作场馆化运行】2021年12月，杭州亚组委确定场馆志愿者管理核心团队，负责赛时志愿服务运行各项工作和志愿者派出方、使用方的协调联络。各协办城市成立赛时志愿者管理组，负责属地场馆志愿者管理团队具体工作的协调指导、组织管理和信息采集等工作，并与人事/志愿者管理中心建立联络机制。7—12月，杭州亚组委先后做好“韵味杭州”系列田径、篮球、乒乓球、柔道、跆拳道、帆船、龙舟7项赛事的赛会志愿服务，共组织来自浙江大学、浙江理工大学等15所高校、1588名志愿者参与服务。

【志愿者保障激励】2021年4月16日，杭州亚组委印发《杭州亚运会和亚残运会赛会志愿者保障通用政策》，明确证件、制服、保险、通信、交通、餐饮、换岗休整空间、荣誉推荐等各方面的保障和激励政策。9月，指导46所“馆校对接”高校制定本校赛会志愿者校内保障激励实施方案，明确校内住宿、餐饮等后勤支持政策，学分支持政策，课程调整方案和推优推先等保障激励举措。12月，指导各场馆申报赛会志愿者保障激励相关预算。

【“小青荷”文化建设】2021年，杭州亚组委发布亚运会志愿者标志、口号、歌曲、歌曲MV、形象大使、服装及招募动员宣传片、海报、折页，打造极具“青春韵味”的亚运志愿服务文化形象。志愿者标志是杭州亚运会、亚残运会二级图标之一，由外部众多心形构成的正形和两个人共同托起一颗爱心的负形组成，诠释亚运之爱的汇集与凝聚。志愿者口号“来吧，朋友！（Friends Unite!）”，与亚运口号相呼应，意在动员大家“一起来做志愿者”，并具有“欢迎各方嘉宾来杭州”的含义。

5月22日，亚运志愿者形象大使公布，主持人白岩松、“最美妈妈”吴菊萍、2020年“中国好声音”冠军单依纯、国际志愿者Tim任杭州亚运会志愿者形象大使。杭州亚运会志愿者之歌《等你来》由音乐人张利波作词、王滔作曲，MV由亚运会志愿者形象大使单依纯、东京奥运会冠军汪顺等共同演绎。9月10日，亚运会倒计时一周年活动现场，赛会志愿者服装对外发布。11月14日，亚运会倒计时300天活动现场，志愿者之歌《等你来》MV对外发布。全年杭州亚组委结合杭州亚运会赛会志愿者全球招募活动，制作招募动员宣传片、海报、折页，利用各类宣传载体，开展招募动员活动，各高校开展亚运志愿服务主题宣讲90多场次，实现46所高校2021级新生宣传全覆盖。

（杭州亚组委志愿者部）

后勤服务

【概况】2021年，杭州亚组委围绕制服服务、餐饮服务、住宿服务、交通服务、物流服务和亚运村/亚残运村运行等方面推进亚运会、亚残运会后勤保障工作。完成杭州亚运会官方体育服饰设计方案并对外发布。完成箱包供应商（独家）赞助协议签订，确定赛会工作人员双肩包设计方案和款式。印发《2022年第19届亚运会餐饮服务保障总体工作方案》，编制完成《2022年第4届亚残运会餐饮服务保障总体工作方案》。确定爱玛客服务产业（中国）有限公司和北京京铁天佑酒店管理有限公司为亚运会、亚残运会餐饮服务商。完成亚运会、亚残运会官方物流服务赞助商的征集，圆通速递股份有限公司签约成为杭州亚运会官方物流服务赞助商。完成杭州亚运会物流中心工程建设。成立杭州亚运村建设运行领导小组，完成亚运村（亚残运村）运行设计、运行咨询、跟踪审计、餐饮服务商等6项招标采购工作。

【官方体育服饰发布】2021年5月25日，杭州亚组委召开官方体育服饰设计专家评审会议，对亚运会官方合作伙伴361°（中国）有限公司提交的设计方案进行综合评审，遴选出最优和次优方案。8月31日，组织第二版官方体育服饰样衣现场审定会议，审核样衣上身效果，并提出修改赞助企业标识尺寸、调整相应色度等要求，确定最终对外发布的官方体育服饰版本。9月8日，亚奥理事会审议通过杭州亚组委官方体育服饰设计方案。9月10日，杭州亚运会官方体育服饰对外发布。8月，杭州亚组委完成箱包供应商（独家）赞助协议签订工作。10月13日，组织赛会工作人员双肩包设计方案和样品审定会，确定最终设计方案和款式。

【餐饮服务】2021年3月，杭州亚组委印发《2022年第19届亚运会餐饮服务保障总体工作方案》，明确餐饮业务领域筹办工作的组织架构、工作机制、主要任务、服务政策、风险管控等内容。5月，修订完善业务领域运行计划，形成《2022年第19届亚运会、第4届亚残运会餐饮业务运行计划（第二版）》。7月，完成杭州亚运会首场正式测试赛“韵味杭州”田径邀请赛餐饮服务保障工作，基本实现“三个零三个保”的总体目标。8月，对外发布2022年第19届亚运会亚运村及第4届亚残运会运动员村餐饮服务商征集公告。9月，分别编制竞赛和训练场馆、亚运村（亚残运村）、主媒体中心、官方接待饭店餐饮运行指导方案和非竞赛场馆团队餐饮保障工作方案。组建杭州亚运会餐饮业务专家库，分为赛时运行、餐饮管理、饮食文化、食品安全4个组，为杭州亚运会餐饮业务筹备和运行工作提供专业指导支持。10月，按照主办城市合同要求，将亚残运会餐饮服务政策上报亚残奥委会审核通过。11月，招标确定亚（残）运村两大餐饮主服务商为爱玛客服务产业（中国）有限公司和北京京铁天佑酒店管理有限公司。

12月，杭州亚运会、亚残运会运动员菜单评审工作在杭州启动，来自北京、成都、南京、杭州等地的17名专家和运动员代表以线上与线下结合的形式参加评审。

【住宿服务】2021年3月15日，杭州亚组委启动亚残运会官方接待饭店遴选征集工作。3月23日，报名结束，收到报名饭店95个。最终在杭州市域范围内遴选产生34个官方接待饭店，包括亚残奥委会大家庭饭店1个和其他官方接待饭店33个。

6月9—30日，杭州亚组委完成75个亚运会官方接待饭店的合同签订工作，包括亚奥理事会大家庭饭店6个、其他官方接待饭店69个，涉及杭州及5个协办城市（宁波、温州、湖州、绍兴和金华）。7月9日至8月26日，完成33个亚残运会官方接待饭店的合同签订工作，包括亚残奥委会大家庭饭店1个、其他官方接待饭店32个。10月25日，杭州亚组委编制形成《杭州亚（残）运会官方接待饭店的分配方案（第一版）》。12月9日，杭州亚（残）运会官方接待饭店授牌活动在杭州举行，75个亚运会、34个亚残运会官方接待饭店名单发布。杭州亚运会、亚残运会组委领导，省文化和旅游厅、市文化广电旅游局相关负责人，亚运会住宿保障工作联席会议成员，饭店行业协会负责人，媒体代表等约140人参加授牌活动。

8月6—18日，杭州亚组委完成89个官方接待饭店的信息采集工作。8月31日，完成官方接待饭店信息整理校验以及核查工作。11月24日，编制完成住宿预订指南初稿。

4月2日，杭州亚组委确认住宿系统需求规格说明书，确定住宿管理系统按照三期进行交付使用。10

月27日，完成住宿管理系统第一期的设计、开发和功能测试，具体功能包括饭店管理、亚运村/分村管理、房间类型、房间管理、客户群管理等。

【交通服务】2021年7月19日，杭州亚组委发布《杭州2022年第19届亚运会交通工作总体方案》。该方案明确交通服务工作目标、工作任务、组织架构及工作安排、具体政策，以及赛前筹备、赛时运行组织架构、跨赛区交通组织形式等。

7月30日，《亚运会交通服务详情》《亚残运会交通服务详情》编制工作基本完成，内容涵盖注册媒体、技术官员、运动员及随队官员、大家庭成员、赞助商、持票观众、工作人员与志愿者7类群体，按照不同群体交通权限提供包含出租汽车、收费卡车、公共交通等多种服务方式，明确服务时间、服务标准以及服务提供方式，并结合赛事活动，规划主办城市及协办城市区内与跨赛区交通服务线路。

3月，杭州亚组委确定杭州亚（残）运会交通指挥中心选址奥体中心综合训练馆，并推进交通指挥中心场所建设、系统开发、组建方案等工作。11月，编制形成《亚运交通指挥中心工作方案》，明确组织架构、职责分工与人员配置。杭州亚组委规划选址51处亚运临时场站，服务保障各类客户群交通出行需要，其中新建10处、改扩建1处、征用40处。车辆调度中心同亚运村临时场站合建，并利用亚运村的已有建筑。

7月，市交通运输局启动《杭州2022年第19届亚运会城市交通配套保障专项方案》编制工作。市城管局依托《杭州市"迎亚（残）运"无障碍环境建设行动计划》，完成75条城市道路、35座人行天桥、25座人行地道等交通相关设施的无障碍设施建设工作。

【物流服务】2021年2—7月，杭州亚组委完成《物流业务领域运行计划（第二版）》《物流通用政策与程序1.0版》《物流业务领域风险清单（第一版）》《物流业务领域应急预案（第一版）》及物流专用物资配置原则和标准的编制。10月，启动海关和货运指南初稿的编制工作。

4月，确定杭州亚运会、亚残运会物流中心选址，选址定于圆通速递华东管理区总部二期转运中心，位于杭州市萧山区保税大道宏业路口。项目规划总用地面积6.87万平方米，总建筑面积7.20万平方米，包括1栋四层综合楼和2栋二层电商智能集配中心。物流中心计划使用约3万平方米，主要为转运中心的2号库和3号库的二层。9月，杭州亚运会物流中心工程建设完成。杭州亚组委会同阿里云等与圆通速递股份有限公司信息技术团队，共同完成物流管理系统需求澄清、功能模块梳理、上云方案上云预算技术方案专家评审、网络安全等级保护测评专家评审等工作。至年末，主体模块TMS、WMS、OMS等初具功能，基本完成物流管理系统1.0版开发测试。

1月22日，杭州亚组委与浙江工商大学签订框架合作协议，成立赛事物流研究院，聘任浙江工商大学肖亮教授为杭州亚组委物流领域特聘专家，杭州亚组委物流相关负责人受聘为浙江工商大学硕士生实务导师。9月，启动赛事物流标准编制工作。12月，完成《赛事物流术语定义》定稿。

【亚运村、亚残运村运行】2021年3月3日，杭州亚组委成立杭州亚运村建设运行领导小组，并组建53人的筹备团队，谋划亚运村（亚残运村）赛时运行模式，编制团队设置方案1.0版本，明确组织架构和工作人员来源。5月20日，领导小组办公室召开第一次会议，审议通过办公室议事规则、组织架构及工作职责、人事任免等事项。

9月，启动餐饮服务商招标工作。11月，召开餐饮服务专题会议，确定餐厅落位、餐饮政策，指导餐饮服务商进驻，同步推进餐厅平面规划和布局确定，开展菜单、供应链设计。同时，完成餐饮服务采购项目合同签订工作。

12月，完成三村详细运行设计1.0版和总体运行计划1.0版。制定村内各功能区域交接工程界面，明确功能区简装标准及要求。

（杭州亚组委后勤保障部亚运村运行团队）

医疗卫生

【概况】2021年，杭州亚组委牵头，由浙江省卫生健康委和杭州市、宁波市、温州市、绍兴市、金华市、湖州市六市卫生健康委联合组建亚运会医疗卫生工作筹备运行工作组，负责亚运会医疗卫生保障总体方案的制订、实施和督查工作。编制医疗卫生服务业务领域各类方案，汇编形成《杭州2022年亚运会和亚残运会医疗卫生保障方案汇编（第一版）》。在亚运村运动员村国际居住区设立综合门诊部，初步设立运动员医务室（医疗点）200个。制定服务亚运定点医院标准，初步拟定亚运会定点医院38个。落实"韵味杭州"田径邀请赛等测试赛的医疗卫生保障，测试赛会医疗卫生保障功能。编制完成《杭州2022年第19届亚运会第4届亚残运会疫情防控专项保障工作方案（第一版）》。

【场馆医疗卫生保障】2021年，杭州亚组委协调落实综合门诊部和医务室的建设运行，在亚运村运动员村国际居住区设立综合门诊部，由杭州市第一人民医院负责，在媒体村和技术官员村设立医务室，分别由杭州市第三人民医院和杭州市红十字会医院负责。根据亚运工作要求，制定各部门岗位职责和职位要求，确定P、V、C各类人员的需求配置，同时完成综合门诊部设备采购经费预算工作。

9月，杭州亚组委根据"一馆一策""一场一策""一地一策"的原则，初步设立运动员医务室（医疗点）200个，其中，FOP区（竞赛区域）设立113个，观众区和亚奥理事会大家庭饭店、主媒体中心、技术官员村、媒体村、抵离口岸等设立医务室（医疗点）60个。部署131辆救护车用于亚运会医疗保障。根据场馆承担任务量，每个场馆设置1～2辆救护车。分别在淳安赛区、桐庐马术场地、象山亚帆中心安排部署3架医疗直升机，初步建立在比赛期间随时起飞的救援机制。

【医疗卫生服务业务领域方案】2021年年初,杭州亚组委完成医疗卫生服务业务领域运行计划(第二版)以及医疗服务专用物资配置标准、物资配置总清单。5月,编制完成《杭州亚运会和亚残运会医疗卫生保障总体工作方案(第一版)》。11月,编制完成《杭州2022年第19届亚运会第4届亚残运会新冠肺炎疫情防控工作方案(第一版)》《杭州亚运会55个竞赛场馆和6个亚运村及分村医疗卫生保障方案(第一版)》《药品配送保障方案》《血液供应保障方案》《病媒生物防制工作实施方案》《严重精神障碍患者综合管理方案》《运动员治疗性用药豁免争议预案》等22个二级方案和80多个三级方案,形成《杭州2022年亚运会和亚残运会医疗卫生保障方案汇编(第一版)》。

【突发公共卫生事件风险评估与应急保障】2021年11月,杭州亚组委完成杭州亚(残)运会医疗卫生保障专家组和应急小分队的组建。11月23日,杭州亚组委组织国家、省、市三级相关领域专家,召开突发公共卫生事件风险评估专家论证会议,根据会上专家提出的建议,完成《突发公共卫生事件风险评估报告(第一版)》。12月,编制完成《杭州2022年第19届亚运会第4届亚残运会突发公共事件医疗卫生救援应急预案》。

【亚运会、亚残运会定点医院拟定】2021年10月,杭州亚组委制定服务亚运定点医院标准,初步拟定亚运会定点医院38个,其中转诊定点医院33个,亚残运会竞赛场馆定点医院21个,另备3个残疾人康复专科医院。5月起,杭州亚组委先后对浙江大学医学院附属第一医院、浙江大学医学院附属第二医院、浙江大学医学院附属邵逸夫医院、浙江省人民医院、浙江省中医院等定点医院进行调研走访,对接医疗卫生保障工作任务。根据疫情防控有关闭环管理与常态化疫情防控相结合的管理机制,在主办城市和有条件的协办城市各设立一个闭环管理收治定点医院,保证赛会期间能实行整个院区或单幢大楼闭环管理。

【医疗卫生保障测试演练】2021年7月9—11日,杭州亚组委落实"韵味杭州"田径邀请赛医疗卫生保障工作。市卫生健康委、浙江大学医学院附属邵逸夫医院、市疾控中心、市卫生健康综合行政执法队、市急救中心等19个单位参加。10月27—31日,落实"韵味杭州""青道杯"2021年浙江省青少年五人制篮球冠军赛医疗卫生保障工作。萧山区卫生健康局、绍兴市卫生健康委、浙江大学医学院附属第二医院等15个单位参加。11月19—21日,组织落实"韵味杭州"2021年京杭大运河沿线城市乒乓球测试赛医疗卫生保障工作。拱墅区卫生健康局、拱墅区疾病预防控制中心、拱墅区卫生监督所、浙江医院三墩院区等单位参加保障。

10月9—10日,北京大学附属第三医院副院长、东京奥运会中国国家代表团首席运动医学专家王健全,上海交通大学附属瑞金医院教授、上海市医学会运动医学分会主任委员王蕾等专家齐聚淳安,共同研讨杭州亚运会淳安赛区运动医学、医疗保障有关问题,并对相关保障人员进行培训。10月15—16日,亚组委联合杭州市第一人民医院举办"大型体育赛事医疗急救保障能力提升班暨创伤现场急救情景模拟竞赛",邀请浙江大学医学院附属第二医院急诊科主任张茂等10多名专家指导并授课,180多名医务人员接受培训。

【亚运会、亚残运会疫情防控方案编制】2021年12月,杭州亚组委依据《新冠肺炎疫情期间亚奥理事会赛事组织和管理指南》,学习借鉴东京奥运会的相关成功经验,结合北京冬奥会、冬残奥会防疫方案和国内现有疫情防控政策,编制完成《杭州2022年第19届亚运会第4届亚残运会疫情防控专项保障工作方案(第一版)》。

(杭州亚组委医疗卫生部)

环境保障

【概况】2021年,杭州亚组委成立环境保障部,负责协调推进亚运环境质量保障和气象保障工作,承担"绿色亚运"与碳中和工作。加强与国家、省、市生态环境和气象等部门沟通,开展亚运会、亚残运会相关保障需求调研,分析近几年主办、协办城市的环境质量和气候状况,做好各项筹备工作。协调中国气象局印发《2022年第19届亚运会和第4届亚残运会气象保障服务总体工作方案》。指导协调杭州市生态环境局等部门编制形成《亚运会、亚残运会杭州市环境质量保障实施方案(征求意见稿)》。会同省、市相关部门编制形成《杭州亚运会绿色行动方案(征求意见稿)》和《亚运会、亚残运会碳中和工作方案(征求意见稿)》。编制亚运会环境质量保障、气象服务、绿色办赛理念落实等方面的风险清单和防范措施。

【亚运环境质量保障】2021年2月5日,市生态环境局召开第一次工作例会,研究亚运会环境质量保障、"绿色亚运"、碳中和等总体思路。4—9月,杭州亚组委成立环境保障部后,会同杭州市生态环境局召开4次工作例会,研究《亚运会、亚残运会杭州市环境质量保障实施方案(讨论稿)》、专项方案以及亚运会环境质量保障指挥调度平台建设等工作,部署阶段性重点工作。12月15日,杭州市生态环境局成立亚运会、亚残运会环境质量保障领导小组、专项组和工作专班,建立联动机制。12月20日,召开亚运会、亚残运会杭州市环境质量保障领导小组第一次会议,研究亚运会、亚残运会环境质量保障方案体系、总体方案和杭州实施方案。12月31日,召开亚运会环境质量保障领导小组第二次会议,研究亚运会环境质量保障重点工作安排、保障目标和保障措施预评估等工作。

9—11月,杭州亚组委会同杭州市生态环境局对2016—2021年同期杭州的大气、水环境质量状况,以及富阳、淳安比赛相关水域的水质状况进行分析,形成专题报告。编制《亚运会、亚残运会杭州市环境质量保障实施方案(征求意见稿)》,并征求市级相关部门和各区(县、市)政府意见,形成实施方案(送审稿)。12月,联合省生态环境厅和主办、协办城市生态环境部门,编制形成《亚运会、亚残运会环境质量保障总体方案(初稿)》。至12月,指导杭州市相关部门编制专项方案（征求意见稿）22个和各区（县、市）编制子方案（征求意见稿）14个。

4—12月，杭州亚组委协调杭州市大气办实施“迎亚运”臭氧污染防治攻坚行动以及污染天气应对工作，为臭氧和PM2.5污染防治、联防联控等工作积累经验。会同省、市生态环境部门，以举办中国质量（杭州）大会为契机开展亚运环境质量保障演练，制定工作方案，并开展环境质量监测、会商预报、巡查检查和突发事件应急值守等工作。

【亚运气象保障】2021年4月，市气象局印发《杭州亚运会、亚残运会2021年气象服务筹备重点工作任务清单》，明确杭州市各区县（市）气象局筹备工作机制建立、气象探测系统建设等八大类42项重点任务。4—12月，会同市气象局召开亚运气象保障服务领导小组8次工作例会，部署推进亚运气象保障服务工作。

9月10日，省气象局成立第19届亚运会和第4届亚残运会气象中心，统筹全省气象部门推进亚运会气象服务保障工作，由省气象局主要负责人担任组长。在市气象局设立亚运气象台，宁波、温州、湖州、绍兴、金华设分赛区气象台，负责亚运会筹办及赛事期间的各项气象保障服务，制作气象监测预报预警服务产品。

12月21日，中国气象局印发《2022年第19届亚运会和第4届亚残运会气象保障服务总体工作方案》，分析主办、协办城市的气候特征和赛事气象服务需求，明确亚运气象保障工作的工作目标和原则，建立协调指导层、决策指挥和业务运行层以及技术支持层三级组织体系，确定气象保障服务项目建设等6项重点任务。

4—12月，杭州亚组委会同市气象局完成奥体中心体育场等33套场馆专项气象站、临安等4部X波段天气雷达等气象观测设施建设，实施车载移动应急观测系统建设，开展亚运赛事智能预报预警服务平台建设。9月，市气象局完成亚运气象台监控大屏升级改造。10月，完成重点水域百米级精细化预报技术研发。11月，完成强对流天气短临监测预警一期项目建设。

6—12月，杭州亚组委会同市气象局推进气象数据融入总指挥部平台、赛事信息发布系统、智能亚运一站通、亚运官方网站等，首批气象数据标准化接口完成开发并提供服务，推动气象数字驾驶舱亚运专版和亚运气象服务网建设开发。

【“绿色亚运”与碳中和工作】2021年5月，杭州亚组委发布杭州亚运会、亚残运会二级标志，其中“可持续标志”以拟人手法描绘人与环境的共生关系，寓意人与自然相互依存、共生发展，将被应用于城市景观、赛场及其周边环境建设等体现“绿色亚运”的场景。11月，杭州亚组委成立杭州亚运会绿色亚运与碳中和工作领导小组。

9—12月，杭州亚组委会同省、市相关部门编制形成《杭州亚运会绿色行动方案（送审稿）》，推进绿色场馆建设、绿色环境提升、绿色能源供应、绿色交通升级、绿色运营管理、绿色开发和采购、绿色办公倡导、绿色生活推广八大行动。9月，杭州亚组委联合亚运频道在《亚运会客厅》栏目播出《守护绿水青山 喜迎绿色亚运》专题节目。10—11月，杭州亚组委联合市生态环境局拍摄《践行绿色理念，打造无废场馆》《建设绿色场馆，打造绿色亚运》等宣传视频。10—12月，杭州亚组委联合省生态环境厅、市生态环境局等部门举办“守护绿水青山 喜迎绿色亚运”文艺演出，在全市巡演7场。

9—12月，杭州亚组委联合省发展改革委、省生态环境厅、省林业局、省能源局编制形成《亚运会、亚残运会碳中和工作方案（征求意见稿）》。11月，省发展改革委、省能源局、亚组委办公室、国网浙江省电力公司联合印发《杭州亚运会绿色电力专项行动方案》。11月，省能源局印发《杭州亚运会绿色电力交易工作方案》。12月，完成首场亚运会绿色电力交易，购得绿电7660万千瓦时。

（杭州亚组委环境保障部）

城市行动

【概况】2021年，杭州亚组委通过健康城市打造、城市国际化推进、基础设施提升、绿水青山守护、数字治理赋能、产业发展提质、文化名城传播、城市文明共建八项行动，让杭州市民一起参与杭州亚运会之中，共同见证杭州城市能级的不断提升。全年召开5次亚运城市行动专题会议，推进亚运城市行动。杭州亚组委开展2021年“亚运城市行动”比学赶超活动。推进“八大行动”65个专项工作。

【“亚运城市行动”比学赶超活动】2021年6月，杭州亚组委组织开展“亚运城市行动”比学赶超活动。活动采取实地考察、汇报交流、点评测评的形式，展示各地各部门推进亚运城市行动的特色亮点及成效。6月15日，杭州市四套班子有关领导分4组对区县（市）进行实地考察。6月16日，杭州亚组委召开会议，有关区县（市）和市直部门分别围绕“亚运城市行动”推进情况做工作汇报。

【典型专项推进】2021年，杭州亚运城市“八大行动”65个专项，继续在经济、社会、文化、民生等方面产生效益。

“杭州欢迎你”文旅一码通（CITYPASS）专项，将健康码、行程卡（码）、入园码、乘车码等多码合一，实现景点门票预订、酒店入住、交通出行等多场景的消费链接和权益互通。自8月末上线后，“一码通”发挥平台作用，通过多种形式刺激和吸引用户二次消费。9月，开展“邀请十万名市民游客参与公开测试”活动，上线仅1个月，使用人数超过1万人。文旅一码通（CITYPASS）项目入选2021年度国家文化和旅游科技创新工程项目。

公共体育服务专项，开展各类全民健身活动1153场，各类培训服务1356场。新建204处体育场地设施，其中省级项目133个、市级项目71个，至11月初，全部完成。8月，“AI动杭州”平台上线杭州城市大脑，首批36个公共体育场馆、79个城市百姓健身房和90个民营健身场所被纳入平台，实现场地查询、导航、预约、门票购买、支付、报修、培训及活动报名等相关功能。

亚运观赛空间专项，组织13个区县（市）和景区观赛空间建设牵头部门开展大中型户外露天广场空间调查排摸，了解点位面积、基础设施、交通配套等信息资料，收到各地报送的可用作观赛空间的广场空间34处。6月15日，推出桐庐县中心广场亚运观赛空间，举办试点运行活动。活动现场设置大屏播放体育题材影视、亚运主题展览和知识宣传、桐庐特色文体节目表演、体育互动项目体验等50多个项目，邀请亚运特许商品、“非遗”产品、农特产品、文创产品等生产厂商50多个，打造厂商和群众实体互动平台。至12月末，13个区县（市）和景区陆续完成亚运观赛空间建设及试点活动。

交通服务专项，聚焦“三网融合”、船闸服务、服务区等方面，提升交通服务水平。6月末，钱塘江新建大桥实现合龙。钱塘江新建大桥为国内首座多跨长联公轨两用悬链形上加劲钢桁梁桥，主跨4米×240米。完成浙江省首个船闸全域一体化智能调度平台“浙闸通”智慧过闸调度系统开发，优化船户享受全省水运骨干航道“一键式”过闸服务体验。

（杭州亚组委办公室）

公众参与

【概况】 2021年，杭州亚组委统筹协调，开展社会公众参与和氛围营造活动，公益活动项目形成体系，社会力量广泛参与。开展1000多场“亚运四进”活动。开展“寻找2022个亚运梦想”大型公益行动圆梦行动，针对不同类型的亚运梦想，打造圆梦舞台。至年末，“亚运足球梦想”公益项目全亚洲申报学校2006所，入选学校1483所，涵盖全国30个省份和马来西亚等国家，完成授牌学校800所，累计覆盖师生62万名。以杭州为中心，延伸至5个协办城市及5个非办赛城市，在全省范围内开展“共享亚运乡村行动”系列活动、“庆建党百年华诞，迎杭州亚运盛会”系列活动、浙江高校学子迎亚运跨年主题活动等。

【“庆建党百年华诞，迎杭州亚运盛会”系列活动】 自2021年4月起，杭州亚组委会同省委宣传部、省体育局、省农业农村厅等单位，在全省11个地市开展以“庆建党百年华诞，迎杭州亚运盛会”为主题的棋文化进全省农村文化礼堂、社区运动会、生态运动会等群体活动和体育赛会。至年末，开展120多场活动，超过3万人直接参与，总覆盖超过300万人。

【“寻找2022个亚运梦想”公益行动】 2021年，“寻找2022个亚运梦想”大型公益行动完成亚运梦想搜集，进入“圆梦”阶段，杭州亚组委与各圆梦方针对不同类型的亚运梦想，开展各类“圆梦行动”。8月，杭州亚组委携手中国体育舞蹈联合会在全国33个城市开启“为亚运齐舞”圆梦行动，汇聚街舞、拉丁舞、啦啦操和轮椅舞4个舞种5000多名舞者共同为亚运齐舞。9月19日，邀请近2000名舞者在杭州奥体中心体育场齐舞。同日，“共绘亚运梦想”活动在钱塘江边举行，近1500人现场描绘亚运梦想、齐舞。

10月15日，杭州亚组委携手杭州亚运会官方合作伙伴吉利汽车集团，在四川省广元市举行“亚运足球梦想·圆梦行动”，广元市朝天中学等20所中小学被授予“亚运足球梦想学校”称号。10月16日，携手杭州亚运会官方合作伙伴太平洋保险有限公司，举办“相约女排·助梦亚运”观赛中国女排圆梦行动，中国女排龚翔宇、张常宁、李盈莹、丁霞、颜妮现场见证“筑梦教练团”体育支教志愿队成立，共同开启“守护约定·助力亚运”梦想启航仪式。

11月20日，“千名青少年亚运观赛圆梦行动”在杭州奥体中心主体育场（大莲花）举行。来自杭州的爱心人士陈燮携手爱心企业助力“带1000名青少年现场观看杭州亚运会比赛”的亚运梦想，爱心企业分别向“寻找2022个亚运梦想”公益项目捐款。12月7日，携手工商银行打造“亚运有你，工益同行”圆梦行动，在工商银行杭州分行举办“亚运有你，工益同行”亚运特许商品公益品鉴活动，并将邀请亚运场馆建设者和他们的孩子们现场观看亚运比赛。

【“亚运足球梦想”大型公益项目】 2021年10月15日，杭州亚组委携手亚运官方合作伙伴吉利汽车集团为四川省广元市20所“亚运足球梦想”学校捐赠体育器材和互动编程课程。12月，“亚运足球梦想”海外站发布仪式在马来西亚吉隆坡举行，来自马来西亚9个州市的100所中小学校入围成为“亚运足球梦想”学校，杭州亚组委实现首批100所马来西亚“亚运足球梦想”学校的捐赠，亚运联合助梦方圆通速递有限公司承担捐赠装备的跨境寄送。12月1日，凤凰

2021年9月19日，“共绘亚运梦想”活动在钱塘江边举行

（杭州亚组委 供稿）

网主办的行动者联盟2021年公益盛典在广州举行，“亚运足球梦想”公益项目获“年度十大公益项目”奖。杭州亚运公益圆梦大使、联合助梦方青少年足球成长公益基金（成基金）发起人刘成获“体育公益之星”奖。至年末，“亚运足球梦想”公益项目全亚洲申报学校2006所，入选学校1483所，涵盖全国30个省和马来西亚等国家，完成授牌学校800所，所有授牌学校借助区块链技术同步实现不可窜改的永久独家认证，累计覆盖师生62万名。

【“杭州亚运益起来”线上公益阵地】2021年8月，经5个月筹备，“善因购买”板块开通，用户可通过线上购买“善因购买”板块爱心商品，获相应的公益时，累计公益时达到一定数值，有机会获得亚运火炬手名额。“善因购买”板块义卖品不到一个月全部售罄，所售卖款项全部进入“杭州亚运圆梦行动”公募项目，为更多圆梦行动提供资金支持。同期，“杭州亚运益起来”推出2.0升级版本，除对已有功能进行全方位优化外，创新加入“AI体育健身”模块，通过AI技术支持普通群体及残疾人群体居家健身。至年末，“杭州亚运益起来”线上公益阵地有2128万人次参与，公益捐款3.85万次，“亚运林浇水”总水量近160吨，1090棵樟子松扎根亚运梦想公益林，坚持在“杭州亚运益起来”连续捐步300天以上的用户1300多人。

“杭州亚运益起来”上线一年，中国电信股份有限公司、中国移动股份有限公司、中国工商银行股份有限公司、杭州市体育彩票管理中心第一批4个爱心单位，通过“杭州亚运益起来”捐步板块累计向全国30所“亚运足球梦想”中小学校捐赠体育装备包。5月，杭州亚组委与赞助企业新东方签订协议，“新东方”爱心战队上线，发动企业员工及学生共同参与线上捐步。8月，杭州体彩第二期战队上线，再次捐赠10所“亚运足球梦想”学校，并通过线下门店宣传、彩民购彩宣传等方式，鼓励更多人通过点滴行为助力亚运公益。10月，与亚运官方合作伙伴361° 集团签订协议，筹备上线361° 战队。

【“亚运四进”活动】2021年，杭州亚组委统筹谋划“亚运四进［进学校、进社区（村）、进社团、进机关（企业）］”活动，围绕工作任务，多次召开专题会议讨论研究实施工作方案，并对接活动实施单位，完善活动实施方案，推动各项活动落地。至年末，开展1000多场“亚运四进”活动。活动内容涵盖文化艺术、体育运动、创意集市、作品征集、课程培训、竞技比赛等，参与对象包括机关干部、学校师生、妇女儿童、社区居民、民营企业家等各类群体以及特殊群体，覆盖200万人次。

1月11日，杭州亚组委启动2021年“亚运四进一区（单位）一品”评选活动，明确活动流程与规范，通过“一区（单位）一品”评选形式，增强对杭州亚运会权利保护意识。12月，开展2021年“亚运四进一区（单位）一品”最终评选，经大众网络投票和专家评审，确定活动优秀单位及良好单位。

全年杭州亚组委与杭州市妇联联合组织“巾帼共舞 喜迎亚运”全国万人共跳亚运排舞展演活动。活动前期以公益培训形式，面向学校、社区（村）、社团、机关（企业）进行亚运健身排舞教学培训，以共跳共推亚运原创群众性健身排舞形式，联动全国8个省（自治区、直辖市），省内8个城市，以及杭州13个区县（市）和西湖名胜风景区，在全国开展线下普及和线上展演1.3万场，参与人数100多万人次。9月26日，在杭州市奥体博览中心主体育场和全国相关分会场开展万人共跳亚运排舞展演活动。主会场上，来自杭州城区的1200名杭州健身排舞爱好者共跳亚运排舞串烧《等你来》和《舞动中国》，并现场连线新疆阿克苏市和杭州余杭区良渚古城遗址公园两个分会场。

【“我是亚运小主人”主题游园与汇报展示活动】2021年6月1日，杭州亚组委会同省文明办、团省委、省妇联等在全省范围内开展“庆建党百年，迎杭州亚运”——2021年“我是亚运小主人”主题游园与汇报展示活动。游园活动现场设置党史学习区、亚运互动区、游戏体验区，全省40个县（市、区）青少年宫同步开展主题游园，4.3万名少年儿童参与游园活动。汇报展示有快板、朗诵、舞蹈、合唱等多种形式，来自杭州和有关地市的800多名少先队员代表参加汇报展示。活动获新华网、人民网、央视网、《浙江日报》、浙江卫视等30多个媒体报道，系列短视频浏览量超百万，其中节目《少年》在“美丽浙江”被推送。该条短视频浏览量超过10万人次，近500条评论为亚运小主人点赞。6月5日，汇报展示活动在“央视新闻+”、微博等网络平台播出，网络点击量超过3000万人次。

【“共享亚运乡村行动”系列活动】2021年4月15日，杭州亚组委召开“共享亚运乡村行动”专题会，明确系列活动以“1+1+X”的模式开展，呈现“体育+文化+地方特色”的文化盛宴。5—7月，杭州亚组委会同松阳县人民政府、衢州市柯城区人民政府及活动执行方，多次召开工作协调会，研究实施方案，细化执行要求。

7月10日，杭州亚组委会同松阳县政府在丽水松阳开展系列活动。9月19日，会同衢州市柯城区政府在衢州柯城开展系列活动。每场活动均包含迎亚运文化展、迎亚运趣味运动会及多个特色活动，迎亚运文化展将科技与运动相结合，展现亚运筹办历程，传播亚运美学文化，结合“杭州亚运时间之门”的概念，邀请参与者感受亚运史上最精彩的记忆，体验杭州亚运的热情和美好。直接参与人数超过2000人，网络直播点击量超过2000万人次，微博话题全网阅读量超过1100万人次，中央广播电视总台体育频道新媒体端、浙江卫视、“学习强国”等30多个各级媒体平台做宣传报道。

【浙江高校学子迎亚运跨年主题活动】2021年，杭州亚组委动员组织全省18所承担亚运会办赛任务的高校开展迎亚运活动。自8月20日起，在“抖音”平台以“我的大学，我的亚运”话题传播为发端，号召全省大学生以亚运主人翁精神，展现对杭州亚运会的期盼，收到100多条创意短视频，总播放量超过600万人次。其中，浙江理工大学开展"盼·浙理学子手绘杭州亚运场馆"活动，浙江师范大学美术学院"印象田园·美丽乡村"暑期社会实践团开展"我为亚运添色彩"画说亚运场馆活动，浙江旅游职业学院开展"迎亚运、见未来"亚运文化进校园系列活动等。18所高校开展杭州亚运会志愿者之歌《等你来》快闪表演，通过微信、微博、"抖音"等平台进行宣传推广。

12月30日，杭州亚组委在杭州市拱墅区运河亚运公园体育馆举办"服务亚运，奋斗有我"浙江高校学子迎杭州亚运会主题跨年会演，通过文艺节目和宣誓环节，展现全省高校学子勤学苦练服务技能。6名浙江籍东京奥运冠军向全省大学生发出服务亚运寄语，号召全省广大学生投身服务亚运行列。18所高校师生代表近2500人参与活动，直播观看量超过1500万人次，中央广播电视总台综合频道《新闻联播》、新华社、浙江卫视《新闻联播》、浙江经视、"学习强国"等30多个媒体做宣传报道。

（杭州亚组委市场开发部宣传部 杭外工作部）

亚残运会特色保障

【概况】2021年，按照同步筹备、同步推进的原则，有序推进各项筹备工作，研究制定相关政策和保障措施，有效推进分级管理、轮椅等辅助器具维修服务、转换期方案编制等各项筹备工作，结合亚运会测试赛开展轮椅篮球、乒乓球等亚残项目的流线测试；面向全社会开展意识教育，宣传亚残运会。完成《分级指南1.0版》编制工作，启动《杭州2022年第4届亚残运会轮椅、假肢和矫形器等辅助器具维修服务方案》编写，修订《杭州亚运会、亚残运会业务领域运行计划（2.0版）》，印发《杭州亚运会-亚残运会转换期工作指导意见》，联合达摩院开发智能手语项目。开展"喜迎亚运会 爱达百千万"系列"亚运四进"活动300多场，2万多人次参加活动。

【场馆无障碍环境保障】2021年，杭州亚残组委推进亚残运会场馆无障碍环境建设工作。各竞赛场从建设和竞赛项目实际需求出发，将工作重点落在对运动员、贵宾、观众等客户群的残障人士提供"公平、尊严、适用"的无障碍环境上。通过着重考虑运动员、贵宾、观众无障碍流线基础上，要求流线内功能区、无障碍硬件设施，如无障碍停车位、无障碍坡道、无障碍电梯/电梯、提示盲道、无障碍卫生间/淋浴间、低位服务台、无障碍颁奖台、无障碍座席等满足国家规范及亚组委相关要求，紧抓设计审查、落实施工检查、注重无障碍体验，提升无障碍设施的连续性、完整性和适用性，确保场馆各类无障碍设施符合规范要求的及基础上满足这几类主要客户群的无障碍需求。至年末，亚残运竞赛场馆基本完成无障碍环境验收工作。

【赛会分级工作】2021年5月，杭州亚残组委启动分级管理处筹建工作。7月，亚残奥委会任命本届分级委员会主席及委员。8月，分级管理处实体化运行，19日，与亚残奥委会举行第二次分级工作会议，会议明确定期与亚残奥委会、国际单项体育组织召开分级工作会议。9月，完成《分级指南（1.0版）》编制工作，同步向中国残联、亚残奥委会、各国际单项体育组织征求意见。10月，亚残奥委会与各国际单项体育组织确认分级版本、分级场馆及亚残运村分级综合中心布局方案。12月，各场馆运行团队确定场馆分级联系人，初步确认项目分级器材技术要求与标准。

【轮椅等辅助器具维修服务】2021年5月，启动轮椅等辅助器具维修筹备工作。与中国残疾人辅助器具中心、广州残疾人康复中心、奥托博克（中国）工业有限公司联合编制《大型残疾人体育赛事轮椅、假肢和矫形器维修服务指南（征求意见稿）》，并经中国残疾人康复协会立项，为杭州亚残运会轮椅、假肢和矫形器维修服务提供标准化指导。8月，委托省残联编制《杭州2022年第4届亚残运会轮椅、假肢和矫形器等辅助器具维修服务方案》（简称《辅助器具维修服务方案》），11月，完成《辅助器具维修服务方案》编制工作并通过验收。

【亚运会—亚残运会转换期工作】2021年11月，印发《杭州亚运会—亚残运会转换期工作指导意见》，为各部门、各场馆（包括竞赛与非竞赛场馆）、各运行团队和各级城市运行保障领导机构在编制转换期工作方案时提供参考。同月，各场馆启动编制转换期方案1.0版。

（杭州亚残组委办公室）

责任编辑 金利权

3 年度聚焦

党史学习教育

2021年，在全党开展党史学习教育，是以习近平同志为核心的党中央立足百年党史新起点、着眼开创事业发展新局面做出的一项重大战略决策。3月以后，杭州市各级党组织紧扣“学史明理、学史增信、学史崇德、学史力行”和“学党史、悟思想、办实事、开新局”的目标要求，贯彻落实省委“九学九新”和市委“五学五创”的部署要求，组织实施，有序推进。

其间，中共中央宣传部副部长蒋建国到桐庐调研，专题调研报告在中央党史学习教育简报第21期刊发；中央第五指导组先后3次到杭州调研，到基层开展面对面指导；省第一巡回指导组先后8轮到杭州市巡回指导，并参加有关重要活动、重要会议，指导组织生活会、民主生活会，对全市党史学习教育全程把关、精心指导。中央党史学习教育简报8次、省党史学习教育简报108次刊发杭州市党史学习教育特色亮点；“学习强国”全国平台刊载杭州市党史学习教育稿件544篇（条），其中首页推荐67篇（条）；中央、省级媒体刊发杭州市党史学习教育相关报道3100多篇（条），《浙江信息》单篇刊发杭州市开展“民呼我为”主题活动的做法和成效。“民呼我为”数智平台、西湖区“幸福荟”民生综合体、上城区数智减负“一表通”、富阳区医学检验检查结果共享互认4个项目入选浙江省“三为”专题实践最佳案例，居全省首位。在全省党史知识竞赛中，杭州代表队获特等奖。在2021年全省青年理论宣讲暨微型党课大赛中，杭州市获特等奖1个、一等奖3个。在省第一巡回指导组开展的随机测评中，杭州市5个项目的群众测评均为“满意”。

3月1日，市委第一次召开会议，进行专题研究；3月2日，召开动员部署会；3月18日，制定印发《关于开展党史学习教育的实施工作方案》，成立市党史学习教育领导小组及其办公室，对全市党史学习教育做出部署。市党史学习教育领导小组召开7次会议听取全市党史学习教育进展情况汇报，研究部署阶段性重点工作任务。市委宣传部、市委组织部发挥牵头部门作用，市党史学习教育领导小组办公室组建6个工作专班，建立全市党史学习教育领导小组办公室主任例会、市党史学习教育领导小组办公室例会以及办公室各工作专班例会等制度，先后30次召开会议，按照中共中央和省委、市委部署要求，结合省委巡回指导组的指导意见，做出阶段性工作部署，出台整改措施，推动阶段工作。围绕从党史学习教育动员部署会到“七一”庆祝大会、从“七一”庆祝大会到中共十九届六中全会、从中共十九届六中全会到党史学习教育总结会议3个阶段，突出阶段性工作重点，推动“我在之江江畔学党史”专题学习、“知史爱党、知史爱国”专题宣讲、“忆党史·守初心·建窗口·当头雁”专题宣传教育、“办实事、解难题、减负担”专题实践、“学改转优”数智攻坚年、狠抓落实年6个专题活动、26项重点举措、93项实施计划落地落实。各地各单位结合自身实际，成立相应领导机构和工作班子，制订124个工作方案，层层落实责任，抓好工作落实，形成上下联动、同频共振的格局。制定《杭州市党史学习教育巡回指导工作方案》《杭州市党史学习教育巡回指导工作手册》，成立20个党史学习教育巡回指导组，对全市13个区县（市）、89个市直单位以及国资、教育2个系统开展巡回指导工作，梳理问题短板1175条（次），提出指导意见1816条（次）。各巡回指导组按照中央精神和省委、市委要求，坚持自学在先、下沉一线，量化分析、精准研判，确保巡回指导工作不跑偏、不走样、不缺位。创新运用“成效画像工作法”“量化指标数字化管理平台”等工作方法，建立“常态化联络”“工作动态周报”“月度专项督导”等工作机制，通过走访基层单位、开展巡听旁听、调阅台账资料、抽查民生实事落实情况等方式，针对不同单位、不同领域、不同群体，分阶段、有重点、多波次到一线指导，为党史学习教育把好“进度关”“内容关”“质量关”。“七一”前后，全市3.82万个基层党支部均按要求召开专题组织生活会，领导干部以普通党员身份参加，交流学习收获、查找问题短板、抓好整改落实。按照中共中央和省委、市委部署要求，召开专题民主生活会，开展对照检视、批评与自我批评，推动问题整改，建立长效机制。

杭州市发挥各级党委（党组）理论学习中心组领学促学作用，市委先后8次举办理论学习中心组（扩大）专题学习会、专题读书班，学习贯彻习近平总书记党史学习教育动员大会重要讲话、“七一”重要讲话和中共十九届六中全会、党史学习教育总结会议精神，学习《论中国共产党历史》《毛泽东、邓小平、江泽民、胡锦涛关于中国共产党历史论述摘编》《习近平新时代中国特色社会主义思想学习问答》《中国共产党简史》等“4+3”必读书目，以及《习近平在浙江》《习近平新时代中国特色社会主义思想在浙江的萌发与实践》《习近平科学的思维方法在浙江的探索与实践》等教材。全市县处级以上党委（党组）理论学习中心组累计开展专题学习7306次，中心组成员学习研讨发言实现全覆盖。针对不同群体，提出不同要求，采取灵活多样的学习方式。针对机关党员干部，结合主题党日、学习会、读书班、培训班、研修班等开展集中学习，“西湖先锋”等平台上线党史学习教育课程100多堂，市委党校开发专题课程10多门，确保党史学习总课时不低于全年理论课时的10%。针对青少年群体，把党史学习教育融入思想政治理论课，组织青年开展“青年大学习”，推出“一起学党史”网上主题团课26期，参与394万人次。针对农民群体，扩面“百村百企百基地”联送，开展送党史资料、送政策、送信息、送服务、送科技、送农资等活动。针对“两新”组织党员、民营企业党员、流动党员、灵活就业党员等群体，采取“线上、线下、云端、码上”等途径，多形式全员学，全渠道高效学，制度化常态学，推动党史学习教育进园区、进楼宇、进车间。特别是针对工学矛盾突出问题，灵活开展微党课、微讨论，创设“党史晨读、午餐党课、工间宣讲、指尖党课”等“四学微课堂”，确保学习不掉队。开展“家门口的红色传承”活动，依托全市图书馆、文化馆和各种媒介推广红色经典读物，开展红色文化巡演，展播红色经典剧目。推进红色场馆保护利用工作，遴选党史现场学习基地51个，设计“初心之旅”“北山红色”等红色旅游新线路10条，评选推出“双西红十景”，以馆为体、以史带景，发挥红色资源学习教育功能，打造红色文化学习体验矩阵。党史学习教育开展后，各地新挂牌启用红色纪念场馆91个，提升改造87个，举办展览1780场次，参观者超过320万人次。“五四宪法”历史资料陈列馆入选中共中央宣传部红色基因库建设试点。滨江区“百年红·数智空间”党史学习教育沉浸式智慧体验馆采取虚拟人机交互方式，运用人体电桥、激光阵等道具，增加场景科技感。各地各单位将学习贯彻中共中央总书记习近平最新重要指示精神与对杭州工作的一系列重要指示批示精神有机结合起来，系统梳理习近平在浙江工作时对各地各部门工作的重要指示精神，开展“重温习近平同志在浙江”活动，对中共十八大以后习近平对杭州工作重要指示批示精神落实情况进行“回头看”，实行一个重要指示批示，落实一套工作措施、一个牵头部门、一名主要负责人，逐条逐项抓好落实。

杭州市先后组建市委党史学习教育宣讲团、学习贯彻中共中央总书记习近平“七一”重要讲话精神宣讲团、“六讲六做”大宣讲团等到基层开展主题宣讲。市四套班子领导带头上党课、做宣讲，市委书记刘捷到中国共产党杭州历史馆等地宣讲中共十九届六中全会精神。全市县处级以上领导干部开展宣讲1.45万场次，县处级以上领导干部宣讲实现全覆盖。采用“青少年讲给青少年听”的方式，发挥“青春力量”“先锋少年”杭州宣讲团等新时代青少年理论宣讲团的生力军作用，组织1.2万名“80后”“90后”“00后”新时代青年理论宣讲员到基层宣讲。开展“百名宣讲员·百堂党史课”巡回讲、“珍惜韶华，不负青春”百堂新时代青年理论宣讲云展播等活动，市属高校推出“开学第一课”“课前十分钟”“共同富裕”等青年理论主题宣讲活动，线上“杭州青年说”宣讲视频在“学习强国”、微博、“抖音”等新媒体端点击量6250.4万人次。萧山“萧然青年说”、余杭“红鸬少年说”、临平“青企兵”、富阳“党史少年说”、淳安“下姜梦想宣讲团”等一批青少年宣讲团活跃在基层。全市成立党史主题宣讲团5223个，4.21万名宣讲员以灵活多样的方式，深入田间地头、街头巷尾开展分众化、互动化党史宣讲，提升理论宣讲的广度、深度和社会参与度。市总工会针对劳动者群体组织开展“咱们工人有力量，劳模工匠心向党”百场主题宣讲活动，弘扬劳模精神、劳动精神、工匠精神；桐庐县创设“新村夜话”，通过农家夜话、庭院夜话、礼堂夜话等形式，搭建学党史、颂党恩、办实事的新平台，“新村夜话”宣讲团获“2021年全国基层理论宣讲先进集体”称号；拱墅区“老兵宣讲团”、钱塘区“钱塘潮”特色宣讲团等受到好评。全市开展党史主题宣讲3.90万场次，受众超过597万人次。

杭州市联动开展新闻宣传、理论宣传、文艺宣传、社会宣传、对外宣传、网络宣传，推动“忆党史·守初心·建窗口·当头雁”专题宣传教育，弘扬伟大建党精神，教育引领全市干部群众从中共百年奋斗历程中汲取智慧和力量，坚定不移听党话、真心实意感党恩、矢志不渝跟党走。综合运用报、网、端、屏、微、播等传播手段，形成立体化、全方位宣传强势。开展“永远跟党走·点亮杭州红色地图”大型融媒体互动活动，推出中国共产党成立100周年特刊和“红色印记”“红色宝藏”“红色精神”“‘红色根脉’守护者”等系列报道，制作庆祝中国共产党成立100周年主题宣传片在商场、超市、公交电视、地铁移动电视以及城市主要道路大屏滚动播放。全市各级媒体刊发党史学习教育宣传报道3.6万篇（条），市党史学习教育领导小组办公室编发党史学习教育简报260期，全市编发简报总量超过1000期。开展“百年潮涌·之江群英谱”等先进典型宣传，在党员干部中营造对标先进、见贤思齐的氛围。利用“永远跟党走”群众性主题宣传教育的有效载体，在全市开展党史、新中国史、改革开放史、社会主义发展史群众性宣传教育。市人大“学党史、践初心、办实事”集中服务月，市政协“千名委员读百年党史”、市文化广电旅游局“党史学习教育图书专架”、市审计局“寻味真理”

等系列主题活动、市工商联“杭商心向党·共筑中国梦”主题活动、市残联康复体育进残疾人家庭和“残疾人之家”、市妇联“巾帼心向党 奋斗新征程”主题活动特色鲜明、影响广泛。临安区策划推出“百场展演进礼堂、千堂党课进庭院、万名党员重温入党申请书”系列活动，在全市推广“重温入党申请书”活动。编撰出版《中国共产党杭州简史（1921—2021）》《杭州党史百年经典故事》和《杭州党史百年经典故事连环画》等杭州本土红色读本43本，《杭州党史百年经典故事》入选浙江省“十四五”重点图书出版规划。开展“网络作家写党史故事”“新闻记者写党史故事”等活动，举办“信仰的旗帜”交响合唱音乐会和诗书画印联展等中国共产党成立100周年庆祝活动，推出庆祝百年华诞和中共十九届六中全会召开主题灯光秀，创作电视剧《大浪淘沙》和《梦想城》、电影《红船》、舞台剧《秋之白华》和《南堡壮歌》等一批文艺精品，挖掘整理“红色文物故事”700多个，形成《杭州市党史胜迹分布现状图》和红色资源专库。

杭州市以“数智攻坚年”“基层减负年”“集中服务月”“三服务2.0”等活动为载体，组织全市党员、干部深入群众、深入企业、深入基层，为群众办实事、为企业解难题、为基层减负担。市领导带头开展“上一次专题党课、开展一次民情调研、领衔研究一项基层减负事项、领衔办理一件民生实事、领衔破解一个企业难题、领衔谋划一项开新局举措、领衔推进一个重点项目”的“七个一”专题实践活动，带动各地各单位领导干部参与活动2.92万人次。开发上线“民呼我为”数智平台并持续迭代升级，做到“社情民意点点通、急事难事件件办、办理结果事事回、满意与否人人评”。平台推出后，受理群众意见731.50万件，总体办结率99.9%，总体满意率达到88.4%。各地各单位以数字化改革为牵引，从“关键小事”破题，从“急难愁盼”入手，市纪委市监委“智慧监督”、市卫生健康委“卫生健康大数据中心”、市数据资源局“一件事”联办、市经信局“一键找园”、上城区“一表通”等一批应用场景受到群众欢迎。构建民情民意征集、任务清单管理、跟踪问效督办、群众评价反馈的工作闭环，全市征集民生意见24.60万条，发布民生实事事项清单1.58万项，督办实事任务3.09万件，推进服务满意度调查8.13万项。统筹推进“十大平台听民意”“十大攻坚破难题”“十大关爱暖人心”“十大举措减负担”，推动第二批为民办实事项目落地见效，“四个十大”和第二批为民办实事项目完成率达100%。市城管局推出249个“城管驿站”；市建委携手各地完成老旧小区改造211个，惠及居民近7万户，居民满意率超过96%；市民政局牵头实施的困难老年人家庭适老化改造项目，完成改造6381户。为快递员设立的“暖蜂驿站”、向驾驶员培训乱象开刀的“浙里学车”App、商品房“交房即交证”、社会救治行政审批代办服务改革等受欢迎。开展“寻找群众身边不满意的小事”活动，发现并及时解决群众身边小事6800多件。开展两轮“民呼我为”最佳实践案例申报评选工作，市发改委产业园区嵌入式幼儿园等120个案例入选，吸引245万人次参与网络投票，12个案例通过现场展示“向人民汇报”。市委办公厅、市政府办公厅“三榜联动”重点工作落实机制，西湖区“呼应为”一体化智治平台，建德市及时办、跟进办、兜底办“三办联动”机制等，为全市健全完善为民办实事长效机制提供有益借鉴。党史学习教育开展后，全市党员、干部为民办实事超过56.30万件（次），受益群众5692.30万人次，受益企业和基层单位140.60万个（次）。

杭州市贯彻落实中央和省委关于高质量发展建设共同富裕示范区的决策部署，制定实施《争当浙江高质量发展建设共同富裕示范区城市范例行动计划》，建立“1+5+N”重大改革体系，健全清单管理、试点引领、比学赶超等机制，首批3个省级试点和30个市级试点取得成效，被纳入省高质量发展建设共同富裕示范区集中开工活动的40个重大项目建设全面推进。高水平打造“数智杭州”，全市有8个项目入选全省14个数字化平台试点，有8个项目跻身全省23个数字孪生跑道，数据、组件、应用、云资源、项目等编目及关联均居全省第一位。加快建设“未来工厂”，推广“产业大脑”6个新场景，助力制造业高端化、智能化、绿色化发展，实现全市规模以上制造业企业数字化改造全覆盖，制造业高质量发展指数居全省第一位。抓好常态化疫情防控，严格落实“外防输入、内防反弹”各项措施，发挥基层党组织战斗堡垒和党员先锋模范作用。抓好中央、省委巡视反馈问题和“七张问题清单”整改落实，结合“四个融入”，制订整改方案和“四张清单”，建立整改落实“一月一督查”“一季一通报”“半年一回头”机制，确保整改工作取得实效。中央巡视反馈的64个问题，完成整改58个；省委巡视反馈的61个问题，完成整改36个。其余问题的整改和建章立制工作有序推进。

（市党史学习教育领导小组办公室）

▶资料：“九学九新”和“五学五创”

“九学九新”：学出政治定力，展现坚决做到“两个维护”的新境界；学出知行合一，展现习近平新时代中国特色社会主义思想在浙江的生动实践；学出担当精神，展现敢为人先、奋勇争先的新作为；学出为民情怀，展现为民办实事、解难题的新作风；学出斗争精神，展现直面问题、防范重大风险的新突破；学出过硬本领，展现面向现代化、适应现代化、引领现代化的新能力；学出高效组织力，展现高效协同、执行有力的新格局；学出纪律严明，展现讲纪律、守规矩的新面貌；学出抵腐定力，展现风清气正、干净干事的新气象。

“五学五创”：学深悟透前列意识，开创高质量发展的新局；学深悟透为民情怀，开创幸福城市建设的新局；学深悟透创新精神，开创数字化改革的新局；学深悟透法治理念，开创民主政治建设的新局；学深悟透从严要求，开创管党治党的新局。

杭州市部分行政区划优化调整

2021年3月3日，国务院印发《关于同意浙江省调整杭州市部分行政区划的批复》。3月11日，根据该

《批复》精神，浙江省政府印发《浙江省人民政府关于调整杭州市部分行政区划的通知》。4月9日，杭州市部分行政区划优化调整实施动员大会召开，宣布启动实施部分行政区划优化调整。撤销上城区、江干区，设立新的上城区，以原上城区、江干区的行政区域（不含下沙街道、白杨街道）为新的上城区的行政区域，上城区人民政府驻望江街道望潮路77号。撤销下城区、拱墅区，设立新的拱墅区，以原下城区、拱墅区的行政区域为新的拱墅区的行政区域，拱墅区人民政府驻拱宸桥街道台州路1号。撤销余杭区，设立新的余杭区，以原余杭区的余杭街道、仓前街道、闲林街道、五常街道、中泰街道、仁和街道、良渚街道、瓶窑镇、径山镇、黄湖镇、鸬鸟镇、百丈镇的行政区域为新的余杭区的行政区域，余杭区人民政府驻仓前街道文一西路1500号。设立临平区，以原余杭区的临平街道、东湖街道、南苑街道、星桥街道、运河街道、乔司街道、崇贤街道、塘栖镇的行政区域为临平区的行政区域，临平区人民政府驻临平街道西大街33号。设立钱塘区，以原江干区的下沙街道、白杨街道和萧山区的河庄街道、义蓬街道、新湾街道、临江街道、前进街道的行政区域为钱塘区的行政区域，钱塘区人民政府驻河庄街道青六北路499号。

动员大会后，涉及调整的行政区，按照“明确要求、周密部署，严明纪律、营造氛围，统筹做好改革发展、惠民利企、干部人事等工作，妥善调整税收征管和国有资产管理体制，筹备新的区党代会和‘两会’，有序衔接政务服务事项，不断优化营商环境，更好服务企业、服务群众、服务基层，确保‘十四五’开好局、起好步，确保群众生活和企业办事不受影响”的要求，各项工作有序开展。5月4日，临平区委挂牌；5月9日，拱墅区委、区政府挂牌；5月11日，上城区委、区政府挂牌；7月23日，钱塘区委、区政府挂牌；7月26日，余杭区委、区政府挂牌。行政区划优化调整后，杭州下辖10个区、2个县、1个县级市，即上城区、拱墅区、西湖区、滨江区、萧山区、余杭区、临平区、钱塘区、富阳区、临安区、桐庐县、淳安县、建德市。

在“十四五”开局、现代化新征程开启之时，国务院批复同意杭州市部分行政区划优化调整，对杭州发展具有重大的现实意义和深远的历史意义。这是提升杭州城市综合竞争力、加快中心城市赋能升级、促进经济社会高质量发展的重要举措，是杭州履行政治责任、扛起使命担当的实际行动，是杭州加快动能转换、提升城市能级的必由之路，是杭州促进均衡发展、共享美好生活的迫切需要。此次行政区划调整有利于厚植历史文化名城、创新活力之城和生态文明之都的特色优势，高水平打造“数智杭州·宜居天堂”，加快建设社会主义现代化国际大都市，更好肩负国家战略使命，更好服务构建新发展格局；有利于解决城区之间“大的过大、小的过小”问题，防范、化解大城市病等治理风险隐患，提高城市治理现代化水平，促进区域协调发展，增强城市承载力和辐射力；有利于优化资源要素配置，推动公共服务普惠均等和共同富裕，促进行政区与功能区深度融合，满足人民群众对美好生活的向往。

（市民政局）

争当浙江高质量发展建设共同富裕示范区城市范例

2021年6月25日，中共杭州市委十二届十二次全会审议并原则通过《杭州争当浙江高质量发展建设共同富裕示范区城市范例的行动计划（2021—2025年）》。该《行动计划》提出，杭州将坚持“数智杭州·宜居天堂”的发展导向，持续放大部分行政区划调整的综合效应，率先探索破解新时代社会主要矛盾的有效途径，率先形成推动共同富裕的体制机制，奋力开创“大杭州、高质量、共富裕”的发展新局，争当浙江高质量发展建设共同富裕示范区的城市范例。

按照“每年有新突破、五年有大进展、十五年基本建成”的安排，杭州市推动共同富裕变革性实践，构建共同富裕的“四梁八柱”。组建由市主要领导挂帅、多位市领导任副组长的杭州市争当浙江高质量发展建设共同富裕示范区城市范例领导小组，并制订领导小组工作规则。市级层面组建社会建设委员会，县级层面设置13个区县（市）社会建设委员会。搭建“1+5+N”共同富裕重大改革体系架构。其中：“1”，指“扩中”“提低”改革；“5”，指缩小地区发展差距、缩小城乡发展差距、公共服务优质共享、精神生活共同富裕、共同富裕现代化基本单元等领域改革事项；“N”，指围绕“1+5”，推出支撑性的政策措施和工作举措。建立月度例会工作机制，每月研究共同富裕各项改革、政策、试点推进情况，确保“1+5+N”改革体系有序推进。

出台“1+4”计划。“1”指《杭州争当浙江高质量发展建设共同富裕示范区城市范例的行动计划》，作为全市争当城市范例的“总纲领”和“作战图”；“4”指《关于构建共建共享公共服务体系的专项计划》《关于构建市域一体化规划建设体系的专项计划》《关于构建市域高效联通交通网络体系的专项计划》《关于构建全域统筹保障支撑体系的专项计划》4个体系的专项计划，作为全市开创“大杭州、高质量、共富裕”发展新局的实质性、突破性抓手。抓好4张清单落实。重点任务清单紧扣《行动计划》的落实，聚焦缩小居民收入差距、数字化改革、公共服务优质共享、精神文明建设等方面，逐一明确各项指标、任务的责任单位，并将67项指标纳入市直单位目标责任考核。突破性抓手清单紧扣“四大体系”专项计划的落实，市本级印发实施《杭州市全面做实基本医疗保险市级统筹实施方案》《杭州市加快发展保障性租赁住房实施方案》《杭州市共有产权保障住房管理办法》等10项政策。重大改革诉求清单紧扣需要国家、省里支持的事项，其中完成实施混合所有制企业差异化管控、对外国人工作许可和居留许可开展并联审批、建设中国（杭州）知识产权保护中心等事项。试点清单紧扣促进形成杭州推进共同富裕的好经验、好做法，比选出首批30个试点，督促编制完成三年行动计划方案。搭建共同富裕智治平台，加强对“四张清单”落实的闭环管理，形成“一键”直达基层、直通民生的共富监测和展示平台。

推进“扩中”“提低”改革。编

制形成《杭州市“扩中”“提低”行动方案（2021—2025年）》，提出实施就业保障提质、“双创”生态优化、人力资源开发、分配机制完善、公共服务减负、农民增收提速、兜底帮扶提质“七大行动”。推进“一老一小”改革。编制形成《杭州市“一老一小”整体解决方案》，推进“老年友好型城市”和“儿童友好型城市”建设。缩小地区差距、城乡差距。召开高质量推进乡村振兴促进城乡共富工作会议，出台《杭州高质量促进农民农村共同富裕行动计划(2021—2025年)》和《关于深化新时代区县（市）协作高质量推进山区4县跨越式发展的实施意见》等文件。创新数字社会应用场景。加快社会领域幼有所育、学有所教、劳有所得等“12个有”的应用场景综合集成。“E房通”等4个场景入选全省数字社会系统最佳应用，“医学检查检验结果互认共享”上升为“浙医互认”省级重大应用。50项应用标准上升为全省标准，数字社会托育、医疗、养老等领域，形成标准制度39条，实现“一地创新，全省共用”。

推进未来社区建设。在全市范围内开展“百社示范、千社提升”行动，创建122个市级未来社区。其中84个城镇未来社区项目（不含未来乡村）实施单元总面积4183公顷，受益居民91万人。制定《高质量推进杭州市未来社区试点建设的实施意见》《杭州市关于省级未来社区试点项目配套政策细则》，为高质量推进全市未来社区创建提供路径指导。推进未来乡村创建。出台《杭州市未来乡村试点创建评价指标体系》，重点聚焦人本化、生态化、数智化、共享化、融合化等“五化”价值取向，打造邻里、文化、健康、生态、创业、建筑、交通、数字、服务和治理等“十大未来场景”，为未来场景打造提供框架性、方向性指南。萧山区、余杭区、桐庐县、建德市入围第二批省级数字乡村建设试点。

开展共富试点。“萧山区奋力打造全省未来社区和未来乡村建设的示范样板”“富阳区提升人的全生命周期服务，打造富裕阳光的美好家园”“淳安县大下姜乡村振兴联合体，打造共同富裕淳安样板”3个试点入选省共同富裕示范区首批28个试点名单。创新推出共同富裕试点创建“赛马”机制，实行“揭榜挂帅”和“毛遂自荐”两种方式，在试点创建方面不定数量、不搞平衡、结果导向、质量优先。提炼经验做法。西湖区、滨江区和富阳区、萧山区、临平区、桐庐县、淳安县的6个案例入选省第一批典型案例。《杭州市以“四个统筹”探索特大城市共同富裕之路》《实施百万大学生杭聚工程 做大中等收入群体增量》《数字化赋能精准帮扶大学生高质量就业》《上城区“三优并举”助力残疾人走上就业自强共富路》《淳安县创新探索“大下姜”乡村联合体共富模式》等多项特色工作在省级会议、简报上做经验交流。创办《杭向共富》简报。重点刊发工作动态、理论创新、实践创新、制度创新、文化创新5个方面内容，集中展示交流杭州共同富裕工作。

推进智库合作。借助国家级、省级智库和企业智库“三大智库”力量，强化对全市共同富裕工作的智力支撑。与中国农业科学院合作成立城乡共富研究院，与浙大城市学院合作成立杭州市共同富裕研究中心，与FM89杭州之声电台合作推出《共同富裕讲习所》。开展重大课题研究。启动争当共同富裕城市范例年度评估报告、民营企业参与共同富裕激励机制、乡村联合体共富机制与治理结构创新模式等课题，研究突破方向。开展对标补短找差。对交通、教育、医疗、养老、住房、社会救助、就业创业、收入、文化娱乐、社会治理、生态环境11个领域专题调查，对共同富裕指标开展全省比，通过摸清短板，推进专项整改。（市发改委）

数字化改革

2021年，是浙江数字化改革元年，也是“数智杭州”建设元年。杭州市强化数字化改革顶层设计，于3月31日发布《关于“数智杭州”建设的总体方案》，按照“一年出成果、两年大变样、五年新飞跃”的要求，对标全省数字化改革节点目标，聚焦“应用成果+理论成果+制度成果”，示范引领全省数字化改革。

市委推进数字化改革，构建“1+5+N”工作体系，搭建数字化改革“四梁八柱”，建成一体化智能化公共数据平台，上线5个综合应用系统（党政机关整体智治综合应用、数字政府综合应用、数字经济综合应用、数字社会综合应用和数字法治综合应用），建立数字化改革的理论体系和制度规范体系。加快建设“未来工厂”，推广“产业大脑”6个新场景，助力制造业高端化、智能化、绿色化发展，实现全市规模以上制造业企业数字化改造全覆盖，制造业高质量发展指数全省第一位。高水平建设“数智杭州”，全市有8个项目入选全省数字化平台试点，有8个项目入选全省数字孪生跑道，数据、组件、应用、云资源、项目等编目及关联均居全省第一位。上线应用场景549个，形成理论研究成果227项、制度创新成果504项，典型介绍演示场景数、具体案例推广数均居全省第一位。

一体化智能化公共数据平台建成。杭州市按照“四横四纵+两端”体系，建成一体化智能化公共数据平台。建成市县一体化“数智杭州”总门户，实现数字化改革门户“五个统一”（统一埋点、统一用户体系、统一搜索、统一页面设计规范、统一任务数据仓）。探索“1+14”（市本级+区县市、钱塘新区）数字化改革门户集约化建设模式，区县（市）可低代码、配置式快速构建子门户。围绕构建一体化数字资源系统（IRS），推行应用统筹、组件共建共享、数据资源高效配置等机制性变革，为杭州全方面各领域数字化改革夯实底座奠定基础。全市梳理数据目录1.54万个、应用目录1877个、云资源实例目录1.09万个、组件目录48个，4类目录梳理质量均居全省第一位。在省一体化智能化公共数据平台的“组件服务超市”上上架组件66个，全市161个应用系统申请使用上架组件245个（次），约降低成本2000万元，新开发项目采用上架组件使用率95%。11个优秀案例被《浙江省IRS应用目录优秀使用案例集》收录，占全省总数的25%，居全省第一位。纳入IRS全省最佳应用2个，“浙里办”同源发布应用157个，“浙政钉”同源发布应用432个，省数字化改革门户同源发布应用292个。

以数字化改革提升政务服务承载能力。杭州市推进政务服务标准化、规范化、便利化，全面启动年度一体化政务服务能力（政务服务"好差评"）第三方评估工作，政务服务事项总量和网上办事率明显提高。全年市本级有办件的政务服务事项1824个，占政务服务总事项的56.90%。全年总办件728.5万件。其中：线上办件653.8万件，占总办件的89.75%，比上年增加24.87个百分点；线下（大厅）办件74.70万件，占总办件的10.25%，减少24.87个百分点。"一件事"综合集成快速推进。综合集成"一件事"联办事项75件，集约化、高效化、便利化改革效应突显，其中工业项目全流程政府审批时间控制在9.5个小时。电子证照使用取得新进展，电子证照由143类增加到413类、851种，全年调用4158万次，累计调用1.42亿次。制发电子印章57.08万枚。34个系统接入区块链，上链记录达到177万次。数据跨层级共享，对18项授权打通的国务院部门专网、22项授权对接的国务院部门系统、22项授权共享的中央部门电子证照、88项授权共享的中央部门数据进行现状再梳理、需求再确认、问题再反馈。向国务院办公厅政府职能转变办公室提出8条建议意见，要求新增21项中央部门授权杭州地域共享数据，增加22个部委、39个系统列入"开放网上申报接口"。杭州市连续两年在国务院办公厅电子政务办公室对重点城市网上政务服务能力评估中排名第二位。

以数字化改革驱动党政机关整体"智治"。"杭州数智人大"场景整合14个应用子场景。"杭州数智政协"场景在线上开展"千名委员读百年党史"活动。"数智组工2.0"场景全面对接省主跑道，6个子场景入围省委组织部第一批试点项目。"数智杭宣"场景以"1+2+N"（宣传文化数据仓、治理端和服务端、N个应用场景）架构联动全市近30个部门和60多个文化服务机构，集成全市3000多项文化场馆（单位）数据、500多项文化活动信息、800多项数字化文化资源，入选首批全省宣文系统11个重点应用场景之一。"杭州数智统战"场景基于"浙统云"构建贯通各层级、覆盖各领域、联通系统各单位的平台架构，推动统战系统整体智治、高效协同。"数智群团"场景以"1+5+1+N"（1个一体化数字驾驶舱、5个协同管理系统、1个群团公共服务平台、N个重点应用场景）总体框架，构建群团协同、上下一体的工作新平台。

以数字化改革促进数字经济建设。杭州市以"产业大脑＋未来工厂"为核心，推进重大多跨场景建设，构建实体经济与科技创新、现代金融、人力资源协同发展的现代产业体系，打造灵敏有为、协同高效的数智经信，建立产业大脑融合应用体制机制。数字经济政府侧门户依据浙企智造、浙企畅链、浙企投资等9条跑道，综合集成省、市级重大应用、市区特色应用。市场侧门户，初步构建办事、政策、产业、转型、资源、贸易、创新、金融8个服务板块，市级层面上架"一键找园""新智造超市"等重点场景，区县（市）层面上架数智草莓、西湖码、尚小易等特色场景。按"应用推广一批、攻坚上线一批、谋划储备一批"的原则，开发103个应用，加快集成和推广应用。参与建设的化工产业大脑、浙江畜牧产业大脑、"亩均论英雄3.0"、企业码、政采云、药品安全智慧监管"黑匣子"、海外智慧物流在线、企业研发服务在线、数字贸易服务在线9个应用入选数字经济系统第一批优秀省级重大应用。"时尚E家"、农安在线、企业码等入选数字经济系统第一批优秀地方特色应用；"一键找园"加速推广，有14个企业通过平台成功入驻园区。分行业产业大脑建设加快。全年初步完成生物医药、数字安防等行业大脑功能模块开发，化纤大脑、快递大脑初步完成1.0版本建设并上线试运行。建德市获批"省级智慧化园区试点"，是化工大脑增补的省级试点。试点示范引领全省。全年市、县两级被列入省级"揭榜挂帅"、试点示范的场景应用19个，被列入省级未来工厂试点6个，入选省数字经济系统最佳案例6个，数量均居全省第一位；"一键找园"、山核桃产业大脑等6个应用案例收录于省级《数字经济系统优秀案例集》。在全省数字化改革数字经济组公布的2021年度考核评价结果中，杭州市以及西湖区、临平区、建德市均为优秀，滨江区、钱塘区、萧山区、富阳区为良好，获优秀与良好的区县（市）数量居全省第一位。

以数字化改革推进法治杭州建设。杭州市按照"1338+X"（建设一个数字法治综合应用，完善政法一体化办案体系、综合行政执法体系、社会矛盾纠纷调处化解体系3个重点任务，提升相关联的3个集成应用以及8个基础应用，推进X个场景应用）总体框架，建立场景建设日周月推进工作机制，会商研究68个场景建设情况，推进各地各部门揭榜认领和省部试点，同步建立完善"三张清单"和场景应用"一本账"，并建立场景应用推广机制。编制《杭州市数字法治系统建设方案》，组建数字法治专班综合组，推进场景应用持续迭代。12个场景被纳入《全省数字法治系统多跨场景清单1.0》，7个应用入选省揭榜认领项目。"浙里社会矛盾风险防范化解应用""交通安全治理一码一图""平安工地通"3个场景被评为省"数字法治好应用"，其中"浙里社会矛盾风险防范化解应用"被评为省数字化改革"最佳应用"。8个场景应用在全省推广；7个场景经验做法在省委改革办《领跑者》《竞跑者》刊发；20个场景受到中央和省部级领导批示肯定；形成国家职业技能标准、浙江省地方标准、杭州市地方标准等理论制度成果135项；承接省部级试点项目42个。杭州市成为"浙江解纷码"唯一全市试行的设区市，获评2021年法治浙江（法治政府）建设示范市。全年编印《关于推进数字法治多跨场景应用建设的指导意见》《加快数字法治多跨场景应用建设推进综合改革"五阶"管理办法（试行）》，规范化、体系化推进数字法治多跨场景应用建设，认定入围项目135个，确定获奖项目75个，其中铜奖项目23个、银奖项目35个、金奖项目16个、改革奖1个。开展市、县两级平台迭代升级，完成行政区划调整后统一地址库平台改造和地址数据更新，建立市级数据质量日常巡检和区县（市）质量日常自查机制，规范网格调整更新工作流程，实时同步至“浙江基层治理统一网格绘制管理”系统。建立全市统一救济预审工作机制，推广统一地址应用，统一地址调用2.7亿次，日均调用50万次，为全省绘制“社会治理一张图”提供杭州经验。编印《杭州市社会治理全量信息视图建设方案》，构建特色应用场景，研究全量信息视图理论体系，完成全量信息视图V字模型解构，建立问题数据处置机制。开展社会治理要素块数据体系研究，发布《社会治理要素数据管理规范》。落实市视频共享总平台联网测试和平台保障，升级市视频共享总平台，建立视频资源目录，面向市直单位提供统一的视频资源申请、审批等管理服务。完善视频共享管理办法，探索雪亮工程“共建共享”机制，推进视频资源接入和共享应用，服务疫情隔离管控监管和城市防汛防台工作需要，赋能基层社会治理。制定《提升“基层治理四平台”综合信息系统工作方案》，完成“基层治理四平台”综合信息系统迭代升级任务树的梳理，构建“4+N”平台架构，覆盖基层党的建设、经济发展、生态文明、社会治理、公共服务等各个领域。推进“基层治理四平台”综合信息系统与统一地址库融合应用，完成与“平安督”“关爱e家”的融合对接，实现与杭州城市大脑乡镇（街道）驾驶舱融合推广，推进与“警网协同”融合对接。

以数字化改革提升民生服务能力。围绕社会发展要求和人民生活需求，杭州市通过系统工程的有效组织，实现工作方式从“条线化”向“一体化”转变。“民呼我为”全市推广，“数智减负”探索突破，“应急处突”三级贯通。解决问题、破解痛点，让市民生活更便利；瞄准造福百姓、提升公平，彰显文明的核心内涵。完成“出生一件事”2.0“浙里办”接入，上线杭州健康码核酸报告查询应用和核酸检测预约功能，推进“先看病后付费”标准化改造；“数智就业”便民服务平台实现事项无纸、一键申请。实施地铁口非机动车停放空间扩容和交通枢纽内网约车停车场建设，实现全市域公交移动支付。抓好“杭州智慧文化云”建设，新建“杭州书房”36个，创新推出“一键借阅·满城书香”改革举措，完成本级数字文化馆建设，推进“E游浙江”公共服务平台建设，解决旅游治理痛点。推进数字教育新基建工作，推进数字教育资源体系构建工作，实现数字教育示范引领。全年杭州构建市本级及各区县（市）基础问题库和蓄水池，实现41个市直单位、13个区县（市）的全贯通，实现省级、市级清单问题整改进展的动态跟踪、一屏“亮晒”。

以数字化改革推动监管效率变革。全年杭州市发布2期数字化改革成果，上线8个自主研发系统，实现市场监管领域核心业务数字化全覆盖。“数智瓶安”入选全市首批8个“重大多跨场景应用推广”典型。“准入准营一网通”平台为代表的首期数字化改革成果发布。余杭电动自行车协同智治监管试点为全省电动车综合治理集成改革铺路。萧山建成全省首个“所级数字化指挥中心”。药品安全智慧监管“黑匣子”入选全省数字经济首批优秀重大应用，建设进度居全省第一位。从“浙冷链”到“浙食链”，全链条智慧监管扫“码”即可得，赋码率、扫码率均达100%。西湖区首个智能化农村家宴厨房启用。全市中小学和等级幼儿园食堂建成智能“阳光厨房”1778个。

以数字化改革提供高品质公共服务。“亲清在线”精准服务企业，“医学检查检验结果互认共享”切实减轻群众看病就医负担，并上升为“浙医互认”省级重大应用，“七码合一”让杭州实现“一码通城”。“体育大脑”、助残服务码等57个应用场景被纳入省级各子跑道试点，智慧旅游、居家养老服务等7个场景被纳入“揭榜挂帅”项目，“关键小事智能速办”和“浙里智惠基本公共服务”省级试点成为数字社会标志性成果，50项应用的领先做法上升为全省标准。187个数字社会应用被纳入日常运行监测。全市数字社会托育、医疗、养老等领域形成标准制度39条。工业项目联合竣工验收板块在“亲清在线”平台上线运行，申请验收单位可以一个端口、一次性申请相关验收事项。联合竣工验收审批事项精简为5个，需企业填选字段由100多个精简为4个，受理材料从66个缩减为26个（其中6个可共享获取）。

以数字化改革促进城市治理现代化。铁路杭州东站探索“数字孪生”，可预测预判、可视化指挥、可以试错。探索构建“1135”一网统管系统，建立城市运行生命体征指标体系，推进统事、统人、统制，推动城市治理可视、可管、可防、可指挥、可研析。以数字化改革为牵引，从路面塌陷问题入手，利用CIM（城市信息模型）基础平台成果探索构建城市地下隐患智防多跨场景。建立综合风险分析模型和算法，计算路面安全指数，以红、黄、绿3种颜色标出高、中、低风险区域，直观展示路面塌陷风险一张图。开发“无废城市”应用场景，创设智能预警报警系统和企业综合评价体系，上线危险废物“智治”模块；推进放射源管理信息化，实现所有放射源使用单位在线监控全覆盖。构建杭州“生态智卫”大场景，建成“空气卫士”“秀水卫士”“督察在线”“环保智管服”4个应用场景。深化简政改革，工程建设项目审批进入“小时制”办理时代。“平安工地一码通”实现“一张表单申请、一个平台联办、一次不跑办成”的企业管理服务，可轻松办理申请、登记、报告、咨询4类36个事项，实现审批不见面、办事不用跑，构建集部门监管、企业办事、工友服务、社会监督于一体的数字化场景。

以数字化改革推动数字生活新服务。杭州市建立市数字生活新服务工作联席会议制度和工作机制，成立工作专班，制订创建实施方案，形成重点任务、重点项目、重点成果3张清单，实行清单化管理。结合党史学习教育，在全市开展“乐享数智生活”专项行动，推动数字商贸、数字教育、数字健康等6个领域、80多项数字生活服务相关活动进入120个社区（村），举办活动167场次，覆盖约25万人。全市12个综合性电商平台企业、5个跨境电商平台企业、4个服务业电商平台企业、11个行业及垂直电商平台企业被列入2021—2022年浙江省重点培育电商平台企业。支付宝“市民中心”平台入驻生活缴费、公积金、社保、医保、公安交警、疫情疫苗、医疗健康等与市民生活息息相关的服务项目270多个，增长近20%，覆盖市民超过900万人，月均用户600万人。开展数字生活应用场景和特色镇创建，全市建成和在建的应用场景60多个；30个乡镇（街道）被列入特色乡镇（街道）创建名单，8个被列入培育名单，15个被认定为省级数字生活新服务特色乡镇（街道）。在2021年全省数字生活新服务指数报告中，杭州总指数列全省第一位。杭州市被列入省首批先行市创建名单，上城区、萧山区、桐庐县被列入样板县培育名单。

（市委政法委 朱文阳 冯蕾颖）

国家人工智能创新应用先导区创建

2021年2月10日，工业和信息化部复函支持建设杭州国家人工智能创新应用先导区，对杭州提出“要充分发挥城市数字治理、先进制造等方面的基础优势，进一步深化人工智能技术在城市管理、智能制造、智慧金融等领域的应用。通过改革创新举措，探索符合国情的人工智能治理模式与路径，促进新技术、新产品安全可靠推广，着力打造城市数字治理方案输出地、智能制造能力供给地、数据使用规则首创地”的建设要求。3月30日，“智涌钱塘”2021年AI Cloud生态大会在杭州举行，会上宣布杭州国家人工智能创新应用先导区建设启动。

人工智能领域成果丰硕。3月4日，浙江大学和之江实验室合作的仿生深海软体机器人照片登上《自然》杂志封面。6月19日，阿里达摩院开发的深度语言模型体系AliceMind再次名列多模态权威榜单“VQA Challenge 2021”第一名，对外开源并入选2021年世界人工智能大会SAIL奖TOP30榜单。7月8日，阿里巴巴—浙江大学前沿技术联合研究中心研发的数字创意智能设计引擎获2021年世界人工智能大会SAIL大奖和SAIL之星奖。10月29日，“一知智能”获评艾媒咨询集团（iiMedia Research）主办的2021年全球新经济卓越成就奖——“最佳人工智能创新应用平台”。

基础算力水平提升。6月11日，由浙江大学计算机创新技术研究院、浙江大学杭州科创中心、杭州市科技信息研究院合作共建的“AI+高性能智能计算平台”揭牌并对外开放，可提供1600TFLOPS总算力、28.6T的计算内存及2.8P的磁盘阵列。至年末，杭州国家互联网交换中心接入企业81个，接入总带宽3785G，峰值交换流量598G。据IDC和浪潮信息联合发布的《2021—2022中国人工智能计算力发展评估报告》显示，杭州AI算力仅次于北京，排名第二位。

人工智能产业规模增长。全年杭州市人工智能产业营业收入2038.5亿元，比上年增长25.9%；研发投入225.8亿元，增长25.6%；420个企业入选浙江省人工智能产业统计库，居全省第一位。据中国新一代人工智能发展战略研究所发布的《中国新一代人工智能科技产业区域竞争力评价指数·2021》，杭州在人工智能科技产业城市（不含直辖市）竞争力评价中排名第二位，与北京、上海、深圳同处人工智能产业第一梯队。

人工智能示范应用广泛。全年杭州市发布市级人工智能重点应用场景3批、113个，人工智能典型应用方案（产品）30个。开展智能网联车辆道路测试和运营试验工作，开放3个区、38条道路。“小蛮驴”无人物流车在浙江大学、未来科技城等高校和社区实现商业化运营。推进民用无人驾驶航空试验区建设，落地迅蚁科技有限公司、韵鹞科技有限公司等无人机研发、制造、培训、运营等相关企业，开通物流航线60多条，运行4.66万架（次）。（沈 晖）

中国（杭州）知识产权保护中心建成

中国（杭州）知识产权保护中心是由国家知识产权局和杭州市人民政府共同建设的知识产权快速审查、快速确权、快速维权机构，主要面向高端装备制造产业开展知识产权快速协同保护工作。

2020年10月26日，国家知识产权局批复同意建设保护中心，为全国第39个获批筹建的保护中心。2021年4月，完成机构、人员、资金、场地、信息化建设等筹建任务；6月3日，保护中心通过省级验收；9月15日，保护中心通过国家级验收；9月24日，国家知识产权局《关于同意中国（杭州）知识产权保护中心、中国绍兴柯桥（纺织）知识产权快速维权中心通过验收的函》批复同意保护中心投入运行，成为全国第29个获批运行的保护中心。保护中心建成后，符合申请条件的发明专利平均授权周期可缩短至3～5个月，实用新型和外观分别缩短至1个月和1周，促进高端装备制造产业转型升级，优化营商环境。

专利预审与确权。保护中心获批的83个IPC分类号及74个洛迦诺分类号涵盖杭州市高端装备制造业领域的智能制造装备、能源动力装备、先进轨道交通装备、航空零部件、增材制造装备以及医疗、汽车等相关装备制造的细分行业。保护中心研发上线专利智能预审系统，基本实现专利快速预审、快速确权、企业备案、宣传培训等多项服务一站通办。至年末，完成各类主体备案申请684个，国家知识产权局核准主体备案339个，完成代理机构联系登记111个；收到预审请求367件，受理316件，合格265件，合格率72.2%；授权发明专利7件，实用新型10件，外观专利4件。

知识产权协同保护。保护中心完善知识产权纠纷多元化解机制，开创知识产权大保护工作格局，与杭州市仲裁委员会共同签署“知识产权保护合作框架协议”。3月，保护中心印发《杭州市知识产权维权援助管理办法》《杭州市知识产权维权援助工作站建站指南》，推进知识产权维权工作站建设，布局全市15个知识产权快速维权网络。至年末，提供维权援助208件，出具侵权判定意见书11份。4月，杭州市知识产权纠纷人民调解委员会挂牌成立，组建首支由5名专职调解员和28名兼职调解员组成的知识产权调解队伍。至年末，受理知识产权纠纷案件288件，结案79件。

海外知识产权维权指导。1月，保护中心印发《海外知识产权纠纷应对指导工作管理办法》《知识产权海外维权专家库管理办法》等制度，建设全市知识产权海外维权信息库、企业库，制定海外维权指导课程体系，建立海外维权援助专家库，组建45

名维权援助专家队伍，形成知识产权涉外风险防控体系。帮助杭州奥泰生物技术有限公司应对美国“337调查”案、杭州思看科技有限公司应对欧洲商标异议案。

知识产权研究分析。保护中心推动专利分析与产业决策深度融合，开展《新能源汽车行业专利导航分析》《杭州智能制造产业专利导航分析》《光学成像产业园区专利分析导航》《国际标准必要专利分析》《杭州市专利质押融资情况分析报告》等专利分析研究项目，其中新能源汽车行业和智能制造产业2个专利导航分析研究项目获省工商学会立项。

知识产权公共服务。市市场监管局推动保护中心被纳入国家知识产权局知识产权信息公共服务体系，以国家知识产权局在杭州部署新一代专利检索分析系统为契机，通过印刷宣传册、入园惠企宣讲、网络宣传、业务培训、入驻平台、院校合作、多跨联动等多措并举，推进知识产权信息化服务工作。6月，新一代专利检索分析系统完成迁移部署并向全国免费开放。至年末，杭州节点注册用户3818个，用户注册增量955个，用户登录量6376次，3项指标均列全国市级节点第一位。（市市场监管局）

淳安特别生态功能区建设法治化

千岛湖是长三角地区最大的人工淡水湖，是钱塘江乃至整个杭州水系的重要源头，具有极其重要的生态战略地位。中共十八大以后，中共中央总书记习近平多次就千岛湖生态环境保护问题做出重要指示批示，对加强千岛湖生态环境保护提出明确要求。为落实习近平总书记指示精神，推动淳安绿色发展和民生保障，市人大常委会将淳安特别生态功能区立法作为2020年正式立法项目。《杭州市淳安特别生态功能区条例（草案）》于2020年12月、2021年4月，经市十三届人大常委会第三十二次、三十五次会议两次审议后，于2021年6月市十三届人大常委会第三十六次会议表决通过，经2021年7月省十三届人大常委会第三十次会议批准后，于2022年1月1日起施行。

《杭州市淳安特别生态功能区条例》，为淳安特别生态功能区高水平保护和高质量发展提供坚实的法治保障。该条例是全国首部生态“特区”保护法规，分总则、规划与管控、生态保护、绿色发展、民生保障、支持与监督和附则7章，共42条。

在管理体制及有关职责方面，条例明确市政府的宏观统筹管理职责，规定淳安特别生态功能区管理委员会的协调职责，明确管理委员会的日常工作由淳安县政府承担。为形成推动发展的合力，还规定市有关部门和相关区县（市）的职责。

在规划与管控方面，条例规定：“淳安县人民政府应当根据经依法批准的淳安县国土空间总体规划，编制淳安特别生态功能区保护与发展规划，经征求市规划和自然资源局、市发改委、市生态环境局、市建委等部门意见，按照规定程序批准后组织实施”。为规范城市设计及管理，条例规定“淳安县人民政府应当组织编制千岛湖湖区及周边地区城市设计，运用城市设计手段，实现对城市风貌的控制引导，保持自然山水景观风貌的完整性”。

在生态保护方面，为落实“共抓大保护、不搞大开发”“生态优先、绿色发展”的保护要求，条例根据淳安特别生态功能区保护与发展的特别需要，做出以下规定：构建生态环境指标体系，对编制淳安特别生态功能区生态环境指标体系提出要求；明确污染防治要求，根据污染源不同分别针对农业、林业、居民生活、工业、交通运输等方面的污染防治，按照特别生态功能区保护需求做了规定；确立生态修复制度，淳安县政府应当组织开展山体、湖岸、湿地、沙洲、岛屿、河道、流域、河流入湖口等生态修复，对废弃矿山、施工遗留场地、废弃物堆放场地等影响生态环境的区域进行清理、复垦或者生态化改造；明确水土保持要求，提升涵水保土功能，严格控制使用除草剂，防止水土流失等；加大资源保护力度，对资源调查、制定落实水资源保护规划、控制资源开发强度等进行规定。

在绿色发展方面，条例根据淳安特别生态功能区的资源禀赋、功能定位和发展目标，从绿色农业、生态工业、服务业（包含旅游业）、交通体系、产业引导等方面对绿色发展做出规定。

在民生保障与支持方面，综合考虑实际情况，条例规定“市人民政府、淳安县人民政府应当推动优质公共服务、民生保障事业资源向淳安特别生态功能区延伸，按照要求实现淳安特别生态功能区民生保障和公共服务达到或者高于全市平均水平”，并通过资金保障、飞地发展等措施予以保障。

条例还对环境监测、社会监督、区域共保和执法联动、工作考核等内容进行规定。（市人大常委会法工委）

杭州荣誉

2021年2月，杭州获批国家新一代人工智能创新应用先导区。

7月，杭州入选首批全国供应链创新与应用10个示范城市。

9月，世界知识产权组织（WIPO）发布2021年全球创新指数（GII），杭州排名第21位。

10月，杭州连续11年入选外籍人才眼中最具吸引力的中国城市。

11月，国家发展改革委发布《中国营商环境报告2021》，测评的18个指标杭州全部达标，并入选标杆城市。

11月，杭州获评“营商环境最佳口碑城市”，排名全国城市第一位。

11月，杭州获批国家服务型制造示范城市。

12月，杭州连续15年入选中国最具幸福感城市。（年鉴编辑部）

责任编辑　金利权

4 大事记

1月

4日 省委书记袁家军到杭州调研，在滨江区宏华数码科技公司和西湖区转塘街道外桐坞村考察。

△ 市长刘忻到萧山开展“走亲连心三服务”活动，走访杭州为家美小家电有限公司、浙江盛和网络科技有限公司、浙江大学计算机创新技术研究院、临浦镇通二村、临浦镇社会矛盾纠纷调处化解中心，与企业经营者、基层干部和群众交谈。

△ 市政府出台《杭州市老旧小区住宅加装电梯管理办法》，自4月1日起施行。全文共35条，明确适用范围、管理职责、申请条件、管理流程及要求等内容。

5日 “马克思主义在中国的传播”图片展开幕暨长三角红色博物馆合作联盟成立仪式在下城区武林之星博览中心举行。

12日 全省第四批“无违建县（市、区）”、第五批“基本无违建县（市、区）”发布，杭州新增西湖区、建德市2个“无违建县（市、区）”和江干区等3个“基本无违建县（市、区）”。至此，杭州创成5个“无违建县（市、区）”，全市所有区县（市）均达到“基本无违建县（市、区）”及以上水平，实现“十三五”规划提出的“基本无违建市”工作目标。

13日 市长刘忻检查指导亚运场馆建设工作，考察奥体博览城体育馆、游泳馆、综合训练馆、亚运轮滑比赛场馆、杭州电子科技大学体育馆项目现场，检查场馆建设收尾工作；检查机场地铁接驳换乘、常态化疫情防控和安全运营管理情况。

14日 第十六届杭州市道德模范（平民英雄）、第八届“最美杭州人”评选揭晓。获评第十六届杭州市道德模范（平民英雄）的是：戚宝兴公益服务中心创始人戚宝兴、淳安县大墅镇大墅村宣传文化员方平尔、杭州市司法局直属市富春强制隔离戒毒所民警陈杰、中国邮政集团余杭区分公司投递员向达勇、桐庐县分水镇小源村村民韩伦语、富阳区灵桥镇灵桥村村民黄小建、浙江大学医学院附属第二医院感染管理科主任陆群、江干区信访局干部韦长春（已故）、浙江老年关怀医院副主任医师王志雄、临安区太湖源镇金岫村村民汪红玉。获评第八届“最美杭州人”的是：上城区紫阳街道春江社区党委书记王水英、“饿了么”蓝骑士救援群体、滨江区浦沿街道社区卫生服务中心原科长（挂任贵州省黔东南苗族侗族自治州丹寨县兴仁镇中心卫生院原副院长）张超（已故）、“美团”骑手姚权刚、千岛湖传媒集团副总编辑余昌顺、建德市朝美日化有限公司总经理林焰峰、杭州人民广播电台杭州之声主持人雷鸣、杭州市第三人民医院呼吸内科主任医师梁斌、杭州地铁集团安全督查队、万科物业服务公司余杭分公司网格管家计良庆。

18日 市长刘忻调研部分重点区块和重大项目建设工作，考察杭州云城项目建设现场和“三江汇”未来城市实践区。

19日 市长刘忻调研南宋皇城遗址保护工作，考察德寿宫遗址保护展示工程项目现场、南宋太庙遗址等，听取遗址文物发掘、填土封护等情况介绍，了解遗址保护的历史沿革、概念规划、政策举措等。

20日 市政府召开新闻发布会，介绍自1月1日起施行的《杭州市商业补充医疗保险实施方案》，发布杭州市商业补充医疗保险“西湖益联保”。“西湖益联保”由政府引导支持，商业保险公司承办，按照商业化运作，定位为杭州百姓专属的普惠型商业补充医疗保险产品，主要涵盖规定病种门诊、住院、特定肿瘤药品及罕见病药品等多重保障。

28日 市长刘忻到余杭区、江干区专题调研社区治理和疫情防控工作，走访余杭区乔司街道综治中心、余杭区星桥街道贾家社区便民服务中心和“智慧星桥”物业数据中心、江干区丁兰街道皋城村，调研基层矛盾调处化解工作，与一线社区工作者座谈交流。

29日《杭州2022年亚运会、亚残运会形象景观总体规划》在线上发布。该规划坚持“指导性、选择性、约束性”原则，内容包括会徽、口号、吉祥物、体育图标、核心图形及色彩系统等形象元素在亚运会、亚残运会场馆内外及城市景观中的运用规范。

2月

1—4日 市政协十一届五次会议召开。会议选举张仲灿、陈国妹为政协第十一届杭州市委员会副主席，方中勇、石仕元、石利群、朱铮、孙月红、陈新、周妙荣、高宁、虞文娟为政协第十一届杭州市委员会常务委员；听取和审议政协第十一届杭州市委员会常务委员会工作报告、政协第十一届杭州市委员会常务委员会关于提案工作情况的报告；听取并讨论政府工作报告、杭州市国民经济和社会发展第十四个五年规划和二〇三五年远景目标纲要及其他报告；通过政协第十一届杭州市委员会提案委员会关于十一届五次会议提案审查情况的报告；通过政协第十一届杭州市委员会第五次会议建议案；通过政协第十一届杭州市委员会第五次会议决议。

2日 杭州亚残运会体育图标在线上发布，包括22个大项，由中国美术学院设计艺术学院副院长陈正达、视觉传达设计系教师王弋的团队设计完成。

3—5日 市十三届人大六次会议召开。会议补选李火林为市十三届人大常委会主任，补选江成器、李莲萍、沈旭微、林沛、郑利敏、赵国钦、骆安全、聂江、黄昊明为市十三届人大常委会委员；通过市政府2021年度民生实事项目；通过市十三届人大专门委员会部分组成人员人选名单；通过关于政府工作报告、"十四五"规划和二〇三五年远景目标纲要、2020年国民经济和社会发展计划执行情况与2021年国民经济和社会发展计划、市及市本级2020年预算执行情况和2021年预算的决议，通过关于市人大常委会工作报告、市中级人民法院工作报告、市人民检察院工作报告的决议；通过新修订的《杭州市人民代表大会议事规则》。

7日 省委书记袁家军在杭州专题调研未来社区建设工作，考察瓜沥七彩社区，了解未来社区"三化九场景"建设运营，听取萧山区未来社区建设整体推进及七彩社区总体规划情况汇报，主持召开未来社区试点建设工作座谈会。

8日 市纪委十二届六次全会召开。会议审议通过题为《奋力推动纪检监察工作高质量发展，为建设社会主义现代化国际大都市提供坚强保障》的工作报告；通过《中国共产党杭州市第十二届纪律检查委员会第六次全体会议决议》。

△ 2020年度杭州市精神文明建设十件大事揭晓：杭州喜获全国文明城市"四连冠"；《良渚宣言》发布；"无障碍电影"打造杭州范本，传递善城温度；绿马甲文明公益行动，打造一道生态文明城市的新风景；打造"最美相融·携手追梦"援建品牌；"点对点"定制公交，"心连心"文明杭州；"莫鸣，我就喜欢你"禁鸣喇叭成为杭州文明出行新风尚；创新文化会展服务模式，展示"重要窗口"头雁风采；广泛宣传抗疫先进典型，凝聚鼓舞复工复产信心；"春风沐浴·温暖阅读"活动。

9日 省委副书记、省长郑栅洁走访杭州的医院、工地和高校，检查疫情防控、安全生产和群众就地过年服务保障等工作。

12日 省委书记袁家军，省委副书记、省长郑栅洁在杭州慰问春节值班人员、外地留浙人员，检查疫情防控和节日民生保障工作。

19日 省委书记袁家军到基层工作联系点淳安县枫树岭镇下姜村调研，走访村委旧址、思源亭、大下姜乡村大脑运营指挥中心、千岛湖大下姜旅游集散中心和衍昌村。

25日 全国脱贫攻坚总结表彰大会在北京人民大会堂举行。杭州有叶正猛、汪四花、沈翔、吴斌、刘启宏、盛春霞、王晓桢、王强、陈立群、周君获评"全国脱贫攻坚先进个人"，浙江吉利控股集团有限公司、传化集团有限公司、阿里巴巴（中国）有限公司、中共淳安县枫树岭镇下姜村总支部委员会、海亮集团有限公司、浙江省杭州市帮扶黔东南苗族侗族自治州工作队获评"全国脱贫攻坚先进集体"。

3月

3日 国务院批复同意杭州市行政区划调整：撤销上城区和江干区，设立新的上城区；撤销下城区和拱墅区，设立新的拱墅区；撤销余杭区，设立新的余杭区；设立临平区和钱塘区。

△ 国务院办公厅在中国政府网发布《优化营商环境条例》实施情况第三方评估发现的部分创新举措，杭州的推进工程建设项目综合测绘、通过"亲清在线"平台实现惠企政策精准直达、畅通各类专业技术人才平等参与职称评审渠道、优化水电气报装4项创新举措入选。

12日 根据浙江省新冠疫苗接种工作整体部署安排及相关要求，杭州市全面启动新冠疫苗免费接种工作。

17日 省委、省政府举行全省扩大有效投资重大项目集中开工活动，杭州市有20个项目参加集中开工活动，总投资超过420亿元，年度计划投资40亿元。

18日《中共杭州市委 杭州市人民政府关于在新时代建设"重要窗口"中加快残疾人事业高质量发展的意见》印发。该意见提出，到2025年杭州要建成具有现代化特征的残疾人社会保障制度和基本公共服务体系，并列举20条助残举措。

19日 全省千年古城复兴启动新闻通气会上，浙江第一批（共11个）千年古城复兴试点建设名单公布，杭州富阳区新登镇和建德市梅城镇入选，试点建设时限3～5年。

24日 省委书记袁家军到萧山区指导学习贯彻全国"两会"精神，考察数字化改革、中央生态环保督察整改和政法队伍教育整顿工作，走访萧山区闻堰街道、萧山区数据资源管理局，督导龙山河整改情况，考察萧山区一体化智能化公共数据平台，了解"清廉村社""数智经信"等数字化应用建设情况。

26日 由澳门特别行政区政府经济财政司、杭州市政府港澳事务办公室、杭州市文化广电旅游局、上城区政府主办的"杭州澳门周"活动在湖滨步行街开幕。其间，举办"澳门风情美食节""科技、经贸和旅游领域交流座谈会"和"杭澳旅游会展推介会"等活动。

27日 杭州全球青年人才中心在萧山归谷国际中心启用，澳大利亚悉尼、英国伦敦、加拿大多伦多、美国西雅图4个海外分中心同步启动。

28—31日 全国政协副主席、九三学社中央常务副主席邵鸿率九三学社中央调研组到浙江，围绕

"促进国家科技创新平台建设，推动我国科技自立自强"主题开展年度重点考察调研。在杭州期间，调研组考察未来科技城、云栖小镇、青山湖科技城。

30日 浙江省"八八战略"研究院在浙江财经大学成立。该研究院由浙江财经大学和中国社会科学院大学、浙江省中国特色社会主义理论体系研究中心联合共建。

△ 由市政府主办的"智涌钱塘"2021年AI Cloud生态大会在高新区（滨江）开幕，主题为"共筑智慧城市，赋能数字企业"，聚焦人工智能在智慧城市、数字企业两大领域的落地应用，设置主论坛和智慧文旅、智慧教育、智慧能源等14个行业高峰论坛。会上，杭州国家人工智能创新应用先导区揭牌。大会持续至4月1日。

31日 全市数字化改革暨"数智杭州"建设攻坚年推进大会召开。会上举行杭州数据安全联盟聘任和授牌仪式，发布"数智杭州"总门户。"数智杭州"总门户是以"浙政钉"为基础平台，依托市县乡村网格五级组织体系，集成整合党政机关整体智治、数字政府、数字经济、数字社会和数字法治五大综合应用以及各部门、各层级重点应用和创新场景，迭代形成的综合性门户。

△ 中国（浙江）自由贸易试验区制度创新案例发布，杭州片区"全球中心仓"和"知识产权集成服务改革"两项制度创新案例入选。

△ "小莲清风廉运"定制公交专线启动。其作为串联城市清廉文化阵地主题巴士"510小莲清风专线"的升级版，从单条线路拓展为5条专线14条线路，从杭州市区辐射到整个长三角区域。

4月

1日 省长郑栅洁到杭州梅家坞村调研春茶生产和茶产业发展情况。

△ 在文化和旅游部举办的2021年全国文化和旅游消费工作培训班上，杭州获"国家文化和旅游消费示范城市"称号，并被授予奖牌。

6日 杭州市政府和宁波市政府"共融长三角，唱好'双城记'"工作对接会在杭州召开。2021年，两市计划共同落实科技创新、制造业、服务业、开放、文旅融合、交通、公共服务、生态环境、数字化改革九大专项行动，全方位深化合作。

△ 杭州亚运会、亚残运会重要标志组合使用及拓展设计在线上发布。该设计项目由中国美术学院设计艺术学院视觉传达设计系副教授郑朝领衔设计完成。

△ 2021年度浙江省美丽城镇建设样板创建名单公布，杭州有49个美丽城镇入选。

9日 杭州市部分行政区划优化调整实施动员大会召开。会议以视频形式召开，涉改区设分会场。会上为5个新的区委、区人大常委会、区政府、区政协授牌，宣读5个新的区筹备工作领导小组及有关筹备组人员名单。

12—16日 全国政协副主席、民革中央常务副主席郑建邦率民革中央调研组到浙江，就开展示范支部创建和党员之家建设进行调研。13日，调研组一行在杭州召开座谈会。

14日 由中共中央对外联络部、浙江省委主办的"中国共产党的故事——习近平新时代中国特色社会主义思想在浙江的实践"专题宣介会在杭州市举行，主题为"一张蓝图绘到底"。

15日 市委、市政府印发《杭州市推进"大综合一体化"行政执法改革方案》，明确指导思想、工作目标、主要内容、工作要求等方面。

16日 乌拉圭驻华大使费尔南多·卢格里斯一行到杭州访问，双方就杭州市与蒙得维的亚市开展友好合作、缔结友好城市意向交换意见，期待在数字经济、文旅服务、农产品贸易和汽车产业等领域开展合作，在体育培训、文化艺术等方面深化民间交流。

△ 由中国音像与数字出版协会、浙江省委宣传部、杭州市委宣传部主办的第七届中国数字阅读大会在杭州开幕，主题为"数字赋能新发展，阅读追梦新征程"，探讨全媒体时代下的数字阅读理念创新、方式创新与实践创新。大会发布《2020年度中国数字阅读报告》，揭晓2020年十佳数字阅读项目、十佳数字阅读作品、十佳数字阅读城市名单，举行2021年悦读中国年启动仪式，来自数字出版、文化产业相关企业代表，以及行业学者、作家等300多人参加。大会于16—23日在线上同步推出。

21日 第二批浙江省"千年古镇（古村落）"地名文化遗产发布会在萧山区临浦镇举行，杭州的西兴街道、临浦镇、寿昌镇入选第二批浙江省"千年古镇"地名文化遗产名录，东梓关村、乌石村入选第二批浙江省"千年古村落"地名文化遗产名录。

21—22日 首届中国慢行交通大会在北京举行，杭州市公共慢行交通案例获全国慢行交通优秀城市案例奖。

22日 杭州和瑞士卢加诺两地市政府共同举办"卢加诺—杭州在线会议：跨境数字营销"，两地电子商务、文化会展、手工业、艺术设计和媒体等领域的从业代表参加。

△ 土耳其驻沪总领事侯赛因·埃姆莱·恩金一行到杭州访问。

23日 中国美好生活城市（2020—2021）发布活动在成都举行，杭州获评中国"十大大美之城"和"十大向往之城"。榜单由《中国美好生活大调查》数据得出，由中央广播电视总台联合国家统计局、中国邮政集团、北京大学国家发展研究院推出。

24日 由省科协主办的2021年西湖论剑·网络安全大会在杭州国际博览中心举行，主题为"安全：数字化改革之根基"，设1个主论坛、15个分论坛、1场网络安全展览和1场主题音乐会，围绕数字化改革，解读网络安全产业政策、法规、标准。10多个企业参会并成立"新型智慧城市产业联盟"。

△ 杭州市新一轮东西部协作县县结对关系优化调整方案公布。杭州市不再承担贵州省黔东南苗族侗族自治州（16个县）、湖北省恩施土家族苗族自治州（8个县）的东西部协作任务，调整为结对四川省18个县（市、区）。

26—28日 中共中央政治局常委、全国政协主席汪洋到上海、浙江就"建设高质量教育体系、强化国家战略科技力量"协商专题开展调研。汪洋率全国政协相关部门负责人和部分全国政协常委到上海、浙江有关高校、科研院所、科创平台、实验室、高科技公司、社区，了解基础研究、技术攻关、人才培养、能力建设、成果应用等情况，并主持召开座谈会听取有关方面意见和建议。

27日 2021年全国五一劳动奖和全国工人先锋号在北京人民大会堂颁奖，杭州有1个单位、6名个人和4个集体获表彰：贝达药业股份有限公司获全国五一劳动奖状，方建营、陆立军、沈辉、陈楚、梁骏、杨金龙获全国五一劳动奖章，杭州市西溪医院护理部、玳能科技（杭州）有限公司DBH制造本部PCM甲班、农夫山泉（建德）新安江饮料有限公司无菌线制造一科、杭州城市大脑有限公司数字驾驶舱技术团队获全国工人先锋号称号。

28日 以色列驻沪总领事爱德华一行到杭州访问，双方期待在生命健康、现代农业、汽车产业等领域展开交流。

△ 杭州亚运会绿电交易全面启动。所有赛事场馆和亚运村被纳入一揽子交易方案。通过绿电交易，来自四川、宁夏等地的电力将输往杭州，为亚运会赛事供能。

△ 由市政府、民建浙江省委会、中国投资发展促进会主办的第五届万物生长大会在萧山举行，主题为“长风破浪——好的预测未来，就是去创造未来”，5000多名国内外专家、创业者、投资人现场或在线参加。会上发布“2021独角兽&准独角兽企业榜单”。

29日 由西湖区政府、市商务局主办的“数智消费，乐享生活IN杭州”2021年杭州首届数智消费嘉年华开幕。启动仪式上，杭州首届数智消费嘉年华的十大精品主题活动发布，“数智新文旅”“数智夜生活”“数智新农村”“数智新国潮”等场景主题体验展持续至5月3日。现场还举行杭州数智消费推广大使聘任仪式、数智消费实践基地授牌仪式。

△ 中国共产党杭州历史馆（杭州市方志馆）、“五四宪法”历史资料陈列馆、小营·江南红巷、中国工农红军北上抗日先遣队纪念馆、抗日战争胜利浙江受降纪念馆等51个基地被确定为杭州市党史现场学习基地。

30日《国务院办公厅关于对2020年落实有关重大政策措施真抓实干成效明显地方予以督查激励的通报》发布，杭州市获评“棚户区改造、农村危房改造工作积极主动、成效明显的地方”。

△ 中央广播电视总台浙江总站揭牌成立，国家（杭州）短视频基地项目开工，中央广播电视总台大型融媒体节目《中国短视频大会》落户杭州，浙江省政府与中央广播电视总台签署《杭州亚运会广播电视宣传战略合作协议》。

5月

3日 首届杭州市民日活动启动，主题为“数智杭州·宜居天堂”，举办同唱《共有一个家》，共赴《我心向党》——杭州首届市民日专场交响音乐会两场主活动，以及市民体验、都市圈幸福传递、民意直通车·幸福对话、“杭州市民日”幸福接力、“杭州市民日”便民服务、“幸福满天堂·市民嘉年华”6场子活动。

7日 杭州市代表浙江省接受全国人大常委会副委员长蔡达峰为组长的执法检查组开展《中华人民共和国中医药法》执法检查。检查组分别到杭州市中医院丁桥院区、桥西中医药特色一条街及胡庆余堂进行走访调研。

8日 浙江省千年古城复兴工作推进会暨千年古城复兴论坛在建德市梅城镇举行。11个首批试点古城、18个储备试点单位和专家学者探讨古城复兴计划。会议当天，《智在严州——千年古城复兴试点应用场景建设梅城方案》启用，按照“1+4+X”模式全方位构筑数字古城。

△ 时代高架（白马湖路—天马路）开通试运行，时代大道滨江段至此全线建成通车；彩虹快速路西延之江段的云河、云象、云创3座隧道开通试运行。开通范围北起白马湖路（火炬大道），南至天马路，全长约1千米，新建双向六车道高架快速路，主线设计时速80千米。

10日 杭州亚运会、亚残运会二级标志进行线上发布，包括可持续标志、公众参与标志、测试赛标志、智能标志、火炬传递标志、文化活动标志、志愿者标志7种。

△ 杭州市举行野生动物世界“金钱豹外逃事件”新闻发布会。4月19日，杭州野生动物世界因饲养员违规操作致使3只亚成体金钱豹外逃，并进行瞒报。截至发布会当天，2只外逃金钱豹已被捕获。公安机关依法对杭州野生动物世界有限公司相关人员因金钱豹外逃事件涉嫌犯罪立案侦查，于10日对涉嫌危害公共安全犯罪的公司法定代表人、总经理及相关责任人员共5人采取刑事强制措施。

12日 国务院服务贸易创新发展试点“最佳实践案例”发布，杭州“数智化”在线商事调解模式入选。

12—14日 由中国网络视听节目服务协会、浙江省广播电视局和西湖区委、区政府等主办的2021年中国视听创新创业大会在西湖区艺创小镇举行，开展5项主题活动，全国视听领域全产业链的企业代表、高等院校专家学者、投资机构和青年“双创”人才代表参加。艺创小镇获国家广播电视总局授牌，成为“中国（之江）视听创新创业基地”。

14日《杭绍一体化合作先行区建设方案》印发。杭绍一体化合作先行区发挥临空经济优势，在萧东—柯西、萧南—诸北两大板块分别构筑临空经济与现代纺织双引擎发展的开放合作大平台和绿色制造与生态旅游融合发展的高质量发展平台，打造临空经济一体化发展示范区和长三角地区新制造业承载区。

17日 杭州市深入推进党史学习教育“民呼我为”主题活动部署会召开。会上向各区县（市）、市直单位发放“十大平台听民意”“十大攻坚破难题”“十大关爱暖人心”“十大举措减负担”等“民呼我为”任务书，发布“民呼我为”数字平台。

18日 全省建设新时代美丽浙江暨中央生态环境保护督察整改工作推进大会召开。会议公布杭州市和拱墅区、淳安县、富阳区、西湖区、桐庐县、建德市为2020年度美丽浙江建设（生态文明示范创建行动计划）工作考核优秀单位。杭州市第5次获全省“五水共治”工作优秀市“大禹鼎”，临安区、淳安县、萧山区、余杭区、西湖区、滨江区获2020年度全省“五水共治”工作优秀县（市、区）“大禹鼎”。

△ 新加坡驻沪总领事蔡鍪合一行到杭州访问，双方期待在经贸交流、智慧治理和可持续发展等方面继续开展务实合作。

19日 省委书记袁家军在杭州调研中国科学院基础医学与肿瘤研究所、西湖大学，考察核酸适体筛选中心、核酸检测分子诊断设备研发中心、ECMO（体外膜肺氧合）联合研发中心、创新药物研发中心等先进试验设施和科研平台，及西湖大学科技园展厅等，并召开座谈会。

△ 第七届“杭州民营企业牵手‘一带一路’国家”对接交流会在杭州举行，来自19个“一带一路”国家的45名驻沪外交官、商务官员及商务机构代表参加，与100多名杭州民营企业、侨资企业代表对接交流。

20日 全省美丽城镇建设工作现场会召开，杭州市获评2020年度新时代美丽城镇建设优秀设区市，建德市、临安区、余杭区、萧山区获评2020年度新时代美丽城镇建设优秀县（市、区）。

21日《杭嘉一体化合作先行区建设方案》印发。杭嘉一体化合作先行区以新型城镇化为特色，构建“一带两轴（运河二通道滨水融合带、钱塘江发展轴、人民大道—长安路发展轴），相向融合”的同城发展格局，打造高品质产城人文融合新典范、先进制造业和现代服务业深度融合发展新样板、生态海岸带一体化融合新示范。

△ 国家广播电视总局批复同意在华数集团设立智慧家庭创新研究与应用国家广播电视总局实验室。

21—25日 由农业农村部、浙江省政府主办的第四届中国国际茶叶博览会在杭州国际博览中心举行，主题为“茶和世界·共享发展”，1500多个企业参展。其间，举办“西湖论茶”第四届中国茶业国际高峰论坛暨2021年“国际茶日”中国主场活动、第四届中国当代茶文化发展论坛、第三届茶乡旅游发展大会，以及80多场品牌推介活动、茶乡风情展示、手工炒茶、茶韵品鉴、茶艺表演等。

22日 杭州亚运会赛会志愿者全球招募启动活动在浙大城市学院举行，计划面向全球招募5.2万名赛会志愿者。杭州亚运会赛会志愿者口号“来吧，朋友！”、亚运会志愿者歌曲《等你来》及志愿者标识同步发布展示。

△ 2021年浙江省暨杭州市科技活动周在钱江新城举行，主题为“百年回望：中国共产党领导科技发展”。开幕式上，杭州市中小学生科技节、“我与科技”征文活动等科普活动同步启动。

25日 市长刘忻带领区县（市）审管办主任到市行政服务中心、市民之家现场办公，研究部署审批服务提速提效的具体举措，召开座谈会听取工作汇报。

27日 浙江自贸试验区第四批“十大标志性成果”在中国（浙江）自由贸易试验区建设新闻发布会（第四场）上公布，杭州片区4项成果入选。

28日《中共杭州市委 杭州市人民政府关于促进中医药传承创新发展的实施意见》印发。该意见提出加快打造国内一流的中医药名城，通过完善体制机制，促进改革创新、铸就杭州品牌，加快特色发展等7个方面，争创浙江省中医药综合改革先行区、打造中医药数字化改革高地等26条举措。

△ 杭州被确定为全国首批“系统化全域推进海绵城市建设示范城市”，将在2021—2023年获得总额9亿元的国家补助资金。

30日《杭黄毗邻区块生态文化旅游合作先行区建设方案》印发。杭黄毗邻区块（淳安、歙县）生态文化旅游合作先行区突出生态旅游主题，依托千岛湖—新安江、浙皖一号旅游风景道水陆双线，以淳安县威坪镇、歙县深渡镇为龙头，有机串联传统村落、土楼群、田园民居、摄影基地和采摘园等乡村旅游点，带动形成跨区域旅游精品线路，合力打造美丽田园体验区、乡愁记忆旅居地，促进合作先行区全域旅游发展。

6月

3日 市长刘忻专题调研年度民生实事项目推进工作，考察坤塘悦府安置房小区、文晖街道流水西苑、启音儿童康复中心、招商观颐之家杭州颐养中心等。

3—5日 杭州市举行“永远跟党走·红旗飘飘”庆祝中国共产党成立100周年群众性歌咏活动，分为百年征程路、奋进新时代两个篇章，由来自13个区县（市）的群众演员自编自导自演。

5—6日 由中国人工智能学会、杭州市政府主办的“2021全球人工智能技术大会”在杭州未来科技城举行，设置22场专题报告和专题论坛，举办2021年全球人工智能技术创新大赛、2021年全球人工智能技术博览会等活动。

8日 由市政府主办的第七届中国杭州大学生创业大赛总决赛在高新区（滨江）举行。大赛于2020年6月启动，收到国内外461所高校3743个创新创业项目，439个项目团队参加决赛阶段相关赛事和活动。

9日 国家绿色技术交易中心在杭州揭牌。该中心以国家电网浙江省电力有限公司双创中心为主体设立，聚焦低碳转型中的关键技术，开展绿色技术发布、咨询、洽谈和交易，引导中国绿色技术创新，加速成果转化应用。

9—10日 省委书记袁家军在杭州会见由30多名外国驻华使节组成的“让世界关注这扇窗——驻华使节浙江行”参访团一行。在杭州参访期间，使节团考察浙江大学紫金港校区、中国茶叶博物馆、杭州亚运会主场馆和浙江正泰太阳能科技公司。

10日 国务院印发《关于公布第五批国家级非物质文化遗产代表性项目名录的通知》，萧山区花边制作技艺、建德市严东关五加皮酿酒技艺入选第五批国家级非物质文化遗产代表性项目名录，桐庐县桐君传统中药文化、拱墅区半山立夏习俗入选国家级非物质文化遗产代表性项目名录扩展项目名录。

11日 建德市获评全国农村人居环境整治成效明显激励县。

13日 省委书记袁家军、省长郑栅洁分别在杭州调研节日民生和安全工作，慰问一线工作人员。

△ 由市委、市政府主办的“潮玩潮创，IN杭州”2021年杭州大学生创新创业日活动在云栖小镇举行。

开幕式上，为杭州市首届大学生创新创业导师颁发聘书，为杭州创业未来之星授奖。“万朵浪花”杭州全球大学生实习计划启动，面向全球大学生发布16万个实习实训岗位。由共青团中央、人力资源和社会保障部等5个部委及浙江省政府主办的“创青春”中国青年创新创业大赛（互联网专项赛）宣布落户杭州。大学生创新创业工作品牌“杭帮彩”推出，杭州人才码“青荷2021”发布。

15日 浙江省科学技术奖励大会在省人民大会堂召开，颁发301项2020年度浙江省科学技术奖，并首次授予市、县“科技创新鼎”。在杭单位获173项浙江省科学技术奖，杭州市获颁“科技创新鼎”。

17—20日 杭州市代表团到四川省甘孜藏族自治州对接对口支援工作，两地召开对口支援联席会议。会上，杭州市与甘孜州签订医疗卫生、文化旅游合作框架协议，杭州市区县（市）与甘孜州县（市）签订县县合作协议，举行杭州市向甘孜州教育援建资金捐赠仪式、娃哈哈集团向甘孜州教育和体育局教学设备捐赠仪式、杭州市职工（劳模）疗休养基地授牌仪式、阿里巴巴热土计划启动仪式。

20日 市长刘忻对上城区九堡街道、临平区五星工业园区、余杭燃气宝顺供气站等人员集聚区域和场所的安全生产工作进行暗访督查。

22日 市长刘忻到临安区就抓好安全生产工作进行再督查、再部署、再落实，考察临安中都青山湖大酒店、杭州临安中石油昆仑燃气有限公司、杭州临安煤气有限公司、杭州锦合能源有限公司等地，就推进隐患问题整改销号进行挂牌督办。

△ 由省文化和旅游厅、省文物局主办的首届浙江大运河世界文化遗产宣传周活动在杭州开幕。开幕仪式上，对《浙江省大运河世界文化遗产保护条例》进行宣介和推广，浙江省世界文化遗产监测中心联合杭州、宁波、嘉兴、湖州、绍兴五地的大运河遗产监测预警平台共同成立“浙江省大运河世界文化遗产监测联盟”，“百年红运·浙里起航”大运河红色研学线路发布，2021年大运河国际诗歌节启动。

23日 省长郑栅洁在杭州调研企业发展情况，走访杭州娃哈哈第二生产基地和浙江吉利控股集团，察看企业产品展示和研发生产线，了解企业规划发展情况。

24日 市委、市政府印发《关于做好全市开发区（园区）整合提升工作的通知》，明确提出全市开发区（园区）总数从35个整合为17个，将重点打造杭州钱塘新区、杭州城西科创大走廊、杭州高新技术产业开发区、萧山经济技术开发区、富阳经济技术开发区、余杭经济技术开发区6个高能级战略平台。

24—25日 杭州市文联第九次代表大会召开。大会总结回顾过去5年杭州市文联开展的工作和所取得的成绩，明确今后5年的工作目标和具体安排，审议通过市文联第八届委员会工作报告和修改后的市文联章程，选举产生由105人组成的市文联第九届委员会。

26日 中国动漫博物馆开馆。该馆位于滨江区白马湖路375号，占地面积2.77公顷，主体建筑面积3万平方米，以“动漫让生活更美好”为主题，常设“动漫你的遐想”“动漫你的回忆”“动漫你的今天”“动漫你的未来”4个展区，配套标准影厅、沉浸式影厅、5D影厅、动漫星光剧场、动漫图书馆等设施设备，收藏动画、漫画、衍生品等2万余件。

27日 市长刘忻到杭州师范大学，就做好安全工作进行再检查、再督导，检查学校食堂重点部位的安全措施落实情况，抽查学生宿舍、消防通道管理、违禁电器使用、易燃易爆物品存放等情况，察看杭州亚运会橄榄球馆和排球馆安全管理情况。

28日《中共中央关于表彰全国优秀共产党员、全国优秀党务工作者和全国先进基层党组织的决定》发布，杭州有陈立群、鲁冠球、程本、黄坚钦获评“全国优秀共产党员”，陈捷、梁廷波、周洁获评“全国优秀党务工作者”，淳安县枫树岭镇下姜村党总支、杭州市上城区小营街道小营巷社区党委、浙江富春江通信集团有限公司党委、浙江省疾病预防控制中心党委、国家税务总局浙江省税务局纳税服务处党支部、中国美术学院设计艺术学院党总支、国家电网浙江省电力有限公司党委获评“全国先进基层党组织”。

△ 省委书记袁家军到杭州市就基层党建工作进行调研，与部分互联网企业负责人做交流，慰问基层一线党员。

△ 杭州都市区轨道交通“互联互通”项目集中通车活动举行，杭州地铁8号线一期工程和杭海城际铁路、杭绍城际铁路开通。

29日 庆祝中国共产党成立100周年“七一勋章”颁授仪式在北京人民大会堂举行，中共中央总书记、国家主席、中央军委主席习近平向“七一勋章”获得者颁授勋章。杭州人瞿独伊被授予“七一勋章”。

△ 中共严衢工委纪念馆开馆。纪念馆位于建德市大同镇，总面积200多平方米，设置“黎明前的黑暗”“播撒希望火种”“开辟严衢地区”“严衢全面解放”4个板块，展出照片、文稿、模型、实物等100多件。

30日 杭州市首个未成年人保护工作站在萧山区城厢街道落地建成。工作站按照场所、队伍、经费、制度、服务等全市统一“五有”标准打造，具备“1156”服务特色。

7月

1日 钱江通道及接线项目北接线段工程PPP项目建成通车。项目起点位于桐乡骑塘西北，路线自北向南，跨沪昆铁路、杭浦高速公路与钱江塘过江隧道相接，全长11.415千米。主线采用双向六车道公路标准，设计时速100千米。

14—15日 杭州市代表团到四川省广元市对接东西部协作工作，召开杭州市—广元市东西部协作联席会议，两市相关区县（市）和市级部门分别签订东西部协作协议，杭州市向广元市捐赠财政援助资金，杭州市职工（劳模）疗休养基地授牌。代表团考察剑门蜀道乡村振兴示范点、阿里数字生活城市项目、广元娃哈哈公司等，走访困难户。

16日 杭州市党政代表团到宁波对接落实“双城记”工作。其间，两地召开联席会议，通报两市“双城记”行动方案，两市签订“双城记”工作机制备忘录，杭州市政府与浙江省海港投资运营集团签订深化全面合作框架协议。代表团考察宁波舟山港调度指挥中心、中国科学院宁波材料技术与工程研究所、宁波均胜电子股份有限公司、宁波城市展览馆等。

19日 杭州市生态环境局和宁波市生态环境局在杭州签订"共融长三角,唱好'双城记'生态环境共保联治"合作框架协议。两地将进一步发挥"双核"引领作用,深化生态文明建设全面合作,高水平推进生态环境协同保护。

△ 工业和信息化部公布第三批专精特新"小巨人"企业名单,杭州有32个企业入选。至此,杭州共有53个"小巨人"企业。

20日 杭州亚运会开幕式主创团队发布会在北京正大中心举行。导演陆川任开幕式总导演,导演沙晓岚任总制作人。

△ 杭州市快递行业工会联合会第一届委员会第一次会议召开,民主选举产生杭州市快递行业工会联合会第一届主席、副主席和第一届经费审查委员会主任,协商产生第一届女职工委员会及主任。

21日《浙江省人民政府关于命名第五批省级生态文明建设示范市、县(市、区)的通知》发布,杭州市滨江区被命名为第五批省级生态文明建设示范区。至此,杭州市和下辖11个区县(市)获省级生态文明建设示范区称号。

24日 省长郑栅洁到杭州地铁站、建筑工地、社区、危化品集中存放地检查防台工作,察看地铁凤起路站、百井坊巷商业综合体项目和机场快线西湖文化广场站施工现场、杭州中美华东制药有限公司、华丰新村小区。

28日 由中国纺织工业联合会、中国服装协会主办的首届世界时尚科技大会暨2021年中国服装科技大会在临平区举行,主题为"科技时尚引领新生活",国内外专家学者参加。现场公布2021年中国服装行业科技进步奖、优秀技术成果及解决方案推荐目录、优秀专利和技术创新示范企业等评选结果。

29日 由省商务厅、省卫生健康委、省医保局、省药监局主办的第一届浙江省数字医疗健康产业杭州峰会在拱墅区举行,主题为"拥抱数字新经济、创领医疗新未来"。会上,落户于拱墅区数字经济产业园的阿斯利康中国东部总部宣布启用。杭州国际生命科学创新园、数字医疗创新中心、全科数字医疗孵化中心等数字医疗创新机构同步启用。

△ 中共浙江省委机关旧址陈列室启用仪式在拱墅区狮虎桥河下2号举行。狮虎桥河下2号是杭州市区范围内经考证确认的唯一的省委机关旧址。省委机关旧址首期纪念设施以"守好红色根脉"主题进行打造,主要包括陈列室和红色街区两部分。启用仪式上,浙江革命历史纪念馆、浙江省文化会堂(浙江展览馆)、中国共产党杭州历史馆(市方志馆)、浙江省立第一师范学校旧址(杭高校史馆)、中国京杭大运河博物馆、省委机关旧址陈列室6个单位签订合作共建协议,成立大运河红色文化联盟。

30日《杭州市淳安特别生态功能区条例》经省十三届人大常委会第三十次会议批准,自2022年1月1日起施行。条例分为总则、规划与管控、生态保护、绿色发展、民生保障、支持与监督、附则7章,共42条,明确市政府的宏观统筹管理职责,规定淳安特别生态功能区管理委员会的协调职责,管理委员会的日常工作由淳安县政府承担。

8月

1日 连接余杭、临平两区的运溪高架路于12时开通。运溪高架路为双向六车道,起点位于临平区崇贤街道,顺接秋石高架路沿山互通,沿疏港公路、东西大道、运溪路,穿越6个乡镇(街道),终点位于余杭区余杭街道,全长约34千米(临平段长6.7千米、余杭段长27.3千米)。

3—4日 全省水利高质量发展助推共同富裕示范区建设会议暨市级水利局长会议在杭州召开,公布2021年浙江省十大"最美水利工程"和提名工程名单,杭州闲林水库工程入选浙江省十大"最美水利工程",三堡排涝泵站入选提名工程。

9日《杭州市物业管理条例》发布,共9章、93条,自2022年3月1日起施行,包含物业管理区域、业主和业主组织、业主和业主大会、业主委员会、物业管理委员会、前期物业管理、物业服务、物业的使用和维护、监督管理、法律责任等内容。

10日 杭州市乡村振兴局成立。其主要职能为拟定乡村振兴战略工作规划和政策,组织开展相关领域的调查研究与考核、评估和督查等具体工作。

13日 全省举行2021年"高质量发展建设共同富裕示范区"重大项目集中开工活动。杭州市有40个项目参加集中开工,总投资624亿元。

13—14日 中国国民党革命委员会杭州市第十二次代表大会召开。与会代表审议并通过民革杭州市第十一届委员会工作报告,选举产生由33名委员组成的民革杭州市第十二届委员会。

16—17日 中国民主促进会杭州市第十四次代表大会召开。与会代表审议并通过中国民主促进会杭州市第十三届委员会工作报告,选举产生由51名委员组成的民进杭州市第十四届委员会。

17—18日 中国致公党杭州市第七次代表大会召开。与会代表审议并通过致公党杭州市第六届委员会工作报告,选举产生由21名委员组成的致公党杭州市第七届委员会。

19—20日 中国民主同盟杭州市第十四次代表大会召开。与会代表审议并通过民盟杭州市第十三届委员会工作报告,选举产生由47名委员组成的民盟杭州市第十四届委员会。

20—21日 中国农工民主党杭州市第十一次代表大会召开。与会代表审议并通过农工党杭州市第十届委员会工作报告,选举产生由39名委员组成的中国农工民主党杭州市第十一届委员会。

21日 中共中央纪委国家监委网站公布:浙江省委常委、杭州市委书记周江勇涉嫌严重违纪违法,接受中央纪委国家监委纪律审查和监察调查。省委常委会召开会议,传达中央对周江勇涉嫌严重违纪违法进行纪律审查和监察调查的决定。22日,市委召开杭州市领导干部会议,传达中央对周江勇涉嫌严重违纪违法进行纪律审查和监察调查的决定，以及省委常委会会议、市委常委会（扩大）会议精神。

21—22日 九三学社杭州市第九次代表大会召开。与会代表审议并通过九三学社杭州市第八届委员会工作报告，选举产生由40名委员组成的九三学社杭州市第九届委员会。

22—23日 中国民主建国会杭州市第十四次代表大会召开。与会代表审议并通过民建杭州市第十三届委员会工作报告，选举产生由52名委员组成的民建杭州市第十四届委员会。

30日 市教育局联合9个部门发布《关于进一步做好义务教育阶段学校课后服务工作的通知》，明确从2021年秋季学期开始，全市各小学、初中均要开设课后服务项目。

9月

1日 省长郑栅洁到富阳区调研，走访杭州富春湾新城、杭州华鹰游艇有限公司，考察富阳水上运动中心亚运场馆建设情况。

△《杭州市进一步减轻义务教育阶段学生作业负担和校外培训负担实施方案》发布，包括工作目标、重点任务（提升学校教育教学质量、提高作业管理质量、提高课后服务水平、从严治理和规范校外培训机构）、组织保障3个方面。

3日 在2021年中国服务贸易交易会浙江主宾省活动中，2020年度浙江省数字贸易百强榜发布，杭州共91个企业上榜。

5日 第四届“杭州国际日”在钱塘江畔开幕。开幕式上，举行科学家西湖计划全球发布、“钱江友谊使者”颁奖仪式，杭州与乌拉圭首都蒙得维的亚以及阿根廷第二大城市科尔多瓦签署友好合作备忘录，“中国—中东欧国家智慧城市中心”揭牌。“杭州国际日”主题展同步开展。“中意”爱情文化周、“我为杭州品牌代言”跨境直播秀、“创客天下”云路演等活动持续至9月下旬。

△ 第16届夏季残疾人奥林匹克运动会在东京闭幕，杭州籍残疾人运动员获3枚金牌、5枚银牌、3枚铜牌、2个第四名、2个第五名、2个第六名和1个第七名。

6日 中国大运河（杭州段）世界遗产党建联盟成立，召开第一次全体成员大会。会上表决通过《中国大运河（杭州段）世界遗产党建联盟章程（试行）》，明确党建联盟的宗旨、主要任务、组织机构、成员单位和运行机制。该联盟是由杭州市园文局牵头，大运河世界遗产综合保护相关的各市级职能部门、市属国有企业和大运河沿线各属地城区共同组成的党建与遗产保护“双线融促”工作联合体。

8日 国务院常务会议部署在部分城市开展营商环境创新试点，支持地方深化改革先行先试、更大力度利企便民。北京、上海、重庆、杭州、广州、深圳被确定为国家首批6个营商环境创新试点城市。

8—9日 杭州亚运会代表团团长大会远程召开，亚奥理事会、国家体育总局、杭州亚组委相关领导出席会议。大会公布总竞赛日程，对交通、物流、票务、安保等政策进行介绍，了解参赛人员的需求，听取各方建议。

10日 杭州亚运会倒计时1周年主题活动在杭州奥体网球中心举行。活动以“盼”为主题，省委书记、省人大常委会主任袁家军发布杭州亚运会火炬形象，省委副书记、省长、杭州亚组委主席郑栅洁致辞。活动现场揭晓杭州亚运会官方体育服饰和礼仪服装形象，主会场与海内外亚运城市进行互动连线，设置观众互动方阵进行互动，举行文艺表演。

10—17日 2021年全国科普日暨杭州市第三十五届科普宣传周活动举行，主题为“百年再出发，迈向高水平科技自立自强”，开展“云上科普日”活动、点赞科技志愿、“杭州科普”短视频征集、“迎亚运”科普微视频创作大赛、第二届最美科普人评选等活动。

14日 省长郑栅洁到余杭区调研人工智能小镇建设，参观人工智能小镇展厅，走访杭州字节跳动科技有限公司、杭州加速科技有限公司等科技创新型企业。

△ 杭州亚运会火炬“薪火”同款3D版数字火炬发布，于9月16日12时在支付宝开售。杭州亚运会数字火炬是一种数字收藏品，由蚂蚁链提供技术，实现链上确权存证与发行，限量发行2万个，每个售价39元。

15日 国家知识产权局专家组到杭州对中国（杭州）知识产权保护中心筹建工作进行考核验收。经过现场考核，专家组一致同意中国（杭州）知识产权保护中心建设合格，通过验收。

△ 富阳公望大桥通车。公望大桥北起高尔夫路和江滨东大道交叉口，南侧连接在建的环岛路和东望路延伸段，全长700米，桥面宽43米，双向六车道，设计时速60千米。

16—17日 由国家市场监督管理总局、浙江省政府、杭州市政府主办的第四届中国质量（杭州）大会在杭州国际博览中心举行，主题为“质量，数字，绿色，融合”，设置开幕式和6个分论坛。国务委员王勇出席大会，宣读国家主席习近平贺信并致辞。活动期间，王勇到浙江省市场监管部门、食品药品检验机构和制造企业调研质量工作。

△ 由中共中央办公厅调研室、应急管理部组成的调研组到杭州开展应急管理工作专题调研。

17日 杭州地铁9号线一期北段与地铁7号线市民中心站同步开通运营。地铁9号线一期工程北段线路起于邱山大街站，止于龙安站，全长约6千米，设站4座。地铁7号线市民中心站至奥体中心站（不含）线路长约3千米，穿钱塘江而过。

21日 市长线上圆桌会议在杭州市国际友城——俄罗斯喀山市举行，主题为“智慧城市的演变”。来自杭州、哈尔滨、深圳、青岛、厦门等国内城市的市领导，与俄罗斯因诺波利斯、土耳其安卡拉、日本京都、摩尔多瓦基希讷乌市等国外城市的市长在线上探讨智慧城市的发展与变革。

23日 由市政府主办的2021年中国农民丰收节杭州主场庆祝活动在临安区举行，主题为“庆丰收、感党恩、奔共富”，开展群众文艺会演、乡村振兴成果展、丰收集市、乡村产业大师成果展示等活动。活动现场，向2021年杭州市乡村产业技能大师授牌，为首届杭州市农合联“双十佳”

会员代表颁奖，杭州市数字乡村智慧平台启动上线。主场仪式后，开展稻香小镇开镰节、鱼羊美食节、千岛农品擂台赛、国际稻香节等活动。

24日 第十三届"西湖·日月潭"两湖论坛通过杭州市与台湾南投县两地视频连线方式举行，主题为"山水相连，共兴两湖"，设置1个主论坛、2个分论坛和3个相关主题活动。

△ 由省科技厅主办的第十届中国创新创业大赛浙江赛区暨第八届浙江省"火炬杯"创新创业大赛总决赛在滨江区举行。大赛于6月启动，征集到927个科技型项目，21个项目进入决赛。

△ 上城区、拱墅区、余杭区、临平区治水办共同签署《京杭运河流域共治协议书》，开启京杭运河杭州段流域治理机制联动、资源共享。

25日 杭州市劳模工匠文化公园开园。公园位于西溪国家湿地公园和西湖风景名胜区之间，占地26公顷，设置杭州工匠林、劳模记忆飘带、"天下巧工"浮雕景墙、抗疫群英像、格言墙、时代走廊等劳模工匠主题景观。活动现场，长三角劳模工匠交流基地、甘孜—杭州劳模工匠交流基地同时揭牌。

△ 全国工商联公布"2021中国民营企业500强"榜单（根据2020年度数据评出），杭州有36个企业入围"2021中国民营企业500强"，26个企业入围"2021中国民营企业制造业500强"。

25—26日 由团省委、省人力社保厅主办的2021年"振兴杯"浙江省青年职业技能竞赛主体赛在杭州职业技术学院举行，全省133名青年技能人才参加。

26日 中国匠心大会在杭州举行，主题为"匠心是高质量发展建设共同富裕示范区的精神动力"，工匠、企业家和学者代表参加。大会成立中国企业家和工匠联合会，发表《匠心筑梦——中国企业家和工匠杭州联合宣言》，举办匠心论坛，与会者围绕新制造、数字经济与传统手工艺等主题开展交流。

29日 第十七届中国国际动漫节开幕式暨动漫产业高峰论坛主论坛举行。动漫节主题为"共富新时代、动漫创未来"，持续至10月4日，通过线上和线下相结合，设置展览展示、权威论坛、品牌赛事、商务交易和大型活动5个板块，展示中国动漫产业发展的最新成果、发展态势和前沿趋势。

10月

1日 省委书记袁家军，省委副书记、代省长王浩在杭州慰问国庆假期值班值守人员，检查节日民生保障、疫情防控等工作。

△《杭州市无障碍环境建设和管理办法》施行。新办法包括总则、无障碍设施建设和管理、无障碍信息交流、无障碍社会服务、法律责任、附则，共6章、46条。

9日 杭州亚残运会倒计时1周年主题活动在杨绫子学校举行，主题为"盼"。活动现场，杭州亚残运会邀约仪式举行，杭州亚残运会火炬形象发布，杭州亚残运会开幕式主创团队亮相。

10日 省委副书记、代省长王浩到萧山区检查指导制造业高质量发展工作，走访浙江杭可科技股份有限公司、浙江大胜达包装公司、杭州逸暻化纤有限公司等企业。

12日 生态环境部发布公告，杭州市余杭区（含临平区）被命名为第五批国家生态文明建设示范区。至此，全市有5个区获国家生态文明建设示范区称号。

13日 中国农业科学院和杭州市政府举行高质量推进乡村振兴促进城乡共富战略合作签约仪式。双方就茶产业、蔬菜产业、水果产业、优质稻选育推广等签订一揽子合作协议。

△ 中国（浙江）自由贸易试验区建设新闻发布会在杭州举行。会上发布浙江自贸试验区建设第六批十大标志性改革成果、第二批最佳制度创新案例。杭州片区有4项成果入选第六批十大标志性改革成果，4个案例入选第二批最佳制度创新案例。

15日 第五届世界休闲博览会与2021年中国国际丝绸博览会开幕。第二十三届中国杭州西湖国际博览会、电商中国·第八届中国（杭州）国际电子商务博览会、第二十二届中国（杭州）美食节/知味中国·第三届中国（杭州）国际美食博览会同期举行。

16日 由国家版权局主办的第八届中国国际版权博览会开幕式暨中国版权金奖颁奖仪式在杭州白马湖国际会展中心举行。博览会为期3天，展览面积近3万平方米，设国内展区、国际展区、版权产业展区和浙江展区等展区，300多个版权相关单位、机构和企业参展。博览会期间，举办10多项主题活动。

18—19日 杭州亚运会第一次世界媒体大会在杭州举行。大会以线下结合线上形式召开，110多个国内外新闻机构代表，亚洲田径联合会、世界现代五项协会等单项体育联合会，日本爱知·名古屋亚组委、汕头亚青会、三亚亚沙会、成都大运会组委会有关负责人400多人参会。

△ 由市委组织部（人才办）、市人力社保局、拱墅区委、拱墅区政府主办的2021年中国杭州国际人力资源峰会在拱墅区举行，聚焦京杭大运河经济带建设与国家战略衔接，政府部门代表、人力资源管理与研究领域的专家学者、人力资源企业负责人、浙江部分企业负责人等800多人参会。会上，北京、天津、石家庄、济南、苏州、杭州的6个国家级产业园共同成立京杭大运河沿线国家级人力资源产业园协同创新发展联盟，京杭大运河沿线数字经济人才研究成果发布，浙江"共享人力资源，助力共同富裕"行动计划发布，2021年全球人力资源服务机构50强名单等发布。

△ 科学技术部国外人才研究中心在2021年欧亚经济论坛中发布2020年"魅力中国——外籍人才眼中最具吸引力的中国城市"评选结果，杭州居榜单第三位，多项人才净流入数据保持第一位。

19日 省委副书记、代省长王浩在杭州检查调研杭州亚运会、亚残运会场馆建设和筹办工作。

△ 由中国侨联、浙江省侨联、杭州市政府主办的"创业中华——2021侨界精英创新创业（中国·杭州）峰会"在杭州举行，主题为"新起点，高质量，共富裕"，举办长三角城市侨创论坛、西湖蒋村论坛、网络直播助力

共同富裕论坛、海外高层次人才项目资本对接会、海外人才（侨领）杭州行等活动。峰会现场签约29个项目，投资总额110.7亿元。

19—22日 由市政府、省经济和信息化厅、阿里巴巴集团主办的2021年云栖大会举行，主题为“前沿·探索·想象力”，设置近1000场主题演讲和约4万平方米科技展，展示前沿科技成果。

19—25日 2021年全国大众创业万众创新活动周在各省（自治区、直辖市）及计划单列市、新疆生产建设兵团同步举行，主题为“高质量创新创造，高水平创业就业”，线上和线下同步举行。浙江分会场在高新区（滨江）奥体博览城网球中心启动，设浙江“双创”主题展区，展现浙江省创新创业的成果。

20日 由省委网信办、浙报集团主办的2021年全国媒体融合平台化发展论坛在杭州举行，专家学者围绕主流媒体的融合与突围、媒体平台的转型策略、扩大全媒体国际传播影响力等议题，探索媒体传播的未来路径。现场发布天目智库报告并启动天目新闻国际传播协作计划。同日，“宋韵：传世与传播”分论坛在鼓楼举行。

21日 由市委、市政府主办的第七届“创客天下·杭向未来2021杭州市海外高层次人才创新创业大赛”留学人员创新创业项目专场生命健康组决赛在钱塘区杭州医药港举行。大赛于3月启动，征集到1532个海外创新创业项目报名参赛，48个项目进入专业组决赛。

21—24日 由北京市政府新闻办公室、浙江省政府新闻办公室、杭州市政府、中国新闻社、世界运河历史文化城市合作组织主办的2021年中国大运河文化带京杭对话活动在杭州举行，主题为“走向共同富裕的千年运河”，举办开幕式暨主论坛及子活动。开幕式和主论坛上，北京通州区与杭州拱墅区签署缔结友好城区战略合作框架协议，杭州运河集团与北京首钢建设投资有限公司签订合作协议。

22日 杭州市快递物流行业妇女联合会成立。50名来自快递物流行业的妇女代表参加成立仪式，选举产生快递物流行业妇联第一届妇联执委会。仪式上发布市妇联“‘巾帼同行，温情传递’暖六条”。

西湖大学云谷校区（摄于2021年） （市教育局 供稿）

23日 西湖大学云谷校区一、二期交接启用暨三期项目开工活动在西湖大学举行。西湖大学云谷校区位于西湖区紫金港科技城云谷区块，总规划用地99.67公顷。三期项目占地约49公顷、总建筑面积45.6万平方米，计划于2024年完工。

△ 由中华女子学院（全国妇联干部培训学院）、浙江省妇联主办的第三届全球女性发展论坛在建德举行，主题为“传承·弘扬·创新：中国共产党领导下的妇女解放与妇女发展——发挥‘半边天’作用，实现共同富裕”，来自各级妇联的代表和业内专家学者参加，来自近20个国家的60多名官员代表在线上参会。会议达成“千鹤共识”。

△ 由杭州市政府、世界休闲组织主办的第二届世界会长大会暨第十二届西湖公共关系论坛在杭州举行，主题为“数字经济与人类命运共同体”，采用线上和线下相结合的方式，300多名来自政府、国内外商协会会长、行业机构、高校智库、科研机构的代表探讨数字赋能的城市治理和数字产业化。大会现场宣读《数字经济与人类命运共同体杭州倡议》。

27日 由国家高端智库商务部国际贸易经济合作研究院、浙江省商务厅、杭州市政府主办的第二届中国自由贸易试验区发展论坛在杭州片区滨江区块举行，主题为“新格局，新使命，新担当”，聚焦自贸试验区推动构建新发展格局、推动自贸试验区高质量发展、对接国际经贸新规则、数字经济赋能自贸试验区发展等议题，商务部相关领导、各自贸试验区代表、自贸试验区领域专家学者、中外企业代表等以线上和线下方式参加。论坛上，中国（浙江）自由贸易试验区杭州片区与中国（安徽）自由贸易试验区合肥片区签署战略合作协议，商务部国际贸易经济合作研究院发布《中国自由贸易试验区发展报告2021》。

29日 在第十六届全球人居环境论坛年会暨2021年可持续城市与人居环境奖盛典上，建德市获评“全球绿色城市”。

△ 全国第十一届残疾人运动会暨第八届特殊奥林匹克运动会在西安闭幕，杭州籍运动员获60枚金牌、31枚银牌、25枚铜牌。

△ 2021年宋韵文化节在钱塘江畔开幕。开幕式上，“宋韵文化研究传承中心”揭牌，“宋韵最杭州”主题晚会举行。文化节开展首届“悦读宋韵节”、“中国历代绘画大系”阶段性成果巡展、宋韵杭式生活季等主题活动，持续至11月10日。

30日 之江实验室举行智能计算数字反应堆启动会。活动现场，之江实验室同步启动智能计算数字反应堆第一批重大攻关项目，首次发布智能计算数字反应堆计算育种、计算天文、计算制药、计算材料等系列白皮书。

31日 国务院印发《关于开展营商环境创新试点工作的意见》,部署在北京、上海、重庆、杭州、广州、深圳6个城市开展营商环境创新试点,聚焦市场主体,加快打造市场化法治化国际化的一流营商环境。

11月

1日 全国工商联发布《2021年"万家民营企业评营商环境"报告》,杭州连续3年在营商环境城市排名中居全国第一位,获"营商环境最佳口碑城市"称号。

3日 市委副书记、市长刘忻专题调研基层党建工作,走访东新园社区"邻聚里"邻里活动中心、市党群服务中心等,召开基层党建工作座谈会。

△ 市委副书记、市长刘忻到萧山区调研数字化改革工作。

△ 由市政府、浙江大学、中国美术学院主办的第十五届杭州文化创意产业博览会开幕式在杭州创意设计中心举行,主题为"创意杭州·联通世界——文化引领美好生活",采取"线上文博会+线下论坛及指数发布"相结合的方式办展,30多个国家和地区的3000多个文化企业及品牌参展。2—3日,线下举办文创新势力颁奖盛典、杭州文化产业投融资发展论坛、"创意对话创意"两岸文创产业高峰论坛等专业论坛活动。

6日 省政府发布《关于命名第五批省级特色小镇的通知》,杭州有杭州医药港小镇、滨江互联网小镇、余杭人工智能小镇、临安云制造小镇、西湖蚂蚁小镇5个小镇入选。

△ 杭州地铁6号线二期开通运营。该段全长约9千米,设7座地下站,其中丰北站、亚运村站暂缓开通。

7日 由省委、省政府、欧美同学会主办的2021年杭州国际人才交流与项目合作大会举行,聚焦人才引领高质量发展战略,推进共同富裕示范区建设,建设长三角地区人才开放平台。全国人大常委会副委员长、民盟中央主席、欧美同学会会长、中国科学院院士丁仲礼视频致辞。开幕式现场发布"建设人才生态最优城市,打造人才创新高地行动方案"、"西湖对话"高端国际人才对话品牌。大会举办40多场系列活动。

△ 由市委、市政府、全球化智库主办的"2021西湖对话"在杭州西湖博物馆举行,主题为"共同富裕与人才贡献",设置"共同富裕与人才贡献""国际人才与世界名城建设"两个分论坛,探讨人才在跨国公司和中国营商环境中实现软着陆的措施、全球人才发展中的经验和教训等话题。

△ 纪念钱学森110周年诞辰活动暨钱学森故居"科学家精神培育基地"挂牌仪式在上城区小营街道方谷园举行,14名院士专家出席仪式。

10日 市长刘忻到民生实事项目实施一线调研,走访钱学森学校、小营巷社区、戒坛寺巷社区、保亭人家回迁安置房小区、古荡街道成长驿站。

14日 中国—乌克兰双边科技交流活动在杭州国际博览中心举行。浙江省特种设备科学研究院、乌克兰国家科学院巴顿焊接研究所、浙江巴顿焊接研究所签约共建"金属材料表面工程检测专业实验室";杭州汽轮机股份有限公司与浙江巴顿焊接技术研究院签约共建"燃气轮机构件先进制造技术联合实验室"。会议举行浙江巴顿焊接技术研究院"先进焊接工程应用中心"启用仪式和中国宇航学会、中国兵工学会在浙"学会服务站"授牌仪式。

△ 杭州亚运会志愿者之歌《等你来》亮相,音乐短片同步全球发布。歌曲由亚运会志愿者形象大使单依纯、东京奥运会冠军汪顺、浙江音乐学院教师王滔、流行歌手钟祺和浙江卫视主持人伊一等共同演绎,各行各业志愿者群体共同参演。

15日 工业和信息化部关于第六批制造业单项冠军名单公示结束,杭州新增5个单项冠军示范企业(杭州中科微电子有限公司、新华三技术有限公司、杭州科百特过滤器材有限公司、浙江万向精工有限公司、杭州格林达电子材料股份有限公司)和1个单项冠军产品(南方泵业股份有限公司的冲压焊接多级离心泵)。

16日 工业和信息化部发布《关于公布第三批服务型制造示范名单的通知》,杭州获批国家服务型制造示范城市,杭州制氧机集团股份有限公司、浙江春风动力股份有限公司获评国家级服务型制造示范企业,杭州万泰认证有限公司"面向制造全过程的认证及管理优化服务平台"获评国家级服务型制造示范平台。

18—19日 杭州亚残运会代表团团长大会召开。杭州亚残组委介绍新冠疫情防控措施、竞赛服务与报名、反兴奋剂、竞赛场馆、注册制证、抵离服务、交通服务、礼宾服务等筹备进展和相关政策,并与参会代表进行交流讨论。

19—21日 由中国工程院、杭州市政府、浙江省科学技术协会主办的2021年世界生命科技大会在杭州举行,主题为"探索、融合、创新",聚焦未来医疗与生命科技发展趋势、医工交叉发展与临床成果转化,展示全球生命健康领域的创新性成果,来自全球医疗健康和生命科技领域的专家学者参加。

23日 第八届杭州国际友城市长论坛举行,主题为"国际化与城市发展",以线上和线下相结合的方式举行,设置开幕式、主论坛,及"疫情形势下的城市经济复苏""体育赛事和城市国际化""城市优势资源推介与接洽"3个分论坛。

26日 杭台高铁进入试运行。杭台高铁连接杭州、绍兴、台州三地,设计时速350千米,线路全长266.9千米,其中新建线路226.3千米,设8个车站。

27日 中国水利工程协会公布2019—2020年度中国水利工程优质(大禹)奖工程名单,钱塘区萧围北线标准塘工程、滨江区华家排灌站工程入选。

29日 美哉少年——杭州市第十七届美德少年(新时代好少年)发布活动在杭州文广集团举行。王若伊、严沐欢、宋晨涵、傅一然、余添玺、陈高莜、刘纪圣、徐铭润、马思涵、沈家锐被选树为杭州市第十七届美德少年(新时代好少年)。

12月

1日 沪杭高速临平段改建工程

主线开通。工程西起杭浦高速，东至运河二通道，与运河二通道的沪杭高速桥相接，全长3.04千米，采用上层高架桥、下层地面道路的标准断面形式，上层高架为双向六车道高速公路，设计时速120千米。

2日 市委召开领导干部会议，宣布中央关于杭州市委主要领导调整的决定：中央批准，刘捷任中共浙江省委委员、常委和杭州市委书记。

6—9日 由浙江省政府、商务部主办的首届全球数字贸易博览会在杭州举行，主题为“数字贸易，商通全球”。活动期间，发布《G20五周年中国数字经济国际发展与合作报告》及成果清单；举办之江数字贸易论坛等高层次论坛和闭门会议，发布数字贸易发展指数、数字贸易标准体系等成果；对标高标准国际经贸规则，开展探讨交流；浙江发布《关于大力发展数字贸易的若干意见》。

7日 中国—阿拉伯联合酋长国贸易博览会在迪拜举行。开幕式以线上和线下相结合的方式在杭州、迪拜两地举行。展会采取境外实体办展，境内参展商线上联动的双域双线展览方式，近200个企业参加，其中杭州企业近100个；1万余名来自阿拉伯联合酋长国及周边国家和地区的采购商参加。

△ 由市人力社保局、钱塘区政府主办的2021年杭州众创大会在钱塘区国际创博会展中心举行，来自不同行业领域的创业企业、投资机构、创业孵化机构、银行、高校代表等共同探讨创业未来。

9日 省委副书记、代省长王浩在杭州检查指导疫情防控工作，走访拱墅区东新园小区封控点、上城区钱江国际时代广场。

11日 省委常委、市委书记刘捷专题调研杭州亚运会、亚残运会筹办工作，考察杭州体育馆、杭州地铁机场快线沈塘桥站、莫干山路提升改造工程、亚运村建设情况、奥体中心主体育场、网球中心、亚运会智能展示中心等，主持召开座谈会听取情况汇报。

14日 省委常委、市委书记刘捷到城西科创大走廊调研，走访西湖大学云栖校区、之江实验室，了解杭州云城高铁西站枢纽项目建设情况，主持召开座谈会听取城西科创大走廊建设发展情况汇报。

16日 杭州临江环境能源项目启动运营。该项目设计日焚烧处理生活垃圾5200吨，年可焚烧生活垃圾173.3万吨、发电并网电量7.98亿千瓦时。

18日 省委常委、市委书记刘捷到淳安县调研，走访下姜村，考察淳安数字化改革“秀水卫士”应用场景，乘船考察千岛湖水域生态保护情况。

21日 省委常委、市委书记刘捷专题调研数字化改革工作，考察萧山区城市智治中心、杭州海康威视数字技术股份有限公司、西湖区“民呼我为”和“西湖码”应用场景、和睦社区乐养中心、华媒一米国托育园，主持召开数字化改革工作汇报会听取相关工作情况汇报。

25日 杭州—衢州山海协作视频联席会议召开。会上举行杰美（浙江）新材料有限公司年产4万吨纺织新材料生产项目、安通产业集团（杭州）有限公司安通产业园项目签约仪式，山海协作数智援建应用平台上线发布。

26日 省委常委、市委书记刘捷到桐庐县、建德市调研，走访康基医疗器械有限公司、富春未来城（快递科技小镇）客厅、梅城古镇等。

27日 中国水利工程协会公布2019—2020年度中国水利工程优质（大禹）奖工程名单，杭州有钱塘区萧围北线标准塘工程、滨江区华家排灌站两处工程入选。

28日 省委常委、市委书记刘捷到富阳区调研，走访富春湾新城杭黄未来社区展厅、富芯模拟芯片项目建设现场等。

△ 滨盛路下穿隧道开放试通车。该隧道西起扬帆路，东至金鸡路，横跨滨江、萧山两区，全长1738米，隧道主线为双向四车道，限速50千米/小时，是连通滨江区与萧山区之间交通要道，是杭州奥体博览城（核心区）主要配套道路之一。

29日 杭州亚运会亚运村竣工仪式暨媒体开放日活动举行。杭州亚运村位于钱塘江南岸的钱江世纪城北部，项目规划总用地面积1.13平方千米，赛时总建筑面积241万平方米，由运动员村、技术官员村、媒体村、国际区和公共区组成。

30日 2021年中国幸福城市论坛以线上和线下相结合的方式举行，杭州连续15年获评“中国最具幸福感城市”，富阳区、拱墅区获评“中国最具幸福感城区”。

△ 省商务厅关于首批十大省级示范智慧商圈名单公示结束，杭州有湖滨智慧商圈、武林智慧商圈、城西银泰智慧商圈入选。

31日 2022年杭州新年音乐会在杭州大剧院举行，主题为“迎新春、迎亚运”。

△ 宋韵文化国际传播园在吴山城隍阁景区开园，是杭州首个以多元文化活动为载体，以精准传播为导向的宋韵主题文化园区。“宋风雅韵——高甬春书画展”同步开展，展览分为“小品大境”“诗词歌赋”“扇解人意”“花开时节”4个部分。

（年鉴编辑部）

责任编辑　郦　晶

2022
杭州年鉴

5 市情综览

自然环境

【地理位置和面积】杭州市地处东南沿海的长江三角洲南翼。市区地处钱塘江下游、京杭运河南端，是中国东南部的重要交通枢纽。市域界于北纬29°11′~30°34′和东经118°20′~120°37′之间。至2021年年末，全市总面积16850平方千米（根据第二次土地利用调查），其中市区总面积8289平方千米。全市总面积构成中，山地丘陵占65.6%，平原占26.4%，江、河、湖、荡、水库占8%。杭州森林资源集中在临安、淳安、建德、桐庐、富阳等地，以临安、淳安森林资源最为丰富。全市森林面积112.73万公顷，森林覆盖率66.85%，居全国省会城市、副省级城市第一位。

（市林水局）

【地貌】杭州境域地貌类别多样，大地构造处于扬子准地台钱塘台褶带。近期现代构造运动趋向缓和，地震活动显得微弱，自公元2世纪以后，有记载的4级以上地震6次，多为弱震（3~5级）和微震（1~3级）。杭州有记载的最强地震为5级（929年）。杭州西北部和西部系浙西中山丘陵区，主要山脉有天目山、白际山、千里岗山等，全市最高点是海拔1787米的清凉峰。市区丘陵分布在城区西南部，呈北东—南西向延伸。主城区主要有吴山、紫阳山、玉皇山、北高峰、云居山、三台山、翁家山、将台山、老和山、月轮山、五云山、狮峰、半山、天马山、二龙头、屏风山、凤凰山、青龙山、老焦山、龙门山、玉泉山等。杭州东北部和东南部属浙北平原地区，地势低平，海拔3~6米，地表江河纵横，湖泊密布。

（年鉴编辑部）

【湖泊河流】杭州市境内主要河流有钱塘江、苕溪、京杭运河（浙江段干流）。钱塘江发源于安徽省休宁县龙田乡江田村，干流长度609千米，其中杭州市境内220千米。苕溪发源于临安区太湖源镇白沙村，干流长度160千米，其中杭州市境内90千米。京杭运河（浙江段干流）南起杭州三堡船闸，北至嘉兴市桐乡乌镇镇虹桥村，河流长度为83千米，其中流经杭州长度56千米。新安江水库又名"千岛湖"，108米水位时水域面积580平方千米，总库容216.3亿立方米。杭州市境内水面面积1平方千米以上湖泊共5个，分别是西湖水面面积6.39平方千米、南湖水面面积4.17平方千米、湘湖水面面积3.05平方千米、三白潭水面面积1.12平方千米、白马湖水面面积1.01平方千米。杭州湾是中国沿海潮差最大的海湾，其中钱塘潮天下闻名。

【水资源】2021年，杭州市水资源总量191.42亿立方米，平均产水系数0.62。其中，地表水资源量189.11亿立方米，地下水资源量35.27亿立方米（含允许重复计算量）。按年末常住人口计算，人均水资源量1568.5立方米。地表水资源与降水量空间分布基本一致，总体趋势由西部山区向东部平原递减。全年用水总量29.75亿立方米，全市万元地区生产总值用水量16.4立方米、万元工业增加值用水量10.8立方米，比上年分别下降11.4%、12.9%。

（市林水局）

【矿产资源】杭州市矿产资源包含能源、金属、非金属、水气4类，83个矿种，有查明资源储量的70种。能源矿产有7种，查明资源储量的有煤、石煤、铀和地热4种；金属矿产23种，查明资源储量的有铁、铜、银、钼、铅、锌等22种，达中型规模矿床7个；非金属矿产51种，查明资源储量的42种，其中优质石灰岩、建筑用石料储量丰富；水气矿产有矿泉水和地下水2种，资源丰富，有水源地30处，其中矿泉水水源地22处。

（孙　瑾）

【土壤】根据1979—1985年的第二次土壤普查，杭州市土壤总面积15027平方千米。全市成土环境复杂多变，土壤性质差异较大，共有9个土类、18个亚类、59个土属、149个土种。土壤分布主要受地貌因素制约，随地貌类型和海拔高度的不同而变化。全市土壤中，红壤分布最广，占土壤面积的50%以上；水稻土次之，约占14%。

（年鉴编辑部）

【野生植物】杭州市属亚热带常绿阔叶林带，野生植物种类繁多。据不完全统计，有维管植物190科、899属、2070种，其中：蕨类植物184种，隶属35科、72属；种子植物1886种，隶属155科、827属。有国家重点保护野生植物31种，其中一级保护的有中华水韭、长喙毛茛泽泻、银杏、南方红豆杉、天目铁木、秃杉、莼菜7种，天目铁木为杭州特有种。野生植物品种资源主要分布在天目山、清凉峰两个国家级自然保护区内。

【野生动物】杭州多样的自然环境和温湿的气候孕育丰富的野生动物资源。鱼类区系由北方平原、北方山区、江河平原、晚第三纪、热带平原、中印山区、海水7个鱼类区系复合体组成。陆生脊椎动物主要分布于西南山区和临安北部山区。无脊椎动物以昆虫类繁盛。根据杭州市湿地资源调查（2005年）及历史记载，全市有鱼类178种，其中国家一级保护动物1种、二级保护动物3种。根据杭州市陆生野生动物资源调查（2005—2007年）及历史记载，全市有陆生野生动物506种，属于国家级重点保护动物74种，其中国家一级重点保护动物11种、国家二级重点保护动物63种。（市林水局）

【气候特征】杭州地处亚热带季风气候带，温和湿润，雨量充沛，光照充足，四季分明，春秋较短，冬夏较长。春季一般始于3月上旬至中旬，春季回暖早，冷暖转换快，气温日较差大。夏季平均始于5月中旬至下旬，初夏常为梅雨季节，高湿闷热；盛夏晴热少雨，也是台风影响最频繁时期。秋季多开始于9月下旬至10月初，多秋高气爽的天气。冬季多开始于11月底至12月初，多晴冷天气。

由于受冬夏季风的影响以及山脉、海洋的共同作用，杭州气象要素和气候资源分布呈现明显的地带性差异和地形小气候特征。

气候温和，呈变暖趋势，21世纪以后杭州主城区年平均气温都在17℃。雨量充沛，年际变化大，年降水量最多年为最少年的2.5倍；年内降水分布不均，主要集中在5—9月的汛期，约占全年降水量的75%。雨日较多，占全年40%以上。日照充足，但年日照时数最多年和最少年差异较大，属于太阳能资源不稳定地区。盛行风随冬夏季风的交替而变化，冬半年盛行西北风，夏半年盛行偏东风和西南风。受地形影响，杭州西部丘陵山地普遍存在山谷风资源，东部沿杭州湾的平原地区存在海陆风资源，可改善区域小气候环境。受丘陵山区地形分布影响，气候因子垂直分布差异大，小气候资源十分多样。降水一般在海拔千米以下随高度上升而递增，千米以上又随高度上升而减少。

2021年，杭州市气候变暖趋势持续，全年有8个月平均气温位居历史同期前列，年平均气温18.8℃，创历史最高，比常年（16.8℃）偏高2.0℃，是2000年以后第22个连续偏暖年份，列1951年建站以后第一位。降水偏多，年降水量1937.3毫米，列第四位；汛期（4—10月）降水量1789.3毫米，是常年同期降水量的1.5倍，其中7—8月累计降水量852.3毫米，是常年同期降水量的2.5倍，为有气象记录以后的最大值。年雨日数161天，较常年偏少。日照时数偏多，年日照时数1835.5小时。入春入夏早，入秋偏迟，为历史上最长夏季。

气　温　2021年，杭州市主城区1月平均气温6.5℃，比常年（4.6℃）偏高1.9℃；2月平均气温10.9℃，比常年（6.4℃）偏高4.5℃；春季（3—5月）平均气温18.0℃，比常年（16.0℃）偏高2.0℃；夏季（6—8月）平均气温28.0℃，比常年（27.3℃）偏高0.7℃；秋季（9—11月）平均气温20.4℃，比常年（18.6℃）偏高1.8℃；12月平均气温8.5℃，比常年（7.0℃）偏高1.5℃。全市极端最高气温为38.2℃，出现在主城区和桐庐，出现日期为7月15日。全市极端最低气温为-8.0℃，出现在临安，出现日期为1月1日；主城区极端最低气温为-6.4℃，出现日期为1月8日。

降　水　2021年，杭州市年降水量1516.5~1937.3毫米，其中，主城区年降水量1937.3毫米，比常年（1435.7毫米）偏多34.9%，列1951年建站以后第4位。全市1月降水量16.2毫米，比常年（80.6毫米）偏少79.9%；2月降水量68.7毫米，比常年（88.2毫米）偏少22.1%；春季（3—5月）降水量为427.8毫米，比常年（392.4毫米）偏多9.0%；夏季（6—8月）降水量为1103.4毫米，比常年（554.4毫米）偏多99.0%；秋季（9—11月）降水量为326.1毫米，比常年（273.5毫米）偏多19.2%；12月降水量9.9毫米，比常年（48.9毫米）偏少79.8%。

2021年，杭州市主城区年雨日数为161天，比常年均值（147.4天）偏多13.6天。各站年雨日数156~172天，比常年偏多8~13.8天。

日照时数　2021年，杭州市年日照时数1494.9~1835.5小时，其中主城区1835.5小时，比常年（1702.3小时）偏多7.8%。全市1月日照时数171.9小时，比常年（102.0小时）偏多68.5%；2月日照时数111.5小时，比常年（97.2小时）偏多14.7%；春季（3—5月）日照时数393.7小时，比常年（421.7小时）偏少6.6%；夏季（6—8月）日照时数487.2小时，比常年（542.3小时）偏少10.2%；秋季（9—11月）日照时数491.1小时，比常年（417.5小时）偏多17.6%；12月日照时数191.4小时，比常年（128.7小时）偏多48.7%。

霾　2021年，杭州市霾日数50天，是近三年中最少的一年；平均能见度12.2千米，大于10千米的天数占50%以上；月均负氧离子浓度达到785个/立方厘米，空气“较清新”以上等级天数近80%。

【主要气候事件】2021年，杭州市天气、气候复杂多变，年初和年末冷空气影响频繁；春、夏两季强对流天气频发；夏季持续时间长，但38℃以上的高温天气明显偏少；台风“烟花”滞留时间长，风雨影响大，危害较重。

强冷空气　受“双拉尼娜”事件影响，2021年，杭州市1月出现连续低温天气，其中1月8日主城区最低气温-6.4℃，低温冰冻天气导致供水设施受损，水管和水表冻损近1万起。11月以后，全市经历5轮冷空气袭击，低温天气比前两年明显增多。

强对流天气　2021年，杭州市发生强对流天气21次，较往年明显偏多。4月30日夜，雷雨大风影响全市北部、东部，钱塘区临江街道长兴村出现12级大风。该次雷雨大风过程时间短、局地性强、破坏力大，钱塘区、萧山区、余杭区、临安区多地设施和大棚损毁。

最长夏季　2021年，杭州市入夏（5月3日）时间偏早，入秋（10月11日）时间偏晚，夏季长达161天，比常年（132天）增加近1个月，是有气象记录以后最长的一个夏天。由于超过38℃的日数仅有2天，总体感觉没有特别炎热。7月中旬至8月中旬，全市通常以晴热高温天气为主，然而2021年该时段高温日数仅有10天，比常年同期少8天；雨日数22天，比常年多6天；降水量665.6毫米，是常年的3.5倍，列历史同期第一位。8月10—17日，出现罕见的连阴雨天气，主城区8天降水量为265.7毫米，创历史同期纪录。

台风"烟花"　2021年7月23—28日，第6号台风"烟花"持续影响杭州市，时间超过100小时。全市出现长时间暴雨和大风天气，面雨量199毫米，超90%的站点出现暴雨或大暴雨，其中临安区天目山镇东关村雨量840毫米；近30%的站点风力超过8级，其中临安区天目山镇仙人顶最大风力达13级。

台风"灿都"　2021年9月12—14日，第14号台风"灿都"影响杭州市。受其影响，12日8时至14日6时，全市面雨量42毫米，东部和北部区县（市）出现大雨到暴雨天气。有24个站点的累计降水超过100毫米，最大的富阳区里山镇安顶山161.2毫米；有18个站点风力超过8级，最大的临安区天目山镇仙人顶达10级，主城区最大的西湖区西湖街道僧道关村达9级。

"秋老虎"天气　2021年，杭州市出现"秋老虎"持续天气，国庆节7天的平均气温为27.2℃，比常年高出6.5℃，是有气象记录以后最热的一个国庆节。往年杭州9月中下旬开始桂花盛开，但2021年，直到10月下旬桂花才大范围盛开，比往年推迟1个月左右。（洪　萍）

历史文化

【建置沿革】杭州是华夏文明发祥地、中国七大古都之一。考古发现，大约10万年前，在杭州市所辖建德市李家镇一带即有智人"建德人"活动。良渚文化距今约5300~4300年，被称为"中华文明的曙光"。随着跨湖桥遗址的发现和"跨湖桥文化"被命名，杭州乃至浙江文明史推前到距今约8000年新石器时代的中期。秦王政二十五年（前222年）置钱唐县、余杭县，属会稽郡。隋开皇九年（589年）废钱唐郡，置杭州，杭州之名首次在历史上出现。五代吴越国（907—978年）在杭州建都。南宋建炎三年（1129年），高宗赵构南渡至杭州，升杭州为临安府。绍兴八年（1138年），南宋正式定都临安，历时约140年。元至元十四年（1277年），改临安府为杭州。至元二十一年（1284年），自扬州迁江淮行省治于杭州，次年改称江浙行省。至正二十六年（1366年），朱元璋攻占杭州，置浙江等处行中书省，治杭州府。明洪武九年（1376年），改浙江行中书省为浙江承宣布政使司。清康熙元年（1662年），改浙江承宣布政使司为浙江行省。民国元年（1912年）2月，废杭州府，以钱塘、仁和县并置杭县，直属浙江省，并为省会所在地；民国十六年（1927年）5月，划杭县城区等地设杭州市，杭州置市始此。1949年5月3日，杭州解放。10月1日，中华人民共和国成立，杭州市为浙江省直辖市、浙江省省会。1958年，萧山县、富阳县改属杭州市。1960年，桐庐县、临安县改属杭州市。1963年，建德县、淳安县改属杭州市。杭州市境域和行政区划框架基本确定。1988年1月，萧山撤县设市。1992年4月，建德撤县设市。1994年3月，富阳撤县设市。同年4月，余杭撤县设市。1996年12月，临安撤县设市；同年12月，设立滨江区。2001年3月，萧山、余杭撤市设区。2015年2月，富阳撤市设区。2017年9月，临安撤市设区。2021年4月，杭州市部分行政区划调整，撤销上城区和江干区，设立新的上城区；撤销下城区和拱墅区，设立新的拱墅区；撤销余杭区，设立新的余杭区和临平区；设立钱塘区。至此，杭州市辖上城、拱墅、西湖、滨江、萧山、余杭、临平、钱塘、富阳、临安10个区和桐庐、淳安、建德3个县（市）。

【市树、市花、城标】杭州市的市树为香樟，市花为桂花。香樟即樟树，樟科常绿乔木，广布于中国长江以南各地。香樟全株有樟脑香气，是杭州常见的绿化树和行道树。桂花又名"木樨"，木樨科常绿灌木或小乔木。秋季开花，花簇生于叶腋，黄色或黄白色。桂花在杭州已经有近1000年的栽培历史，尤其是满觉陇桂花最为著名，南宋时期《咸淳临安志》已有记载。常见的有金桂（丹桂，花橙黄色）、银桂（花黄白色）和四季桂等。杭州城标于2008年3月28日确定，城标以篆书汉字"杭"演变而来，将航船、城郭、园林、拱桥等元素融入其中。标志用特别设计出来的字体表现杭州的城市名称，强调字体的独特性，字体与图形相结合，浑然一体。

【跨湖桥文化】新石器时代文化，分布于浙中山区。跨湖桥文化是山地文化向平原文化发展的早期一支，距今约8000年。跨湖桥人以农业、采集、渔猎为生，已经会制作骨器、木器、石器作为生产工具。木作技术已经十分发达，榫卯技术已经出现，懂得用生漆涂饰木器、用动物或植物的胶汁粘补陶器。在他们的精神世界里，已经出现拜火崇日的宗教观念。据考古发现，跨湖桥人已经学会栽培水稻、驯养家猪。跨湖桥遗址自1990年6月首次发掘以后，经过3次考古发掘，其中2002年发掘出土的独木舟及相关遗迹，对研究中国造船史、交通史以及世界造船史，产生重大而深远的影响。2004年12月，"跨湖桥文化"正式命名。2006年5月，跨湖桥遗址被国务院公布为第六批全国重点文物保护单位。跨湖桥遗址的发现，打破河姆渡文化、马家浜文化对浙江新石器时代文化的两分体系，建立起区域文化的多元格局，为长江流域新石器时代文化研究中整体观念的形成树立新的坐标。

【良渚文化】良渚文化是中国长江下游环太湖流域新石器时代晚期文化，发生于距今约5300～4300年，是长江中下游太湖地区文化序列中的一个阶段，即马家浜文化—崧泽文化—良渚文化的发展序列。良渚遗址群是良渚文化遗存分布最集中、规模最大、等级最高的中心遗址，主要分布在余杭区境内，分布着135个遗址点，包括宫殿、墓地、祭坛、村落、大型礼制性建筑基址、古城和水利系统等各类遗存。1936年，良渚文化被发现；1959年，被命名为“良渚文化”。1994年年初，国务院将“良渚遗址群的保护、开发的多位研究”项目列入《中国21世纪议程》优先项目计划，列入中国政府向联合国教科文组织推荐“世界遗产名录”的预备清单。1996年，良渚遗址被国务院列为全国重点文物保护单位。2006年12月，良渚遗址列“中国世界文化遗产预备名单”第13项（共35项）。2017年9月22日，经中国联合国教科文组织全国委员会署名推荐后，国家文物局将两套良渚古城遗址申遗英文版预审材料寄往联合国教科文组织世界遗产中心预审。2019年7月6日，在阿塞拜疆首都巴库召开的联合国教科文组织第43届世界遗产委员会会议上，“良渚古城遗址”被列入“世界遗产名录”。

【杭州西湖文化景观】2011年6月24日，在法国巴黎召开的联合国教科文组织第35届世界遗产委员会会议上，“杭州西湖文化景观”被列入“世界遗产名录”。杭州西湖文化景观由分布于约60平方千米范围内的西湖自然山水、“三面云山一面城”的城湖空间特征、“两堤三岛”景观格局、“西湖十景”题名景观、西湖文化史迹和西湖特色植物六大要素组成。杭州西湖文化景观是中国历代文化精英秉承“天人合一”哲理，在深厚的中国古典文学、绘画美学、造园艺术和技巧传统背景下，持续性创造的“中国山水美学”景观设计最经典的作品，展现东方景观设计自南宋以后讲求“诗情画意”的艺术风格，具有显著的景观持续性和文化关联性。在9—20世纪世界景观设计史和东方文化交流史上有杰出、重要的地位和持久、广泛的影响，在10个多世纪的持续演变中日臻完善，并真实、完整地保存至今，成为景观元素特别丰富、设计手法极为独特、历史发展特别悠久、文化含量特别厚重的“东方文化名湖”，是世界独具一格的文化景观。

【京杭运河（杭州段）】2014年6月22日，在卡塔尔首都多哈召开的联合国教科文组织第38届世界遗产委员会会议上，中国大运河被列入“世界遗产名录”。世界遗产委员会认为，中国大运河是世界上最长的、最古老的人工水道，也是工业革命前规模最大、范围最广的土木工程项目。中国大运河由隋唐大运河、京杭运河和浙东运河组成，包括十大河段，地跨北京、天津、河北、山东、江苏、浙江、河南和安徽8个省级行政区，沟通海河、黄河、淮河、长江、钱塘江五大水系。杭州是京杭运河的最南端和浙东运河的起点，是中国大运河的重要节点。京杭运河（杭州段）被列入遗产河道总长110千米。杭州市被列入京杭运河首批申遗点段有11个：富义仓、凤山水城门遗址、桥西历史街区、西兴过塘行码头、拱宸桥、广济桥6个遗产点，杭州塘段、江南运河杭州段、上塘河段、杭州中河—龙山河、浙东运河主线5段河道。申遗点段的数量在全国各城市中位于前列。

【南宋临安城遗址】南宋皇城遗址位于杭州凤凰山东麓。经历年考古勘探、调查，探明皇城遗址四至范围：东抵馒头山东麓，西至凤凰山麓，北起万松岭路南，南达宋城路，依山就势，平面呈不规则方形，皇城区块面积约85万平方米。陆续发现南宋太庙遗址、三省六部遗址、德寿宫遗址、御道遗址等南宋时期重要遗址。2001年，以南宋皇城遗址为核心的临安城遗址被国务院确定为全国重点文物保护单位，2006年被国家列入“十一五”期间全国100处重要大遗址保护项目库名单；2013年，南宋皇城遗址被确定为浙江省第一批省级考古遗址公园。2009年，市委、市政府制定《南宋皇城大遗址综合保护工程五年行动计划》。2011年，《全国重点文物保护单位南宋临安城遗址保护总体规划》编制工作启动；2013年6月，该规划由省政府公布实施。（年鉴编辑部）

行政区划

【概况】2021年，杭州市优化调整部分行政区划：撤销上城区、江干区，设立新的上城区；撤销下城区、拱墅区，设立新的拱墅区；撤销余杭区，设立新的余杭区；设立临平区；设立钱塘区。全市增加31个社区，减少9个村。至年末，在杭州市行政区域范围内，有市辖区10个、县级市1个、县2个，街道93个、镇75个、乡23个，建制数不变。全市有社区1273个、居民区20个、村1913个。西湖区转塘街道办事处驻地从转塘直街7号（转塘社区）迁移至东狮路9号（象山社区）。

【行政区域界线联合检查】2021年，杭州市完成1条省级界线（浙皖线杭州段）、1条市级界线（杭州衢州线）、5条县级界线（上城滨江线、拱墅西湖线、西湖富阳线、余杭富阳线、桐庐临安线）的联检工作。以“界线联检”和“隐患排查调处”为抓手，健全党委领导、政府负责、民政牵头、部门协同、公众参与的平安边界共建共治制度和联席会议、定期走访、应急处置、重大事项报告等工作机制，加强边界纠纷隐患排查、矛盾纠纷调处。（尹飞艳）

人口变迁

【户籍人口年增长2.55%】至2021年11月30日24时（户籍人口统计标准时点），杭州市户籍人口总户数2619490户，比上年增加71973户；总人口8345428人，增加207124人；人口年增长2.55%，增幅上升0.22个百分点，居全省首位。其中，男性4122476人，女性4222952人，分别占总人口的49.40%和50.60%，性别比为97.62（女=100，下同），下降0.34。男性比例持续减少，主要由于近年女性机械增长、自然增长持续大于男性造成。市区总户数2144395户，比上年增加70093户；总人口6965938人，比上年增加212915人。其中，男性3428920人，占市区总人口的49.22%；女性3537018人，占市区总人口的50.78%；性别比为96.94。

【户籍人口数整体增长】2021年，杭州市户籍人口数整体增长。全市13

2021 年杭州市行政区划一览表

表 1

单位：个

地域名称	街 道	乡	镇	社 区	居民区	村
上城区	14	—	—	197	—	4
拱墅区	18	—	—	174	—	—
西湖区	10	—	2	177	—	41
滨江区	3	—	—	62	—	—
萧山区	10	—	12	216	—	343
余杭区	7	—	5	97	—	116
临平区	7	—	1	127	—	57
钱塘区	7	—	—	61	—	59
富阳区	5	6	13	59	3	276
临安区	5	—	13	36	2	270
市区小计	86	6	46	1206	5	1166
桐庐县	4	4	6	22	—	181
淳安县	—	12	11	18	—	337
建德市	3	1	12	27	15	229
合 计	**93**	**23**	**75**	**1273**	**20**	**1913**

说明：1. “合计”数中包括“市区小计”数
2. 西湖区的西湖街道（下辖 6 个社区、9 个村）委托杭州西湖风景名胜区管委会管理

2021 年杭州市社区、村调整情况表

表 2

地域名称	撤销、新建社区、村
萧山区	盈丰街道新建潮韵社区、奔竞社区及利丰社区 新街街道新建新赏社区 北干街道建立金江南社区，调整金山西苑社区范围 城厢街道梅花楼社区纳入城市社区建设和管理，调整育才东苑社区、梅花楼社区范围 蜀山街道湖山社区、朝阳社区纳入城市社区建设和管理，调整湖山社区、朝阳社区、广宁社区、秀水社区范围 宁围街道新建鸿宁社区 萧山经济技术开发区新建前湾社区、开欣社区、开悦社区、钱农社区、竞潮社区，调整钱江社区、红垦社区范围 义桥镇新建民湘社区 盈丰街道新建丰北社区、丰东社区、合丰社区、新中社区、盈一社区、盈二社区、丰二社区、利一社区、利二社区，调整美哉社区、和美社区、佳境社区范围，撤销丰东村、丰北村、合丰村、新中村、盈一村、盈二村、丰二村、利一村及利二村村民委员会
富阳区	新登镇新建贤明社区 银湖街道新建虎啸杏、云水、云顶社区 富春街道新建阳陂湖、秋丰社区 场口镇新建龙潭社区 春江街道新建春雨社区 大源镇新建东塘社区
淳安县	千岛湖镇的新城社区拆分为新城社区和青城社区

个区县（市）中有 10 个区县（市）户籍人口数增长。从绝对数看，萧山区、拱墅区和上城区户籍人口总数居前三位，分别为 1240055 人、876768 人和 866113 人。由于行政区划部分调整，相关区的总人口有较大变化，排序与上年有较大变化。从增长率看，滨江区、临平区和余杭区居前三位，分别为 6.23%、5.40%、5.13%；从增加人口数看，余杭区居第一位，比上年增加 35067 人；其次是临平区，增加 30668 人。数据显示迁入人口流向与互联网、高科技产业经济集中发展区相对应。桐庐县、建德市、淳安县户籍人口均出现负增长。主要由于县域经济发展较缓，优质教育、医疗、基础设施等社会公共服务及公共资源配套不足，人口向市中心区域聚集，以获得更为良好的就业和居住环境，符合群众对美好生活的向往。

【常住人口1220.40万人】至2021年年末，杭州市常住人口数为1220.40万人，比上年增加23.90万人。根据各地统计公报数据，杭州的人口增量分别比上海、苏州、南京、合肥多出22.83万人、13.71万人、13.53人、14.40万人。在全国千万人口城市中，杭州市人口增量排名在武汉、成都之后，列第三位。

【亚运会驱动人口机械增长】2021年，杭州市迁移人口254670人，其中迁入219178人、迁出35492人，人口机械增长183686人，比上年增加36113人。迁入人员中曾在杭州办理居住登记人数16.04万人，占总数的73.2%。市区迁入213914人，迁出25692人，机械增长188222人，增加36135人。杭州市的户口迁移为净迁入，全市省外净迁入110986人，省内净迁入72700人，省外迁入人数大于省内迁入人数，杭州市对省外人员的吸引力仍然较强。根据研究发现，1990年北京亚运会、2008年北京奥运会、2010年广州亚运会举办前后，城市人口增速均有明显提升，杭州市2021年人口机械增长也体现这一特点。

从来源地看，省内迁入88527人，比上年增长23.4%。迁入前三位城市为温州、金华、绍兴，分别为19473人、11591人和10414人。省外迁入130651人，增加24182人，增长率22.7%。从迁入途径看，人才引进、“三投靠”、积分落户、在杭高校新生入学为杭州市主要落户途径，合计数占总量的94.44%，其中人才引进及家属落户127558人、“三投靠”落户45301人、积分落户18469人、大中专院校新生落户15674人。从年龄结构看，以迁入时点统计迁移人员年龄，2021年迁入人员平均年龄27.25岁（上年为26.62岁）。

【人口城市化比例持续增高】至2021年年末，杭州市城镇人口5933599人，乡村人口2411829人，城镇人口占总人口的71.1%，比上年增长1.28%；市区城镇人口5415232人，乡村人口1550706人，城镇人口占市区总人口的77.74%，增长1.17%。市区的上城区、拱墅区、滨江区城镇化率达100%。

全市市外迁入城镇的有212116人，占总迁入人数的96.78%，其中从市外原籍农村地区迁入杭州市城镇的农业转移人口64271人，占迁入城镇总人数的30.30%。全市有农业转移人口落户城镇84681人，其中，农村籍大中专院校毕业生5039人，在城镇就业和居住5年以上的农业转移人口1501人，举家迁徙的农业转移人口1257人。在杭州稳定就业、稳定居住人群成为主要农业转移人口落户城镇人群，说明人才引进政策和积分落户政策鼓励乡村人口向城镇范围聚拢转移。

【人口出生率持续下降】2021年，杭州市出生人口71606人，比上年减少8200人，人口出生率8.69‰，下降1.23个千分点，连续4年下降。三孩政策出台对出生率的影响并没有立刻显现。出生人口中，男性37201人，女性34405人，出生人口性别比108.13，比上年的108.15略降，高于正常范围（正常值103~107）。全市死亡注销人口47612人，增加5080人，死亡率5.78‰，上升0.49个千分点，与实施“身后一件事”共享死亡火化数据，死亡注销越来越及时有关。

【人口持续缓慢老龄化】2021年，杭州市人口按年龄段分：18岁以下1503001人，占总人口的18.01%，比上年增加0.2个百分点；18~34岁1767534人，占总人口的21.18%，减少0.43个百分点；35~59岁3142278人，占总人口的37.65%，增加0.21个百分点；60岁以上1932615人，占总人口的23.16%，上升0.03个百分点。其中百岁以上老人976人，最高年龄111岁、1人。从人口年龄结构看，18周岁以下未成年人口占总人口比例呈上升趋势，18~60周岁劳动年龄人口占总人口比例从上年的59.05%下降至58.83%，下降0.22个百分点，60周岁以上老龄人口占比仍呈上升趋势。全市13个区县（市），临安区、上城区、建德市的老龄化程度最高，分别为26.75%、26.22%和26.17%；劳动年龄人口占比最高的是滨江区、钱塘区、淳安县，分别为63.11%、61.70%、61.24%。

【萧山区、余杭区、临平区吸引核心区户口转移】2021年，杭州市核心区（上城区、拱墅区、西湖区、滨江区）迁往新城（萧山区、余杭区、临平区、钱塘区、临安区、富阳区）户籍人口数32122人，新城迁往核心区22325人，迁入迁出比1.44，实现城市核心区过度密集区块人口向郊区新城疏散，促进人口区域均衡配置。其中迁往萧山区、余杭区、临平区共27553人，占比85.78%。原因有：萧山区、余杭区、临平区新兴经济产业发展更为迅速，各类科创园区、企业孵化机构聚集，对相关就业人口有聚集效应；萧山区、余杭区、临平区大量新建楼盘交付，且比核心区房价明显偏低，交通线网、生活配套等市政基础设施较钱塘区、临安区、富阳区更为完善，性价比较高，吸引大量新杭州人及经济基础较弱的刚需人群向该区域聚集。（蒋筱莲）

经济建设

【经济发展总体平稳】2021年，杭州市生产总值18109亿元，比上年增长8.5%；工业经济实现2015年以后最高增速，其中全市规模以上工业增加值4021亿元，增长10.6%；服务业增加值12287亿元，增长8.7%，其中社会消费品零售总额6744亿元，增长11.4%。全市数字经济核心产业增加值4905亿元，增长11.5%，占全市生产总值的27.1%。其中人工智能产业、集成电路产业、电子信息产品制造产业增加值分别增长26.9%、21.9%和16.2%。深化供给侧结构性改革，三次产业增加值结构为1.8 ∶ 30.3 ∶ 67.9。第二产业比重自2011年以后首次提高。杭州构建“产学研用金、才政介美云”十联动创新创业生态系统，加快创新链、资金链、产业链、政策链“四链融合”，推进全国“双创”示范城建设。杭州入选国家首批营商环境创新试点城市，发布《杭州市国家营商环境创新试点实施方案》，提出52项杭州特色改革事项，推出153项509条改革举措，形成一批可复制可推广的制度创新成果。

【财政收支平衡】2021年,杭州市财政总收入4561.72亿元,比上年增长18.4%。全市一般公共预算收入2386.59亿元,增长14.0%;占全市生产总值的13.2%,占财政总收入的52.3%。其中:市区一般公共预算收入2283.76亿元,增长14.1%;市本级一般公共预算收入334.96亿元,增长13.4%。全市一般公共预算支出2392.04亿元,增长15.6%。其中:市区一般公共预算支出2189.75亿元,增长16.6%;市本级一般公共预算支出424.53亿元,增长14.7%。全市完成非税收入2642.66亿元,其中按规定纳入一般公共预算管理的非税收入152.99亿元。税收收入占一般公共预算收入的93.6%,居全国副省级城市首位。全市各级财政收支平衡,预算执行情况良好。

【农业农村稳步发展】2021年,杭州市农林牧渔业总产值501.53亿元,比上年增长1.8%;增加值342亿元,增长2.0%。其中:种植业产值314.29亿元、林业56.81亿元、畜牧业53.34亿元、渔业54.65亿元,分别增长1.7%、-6.1%、6.4%、3.2%。粮食产量53.0万吨,增长4.2%;蔬菜产量343.84万吨,下降1.1%;水果产量82.3万吨,下降0.9%;水产品产量20.04万吨,增长3.7%;肉、蛋、奶产量分别为11.48万吨、7.59万吨和2.83万吨。杭州市农村居民年人均可支配收入42692元,增长10.3%,城乡居民年人均可支配收入比缩小到1.75 ∶ 1。

【工业经济提质增效】2021年,杭州市工业企业营业收入首次超过2万亿元,规模以上工业增加值4021亿元,比上年增长10.6%,"十三五"以后首次超过地区生产总值增速。规模以上工业利润总额1515亿元,增长13.5%。规模以上工业百元营业收入成本80.6元,低于全省3.0个百分点。规模以上工业研发费用占营业收入的3.3%,创历史最高水平。制造业投资增长28.4%,居全省第一位。

全市规模以上工业亩均增加值218.8万元/亩,增长10.9%;规模以上工业亩均税收54.4万元/亩,增长27.9%,两项指标均位居全省第一位。

【数字经济稳中有进】2021年,杭州市数字经济核心产业增加值4905亿元,比上年增长11.5%,占全市生产总值的27.1%,提高0.5个百分点,占全省比重58.75%;营业收入16331亿元,增长20.2%。全市规模以上工业企业实现数字化改造全覆盖,规模以上工业高新技术产业、装备制造业和战略性新兴产业增加值分别增长13.1%、14.8%、17.6%,占规模以上工业比重分别为69.0%、50.3%、45.1%,连续6年实现增长。全市数字经济领域新增上市公司12个。数字经济发展水平排名全国第五位。新增省级"未来工厂"认定企业5个、试点企业6个,数量继续居全省第一位。杭州获批国家服务型制造示范城市。

【民营经济快速发展】2021年,杭州市新设民营企业12.33万个,比上年增长12.2%;注册资本1.03万亿元,增长52.9%,分别占全市新设内资企业的91.9%和76.9%。至年末,杭州市有民营企业74.27万个,注册资本6.78万亿元,分别增长9.5%和20.8%。其中:第一产业8051个,增长4.1%;第二产业10.15万个,增长9.1%;第三产业63.3万户,增长9.6%。个体工商户71.21万户,资金总额966.34亿元,分别增长8.1%和13.7%。

【房地产业有序发展】2021年,杭州市落实城市主体责任,结合市场实际采取措施,新建住房和二手住房的环比指数保持相对平稳,基本完成房地产价格"双控"目标,实现房地产市场平稳有序发展。全年全市完成房地产开发投资3628.3亿元,比上年增长1.5%。新开工商品住宅面积1221万平方米,下降42.1%。新建商品房批准预售18.02万套,下降5.3%,批准预售面积2085.7万平方米,增长1.9%。全市新建商品房成交20.91万套,成交面积2324.2万平方米,成交金额6809.1亿元,分别增长25.5%、30.8%和43.0%。非住宅批准预售3.80万套,批准预售面积377.3万平方米,预售套数下降19.1%,面积增长12.9%。非住宅成交3.48万套,成交面积338.8万平方米,成交金额936.0亿元,分别下降7.9%、增长22.9%和增长37.0%。二手住宅成交8.73万套、成交面积863.3万平方米、成交金额2283.7亿元,分别下降21.7%、20.2%和20.7%。

(年鉴编辑部)

政治建设

【党中央重大战略部署贯彻落实】2021年,杭州市始终把学懂弄通做实习近平新时代中国特色社会主义思想作为最大政治任务,组织学习中共中央总书记习近平"七一"重要讲话和重要指示批示精神,开展党史学习教育和庆祝中国共产党成立100周年重大主题宣传,推进"我为群众办实事、我为企业解难题、我为基层减负担"专题实践活动,学习宣传贯彻中共十九届六中全会精神。贯彻中央和省委关于高质量发展建设共同富裕示范区的战略部署,制定实施《杭州争当浙江高质量发展建设共同富裕示范区城市范例的行动计划(2021—2025年)》。抓好亚运会和亚残运会筹办工作,组建竞赛场馆团队,上线"智能亚运一站通"观赛平台,开展"亚运走十城"文化推广。构建城市新型空间格局,有序实施部分行政区划优化调整。高标准推进中央、省委巡视和省委生态环保督察反馈问题以及"七张问题清单"整改工作。

【重要领域地方性立法】2021年,杭州市推进科学立法、民主立法、依法立法,开展《杭州市淳安特别生态功能区条例》等10件地方性法规制定、修订和废止工作,实施文物保护等法律和工作监督23项。制定《杭州市淳安特别生态功能区条例》,对淳安特别生态功能区的规划与管控、生态保护、绿色发展、民生保障、支持与监督等做出规定。制定《杭州市西湖龙井茶保护管理条例》,对西湖龙井茶的文化传承与产业发展、品质保护与提升、品牌保护与标识管理、法律责任等做出规定。制定《杭州市大型群众性活动安全管理规定》,对大型群众性活动的定义、安全管理责任、安全许可申请、突发事件应对等做出规定。制定《杭州市社会信用条例》和

《杭州市国有土地上房屋征收与补偿条例》,并进行二次审议。修订《杭州市文明行为促进条例》《杭州市物业管理条例》《杭州市燃气管理条例》《杭州西溪国家湿地公园保护管理条例》,废止《杭州市宗教活动场所管理若干规定》。

【数字化改革推进】2021年,杭州市推进数字化改革,构建"1＋5＋N"工作体系,搭建数字化改革"四梁八柱",建成一体化智能化公共数据平台,上线党政机关整体智治综合应用、数字政府综合应用、数字经济综合应用、数字社会综合应用和数字法治综合应用5个综合应用系统,建立数字化改革的理论体系和制度规范体系。加快建设"未来工厂",推广"产业大脑"6个新场景,助力制造业高端化、智能化、绿色化发展,实现全市规上制造业企业数字化改造全覆盖,制造业高质量发展指数居全省第一位。高水平建设"数智杭州",全市有8个项目入选全省数字化平台试点(共14个),有8个项目入选全省"数字孪生跑道"(共23个),数据、组件、应用、云资源、项目等编目及关联均居全省第一位。上线应用场景549个,形成理论研究成果227项、制度创新成果504项,典型介绍演示场景、具体案例推广均居全省第一位。

【民生实事项目完成】2021年,杭州市全面完成市第十三届人大第六次会议确定的2021年度民生实事项目。建设农村家宴"阳光厨房"、中小学和等级幼儿园食堂智能"阳光厨房"。改造提升老旧小区211个,创建"美好家园"住宅示范小区148个,既有住宅加装电梯1405台,实施老旧高层住宅小区二次供水设施改造。完成回迁安置1.2万户,新开工保障性住房111.6万平方米,分配公共租赁住房6006套、货币补贴保障家庭5.4万户。保护修缮农村乡土建筑。新建和提升改造城市小公园53个、健身绿道821千米。优化地铁接驳公交线路,新增定制公交专线,增加地铁出入口非机动车停放点、非机动车停车位,新开通地铁94千米,新建成停车泊位13.2万个,其中公共泊位1.2万个。实施"断头路"打通工程,建成城市道路132条118千米,新改建农村公路4220千米。新建成中小学、幼儿园104所,新增学位9.7万个。增加婴幼儿照护服务社区成长驿站,组织婴幼儿家长养育技能提升专业课堂。实施困难老年人家庭适老化改造,有各类福利院、敬老院330所,床位7.56万张,有城乡社区居家养老服务照料中心3154个。规范提升星级"残疾人之家"、残疾儿童康复机构,创建无障碍社区,提升城市无障碍环境。

【社会治理数字化】2021年,杭州市编印《关于推进数字法治多跨场景应用建设的指导意见》《加快数字法治多跨场景应用建设推进综合改革"五阶"管理办法(试行)》,规范化、体系化推进数字法治多跨场景应用建设。建立市级数据质量日常巡检和区县质量日常自查机制,建立全市统一救济预审工作机制,推广统一地址应用,为全省绘制"社会治理一张图"提供杭州经验。编印《杭州市社会治理全量信息视图建设方案》,构建特色应用场景,研究全量信息视图理论体系,完成全量信息视图"V"字模型解构,建立问题数据处置机制。开展社会治理要素块数据体系研究,发布《社会治理要素数据管理规范》。抓好市视频共享总平台联网测试和平台保障,升级市视频共享总平台,建立视频资源目录,面向市直单位提供统一的视频资源申请、审批等管理服务。完善视频共享管理办法,探索雪亮工程"共建共享"机制,推进视频资源接入和共享应用,服务疫情隔离管控监管和城市防汛防台工作需要,赋能基层社会治理。制定《提升"基层治理四平台"综合信息系统工作方案》,完成"基层治理四平台"综合信息系统迭代升级任务树的梳理,构建"4+N"平台架构,覆盖基层党的建设、经济发展、生态文明、社会治理、公共服务等各个领域。推进"基层治理四平台"综合信息系统与统一地址库融合应用,完成与"平安督""关爱e家"的融合对接,实现与杭州城市大脑乡镇(街道)驾驶舱融合推广,推进与"警网协同"融合对接。(年鉴编辑部)

【"信用杭州"建设】2021年,杭州推动信用法治化建设,编制形成《杭州市社会信用条例(草案)》。推进"信用+社会治理"试点工作,市、区两级共同开展"信用+社会治理",推出"信用+商圈治理""信用+未来社区""信用+乡村治理""信用+园区管理"等社会治理试点应用,萧山区信息港小镇和富阳区东洲街道被列为浙江省试点。钱江分应用场景37项,守信激励措施150多项,超过432万人开通,累计服务超过6365万人次,居全省第一位、全国前三位;推进信用惠民便企互认互通,互认城市7个。《信用钱江》等宣传视频、典型案例在全国信用高峰论

拱墅区半山街道石塘社区安置房项目(摄于2021年)(市城投集团 供稿)

坛中获奖。开展最美诚信人物、诚信之星、诚信示范企业等评选活动，“一元医生”吴光潮被评为全国“诚信之星”。（市发改委）

【综合考评】2021年2月18日，市委、市政府召开全市深化作风建设暨综合考评大会，总结点评2020年度综合考评情况，部署2021年度工作任务。4月22日，市考评委将2020年度综合考评结果提交十二届市委常委会第148次会议审议通过。4月29日，市委、市政府印发《关于2020年度综合考评结果的通报》。4月，组织制定社会评价意见整改目标1836条，其中市直单位91条、13个区县（市）1745条（含重点整改目标106条），陆续在市政府门户网站和当地门户网站公示。5月5日，市委办公厅、市政府办公厅印发《杭州市2021年度综合考评实施方案》。5月19—28日，市考评办分区县（市）开展“诊断式”专题走访调研，收集13个区县（市）意见和建议47条，作为优化完善综合考评机制的重要参考。5月31日，市考评办印发《2021年度综合考评相关考核办法及细则》。6月16日，根据全市数字化改革要求，紧扣精准考评、规范考评、无感考评目标，构建“14621”（一体化数据中台、四大核心业务、六大高频业务场景、两端赋能、一码通用）为主体的“数智考评”应用场景，并上线发布。6月24日，在《杭州日报》等媒体上公示市直单位91项重点社会评价意见整改目标。6月起，市考评办在“绩效杭州”微信公众号刊发各区县（市）群众获得感强的社会评价整改典型案例，扩大示范效应。6月29日，市考评办向98个市直单位和7个市属国企发布职能目标547条，比上年增加138条，其中指标类256条（含追加下达的共同富裕指标）。7月22—23日，市考评办在萧山区举办2021年度综合考评工作培训会。9月27日，市考评办印发《关于开展社会评价意见重点整改目标和“公述民评”问政主题绩效跟踪的通知》，建立由市考评办、相关责任单位和绩效信息员参与的三方协调联动工作机制，形成领导领办、处室督办、责任单位主办、绩效信息员助办的治理诊断工作模式，通过信息采集、治理诊断、绩效运用等推动社会评价意见整改工作。10月26日，市考评办会同各重点专项考核市直牵头单位开展涉改区调研活动，专题研究涉改区过渡期情况。11月11日，市考评办在全市数字化改革工作专题会上演示汇报“数智减负”之“数智考评”应用场景。12月2日，市考评办印发《2021年度杭州市综合考评工作方案》，启动2021年度综合考评工作。12月10日，在《杭州日报》等媒体公示2021年度46个市直单位制定的91项重点整改目标完成情况。各区县（市）对106条重点整改目标完成情况和整改项目明细进行公示，接受群众评议。年末，向60多万个手机用户，发送社会评价邀请短信，征集到社会评价意见和建议1.49万条，比上年减少952条，减少6.01%。全年，市考评办参与主办的《民情热线》节目播出236期，重点围绕新冠肺炎疫情防控、教育卫生、食品安全、住房保障等群众普遍关心的问题，办结听众、网友投诉件823件。

【“公述民评”面对面问政活动】2021年，杭州市组织实施第13次“公述民评”面对面问政活动，针对全市发展不平衡、不充分问题，聚焦亚运备战关键阶段，围绕“办好一个会、提升一座城”，加快城市品质能级跃升，确定“城市品质如何更精致”“为民服务如何更精心”“人居环境如何更精美”“城市治理如何更精准”4个问政主题。9月上旬，通过“民呼我为”数字平台、杭州文广集团和杭报集团相关媒体平台、“民意直通车”、“中国杭州”政府门户网站及部门网站、“12345”市长公开电话、“绩效杭州”网及相关微信公众号等途径公开征集参加电视现场问政的民评代表和问题线索。11月3—12日，问政活动分4场在杭州文广集团演播厅进行现场直播。每场参加问政的市领导、问政嘉宾、点评嘉宾、民评代表约150人。13个区县（市）政府和市直单位负责人62人次，市、区两级相关职能部门负责人251人次，分别作为主要和配合问政嘉宾接受问政。活动开展后收集原始意见和建议1165条，经梳理向相关责任单位交办整改意见974条，市考评办实施跟踪督办，推动整改落地落实，回应群众诉求。（姜来祥）

文化建设

【学习型城市建设】2021年，杭州市参加联合国教科文组织全球学习型城市网络城市相关理论研讨活动，完成联合国教科文组织学习型城市双年度进展报告的调研编写工作。举办2021年“书香杭州”系列活动，“书香名城”公众号发布学习型城市建设宣传报道140篇。深化“我们的价值观”主题实践活动，举办“‘我们的价值观’·大型报网互动思辨论坛”、研讨会等24期。（解小雨）

【历史文化名城建设】2021年，杭州市推进三大世界遗产综合保护利用，加快推进大运河国家文化公园建设，协调推进“中国传统制茶技艺和相关习俗”申报人类非物质文化遗产工作。谋划建设“宋韵文化传世工程”，推进德寿宫遗址保护展示工程项目建设，省、市、区共建宋韵文化研究传承中心，高规格举办宋韵文化节。（钱　康）

【国有文艺院团改革】2021年，杭州市按照中央和省委、省政府关于深化国有文艺院团改革的精神和市委确定的“管方向、活机制、保基本”的基本原则，印发《关于落实市属国有文艺院团深化改革加快发展政策保障的实施办法》《市属国有文艺院团“一团一策”工作方案（2021年度）》《市属国有文艺院团“一团一策”考核评价办法》等政策文件，从完善体制、激活机制、落实保障、加快发展等方面制定具体的改革措施，持续推进文艺院团改革。

【杭产文艺精品】2021年，魔术剧《明家大小姐》、越剧《黎明新娘》入选国家艺术基金。原创魔术《牌·魂》获中国杂技最高奖“金菊奖”，杂技《女子倒立技巧》获第十八届中国吴桥国际杂技艺术节“金狮奖”，杭州越剧院优秀青年演员陈群瑶获评“梅兰芳艺术奖”表演艺术新星。杭产电视剧《大浪淘沙》《绝密使命》《风声》等分别在中央广播电视总台和地方一线卫视播出；电影《红船》在院线公映；广播剧《红船·初心》在中央人民广播电台文艺之声播出；纪录片《我与大运河》在中央广播电视总台农业农村频道黄金时段首播。

【社会文明程度提高】2021年，杭州市实施城市文明共建行动，修改《杭州市文明行为促进条例》，落实城市文明水平提升五大专项行动，开展“亚运四进”活动，常态化开展“迎亚运讲文明树新风”志愿服务。开展“我们的节日”主题活动，组织“推进移风易俗，树立文明新风”宣传教育实践活动。组织创作设计“社会主义核心价值观”等公益广告作品，加强社会主义核心价值观、公筷公勺、节约粮食、文明出行等公益广告宣传。围绕中国共产党成立100周年、党史学习教育等时事热点，举办市民教育讲座52讲。选树2018—2020年度市级文明单位、文明镇（乡），并做好新一轮（2021—2023）各级文明单位、文明村镇培育申报工作。全市组织开展2021—2023年度打造“国内最清洁城市”示范点创建工作，新培育99个示范点。新建社区文化家园260个，评出五星级社区文化家园8个、四星级社区文化家园12个和三星级社区文化家园20个。在全市范围内推广“孝心车位”创新做法，在1300多个小区建成近5000个“孝心车位”。以“邻里守望，美好生活”为主题，举办杭州市第十八届邻居节。

【公民道德建设深化】2021年，杭州市举办第十六届公民爱心日活动。开展“我推荐、我评议身边好人”活动，新评选出“杭州好人”60人，入选浙江好人榜31人，入选中国好人榜9人。雷鸣、钱益品等4人被评为第七届浙江省道德模范，杨明获全国道德模范提名奖。良渚博物院入选全国爱国主义教育示范基地，千鹤妇女精神教育基地等3个基地成功创建第十二批省级爱国主义教育基地。开展“扣好人生第一粒扣子”主题教育实践活动300多场次，组织“童心向党”教育实践、第十七届美德少年（新时代好少年）选树等活动，全面推进未成年人思想道德建设。加强青少年学生第二课堂教育工作，全市举办相关活动200多场，桐庐县被列入全国乡村“复兴少年宫”建设试点。

【志愿服务品牌效应彰显】2021年，市文明办印发《杭州市新时代文明实践中心建设规范（试行）》，打造“15分钟文明实践服务圈”，推动新时代文明实践工作提质扩面。13个区县（市）新时代文明实践中心全部完成挂牌，建成实践所193个、实践站2973个，覆盖率98.5%。建设杭州市文明帮帮码2.0版，构建多样化志愿服务应用场景。西湖区志愿者协会获评全国最佳志愿服务组织，“盲人看电影”“武林大妈”等项目获评全国最佳志愿服务项目。全国学雷锋志愿服务“四个100”先进典型杭州获奖数量居全省第一位。第二届全省志愿服务项目大赛获金牌2枚、银牌4枚、铜牌3枚，参赛数量、获奖数量均居全省第一位。“红十字救在身边”项目被中央文明委确定为重点工作项目的基层联系点。（市文明办）

【农村文化礼堂建设】2021年，杭州市农村文化礼堂建设按照“大众平台、坚强阵地、精神家园、广阔舞台”的目标定位，贯彻落实中央和省、市部署要求，突出庆祝中国共产党成立100周年主题主线，聚焦打造具有鲜明杭州特色的农村文化礼堂2.0版，落实抓新建农村文化礼堂扫尾工作，新建农村文化礼堂15个，累计建成农村文化礼堂1954个，实现全市500人口以上村的农村文化礼堂全覆盖。提升抓农村文化礼堂效能，抓好农村文化礼堂“文化管家”社会化服务和数字化改革、智慧化服务等重点任务，持续提升农村文化礼堂建设品质，打造农村文化礼堂特色品牌，服务杭州争当浙江高质量发展建设共同富裕示范区的城市范例。全年全市农村文化礼堂举办各类活动2万余场次，服务群众560多万人次。

结合党史学习教育，庆祝中国共产党成立100周年。全市农村文化礼堂把学习实践科学理论、宣传宣讲中共百年奋斗史、培育践行社会主义核心价值观作为首要任务，挖掘地方红色资源，选树“十佳红色文化礼堂”10个、提名26个，策划“千堂共庆，百年华诞”系列活动，全市农村文化礼堂开展理论宣讲、学习讨论、展览展示、仪式庆典、文艺演出等各类爱党爱国宣传教育活动1万余场次，展示全市农村文化礼堂暨“三团三社”建设成果。

全市农村文化礼堂围绕党史学习教育，依托农村文化礼堂主阵地，开展“民呼我为”主题活动。为破解农村文化礼堂文化人才短缺、专业水平不高、活动策划能力有限、活动开展不平衡等问题，11月4日，市委宣传部、市农村文化礼堂建设工作领导小组在临安区召开全市农村文化

临安区上田村文化礼堂（摄于2021年）　　（市委宣传部 供稿）

礼堂2.0版建设暨新时代文明实践中心建设工作现场推进会。制定实施《关于推进农村文化礼堂“文化管家”社会化服务的意见》,把农村文化礼堂“文化管家”社会化服务试点扩大到117个乡镇（街道）,并将试点工作纳入“文化兴盛行动”考核。各相关区县（市）结合自身实际,加强指导、加大投入,推进试点工作。至年末,各地累计投入资金2300多万元，370名“文化管家”入驻农村文化礼堂,覆盖142个乡镇（街道）,超额完成年度目标任务,部分乡镇（街道）实现农村文化礼堂“文化管家”全覆盖。全年“文化管家”为试点农村文化礼堂策划、组织文化活动2033场次,举办辅导、培训6742场次,参与活动的群众比上年增长63.4%,受益群众238.3万人次;帮助试点礼堂编排、创作乡土文艺作品666个,挖掘、打造本土文化品牌150个,分别增长294%和188%;培训基层文艺队伍1461支、文艺爱好者17942人,增长3倍以上。

市文礼办推进农村文化礼堂数字化应用,重点抓好浙江省农村文化礼堂数据管理平台的试行试用工作。在临安区开展平台应用试点,在临平区开展专题培训。对接上级部门,落实“礼堂效能指数体系”,指导推动相关区县（市）围绕基础因子、活跃因子、影响因子、评价因子4个方面开展工作、评估效能、形成工作闭环。配合市委宣传部做好“数智杭宣”系统相关应用场景的开发建设。

全市农村文化礼堂建设工作落实提质增效激励举措,注重硬件建设和内涵提升同步推进,继续开展星级农村文化礼堂认定、特色农村文化礼堂创建、农村文化礼堂建设示范县（市、区）和示范乡镇（街道）创建等工作,激励农村文化礼堂建设品质和使用效能的提升。全市有75个农村文化礼堂被认定为省四星级，54个农村文化礼堂被认定为省五星级。围绕“书香”“红色”“墨香”“活力”“古韵”“律动”6个主题,开展特色农村文化礼堂创建,重点打造一批有特点、有亮点、有新意的农村文化礼堂。至年末,全市有15个农村文化礼堂入选全省特色农村文化礼堂。萧山区、余杭区成功创建浙江省农村文化礼堂建设示范县（市、区）,临安区天目山镇、钱塘区新湾街道等9个乡镇（街道）成功创建浙江省农村文化礼堂建设示范乡镇（街道）。继续开展杭州市“十佳文化礼堂人”选树工作,选树“十佳”10人、提名10人。（市文礼办）

社会建设

【社会保障水平提升】 至2021年年末,杭州市职工基本养老保险、工伤保险、失业保险参保人数分别为763.56万人、707.43万人、563.49万人,比上年末分别净增46.58万人、74.07万人、40.04万人,全市基本养老保险参保率99.36%。杭州市实施《企业职工基本养老保险遗属待遇暂行办法》,提高参保人员死亡丧葬补助费、抚恤费两项遗属待遇标准。印发《关于印发部分特定人员参加工伤保险办法（试行）的通知》,允许部分超龄人员、职业技术院校实习生、新业态从业人员单险种参加工伤保险,扩大工伤保险覆盖面。印发《杭州市人力资源和社会保障局杭州市总工会关于调整企业离退休人员死亡后供养直系亲属资格确认事项审批权限的通知》,理顺该事项的权责关系,规范审批程序。落实被征地农民参加养老保险专项工作。继续提高企业退休人员基本养老金,惠及全市企业退休人员162.1万人。调整城乡居民基本养老保险基础养老金标准。

【“人才强市”政策推进】 2021年,杭州市发布《杭州市人才发展“十四五”规划》,内容包括以全球视野加强高素质人才队伍建设、以窗口意识推进高水平人才改革、以用户思维优化高质量人才服务及组织保障等7个部分。举办“创新驱动·智享未来”2021年杭州人力资源服务机构招才引智群英榜发布暨人力资源服务和产品创新创优路演,发布“人力资源服务机构招才引智群英榜”,20个机构上榜。发布《杭州市2021年重点产业紧缺人才需求目录》,全市新认定高层次人才2.26万人,培养高技能人才3.97万人。开展国家、省、市海外高层次人才计划申报推荐和遴选工作。实施人才引育工程,选拔900名中青年培养人选。优化“名城工匠”培养生态,全年培养高技能人才3.97万人,开展职业技能培训19.7万人次。举办“创客天下·杭向未来”2021年杭州海外高层次人才创新创业大赛和2021年杭州国际人才交流与项目合作大会,签约项目182个、金额119.2亿元。杭州连续11年入选外籍人才眼中最具吸引力的中国城市。

【就业创业稳定】 2021年,杭州市出台实施企业复工用工服务保障等一系列稳就业保就业政策,就业创业形势总体保持稳定。全市城镇新增就业92.79万人,失业人员实现再就业5.97万人。至年末,城镇登记失业率2.34%。推动引导创业带动就业。发放创业担保贷款10.56亿元;新认定市级创业陪跑空间9个,认定首批杭州市市级创业孵化示范基地17个。全市人力社保部门接收2021届高校毕业生14.20万人,比上年增长8.3%。新引进35岁以下高校毕业生48.3万人,增长10.6%。无偿资助大学生创业项目714个、资助金额6120万元,毕业5年内的全日制大学生新创办企业8812个,带动就业2.13万人。全年举办招聘会753场,推出岗位76.09万个,达成就业意向4.96万人。

【和谐劳动关系发展】 2021年,杭州市实施全市劳动关系“和谐同行”三年行动计划（2021—2023年）,夯实构建和谐劳动关系工作基础,推进劳动关系治理体系和治理能力建设。发布2021年杭州市劳动力市场工资指导价位。健全工资合理增长机制,开展集体协商要约行动,以“健全产业工人薪酬激励机制”为主要内容,促进劳动者薪酬水平合理增长。开展企业薪酬调查,开展劳动保障监察。继续组织“杭州无欠薪”专项治理行动,健全政府负责、部门主管、企业主抓、人力资源和社会保障部门牵头“四个责任”体系,构建市、区县（市）、乡镇（街道）、网格、劳资专管员5级欠薪治理体系。实施“一窗式”即接即办工作标准化和规范化,提升基层劳动纠纷化解率。

（市人力社保局）

生态文明建设

【生态环境质量总体改善】2021年，杭州市推进生态环保督察整改，打好污染防治攻坚战，谋划新时代美丽杭州建设，获得美丽浙江考核优秀、浙江省治水考核“大禹鼎”。水环境质量方面，全市市控以上断面水质优良比例100%，比上年上升1.9个百分点，功能区达标率100%，与上年持平；跨行政区域河流交接断面考核结果优秀，县级以上集中式饮用水水源地水质达标率100%。大气环境质量方面，全市环境空气优良率87.9%，下降3.4个百分点，市区空气中粒径小于等于2.5微米的颗粒物（PM2.5）年平均浓度28微克/立方米，下降6.7%，臭氧（O_3）浓度162微克/立方米，上升7.3%。

【美丽杭州建设推进】2021年6月4日，杭州市2021年新时代美丽杭州建设推进会召开，推进美丽中国样本建设。8月17日，市委理论学习中心组（扩大）专题学习会举行，邀请生态环境部国家气候战略中心战略规划部主任柴麒敏做《争当高质量发展建设共同富裕示范区的城市范例背景下碳达峰碳中和的若干思考》专题报告。10月20日，市委组织部会同市生态环境局举办市管领导干部深化美丽中国样本建设培训班，提高领导干部新时代美丽杭州建设的能力水平。淳安县、临安区、富阳区、建德市、西湖区和滨江区6个区县（市）被评为生态文明（美丽杭州）建设优秀区县（市），市公安局、市交通运输局、市卫生健康委、杭州西湖风景名胜区管委会、市建委、市财政局、市城管局7个单位被评为2021年度生态文明（“美丽杭州”）建设目标责任制考核优秀单位。

【生态文明建设示范区创建】2021年11月5日，市生态环境局、市发改委印发《杭州市生态环境保护“十四五”规划》，设置18项主要指标、10个方面重点任务、154个重点项目。深化生态文明示范创建，做好国家、省级生态文明建设示范区（县、市）创建申报和复检，余杭区（含临平区）创建为国家生态文明建设示范区，滨江区创建为省级生态文明建设示范区。全年，杭州创建省级生态文明教育基地3个，省级全域旅游示范县（市、区）覆盖率66.7%。

【自然生态监管协同推进】2021年，市生态环境局等5个部门联合开展“绿盾2021”自然保护地强化监督工作，未发现明显的生态破坏行为，无省级挂牌督办情况，全面完成遥感监测疑似问题排查和整改。推进自然保护地体系整合优化，完成全市32个自然保护地整合优化预案、所有省级以上自然保护地的总规编制和天目山名山公园建设。完成生态保护红线优化评估，推进临安区生态红线勘界定标省级试点工作。部门协同强化问题排查，对饮用水源地、自然保护地排查发现的问题按规定落实整改。

【淳安特别生态功能区建设】2021年7月30日，《杭州市淳安特别生态功能区条例》获省十三届人大常委会第三十次会议批准，8月9日，市人大常委会予以公布，自2022年1月1日起施行，为推进淳安特别生态功能区保护与发展提供法治保障。杭州市落实2021年度保护措施和政策措施“两张清单”中的24项保护措施、73项政策措施。开展千岛湖临湖地带整治“回头看”，制订实施工业、农业、林业和生活4个领域污染防治计划，加强千岛湖保护。深化杭黄合作流域共治。6月26日，《新安江流域水生态环境共同保护规划》通过专家评审。开展联合监测、联合巡湖等活动，推动千岛湖水质稳中向好。探索拓宽生态产品价值实现路径，推进淳安“两山银行”建设试点。设立环境资源人民法庭和生态环保检察官办公室，推进千岛湖保护立法相关工作。

【生态补偿机制推进】2021年，市生态环境局根据《杭州市生态补偿专项资金使用管理办法》，发放年度生态补偿资金，以“山、水、林、田、湖、草”等反映区域生态环境质量为基础因素，提高生态保护红线、绿地等自然生态因素权重，进一步向生态良好地区和生态敏感区倾斜。加强产业、交通、教育、人才等支持政策，推进多元化生态补偿。

【生态损害赔偿制度完善】2021年，杭州市持续完善生态环境损害赔偿制度。11月19日，市生态环境局、市检察院联合印发《关于加强生态环境损害赔偿与检察公益诉讼衔接工作的通知》，为深入推进生态环境损害改革提供制度保障。开展案源线索核查，实现生态损害赔偿应启尽启、应赔尽赔。全年完成赔偿案例23例，赔偿金额312.6万元。

【生物多样性保护力度加强】2021年10月，杭州生物多样性保护实践与成果在联合国《生物多样性公约》缔约方大会第十五次会议（COP15）上参展，4个案例入选“生物多样性100+全球典型案例”。全年完成钱塘江水系水生态健康评价，推进4个重点区域调查评估。天目山、清凉峰国家级自然保护区重点陆生野生动植物的种数保护率在95%以上。强化保护长效机制，珍稀濒危和国家重点保护野生动植物时有出现，发现海南闪鳞蛇等新出现的物种。

（市生态环境局）

责任编辑　金利权

6 中国共产党杭州市委员会

综述

【“十四五”规划实现良好开局】 2021年，市委常委会始终把学懂弄通做实习近平新时代中国特色社会主义思想作为最大政治任务，组织学习中共中央习近平总书记“七一”重要讲话和重要指示批示精神，落实中共中央总书记习近平考察浙江、杭州重要讲话精神和对杭州工作的重要指示批示精神，开展党史学习教育和庆祝中国共产党成立100周年重大主题宣传，学习宣传贯彻中共十九届六中全会精神，推进“我为群众办实事、我为企业解难题、我为基层减负担”专题实践活动，统筹常态化疫情防控和经济社会发展，各项工作取得新成绩，“十四五”发展实现良好开局。贯彻中央和省委关于高质量发展建设共同富裕示范区的战略部署，制定实施《杭州争当浙江高质量发展建设共同富裕示范区城市范例的行动计划（2021—2025年）》。全力抓好亚运会和亚残运会筹办工作，56个比赛场馆和亚运村、分村全部竣工，确定40个竞赛大项和总赛程，组建竞赛场馆团队，上线“智能亚运一站通”观赛平台，开展“亚运走十城”文化推广活动，营造良好亚运氛围。积极构建城市新型空间格局，有序实施部分行政区划优化调整。高标准推进中央、省委巡视和省委生态环保督察反馈问题以及“七张问题清单”整改工作，确保中央和省委决策部署落到实处。

【产业结构优化升级】 2021年，杭州市优势产业引领增长，有效投资稳中向好，消费持续有效恢复，出口带动作用明显。数字经济加快发展，获批建设国家人工智能创新应用先导区。产业数字化深度推进，“十百千亿”企业和“隐形冠军”“小巨人”“单项冠军”企业培育工程深入实施，规模以上企业数字化实现全覆盖，新增上市公司52个、专精特新企业32个。新型消费中心城市加快建设，成功策划首届数智消费嘉年华系列活动。农村电商加快发展，乡村产业内在活力进一步增强。对外开放水平全面提升，自由贸易试验区赋权扩区取得新进展，数字贸易加快发展，创建全国首个数字外贸服务平台。

【科技创新动能持续释放】 2021年，杭州市全力提升城西科创大走廊创新能级，之江实验室被列入国家实验室建设序列，在杭州的国家重点实验室14个，建成投用省实验室4个。推进“产学研用金、才政介美云”十联动，全市新增市级孵化器118个，累计建成市级以上孵化器（众创空间）442个，其中国家级孵化器（众创空间）116个；新增国家高新技术企业2800个，总数超过1万个，居全国副省级城市第三位。成功举办中国质量（杭州）大会，发布《杭州质量倡议》，中共中央总书记习近平发来贺信。召开2021年国际人才交流与项目合作大会，打造“杭州人才码”掌上服务综合体，实施外国人到华工作“一件事”办理改革，杭州创新指数排名跃升至全球第21位，创历史新高。

【社会主义民主政治建设扎实推进】 2021年，市委坚持总揽全局、协调各方，支持市人大依法履职，开展《杭州市淳安特别生态功能区条例》等地方性法规立改废工作，实施文物保护等法律和工作监督，扎实做好决定、任免等工作，有序推进县乡人大换届选举。支持市政协充分发挥专门协商机构作用，开展重要协商活动、专项（集体）民主监督，深化“请你来协商”、委员工作站、民生议事堂等平台建设，深入开展“政协走亲”活动。组织全市统一战线开展“同心筑梦跟党走”庆祝中国共产党成立100周年主题系列活动，圆满完成各民主党派和工商联换届，打造统一战线“凝心聚力助共富”品牌。做好群团工作，发挥其联系群众的桥梁纽带作用。制定出台法治杭州建设五年规划，成功创建首批法治浙江（法治政府）建设示范市，设立全国首个行政赔偿追偿委员会，深化“大综合一体化”行政执法改革，数字法院、数字检察、数字复议等工作不断强化。发挥“五四宪法”历史资料陈列馆的作用，筹建国家宪法宣传教育馆。

【宣传思想文化工作切实加强】 2021年，市委落实意识形态工作责任制，打好意识形态领域主动仗。构建市域媒体融合“一张网”，建成微融媒体中心74个。实施文物安全提升攻坚行动，全面加强文物保护利用，文物犯罪打击成效显著。推进宋韵文化传世工程建设，大运河国家文化公园杭州项目群、国家（杭州）短视频基地项目开工，举办首届宋韵文化节、第八届中国国际版权博览会、第十七届中国国际动漫节等文化会展活动。新时代文明实践中心建设提质扩面，“迎亚运、讲文明、树新风”志愿服务深入开展。国有文艺院团改革步伐加快，之江文化产业带建设深入推进，文化产业持续较快发展。

【民生保障日益改善】2021年，杭州市高质量办好十件民生实事，完成老旧小区综合改造提升211个，推进既有住宅电梯加装1405台，完成回迁安置1.2万户，新开工保障性住房111.6万平方米，新建中小学、幼儿园104所，实施困难老年人家庭适老化改造4201户。持续做好稳就业保就业工作，新增就业92.8万人，城镇登记失业率控制在3.5%以下。有序推进“双减”新政落地落实，全面实施学后托管服务，公办民办义务教育学校同步招生，新增教育共同体结对学校175所。深化医联体、医共体建设，实现公立基层医疗机构医联体建设全覆盖，基层就诊率68.8%、县域就诊率93.5%。加快城市轨道交通建设，新开通地铁94千米，实现杭绍嘉三地轨道交通互联互通。美丽杭州建设加快推进，生态环境质量持续改善。

【城市治理水平不断提升】2021年，杭州市深入推进数字化改革，持续做强做优城市大脑，探索建设产业大脑，上线应用场景549个，形成理论研究成果227项、制度创新成果504项，典型介绍演示场景、具体案例推广均居全省首位。打好维护政治安全主动战、重大涉稳风险化解战、重大活动安保攻坚战，开展全市政法队伍教育整顿，常态化扫黑除恶专项斗争取得阶段性成果，电信网络诈骗案件发案率下降。推进依法治网工作。深化市域社会治理现代化试点，开展平安创建突出问题专项整治，获评首批全国禁毒示范城市。平安建设负面指标呈下降态势。抓好常态化疫情防控，特别是“12·7”新冠肺炎疫情发生后，市委、市政府迅速采取有效举措，严格落实“源头查控+硬核隔离+精密智控”机制，创立首调负责制和首席流调员制度，全力抓好流调溯源和核酸检测工作，落实落细“外防输入、内防反弹”各项措施，率先实现“动态清零”。

【全面从严治党持续深化】2021年，市委认真贯彻中央和省委关于加强对“一把手”和领导班子监督的规定，制定“五张责任清单”，强化制度执行刚性。统筹推进市、县乡领导班子换届，严肃换届纪律，着力选出好干部、配出好班子、形成好气象。在全省率先制定市公务员工作五年行动计划，探索构建以“三榜联动”为重点的“赛场赛马”机制。持续推进党建引领社区治理，出台深化全市域党建联盟建设指导意见，探索未来社区、未来乡村党建工作，开展加强新业态新就业群体党建全国试点，推动全市基层党建“全域争先、整体跃升”。深化清廉杭州建设，聚焦“两个维护”，强化政治监督，落实“四责协同”机制，深入推进党风廉政建设和反腐败斗争，持之以恒抓好正风肃纪，深入开展漠视侵害群众利益问题、影响亲清政商关系突出问题等专项治理，推动全市党员干部坚守底线、严守红线。（市委办公厅）

市委重要会议

【市委全体会议】2021年6月25日，市委十二届十二次全体（扩大）会议召开。会议高举习近平新时代中国特色社会主义思想伟大旗帜，认真学习贯彻《中共中央国务院关于支持浙江高质量发展建设共同富裕示范区的意见》，按照省委十四届九次全会的部署要求，坚持“数智杭州·宜居天堂”的发展导向，持续放大部分行政区划优化调整的综合效应，率先探索破解新时代社会主要矛盾的有效途径，率先形成推动共同富裕的体制机制，争当浙江高质量发展建设共同富裕示范区的城市范例。会议审议通过《杭州争当浙江高质量发展建设共同富裕示范区城市范例的行动计划（2021—2025年）》。

11月25日，市委十二届十三次全体会议召开。会议审议通过《关于召开中国共产党杭州市第十三次代表大会的决议》，决定于2022年2月召开市第十三次党代会。

12月31日，市委十二届十四次全体（扩大）会议召开。会议高举习近平新时代中国特色社会主义思想伟大旗帜，深入学习贯彻中共十九届六中全会和省委十四届十次全会精神、中央和省委经济工作会议精神，从中共百年奋斗历程中不断汲取智慧和力量，推动全市党员干部坚定不移做“两个确立”忠诚拥护者、“两个维护”示范引领者，认真做好2022年及之后一个时期工作，深入推进“八八战略”在杭州的具体实践，高水平建设社会主义现代化国际大都市，争当浙江高质量发展建设共同富裕示范区城市范例，让习近平新时代中国特色社会主义思想在杭州大地展现巨大的真理伟力。会议审议通过《关于深入学习贯彻党的十九届六中全会精神坚定不移做“两个确立”忠诚拥护者“两个维护”示范引领者的决议》。

【市委常委会会议】2021年，市委常委会召开会议43次。市委常委会坚持以习近平新时代中国特色社会主义思想为指导，学习贯彻中共中央总书记习近平对杭州工作重要指示批示精神，发挥“总揽全局、协调各方”的领导核心作用，切实履行把方向、管大局、做决策、保落实职责，就事关杭州经济社会发展的重大问题进行研究。

【市委重要专题会议】2021年，市委召开的重要会议有：市委党的群团工作会议，全市深化作风建设暨综合考评大会，市委落实中央巡视组反馈意见整改工作暨2021年市委巡察工作动员部署会，市委农村工作会议，全市党史学习教育动员部署会，“决战2021”亚运筹办动员部署大会，全市数字化改革暨“数智杭州”攻坚年推进会，杭州市部分行政区划优化调整实施动员大会，杭州平安建设工作会议、扫黑除恶专项斗争总结表彰暨数字法治推进会，杭州市与浙江省机场集团深化全面合作工作会议，全市制造业高质量发展大会暨“未来工厂”建设推进大会，全市未来社区建设现场推进会，新时代美丽杭州建设

2021年杭州市委重要文件一览表

表3

序号	文件标题
1	中共杭州市委关于加强新时代党的群团工作的意见
2	中共杭州市委 杭州市人民政府关于加快建设“未来工厂”的若干意见
3	中共杭州市委 杭州市人民政府关于在新时代建设“重要窗口”中加快残疾人事业高质量发展的意见
4	中共杭州市委 杭州市人民政府关于印发《杭州市部分行政区划优化调整实施方案》的通知
5	中共杭州市委 杭州市人民政府关于深化医疗保障制度改革的实施意见
6	中共杭州市委 杭州市人民政府关于促进中医药传承创新发展的实施意见
7	中共杭州市委关于纵深推进清廉杭州建设为“十四五”规划落实见效提供坚强保障的实施意见
8	中共杭州市委 杭州市人民政府关于做好全市开发区（园区）整合提升工作的通知
9	中共杭州市委关于表彰杭州市优秀共产党员、杭州市优秀党务工作者和杭州市先进基层党组织的决定
10	中共杭州市委关于高水平打造“数智杭州·宜居天堂”争当浙江高质量发展建设共同富裕示范区城市范例的决议
11	中共杭州市委 杭州市人民政府关于印发《杭州争当浙江高质量发展建设共同富裕示范区城市范例的行动计划（2021—2025年）》的通知
12	中共杭州市委 杭州市人民政府关于印发《唱好杭州、宁波“双城记”杭州行动方案》的通知
13	中共杭州市委 杭州市人民政府关于印发《杭州市贯彻落实第二轮中央生态环境保护督察报告整改方案》的通知
14	中共杭州市委 杭州市人民政府转发《中共杭州市委宣传部、杭州市司法局关于在全市开展法治宣传教育的第八个五年规划（2021—2025年）》的通知
15	中共杭州市委关于追授陈利平、蒋春尧同志“杭州市优秀共产党员”称号的决定

推进会，区县（市）领导班子换届工作会议，市政法队伍教育整顿总结会暨“回头看”动员部署会，全市金融工作会议，全市检察工作会议，“杭州都市区中环”建设推进动员会，文化工作座谈会，高质量推进乡村振兴促进城乡共富工作会议，市委落实省委巡视反馈意见整改工作动员部署会，市委民族工作会议，全市学习贯彻中共十九届六中全会精神“六讲六做”大宣讲行动动员部署会，贯彻落实习近平总书记对“五四宪法”陈列馆重要指示五周年座谈会，全市突发新冠肺炎疫情处置工作总结会议，中央及省委巡视杭州反馈问题整改工作专题会议等。（市委办公厅）

组织工作

【概况】2021年，市委组织部落实市委和上级组织部门要求，围绕学习贯彻习近平新时代中国特色社会主义思想，贯彻落实新时代党的建设总要求和党的组织路线，落实组织工作高质量发展规划纲要，围绕中心、保持定力，踏准节奏、守正创新，全面落实组织工作主责主业，为争当共同富裕示范区的城市范例提供有力组织保证。扛起政治担当，抓住政治性牵引性强的大事要事，推进党史学习教育，办好庆祝中国共产党成立100周年系列活动，严格做好巡视反馈问题整改工作，推动各级党组织和广大党员干部忠诚拥护“两个确立”，坚决做到“两个维护”。围绕疫情防控、复工复产等全市中心任务，发挥组织工作优势，出台政策举措，赋能各项事业发展。紧抓部分行政区划优化调整和市、县乡换届重要契机，推动干部队伍系统性重塑，锻造政治过硬、领导现代化建设能力强的高素质专业化干部队伍。围绕党建引领基层治理的各项要求，补短板、强弱项、扬优势，推动全市基层党建“全域争先、整体跃升”。实施人才强市战略，推动人才集聚不断加快、人才结构不断优化、人才平台不断提档、人才服务不断升级。牢牢把握组织部门自身建设要求，以开展党史学习教育和“争当新时代浙江组工人模范生”活动为契机，打造模范部门过硬队伍。推进组织工作数字化改革。全市组织系统获省委领导批示5次，在中央和省级会议介绍经验4次。在全省2021年度基层党建工作述职评议、全省人才工作目标责任制考核中，杭州的评分位居前列。

【党史学习教育推进】2021年，市委组织部运用“三个地”和“重要窗口”省会城市红色资源，以“追随总书记的脚步”为主题，打造淳安县下姜村等十大精品现场教学基地，在“干部学习新干线”和“西湖先锋”平台“党史学习教育专题”上传党史类专题课件369个。发挥党校主阵地作用，把“学党史、悟思想”的要求落实到16期主体班次中，培训领导干部765名。指导各地各单位开展党史学习教育专题组织生活会和主题党日活动，组织4.3万名基层党组织书记参加党史学习轮训，举办4万场次“万场党课下基层”活动，1.6万名党员领导干部讲党课，75万余名党员参与党史学习教育主题党日活动。结合党史学习教育“我为群众办实事”活动，开展“相约党代表工作室”活动和“民呼我为，先锋领杭”行动，采取市、县联动、专人驻室、编组驻室等形式，组织68名省、市党代表到市党群服务中心党代表工作室示范履职，带动其他911名市、县两级党代表同步开展驻室活动，接访约访党员群众1248人次，解决问题及困难798件；市级层面组织党代表开展“我们的圆桌会”10次，16名市管正职党代表带头开展协商议事，带动县级层面同步开展382场。

【党员先进典型选树】2021年，市委组织部选树先进典型，推荐评选全国“两优一先”对象6名、省“两优一先”对象93名，选树表彰市优秀共产党员99名、优秀党务工作者99名、先进基层党组织200个，做好“光荣在党50年”纪念章发放，5.02万名老党员在“七一”前获纪念章。走访慰问获党内功勋荣誉表彰的党员3282名、生活困难党员1.37万名、老党员7755名。集中宣传110多名省、市“担当作为好干部”先进事迹，推荐评选1名省“十大强基先锋”和35名省“担当作为好支书”。组织开展“百名优秀党课主讲人”评选、“百堂新型艺术党课”发布、“百家线下党员培训基地”创建等“七个一百”活动，庆祝中国共产党成立100周年。

【巡视反馈问题整改落实】2021年，市委组织部健全专班工作机制，制订中央和省委巡视反馈问题整改方案，细化问题、责任、任务、时限“四张清单”，建立指标、工作、政策、评价“四个体系”，落实任务交办、会商研究、跟踪督办、联动办理、销号管理5项制度，围绕选人用人等重点整改任务制定5个方面、56项工作举措，抓好推进落实。至年末，中央巡视反馈涉及组织部整改的8个问题基本整改到位，建立长效机制10项。会同市纪委出台杭州市贯彻落实中央和省委关于加强对“一把手”和领导班子监督的实施意见，强化制度执行。完善干部大监督体系，开展领导干部信访、一报告两评议、个人有关事项、兼职清理、干部辞职从业、出国（境）自查等工作，推进选人用人监督。结合市委巡察，对市委办等8个市直单位的选人用人工作进行专项检查，对市建委等5个单位开展“回头看”，加强政治监督和担当作为监督。健全完善关心关爱机制，开展“向组织说说心里话”活动，落实基层干部待遇政策。

【部分行政区划优化调整干部人事工作完成】2021年，市委组织部落实班子配备结构指标要求，指导5个涉及行政区划调整的区从年龄结构、专业素养等维度做好干部资源分析配置，完成干部调配和流转工作，调整区管干部1957人，流转区管及以下干部312人。优化调整后的新区，配备四套班子领导干部和开发区平台干部152人，74名党政班子成员中，全日制大学本科以上学历39人，占52.7%，40岁及以下年轻干部15人，占20.3%。指导涉改区党代会和“两会”顺利召开，提名人选全部满票或高票当选。把握区划调整后的心态调整期和人事变化期，及时开展干部走访调研、谈心谈话等工作，健全干部管理机制，保证区划调整后思想不散、发展不停。

【市、县、乡换届工作推进】2021年，市委组织部紧扣“五好五新”乡镇换届总目标，构建一体贯通的乡镇换届工作领导体系和进程挂图作战、质量“五维”评价、双周调度会商“三项机制”；统筹换届选人一盘棋，落实人选“两级研判”，联动开展年轻干部大调研，人选排摸和人事调配“两上两下、逐轮优化”；突出镇街一体、区域统筹，科学核定领导班子职数，推动干换融合，确保风清气正。至10月末，到位1243名乡镇班子成员，产生6863名党代表。制定区县（市）换届工作导图和行事历，市、县联动开展分析研判、模拟推演和换届考察，加强人事安排统筹，严肃换届纪律要求，选出好干部、配出好班子。贯彻落实省委选人用人“一体系三机制”有关要求，完成市直单位届末考核，强化党组把关和综合分析研判，形成近期可提任市管正职、市管副职等8个名单。完成市属国企集中换届等工作，落实相关配备指标要求。做好省对市换届考察服务保障和新任市级领导班子成员宣布送任工作。做好市党代会、市“两会”各项筹备工作，提出相关人员配备原则和人选建议名单。

【干部素质能力提高】2021年，市委组织部探索构建以“三榜联动”为重点的“赛场赛马”机制，选取“亚运场馆环境整治”“化积案”“控访源”等17个项目进行试点，把揭榜挂帅表现与各类考核评优和干部选拔使用挂钩，在实践实战中提升干部实干担当和创新求变能力。制订领导干部推进高质量发展政绩考核办法，优化大党建考核，深化领导干部和公务员平时考核，开展“季报五访”“月报季访”，用好考核“指挥棒”，提升干部争先创优能力。举办“未来工厂计划”“碳达峰、碳中和”等领导干部专业化能力提升系列专题培训班10期，培训处级以上干部近600人次，提升干部推进现代化建设新能力。杭商学堂开设规模班、成长班、初创班3个主体班和先进制造业班、数字经济班等专题班，录取学员449名。

【优秀年轻干部成长链完善】2021年，市委组织部实施年轻公务员“助跑行动”，做细做实新录用公务员初任培训和“三访集训”，加强源头储备，确定3023名培养对象。选派170多名优秀年轻干部到四川省、吉林省等对口帮扶一线和亚运奋进、城市大脑专班等实践一线经受磨砺考验，推动形成“年轻干部到一线去、优秀干部从一线来”的良性循环。推进年轻干部“三走进、三服务”专项行动，深化助企服务2.0版，开展“我为基层破一难”和“民呼我为”主题活动，完成第二批103名驻企服务员选派挂职、期满考核和评优评先，引导年轻干部帮助基层、企业和群众纾困解难。紧扣事业发展需要和紧缺急需专业人才，从市直机关、事业单位、市属国企、在杭省部属高校中实战比选108名年轻干部到乡镇（街道）挂职，分批分步充实镇街班子，有19人留任；择优录用171名选调生，其中“双一流”高校毕业生占80%，并适时组织到基层锻炼，加强管理使用。

【公务员队伍管理水平提升】2021年，市委组织部制定《杭州市公务员工作五年行动计划（2021—2025年）》，明确未来五年公务员管理工作的总体目标和阶段性任务，加强与干部工作的紧密衔接，提升公务员工作的战略定位。点面结合开展全市公务员平时考核联系点、优秀公务员示范岗、岗位练兵示范点和基层工作联系点创建活动，确定市、区两级创建单位42个。评出“十佳公务员”30名、省市“最美公务员”79名，其中1名获“全国最美公务员”称号。着眼“全市一盘棋”，推进公务员职务与职级并行、参公单位重新认定、综合执法类公务员队伍改革等工作。完成2021年“四级联考”工作，按计划录用公务员988名，加强公务员公开遴选工作，面向基层选拔70名公务员。深化公务员心理健康关爱工作，建设运行公务员心理健康与关爱中心。开展公务员光荣退休活动，探索推出公务员特定从业年限纪念活动，构建薪火相传、新老交替的事业传承机制。

【全域党建联盟机制建立】2021年，市委组织部调研总结“大下姜”乡村振兴联合体党委等成功案例，着眼党建统领推进共同富裕，出台《关于深化全市域党建联盟助力争当高质量发展建设共同富裕城市范例的指导意见（试行）》，强化党建统领，推行统筹领导、三张清单、联席会议等6项机制，打破地域、领域、条块限制，加强平台共建、人才共育、资源共享、产业共兴、治理共抓、品牌共塑，以组织融合促进组团式发展，广泛建设新型帮共体。全市以100个市级重点培育项目为标杆，组建不同类型党建联盟1398个，全年完成重点共建项目2300多个，“红色联盟引领绿色发展”做法在《浙江日报》头版刊登。

【乡村振兴组织根基夯实】2021年，市委组织部以“五查五看”为重点，开展村社组织换届“回头看”，推动领导干部“包乡走村”活动和“双二十条”政策一体落实，164个后进村社整转全部完成。实施“阳光治理”工程，举办全市基层党建工作骨干培训班暨“领杭争先”擂台赛，开展“大培训、大比拼、大帮带”活动，全覆盖培训2万余名村社“两委”干部，307名村社书记在“三级书记交流会”平台“赛绩比武”。全面实施导师帮带，评选首批市级兴村治社名师20名、县级兴村治社导师170名，为1008名新任书记配备“成长导师”，促进村社干部战斗力提升。将党的组织嵌入乡村振兴各领域，举办“百名书记话共富”主题峰会，完成新一轮驻村第一书记、农村工作指导员选派工作，构建“双百强基促富”派驻帮扶格局，推动各类资源向乡村集聚。

【城市党建融合发展推进】2021年，市委组织部落实聚力赋能社区治理“五大机制二十条举措”，打造“居民离不开的社区组织”。8月30日，全市党建引领小区治理重点任务推进会召开，部署4个方面、25项年度重点任务，推广三方办、小区专员等做法。全市小区党组织组建率超过90%，居民骨干担任小区党组织书记的小区占比55.4%，新成立或新换届的业委会党员占比56.4%。结合“百社示范、千社提升”工程，探索未来社区党建“杭州方案”，研究形成未来社区党建工作规范指引。围绕7项共性要求和4类个性要求，在全市推行分类试点，指导打造瓜山社区、杨柳郡社区、冠山社区等不同类型未来社区党建示范点，推动建设共同富裕现代化基本单元。落实城市基层党建赋予街道的5项权利，推进街道社区“吹哨一件事”改革，牵引职权向街社下放、力量向街社下沉、资源向街社集聚。建立行业系统党建工作联席会议制度，明确5项主要职责、6项议事规则，确定13个年度重点项目，定期开展跟踪调度，确保各项任务落地落实、深度融入社区治理。会同市建委出台《关于以党建引领高质量推进老旧小区改造提升的指导意见》，在全市建立119个“旧改同盟会”，新增公共服务场所3万余平方米，受益居民近26万户。

【“两新”党建杭州范例打造】2021年，市委组织部开展新业态、新就业群体党建全国试点，制定标杆创建“151”（打造100个示范园区、500座示范楼宇、1000个示范企业）试点工作体系。面向重点互联网和快递物流企业选派驻企服务员、党建指导员92名，建立健全党企共学共商、重大情况报告等制度，推行党组织书记人选预审、党组织班子与经营管理层“双向进入、交叉任职”等机制，全面加强政治引领。设立市快递物流行业党委，制定出台《关于推动快递业党建高质量发展的意见》，推进快递物流企业党组织建设、党建引领行业健康发展和快递小哥关心关爱等工作。出台《新就业群体综合服务站点建设指引》等制度，建成1416个面向快递员、外卖员、网约车司机等新就业群体的综合服务站点，打造“15分钟服务圈”。建立流动党员教育管理“五联”机制，依托企业和社区组建118个流动党员党支部，引导1300多名新就业群体党员到社区报到并亮明身份。探索创新“五化五融入”（推进一体化管理，融入区域党建圈；加强规范化建设，融入行业发展圈；拓展多元化渠道，融入社会治理圈；创新数字化手段，融入整体智治圈；落实常态化保障，融入共同富裕圈）机制，将快递员、外卖员、网约车司机等纳入社区网格员队伍，引导其积极参与基层治理、融入城市基层党建格局。

【党员队伍建设】2021年，市委组织部印发《关于深化推进“党建双强”工程夯实共同富裕示范区基层基础的通知》，开展复核评定，实行动态调整，推动高位求进，鼓励先进、激励中间、鞭策后进的效应更加明显。做好党员参教信教问题排查和在网上发表不当言论问题专项教育，会同市纪委梳理9类、30条村社党员干部违纪违法典型案例并编制印发。把对党忠诚教育作为党员集中轮训、春训冬训、主题党日的重要内容，提高党员队伍素质能力。科学制订党员发展计划，印制《发展党员工作指导手册》《发展党员档案材料审核要点指导手册》，推进发展党员全周期智治体系深度应用，将数字赋能贯穿发展全过程，全年发展党员16538名。

【党群服务立体矩阵构建】2021年，市委组织部以打造党员群众家门口的“红色阵地”“温馨家园”为目标，优化提升市区街社驿站五级联动党群服务体系。全年新建和改扩建党群服务中心（驿站）1294个，开展开放式组织生活26万场次、志愿服务17.7万次、社团活动21.7万次，年度线下人流量超过2000万人次，

12个党群服务中心获评全省百个示范党群服务中心。一体联动85个省、市单位和知名企业开展项目共建208个，打造“红色讲堂”“青年思政课”“钱塘大讲坛”“连心志愿服务”等品牌项目。建立区县（市）党群服务工作领先积分榜，常态化开展云上晾赛比选、党群服务最优项目打擂比武等主题活动，推动各级党群服务中心（驿站）在互看互学互比中总结经验、补齐短板。注重发挥16个党群服务实践基地示范引领作用，比选党群运维类优秀社会组织20个。研究制定《杭州市党群服务中心（驿站）高质量发展意见》，推动党群服务中心（驿站）建管用水平向标准化、规范化、长效化整体提升。

【新时代人才政策体系建设】2021年，市委组织部着眼中长期人才工作，制定出台《杭州市人才发展“十四五”规划》《杭州市关于进一步深化人才发展体制机制改革的若干意见》，布局高质量发展人才工作新体系。优化完善“人才生态37条”，创新实施“全球英才杭聚工程”“青年人才弄潮工程”和“百万大学生杭聚工程”，加大人才引育力度，放大人才集聚效应。新引进35岁以下大学生48.3万人，比上年增长10.6%。完善人才评价体系，加快建立以创新价值、能力、贡献为导向的评价体系，推进市场化认定标准。加强政治引领，发起“弘扬科学家精神、推动高质量发展、建设共同富裕示范区”倡议，激励人才深怀爱国之心、砥砺报国之志。

【“杭向未来”人才系列品牌打造】2021年，市委组织部做优“一会一赛”，举办2021年国际人才交流与项目合作大会，100位海内外院士出席活动，全球26个国家（地区）、长三角地区城市代表参加大会，签约项目182个，总金额119.2亿元。举办“潮玩潮创IN杭州”大学生创新创业日系列活动，发布“杭帮彩”大学生创新创业工作品牌，实施“万朵浪花”杭州全球大学生实习计划，5000多个企业、高校院所等发布21.39万个实习岗位。深化“长三角人才云市场”品牌，开展“云聘会”638场，推出岗位187万余个，帮助引才42.7万人。与教育部合作，将“云聘会”推送给全国3000多所高校的4000多万名大学生。举办“人才山乡荟”活动，成立“乡村振兴人才银行”。推进“杭州工匠”计划，建设一支知识型、技能型、创新型的高技能人才队伍，认定杭州市首席技师169人。实施博士后倍增计划，新设博士后工作站51个，在站博士后研究人员1150名。

【人才创业创新平台功能提升】2021年，市委组织部围绕打造“互联网+”、生物医药、新材料三大科创高地，推进城西科创大走廊创新策源地建设，服务之江、西湖、湖畔、良渚等新型实验室体系，助力浙大超重力离心模拟与实验装置等重大科学装置群建设，技术合同成交总额比上年增长13%，高新技术产业增加值增幅35%。实施“名校名院名所”工程，推动西湖大学和国科大杭州高等研究院成为杭州引育人才新的增长极。推进中法航空大学、浙江大学杭州国际科创中心等一批科研院所建设。引进国际一流人才组织、学术组织等在杭州设立分支机构或合作共建研发机构，推动欧美同学会（中国留学人员联谊会）人才研究中心和国际人才组织联合会等人才组织（机构）落户杭州。

【人才引育工作加强】2021年，市委组织部重点聚焦经济高质量发展，实施数字经济人才、生命健康人才、“钱塘金融人才”、名师名医名家等专项人才引育工程，引进、培育一大批服务社会民生的哲学社会科学名家、名师名医、企业管理者、文化名人、基层治理人才。持续实施“西湖明珠工程”“西湖青荷工程”，优化大学毕业生落户、补贴政策，加大青年人才引育。完善人才评价体系，加快建立以创新价值、能力、贡献为导向的评价体系，扩大人才自主认定，进一步把企业评价、社会评价等市场元素纳入高层次人才分类评价标准。全年全市认定高层次人才19386人，其中市场化认定6977人，占35.9%。改进外籍高层次人才住房保障，优化“店小二”服务。推进高层次人才财政专项奖励兑现工作，帮助解决子女入学、医疗保障、车辆上牌等“关键小事”。打造“杭州人才之家”，杭州连续11年入选“外籍人才眼中最具吸引力的中国城市”。

【智慧组织创新运用加快】2021年，市委组织部坚持“系统思维、整体智治”理念，构建“1+4+N”数智组工体系，推进“数智组工综合门户”“干部立体画像”“智慧组织”“人才数智生态”“公务员人事点点通”等应用场景的开发建设与推广使用，上线“先锋领杭”党员“双报到”系统，接入全市党政机关整体智治跑道。在干部工作领域，改版升级“干部立体画像”，创设干部“一言素描”评价。围绕区县（市）换届工作，创新建设“换届全景图”应用场景。迭代完善“选兵点将”系统实操性，通过模拟调配、智能比选等方式，初步实现“事、岗、人”双向多维度的智能辅助匹配。在基层组织工作领域，系统迭代、整体提升“西湖先锋”，系统注册用户118万人，App最高活跃用户量21.9万人次，基层党组织使用覆盖率95.8%。开发“先锋领杭”党员双报到系统，推动全市15.4万名在职党员注册报到，累计服务时长53.1万小时。研发上线“杭州党群之家”小程序，全市党群服务中心（驿站）阵地、活动、服务全部在线化，有318.2万人次一键预约报名。在人才工作领域，打造“杭州人才码”掌上服务综合体，集成8类、142个子项服务，实现人才政策“一键兑现”，上线后，累计70.4万名人才领码，服务637.8万人次，兑现各项政策补贴32.99亿元。

【组织部门自身建设加强】2021年，市委组织部坚持“头雁”标准，开展部机关党史学习教育和“争当新时代浙江组工人模范生”活动，坚持学习教育、调查研究、检视问题、整改落实一体推进，引领全体机关干部在学思践悟中拥护“两个确立”。健全完善部务会集体学习制度，推动落实“第一议题”制度，第一时间学习贯彻中共中央总书记习近平最新讲话精神，切实做到“两个维护”。加强组工干部专业化能力建设培训，深化“杭组论坛”“杭组悦读”“杭组夜学”等系列活动，开办部机关年轻干部专题培训班。用好“钉钉夜学”研学载体，市、县两级组工干部线上联动，共同探讨研究部门建设相关问题。严格执行八项规定，认真排摸组工干部岗位风险点。开展新一轮“我当基层干部”换位体验，组织各支部、年轻干部学习小组深入一线。优化完善《组织工作高质量发展规划纲要》指标体系，将调查研究贯穿始终，推进党的建设制度改革重点任务完成。全市组织系统调研课题获全国、全省各类奖项9个。（市委组织部）

宣传工作

【概况】2021年，市委宣传部组织中国共产党成立100周年、习近平总书记“七一”重要讲话、中共十九届六中全会、党史学习教育等重大主题宣传报道，全年中央广播电视总台《新闻联播》播出涉杭报道94次。市委理论学习中心组围绕中共中央总书记习近平系列重要讲话精神等重大专题组织专题学习会20次，在《杭州日报》理论版刊发《“扎实推动共同富裕”是新目标新要求》《弘扬伟大建党精神 建设好共同富裕示范区城市范例》等系列理论文章，开展“知史爱党、知史爱国”专题宣讲活动，推进“走心工程”。在国际舞台讲好杭州故事、传播好杭州声音，杭州入选2021年十大“中国国际传播综合影响力先锋城市”，中国杭州英文网获2021年度最具影响力外文版政府网站。“学习强国”杭州学习平台开创并发起首次全国“联”播，宣传杭州亚运会。市委宣传部获评2020年度中共中央宣传部舆情信息工作“优秀单位”，连续4年获中共中央宣传部舆情信息社会直报点第一名，连续13年获省级宣传平台舆情信息地市报送第一名。

市委宣传部组织市属媒体办好“奋斗百年路 启航新征程”专题专栏，运用图文、直播、H5、短视频等形式，推出“庆祝中国共产党成立100周年特别报道”“寻味经典”“点亮杭州红色地图”“红色印记”等一批特别策划。做好习近平总书记“七一”重要讲话精神宣传报道，中央广播电视总台综合频道《新闻联播》2篇、浙江卫视《浙江新闻联播》8篇报道全市社会各界对“七一”讲话的反响。邀请中央、省级媒体和市级媒体共同做好杭州灯光秀报道，灯光秀视频网络总阅读、点击量超过2000万次。

市委宣传部印发党史学习教育宣传工作方案，运用新闻宣传、网络宣传、社会宣传等综合手段推进党史学习教育宣传工作。全市各级媒体刊发党史学习教育宣传报道3.3万篇（条），中央、省级媒体平台刊发杭州市党史学习教育相关报道2900多篇（条），中央广播电视总台综合频道《新闻联播》先后14次聚焦全市党史学习教育特色做法。市属媒体开展“永远跟党走·点亮杭州红色地图”“永远跟党走——学党史、悟思想、办实事、开新局”等融媒行动；推出“寻味经典，建党百年杭州故事”等专栏；报道“百堂艺术党课”“新村夜话”“党员重温入党申请书”等典型做法；组织“民呼我为·橙柿互动直通车”“民呼我为，惠民暖心”短视频、“民呼我为民情观察员”等品牌活动，形成党史学习教育浓厚舆论氛围。

市委宣传部聚焦共同富裕，组织市属媒体推出“促进共同富裕，争当城市范例”“大杭州、高质量、共富裕”等专栏专题，发起“杭向共富”媒体采风活动，综合运用消息、通讯、理论、评论等形式，通过图文、Vlog（微录）、短视频等形式宣传全市贯彻落实浙江高质量发展建设共同富裕示范区的重大意义、重要部署和重点举措，挖掘全市共奔富裕的故事，推出相关报道1000多篇。

市委宣传部推进市、区县（市）两级媒体融合发展，构建全市媒体融合“一张网”。加强市级媒体平台建设，打造“橙柿互动”等重点平台；推进乡镇街道（平台）、大型社区、产业园等微融媒体中心建设，首批建成74个，打通主流舆论阵地“最后一公里”。编制《杭州市、县级融媒体中心建设评价“五力”体系》，完成县级融媒体中心“五力”评价，运用多维度考核机制推动县级融媒体中心建设。

市委宣传部修订《杭州新闻媒体宣传导向管理评价办法》，坚持完善每月要点提示、日常宣传提示、季度导向管理评价考核等制度，加强对媒体宣传的导向管理。杭州电视台综合频道的现场直播《众志成城防汛救灾——直击新安江水库泄洪首次九孔全开》、杭州电台新闻综合频道的广播评论《规范“刷脸”，严防“丢脸”》获第三十一届中国新闻奖三等奖。（傅怡南）

【理论学习】2021年，市委宣传部推进实施“铸魂工程”。在党史学习教育中深入开展“我在之江江畔学党史”专题学习活动，组织党员干部研读习近平总书记《论中国共产党历史》《毛泽东、邓小平、江泽民、胡锦涛关于中国共产党历史论述摘编》《习近平新时代中国特色社会主义思想学习问答》《中国共产党简史》4本指定教材和《习近平在浙江》采访实录、《习近平科学的思维方法在浙江的探索与实践》研究成果等生动教材，学习习近平总书记对杭州重要指示批示精神，学习贯彻中央和省市委的重大决策部署。转发省委宣传部《2021年全省县级以上党委(党组）理论学习中心组学习安排》。市委理论学习中心组围绕习近平总书记系列重要讲话精神等重大专题组织专题学习会20次，先后邀请中国工程院院士吴汉明、中国奥委会副主席杨树安、中央党校（国家行政学院）一级教授胡建淼等专家学者做主题辅导报告。推动中心组学习制度化、规范化建设，制订实施2021年杭州市中心组学习巡听旁听工作计划，完成对6个区县（市）党委（党组）理论学习中心组巡听旁听工作。

【理论研究】2021年，杭州市深化实施“溯源工程”。市委宣传部围绕深化习近平新时代中国特色社会主义思想在杭州的实践，组织编写《忠实践行“八八战略”奋力打造“重要窗口”研究（杭州卷）》《全面小康看杭州》《“绿水青山就是金山银山”理念的杭州实践》等理论读物。发挥杭州中国特色社会主义体系研究中心的作用，先后在《杭州日报》理论版刊发《“扎实推动共同富裕”是新目标新要求》《弘扬伟大建党精神，建设好共同富裕示范区城市范例》等系列理论文章。利用“钱塘论坛”“学与思”等理论阵地，先后推出系列理论文章、节目150多篇（期）。

【**理论宣讲**】2021年，市委宣传部在党史学习教育中开展“知史爱党、知史爱国”专题宣讲活动，推进“走心工程”。组织党史学习教育市委宣讲团和专家宣讲团赴各地宣讲，组织开展中共十九届六中全会重大主题宣讲，组建“市领导+市直单位领导+区县（市）领导+专家学者+基层干部+青年宣讲员+媒体记者”的“大宣讲团”，开展“六讲六做”大宣讲行动，组织100个宣讲团、开展万场好宣讲。桐庐县“新村夜话”宣讲团获“全国基层理论宣讲先进集体”称号。余杭区“新时代创客说”宣讲团、淳安县下姜“梦想宣讲团”入选全省基层理论宣讲成绩突出集体，缪乐颖、祝丹丹入选全省基层理论宣讲成绩突出个人。组织参加浙江省青年理论宣讲大赛暨微型党课大赛和“识名画，学党史”——浙江省百堂美术微党课，分别获特等奖1个和一等奖4个。举办2021年杭州市青年理论宣讲大赛暨微型党课大赛，评选出10名杭州市金牌理论宣讲员、10名杭州市优秀理论宣讲员。（解小雨）

【**杭州“最美”品牌建设**】2021年，市委宣传部挖掘报道日常身边涌现的“最美”典型，报道平凡的善举汇聚成温暖全城的闪光力量。《杭州日报》“发现‘最美杭州人’争做‘最美杭州人’”专栏宣传因公殉职的钱塘区交通运输局原副局长陈利平、勇夺残运会冠军的脑瘫女孩诸吉、帮孕妈接生的停车收费管理员张秀芳等先进典型105个。围绕庆祝中国共产党成立100周年主题，开展“百年潮涌·之江楷模”先进典型推荐，全市推荐报送的郁达夫、金佛庄、钱学森、蔡永祥、陈金水、鲁冠球、陈立群、王坚8位中国共产党成立后不同时期的革命英雄、建设楷模和时代先锋入选“之江楷模”。联合省属媒体，宣传报道市检察院第七检察部原主任蒋春尧的感人事迹。开展第九届“最美杭州人”选树活动，评出20名第九届“最美杭州人”和10名“最美杭州人提名奖”。指导协调开展“最美建设人”“十大杰出青年”“十佳来杭创业创新青年”“最美退役军人”“最美教师”等行业最美人物选树活动。

【**庆祝建党100周年群众性主题宣传教育系列活动**】2021年，市委宣传部在杭州市层层选拔基础上，举办全市党史知识大赛及群众性歌咏活动。4月，全市党史知识大赛以党史、新中国史、改革开放史、社会主义发展史为主体，涵盖时政热点、地方特色等相关内容，17支区县及市属系统代表队参加。经过比赛，桐庐队、临平队等分别获一等奖、二等奖、三等奖。在此基础上选拔产生的“美丽杭州”代表队在5月举办的“百年潮涌·浙江印记”全省党史知识大赛总决赛上获特等奖。6月，举办全市群众性歌咏活动，所有节目均由群众自编、自导、自演，形式上丰富多彩，内容上紧扣主题、凸显杭州特色。加强庆祝中国共产党成立100周年社会宣传。“七一”前后，全市户外大屏、楼体灯屏、地铁车厢、公交电视滚动播放主题公益广告，机场、火车站、长途汽车站、地铁出入口、公交车站、公共自行车点等公共场所设置大幅平面广告，社区（村）公告栏张贴宣传海报4万余张，建设工地围栏上墙标语1.5万条，主要道路悬挂道旗2.3万面，营造“党的盛典，人民的节日”的喜庆社会氛围。国庆期间，组织“五星红旗升起来”活动，杭州市城区主要路段、城区街道、机关企事业单位、车站景点、游船等升挂国旗12万余面。

2021年5月21日，“百支红色文艺轻骑兵在行动”活动在萧山区衙前镇举行（市文联 供稿）

【**宣传思想文化工作创新奖**】2021年，全市宣传思想文化战线继续推进文化兴盛行动，涌现出许多新亮点。经过预申报调查摸底、重点项目精心打磨等，全年度申报的候选项目在数量、质量方面均比上年有所提升。经过评选，“新时代文明实践民生综合体”等项目获2021年度杭州市宣传思想文化工作创新奖。推荐上报的“杨柳郡未来社区邻里文化建设”项目获浙江省2021年度宣传思想文化工作创新项目。（高建军）

【**杭州入选“中国国际传播综合影响力先锋城市”**】2021年12月10日，参考消息报社、新华社新闻信息中心联合举办首届“中国城市国际传播论坛”，杭州等10座城市获“中国国际传播综合影响力先锋城市”称号。参考消息报社发布的《中国城市海外影响力分析报告（2021）》指出，海外新闻网站和社交媒体对杭州的正面评价较高，位居国内城市前列，内容倾向成为杭州最具优势的指标。杭州紧抓“亚运会、大都市、现代化”重要窗口期，构筑“1+N”国际传播全媒体矩阵，创新对外传播方式，提升国际传播能力，多维度立体化向世界展示“重要窗口”头雁风采，为争当浙江高质量发展建设共同富裕示范区城市范例营造良好外部环境。

【杭州获“第三只眼看中国”国际短视频大赛多项大奖】2021年9月14日，由中国外文出版发行事业局主办的2021年第三届“第三只眼看中国”国际短视频大赛颁奖典礼在广东中山举行。市委宣传部获大赛组委会大奖与优秀组织奖，报送的《创变者（Mantra-SAM 魏文杰）》《浙江运动之旅》《我与非遗的奇妙邂逅》《泰国小哥热爱的建德味道》4部作品获大赛多个奖项。同时，大赛组委会宣布2022年“第三只眼看中国”国际短视频大赛颁奖典礼将落户杭州。市委宣传部代表下一届举办城市致欢迎词，邀请国内外行业权威专家、优秀创作者团队汇聚杭州。

【杭州外宣官方海外社交账号获评海外优秀社交媒体平台】2021年，杭州外宣官方海外社交账号“Hangzhoufeel（韵味杭州）”加大内容建设和运维力度，对外讲好杭州故事。6月起，创新推出16次慢直播，让海外网友实时欣赏“大莲花”、西溪湿地等城市景观，播放量106.3万次，直播内容帖文阅读量超过247.1万人次。杭州外宣官方海外社交账号被评为2021年度海外优秀社交媒体平台。

【中国杭州英文网获评最具影响力外文版政府网站】2021年，中国杭州英文网在2021年中国优秀政务平台推荐及综合影响力评选中当选2021年度最具影响力外文版政府网站。中国杭州英文网连续4年获该殊荣。全年中国杭州英文网策划制作“杭州的新时代赶考路”视频，围绕中国共产党成立100周年等重大主题，精心策划，推出杭州红色旅游景点图表，展示杭州经济社会发展的最新成果和生动实践。

【“第三只眼看杭州”国际传播项目】2021年3月，“第三只眼看杭州”国际传播项目由市委宣传部和中国外文局煦方国际传媒联合组织，分别围绕西溪湿地生态保护、杭州茶文化保护与传承、宋韵文化3个主题，邀请英国籍主持人Josh Arslan（赵思迪）与美国籍主持人Jack Klumpp（柯鲁瀚）团队到杭州深度体验，摄制完成《中国首个国家湿地公园还可以这么玩？》《英国小哥200度高温徒手炒茶》《Jack杭州“穿越之旅”：原来南宋人这样生活？》3集短视频产品。每集均在海外300多个主流媒体网站和社交媒体传播，转发1115次，总阅读量1818万余次。

【杭州数字化改革对外宣传】2021年4月14日，市委宣传部借助中共中央对外联络部和浙江省委“中国共产党的故事——习近平新时代中国特色社会主义思想在浙江的实践”专题宣介会，向70多个国家的近400名政党代表和部分国家驻华使节讲述杭州数字化改革的故事，以“亲清在线”平台为例，分享杭州数字化改革在城市治理中的探索。

【《杭州12时辰》节目】2021年9月21日，市委宣传部依托“杭州外宣厨房”等“1+N”国际传播全媒体矩阵开展城市国际化主题宣传，在中秋佳节推出大型实景视频节目《韵味杭州·中秋邀约——杭州12时辰》，融合国风民乐和杭州旖旎风光，将镜头聚焦良渚古城遗址、西湖、京杭运河（杭州段）、西溪湿地、钱塘江等杭州三大世界文化遗产和城市地标，配以中国经典民乐实景现场演奏，通过1个时辰1地景的视觉和听觉叙事，让海内外观众感受这座历史文化名城、生态文明之都和创新活力之城的独特韵味。节目相关视频内容在海内外媒体平台总浏览量253.45万人次，获包括中国驻巴基斯坦大使馆文化参赞兼巴基斯坦中国文化中心主任张和清、中国驻奥地利大使李晓驷、中国驻黎巴嫩大使馆领事部主任曹毅等账号的关注和转发。

【国际传播报道被列入杭州市创新重大主题报道奖】2021年，市委宣传部加强对外宣工作的顶层设计和统筹协调，首次将国际传播报道列入杭州市年度创新重大主题报道奖。评选出《当代马可·波罗打卡杭州》《走近亚运：杭州亚运会吉祥物诞生记》《廿四节气·杭州》等11件优秀国际传播作品，并在11月8日记者节表彰大会上予以表彰。

【杭州萧山国际机场“韵味杭州”主题展示厅】2021年春节，市委宣传部在杭州萧山国际机场推出“韵味杭州”主题展示厅，精选钱江新城、良渚古城遗址、西湖、京杭运河（杭州段）和西溪湿地等城市地标系列图片进行展示。展示厅空间内设计巧妙融合水墨风格的荷花，以及城标、印章等杭州元素，并配有“韵味杭州”App二维码，吸引游客扫码关注，展示杭州作为历史文化名城、创新活力之城和生态文明之都的别样精彩，为杭州市“1+N”国际传播全媒体矩阵增添新的成员。

【“外国人社群云端跨年迎亚运”直播活动】2021年12月31日，杭州外宣厨房策划推出历时两个小时的“外国人社群云端跨年迎亚运”直播活动，邀请在杭州生活的16个外国社群代表在线交流学习生活以及对亚运会的美好期待。直播通过杭州外宣官方海外社交账号“Hangzhoufeel（韵味杭州）”、杭州亚运会官方海外账号“Hangzhou Asian Games 2022（杭州2022年亚运会）”，吸引海内外20多万名网友同时在线观看、互动。（刘　抗）

【“学习强国”学习平台学员超过223万人次】截至2021年12月31日，“学习强国”杭州学习平台激活学员总数为223.96万人次，与上年相比稳中有升，覆盖全市27.5%的户籍人口。全市建立各级各类学习组织1.3万个，覆盖社区居民、高校学生、创客群体、两新组织等各领域人群。全市活跃学员总数超过50万人次，稳居全省第一位。

【专题集在“学习强国”学习平台“推荐”频道上线】2021年11月19日，由“学习强国”杭州学习平台全案策划的“跟大熊猫学中华文化”专题集在“学习强国”学习平台App端首页“推荐”频道推出。专题集含“讲汉字”“说节日”“学成语”“聊故事”“茶文化”等10个专题，每日更新，并长期在全国学习平台首页展示。

【《2022我们杭州见》宣传片上线】2021年9月10日，由“学习强国”杭州学习平台策划、拍摄的亚运会倒计时一周年宣传片《2022我们杭州见》上线，被全国学习平台采用并登上首页“推荐”频道，同时在全国15个学习平台和杭州公交、地铁及户外大屏播放，观看数超过1亿人次。该片由杭州学习平台联合北京、天津、上海、西安、成都、武汉、厦门、广州、深圳、宁波等12个地方学习平台及市港澳办、市委台办、市侨联等部门（单位），拍摄社会各界人士300多人。这是杭州学习平台开创并发起的首次全国“联”播，宣传杭州亚运会。

【微电影《“零零”后遇见“00”后》获奖】2021年“七一”前，“学习强国”杭州学习平台采用影视制作手法原创党建主题微电影《“零零”后遇见“00”后》，以年轻一代向革命先贤致礼。该片被全国学习平台“青春向党”频道录用，还获“百年风华筑伟业”浙江电视专题片十佳优秀作品、“2021华东地区暨全国部分省、市微视频（微电影）作品大赛”优秀作品奖等荣誉。

【“学习强国”杭州学习平台发稿数和录用数创历史新高】2021年，“学习强国”杭州学习平台刊发稿件3.36万篇，比上年增长16.2%，保持平均每个工作日发稿100篇。被浙江学习平台录用9367篇，增长19.4%。被全国学习平台录用7183篇，其中首页“推荐”频道录用704篇，增长19.2%，各项指标均创历史新高，居全国省级以下地方学习平台第一位。

（王钺杰）

【杭州市社会舆情信息工作获全国第一名】2021年，市委宣传部获2020年度中共中央宣传部舆情信息工作“优秀单位”称号，并连续4年获中共中央宣传部舆情信息社会直报点第一名，连续13年获省级宣传平台舆情信息地市报送第一名。市委宣传部围绕载体建设、队伍培训、考核管理，加大工作创新力度，完善社会舆情信息工作运行机制。至年末，全市形成广角度、多领域、全覆盖的社会舆情信息收集网络。

（方杨勇）

统战工作

【概 况】2021年，市委统战部贯彻落实习近平总书记关于加强和改进统一战线工作的重要思想，以加强思想政治引领为主线，以服务“十四五”时期经济社会高质量发展为主题，推动中央、省委、市委关于统一战线各项决策部署落地落实，统战工作呈现各方重视、氛围浓厚、基础扎实、成效明显的良好局面。

民族宗教工作创新推进。推进民族乡村振兴和民族团结进步事业创新发展，开展杭州统一战线民族乡村振兴“双百村结对行动”，落实丽水市民族村帮扶资金140多万元，完成项目6个。指导各民族村申报6个年度少数民族发展项目资金，总投资943万元；推进桐庐县莪山畲族乡创建省级乡村振兴点，富阳区双江村3个民族村创建省级民族乡村共同富裕示范点；指导“转塘·石榴籽家园”争创全国民族团结进步示范单位，成立全省首个“红石榴基金”，培育首批18个村社文化礼堂、文化家园成为“石榴籽驿站”。以推进宗教中国化为重点，强化宗教事务治理，规范宗教团体建设。推进宗教中国化实践，全市841处宗教活动场所均开辟社会主义核心价值观和中华优秀传统文化宣传栏；加强宗教领域风险隐患防范化解工作，开展“平安宗教活动场所”创建工作；指导市佛教协会和灵隐寺做好建寺1700周年综合改造提升和文化挖掘工作。

民营经济统战工作加强和改进。上半年，市委统战部会同市工商联开展新经济新业态民营经济人士双走访、与民营经济人士谈心活动，走访60个企业，收集解决企业反映的各类问题82件。3月25日，全市民营企业清廉建设推进会在余杭区召开，会议出台《关于深化清廉民营企业建设的若干措施》。全年组织召开“亲清直通车·政企恳谈会”41场，502个企业负责人参加，解决落实问题及建议558条，政企恳谈会各方认可情况居全省第一位。组织党史专题宣讲、杭商大讲堂等活动7场，通过“杭商直播间”同步网络直播，受众超过7万人次，举办品质杭商研修班3期，137名企业家参加。在全国工商联组织开展的“万家民营企业评营商环境”活动中，杭州连续3年居全国重点城市首位。

新的社会阶层人士、网络人士统战工作实践创新。3月2日，市委统战工作领导小组印发《关于2021—2025年杭州市推动新的社会阶层人士统战工作创新发展的实施意见》。3月30日，市委统战部印发《关于实施杭州市新的社会阶层人士“同心荟”精品工程的通知》，明确“精品同心荟”建设标准。7月29日，召开全市同心荟精品工程推进会。12月31日，印发《关于认定2021年度市级精品同心荟的通知》，认定首批12个市级“精品同心荟”。3月2日，市委统战工作领导小组印发《关于构建“八个一”工作体系 持续深化杭州市网络人士统战工作实践创新的实施方案》，提出“形成一套工作体系、树立一套工作标准、明确一套工作内容、联系一批代表人士、打造一批工作品牌、树立一批工作机制、选树一批示范基地、聘请一批专家学者”的明确要求。9月8—11日，中央统战部组织《人民日报》、新华社、《光明日报》等6个中央媒体“百年路·同心筑”采访团到杭州采访新阶层人士工作，各媒体刊登全市新阶层人士工作稿件22篇（次），提升全市新阶层人士工作的品牌力、影响力。

港澳台交流交往推进。10月12—15日，市委统战部开展百名杭港澳台青年“炫舞杭州·喜迎亚运”活动，来自香港、澳门、台湾的青年与杭州的舞者在钱江新城、拱墅区运河文化广场、西湖涌金公园广场、良渚古城遗址公园和杭州亚运场馆，以炫动舞姿迎接亚运会，增进港澳台青年对内地了解、认同，弘扬新时代爱国爱乡精神。搭建杭澳交流合作平台，4月22日，市委统战部主要负责人访问澳门，与澳门特别行政区政府社会文化司主要负责人就加强杭澳教育及青年交流合作、深化两地青少年交流及开展大学生实习等工作进行深入交流，并签署《杭州与澳门教育发展及青年学生交流合作备忘录》和《教育和科学合作备忘录》，推动澳门大学与杭州师范大学建立互访合作机制，支持两地学生合作交流，巩固壮大爱国爱澳力量。联合市委台办开展相关活动，6月1日，开展《富春山居图》合璧十周年纪念系列活动；9月24日，举办第十三届两湖论坛；11月2日，召开2021年杭州—台湾“创意对话创意”暨两岸文化创意产业交流对接会，推动两岸经贸交流融合发展。

稳侨、安侨、暖侨工作开展。协助市委制定关于加强新时代海外统战工作的有关意见。11月23—26日，开展“海外华文媒体杭州行”活动，组织30多位海外华文媒体驻内地代表对亚运场馆建设、萧山区未来工厂、美丽乡村、湘湖跨湖桥文化等进行深度采风、考察交流，相关媒体报道200多次。11月30日至12月3日，举办2021年杭州市海外侨领研习班。开展走访侨资企业“三服务”，走访侨资企业20多个，上门为侨企送服务、送政策。全年认定“三侨生”高考生46名，中考生49名。市侨办配合市新冠肺炎疫情防控指挥部做好境外新冠肺炎疫情常态化防输入工作。推进“最多跑一次”改革，对涉侨5个事项网上投诉咨询网址进行迁移，提升侨务行政审批效能。

【市委统战工作领导小组职能发挥】2021年2月24日，市委统战工作领导小组全体会议召开，总结2020年统战工作情况，审议通过《市委统战工作领导小组成员单位2021年重点工作任务》《关于构建“八个一”工作体系持续深化杭州市网络人士统战工作实践创新的实施方案》《关于2021—2025年杭州市推动新的社会阶层人士统战工作发展的实施意见》。发挥领导小组下设机构的职能作用，健全全体会议和专题会议双层架构，加强对重大会议活动、重要文件起草和重点督查事项的组织领导。全年召开宗教、非公经济、新的社会阶层、侨务工作等各领域联席会议10次，构建各有关方面分工负责、协调配合的工作格局。

【民主党派、工商联换届完成】2021年，根据市委统一部署，在省委统战部的指导下，市委统战部会同市委组织部，牵头抓好全市7个民主党派市级组织和县级地方组织换届选举工作。7个民主党派市级组织选举产生市各民主党派新一届领导班子成员43名（其中主委7名、副主委36名）、常委114名、委员285名，顺利实现新老交替。指导市本级和12个涉及换届的区县（市）两级工商联圆满完成换届工作。

【“同心筑梦跟党走”主题系列活动】2021年，市委统战部以庆祝中国共产党成立100周年为契机，在全市统一战线举办“同心筑梦跟党走”主题系列活动，组织主题突出、导向鲜明、内涵丰富的宣传教育和庆祝纪念活动。先后开展全市统一战线庆祝中国共产党成立100周年座谈会，“我和党的故事”主题分享、主题征文、主题书画展，举行“同心筑梦跟党走”庆祝中国共产党成立100周年主题文艺晚会和市知联会、新联会（网联分会）“凝聚新力量·筑梦新时代”文艺会演等活动。“七一”前，全市各民主党派、工商联负责人和无党派人士代表在《杭州日报》专版发表署名文章，表达同心筑梦跟党走，齐心协力推进新时代多党合作事业发展的共同愿景。全市统一战线共举办“同心”系列活动550多场，征集和刊发各类征文、作品1150多件，发布宣传稿件1900多篇，直接参与者2.7万人，覆盖各领域统战成员。

【统一战线助力共同富裕】2021年10月14日，市委统战部印发《杭州市统一战线助力争当浙江高质量发展建设共同富裕示范区城市范例的实施方案（2021—2025年）》，制定统一战线“五大行动”举措，打造统一战线“凝心聚力助共富”的工作品牌。发挥统一战线资源优势服务基层、服务群众，持续深化“走亲连心三服务”“助万企、帮万户”活动，开展“办实事、解难题、减负担”专题实践和“民呼我为”主题活动，赴梅城镇开展“民呼我为”·“七一”困难群众慰问和“联乡结村”活动。全市侨联系统开展“百家侨企（团）助百村”活动，引导广大归侨侨眷、海归留学人员助力共同富裕。市中华职教社启动实施乡村振兴“领航计划”，为近100名民宿业主和30多名手工匠人提供专业知识培训。组织全市统一战线帮扶团赴四川省广元市开展东西部协作工作，向广元市捐款捐物累计836万元，签约合作项目16个。

【民主党派、工商联、无党派人士专项民主监督】2021年，市各民主党派、工商联、无党派人士开展“服务建设‘数智杭州·宜居天堂’，高水平推进市域治理现代化”专项民主监督工作，组织实地调研98次，1100多人次参加，收集各类意见和建议355条，向对口区县（市）提出各类工作意见151条。10月21日，市委统战部召开专项民主监督工作推进会，交流专项民主监督开展情况，分析存在的问题，明确下一步工作任务，提升专项民主监督工作质效；12月28日，市委召开专项民主监督协商会，省委常委、市委书记刘捷主持会议并讲话，市各民主党派、工商联主要负责人、无党派人士代表围绕专项民主监督工作，交流成果、协商建言。

【党外代表人士队伍建设】2021年，杭州市继续深入贯彻《2019—2023年杭州市党外干部队伍建设规划》，加大对党外干部的培养使用力度，行政区划优化调整和民主党派换届前后共提拔11名党外市管干部。加强统筹协调和政策指导，4月13日，市委统战部制定印发《关于行政区划优化调整过程中民主党派基层组织建设的工作建议》，完成5个涉及行政区划优化调整城区的35个民主党派基层组织的换届选举（成立）工作。推进市政协换届相关工作，指导各区县（市）做好调整政协委员规模的请示报批工作和请示批复工作。推荐9名市第十次侨代会代表，审议通过55名市第十次侨代会常务委员建议人选和3名市政府参事人选。举办各领域代表人士主体班7期，开设2讲“同心·公益”学堂，培训党外人士700多人次。加强参政议政人才储备，建立310多名参政议政储备人才档案。

【统战工作数字化改革】2021年7月29日，市委统战部召开全市统战系统数字化改革工作推进会，被省委统战部确定为党外代表人士队伍建设全链条管理应用的培育试点单位，以“三张清单”为抓手，谋划基础数据库等8个“小切口”子场景。抓好“浙统云”平台部署运行工作，建设杭州数智统战应用，建立杭州统战人物库、组织库、场所库3个基础数据库，归集市、县、乡三级6万多条数据；全面推进统战各领域核心业务数字化，设计功能模块11个，集成各领域应用场景4个。坚持顶层设计和基层实践双向贯通，会同有关城区开发上线统战工作亮晒系统、新的社会阶层人士“同心荟”数字平台等特色应用场景。

【新乡贤统战工作推进】2021年，杭州市把新乡贤工作纳入党委总体工作部署，构建党委统一领导、统战部门牵头协调、街道社区有序推进的工作格局，把乡贤回归纳入“两进两回”全市目标考核内容之一。各区县（市）建立健全新乡贤工作领导协调机构或联席会议制度，以考核“指挥棒”加大新乡贤工作推进力度。推进“万名乡贤助千村”行动，全市建立镇（街）、村两级乡贤联谊组织986个，乡贤馆297个，引进乡贤回归人才8560人，新增投资额1000万元以上的项目62个，建立乡镇新乡贤爱心基金35个，形成市级统筹、县级主抓、乡级为主、村级参与的四级工作体系。建立乡贤工作数据库，入库成员2.09万人，支持有条件的区县（市）继续举办乡贤大会，建立乡贤工作站。

（黄雷雷）

机构编制

【概况】2021年，全市机构编制贯彻落实《中国共产党机构编制工作条例》及相关配套规定，开展“制度建设年”“服务创新年”“能力提升年”活动，围绕中心大局，实施行政区划调整机构编制专项工作，开展开发区（园区）管理机构清理规范工作，推进机构编制法规制度建设，优化党政机构职能体系，谋划推进重要领域体制机制改革，科学优化配置机构编制资源，加强机构编制监督检查、实名制管理、事业单位登记管理等工作。

【行政区划调整机构编制规范】2021年，市委编办结合杭州市部分行政区划调整实际，做好行政区划调整机构编制专项工作，确保行政区划调整实施工作的规范有序。通过理论研究、反复论证和模拟测算，科学构建编制配置测算模型体系，在编制总量内形成新设区编制基数。研究形成较为稳妥科学的新设区机构设置和编制配置建议方案，制定杭州市区划调整相关机构编制工作指导意见，指导新设区稳妥有序做好各类机构设置、编制配置、领导职数核定、“三定”规定拟制印发、人员分流转隶等具体实施工作，推动各新设区的人大、政协机构，政府派出机构，群团机构等其他各类机构均按要求规范设置。

【党政机构职能体系优化】2021年，市委编办贯彻落实中央和省委、市委部署要求，坚持优化协同高效原则，持续优化党政机构职能体系。梳理协调招投标管理、动物园管理、安全生产、生态环保等领域的市级部门职责分工。市农业农村局增挂“市乡村振兴局”牌子，加强市委农办对全市农业农村工作统筹协调职责和市农业农村局乡村振兴职责。优化市、区县（市）文物管理职责体系，市园文局增设文物监管处，13个区县（市）相关部门增挂文物局牌子。落实“双减”工作要求，优化市教育局职能，增设校外教育培训监管处。实施市、县两级应急管理体制改革，调整高速公路公安交通管理体制机制，研究提出杭州自贸试验片区统分结合、协同高效的管理体制方案，优化高新开发区（滨江）部分党政机构设置，推动机构编制服务经济社会高质量发展。

【开发区（园区）管理机构清理规范】2021年，市委编办按照省、市关于开发区（园区）清理规范和整合提升部署要求，研究形成杭州市副厅级开发区（园区）管理机构调整方案和杭州市副局级开发区（园区）管理机构调整方案，做好开发区（园区）管理机构清理规范具体工作。至年末，杭州市保留开发区（园区）17个，设置管理机构16个（建德市2个开发区设1个机构）。其中，正厅级机构1个（城西科创大走廊），副厅级机构2个（钱塘新区、萧山经济开发区），副局级机构5个（余杭经济技术开发区、富阳经济技术开发区、临空经济示范区、未来科技城、青山湖科技城），杭州高新开发区管委会与滨江区政府“区政合一”设置，之江旅游度假区管委会和西湖区政府“区政合一”设置。

【“大综合一体化”行政执法改革编制保障】2021年，市委编办会同市综合行政执法局、市司法局研究制订《杭州市推进“大综合一体化”行政执法改革方案》，推进实施市、县两级“大综合一体化”行政执法改革，除五大领域及应急管理、自然资源、卫生健康领域保留专业执法队外，市、县其他部门不再保留执法机构。市委编委批准13个区县（市）城管局（综合执法局）更名为综合行政执法局，并加挂综合执法指导办、城管局牌子。全面推进乡镇（街道）和基层“一支队伍综合执法”，推动综合执法力量下沉，全市16个赋权的乡镇（街道）全部设立执法办和综合行政执法队，区县（市）执法人员编制占全市总量的87.3%，区县（市）执法人员下沉乡镇（街道）比例近70%。

【事业单位改革】2021年，市委编办同市事业单位改革领导小组成员单位持续深化事业单位改革，被评为全省事业单位改革成效突出集体。报经市政府审议通过市属经营类事业单位改革人员安置提留费用减免方案和分期缴纳方案，协调推动涉改单位有关资产处置、股权设置、人员安置费用提留、社会保障接续等事项落地落实。坚持以注销法人为事改最终完成的检验标准，倒逼涉改单位资产房产债务处置、社保接续事项落地，完成注销市属事业法人207个。在市、县事业单位中组织开展“政事权限”清单试点，明晰事业单位与主管部门在党建、人事、财务、绩效等方面职责权限以及业务职责边界，形成“为机关提供支持保障、面向社会提供公益服务”两类事业单位政事权限清单模板。

【编制资源布局结构优化】2021年，

市委编办坚持“控总量、调结构、保重点、优服务”原则，优化编制资源布局结构，提高编制资源使用效益。加强中小学教职工编制统筹调剂，制定《杭州市中小学校机构编制管理办法》，建立杭州市中小学教职工编制统筹调剂管理平台，将市本级3672名和5个区县（市）1711名的编制使用权调剂给教职工编制紧缺的滨江、西湖、上城、钱塘等7个城区使用，缓解中小学教职工编制配备数量和结构性矛盾。加强市属高校、公立医院机构编制管理，落实《市属高等学校机构编制管理办法》《市属公立医院机构编制管理暂行办法》，创新实施报备员额管理，将高校和医院原有事业编制置换腾退，用于保障基础教育和社区卫生等重点民生领域。加强与组织、人社、财政等部门联动，行政、参公用编的60%以上用于公务员招考、“双一流”高校和清华大学与北京大学毕业生定向选调以及公开遴选等，推动干部队伍年龄、学历、专业等结构优化。建立全市公安编制由市公安局统筹调配使用机制，保障亚运安保警力需求。

【机构编制规范管理】2021年，市委编办深化“制度建设年”活动，制定《关于深入贯彻和严格执行机构编制法规制度的意见》，印发《杭州市市属高校机构编制管理办法》《杭州市中小学机构编制管理办法》《杭州市区县（市）事业机构总量控制和局级事业机构限额管理办法》等标准类文件，制定《杭州市机构编制合规性审查实施办法》《杭州市机构编制执行情况和使用效益评估实施办法》等配套制度，汇编《机构编制法规制度和标准（上下册）》等资料，加强机构编制制度标准规范建设。结合巡察、经济责任审计、部门职责调整等，对市农业农村局、市教育局、杭师大等14个市直单位开展履职评估。按照第二次全国机构编制核查工作要求，制订《杭州市本级机构编制核查实施方案》，高质量完成核查有关工作。

【事业单位登记管理】2021年，市委编办启动事业单位章程制定工作，会同教育、卫生、科技等行业管理部门制定公办中小学、公办幼儿园、公立医院、公立中医院、社区卫生服务中心、科研机构、其他事业单位7类章程范本。至年末，完成全市1900多个科教文卫领域事业单位章程制定和核准（备案）工作，获中央编办国家事业单位登记管理局肯定，为下一步全国范围内推进章程管理工作提供借鉴。开展“双随机”实地核查工作，抽查59个市级事业单位和2个区县（市）登记管理机关。全年共办理市级机关事业单位设立登记4件、变更登记203件、注销登记45件，提供登记信息和档案查询服务397次。

【机关事业单位网站标识管理】2021年，市委编办开展党政机关和事业单位网站开办资格审核和资格复核工作，规范网站域名和网站名称，推进完善网站标识规范使用工作。至年末，全市党政机关和事业单位完成门户网站标识挂标901个，注册政务和公益中文域名5189个。全市党政机关和事业单位政务公益域名注册覆盖率超过90%，获中央编办政务和公益机构域名注册服务中心肯定表扬。

（市委编办）

信访工作

【概况】2021年，杭州市信访工作以“积案化解和访源治理攻坚年”活动为抓手，以“减存量、降总量、控增量、防变量”为目标，规范信访秩序，畅通民意表达渠道，提高基层矛盾纠纷调处化解能力，提升市域治理现代化水平，信访形势总体平稳向好。全市信访总量17.9万件（不含电话），信访总量比上年下降36.4%，实现市委攻坚年任务指标。市“12345”受理群众来电1137.1万件，其中咨询1036.3万件、交办100.8万件。

【信访积案化解】2021年，杭州市第一批国家积案6890件，化解率99.65%，列全省第二位，第一批省、市积案全部“清零”。市四套班子领导包案107件10年以上疑难积案，化解率97.2%，列全省第二位；328位区县领导包案6594件积案，化解率96.3%。

【信访重点问题销号率列全省第一位】2021年，召开市信访联席月度推进会12次，对省委“七张问题清单”及“6+X”突出问题整改进行会商研究和指导督促。17项信访问题清单销号15个，销号率列全省第一位；市直部门牵头的六类信访突出问题信访总量比上年下降45.2%。

【访源总量下降】2021年，杭州市集中开展4次市领导接访下访活动，上年度信访量前十的市直单位主要负责人公开接访，落实乡镇（街道）班子坐班接访和基层信访代办工作。市县两级领导干部接访2742批次、9899人次，阅批来信366件。全市信访总量和四级走访总量分别下降33.7%、63.9%，降幅分别列全省第二位、第一位。

【“12345”服务水平提升】2021年，杭州市推进35条政务热线整合和省级“12345”热线转接，建成社保等智能客服场景1018个，预付式消费等数据分析模型15个。市“12345”热线获“金耳唛杯”中国最佳客户中心及“中国最佳政府服务热线”“服务群众满意热线优秀单位”等称号；在全国“12345”政务热线服务质量评估中，总体评估优秀单位等级为“A+”（最高等级，全国仅10家），居全国政务服务的“第一方阵”。推进网电一体建设，逐步实现从末端信访防控向前端源头治理转变，完善梳理《有关人民网系统对接相关问题解答》，指导各地开通领导留言板账号，形成省、市、县三级网民留言办理网络。人民网杭州市年度公开回复留言3187条，办理存量留言483条，积件清理率95.8%。人民网网上群众工作获评“民心汇聚单位”。

【“民呼我为”数智平台建设】2021年，杭州市按照统筹联动、高效协同的原则，建立四级贯通、横向联动、条抓块统、扁平高效的工作机制，构建渠道全整合、数据全归集的“民呼我为”数智平台，进一步优化流程设置，实现调处高效化、监督可视化、管控精密化。实现“六个转变”：变多头收集为一个口子受理，变多头交办为一个主体领办，变用户重复注册为一个账号直通，变被动等待为主动直达推送，变延时呈现为即知即办，变具体问题处置为助力科学民主决策。“民呼我为”综合应用作为全省复制推广项目，受到省委书记袁家军的批示肯定，入选全省数字化改革首批“最佳应用”，获浙江省改革突破奖银奖。“民呼我为”综合应用5月17日上线，全年受理各类诉求687.04万件，总体办结率99.97%，受话满意率98.65%，中央广播电视总台综合频道《新闻联播》和新华社的《半月谈》等做专题报道。

【6个“金点子”案例获评全省十大优秀人民建议】 2021年，在浙江省信访局首次优秀人民建议“金点子”评选活动中，市信访局报送的“关于对公共场所自动体外除颤器（AED）配置的建议”“关于推进3岁以下婴幼儿照护服务工作的建议”“关于公积金扩面和加强矛盾调解的建议”“关于增加亲子小红车投放数量的建议”“关于推进土地流转 加快现代农业发展的建议”“关于改进丽晶国际高层建筑管理的建议”6个“金点子”案例被评为全省十大优秀人民建议，列全省第一位。（葛令辉）

党校教育

【概况】 2021年，杭州市委党校（杭州行政学院、杭州市社会主义学院）学习贯彻中共中央总书记习近平关于党校办学治校系列重要指示精神和《党校（行政学院）工作条例》《社会主义学院工作条例》，坚持党校姓党、社院姓社、质量立校、人才强校、制度管校、从严治校，发挥干部培训、思想引领、理论建设、决策咨询作用，推进办学机制创新，推动校院工作科学化、制度化、规范化建设，打造与“重要窗口”头雁风采相匹配的一流红色学府。各类教育培训有序开展，教学评奖再获佳绩；立项国家课题在全国同类党校中连续3年列第一位，学报全文转载量、转载率和综合指数排名均位列副省级城市党校第一，各类咨政研究成果获省委主要领导批示肯定。

【干部教育培训】 2021年，市委党校围绕学习研究宣传习近平新时代中国特色社会主义思想这一中心任务，把习近平新时代中国特色社会主义思想的学习教育贯穿始终。全年举办各类班次176期，培训1.54万人次。其中：党校主体班和计划内班次41期，学员5000多人次；社会主义学院主体班次和计划内班次17期，学员830多人次；计划外班次118期，学员9600多人次。党的理论教育和党性教育占总课时比例为80.2%，其中党性教育占比为27.8%。市领导进校授课人次创历史新高，16位市领导到校授课30次，领导干部授课占党校（行政学院）主体班总课时的21.6%。邀请重庆市原市长黄奇帆、杭州娃哈哈集团有限公司董事长宗庆后、“人民英雄”国家荣誉获得者陈薇院士、中国人民解放军国防大学少将金一南等知名人士，市直部门“一把手”，科学家、企业家等127名外请教师到校授课194次。围绕习近平新时代中国特色社会主义思想的科学体系，重点以习近平总书记5个思想、8个重要思想和其他一系列重要论述、“四史教育”、杭州地方实践为主要方向，开发《学习贯彻习近平总书记关于总体国家安全观的重要论述》等新教学专题24个。以“追随总书记的脚步”为主题，打造淳安县下姜村、西溪湿地等首批10个习近平新时代中国特色社会主义思想杭州生动实践的干部教育培训精品现场教学基地。《“以文化人”：中华民族共同体构建的文化智慧》课程获中央社会主义学院青年教师教学竞赛二等奖。遵循校院合一办学规律，推动社会主义学院工作规范化发展。建立5个社会主义学院（文化学院）研学基地，开设石榴籽家园、杭州文史研究馆2堂现场教学课，聘请国学、篆刻、城市学、文史等方面4位专家担任市社会主义学院（杭州中华文化学院）客座教授。与市委统战部联合成立杭州市新的社会阶层代表人士统战工作研究中心，开设非公经济统战工作专题课。

【科研咨政和理论研究成果】 2021年，市委党校围绕科研精品培育、深化杭州研究、加强学术团队建设，立项国家课题2项，在全国同类党校中连续3年列第一位。立项省部级课题19项、发表在核心及以上刊物的14篇、科研成果获奖39项。策划出版《市域治理的杭州实践》等著作，在《学习时报》等重要报刊与重要内参上发表系列研究成果。整合浙江调研基地、杭州社科研究重点基地等平台，成立党建研究院、共同富裕研究中心等新的杭州研究合作平台。与中国社会科学院马克思主义学院共同举办百年党史高层论坛。组织策划在党报、党刊发表42篇理论文章，学报全文转载量、转载率和综合指数排名均位列副省级城市党校第一；被二次文献转载15篇，其中《新华文摘》3篇、《中国社会科学文摘》1篇、人大复印资料11篇；《人类命运共同体：科学社会主义的最新理论成果及其世界性贡献》入选第五届“期刊主题宣传好文章”。

紧盯市委、市政府中心工作，以深化教研咨一体化为核心竞争力，建立健全决策咨询管理机制，及时跟踪课题研究进展。全年编发《领导参阅》17期，获市领导肯定性批示7篇，共11人次，另有4篇咨政文章获14位省级领导批示。全校各类咨政研究成果获省级领导批示9人次，获市级领导批示21人次，其中获市领导肯定性批示13人次。《我省抢占数字医疗产业“新赛道”的五点建议》《关于我省“基层治理四平台”深化运行面临的问题及其完善对策》均被《浙江社科要报》录用，分别获省委领导肯定批示。

【社会宣讲】 2021年，市委党校围绕党史学习教育及中共十九届五中、六中全会精神解读等主题，选派教师赴基层开展社会宣讲256场次，受众3.9万人。编印《社会宣讲·参考阅读》5期。“学习强国”市委党校供稿中心被杭州学习平台录用22篇，其中10篇理论文章被全国学习平台转载；市委宣传部主办、市委党校承办的杭州学习平台《学习前线》

栏目成为全国学习平台知名理论宣讲节目。 （武航飞）

史志编研

【概况】2021年，市委党史研究室（市志办）坚持"姓党为民"宗旨，立足主责主业，围绕中心大局，在党史学习教育等工作中勇挑重担，扎实做好史志编研、年鉴编纂、史志宣传教育、红色资源挖掘利用、干部队伍建设和杭州党史馆（方志馆）建设等工作。全年史志工作获市委主要领导批示3人次，市领导等批示8人次。信息工作受到中央党史和文献研究院、省委党史和文献研究室通报表彰。杭州党史馆（方志馆）被评为"浙江省级爱国主义教育基地""浙江省党员干部教育基地""杭州西湖西溪红十景""杭州市党史现场学习基地""杭州市党员干部教育培训基地"等。

【党史学习教育助力】2021年，市委党史研究室（市志办）发挥主力军作用，承担杭州市庆祝中国共产党成立100周年活动5个。编撰出版《中国共产党杭州简史（1921—2021）》等书籍，成为市委专题读书会的参考用书和全市领导干部党史学习教育的重要学习书目，向全市各单位、乡镇、街道（社区）等赠送各类史志书籍2万余册。发挥宣讲团作用，累计开展党史党课宣讲170多场次、受众10多万人次。筹划举办"伟大历程，砥砺奋进——杭州党史百年大事"等3个大型图片展，在50多个单位巡回展览，参观党员群众300多万人次。2篇信息被省委刊物《浙江信息》单篇录用；32篇信息被中央党史和文献研究院网站刊发，位居全国副省级城市第二位。各推荐4人为全省党史和文献部门十九届六中全会精神宣讲团成员和党史学习教育市委宣讲团成员。派员参与的艺术党课《红船启航 潮涌钱塘》被中央广播电视总台综合频道《新闻联播》、《人民日报》客户端等媒体报道。联合召开"纪念中央调查组在富阳60周年暨作风传承研讨会""传承百年火种，奔向共同富裕——纪念衙前农民运动100周年学术研讨活动"等研讨会，并助力嘉兴南湖革命纪念馆、南京党史馆、中国动漫博物馆、绍兴党史馆等省内外场馆建设、开放运营、展陈改造提升等。联合举办百年钱塘潮党史朗读大赛暨"北极星"朗读大赛等群众性活动10多个。与省、市各级各部门共同举办、承办红色文化和方志文化活动100多场次。

【庆祝中国共产党成立100周年主题宣传教育活动】2021年，市委党史研究室（市志办）聚焦中国共产党成立100周年，通过与中国新闻社浙江分社、"浙江之声"、市委组织部、市委宣传部、杭州日报社、杭州电视台、"学习强国"杭州平台、杭州师范大学、"杭州发布"等单位、平台合作，开展庆祝中国共产党成立100周年主题宣传教育活动10多个。公开出版《瞬间·重返浙江红色现场》《寻味经典·杭州党史百年经典故事》书籍2本；发布《百年辉煌——庆祝中国共产党成立100周年》系列广播音频21个；发表《杭州日报》专版专栏《奋斗百年路，启航新征程——寻味经典·建党百年杭州故事》特别报道30篇；上线《奋斗百年路，启航新征程——红色印记》专题片24集；发布杭州红色基因传承工程短视频（第二期）10个；编发《杭州红色日历》365篇；发布"云游红色博物馆学党史"短视频15集、"杭州城市记忆"短视频18集；开展线上杭州市庆祝中国共产党成立100周年党史知识竞赛等。《杭州红色基因传承传播工程》获全国党史和文献部门优秀科研成果影视音像类三等奖，《英雄姐弟双童烈士》《孙晓梅的红色日记》分别获中央党史和文献研究院"知史爱党、知史爱国"全国党史故事短视频展播活动二等奖、三等奖。《寻味经典·杭州党史百年经典故事》书籍入选浙江省"十四五"重点图书出版规划。与"浙江之声"广播媒体合作摄制的短视频《跨过鸭绿江》获浙江省广播报道和新媒体报道一等奖2个、二等奖1个。

【全媒体史志宣传矩阵拓展】2021年，市委党史研究室（市志办）创新党史地方志宣传教育内容和形式，加强"学习强国"杭州学习平台供稿工作，拓展微信、微博和"抖音""快手"等新媒体、融媒体宣传。

做优做强"学习强国"党史地方志供稿中心，所报送的稿件被全国和浙江省平台录用59篇，阅读量超过10万人次的32篇。其中，《杭州红色日历》发布365篇，阅读量超过10万人次的有30篇，阅读量最高一篇达到32万人次。从3月开始，"杭州发布"新浪微博、"西湖先锋"微信公众号和杭州政务发布矩阵平台、"喜马拉雅"音频分享平台等转发《杭州红色基因传承工程短视频》等党史新媒体作品，形成网络传播热点。5月13日，中共中央宣传部在"学习强国"学习平台建设情况（第19期）中肯定"学习强国"杭州学习平台利用"红色日历"宣传杭州党史的做法。《红色家书·裘古怀：胜利的时候请你们不要忘记我们》获全国党史和文献部门优秀科研成果新媒体类二等奖。利用"学习强国"学习平台宣传杭州党史的实践获评全省党史和文献工作创新案例。

"杭州党史方志"微信、微博、"抖音"、"快手"、"今日头条"等新媒体发布信息2389条，阅读量178.13万人次。其中，在新浪微博发布信息1541条，点击量146.8万人次；"今日头条"发文254条，点击量15.95万人次；微信公众号发文475条，点击量9.10万人次；"抖音"平台发布视频39个，点击量1.51万人次；"快手"平台发布视频39个，点击量4.29万人次；微信视频号发布视频39个，点击量4769人次。

【资政课题研究】2021年，市委党史研究室（市志办）创办内刊《史志资政参考》作为资政平台，共刊印7期。围绕习近平新时代中国特色社会主义思想与杭州实践开展系列资政课题研究，梳理习近平总书记对杭州工作的系列指示精神，总结杭州在经济、政治、文化、社会、生态文明、法治、红色资源等方面的生动实践，形成一系列资政报告。其中，《杭州日报》刊出《习近平"以人民为中心"思想与杭州实践》《习近平法治思想与杭州实践》《坚定文化自信，不断推动杭州文化建设》。在《史志资政参考》刊出《习近平总书记关于红色资源保护利用重要论述与杭州实践》《凝炼杭州红色精神谱系 赋能共同富裕示范区建设》《习近平城市工作重要论述与杭州实践》。聚焦习近平新时代中国特色社会主义思想重要萌发地，聚焦“重要窗口”和“共同富裕示范区”的杭州实践和杭州探索，持续深化研究。形成《“八八战略”及其杭州实践研究》《习近平关于改革开放的重要论述及其杭州实践研究》《“重要窗口”的历史逻辑及其杭州实践研究》《高质量发展建设共同富裕示范区的杭州探索》等资政研究成果。

【红色资源传承弘扬和保护利用】2021年，市委党史研究室（市志办）推动建立杭州市红色资源传承弘扬和保护利用联席会议制度，恢复杭州市党史胜迹保护专项经费，协助并指导做好中共浙江省委机关旧址陈列室、“中央调查组”在富阳史料陈列室、新四军两渡富春江红色研学中心、淳安县金萧支队历史馆等系列场馆开放工作，推进“红色集群”建设。开展“追寻红色印迹，传承百年党史——杭州市党史教育基地巡展”，分别在杭州图书馆、13个区县（市）和部分高校进行巡展。与机关、高校、企业合作开展红色场馆打卡活动，以线上和线下相结合的方式对红色地标进行寻访打卡。举办“传承红色基因，讲好杭州故事——百年红色故事微宣讲大赛”，培养一批“传播好声音、传递正能量”的基层宣讲员。在杭州地铁1号线开设“红色专列”，展示以全市党史教育基地为主的60个红色地标；与《城报》合作推出24期《乘地铁学党史，寻访红色地标》专栏，使地铁成为红色“流动课堂”。开展“红色胜迹定向赛”，设计西湖线、钱江线、运河线3条红色线路，200多名机关干部职工探寻红色胜迹，重温红色故事。以杭州红色场馆为内容推出个性化邮票《杭州·红色印记》。联合推出红色文化展览、党史主题宣讲、“童心向党”第二课堂、红色场馆打卡等活动，并以线上和线下相结合的方式，让市民群众在家门口聆听红色故事、接受红色熏陶、赓续红色血脉。全市39个红色博物馆联盟成员单位举办各类活动近1000场次，接待观众近300万人次。杭州党史馆（方志馆）举办各类主题活动619场次，征集到实物资料1182件，接待观众52万余人次，20人以上参观团队4029批次，线上观展140万人次。

【《杭城·四时幽赏》出版】2021年4月，由市委党史研究室（市志办）编纂的《杭城·四时幽赏》出版。《杭城·四时幽赏》是“最忆杭州”丛书之一，作者梵七七。《杭城·四时幽赏》成书39.60万字，采用小16开，双色印刷。主要内容为《四时幽赏录》（明代高濂著）原文全景还原与考证，西湖及周边景点四季走访拍摄，包含方志史料、历史故事、老照片及人物传记，老杭州民俗采访，以及作者在走访研究过程中对城市的体会与感悟。

【《杭州年鉴（2021）》出版】2021年11月，由市委党史研究室（市志办）编纂的《杭州年鉴（2021）》出版。《杭州年鉴（2021）》记录2020年杭州自然、政治、经济、文化、社会和生态建设等方面的基本情况。全书145万字，设类目50个、分目332个，收入条目2496个、照片233张。该卷年鉴卷首彩页设置“杭州新貌”“抗击新冠肺炎疫情”“亚运会倒计时”“市域社会治理现代化建设”“智慧城市建设”“文化名城”“重大工程”“数字杭州”8个板块，用大幅图片直观形象反映杭州在2020年的亮点和变化。全书框架结构在上卷（2020）基础上，结合年度热点和杭州实际，对部分类目名称、排列顺序、所辖分目做适当调整。增设“抗击新冠肺炎疫情”类目，从“综述”“复工复产”“宣传活动”等方面，重点记述全市人民万众一心抗击新冠肺炎疫情的全过程。

【《杭州纪事（2020）》出版】2021年11月，由市委党史研究室（市志办）编纂的《杭州纪事（2020）》出版。《杭州纪事》由原《杭州纪事》和《杭州日记》整合提升后改版而成，每年编纂一卷，以编年体大事纪要的形式反映杭州城市发展历程，为保存城市历史留存基础资料，为党史研究和社会各界了解杭州提供权威参考。《杭州纪事（2020）》成书46.70万字，采用小16开，双色印刷。记录时间为2020年1月1日 至12月31日，卷首设置“数字杭州2020”“十件民生实事2020”两个小栏目。内文按月分为12个部分，按时间顺序，客观记载一年内杭州市自然、经济、政治、文化、社会、生态等方面的大事、要事、新事、特事，全面记录2020年杭州统筹推进新冠肺炎疫情防控和经济社会发展、加快建设社会主义现代化国际大都市、高水平打造“数智杭州·宜居天堂”、奋力展现“重要窗口”“头雁风采”的奋斗历程。（年鉴编辑部）

机关党建

【概况】2021年年末，市委直属机关工委直属机关党组织96个，下辖基层党组织2602个，党员40409名。全市机关党的建设坚持以习近平新时代中国特色社会主义思想为指导，践行新时代党的建设总要求和新时代党的组织路线，学习贯彻中共十九届五中、六中全会和省委、市委全会精神，紧扣“守好红色根脉”主线，锚定“走在前做表率”目标，以政治建设为统领，以建设清廉机关、创建模范机关为总牵引，以党史学习教育为契机，深化理论武装，夯实基层基础，严格正风肃纪，推动机关党建高质量发展。

【机关党员干部思想政治建设】2021年，市委直属机关工委推动中央和省委、市委重大决策部署落实落细，引导机关党员干部做“两个确立”的忠诚拥护者和“两个维护”的示范引领者。开展建设清廉机关、模范机关活动，加强谋划部署，健全工作机制，召开推进会议，组织比学展示、擂台比武活动，6个单位被评为全省“双建”工作先进集体，20个单位被命名为全市创建模范机关先进单位。开展党史学习教育，推进市直机关百年党史“大学习”，举办各类政治理论培训班10多期，组织市直机关党务讲师团开展党史系列讲座500多场，组织全市党史教育基地巡展等主题教育实践活动，对市直机关党委（党组）理论学习中心组学习进行巡听旁听，配发党史学习教育规定书目、参阅资料2万余册。市委直属机关工委指导推进市直机关党组织深入开展党史学习教育的经验做法得到省委巡视指导组的肯定，中央、省、市媒体和党史学习教育简报多次刊登报道。牵头筹划市直机关庆祝中国共产党成立100周年系列活动17个。其中："奋斗百年再出发，永葆清廉展风采"歌咏朗诵比赛历时3个月，覆盖面广、参赛作品多、干部职工积极踊跃参与；成功举办比赛成果展演暨庆祝中国共产党成立100周年大型文艺会演。抓好中共十九届六中全会精神学习贯彻，第一时间做出部署，专题举办全会精神宣讲骨干培训班，组织百名基层干部宣讲团深入一线宣讲解读，共开展宣讲宣传1600多场次，受众7.3万人次；100多名市直单位领导干部开展宣讲400多场次，受众1.8万人次。

【机关党组织基层基础建设】2021年，市委直属机关工委坚持大抓基层导向，推进党支部提升工程，做好党员教育、管理，搭建平台舞台，发挥机关党组织战斗堡垒作用和党员先锋模范作用。牵住责任制"牛鼻子"，研究制定全市贯彻落实机关党建责任制的具体举措，梳理印发《杭州市机关党建"四级四岗"责任清单（试行）》，明确四级党组织和四级书记责任体系，强化机关党建工作"一级抓一级、层层抓落实"的责任网。加强品牌建设，落实"机关党支部提升三年行动计划"，实施"党建双强双优"工程，推荐评选"最强党支部""最强领头雁""最优排头兵""最优工作法"。巩固深化"一单位一品牌"创建，成功培育、复评认定一批党建品牌，征集编印134个"百年百例"机关党建品牌和典型案例，发挥示范作用、导向作用和辐射带动作用。强化工作督查，建立完善《2021年度机关党建工作专项评议项目清单》，实现对机关党建工作的项目管理和过程管控。在组织94个市直单位和13个区县（市）机关工委开展自查的基础上，对30个市直单位进行实地督查，挖掘工作特色亮点，限期督促问题整改，推动整体提高。开展突出问题专项整治。针对基层党组织逾期未换届、党支部设置不规范、党员转接不规范等8项重点整改内容，对各单位进行全面核查检视，并对27个重点突出问题制定"三张清单"，督促其限期整改，实行销号管理。重视探索创新，推进数智党建，研究开发机关党建数智化平台系统。市委直属机关工委报送的《提高机关党员干部"政治三力"研究》获全国机关党建优秀课题研究成果一等奖，《民呼我为，先锋领杭——杭州市开展"先锋领杭"党员"双报到"服务活动》获全国机关党建创新成果"十佳案例"银奖，《提高机关党员干部政治判断力、政治领悟力、政治执行力研究》获全省机关党建优秀课题研究成果一等奖。

【机关党组织服务中心大局】2021年，市委直属机关工委围绕市委中心工作，推进党建与业务深度融合，发挥机关党组织和党员干部在抗击新冠肺炎疫情、筹办亚运会、数字化改革等主战场发挥主力军、先锋队作用。慎始如终做好新冠肺炎疫情防控工作，组织机关党员干部深入社区一线，开展涉疫排查、联防联控、核酸检测和疫苗接种工作，助力整体防疫。推进"助万企、帮万户"活动，191个联合党支部作为部门工作前哨，2.32万名机关党员干部收集相关意见和建议7725条，及时破解各类难题9006个，推出惠民便民措施500多项。部署第四轮"万名机关党员结对帮扶万户城乡困难家庭"活动，元旦、春节、"七一"及高温期间，组织全市94个市直单位和13个区县（市）共2万余名机关党员干部走访慰问2.6万户城乡困难家庭，送去慰问金2500多万元，大米、油等慰问品折价640多万元，帮助解决子女就学困难1500多人次、看病就医困难2300多人次、老人生活困难4700多人次，帮助联系介绍工作、实现就业和再就业1300多人次，其他力所能及的帮扶工作6100多件。创新开展"先锋领杭、岗位立功"活动，深化"三为"主题实践活动，做实机关党员"双报到"服务，聚力赋能社区治理。利用"先锋领杭"党员双报到系统，构建线上互动线下服务与评价管理相结合的运行闭环，2271个机关在职党支部与村社基层党组织结对，开展共建活动2311次；15.3万名机关党员完成注册报到，认领微心愿近5万个，服务总时长34.6万小时。

【机关作风建设】2021年，市委直属机关工委以"清廉机关"建设为牵引，纠治"四风"、培育新风。专题召开清廉机关建设推进会，印发《杭州市关于纵深推进清廉机关建设的实施方案》《关于进一步做好2021年纵深推进清廉机关建设工作的通知》，对推进清廉机关建设做出再动员再部署。常态化开展警示教育，紧盯重要时间节点，组织正风肃纪检查，严肃监督执纪问责，做好案件审理和备案审核"后半篇文章"，保持纠治"四风"高压态势。擦亮"红色钱潮"志愿服务品牌，开展"庆百年华诞，展头雁风采"机关党员志愿服务活动，集中开展"我为群众办实事"机关党员志愿服务活动，组织400多名机关志愿者为老百姓提供50多个种类的便民服务，发放资料4000多份，服务7000多人次；拓展市直机关党员志愿服务渠道，"红临矩阵""天目红盟"等一批特色志愿服务党建联盟创新实践。推进第七轮文明机关创建工作，组织暗访员队伍培训，发挥暗访员队伍作用，以制止餐饮浪费、垃圾分类投放、控烟禁烟宣传、办公秩序、窗口文明礼仪、机关作风建设等为重点进行暗访和专项检查，及时将发现的问题抄告相关单位，并督促抓好整改落实。

【机关党员干部队伍建设】2021年，市委直属机关工委坚持党建带群建，发挥统战群团组织纽带作用。开展丰富多彩的文体活动，举办市直机关三人制篮球赛、气排球赛等"喜迎亚运"系列文体竞赛赛事，组织"坚定跟党走"红色胜迹定向赛、"传承红色基因，讲好杭州故事——百年红色故事微宣讲大赛""百年芳华，红色钱塘——市直机关美术书法摄影大赛""党课我来讲"暨青年理论宣讲微党课比赛，开展"学党史、传承红色青春"主题团日、"学党史·强信念"线下研读和"走进革命岁月、传承红色基因"活动，召开"红色百年、我心向党"市级机关劳模先进宣讲观摩交流会，丰富机关文化生活，涵养机关干部情操。组织专项走访慰问，下拨工委留存党费122.8万元，组织市直机关党组织对486名“光荣在党50年”老党员、党内功勋表彰人员、因公殉职党员开展走访慰问。实施暖心工程，开展走访慰问、心理健康培训、公益讲座等活动，推进干部职工疗休养工作，增强机关党组织的向心力和凝聚力。（市委直属机关工委）

老干部工作

【概况】至2021年年末，杭州市有离休干部1675人，比上年减少208人，平均年龄92.5岁。按区域划分，市直单位1052人，区县（市）623人；按革命时期划分，红军时期3人，抗日战争时期201人，解放战争时期1471人；按机构性质划分，机关单位432人，事业单位489人，企业单位754人；按享受待遇划分，享受省部级（含单项）待遇24人，享受厅局级待遇27人，享受县处级待遇858人，享受乡科级及其他待遇766人。

【老干部学习教育】2021年，杭州市老干部工作认真贯彻中共中央总书记习近平关于老干部工作的系列重要指示精神，围绕庆祝中国共产党成立100周年系列活动，认真组织离退休干部开展党史学习教育，有7万余人次参加党史知识竞赛。在全省率先组织开展“百年回眸，百个故事”云接力、“共忆党史，共话初心”座谈会等活动，引领老同志讲好中国故事，赓续永远跟党走的赤诚情怀。全年举办老干部情况通报会496场，老干部理论读书会862场，主题党日活动5230场，涉及18.4万人次。开展红色宣讲活动1247场，家门口红色吟诵325场，举办“杭州市老干部‘永远跟党走’文艺会演”15场，涉及11.9万人次。征集优秀主题党日案例42个，编印120个杭州市“最美支部”典型事迹材料与10个“主题党日”创意案例，组织选树“最美老党员”和“最美正能量之星”各100名，编印《金秋乐章——杭州市老干部“最美双百”事迹选》。新选培市级金秋驿站31个、区县（市）级金秋驿站37个，实现全市13个区县（市）“百家金秋驿站”全覆盖，推进离退休干部党建融入城市基层党建。

【老干部作用发挥】2021年，市委老干部局注重两个“阵地建设”，探索老同志作用发挥新途径。杭州老干部大学构建立体化教学模式，制定《杭州老干部大学三年行动计划》，努力把学校办成离退休老干部“政治引领的重要阵地、文化养老的精神家园、发挥作用的广阔舞台”。市老干部活动中心深化“老党员驿站”“志愿服务总站”“五老联络站”建设培育，开展以“红心永向党”为主题的红色邮展、红色之旅、百名志愿服务达人评比、“红心永向党”百幅字画征集等活动。全年保障市直机关离退休党支部活动112场、2100人次。打造“青年思政课”创新项目，老干部到各级党群服务中心讲课64场、1.4万人次。推进“银龄进中心”志愿服务项目，编印《“银亮钱塘”服务手册》。开展社区矛盾调解、垃圾分类、“银雁返乡”等志愿活动3448场次、23.71万人次，新建“跨越数字鸿沟培训点”15个，常态化培训近2万人次。全市各级关工委建立208个“五老团”，6830名“五老”人员进驻青少年教育基地参与活动。举办“假日学校”1931所，受益青少年26万人次。

2021年10月26日，杭州市第二十三期离退休干部党支部书记培训班举行（市委老干部 供稿）

【老干部服务保障】2021年，杭州市用心用情做好中国共产党成立100周年离休干部各项政治生活待遇落实，提高26名离休干部享受副省（部）长级医疗待遇，189名离休干部提高享受按副省（部）长级标准报销医疗费待遇。做好新冠肺炎疫情防控条件下的离休干部居家养老工作，为573名离休干部提供社区“四就近”服务，为284户居家离休干部实施住宅适老化改造项目。推进社区医生签约工作，为省、市签约的492名离休干部提供送医送药等服务。全年走访慰问离退休干部1.1万人次。杭州老干部大学开设空中网络学习课堂，上线名师讲堂课程7门、105讲，精品课程16门、240讲，点击量108万余人次。《空中课堂：不出家门的老年大学》获杭州市党史学习教育“民呼我为”最佳实践案例。全市建成86个分校（教学点、家门口老年大学），开设412个班级，招收学员1.02万人。（黄士亮）

责任编辑　金利权

7 杭州市人民代表大会

综 述

【市人大及其常委会组织机构】 至2021年年末，杭州市有各级人民代表大会112个，包括杭州市人民代表大会和13个区县（市）人民代表大会、98个乡镇人民代表大会。在杭州的浙江选举产生的全国人大代表第一小组代表11人、省十三届人大杭州中心组代表95人、市人大代表503人。市十三届人大常委会有组成人员50人，其中主任1人、副主任5人、秘书长1人、委员43人。市十三届人大设有法制委员会、监察和司法委员会、财政经济委员会、城乡建设环境保护委员会、教育科学文化卫生委员会、农业和农村委员会、民族宗教华侨委员会、外事委员会、社会建设委员会9个专门委员会（其中民族宗教华侨委员会与外事委员会合署办公）。市十三届人大常委会设有法制工作委员会、监察和司法工作委员会、财政经济工作委员会、城乡建设环境保护工作委员会、教育科学文化卫生工作委员会、农业和农村工作委员会、民族宗教华侨工作委员会、外事工作委员会、社会建设工作委员会9个工作委员会（其中民族宗教华侨工作委员会与外事工作委员会合署办公），以及办公厅、研究室、人事代表工作委员会等工作机构。

【纪念市人大设立常委会40周年座谈会】 2021年12月29日，纪念杭州市人大设立常委会40周年座谈会召开。省委常委、市委书记刘捷出席会议并讲话，市人大常委会主任李火林主持。座谈会上，市人大代表、老同志代表及市直有关部门负责人做交流发言。40年来，市人大常委会始终坚持党的领导、人民当家作主、依法治国有机统一，切实履行宪法和法律赋予的各项职责，地方立法卓有成效、人大监督扎实有力、人大决定任免作用彰显、代表工作创新发展、自身建设不断加强，为杭州改革开放和现代化建设提供重要保障。这40年杭州的具体实践从市域层面充分证明，人民代表大会制度是符合中国国情和实际、体现社会主义国家性质、保证人民当家作主、保障实现中华民族伟大复兴的好制度，是中国共产党领导人民在人类政治制度史上的伟大创造，是在中国政治发展史乃至世界政治发展史上具有重大意义的全新政治制度。必须毫不动摇坚持、与时俱进完善人民代表大会制度，加强和改进新时代人大工作。

【行政区划优化调整法治保障】 2021年，市人大常委会落实中央和省委、市委关于行政区划优化调整的工作部署，发挥人大职能作用，听取和审议市政府关于行政区划优化调整批复情况的报告，依法做出关于杭州市部分行政区划优化调整有关问题的决定，对涉及区选举代表、召开人民代表大会等问题予以明确，为行政区划优化调整提供法治保障。市人

2021年12月29日，纪念杭州市人大设立常委会40周年座谈会召开

（市人大常委会办公厅 供稿）

大工作指导组成立，跟进、动态掌握和回应各新设区有关需求，采取召开指导协调工作会议、印发工作流程模板、点对点沟通指导、上门走访服务等方式，强化对区划调整有关人大工作的指导。5月，上城区、拱墅区召开人民代表大会会议；余杭区、临平区、钱塘区选举产生新一届区人大代表801名，并于7月召开新一届人民代表大会第一次会议。5个区都顺利选举产生本级国家机关领导人员，做好审查批准“十四五”规划纲要等重点工作。

【民生实事项目人大代表长效监督机制】2021年，市人大常委会深化民生实事项目长效监督机制，组成市人大常委会机关部门牵头、区县（市）人大常委会协助、市人大代表参与的10个代表监督小组，分别对市政府10件民生实事项目开展专项监督。3月，召开民生实事项目专项监督部署会，对项目监督及实施工作提出具体要求。5月，开展“代表监督周”活动，291名人大代表参加，监督发现问题138个，提出意见和建议283条。8月，召开“一府两院”工作报告会，听取市政府关于民生实事项目推进情况的报告。9—11月，开展“回头看”跟踪监督，117名人大代表参加，监督发现问题108个，提出意见和建议127条。12月29日，市十三届人大常委会第四十次会议听取和审议市政府关于2021年民生实事项目实施情况的报告。12月30日始，406名市人大代表通过线上测评方式，对民生实事项目实施情况进行满意度测评，结果均为“满意”。

【基层人大工作指导】2021年，市人大常委会加强对县乡人大换届选举工作的指导和协调，会同市委组织部、市委宣传部开展专题调研，召开全市县、乡两级人大换届选举工作部署会和培训会，成立由相关职能部门组成的全市县、乡人大换届选举工作联席会议。推进全市开发区（园区）人大工作，印发《关于有序推进我市开发区（园区）人大工作的试行实施方案》，将17个开发区（园区）分为两个层级：市本级3个、区县（市）14个，分别明确目标任务，成立工作专班，加强对试点工作的支持和指导。深化推进街道居民议事制度落实，选树20名“最美街道居民议事会议成员”，促进基层民主政治建设。开展《浙江省街道人大工作条例》执法检查，推动街道人大工作规范完善、深化提高。推动《浙江省乡镇人大工作条例》贯彻落实，不断加强和改进乡镇人大工作。总结推广基层人大创新工作，开展第二届“杭州人大工作与时俱进案例”推荐活动，宣传借鉴基层人大工作中的好经验、好做法，增强全市人大工作整体效能。

【人大数字化改革】2021年，市人大常委会围绕“盯住法”“管好钱”“把牢图”人大核心业务，推进数字化改革。把常态化监督项目和通用监督方式作为改革突破口，梳理“三张清单”，建立市和区县（市）人大“一盘棋”推进机制，建成使用代表在线、财经综合监督、法治政府建设监督、生态环境监督、民生实事项目监督、机关内部“一件事”联办等一批应用场景，为提高履职成效提供数字化支撑。全国人大常委会以《“数智人大”看杭州》为题予以大会交流推广，《人民日报》《浙江日报》分别刊发《全景监测智能预警杭州人大推出经济联网监督系统》《杭州人大上线“民生实事监督”数字化应用场景代表意见建议秒达职能部门》进行宣传报道。相关成果入选2021年全省城市大脑（智慧城市）场景应用优秀案例和全省数字化改革成果展。

【市人大常委会自身建设】2021年，市人大常委会把政治建设摆在首位，及时向市委请示报告人大重要会议、重要立法、重要工作和重大事项。全年向市委常委会专题汇报7次、向市委请示报告事项26件。配合开展专题调研督查和“党领导人大工作”考核，推动省委、市委人大工作文件精神落实。按照中央巡视、省委巡视问题整改要求，研究明确整改清单、责任清单，在既定时间节点内完成整改任务。健全人大及其常委会的组织制度、活动原则和运行规则，全年修订完善93项工作制度和组织制度。

【宪法宣传教育阵地建设】2021年，市人大常委会做出关于全面落实宪法宣誓制度的决定，要求国家机关工作人员在就职时应当公开进行宪法宣誓，推动全市各级国家机关增强宪法意识。协助省委筹备召开贯彻落实中共中央总书记习近平对“五四宪法”历史资料陈列馆重要指示精神五周年座谈会，谋划推进国家宪法宣传教育馆筹建工作。优化“五四宪法”历史资料陈列馆参观服务，加强文物保护、资料收集和研究工作，开展“国家宪法日”“宪法宣传周”“宪法宣传月”活动，接待观众160.25万人次。“五四宪法”历史资料陈列馆被中共中央宣传部、司法部和全国普法办评为“全国普法工作先进单位”，入选法治浙江十五周年“十大法治事件”，获首届“全省博物馆十佳新媒体短视频”、省普法办“我最喜爱的宪法宣传教育阵地”等荣誉。

（市人大常委会办公厅）

市人大及其常委会重要会议

【概况】2021年，市人大及其常委会召开常委会会议8次、主任会议15次，审议法规草案10件、表决通过其中8件，开展法律监督和工作监督30项，做出决议、决定11项，任免国家机关工作人员121人次。

【市十三届人民代表大会】2021年2月2—5日，杭州市第十三届人民代表大会第六次会议召开。市十三届人大有正式代表505人，出席会议的正式代表为483人。会议期间，召开3次全体会议、6次主席团会议和财政经济委员会会议、议案处理协调工作会议等。

会议听取和审查杭州市人民政府工作报告；审查和批准杭州市国民经济和社会发展第十四个五年规划和二〇三五年远景目标纲要；审查和批准杭州市2020年国民经济和社会发展计划执行情况与2021年国民经济和社会发展计划草案的报告，批准杭州市2021年国民经济和社会发展计划；审查和批准杭州市及市本级2020年预算执行情况和2021年预算草案的报告，批准市本级2021年预算；听取和审查杭州市人民代表大会

2021 年 2 月 3 日，杭州市第十三届人民代表大会第六次会议在省人民大会堂开幕　（市人大常委会办公厅 供稿）

常务委员会工作报告；听取和审查杭州市中级人民法院工作报告；听取和审查杭州市人民检察院工作报告；审议并表决通过《杭州市人民代表大会议事规则（修订）》；选举；通过杭州市第十三届人民代表大会专门委员会部分组成人员人选名单；票决杭州市人民政府 2021 年度民生实事项目。

会议收到代表提出的议案、建议、批评和意见 376 件。其中，10 人以上代表联名提出的议事原案 5 件，代表建议、批评和意见 371 件。大会主席团决定，将 5 件议事原案交由市十三届人大有关专门委员会审议，提出审议结果的报告，经市人大常委会审议通过后答复代表，并在下次市人民代表大会时印发给全体代表。371 件代表建议中，涉及工业、交通的 70 件，财政、农业、旅贸的 52 件，城建、城管的 86 件，科技、教育、文化、卫生、体育、宗教的 120 件，政治、法律、党群及其他方面的 43 件。市人大常委会将这些建议、批评和意见分别交市人民政府和其他有关机关、组织研究处理，并负责答复代表。

【市十三届人大常委会会议】 2021 年，杭州市第十三届人民代表大会常务委员会召开 8 次会议，即市十三届人大常委会第三十三次会议至第四十次会议。

1 月 23 日，市十三届人大常委会第三十三次会议召开。会议审议市政府关于提请审议《2020 年政府重大投资项目计划执行情况和 2021 年第一批政府重大投资项目计划（草案）》的议案；听取和审议关于市十三届人大六次会议筹备工作情况的报告；审议并通过市十三届人大六次会议议程、日程、有关名单草案；审议并通过市十三届人大六次会议民生实事项目人大代表票决办法（草案）、议案截止时间的决定（草案）、专门委员会部分组成人员人选通过办法（草案）及专门委员会部分组成人员人选建议名单（草案）；讨论并原则通过市人大常委会工作报告（稿）、市人大常委会 2021 年工作要点（稿），征求对政府工作报告、市中级人民法院工作报告、市人民检察院工作报告的意见；审议并表决市十三届人大常委会代表资格审查委员会关于个别代表的代表资格审查报告；审议关于 2020 年度市人大常委会规范性文件备案审查情况的报告（书面）；审议并表决有关人事事项。

3 月 29 日，市十三届人大常委会第三十四次会议召开。会议听取和审议市政府关于杭州市部分行政区划调整批复相关情况的报告；审议并表决《杭州市人民代表大会常务委员会关于杭州市部分行政区划优化调整有关问题的决定（草案）》。

4 月 26—27 日，市十三届人大常委会第三十五次会议召开。会议审议并表决《杭州市人民代表大会常务委员会关于修改〈杭州市文明行为促进条例〉的决定（草案）》；审议并表决《杭州市人民代表大会常务委员会关于废止〈杭州市宗教活动场所管理若干规定〉的决定（草案）》；审议《杭州市物业管理条例（修订草案）》；审议《杭州市淳安特别生态功能区条例（草案）》；审议并表决《杭州市人民代表大会常务委员会关于加强质量促进工作的决定（草案）》；听取和审议市政府关于 2020 年度法治政府建设情况的报告及市政府工作部门负责人依法履职情况的报告；听取和审议市政府关于推进落实“十四五”规划科技创新发展部署、加快建设高水平创新型城市情况的报告；审议并表决有关人事事项。

6 月 28—29 日，市十三届人大常委会第三十六次会议召开。会议表决《杭州市物业管理条例（修订草案）》；表决《杭州市淳安特别生态功能区条例（草案）》；审议《杭州市西湖龙井茶保护管理条例（草案）》；审议《杭州市燃气管理条例（修订草案）》；审议《杭州西溪国家湿地公园保护管理条例（修订草案）》；审议并表决《杭州市人民代表大会常务委员会关于修改〈杭州市地方性法规实施情况报告规定〉的决定（草案）》；审议市政府关于 2022 年杭州亚（残）运会赛事筹备工作情况的报告，并开展专题询问；听取和审议市监委关于反腐败国际追逃追赃工作情况的报告；听取和审议市检察院关于全市检察机关民事检察工作情况以及部分检察官履职情况的报告；听取和审议杭州市农业科技创新和成果转化情况的报告；听取和审议市人大常委会执法检查组关于开展《浙江省粮食安全保障条例》执法检查情况的报告；听取和审议市人大常委会执法检查组关于开展《浙江省宗教事务条例》执法检查情况的报告；审议并表决有关人事事项。

8 月 30—31 日，市十三届人大常委会第三十七次会议召开。会议审议《杭州市西湖龙井茶保护管理条例（草案）》；审议《杭州市燃气管理条例（修订草案）》；审议《杭州西溪国家湿地公园保护管理条例（修订草案）》；审议《杭州市社会信用条例（草案）》；审议《杭州市大型群众性活动安全管理规定（草案）》；审议并表决《杭州市人民代表大会常务委员会关于开展第八个五年法治宣传教育的决议（草案）》；审议市政府关于提请审议《2021年第一批政府重大投资项目计划执行情况和2021年第二批政府重大投资项目计划（草案）》的议案；听取和审议市政府关于杭州市本级2020年决算草案和2021年上半年预算执行情况的报告；听取和审议市政府关于2020年度杭州市本级预算执行和全市其他财政收支的审计工作报告；听取和审议市政府关于杭州市本级2021年预算调整的报告；审议市政府关于2021年上半年国民经济和社会发展计划执行情况的报告（书面）；听取和审议市政府关于推进文旅融合工作情况的报告；审议市政府关于提请审议《杭州西湖风景名胜区总体规划（2021—2035）》的议案；审议市政府关于提请审议西湖西溪慢行通道建设项目的议案；听取和审议部分省人大代表履职情况的报告；审议市人大常委会调研组关于杭州市职业教育发展情况的调研报告（书面）；审议市人大常委会调研组关于杭州市结建人防工程维护管理工作情况的调研报告（书面）；审议市人大常委会代表资格审查委员会关于个别代表的代表资格终止的报告（书面）；审议并表决有关人事事项。

10月28—29日，市十三届人大常委会第三十八次会议召开。会议学习贯彻中共中央总书记习近平在中央人大工作会议上的重要讲话和会议精神；表决《杭州市西湖龙井茶保护管理条例（草案）》；表决《杭州市燃气管理条例（修订草案）》；审议《杭州市大型群众性活动安全管理规定（草案）》；审议《杭州市国有土地上房屋征收与补偿条例（草案）》；听取和审议市政府关于文物保护法律法规贯彻实施情况的报告，市人大常委会执法检查组关于开展文物保护法律法规执法检查情况的报告；听取和审议市政府关于《中华人民共和国土壤污染防治法》贯彻实施情况的报告，市人大常委会执法检查组关于开展《中华人民共和国土壤污染防治法》执法检查情况的报告；听取和审议市人大常委会执法检查组关于开展《浙江省街道人大工作条例》执法检查情况的报告；听取和审议市政府关于2020年度全市国有资产管理情况的综合报告；听取和审议市政府关于杭州市本级2021年预算调整的报告；审议西湖风景名胜区教育事业发展情况的报告（书面）；审议市人大常委会调研组关于南宋皇城大遗址保护工作情况的调研报告（书面）；审议并表决市十三届人大六次会议主席团交付市人大有关专门委员会审议的代表议案审议结果的报告（书面）；听取和审议市政府关于市十三届人大六次会议代表建议、批评和意见办理情况的报告，审议市法院关于市十三届人大六次会议代表建议、批评和意见办理情况的报告（书面），市人大常委会主任会议关于市十三届人大六次会议代表建议、批评和意见处理情况的报告（书面）；审议并表决有关人事事项。

11月24日，市十三届人大常委会第三十九次会议召开。会议听取和审议市人大常委会主任会议关于2022年市人大换届选举工作的报告；审议并表决《杭州市人民代表大会常务委员会关于设立杭州市选举工作委员会的决定（草案）》；审议并表决《杭州市人民代表大会常务委员会关于杭州市第十四届人民代表大会名额分配的决定（草案）》；审议并表决市人大常委会代表资格审查委员会关于个别代表的代表资格的报告。

12月29—30日，市十三届人大常委会第四十次会议召开。会议表决《杭州西溪国家湿地公园保护管理条例（修订草案）》；表决《杭州市大型群众性活动安全管理规定（草案）》；审议《杭州市社会信用条例（草案）》；审议《杭州市国有土地上房屋征收与补偿条例（草案）》；审议并表决《杭州市人民代表大会常务委员会关于全面落实宪法宣誓制度的决定（草案）》；审议并表决《杭州市人民代表大会常务委员会关于修改部分常委会工作制度的决定（草案）》；听取和审议市政府关于2021年民生实事项目实施情况的报告；听取和审议市政府关于城西科创大走廊建设情况的报告；听取和审议市政府关于审计发现问题整改情况的报告；听取和审议市政府关于2021年市人大常委会审议意见、意见建议函办理情况的报告，并开展满意度测评；审议关于《杭州市历史文化街区和历史建筑保护条例》的立法后评估报告（书面）；审议并表决市人大常委会主任会议关于提请补选浙江省第十三届人民代表大会代表的议案；审议并表决有关人事事项。

（市人大常委会办公厅）

立法工作

【概况】2021年，市人大常委会加强立法工作，统筹做好年度10部法规“立、改、废”工作。坚持党领导立法工作，发挥人大对法规立项、起草、审议等关键环节的主导作用，完善重要法规起草“双组长”制、“专班”制，法规审议“两审三表决”“三审四表决”等制度机制。健全法规实施情况定期报告、立法后评估、法规清理等制度，开展法规动态维护。

【重点领域立法】2021年，市人大常委会统筹做好年度10部法规“立、改、废”工作。制定《杭州市淳安特别生态功能区条例》《杭州市西湖龙井茶保护管理条例》《杭州市大型群众性活动安全管理规定》，修订修改《杭州市物业管理条例》《杭州西溪国家湿地公园保护管理条例》《杭州市文明行为促进条例》《杭州市燃气管理条例》，审议《杭州市社会信用条例》《杭州市国有土地上房屋征收与补偿条例》，废止《杭州市宗教活动场所管理若干规定》。

【立法工作机制完善】2021年，市人大常委会坚持党领导立法工作，发挥人大对法规立项、起草、审议等关键环节的主导作用，完善重要法规起草“双组长”制、“专班”制，法规审议“两审三表决”“三审四表决”等制度机制。西湖龙井茶保护管理条例立法成立由市人大常委会主要领导任组长的立法工作领导小组，组建工作专班加以推进。物业管理条例修订实行“三审四表决”，对立法中的有关问题进行研究论证。组织高校专家、立法咨询委员会参与立法论证、提供智力支持。采取召开座谈会、公开法规草案、立法协商等方式，征求人大代表、基层立法联系点和社会公众意见，吸纳民意、汇集民智。选树9个“最美基层立法联系点”。

【法规动态维护机制健全】2021年，市人大常委会健全法规实施情况定期报告、立法后评估、法规清理等制度，开展法规动态维护。修改《杭州市地方性法规实施情况报告规定》，听取《杭州市城市轨道交通管理条例》《杭州市城市国际化促进条例》2件法规实施情况报告。对《杭州市历史文化街区和历史建筑保护条例》进行立法后评估。落实全国人大常委会和省人大常委会部署，围绕市场主体公平竞争、行政处罚、计划生育等，开展3轮地方性法规专项清理，并围绕高质量发展建设共同富裕示范区需要在浙江省暂时调整实施的法律行政法规开展梳理工作。审查各方面报送备案的规范性文件40件。完善法规新闻发布会制度，开展“一法一宣传”，强化法规宣传普及。

（市人大常委会办公厅）

人大监督

【概况】2021年，市人大常委会履行宪法法律赋予的职责，依法开展重点工作监督、专项工作监督，加大对亚（残）运会筹办、法治政府建设、财政经济运行、历史文化保护、社会民生保障和生态文明建设等工作的监督力度，保证重大工程推进，重点工作落实，推进杭州市改革发展。

【亚运会攻坚专项监督】2021年，市人大常委会开展省、市人大联动视察活动，122名全国、省、市人大代表对亚（残）运会筹办工作进行实地视察。借力数字化平台，动员全市各级人大代表参加线上视察，对筹备好亚（残）运会建言献策，并通过问卷调查收集意见和建议1000多条。在此基础上，听取审议2022年杭州亚（残）运会赛事筹备情况报告并开展专题询问，提出有针对性的意见和建议，助推亚（残）运会筹备工作。

【法治建设领域监督】2021年，市人大常委会听取审议2020年度法治政府建设情况报告，并首次审议35名市政府工作部门主要负责人依法履职情况报告，助推全市法治政府建设。采取上下联动方式，开展《浙江省宗教事务条例》等执法检查，发挥“法律巡视”监督利剑作用，推动有关法律法规正确有效实施。听取审议市监委关于开展反腐败国际追逃追赃工作情况的报告，推动提高追逃追赃法治化水平。听取审议全市检察机关民事检察工作情况报告，对部分检察官开展履职监督，进一步规范司法权力运行。

【财政经济领域监督】2021年，市人大常委会听取审议计划执行、财政决算和预算执行、预算调整、政府重大投资项目计划及执行、审计和审计发现问题整改、国有资产管理等报告。采取上下配合方式，听取审议推进落实“十四五”规划科技创新发展部署、加快建设高水平创新型城市情况报告，助力“十四五”规划良好开局。听取审议城西科创大走廊建设、农业科技创新和成果转化等报告，助推经济高质量发展。加强全过程预算监督，通过预算联网监督系统在线监督预算执行，增强预算监督有效性。深化预算草案“三审”制，组织88位人大代表在预算编制阶段对12个重点审查单位的部门预算和指定专项（项目）资金预算草案开展重点审查，提出235条意见和建议。加强全口径债务管理监督，主任会议听取市政府债务管理和防范化解隐性债务有关情况的报告。

【历史文化保护领域监督】2021年，市人大常委会组织文物保护法律法规执法检查，加强对执法检查审议意见的跟踪监督。开展新一轮西湖风景名胜区总体规划和杭州市历史文化名城保护专项规划编制情况专项审议，听取审议文旅融合工作情况报告，专题调研南宋皇城遗址保护工作，助推全市世界文化遗产的严格保护、活化利用和永续传承。

【社会民生领域监督】2021年，市人大常委会围绕打赢污染防治攻坚战，开展《中华人民共和国土壤污染防治法》执法检查，配合省人大常委会开展《浙江省生活垃圾管理条例》执法检查，听取审议生态环境状况和生态环境保护目标完成情况报告，依法助推生态文明之都建设。开展《浙江省粮食安全保障条例》执法检查，推动粮食安全保障体系和保障能力现代化。对西湖风景名胜区教育事业发展情况开展监督，专题调研职业教育发展、乡村建设行动、结建人防工程维护管理等工作，助力公共服务优质均衡共享。（市人大常委会办公厅）

人事任免

【概况】2021年，市人大常委会规范做好人事任免工作，落实法律知识考试、表态发言、颁发任命书、宪法宣誓等制度。全年任免国家机关工作人员121人次，组织17名新任命的国家工作人员进行宪法宣誓。

【市十三届人大常委会第三十三次会议人事任免事项】2021年1月23日，市十三届人大常委会第三十三次会议决定任命：徐前为杭州市司法局局长。决定免去：赵国钦的杭州市农业农村局局长职务，吴声华的杭州市司法局局长职务。任命：林沛为杭州市人大常委会副秘书长，聂江为杭州市人大常委会研究室主任，江成器为杭州市人大常委会监察和司法工作委员会主任，黄昊明为杭州市人大常委会城乡建设环境保护工作委员会主任，郑利敏为杭州市人大常委会教育科学文化卫生工作委员会主任，赵国钦为杭州市人大常委会农业和农村工作委员会主任。免去：张永谊的杭州市人大常委会副秘书长职务，王木刚的杭州市人大常委会监察和司法工作委员会主任职务，王荣富的杭州市人大常委会城乡建设环境保护工作委员会主任职务，姚坚的杭州市人大常委会教育科学文化卫生工作委员会主任职务，聂江的杭州市人大常委会办公厅副主任职务；林沛的杭州市中级人民法院副院长、审判委员会委员、审判员职务。

【市十三届人大常委会第三十五次会议人事任免事项】2021年4月27日，市十三届人大常委会第三十五次

2021年杭州市十三届人大六次会议代表议案一览表

表4

议案号	提议案人	案　由	主办部门
1	金佩英	关于要求修订《杭州市居住区配套设施建设管理条例》的议案	市人大法制委员会
2	杨一青	关于尽快制定《杭州市住房租赁管理条例》的议案	市人大城乡建设环境保护委员会
3	俞　红	关于将《杭州市限制养犬规定》改为《杭州市养犬管理条例》的议案	市人大法制委员会
4	范建军	关于出台《关于加强质量促进工作的决定》的议案	市人大财政经济委员会
5	潘曙龙	关于制定《杭州市乡村建设条例》的议案	市人大城乡建设环境保护委员会

2021年杭州市人大常委会重要文件一览表

表5

序　号	文件标题
1	杭州市人民代表大会常务委员会关于杭州市部分行政区划优化调整有关问题的决定
2	杭州市人民代表大会常务委员会关于加强质量促进工作的决定
3	杭州市人民代表大会常务委员会关于修改《杭州市地方性法规实施情况报告规定》的决定
4	杭州市人民代表大会常务委员会关于批准杭州市本级2020年决算的决议
5	杭州市人民代表大会常务委员会关于批准2021年杭州市本级收支预算调整方案的决议
6	杭州市人民代表大会常务委员会关于同意西湖西溪慢行通道建设项目选址的决定
7	杭州市人民代表大会常务委员会关于开展第八个五年法治宣传教育的决议
8	杭州市人民代表大会常务委员会关于设立杭州市选举工作委员会的决定
9	杭州市人民代表大会常务委员会关于杭州市第十四届人民代表大会名额分配的决定
10	杭州市人民代表大会常务委员会关于接受陈擎苍请求辞去杭州市监察委员会主任职务的决定

会议决定任命：胥伟华为杭州市人民政府副市长；柴世民为杭州市农业农村局局长。决定免去：陈国妹的杭州市人民政府副市长职务；赵喜凯的杭州市科学技术局局长职务。免去：杨霞的杭州市监察委员会委员职务；钱晴的杭州市中级人民法院审判监督庭副庭长、审判员职务，王辉的杭州市中级人民法院审判员职务，闫诗萌的杭州市中级人民法院审判员职务。

【市十三届人大常委会第三十六次会议人事任免事项】2021年6月29日，市十三届人大常委会第三十六次会议决定任命：周扬为杭州市科学技术局局长。任命：林伟光为杭州市人大常委会办公厅副主任；洪学军为杭州互联网法院（杭州铁路运输法院）院长、审判委员会委员、审判员，楼军民为杭州市中级人民法院审判委员会委员、审判员，余文玲为杭州市中级人民法院民事审判第二庭庭长。免去：方顺才的杭州市监察委员会委员职务；杜前的杭州互联网法院（杭州铁路运输法院）院长、审判委员会委员、审判员职务，张政的杭州市中级人民法院审判委员会委员、审判员职务，龚玫虹的杭州市中级人民法院审判员职务，余晟的杭州市中级人民法院民事审判第二庭庭长、审判员职务，余文玲的杭州市中级人民法院立案二庭庭长职务；胡正华的杭州市人民检察院检察员职务。批准任命：江波均为杭州市上城区人民检察院检察长，王晓光为杭州市拱墅区人民检察院检察长。批准：高翔辞去建德市人民检察院检察长职务。

【市十三届人大常委会第三十七次会议人事任免事项】2021年8月31日，市十三届人大常委会第三十七次会议决定任命：丁狄刚为杭州市人民政府副市长。决定免去：王宏的杭州市人民政府副市长职务；夏积亮的杭州市经济和信息化局局长职务。任命：陈叶影为杭州市中级人民法院减刑假释审判庭庭长、审判员，吴媛媛为杭州市中级人民法院审判员，沈晟为杭州市中级人民法院审判员，吕后旺为杭州市中级人民法院审判员，施国强为杭州市中级人民法院审判员，王忠光为杭州市中级人民法院审判员，米超锋为杭州市中级人民法院审判员，叶学超为杭州市中级人民法院审判员，翁婷为杭州市中级人民法院审判员，宋晓玲为杭州市中级人民法院审判员。免去：俞建明的杭州市中级人民法院审判员职务。批准任命：陈娟为杭州市余杭区人民检察院检察长，高翔为杭州市临平区人民检察院检察长，钱铖为杭州市钱塘区人民检察院检察长。

【市十三届人大常委会第三十八次会议人事任免事项】2021年10月29日，市十三届人大常委会第三十八次会议任命：徐鸣卉为杭州市中级人民法院民事审判第一庭庭长，夏文杰为杭州市中级人民法院杭州破产法庭庭长，沈励为杭州市中级人民法院民事审判第四庭庭长，施迎华为杭州市中级人民法院民事审判第五庭庭长，张书青为杭州市中级人民法院环境资源审判庭庭长，吴献平为杭州市中级人民法院减刑假释审判庭副庭长，赵魁为杭州市中级人民法院民事审判第二庭副庭长，王玲为杭州市中级人民法院知识产权审判庭（杭州知识产权法庭）副庭长，潘才敏为杭州市中级人民法院知识产权审判庭（杭州知识产权法庭）副庭长，丁晔为杭州市中级人民法院民事审判第五庭副庭长，肖芃为杭州互联网法院（杭州铁路运输法院）互联网审判第一庭副庭长，陈腾峰为杭州互联网法院（杭州铁路运输法院）综合审判第二庭副庭长，黄忻为杭州互联网法院（杭州铁路运输法院）审判监督庭副庭长；吕静为杭州市人民检察院检察委员会委员，张晓峰为杭州市人民检察院检察委员会委员，夏育宏为杭州市人民检察院检察员，李璐为杭州市人民检察院检察员。免去：张巧薇的杭州市中级人民法院民事审判第一庭庭长职务，徐鸣卉的杭州市中级人民法院杭州破产法庭庭长职务，施迎华的杭州市中级人民法院民事审判第四庭庭长职务，李骏的杭州市中级人民法院民事审判第五庭庭长职务，沈励的杭州市中级人民法院刑事审判第一庭副庭长职务，孙伟的杭州市中级人民法院减刑假释审判庭副庭长职务，夏文杰的杭州市中级人民法院杭州破产法庭副庭长职务，张书青的杭州市中级人民法院知识产权审判庭（杭州知识产权法庭）副庭长职务，赵为民的杭州市中级人民法院民事审判第五庭副庭长职务，寿俊峰的杭州市中级人民法院审判员职务，周巧慧的杭州市中级人民法院审判员职务，肖芃的杭州互联网法院（杭州铁路运输法院）审判监督庭副庭长职务，黄忻的杭州互联网法院（杭州铁路运输法院）互联网审判第一庭副庭长职务，张雷的杭州互联网法院（杭州铁路运输法院）综合审判第二庭副庭长职务；俞升良的杭州市人民检察院检察委员会委员、检察员职务。批准：沈亚平辞去杭州市临安区人民检察院检察长职务。

【市十三届人大常委会第四十次会议人事任免事项】 2021 年 12 月 30 日，市十三届人大常委会第四十次会议决定任命：罗杰为杭州市人民政府副市长、杭州市公安局局长。决定免去：戴建平的杭州市人民政府副市长职务；金志的杭州市公安局局长职务，钱美仙的杭州市林业水利局局长职务。任命：陈一行为杭州市监察委员会副主任，童定干为杭州市监察委员会副主任；余红英为杭州市人大常委会教育科学文化卫生工作委员会副主任；叶青为杭州市中级人民法院副院长、审判委员会委员、审判员，池海江为杭州市中级人民法院副院长、审判委员会委员、审判员，陈颖为杭州市中级人民法院民事审判第二庭庭长，翟羽佳为杭州市中级人民法院审判员，赵勤为杭州市中级人民法院审判员，范媛媛为杭州市中级人民法院审判员，柳佳为杭州互联网法院（杭州铁路运输法院）审判员，吴春瑞为杭州互联网法院（杭州铁路运输法院）审判员；陈娟为杭州市人民检察院副检察长、检察委员会委员、检察员，杨勇为杭州市人民检察院副检察长、检察委员会委员、检察员，赵韵韵为杭州市人民检察院检察员，蔡晨星为杭州市人民检察院检察员，陈诚为杭州市人民检察院检察员。免去：阮重晖的杭州市人大常委会副秘书长、办公厅主任职务，张鹏的杭州市人大常委会研究室副主任职务，毛文峰的杭州市人大常委会财政经济工作委员会副主任职务；许米的杭州市中级人民法院副院长职务，郎长华的杭州市中级人民法院副院长职务，余文玲的杭州市中级人民法院民事审判第二庭庭长、审判员职务；叶玉秋的杭州市人民检察院副检察长职务，李森红的杭州市人民检察院副检察长职务，桑涛的杭州市人民检察院检察委员会委员、检察员职务，李军的杭州市人民检察院检察员职务。批准：陈娟辞去杭州市余杭区人民检察院检察长职务，杨勇辞去淳安县人民检察院检察长职务。

（市人大常委会办公厅）

人大代表工作

【概况】 2021 年，市人大常委会尊重代表主体地位，优化代表工作机制，支持保障代表依法履职。拓展代表参与常委会工作的重要载体与平台，列出“菜单式”工作计划，让代表自主选择参加常委会立法、监督等活动。开展代表履职能力建设，执行《杭州市人大代表履职积分实施办法（试行）》，健全代表管理、监督和退出机制。以“最美人大代表联络站”为引领，推进代表联络站规范化建设，打造代表联络站“升级版”。

【代表联系机制完善】 2021 年，市人大常委会坚持人大代表进联络站常态化制度化，市级领导干部代表到联络站接待基层代表和群众 291 人，对 203 件意见和建议逐一办理并及时反馈。坚持主任会议成员和专职委员走访接待代表制度，完善常委会主要领导与列席常委会会议代表座谈制度，邀请 33 名代表列席常委会会议。组织“一府两院”工作报告会，优化“代表问政”环节，保障代表知情知政。做好浙江选举产生的全国人大代表第一小组、省人大代表杭州中心组履职服务保障工作。

【代表议案建议办理】 2021 年，市人大常委会完善事前调研沟通、精准分类交办、加强重点督办等机制，办好代表议案建议。市十三届人大六次会议主席团交付审议的 5 件议案、代表提出的 371 件建议全部办理完毕，代表建议所提问题解决 251 件，解决率比上年提高 3.8%。对市十三届人大六次会议期间代表提出的 578 条意见和建议进行任务分解和跟踪督办。

【代表服务保障加强】 2021 年，市人大常委会强化代表履职服务保障，落实人大代表向原选区或原选举单位报告履职情况制度，组织 30 名省人大代表向市人大常委会会议报告履职情况。开展“建世界名城、尽人大职责、展代表风采”主题活动，组织代表参与亚（残）运会筹备工作视察、民生实事项目专项监督等活动，深化代表闭会期间活动与常委会依法履职行权的有机结合。开展“人大代表心向党，尽心尽责为人民”专项行动，推动近 1 万名人大代表走访服务选民和群众。

（市人大常委会办公厅）

责任编辑　金利权

8 杭州市人民政府

综 述

【经济社会统筹发展】2021年，杭州市贯彻中共十九大和十九届历次全会精神和中共中央总书记习近平对杭州工作的重要指示批示精神，落实党中央、国务院、省委和省政府决策部署，在市委领导下，忠实践行“八八战略”、奋力打造“重要窗口”，高质量发展建设共同富裕示范区，统筹推进疫情防控和经济社会发展，为人民创造幸福生活，完成市十三届人大六次会议确定的目标任务，实现“十四五”规划良好开局。全市实现生产总值18109亿元，比上年增长8.5%，一般公共预算收入2387亿元，增长14%，研发投入强度3.68%，城乡居民人均可支配收入分别增长8.8%和10.3%，高质量完成10件民生实事，连续15年蝉联“中国最具幸福感城市”。

【经济高质量发展】2021年，杭州市推进城西科创大走廊创新策源地建设，之江实验室被纳入国家实验室体系，大科学装置超重力离心模拟与实验装置、超高灵敏量子极弱磁场和惯性测量装置先后启动。29项成果获国家科技进步奖；有效发明专利拥有量9.5万件，居全国省会城市首位。新增在杭州“两院”院士5名、院士工作站10个。新增国家高新技术企业2800个，总数超过1万个。新增上市公司52个，累计262个，总数居全国大中城市第四位。新设市场主体27.7万户，比上年增长16.4%。认定高层次人才2.3万人，引进35岁以下大学生48.3万人，连续11年入选外籍人才眼中最具吸引力的中国城市。深化供给侧结构性改革，三次产业增加值结构为1.8：30.3：67.9。第二产业比重自2011年以后首次提高。实施数字经济“一号工程”，数字经济核心产业增加值4905亿元，增长11.5%，占地区生产总值的27.1%。推进新制造业计划，实施“腾笼换鸟、凤凰涅槃”攻坚行动，规模以上工业增加值增长10.6%，“十三五”规划以后首次高于地区生产总值增速。加快发展金融服务、集成电路设计、医药研发外包等高端服务业，服务业增加值增长8.7%，入选国家级服务型制造示范城市。培育现代农业，特色产业产值占比提高到89.6%，“西湖龙井”茶被列入全国首批国家地理标志产品保护示范区名单。实施浙商回归、杭商回家工程，落地10亿元以上制造业项目46个，增长15%。工业投资增长15.2%，制造业投资增长28.4%，扭转多年来增长乏力态势。发展新消费、新零售，社会消费品零售总额6744亿元，增长11.4%。

【城市现代化建设加快】2021年，杭州市统筹推进“体育亚运、城市亚运、品牌亚运”，实现“办赛条件基本具备、赛事运行基本就绪”的年度目标。56个亚运竞赛场馆及亚运村基本完工。开闭幕式方案深化，交通、物流、餐饮、住宿、气象等服务保障工作有序开展。编制国土空间总体规划，完成历史文化名城保护、综合交通等35个专项规划。杭台高铁和杭海、杭绍城际铁路开通运营，地铁新开通94千米，建成高速公路4条133千米、快速路10条75千米、城市道路132条118千米。推进云城、会展新城等重大工程建设，新建和提升改造城市小公园53个、健身绿道821千米。开展新一轮美丽乡村建设行动，110个数字样板镇（村）、38个未来乡村加快建设。实施乡村集成改革，探索创新承包地、宅基地“三权分置”有效实现形式，全市土地流转率达65%，临安成为全国农业社会化服务创新试点。92%村集体经济年收入在50万元以上、经营性收入在30万元以上。融入长三角区域一体化国家战略，制订唱好杭甬“双城记”杭州行动计划，成立杭州都市圈数字协作联盟。中国质量（杭州）大会、中国国际茶叶博览会成功举办。新增国际航线6条。创设“杭信贷”贸易融资模式，货物出口4647亿元，比上年增长25.9%；跨境电商出口131.3亿美元，增长20%。实际利用外资81.7亿美元，增长13.5%。

【数字变革赋能共同富裕示范区建设】2021年，杭州市用数字变革赋能共同富裕示范区建设，实施争当城市范例行动计划，开展“扩中”“提低”行动，实施高质量促进农民农村共同富裕行动，推进西部区县（市）跨越式发展，6个案例入选省第一批典型案例。部分行政区划优化调整完成。“亲清在线”上线政策639条，兑付资金163亿元，办件1287万件，服务企业46万个，“数智化”在线商事调解模式入选国务院最佳实践案例。建设“产业大脑+未来工厂”，化纤、快递“产业大脑”上线运行，培育“未来工厂”企业326个，企业“三色码”监管经验在全国推广。实施“大综合一体化”行政执法改革，桐庐入选全省首批试点。“社会矛盾风险防范化解”“民呼我为”“城市安全CT”等入选省数字化改革最佳应用。国家营商环境评价18个指标均为“全国标杆”，入选国家首批6个营商环境创新试点城市。加快“分钟制”“小时制”改革，开办企业审批压减至25分钟，工业项目开工审批压减至7小时。落实减税降费惠企政策，为企业减负927亿元。推进区域性国资国企综合改革，组建总规模1000亿元的杭州创新基金。依法构建公平竞争市场环境，防止资本无序扩张。中国（杭州）知识产权保护中心建成。

【城市软实力增强】2021年，杭州市加强三大世界遗产综合利用，大运河国家文化公园加快建设。实施宋韵文化传世工程，南宋皇城遗址考古前期工作启动。加大文物保护力度，开展文物安全整治提升行动。国家版本馆杭州分馆建设推进。开展“书香杭州”系列活动，创作杭剧《结发缘》、越剧现代戏《南堡壮歌》等11部文艺精品。中国国际动漫节、杭州文博会、“西湖之春”艺术节等品牌影响力扩大。加快之江文化产业带建设，培育数字内容、影视音乐、电子竞技等优势产业，文化产业增加值2586亿元，比上年增长8.7%。宋城、清河坊入选首批国家级夜间文旅消费集聚区。国家（杭州）短视频基地开工建设。

【美丽杭州建设深化】2021年，杭州市落实中央生态环保督察反馈问题整改，深化治水治气治废，市控以上断面水质100%达标，市区PM2.5平均浓度28.2微克/立方米，天子岭填埋场生态治理取得阶段性成效，临江环境能源工程等8个项目投入运行。实施西湖、西溪湿地生态项目，整治修复裸露山体1658处，关停非法采矿点168个。《杭州市淳安特别生态功能区条例》获批实施，余杭区、临平区成功创建国家生态文明建设示范区。制定碳达峰、碳中和实施意见，落实能源“双控”（能源消费总量和工业增加值能耗强度）制度，加强重点区域和重点用能企业管理，整治“两高”（高能耗、高排放）项目50个。

【民生保障加强】2021年，杭州市提升疫情防控应对能力，构筑联防联控机制。落实稳就业举措，城镇新增就业92.8万人，城镇登记失业率2.3%。企业职工基本养老保险纳入省级统筹，基本医保实现市级统筹、户籍人口参保率99.7%，社会救助实现市域同标。“双减”工作稳步推进，公办民办教育协调发展，新建成中小学、幼儿园104所，新增学位9.7万个。深化健康杭州建设，通过国家卫生城市复评，实行10个医学高峰学科“一峰一策”，引进7名国医大师在杭州开设工作室。坚决落实“房住不炒”，房地产市场保持平稳发展。构建多层次住房保障体系，完成回迁安置1.2万户，改造提升老旧小区211个，创建“美好家园”住宅示范小区148个，既有住宅加装电梯1405台，新开工保障性住房111.6万平方米，分配公共租赁住房6006套，货币补贴保障家庭5.4万户。推进全国市域社会治理现代化试点城市建设，迭代升级“六和指数”，新创建全国民主法治示范村社8个，加强20个镇街级、100个村社级矛调中心示范培育，促进矛盾纠纷化解“最多跑一地”，信访、走访总量比上年分别下降36%、27.5%。开展十大领域隐患整治，打击“黑车”、“野导”、出租车诱购等行为，规范网约车、家政、快递等平台从业人员管理，管控预付式消费，创建建筑工地综合评价体系，市场环境、社会秩序改善。推进城市内涝治理，完成2.6万千米管网清疏及15条城市河道清淤，有效应对台风“烟花”“灿都”和梅雨汛期。开展安全生产大排查大整治，各类生产安全事故起数、死亡人数较前两年平均值下降28.6%、26.3%。妥善处置房地产企业“爆雷”事件，清退问题金融机构29个。实施平安创建突出问题专项整治，刑事、治安警情分别下降11.4%、5.3%。获评首批全国禁毒示范城市。（年鉴编辑部）

【公文处理】2021年，以市政府及市政府办公厅名义制发公文311件，其中，市政府令10件、杭政50件、杭政函97件、杭政办函72件。收到批办性公文1660件、阅知性公文4036件。

（市政府办公厅）

市政府重要会议

【概况】2021年，杭州市政府召开全体（扩大）会议2次，召开常务会议17次，研究讨论全市社会经济发展有关事项。

【市政府全体会议】2021年2月19日，杭州市十三届人民政府全体（扩大）会议召开。会议由常务副市长戴建平主持，市长刘忻讲话。会议强调要高举习近平新时代中国特色社会主义思想伟大旗帜，学习贯彻中共中央总书记习近平在浙江、杭州考察时的重要讲话精神，全面贯彻落实中共十九届五中全会、省委省政府和市委决策部署，以及市“两会”精神，干字当头，狠抓落实，确保《政府工作报告》所定目标任务圆满完成，为“十四五”顺利开局做出应有贡献。

2021年7月30日，杭州市十三届人民政府全体（扩大）会议召开。会议由副市长柯吉欣主持，市长刘忻讲话。会议强调要进一步学习领会中共中央总书记习近平在庆祝中国共产党成立100周年大会上的重要讲话精神，贯彻落实省委、市委有关加快推进共同富裕示范区建设的全会精神，对照全年目标任务，找差距、补短板、抓落实，努力争当高质量发展建设共同富裕示范区的城市范例。

【市政府常务会议】2021年，杭州市政府召开17次常务会议，即十三届市政府第七十一次至八十七次常务会议。

1月12日，十三届市政府第七十一次常务会议召开。研究讨论《2021年政府工作报告（审议稿）》、2021年政府民生实事候选项目、《杭州市国民经济和社会发展第十四个五年规划和2035年远景目标纲要草案（审议稿）》、《2020年国民经济和社会发展计划执行情况与2021年国民经济和社会发展计划草案的报告（审议稿）》、2021年市本级政府投资项目和重点建设项目计划安排以及2020年政府重大投资项目计划执行情况和2021年第一批政府重大投资项目计划、《关于杭州市及市本级2020年财政预算执行情况和2021年财政预算草案的报告（审议稿）》及2021年市本级财政预算安排建议、《杭州市重点领域机动车清洁化三年行动方案（2021—2023年）（审议稿）》、《杭州市机动车停车场（库）建设和管理办法（审议稿）》、《杭州市行政规范性文件后评估办法》、《杭州市重大行政决策民意调查工作规则》、《杭州市重大行政决策专家咨询论证工作规则（审议稿）》等事项。

1月29日，十三届市政府第七十二次常务会议召开。研究讨论2020年全市经济形势分析、全市安全生产形势及贯彻落实全国安全生产电视电话会议精神情况、编制2021年度政府立法工作计划、2020年市政府质量奖评审工作、市政府参事遴选等事项。

2月2日，十三届市政府第七十三次常务会议召开。研究讨论有关事项。

3月19日，十三届市政府第七十四次常务会议召开。研究讨论2021年省政府工作报告重点工作涉杭任务和市政府工作报告重点工作责任分解、“十个字”工作抓手、《金融支持服务实体经济高质量发展若干措施》、杭州市与贵州省黔东南州和湖北省恩施州缔结友好城市等事项。

4月15日，十三届市政府第七十五次常务会议召开。研究讨论全市第一季度经济运行情况、《杭州市促进特色小镇高质量发展实施方案（2021—2023年）》、市政府2021年度重大行政决策事项目录、《关于深化医疗保障制度改革的实施意见》等事项。

5月14日，十三届市政府第七十六次常务会议召开。研究讨论全市安全事故总体情况及前期事故调查处理情况、《杭州市西湖龙井茶保护管理条例》、《杭州市燃气管理条例（修订）》、《杭州西溪国家湿地公园保护管理条例（修订）》、长春市和杭州市政府深化对口合作、2021年度行政奖励计划方案等事项。

6月1日，十三届市政府第七十七次常务会议召开。研究讨论全市食品药品安全工作情况及《杭州市食品药品安全工作评议考核办法》、全市汛期形势及防汛备汛工作、《杭州市湿地保护三年行动计划（2021—2023年）》、《关于加快杭州市生物医药产业高质量发展的若干意见》等事项。

6月21日，十三届市政府第七十八次常务会议召开。研究讨论上半年全市经济运行、杭州市创新引领母基金设立方案、杭州市2021年度居住证积分落户总量指标划定等事项。

7月19日，十三届市政府第七十九次常务会议召开。研究讨论上半年全市经济形势分析、《关于深入推进经济高质量发展“凤凰行动”（2021—2025）计划的政策意见（审议稿）》、《关于进一步深化商事制度改革激发市场主体活力的若干意见（审议稿）》等事项。

8月10日，十三届市政府第八十次常务会议召开。研究讨论《杭州市社会信用条例（草案）》、《杭州市大型群众性活动安全管理规定》、《杭州市无障碍环境建设和管理办法（草案）》、《杭州市质量促进办法（草案）》、全市疫情防控工作、《唱好杭州、宁波双城记杭州行动方案》、2021年第一批政府重大投资项目计划执行情况和第二批政府重大投资项目计划等事项。

8月26日，十三届市政府第八十一次常务会议召开。研究讨论《杭州市固定资产投资项目节能审查办法》、《2021年度杭州市能耗“双控”考核办法》、贯彻落实“双减”工作、《杭州市关于全面推行林长制的实施意见》、《杭州市湿地保护“十四五”规划》等事项。

9月15日，十三届市政府第八十二次常务会议召开。研究讨论《杭州市贯彻落实第二轮中央生态环境保护督察报告整改方案》、修订《杭州市居住证积分管理办法》、调整市区最低工资标准等事项。

10月12日，十三届市政府第八十三次常务会议召开。研究讨论《杭州市国有土地上房屋征收与补偿条例（草案）》、前三季度经济形势分析、《杭州市加快发展保障性租赁住房实施方案》、《杭州创新基金管理办法》等事项。

11月4日，十三届市政府第八十四次常务会议召开。研究讨论《关于加快康养体系建设推进养老服务高质量发展的实施意见（审议稿）》、调整禁止使用高排放非道路移动机械区域、大型集中医学隔离场所建设推进、《杭州市全面做实基本医疗保险市级统筹实施方案（审议稿）》、首届全球数字贸易博览会筹备工作、全市粮食安全工作、全国文明城市创建工作情况等事项。

11月25日，十三届市政府第八十五次常务会议召开。研究讨论杭州市“十四五”重点专项规划、《杭州市行政赔偿和追偿办法（草案）》、2021年杭州市城乡居民基本养老保险基础养老金标准调整、全市出租车行业加快推广使用新能源汽车、杭州市第三次全国国土调查、《关于加快推进慈善事业高质量发展的实施意见》等事项。

11月29日，十三届市政府第八十六次常务会议召开。研究讨论《杭州市不动产登记若干规定（草案）》、进一步规范市区征收集体土地房屋私有住宅临时过渡费标准、《杭州市加强文物保护利用改革实施方案（2021—2025年）》等事项。

12月14日，十三届市政府第八十七次常务会议召开。研究讨论1—11月经济工作、《杭州市关于建设国家营商环境创新试点城市实施方案》、《杭州市社会矛盾纠纷多元化解办法（草案）》、《全面推进城镇老旧小区改造工作的实施意见》、《关于贯彻落实〈杭州市老旧小区住宅加装电梯管理办法〉的实施意见》、《杭州市新一轮制造业“腾笼换鸟、凤凰涅槃”攻坚行动方案（2021—2023年）》、《关于推进全市融资担保行业持续健康发展的实施意见》等事项。

（市政府办公厅）

政务公开

【概况】2021年，杭州市推进政务公

开标准化、规范化建设，提升政务公开质效。在2021年浙江省政务公开指数报告和政务公开第三方评估报告中均列全省第一名。

【政府信息主动公开】2021年，杭州市落实党中央、国务院关于推进新时代政府信息公开的决策部署，推进政务公开标准化、规范化建设，提升政务公开质效。全年公开政府规章5件、行政规范性文件471件、行政许可764.92万件、行政处罚1108.95万件、行政强制38.09万件。《杭州市人民政府公报》出刊13期，全年各网络平台公报阅读量533.6万次。在2021年浙江省政务公开指数报告和政务公开第三方评估报告中，杭州市均列全省第一名。

【政府信息依申请公开】2021年，杭州市各级行政机关共受理政府信息公开申请件6700件，受理的申请件均按规定在法定期限内予以答复。因政府信息公开引起的行政复议和行政诉讼388件，复议诉讼率5.8%。

（市政府办公厅）

政务督查

【概况】2021年，市政府办公厅贯彻落实市委、市政府重大决策部署，完成政府督查各项工作任务。全年办理省政府主要领导办件32件、市政府主要领导批示件2135件，编辑《政务督查》24期，形成《市政府主要领导批示办理情况通报办法（试行）》《市政府主要领导批示办理实务资料汇编》，实现领导批示交办和办理“两个100%”，批示办理平均办结天数10天。

【重点工作督查】2021年，市政府办公厅围绕省、市《政府工作报告》重点任务落实，首次实现重点任务指标全量化，细化成216项重点工作、735个具体项目和990个量化指标。分条线按季汇总编印《重点工作完成情况季度汇总表》，全年形成3个时间节点的《政府工作报告重点任务完成情况督查报告》。完成数字政府中的“政府工作报告”模块，实现“指标量化、在线亮晒、动态跟踪、智慧分析、全程督查”5项功能。围绕重点专项督查，组织开展重点安全生产、建筑工地、“最多跑一次”改革、疫情防控、招商引资、数字化改革、审计整改等专项督查，编辑《督查专报》21期。围绕扫黑除恶专项斗争常态化机制化开展工作要求和城市现代化治理短板，谋划实施重点行业领域隐患排查集中整治工作，起草印发《关于开展重点领域行业乱象集中整治行动工作方案》《十大领域行业乱象集中整治行动责任分解与重点任务清单》；建立市政府主要领导定期听取工作进展机制、信访数据月报分析机制等；围绕教育培训、工地管理等重点难点问题和社会关注热点开展专项督查。

【民生实事项目推进】2021年，市政府办公厅修订完善民生福祉行动专项考核细则，强化省政府民生实事项目季度通报结果运用和牵头单位实际工作量权重。通过召开省、市民生实事推进会和展示季度“红黄黑榜”推动项目落实。按照全省统一部署，推广应用民生地图管理系统，梳理确定并在系统中录入民生实事点位信息。开展本届政府（2017—2021年）5年民生实事项目“回头看”，对民生实事项目的运行、管理、维护等情况组织评审，推动民生实事“一次建设改造、长期常态维护”机制构建。市政府10件民生实事17个子项目全面完成。

（市政府督查室）

建议提案办理

【概况】2021年，市政府办公厅加强对人大建议和政协提案办理工作的目标和质量管理，准确分办、及时交办、全程督办、跟踪落实，加强沟通协调，畅通与市人大和市政协的沟通联系渠道，完成建议提案办理各项工作任务。全年办理全国人大代表建议和政协提案2件、省人大代表建议和政协提案48件、市“两会”建议提案868件（人大建议371件、政协委员提案497件），当年全部办结，办结率、面商率、上网率均为100%，满意率为99%。

【建议提案办理成效明显】2021年，市政府办公厅强化建议提案办理落实力度，高质量完成16件市领导领衔的重点建议提案办理，建议提案办理层次和实效持续提升。11月，市政府办公厅会同市人大人事代表工委、市政协提案办专门举办全市建议提案办理工作培训班，强化“三方面复”“四方联动”制度。对重点建议提案实施承办方（承办单位）、监督方（市人大常委会工作部门或市政协工作部门）、审核方（市政府办公厅）“三方面复”制度，健全完善代表

2021年杭州市主动公开政府信息情况表

表6

第二十条第（一）项			
信息内容	本年制发件数（件）	本年废止件数（件）	现行有效件数（件）
规章	5	8	83
行政性规范文件	471	276	3797
第二十条第（五）项			
信息内容	本年处理决定数量（件）		
行政许可	7649202		
第二十条第（六）项			
信息内容	本年处理决定数量（件）		
行政处罚	11089486		
行政强制	380886		
第二十条第（八）项			
信息内容	本年收费金额（万元）		
行政事业性收费	66615		

2021年杭州市收到和处理政府信息公开申请情况表

表7

单位:件

项目			申请人情况						
			自然人	法人或其他组织					总计
				商业企业	科研机构	社会公益组织	法律服务机构	其他	
一、本年新收政府信息公开申请数量			6343	236	0	81	29	11	6700
二、上年结转政府信息公开申请数量			175	8	0	2	0	0	185
三、本年度办理结果	(一)予以公开		3075	125	0	71	10	8	3289
	(二)部分公开(区分处理的,只计这一情形,不计其他情形)		551	36	0	2	1	1	591
	(三)不予公开	1. 属于国家秘密	7	0	0	0	0	0	7
		2. 其他法律行政法规禁止公开	21	0	0	0	0	0	21
		3. 危及“三安全一稳定”	6	0	0	0	0	0	6
		4. 保护第三方合法权益	25	3	0	0	0	0	28
		5. 属于三类内部事务信息	87	1	0	0	0	0	88
		6. 属于四类过程性信息	37	2	0	0	0	0	39
		7. 属于行政执法案卷	83	0	0	0	0	0	83
		8. 属于行政查询事项	73	2	0	0	0	0	75
	(四)无法提供	1. 本机关不掌握相关政府信息	1631	37	0	4	17	1	1690
		2. 没有现成信息,需要另行制作	152	3	0	0	0	1	156
		3. 补正后申请内容仍不明确	22	0	0	0	0	0	22
	(五)不予处理	1. 信访举报投诉类申请	129	3	0	2	1	0	135
		2. 重复申请	90	1	0	0	0	0	91
		3. 要求提供公开出版物	0	0	0	0	0	0	0
		4. 无正当理由大量反复申请	5	0	0	0	0	0	5
		5. 要求行政机关确认或重新出具已获取信息	2	0	0	0	0	0	2
	(六)其他处理	1. 申请人无正当理由逾期不补正、行政机关不再处理其政府信息公开申请	158	4	0	1	0	0	163
		2. 申请人逾期未按收费通知要求缴纳费用、行政机关不再处理其政府信息公开申请	24	0	0	0	0	0	24
		3. 其他	66	9	0	0	0	0	75
	(七)总计		6244	226	0	80	29	11	6590
四、结转下年度继续办理			274	18	0	3	0	0	295

说明:表中数据的勾稽关系为第一项加第二项之和等于第三项加第四项之和

委员、承办部门、市人大常委会机关或市政协机关与市政府办公厅“四方联动”的办理工作机制,通过多种渠道加强与代表委员的交流沟通提高承办单位办理工作能力,为提高办理实效奠定制度基础,推动办理工作提速。

【建议提案办理推进会议】2021年2月25日,市人大、市政府、市政协召开建议提案交办会,提出实现建议提案落实率和代表委员满意率“双提高”的目标要求。为落实好市“两会”建议提案交办会和市领导要求,市政府办公厅印发《关于做好2021年市“两会”建议提案办理工作的通知》,并举办全市承办人员培训班。各承办部门把建议提案办理作为联系群众、服务社会、改进工作的契机,加强沟通协商,注重实效,确保建议、提案办理落实。(市政府办公厅)

数据资源管理

【概况】2021年,市数据资源局推动杭州的智慧城市建设、数字政府建设、数据治理走在全国前列。3月31日,在杭州市数字化改革暨“数智杭州”攻坚年推进大会上,杭州数据安全联盟成立。9月,杭州城市大脑运营指挥中心被列为浙江省习近平新时代中国特色社会主义思想研究中心首批研究基地。9月5日,在第四届“杭州国际日”上,“中国—中东欧国家智慧城市中心”揭牌,并挂牌定址在杭州市城市大脑运营指挥中心。《中国大数据发展报告》(4月发布)显示,杭州大数据发展指数居全国第一位。在首届数字政府建设峰会上杭州应邀做主题发言。杭州先后获国务院办公厅电子政务办省级政府和重点城市网上政务服务能力评估第二名，获工业和信息化部2021年全国数字政府服务能力卓越级（最高级）排名第一位。《中国地方政府数据开放报告》显示，在2021年度全国数林指数中，杭州列全省第一位、全国第七位（含直辖市），获全省“加快数字化转型工作、推进‘整体智治、唯实惟先’的现代政府建设成效明显的设区市”第一名。

【数据资源管理基础强化】2021年，市数据资源局依托市一体化智能化公共数据平台，做实做强数据资源管理基础。盘清数字资源“一本账”，实行“六个一”管理，即一本账管理、一站式浏览、一揽子申请、一体化生产、一平台调度、一张网管控。加大数据归集力度，全年归集数据90亿条，累计1621亿条，省回流数据表496张，建成政策兑付、民生直达、地下空间、死亡人口等市县专题库106个。规范数据质量控制，按照“一数一源一标准”原则，建立健全问题数据反馈机制和数据治理系统，数据处理平均时长由5个工作日缩短为8小时。

【数据资源共享开放深化】2021年，杭州市数据资源共享开放深化。推进数据共享，全年新发布接口服务3090个，累计4549个，调用112.30亿次，比上年分别增加580%、460%；发布页面查询262个，服务调用3347万次；发布电子证照413类865个，服务调用4158万次。推进数据开放，全年开放数据集3770个，开放数据量18.50亿条，下载开放数据1304万条。

【“浙政钉”“浙里办”应用推广】2021年，“浙政钉”激活杭州用户数18.9万人，日均活率达90.9%，全市单位信息和人员信息完整性达99%。集成上架应用476个，整合独立App46个，入选全省高频应用7个，优秀案例15个。6月18日，“浙里办”杭州城市频道上线，重点建设经典场景、区县专区、数字化改革等专区板块，集成“民呼我为”“亲清在线”“亚运一站通”等110个便民惠企、高频刚需应用，5个应用入选全省高频优质服务应用。全年注册用户1521万人，平均日活用户数40万人，均列全省第一名。

【城市大脑数智治理架构完善】2021年9月5日，城市大脑建设内涵由部分领域向五大领域全面拓展，成为数字化改革的杭州数智样本，保持全国领先水平。城市大脑“四个直达”（惠企直达、便民直达、民生直达、基层治理直达）理念落地见效，实现政策资金直达企业，上线政策482条、兑付156亿元、惠及企业32.9万个。重点应用场景接续创新，12个应用场景入选全省数字孪生试点，全部通过省大数据局验收（其中3个被列为“可推广应用”）。临安地质灾害精细化管理场景等在全省数字化改革大会上做典型发言。全年接待全国各地考察团2018批、44371人次。

【《杭州城市大脑赋能城市治理促进条例》实施】2021年3月1日，《杭州城市大脑赋能城市治理促进条例》实施。该条例在2020年10月27日杭州市十三届人大常委会第三十次会议上表决通过，在2020年11月27日浙江省第十三届人民代表大会常务委员会第二十五次会议上获批准；2020年12月9日，杭州市人大常委会发布。该条例对城市大脑及其四要素（中枢、系统与平台、数字驾驶舱和应用场景）予以定义，并对数据的采集、质量、使用、开发、利用等数据全生命周期行为进行规定，体现城市大脑赋能城市治理的基本要求与杭州特色，为促进与规范城市大脑赋能城市治理，探索城市治理现代化提供杭州方案。

【数据治理制度和机制建设】2021年，市数据资源局加强数据治理制度和机制建设。印发《杭州市域专题库建设指南（试行）》《杭州市电子政务云资源管理规范（试行）》《数智杭州门户系统集成标准规范》《数智杭州门户UI标准规范》《杭州市公共数据治理工作细则（试行）》《杭州市数字化改革应用（场景）及门户开发规范》《杭州市2022年度政务信息化项目网络安全评审工作办法》《杭州市公共数据安全管理暂行办法》《杭州数据安全联盟工作机制》9个制度（机制）。（朱文阳）

应急管理

【概况】2021年，杭州市围绕应急工作全链条、突发事件全周期管理，聚焦“遏重大、控较大、减总量、提本质”，防范化解重大安全风险，推动各项工作落实落细。全市发生各类生产安全事故162起，比2019年、2020年（根据省应急管理厅统一口径，下同）平均数下降28.6%，死亡130人，比2019年、2020年平均数下降26.3%。其中：工矿商贸领域发生事故39起、死亡34人，分别比2019年、2020年平均数下降2.5%、上升6.3%；道路运输领域发生事故123起、死亡96人，分别比2019年、2020年平均数下降34.0%、33.3%；水上运输、渔业船舶领域未发生人员伤亡事故。未发生较大以上生产安全事故。全市亿元地区生产总值安全事故死亡率0.0081（按2020年统计数16106亿元），比2019年、2020年平均值下降30.5%。自然灾害领域未发生人员伤亡事故。全市安全生产和自然灾害领域形势总体平稳。

【应急管理基层基础建设】2021年4月2日，市委办公厅、市政府办公厅印发《关于加强基层应急管理体系和能力建设的实施意见》，全面推进全市基层应急管理体系和能力建设。10月18日和12月19日，市安全生产委员会、市消防安全委员会印发《关于进一步做好基层应急消防管理体系和能力建设工作重点任务的通知》《杭州市基层应急消防管理站建设规范（试行）》，分解落实43条举措，推进基层应急管理和消防工作一体化、规范化、标准化建设，推动乡镇（街道）综合应急和消防救援队伍建设。

杭州市推进防灾减灾工作，开展综合减灾示范社区创建，成功创建11个省级综合减灾示范社区。完成321个避灾安置场所规范化建设。开展自然灾害风险普查，临安区作为国家级试点地区完成普查任务。8月，杭州市第一次自然灾害综合风险普查领导小组办公室印发《杭州市第一次全国自然灾害综合风险普查实施方案》，在全市范围内铺开普查工作。

5月27日，《杭州市人民政府办公厅关于建立健全应急物资储备管理体系的实施意见》印发，推进全市应急物资管理保障工作。杭州市完善森林防火工作机制，开展野外火源整治和查处违规用火行为专项行动，防范森林火灾发生。开展安全生产标准化工作，全市达标企业7589个，其中二级达标258个、三级达标4286个、四级达标3045个。

杭州市推进应急管理领域“最多跑一次”改革，制定《杭州市烟花爆竹（批发）经营许可证延期告知承诺实施细则（试行）》。全年审批许可事项664件，事项承诺时限压缩比98%，承诺时限压缩比98%，即办率90.9%，全程网办率100%，跑零次率100%。

【安全生产责任体系完善】2021年4月12日，市安全生产委员会印发《关于健全完善安全生产责任体系的意见》。4月13日，杭州市健全完善安全生产责任体系现场会在富阳区召开。落实党政领导责任，将安全生产工作纳入党委常规巡察内容，推行“照单履职”和“层层述安”机制。

杭州市强化行业监管部门责任，市安全生产委员会印发《杭州市安全生产委员会工作规则》《杭州市安全生产委员会成员单位安全生产工作职责》，建立专委会全面履职、安全生产委员会办公室对口联系、部门联动办案等工作机制，梳理明确40个市级部门安全监管职责，指导推动行业部门执法办案2211件和线索移交66件。

杭州市夯实基层属地管理责任，推动乡镇（街道）建立应急管理机构，明确基层应急管理工作职责；强化考核督查、通报约谈和督办。10月25—29日，市安全生产委员会办公室牵头专委会、专家和社会监督员等组成工作组，对临平区开展安全生产组团式服务，发现政府层面问题25个；检查企业221个，发现隐患800个，其中重大隐患101个、立案查处41个、停产停业整顿11个。

杭州市压实企业主体责任，开展安全生产风险普查。全市普查企业5.24万个，实现工业企业、危化品矿山、旅游、城市运行、建设施工、道路运输六大领域100%完成核验。建立工业企业安全风险常普常新工作机制，推动工业企业有效管控各类安全风险。开发“逢查必考”“浙政钉”应用工具，对全市2600个企业、2.98万人次进行考试，考试合格率93.4%。推进安全生产责任保险工作，至年末，全市投保企业7747个，收缴保费1.40亿元。

【危化矿山烟花爆竹领域安全生产监管】2021年，杭州市以危险化学品、烟花爆竹、民用爆炸物品、危险废物、瓶装燃气5个领域和合用场所消防安全为重点，推进开展“五领域一场所”专项整治。开展危化品生产“低、小、散”专项治理和危化品使用安全检查整治，危化品生产企业数量减少到90个以内。完成两轮危险化学品重大危险源专项督导，对10个企业11个重大隐患挂牌督办。开展两轮钱塘新区（钱塘区）国家级危化品重点县、建德市省级危化品重点县专家指导服务。编制《杭州市化工行业安全发展规划（2021—2030）》，推动钱塘区、临安区、建德市开展化工园区“五个一体化”建设。实施精准化安全风险排查评估，按照“一园一策”原则推进化工园区整治提升。

杭州市推进尾矿库、矿山安全风险管控。按照“一库一策”方案，推动富阳区3个和淳安县1个尾矿库企业落实综合治理、回采销库等风险管控与化解措施。落实新办矿山应急管理、规划和自然资源部门联合踏勘审查机制，全面禁止地下矿山单个采掘作业面3人以上同时作业。开展对单班入井超过20人的地下矿山和边坡高度在200米以上的露天矿山等重点矿山专家会诊。推动矿山企业执法监管，处罚11个，罚款19.8万元，责令停产停业整顿1个。

杭州市全面落实《杭州市禁止销售燃放烟花爆竹管理规定》，查处违法违规生产、经营、销售、存储、运输烟花爆竹等行为。对全市所有取得许可的烟花爆竹零售点（店）、批发企业和生产企业开展安全大排查。应急管理、公安等部门成立联合执法队伍，开展联合检查，依法查处违规销售和非法燃放行为。春节期间，全市检查各类烟花爆竹批发经营单位517个，收缴烟花爆竹5459箱，罚款11.1万元，行政拘留22人。

【安全生产隐患整治】2021年，杭州市深化“60日隐患暗访督办闭环机制”，扩大隐患曝光范围、扩展隐患曝光形式，新增防汛、旅游、地下空间、燃气等领域，推动区县（市）针对重点隐患开展举一反三曝光，形成上下共同震慑的“共振”效应。至年末，市本级开展19期隐患整改督办会议，曝光隐患2342处，完成整改验收2337处；区县（市）开展373期，曝光隐患2.66万处，完成整改验收2.59万处；市、区县（市）两级投入整改资金3.1亿元，立案591起，行政处罚775.26万元。落实省、市隐患挂牌督办，省级挂牌道路交通事故多发点（段）15处、市级25处，省级挂牌工矿商贸隐患2个、市级15个全部完成整改。

杭州市开展安全生产事故“遏重大、控较大、减总量、提本质”攻坚战。3月，市委办公厅、市政府办公厅印发《关于打赢安全生产事故“遏重大、控较大、减总量、提本质”攻坚战的实施意见》，围绕交通运输、农机渔业、消防、危矿、建设施工、工业企业、旅游和城市运行等8个重点领域，明确攻坚重点和攻坚任务，全面开展集中攻坚整治。至年末，市级层面435条措施、区县（市）层面3439条措施全部完成。

杭州市推进安全生产综合治理三年行动。实行清单化管理、项目化推进年度任务，全年市级139项任务、区县（市）1965项任务全部完成。全市22个36处涉爆炸危险性厂房（含装置或车间）等人员集中场所实现“清零”，对283个化工医药企业危险化学品储存、使用场所开展火灾影响风险分析并落实有效隔离措施。推动全市2.2万个企业完成安全风险管控体系建设，以涉爆粉尘、金属冶炼企业为重点开展专项整治。开展“平安护航建党百年”消防安全隐患大排查大整治、深化消防安全“遏较大火灾、控小火亡人”整治攻坚行动等各类综合性整治行动。推进“两客两货”车辆智能视频监控报警装置安装，完成15条800千米以上客运班线清理整顿。开展勘测检测消除城市地下安全隐患工作，完成4323条（段）3885千米道路检测，整改地下空洞98处隐患。制定《杭州市小微企业园安全管理通则》《杭州市小微企业园安全管理“双十二”清单》，统一规范园区安全管理标准。推进杭州市“无废城市”建设，开展危险废物治理、废矿物油治理等专项行动。检查特种设备生产、使用单位1.15万个，特种设备2.86万台；开展杭州市电梯智慧监管全国试点。开展燃气安全大排查大整治，检查燃气企业、场站设施、用气场所1.8万个（次），整改隐患2837处。

【安全生产监督执法】2021年，杭州市推进应急管理执法改革，市本级和全市13个区县（市），除桐庐县试点综合行政执法改革外，均按要求成立应急管理行政执法队，并完成执法制式服装和标志统一。制定《杭州市应急管理执法人员行为规范（试行）》和《杭州市应急管理执法记录制度（试行）》，推动全市应急管理系统行政执法办案规范化建设。发挥社会各界监督作用，聘任首批101名市级安全生产社会监督员。全市应急管理系统检查企业6966次，实施行政处罚3029次，检查处罚率43.49%；罚款7890.83万元，比上年增长24%。其中：非事故罚款7043.46万元，增长25%；非事故罚款额占比率89.27%。

杭州市以《中华人民共和国刑法修正案（十一）》实施为契机，推动开展安全生产行刑衔接工作。市应急管理局、市公安局、市法院、市检察院联合印发《杭州市安全生产行政执法与刑事司法衔接工作指引》，建立联席会议制度；临平区成立全市首个驻应急管理部门检察官办公室。全市应急管理系统查办行刑衔接案件34起，其中危险作业罪案件19起。萧山区应急管理局办理的“余汉林气体有限公司非法储存危险化学品涉嫌危险作业罪案”为全国首例危险作业罪案件，入选应急管理部2021年安全生产优秀执法案例，萧山区应急管理局被人力资源社会保障部、应急管理部表彰为全国应急管理系统先进集体。8月，市应急管理局对在查处重大违法案件工作中成绩突出的萧山区应急管理局、钱塘区应急管理局2个集体及2名个人给予嘉奖。

杭州市推进普法宣传，制定《关于开展法治宣传教育的第八个五年规划（2021—2025年）》。学习宣贯新修订的《中华人民共和国安全生产法》。组织1200多个企业开展危险作业罪庭审宣传教育。

【应急数字化建设】2021年，杭州市围绕数字化改革总体目标，数智赋能安全，提升应急管理科技支撑能力。推动数字政府安全生产场景建设，于3月首批上线数智杭州门户界面。建设应急管理数据资源池，横向归集17个市级部门、纵向对接省应急管理厅，共享数据79.95亿条，梳理、分析、整合形成应急管理信息资源目录，提供相关领域数据专题服务功能506.72万次，实现数据高效共享。推动全市56个多灾易灾乡镇、66个小微园区和3个化工园区高空视频全覆盖。迭代升级防汛防台应急联动场景，接入水雨情监测站点1827个、物资储备库371个、物资装备13万套、避难场所2056个、应急救援队伍789支、山洪灾害危险区1300个、地质危险区4370个、城市内涝点360个。深化危化品事故防控“看得见”场景，接入全市重大危险源生产装置、仓库、储罐监测监控数据，实现对重大危险源温度、压力、液位和有毒、可燃气体泄漏监测报警等1482个物联监测设备数据和重点部位186路视频监控实时监控，并对企业中控室和构成重大危险源的储罐区、生产装置、装卸场所安装视频监控进行视频捕捉和智能分析；新增接入72个其他危化品、矿山和烟花爆竹企业监测信号和1926个物联监测设备数据。推动特色场景创新，完成浙江省突发事件应急处置和救援应用移动端开发建设，试点危化品事故处突场景应用、地面塌陷事故场景建设和应用；极端天气灾害短临预警分析应用被列入省数字政府“一地创新、全省共享”；余杭区城市安全运行“CT”智能服务入选省数字化改革第一批“最佳应用”。

【防汛抗台应急救援】2021年，杭州市有效防御应对梅汛期9轮强降雨、台风“烟花”“灿都”和多轮短历时暴雨。全市检查重点部位22万处，发现度汛安全问题2.37万项，全部整改或落实度汛措施。市防汛防台抗旱指挥部开展会商研判106次，发布各类预警信号2335次，发送提醒短信132万条，启动防汛应急响应6次。出动各类救援队7.2万人次，调用大功率排涝泵车225辆（次）、排水泵1.37万台（次）、麻袋49万只，处置各类险情1.29万次。运用“掌上应急”督促3.37万名村级防汛责任人全部进岗履职，运用“浙江安全码”精准实施人员转移，开放避灾安置场所3669个，转移安置60.5万人。下拨救灾资金5000万元，用于困难群众生活和农业补助。

【应急救援能力提升】2021年，市防汛防台抗旱指挥部推进防汛防台工作体系建设，制定《关于进一步加强小流域山洪和地质灾害防御工作的意见》《关于进一步做好地下空间防涝整治的通知》《杭州市短临应急处置工作机制》等文件；与黄山市商定新安江流域应急管理联动合作协议，建立上下游联动的合作机制。10月30日，市政府办公厅印发《关于加强应急管理领域突发事件现场指挥部标准化建设的通知》，推进现场指挥部标准化建设。全市统筹推进《杭州市地震应急预案》《杭州市森林火灾应急预案》等58项市级专项应急预案修编，推进基层防汛防台体系“5+1”（组织责任网、风险防控网、抢险救援网、灾后恢复网、运行保障网，数字化平台）标准化建设桐庐试点。加强应急队伍建设，全市建有各类应急救援队伍812支、2.98万人。5月17日，杭州市2021年防汛防台实战演练在临安区举行。9月24—25日，杭州市第二届社会应急力量技能竞赛在萧山区举行。10月28日，2021年杭州市扑救森林火灾应急演练与竞赛在临安区举行。

【应急管理宣传教育】2021年，市应急管理局建立安全宣传“五进”部门联席工作机制，统筹推进安全生产宣传。联合主流媒体设置《安全你我他》《安全365》《应急300秒》等专题专栏。微信公众号上线应急科普图库、视频库、题库三类精品库,"抖音"号"小编说安全"等系列短视频播放量近650万次。完成新建(改扩建)各类应急(安全)体验馆44个,体验人数35.8万人次。联合"Do都城"少儿社会体验馆,推出"Do都城"应急管理局体验项目。

全市有登记安全生产培训机构33个,其中特种作业考试点17个。全年特种作业和高危行业安全考试合格发证5.36万人,其中特种作业考试合格发证4.83万人、高危行业主要负责人和安全管理员考试合格发证5400人。一般性生产经营单位主要负责人和安全管理员考试合格发证3.39万人。推进企业百万员工安全大培训,完成线上和线下培训19.70万人次。"杭州市安全生产培训云平台"网络培训学员2.64万人。

(蒋梦捷)

消防管理

【概况】2021年,全市发生各类火灾1103起,比上年下降17.4%;死亡2人,下降66.7%;伤21人,上升162.5%;直接经济损失5308.93万元,上升35.0%;未发生较大以上亡人火灾。全市消防救援队伍接处警1.72万起,出动车辆3.84万辆,出动指战员23.57万人次;其中火警出动6109起(占总数的35.4%),抢险救援出动7052起(占总数的40.9%),社会救助出动2921起(占总数的16.9%),其他出动1152起(占总数的6.8%),抢救疏散人员1351人,保护财产1.13亿元,成功处置了抗击6号台风"烟花"、"6·29"余杭区塘栖镇杭州煜恒铸锻有限公司冷库火灾、"11·1"萧山区南阳街道阳城路42号永宁尔集团股份有限公司火灾等多起火灾和抢险救援事故。"96119"热线受理12874起,其中马蜂窝受理7043起、投诉受理5804起。

2021年6月,市消防救援支队举办"百年风华 初心依旧"党史故事会

(市消防救援支队 供稿)

【"一短三快"初战机制改革试点】2021年10月,市消防救援支队按照部消防局和省消防救援总队现代化指挥系统"一短三快"(调派时间短、闻警出动快、力量到场快、战斗展开快)的初战机制改革要求,开展"一短三快"初战机制改革试点工作,以智能接处警建设为技术支撑,深化119接处警规范课题研究,探索创新"一路护航"等模式,提升队伍整体作战能力。较改革前,初战总时间平均缩减310秒,其中,平均接警调派时间节省44.1秒,消防站平均出动时间缩短21.8秒,平均到场时间节约158.6秒,平均战斗展开时间节约94秒,整体灭火效率提升20.7%。联合交警部门创新开展"一路护航"工作得到省政府主要领导批示肯定。

【"火焰蓝"全员岗位大练兵比武竞赛】2021年10月11—15日,2021年全省消防救援队伍第二届"火焰蓝"全员岗位大练兵比武竞赛举行,12个支队455名指战员同场竞技。比武设置灭火救援、指挥中心、信息通信、专职队4种岗位,包含理论测试、体技能项目、班组操法、实战化考核4块内容。经过5天角逐,市消防救援支队获指挥中心岗位第二名、应急通信岗位第一名、政府专职队团体第三名、团体总分第三名。

【消防行业职业技能竞赛】2021年9月16—17日,杭州市首届消防行业职业技能竞赛在杭州市消防救援支队训练基地和千岛湖水上训练基地举行。该竞赛由市人力社保局、市应急管理局、市总工会、团市委、市消防救援支队联合举办,来自全市61个消防救援站和两支民间救援队的80名参赛选手参赛,分别评出一等奖1名、二等奖2名、三等奖3名。比赛涉及灭火战斗员、应急救援员、消防装备维护员和消防通信员4个竞赛项目11个竞赛子模块,主要包括绳索救援、极限穿越、水域救援等消防日常训练的常规项目,以及无人机航拍侦察等新增项目。

【消防设施器材保障推进】2021年9月18日,市消防救援支队与市发改委联合印发《杭州市消防事业发展"十四五"规划》。全年,推进《杭州市消防专项规划(2021—2035年)》编制和消防站建设,钱塘区前进消防站投入使用,拱墅桥西等15个消防站基本完成建设,钱江世纪城指挥中心、亚运村和淳安界首消防站建设全面推进,特勤二战训练馆等7个项目进入建设前期工作。全市投入1.5亿元,将38辆消防车和2.1万件套器材装备纳入采购。验收25辆消防车,其中超重型举升泡沫消防车、41米大跨度粉剂联用高喷车、全地形搜救犬运输车等消防特种车辆投入执勤。国家级地震救援专业队和抗洪抢险救援队装备配备任务基本完成。全面运行装备全寿命动态管理系统,完成器材清点任务9.2万次,报废器材装备662件(套),开展车辆装备核查清理和3次装备巡检工作，节省器材采购费用160多万元。开展装备技师实操竞赛、灭火救援技术装备革新评比、装备技师驻点轮岗、季度装备巡查、特种车辆驾驶员复训等活动，提升车辆器材装备效能。

【消防安全责任落实】2021年，市长刘忻等领导检查指导消防工作20次，批示指示42次，市政府每两个月定期召开专题会议通报火灾形势、部署消防工作。市消防安全委员会出台《部分系统行业消防安全标准化管理规定》，常态化运行消安委实体化工作平台，加强与公安、教育、卫健等部门的沟通协作，落实每月"督查通报、定期会商、部门联动"机制，印发督办单66份。出台《火灾事故延伸调查细则》，对3起敏感火灾开展延伸调查，对11人进行问责和处理。

【重点场所领域消防安全整治】2021年，市消防救援支队以消防安全专项整治三年行动为主线，开展隐患治理。在拱墅区万达广场召开全省大型商业综合体达标创建现场会，归结形成标准并在全市107个大型商业综合体普及。督促指导172个居住小区完成消防车通道、登高场地覆绿、消火栓无水等高风险隐患整改。指导推进3399个居住小区完成消防安全综合治理试点建设，283个老旧小区完成消防安全提升改造，12.9万户居住出租房完成隐患排查整改，办理电动自行车处罚案件3610起。起草《杭州市长租公寓消防安全隐患整治导则》。督促指导128个密室逃脱类场所完成隐患整改。全市消防部门检查单位5.11万个，发现隐患1.58万处，整改隐患数1.49万处，下发处罚决定书3400份，罚款3200.15万元。

【"个人简易处罚"系统和"生命通道"执法系统运行】2021年，为解决堵塞消防通道、违规停放电动车、损坏消防设施等个人消防违法行为发现难、处理难、执行难等问题，市消防救援支队研发运行"生命通道"执法系统和"个人消防违法行为现场执法"系统，覆盖《中华人民共和国消防法》《中华人民共和国消防条例》中所有18项可以现场处理的个人违法行为。系统设置流程简单易操作，提升执法效率，受到应急管理部消防救援局认可，并在全国消防救援队伍中推广使用。

【消防产品监管和科普】2021年，市消防救援支队强化使用领域消防产品质量监管，查处消防产品违法行为。全市检查消防产品使用单位1.49万个，开展消防产品监督抽查79批次，办理消防产品质量问题消防产品行政处罚案件61起，共处罚金32.97万元，消除消防产品类隐患1689处。与各级市场监管部门开展联合检查76起，通报涉嫌生产不合格消防产品66起，联合查处消防产品违法案件2起，共处罚金4.2万元。结合"3·15"国际消费者权益保护日活动，开展以"百镇（街道）千站"消防产品大检查大展示大宣传为主题的专项活动，通过举办消防产品鉴别展示、假冒伪劣消防产品销毁等形式，普及消防产品常识，曝光制假、售假、用假消防产品违法行为，开展消防产品宣传工作。

【消防宣传】2021年4月22日，市消防救援支队第一次举办"火焰蓝"体能比武竞赛直播活动，通过新媒体平台直播，有53.6万名网友参与。7月30日，市消防救援支队联合南都电源动力股份有限公司开展电动自行车电池破坏性试验，新华网、"浙江新闻"、"小时新闻"、《浙江法制报》等16个媒体平台做报道，"抖音"、微博进行同步直播，70万人次观看。9月3日，市消防救援支队联合杭州滑稽艺术剧院推出的消防情景剧《我的班长》在中央广播电视总台综艺频道和"央视频"播出。9月29日至10月4日，市消防救援支队在第十七届中国国际动漫节主会场A馆设消防展位，开展VR火场逃生体验、消防机器人和器材展示、"蓝滨宝"人偶互动、消防动画观赏等活动，宣传消防安全知识，《人民日报》、浙江电视台新闻频道等媒体进行报道。10月，市消防救援支队联合"老爸评测"媒体号开展高层火灾逃生方法实测，视频于10月15日在"哔哩哔哩"平台发布，播放量300.4万人次，点赞量超过10万人次。11月12日，市消防救援支队联合"央视频"开展为时1小时的电动自行车燃烧实验直播活动，"央视频""抖音"两个平台观看人数增长7万余人。市消防救援支队推出的《穿越高层火险》《油锅起火的"非"逃生指南》《电动车失火案》《沿街商铺的那些隐患》4集短片在第二届全国应急管理新媒体作品征集评选活动中获得年度优秀视频类作品奖。

【"消防蓝码"推广】2021年，市消防救援支队持续推广"消防蓝码"，数字赋能消防宣传。8月，市消防救援支队联合支付宝推出"蓝码赋能——亮码享优惠"活动，包括"绿茶""捞王"等56个商业单位参与活动。印发"蓝码"推广楼道宣传页、电梯贴28.58万份，发动基层力量进行张贴，推动群众自发领取蓝码、自发学习消防知识。滨江区消防救援大队联合区住建局，借助平安滨江"工地一码通"，向工地工作人员推广"消防蓝码"。9月，余杭区消防救援大队联合区委平安办，将"消防蓝码"申领纳入区"平安三率"宣传工作，督促社会单位、政府部门等相关人员主动自测自学。至年末，全市申领"消防蓝码"134.37万个。

【消防志愿队伍发展】2021年10月，市消防救援支队与"张能庆公益服务站"合作，开展消防公益宣传活动。该站的6000多名志愿者加入杭州消防"蓝翼"志愿服务队，与消防宣传员共同开展消防宣传志愿活动。淳安县消防救援大队开辟消防志愿服务阵地，组建"先锋联盟""邻之家""铁三角""满天星"等12支消防志愿服务队，到社区开展楼道清理、电动自行车整治、出租房入户宣传等。拱墅区消防救援大队以"武林大妈"助力消防为基准模板，辐射辖区其他街道，成立"潮爸潮妈""石桥大伯"等多种形式的消防志愿组织。全年，全市注册消防志愿者15.63万人，开展志愿活动1036场次。

【消防教育基地建设】2021年11月，市消防救援支队投入近20万元，提升改造杭州消防主题公园（2009年7月6日开园，位于钱塘区学源街，公园面积约500平方米），加固维修杭州“第119号荣誉消防志愿者”——消防金刚霄霄，打造具有运动健身功能特色的消防宣传展示墙，修理消防景观座椅。建德市投入16.8万元，建成首个消防主题公园，于11月9日开园投入使用，占地面积9500平方米，内设消防器材展示、消防文化展示、消防游戏活动、消防文化长廊4个主题区域。同月，滨江区消防救援大队投入220万元建设具有滨江特色的消防安全体验馆，至年末已完成招投标。（高正达）

气象服务

【概况】2021年，针对复杂天气形势，市气象局完善“梯次化”预报预警服务机制，推进预警信号精细化到乡镇。为应对超强台风“烟花”，制作流域精细化面雨量预报，助力东苕溪流域3次精准错峰。会同市应急管理局印发《关于加强极端天气风险防范应对工作若干措施的意见》，厘清气象防灾减灾职责边界，完善分灾种的防灾减灾部门联动机制。全市发布预警信号1107次、地质灾害预警7000次、主动叫应453次，实施全媒体发布39次，应急响应时间近900小时，汛期成功转移避险5例、627人。完成中国质量大会等16次重大活动的气象保障服务。气象防灾减灾标准化村（社区）创建率、基层气象协理员和信息员“钉钉”平台活跃度、全市气象灾害风险普查工作均居全省第一位。

【乡村振兴气象保障】2021年，市气象局探索“气象+”融入式发展模式，气象服务产品接入市数字农业平台、农产品质量安全追溯监管等系统，服务全市3000多个基地用户。实施龙井茶气象服务示范建设，径山茶被中国气象学会评定为“中国气候生态优品”。以萧山为试点，分类探索未来乡村气象服务模式，在全省推广。淳安瑶山乡等5个村落被列入“浙江省气候康养乡村”，生态品牌挂牌应用。制定设施大棚风灾等级省级标准，淳北掌叶覆盆子气象服务县级标准颁布实施。“杭州天气导游”与杭州旅游数据在线协同运行，8类气象景观预报上线。民宿保险被列入市级政策性农业保险，新设台风假日险，全市参保率比上年提高47.1%，21个民宿获理赔总计10.8万元。全市与气象相关31种作物保险理赔8538万元。全年开展人工增雨作业47次。

【城市精细化气象服务】2021年11月26日，市政府印发《关于高质量推进城市气象保障服务和气象防灾减灾“第一道防线”建设的实施意见》，明确提出完善城市气象防灾减灾救灾体制机制等4类主要任务13项具体措施。市气象局编制完成《杭州市大城市气象保障服务工作方案（2021—2025年）》。完善区级气象保障机制，临平区气象局和钱塘区气象服务中心成立。市气象局开展西站枢纽上盖工程通风环境影响评估的气候可行性论证工作，研发建德航空小镇通用航空气象服务平台，“杭州天气”微信公众号、“快手”号影响力和传播力位居同类新媒体前列。举办全市气象科普大赛，参加全省科普大赛获得二等奖。建成气象历史文化展厅、云上气象科普馆，线上和线下气象科普馆受众超10万人次。

【亚运气象保障筹备】2021年，省气象局成立亚运气象中心，在杭州组建亚运气象台，派遣业务骨干进驻亚组委环境保障部气象保障处。全年完成33套亚运场馆气象站、10套便携式气象站、1个浮标站及移动应急车等建设，完成杭州亚运气象服务会商平台改造。完成杭州赛区亚运会、亚残运会期间气候特征及高影响天气分析，气象产品融入亚组委亚运会信息与新闻发布平台系统等多个“智能亚运”应用场景，保障“韵味杭州”系列测试赛、亚运会及亚残运会倒计时一周年系列活动，发布各类专题服务材料85期。

【气象数字化改革】2021年，市气象局编制杭州市气象数字化改革实施方案和年度工作任务清单，明确“1平台+5大体系+4类任务”的改革框架。以“气象+”理念助力防灾减灾治理，研发气象数字驾驶舱移动版和PC版，1.2万名防汛责任人在线应用。全年召开气象数字驾驶舱推广会议、培训28次。全面应用“防雷安全风险码”，推进860个防雷安全重点单位实现分类精准管理。以“+气象”理念推进多跨融合，气象产品接入“数字乡村”“数字应急”“智慧交通”“数智治水”等多跨协同场景应用。坚持开放共享，编制公共气象数据目录，开发城市大脑气象数据访问接口，外单位、部门全年气象数据调用超过10亿次。巩固气象证明改革成果，全年提供气象资料查询报告4742份。

【气象现代化建设】2021年6月29日，市气象局、市发改委印发《杭州市气象事业发展“十四五”规划》，气象事业纳入地方规划纲要和多个专项规划。全年全市统筹抓好49个项目实施。新建或升级141个区域气象站，新建3部X波段雷达、4部垂直廓线雷达、42套天气现象视频智能观测仪。桐庐气象防灾减灾中心立项，深化桐庐生态基地、临安龙岗探测基地、分水江流域人影基地、淳安界首生态人影基地建设。市、区县（市）两级全部完成气象设施和气象探测环境保护规划发布。临安区域气象站“站长制”试点成效明显。市气象局参与中国气象局臭氧探空业务试验，建立科研项目指令性下达和自主申报机制，“天脸识别”3项科技成果实现市场化转化。发表科技论文24篇，其中入选SCI/EI期刊论文3篇。继续实施县级研究型业务带头人培养工作并取得阶段性成果，新入选省级气象研究型业务带头人2人、青年英才2人。（麻碧华）

责任编辑　金利权

9 中国人民政治协商会议杭州市委员会

综　述

【市政协组织机构】2021年年末，杭州市有政协组织机构14个，即中国人民政治协商会议杭州市委员会和13个区县（市）政协。有各级政协委员3878人，其中市政协委员506人、区县（市）政协委员3372人。市十一届政协常务委员会组成人员95名，由主席1名、副主席8名、秘书长1名和常委85名组成。市十一届政协设办公厅、研究室及提案委员会、委员工作委员会、经济委员会、农业和农村委员会、城市建设和人口资源环境委员会、教育科技卫生体育委员会、社会法制和民族宗教委员会、港澳台侨和外事委员会、文化文史和学习委员会9个专门委员会。

【政协思想政治建设】2021年，市政协健全完善以政协党组理论学习中心组学习为引领的制度体系，有计划分层次抓好常委会、专委会、界别小组和机关的学习，落实习近平新时代中国特色社会主义思想学习座谈会制度，召开区县（市）政协主席学习会，开展委员全员培训，引导政协委员和机关干部学习中共中央总书记习近平在庆祝中国共产党成立100周年大会、党史学习教育动员大会等系列重要讲话精神。开展党史学习教育，开展“千名委员读百年党史”活动、“弘扬伟大建党精神、争取更大光荣”主题活动等。

【政协系统党建推进】2021年，市政协加强政协系统党的建设，建立市政协党建工作领导小组，召开全市政协系统党建工作推进会，制定出台关于深入推进“两个全覆盖”的实施意见，健全落实“统一领导、双线运行、两级推动、互促共进”党建工作推进机制。探索发挥党员委员先锋模范作用的有效形式，每个专委会党组织下设2～3个活动小组，落实党员委员参加双重组织生活要求，推动各专委会分党组结合履职常态化开展党员委员活动小组活动。指导各区县（市）政协依托专委会和乡镇街道委员联络组建立97个党支部、119个党员委员活动小组，打通“两个全覆盖”“最后一公里”。市政协党建工作相关做法在全国政协系统党的建设工作经验交流会、全省政协系统党建工作推进会上做发言。（梁泽蕾）

市政协重要会议

【概况】2021年，市政协召开十一届五次会议和常务委员会会议5次，就有关议题进行建言资政，凝聚共识，共同协商。

【市政协十一届五次会议】2021年2月1—4日，市政协十一届五次会议召开。全体政协委员通过提案、大会发言、联组会议、小组讨论、网络主题议政、反映社情民意等形式，建言资政，凝聚共识，取得重要成果。委员们听取并讨论市长刘忻所做的政府工作报告，讨论《杭州市国民经济和社会发展第十四个五年规划和二〇三五年远景目标纲要（草案）》及其他报告。会议审议批准市政协主席潘家玮代表政协第十一届杭州市委员会常务委员会所做的工作报告，审议批准副主席谢双成代表政协第十一届杭州市委员会常务委员会所做的提案工作情况报告，大会选举张仲灿、陈国姝为市政协副主席，审议通过《关于开展“当好东道主、服务亚运会”活动，展示杭州“重要窗口”最美风采的建议》为全体会议建议案。收到大会发言材料68份，16位委员做大会发言，其他大会发言材料以书面发言的形式进行交流。会议收到以提案形式提出的意见和建议571件，编印会议简报52期。

【市政协常委会会议】2021年，政协第十一届杭州市委员会常务委员会召开5次会议，就有关议题进行协商。

1月22日，市政协十一届二十次常委会会议召开。会议听取市政府领导通报市政协十一届四次会议以后提案、建议案办理情况，审议通过市政协十一届五次会议议程（草案）、日程（草案）等事项和有关人事事项。会议免去陈永良的市政协副主席职务、江冰的市政协外事委主任职务、封懿的市政协教科卫体委副主任职务；任命朱铮为市政协副秘书长（兼）、孙月红为市政协外事委主任、方中勇为市政协社法委主任、邬莲平为市政协教科卫体委副主任；同意陈键、李莲萍、龚勤芳、郑利敏、

2021 年 2 月 1—4 日，中国人民政治协商会议第十一届杭州市委员会第五次会议召开（市政协研究室 供稿）

苏挺、江冰辞去常委、委员职务，同意寿遐、徐晖、楼云居、赵红、刘小松、叶伟平、封懿、刘刚、武建春、张宏亮、陈魁辞去委员职务，增补陈国妹、虞文娟、周妙荣、陈新、高宁、石利群、孙月红、王书评、郑志光、叶泽、邬莲平、周光贤、张惠卿、费跃忠为市政协委员。市政协主席潘家玮主持会议，市政协副主席张仲灿、叶鉴铭、谢双成、陈永良、王立华、周智林、冯仁强、滕勇等出席。

2 月 3 日，市政协十一届二十一次常委会会议召开。会议听取各组讨论情况汇报，审议通过市政协十一届五次会议提案审查情况报告（草案）、会议决议（草案）等有关事项。市政协主席潘家玮主持会议，市委常委、常务副市长戴建平到会听取对政府工作报告和政府工作的意见建议，市政协副主席张仲灿、叶鉴铭、谢双成、陈永良、王立华、周智林、冯仁强、陈国妹等出席。

3 月 17 日，市政协十一届二十二次常委会会议召开。会议传达学习全国"两会"精神，传达学习中央和省委、市委领导讲话精神，听取副市长王宏通报专项工作（杭州市部分行政区划优化调整）有关情况。市政协主席潘家玮主持会议，市政协副主席张仲灿、谢双成、王立华、周智林、冯仁强、陈国妹等出席。

6 月 16—17 日，市政协十一届二十三次常委会会议召开。会议就市委全会重大决策部署开展专题政治协商，市委主要领导到会听取意见建议并讲话。会议审议通过《政协杭州市委员会关于强化政协委员责任担当的意见》《中国人民政治协商会议杭州市委员会专门委员会通则》，审议通过有关人事事项，免去李玉美的市政协副秘书长职务。免去丁华的常委职务，撤销其委员资格。同意吴南平辞去常委、委员职务。终止孙树荣的委员资格。会上通报市政协常委 2020 年度履职情况。市政协主席潘家玮主持会议，市政协副主席叶鉴铭、谢双成、王立华、周智林、冯仁强、滕勇等出席。

8 月 19 日，市政协十一届二十四次常委会会议召开。会议通报全市经济社会发展情况并围绕"高水平推进区域性创新高地建设"协商建言，市政协教育科技卫生体育委员会做主题发言，相关民主党派、界别、区政协课题组代表发言，市发改委、市科技局介绍相关情况，市委副书记、市长刘忻到会听取意见建议并通报情况。会议审议通过《中国人民政治协商会议杭州市委员会协商工作规则》和有关人事事项，任命倪素浓为市政协社法委副主任。市政协主席潘家玮主持会议，市政协副主席张仲灿、谢双成、王立华、周智林、冯仁强、陈国妹、滕勇等出席。（梁泽蕾）

协商议政

【概况】 2021 年，市政协发挥专门协商机构作用，把服务助推杭州"十四五"规划良好开局作为履职主线，制订实施市政协 2021 年度协商履职计划，组织 2 次专题议政性常委会会议协商、4 次专题协商、8 次月度协商。完成"深化淳安特别生态功能区空间用途管制的机制研究"等重点调研课题 7 个，向市委、市政府报送各类建议报告 26 份。

《关于开展"当好东道主、服务亚运会"活动，展示杭州"重要窗口"最美风采的建议》作为市政协十一届五次会议全会建议案，得到市委、市政府重视和社会关注。市政协十一届五次会议确定重点提案 36 件，其中：各民主党派和工商联提交的 15 件，各界别小组提交 6 件，区县联络组委员工作站提交 3 件，政协委员提交 12 件。市委、市政府领导领办政协重点提案 12 件。

【重点改革协商议政】 2021 年，市政协围绕"打造科创策源地、推进数智杭州建设""加快社会治理数字化转型、打造数字治理第一城"等，分别开展联组会议协商建言，市领导到会听取意见并讲话。推进"杭州数智政协"建设，召开市政协数字化改革动员会和全市政协工作推进会，"杭州数智政协"专题门户于 6 月上线运行，梳理分解政协核心任务并运用专题门户指导推进政协各项工作。关注淳安特别生态功能区建设，开展市、县两级政协联动履职，推动支持淳安特别生态功能区建设的政策落实。组织委员和专家就杭州部分行政区划优化调整开展调研论证，助力大都市建设。

【共同富裕示范区城市范例打造建言献策】 2021 年 6 月 16—17 日，市政协围绕"构建国土空间开发保护新格局、高质量发展促进共同富裕"开展专题议政性常委会协商，按照市委年初交办的重点课题，会前组织各界别、有关专委会和区县（市）政协组成 43 个课题组，主席会议成员带队，调研基层单位 374 个，召开座谈会 186 次，市、县两级政协委员 922 人

2021年杭州市政协十一届五次会议重点提案一览表

表8

提案号	提案者	案由
163	民革市委会	关于进一步加强我市新型智慧城市建设的建议
159	民革市委会	关于提升杭州世界遗产保护国际化程度的建议
324	民盟市委会	关于打造工业遗产保护与“双创”融合平台的建议
322	民盟市委会	关于进一步推进公办初中提质强校工作的建议
172	民建市委会	关于深化“米袋子”工程建设，持续做好保供稳价和市域粮食安全工作的建议
235	民进市委会	关于提升乡村治理法治化水平，巩固新时代美丽乡村建设成果的建议
234	民进市委会	关于疫情防控常态化背景下，加强中小学校健康教育的建议
130	农工党市委会	关于大力推进人工智能发展，高水平建设“数智杭州”的建议
129	农工党市委会	关于优化市域医疗资源布局，加快“健康杭州”建设的建议
152	农工党市委会	关于杭州打造新时代美丽乡村，建设全域大花园的建议
151	致公党市委会	关于以“5G+工业互联网”赋能产业数字化，推动杭州制造业高质量发展的建议
131	九三学社市委会	关于提升我市城市河道水生态保护水平的若干建议
61	九三学社市委会	关于运用区块链技术完善我市信用体系建设的相关建议
178	市工商联	关于建立完善民营企业统计监测分析制度的建议
168	市工商联	关于利用大数据分析预判能力，提升社会治理数字化水平的建议
412	中共界别小组	关于不断优化我市地下空间管理和商业化利用的建议
346	科协界别小组	关于把握绿色科技先发优势推动低碳清洁能源发展的建议
343	科协界别小组	关于全面推进快递包装绿色化，助力建设美丽新杭州的建议
476	科技界别小组	关于数字赋能智慧交通，助力打造交通强国示范城市的若干建议
99	经济界别小组	关于加强数字引领、创新生态，打造国际新型消费中心城市的建议
248	教育界别小组	关于规范和加强杭州老年康养护理类专业人才培养与使用的建议
76	市政协无党派界别小组委员工作站	关于加强电商产品质量监管的建议
74	市政协妇联界别小组委员工作站	关于完善我市党建引领社区共治格局的若干建议
231	市政协农林界别小组委员工作站	关于加快推进农村乡镇“中央厨房”配餐模式的建议
356	郭清晔委员	关于进一步推进我市绿道建设的若干建议
138	张 玮委员	关于加强物业小区综合管理的几点建议
383	毛爱东委员	关于规范和促进我市直播电商经济健康发展的建议
458	葛继宏委员	关于打造国际短视频（电影）节，提升杭州城市影响力和文化创造力的建议
409	张春霞委员	关于优化城市慢行系统，让“慢”变得更科学的建议
11	施剑飞委员	关于教育部门加强中小学心理健康师资队伍建设的建议
36	吕一鑫委员	关于加大独生子女家庭帮扶关爱的建议
277	陶 骏委员	关于加快推进杭州无障碍环境建设，提升城市整体竞争力的建议
295	王卫安委员	关于加强养老服务护理员队伍建设的建议
393	陈 平委员	关于推进城西科创大走廊南翼交通网络建设的建议
38	胡惠康委员	关于深化杭港交流合作，促进香港青少年民族文化认同的建议
464	朱云夫委员	关于加强杭州市邻里中心规划建设政策引导的建议

次参加，并通过智慧履职平台征集建议，形成44份调研材料。会后提出7方面24条针对性意见和建议，向市委、市政府报送相关建议报告，得到市委、市政府主要领导批示，为市委谋划部署打造共同富裕示范区城市范例提供参考。围绕加快区域性创新高地建设、推进杭港澳文创产业创新发展等，组织专题协商、重点调研。

【名城建设协商议政】2021年，市政协围绕“杭州宋韵文化的保护与展示”“提升杭州文创产业国际化水平”“深化三大世界遗产联动保护与利用”“加强革命文化和红色资源保护利用”等议题组织协商议政。围绕“辛亥革命与近代浙江”主题举办杭州文史论坛。编辑出版“三亲”史料《龙井寻踪——西湖龙井茶人口述史料》，编辑出版《南宋史和都城临安研究论文集》《江南忆，最忆是杭州——千年以来东南地区文化区位重构与杭州的崛起》《15世纪以来长三角地区社会变迁与转型》等5本学术论文集。出版“杭州文史小丛书”（第六辑）10本，编辑《杭州文史》4辑。支持市茶文化研究会开展活动，助力打造“杭为茶都”品牌。

【民生事业专题协商】2021年，市政协落实民生实事项目“政协议”要求，开展民生实事项目选题调研和专题协商。12月9日，召开2022年市政府民生实事项目专题协商会，提出民生实事项目选题建议19条，涵盖城建、住房、交通、养老、社保、环境、经济、卫生、教育、体育、文化等民生领域。针对发展中小学校体育、健全多层次城市住房保障体系等开展调研和协商监督，助推美好教育发展。关注医疗健康和养老事业，围绕杭州“互联网+医疗服务”发展现状及对策研究，提升杭州医疗服务国际化水平、提升农村养老服务水平等调研议政，围绕完善千岛湖配水工程后续工作、杭州“幸福河湖”建设思路研究、老旧小区综合改造提升、无障碍环境建设等建言助力。

【社会治理资政建言】2021年，市政协围绕提升“基层治理四平台”建设水平、深化乡村治理等议题，调查研究，资政建言。聚焦办好亚运会，开展以筹办亚运会为契机全面提升社会文明程度专项监督，专题视察亚运会筹备、亚运会场馆设施建设等工作，提出题为《关于开展“当好东道主、服务亚运会”活动，展示杭州“重要窗口”最美风采的建议》的全会建议案。参与立法协商，组织委员就修订《杭州西溪国家湿地公园保护管理条例》开展调查研究，提出意见和建议。推进全国政协调研基地建设，完成互联网环境下知识产权司法保护等调研课题任务。12月16日，召开市法院、市检察院工作情况通报协商会，推动法治杭州、平安杭州建设。

（梁泽蕾）

民主监督

【概况】2021年，市政协注重发挥协商式监督特色优势，两级政协联动调研监督，发现问题，提出建议。开展“推进美丽大花园建设，打造美丽中国样本”等5项专项（集体）民主监督，围绕加快老旧小区加装电梯及后续管理等8个重点开展第四轮委派民主监督小组监督。健全重点工作情况通报制度，听取全市经济社会发展、行政区划优化调整和城市轨道交通建设规划等有关情况通报。

【“推进美丽大花园建设，打造美丽中国样本”专项集体民主监督】2021年5月，市政协主席潘家玮，副主席张仲灿、叶鉴铭、谢双成、王立华、周智林、冯仁强分别带队到13个区县（市），围绕“推进美丽大花园建设，打造美丽中国样本”开展专项集体民主监督，市政协25个界别小组的95名市和区县（市）两级政协委员参加。市政协智慧履职平台开设网络议政专栏，两级政协委员1854人次参与，召开148个座谈会，实地调研点位371个，发现问题853个，提出意见和建议756条。

【“以筹办亚运会为契机，提升城市文明水平”专项集体民主监督】2021年9—10月，市政协开展“以筹办亚运会为契机，提升城市文明水平”专项集体民主监督。市政协主席潘家玮，副主席张仲灿、叶鉴铭、谢双成、王立华、周智林、冯仁强、陈国妹、滕勇分别带领9个组到13个区县（市）开展民主监督。各区县（市）政协分别成立监督组，开展监督活动。两级政协委员467人次参与，调研有关亚运城市文明提升项目59个，发现问题69个，提出意见和建议107条。

【西湖龙井茶品牌综合保护专项集体民主监督】2021年4月7日，市政协副主席张仲灿带队，组织市、区两级部分政协委员到西湖区、西湖风景名胜区对西湖龙井茶品牌综合保护工作开展专项民主监督。监督组走访茶企、茶村，了解数字茶标发放、炒制工艺传承、数字茶园建设以及西湖龙井茶质量检测等工作，与茶企、茶农、行业协会代表座谈交流，征求对品牌综合保护工作意见和建议。通过监督调研，提出“加大宣传力度，进一步扩大社会知晓度；坚持全链条管理，进一步推进规模经营；注重人才培育，进一步保障产品品质；深化数智治理，进一步优化营商环境；细化管理服务，进一步提升治理水平”5个方面建议。《关于对西湖龙井茶品牌综合保护工作的监督建议》获市委、市政府主要领导批示。

【提升“基层治理四平台”建设水平专项集体民主监督】2021年6月，市政协副主席冯仁强带队，组织委员分别到富阳、淳安等区县的乡镇、街道，围绕提升“基层治理四平台”建设水平，开展实地走访和监督调研。10个区县（市）政协组织100多名区县（市）政协委员开展监督调研活动20多次，提出意见和建议4条。

【“深化老旧小区综合改造提升”专项民主监督】2021年8月，市政协开展“深化老旧小区综合改造提升”专项民主监督活动，重点关注“综合改一次”、功能服务提升、未来社区建设、共建共享共治、构建长效机制等内容。监督活动由市政协副主席谢双成等牵头，市政协城市建设委员会及上城区、拱墅区、萧山区、余杭区、临平区、临安区、建德市政协分别成立专项民主监督组，现场查看老旧小区综合提升改造的情况，听取政府相关部门的情况介绍，开展委员网络议政。两级政协调研老旧小区改造项目98个，召开座谈会60次，参与委员548人次，发现问题49个，提出意见和建议72条。通过监督调研，提出“加强党建引领，进一步提升社区治理的参与水平；坚持规划先行，进一步深化住区社区建设的联动；优化细化方案，进一步做好‘综合改一次’的统筹工作；统一相关政策，进一步加快老旧小区改造的制度供给；重视经验总结，推进老旧小区改造提升的转型升级”5个方面建议。《“深化老旧小区综合改造提升”专项民主监督报告》获市委副书记、市长刘忻批示。

【民主监督小组委派】2021年4月26日，市政协召开第四轮向市直有关单位委派民主监督小组工作会议，启动新一轮委派民主监督小组并部署工作。市政协主席潘家玮出席会议并讲话，市委常委、秘书长朱建明代表市委提出要求，市政协副主席张仲灿、叶鉴铭、谢双成、王立华、冯仁强等出席。第4轮8个委派民主监督小组96名委员，围绕“加强老旧小区住宅加装电梯及后续管理”“助力杭州打响‘新消费·醉杭州’品牌”“加强西湖龙井茶品牌综合保护”“助推无障碍设施建设”“推进我市社区体育场地设施规划建设”“提升农村养老服务水平”“提升杭州医疗服务国际化水平”“推动杭州石刻造像数字化”8个重点工作，对市住保房管局、市商务局、市农业农村局等8个单位开展工作监督。（梁泽蕾）

凝聚共识

【概况】2021年，市政协坚持大团结大联合，强化政协统一战线组织功能。健全制度机制，创新方法手段，注重融入日常，广泛凝聚共识。组织政协“六送”服务活动47项，成立8个走访活动组，开展集中大走访活动，举办第七届“杭州民营企业牵手‘一带一路’国家”对接交流会，开展“请你来协商”活动83场，组织7次求是讲堂、2次委员讲堂。

【合作共事深化】2021年，市政协为各民主党派、工商联和无党派人士履职建言搭建平台，重点工作听取意见，年度履职重点任务由主席会议成员一起分工领衔，组织党派团体联合开展调研，在大会发言、专题协商中优先安排发表意见。组织政协“六送”服务活动47项，开展基层“我为群众办实事”“走亲连心三服务”“助万企、帮万户”等活动，助推民生福祉改善和民生实事问题解决。组织党外委员开展“人民政协跟党走”“学习四史”等专题活动。

【走访联系加强】2021年，市政协党组制定《政协杭州市委员会关于强化政协委员责任担当的意见》，健全落实市政协领导联系民主党派、工商联及其成员制度，以“政协走亲”活动为牵引，成立8个走访活动组，开展集中大走访活动，走访界别委员和社会各界代表人士。开展以自我教育、自我提高为主旨的党外委员专题视察，组织少数民族界、宗教界委员“走进”系列履职活动，开展“市政协集中走访月”活动，加强同党外知识分子、非公有制经济人士、新的社会阶层人士的联络联系，加强与宗教界政协委员和代表人士的交流。开展“联乡结村”活动，帮扶桐庐莪山乡推进重点项目建设、加快创建全国民族乡村振兴示范乡。

【港澳台同胞及海外侨胞交流交往】2021年，市政协加强港澳台交流、对外交往。制定实施发挥港澳委员双重积极作用的实施意见，深化港澳委员履职周活动，建立市政协特邀二组香港、澳门委员工作站，在香港、澳门、深圳建成网络远程协商视频系统。指导香港、澳门杭州政协之友联谊会做好换届工作。到澳门开展团结联谊，围绕青年互联网创业等主题举办第四届杭港澳发展论坛暨文创产业创新发展论坛。举办第七届“杭州民营企业牵手‘一带一路’国家”对接交流会，会同上海合作组织秘书处指导举办第五届国际美术双年展，走访海外侨团组织和华人华侨。

【基层平台载体搭建】2021年，市政协推进市和区县（市）“请你来协商”主平台、界别小组和乡镇（街道）协商分平台微平台建设，指导区县（市）政协在乡镇（街道）、社区（村）建立184个协商（民生）议事堂或议事厅，覆盖率96.3%，推动政协工作向基层延伸、政协协商与基层协商相衔接。市和区县（市）政协按照“6+X”要求开展“请你来协商”活动83场，党委、政府主要领导参加29人次，市政协所有“请你来协商”活动都安排互动交流环节。依托委员工作站开展界别协商，调整优化工作站设置，推进界别履职联动，召开委员工作站建设经验交流会，委员工作站开展界别活动415次、参加委员2915人次。

【书香政协建设】2021年，市政协把读书学习作为新时代人民政协的工作内容和基本功，结合中央和省、市重要会议文件、重大决策部署以及市政协专题常委会等年度履职重点，构建求是学堂、求是书房、求是阅读，形成线上和线下深度融合“求是”系列学习体系，打造委员学习的家园、读书交流的平台、宣传政协的窗口。组织求是讲堂和委员讲堂，传达学习全国“两会”精神，围绕“中国共产党的奋斗历程与优良传统”“最新《浙江省民营企业发展促进条例》解读”“高质量发展建设共同富裕示范区”“碳达峰、碳中和背景下的城市发展与城市更新”“营造技术创新生态，推动杭州经济发展”“党的宗教理论与实践”“以高质量乡村振兴促共同富裕的创新路径”“社会主义发展史”等主题举办讲座，为委员知情明政提供助力。推动“杭州政协·求是书院”建设，8月11日启用，深化委员读书活动，以书香政协促书香社会建设。（梁泽蕾）

文史研究

【概况】2021年，市政协发挥特色优势，举办学术研讨、编撰精品图书、组织课题研究，文史研究工作取得新进展、新成果。举办杭州文史论坛、杭州文史小讲堂、文史沙龙，出版文史图书6部、18种、265万字，开展“杭州历史地理环境”专项课题研究。

【杭州文史论坛】2021年1月8日，杭州文史论坛暨“辛亥革命与近代浙江”学术研讨会开幕。研讨会采用线上和线下相结合的方式研讨，议题包括“清末民初的新知识引入与制度转型”“辛亥革命时期重要人物与事件研究”“地方视域中的辛亥革命”“江浙士绅与辛亥变局”“辛亥革命在杭州”“世界变局与中国革命”等。其间，来自中国社科院、中国人民大学、清华大学、浙江大学、复旦大学、四川大学、中山大学等全国各地22所研究机构和高校的40多名学者参会，收到论文30篇。

【文史活动】2021年，杭州文史小讲堂举办1期。市政协结合调研课题和学术热点，以“杭州革命文物和红色资源的保护利用”“宋代文化的展示”“辛亥革命与古今变局”为主题举办文史沙龙3场，与会专家学者提出诸多意见和建议。（梁泽蕾）

责任编辑　金利权

10 中国共产党杭州市纪律检查委员会杭州市监察委员会

综述

【市纪委市监委机构】2021年,市纪委市监委机关设20个内设机构和机关党委。市纪委市监委设派驻(出)机构30个,其中综合派驻20个、单独派驻(出)6个、派驻市属金融企业纪检监察机构2个、委托管理2个,经市纪委市监委授权,履行党的纪律检查和国家监察两项职责。市纪委市监委下属杭州市廉政教育中心、杭州市纪检监察网络中心、杭州市纪检监察事务服务中心3个事业单位,负责做好执纪监督的服务保障工作。（周　丹）

【"两个维护"监督】2021年,市纪委市监委开展对习近平新时代中国特色社会主义思想和习近平总书记考察浙江、杭州重要讲话以及对杭州工作的重要指示批示精神贯彻情况的监督检查,督促党员干部把"两个维护"落实在行动上。围绕贯彻落实中共十九届六中全会精神和中央、省委、市委重大决策部署强化监督,做到"一项重大决策、一个监督方案、一组监督架构、一套监督机制",督促各地、各部门抓好贯彻执行,及时校准纠偏,确保政令畅通、令行禁止。针对部分行政区划优化调整年度重大政治任务,制定监督保障工作要点,督促抓实抓细涉改区干部人事、税收征管和国有资产管理体制调整、新的区党代会和"两会"筹备、政务服务等各项工作,确保区划优化调整无缝对接、有序过渡。（俞永炎）

【中央和省委巡视问题整改跟进监督】2021年,市纪委市监委配合省委巡视组对杭州开展巡视和指导督导工作,督促各级党组织和领导干部自觉接受省委巡视监督。把握中央和省委巡视整改的政治责任,制订专项监督方案,对巡视整改任务实行项目化、清单化管理,动态跟进监督。市、县两级纪检监察机关开展监督检查2149次,纠正问题1069个,完善制度316项。推进纪检监察自身整改任务落实,中央巡视涉及纪检监察方面的15项整改任务全部完成,省委巡视涉及纪检监察方面的13项任务整改落实。针对移交的问题线索和检举控告件,强化快查快办、跟踪督办、规范办理,检举控告件和督办件全部办结,查处一批案件。（谢　宏）

【市纪委市监委党史学习教育】2021年,市纪委市监委机关把党史学习教育作为贯穿全年的重大政治任务,制订年度实施方案,成立由市纪委书记担任组长的领导小组,下设办公室及4个工作专班,开展"学史求真·铁军守初心"专题学习、"咏史笃志·铁军展风采"专题宣讲、"知史励行·铁军办实事"专题实践等6个专题、20项活动。落细落实市委"三为"专题实践活动要求,形成市纪委市监委领导"办实事、解难题、减负担"清单23项,组织3批年轻干部到淳安县中洲镇等"双万"联系点开展"角色体验"活动。践行"民呼我为"主题活动,"民呼我督·让群众更有感"党支部堡垒工程项目入选全市"民呼我为"第一批最佳实践案例,并作为市本级唯一案例入选全省党史学习教育"百法百例",相关做法被中央党史学习教育简报录用推广。（童　伟）

【清廉杭州建设】2021年,市纪委市监委贯彻省委、省纪委省监委相关工作要求,协助市委制定《关于纵深推进清廉杭州建设为"十四五"规划落实见效提供坚强保障的实施意见》,明确纵深推进清廉杭州建设的时间表、路线图。印发《关于强化监督责任保障清廉杭州建设纵深推进的工作意见》,明确10项监督保障具体举措。市纪委常委会专题听取8个牵头单位推进清廉单元建设情况和相关派驻机构监督推动情况汇报,以及其中7个单位党委(党组)书记履行"第一责任人"责任、班子成员履行"一岗双责"情况汇报。通过召开推进会、开展专项督导等方式,传导责任,形成多部门协同、市县乡联动、政企社共建的工作格局,推动各地、各部门在清廉建设过程中紧扣重点领域、聚焦群众关切,靶向施策破解难题,举一反三完善制度,培树清廉建设典型,带动整体提升。（俞永炎）

【杭州亚运会筹办专项监督】2021年,市纪委市监委围绕"办一届成功的亚运会"强化政治监督。明确1名委领导和1个监督检查室,协助配合杭州亚组委纪检监察和审计部开展相关工作,指导、督促11个承担竞赛项目区县和相关市属高校、国企组建亚运筹办监督工作领导小组，形成分级管理、各负其责、上下联动的监督体系。将杭州亚运会筹办工作纳入年度党风廉政建设考核，压实杭州亚组委机关党组主体责任，反馈杭州亚组委机关党组主体责任9项评议意见，并推动落实整改。指导、督促杭州亚组委开展廉政风险排查防控，梳理廉政风险权力事项63个，明确风险点220个，制定防控措施348条，完善出台制度94个。区分场馆建设、运行不同阶段，突出监督重点，提升监督质效，对杭州亚运会主场馆开展多次专项检查，发现并督促整改问题25个；对杭州亚运村媒体公园、体育馆改造提升等项目进行概预算专项审核，核减造价8.5亿元。坚持数字赋能，通过"清廉亚运智慧监督舱""工地可视化管理系统"等应用载体，探索"实时监控""跟踪监督"。（夏　早）

【疫情常态化防控监督】2021年，杭州市各级纪检监察机关通过监督，推动各级党组织和党员领导干部抓好新冠肺炎疫情防控，落实"源头查控＋硬核隔离＋精密智控"工作机制。落实"内防扩散、外防输入"，针对防疫举措落实、核酸检测、物资保障等方面开展精准监督；督促相关地区和责任单位守牢入杭通道，强化排查管理和相关防疫举措，推进"人物同防"，严格执行从"入杭大门"到家门的全链条、全流程、全时空闭环管理。严明疫情防控纪律，严肃查处"不担当、不作为、不落实"，以及形式主义、官僚主义问题。

【换届风气监督】2021年，市纪委市监委会同市委组织部印发《关于加强换届风气监督确保换届风清气正的通知》，明确"十严禁"换届纪律要求，并对党委（党组）、党委（党组）书记、纪检监察机关、组织部门，以及市人大常委会党组、市政府党组、市政协党组及市委宣传部、市委统战部、市委政法委、市委网信办等有关单位"五个责任主体"提出具体要求。落实教育、警示、预防"三在先"举措，加强换届纪律宣传，全覆盖开展警示教育，层层签订严守换届纪律承诺书。会同组织部门聚焦代表委员产生、民主推荐、干部考察、大会选举等关键环节，开展换届风气监督。在县、乡换届期间，市本级成立4个换届风气巡回督查组，开展5轮巡回督查，检查36个重点乡镇；区县（市）党代会和"两会"期间，指导各区县（市）纪委监委组建指导督导组，全程驻会督导；市党代会和"两会"期间，成立纪律监督组，加强全过程监督。全市未收到涉及换届风气的信访反映，没有发生一起违反换届纪律的问题。

【"四责协同"贯通】2021年，市纪委市监委对标省委"五张责任清单"要求，协助市委制定市委书记"第一责任人"责任、市委主体责任、市委常委会其他成员责任、市纪委市监委专责监督责任和市委组织部职能监督责任等"五张清单"，细化明确124项具体任务。代市委起草《关于抓好中央巡视反馈问题整改进一步健全主体责任落实机制的通知》，建立健全各地、各单位党委（党组）定期分析研判机制、逐级报告评议机制、责任压力传导机制、常态化监督检查机制，推动落实全面从严治党主体责任。市委常委会带头听取五大党组履责情况汇报，市委、市纪委、区县（市）和市直单位党委（党组）三个层面规范逐级听取履责情况报告。市委常委会专题听取班子成员履行"一岗双责"情况汇报、5个单位党（工）委（党组）履行主体责任情况和书记履行"第一责任人"责任情况汇报。

【"一把手"和领导班子监督加强】2021年，市纪委市监委协助市委制定《关于贯彻落实〈中共中央关于加强对"一把手"和领导班子监督的意见〉和省委十三项实施意见的通知》，印发《关于加强对各级党委（党组）领导班子同级监督的实施意见（试行）》，全面加强对"一把手"和领导班子监督。全市问责失职失责党组织9个、领导干部194人，其中问责单位主要领导73人，占问责总数的37.6%。（俞永炎）

【"市级巡察机构在上下联动中更好发挥作用"试点城市】2021年7月，中央巡视办确定杭州市为"市级巡察机构在上下联动中更好发挥作用"全国7个试点城市之一。市委及时成立试点工作领导小组及工作专班，围绕中央巡视办提出的"六个统筹"（加强对巡察职能责任和政治定位的统筹、加强对县级党委巡察工作领导和指导督导的统筹、加强对高质量巡察全覆盖的统筹、加强对巡察整改和成果运用的统筹、加强对巡察监督与其他监督贯通融合的统筹、加强对机构队伍规范化建设的统筹）目标，制订试点工作实施方案，细化分解为17个重点项目、52个具体任务，实行清单式布置、项目化管理、系统化推进。市委巡察工作领导小组统筹组织实施，市、县两级上下联动、同题共答，取得系列成果，推动巡察工作跨越发展、全面提升。市本级出台制度机制26项，汇编试点成果6册，出台的重点制度在全省推广。出台推动巡察工作高质量发展的指导意见，分类制订监督清单，细化对"一把手"巡察监督的重点，实现政治巡察区域标准化；建立对区县（市）巡察机构常态化联系指导机制和集中指导督导制度，完成对13个区县（市）巡察工作的指导督导，实现指导督导区域常态化；建立市、县巡察"全覆盖"任务一体推进沟通机制，系统编制市、县巡察五年规划和年度计划，实现组织实施区域协同化；建立健全巡察工作领导小组成员参加问题反馈机制和巡察成果区域统筹运用机制，实现成果运用区域综合化；完善与纪检监察机关、组织、宣传等部门的协作配合制度，制定规范村（社区）延伸巡察工作指导意见，实现贯通融合区域集成化。（孟　方）

【基层监督"提质增效年"活动】2021年，市纪委市监委关注基层群众身边不正之风和"微腐败"问题，深化村级"三小"监督，推动基层纪检监察工作更好融入基层治理大局。聚焦少数党组织软弱涣散、"三资"管理混乱的重点村社，创新推行提级监督工作，着力纠治相关问题。开展初信"清零"、"三多"件"清淤"攻坚行动，发挥纪检监察组织入驻"矛调中心"的牵引带动作用，涉农纪检信访件比上年下降34.3%。规范村（社区)延伸巡察工作流程,开展重点领域提级巡察和上下联动巡察,压实乡镇(街道)、村(社区)两级党组织巡察问题整改责任。深化漠视侵害群众利益问题专项治理,查处群众身边腐败问题202起、230人,其中移送司法机关70人。 (俞永炎)

【纪检监察干部队伍建设】2021年,市纪委市监委服务保障区划调整和市、县、乡纪委换届中心工作,提出10名区纪委副书记人选建议,跨地区选配区纪委班子成员8人。注重实务训练,开发课程291个、培育师资401人;为"80后"年轻干部举办"金钉子"业务提升实训营,加强针对性业务培训,市本级开展2天以上集中培训11场、1005人次。开展纪检监察干部违规兼职、辞职从业等专项整治,完成干部档案查漏补缺和数字化处理243卷,核查个人事项报告180份,干部管理科学化、制度化、规范化成效初显。全市处置纪检监察干部问题线索51件,处理17人。 (周　丹)

市纪委市监委重要会议

【市纪委十二届六次全体会议】2021年2月8日,市纪委十二届六次全体会议召开。会议回顾全市2020年纪检监察工作,部署2021年任务。市委主要领导出席会议并讲话。会议审议通过题为《奋力推动纪检监察工作高质量发展,为建设社会主义现代化国际大都市提供坚强保障》的工作报告。全会指出,做好2021年工作,要以习近平新时代中国特色社会主义思想为指导,深入贯彻中共十九大和十九届二中、三中、四中、五中、六中全会精神,按照中央、省委、市委和上级纪委全会部署,增强"四个意识"、坚定"四个自信"、做到"两个维护",坚持稳中求进工作总基调,坚持以人民为中心根本立场,以高质量发展为主题主线,坚定不移推进全面从严治党,忠实履行党章和宪法赋予的职责,充分发挥监督保障执行、促进完善发展作用,推动党中央和省委、市委决策部署有效落实,推动中央巡视反馈问题有力整改,持续深化清廉杭州建设,一体推进不敢腐、不能腐、不想腐,扎实推进规范化法治化建设和纪检监察干部队伍建设,为构建新发展格局、加快建设社会主义现代化国际大都市提供坚强保障,以优异成绩庆祝中国共产党成立100周年。全市各级纪检监察机关必须进一步强化政治意识,进一步强化大局意识,进一步强化宗旨意识,进一步强化法治意识,进一步强化系统观念,进一步强化"头雁"意识,在高质量发展上打造一批具有杭州纪检监察鲜明辨识度的标志性成果。

【市纪委常委会会议】2021年,市纪委召开常委会29次,就全面从严治党、党风廉政建设和反腐败工作重大问题进行研究。 (肖凡胜)

纪检监察体制改革

【概况】2021年,市纪委市监委贯彻落实党中央、省委、市委和上级纪委监委全面深化改革决策部署,谋划实施改革项目,抓好改革推进,在深化纪检监察体制改革尤其是数字化改革方面先行先试、积极实践,打造一批成果,形成一批"杭州经验""杭州模板",为全市纪检监察工作高质量发展提供助力和保障。

【市监委向市人大常委会报告专项工作】2021年,根据省纪委省监委统一部署,市监委推进市、县监委向本级人大常委会报告专项工作。市监委成立报告专项工作专班,研究制订市监委向市人大常委会报告专项工作的实施方案、市县两级监委向本级人大常委会报告专项工作的总体方案,围绕报告选题"反腐败国际追逃追赃工作情况"配合省、市人大常委会做好相关调研工作。严格按照中央纪委国家监委指导意见依法依规、审慎稳妥、有序有效推进,坚持实施方案、报告选题、报告提纲、正式报告等向省纪委省监委、市委进行请示,按省纪委省监委、市委批复意见抓好落实。6月28日,市监委向市人大常委会报告全市反腐败国际追逃追赃工作情况。针对《杭州市人民代表大会常务委员会关于全市开展反腐败国际追逃追赃工作情况报告的审议意见》,市监委制订工作方案、抓好任务分解,逐项明确责任部门和具体措施,推进落实办理,形成《杭州市监察委员会关于市人大常委会对开展反腐败国际追逃追赃工作情况报告审议意见落实办理情况的报告》,报请省纪委省监委、市委批准同意后提交市人大常委会。各区县(市)中,滨江区监委作为先行区,以"亚运建设项目监督工作情况"为题,于9月向滨江区人大常委会做专项工作报告。 (肖凡胜)

【派驻机构改革】2021年,市纪委市监委学习贯彻中央纪委深化地方派驻机构改革座谈交流会和全省深化派驻机构改革推进会精神,优化党政机关派驻机构管理机制,理顺国企高校纪检监察机构工作关系,推动生态环境局、规划和自然资源局等省以下垂直管理单位实行市、县两级派驻机构分级监督。落实省纪委省监委关于加强开发区(园区)纪检监察机构建设的指导意见,制订市、县两级17个开发区(园区)纪检监察机构建设方案,逐步推进开发区(园区)派驻机构设置并实现全覆盖。建立健全派驻机构管理机制,推动改革成效转化为监督质效。 (周　丹)

【纪检监察核心业务数字化改革】2021年,市纪委市监委在做好上级纪委监委部署核心业务数字化平台的推广和应用基础上,从全方位服务审查调查工作的现实需要出发,查漏补缺,探索推进个性化应用场景建设。在调查核查环节,打造"大数据和智能应用平台",迭代升级信息查询审批和分析研判子平台,实现话单、账单等自动关联,为案件查办提供信息技术支撑;在执纪执法环节,研发网络版便携式360度全景同步执法记录系统,在协助搜查、谈话全程录音、录像中发挥作用;在留置环节,探索开发"留置综合管理平台",做到从对象进点至离点全过程管理,实现主动侦测、主动预警留置工作和场所管理风险,确保留置场所规范有序运转,获得中央纪委国家监委肯定。 (肖凡胜)

【基层公权力大数据监督】2021年,市纪委市监委成立数字化改革工作专班，健全完善项目审核把关、试点推进通报和约谈等工作机制，加快推进基层公权力大数据监督平台试点探索。推动萧山区“码上工程”、建德市“清廉建德智慧监督平台”被列入全省基层公权力大数据监督平台推广模板，两地探索建设的“监督一点通”平台被列入中央纪委国家监委浙江试点。在第一轮全省公权力大数据监督应用试点项目申报中，全市7个项目被纳入“一本账S0”，占全省21个试点项目的1/3，试点数量居全省第一位。整合各区县（市）探索的优势模块，形成涵盖村级权力运行的村级工程、村级采购、劳务用工等6个高频事项的“杭州模板”。（周 炜）

【监察措施应用】2021年，市监委贯彻落实国家监委、省监委有关工作要求，修订完善《规范问题线索处置和审查调查相关工作的操作办法》，进一步规范留置、技术调查、限制出境3项重要措施的使用要求，依规依纪依法、规范有序开展对“12+3”项监察措施的使用工作。市监委本级使用谈话措施50次、询问措施365次、查询措施651次、调取证据措施161次、鉴定措施13次、讯问4次、留置措施5次、冻结措施8次、搜查措施20次、查封扣押措施38次、技术调查措施43次、数据查询76次、限制出境措施50次。（刘 珏）

【乡镇（街道）纪检监察工作规范化建设】2021年，市纪委市监委开展乡镇（街道）纪检监察工作规范化建设工作调研督导，以清单化形式细化落实基层监督任务举措，推动县、乡、村三级纪检监察组织发挥职能作用。督促各区县（市）纪委监委严格换届人选把关，实现满员配备，确保专职专用要求落到实处。加强镇、村两级监察信息员队伍建设，分别选聘2133人和8841人。开展村级监察工作联络站规范化建设情况调研，制订村级监察工作联络站及主要负责人考核评价指导意见，下发村务日常监督工作要点，为联络站履职提供制度依据。全市乡镇（街道）纪检监察机构立案1640件，党纪政务处分1608人。（周 丹）

执纪审查和监察调查

【概况】2021年，杭州市各级纪检监察机关始终保持惩治腐败高压态势，受理检举控告2749件（次），立案2611件，党纪政务处分2458人，其中厅局级干部7人、县处级干部115人、乡科级干部174人，移送司法机关107人。通过监督检查和审查调查，为国家和集体挽回直接经济损失3.76亿元。

【反腐败斗争成果】2021年，杭州市各级纪检监察机关立案查办同级党委管理干部要案112件。其中，市本级立案18件，涉及“一把手”案件8件，占7.1%。关注权力集中、资金密集的重点领域和关键环节，全市查处国有企业案件166件，比上年增长9.9%；查处政法系统干部145人，增长27.2%。全市查处发生在农村（社区）的案件1481件，占办案总数的56.7%。其中：村（社区）干部案件475件，处分465人；乡镇（街道）干部案件282件，处分272人。查处与群众利益密切相关的征地拆迁、土地管理、工程建设、“三资”管理等领域的腐败案件124件，处分135人，其中贪污贿赂案件中涉及上述领域的占20.1%。

【涉黑涉恶腐败和“保护伞”问题查处】2021年，市纪委市监委总结三年专项斗争实践经验，制定《贯彻落实〈关于纪检监察机关常态化开展惩治涉黑涉恶腐败和“保护伞”工作的实施意见〉的通知》，固化、深化线索移送与会商研判、异地交办、指定管辖、挂牌督办、联点督导等工作机制。坚持工作专班常态化，推动扫黑除恶惩腐打伞深入推进。全市恶势力集团以上案件惩腐打伞查实率为100%。全市纪检监察机关立案55起，给予党纪政务处分53人，采取留置措施10人，移送司法机关9人。

【政法队伍教育整顿监督执纪执法】2021年，市纪委市监委贯彻落实省纪委省监委和市委对政法队伍教育整顿工作部署，建立工作专班，印发《关于明确在全市政法队伍教育整顿中监督执纪执法工作相关事项的通知》，健全工作机制，督办线索案件，推动问题整改。全市涉及政法干警问题线索处置、留置、移送和处理数均居全省第一位，得到省纪委省监委督查组的肯定。自教育整顿工作开展以后，全市各级纪检监察机关受理和处置涉及政法干警违纪违法问题线索985件，办结925件；立案120人、留置13人、移送司法机关9人；做出处理469人。其中：党纪政务处分94人，调整职务、诫勉、谈话提醒、批评教育等其他处理375人。全市有261名政法干警主动向组织交代问题。（刘 珏）

2021年7月29日，杭州市纪委监委在建德市梅城镇澄清门举行集中澄清正名活动暨澄清正名发布会（市纪委市监委办公厅 供稿）

【“澄清正名，撑腰鼓劲”宣传周】 2021年，市纪委市监委一体推进澄清正名、打击诬告陷害工作。制订“澄清正名，撑腰鼓劲”宣传周工作方案，市本级选定8名敢抓敢管、干事创业的党员干部作为公开澄清对象，在建德市梅城镇澄清门举行集中澄清正名活动暨澄清正名发布会。各区县（市）纪委监委结合实际，推进澄清正名工作，全市澄清不实举报74件，涉及79人和4个单位。

（王 铿）

【纪检监察审理系统案例库试点】 2021年，市纪委市监委推进中央纪委国家监委交办的纪检监察审理系统案例库试点工作。4月19日，各试点单位在杭州召开现场交流会，中央纪委国家监委案件审理室有关领导，以及省纪委省监委有关领导参加。12月，该工作获中央纪委国家监委案件审理室表扬。至年末，案例库收录各类案例206件，其中杭州市、县两级纪委监委发布案例160件。

（孙 燕）

作风建设

【概况】 2021年，市委第八年召开全市深化作风建设大会，全市各级纪检监察机关强化正风肃纪，坚持不懈纠“四风”、树新风，巩固拓展作风建设成效。全市查处违反中央八项规定精神问题437起，处理554人，给予党纪政务处分266人。其中：查处形式主义、官僚主义问题155起，处理208人，给予党纪政务处分73人；查处享乐主义、奢靡之风问题282起，处理346人，给予党纪政务处分193人。市纪委市监委通报曝光违反中央八项规定精神典型案例5批、22起。

【影响亲清政商关系突出问题专项治理】 2021年，市纪委市监委会同市委组织部制订影响亲清政商关系突出问题专项治理方案，开展领导干部利益冲突事项自查自纠、违规借贷“回头看”及领导干部配偶、子女及其配偶经商办企业行为专项治理，全市2.48万名（含退休1904名）党员领导干部进行自我检视。结合全市深化作风建设大会视频曝光、违反中央八项规定精神问题通报，对典型案例进行点名道姓曝光，强化警示教育。

【漠视侵害群众利益问题专项治理】 2021年，市纪委市监委会同13个市直单位聚焦群众“急难愁盼”问题，结合全市十大重点领域行业隐患排查，确定校外培训机构违规办学、回迁安置困难、食品药品安全等15个具体切口，开展漠视侵害群众利益问题专项治理，解决群众反映强烈问题89个。

【供销系统腐败和作风问题重点整治】 2021年，市纪委市监委会同市供销社成立供销系统腐败和作风问题整治工作协调小组，制定发布任务清单，协调开展专项审计及巡察“回头看”，以实施部门联合、市区两级协同、“室组地”联动等方式，深化问题纠治。全市查处供销系统腐败和作风问题22起、22人，给予党纪政务处分9人，组织处理13人，发出纪检监察建议书4份，督促整改问题208个。

【酒驾醉驾及其背后“四风”问题专项整治】 2021年，市纪委市监委按照省纪委省监委统一部署，全面起底中共十九大以后党员干部和公职人员酒驾醉驾查处情况。与公安交管部门建立酒驾醉驾联查快处机制，关注重要时间节点、重点时段路段，开展联合检查99次，查处党员干部和公职人员酒驾醉驾问题74人，对涉及违规吃喝等“四风”问题线索按规定从严查处。编印《杭州市党员干部和公职人员酒驾醉驾问题警示录》，强化警示教育。

【“责任转嫁村社”问题调研督导】 2021年，市纪委市监委会同市委督查室、市民政局等开展“责任转嫁村社”问题调研督导，发现对村（社区）设置不当考核排名、行政执法任务转嫁、违规出具证明、摊派“指尖上”的任务4个方面、7类具体问题，督促推动相关部门单位进一步明确村（社区）出具证明范围及流程，及时查纠整改不当考核排名、责任转嫁和任务摊派问题。

【“不担当、不作为、不落实”问题整治】 2021年，杭州市各级纪检监察机关第七年开展“不担当、不作为、不落实”问题整治，查处问题717起、处理990人，其中党纪政务处分177人。深化完善容错免责机制，推进实施容错免责“事前备案”制，办理备案事项14个，为20名党员干部容错免责。

（俞永炎）

巡察工作

【概况】 2021年，市委巡察机构贯彻落实党中央重大决策和省委、市委部署要求，深化政治巡察，开展“市级巡察机构在上下联动中更好发挥作用”的试点工作，高质量完成市、县巡察全覆盖任务。出台《关于巡察整改约谈工作的若干规定》《关于规范巡察期间立行立改工作的实施意见（试行）》等制度，提升巡察规范化水平。开展市属国企集中整改月行动，会同市纪委市监委、市委组织部等单位进行联合检查，督促市属国企对巡察“回头看”发现震慑不严、查处不力、制度不全等突出问题进行整改。

【市、县巡察全覆盖】 2021年，根据市委部署和市委巡察工作领导小组安排，市、县党委巡察机构科学谋划全年巡察任务，完成一届党委巡察全覆盖。市本级层面，对市委办公厅等7个单位开展常规巡察，根据省委授权巡视杭州职业学院，在省委指导督导下巡察市法院，对市建委、市供销社等6个单位开展巡察“回头看”，对市商务局（市粮食和物资储备局）开展涉粮问题专项巡察；累计完成18轮、97个单位的常规巡察，对35个单位开展巡察回访检查和“回头看”。区县（市）层面，完成对953个县管党组织和3236个村（社区）党组织的巡察全覆盖。市、县两级发现问题6.81万个，移交问题线索3668条，党纪政务处分602人，移送司法机关89人。

【巡察成果运用】 2021年，市委巡察机构细化完善巡察监督与纪律监督、监察监督、派驻监督、组织监督的统筹衔接机制和工作流程，建立健全巡察与市委宣传部、市财政局、市建委和市直机关工委等单位的协作配合制度，总结推广“六个协同”“十步工作法”等监督工作模式，形成监督合力，提升整体质效。制定《重大巡视巡察问题清单工作机制》，梳理第十四轮巡察以后尚未整改到位问题，针对性加强督查推动，确保巡察成果落实。加大追责问责力度，对市农科院党委落实巡察整改不力问题，给予其主要领导在内的3名班子成员问责处理。

【巡察队伍建设】2021年，市委巡察机构在精心选配专职干部、择优抽调年轻干部、充分利用巡察人才库基础上，按照“编制不足机制补”的思路，总结实践经验，完善干部常态化抽调机制，会同市纪委市监委、市委组织部制定《关于进一步健全巡察机构选调干部定期定岗培养工作机制的实施办法》，明确选调干部在巡察机构三年期定岗培养后可优先提拔使用，并将在巡察岗位工作时间视同基层工作经历。加强业务培训，组织市、县两级38名巡察干部参加巡视巡察业务培训班，市委全体巡察干部参加省委巡视指导督导期间4次专题辅导，解决“本领恐慌”问题。

（孟　方）

党风廉政宣传教育

【概况】2021年，市纪委市监委聚焦习近平新时代中国特色社会主义思想，特别是关于全面从严治党重要论述和决策部署，围绕全市纵深推进全面从严治党、做细做实监督首责、一体推进“三不”（不敢腐、不能腐、不想腐）、推进清廉杭州建设、深化纪检监察体制和数字化改革等方面的新经验、新成效，开展全方位宣传报道。全市各级纪检监察机关在省级以上主流媒体（含报网）刊（播）新闻稿件4700篇，发稿量居全省第一位。中央纪委国家监委新闻传播中心杭州记者站获2021年度“工作先进”奖。

【廉政宣传加强】2021年，市纪委市监委聚焦中心工作，挖掘特色亮点，加强宣传报道。围绕庆祝中国共产党成立100周年，运用全市纪检监察系统“融媒体”宣传平台，开设“亮点工作巡礼·纪委书记访谈”“我和我的党”“我为群众办实事”等专题、专栏、专网、专页，推出各类稿件150多篇（次），在《中国纪检监察报》“为群众办实事”专栏连续4期刊载宣传稿件。围绕清廉杭州建设，组织记者到基层一线采访挖掘，提炼报道全市在推进清廉乡村、清廉医院、清廉交通等方面的典型经验做法，在《人民日报》《新华每日电讯》《中国纪检监察报》《浙江日报》等省级以上主流媒体刊发一批有影响力的宣传稿件。发挥短视频在新媒体时代的传播优势，摄制一批优质短视频作品；聚焦网民关注热点，摄制《小莲说纪》系列视频，其中6期在中央纪委网站以“纪法小课”形式刊播；MV《献礼百年，妈妈教我一支歌（纪检版）》在人民网、新华网、“学习强国”学习平台等媒体平台发布，新华社客户端点击量超过100万人次。

【廉政教育推进】2021年，市纪委市监委以精准实效为目标，持续抓好廉政教育与日常教育的融合，将党章、党规、党风、党纪等内容纳入各级党委（党组）理论学习中心组学习的重要内容，作为各级党校、行政学院的必修课。编发《警示与忏悔——2019—2020年严重违纪违法杭州市管干部忏悔书选编》，督促各地、各部门编发同级同类违纪违法党员干部忏悔录或典型案例剖析警示录，召开市医保系统腐败案件剖析会、市水务系统警示教育大会，以身边案警示教育身边人。在省法纪教育基地探索开展“职务犯罪服刑人员现身说法”活动，组织20多名职务犯罪人员以视频连线形式“面对面”现身说法。配合政法队伍教育整顿、国企领域腐败问题专项整治等工作，针对性开展廉政教育。

【清廉文化品牌建设】2021年，市纪委市监委系统谋划推进全市清廉文化建设，协助市委宣传部出台《关于纵深推进清廉文化建设的实施方案》，明确“十四五”期间全市清廉文化建设的目标任务。举办第三届“玉琮杯”清廉微电影、微视频大赛，来自全国31个省的100部作品分获各个奖项。在清廉主题巴士线路“510小莲清风专线”的基础上，推出5条专线、14条“小莲清风廉运”新线路，串联长三角区域20多个清廉文化阵地。挖掘景观资源中的清廉因子，指导开发“西溪清风”和“龙坞茶镇、清风茶乡”清廉文化旅游专线。打造青年清廉馆，启用位于拱墅区文晖街道的清廉书房，将清廉文化融入百姓日常生活。

【市纪委市监委建党100周年主题宣传教育】2021年，市纪委市监委围绕“奋斗百年再出发，永葆清廉展风采”主题，开展“百年华诞”全市歌咏朗诵大赛、“百年奋斗”清廉杭州法纪大宣讲、“百年家风”寻访活动、第三届“廉值千金心向党”剪纸大赛、“百年党史·杭州印迹”清廉书画展等系列主题宣传教育活动。在《清风窗》杂志、杭州电视台综合频道《廉政经纬》栏目推出“逐梦百年·杭州脚印”“坚定跟党走·忠诚铸铁军”特别报道和“百年华诞·纪检人接力跑”系列报道，营造庆祝中国共产党成立100周年宣传教育氛围。

（夏　悦）

责任编辑　金利权

11 民主党派

民革杭州市委会

【概况】至2021年年末，民革杭州市委会（简称民革市委会）下辖建德市委会，上城区、拱墅区、西湖区、滨江区、萧山区、余杭区、临平区7个区级基层委员会，卫生健康、教育2个行业基层委员会，临安区、杭州师范大学2个总支部，11个市直支部，及46个市直基层组织下辖支部。全市有党员1282人。全年发展新党员71人，平均年龄37.7岁。

2021年，民革市委会以换届为契机，以“作风建设年”为抓手，做好政治交接，强化自身建设，履行参政党职能。召开民革杭州市第十二次代表大会，选举产生新一届市委会领导班子。围绕中国共产党成立100周年和辛亥革命110周年主题，落实中共中央总书记习近平“七一”“纪念辛亥革命110周年”等重要讲话和中共十九届六中全会精神学习，开展主题教育系列活动，夯实共同思想政治基础。在市政协十一届五次会议上，市委会提交大会发言6篇（其中口头发言1篇）、集体提案11件，其中：2件提案被市政协选为重点提案，1件提案获市委主要领导和秘书长选中领办；4件集体提案、1件个人提案获2020年度市政协优秀提案表彰。全年向市政协专题常委会、专题协商会、月度协商座谈会提交调研成果8篇，其中7篇被选为口头发言。整理报送信息143篇，被中央、省、市等各级部门录用102篇（次）。市委会获评民革全国组织工作先进集体、民革助力脱贫攻坚工作先进集体、民革全国机关工作先进集体和民革全省参政议政工作、社情民意信息工作先进集体等，2个民革党员之家获评全国优秀民革党员之家，2个支部获评第二批民革全国示范支部，3个支部获评民革全省示范支部。

【庆祝中国共产党成立100周年和纪念辛亥革命110周年系列活动】2021年，民革市委会聚焦庆祝中国共产党成立100周年和纪念辛亥革命110周年开展系列活动。4月，举办“文化献礼庆华诞·墨香剪纸贺百年——庆祝中国共产党成立100周年书画剪纸艺术展”。5月，举办“同心筑梦跟党走·携手期盼亚运风”毅行参观活动。9月，举办“复兴的号角——纪念辛亥革命110周年书画作品展”。9—12月，组织各基层组织开展“辛亥革命·杭州印记”打卡活动。10月，举办“中共党史与辛亥革命历史专题讲座”。同月，新一届市委会常委会组成人员到上海、嘉兴开展“观故居，走多党合作之路”活动。4名党员分别参与浙江省、民革省委会、市委统战部庆祝中国共产党成立100周年文艺会演，1名党员文章获民革中央庆祝中国共产党成立100周年征文活动优秀征文奖。

【中国国民党革命委员会杭州市第十二次代表大会】2021年8月13—

2021年5月8日，民革市委会开展“同心筑梦跟党走·携手期盼亚运风”毅行参观活动（民革市委会 供稿）

14 日，中国国民党革命委员会杭州市第十二次代表大会召开。会议学习中共中央总书记习近平在庆祝中国共产党成立 100 周年大会上的重要讲话精神，学习中共杭州市委十二届十二次全体（扩大）会议精神，听取并审议民革杭州市第十一届委员会工作报告，表彰 2019—2021 年度市委会先进集体和先进个人，选举产生民革杭州市第十二届委员会，林革当选主任委员，通过民革杭州市第十二次代表大会决议。

【思想政治建设】2021 年，民革市委会以理论学习中心组为引领，推动形成常委会、主委会带头学习和机关集中研讨、基层组织联动落实的学习常态化机制。依托《杭州民革》杂志、微信公众号开辟《开卷有益》《学史园地》《盛世如画卷，复兴续华章》《十九届六中全会热议》等栏目，推出“我读·初心”专题朗读 43 期，开展“知党史，晓亚运”知识竞赛。开展研读《论中国共产党历史》等“四史”书目及《民革与新中国的建立》《民革前辈与新中国》等民革历史读本活动，编辑出版《岁月撷华——民革杭州市第十一届委员会纪念册》《在笔尖相逢——杭州民革故事集》，开展基层组织老主委、老党员口述历史和档案资料采集工作。在各类平台刊发文稿 60 多篇，《团结报》刊登《市委会五年工作综述》专版。发挥“民革党员之家”思想宣传阵地作用，“杭州民革党员之家”“余杭民革党员之家”（和兴阁）获评“全国优秀民革党员之家”。

【议政建言】2021 年，民革市委会主要领导参加中共杭州市委全会报告、意见、决定征求意见，市政府工作报告征求意见，党风廉政建设情况，市“两院”工作情况等座谈会、协商会、情况通报会 8 次，并提出相应意见和建议。围绕市政协专题常委会、专题协商会、月度协商会议题，提交《关于保护和活化历史文化名城的建议》等 8 篇调研文章，其中 7 篇被选为口头发言。加强与市委统战部、市委政研室、市发改委的联动，完成市各民主党派年度重点调研课题 1 篇、市发改委合作课题 1 篇。3 篇文章入选民革中央主办的第四届莫干山会议征文集，16 篇调研文章在 2021 年民革全省参政议政研讨会、工作会议上交流。

【专项民主监督推动数字乡村建设】2021 年，根据中共杭州市委办公厅《关于支持杭州市各民主党派、市工商联和无党派人士开展“服务建设‘数智杭州宜居天堂’，高水平推进市域治理现代化”专项民主监督工作的实施意见》，民革市委会对口建德市、市农业农村局开展“加强数字乡村建设，助推乡村治理现代化”专项民主监督。8 月，市委会主要领导两次带队到建德、市农业农村局开展监督调研并召开座谈会。市委会各专委会和相关基层组织组建调研专班，到萧山、余杭、临安等地开展调研座谈 6 次。12 月，市委会在中共杭州市委召开的专项民主监督协商座谈会上对高水平推进市域治理现代化提出意见和建议，被中共杭州市委及有关部门采纳。

【社情民意信息报送】2021 年，民革市委会收到党员报送的社情民意信息 318 篇，整理报送信息 143 篇，被中央、省、市等各级部门录用 102 篇（次），其中《我市食用农产品农药兽药超标问题亟待引起重视》《关于进一步加强我市新型智慧城市建设的建议》获市领导批示。市委会获评 2020 年度市政府政务信息工作先进单位、全市统战信息工作先进单位和民革全省社情民意信息工作先进集体。

【对台交流交往】2021 年，民革市委会以辛亥革命 110 周年为契机，以共同缅怀孙中山等辛亥革命先驱的历史功勋为纽带，开展对台交流交往。1 月，参与承办 2021 年杭州文史论坛暨“辛亥革命与近代浙江”学术研讨会。6 月，市委会领导参加杭州市与南投县两地以视频连线方式举行的“山水相连，共兴两湖”——第十三届两湖论坛。同月，市委会领导出席“公望富春·共绘新图”——纪念《富春山居图》合璧 10 周年两岸书画摄影展。9—10 月，举办市委会纪念辛亥革命 110 周年专题讲座、书画作品展。1 名党员参加民革中央举办的“新媒体·新视界”——第 28 次两岸青年观点论坛并做主题发言。市委会完成涉台调研成果《关于打造台青设计师工作驿站的建议》并提交为市政协十一届五次全会集体提案；报送涉台信息 6 篇，其中：1 篇被中共中央办公厅、国台办、全国政协采用，2 篇被民革中央采用，3 篇被民革省委会采用。

【专委会和基层组织调整】2021 年，民革市委会结合杭州市部分行政区划优化调整，按照市委统战部的统一部署，加强与相关区委统战部的沟通、协调，制定出台《关于部分行政区划优化调整中基层组织设置和换届的工作方案》，推进部分基层组织的调整工作。5 月，民革余杭区基层委员会完成换届。6 月，原民革上城区基层委员会、民革江干区基层委员会合并成立新的民革上城区基层委员会，原民革下城区基层委员会、民革拱墅区基层委员会合并成立新的民革拱墅区基层委员会。同月，新成立民革临平区基层委员会、民革钱塘区支部。10 月，以市委会换届为契机，组建新一届市委会经济、祖统联谊（两岸联谊）、农业农村、社会法制、环境保护 5 个专门委员会，吸纳 111 名委员加入相关专委会。

【人才队伍建设】2021 年，民革市委会坚持在组织发展中保持民革界别特色，注重发展社会和法制、“三农”研究等新领域的专业人士。全年新发展党员 71 人，其中硕士研究生及以上学历 37 人、中高级职称 30 人，主界别特色人士占 73.2%。加强党员教育培养，在市社会主义学院举办新党员培训班，推荐 20 名党员参加民革全省基层骨干培训班、全市党外干部中青年骨干培训班。1 名党员获评“民革榜样人物”，1 名党员被浙江省政府记一等功 2 次，1 名党员获评“浙江好人”，2 名党员获评“2021 年浙江民革骄傲人物”。

【社会服务助力脱贫攻坚】2021 年，民革市委会按照杭州市“联乡结村”“三服务”部署要求，3 次到淳安县文昌镇开展实地调研，推动当地“智慧农场”、果蔬基地和“乡村民宿”等项目建设。继续对口桐庐县百江镇金塘坞村开展“联乡结村”帮扶。响应民革中央、民革省委会对口帮扶工作，引导和发动民革党员企业家参与“我为帮扶下一单”活动，参与民革省委会对口遂昌县“双百村结对行动”和助推乡村振兴工作。组织钱塘书画研究社、书画服务团、医卫服务团举办主题画展、开展书画慰问、疫苗接种知识普及、医疗下乡服务等活动28次。民革市委会和杭州民革企业家联谊会获评民革全国助力脱贫攻坚工作先进集体，3名党员获评民革全国助力脱贫攻坚工作先进个人。（李亦丹）

民盟杭州市委会

【概况】 至2021年年末，民盟杭州市委会（简称民盟市委会）下辖萧山区、建德市2个地方委员会，杭州师范大学、上城区、拱墅区、西湖区、滨江区、余杭区、临平区、富阳区、综合、直属教育10个基层委员会，杭州科技职业技术学院、淳安县2个总支，102个支部。全市有盟员2192人。全年发展新盟员75人，平均年龄37.8岁。

2021年，民盟市委会落实“人才强盟，活力兴盟”战略，强化履职效能，助推共同富裕，各项工作取得新进展。民盟市委会被民盟中央评为纪念中国民主同盟成立80周年先进集体、脱贫攻坚先进集体、思想政治建设与宣传工作先进集体。

【中国民主同盟杭州市第十四次代表大会】 2021年8月18—20日，中国民主同盟杭州市第十四次代表大会在杭州召开。大会学习贯彻中共中央总书记习近平在庆祝中国共产党成立100周年大会上的重要讲话精神和中共杭州市委十二届十二次全体（扩大）会议精神，审议民盟杭州市第十三届委员会工作报告。经民主选举，大会产生由47名委员组成的民盟杭州市第十四届委员会。在第十四届委员会第一次全体会议上，选举产生由17名常务委员组成的第十四届常务委员会和新一届领导班子，宦金元当选主任委员，毛伟民、申屠敏、方爱龙、缪凌蓉、孙晓华、余红英当选副主任委员。会议任命民盟杭州市第十四届委员会监督委员会组成人员，审议通过《中国民主同盟杭州市第十四次代表大会决议》。

【思想引领强化】 2021年，民盟市委会围绕增进共识、凝聚人心总目标，丰富思想建设内涵，强化使命意识和责任担当。全市各级民盟组织和盟员学习贯彻中共十九届六中全会精神，专题学习研讨《中共中央关于党的百年奋斗重大成就和历史经验的决议》。民盟市委会抓好党史盟史学习教育，专题学习贯彻中共中央总书记习近平在庆祝中国共产党成立100周年大会、在党史学习教育动员大会上的重要讲话精神。开展“致敬建党百年·同心向党”主题活动，举办“歌声飘扬 同心向党”主题歌咏汇、首届杭盟榜样人物评选，开辟《党史学习》《我与民盟》《盟员心语》等专栏，推进中共党史学习教育活动。深化盟史研究，开展“追寻杭盟先贤精神”大走访活动。杭州科技职业技术学院陶行知研究馆、沙孟海旧居升级为民盟中央传统教育基地。加强参政党理论研究，挖掘整理杭州民盟先贤史料，相关课题获民盟省委会2021年参政党理论研究课题二等奖、三等奖。

【“两会”建言】 2021年，民盟市委会在“两会”建言献策。提交的《关于开展“当好东道主，服务亚运会”活动，展示杭州“重要窗口”最美风采的建议》被确定为市政协十一届五次全会建议案。提交的7篇大会发言、10篇团体提案中，2篇被列为重点提案，《关于推进工业遗产保护与文旅融合开发的建议》由市领导领办。《关于发展科技服务业，推进制造业高质量发展的建议》《关于打造梅城古镇动态文化博物馆的建议》《关于完善基层社会治理协商民主体系的建议》被评为2020年度优秀提案。

【协商议政】 2021年，民盟市委会围绕中共杭州市委、市政府中心工作，参加各类协商会议，围绕中共杭州市委全会报告、政府工作报告、“两院”工作、党风廉政建设等议题建言献策。开展调查研究，《关于进一步推进大科学装置建设，加速打造高能级创新平台的建议》等5篇调研报告被用于市政协各类会议大会发言。《关于传承与展示宋韵文化的建议》被市政府办公厅《调查研究》选用。《关于促进营商环境法治化建设的建议》《基于人口结构变化下的劳动就业问题及对策分析》分别被民盟中央法治论坛和民生论坛评为优秀论文。20篇调研报告被民盟省委会各类论坛、

2021年4月7日，民盟市委会主办“歌声飘扬 同心向党”主题歌咏汇

（民盟市委会 供稿）

研讨会采用。

【社情民意信息成果】2021年，民盟市委会收到信息1287篇，报送各级各部门768篇，被采用455篇。其中，盟员朱秋艳撰写的信息获民盟中央领导批示，民盟中央“共同富裕”专题座谈会采用；盟员沈玲撰写的信息获中共浙江省委主要领导批示，撰写的《建议尽快为单支两人份新冠病毒疫苗同步配套0.5ml注射器》被全国政协采用并转送相关单位；盟员胡丹丹撰写的信息获省领导批示；盟员俞珠花撰写的《关于进一步完善消费券发放模式的建议》《关于及时改进消费券发放使用有关举措的建议》、茹莎莎撰写的《建议取消年报制度，用大数据实现对市场主体的管理服务》、邬华洁撰写的《关于退役军人职业技能教育培训的问题及建议》被全国政协采用；盟员徐律、胡晓华、沈立清等撰写的信息被民盟中央采用；盟员陈科杰撰写的信息被省政协采用；盟员刘居优、王雯雯撰写的信息被省委统战部采用。盟员朱智慧、马宏利被民盟中央评为反映社情民意信息工作先进个人。

【宣传工作深化】2021年，民盟市委会加强《杭州盟讯》、杭州民盟微信公众号和网站建设，加大对盟务活动、参政议政成果和盟员先进事迹的宣传力度，提高各个平台的学习性、服务性和针对性，使之成为开展思想教育、服务盟员和对外宣传的阵地。对《杭州盟讯》进行改版优化，全年编发6期。杭州民盟网站录用稿件700多篇，微信公众号推送信息900多条，对外宣传稿件被民盟中央、民盟省委会录用300多篇，被中共中央统战部网站和浙江统战微信公众号发布近10篇，被各级媒体录用20多篇。出版《激发传承的力量》《活力民盟》画册。盟员何军获评民盟中央思想政治建设和宣传工作先进个人。

【基层组织建设】2021年，萧山区委会、建德市委会和6个基层组织先后完成换届，实现基层组织领导班子交接。民盟市委会做好换届前期工作，及时印发换届工作意见及工作程序，指导换届工作。走访相关区委统战部、基层委员会领导班子，听取意见。换届后加强工作指导，确保盟务工作平稳运行。加强内部监督，健全完善监督机构，发挥监督委员会作用，以监督工作规范化助力基层组织建设规范化。完善考评机制，推进“星级支部”创建活动，评选出五星级支部25个、四星级支部20个、三星级支部17个，其中12个支部连续3年获评五星级支部。富阳区基层委员会等5个组织被民盟省委会评为“双十佳”基层组织。盟员何建法获评民盟中央组织发展工作先进个人。

【民盟助力共同富裕】2021年，民盟市委会落实中共杭州市委争当浙江高质量发展建设共同富裕示范区城市范例的部署，把助推共同富裕作为重点工作。以促进共同富裕为重点，开展主题为“数字变革引领现代产业体系、深化改革加快城市国际化、优质均衡打造‘美好教育’、人民至上建设幸福示范标杆城市”的课题招标活动。收到申报课题175项，确立59项为立项课题、32项为“助推高水平建设‘美好教育’”研讨会课题。通过立项课题中期汇报、常委领办课题、机关联络员制度等措施加强课题管理，全部立项课题均完成调研报告。全年收到各类调研报告123篇，就教育公平、医疗保障、数字化改革等方面建言献策，助推共同富裕。根据中共杭州市委要求，开展“服务建设‘数智杭州·宜居天堂’高水平推进市域治理现代化”专项民主监督。围绕“推进城乡义务教育优质均衡发展，高水平建设‘美好教育’”课题，调研淳安县、桐庐县、建德市20多所中小学，并到教育部门开展座谈，加强与各职能部门沟通。开展各类精准帮扶活动，参与杭州市对口支援和东西部协作工作，筹资100多万元，在四川省甘孜藏族自治州德格县等地启动“培英公益·豆苞女孩”项目，为1000多名青春期女生长期提供心理辅导课程及卫生用品。发起“培英公益·名师云工作室”，以数字赋能提升甘肃省定西市、贵州省黔东南苗族侗族自治州、四川省广元市等地教育帮扶实效。工作室全年开展专题教学教研活动6次，受益师生2.4万人次。深化山海协作，组织盟员教育、医卫专家到衢州市开展送教、送医活动，受益800多人次。助力乡村振兴，在淳安县宋村乡设立助力乡村振兴实践基地。引导盟员企业家参与消费帮扶，据不完全统计，采购帮扶地区农产品39.8万元。

【培英公益品牌打造】2021年，民盟市委会筹措资金向培英公益基金注资150万元，充实资金规模。全年安排资金40.2万元，支持培英公益基金立项项目14个。深化新安江中学送教成效，联合直属教育基层委员会开展高考全学科冲刺辅导、高一新教材辅导等系列活动，全年开展活动7次，受益师生5000多人次。连续15年在淳安县安阳乡中心小学开展奖教奖学活动，联合中国杭州低碳科技馆为学校提供科普剧表演、科普讲座等，助力特色化学校建设。拓宽“黄丝带帮教”形式，筹资10万元，联合余杭区基层委员会开展“请陪我长大”服刑人员事实无人抚养未成年子女专项帮扶计划，走进服刑人员家庭，以文化帮教、亲情帮教提升教育改造效果。建德市委会“同心·教育基地”智教助教、上城区基层委员会桐庐新合乡送教、滨江区基层委员会“党盟同行·送你一把健康伞”、临平区基层委员会“以盟护萌”、富阳区基层委员会“圆梦助学”暑假爱心课堂等公益平台，均多次开展活动，得到当地群众认可。（李国栋）

民建杭州市委会

【概况】至2021年年末，民建杭州市委会（简称民建市委会）下辖地方组织1个（建德市委会）、城区基层委员会7个、总支部2个、支部85个、专委会6个、横向组织3个。全市有会员2361人，平均年龄55.1岁，其中：经济界会员占会员总数的85.4%，新的社会阶层人士占15.6%，非公有制经济人士占26.1%，公有制经济人士占34.3%。全年发展新会员80人，平均年龄37.4岁，其中：本科及以上学历75人（硕士研究生13人、博士研究生2人）；中高级职称25人（高级职称7人）；社会新阶层人士35人，非公有制经济人士16人，公有制经济人士12人；区政协委员

2人。

2021年，民建市委会调研处被中央统战部和各民主党派中央、全国工商联联合评选为“各民主党派、工商联、无党派人士为全面建成小康社会做贡献”先进集体；民建市委会被民建中央评为参与脱贫攻坚先进集体，被民建省委会评为浙江民建为全面建成小康社会做贡献成绩突出集体；杭州民建办公旧址被中共省委统战部确定为浙江省第三批多党合作传统教育基地。

2021年5月9日，民建市委会举办庆祝中国共产党成立100周年暨杭州民建成立70周年纪念大会

（民建市委会 供稿）

【中共党史学习教育活动】 2021年，民建市委会把学习贯彻中共中央总书记习近平在庆祝中国共产党成立100周年大会上的重要讲话精神作为中共党史学习教育的核心内容，成立以主委为组长的中共党史学习教育领导小组，研究出台实施方案，印发两轮学习教育通知，理论学习中心组开展集体学习26次，领导班子成员指导宣讲8场。以“一起学四史”“一起来读史”“线上知识竞赛”等形式，开展中共党史、新中国史、改革开放史、社会主义发展史、多党合作史和民建会史的学习教育。

民建市委会围绕庆祝中国共产党成立100周年暨杭州民建成立70周年，开展多种形式的多党合作历史记录工作。举办“同心路，民建情”主题征文活动，征集作品74篇；举办“同心筑梦跟党走”主题展，征集展品70件；开展“我为‘中国共产党成立100周年暨杭州民建成立70周年’送祝福”活动；设立民建市委会荣誉陈列室，以光荣历史激励会员；举办“同心筑梦跟党走，砥砺奋进踏新程”纪念大会。

【中共十九届六中全会精神学习】 2021年，民建市委会学习贯彻中共十九届六中全会精神和学习《中共中央关于党的百年奋斗重大成就和历史经验的决议》，召开全体机关干部学习会、主委会、常委会进行专题学习，持续推进“学精神，谈体会”专题学习交流活动。领导班子带头开展专题宣讲，常委会组成人员撰写学习体会。印发《民建杭州市委会关于深入学习贯彻中共十九届六中全会精神的通知》，各级基层组织和会员通过收听、收看、发表感悟体会等方式开展集中学和自学。杭州民建微信公众号、网站推送全会学习动态，编发学习报道，开辟《我的学习》专题专栏，在线上“民建之家”学习平台建立全会精神学习资料库，开设《我要答题》专项学习。

【庆祝中国共产党成立100周年暨杭州民建成立70周年纪念大会】 2021年5月9日，民建市委会在杭州民建办公旧址（现杭州市旅游职业学校）举办以“同心筑梦跟党走，砥砺奋进踏新程”为主题的纪念大会，庆祝中国共产党成立100周年暨杭州民建成立70周年。民建浙江省委会、中共杭州市委统战部领导和对口联系单位领导应邀出席大会。会议播放庆祝中国共产党成立100周年暨杭州民建成立70周年纪录片和主题展视频，表彰2016—2020年度民建杭州市优秀会员和先进集体，回顾总结民建市委会在中国共产党引领下不断成长进步的历程，举办“庆祝中国共产党成立100周年暨杭州民建成立70周年”文艺会演。

【中国民主建国会杭州市第十四次代表大会】 2021年8月22—23日，中国民主建国会杭州市第十四次代表大会召开，227名代表出席。大会审议并通过第十三届委员会工作报告，选举产生第十四届委员会，由52名委员组成，郭清晔当选主任委员，刘政奇、郑冰、许玲娣、潘伟红、温正胞、张琳当选副主任委员。大会通过民建杭州市第十四届委员会监督委员会组成人员名单，潘伟红兼任监督委员会主任。

【参政议政】 2021年，民建市委会在市“两会”组织撰写和提交大会发言、议案、建议及提案共70件，包括大会发言7件、集体提案11件，其中2件提案被市政协确定为重点提案。市委会做题为《关于加快培育发展我市商业航天产业的建议》的大会口头发言。《关于深化“米袋子”工程建设，持续做好保供稳价和市域粮食安全工作的建议》由市长领办，3篇调研报告被转化为全国政协团体提案，4篇调研报告转化为省政协大会发言、团体提案及全国政协委员个人提案，其中1件被列为省人大重点建议、2件被列为省政协重点提案。市委会在2020年“两会”上提交的3件集体提案和1件个人提案被评为2020年度优秀提案。

民建市委会聚焦“全面推进数字化改革”“高质量发展建设共同富裕示范区”“实现碳达峰碳中和目标”“畅通国内大循环”“杭州亚运会筹办”等主题，开展专项课题研究。针对杭州市碳排放情况进行调研分析，提交课题成果《关于全面推进交通领域碳达峰碳中和的建议》。"关于我省建设'产业大脑'的相关建议"等7个课题被民建省委会立项。推进"促进城乡居民共同富裕,构建杭州国土空间开发保护新格局""高水平推进区域性创新高地建设"专题议政性常委会课题调研,提交的《以产业兴旺带动乡村振兴》《关于促进科技成果转化,建设区域性创新高地的建议》2篇调研报告被推选为口头发言材料。完成市发改委委托调研课题1个。围绕改革发展大局和群众关注的民生实事开展调查研究,形成和报送一批参政议政成果,其中《以筹办亚运会为契机进一步提升杭州城市文明形象》获中共浙江省委主要领导批示,《关于促进我省平台经济规范健康发展的建议》和《关于加强高致病性病原菌种(样本)运输管理的建议》获省政府主要领导批示,《关于加强农业科技推广助推农业现代化的几点建议》获省领导批示,《关于加快培育发展我市商业航天产业的建议》《关于未来社区建设背景下邻里中心推广的建议》获市主要领导批示。

首次举办全市参政议政工作培训班,开展民建会友信息培训,定期召开骨干信息员培训交流会,编印2021年《民建杭州市委会反映社情民意信息工作手册》,打造参政议政信息培训工作闭环。建立健全各级组织信息工作季度通报制度,加强信息员人才梯队建设。全年编发各类专报和信息239篇,有218篇被全国政协、民建中央以及省、市相关部门采用,其中被全国政协采用1篇、被民建中央采用62篇。11篇调研报告被民建省委会评为参政议政优秀成果。

【民主监督活动】2021年,民建市委会对口余杭区和市市场监管局开展专项民主监督,重点围绕"促进平台经济规范健康发展"主题开展监督调研。发挥特色和优势,制订专项民主监督工作实施方案,组建专家队伍,坚持问题导向,通过实地调研、座谈交流、个别访谈、主题信息约稿等形式开展监督调研,针对杭州市平台经济治理工作中的困难问题和薄弱环节,提出科学性、可操作性的意见和建议。全年召开专项民主监督工作座谈会2次,开展实地调研11次,共120多人次参与,收集相关意见和建议40多条,提交18篇相关信息专报,为平台企业规范健康发展建言,其中多篇信息专报被民建中央、民建省委会和上级部门录用。组织政协委员参加市政协专项民主监督和委派民主监督小组监督活动,开展"推进美丽大花园建设""助力打响'新消费·醉杭州'品牌""推动杭州石刻造像数字化"等民主监督活动。

【政治协商】2021年,民建市委会参加中共杭州市委全会征求意见座谈会、市政府工作报告征求意见协商座谈会、党风廉政建设和反腐败工作情况通报座谈会、市"两院"工作情况通报座谈会等,协商建言。参加市政协专题协商会、月度协商座谈会,围绕"深化乡村治理""大力发展中小学体育""健全多层次的城市住房保障体系""深化三大世界遗产联动保护与利用""2022年市政府民生实事项目"等主题,提交《数字赋能杭州乡村治理的相关建议》《关于构建中小学生体质健康监测与干预体系的若干建议》《关于进一步完善我市住房租赁市场的建议》《关于推进我市世界文化遗产保护社会化的建议》《关于加快推进困难老年人家庭适老化改造的建议》5篇口头发言材料。深化对口联系工作,联合对口联系部门开展走访调研服务会员企业活动5次,帮助会员企业解决难题,召开对口联系工作座谈会,促进知情明政,提升协商建言针对性。

【参政党理论研究】2021年,民建市委会聚焦中国共产党成立100周年和履职能力建设,围绕"建设中国特色社会主义参政党"进行探索研究,形成12篇理论研究成果。召开理论研究学习培训会,对课题成果进行交流和辅导,其中《新发展阶段凝聚共识视域下全面提升参政党履职能力建设研究》获民建中央2020年重点理论研究课题优秀成果二等奖,获民建省委会2021年度理论研究课题结项成果二等奖。

【基层组织完善】2021年,民建市委会完成行政区划优化调整后基层组织换届及成立工作,完成钱塘区总支部、临平区基层委员会、临安区总支部的成立和余杭区基层委员会、上城区基层委员会、拱墅区基层委员会、萧山区基层委员会的换届工作,完成杭州师范大学支部班子调整。加强会务骨干培训,组织余杭区、临平区、临安区两级班子成员开展培训。加强基层组织建设,通过优化线上"民建之家"功能,升级打造数智"民建之家"。至年末,建立民建会员之家17个,做到民建市委会及建德市委会、各城区全覆盖。9月7日,民建市委会在民建中央民建会员之家建设工作会议上做典型发言。

继续完善"互联网+支部工作"基层组织管理模式,开展2021年先进支部评选工作,72个支部申报参与,占全市在职支部的98.6%。经考核,39个支部获评杭州市先进支部,15个支部获评杭州市鼓励支部。

完善财务规范化管理制度落实机制,按照新修订的《民建杭州市委会基层组织活动经费管理办法》,对93个基层组织2021年度经费执行情况开展财务检查,提出整改要求并督促落实,指导基层组织规范使用活动经费。

【内部组织建设】2021年,民建市委会加强内部组织建设。制定监督委员会分工联系各级组织工作方案,加强会内监督干部队伍建设,推进监督实效。强化对领导班子的监督,全面落实领导班子民主生活会、述职评议会和领导班子联系基层制度。深入各级组织听取意见,掌握情况,改进工作作风。全年修订《中国民主建国会杭州市委员会主任委员会议规则》等15项制度,新增《中国民主建国会杭州市委会重要事项报告制度》等14项制度,废止1项制度。组建新一届参政议政工作委员会、理论研究工作委员会、对外联络工作委员会、妇女工作委员会、青年工作委员会、乐龄工作委员会。召开新一届各专委会主任工作会议,讨论各专委会工作简则,明确工作职责,研究部署年度工作任务。

【民建助力共同富裕】2021年,民建市委会制定《民建杭州市委会关于助力高质量发展建设共同富裕示范区的实施意见》,明确6个方面、19项举措,链接资源、精准服务助力共同富裕示范区建设。会员企业家联谊会发出倡议书,号召会员企业家为推进杭州共同富裕示范区的城市范例建设贡献力量。各级组织和会员发挥自身优势,围绕助力共同富裕开展内容丰富的社会服务和公益活动。浙江甲骨文超级码科技股份有限公司和临安元生粮油专业合作社被确定为"浙江民建助力共同富裕实践基地"。企业家联谊会临平分会与四川省甘孜藏族自治州石渠县对接商议,开展"东西部携手,共富话未来"爱心帮扶项目,推动石渠县特色产业发展。（王浙名）

民进杭州市委会

【概况】至2021年年末,民进杭州市委会（简称民进市委会）下辖萧山区、临安区、建德市3个区（市）级委员会,杭州师范大学、上城区、拱墅区、西湖区、滨江区、余杭区、临平区7个基层委员会和钱塘区、桐庐县2个总支部,103个基层支部,设有参政议政、团结联谊、学习研究和社会服务4类18个工作机构。全市有会员2392人,其中各级人大代表、政协委员160人（全国人大代表2人、全国政协委员1人、省人大代表1人、省政协委员6人）。全年发展新会员115人,其中教育、文化、出版、传媒主界别和医卫特色界别会员85人。

【庆祝中国共产党成立100周年活动】2021年,民进市委会以庆祝中国共产党成立100周年为主线,突出"同心筑梦跟党走"主题,组织理论中心组学习会等专题学习26次,重点学习中共十九届六中全会精神,中共中央总书记习近平"七一"重要讲话、在党史学习教育动员大会上的重要讲话精神。全市各级组织开展多种形式的学、悟、行等活动103次,发表学习体会170多篇。完成5个理论课题,其中《以党为师,从严治会,全面加强参政党自身建设》获民进中央主题理论征文二等奖。《杭州日报》《杭州市统一战线》等报刊发表《饮水思源,谱写新时代多党合作事业新篇章》等多篇主委谢双成署名文章。举办"民进记忆"主题作品征集活动,征集视频、征文、书画等作品60多件,其中,9件作品在"团结网""民进网"和"学习强国"学习平台上发表,歌曲《无悔的信仰》参演杭州市统一战线庆祝中国共产党成立100周年文艺晚会。举办"在正道上行"杭州民进美术作品展,展出书画作品200多幅并结集出版。

【组织换届】2021年8月16—17日,中国民主促进会杭州市第十四次代表大会召开,听取和审议民进杭州市第十三届委员会工作报告,选举产生由51名委员组成的民进杭州市第十四届委员会,审议通过有关决议。楼秀华当选主任委员,谢春凤、林沛、薛鸿翔、张钎、仇旻、李鹏为副主任委员,第十四届市委会委员平均年龄43.04岁。12月10日,民进杭州市第十四届第五次主委会议接受谢春凤辞去民进市委会副主委、秘书长、常务委员。12月30日,民进杭州市第十四届第三次常委会会议选举陈月利为民进杭州市第十四届常务委员、副主任委员,并任命陈月利为秘书长。民进萧山区委会、民进建德市委会、民进临安区委会先后于7月6日、7月27日、7月22日召开全体会员大会,完成民进市委会下属地方组织换届。

【基层组织优化调整】2021年5月31日至6月4日,民进市委会根据中共杭州市委关于部分行政区划优化调整的总体决策部署和市委统战部对涉及行政区划调整的区党派建设的具体要求,指导拱墅区、上城区、临平区、余杭区和钱塘区召开"民进会员大会"。成立新一届民进拱墅区、上城区、临平区3个基层委员会和民进钱塘区总支部委员会、调整民进余杭区基层委员会领导班子,完成民进基层组织优化调整工作。

【"两会"履职】2021年,民进市委会在市"两会"上提交11件集体提案和2件界别委员工作站提案,市级代表、委员分别提交建议5件、个人提案38件。《关于将杭州临空经济示范区建设成为国际国内双循环重要节点的建议》《大力推进杭州诗路文化带建设,提升杭州全域文化能级》《疫情防控常态化背景下加强中小学校健康教育的建议》《杭州二〇三五年在长三角城市群中城市能级提升的前瞻性分析》《提升我市重点产业链现代化水平的建议》《提升乡村法治水平,巩固新时代美丽乡村建设成果》6篇报告在市政协全会上被作为大会发言。民进市委会作为《关于设立杭州市民日,擦亮"幸福示范标杆城市"金名片的建议》全会建议案提出单位获市政协表彰,3件提案被评为优秀提案。

【专项民主监督提升公共文化服务水平】2021年,民进市委会落实"服务建设'数智杭州·宜居天堂'高水平推进市域治理现代化"专项民主监督工作部署,围绕"提升公共文化服务"重点课题,组织省、市、区三级代表委员,市、区两级民进组织,及会内外专家共同参与,到对口联系的临平区、市文化广电旅游局开展监督调研活动9次,180多人次参与,收集文化人才引育、社会化参与等意见和建议53条,向临平区提出建议19条,并以调研报告、社情民意信息的形式向各级各部门反映,其中《提升文化赋能产业水平,更好满足人民群众高品质文化需求》等8篇信息被民进中央、民进省委会采用。

【课题调研】2021年,民进市委会完成省、市课题69项,完成"开明教育论坛"征文11篇,先后与市教育局、市人力社保局、市商务局、市文化广电旅游局、市发改委、市科技局联合开展"提升杭州城市国际化水平""优质教育资源均衡发展"等课题调研。调研成果转化为民进中央集体提案1篇,全国人大建议、政协提案3篇,省政协集体提案、常委会发言材料3篇,其中《加快推动省际边界村发展的建议》《尽快推行链长制2.0版,健全产业链供应链安全长效机制》获中共浙江省委主要领导批示。《关于推动人工智能产业健康发展的提案》获民进中央参政议政二等奖,《聚焦病有所医:把数字化贯穿医疗服务全过程》等6项成果分别获民进省委会参政议政优秀成果一等奖、二等奖、三等奖,《推动宋韵文化产业高质量发展,打造新时代文化领域金名片》等 8 项调研成果在市政协常委会、“请你来协商”、月度协商等会议上发言。民进市委会获“开明教育论坛”优秀组织奖。

【反映社情民意信息主题年活动】2021 年，民进市委会贯彻落实民进中央反映社情民意信息主题年工作部署，举办参政议政骨干培训班和 6 场主题沙龙活动，促进开明智库、“和合谏言”舆情工作室、专委会和各级组织的良性互动，优化完善“8+1+N”履职体系。扩大信息工作参与面，全年参与信息撰写的会员逾 270 人。民进市委会全年编报信息 283 篇，其中：中共中央办公厅录用 1 篇，全国政协、中央统战部、民进中央等录用 33 篇，省级平台录用 80 篇，《从招商引资向融资融智模式转型，激活中小型产业园区发展活力》《进一步优化省级证券纠纷调解平台功能》获省政府主要领导批示。民进市委会获评民进全国反映社情民意信息工作先进集体、民进浙江省反映社情民意信息工作先进单位、2021 年全市党委系统信息工作考核优异单位、全市社会舆情信息工作业绩突出单位等荣誉，4 名会员获评民进全国反映社情民意信息先进个人。

【学习宣传阵地建设】2021 年，民进市委会围绕“中国共产党成立 100 周年”“学四史会史”“中共十九届六中全会精神”等重大主题强化宣传策划、推进媒体融合，扩大学习交流的覆盖面和影响力。全年在“一刊一网一微”平台上发布各类稿件 635 篇，获民进中央网站、公众号、今日头条号选登 230 多篇（次），在《人民政协报》《团结报》《民主》和“中新网”等全国性媒体刊发 21 篇，公众号阅读量在全国民进地方组织中居前列。

【马叙伦“一会一馆一园”建设】2021 年，民进市委会深化马叙伦“一会一馆一园”建设，发挥马叙伦历史资料陈列馆会史教育基地和浙江省统一战线爱国主义教育基地的作用，构建“馆藏研究宣传教育一体化”格局，组织 350 多人次到马叙伦墓园、马叙伦历史资料陈列馆祭扫、参观。4 月 27 日，在杭州师范大学举办“同

2021 年 9 月 16 日，民进杭州第十四届常委会全体常委参观马叙伦历史资料陈列馆（民进市委会 供稿）

心筑梦跟党走——马叙伦与中国共产党”图文展和研讨会，纪念马叙伦 136 周年诞辰，推进中共党史、民进会史学习教育。举行《同心筑梦跟党走——马叙伦与中国共产党人》新书发布仪式暨赠书仪式，市政协副主席、民进市委会主委、马叙伦研究会会长谢双成分别向民进中央文史馆（马叙伦纪念馆）、民进成立旧址纪念馆、杭州师范大学图书馆赠书。

【组织建设深化】2021 年，民进市委会推动各级组织活动场所建设，改造提升市委会机关“民进之家”，完成首批 6 个“开明讲堂活动基地”授牌。深化常委联系基层制度，强化“学会章，交会费，做民进人”典型做法，全年开展两轮 96 场次“常委走基层”活动。开展 34 个市属支部与区县支部的结对共建工作，推广省、市、区三级基层组织共建“助力百丈富美开明同心服务基地”等创新案例，完善共建共享机制。围绕重点节庆，举办“落实‘双减’，打造优质均衡人民满意的美好教育”主题座谈会暨庆祝教师节活动，“迎亚运盛会，展民进风采”“五四”青年节活动，“爱满民进”妇女节、重阳节庆祝活动。

【社会服务品牌建设深化】2021 年，民进市委会深化“开明·公益行”社会服务品牌建设。举办“高考连麦”网上直播教育公益讲座、“翰墨丹青写茶韵”书画艺术活动、“云上闹春助力留杭过年”送温暖活动、民法典宣讲进社区活动、“呵护女性健康”讲座等“开明·公益行”活动 10 多场次，推荐 5 名法律专家加入“益心为公检察云平台”志愿者队伍。响应新冠肺炎疫情防控要求，组织全市会员结合自身实际，以政策宣传、法律咨询、捐款捐物等多种方式服务保障一线。举办书画作品义卖活动，为助力河南抗灾捐款捐物 30 多万元。助力共同富裕，参与民进中央“同心·彩虹行动”和浙江省民主党派消费帮扶活动，向贵州省金沙县茶园镇捐赠校服 1100 多套、笔记本电脑 10 台，资助困难学生 30 名。（钱　凯）

农工党杭州市委会

【概况】至 2021 年年末，农工党杭州市委会（简称农工党市委会）下辖各级组织 108 个，其中区级委员会 1 个、基层委员会 11 个、总支部 5 个、支部 91 个。全市有党员 2083 人，其中：主体界别党员 1308 人，占 62.8%；高中级职称以上党员 1763 人，占 84.6%。全年发展新党员 102 人，平均年龄 37.99 岁。

2021 年，农工党市委会以庆祝中国共产党成立 100 周年为契机，巩固“不忘合作初心，继续携手前进”主题教育成果，完善自身建设，履行参政党职能，各项工作取得新进展。

市委会被农工党中央评为脱贫攻坚工作先进集体、脱贫攻坚民主监督工作先进集体、定点扶贫大方县先进集体，被农工党省委会评为宣传工作先进集体、参政议政工作先进集体、反映社情民意信息工作先进集体、社会服务工作先进集体。

【庆祝中国共产党成立100周年系列活动】2021年，农工党市委会围绕“同心筑梦跟党走”主题开展庆祝中国共产党成立100周年系列活动。举办庆祝中国共产党成立100周年暨中共党史学习教育主题活动，农工党杭州市第十届委员会委员、基层组织代表、部分骨干党员、专职干部等120多人参加主题活动；组织机关干部和全市党员收听收看庆祝中国共产党成立100周年大会直播；邀请农工党中央宣传部部长杨晓波做“七一”重要讲话专题宣讲等。市委会组织新党员参观嘉兴“红船”、中国共产党杭州历史馆等红色教育基地，开展“百年党史”现场实践教学。市委会开展“微视频献礼一百周年”展评活动，收集微视频作品33个，多个视频被农工党省委会、市委统战部等录用；组织全市各级组织和党员参加农工党省委会、市委统战部组织的征文、书画展、照片里的故事、文艺会演等活动，其中：2篇文章获农工党中央庆祝中国共产党成立100周年征文三等奖，3个组织被农工党省委会评为庆祝中国共产党成立100周年活动先进集体。

【中国农工民主党杭州市第十一次代表大会】2021年8月19—21日，中国农工民主党杭州市第十一次代表大会召开。会议听取和审议农工党杭州市第十届委员会工作报告，选举产生由39名委员组成的农工党杭州市第十一届委员会。十一届一次全会选举於卫国为主任委员，倪晓娟、石仕元、章勤、蔡瑾、曾玲晖为副主任委员；表决通过农工党杭州市十一届委员会监督委员会委员名单，倪晓娟为主任，罗红英、何苾梅为副主任。十一届一次常委会任命倪晓娟为秘书长。

【思想政治教育】2021年，农工党市委会开展中共党史学习教育和“四史”宣传教育，巩固“不忘合作初心，继续携手前进”主题教育成果。市委会召开主委会12次、常委会8次，举办理论学习中心组学习会、暑期读书会和机关专题学习会议等，重点学习中共中央总书记习近平“七一”重要讲话精神、中共十九届六中全会精神、中共杭州市委全会精神等，加强思想政治建设。市委会开展领导班子成员“走基层、讲‘四史’”等领学活动，到基层讲述中共党史，贯彻落实“六讲六做”大宣讲活动精神，通过专题学习、现场教学等形式，引导党员形成比学赶超、实干争先的氛围。

【协商建言】2021年，农工党市委会履行民主党派协商建言的职能，市委会领导班子成员参与政党协商、政府协商、政协协商等高层决策协商11次，分别就中共杭州市委、市政府重点工作、专项民主监督、重大人事问题、党风廉政建设等工作提出意见和建议。利用各级“两会”、常委会专题议政会、“请你来协商”、月度协商、专题调研等平台进行各类协商。市政协农工党界别小组委员工作站发挥省、市、区三级委员和市、区两级工作站（室）的特长优势建言献策，被市政协评为“先进委员工作站”。市委会深化对口联系协商，联合市卫生健康委、市规划和自然资源局、市医保局等开展现场调研和面对面沟通，形成优化市域医疗卫生资源布局、夯实市耕地“非农化”整改工作、加快“无废城市”建设等多项建议得到中共杭州市委、市政府及有关部门采纳，在助推中共党委、政府决策施政中发挥作用。

【提案建议实效增强】2021年，农工党市委会围绕高水平“数智杭州”、加强新冠肺炎疫情防控、打造共同富裕示范区等中心工作，征集优质调研报告86篇（次），完成24个高质量调研报告和集体提案，向市级以上人大、政协提交个人提案和建议58件。其中：《关于创新罕见病保障模式的提案》等2个提案由农工党中央作为团体提案提交全国“两会”，被列为全国政协十三届四次会议提案；《关于加快构建医养护一体化“家庭医养”新模式的建议》等2个调研报告由农工党省委会作为团体提案提交省“两会”，分别列为省政协十二届四次会议提案和大会口头发言，2篇调研报告被评为重点提案及优秀提案；《关于亚运背景下数智赋能食品安全管理体系建设的建议》被选为省政协“以筹办亚运会和亚残运会为契机全面提升社会文明程度”专题协商会口头和书面发言材料；市委会提交的《大力推进人工智能发展，高水平建设“数智杭州”的建议》等4篇调研报告得到9位（次）中共杭州市委、市政府主要领导批示肯定；《关于推进反向飞地建设，强化杭州科创核心竞争力的建议》等9个调研报告在市政协十一届五次会议上被作为大会口头和书面发言；《关于优化市域医疗卫生资源布局，助推“健康杭州”建设的建议》等2个提案被列为市政协重点提案。1名党员被评为2020—2021年度省政协履职成绩突出委员；24名党员被农工党省委会评为2021年度参政议政工作先进个人；4个集体提案被评为市政协优秀提案，5名党员被评为市政协优秀履职者；4名党员提交的建议被评为2020年度市人大代表优秀建议，3名党员被评为2020年市人大代表履职积极分子。

【社情民意信息工作加强】2021年，农工党市委会组织信息专职干部、骨干党员到基层组织举办11期线下沙龙活动，开展信息工作培训与经验传授，300多人次参与；利用“微言妙语”微信群开展“线上信息沙龙”，围绕共同富裕、疫情防控、“双减”等重点工作和时事热点开展主题讨论。全年，市委会向有关部门报送各类社情民意信息805条，其中：《建议多维度同步推进法治中国建设》等158篇（次）被全国政协、中央统战部、农工党中央、省委统战部、省政协、农工党省委会等各级部门采用；《成人继续教育代理招生存在三方面不规范亟须整顿》《部分学校（老师）强制推广教辅App存隐患》《关于完善我市废弃食用油脂管控措施防范食品安全风险隐患的建议》等信息分别得到省、市领导批示肯定。8名党员被农工党省委会评为2021年度反映社情民意信息工作先进个人。

【专项民主监督助力"数智杭州"建设】2021年，农工党市委会开展"服务建设'数智杭州·宜居天堂'，高水平推进市域治理现代化"专项民主监督工作，成立并优化市委会主委、副主委、负责常委牵头的6个专班，分别到上城区和对口部门市卫生健康委等实行一对一、点对点监督7次，召开座谈会7次，实地调研矛盾调解中心、综合中心、社区卫生服务中心等18个，发放专题调查问卷和问题建议清单670份，开展意见建议函商6次，查找归集共性、个性、专业等问题23条（次），提交省、市级层面协商解决意见和建议6条（次），110人次党员参与专项民主监督。市委会编报《进一步提升人工智能公共卫生应用场景，助力高水平建设"数智杭州"》等监督课题报告，分别被农工党中央、省政协、农工党省委会及市政协、市委统战部等录用。2名党员入选农工党中央长江生态环境保护民主监督专项工作组专家名单。

【理论研究成果】2021年，农工党市委会创新理论研究载体，将理论研究工作纳入星级支部考核内容。全年向农工党中央、农工党省委会、省委统战部、市委统战部报送理论研究课题10多篇。在农工党中央2021年理论研究优秀论文评选中，3篇文章获二等奖，2篇文章获三等奖；《"互联网+"时代下拓展网络统战工作、广泛凝聚共识的现状及对策研究》入选《杭州市政协理论与实践（第十二辑）》。5名党员被农工党省委会评为党史理论研究先进个人。

【宣传工作质效提升】2021年，农工党市委会提升"杭州农工党"微信公众号、网站和《杭州农工》杂志质量与时效。在"杭州农工党"微信公众号中设置"庆祝中国共产党成立100周年"和"中共十九届六中全会精神学习贯彻"专栏，展示各级组织和党员的学习热议精神、庆祝活动集萃。市委会"杭州农工党"微信公众号全年推送信息260多篇，其中：150多篇报道被中新网、中国网、《团结报》《联谊报》《杭州日报》、杭州电视台等市级以上媒体录用刊登，230多篇被农工党中央、农工党省委会、省委统战部、市委统战部等采用。《杭州农工》杂志全年出版5期（含第十一次代表大会特刊1期）。农工党市委会被市委统战部评为2020年度全市统战宣传工作先进单位，1名党员被评为宣传先进个人；7名党员被农工党省委会评为2021年度宣传工作先进个人。

【自身建设强化】2021年，农工党市委会召开领导班子民主生活会、述职民主评议会，开展批评与自我批评，听取基层意见，接受民主评议。市委会贯彻落实中共杭州市委有关行政区划优化调整的工作部署，对基层组织进行调整，5月26日至6月4日，完成新上城区、新拱墅区、钱塘区、临平区及新余杭区基层组织的成立和换届工作。全年完成27个组织换届调整工作。11月，市委会完成新一轮支部考核工作，74个支部参与考核，评出五星级支部13个、四星级支部28个、三星级支部23个、二星级支部3个、一星级支部7个。10个基层组织被农工党省委会评为2021年度组织工作先进集体。

【"杭州农工党党员之家"成立】2021年7月29日，农工党市委会举行"杭州农工党党员之家"揭幕仪式。"杭州农工党党员之家"位于萧山区临浦镇明富路1号，总建筑面积287平方米，由序厅和展厅组成，序厅左右两侧展示中共中央总书记习近平关于中国共产党领导的多党合作和政治协商制度的重要论述，迎面影壁前安放邓演达半身塑像。展厅分为"十六字方针、中共中央领导和农工党中央领导在一起""邓演达生平简介""农工党中央历任主要领导简介和农工党省委会主要领导简介""农工党简史""杭州市委会介绍"5个部分。至年末，全市建成13个"农工党党员之家"。

【为民服务活动】2021年，农工党市委会开展多样化社会服务。在金沙湖派出所开展"致敬警察节，寒日送温暖"线上和线下义诊服务活动，为一线民辅警提供健康咨询。联合临安区委会在农工党中央新农村建设服务点——临安天目山镇徐村村，开展"迎接中共建党一百年，砥砺奋进新时代"送福送春联活动，向村民赠送春联200多对、福字近300个。在杭州东站"同心实践"社会服务基地开展"同心携手，共庆华诞——2021年'学雷锋日'志愿服务活动"，为旅客提供义诊、普法、免费理发等公益服务。组织党员医疗专家到"医养结合"健康管理实践基地——桐庐县江南养生文化村，开展"迎百年华诞、为百姓服务"社会服务活动，为当地

2021年6月5日，农工党市委会举办2021年"环境与健康宣传周"暨"六送"服务基层和群众活动（农工党市委会 供稿）

群众提供免费体检、健康义诊等公益服务。联合临安区委会在天目山镇"同心实践"基地举办2021年"环境与健康宣传周"暨"六送"服务基层和群众活动，举行文艺会演，在腾讯网同步直播，11万余人次在线观看。5月，农工党市委会首个"社会服务示范基地"在浙江省女子监狱挂牌，延续市委会"爱心工程"对服刑人员的关怀。全年，全市各级组织和党员围绕庆祝中国共产党成立100周年，举办义诊、科普知识进社区等服务活动50多场次。11个组织被农工党省委会评为"2021年度社会服务工作先进基层组织"，16名党员被评为"2021年度社会服务工作先进个人"。

【精准帮扶】2021年，农工党市委会继续开展东西部协作精准帮扶，巩固脱贫攻坚成果。依托"农工党杭州市委会红十字同心·前进专项基金"，筹资15万元到湖北省恩施土家族苗族自治州开展"母亲微笑行动"免费唇腭裂手术公益活动，为29名唇腭裂患者免费实施手术。到贵州省大方县开展巩固脱贫攻坚成果、助力乡村振兴精准帮扶活动，联合党员企业捐赠价值6万元的自动体外除颤仪3台，并配套提供心肺复苏急救培训；联合党员企业捐赠助学金1万元，资助大方县三元乡困难学生5名；落实大方县5名医护人员到杭州免费进修学习半年，提升大方县医疗卫生水平。到四川省甘孜藏族自治州开展东西部协作帮扶调研工作，联合党员企业捐赠价值8万元的自动体外除颤仪4台、课桌椅150套、助学金2万元等，助力甘孜州发展。5个基层组织被农工党中央评为脱贫攻坚工作先进集体，13名党员被评为脱贫攻坚工作先进个人。

【农工党助力新冠肺炎疫情防控】2021年，农工党杭州医卫界党员在组织调度、流调排查、核酸采样、化验检疫、院感技术指导监督等岗位参加新冠肺炎疫情防控工作，非医卫界党员参与各级各部门的疫情防控志愿服务工作。12月，市委会联合党员企业向九堡街道社区卫生服务中心、紫阳街道社区卫生服务中心捐赠价值2.5万元的医用防护服、医用口罩、医用鞋套、牛奶等防疫和生活物资，慰问抗疫一线的农工党党员。

【农工党助力共同富裕】2021年，农工党市委会贯彻落实《中共中央国务院关于支持浙江高质量发展建设共同富裕示范区的意见》精神，根据《浙江高质量发展建设共同富裕示范区实施方案（2021—2025）》和《杭州争当浙江高质量发展建设共同富裕示范区城市范例的行动计划（2021—2025）》，制定《农工党杭州市委会关于助力争当浙江高质量发展建设共同富裕示范区城市范例的实施方案（2021—2025）》。市委会组建助力共同富裕服务团，设立5个特色服务队，采用"1+N"品牌模式筹建助力共同富裕社会服务基地。11月，市委会首个助力共同富裕社会服务基地——农工党富阳区基层委员会医疗健康服务站在场口社区卫生服务中心建立，开展首场名医专家服务基层公益志愿活动，举行名医帮教师徒结对仪式，并签订名医专家服务基层合约，提升场口社区医疗服务水平。市委会持续助力淳安县王阜乡发展建设，捐赠资金10万元助力村庄整治改造。（方　佳）

致公党杭州市委会

【概况】至2021年年末，致公党杭州市委会（简称致公党市委会）下辖上城区、拱墅区、西湖区、萧山、余杭区5个基层委员会，滨江区、临平区2个总支部，钱塘区、富阳区、杭州师范大学、杭州市第一人民医院、文艺5个支部，设置城市建设和生态环境委员会、教育文化卫生体育委员会、数字化改革和科技委员会、社会发展和法制委员会、社会服务工作委员会、海外联谊工作委员会、妇女工作委员会7个专门委员会，明志法律服务团、明志海创联盟2个团体。全市有党员651名，全年发展新党员33名。

2021年，致公党市委会开展中共党史学习教育，凝聚思想政治共识，履行参政党职能，获评中国致公党脱贫攻坚先进集体和省委会参政议政工作先进集体、组织工作先进集体，党员郑君辉、洪干军、洪文英、郭洋获评中国致公党脱贫攻坚先进个人、机关干部陈建华获评中国致公党脱贫攻坚优秀组织工作者。

【致公党市委会组织换届】2021年，致公党市委会执行换届政策，落实工作程序，完成换届工作。8月17—18日，中国致公党杭州市第七次代表大会召开，选举产生由21名委员组成的致公党杭州市第七届委员会。胡伟当选主任委员，吴静、方军、郑攀、蔡善强当选副主任委员。致公党市委会开展领导班子民主生活会、年度及届末述职和民主评议、新一届市委会主委与老党员见面座谈会等，着力解决与基层联系不够紧密等问题。全年，领导班子成员90人次参加基层组织、专委会活动，到未来科技城（海创园）企业服务中心、运河财富小镇、澄之书画社等37个党员所在单位、企业和基层一线开展"走亲连心集智聚力"党员大走访，看望慰问党员183人次。

【参政履职成效明显】2021年，致公党市委会参加中共杭州市委全会报告、政府工作报告征求意见座谈会，中共杭州市委、市纪委市监委、市"两院"、市委统战部召开的协商会、通报会、座谈会等各类政党协商会议8次。报送各类调研报告、信息专报、社情民意153篇（次），包含意见和建议675条（次）。其中：《关于将核酸检测费用纳入医保范围的建议》和《关于将已接种新冠疫苗人员"健康码"外框显示设置为蓝色的建议》2篇社情民意信息被致公党中央采用；《关于加强重点企业贸易融资风险识别管控的建议》被省政协采用，获省部级及以上领导批示11次；《关于推进我省"产业大脑"的建议》《以新型产业基础设施布局推进，长三角生物医药产业高质量发展》获中共浙江省委、省政府主要领导和分管副省长批示8次；《关于调整引进浙江的外资金融保险机构税收落户的政策建议》获省政协副主席批示；《我市"工业液体危废"羁绊高质量发展，亟待加强综合监管提升处置利用效能》获市政府领导批示。

【对外联络特色彰显】2021年，致公党市委会以"一联盟一论坛六基

2021 年 11 月 18 日,“2021 海外高层次人才发展论坛暨第四届致公明志论坛”举行（致公党市委会 供稿）

地”等对外联络平台载体为纽带,加强对外交流交往,讲好杭州故事。明志海创联盟牵头开展读书分享、创业导师私享会等活动,举办以“海创天下·领杭未来”为主题的“2021 海外高层次人才发展论坛暨第四届致公明志论坛”,邀请经济界、商界和科技界领军人才分享个人创业创新经历,共话新经济、新业态发展趋势。“‘同心·传承’文化基地”开展研学和交流活动,接待参观、体验（团队）61 批次,服务 4 万余人次,承办“建党百年·初心不渝”全国古陶瓷艺术名家匠心展,活动报道被“人民日报”客户端和央视网书画频道等媒体采用。“‘同心·海创’基地”参与承办“侨联人才·相约高新”为侨服务月暨侨海报国论坛,中非友好杭州致公驿站参与承办 2021 年度第三季度驻杭国际商务机构圆桌会,“‘同心·国际’社区基地”开展以“One heart One way @ future”为主题的“参政议政开放日——我心中的未来社区”圆桌会活动。致公党市委会协助致公党省委会承办“致公党长三角区域发展论坛·2021”,83 名专家学者围绕数字化改革赋能长三角地区现代化先行研讨交流。

【宣传效能提升】2021 年,致公党市委会发布网站宣传报道 424 篇,刊发《杭州致公》杂志 4 期,推送公众号宣传报道 238 期 583 篇（次）,其中“浙江致公”公众号采用 19 篇。相关报道被《人民日报》（海外版）、央视网书画频道、“人民政协”网站、中央统战部网站等媒体采用 89 篇（次）,其中:中央统战部网站采用 6 篇,《中国统一战线》杂志采用 1 篇,“中国致公”公众号采用 5 篇,“浙江统战”公众号采用 3 篇,《情系中华》杂志采用 2 篇,“浙江致公”公众号采用 19 篇,“杭州统一战线”公众号采用 23 篇,《杭州统战》杂志采用 3 篇。

【致公党助力防疫救灾】2021 年,致公党市委会党员在一线医务岗位、街道社区工作岗位、志愿服务等领域参加抗击新冠肺炎疫情活动,基层组织和党员捐赠各类防疫物资和生活急需用品价值 11.3 万元。防台救灾期间,致公党市委会领导班子成员及西湖区、萧山区、余杭区、富阳区等基层组织 20 多名党员坚守在抗台一线,党员到受灾地区调查指导农作物的灾后恢复。发起“旗心聚力·驰援河南”捐赠活动,筹得 3 万余件灾后重建物资从杭州专车直送河南新乡受灾一线,捐赠价值 62 万元的物资支援河南郑州灾区。

【致公党助力共同富裕】2021 年,致公党市委会在余杭区百丈镇设立“致公党杭州市委会乡村振兴联系点”,结对百丈镇启动“六个一”行动计划,在产业发展、农业科技、公益事业等方面开展合作帮扶。结合“三服务”“联乡结村”活动,组织机关干部和市委会法律、医疗卫生、农技、教育等领域的专家党员和书画家党员到建德市下涯镇、航头镇和淳安县安阳乡开展“学党史办实事——‘六送’服务基层和群众活动”5 次,捐赠体育用品价值 6000 元,协助航头镇航川村争取落实环保专项资金 80 万元。响应致公党中央号召,发动基层组织和骨干党员通过“西好货”平台购买重庆酉阳和贵州毕节农产品 8.8 万元;党员洪千军为贵州省毕节市朱昌镇双堰社区捐赠产业发展扶助金 5 万元。致公党市委会到致公党省委会结对的丽水市遂昌县迎新村开展农技咨询和送医服务,慰问、消费 4200 元。（张洋莉）

九三学社杭州市委会

【概况】至 2021 年年末,九三学社杭州市委会（简称九三学社市委会）下辖上城区、拱墅区、西湖区、滨江区、萧山区、余杭区、临平区、钱塘区、杭州师范大学、杭州市第一人民医院 10 个基层委员会, 84 个支社,设有 10 个工作委员会和“两会两团一院”。全市有社员 2199 人,主体界别占比 74%。全年发展新社员 89 人,平均年龄 37 岁。

2021 年,九三学社市委会围绕中心工作,提升履职质效,加强自身建设,各项工作取得新成绩,被九三学社中央评为 2018—2020 年参政议政先进集体和“五史”知识竞赛优秀组织,被九三学社省委会评为 2021 年度参政议政、新闻宣传、社会服务先进市级组织。

【中共党史学习教育】2021 年,九三学社市委会以庆祝中国共产党成立 100 周年为主线,印发《社市委关于在全市开展中共党史学习教育的通知》。动员社员参加九三学社中央中国共产党成立 100 周年庆暨社史教育知识竞赛,活动参与人数和比例均列全省第一位,九三学社市委会及拱墅区第二、第六、第七支社被九三学社中央评为竞赛优秀组织。举办“中国心·九三情”庆祝中国共产党成立 100 周年云展云选主题活动,向九三学社省委会报送优秀作品参加文艺展演和书画展，获组织工作二等奖。在萧山楼塔开展书画献礼中国共产党成立100周年活动；举办“庆建党百年·展九三风采”文艺演出，网络直播吸引5万多人在线观看。开展“学百年建党史·行美好同心路”“学百年党史·践九三初心”等系列活动，组织社员参观中国共产党杭州历史馆、一江山岛纪念馆、中共杭州小组纪念馆等党史教育基地。

【九三学社市委会换届】2021年8月21—22日，九三学社杭州市第九次代表大会召开，选举产生由40名委员组成的第九届委员会和17名常委组成的第九届常委会，罗卫红当选主任委员，何黎明、马彦、马冬娟、陈安、李勇进当选副主任委员，表决任命第九届委员会监督委员会组成人员。换届后，九三学社市委会调整设立参政议政、科技经济、社会法制、教育文化、卫生健康、城建、农业农村、青年、妇女、老年10个工作委员会，宣传工作研究会、信息工作研究会、法律服务顾问团、“九三讲堂”讲师团、九三学社杭州书画院5个工作平台。修订5项会议制度，完善议事规则。制定《九三学社杭州市委员会监督委员会工作规则》，建立监督委员会委员对口联系部分基层组织制度，监督机制更加健全。

【基层组织规范化】2021年，九三学社市委会完成杭州行政区划优化调整涉及的上城区、拱墅区、余杭区、临平区、钱塘区5个基层委员会及所属25个支社的新建、重组、改建，对萧山区基层委员会、体育支社等12个基层组织进行换届调整，基层组织班子结构得到优化。继续完善基层组织工作量化评价机制，开展星级支社创建活动和社费收缴情况检查，基层组织规范化标准化建设有序推进，实现组织有活力、工作有计划、社员有热情、履职有实效。9个基层组织被九三学社省委会评为组织建设先进集体，10个基层组织被九三学社省委会评为社会服务先进基层组织，63名社员分别获评九三学社省委会优秀社员、优秀社务工作者和先进个人。阵地建设有成效，全市有“九三之家”18个，全年开展活动130多次，服务社内外2400多人次。

【思想政治建设】2021年，九三学社市委会以主委会、常委（扩大）会、委员读书班、新社员培训班等为载体，网上学和网下学相结合，健全理论学习中心组学习机制，邀请社员专家专题授课，提升学习的针对性和实效性。召开主委办公会议22次、主委会议17次、常委会10次，重点学习习近平新时代中国特色社会主义思想、中共十九届六中全会、习近平总书记“七一”重要讲话精神和《中国共产党统一战线工作条例》，以及中共中央关于支持浙江高质量发展建设共同富裕示范区文件和中共浙江省委、中共杭州市委全会精神，制定《社市委助力争当浙江高质量发展建设共同富裕示范区城市范例的行动方案》，把全市社员的思想和行动统一到党委、政府决策部署上来。

【协商议政成果】2021年，九三学社市委会主要领导多次参加中共杭州市委、市政府召开的民主协商会、征求意见座谈会和通报会等，就重点工作议政建言。召开社内代表委员与对口联系部门知情明政座谈会，班子成员带队走访5个对口联系部门，组织社员专家参与对口部门的协商议政活动。市“两会”期间，九三学社市委会向市政协全会提交《坚持“房住不炒”，加快培育和规范杭州住房租赁市场》等大会发言7篇、《增强基层社会治理能力，提升生活垃圾分类实效》等集体提案8件，其中《提升杭州城市河道水生态保护水平的若干建议》等2件集体提案被列为市政协重点提案，由市领导领办。市委会提交的《关于推动我市乡村产业振兴的相关建议》等3件集体提案被评为优秀提案，九三学社界别小组委员工作站被评为先进委员工作站。社内各级人大代表、政协委员提交全国人大议案建议8件，省“两会”建议3件、提案4件，市“两会”建议19件、提案33件，区“两会”建议9件、提案75件。社员罗卫红提交的《关于促进婴幼儿照护服务行业健康发展的建议》被全国人大列为重点建议。1名社员被省政协评为履职成绩突出委员，7名社员被市政协评为优秀履职者，2名社员被市人大评为履职积极分子，1件建议被评为市人大优秀建议。

【课题调研】2021年，九三学社市委会领导班子领衔重点课题机制持续深化，聚焦共同富裕、数字化改革、乡村振兴等主题确定重点课题11个，组织调研40多场次。参政议政课题招投标制度日益完善，线上和线下相结合，举办课题立项评审会、成果交流会，全年立项并完成课题44项。调研成果《深化我省数字乡村建设，助力高质量发展建设共同富裕示范

2021年9月8日，九三学社市委会课题组到桐庐开展专项民主监督调研

（九三学社市委会 供稿）

区》获九三学社中央领导、中共浙江省委主要领导批示肯定;《关于强化我市重大基础设施建设管理的相关建议》等6篇调研成果在市政协协商议政会议上发言交流;4篇调研成果被九三学社省委会提交省政协全会作为集体提案、大会发言。

【专项民主监督助力共同富裕】2021年,九三学社市委会对口桐庐县和市建委开展"服务建设'数智杭州·宜居天堂',高水平推进市域治理现代化"专项民主监督,领导班子成员和相关领域社员专家30多人组成监督调研组,通过"专家+社员""网上+网下""明察+暗访""点上调研+面上问卷"相结合,以"数字赋能助力城乡共同富裕"为主题,开展专项民主监督。围绕快递物流数字化、农村电商、美丽城镇和未来乡村、城市大脑和乡村小脑、基本公共服务数字化改革5个主题,多层联动,明察暗访,共开展调研11次、参与社员140多人次,暗访16次,发放调查问卷200多份。形成《推进桐庐快递数字化创新建设,赋能城乡共同富裕示范区》等3份调研成果,并完成《数字赋能助力城乡共同富裕——"服务建设'数智杭州·宜居天堂',高水平推进市域治理现代化"》专项民主监督报告。

【九三学社助力创新策源地建设】2021年,九三学社市委会整合省、市专家资源创设九三学社杭州城西科创大走廊创新服务联盟,相关方案得到多位省、市领导批示肯定。全国政协副主席、九三学社中央常务副主席邵鸿带队到杭州开展大调研活动,走访之江实验室、阿里达摩院等创新载体,城西科创大走廊创新实践为九三学社中央起草调研报告提供参考。九三学社市委会以基础教育高质量发展、产业链创新链融合互动、"热带雨林式"人才生态营造为主题,到城西科创大走廊调研12次,走访部门、企业和科研院所27个,近300名社员参与,形成的调研报告《关于进一步推进杭州城西科创大走廊建设的建议》被列为省政协集体提案,《高水平推进城西科创大走廊发展,打造宜居宜业创新策源地》在市政协专题常委会上被作为发言交流材料。组织承办"院士报告会暨院士专家企业行",李勇进团队主导的全生物降解高分子材料产业化项目在城西科创大走廊转化落地。

【社情民意信息工作推进】2021年,九三学社市委会开展"信息工作导师制"进基层活动,在临平区基层委员会率先启动城区信息巡回课堂,录制视频在公众号上发布,丰富"云"上履职资源。围绕诉源治理、科技创新等主题举办议政日活动6场,全年编辑报送信息221篇,其中《关于稳定可再生能源电价补贴政策的建议》等2篇被全国政协录用,《关于加速推进互联网医疗健康业态的发展建议》等8篇被社中央录用,44篇被省级部门录用,38篇被市级部门录用,《关于尽快解决千岛湖配水工程后续问题的建议》等4篇获市领导批示。

【宣传工作加强】2021年,九三学社市委会微信公众号"杭州九三"推送微文170篇,阅读量约19万人次,居九三学社中央2021年全国地市级十佳微信公众号之首。九三学社市委会在《人民政协报》《团结报》等媒体发表作品200多篇(次),其中:11篇在"学习强国"平台发表,2篇在《民主与科学》刊登,1篇在《九三中央社讯》刊登,1篇被评为社中央优秀新闻作品二等奖,2篇被评为社省委优秀新闻作品。全年编印《杭州九三》4期,被市新闻出版局评为综合、出版规范十佳内刊。以九三学社市委会换届为契机,编辑制作工作画册《我们走过这五年》和宣传视频,结集参政议政成果编印《智慧众筹献良策》,总结回顾九三学社市委会八届委员会取得的成果,展现全市九三学社组织和社员的精神风貌。宣传工作相关经验入选九三学社中央宣传部工作手边书系列《九三学社宣传思想工作指导与实践》。

【结对帮扶】2021年,九三学社市委会邀请水利专家踏勘指导建德市杨村桥镇龙源村水库建设,邀请数字媒体专家助力当地政务平台打造,帮助提升项目科学化水平。与FM93浙江电台交通之声合作,为杨村桥制作形象宣传片,帮扶建设现代农业园草莓连栋大棚,为黄盛村农创客中心打造特色农产品和农创产品伴手礼,提升当地"农文旅"融合发展水平。送文艺节目、书法作品和春联下乡,丰富村民精神文化生活。九三学社市委会持续帮扶杨村桥的先进事迹在各级媒体亮相,短视频《搭建一座桥》在"学习强国"平台发布。动员社员企业家签订扶贫承诺书,发动社员和机关干部购买松阳等九三学社省委会扶贫结对帮扶点农产品。基层组织捐款捐物,向省未成年犯管教所捐赠图书,为丽水市民族学校贫困儿童捐款,结对四川省雅江山区学校并捐赠校服等物资,帮扶困难户、特殊学校、社会福利院、残疾人之家等,关心关爱特殊群体。

【"九三讲堂"升级】2021年,九三学社市委会更新"九三讲堂"题库,开展菜单式讲座服务,打造"九三讲堂"升级版。邀请两院院士、知名学者和法律专家进社区、进农村、进学校、进企业、进部门,开展新材料、人工智能、城市规划、消费维权等专题讲座,为企业提供劳动用工、金融风险等政策咨询,为学校师生开展心理健康讲座和心理疾病就医指导。发挥社员专业优势,就中医养生、"非遗"技艺等主题录制推送"九三E讲堂"10场。"九三科技讲堂"传化基地被九三学社省委会评为第二批省级社会服务示范基地。 (赵慧君)

责任编辑 郦 晶

2022
杭州年鉴

12 人民团体

杭州市总工会

【概况】2021年年末，市总工会下辖13个区县（市）总工会、10个产业工会和5个直属事企业单位。全市有基层工会组织2.6万个，涵盖单位10.7万个，工会会员445.64万人。

市总工会贯彻落实省委、市委和省总工会各项决策部署，围绕“五个工会”（忠诚于党的红色工会、唯实惟先的实干工会、共建共享的为民工会、高效协同的数智工会、创新创优的品牌工会）要求，践行初心、担当使命、实干作为，推动工会工作高质量发展。深化“走亲连心三服务”“助万企，帮万户”“当一周工人，体工会初心”等实践活动。工会“爱心驿家”入选杭州市党史学习教育“民呼我为”最佳实践案例。

【“9·26”工匠日系列活动】2021年9月，市总工会组织开展“9·26”工匠日十大系列活动。认定第五届“杭州工匠”30名；授予100名个人杭州市五一劳动奖章、50个集体杭州市五一劳动奖状；建成开放劳模工匠文化公园、“工匠精神”展示厅；举办中国匠心大会、“匠心苏杭，共筑天堂”——两州对话会等活动，出版《匠心养正——杭州弘扬工匠精神实录》；加强劳模工匠协会、劳模工匠学院建设。“9·26”工匠日系列活动得到《人民日报》、中央广播电视总台等媒体的报道。“匠心打造全国首个劳模工匠文化公园”事项入选2021年度杭州市精神文明建设10件大事。

【市总工会助力共同富裕示范区城市范例专项行动】2021年8月，市总工会印发《关于开展助力高质量发展建设共同富裕示范区城市范例专项行动的实施意见》，全市工会开展“共建共富”8项行动，即强基铸魂、建功立业、稳岗增收、帮扶救助、权益维护、素质提升、品质服务、对口支援，高质量发展建设助力打造共同富裕示范区城市范例。

“春风行动”市本级募集社会善款6964.04万元，发放救助金8170.14万元。建立健全困难职工三级梯度精准帮扶机制，做好助学、助医、助困及生活救助工作，拨付帮扶资金840万元。关爱困难职工家庭，首次组织困难职工家庭免费疗休养。推进职工（劳模）疗休养基地建设，新建疗休养基地74个，助力当地群众就业和增收。以“建基地、建平台、建机制，春风助学、工会助困、干部助训”的多元帮扶机制，推进东西部协作和对口帮扶工作。

【产业工人队伍建设改革】2021年，市总工会召开全市产业工人队伍建设改革（简称产改）工作现场推进会、宣讲会、交流会及非公有制企业产改试点部署会等，深入推进产改工作，通过省委产改工作专项督查验收，完成对13个区县（市）产改工作督查。承办浙江省非公有制企业产改推进会、长三角地区“三省一市”民营企业产改工作交流会。深化“十百千万”职业技能竞赛活动，举办市级一类技能竞赛50项、区县（市）的产业技能竞赛141项。承办全省劳动和技能竞赛启动仪式，组织5项省级职工职业技能竞赛。创建市级职工高技能人才（劳模）创新工作室30个，选评职工技术创新成果优秀项目81个。实施高技能人才奖励，为1.23万名职工发放奖励金645.45万元。

【和谐劳动关系创建】2021年，市总工会把构建和谐劳动关系作为工会参与加强和创新社会治理的重要切入点，深化企业、村（社区）、乡镇（街道、园区）、区县（市）和市的“五级联创”体系，拓展“常态＋精细＋创新”和谐劳动关系创建新路径，协同推进劳动关系“和谐同行”三年行动计划。全年认定市和谐劳动关系建设标杆园区10个、先进企业118个，推荐平安创建和谐劳动关系示范单位20个。发挥先进企业示范带动效应，认定“贯彻新发展理念”企业社会责任建设A级企业85个。抓实集体协商“稳就业、促发展、构和谐”行动，签订工资专项集体合同2.19万份，涵盖企业5.97万个，覆盖职工348万余人。市总工会承办首届长三角地区工会集体协商竞赛并获第二名，组队参加第二届全国城市工会集体协商竞赛跻身四强。

【杭州职工文化节】2021年4月，市总工会启动第二届杭州职工文化节，传承杭州工人运动95年历史的精神

2021年10月18日，杭州市总工会举办第二届杭州职工文化节闭幕式暨《杭州工人运动历史》首发仪式 （市总工会 供稿）

风貌，展示杭州市职工文化建设的最新成果。文化节以“咱们工人有力量，红心永向共产党”为主题，以职工歌咏会、职工故事会、职工摄影比赛为载体，讲述中国故事、党史故事、党员故事和劳模工匠故事，歌颂党的光辉历史，以职工的视角和文化底蕴为“匠心名城”杭州宣传助力。10月18日，在第二届杭州职工文化节闭幕式上，举行《杭州工人运动历史》新书首发仪式。该书回顾和展示杭州市总工会成立后，在中国共产党领导下，团结带领工人阶级在革命、建设、改革各个历史阶段走过95年的光辉历程。

【新就业形态工会组建】2021年3月30日，市总工会召开全市工会组建攻坚破难集中行动现场推进会，制定《杭州市新就业形态劳动者建会入会实施办法》。数智赋能工会组建，开展25人以上企业建工会情况排查，推出新就业形态联合工会建在“爱心驿家”的模式，建成区域性新就业形态联合工会。全年新建基层工会组织1.34万个，新发展会员20.27万人；其中新业态工会180个，涵盖企业1222个、会员3.76万人。

【工会数字化改革】2021年，市总工会牵头推进杭州“数智群团”建设工作。加快推进杭州“智慧工会”建设，完成6轮迭代升级，工会服务项目整体上线率90%以上；构建完成杭州工会“一卡、一端、一网、一号、一屏、两平台”（虚拟工会会员卡、“杭工e家”App、网上服务厅、微信公众号、智慧工会数字大屏、智慧工会平台、大数据平台）数智工会体系。“杭工e家”App入选全国互联网+工会普惠服务市级“十佳”平台，杭州“智慧工会”项目获全省第一届工会改革十佳创新成果第一名。

（刘 娜）

共青团杭州市委员会

【概况】2021年年末，团市委有基层团委1092个、基层团工委242个、基层团总支543个、基层团支部2.18万个。全市有团员43.16万人。

全年，全市新发展团员1.7万人，新增非公有制企业团组织1981个。蚂蚁科技集团股份有限公司、农夫山泉股份有限公司、大华集团有限公司等36个重点企业完成建团。成立快递物流、互联网、物业等行业团工委，构建十大行业团组织体系。建立新兴领域青年代表数据库，组建中国（杭州）青年电商达人联盟和街舞联盟，覆盖青年电商主播5万余人和全市56个街舞社团。依托团属活动阵地，与378个非团属青年社会组织建立联系，团的组织形态和运行机制得以丰富。在2021年浙江共青团工作考核评价中，共青团杭州市委位列全省第一名。

【亚运志愿服务筹备】2021年，团市委开展杭州亚运会赛会志愿者全球招募，报名者超22万人。协调全省46所高校建立“馆校对接”方案，发布杭州亚运会赛会志愿者口号“来吧，朋友！”和志愿者之歌《等你来》等，聘任志愿者形象大使。组织青年志愿者6050人次，完成第十七届中国国际动漫节、中国质量大会等11场重大赛会志愿服务。完成城市志愿服务培训课程体系建设，开发普及性课程15门，进社区、高校开展培训113场，受众1.8万人次。组织新冠肺炎疫情防控、垃圾分类、亲子志愿等工作志愿者近52万人次，服务超338万小时，城市志愿服务专业化水平得到提升。

【青少年思想引领】2021年，团市委深化党史学习教育，开展“知史爱党、知史爱国”“致敬建党百年伟业·争做新时代好队员”“红心向党，共筑少年梦”等主题教育实践活动。组建“杭州青年说”和红领巾宣讲团，深入基层开展宣讲430场，覆盖青少年407万人次，推动全市1.9万个团支部党史学习教育全覆盖。全市1万余名团干部带头“上讲台讲党史”，“青年大学习”网上团课覆盖团员青年423万人次。实施青少年“真善美”种子工程，全市457所小学建成校级红领巾学院，417所中学实现团校全覆盖，“青年马克思主义者培养工程”全年培养青年学员1305人，“党、团、队”一体化阶梯式培养体系日臻完善。依托杭州（国际）青少年洞桥营地打造“重走长征路”红色研学项目。全市98万人次少先队员参与“阅读红色经典·传承红色基因”主题征文比赛、“爱党章”线上争章和争做红领巾讲解员等实践活动。组建“双百双进”暑期社会实践团队700多支，开展“三下乡”“返家乡”社会实践活动。

【团工作服务杭州大局】2021年，团市委聚焦共同富裕，开展“我在窗口写青春”浙江青年携手共同富裕先锋行动，培育“村村都有好青年”200名。打造市级青年农业创业孵化园区及涉农创业园100多个，新增省级示范性青创农场12个，培训联系

2021 年 3 月 27 日，杭州全球青年人才中心启用　（团市委 供稿）

返乡青年 1600 多人。开展第十五届“最美杭州人——十大杰出青年”和第十三届“最美杭州人——十佳农村青年致富带头人”评选，25 名优秀青年人才进入浙江省青春助力乡村振兴带头人“青牛奖”百强名单，2 名优秀青年人才获评首届“全国乡村振兴青年先锋”。筹备第十七届“振兴杯”全国青年职业技能大赛，举办“潮涌钱塘，杭向未来”青年技能人才线上招聘会，提供岗位 2.3 万个，3.6 万人次投递简历。建成杭州全球青年人才中心，引进海内外硕士人才 545 人，落地项目 38 个。建设青年人才数据库，服务青年人才 5600 多人。选聘第 7 批杭州青年人才大使 26 名，引进青年人才 769 人、项目 134 个。聚焦教育“双减”政策，开展课后托管送教服务，市级青少年宫开办兴趣班 2.5 万个（次）、学员超 40 万人次，新建立社区少年宫教学点 5 个，开设班级 76 个。实施“青少年宫乡镇（街道）覆盖工程”，萧山区将青少年宫分宫建设列入政府工作报告；建德市将该工程纳入年度十大民生实事，全年新建 13 所乡镇（街道）青少年宫和 2 所村（社区）青少年宫。探索将市级优质校外教育资源向区县（市）青少年宫延伸。

【青少年综合服务】2021 年，团市委推进中长期青年发展规划实施，召开杭州市青年工作联席会议第二次全体会议。13 个区县（市）全部建立青年工作联席会议机制，制定青年发展规划或实施方案，青年发展内容写入区县（市）“十四五”规划纲要。萧山区争创全国试点，拱墅区、建德市争创省级试点，全年出台惠青政策 74 项，青年发展环境得以优化。深化“民呼我为”主题实践，暑期公益夏令营服务学生 13.5 万人次。加强重点青少年群体结对帮扶，开展寒假儿童关爱服务“四送”活动 410 场，受益儿童 18.17 万人次。组织市青联、市青企协到贵州、四川、西藏等地开展结对帮扶，捐赠物资价值 110 万元。杭州青少年活动中心改扩建国际交流中心项目顺利推进。杭州青年运动史馆全年接待参观 1.6 万人次。优化提升“Do 都城”、“笑笑橙”、洞桥营地等高品质研学和劳动实践阵地。开展杭州市青年之家运营比武活动，评选市级示范型青年之家 10 个，青年之家云平台全年开展活动 2700 多场，参与青年 7.9 万人次。发挥市党群服务中心市级青年之家的“共青团门店”作用，全年开展线下活动 48 场，覆盖 5500 人次。举办团干部培训班 36 个，培训 2665 人次。

【团工作数字化改革】2021 年，团市委在全市共青团系统开展数字化改革试点，聚焦人才服务、权益维护、亚运保障等领域，推进数字化改革项目 18 个。“浙＠童”“青训营”“假日小队，轻松助手”等 12 个场景上线运行，其中“浙＠童”入选团省委数字化改革试点优秀案例。依托“群团集市”一键入团功能，精准聚焦 5.3 万个非公有制企业，共发起入团申请 9250 多人。“群团集市”发布活动 2130 场，参与 6.7 万人次，在破解非公企业团建难题和数字化改革中走在全省前列。7 月，制定《杭州市县域共青团基层组织改革试点工作推进方案》，上城区、拱墅区、临安区、建德市、富阳区 5 个全国试点区县（市）改革成效明显。全市新增团办青年社团 87 个，改革经验得到团中央、团省委认可推广，改革中期评估列全省第一名。围绕共青团“大学习、大调研、大整改、大落实”工作要求，制定《2021 年深化团干部作风建设“集中攻坚年”活动方案》。开展“六不倾向”专题整改，梳理整改市、县两级团干部作风建设方面问题 110 个。评选产生杭州市五四红旗团委 32 个、五四红旗团支部 29 个。举办 2021 年“红船杯”杭州市共青团党团知识竞赛，在全省决赛中获一等奖。

（郭德智）

杭州市妇女联合会

【概况】2021 年年末，市妇联有 2 个直属事业单位，辖 13 个区县（市）妇联，2 个直属妇工委。全市乡镇（街道）、村（社区）妇联组织 3308 个，市本级妇联团体会员 11 个。

全年，市妇联紧扣庆祝中国共产党成立 100 周年主线，发挥引领、服务、联系妇女群众的职责与功能，为杭州市高水平打造“数智杭州·宜居天堂”，加快建设社会主义现代化国际大都市贡献巾帼力量。获全国妇联、省委、市委领导对杭州妇女工作批示 25 件；全国人大常委会副委员长、全国妇联主席沈跃跃和全国妇联党组书记、副主席黄晓薇批示，肯定杭州“家和智联”数字家事应用场景的创新做法；全国妇联副主席蔡淑敏以实地和视频形式参加杭州活动 2 次；全国妇联组织部要求对杭州市“两新”（新经济组织和新社会组织）领域妇联组织建设经验予以推广。

【千鹤妇女精神弘扬】2021 年，建德千鹤妇女精神教育基地被命名为第

12批省爱国主义教育基地，并与萧山的沈佩兰故居、杨之华纪念馆、楼曼文烈士纪念馆等一起被命名为省巾帼爱国主义教育基地。9月1日，新疆维吾尔自治区首个妇女爱国主义教育基地——千鹤妇女精神阿克苏实践基地挂牌仪式举行，千鹤妇女精神的示范引领作用得到进一步发挥。千鹤红色旅游成为全国妇联“建党百年·巾帼建功”主题旅游宣传推广线路，建德千鹤基地讲解团队被授予“全国妇联巾帼志愿示范宣讲队”称号。全年基地接待参观1300多批、16万余人次。全市“千鹤巾帼大宣讲”开展线上和线下宣讲1870场，732万人次参与。10月23日，由中华女子学院（全国妇联干部培训学院）、浙江省妇联主办，建德市委、市政府和杭州市妇联共同承办的第三届全球女性发展论坛在建德召开并发布“千鹤共识”。建德市委主要领导向与会领导、专家学者阐述建德在千鹤妇女精神挖掘、传承、弘扬方面的实践和探索。

【数字赋能妇女工作】2021年5月，市妇联“数字驾驶舱”在杭州城市大脑上线，并接入杭州市“数智群团”系统，实现与市公安局、市人力社保局、市民政局等部门关于“涉家暴警情”“低保贫困户分布”等指标的实时对接。通过数字化手段，市妇联服务妇女儿童工作的底数更清、情况更明，预警研判更具前瞻性。全市妇联系统上下联动，多跨协同，相继推出“家和智联”“伊加工”“安心驿站”“家和帮”等应用场景。

【“十四五”时期妇女儿童发展“两个规划”发布】2021年，杭州市妇女儿童发展“十三五”规划收官，妇女、儿童事业发展综合排名均列全省第一位。8月，市政府发布《杭州市妇女发展“十四五”规划》和《杭州市儿童发展“十四五”规划》，明确“十四五”规划中优先发展的领域和主要措施。启动儿童友好型城市试点创建工作，并纳入全市高质量发展建设共同富裕示范区城市范例大框架。推进“儿童之家”建设，命名50个市级示范“儿童之家”。市妇联联合市卫生健康委推出“3岁以下婴幼儿照护服务体系建设”项目，被列入杭州市2021年十件民生实事；联合市卫健部门抓好婴幼儿成长驿站建设，依托村（社区）的儿童之家、邻里服务、医疗卫生、文化休闲等设施，向婴幼儿家庭提供育儿技能、亲子游戏陪伴、儿童健康管理等内容的服务场所。至年末，全市建成婴幼儿成长驿站120多个。

【平安家庭建设】2021年，市妇联系统配合公安机关，开展“巾帼反诈进万家”专项行动，发动巾帼志愿者等开展线上和线下宣传1.5万次，覆盖203万人次；组建巾帼义警队伍，志愿者2.2万人；宣传家庭成员防电信网络诈骗案例，助推“平安杭州”创建。联合市检察院在萧山区强制亲职教育试点基础上，在全市开展规范、专业、系统的强制亲职教育工作。联合市中级人民法院在富阳区召开婚姻家事“微法庭”现场会，深化家事诉调“六大员”机制，依托基层“微法庭”平台建设，创新家事领域基层社会治理新模式，培养妇联条线上的“法治带头人”。开展基层妇联干部维权能力提升“五个一”活动，加强基层妇联干部队伍建设，围绕热点、难点问题，妥善调处妇女群众信访、人访等，防止各类矛盾激化。全年妇联系统接处信电访案件1385件，其中市妇联本级接处信电访案件731件；全年与市公安“110”平台联动家暴警情6866件，提供服务1673人次。

【家庭领域建设】2021年5月14日，市委宣传部、市文明办、市妇联召开推进家庭家教家风建设座谈会，学习《习近平关于注重家庭家教家风建设论述摘编》一书，开展家庭家教家风建设工作交流。5月11日，杭州市启动“百年家风”寻访传承主题活动，面向领导干部关键少数，助推廉洁好家风建设。举办“薪火相传跟党走——百万亲子家庭寻访红色根脉”等主题活动，开展“家庭家教家风”专项宣传活动100多场。常态化开展最美家庭寻找活动，推荐全国最美家庭4户、省级最美家庭24户，创建美丽庭院8.7万户，40%城乡家庭初步达到绿色家庭创建要求。组织新疆维吾尔自治区阿克苏市最美家庭代表到杭州交流走亲。联手银行开展“好家庭信用贷”项目，服务家庭683户，提供贷款1.54亿元。

【市妇联助力迎亚运主题活动】2021年9月26日，杭州市“巾帼共舞·喜迎亚运”全国万人共跳亚运排舞主会场展演活动在奥体博览中心主体育场举办。活动自1月起，联动全国8个省（自治区、直辖市），省内8个地市，以及杭州13个区县（市）和西湖风景名胜区，以共跳共推杭州亚运原创健身排舞《等你来》的群众

2021年9月26日，杭州市“巾帼共舞·喜迎亚运”全国万人共跳亚运排舞展演活动在奥体博览中心举行
（市妇联 供稿）

性健身形式“与亚运同行”，营造人人关心亚运、参与亚运、服务亚运的氛围。至年末，已在全国开展线下普及和线上展演1.68万场次，培训100多万人次。举办“拥抱亚运城，润泽好家风”杭州家庭（亲子）徒步大会、“融·潮西子庆祝杭州亚运会倒计时一周年主题书画展”等活动，营造“共建共享亚运会”氛围。

【乡村振兴妇联举措】2021年4月24—25日，由杭州市妇联承办的“品美食促消费享幸福”浙江省第五届“妈妈的味道”活动在富阳区场口镇东梓关村举行。活动通过线上和线下联动、长三角“云”直播等方式，为妇女施展才干搭建舞台，引领妇女在“重要窗口”建设中担当作为，贡献力量。9月27—28日“建行杯”浙江省首届巾帼村播大赛在淳安县举行。全省54名优秀巾帼村播员报名参加，在淘宝直播、“抖音”、微视频、“快手”等自选平台直播展开竞赛，推出淳安特别生态功能区的优质“千岛农品”。市妇联全年培育巾帼“云代言”人100名；获评“浙江省最美巾帼新农人”10人，其中安厨控股有限公司董事长王晓桢获评“全国脱贫攻坚先进个人”。

【新业态新就业群体妇女组织建设】2021年，杭州市新建数字经济、互联网、电子商务等新业态领域妇联组织3553个，其中阿里巴巴集团、杭州海康威视数字技术股份有限公司等重点互联网企业、知名新媒体企业新建妇联组织165个。9月2日，市妇联与市邮政局联合印发《关于高质量推进杭州市快递物流行业妇女工作的通知》。10月22日，杭州市快递物流行业妇女联合会成立暨第一次妇女代表大会召开，并推出“巾帼同行·温情传递”6项举措，内容有提供“两癌”免费筛查服务、免费开展专场交友、选树一批“最美家庭”活动等。市妇联将新业态新就业群体纳入妇联组织“四必访”（访问生产经营遇到困难的创业女性家庭、困难家庭、空巢老人及留守妇女儿童家庭、涉及婚姻家庭矛盾纠纷的家庭）范围，建立基层妇联干部和执委联系新就业群体制度。（周玲燕）

杭州市科学技术协会

【概况】2021年年末，市科协有3个直属事业单位，辖13个区县（市）科协和西湖风景名胜区科协。全市有市级学会86个、园区科协36个、企业科协210个、高等院校科协6个、科研院所科协2个。已建乡镇（街道）科协191个、区县（市）级学会335个、科协主管的区县（市）农村专业技术协会70个，形成覆盖理、工、农、医和相关综合学科领域的多层次科技群团网络。

市科协动员、组织全市科技工作者投身高质量发展，在杭州建设“重要窗口”“头雁风采”中展现科协担当。开展“杭州院士家乡行”活动，举行纪念钱学森110周年诞辰活动暨钱学森故居“科学家精神培育基地”挂牌仪式。实施创新驱动助力工程，承办“2021年世界生命科技大会”，开展各类国际民间科技交流。全年新增院士工作站10个、专家工作站33个，均列全省首位。加强群众性科普工作，“科普中国”信息员超过30万人，列全国地市级城市第一位。实施“银龄跨越数字鸿沟”专项行动，服务帮助老年人21万余人次。市科协数字化改革完成“网上科协”一期建设，完成市科协“数字驾驶舱”参与“数智群团”一体化建设。

【科学家精神弘扬】2021年，市科协开展院士专家杭州行活动，邀请潘云鹤等17位院士专家参加。拍摄《群星璀璨·献礼建党百年——杭州院士风采录》，征集院士心语，采访潘云鹤、董石麟、都有为、黄荷凤、胡培松、李兰娟、戴民汉、朱位秋8位院士，发布《杭州院士说》，编撰《杭州院士》丛书第二册，举办“院士进校园”活动5场。“院士进校园”被列为市政协学党史办实事“六送”服务之一。5月24日，举办“全国科技工作者日”浙江省暨杭州市主场活动，钱学森故居获授中国科协“科学家精神培育基地”称号。举办纪念钱学森110周年诞辰活动，在钱学森故居之畔的方谷园打造展示82位院士生平的“院士巷”，感怀他们对经济社会建设和科技发展做出的贡献，勉励科技工作者传承红色血脉，接力科学薪火。

【创新驱动助力工程实施】2021年，市科协推进创新驱动助力工程，参与浙江省生命健康学会联合体筹建。支持数字经济联合会推动杭州市数字新基建，组织乡村振兴学会联合体赴各区县（市）服务乡村振兴，指导生命健康学会联合体在滨江区开展科技工作者心理健康调查试点。赴杭州科技企业开展院士专家工作站建站指导服务，全年新增院士工作站10个、专家工作站33个。加大对海智（海外智力资源）基地工作站的

2021年11月7日，市科协举行纪念钱学森110周年诞辰活动暨钱学森故居“科学家精神培育基地”挂牌仪式（市科协 供稿）

资源投入，增加1个由海智基地工作站承接的国家级学会服务站，立项海智工作项目5个。新建海智基地工作站1个，累计10个。新建园区科协3个，累计36个。

【世界生命科技大会承办】2021年11月19—21日，市科协对接中国工程院、浙江大学、浙江省科协、树兰医疗集团等单位，在余杭区举办2021年世界生命科技大会。全国人大常委会副委员长陈竺，浙江省政府副省长卢山，杭州市委常委、副市长胥伟华，"人民英雄"国家荣誉称号获得者张伯礼院士等领导和专家出席，相关政府部门、业界代表参会。大会为3位院士颁发"树兰医学奖"，宣布中国标准化肝脏疾病全程管理中心项目启动，公布新一批企业入驻余杭良渚生命科技小镇。大会举办多场平行峰会及分论坛，来自全球的医疗健康界专家通过线上与线下方式，围绕感染病学、数字医疗、影像诊断、健康服务等领域的前沿问题展开研讨。生命科技创新创业大赛吸引优质参赛项目470个。

【助力山区四县（市）跨越式高质量发展】2021年9月，市科协在淳安县召开专题会议，探索全市科协系统助力淳安、建德、桐庐、临安山区四县（市）跨越式高质量发展有效途径。11月，联合市委市政府咨询委员会办公室、市农科院等单位，在建德市乾潭镇举办杭州市科协年会，发布乡村振兴学会联合体科技服务供给侧清单100多项，指导山区四县（市）梳理服务需求30多项，推进协会与山区四县（市）的深度合作。整合科协系统优势资源，开展"人才西进、学会赋能、科普下乡、决策咨询、强基固本"5项行动。

【国际民间科技交流】2021年6月10日，市科协举办首届杭州国际科技工作者年会暨"AI+生命健康"科创论坛，200多名生命健康领域的高端智库成员与会，围绕"人民生命健康"主题畅谈科技新坐标。9月28日，市科协举办第十六届海外英才杭州项目对接会，以线上与线下结合的方式，举办主场活动1场，以及意大利绿色低碳主题项目路演、海外人才工作交流、飞仕伯乐投资、比利时游学专场活动4场。会议征集到海外或海归人员科技项目150多个，主场活动交流项目114个，现场对接项目23个，现场签约项目1个，达成初步意向项目4个。支持中乌航空航天研究院举办"中国—乌克兰双边科技交流活动"，中国科学院白春礼等9名中外院士出席活动。支持墨西哥中国中心与墨西哥蒙特雷科技大学举办"云对接"活动暨杭州市大学生"双创日"活动。

【科协科技智库作用发挥】2021年，市科协建立科技智库研究基地8个并制定管理办法，聚集高端智力实施决策咨询项目26个。围绕"碳达峰、碳中和""城市安全""拥江发展"等主题，提交《杭州实现"双碳"目标的产业路径和发展策略》《拥江发展背景下打造杭州水上"交旅融合"示范城市的路径研究及建议》等文稿8篇，其中《关于建立杭州地下工程和管网运行安全智能预警系统的建议》获市政府主要领导肯定。市政协科协界别提交提案31个，其中集体提案4个，《关于把握绿色科技先发优势推动低碳清洁能源发展的建议》等3个提案被列为市政协重点督办提案。开展"千名专家进千企"专项行动，协调院士专家120人次，上门为企业解决技术难题100多个。

【科技工作者服务】2021年，市科协节日慰问院士295人次，生日慰问院士87人次，开展"5·30"全国科技工作者日系列活动78场，服务科技工作者1.5万人。市科协"科技工作者之家"承办学术交流、培训、沙龙等250多场，开展书法和国画教学培训班、桥牌等特色活动20多场。"青科汇"以线上与线下相结合方式举办"思享"读书会、杭州大众创新讲堂、"数字化转型之信息安全"生态交流会等活动56场，为青年科技工作者创新创业提供政策咨询、资源对接、项目推介等服务。升级完善市科协青年科技人才培育工程，从资助出国参加国际会议和出版科技（科普）图书转向资助具体人才，首批资助15人，连续资助2年。

【"碳达峰、碳中和"系列科普与学术活动】2021年，市科协发挥中国杭州低碳科技馆作用，举办世界水日、世界环境日、全国低碳日等主题日活动。举办杭州市中小学"低碳改变环境"系列科学主题活动。推出以"绿色能源""智能家居"等为主题的科学"碳"索营5期，开展"生物多样性""绿色能源与动力""变废为宝"等创意课程，举办"我是低碳环保践行者"环保博览会，6万人次参与。开展"碳达峰、碳中和"主题科普进基层活动24场次，线上和线下受众超过18万人次。编辑《低碳信息》，发送低碳小贴士48期。以"竹林碳汇""公共交通减排""海陆碳循环"等为主题，举办"我们低碳"论坛5场；聚焦"绿色低碳，健康生活"等主题，开展学术交流4场，线下观众2000人次，线上观众36万人次；邀请浙江大学教授方梦祥主讲《碳中和目标下CCUS技术前景》专题讲座；举办第五届联合国可持续发展目标浙江省德语风采大赛，展现"双碳"的机遇与挑战。

【群众性科普惠民活动】2021年9月10—12日，市科协举办浙江（杭州）2021年全国科普日主场活动。其间，全市各地依托科技科普场馆等阵地，安排科普活动900多场，参与市民50多万人次。实施"银龄跨越数字鸿沟"专项行动，作为"民呼我为"实事工程推进，服务帮助老年人21万余人次。"科普中国"信息员超30万人，列全国地市级城市第一位，分享科普信息超过2001万条；科技志愿服务队伍271支，开展活动845场。中国杭州低碳科技馆科技志愿服务队、杭州市数字经济科技志愿服务队获评长三角科技志愿服务联盟"2021年度优秀科技志愿服务组织"。举办科普知识网络竞赛、科普短视频微视频创作大赛、最美科普人选树等线上活动。杭州科学大讲堂围绕热点问题开讲12场，社区科普讲师团赴100多个社区举办讲座490场，听众近2万人。

全市举办第三十六届青少年科技创新大赛、第九届中小学生创意作品制作大赛、中小学生信息技术创作大赛、小小科普员食品安全讲解竞赛等。市青少年科普教育基地开展科普研学、科普基地进校园等活动500多场。中国杭州低碳科技馆、杭州市科技交流馆举办科普主题展览10多场,科普进校园等活动78场,流动科技馆巡展20场。（王砚青）

杭州市归国华侨联合会

【概况】2021年,杭州市归国华侨联合会成立60周年。市侨联履行“服务经济发展、依法维护侨益、拓展海外联谊、积极参政议政、弘扬中华文化、参与社会建设”职能,紧扣庆祝中国共产党成立100周年主题,围绕打造杭州“重要窗口”的目标,各项工作继续走在全省前列,获2021年度全省侨联工作综合排名一等奖。

市侨联有直属事业单位1个、团体协会8个、海外联络处114个。市侨联坚持“党建带侨建”,推动区县(市)侨联基层组织建设,指导上城区、拱墅区、萧山区、余杭区、临平区、钱塘区、淳安县、建德市等地统战部、侨联落实侨联改革要求,完成杭州部分行政区划调整后区级侨联组织组建和换届工作;指导推动中国计量大学、浙大城市学院等高校建立侨联组织,实现市属高校侨联组织全覆盖。至年末,全市有区县(市)侨联13个、基层侨联组织723个。

【“三为”专题实践活动】2021年,市侨联响应市委“我为群众办实事、我为企业解难题、我为基层减负担”专题实践活动,深化“走亲连心三服务”,结合侨界实际情况,开展“侨呼我应”、新春访侨企、“六送”、“双万”等活动。全年,市侨联领导在“三为”专题实践活动中调研基层侨联、侨界社团150多次,走访侨联委员企业76个,慰问侨眷侨属70多人次。

【杭州市第十次归侨侨眷代表大会】2021年1月11日,杭州市召开第十次归侨侨眷代表大会。大会表彰杭州市侨界“十杰”、优秀归侨侨眷和侨联系统先进集体和先进工作者,听取市政协副主席、市侨联主席王立华所做的市侨联第九届委员会工作报告。大会选举产生市侨联第十届会委员115人,王立华当选为市侨联第十届委员会主席。大会表决通过《杭州市侨联第九届委员会工作报告的决议》《杭州市归国华侨联合会实施〈中华全国归国华侨联合会章程〉细则》等文件;聘请市侨联第十届委员会顾问、港澳委员和海外委员。

【杭州市侨联成立60周年纪念大会】2021年12月30日,杭州市侨联成立60周年纪念大会举行。中国侨联副主席、浙江省政协副主席吴晶,浙江省侨联党组书记、主席连小敏,杭州市委常委、秘书长朱建明出席会议并讲话。杭州市政协副主席、市侨联主席王立华做《回顾市侨联60年历史展望未来发展》的讲话。市侨联及各区县(市)侨联,老归侨、老同志代表、侨联委员代表、海外侨胞、港澳台侨界代表人士等参加会议。中国侨联党组书记、主席万立骏,省委常委、市委书记刘捷对杭州市侨联成立60周年做出批示。会上,侨界代表向全市归侨侨眷和海外侨胞发出“侨心向党、勇毅前行、圆梦中华”倡议;通报表扬市侨联成立60周年“情系桑梓贡献者”“创新创业奋进者”“为侨服务奉献者”“示范引领组织获得者”和先进集体。

【海外委员党史学习培训暨海外侨领杭州行活动】2021年5月11—13日,市侨联举办海外委员党史学习教育培训暨“海外侨领杭州行——走进建德”活动。来自21个国家的37位市侨联海外委员、侨领人士参加活动。学员们到建德市梅城镇和航空小镇开展实地考察,参加投资环境宣传推介交流会。与会海外委员和侨领为建德市如何在海内外扩大影响力、实现高质量发展建言献策。培训活动期间,主办方为部分杭州市侨联第十届海外顾问和委员举行聘任仪式。

【侨企专场招聘会】2021年6月24日,为解决杭州侨企“人才招聘难”的问题,市侨联联合市人力社保局在杭州人才市场举办侨企专场招聘会,为侨资企业、海归创业企业的人才招聘搭建供需对接平台。专场招聘会吸引浙江新通教育科技股份有限公司、浙江泰普森控股集团有限公司等42个侨资企业报名参加,提供926个工作岗位,涉及医药技术研发、跨境电商运营、机械设计师等高新行业领域。

【侨界助推共同富裕示范区建设现场会】2021年7月2日,市侨联、市归国留学人员联谊会、临安区共同举办“侨心向党,侨亮乡村”——杭州市侨界助推共同富裕示范区建设现场会暨2021年留学生夏季联谊活动。以临安区“侨亮乡村”工作为试点,邀请“侨亮乡村”指导员,侨界“双服务”文明实践基地负责人、侨界乡创客、资深媒体人等100多人参加活动。现场会以播放宣传片、举办圆桌论坛、现场交流等形式,号召各区县(市)侨联和高校的侨联组织、侨界社团、归国留学人员等参与乡村振兴建设活动,为助推杭州高质量发展贡献侨界力量。

【杭州市首批侨界创新创业基地公布】2021年7月7日,为发挥市侨联侨界创新创业基地平台作用和资源优势,经前期推荐申报、评估审核后,市侨联发文公布,确认海归驿站、杭州市拱港青少年科创中心文化交流中心、华侨国际·先锋大厦、西湖大学、乐富海邦园、杭州大创小镇、厘米(银湖)空间、建德市环保科技创新创业中心8个单位为杭州市首批侨联侨界创新创业基地。

【侨界精英创新创业(中国·杭州)峰会】2021年10月18—20日,“创业中华——2021侨界精英创新创业(中国·杭州)峰会”在杭州举行。峰会由市侨联、杭州高新区(滨江)管委会(政府)联合承办。峰会开幕式后,举办4场平行论坛,组织1场实地考察活动,中国侨联、省市领导及各界嘉宾300多人出席活动。峰会以“新起点、高质量、共富裕”为主题,围绕“高质量发展建设共同富裕示范区城市范例”为目标,用好侨联与地方政府、院校、园区、社团等联动机制,突出国际化、体系化和精准化,突出科技领军人才、创新团队和项目引进,构建双循环发展格局,推进长三角地区侨创融合发展,引导侨界助力共同富裕。峰会现场签约项目29

2021 年 10 月 18—20 日，“2021 侨界精英创新创业（中国·杭州）峰会”在杭州举行 （市侨联 供稿）

个，总投资额 110.7 亿元。

【华侨华人新生代（青年侨商）跨境电商培训班】2021 年 10 月 25—27 日，华侨华人新生代（青年侨商）跨境电商培训班在杭州举办。活动由市侨联、中国（杭州）跨境电子商务综合试验区建设领导小组办公室联合举办，来自挪威、意大利、日本、柬埔寨、泰国、墨西哥、澳大利亚等 16 个国家和地区的 30 名侨界青年参加培训。市侨联在总结往届跨境电商培训活动经验和收集侨界建议基础上，将侨商培训和新生代工作有机结合，是开展全球跨境电商创新创业大赛中的重要环节和线下高级课程的重要组成部分。通过业务培训、案例分享、座谈交流和实地参观考察等形式，帮助华侨华人新生代和青年侨商了解国内经济发展形势，把握跨境电商机遇。培训期间，学员们到“阿里巴巴”“亚马逊”和“贝贝网”等知名互联网企业参观考察，“速卖通”“天猫”“亚马逊”等全球知名电商平台做现场介绍和答疑解惑。

【海外高层次人才发展论坛】2021 年 11 月 18 日，“海创天下·领杭未来”2021 年海外高层次人才发展论坛暨第四届致公明志论坛在西湖区举行。论坛由致公党杭州市委会明志海创联盟、致公党杭州市西湖区基层委员会和杭州市海外留学归国人士创业发展促进会共同主办，聚焦“人才助力，科创兴国，共建科技产业生态圈”主题，为海外高层次人才搭建交流平台。论坛向明志海创联盟第二批创业导师授牌，并邀请周春生、郑攀、程建军、华绍炳等经济专家、创业导师、科学家与行业翘楚进行圆桌对话，分享个人创业创新经历，并与参会海归创业者代表交流互动，共话新经济、新业态发展趋势。

【“中国年味·四海同春”海外侨界影像展播】2021 年 2 月 10 日，市侨联向各海外联络处、海外侨胞、留学生等发出“娘家人 @ 您，年味云上秀邀您来参与”的影像征集邀请，用镜头捕捉记录“侨”的中国年。活动得到海外侨界的广泛响应和参与，从农历正月初八至十五（2 月 19—26 日），市侨联通过杭州城市大脑客户端、侨联微信公众号、侨联和海外侨团微信“群”及“朋友圈”等渠道，分“味蕾上的乡愁”“远方的祝福”“云端的约会”3 个主题，进行 7 天云上展播。

【良渚博物院被确认为中国华侨国际文化交流基地】2021 年 9 月 3 日，经综合评审，中国侨联确认第九批 79 个中国华侨国际文化交流基地。良渚博物院名列其中，成为杭州第 3 个国家级华侨国际文化交流基地。良渚博物院是一座集收藏、研究、展示和宣传良渚文化于一体的考古遗址博物馆，实证中华 5000 多年文明史。展览依托“水乡泽国”“文明圣地”“玉魂国魄”3 个展厅，展示良渚文化的文化面貌和良渚古城遗址的遗产价值，体现良渚文明在中华文明“多元一体、兼收并蓄、延绵不断”历史发展进程中的重要地位和独特贡献。

【海外侨团中秋“云”联欢活动】2021 年 9 月 13 日，由市侨联和《浙商》杂志侨音融媒体中心联合主办的“西湖中秋月·天涯共此时”2021 年海外侨团中秋“云”联欢活动在杭州举行。这是市侨联首次以线上形式举行联欢活动，海内外华人、华侨以明月之名共诉思乡之情，欢聚“云端”共庆团圆佳节。20 多名杭州侨界演员和英国浙江联谊会暨商贸会、美国杭州商会、日本小樱花艺术团、北美杭州同乡会、德国杭州华人华侨联合会 5 个海外侨团，以歌声、舞蹈、朗诵、书法等节目传心声、表心意，以“云端”方式深化海内外联络，以“侨”的视角传播和弘扬中华文化。

【市华侨活动中心改造和侨史馆筹建】2021 年，市侨联围绕杭州市第十次侨代会提出的“打造全国一流侨胞之家和一流侨史馆”的目标，谋划市华侨活动中心改造和侨史馆建设。为实现侨史展陈和侨界阵地的深度融合，市侨联先后组织筹建人员赴杭州市文史馆、市党史馆和温州、丽水华侨博物馆等 10 多个展馆学习建设管理经验，以及侨史资料征集、展陈等经验，多次召开侨史展陈工作研讨会，听取有关专家的意见和建议。至年末，完成华侨活动中心改造和侨史馆建设概念设计方案编制，完成改造建设项目资金申报工作。（谢唯宜）

杭州市青年联合会

【概况】2021 年，杭州市青年联合会召开第十二届四次常委（扩大）会议。会议表彰市青联系统 2020 年度优秀集体和先进个人；审议通过《杭州市青年联合会会员团体管理办法》，强化委员管理，严格按照要求优化委员结构，严把委员“考核关”和“出口关”，全面推进从严治会；审议通过市青联十二届五次主席办公会议提议的人事事项，调整市青联主席班子、常委、界别组长、副秘书长；增补“网络主播”“电竞青年”等新兴领域的青年委员，充实市青联工作力量。

在市委宣传部和团市委领导下，市青联联合杭州日报报业集团、杭州文化广播电视集团，开展第十五届“最美杭州人·十大杰出青年”推选活动。组织参与杭州市有关东西部协作帮扶活动。

【十大杰出青年评选】2021 年 3 月，市青联启动第十五届“最美杭州人——十大杰出青年评选”工作。通过层层选拔、逐级推报的举荐渠道和专家评审、社会参议相结合的评选机制，在全市各行各业选树产生 20 名优秀青年为正式候选人，形成党政关心、青年关注的良好社会氛围。4 月，经公示和征求广大群众意见，杭州市疾病预防控制中心卫生检验中心副主任、主任技师李钧等 10 人被评为第十五届“最美杭州人——十大杰出青年”，获“杭州青年英才”称号。

【市青联助力扶贫脱困】2021 年，市青联助力东西部协作，组织各级青联与四川省甘孜、广元地区开展县县结对，提供帮扶，促进交流。举办两地青少年交流活动，甘孜、广元地区青少年到杭州开展交流活动 8 批次、180 多人；组织中小学生线上交流活动，通过党史“云”队课、互通视频、线上共唱爱国歌等方式跨越时空互联互通，展开交流活动 19 场，参与学生 3000 多人次；开展两地中小学生书信手拉手结对活动，共有 1616 名小学生参与活动。对接帮扶需求，就广元地区团委提出的 16 项帮扶需求和 2022 年的帮扶任务，经协商草拟战略合作协议。联合杭州市民生公益服务中心推进广元地区留守儿童关爱项目，募集 56 万元筹建“童伴之家”。助力省“山海协作”工程，印发《市青联关于全省山区 9 县结对帮扶的工作指引》，组织 10 个区县（市）的团委青联组织帮扶全省山区 9 个县。全年建设“青联希望小屋” 21 个，组建“青联委员服务团” 12 个，开展青年科学家进校园活动 9 场。

（杨　姝）

杭州市工商业联合会

【概况】2021 年年末，市工商联有商会 451 个，会员 4.35 万人。其中市直属商会 140 个（行业商会 14 个、异地商会 126 个），团体会员 27 个。

全市工商联紧扣“两个健康”（非公有制经济健康发展和非公有制经济人士健康成长），围绕中心，服务大局，完成全年各项工作任务，为促进“两个健康”发挥积极作用。市工商联的调查研究、社情民意等工作成果在全国工商联获奖，市工商联被评为浙江省工商联系统服务“两个健康”成绩突出集体。

【工商联界别政协委员参政议政】2021 年 2 月，杭州市政协十一届五次全会期间，工商联界别政协委员提交提案立案 24 件，其中集体提案 4 件、委员个人提案 20 件。2 件集体提案被列为重点提案，分别由市委、市政协领导领办或督办。市工商联做好市“两会”建议提案办理工作，牵头办理、督促完成人大议案（协办）1 件；政协提案办理、回复 6 件（2 件主办、4 件协办）。推进委员工作站工作，将工商联界别 3 个工作站合并为 1 个，以“一站三点”的形式开展活动。先后举办“百名主席进百厅讲党史”暨庆祝中国共产党成立 100 周年、“数字经济与企业数字化转型”等活动，组织政协委员参加民主监督、网络议政等活动 10 多次，提升委员履职能力。

【市、区两级工商联换届完成】2021 年，杭州市、区两级工商联完成换届工作。换届全过程坚持党组织的领导和把关定向作用，突出政治过硬原则，严把人选“入口关”；严格工作流程，坚持“凡进必评”；关注思想动态，做好思想工作；谋划两级工商联组织协同，细化换届会务保障。至年末，杭州市本级和 13 个区县（市）的工商联均完成换届，其中新生代企业家在市工商联十四届执行委员中占比 39%，13 人当选为市工商联企业家副主席、副会长，工商联组织的领导结构及凝聚力、影响力得到增强。

【民营企业经贸合作平台搭建】2021 年，市工商联加强与国（境）内外工商联、商会、社团组织以及有关部门的联系合作，组织会员企业参加“浙江民营企业走出去政策宣讲会暨巴基斯坦拉沙卡伊园区推介会”等经贸活动 40 多次。支持企业“走出去”，举办杭州民营企业牵手“一带一路”沿线国家对接洽谈会，推动“一带一路”沿线国家和地区代表与杭州民营企业之间的沟通和了解，为杭州企业

2021 年 1 月 25 日，市工商联联合市科技局举办“亲清直通车 政企恳谈会”

（市工商联 供稿）

寻找更多发展的机会。鼓励和支持民营企业科技自立自强，引导民营企业创新驱动发展科技综合服务。征集民营企业参与“国企混合所有制改革”意向及融资合作项目。

【市工商联助力民营企业与金融机构合作】2021年，市工商联开展“助企纾困·走进金融”系列活动，先后组织200多名企业家和商会代表走进建设银行、工商银行和杭州联合银行，让金融机构人士和企业家面对面交流。市工商联分别与建设银行杭州分行、工商银行杭州分行、杭州联合银行签署战略合作协议，就持续深入服务民营企业融资需求建立长效机制。开展2020年度浙江省“万家民企评银行”工作，2600个民营企业参与满意度评价问卷调查。落实建设银行浙江省分行与浙江省工商联新一轮全面战略合作，建设银行杭州分行按照“1+13+X”的选派模式，向杭州两级工商联机构派驻的14名金融指导员全部上岗服务。

【杭州企业参与全国上规模民营企业调研】2021年，市工商联做好2021年度全国上规模民营企业调研，杭州有36个民营企业入围“中国民企500强”，入围企业数连续19年蝉联全国城市第一名。确定年度8个重点课题，发挥政协委员、企业家会员的积极性，共同参与课题调研。按照全国工商联通知要求，开展2次民营企业运行情况调查，全市企业参与调研的数量和质量位列全国前茅，市工商联在全国工商联重点工作培训会上做经验交流发言。

【新生代企业家培育】2021年，市工商联支持市、区两级新生代企业家联谊会建设，选派3名工商联机关干部充实到市新生代企业家联谊会秘书处，加强服务指导组力量。对市本级270名、各区县（市）1840名新生代企业家给予重点关注和培养；7个新生代联谊会会员企业入围“中国民营企业500强”；6个新生代企业成功上市。市工商联抓住换届时机，从组织保障上给予实质性支持，换届方案明确落实“新生代企业家在企业家执委中所占比例不低于30%”要求，新生代企业家在新一届市工商联执委中占比达到39%，13位新生代企业家当选为市工商联副主席、副会长。

【工商联系统数字化改革】2021年，市工商联成立数字化改革工作专班，按照省、市有关数字化改革工作部署，推进工商联系统数字化改革。融合工商联数字化改革和全市“数智群团”建设“纵”“横”两条线的要求，上下联动、左右协同，稳步推进。抽调工作人员参与全市“数智群团”攻坚，牵头协调、组织实施和督促落实；制定工作方案，细化量化工作目标；深化核心业务和工作节点梳理，建设应用场景。至年末，“云上约·民企评”项目逐步打磨成型。

【深化党史学习举措】2021年，市工商联组织突出自身特色和优势，采取“干部企业家联学、系统三级联动、线上和线下联用、相关部门联合、新老两代联育、民呼我为联促”的工作机制，引导民营经济代表人士“学百年党史，育百年企业”的学习热情。通过深化“走进”系列活动、联动宣讲、“杭商直播间”云端联学、《听见·杭商》栏目设立、百家民企（商会）党建红色长廊建设、“品质杭商”研修班举办、《学与思，悟和干》专栏设立、助推“清廉民企建设、共践为民服务、共促新生代培育”等10项载体，把党史学习教育与促进“两个健康”的具体实践紧密结合。《学与思，悟和干》专栏刊发机关干部、企业家和商会学习体会48篇，《听见·杭商》栏目上线“学习强国”。“网上党建红色长廊”“杭商直播间”“六联十措”工作机制分别获评省工商联促进“两个健康”工作年度、季度最佳案例。

【基层商会组织建设】2021年，市工商联完成市总商会和128个直属商会年检工作。配合省工商联做好党建工作示范商会、“百家示范商会”审核工作。在区县（市）依托统战指导员加强对所属商会党建工作指导，在城市区域完善直属商会党委模式。召开中共杭州市工商联直属商会第一次党员代表大会，选举产生直属商会委员会和纪律检查委员会。至年末，市直属商会中建立党组织86个，其中党委2个、总支4个、支部80个，有党员695名。举办“永远跟党走——杭商心向党·共筑中国梦”庆祝中国共产党成立100周年文艺演出。

【“同心筑梦跟党走”主题教育活动】2021年，市工商联制订全市工商联系统“同心筑梦跟党走”系列活动方案，以“唱响爱党新赞歌、书写传承新篇章、打造党建新品牌、服务民企新发展、引领清廉新风尚、选树杭商新典型”为载体，专人负责，专班运行，在全系统开展主题教育活动。市、区工商联两级联动的“百名党员干部新春走企业”活动，走访企业160个、商会10多个、基层工商联7个。

（吴　炜）

责任编辑　汤　峻

13 外事·侨务·港澳台事务

外事

【概况】2021年，杭州市外事部门适应对外工作面临的新形势、新变化、新要求，一手抓新冠肺炎疫情"外防输入"，一手抓国际交流合作深化，助推城市国际化，为杭州亚运会营造国际氛围，在杭州争当浙江高质量发展建设共同富裕示范区城市范例的实践中勇于担当，贡献外事力量。

举办第四届"杭州国际日"、第八届"杭州国际友城市长论坛"，展示成果，促进合作，服务高质量发展。举办有影响力的"云外事"活动近20场，办理41个国家和地区的145个单位、317批、518人次外国人到华邀请函。完成在杭外籍人士接种新冠疫苗1.21万针剂。举办APEC（亚太经济合作组织）商务旅行卡推介活动，与150多名企业家面对面互动交流。用好"快捷通道"政策，为到杭州从事经贸、科技交流合作的外国人申请赴华签证。审核公共区域外语标识2352条、1.17万字。

【杭州海德堡两地青年交流会】2021年3月19日，以"同命运·共抗疫"为主题的"2021杭州海德堡两地青年共话美好生活交流会"通过视频连线方式在杭州市举行。德国海德堡市市长埃卡特·伍兹纳发表视频录播致辞，杭州市外办负责人出席活动并致辞。两地自2016年结为友好交流城市以来，互动交流频繁，在教育、旅游、体育、科技等领域的合作稳步推进。在新冠肺炎疫情期间，两地青年就"回首2020年疫情期间，我们青年的生活"和"展望2021年在疫情全球化背景下，我们青年应做好哪些准备去迎接未来"的主题进行交流。

【"在杭外籍人士走进美丽乡村"活动】2021年4月9—10日，由市外办、市人民对外友好协会及"一带一路"地方合作委员会秘书处主办的"在杭外籍人士走进美丽乡村"活动在杭州举行。来自巴西、法国、日本、瑞士等17个国家近30名在杭外籍专家、企业高管、创业人员及留学生代表相聚杭州市淳安县和建德市，参观淳安县下姜村、芹川古村、淳安县博物馆、新安江水电站等，听专家讲党史并开展座谈交流，感受美丽乡村的自然人文景观与风土人情，听取有关生态保护和乡村建设的故事与介绍。外籍人士分享参与活动的心得体会，表示要把一个更丰富的杭州介绍给自己的祖国和世界各地朋友。

【驻华使节浙江行活动】2021年6月9—10日，由32个国家的驻华使节和8个外国媒体记者组成的"让世界关注这扇窗"——驻华使节浙江行参访团抵达杭州。参访团走访浙江大学，考察中国茶叶博物馆，参观杭州亚运会主体育场和浙江正泰太阳能科技有限公司，通过不同场景和视角，体验浙江杭州的文明和普通市民的幸福生活，近距离感受"中国之治"在浙江杭州的生动实践，以及杭州向世界展示"后峰会、亚运会、现代

2021年4月9—10日，"在杭外籍人士走进美丽乡村"活动在杭州举行
（市外办 供稿）

2021 年 9 月 5 日，第四届“杭州国际日”在杭州国际博览中心举行，大会为 2021 年度杭州市外国专家“钱江友谊使者”颁奖（市外办 供稿）

化”时期的风貌。

【“杭州国际日”活动】2021 年 9 月 5 日，第四届“杭州国际日”在杭州国际博览中心举行。活动以“城”为主题，采用线上和线下相结合的方式举行。亚奥理事会致贺信，17 个国家驻华大使为开幕活动录制视频，浙江省副省长朱从玖出席开幕活动，杭州市委副书记、市长刘忻致辞。开幕式上，“中国—中东欧国家智慧城市中心”揭牌，杭州市与乌拉圭首都蒙得维的亚市、阿根廷科尔多瓦市签署友好合作备忘录，为“钱江友谊使者”颁奖。“杭州国际日”主题展同步开展，由部分国际邀请展、国际友城和“一带一路”地方合作委员会成果展、经贸产业展等 5 个板块组成。活动推出系列宣传片，展示杭州努力推进国际交流合作和城市国际化方面的实践成果。

【《杭州市公共服务领域外文译写导则》发布】2021 年 10 月 29 日，《杭州市公共服务领域外文译写导则》发布会暨导则培训讲座在杭州举行，30 多个成员单位出席。该导则由“杭州市公共服务领域英文译写导则”“杭州市公共服务领域日文译写导则”“杭州市公共服务领域韩文译写导则”3 个部分组成。其中英文部分为主要内容，包含通则、旅游、交通等 10 个部分，共 17.62 万字。

【杭州国际友城市长论坛】2021 年 11 月 23 日，由市政府主办的第八届“杭州国际友城市长论坛”以线上和线下结合的方式举行。杭州市市长、“一带一路”地方合作委员会联合主席刘忻致辞，世界城地组织亚太区秘书长博纳蒂娅线上祝贺，亚奥理事会总干事侯赛因致贺信。来自 21 个国内外友城、友好交流城市的市长和代表通过论坛共谋合作，共话发展。市长们以“国际化与城市发展”为主题，围绕“疫情形势下的城市经济复苏”“体育赛事和城市国际化”“城市优势资源推介与接洽”等议题展开交流。杭州市副市长柯吉欣、胡伟、陈卫强出席开幕式或在分论坛上发表演讲。

【杭州市连任世界城地组织亚太区执行局和理事会成员】2021 年 2 月 24—25 日，“2021 年世界城地组织亚太区线上理事会会议”召开，会上进行 2020 — 2022 年主席、联合主席、理事会及执行局代表换届选举。经讨论审议，杭州市连任世界城地组织亚太区执行局和理事会成员。

【杭州市出席“中国—东盟省市长对话会”】2021 年 4 月 19 日，“中国—东盟省市长对话会”在中国海南省琼海市博鳌举行。杭州市副市长陈卫强以视频会议形式出席对话会，就“凝心聚力促发展”议题发言。会上签署共同倡议，推动中国与东盟地方政府交流合作，共同维护该地区和平稳定与发展繁荣。

【杭州市出席中瑞地方可持续发展论坛】2021 年 7 月 13 日，杭州市副市长王宏以视频形式出席第二届中瑞地方可持续发展论坛，做《擦亮“湿地水城”幸福底色，打造美丽中国“杭州样本”》主题发言。杭州继续深化生态文明建设，加快推进生态环境治理现代化。

【“一带一路”地方合作委员会会议】2021 年 9 月 8 日，杭州市以远程视频形式举办“一带一路”地方合作委员会（简称 BRLC）2021 年度专题会议暨第二届理事会会议。世界城地组织亚太区主席、尼泊尔杜利凯尔市市长，尼泊尔城市协会主席拜安居，中国人民对外友好协会副会长姜江，世界城地组织亚太区秘书长博纳蒂娅，BRLC 联合主席、芬兰奥卢市前政治市长贵迪·奥凯宁，BRLC 联合主席、意中协会主席玛莉亚·莫莱尼，以及会员和合作企业参会并发言。市外办主任、BRLC 秘书长周澍通报工作。会上吸收 6 个新会员，累计会员 83 个。

【数智赋能外事工作】2021 年，市外办完善杭州市“因公出国（境）一件事”系统，推广“亲清在线”APEC 商旅卡，实现社保、公安、工商、税务、海关等多部门的数据共享，实现“零次跑”便捷申办。市人民对外友好协会建设“数智群团”，开发“友约杭州”应用场景，上线“群团集市”平台，打造“中英双语”界面。应用场景涵盖“国际交流活动预约”“信息共享”“国际朋友圈”“文化教育视频”“理事单位”5 个板块，提供更多在杭外籍人士关心的服务和信息。运行好“一带一路”地方合作委员会中英文双语官方网站，实现会员间“云上”交流。

【主要到访活动】艾昆纬（IQVIA）亚太区首席战略官访问杭州　2021 年 1 月 15 日，市委副书记、市长刘忻会见艾昆纬（IQVIA）亚太区首席战略官王铮一行。双方就艾昆纬公司多中心实验室落户杭州青山湖科技城事宜进行商讨。

韩国 CJ（希杰）集团中国总裁访问杭州　2021 年 4 月 21 日，市委副书记、市长刘忻会见 CJ（希杰）集

2021年杭州市接待的其他到访团组情况表

表9

到访时间	代表团团长职务及姓名	会见领导
4月16日	乌拉圭驻华大使 费尔南多·卢格里斯	柯吉欣
4月22日	土耳其驻沪总领事 侯赛因·埃姆莱·恩金	潘家玮
4月28日	以色列驻沪总领事 爱德华	柯吉欣
5月18日	新加坡驻沪总领事 蔡鏊合	柯吉欣
6月2日	丹麦驻沪总领事 林朗	陈卫强
6月21日	新西兰驻沪总领事 黄桥	陈国妹
10月12日	东帝汶驻华大使 阿布朗·桑托斯	柯吉欣
10月15日	泰国驻沪总领事 乐达·普玛	陈卫强

团中国总裁尹道瑄一行。双方就CJ集团未来在杭州发展战略进行商讨。

东芝公司中国兼东亚总代表、东芝（中国）有限公司董事长、总裁访问杭州　2021年6月18日，市委副书记、市长刘忻会见东芝公司中国兼东亚总代表、东芝（中国）有限公司董事长、总裁宫崎洋一一行。双方就东芝开利空调（中国）有限公司发展情况以及未来在杭州投资计划进行商讨。

松下电器产业株式会社副社长、松下电器中国东北亚公司社长访问杭州　2021年6月22日，市委副书记、市长刘忻会见松下电器产业株式会社副社长、松下电器中国东北亚公司社长本间哲朗一行。双方就杭州松下家电（综合保税区）有限公司在自贸区钱塘片区投资新建EP智慧家电项目进展情况及未来在杭州投资规划进行商讨。

默沙东公司全球副总裁兼中国区总裁访问杭州　2021年6月30日，市委副书记、市长刘忻会见默沙东公司全球副总裁兼中国区总裁田安娜一行。双方就默沙东公司在杭州的运营发展进行商讨。（陈　晨）

侨　务

【概况】2021年，市委统战部（市侨办）围绕“凝聚侨心、汇集侨智、发挥侨力、维护侨益”的目标任务，整合侨务资源，扩大海外联谊“朋友圈”，提升为大局服务和为侨服务水平，发挥海外侨胞和归侨侨眷在“重要窗口”建设中的作用，为杭州争当浙江高质量发展建设共同富裕示范区城市范例贡献智慧和力量。

全年举办重要侨务活动3场，增进海外侨胞对祖（籍）国的热爱。开展为侨服务工作，全年走访慰问重要侨领侨商49人，走访慰问困难归侨侨眷15户，发放慰问金（慰问品）9.6万元。全年为17名因为孤、寡、病、残、无退休金收入等原因造成生活困难的归侨每月进行补助，发放困难补助金6.06万元。开展“三侨生”身份认定工作，其间接受涉侨事项电话和接待咨询200多人次，认定“三侨生”高考生51名、中考生45名。办理审批华侨回国定居1人，转办归侨证9人，转办侨务信访5件。推进侨务数字化改革工作，对4个涉侨事项网上投诉咨询网址、办理地址和办事指南进行优化变更，提升侨务行政审批效能。

【侨界人士思想引领】2021年，市委统战部（市侨办）组织侨界人士参加“同心筑梦跟党走”庆祝中国共产党建党100周年主题分享作品征集活动，组织海外侨团开展“最美故乡云”活动。各侨团和侨商协会以歌曲、诗歌、散文、书画、视频等形式报送作品10多件。杭州市侨商协会举办“同心筑梦跟党走”学习座谈会2次，侨商们展开积极讨论，畅谈学习体会。侨商协会青年委员会组织青年侨商参观党史馆，听专家讲座，进行主题分享等活动，增强为杭州经济社会发展贡献智慧和力量的信心与责任。5月，欧洲杭州华人华侨妇女联合会成员们用合唱、舞蹈、诗朗诵等形式歌颂祖国歌颂党，增进对祖（籍）国的热爱。

【“海外华文媒体杭州行”活动】2021年11月23—26日，由市委统战部（市侨办）主办，萧山区委统战部（区侨办）承办的“2021年海外华文媒体杭州行”活动举行。活动邀请20个国家的30名海外华文媒体社长、总编辑到杭州参观采访。活动期间，受邀媒体代表对杭州亚运场馆建设、萧山区未来工厂、美丽乡村、湘湖跨湖桥文化等实地采风，用海外媒体记者的视角和语言向海外宣传杭州。与会华文媒体代表向34个海外媒体发布200多篇文稿进行宣传报道，加深世界对杭州的了解和认识。

【海外侨领研习班】2021年11月30日至12月3日，由市委统战部（市侨办）主办，富阳区委统战部（区侨办）承办的2021年杭州市海外侨领研习班在富阳区举行。来自美国、英国、德国、法国、意大利、加拿大、希腊、捷克、日本、新加坡、柬埔寨、缅甸、印度尼西亚等23个国家的60名海外侨领及部分侨商代表进行为期4天的研修学习。研习班采取专家授课、现场参观、互动联谊、日常交流等形式进行。安排学员聆听专家关于“杭州城市的规划与发展”讲座，参观亚运水上运动中心、海峡两岸交流基地、《富春山居图》原创基地——黄公望隐居地、中国华侨国际交流基地、龙门古镇、美丽乡村——杭派名居（郁达夫）东梓关、侨家大院、中国华侨国际文化交流基地。侨领、侨商学员表示根据自己的事业发展及业务关系，在国内外宣传杭州，与国内发展紧密结合，在杭州社会经济建设中展现更强担当、更大作为。

【侨法宣传进社区】2021年12月7日，杭州市侨法宣传暨上城区“侨法宣传周”启动仪式在紫阳街道上羊市街社区举行。市委统战部和上城区委统战部的侨务干部及街道社区侨务工作者、爱侨护侨志愿者40多人与会。会上举办“宣传侨法，爱侨护侨，助力共富”圆桌分享活动，来自基层一线的侨务工作者、归国留学生、归侨侨眷代表以亲身经历讲述发挥自身优势、维护侨界权益、助力共同富裕的做法，常态化做好“知侨法、懂侨法、用侨法、护侨益”的宣传员、调

2021 年 12 月 7 日，杭州市举办“侨法宣传进社区”活动　（市侨办 供稿）

解员和践行者。现场推出侨法宣传板展示、侨务法规政策答疑，发放涉侨法律政策指南 100 多份。

【为侨服务工作】2021 年，市委统战部（市侨办）坚持“以人为本、为侨服务”的宗旨推进为侨服务工作。全年走访侨资企业 40 多个，召集部分侨资企业负责人座谈会 5 次，及时掌握侨企在生产经营中遇到的问题，上门为侨商企业送服务、送政策。指导区县（市）侨务部门对仅持中国护照的华侨和外籍华人提供新冠肺炎疫苗接种的相关服务工作，对接协调服务 80 多人。开展暖侨、慰侨、安侨工作，推出“今年中秋不回家，侨干代您看家人”慰问活动，全市走访慰问 220 户侨胞、侨眷家庭。做好市政协委员关于“为海外华侨新生代归国创业营造良好环境”的提案答复工作，维护侨胞、侨眷合法正当权益。　（孙云新）

港澳事务

【概况】2021 年，市外办（市港澳办）落实中央、省委、市委关于港澳工作的决策部署，适应新形势、新变化，开拓创新，有效服务中央对港澳工作大局。制定杭州市港澳工作“十四五”发展规划，推进杭港澳合作体系建设，促进杭港澳融合发展。杭港澳经贸合作持续深化，人文和青少年交流更密切，港澳同胞在杭州发展服务体系和平台不断健全。杭州市全年接待港澳代表团 15 批、204 人次。

【澳门特别行政区行政长官到杭州考察】2021 年 11 月 5—8 日，澳门特别行政区行政长官贺一诚和行政法务司司长张永春一行访问杭州，参观考察杭州城市大脑运营指挥中心、杭州市民中心办事大厅、未来社区等单位。

【杭港澳座谈交流暨政策说明会】2021 年 10 月 15 日，市外办（市港澳办）举办杭港澳交流座谈暨政策说明活动，邀请在杭州的港澳特别行政区政府常驻机构、社会团体和企业的 22 位负责人出席。会议形成《杭州市港澳工作建议》报市领导参阅。

【“杭州澳门周”活动】2021 年 3 月 2 日，由澳门旅游局、贸促局组成的“杭州澳门周”工作组一行 13 人到杭州访问。3 月 25—29 日，由杭州市外办（市港澳办）、市文化广电旅游局、上城区政府和澳门特别行政区政府经济财政司共同主办的“杭州澳门周”系列活动在杭州市湖滨步行街举行。其间，举办“澳门旅游及会展推介会”“杭澳商业配对洽谈会”“杭澳科技、经贸和旅游发展座谈会”“澳门风情美食节”等系列活动，开展杭澳两地企业家洽谈 85 场，吸引 70.27 万人次入场。活动向杭州市民和游客展示澳门“世界旅游休闲中心”的内涵和“健康安全宜游”的城市形象，带动两地人员加强往来，拓展经贸、旅游、科技等众多领域的交流与合作。

【港澳代表团到访】2021 年 3 月 29 日至 4 月 2 日，市外办（市港澳办）接待澳门公务员培训团一行 32 人。培训团访问杭州城市大脑运营指挥中心、市行政服务中心、杭州图书馆。

6 月 22—24 日，市外办（市港澳办）接待澳门妇联工作骨干代表团一行 26 人。代表团参观杭州城市大脑运营指挥中心、杭州城市规划展览馆。

2021 年 3 月 25—29 日，“杭州澳门周”活动在杭州湖滨步行街举行
（市港澳办 供稿）

10月22日，香港特别行政区政府驻上海经济贸易办事处主任蔡亮一行3人到杭州访问，巩固加强杭港两地交流合作，了解杭州市的民政领域，特别是社会救助、结婚管理等方面的工作，参观杭州全球青年人才中心。（陈 晨）

台湾事务

【概况】2021年，面对新冠肺炎疫情和台海局势变化，杭州市对台工作秉持“两岸一家亲”理念，以党史学习教育为契机，以落实浙江省“八项惠及台青举措”为抓手，开展惠台服务，拓展交流合作新路径，促进杭州台湾两地经济社会融合发展。

杭州市全年举办大型涉台活动12场，分别为第十三届“西湖—日月潭”两湖论坛、《富春山居图》合璧10周年纪念活动、“情系两岸，携手同行”走进进化联欢活动、“月伴两湖，福满中秋”音乐会、“学百年光辉史，启创业新征程”杭州台青体验式创业培训、杭州台商助残助企活动、杭州南投两地青年探访最美乡村、“结庐山居·再绘富春”两岸书画家采风雅集、纪念《富春山居图》合璧10周年两岸书画展和摄影联展、杭州南投青少年《新时代富春山居图》主题绘画展、“激扬梦想 同心同行”杭州台青助力亚运活动、杭州—台湾“创意对话创意”暨两岸文化创意产业交流对接会。推进全市涉台教育“进机关、进基层、进学校”，举办各类台海形势报告会、座谈会、研讨会15场。杭州市全年新增台资企业127个，比上年增加48个，增长60%。全年市台办受理各类涉台投诉、信访求助件126件，下降8%；办结125件，结案率99.2%；稳慎处置涉台突发事件5件。

【杭台青年企业家联盟成立】2021年5月22—24日，杭台青年企业家联盟成立仪式暨“学百年光辉史，启创业新征程”杭台青年企业家体验式创业培训活动在浙江中华文化学院举办。联盟由杭州市台湾同胞投资企业协会、杭州市青年企业家协会、杭州市新生代企业家联谊会共同发起，倡导“在杭台商就是杭商”理念，为杭州台湾青年企业家搭建交流新平台。30名杭州台湾青年企业家参与课堂教学、沙盘推演、实地参访、创业交流等活动。

2021年4月23日，杭州市台商（台胞）法律服务团工作站揭牌成立

（市港澳办 供稿）

【杭州台商助残助企活动】2021年5月14日，市台办、市台湾同胞投资企业协会组织杭州台商企业，到桐庐县钟山乡“残疾人之家”慰问、捐赠公益资金和援助物资。杭州台商企业负责人考察钟山乡蓝莓智创园和蜜梨种植基地，围绕国台办等11个部门联合出台的“农林22条措施”进行探讨，洽谈合作意向，共同打造钟山乡精品农林产品，助力乡村振兴。

【台胞法律服务】2021年4月23日，杭州市台商（台胞）法律服务团工作站揭牌成立。举办两期“台商政策大讲堂”，邀请杭州市相关部门负责人和专家学者，为台商台胞进行“十四五规划”“网络交易监管”“安全生产”等方面政策解读并答疑解惑。自5月起，每月固定一日为台企、台商、台胞集中提供面对面免费法律咨询服务。全年组织实施6期台胞法律服务日活动，为台商台胞提供法律援助10多次。推荐1名台湾青年为台胞调解员，组织台胞参与第五届“阿普杯”普法创意宣传活动。

【“八项惠及台青举措”落实】2021年，杭州市落实浙江省“八项惠及台青举措”。成立台湾青年设计师工作驿站，以落实国台办等出台的“农林22条措施”为契机，组织3批近100名台湾青年到萧山区进化镇、桐庐县钟山乡、余杭区径山镇，参与美丽乡村建设，助力乡村振兴。持续开展“千名台青主播培养计划”，升级改版“聚梦启杭”小程序，全年完成3期、316名台湾青年主播线上培训。举办台湾大学生到浙江暑期实习暨实习就业专场招聘活动，杭州市推出实习就业岗位500多个。启动市、区两级联动，全年协调落实在杭台胞疫苗接种1000多针剂。举办“激扬梦想 同心同行”杭州台湾青年助力亚运活动，40名杭州台青代表参与助推场馆建设和亚运筹办的活动。举办台湾青年文化研习营，组织30名台青代表到富阳区参观黄公望故居及纪念《富春山居图》合璧10周年两岸书画摄影展，增进历史认同和文化认同。

【“西湖—日月潭”两湖论坛】2021年9月24日，第十三届“西湖—日月潭”两湖论坛以视频连线方式在杭州市与台湾南投县同步举行。杭州市委副书记、市长刘忻出席开幕式并致辞，南投县政界人士林明溱、陈正昇视频致辞，杭州市副市长丁狄刚主持。两地教育业者、电商企业及台青代表等约200人参加交流活动。论坛以“山水相连，共兴两湖”为主题，

2021 年 10 月 27 日，市台办开展"激扬梦想 同心同行"杭州台青助力亚运活动（市台办 供稿）

举办乡村环境治理、幼儿教育、跨境电商 3 场论坛，以及杭州南投两地青年探访最美乡村、"月伴两湖，福满中秋"音乐会、杭州南投青少年"新时代富春山居图"主题绘画展等线下交流活动。

【《富春山居图》合璧 10 周年纪念活动】 2021 年 6 月 1 日，以"画合·梦圆"为主题的《富春山居图》合璧 10 周年纪念及相关配套活动在杭州举行。活动由国台办交流局指导，省台办和杭州市政府联合主办。中共中央台办、国务院台办主任刘结一致辞，中国国民党前主席、中华青雁和平教育基金董事长洪秀柱视频致辞，两岸知名人士和专家学者、两岸青年等近 400 人参会。配套活动有"结庐山居·再绘富春"两岸书画家采风雅集，"公望富春·共绘新图"——纪念《富春山居图》合璧 10 周年两岸书画展、摄影联展等。纪念活动成为 2021 年首个两岸重大热点议题，媒体点击阅读量 3 亿人次。

【"情系两岸，携手同行"进化镇联欢活动】 2021 年 4 月 8 日，以"情系两岸，携手同行"为主题的走进进化联欢活动在杭州举办。活动由杭州市台胞台属联谊会、杭州市台湾同胞投资企业协会共同主办，杭州市政协副主席、民革市委会主委叶鉴铭出席启动仪式。由台胞代表、萧山区、余杭区、富阳区有关市民家庭代表组成的参访团 120 多人，到萧山区进化镇欢潭村古村落景区，两岸乡亲通过越剧表演、麻糍制作等活动，体验大陆农村的生活，感受大陆乡村振兴的建设成果。杭州市台湾同胞投资企业协会与萧山区进化镇签订合作协议，推动落实《关于支持台湾同胞台资企业在大陆农业林业领域发展的若干措施》（即农林 22 条措施），促进两岸各领域交流合作。

【"月伴两湖，福满中秋"音乐会】 2021 年 9 月 16 日，"月伴两湖，福满中秋"音乐会在杭州举行。活动由杭州市台胞台属联谊会、杭州市台湾同胞投资企业协会和杭州市文艺志愿者协会联合主办，受邀观看演出的台商、台湾青年及社会各界人士约 50 人。活动采取线上直播方式，1.28 万人次在线观看，2.28 万人次参与点赞互动。在杭州的台湾青年音乐家与杭州音乐爱好者共同演奏《我和我的祖国》等曲目，表达两岸同胞期盼团圆、早日实现中华民族伟大复兴的美好期望。

【杭州海峡两岸经济文化交流促进会换届】 2021 年 8 月 24 日，杭州海峡两岸经济文化交流促进会进行换届选举，会员人数 66 名。选举产生会长 1 名、副会长 2 名、秘书长 1 名、副秘书长 1 名、理事 14 名。海峡两岸经济文化交流促进会发挥涉台民间社团的功能和作用，配合市台办组织推动杭台两地经济文化交流和人员往来，深化杭台经贸合作，凝聚两岸同胞共识；持续推进和深化杭台两地文化、教育、农业、卫生、宗教等各领域、各层次的交流融合。

【海峡两岸媒体讲好杭州故事】 2021 年，杭州市邀请中央广播电视总台、中央人民广播电台、台湾东森电视台、厦门卫视等媒体到杭州拍摄《根脉·台湾通史初版 100 年》《根脉·〈富春山居图〉合璧 10 周年》《大陆纪行·杭州篇》《台青眼中的大陆就业前景》4 个专题节目，以台胞现身说法来展现祖国大陆巨变，以台湾青年视角讲好杭州故事，宣传惠台措施在杭州的落实成效。采访视频在中央广播电视总台中文国际频道《海峡两岸》、中国广播网《看台海》、海峡卫视、"Meta"、Youtube 视频网站、微博和"抖音"平台等播出，引发网络关注。其中"最美乡村探访活动短视频"成为微博热搜第一名，超过 18 万人在"抖音"平台观看主题书画展，当日网络点击量超过 100 万人次。杭州全年邀请媒体记者 8 批、77 人次到杭州采访，新华社、中央广播电视总台等媒体多次刊登播报杭州涉台新闻。（颜君芝）

责任编辑 汤 峻

14 法治

地方立法

【概况】 2021年,杭州市人大常委会推进科学立法、民主立法、依法立法工作,全年审议法规草案10件,表决通过其中8件,为杭州市争当浙江高质量发展建设共同富裕示范区城市范例提供法治保障。

【《杭州市文明行为促进条例》修改】 2021年4月27日,杭州市第十三届人大常委会第三十五次会议通过《杭州市人民代表大会常务委员会关于修改〈杭州市文明行为促进条例〉的决定》。该决定经2021年5月28日浙江省第十三届人大常委会第二十九次会议批准,自2021年7月1日起施行。

【《杭州市宗教活动场所管理若干规定》废止】 2021年4月27日,杭州市第十三届人大常委会第三十五次会议通过《杭州市人民代表大会常务委员会关于废止〈杭州市宗教活动场所管理若干规定〉的决定》。该决定经2021年5月28日浙江省第十三届人大常委会第二十九次会议批准,自2021年6月4日起施行。

【《杭州市物业管理条例》修订】 2021年6月29日,杭州市第十三届人大常委会第三十六次会议修订通过《杭州市物业管理条例》。该条例经2021年7月30日浙江省第十三届人大常委会第三十次会议批准,自2022年3月1日起施行。该条例共9章、93条,对物业管理区域、业主和业主组织、前期物业管理、物业服务、物业的使用和维护、监督管理、法律责任等做出规定。

【《杭州市淳安特别生态功能区条例》制定】 2021年6月29日,杭州市第十三届人大常委会第三十六次会议通过《杭州市淳安特别生态功能区条例》。该条例经2021年7月30日浙江省第十三届人大常委会第三十次会议批准,自2022年1月1日起施行。该条例共7章、42条,对淳安特别生态功能区的规划与管控、生态保护、绿色发展、民生保障、支持与监督等做出规定。

【《杭州市西湖龙井茶保护管理条例》制定】 2021年10月29日,杭州市第十三届人大常委会第三十八次会议通过《杭州市西湖龙井茶保护管理条例》。该条例经2021年11月25日浙江省第十三届人大常委会第三十二次会议批准,自2022年3月1日起施行。该条例共6章、42条,对西湖龙井茶的文化传承与产业发展、品质保护与提升、品牌保护与标识管理、法律责任等做出规定。

【《杭州市燃气管理条例》修订】 2021年10月29日,杭州市第十三届人大常委会第三十八次会议修订通过《杭州市燃气管理条例》。该条例经2021年11月25日浙江省第十三届人大常委会第三十二次会议批准,自2022年1月1日起施行。该条例共7章、44条,对燃气发展规划与应急保障、燃气经营服务与燃气使用、燃气设施保护与安全管理、监督管理、法律责任等做出规定。

【《杭州西溪国家湿地公园保护管理条例》修订】 2021年12月30日,杭州市第十三届人大常委会第四十次会议修订通过《杭州西溪国家湿地公园保护管理条例》。该条例经2022年3月18日浙江省第十三届人大常委会第三十五次会议批准,自2022年6月1日起施行。该条例共6章、63条,对西溪国家湿地公园的规划与建设、保护、利用与管理、法律责任等做出规定。

【《杭州市大型群众性活动安全管理规定》制定】 2021年12月30日,杭州市第十三届人大常委会第四十次会议通过《杭州市大型群众性活动安全管理规定》。该规定经2022年3月18日浙江省第十三届人大常委会第三十五次会议批准,自2022年6月1日起施行。该规定共25条,对大型群众性活动的定义、安全管理责任、安全许可申请、突发事件应对等做出规定。

【《杭州市社会信用条例》完成二审】 2021年8月31日,杭州市第十三届人大常委会第三十七次会议对《杭州市社会信用条例》进行初次审议。12月30日,杭州市第十三届人大常委会第四十次会议对该条例完成第二次审议。

【《杭州市国有土地上房屋征收与补偿条例》完成二审】2021年10月29日,杭州市第十三届人大常委会第三十八次会议对《杭州市国有土地上房屋征收与补偿条例》进行初次审议。12月30日,杭州市第十三届人大常委会第四十次会议对该条例完成第二次审议。

（市人大常委会办公厅）

依法治市

【概况】2021年杭州市加强党对法治工作的领导,推进科学立法、严格执法、公正司法、全民守法,深化法治杭州建设。市本级和西湖区、萧山区、余杭区、富阳区、临安区、桐庐县成功创建首批法治浙江（法治政府）建设示范市和区县（市）;在2021年法治浙江建设考评中居全省第二位;全市2名个人、3个法治事件、2个实践样本入选“法治浙江建设十五周年”十大法治人物、法治事件和最佳实践。

邀请中央党校教授胡建淼为市委理论学习中心组讲授习近平法治思想,组建宣讲团,制定《学习宣传贯彻习近平法治思想工作方案》,召开专题部署会推进落实中共中央总书记习近平在中央全面依法治国工作会议上重要讲话精神的244项任务清单,对区县（市）贯彻落实情况开展全覆盖督察,纳入党政主要负责人年度述职述法、法治杭州建设考评负面清单和绩效评估细则。

【法治杭州建设统筹推进】2021年3月,市委全面依法治市委员会第三次会议研究部署法治杭州建设工作,审议通过《法治杭州建设规划（2021—2025年）》、2021年重点工作清单等。落实党政主要负责人履行推进法治建设第一责任人职责年终述法工作,实现全市领导干部年度述法全覆盖。富阳区将述法工作延伸至村（社区）的做法,获司法部推广。市委全面依法治市委员会办公室制定《法治杭州建设六大专项工作方案》《深化法治化改革工作专班方案》,全面推进各领域法治工作,7个项目被认定为省级有辨识度、有影响力的法治建设成果。开展乡镇（街道）法治化综合改革试点,以点带面推进乡镇（街道）工作纳入法治化轨道。落实法治浙江建设考评任务,制定实施“法治杭州建设绩效考评办法”,整体推进法治杭州建设。在“五四宪法”历史资料陈列馆基础上筹建国家宪法宣传教育馆。开展杭州市首届“十大法治人物”和“十大法治实践”评选活动,市检察院吕静等10人获评“十大法治人物”,“五四宪法”历史资料陈列馆引领宪法宣传教育等10件事项获评“十大法治实践”。

【法治政府建设持续推进】2021年,市委常委会、市政府常务会议专题研究法治政府建设工作,市人大常委会听取和审议市政府法治政府建设情况报告及35个部门负责人依法履职情况报告。1月30日,杭州市建设法治政府（依法行政）工作联席会议办公室印发《杭州市重大行政决策专家咨询论证工作规则》《杭州市重大行政决策民意调查工作规则》,开展重大行政决策、行政规范性文件、行政机关合同合法性审查。“大综合一体化”行政执法改革全面推进,高频率、高综合、高需求执法事项的60%纳入综合执法,综合执法事项拓展到执法领域的65%以上。市司法局制定综合行政执法案件移送实施意见,加强行业主管部门和综合行政执法部门的协同配合。桐庐县域综合行政执法改革方案获省政府批复,“县乡一体、条抓块统”改革在余杭区、临平区省级试点成效明显,临安区试点构建监管执法“一件事”全链条。开展行政败诉约谈工作,全年新收一审行政案件2187件,比上年下降2.6%,败诉率5.6%,低于省8%的考核指标;行政机关负责人出庭率95%,超过全省平均水平。

【营商环境法治化推进】2021年,杭州市入选国家首批营商环境创新试点城市,在国家营商环境评价中排名全国第五位,18个指标全部为“全国标杆”。在全国工商联发布的2021年“万家民营企业评营商环境”报告中,杭州连续3年排名全国第一位,并再次获评“营商环境最佳口碑城市”。“亲清在线”精准服务企业,共上线政策639条,兑付资金163亿余元;线上服务中心累计办件1287万件,服务企业46万个。“一件事”联办改革迭代升级,身份信息连锁变更,知识产权等“一件事”率先试点。企业开办审批时间从1天压缩到25分钟,7个工业项目开工审批事项由“企业申报”改为“政府替办”,审批时间缩短至7个小时。开展失信约束措施清理规范工作和政策措施类文件审查与清理。深化民事诉讼程序繁简分流改革,简易程序适用率达64.4%、平均审理天数51.97天。探索证券纠纷代表人诉讼制度,降低投资者维权成本。推进个人债务集中清理,让“破产者”重拾“诚信”。探索企业经济犯罪刑事合规法律监督。加大整治逐利执法问题力度,严打各类侵企违法犯罪。

【制度有效供给强化】2021年,杭州市发挥立法引领推动作用,制定《杭州市西湖龙井茶保护管理条例》,修订《杭州西溪国家湿地公园保护管理条例》。制定《杭州市行政赔偿和追偿办法》,创设行政赔偿追偿委员会。关注民生问题,修订《杭州市燃气管理条例》,制定《杭州市国有土地上房屋征收与补偿条例》。优化法治化营商环境,制定《杭州市质量促进办法》《杭州市不动产登记若干规定》《杭州市社会矛盾纠纷多元化解办法》《杭州市社会信用条例》等。保障杭州亚运会,制定《杭州市大型群众性活动安全管理规定》《杭州市无障碍环境建设和管理办法》。围绕实施“市场公平竞争”“计划生育”等方面开展法规规章清理。在重要立法项目制定过程中实行“双组长制”“专班制”“两审三表决制”“三审四表决制”,提升立法质量。出台政府规章争议较大的立法事项引入第三方评估工作规程。

【司法监督体系完善】2021年,杭州市成立政法系统政治督察和纪律作风督查巡查工作领导小组,建立政法单位执法监督工作联席会议制度、民商事案件监督等10项工作机制,建立司法规范化监督员制度和政法队伍规范管理机制38项。深化以审判为中心的刑事诉讼制度改革,法院在重大职务犯罪、黑恶势力犯罪、涉众型经济犯罪等疑难复杂及社会影响大的案件中普遍适用庭前会议制度，推进认罪认罚从宽制度，认罪认罚适用率、确定量刑建议提出率和采纳率分别为 87.4%、98.9% 和 97.8%。检察机关开展冷鲜禽食品安全、守护“美丽河湖”等公益诉讼专项行动，办理互联网公益诉讼案件 43 件，办理涉未成年人刑事犯罪案件 491 件。公安机关严打民生领域违法犯罪。市法院出台案件质量评查工作细则，构建案件质量把控机制。市公安局制定执法监督管理委员会工作规则，推进两级执法监督管理委员会常态化运行。建立律师与法官互评机制、检律协作工作会商制度。加强刑罚执行监督机制建设，评查“减假暂”案件 4.28 万件、九类重点案件 2636 件，建立健全长效工作机制 80 多项。

【基层依法治理推进】2021 年，杭州市制定实施“八五”普法规划，开展“美好生活·民法典相伴”等主题法治宣传活动。创建全国民主法治示范村（社区）8 个。推动“一码解纠纷”应用，明确 125 项诉前调解案由分流规则。推进“共享法庭”建设，全市建成 2957 个，村社覆盖率 93.4%，化解重大疑难纠纷近 4000 件，获评法治浙江建设十五周年“十大最佳实践”。推进县级矛盾调解中心网络和机制向镇（街）、村（社）延伸，接待群众 6.65 万人，结案率 97.7%。加强“中国（杭州）知识产权·国际商事调解云平台”建设，接收案件 1.3 万件，调解完结 1 万余件。开展大调解体系建设，全年调解各类纠纷 59.39 万件。诉源治理成效明显，一审民商事案件和行政案件收案量比上年下降 5.2%，全市信访总量下降 36%。

【数字法治建设升级】2021 年，杭州市加强重大风险实时预测预警预防，“社会矛盾风险防范化解应用”被评为全省数字化改革第一批最佳应用，杭州市是“浙江解纷码”唯一全市试行的地市。加快政法一体化办案体系建设，全市源头数字化率 75.1%，单轨制办案率 91.4%；数字卷宗规范化率 94.2%，领跑全省。全面运行“非羁码”，及时预警处置违规违法情形 400 多次，列管人员无一逃脱失管，平均应用率 95%，获评省改革创新最佳实践案例。建设刑事诉讼涉案财物跨部门统一管理系统。“数智魔方监督平台”“禁业码”入选全省第二届数字检察创新应用创意设计十佳方案。开发运行全省首个破产审判信息化平台，推进金融类案件“凤凰智审”应用实现全流程智能审判，推广“智慧执行”应用。上线“杭州公共法律服务”支付宝小程序，实现相关服务掌上办。推进“智慧监狱”建设，西郊监狱获得全省监狱信息化应用实战模型创新大赛第一名。加快构建市域依法治网体系，出台自媒体管理办法、重点网站平台信息服务管理办法，建立互联网信息内容“多跨协同监管、一体联动执法”工作机制。开展青少年网络沉迷防治、网络虚假信息专项整治等行动，通知下架 App 889 款，处理网民举报的各类违规信息 1 万余条，约谈互联网信息服务主体 155 个（次）。

（彭志芳）

政法委与综治

【概况】2021 年，杭州市政法（平安）部门紧扣重大活动节点，固化运用成功经验，强化维护政治安全工作体系能力建设，打好反颠覆、反渗透、反间谍、反恐怖等主动仗。健全重大决策社会风险评估和常态化维稳工作机制，开展平安护航专项行动，排查风险隐患点和重大涉稳问题，落实项目化监管、信访积案化解、稳控落地处置等各项举措，完成平安护航中国共产党成立 100 周年等重大维稳安保任务；妥善处置涉稳案事件，维护安全稳定工作。对立案侦办的 100 多个网贷平台开展全面追缴涉案资产，挽损率再创新高，相关经验得到中央和省的肯定，公安部全国网贷风险处置工作经验交流会在杭州召开。

【新冠肺炎疫情防控社会面管控】2021 年，面对新冠肺炎疫情带来的社会面管控挑战，市委政法委做好精密智控。召开全市政法系统疫情防控工作视频会议，对政法各单位的防疫工作提出意见。落实网格化居家管理要求，配合区域协查；压实属地责任，确保职责明晰、分工明确、各司其职；确保上下联动、密切配合、形成合力，在全省排名总体靠前。设置 31 个指标组成的市级精密智控指数，全年刊发《精密智控每日动态》675 期，牵头引导全市各地各单位抓好疫情防控。以流调溯源的“快、准、全”，统筹开展疫情防控社会面管控工作，实现最短时间控制走势、最小范围管控影响、最大程度公开透明，受到社会好评。

【风险闭环管控大平安机制完善】2021 年，市委政法委全面推进刑事案件、信访事项、交通事故等 7 类案事件预测、预警、预防和源头治理改革，

2021 年 6 月 7—10 日，市公安局完成 2021 年普通高校招生考试安保工作

（市公安局 供稿）

确保案件降下来。针对安全生产等8类安全隐患进行督查检查，全市未发生“一票否决”事项和较大以上事故。一审民商事案件和行政案件收案量比上年下降5.2%，信访四级走访总量下降27.5%，发生命案下降5.9%。将电信网络诈骗犯罪作为一项主要内容列入挂牌整治范畴，电信网络诈骗案件下降34.9%，全年案损金额下降11.3%。开展“百年华诞，平安护航”全市平安创建督查活动，完善常态化暗访督查模式，落实整改率99.5%。

【亚运会安全稳定前期工作】2021年，市委政法委统筹谋划制订杭州亚运会安保总体方案，落实“五防止、一确保”的工作目标，做好亚运会安全稳定各项工作。重视防范、化解重大风险工作，围绕重点人、事、物、场所部署摸排工作，并持续进行滚动推进。落实社会风险隐患“清零”、信访积案化解攻坚、公共安全风险防控、各行各业创建平安、网络舆情整治、平安巡防7个“护航亚运系列行动”。坚持“全市一盘棋”推进，市安全稳定组加强与市亚运指挥部、省安保维稳协调组及有关部门的联动对接，贯彻落实“周、天、时”要求，细化、量化工作清单，确保每项工作任务和工作环节都明确到岗、到人、到天、到时。

【数字法治矛盾调解体系建设】2021年，杭州市推进县级矛盾调解中心网络和机制向镇（街道）、村（社区）延伸。全市20个镇（街道）级、100个村（社区）矛盾调解中心被列为市级示范培育点，各地从软硬件设施、人员力量配备等方面加强扶持力度，提高调处化解水平，通过“省矛盾调解协同系统”受理事项实时结案率88.5%，实时调解成功率72.1%。加强网格员职业化建设，将维稳、矛盾纠纷等22个事项纳入网格化管理，建立采集事件受理、流转、处置、督办、反馈等闭环管理工作机制，确保事件有序流转、高效处置。全市划分网格1万多个，配备专职网格员1.04万人，上报事件办结率97.7%。各地矛盾调解中心做到“一窗受理、全量入库”，加强对综合窗口工作人员的业务培训，推进各条线数据共享、业务协同、运行机制等一网联动。市委政法委成立数字法治矛盾调解体系专项组，实行专班运作，协调推进14个重点项目，对试点场景应用做分类指导和培育，“家知智联”“平安天目”“矛盾纠纷搜索预警引擎”等项目被列为省数字法治系统建设最佳实践案例培育项目。警网协同“小脑＋手脚”项目被列为市委改革办第二批重大多跨场景应用推广任务单。

【市域社会治理现代化标杆城市创建】2021年，市委政法委紧抓全国首批市域社会治理现代化试点城市契机，构建纵向贯通、横向协同的市域社会治理“六和塔”工作体系。推进“六和工程”，形成“纵向到底、横向到边”的市域社会治理架构，重点发挥好市级统筹谋划、资源整合、应急处置职能，推动市域社会治理体系和治理能力现代化。制订杭州市基层社会治理“六和指数”创新项目实施方案及任务清单，组织孵化2021年度市域社会治理培育项目12个，开展多种主题宣传活动，营造创建氛围。夯实社会治理基层基础，全市组建3000多支义警队伍，参与安全防范宣传、矛盾纠纷化解、专业救援、秩序维护等平安建设工作2.6万次，形成“全社会发动、全领域覆盖、全方位提升”的良好局面。

【政法队伍教育整顿】2021年，按照中央统一部署，依据《中共杭州市委关于开展全市政法队伍教育整顿的实施意见》，市委政法委在全市开展政法队伍教育整顿工作，突出抓好“清除害群之马”“整治顽瘴痼疾”“弘扬英模精神”“提升能力素质”4项任务。全市政法系统开展政治轮训、警示教育，坚持开门整顿、开门纳谏，征集党代表、人大代表、政协委员、行业代表和社区群众意见建议，开展谈心谈话，促使干警主动向组织说明问题。建立“线索登记、流转、处置、反馈”闭环管理机制、跟踪问效机制，挂牌督办重点案件，核查顽瘴痼疾，狠抓整改。着眼群众“急难愁盼”问题，践行“民呼我为”承诺。全市73个政法单位实现“教育整顿评估优秀”全覆盖，教育整顿做法及经验获中央和省、市多次肯定与推广。

【司法规范化建设推进】2021年，市委政法委规范司法监督体系，印发《加强和完善民商事案件监督十项工作机制》，开展诉源治理，推动“一码解纠纷应用”，将诉源治理纳入平安实时报表，推进矛盾纠纷化解和约谈督促工作。全年市一审行政败诉率比上年下降6.6%，一审民商事案件下降7.9%。开展涉法涉诉信访突出问题化解攻坚专项活动，对涉法涉诉信访案件明确包案领导，全市涉法涉诉类国家、省、市重复信访事项全部办结。推进政法一体化单轨制建设和全域数字法治监督体系建设，建成并启用杭州市涉案财物管理中心。常态化开展扫黑除恶，推进缉捕“漏网之鱼”专项行动，扫黑除恶专项斗争保持压倒性态势。

【法学研究】2021年，杭州市法学会开展法治宣传，推进法学研究，举办“破产审判现代化与营商环境法治化杭州论坛”；组织“法治浙江”建设十五周年理论研究、第十八届长三角法学论坛、第十届海洋经济发展法治论坛、第三十三届全国副省级城市法治论坛等主题的征文；组织第九届“董必武青年法学成果奖”评选，有48篇论文获奖。成功申报省法学会2021年度法学研究课题9个及一批部级课题，其中3个课题被列为省法学会年度重点课题。组织法学专家基层行，开展“百名法学家百场报告会”法治宣讲活动，举办以“习近平法治思想”为主题的法学家报告会近50场。推进数智群团建设，完成相关数据报送、群团集市注册、“五共协作”平台应用等工作。上线运行“杭州市法学会数字驾驶舱”，通过“五共协作”管理平台推出活动22场次，发布“风采展示”文稿64篇，浏览量超过3.6万人次。（李　良）

法治政府建设

【概况】2021年，杭州市推进法治政府建设，为争当浙江高质量发展建设共同富裕示范区城市范例提供法治保障。印发《杭州市2021年法治政府建设工作要点》，研究制定“十四五”期间持续深入推进依法行政全面建设法治政府的实施意见。

召开全市法治政府建设推进会暨府院联席会议等专题会议。落实党政主要负责人履行推进法治建设第一责任人职责年终述职，将法治建设履职情况纳入领导干部年终述职测评专项评议内容。制定年度法治政府建设考评指标，考评结果纳入党政综合目标考核。市人大常委会首次听取和审议市政府法治政府建设情况报告及35个部门负责人依法履职情况报告。培育县乡法治政府建设“最佳实践”项目，7个项目获评省委依法治省办“有辨识度有影响力法治建设成果”。

【夯实法治政府建设基础】2021年4月，杭州市委印发《法治杭州建设规划（2021—2025年）》。市委常委会专题听取法治政府建设情况汇报，市委理论学习中心组举办习近平法治思想专题讲座，将习近平法治思想列入各级党委（党组）理论学习中心组学习内容。开展市政府常务会议会前学法15次，组织77名新任市管领导干部任前法律知识考试，近3年市政府任命的市政府副秘书长、组成部门市管副局级领导干部60余人参加宪法宣誓仪式。组织实施“八五”普法规划，成立杭州市习近平法治思想普法宣讲团，筹建国家宪法宣传教育馆，创建全国民主法治示范村（社区）8个。优化公共法律服务供给，上线“杭州公共法律服务”支付宝小程序。完善公证和司法鉴定便民服务，规范和精简公证证明材料。开展律师行业“法雨春风”为民服务活动等。

【政府职能依法履行】2021年，杭州市打造法治化营商环境，入选国家首批6个营商环境创新试点城市。深化商事改革，开展失信约束措施清理规范工作和政策措施类文件公平竞争审查与清理。成立中国（杭州）知识产权保护中心。强化地方金融监管，开展金融放贷领域乱象整治和私募基金风险排查。打造“无证明化城市”，全面推行涉企经营许可事项告知承诺制。推动政府数字化改革，打造跨多个场景的“政务智服”平台。深化“互联网+监管”，掌上执法率99.9%，“双随机”抽查事项覆盖率100%。推进重要政府信息公开，提高公众获知、查阅政府信息的便利度，建立政策解读向下传递机制，规范政府信息依申请公开办理流程。完善市政府门户网站“网上听证”“建言献策”等栏目，开展政务公开社会评议。

【地方性法规规章制定及清理】2021年，杭州市加强行政立法工作，出台政府规章争议较大的立法事项引入第三方评估工作规程。起草、制定《杭州市西湖龙井茶保护管理条例》等11件法规、规章。开展87件市政府规章涉及行政处罚内容的专项清理，废止和修改8件。加强行政规范性文件管理，出台《杭州市行政规范性文件后评估办法》，对36件市政府规范性文件、29件市委和市政府联合发文规范性文件进行合法性审查，对266件区县（市）政府和市级部门规范性文件进行备案审查。

【行政决策法治化】2021年，杭州市落实重大行政决策程序，出台重大行政决策专家咨询论证工作规则、民意调查工作规则，市、县、乡三级实现重大行政决策事项目录化管理全覆盖。提升依法行政决策能力，加强党政机关法律顾问队伍建设，建立外聘法律顾问备选名册，发挥公职律师服务依法决策的作用，全市有公职律师938名，比上年增长28.9%。

【公正文明执法】2021年，杭州市推进综合行政执法改革。制定《杭州市推进“大综合一体化”行政执法改革实施方案》，综合执法事项拓展到65%以上的执法领域。16个乡镇（街道）成立综合执法队，县级及以下综合执法力量达85%。加强行政执法规范化建设，出台保障《中华人民共和国行政处罚法》实施的10条工作指引。推进非现场执法，以临安区等为试点构建监管执法“一件事”全链条，探索“事项三色清单、分类刚柔并济”的新型监管机制。开展网络订餐、校外培训等行业乱象整治，严打电信诈骗。强化行政执法监督，对全市水利系统等进行行政执法质效评议，开展涉民生执法等专项监督和全市行政执法案卷评查。确认全市第二批行政执法主体资格，全市转换和新申领统一国家行政执法证3.45万本。

【社会矛盾纠纷化解】2021年，杭州市推进行政复议和应诉工作。开展“以案治本”专项行动，积案、难案化解率54.5%。探索行政复议“简案快办、繁案精办”，办案时限压缩56.9%。全市办结行政复议案件6010件，直接纠错182件，纠错率8.2%，比上年下降2.4个百分点。全市发生一审行政诉讼案件2187件，败诉128件，败诉率5.6%，下降4.23个百分点。全市行政机关负责人出庭应诉率95.1%，上升3.75个百分点。出台《杭州市社会矛盾纠纷多元化解办法》，推动行政争议调解中心实质性运行。出台《杭州市行政赔偿和追偿办法》，首创设立政府行政赔偿追偿委员会。推动行政裁决机关依法履职，开展政府采购投诉处理行政裁决标准化建设等示范项目建设。

（叶建丰）

公 安

【概况】2021年，杭州市公安机关开展党史学习教育、“三能”（平常时间能看得出来、关键时刻能冲得出来、危急时刻能豁得出来）主题教育实践和教育整顿等活动。围绕中国共产党成立100周年安保维稳主线任务，做好防风险、战疫情、保安全、护稳定、促发展各项工作。全市全年刑事、治安警情和交通事故亡人数分别比上年下降11.3%、5.5%、16.9%，全市公安工作得到中央和部、省领导批示肯定70多次。全年杭州市公安机关获2个集体和3名个人立一等功、22个集体和42名个人立二等功等，1个集体受到嘉奖，3名民警获公安部二级英模称号。

【建党100周年活动安保工作完成】2021年，围绕中国共产党成立100周年安保主题，市公安局成立1个安保办和11个专项工作组，出台维稳处置、矛盾化解、情指落地、忠诚攻坚、显性用警、等级响应、要素管控、网络舆情、活动安全、交通安全10项刚性措施，以“百日攻坚战”为主载体，开展“忠诚系列”行动。波次推进“排摸风险、打击治理、严管严控”3个阶段战役，细化问题、任务、责任3个要求，从“每日汇总、双周闭环、每月部署”逐步趋紧到“每日会商、每日调度、每日清账”，到最后阶段的“一日两会商、一日三报告”。在安保工作期间，没有发生一起重大刑事、治安案件，没有发生一起重大交通、消防、安全事故。

【杭州亚运安保筹备】2021年，市公安局统筹亚运安保专班力量，制定印发第一批38项任务清单。深化数字赋能智慧安保，启动亚运安保指挥平台建设，采用“一办九组”和19个专项组的建设框架及市局、分（县）局统筹分建模式，实行“一图展示、上墙上屏，每月通报、实时跟进”做法，建成高效顺畅的亚运安保指挥体系。在杭州奥体中心主体育场完成“韵味杭州”亚运会首场测试赛、“9·8”专场音乐会、亚运会倒计时一周年系列活动的安保工作，检验测试各项安保举措，以赛代练积累实战经验。

【杭州入选全国禁毒示范城市】2021年3月1日，国家禁毒委员会印发《关于命名首批“全国禁毒示范城市”的决定》，命名杭州市等41个城市为首批“全国禁毒示范城市”。杭州市自2018年开展全国禁毒示范城市创建工作以后，公安机关共移诉涉毒犯罪嫌疑人2365人，查处吸毒人员9813人次，强制隔离戒毒2749人，侦破部、省毒品目标案件58起，缴获各类毒品167.34千克。创建期间，年度禁毒工作实绩始终位于全省前列，在全国36个大城市毒品治理监测中，工作成效居第二位。

【公安防控新冠肺炎疫情行动】2021年，市公安局面对新冠肺炎疫情，依托市公安局基地指挥部24小时运作，统筹落实精密智控、集中隔离点安全防护、内部安全防护、打击涉疫违法犯罪等重点工作。全年投入警力29.3万人次，督促全市4500多个室内密闭场所落实关停措施，打击妨害传染病防治、捏造谣言等涉疫违法犯罪人员46案、110人，做好全市29类、8.2万个聚集性场所人员健康码扫码核验工作，总扫码量1.97亿人次。

【加强外国人管理工作会议在杭州召开】2021年7月6—8日，全国公安机关深化“三非”（非法入境、非法居留、非法就业）专项治理加强外国人管理工作会议在杭州召开，这是国家移民管理局成立以后的第一次全国性会议。来自公安部有关局负责人、各省（区、市）、新疆生产建设兵团公安厅（局）分管负责人和出入境管理部门负责人，移民局机关有关司、非法移民遣返中心、部分出入境边防检查总站、部分重点城市公安出入境管理部门的负责人共130人参加。全体与会代表实地观摩杭州市公安局外国人动态管理信息研判中心、出入境合成作战中心、出入境接待大厅、杭州（萧山）移民事务中心和萧山区公安分局钱江世纪城派出所等参观点。

【杭州（萧山）移民事务服务中心启用】2021年9月26日，杭州（萧山）移民事务服务中心启用。该中心建设采取国家移民管理局主导、出入境部门牵头、多政府部门集聚的模式，形成人才引进、政策汇聚、产业落地的全生态外籍人才服务模式。中心由综合行政服务中心、国际人才融创服务中心、移民融入信息服务中心、国际青年人才中心和数字贸易（跨境电商）人才生态中心5个分中心组成。主要功能为助力人才引进，为外籍人员提供社会融入服务，提供线上移民服务平台，为各类海外青年人才落地杭州提供便利，帮助外籍青年人才在新业态中创新创业等。

【公安政务服务质效提升】2021年，杭州市公安局依靠科技赋能，提升服务质效。全年全市“一窗通办”公安窗口达到182个，实现“一网通办”事项89个，网办业务超过300万件。市公安局对“警察叔叔”App进行迭代升级；推出“浙A区域号牌”的“云申领”，全年完成上牌32.75万辆。6月1日起，杭州市实现“浙江省居住证”网上签注，全年办理网上签注20.59万件，居住证持证人进行网上签注的比例占签注总量的41.2%。

【电信网络诈骗整治】2021年，杭州市公安机关构建打击治理电信网络诈骗新格局，提升“反诈打防”宣传治理能力。全年移诉电信网络新型犯罪嫌疑人3038名，预警劝阻223.4万人次，有效劝阻218.1万人次，劝阻资金6.13亿元。全市电信网络诈骗案件发案出现拐点，“压降发案”工作取得阶段性成效。在全省首推电信诈骗案件“保护性止损”工作机制，开启疑似被骗账户紧急止付通道，全年保护账户5400多个，止损6000多万元。推动人民银行杭州中心支行主动管控风险账户300多万户，三大通信运营商关停可疑电话号码40.7万个。

【扫黑除恶专项斗争】2021年，杭州

2021年，市公安局依靠科技赋能，建成全市“一窗通办”公安窗口182个，为群众提供便捷服务
（市公安局 供稿）

2021 年“十一”期间，市公安局完成国庆长假安保工作　（市公安局 供稿）

市公安机关将扫黑除恶专项斗争作为首要任务，健全分级分类办案、线索核查同步侦控、黑恶案件通报备案等长效机制，推动斗争持续开展。通过提级异地核查、“回头看”全面审查复核，以及深挖群众新举报线索，先后侦办“2·4”张某某涉黑案、“6·19”汪某某恶势力集团案、西湖区袁某某恶势力集团案及“7·20”新型套路贷恶势力集团案等重点黑恶案件。全年新增移诉涉黑组织 2 个、恶势力犯罪集团 29 个，打掉涉网黑恶犯罪团伙 56 个，查封扣缴黑恶资产 7.03 亿元，提前完成黑恶犯罪境内逃犯“清零”任务。

【交通安全治理“一码一图”】 2021 年起，市交通警察局全面推广应用创新的交通安全治理“一码一图”（交通安全码和交通安全治理五色图）。通过融合大公安数据、交警数据和政府相关部门数据资源，建立积分模型，分别对交通参与人和镇（街）村（社）、运输企业、网约平台、驾校等单位进行赋分赋色，实现对个人和单位主体交通安全风险分级分量评价、直观展示、靶向治理。至年末，为全市 851 万辆机动车和电动自行车驾驶人赋码，为 192 个乡镇（街道）、3294 个村（社区）、9984 个运输企业、44 个网约平台、140 个驾驶学校赋色。交通安全治理“一码一图”入选“浙江省数字法治十大好应用”和“杭州市第一批数字法治 20 个好应用”。

【智慧法制平台应用】 2021 年，市公安局研发以重点案件、重点警情、高危执法行为等为监测内容的智慧法制平台实用新模型，聚焦违规插手经济纠纷现象，推出“立抓立放、扣（冻）钱放人、扣钱不还、只扣（冻）不侦、立案超期”5 个模型，精准预防、科学预警相关问题。全市 14 个县级执法办案管理中心和 152 个派出所执法管理中心全面运行使用智慧法制平台，将智能手段融入日常管理，推动执法监督管理从事后转入到事中、事前。

【在押人员数字监管“羁押码”】 2021 年，市公安局基于城市大脑警务操作系统，研发完成看守所在押人员数字监管“羁押码”应用，形成在押人员在监所内羁押期间表现实时展示、全程应用、客观量化的数字化载体。对在押人员羁押期间表现实行全程动态赋分，并生成“绿、蓝、黄、红”四色“羁押码”，实现“一人一码、一码一表”，应用于监所内“分级处遇”，以及审判、减刑、假释等司法应用。该项目被纳入浙江省公安厅数字化改革项目，被市委政法委评为杭州市首批数字法治重大应用项目，获杭州市数字法治场景应用金奖，被评为全省公安监管现代警务创新项目，在全省公安监管场所推广试用。

【“2·26”涉邮全国毒品集群案】 2021 年 2 月 26 日，市公安局禁毒支队牵头，成立市、区两级联合专案组。针对 2020 年 11 月发现的一条涉毒敏感线索，以毒品辅料买卖的边缘产业为切入点开展研判，分析涉毒前科人员的关联信息，并依次开展本地、省内、省外目标样本研判，挖掘出涉及河南、江西、吉林等 15 个省的 22 个涉毒团伙、666 名涉毒嫌疑人。4—5 月，专案组依托“邮路涉毒指挥调度系统”提供实时寄递数据支撑，与四川绵阳、重庆开州、湖北武汉、黑龙江哈尔滨和广西柳州禁毒部门建立协同打击机制，抓获涉案人员 160 名。6 月 23 日，公安部禁毒局部署相关省、自治区对浙江杭州“2·26”

2021 年杭州市交通事故统计情况表

表 10

时间	次数（起）	死亡（人）	受伤（人）	经济损失（万元）
1 月	191	25	147	68.89
2 月	108	10	95	31.30
3 月	178	27	137	97.66
4 月	177	33	153	64.07
5 月	174	15	170	109.05
6 月	193	30	173	92.56
7 月	186	29	206	62.14
8 月	176	22	168	59.67
9 月	199	35	160	45.64
10 月	212	43	184	79.47
11 月	204	32	190	61.91
12 月	176	32	125	59.98
合计	**2174**	**333**	**1908**	**832.34**

特大涉邮贩卖冰毒案发起全国集群打击战役。杭州专案组会同广东、辽宁、湖南等9个省13个地市开展多轮收网行动，捣毁制毒点1个、加工窝点2个，抓获涉毒嫌疑人602名，缴获各类毒品47.5千克、制毒辅料30千克、枪支6把及子弹、管制刀具、制毒工具若干。该案系杭州禁毒史上首起全国集群案件。11月18日，杭州市公安局“2·26”涉邮毒品案专案组获公安部嘉奖。

【“3·18”侵犯西湖龙井茶品牌系列专案】2021年4月7日，市公安局出动警力400多名，会同市市场监管局、市农业农村局，在浙江杭州、温州、绍兴、丽水，以及北京、上海、河北保定、福建安溪、江苏宿迁和沭阳、江西萍乡、安徽芜湖、山东潍坊和东营等9个省（直辖市）、12个市，对“3·18”侵犯西湖龙井茶品牌系列专案的14起案件开展统一收网抓捕行动，抓获涉案人员83名，捣毁制假窝点18个、售假门店32个、假冒包材印刷厂8个、仓库18处，缴获假冒西湖龙井茶2500多千克，印有“西湖龙井”等商标标识的牛皮纸、铁罐、礼盒等假冒包材及各类茶标60多种、30多万件，查扣大量塑封机、印刷模具、制版电脑等作案工具，涉案金额逾7000多万元。对涉案人采取刑事强制措施62人，其中刑事拘留29人、取保候审33人。专项行动是杭州市公安局第一次以保护本地“中国驰名商标”为主题展开的集中规模化打击，推动“西湖龙井茶保护立法”工作的开展。（潘宇杰）

2021年6月24日，市检察院举行“光荣在党50年”纪念章颁发仪式暨“检心向党”重温誓词活动（市检察院 供稿）

检察

【概况】2021年，杭州市检察机关立足中国共产党成立100周年、党绝对领导下的人民检察制度创立90周年的重大历史节点，将服务保障杭州争当浙江高质量发展建设共同富裕示范区城市范例作为首要政治任务和中心工作。成立服务保障领导小组，制定服务保障分工方案，分别与宁波市检察院、丽水市检察院建立协作机制，唱好“杭甬双城记”，推进“山海协作”。

服务杭州亚运会、亚残运会筹办。市检察院指导滨江区检察院等基层检察院出台服务保障亚运场馆建设实施方案，为亚运会场馆建设、知识产权保护、基层社会治理提供司法保障。在全市开展无障碍环境建设公益诉讼专项行动，推进亚（残）运会无障碍设施建设。办理信息无障碍领域民事、行政公益诉讼案件17件，该系列案获评全国检察机关无障碍环境建设检察公益诉讼典型案例。

市检察院贯彻《中共中央关于加强新时代检察机关法律监督工作的意见》，市委及全市13个区县（市）党委召开检察工作会议。平等保护各类市场主体合法权益，探索推进涉案企业合规改革，出台《关于加强知识产权检察工作的八条意见》，依法办理涉及“西湖龙井”地理标志知识产权案件。举办“企之所盼、检之所向”检察开放日活动，结合典型案例开展座谈交流，增进检企沟通。

培育检察专业人才。立足杭州部分行政区划优化调整背景，推进涉改区基层检察院人员、编制和机构统筹布局与合理配置。全年有2名检察官、2个团队获评最高人民检察院2021年度优秀办案检察官和优秀办案团队；1人获评全国检察机关控告申诉业务能手，14人获评全省业务标兵、能手，2人被评为全省检察业务专家。开展政法队伍教育整顿和政法英模、先进典型选树，组织“光荣在党50年”纪念章颁发仪式等活动。8个集体和8名个人获国家级荣誉，26个集体和50名个人获省级荣誉，2名个人入选中央政法委“双百政法英模”，其中因公殉职的蒋春尧被追授全国模范检察官、省和市优秀共产党员、省和市五一劳动奖章等荣誉。

【“数智检察”建设】2021年，市检察院召开全市检察机关“数智检察”工作建设推进会，建立检察信息情报中心，搭建覆盖“四大检察”全域的“数智魔方监督平台”，依托案件信息共享资源，拓展法律监督案件来源；运用公益遥感技术、区块链取证技术，完善案件证据材料的对比分析和采证审证；研发推广“非羁码”、法治地图、“禁业码”等应用场景，数字化分析“非羁押措施适用”“刑事案件区域分布”“特定行业从业人员前科”等情况。市检察院入选国家区块链特色领域“区块链+检察”试点。“数智魔方监督平台”“禁业码”被评为全省第二届数字检察创新应用创意设计十佳方案。

【刑事检察】2021年，杭州市检察机关审结提请批捕案件7904人，审结移送起诉案件2.04万人。其中批捕4509人、起诉1.23万人。起诉危害国家安全、故意杀人、制售毒品等重罪刑事案件423人。贯彻“少捕慎诉慎押”刑事司法政策，对轻微刑事犯罪，依法不批捕3454人，不起诉5003

人。对1.51万名犯罪嫌疑人适用认罪认罚从宽制度,检察环节适用率达85%。打击黑恶犯罪、金融犯罪、毒品犯罪,常态化开展扫黑除恶专项斗争,依法起诉"红楼集团"朱某某等人涉黑案。履行刑事诉讼监督职责,监督侦查机关立案、监督撤案、纠正漏捕,追诉漏犯526人。

惩治电信网络诈骗犯罪、非法集资犯罪。起诉电信网络诈骗犯罪729人、帮助信息网络犯罪1020人;起诉非法吸收公众存款、集资诈骗犯罪550人,比上年下降34.8%。在保护企业产权上,起诉侵犯企业财产、破坏市场秩序等涉企犯罪79人;对涉企涉税案件,依法不批捕10人,不起诉18人。

【民事检察】2021年,杭州市检察机关办结民事诉讼生效裁判监督案件714件,提出和提请抗诉33件,发出再审检察建议278件。案件主要集中在夫妻共同债务纠纷、民营企业股权纠纷、知识产权纠纷等领域。在市、区两级法院的支持下,开展信用惩戒措施、鉴定监督专项检察监督。与法院、公安部门合力开展虚假诉讼专项打击联合行动、虚假诉讼领域深层次违法行为监督专项活动,办理虚假诉讼监督案件224件。探索支持起诉方式,保障弱势群体合法权益,全年支持当事人诉讼21件。

【行政检察】2021年,杭州市检察机关办结行政诉讼生效裁判监督案件73件、行政执行监督案件299件。集中开展土地执法查处领域行政非诉执行监督专项活动和"终本执行"监督专项活动,制发检察建议202份。推进行政争议实质性化解工作,化解行政争议54件。"倪某某与某文物局信息公开检察监督案"入选最高人民检察院发布的"行政检察与民同行"典型案例。

【公益诉讼】2021年,杭州市检察机关办理行政公益诉讼案件609件,提起民事公益诉讼73件。通过诉前磋商、诉前检察建议、提起诉讼等多种形式,督促追回生态补偿费、动植物资源损失费等费用300多万元,增殖放流鱼苗40多万尾,复垦土地58.6万平方米。立足红色资源保护、冷鲜禽食品安全、守护"美丽河湖"等领域,开展公益诉讼专项监督行动。富阳区检察院督促保护冷鲜禽食品安全行政公益诉讼案入选全国检察机关"公益诉讼守护美好生活"专项监督活动典型案例。市检察院开展红色资源保护领域公益诉讼专项监督,办理相关案件51件。淳安县检察院与杭州军事检察院联合办理的"孤魂碑"红军烈士墓保护行政公益诉讼案,入选最高人民检察院"检察机关司法深化民主建设,推进全过程人民民主"典型案例。

【未成年人检察工作】2021年,杭州市检察机关办理涉及未成年人刑事犯罪案件491件。其中:对未成年人实施犯罪起诉107人,不起诉206人;对侵害未成年人犯罪,起诉274人。创新案后帮教平台,市检察院与市妇联会签《关于联合开展强制亲职教育试点工作的意见》,该项机制入选最高人民检察院、全国妇联、中国关工委联合发布的"在办理涉未成年人案件中全面开展家庭教育指导工作的典型案例"。市检察院创新未成年人普法平台,举行"四长说两法"普法活动,开展"检企同行,共护未来"检察开放日,揭牌成立"宋英辉专家团队工作室"。

【职务犯罪案件】2021年,杭州市检察机关起诉两级监委移送的职务犯罪案件97人。依法起诉江西省政协原党组成员、副主席肖毅受贿、滥用职权案等典型案件。履行司法工作人员"14个罪名"职务犯罪侦查职能,加强侦查一体化,建立侦诉协同机制,探索数字赋能侦查工作,共立案查办25人。

【检务公开】2021年,市检察院推进"12309"检察服务中心建设,出台入驻矛盾调解中心的工作意见。深化国家司法救助工作,办理司法救助案件365件,发放救助金334.38万元。探索推进检察公开听证模式,实现市检察院四大检察领域听证全覆盖、两级检察机关检察长主持听证全覆盖,邀请代表委员、人民监督员、市民代表参加各类公开听证会71场次。自觉接受市人大及其常委会的监督,配合市人大常委会开展民事检察工作专项监督及部分员额检察官履职评议,办结并答复市人大代表建议2件。深化检律互动,与市司法局、市律师协会联合出台《关于加强检律协作建立工作会商制度的意见》,对阻碍律师依法行使诉讼权利的案件即时受理、即时办理。举办"检察听证,让公平正义看得见"新时代检察宣传周活动,市检察院宣教处被评为"2016—2020年全国普法工作先进单位"。

【取快递女子被造谣出轨案自诉转公诉】2020年7月7日18时许,郎某某在杭州市余杭区某小区东门快递驿站内,用手机偷拍正在等待取快递的被害人谷女士,并将视频发布在某微信群。后郎某某、何某某分别假扮快递员和谷女士,捏造谷女士结识快递员并多次发生不正当性关系的微信聊天记录,伪造"赴约途中""约会现场"等视频、图片。7月7—16日,郎某某将伪造的微信聊天记录截图及视频、图片陆续发布在该微信群,引发群内大量低俗、侮辱性评论。8月5日,上述偷拍的视频以及捏造的微信聊天记录截图被他人合并转发,并相继扩散到微信公众号、网站等网络平台,严重影响谷女士的正常工作生活。8月7日,谷女士就郎某某、何某某涉嫌诽谤向市公安局余杭区分局报案。8月13日,余杭区分局做出对郎某某、何某某行政拘留9日的决定。10月26日,谷女士向余杭区法院提起刑事自诉,余杭区法院决定立案。余杭区人民检察院认为,在此期间,相关视频材料在网络上进一步传播、发酵,案件情势发生了变化,郎某某、何某某的行为不仅损害被害人人格权,而且经网络社会这个特定社会领域和区域得以迅速传播,严重扰乱网络社会公共秩序,给公众造成不安全感,严重危害社会秩序,依据《中华人民共和国刑法》第246条第2款之规定,应当按公诉程序予以追诉。12月22日,余杭区人民检察院建议公安机关立案侦查。12月25日,杭州市公安局余杭区分局对郎某某、何某某涉嫌诽谤案立案侦查。12月26日,谷女士向余杭区人民法院撤回起诉。

2021年2月26日,余杭区人民

检察院依法对郎某某、何某某以涉嫌诽谤罪提起公诉。鉴于两名被告人认罪认罚,对被害人进行赔偿并取得谅解。4月30日,余杭区人民法院依法公开开庭审理本案并当庭宣判,采纳检察机关指控的犯罪事实和量刑建议,判决两名被告人有期徒刑1年,缓刑2年。宣判后,两名被告人未提出上诉,判决生效。（管梅子）

法 院

【概况】2021年,杭州市各级法院忠实履行宪法和法律赋予的职责,各项工作取得新进展。全市法院受理各类案件31.6万件,办结31.8万件,比上年增长5.9%和3.8%,法官人均结案334.22件,居全省第一位。其中市中级人民法院受理各类案件3.31万件,办结3.32万件,增长4.5%和3.9%。完成由全国人大常委会专门授权的民事诉讼程序繁简分流改革试点,为《中华人民共和国民事诉讼法》修订提供例证。开展全国人大常委会授权的四级法院审级职能定位改革,促进构建梯次过滤、层级相适的案件分布格局。

发挥环境资源审判职能,司法助力"碳达峰、碳中和",审结环境资源案件4073件。加强钱塘江、京杭大运河、千岛湖等重点流域司法协作力度,推进大江大河生态保护和系统治理。成立环境资源审判庭,推进环境资源审判专门化建设;成立西湖景区旅游法庭,服务保障西湖、西溪一体化保护提升。

依法平等保护中外投资者的合法权益,审结涉外、涉侨、涉港澳台案件927件。围绕自贸区杭州片区建设,完善跨境贸易法庭建设,出台15条服务保障意见。设立宁围（亚运村）人民法庭,审结首例涉杭州亚运会知识产权案。主动接轨上海,与G60科创走廊沿线8个城市建立司法协作机制,与上海金融法院等签署"长三角区域金融司法合作协议",服务保障长三角区域一体化高质量发展。

【刑事案件】2021年,杭州市各级法院审结刑事案件8555件,惩治罪犯1.27万人,比上年下降9.6%和18.7%。保持对杀人、抢劫、绑架等严重暴力犯罪的高压态势,对社会广泛关注的被告人许某某故意杀人案依法严惩,判处死刑。打击电信网络诈骗、非法吸收公众存款等涉众型犯罪,判处罪犯771人。巩固深化扫黑除恶专项斗争成果,推动扫黑除恶常态化;推进黑财清底,黑恶案件29.7亿元生效财产全部处置到位。落实反腐败斗争决策,审结贪污、贿赂等案件97件、109人。依法惩处高空抛物、危害食品药品安全、醉酒驾驶等犯罪案件1524件,守护群众安全。

2021年11月17日,萧山区人民法院设立宁围（亚运村）人民法庭

（市中级人民法院 供稿）

【行政案件】2021年,杭州市各级法院运用法治方式支持、监督依法行政,以判决方式支持行政机关行政行为701件,裁定准予非诉执行583件,保障重大项目建设顺利推进;判决行政机关败诉128件,保护行政相对人合法权益;经法院协调,和解、撤诉817件,促进行政争议得到实质性化解。1262名行政机关负责人出庭应诉,出庭应诉率95.1%。强化府院联动,连续13年发布《行政审判白皮书》,向相关单位发送司法建议12份。通过专题讲座、观摩庭审等方式强化"关键少数"法治思维,全年全市行政机关败诉率5.6%,为近5年最低。

【商事案件审理改革】2021年,市中级人民法院以"减时、降费、优化程序"为目标,指导桐庐县法院开展"执行合同"一件事集成改革,对涉企相关案件实施全周期管理、全流程重塑,平均审理天数缩短37.9%,比全省平均值快28.5天,当事人诉讼成本减少31.2%。市中级人民法院开展"破产智审"数字化集成改革,让企业高效、经济、便捷地从纠纷和危机中走出来。两项集成改革入选"2021年度全省营商环境改革创新十佳案例"。健全投资权益保护执法司法联动快速响应机制,审结487名个人投资者诉五洋建设集团等证券虚假陈述责任纠纷代表人诉讼案,入选"2021年全国法院十大商事案件"。

【知识产权司法保护】2021年,杭州市各级法院发挥知识产权司法保护主导作用,审结各类知识产权案件1.03万件,其中2起案件分别入选"全国法院十大知识产权案例"和"50件典型知识产权案例"。强化集中管辖示范效应,加大对"卡脖子"技术以及关键核心领域的知识产权司法保护,全年审结高新技术案件2384件。适用惩罚性赔偿制度,妥善处置五粮液集团有限公司与徐某某等商标侵权案,提出惩罚性赔偿基数与倍数的裁量标准,获评全国"六大知识产权民事案件适用惩罚性赔偿典型案例"。

【民生司法保障】2021年,杭州市各

级法院加强民生司法保障，维护各类民事主体合法权益。关注教育、就业、医疗、住房等基本民生诉求，审结劳动争议、房地产、征地拆迁、医疗纠纷等案件9032件。加强“一老一小”权益保障，审结婚姻家庭、抚养赡养等案件9913件。助推“双减”政策下教育公平落地落实，审结教育培训类案件560件。淳安县法院成立“向日葵留守儿童工作室”，为100多名留守儿童建立联络卡及特别档案；临平区法院法官现学手语，安抚听障当事人开庭紧张情绪；为困难当事人依法缓、减、免交诉讼费740.9万元，发放司法救助金435.9万元。

【“执行难”问题破解】2021年，杭州市各级法院深化执行长效机制建设，执结案件10.55万件，执行到位金额247.14亿元。联合检察、公安等部门共同发布公告，重拳打击拒执犯罪，判决47件、57人。实行预罚款、预拘留等预防性执行措施，敦促被执行人主动履行，民商事案件自动履行率始终位居全省前列。精细化实施财产保全，对1937个暂时受困的企业采取“活封活扣”举措，保障查封财产使用处分权能和融资功能。坚持惩戒与激励并重，对符合条件的2267个企业和9618名个人进行信用修复，激励守信行为。

【全域数字法院改革】2021年，杭州市各级法院加强“智慧审判、智慧执行、智慧服务、智慧管理”建设，促进数字技术与司法工作深度融合。以执行“一件事”集成改革为抓手，实现市域范围内不动产处置、车辆查控、法拍机动车等高频协作事项全面集合、一网通办。“凤凰金融智审”等12个数字化项目入选全省法院重点改革任务，5个场景应用获评市数字法治金奖、银奖。数字赋能破解涉众案件财产“执行难”，市中级人民法院仅用一天时间，为遍布全国的17万余名“龙炎”案受损集资参与人发放执行款17亿元。拱墅区法院设立“司法数字服务站”，为“法拍车”提供一条龙服务。

【“四治”融合基层治理参与】2021年，杭州市各级法院坚持和发展新时代“枫桥经验”，构建政治、法治、德治和自治的“四治”相融合的基层治理体系。总结推广临安区上田村做法，全市2169个“微法庭”迭代升级为“共享法庭”，培养1000多名乡村“法治带头人”，并逐步延伸到物业、金融等高频诉讼领域。推进市场化解纠纷机制全国性试点，促进调解事业社会化发展。健全“一站式诉讼服务中心”建设，让当事人到一个场所、在一个平台就能办理全部诉讼事项。优化人民法庭布局，开展巡回审判，拓展司法服务半径，助力乡村振兴。

【“钱镠墓被盗”案】2021年10月12日，市中级人民法院一审公开开庭审理被告人蒋某某、李某某盗掘古墓葬一案并当庭宣判，对被告人蒋某某、李某某以盗掘古墓葬罪判处无期徒刑，剥夺政治权利终身，并处没收个人全部财产，追缴、没收两被告人的违法所得。临安区法院对关联案件被告人唐某某、刘某某等10人倒卖文物、敲诈勒索、掩饰、隐瞒犯罪所得案同步开庭审理并当庭宣判，判处唐某某、刘某某等10人有期徒刑11年10个月至3年不等，并处罚金，追缴各被告人的违法所得，予以没收。

市中级人民法院经审理查明：2019年4月末，被告人蒋某某、李某某经网上联络预谋盗墓，选择全国重点文物保护单位临安吴越国王陵作为盗掘目标。5月初，两人从福建赶至杭州临安区，在玲珑街道租房作为窝点，并购买盗墓工具，采用攀爬围墙、工具挖洞等方式盗掘吴越国王陵。至7月初，蒋某某、李某某盗得王陵墓葬内各类文物170多件。后通过刘某某（另案处理）等人销赃，非法获利1500多万元，其中蒋某某分得赃款800多万元，李某某分得赃款600多万元。案发后被盗文物均已追回。经鉴定，该批文物中一级珍贵文物137件、二级珍贵文物27件、三级珍贵文物7件。2020年5月23日，蒋某某、李某某被公安机关抓获归案。公安机关依法冻结、查封、扣押蒋某某和李某某的赃款赃物一批。

市中级人民法院认为，被告人蒋某某、李某某盗掘具有历史、艺术、科学价值的古墓葬，其行为已构成盗掘古墓葬罪，且盗掘被确定为全国重点文物保护单位的古墓葬，窃得大量珍贵文物，犯罪情节特别严重，社会影响极为恶劣，依法应予严惩。虽然两被告人归案后能够坦白罪行并认罪，经公安机关全力追赃悉数追回该案被盗文物，但不足以对两被告人从轻处罚。遂依法作出上述判决。

（胡育萍）

司法行政

【概况】2021年，杭州市司法行政部门围绕法治杭州、数智杭州、平安杭州建设，推动各项工作科学发展。启动实施法治杭州建设五年规划，将法治建设履职情况纳入领导干部年终测评专项评议内容，实现全市领导干部年度述法全覆盖。探索开展乡镇（街道）法治化综合改革，通过33个试点镇街，培育一批乡镇（街道）法治化改革最佳实践。开展全市首届十大法治人物、十大法治实践评选，树立先进典型。

将监所新冠肺炎疫情防控纳入属地综合治理体系，出台和演练监管场所应急处置预案。修心教育、科学戒毒等机制不断深化，规范化监区建设、VR虚拟现实毒瘾评估矫正等项目有成效。全市社区矫正工作机制健全，数字卷宗、信息化监管平台等项目被列为全省试点，“浙里连心”社区矫正心理平台在全省推广。

公共法律服务提质增效。国立公证处与驻外使领馆合作办理全国首例海外远程视频公证，完成全国首例提存公证介入二手房自主交易。互联网公证处创新推出“慈善捐赠追踪区块链项目”，入选年度中国公证十大典型案例。举办“法律服务进国企，保驾护航促发展”专项活动，获评全市党史学习教育“民呼我为”最佳实践案例。制定实施服务保障杭州亚运会10条意见，助力亚运会筹办。成立省、市知识产权纠纷调委会，深化行业性专业性调解工作。杭州律师调解市场化工作被司法部列为全国唯一试点。做好“七五”普法总结收官和“八五”普法谋篇开局工作，配合推进国家宪法宣传教育馆建设。

全市司法行政系统获全国“七五”普法先进集体、全国模范司法所、浙江省先进基层党组织等市级以上集体荣誉65个（次），获评各类先进个人97人次，获省部级以上领导批示肯定8次。

【“智慧司法”建设】2021年，市司法局的“数字法治·智慧司法”建设框架提档升级，有3个场景入围“市数字法治好应用”，8个项目在市“五阶管理”中获金奖1个、银奖3个、铜奖3个、入围奖1个，“智慧司法门户”获省司法厅创新推进项目奖。聚焦多跨业务融合，建成省、市、县三级贯通的司法行政数字驾驶舱2.0。推进司法部部级“智慧监狱”和“智慧矫正中心”创建，创建数量与质量均处全省、全国前列。“智慧司法”实验室申报2项国家发明专利，获批2项软件著作权。推出杭州市公共法律服务、重大行政决策数字化管理、“智慧复议”等创新场景应用，案例《构建“1+4+4”网络安全防护体系》入围省、市数字化改革网络安全优秀案例。

【司法部门依法行政】2021年，杭州市司法部门开展“习近平法治思想”宣传活动3800场，印制宣传资料5.5万册。协调起草地方性法规6件，制定规章5件。主动公开信息1165条。加强“八五”普法工作，发放宣传册36万余份。开展执法证清理和换证工作，注销执法证4129本，转换或新申领国家统一执法证3.45万本。律师行业处理投诉260件，做出行政处罚14件。开展重大行政处罚决定网上备案审查，备案审查4082项。梳理、公布杭州市本级实行告知承诺制证明事项13项、区县（市）74项。全年全市调解各类纠纷59.39万件；收到行政复议申请3475件，结案3210件。

【监所管理】2021年，市属监狱全面彻查1990年以后办理的所有罪犯“减假暂”案件4万余件，建立健全常治长效工作机制80多项，整治监狱执法管理中的顽瘴痼疾。推进示范监区创建和市属监狱发展定位研究等创新创优项目，以“稳中求进”的总基调，构建市属监狱工作发展新格局，实现新冠肺炎疫情防控和监管安全“两战全赢”总目标。戒毒场所防疫统一纳入属地社会治理体系，场所人员新冠疫苗实现全过程接种。推进“科学戒毒巩固年”活动，全国戒毒统一模式定型发展，《高强度间歇运动》和《经颅磁戒毒治疗临床实践手册》2项成果获国家版权局认证。

2021年7月6日，市司法局举办庆祝中国共产党成立100周年暨全市司法行政系统先进事迹报告会
（市司法局 供稿）

【社区矫正安置帮教】2021年，全市在册社区矫正对象创历史新高，实现连续18年安全稳定。4个单位部级“智慧矫正中心”创建通过全国首批验收初评。开展政法队伍教育整顿和漠视侵害群众利益专项治理活动。贯彻《中华人民共和国社区矫正法》，社区矫正对象工作经费标准提升至3000元/年·人，向乡镇（街道）延伸设立社区矫正委员会。各级安置帮教机构统一台账，做好“一人一档”登记，因人施策，加强管控。开展“安帮码”的试点及全市推广工作，“政务公开”“安帮服务”“浙里知心”等功能全面上线使用。

【诉源治理】2021年，市司法局出台《杭州市社会矛盾纠纷多元化解办法》，提升人民调解工作质效，多轮次开展矛盾纠纷排查和化解专项行动，实现大量矛盾纠纷的源头化解。全年全市调解各类纠纷59.39万件，其中人民调解10.7万件、行政调解48.69万件。加强行业性、专业性调解组织建设，成立杭州市知识产权纠纷人民调解委员会，推进银保调解委员会入驻县级矛盾纠纷调解中心。全市2个司法所被评为全国模范司法所，4人被评为全国司法所模范个人，7个司法所获评省级“枫桥式”司法所，4个调解工作室被省调解协会评为省级金牌人民调解工作室，9个司法所完成“文明规范公正司法所”考核和命名。

【律师服务业发展】2021年，杭州市有律师事务所642个（其中合伙所496个、个人所146个），比上年增长8.8%。全市律所在省内外设立分所81个，其中省内59个、省外22个。1个律所和5名律师分别被授予“全国优秀律师事务所”“全国优秀律师”称号。全市有律师1.22万名，增长13.4%；全市律师万人比9.98。全年律师业务收入82.02亿元，增长17.2%。全年市司法局及市律师协会收到相关律师投诉件516件，实施行政处罚14件、行业处分40件。杭州市律师调解市场化工作被司法部确定为全国唯一试点。全年律师接受法院委派案件调解1.54万件，调解成功3956件。推进市场主体法律顾问服务网格化全覆盖工作，划定网格3988个，覆盖市场主体147万余个，全市171个律师事务所与256个商会签订法律服务合作协议。

【法律援助】2021年，杭州市法律援助工作推进创新创优试点，开展案件质量差异化补贴、法律援助便民服务体系建设、窗口无纸化应用等工作，推进全市法律援助服务多样化发展。市司法部门与市律师协会联合印发《杭州市律师行业做好法律援助工作若干规定》，发挥村居法律顾问和律师、律所在法律援助便民服务中的积极作用。深化法律援助案件“智慧指派系统”应用，全市申请类法律援助案件网办和掌办率81.5%，刑事通知类案件一体化系统流转率99.4%；全年全市办理各类法律援助案件1.41万件，法律帮助案件1.48万件，提供法律咨询16.8万人次，挽回经济损失2.6亿元。

【**普法宣传**】2021年，市司法局启动“八五”普法规划，服务社会经济大局。推进国家宪法宣传教育馆建设，开展宪法宣传周活动等工作，市普法办被省普法办表彰为“2016—2020年全省普法与依法治理工作先进集体”。全年开展《中华人民共和国民法典》普法宣讲870场，《浙江省数字经济促进条例》宣传279场，编制《中华人民共和国民法典》应知应会“口袋书”2万余册。创建全国民主法治示范村（社区）8个、省级民主法治村（社区）95个。全年制作公交地铁普法节目《阿普说法》52期、广播普法节目《空中阿普》98期、电视普法节目《开心学法》52期、“抖音”普法视频54期。（周雅婧）

仲 裁

【**概况**】2021年，杭州仲裁委员会坚持党对仲裁工作的全面领导，坚持“仲裁为民”的根本宗旨，以“服务大局、公正仲裁”为根本任务，履行仲裁的职责使命。全年受理仲裁案件1.1万件，受案标的额151.51亿元；办结案件1.11万件，涉及案件纠纷类型70多种。

杭州仲裁委员会关注中国仲裁发展和改革事业，作为发起人参加中国仲裁协会筹备领导小组第三次会议暨发起人会议；研究仲裁制度建设，会同中国计量大学法学院完成《中华人民共和国仲裁法》修改课题项目，为修改提供杭州方案；参与司法部《仲裁机构登记管理办法（草案）》《中华人民共和国职业分类大典（2015年版）修订建议》等征求意见工作，提出杭州仲裁的建议。

研究制定区域仲裁服务举措，贴近市场服务主体。以萧山仲裁分会为样板，协调西湖区政府批准设立西湖仲裁分会；协调余杭区政府推进余杭仲裁分会设立的准备工作。

【**仲裁服务经济发展**】2021年，杭州仲裁委员会聚焦主业，抓好仲裁案件办理质效，服务贸易经济发展。参与由市司法局、市国资委联合开展的“我为国企解难题，法律服务面对面”集中服务月活动，宣传仲裁在解决商事纠纷中的高效快捷优势，为国有资产保值增值保驾护航。实时关注企业实际需求，通过以案说法，重点辅导上市公司、IPO（首次公开募股）公司加强法律风险防范，提高企业仲裁意识。根据知识产权类司法解释和规范性文件，优化案件审理程序，缩短审理周期。发挥仲裁制度核心原则，不公开审理保护科技创新特别是关键核心技术，维护创新企业的正当权益，保护科研人员及其发明成果。参加“民间借贷”等金融风险整治，办理涉刑金融案件，维护金融市场秩序和金融安全。服务房地产业发展，与省消费者权益保护委员会、省房地产业协会、省建筑装饰行业协会等联合成立“人居品质纠纷调解联络处”，运用仲裁制度优势推动房地产和装饰装修行业健康发展。服务数字经济发展，杭州互联网仲裁实现立案、组庭、审理、结案等事项“一网通办”，提高案件审理时效，全年受理仲裁案件382件，结案385件，平均结案天数18天。推动杭州仲裁国际化建设，化解国际（涉外）商事纠纷177件，涉及美国、加拿大、印度等8个国家或地区。联合省涉外法律服务联盟、跨境进口商品质量安全公共服务平台联盟，构建数字贸易纠纷的仲裁解决路径。参与共建“一带一路”高质量发展组织和服务自贸试验区建设，助力浙江对外经济贸易发展。

【**矛盾纠纷多元化解机制构建**】2021年，杭州仲裁委员会推进仲裁引导和疏导矛盾纠纷，贯彻“能调则调、当裁则裁、调裁结合、案结事了”的指导方针，推动社会矛盾综合治理、源头治理。仲裁委员会仲裁调解中心全年受理案件6378件，标的额2.4亿元，所有案件全部调解结案。根据新冠肺炎疫情防控需要，创新微信平台在线调解案件的方式，实现市场主体足不出户就能参加仲裁，为当事人提供便利高效的仲裁服务，获当事人好评。

【**仲裁信息化建设**】2021年，杭州仲裁委员会在完善仲裁规则、创新技术应用等方面不断改革探索，印发《关于加强仲裁智能化建设努力运用现代科学技术提升仲裁工作能力的规定》，推进仲裁案件管理体系和办公体系的现代化。年末，信息化项目建设初步完成，推进立案、组庭、审理、结案等各环节的线上操作和动态管理。通过信息平台，当事人可以线上申请仲裁、线上查询案件办理进度，仲裁员可以在线阅卷、办理案件，仲裁秘书可以与仲裁庭同步信息交互，提高仲裁工作效率。

【**仲裁案件管理规范化**】2021年，杭州仲裁委员会遵循“宽进严出”立案原则，为当事人提供详尽规范指导，达到立案服务精细化。保证组庭程序的公正严谨，记录组庭时间、仲裁员轮序人选、组庭承办人与仲裁员沟通时间、沟通内容、反馈信息等关键环节和信息。规范月案件调度制度和办案月通报制度，加强“四类”案件两级调度管理，一般商事案件仲裁秘书人均结案数约160件，其中最低结案数55件，最高结案数553件；平均结案天数约70天。对专家论证工作进行流程化管理，经专家论证的案件，着重就论证意见采纳情况进行核实，确保专家论证意见能切实为仲裁庭审理裁决提供参考。通过多元协助执行服务形式，引导和督促仲裁当事人自觉履行裁决书或调解书，促进仲裁案件案结事了，全年协助执行案件款项40多笔，代为转交当事人执行款620万余元。遵循“谁办理谁负责”原则，注重仲裁信访案件办理效率和质量，推动仲裁庭和专家参与信访化解，促进信访案件办理专业化。（曹 宇）

责任编辑 汤 峻

军事

杭州警备区

【概况】2021年,杭州警备区按照省军区党委和杭州市委的决策部署,部队全面建设取得新成效、实现新发展。开展党史学习教育,传达学习中共中央总书记、国家主席、中央军委主席习近平"七一"重要讲话和中共十九届六中全会精神。开展净网行动,走访国安、公安、网监等部门,组织对全体官兵政治考核和心理检测,确保部队高度集中统一和安全稳定。组织抗击台风"烟花",做好人员转移、抓好抢险救灾,加强值班职守,确保人民群众生命财产安全。开展兵役征集工作,征兵"五率"(报名率、上站率、合格率、择优率、退兵率)列全省第一位。

【警备区基层建设会议暨正规化建设推进会】2021年2月25日,为贯彻落实省军区党委(扩大)会议、基层建设会议和省军区推进正规化建设工作集训会议精神,推动警备区全面建设高质量发展,杭州警备区在西湖区人武部召开基层建设会议暨正规化建设推进会。会上,演示规范作战值班交接程序、组织政策法规辅导,进一步推动警备区基层建设高质量发展。

【警备区党委八届七次全体(扩大)会议】2021年8月10日,杭州警备区党委召开八届七次全体(扩大)会议,传达学习省军区党委扩大会议精神,总结分析年初以来建设形势,研究部署年底前重点工作。警备区领导分别做工作报告和讲话。会议要求,始终坚持高标准严要求、抓落实打基础,切实提高政治能力抓落实,坚持问题导向抓落实,立起一流标准抓落实,压紧压实责任抓落实。

【岗位练兵比武竞赛】2021年8月12日,杭州警备区组织全市13个区县(市)现役干部、文职人员、专武干部和基干民兵围绕野战指挥所开设、重要目标防卫、指挥通信和野战炊事4个专业,开展岗位练兵比武竞赛。警备区聚焦练兵备战需要,坚持战训一致,以战领训,深化实战实训、联战联训,以成建制练兵、体系化练兵、实战化练兵为重点,既抓高精尖,更抓老传统,全面提高打仗硬实力,切实练出打赢真功夫。

【部分人武部成立大会】2021年,因杭州市部分行政区划优化调整,根据中央军委决定,撤销浙江省杭州市上城区、江干区、下城区、拱墅区、余杭区人民武装部;调整组建新的杭州市上城区、拱墅区、余杭区人民武装部,成立临平区、钱塘区人民武装部。10月31日至11月2日,杭州市临平区、上城区、拱墅区、钱塘区、余杭区人武部分别组织挂牌仪式,按新编制展开运行。　(郑　皓)

武警杭州支队

【概况】2021年,武警杭州支队党委围绕迎接、中国共产党成立100周年主线,贯彻总队党委决策部署,把握稳中求进总基调,着眼高标准高质量推进部队建设发展,完成各项任务。

以学习中共十九届六中全会精神和中共中央总书记、国家主席、中央军委主席习近平"七一"重要讲话为重点,开展党史学习教育和主题教育。坚持以文化人、以文育人,开展"百名家长进军营颂党恩"活动,举办"恰是百年风华"主题晚会。重视新闻工作,在省级以上媒体上发稿349篇。

着眼稳固执勤阵地,打造执勤阵地文化品牌。贯彻武警部队军事训练会议精神,运用军事职业教育、"三学一进"、"创破纪录"、龙虎榜评比掀起群众练兵热潮。加强数据收集、战法研究、实兵演练,完成百年大庆安保、应对台风"烟花"、"两会"安保等任务。

贯彻落实《军队基层建设纲要》优化科队挂钩机制、改进纲要考评办法,激发官兵争先创优热情。开展向新时代卫国戍边英雄和"反恐尖刀中队"学习活动,激励官兵学典型、当典型、赶典型。开展主题大讨论,安全基础逐步夯实。

聚焦服务任务抓保障,组织专业兵集训轮训、会操考核和拉动演练。卫生队指导各级做好新冠肺炎疫情防控,协调官兵接种新冠疫苗,保持"零感染"。

贯彻军队系列党建法规,开展党组织规范化建设检查和考评鉴定,开展"两优两先"评比表彰,提炼《加强组织和党员队伍建设10条要求》,每月组织党员过政治生日。

【主题教育和专题业务培训】2021年,武警杭州支队加强主题教育和专题业务培训工作。1月8日,参加武警部队思想政治教育工作部署会暨"牢记训词、迎接大庆、忠诚担当"开年教育。2月20日,开展党员"表决心·誓忠诚"活动。3月1—12日,组织基层保卫委员、思想心理工作骨干和安全员培训。3月16日,召开党史学习教育动员大会。4月1日,组织官兵到杭州革命烈士纪念馆举行祭扫蔡永祥烈士活动。4月28—29日,开展"四会"优秀政治教练员评比竞赛。5月27日,组织"五以"带兵专题教育。6月15日,举办"恰是百年风华"主题晚会。7月1日,开展庆祝中国共产党成立100周年系列活动。8月1日,举行"八一"建军节升旗仪式暨新武警部队徽揭幕仪式。8月31日,举行军人退役仪式。10月10日,组织蔡永祥烈士祭扫仪式。12月8日,到桐庐县合村乡三源村走访慰问。

【军事训练与考评考核】2021年,武警杭州支队常态化开展军事训练与考评考核。组织参谋业务技能评比竞赛活动、"抓'三严'立'三规'"活动、首长机关前指带任务分队战备拉动演练等,开展2021年度冬季大练兵"创破纪录"会操考核、秋季士官晋升预选对象军事素质考核、干部全员军事训练会操考核、2021年度列兵"创破纪录"会操考核和年终军事训练考核等。

【武警安保执勤】2021年,武警杭州支队担负多次安保执勤任务。1月23—30日,担负浙江省"两会"警卫安保任务。2月11—17日,完成"春节"期间联勤武装巡逻任务。5月1—5日,完成"五一"劳动节期间社会面联勤武装巡逻任务。6月27日,担负浙江省庆祝中国共产党成立100周年文艺演出警卫安保任务。7月25—26日,完成抗击台风"烟花"抢险救援任务。10月22日,完成浙江省第四届体育大会升旗护旗任务。

(王成滨)

人民防空(民防)

【概况】2021年,杭州市人防部门强化政治担当,聚力改革创新,人民防空现代化建设取得新突破,实现"十四五"规划高质量开局起步。未来社区人防建设新模式得到市人防办的肯定,杭州城市大脑软硬防护试点在全国人防南宁会议上介绍经验。人防工程防护效能综合评估研究和杭州"民防码"上线运行被评为全省人民防空改革创新项目,杭州市人防数字化改革经验在全省人防指挥长会议上做交流推广。未来科技城和望江新城人防综合体建设、数智赋能提升人防战备核心能力、重要经济目标防护等多项创新做法成为浙江乃至全国人防工作的示范样板得到推广。

市人防部门开展党史学习教育,组织"三个一百"服务活动,到100个居民小区开展人防宣传教育,面向100个以上企业开展服务,走访100个以上人防工地送服务;服务地铁项目158人次,下达整改通知单72份,完成7条线路开通段、55个站点(区间)地铁人防工程的质量监督工作;利用早期坑道举办"杭州百年防空史展暨庆祝建党100周年主题展","民防码"应用入选市党史学习教育"民呼我为"最佳实践案例。各区县(市)人防办抓好规定动作,创新自选动作,确保学习教育取得成效。

市人防办落实实兵、实装、实地、实案要求,组织全市"5·12"防灾日"9·18"抗战纪念日防空防灾警报试鸣和人员疏散掩蔽演练、长三角区域一体化及杭州—宁波"双城记"指挥通信保障演练。在西湖区组织2021年杭州市人民防空检验性演习。萧山区13个重点镇街建成镇街基层指挥平台,初步形成省、市、区县(市)、乡镇(街道)四级指挥通信体系。临平区人防办投入警报器数字化研发,提升人防警报系统的现代化和信息化水平。

杭州人防重要经济目标单位立足"七有"(有组织机构、有办公场所、有制度预案、有专业队伍、有应急物资、有防护演练、有信息网络),突出"五抓"(抓组织建设、抓标准建设、抓措施建设、抓数字建设和抓战力建设),推进组织管理工作。重要经济目标单位信息录入城市大脑人防驾驶舱,实现一网掌控、一键直达。组建完成指挥通信网络,每月组织联训。上城区人防办谋划推进重要经济目标防护数字化改革试点工作。

杭州市人防坚持在重大基础设施建设中刚性落实国防要求,推进人防工程建设规划与城市建设规划对接,编制完成《杭州市人民防空"十四五"规划》并组织实施,在城市总体规划中落实国家一类人防重点城市的人防设施建设要求,开展《杭州市人民防空专项规划(2021—2035)》修编,完成250个单元人防设施专项控制规划的编制。全市以指挥部为核心,以轨道交通线网为骨架,以防护片区为重点,以地铁站点和人防综合体为节点,以人防结建工程和兼顾人防地下空间为支撑的防护体系更加完备。

市人防办对接市地铁集团,保障地铁建设进度,服务亚运会场馆建设;调研杭州云城、三江汇、大城北等城市建设重点板块,解决问题;人防"962790"专号助力城市治理。萧山区人防办上门服务"亚运三馆"、"亚运三村"、杭州萧山国际机场三期等省、市重点项目。余杭区人防办开展中法航空大学、杭州西站周边配套项等重点项目的上门服务,指导解决难点问题。开展人防工程防护效能综合评估,建立城市人防工程体系防护效能评估指标体系及计算方法。开展杭州市人防工程体系防护效能评估实践,提出杭州市人防工程在规模功能、体系连通、平战转换、开发利用等方面的指导性建议。

市人防办依托智慧杭宣系统平台、城市广告大屏和融媒体传播平台,推进人防宣教"五进五面向"(进社区面向居民、进机关面向领导干部、进学校面向学生、进企业面向企业职工、进网络面向网民)。在"5·12"防灾日、"9·18"抗战纪念日全市鸣响防空警报,开展市、区县(市)、乡镇(街道)、村(社区)四级联动人防实战技能宣教,200多所初级中学开设人防知识教育课,年受教育学生超过10万人次。开展"杭州百年防空史展暨庆祝建党100周年主题展”，制作国防人防教育平台。制定《杭州市人民防空工程质量监督管理办法》，编制杭州地方标准——《杭州市人民防空工程维护管理暂行办法》，在依法行政中强化人防法治保障。

市人防办优化城市大脑人防驾驶舱功能，人防数字化改革取得阶段性成果。首次上线杭州“民防码”，集成全市公用人防工程、结建防空地下室、避暑纳凉点及相关人防宣传教育信息，实现人防信息扫码一键获取、自助式服务。在全省人防指挥部会议上介绍杭州市人防数字化改革经验。拱墅区人防办完成9个早期公用人防工程的测绘，实现全域立体可视化，助力“地下隐患智防应用体系”建设。滨江区人防办承担人防工程全生命周期管理系统建设保障任务。

【长三角人防指挥通信联合演练】 2021年3月29日至4月1日，上海、江苏、安徽和浙江的11个城市举行长三角人防指挥通信联合演练，120多人参加演习。演习着眼长三角区域一体化发展时代大背景，旨在贯彻落实“沪苏浙皖人防办关于共同推进长三角区域人防一体化发展协议”，聚焦人防“战时防空，平时服务，应急支援”使命任务。检验人防指挥通信装备的战技术性能，加强人防跨区域支援通信保障能力，提升人民防空应急应战组织指挥能力和协同水平。

【杭州百年防空史展暨庆祝建党100周年主题展】 2021年5月10日至12月15日，由市人防办、市委直属机关工委、市委党史研究室（市志办）、市档案馆、上城区委宣传部联合主办的“学党史、铸金盾——杭州百年防空史展暨庆祝建党100周年主题展”举行。该展览分为图片区、实物区、观影区、互动区和体验区5个部分。展览期间，接待39个单位、9096人次。

【警报试鸣暨“杭州金盾2021-4”演练活动】 2021年5月12日，杭州市组织“5·12”警报试鸣暨“杭州金盾2021-4”人员疏散掩蔽演练活动。演练由市人民防空指挥部统一组织，区县（市）人防指挥部分别开设指挥分中心，按照全市联网、四级联动、同步演练的方式，结合防空防灾警报试鸣，全市组织人防重点乡镇（街道）、重要经济目标单位、社区、学校开展人员疏散掩蔽演练，共有13个区县（市）人防指挥部及成员单位、重要经济目标单位、63个街道（人防重点镇）、203个社区、200多所学校、10万多人参加疏散演练。训练演练坚持战备导向，突出实战实训，依托城市大脑人防驾驶舱平台，首次实现全市联网、实演实传、同步演练。利用社会公共资源发放警报信号，拓展警报发放手段，在突发事件预警信息全媒体发布平台、杭州电视台、杭州广播电台，全市155块城市户外大屏，1.3万个公交移动数字电视，200多万个华数机顶盒实时发放防空防灾警报。

【《杭州市人民防空工程质量监督管理办法》实施】 2021年7月15日，为适应杭州市“放管服”“最多跑一次”等行政审批制度改革以及数字化改革工作推进的需要，市人防办公布实施《杭州市人民防空工程质量监督管理办法》。该办法对2007年出台的《杭州市人民防空工程质量监督管理暂行办法》进行修订和完善，共6章33条，明确全市行政区域内从事人防工程的新建、扩建、改建等活动及其建设质量的监督管理，规范全市人民防空工程质量的监督管理。

【“9·18”警报试鸣和宣传】 2021年9月18日，杭州市开展“9·18”警报试鸣和宣传工作。该活动在市人民防空指挥部的统一组织指导下，市级指挥中心首次以警报二级联控的方式统控全市警报发放，鸣放“防空预先警报、空袭警报、解除警报”3种信号。全市有25个机关、36个企事业单位、67个乡镇（街道）、487个社区、50个学校组织宣传活动，1.1万人参与现场活动。设置咨询台12个，设置展板、图板382块，发放资料9500多份、宣传袋3450多份，设置横幅标语411条，通过中国移动公司、中国电信公司、中国联通公司等运营商，向市民发放宣传短信200多万条。利用全市173块城市户外大屏，1.69万块地铁数字电视屏，200多万个华数机顶盒实时发放防空防灾警报。

【未来社区幸福安全建设】 2021年，杭州人防推进人民防空融入未来社区建设，增强城市防护韧性，扩展公共服务能力，提高未来社区幸福安全指数。以上城区始版桥社区为试点并制订规划方案，建成后区域内高等级人防工程和配套工程占比由3%增长到12%，人防专业队工程实现社区周边所有重要经济目标全覆盖，实现地下空间全连通。未来社区兼顾人防与等级人防嵌入式配置，改变单点单层设防的孤立状况，提升社区防护的叠加效应，建设规模适度、功能完善、互连互通、平战结合的未来社区人防应用新场景。

【防护片区融合式人防综合体研究】 2021年，市人防办开展防护片区融合式人防综合体研究，对防护片区融合式人防综合体提出建立人防综合体—连通通道—防护片区的“点—线—面”空间体系和人防综合体分类。对杭州市防护片区融合式人防综合体布点规划提出建议，对推进防护片区人防综合体与国土空间规划的融合提出相关对策，提出人防综合体在设计与建设阶段的技术创新策略，将人防综合体建设融入城市建设，战时最大限度地为民众提供安全的防护屏障，平时深度融入整个经济社会发展大局。编制完成《人防综合体规划设计导则》和《防护片区融合式人防综合体管理实施意见（试行）》，形成一套完整理论体系，在全省范围内开展指导实践。（郑祝龙）

责任编辑 金利权

16 经济管理

综合经济管理

【概况】2021年，杭州市地区生产总值18109亿元，比上年增长8.5%。其中，第一产业、第二产业和第三产业增加值分别增长1.8%、8.6%和8.7%。三次产业增加值结构为1.8：30.3：67.9。人均生产总值14.99万元（按年平均汇率折算为2.3万美元），增长5.8%。

固定资产投资增长9.0%，其中交通投资增长13%、基础设施投资增长8.2%、高新技术产业投资增长19.7%。全年以新产业、新业态、新模式为主要特征的“三新”经济增加值占全市地区生产总值的36.2%。数字经济核心产业增加值4905亿元，增长11.5%，占全市地区生产总值的27.1%。杭州市获评2021年度浙江省“科技创新鼎”优秀市，西湖区、滨江区和余杭区获评2021年度浙江省“科技创新鼎”优秀县（市、区）。超高灵敏量子极弱磁场和惯性测量科学装置被纳入国家规划。“全球中心仓”“知识产权集成服务改革”等6个项目入选中国（浙江）自由贸易试验区制度创新案例。推进亚运会、亚残运会场馆建设，首批56个竞赛场馆全部竣工验收。组织召开杭州亚运会代表团团长大会和杭州亚残运会代表团团长大会、杭州亚运会第一次世界媒体大会和杭州亚运会第一次世界转播商大会。

【经济体制改革】2021年，杭州市“一件事”联办改革持续迭代，身份信息连锁变更、知识产权等“一件事”在全省率先试点，推出群众“一件事”46件、企业“一件事”52件。数字自贸区试验区建设成效明显，“13+7”主要经济指标任务体系创新建立，推出跨境电商退换货中心、定点配送、数字清关等新模式，开展本外币合一银行结算账户体系试点。创新引领效应不断增强，之江实验室、西湖实验室被纳入国家实验室建设序列，“农产品质量安全危害因子与风险防控国家重点实验室”获批建设，在杭州的国家重点实验室增至14个。资源要素配置体制机制更加完善，杭州产权交易所成交项目1829个、成交金额134.64亿元。“土地码”赋能审批提速，用地规划许可证“秒办结”，“云供地”盘活存量建设用地1.15万公顷。举办138场“云聘会”，发布需求岗位220万个。

【营商环境优化】2021年9月，杭州市被国务院确定为国家营商环境创新试点城市，101个改革事项和150个数据共享事项在杭州先行试点。杭州市在国家营商环境评价中列全国第五位，18个指标全部成为“全国标杆”。《杭州市国家营商环境创新试点城市建设实施方案（征求意见稿）》编制形成。深化商事制度改革，与江苏省南京市、福建省福州市实现商事登记领域47个高频事项跨省通办，与宁波市实现229个事项综合自助终端异地通办。投资项目审批提速，实现一般企业投资项目审批从赋码报备到竣工验收提速至最多80天，简易低风险小型项目提速至最多15天。

【固定资产投资和重点项目建设】2021年，杭州市优化投资结构，制造业投资增长28.4%，项目民间投资增长26.8%，全市重点项目建设完成投资2998.22亿元，为年度计划的119.1%。全年确定重点建设项目483个，其中实施类项目420个、预备类项目63个。钱塘江生态经济长廊建德段项目（新安江综合保护工程）、杭州地铁7号线工程、杭州市天目山路（绕城高速东—古翠路）提升改造工程、医惠智慧医疗产品产业化基地项目、杭州市全民健身中心项目、亚运射击射箭现代五项馆、杭州市江南大道改造提升工程（西兴立交至中兴立交）、浙江省农都农产品流通产业园项目等51个重点项目建成。杭州市青山水库防洪能力提升工程、杭州西站枢纽东进出站通道及停车配套设施、浙金创新产业园项目（一期）、中国京杭大运河博物院、北航量子实验室工程、浙江省中医院新院区、千岛湖港湾漫游共同体项目等112个重点项目开工建设。全年建成彩虹快速路西延、运溪高架路等城市快速路75千米，累计通车总里程330千米，打通“断头路”24条、26.4千米，开通地铁6号线、8号线一期、9号线一期北段等线路94千米。

【产业转型升级】2021年，杭州市产业平台优化，全市开发区（园区）整合为17个，开发区（园区）规划总面积增长29%。打造千亿产业集群，杭州高新技术产业开发区、钱塘新区入选首批浙江省高能级战略平台培育名单。规模以上工业企业数字化改造实现100%全覆盖，新增省级工业互联网创建平台15个，获评国家级服务型制造示范城市。实施产业基础再造和产业链提升工程，生物医药、智能计算、网络通信等入选浙江省标志性产业链。提升全市制造业高质量发展水平，新增国家级单项冠军示范企业（产品）6个，新增国家级专精特新"小巨人"企业32个，新增上榜"独角兽"企业7个，新增中国质量提名奖7个。

【特色小镇建设】2021年，杭州市共有省级特色小镇33个，其中省政府验收命名的特色小镇16个，省级创建类特色小镇15个，省级培育类特色小镇2个，小镇数量和质量均列全省第一位。全市特色小镇完成固定资产投资393亿元。其中：特色产业投资310亿元，占比79.5%；民间投资275亿元，占比70%。完成工业和服务业总产值9594亿元，税收607亿元。特色小镇以不到全市1%的产业用地面积，完成超过全市5%的固定资产投资额和27%的税收收入。西湖云栖小镇、余杭梦想小镇、上城玉皇山南基金小镇等成为具有重大影响力的特色小镇。

【社会民生保障】2021年，杭州市一般公共预算用于民生支出1839.73亿元，占一般公共预算支出的76.9%。全市共有城乡社区居家养老服务照料中心3154个，各类福利院、敬老院330所，床位7.56万张，收养人员3.0万人，儿童福利机构8个，床位1040张。职工基本养老保险参保人数、城镇职工基本医疗保险参保人数分别为799.6万人和760.5万人，比上年分别增长6.4%和6.6%；失业保险、职工工伤保险参保人数分别为563.5万人和707.4万人，分别增长7.6%和11.7%。全年城镇新增就业92.79万人。全市居民人均可支配收入67709元，增长9.4%。按常住地分，城乡居民人均可支配收入分别为74700元和42692元，分别增长8.8%和10.3%。城乡低保同标准，最低生活保障标准每人每月1102元。至年末，全市最低生活保障对象9.3万人，全年发放困难家庭救助金10.65亿元。

【循环经济发展】2021年3月，杭州市制定并印发《杭州市太湖流域水环境综合治理2021年重点工作计划》《苕溪（杭州段）水环境治理2021年实施方案》《关于印发杭州市资环类重点项目实施计划的通知》。全年苕溪流域共安排重点水环境治理项目31个，项目涉及"污水零直排"、水系沟通工程、水资源保护、生态河道建设等领域，计划投资4.57亿元。萧山经济技术开发区完成园区循环化改造工作。杭州富阳灰龙环保科技有限公司、临安太阳镇第二污水处理厂两个项目共获中央预算内补助资金2300万元。

【"双碳"和"双控"工作】2021年，杭州市启动碳达峰碳中和工作，组织编制实施意见及碳达峰总体方案，建立"1+1+N"政策体系，争创国家试点城市。临安区入围全省第一批低碳试点县创建单位，余杭区入选全省首批减污降碳协同试点创建单位。完成能耗双控指标，全社会用电量910亿千瓦时，增幅12.6%，超额完成目标；单位工业增加值能耗下降率6.6%，列全省第一位；单位地区生产总值能耗下降率0.9%，列全省第二位。完善投资项目节能审查办法，严控高耗能项目上马。组织全市511个高能耗行业企业执行错峰生产和能源预算化管理，实施精准管控。开展拉网式排查，清理整治132个"两高"项目。启动有序用电机制，压降电量约7亿千瓦时。

【价格管理和监测】2021年，杭州市居民消费价格上涨1.3%。全年持续降低企业用电价格，落实大工业电价降价政策，平均降低大工业用电价格5.2分/千瓦时，为企业降低用电成本17.75亿元。清理规范水电气行业收费，取消城镇供水供电供气企业接入工程、计量表具等收费，为企业节省费用约5.9亿元，督促478个转供电主体清退电费3421万元。8月，《关于进一步改革和规范杭州市部分城区公办幼儿园收费管理的通知》印发并实施，进一步优化学前教育成本的分担比例；落实国家、省"双减"工作要求，制定实施义务教育阶段线下学科类校外培训收费政策。全年在供水、污水、医疗废品、教育、养老、殡葬等重点领域、重点行业开展成本调查监审项目97个，审核总成本近100亿元，核减不合理成本7.8亿元。开展11类21项品种共221个农产品成本调查点成本收益调查。执行全国和浙江省重要商品和服务价格监测报表制度。在国家价格监测质量考核中，价格监测数据上报考核获满分。（彭　赋）

国有资产监督管理

【概况】2021年，杭州市人民政府国有资产监督管理委员会（简称市国资委）直接监管企业12个，分别为：杭州市实业投资集团有限公司、杭州市商贸旅游集团有限公司、杭州市城市建设投资集团有限公司、杭州市交通投资集团有限公司、杭州市钱江新城投资集团有限公司、杭州市地铁集团有限责任公司、杭州市运河综合保护开发建设集团有限责任公司、杭州市金融投资集团有限公司、杭州银行股份有限公司、杭州市国有资本投资运营有限公司、西湖电子集团有限公司和杭州种业集团有限公司。

市国资委贯彻落实中央、省委、市委对国有资产国有企业工作决策部署，紧盯目标，突出重点，强化改革，推进区域综改试验和国有企业改革三年行动，进一步激活国有企业发展活力与动力，国有经济呈现结构趋优、稳中向好、快中提质的良好态势。全年市国资委监管的市属国企营业收入3636.19亿元、利润总额286.84亿元，比上年分别增长28.7%和40.1%。至年末，资产总额23035.85亿元、所有者权益4549.55亿元，分别增长17.4%和13.3%。全年完成固定资产投资1133.86亿元。

【国有资本布局优化】2021年，市国资委以高质量发展为导向持续优化国有资本布局，构建现代化产业体系，主动布局战略性新兴产业和未来产业。按照“数字化、市场化、战略化”要求，梳理形成杭州区域性国有资本国有企业综合改革试验改革任务37个、73条，并就其中13个重点改革任务制订方案。7月30日，国务院国有企业改革领导小组正式批复浙江杭州区域性国有资本国有企业综合改革试验方案。9月6日，省、市联合召开区域性国资国企综合改革试验动员部署会。推进国有企业改革三年行动，印发《2021年杭州市国有企业三年行动实施情况评估重点指标表》，明确市属国有企业改革方向、重点、路径。至年末，基本完成省国有企业改革领导小组确定的改革三年行动45项重点指标任务。

强化战略管理与主业管控，制定市属国有企业主业管理办法，规范明确市属国有企业基金投资的重点投向。通过考核、监督等方式，引导市属国有企业聚焦主责主业，集聚人才、技术、资源等要素，服务市委、市政府重大决策和全市发展战略。

发挥杭州创新基金引领作用。根据市委、市政府决策，牵头组建总规模1000亿元、首期规模400亿元的杭州创新基金，授权制定《杭州创新基金管理办法》。至年末，落地项目10个，规模445亿元。

推进产业投资，市属国有企业通过战略投资、基金投资等方式，引导社会资本共同加大产业投资，推进杭州市战略性新兴产业培育。杭州资本参与投资的华瑞航空项目正式开工建设。推进华东医药生命科学产业园、西湖生物医药信息技术产业园等产业园区建设。

杭州市实业投资集团有限公司、杭州市城市建设投资集团有限公司入围2021年中国企业500强名单。杭氧集团股份有限公司、杭州汽轮动力集团有限公司开展对标世界一流管理提升行动。两个企业分别列中国机械工业百强名单的第44位和67位。杭氧集团股份有限公司被国务院国有资产监督管理委员会确定为全国标杆企业，被省国有资产监督管理委员会确定为省级示范科技型企业，在中国质量（杭州）大会上获中国质量奖提名奖。杭州汽轮动力集团有限公司获工业汽轮机中国工业大奖表彰奖，获评全省标杆企业和标杆项目。

提高国企资源配置效率，制订市属国有企业低效无效资产处置方案，明确低效、无效资产处置标准。完成处置低效、无效资产合计393宗，涉及金额88.56亿元。组建资产处置平台——杭州国佑慧通企业管理有限公司，制定市属国有企业低效、无效资产集中处置操作指引，通过整合重组、处置变现、受托管理等方式进一步盘活国有资产。根据重点亏损子企业专项治理要求，完成41个重点亏损子企业专项治理。

【国资国企改革深化】2021年，市国资委以优化结构调整为抓手推进国有资本国有企业改革，持续激发企业活力，增强企业发展动能。推进杭州汽轮动力集团有限公司体制改革。杭州汽轮动力集团有限公司深化管理体制改革方案经市委、市政府审议通过，由杭州市国有资本投资运营有限公司履行出资人职责，并围绕主业开展内部资源、资产整合，推进完善公司治理、深化混合所有制改革（简称混改）等举措，加快体制机制转变。实施限制性股票激励，充分激发企业内生动力。推进地铁建设体制与地铁集团架构改革，整合成立地铁运营公司、地铁开发公司，实现“做地、做房、做房东”一体的地铁经营模式。

推进国有企业混改和上市工作，拟定38个混改企业名单，选取9个规模和影响力相对较大的项目，参加全省混改项目集中推介。杭州热电集团股份有限公司在上海证券交易所主板正式挂牌上市。杭州银行发行可转债150亿元，杭氧集团股份有限公司发行可转债11亿元，完成证监会第一轮问询答复。

推进水务、燃气一体化改革。在滨江、富阳、临安、萧山、余杭水务公司挂牌的基础上，注重资产整合质量和公司实质化运行，推进桐庐、建德、淳安3个县（市）水务资产一体化整合工作。推进天然气体制改革，临安、建德、淳安燃气一体化资产整合取得实质性进展，其中杭州临安杭燃燃气公司挂牌。

加快推进职业经理人和任期制、契约化管理。完善实施市属国有企业二级、三级职业经理人制度建设指导意见，印发《国有企业经理层成员任期制和契约化管理实施细则和操作指引》。完成12个市属国有企业所属子企业358户、899人任期制契约化管理签订工作。加快推进二级、三级企业职业经理人制度，在符合条件的企业中选聘职业经理人50人。

开展外部董事选聘工作，会同市委组织部制定印发《市属国有企业外部董事选聘和管理办法》。面向社会公开选聘一批市属国有企业兼职外部董事，共有481名知名专家学者、资深从业人员报名，择优遴选91名建立外部兼职董事专家库，提升市属国有企业法人治理专业化水平。

【国有资本监管职能强化】2021年，杭州市以专业化管理为基石推进国有资本国有企业监管。完善制度体系建设，出台《杭州市市属企业资金信用监督管理暂行办法（试行）》《关于深化市属国有企业内部审计监督工作的实施意见》等制度，加强制度约束与规范。印发《杭州市国资委权力和责任清单（2021版）》《杭州市国资委授权放权清单（2021版）》，明确市国资委权责事项46个，授权放权14个。梳理7类、77个杭州市有关国有资产监督管理的政策文件并汇编成册，开展制度性文件定期清理。

完成智慧国有资产监管平台“1+3+N”体系建设，通过全开放式数据中台，向上对接省一体化公共平台和杭州城市大脑，向下对接市属监管企业财务系统和资金集中管控系统，向外延伸对接国家统计局数据等系统。通过全级次、全流程业务办理模式，实现业务一站式在线审批，业务流程前伸至全级次子企业，后延至产权交易所等外部系统，形成闭环式管理。实现市属国有企业资金集中管理和在线监控，可实时掌握资金去向行业和地域。

根据市委、市政府做强做优做大市属国有企业的部署要求，集中人员精力，通过清单化抓落实、专班制盯节点，用1个月时间完成市属国有企业165宗历史遗留问题不动产确权，涉及房产72万平方米、土地面积104.31万平方米，资产账面价值约50亿元。

推进经营性国有资产集中统一

监管，将市级行政事业单位所属7个经营性资产纳入市国资委集中统一监管，涉及资产金额20.99亿元，基本完成国有资产集中统一监管。

【国有资本国有企业服务保障能力加强】2021年，杭州国有资本国有企业承担重大战略任务，推进重点工程建设，持续做好民生保障服务。市属国有企业全年完成固定资产投资1133.86亿元。按照全市规划要求，推进大运河国家文化公园、杭州西站枢纽、杭州大会展中心、钱江新城二期等重大工程项目建设，亚运村全面竣工。推进轨道交通建设，开通地铁8号、9号线，共开通运营9条线路，通车总里程342千米，基本形成网络化运行模式。在建地铁线路9条，合计174千米。杭海城际铁路、杭绍城际铁路（暨绍兴地铁1号线柯桥段）与杭州地铁8号线同步开通，杭州都市区轨道交通线网总里程403千米。

全年累计供水8.45亿吨，处理污水6.17亿吨，供应天然气14.88亿立方米，清洁直运垃圾217.05万吨，处置垃圾196.25万吨，公交、地铁运送乘客超过16亿人次。支持市属国有企业参与亚运公益捐赠，捐款4800万元。春节期间，向市属监管企业在杭州过年的外来务工人员发放补贴1671.6万元，惠及16716人。

（朱静帆）

土地资源管理

【概况】2021年，杭州市成交经营性用地305宗、1054.02公顷，成交额3136.27亿元。主城区成交经营性用地60宗、276.89公顷，成交额1329.89亿元。成交工业用地274宗、762.93公顷，成交额57.63亿元，工业用地出让面积占全市土地出让面积总量的41.6%。全年出让5宗、15.22公顷人才租赁住房。落实配建公租房66.54万平方米，实施集体土地建设租赁住房试点项目6个，其中5个完成结顶。消化批而未供、供而未用、低效用地1.15万公顷，比上年增长7%。存量用地占全年供地总面积的60%，超过新增用地。全年新增用地指标1520公顷，全部按时组件报批，确保100%批回，计划指标占全省份额的15.5%。完成垦造耕地1220公顷、旱地改水田920公顷，补充耕地2140公顷，增长78%。异地有偿调入546.67公顷，下降9%。

【市区"一体化"收储工作机制】2021年12月31日，杭州市土地收购储备管理委员会出台《关于加强市区经营性用地做地、出让统筹管理工作的通知》。该通知首次将10个城区经营性用地纳入市级统一收储管理，形成按规划做地、统一做地机构、统一计划编制、统一收储标准、统一交易规则、统一监督管理的工作机制，进一步增强规划、做地、供地协同，一体化统筹市区土地资源要素配置。

（吴　伟）

【轨道交通综合开发利用推进】2021年3月，市规划和自然资源局启动地铁杭钢站、双浦车辆段等轨道交通TOD试点项目城市设计，落实杭州市TOD开发战略，充分发挥轨道交通对城市未来发展的带动作用。6月，《杭州市轨道交通地上地下空间综合开发利用试点》项目通过自然资源部开发利用司中期评估。7月19日，市规划和自然资源局余杭分局为西站枢纽雨棚上盖项目发出全省首本三维立体图示不动产权证，同步实现"交地即交证"的目标，开创铁路土地综合开发节约集约利用空间的新模式。8月5日，杭州西站枢纽"三维确权、一地多用"做法被《中国自然资源报》头版头条报道。9月15日，市规划和自然资源局出台《杭州市轨道交通地上地下空间综合开发利用管理操作细则（试行）》，进一步推进城市轨道交通地上地下空间综合开发利用，优化城市空间结构，助推城市绿色发展，高水平打造"轨道上的城市"。

（肖　岚　周　敏）

【耕地保护监管】2021年4月，市规划和自然资源局开展"百千万"永久基本农田集中连片整治，全年完成项目19个，总面积3101公顷，实现耕地连片2292公顷。加强耕地保护智慧监管，推进全市现状耕地、永久基本农田、永久基本农田储备区、高标准农田、粮食生产功能区等耕地保护"一张图"建设，实现耕地信息"随手查"。8月3日，市政府办公厅印发《杭州市坚决制止耕地"非农化"防止耕地"非粮化"工作方案》，切实加强耕地保护和用途管制。市规划和自然资源局开展违法违规占用耕地重点问题整治，完成34个新增占用耕地问题整改，整改完成率100%。9月，组织市、县政府签订耕地保护责任书，将创新保护监督管理、遏制耕地"非农化"、防止耕地"非粮化"等最新要求列入耕地保护责任目标，实施年度县级政府耕保责任目标考核，压实耕地保护责任。同月，依托空间智治数字化平台，试点应用"浙里办"和"浙政钉"耕地监管场景，为公众监督和基层自然资源所核查处理提供智能化掌上工具。10月，打破"省管县"模式，发放各区县（市）市级补贴资金1.02亿元，连续五年对全市耕地和永久基本农田予以市级资金补贴。在全省耕地保护责任目标考核中，杭州市连续两年列优秀等次。

（梁学彦）

【杭州市地质灾害防治"十四五"规划印发】2021年9月1日，为提高杭州市地质灾害综合防治能力，建立地质灾害风险管控新机制，构建分区分类分级的地质灾害风险管理新体系，杭州市地质灾害防治工作领导小组印发《杭州市地质灾害防治"十四五"规划》（简称《规划》）。《规划》在总结"十三五"规划执行成效和分析形势的基础上，从实现灾害源头防控、提升数字化管理能力出发，部署"十四五"期间六大体系建设和重大工程任务，提出地质灾害易发区、地质灾害重点防治区、地质灾害风险防范区、地质灾害隐患点"三区一点"地质灾害防治管理体系和分区、分类、分责、分级的"隐患＋风险"双控管理办法。

【杭州市矿产资源规划编制】2021年12月28日，《杭州市矿产资源规划（2021—2025）》编制完成。规划编制从生态保护优先谋划好矿产布局出发，以规划为抓手，对全市矿产资源情况进行排摸。按照"从严把关、严控新设，整合低小散，加大绿色矿山建设、推进矿地综合利用"的原则，部署"十四五"期间勘查与保护方向、开发布局和结构、绿色矿山再提升数字化监管平台等任务。该规划对统筹全市矿产资源勘察开发与生态保护，提升矿产资源保护与合理利用水平，促进全市矿业绿色发展起到重要作用。

【"迎亚运"山体生态修复景观提升专项行动】2021年，杭州市推进"迎亚运"山体生态修复景观提升专项行动。专项行动以"清存量、控增量、建规范"为目标，通过运用数智技术，实行数字化监测—分析—核查—管理—跟踪的工作模式，对全市裸露山体生态损毁情况进行排查、清理和整治，从而清除山体视觉污染，改善景观效果，规范全市用地用林行为。

【绿色矿山数字化建设】2021年12月8日，建德海螺水泥有限公司洞山石灰石矿智能化绿色矿山试点通过现场验收 。试点项目建成智能化矿山"164"体系，实现数字化、智控化目标。通过数字化改造，矿山效益得到提升，矿山资源利用率得到提高，资源利用率由之前的98.5%提高到100%。矿山每吨石灰石成本降低0.28元，每年可节约生产成本约500万元。

【地质灾害风险隐患"双控"工作经验推广】2021年4月28—29日，全省地质灾害风险隐患"双控"试点工作现场会在临安区召开，会议总结推广杭州市县域地质灾害风险隐患"双控"工作经验。10月17—19日，全国地质灾害风险隐患"双控"试点工作现场会在临安区召开。10月，自然资源部转发浙江省自然资源系统地质灾害风险管控相关制度文件，向全国介绍杭州市地质灾害风险隐患防控的先进经验做法。（孙　瑾）

【《杭州市不动产登记若干规定》出台】2021年12月6日，杭州市政府颁布《杭州市不动产登记若干规定》。该规定理顺"网办"法律关系，固化创新试点实践成果，提升不动产登记服务能力，构建不动产登记保障机制，细化登记实务规范。规定进一步规范不动产登记行为，保护权利人合法权益，为不动产登记提供法制支撑。

【"新房交付即交证3.0"系统推出】2021年9月，市规划和自然资源局升级推出"新房交付即交证3.0"系统在城市大脑App移动端实现"云登记、掌上办"。购房群众在手机客户端操作，即可实现在线缴税、即时登记，电子证书实时推送等功能。通过"交房云登记"，实现杭州市新建商品房办证"去中介"。商品房办证（按揭购房）由以往至少跑4次、中介环节耗时约1个月，变为全程网办式服务、24小时自助化操作。至年末，杭州市有543名购房用户实现"云端"自助办证。（林和静）

【《杭州市第三次全国国土调查主要数据公报》公布】2021年12月29日，杭州市第三次全国国土调查领导小组办公室联合市规划和自然资源局、市统计局公布《杭州市第三次全国国土调查主要数据公报》。根据公报，全市耕地123844.53公顷，园地96660.91公顷，林地1100720.35公顷，城镇村及工矿用地182418.36公顷，交通运输用地34816.87公顷，水域及水利设施用地132943.24公顷 。数据成果全面客观反映杭州市国土利用状况，成为全市经济社会发展、重大战略规划、重要政策举措的基本依据。（陈艳艳）

【《杭州市建设工程规划许可证"豁免"项目清单》公布】2021年3月31日，市规划和自然资源局公布《杭州市建设工程规划许可证"豁免"项目清单》。清单中，将老旧小区加装电梯等工程纳入杭州市首批免于办理工程规划许可事项范围，进一步精简审批流程，助力民生实事工程落地实施。（范增刚）

【国土空间全域土地综合整治】2021年，杭州市共有19个全域土地综合整治项目完成市级整体验收。整治工程主要涵盖农用地整治、建设用地整治和生态整治修复3类、27个子项目类型。10月，"浙江杭州西湖区双浦镇全域土地综合整治与生态修复"案例入选《中国生态修复典型案例集》，并在联合国《生物多样性公约》缔约方大会第十五次会议（COP15）上向全球公开发布。11月9日，2020年度"省级精品工程"名单公布，杭州市建德市三都镇、西湖区双浦镇、桐庐县城东区块、临安区天目山镇4个工程入选。（苏尔军）

【回迁安置"清零"工作】2021年3月，市规划和自然资源局印发《2021年回迁安置"清零"工作任务表》，重点围绕安置人数、安置面积、周转用房等内容，对在外过渡5年以上人员实行清单化、销号式管理。至年末，在外过渡5年以上3628户、10763人的回迁安置工作完成。（吴　伟）

【"三费"标准新政】2021年12月6日，杭州市政府印发《关于调整杭州市区征收集体所有土地房屋私有住宅搬家补贴费、临时过渡费和非住宅搬迁补贴费标准的通知》，首次将钱塘、萧山、余杭、临平、富阳、临安区纳入调整范围，实现市区统筹。根据实际情况稳妥调整确定"三费"标准，衔接新老政策，维护被征收人的合法权益。（缪周仙）

【土地成片开发方案编制】2021年，杭州市推进土地征收成片开发方案编制审核工作。10月，市中心城区内成片开发方案（涉及7个城区、70个片区）由市政府上报省政府审批。11月，市中心城区外成片开发方案获市政府批复，涉及10个区县（市），共401个片区。（徐　磊）

【自然资源执法监察】2021年，市规划和自然资源局以卫星遥感影像图片执法检查、农村乱占耕地建房整治、违建别墅问题清查整治、扫黑除恶专项斗争等工作为抓手，开展自然资源执法监察。全市系统立案查处331宗，涉及土地面积148.2公顷，耕地面积101.62公顷。（朱佳敏）

【规划和自然资源督察】2021年3月，市规划和自然资源局印发《杭州市规划和自然资源督察问题核销作业指导书（试行）》，健全完善杭州市自然资源督察体制，促进督察问题整改的规范化、制度化。配合做好年度土地例行督察，有效助推耕地保护。杭州2020年度例行督察发现的问题，市级层面完成整改。围绕耕地保护等重点领域，全年开展督察7批次，整改问题图斑295个，图斑面积302.74公顷。 （乔丽萍）

财 政

【概况】2021年，杭州市财政总收入4561.72亿元，比上年增长18.4%。全市一般公共预算收入2386.59亿元，增长14.0%；占全市地区生产总值的13.2%，占财政总收入的52.3%。其中：市区一般公共预算收入2283.76亿元，增长14.1%；市本级一般公共预算收入334.96亿元，增长13.4%。全市一般公共预算支出2392.04亿元，增长15.6%。其中：市区一般公共预算支出2189.75亿元，增长16.7%；市本级一般公共预算支出424.53亿元，增长14.7%。全市完成非税收入2642.66亿元，其中按规定纳入一般公共预算管理的非税收入152.99亿元。税收收入占一般公共预算收入的93.6%，居全国副省级城市首位。全市各级财政收支平衡，预算执行情况良好。7月1日起，国有土地使用权出让收入等4项政府非税收入划转税务部门征收。

【惠企利民政策落实】2021年，杭州市实施积极财政政策，巩固减税降费成效。落实制造业研发费用加计扣除、先进制造业留抵退税、中小微企业和个体工商户纾困帮扶等政策，推动企业减负、结构优化和产业升级。全市一般公共预算科学技术支出179.67亿元，比上年增长24.5%。支持重要领域核心技术攻关，助力高新技术企业培育，鼓励中小微企业研发投入。加大人才引育力度，支持高层次人才团队引进培育和创新创业，发

2021年杭州市一般公共预算收支情况表

表11

收入项目	发生额（万元）	为上年（%）	支出项目	发生额（万元）	为上年（%）
一般公共预算收入	23865936	114.0	一般公共预算支出	23920396	115.6
一、税收收入	22336029	112.9	一、一般公共服务支出	1989700	104.5
增值税	7830680	124.6	二、外交支出		
企业所得税	4919598	123.1	三、国防支出	14454	126.8
个人所得税	2278722	114.0	四、公共安全支出	1353685	107.6
资源税	26779	144.3	五、教育支出	4662642	115.3
城市维护建设税	1414537	124.3	六、科学技术支出	1796737	124.5
房产税	703768	104.6	七、文化旅游体育与传媒支出	450250	112.4
印花税	404263	122.5	八、社会保障和就业支出	2868994	113.3
城镇土地使用税	113638	79.0	九、卫生健康支出	1715324	115.1
土地增值税	2266371	140.8	十、节能环保支出	405613	76.1
车船税	139182	109.2	十一、城乡社区支出	3676150	135.9
耕地占用税	98443	23.6	十二、农林水支出	987866	95.9
契税	2132040	70.3	十三、交通运输支出	559640	95.9
烟叶税			十四、资源勘探信息等支出	1454847	175.6
环境保护税	1828	86.2	十五、商业服务业等支出	594158	112.1
其他税收收入	6180	42.5	十六、金融支出	16508	20.5
二、非税收入	1529907	133.3	十七、援助其他地区支出	75483	47.5
专项收入	1060727	113.4	十八、自然资源海洋气象等支出	214483	121.0
行政事业性收费收入	204207	122.1	十九、住房保障支出	475180	118.3
罚没收入	335565	156.3	二十、粮油物资储备支出	45709	98.2
国有资本经营收入	-477302	101.6	二十一、灾害防治及应急管理支出	112766	126.1
国有资源（资产）有偿使用收入	312040	128.5	二十二、其他支出	31070	47.9
其他收入	94670	163.1	二十三、债务付息支出	417137	108.9
			二十四、债务发行费用支出	2000	65.7

2021 年 1 月 13 日，市财政局组织人员对杭州市城市规划展览馆提升改造项目进行事前评估（市财政局 供稿）

放新引进应届高学历毕业生生活和租房补贴。完善产业政策体系，支持组建千亿创新引领母基金，完善天使投资引导基金管理办法，做强政府性融资担保机构。加强知识产权保护、标准体系完善和法治社会建设，推动重点领域绿色低碳转型。7 月，市财政局出台《优化政府采购营商环境 100 条》，营造良好营商环境。“政府采购”指标列营商环境国家评价第三名、世界银行评价第一名。

【民生事业支出保障】2021 年，杭州市一般公共预算用于民生支出 1839.73 亿元，民生投入占比 76.9%。全市一般公共预算社会保障和就业支出 286.90 亿元，比上年增长 13.3%。支持构建市域统筹的社会保障体系，桐庐、淳安、建德三县（市）基础养老金标准超过全省平均水平。低保户和低保边缘户补助、孤儿和困境儿童补贴等社会救助标准全市域统一。全市一般公共预算教育支出 466.26 亿元，增长 15.7%。推进新时代城乡义务教育共同体建设，规范校外培训机构，完善学前教育体系，加强普通高中教育和职业教育融通，提升特殊教育品质，保障教师待遇，实施 30 年教龄教师免费乘坐公交车和地铁优惠。全市一般公共预算文化旅游体育与传媒支出 45.03 亿元，增长 12.4%。支持基层文化和体育健身场地设施完善，推动之江文化产业带和大运河文化带建设。全市一般公共预算卫生健康支出 171.53 亿元，增长 15.1%。保障落实新冠疫苗接种、核酸检测、实验室建设等经费。支持建立市域大健康统筹联动管理机制，健全医疗卫生服务体系，提高应对突发公共卫生事件能力和医疗救治水平。

【城乡一体化发展统筹保障】2021 年，杭州市统筹推进城乡一体化发展。全市一般公共预算城乡社区支出 367.62 亿元，比上年增长 35.4%。支持建设新型智慧城市，提升改造城市河道、路灯、无障碍设施、国际化标识等，排查整治地下空间、桥隧等安全隐患，保障全国市域社会治理标杆城市、国家安全发展示范城市创建。改善人居环境，全市一般公共预算节能环保支出 40.56 亿元，下降 23.9%。开展生态文明示范创建和海绵城市建设示范，提升生态环境监测和治理修复能力。强化住房保障，全市一般公共预算住房保障支出 47.52 亿元，增长 18.3%。支持老旧小区改造、既有住宅加装电梯、高层楼房二次供水设施改造等，助力国家住房租赁市场发展试点示范。全市一般公共预算农林水支出 98.79 亿元，下降 4.1%。支持重要农产品稳产保供，扶持美丽乡村精品村（特色村）建设，推动珍贵示范林建设、美丽河湖、水库除险加固等工程。

【财政改革深化】2021 年，杭州市优化市区财政体制。市财政局牵头并优化完善财政体制方案，提请市政府印发《关于优化完善市区财政体制的通知》。加快财政事权和支出责任划分改革，提高基本公共服务供给效率，推进基本公共服务均等化。健全资源统筹机制，落实重大项目建设专项资金筹集机制，统筹存量与增量、上级补助和本级资金、政府债券及各类资产资源。建立市级行政事业单位公物仓，推动资产共享共用和优化配置。加强预算长效管理，落实“总量控制、统筹使用、申请评估、过程检查、结果评价”全过程管理。健全预算分配和项目动态调整机制，提升预算绩效管理水平。市本级一般性支出和“三公”经费均压减 10% 以上。开展政府采购支持绿色建材试点。推进历史遗留项目竣工财务决算批复，市本级财政直接投资项目批复完成 100%，完成“清零”目标。

【“数智财政”建设】2021 年，市财政局制订《杭州财政数字化改革方案》并报市委深化改革委员会审议，推进“集中财力办大事辅助决策、财政数字驾驶舱、预算管理一体化、财政服务”4 个系统建设。推进项目实施，上线预算管理一体化系统，打造财务“掌上报”、资产“掌上配”、票据“掌上办”、贷款“掌上担”、人大“掌上审”5 个应用场景。提升治理能力，扩展财政“驾驶舱”预算管理、税收分析、预算三审、预警中心 4 个专题功能。促进均衡发展，加强对各区县（市）财政数字化改革工作指导，开展数字化改革优秀项目比武和展示交流，培养和挖掘数字化改革人才。

【财政监管强化】2021 年，杭州市打造阳光财政，推进预算、决算公开，提升财政透明度。9 月，在《2021 年中国城市政府财政透明度研究报告》中，杭州市在 294 个地级及以上城市中列第三位。市财政局出台全面预算绩效管理、事前绩效评估管理等制度，建立市级专项资金 157 套指标体系的 6000 多个核心指标。开展重大政策中期评估，完善政策，优化预算，推进管理闭环。加强风险防控。完善常态化财政资金直达机制。强化专项债全过程数字管控能力，做好隐性债务风险化解。加强社保基金运行态势分析，提升风险预警、应急处置能力，兜牢“三保”底线。市财政局完善人大审查和预算编制全流程推进机制，预算草案“三审制”提质扩面，承办人大代表建议63件、政协委员提案94件，办结率、见面率、满意率100%。（刘　淮）

税　务

【概况】2021年，杭州市税务部门组织税费收入6057.3亿元，比上年增长31.3%。其中，税收收入4312.7亿元，增长19.8%；非税收入380.9亿元，增长307.3%（剔除土地出让金不可比因素，增长27.2%）；社会保险费收入1333.4亿元，增长49.8%；其他收入（职业年金）30.3亿元，增长2.6%。税收收入占一般公共预算收入的93.6%。税收规模列全国省会城市第二位。

【减税降费】2021年，杭州市新增减税降费385.62亿元，其中新增减税328.37亿元、社会保险费新增减费46.31亿元、非税收入新增减免10.94亿元。落实党中央、国务院各项减税降费决策部署，支持杭州数字经济企业、先进制造业企业、中小微企业、外贸企业等各类市场主体发展，为企业降本减负。全市税务登记户数136.10万户，月均增长0.54万户。进一步支持新冠肺炎疫情防控，帮助企业纾困发展，为2327户纳税人退还增值税留抵税额255.7亿元。为5.1万户（次）制造业中小微企业专项缓缴20.9亿元，户均缓缴4.1万元。办理出口退（免）税413.07亿元，试点推广出口货物退（免）税备案单证无纸化管理，进一步减轻外贸企业负担。

【税收营商环境优化】2021年，杭州市以纳税人缴费人为中心，建设“线下服务无死角、线上服务不打烊、定制服务广覆盖”的税费服务新体系，并获全国纳税人满意度调查省会城市第一名。确保税费优惠政策“直达快享”，实现征管操作办法与税费优惠政策同步发布、同步解读。实行纳税人缴费人“自行判别、申报享受、资料留存备查”的办法，进一步精简享受税收优惠政策办理流程。切实减轻办税缴费负担，推进发票电子化改革，在杭州市机关、事业单位和企业同步试点电子化报销、入账、归档应用工作，全面推进发票使用便利化。改进办税缴费方式，出台杭州纳税缴费80条便利化智慧化举措。实施“非接触式”办税缴费集中处理，实现线上申请实时响应、3分钟办结服务，全市综合网上办税率98%。持续压减纳税缴费次数和时间，推行税务证明事项告知承诺制，推行企业所得税、财产和行为税“十一税合一”申报，推动增值税、消费税与附加税申报表整合，加快出口退税事项全环节的办理速度。推行智能型个性化服务，改造提升“12366”税费服务平台，“屏对屏”咨询辅导办税一体化，提升纳税人缴费人的办理体验。

【税收治理】2021年，杭州市认真贯彻中共中央办公厅、国务院办公厅印发的《关于进一步深化税收征管改革的意见》，提升税收“数智”治理能力和水平。构建“无风险不打扰、有违法要追究、全过程强智控”的税务执法新体系，有效运用说服教育、约谈警示等执法方式。构建“信用+风险”新型动态监管机制，推动“以票管税”迈向“以数治税”。强化部门协同，构建动态风险特征指标库，精准识别风险，促进招商引资企业精细管理。实现国有土地使用权出让收入业务数据在规划资源部门和税务部门的双向互通、自动化流转。实现税务端大病医疗个税专项附加扣除数据实时查询，不动产登记缴税“一件事”全流程网办，社会保险费全费种退费网上办理，残疾人就业保障金数据后台批扣。打造“税惠亚运”系列服务，帮助亚运企业落实税收优惠超过9亿元。创新定制“走出去”企业“数据地图”和“税务包”。（尤少文）

2021年，市税务局通过税务“云课堂”开展税务宣传　（市税务局 供稿）

行政审批服务（公共资源交易）

【概况】2021年，市行政审批服务中心共受理各类事项228万件，无重大有责投诉，共受理信访64起，均落实整改。市公共资源交易中心成交项目19.75万个（笔、宗、次），成交金额2338.62亿元，平均资金节约率3.1%。其中：土地成交项目121宗，成交额1365.32亿元，溢价率17.2%；产权成交项目1072个，成交额38.13亿元，溢价率19.5%；建设工程项目559个，成交额261.8亿元，中标价平均下浮率9.3%；政府采购（含电子卖场）项目19.53万个（次、笔），成交额21.99亿元，预算资金节约率3.2%；综合其他项目438个，成交额651.38亿元，平均资金节约率0.4%。

市行政审批服务管理办公室（简称市审管办）执行省、市深化改革的决策部署，充分发挥全市政务服务主平台、数字化改革主阵地作用，深化完善“分钟制”“小时制”，迭代升级“线上行政服务中心”，加快推进公共资源交易全流程电子化，构建政务服务线上和线下相融合的行政服务中心。9月，杭州入选国家首批6个营商环境创新试点城市。杭州在全国重点城市一体化政务服务能力（政务服务“好差评”）调查评估中，列全国第二位；“远程异地多点评标”项目入选省级应用项目示范试点。市审管办下属单位市公共资源交易中心连续4年被评为“全国十佳公共资源交易中心”，连续10年获中国政府采购“年度创新奖”。

【线上行政服务中心升级】 2021年，杭州市升级线上行政服务中心，打造“政务智服”多跨场景。以“一件事”的理念开发建设企业开办、项目审批、员工管理等10个核心应用场景，实现涉及企业的高频事项“零纸质、零人工、零时限、零跑次”的无感智慧审批，30%的业务自动办结。至年末，办件1287.1万件，服务1449万次，惠及企业46万个。全市2200多名“亲清D小二”队伍搭档智能客服，以实时在线服务代替传统窗口坐班，69.8万个活跃用户的服务满意率保持在99.3%。杭州市政务服务领域数字化改革做法在国务院推进政府职能转变和“放管服”改革协调小组办公室的简报上刊发，向全国输出经验。

【“分钟制”“小时制”服务推进】 2021年，市行政服务中心配合市场监管部门深化商事登记改革，巩固“开办企业”“5210”（5个步骤、2份材料、1日办结、零费用）标准改革成效，审批办结时间从30分钟压减至25分钟；“企业开办”99%以上的申请人选择网办，其中87.3%实现全流程网办一次都不用跑。以“1+9”体系推进工程建设项目审批制度改革试点，一般企业投资项目立项到竣工验收全流程审批时间从100个工作日压减至80个自然日；工业项目审批申报材料由原来的111件精简为28件，开工前政府审批时间控制在7小时。

【浙江政务服务2.0平台落地应用】 2021年，杭州市在政务服务100%网上可办的基础上，全力推动省政务服务一体化2.0平台落地应用，开展市、区县（市）行政服务中心大厅智慧化改造，建设“网办掌办专区”和“24小时自助服务区”，引导群众形成线上办事能力和习惯，窗口平均压减率38.9%。至年末，全市整体接入2.0事项1546个，窗口收件达标率97.5%。在全省政务服务一体化评估中，杭州市“一网通办”率列全省第一位。

【“一网通办”“跨省通办”深化】 2021年，杭州市设立20个长三角地区“一网通办”综合服务窗口，104个各类事项实现跨区域办理。杭州、福州、南京三地实现商事登记47个高频事项点对点“跨省通办”。围绕杭州、宁波“共融长三角、唱好‘双城记’”行动方案，主动对接宁波签署政务服务战略合作协议，深化两地政务服务一体化建设，以综合自助机为载体，实现229个事项杭州、宁波两地通办，259个事项杭州、宁波、湖州三地通办。

【电子招投标应用推广】 2021年，杭州市拓展电子招投标应用范围，协同市建委、市园文局、市交通局、市林水局等行业监管部门深化电子招投标一体化建设，逐步形成“1+13”全市域一体化格局。全年完成电子招投标项目2561个，涉及企业74.36万个，超过90%的项目可在60分钟内完成全部开标流程，节约时间66%以上。

【远程异地评标系统开发建设】 2021年，杭州市深化远程异地评标应用，成功入选省数字化改革“揭榜挂帅”试点项目，实现评标专家“零接触”“零跑动”跨区域共享，有效避免专家打“熟人分”、场外违规建立“朋友圈”等问题，解决专家评标环节的廉政风险隐患。全年实施各类远程异地评标项目342个，中标金额81.72亿元，涉及企业9.14万个（次）。

【办事大厅疫情防控加强】 2021年，市行政审批服务中心深入落实新冠肺炎疫情防控主体责任，制定实施疫情防控工作方案，全面推进“防疫，平安”大厅一体化建设，推出“六个加强”防控举措，严格执行办事大厅绿码核验、体温检测、进出登记管理制度，组织752人次开展防疫巡查，实现办事大厅“双零”目标（零病例、零疑似）。运用数字化改革成果，推行政务服务线上办、预约办、快速办、延期办等“四个办”，支持企业复工复产和民生保障。新冠肺炎疫情防控期间，“两中心”线上办理比例超过80%，有效减少人员集聚，降低传染风险。（王坚武）

市场监督管理

【概况】 2021年，市市场监管局推进数字化改革，推动“浙江公平在线”“浙企链”“浙江质量在线”等省级场景落地应用，研发“非冷链物防在线平台”，依托“浙冷链”“特种设备在线”等数字化改革成果，持续巩固冷链食品、大物防、农贸市场、药店、餐馆等领域的新冠肺炎疫情防控防线。市场主体“准入准营一网通”集成改革、基于区块链数据知识产权质押新模式获评全省营商环境改革创新十佳案例。持续探索完善企业信息公示“双随机”“智能查”数字化改革，全年全市市场监管部门通过“智能查”检查企业1.31万个。“企业信用监管数字化改革”入选全市十大信用典型案例。开展电动汽车充电桩检定新模式国家试点，“远程在线、双重铅封、虚荷检定”三位一体技术方案得到肯定，并受邀参与国际标准制定。升级智能芯片气瓶55.7万只，30.1万个用户被纳入全市“数治瓶安”统一地址库。2.1万台既有电梯加装“电梯智管”系统，6728台新装电梯接入平台。推出计量溯源码，987.7万台（件）强制检定计量器具实现赋码管理。

市市场监管局着力提升治理效能，服务保障中国质量（杭州）大会，牵头编制《杭州市居民生活领域碳达峰行动方案》，持续推进“厉行节约、反对浪费”等行动，在全国100个城市消费者满意度测评中排名第二位。协调推进基层食安办分级分类管理工作，创建拱墅区湖墅街道食品安全委员会办公室、滨江区长河街道食品安全委员会办公室、钱塘区下沙街道食品安全委员会办公室、临安区青山湖街道食品安全委员会办公室、桐庐县分水镇食品安全委员会办公室等五星级办公室5个、四星级办公室46个、三星级办公室73个。全年完成创建阳光工厂943个，"阳光餐饮"街区15条，农村家宴阳光厨房291个。开展放心肉菜超市、示范小蔬菜门店创建，全市累计创建放心肉菜示范超市45个、示范小蔬菜门店113个。推进市场监管领域安全生产三年行动计划，启动亚运食品药品、特种设备安全保障，加强地铁、亚运场馆等重大在建项目和民生消费领域的产品质量安全监管，排查整治特种设备一般安全隐患5398处、严重安全隐患658处。全市未发生重大食品、药品、特种设备安全事故。

市市场监管局持续夯实法治基础，完成政府规章《杭州市市场监督管理行政处罚程序规定》两次修订。推动杭州市人大常委会出台《关于加强质量促进工作的决定》和市政府出台《杭州市质量促进办法》。完成《杭州市专利管理条例》《杭州市网络餐饮外卖配送监督管理办法》《杭州市网络交易管理暂行办法（草案）》的制定，并分别申报2022年地方性法规和政府规章项目。2021年获评法治杭州建设成绩突出单位。

市市场监管局整治市场乱象，开展"铁拳""亮剑"等系列执法行动，牵头网络订餐食品安全、预付式消费乱象、药店违规销售处方药、违规销售保健食品和虚假宣传等问题整治，被列入市委"民呼我为"十大攻坚和市纪委漠视侵害群众利益专项治理。推进惠企降费政策落实，组织开展全市涉企收费检查和配合做好全国涉企收费交叉检查，责令转供电主体清退违规加收电费1.74亿元，惠及终端用户9.63万户，责令行业协会（商会）清退违规收费250.4万元。

市市场监管局强化队伍能力建设，与宁波市市场监管局建立"双城记"市场监管一体化合作机制，编制市场监管、食品、药品、知识产权、质量标准品牌强市、广告产业发展等"十四五"规划。建立市级执法办案能手队伍和执法人才库，实施药品职业检查"百名组长与骨干"工程建设三年计划。市市场监管局下属单位杭州市特种设备检测研究院建成特种设备监察、检验全流程电子化的"数字特监"系统，杭州市食品药品检验研究院获杭州亚运会60类兴奋剂检测资质认定。

全年新设市场主体27.72万户，比上年增长16.43%。其中：企业新设13.57万户，增长14.5%；个体户新设14.13万户，增长18.3%。注销市场主体15.45万户，增长17.5%。其中：企业注销6.96万户，减少4.2%；个体户注销8.46万户，增长44.5%。至年末，在册市场主体152.89万户，增长9.1%，全市市场主体总量首次超过150万户。其中：企业81.18万户，增长9.9%；个体户71.21万户，增长8.1%。

【市场监管疫情物防】 2021年10月27日，杭州市新冠肺炎疫情防控工作领导小组办公室成立市大物防联控工作机制，市市场监管局作为成员单位，负责组织开展进口冷链食品物防工作。按照"应检尽检、应入尽入、应处尽处"原则，依托"浙冷链"数字化物防体系，激活食品生产经营单位1.02万个，赋码821.33万个，占全省总量的50%以上，实现赋码率100%、扫码率100%；备案冷库2632个、冷链车829辆；检测车辆1899台，出站货物3.52万吨；出具核酸检测报告4192份，核酸检测站工作量居全省第一位。制定《杭州市冷链食品物防"迎春行动"工作方案》，办理涉及冷链食品物防的案件119起，罚没款160.41万元，警告61起。

【商事制度改革】 2021年，市市场监管局推进国家营商环境评价创新试点城市的8项牵头试点任务，实行告知承诺事项106个。4月1日，印发《进一步深化药品医疗器械经营许可"证照分离"改革的通知》，下放审批权限至区县（市）。6月30日，杭州市市场监管局、福州市市场监管局和南京市市场监管局共同举行政务服务"跨省通办"签约仪式，三地实现商事登记领域47个高频事项的"跨省通办"。6月22日，"准入准营一网通"平台正式发布。该平台是一站式、全链条、一网通办、闭环管理的证照集成数字化平台，实现企业开办分钟制。至年末，市及市以下涉企高频许可、备案事项和业务系统全部打通，部分联通省级、国家事权系统。平台上线以后，完成办件12.27万件，为10.93万个企业提供"一网申请、集成办理"的便捷服务。改革成果获评2021年度浙江省营商环境改革创新十佳案例。7月30日起，《杭州市商事登记中介服务管理办法（试行）》施行，至年末引导规范商事登记中介机构1046个、中介从业人员2026人，将2人列入黑名单、9个机构列入机构黑名单、53个机构列入重点

2021年9月16—17日，中国质量（杭州）大会在杭州国际博览中心举行

（市市场监管局 供稿）

监管名录。

【中国质量（杭州）大会】2021年9月16—17日，中国质量（杭州）大会在杭州国际博览中心举行。中共中央总书记习近平致贺信，国务委员王勇出席会议并讲话。大会以“质量，数字，绿色，融合”为主题，体现质量变革、数字赋能、绿色低碳和共创共享等时代性质量话题。大会采取线上和线下相结合的方式进行，境外嘉宾采取视频录播方式致辞、演讲，在国内的嘉宾现场参会。开幕式上，中国质量奖的颁奖仪式举行。大会受理696个组织和168名个人参评，涵盖中央和国有企业、民营企业和混合所有制企业、外商独资和中外合资企业等。在大会上颁发中国质量奖并交流分享成功经验，进一步展示中国质量发展成就，向世界提供质量管理的“中国方案”。

杭州市市场监管部门牵头做好会议组织保障，出动执法人员4300多人次，抽检会议和接待场所食材品种107个、636批次样品，确保大会食品安全。编制《中国质量（杭州）大会特种设备安全保障方案》《中国质量大会特种设备应急处置专项方案》，组建保障技术专家组，开展核心区特种设备保障性检验，检查会议核心区电梯232台、锅炉等压力容器12台、机械式停车设备47组，完成中国质量（杭州）大会特种设备安保工作。

【质量强市建设】2021年6月30日，市市场监管局和市发改委联合印发《杭州市质量强市、标准强市、品牌强市“十四五”规划》。推动市人大常委会正式通过《关于加强质量促进工作的决定》，推动市政府出台《杭州市质量促进办法》。修订《杭州市人民政府质量奖评审管理办法》，将原“提名奖”修改为“创新奖”，增设“鼓励奖”，每个奖项均不超过3个。在中国质量（杭州）大会上，杭州海康威视数字技术股份有限公司、万向钱潮股份有限公司、浙江吉利控股集团有限公司、新华三技术有限公司、杭州制氧机集团股份有限公司、浙江大学医学院附属第二医院（心血管内科）6个机构和西子联合控股有限公司董事长王水福获中国质量奖提名奖，杭州锅炉集团股份有限公司、浙江运达风电股份有限公司、浙江大华技术股份有限公司、浙江英特集团股份有限公司和浙江大学医学院附属第二医院5个组织获2021年浙江省人民政府质量奖，列全省第一位。杭叉集团股份有限公司和迪安诊断技术集团股份有限公司获浙江省人民政府质量管理创新奖。新增“品字标浙江制造”认证企业127个，累计取得认证企业316个。

【标准强市建设】2019年12月9日，杭州市被授予第三批全国“百城千业万企对标达标提升专项行动”试点城市。至2021年年末，参与对标企业4339个，发布对标结果4543个，发布对标方案41个，在186个试点城市排名持续保持第一位。新增主导和参与国际标准15个、主导国家标准36个、行业标准64个、地方标准15个、“浙江制造”标准104个，新增国家级标准化试点12个、省级标准化试点10个、市级标准化试点8个，各项指标列全省首位。培育《惠民数字平台应用规范》等7个地方标准立项，加快研制立项的《城市大脑房管系统数据建设规范》等8个地方标准。10月13日，市市场监管局召开杭州市标准与可持续发展论坛，120多位代表在国际标准化会议基地参会。全年为企业免费开展相关数字化领域内的国际国内标准培训，培训企业800多个。

【电子商务国际标准化】2021年，杭州市标准化院参与《电子商务信用网络零售信用基本要求服务产品提供》等7个电子商务领域国家标准编制，联合多个国家，提出《电子商务交易保障用户使用指南》和《电子商务交易保障评价》2个新研究项目，完成国际标准新项目注册。ISO/TC321电子商务交易保障2个国际标准进入征询意见阶段。申报浙江省市场监管局“雏鹰计划”培育课题《双循环背景下电子商务高质量发展评价体系及应用研究》。

【放心消费示范单位创建】2021年，市市场监管局持续推进“放心消费迎亚运”行动，联合市商务局、市体育局等部门，号召六大行业参与“放心消费在浙江”创建工作，成功创建592个示范企业。全年建成放心消费单位4.56万个，其中无理由退货承诺单位1.85万个、放心工厂4457个、放心消费商圈82个、消费维权联络站327个、放心乡村15个，创建畲乡“民呼我为”留言板、火车东站快速调解机制、南宋御街放心消费街等品牌。扩大“浙冷链”“浙食链”“浙江外卖在线”等平台全程追溯应用覆盖面，建成放心餐饮单位8180个。开展“放心消费”和“数治商场”互联互通，

2021年3月15日，杭州市市场监管部门联合杭州萧山国际机场开展“国际消费者权益日”咨询服务
（市市场监管局 供稿）

创建放心商店和超市 1130 个。推进放心消费创建提质升级，对全市消费品生产企业进行分级分类，逐级建档 4668 份。开展全市生产领域专项检测 1092 批次，流通领域检测 2631 批次。

【消费者权益保护】2021 年，市场监管投诉举报平台全年共接收处理举报投诉咨询 83.2 万件，其中网购投诉举报 63.5 万件，投诉按时办结率 99.99%。全年创建无理由退货单位 1.85 万个，其中异地异店无理由退货单位 52 个，完成退换货 35.93 万个、退款金额 5304.3 万元。推进《杭州市预付式消费管理办法》立法进程，检查预付式消费热点行业经营主体 3114 户，责令整改 78 户，受理投诉 472 件，立案 195 件，结案 177 件，罚没款 178.81 万元。联合 16 个电商企业深化“红旗渠”消费维权绿色通道建设，全市发展维权绿色通道企业 86 个，引导举报投诉件 10.23 万件，比上年增长 73.6%，占网购消费投诉总量的 19.8%。全年在商店和超市、商圈（街区）、村（社区）、快递站点等人流密集场所搭建“12315”维权站点 327 个，推动引导消费纠纷就近解决、源头化解。杭州市消费者权益保护委员会与市人民法院联合设立消费纠纷“微法庭”，成功化解诉讼前消费纠纷 291 件。

【格式合同监管】2021 年，市市场监管局联合市教育局收集校外培训机构格式合同 109 份，经集中评审，发现疑似不公平、不合理条款 163 条，主要条款缺失 68 条，梳理典型不公平格式条款 10 条，指导全市市场监管部门开展专项整治。全面助力杭州市教育“双减”工作，督导校外培训行业使用国家示范文本，完成 655 份合同格式条款线上备案。实施八大领域备案合同格式条款专业力量和业务人员双审核，全年共计 1408 个企业的 2590 份合同完成备案。

【市场监管领域案件查办】2021 年，杭州市市场监管部门查处违法案件 1.17 万件。其中：大案要案 83 件，结案 1.49 万件，总案值 13.23 亿元，罚没款总数 2.03 亿元，移送公安机关案件 83 件。其中：“亮剑 2021”消费安全和网络市场综合执法立案查处 2261 件，结案 2113 件，罚没款 4886.52 万元；查处医疗美容药械化及违法广告虚假宣传类案件数 51 件，罚没款 117.24 万元；打击无合法来源证明进口货物综合执法立案查处 171 件，罚没款 493 万元，捣毁非法加油站点 14 个；核查传销线索 47 条，立案查处 15 件，罚没款 983 万余元；查处不正当竞争案件总数 861 件，罚没款 2800 万余元。

【“红、黄、绿”三色码清单管理】2021 年，市市场监管局探索新型监管机制，将市场监管领域 817 项监管检查事项按风险程度和事项性质，分为“红、黄、绿”三色码清单管理。该管理模式获评省市场监管局改革创新最佳实践案例。“红码”涉及人民群众生命安全和身体健康的食品、药品、特种设备等重点领域监管事项 68 个，“黄码”包括市场、商标、广告、计量、工业产品、知识产权、检验检测等市场监管领域“双随机、一公开”监管事项 447 个，“绿码”事件触发式监管事项 302 个。全市利用“红码”重点检查企业 3.23 万个，“绿码”触发检查企业 5564 个，“黄码”“双随机”检查企业 5.45 万个。

【市场主体年度报告和信息公示监管】2021 年，杭州市完成 2020 年度报告的企业 65.06 万个，年报率 92.9%；个体工商户 56.31 万个，年报率 91.8%；农民专业合作社 3178 个，年报率 91. 9%。全市被列入经营异常名录市场主体 8.1 万个，其中 6.18 万个因未按时申报年度报告而被列入经营异常名录，5381 个市场主体被列入严重违法失信名单。全市线上移出经营异常名录办件量 1.25 万件，线上出具无违法违规证明 9873 个（次）。开展长期未经营企业吊销工作，全市共计吊销 1.11 万户。70 个企业被公示为 2020 年度杭州市信用管理示范企业。

【“守合同重信用”企业公示】2021 年，市市场监管局持续推进“守合同重信用”企业梯级培育，全市 410 个企业获省市场监管局 AAA“守合同重信用”公示，其中新公示 173 个、继续公示 237 个；514 个企业获市市场监管局 AA“守合同重信用”公示，其中新公示 272 个、继续公示 242 个。公示期内“守合同重信用”企业累计 7522 个，占全省总数的 67%，其中 AAA 级 1795 个、AA 级 3136 个、A 级 2591 个，各项指标居全省首位，覆盖行业从传统的建筑施工设计监理等延伸到信息科技、餐饮管理、家庭服务、检验检测等行业。开展公示期内“守合同重信用”企业回头看行动，实行动态监管，浙江省市场监管局建议撤回 3 个企业 AAA 级“守合同重信用”公示，严厉展示诚信约束力度。

【公平竞争审查】2021 年，市市场监管局持续完善公平竞争审查机制，健全全市公平竞争审查联席会议制度。开展全市政策措施文件的审理与清理，共审查新增文件 706 件，其中修改 2 件，存量清理 1150 件，其中废止与修订 76 件。开展涉及不利于市场主体公平竞争地方性法规专项清理，清理地方性法规 99 件，发现问题文件 5 件。杭州市研究制定《杭州市涉公平竞争审查举报处理办法》，规范工作流程，健全投诉举报和查处回应机制。

【民生计量监管】2021 年，市市场监管局制定《杭州市民生计量信用监督管理暂行办法》和《杭州市民生计量信用评价标准（试行）》。9 月 9 日，杭州市民生计量公共服务平台正式上线。该平台集监管、服务、惠企、大分数分析功能等为一体，建有移动端、监管端、企业端、检定机构端。该平台于 2020 年 5 月 20 日起试运行，累计注册使用单位 8167 个，录入强制检定计量器具 987.69 万台（件）、检定记录 870.02 万条，受理强制检定申请 3.97 万次，其中绿色提示（距离有效期截止时间 30—60 天）器具 10.81 万台（件）、黄色预警（距离有效期截止时间 0—30 天）器具 7549 台（件）、红色警示（超期）器具 2084 台（件）；发放电子行政指导文书 428 份，357 个单位信用等级为 A（优秀）、7647 个单位信用等级为

B（良好）、152 个单位信用等级为 C（一般）、23 个单位信用等级为 D（警示），2263 个单位进行信用修复。

【产品质量监督管理】2021 年，杭州市开展产品质量监督抽查 3732 批次，不合格 252 批次，不合格发现率 6.8%。其中：生产领域抽查 1092 批次，不合格 32 批次，不合格发现率 2.93%；流通领域抽查 2640 批次，不合格 220 批次，不合格发现率 8.3%。5—8 月，市市场监管局试点发放工业产品生产许可证电子证书 83 张，颁发全省首张工业产品生产许可证电子证书。按照“多跨度、大场景、小切口”要求，在余杭、临平区开展电动自行车产品质量全流程监管“一件事”改革试点。开展产品质量“12123”培训工程，实际开展产品常见不合格项目案例分析、相关法律法规等宣贯培训 13 期，参加企业 1310 多个，参加人员 2500 多人，发放资料 3200 多份。

【食品生产、流通、餐饮环节智慧监管】2021 年，市市场监管局牵头组建“浙食链”工作专班，全市新增全程可追溯食品生产经营主体 5841 个，“样样赋码” 1.19 万件，“件件扫码” 409.71 万件。流通环节激活“浙食链” 2.16 万个，新增全程可追溯的经营主体 1.01 万个，“件件扫码”统一用码 694.67 万次。承接浙江省市场监管局食品安全“链上点检”试点项目，完成抽检上链企业、连续抽检不合格企业和名特优食品作坊 1480 批次。推进“浙江外卖在线”系统应用，推动 2.02 万户杭州商户上线接入“阳光厨房”，1.9 万户外卖商家每周通过企业端填报信息，阳光厨房总体在线率 86.2%。推广使用“浙食安” App，全市建档餐饮单位 7.75 万个和从业人员 16.75 万名，清理僵尸户 5437 个，抓拍不规范行为 33 万余次，餐饮日常管理电子台账 1097 万条。开发“智能亚运”监管系统，将现有的阳光餐饮数字化监管系统功能融入亚运食品安全保障场景。

【食品安全监督抽检】2021 年，市市场监管局完成食品监督抽检 3.90 万批次，不合格 1086 批次，不合格率 2.8%。协调处置不合格食品 1695 批次，立案 1400 件，立案率 82.6%。所有批次食品抽检结果处置率、按时办结率、信息公示率均为 100%。推进基层食品安全抽检能力规范化建设，完成验收 9 个。规范食品抽检备样处置工作，按照留用、捐赠、销毁三种方式，全市完成 8232 批次备样食品处置，涉及金额 46.93 万元。深化推进食品安全责任保险工作，投保单位 2994 个，投入保费 1352.01 万元，保障金额 341 亿元。统筹推进食品安全主体责任行政约谈工作，全市约谈 5910 个（次），纳入监管档案 4249 个、列为重点监管对象 1106 个，实施信用惩戒措施 99 个。加强食品安全专家队伍建设，新一轮聘任市级专家 22 名。协调推进小作坊整治、品质示范超市、食品安全监督协会等做法纳入国务院政研室“十三五”时期巡礼项目。

【保健食品专项整治】2021 年 2—4 月，市市场监管局开展增强免疫力、减肥、辅助降血压等 7 种功能的保健食品生产经营单位专项整治。6 月，结合漠视侵害群众利益问题专项治理，开展保健食品违规销售、虚假宣传等问题集中整治。7 月，开展全市保健食品行业专项治理工作专项检查。全年市场监管系统共出动执法人员 1.90 万人次，检查保健食品生产经营主体 9990 个（次），发现问题 1569 条，立案查处案件 106 件，移送司法案件 6 件，涉案金额 896.35 万元。

【药品安全监管】2021 年，市市场监管局建成民生药事服务站 59 个，其中五星级 5 个、四星级 20 个、三星级 34 个，提供用药指导、用械指导、医药书刊查阅、个人药物使用档案（个人药案）等 30 项免费药事服务，服务 148.4 万人次。联合省药品检查中心、省药品审评中心开展“药品检查浙里帮”活动，召开全省首次市级药品生产、药品经营合规性风险会商会议，参与调研走访药械化生产经营企业 151 个，参与服务 380 人次，帮助解决问题 180 个。建立药械化专家咨询库，首批聘任专家 49 名。全年开展药品监督抽验 2127 批次，立案调查药品安全案件 22 件，移送公安机关 2 件，罚没金额 360.79 万元。

【医疗器械安全监管】2021 年，在杭州市促进生物医药产业创新发展领导小组中，市市场监管局牵头注册体系工作专班，全流程服务企业药品、医疗器械的注册申报工作。全市有 65 个新药品种获批开展临床试验或纳入国家优先审评、审批通道，13 个仿制药获批上市，17 个品种的仿制药通过一致性评价，8 个医疗器械产品通过创新审批和优先审批，589 个二类、三类医疗器械产品获批上市。新增医疗器械生产企业 142 个，有 7 个医疗器械生产企业在科创板和香港交易所上市。指导 49 个医用口罩、新冠核酸检测试剂等生产企业获医用口罩、核酸检测试剂、额温枪和防护服等 4 类新冠肺炎疫情防控注册证 71 个。全年排查整治药品医疗器械和化妆品风险点 2189 个，抽检产品 3763 批次，闭环处置不合格产品 51 批次。抽检国内上市及出口国外的新冠病毒检测试剂 50 批次，开展医用口罩等防疫产品抽检 128 批次，检测医疗器械不良事件报告 4284 例。9 月 24 日，杭州市医疗器械、化妆品生产经营企业智慧化监管暨“黑匣子”工程启动会在钱塘区召开。

【化妆品安全监管】2021 年，市市场监管局推进化妆品“百千万”示范工程和“放心工厂”创建，共创建示范街 2 条、示范商场 30 个、示范经营单位 200 个和放心工厂 7 个。全年检查化妆品生产销售企业 3000 多个，完成化妆品监督抽样 300 批次，办结案件 115 件，罚没款 541 万元。12 月 7 日，全省首家化妆品生产企业“黑匣子”应用在钱塘区正式上线运行，保证“源头可溯、流向可查、风险可追、质量可控”。

【特种设备安全监管】2021 年，市市场监管局开展“遏重大、控较大、减总量、提本质”“护航建党 100 周年专项行动”“特种设备安全月”“安心乘梯守护行动”等大型专项活动，检查使用单位 3112 个（次），立案调查 86 起，罚没款 147.2 万元。召开全市特种设备赋码工作推进会，完成20多万台特种设备100%赋码。开展电梯智慧监管改革全国首批试点工作，打造“一库一图一码六大应用场景”的电梯智慧监管体系，并融入杭州城市大脑应用场景之中。全市2.1万台既有电梯加装电梯智慧系统，6728台新装乘客电梯物联网接入智管平台。全年电梯智管平台处置困人事件1.44万次，平均救援到场时间10.12分钟，发送电梯风险预警信息851条（次）。推进“数治瓶安”试点改革，在萧山区和富阳区实现智能芯片气瓶升级55.7万只，“最后一公里”配送车辆升级235辆，采用杭州市统一地址库精准开户总户数30.1万户。编制《中国质量（杭州）大会特种设备安全保障方案》《中国质量大会特种设备应急处置专项方案》，组建保障技术专家组，开展核心区特种设备保障性检验，检查会议核心区电梯232台、锅炉等压力容器12台、机械式停车设备47组，完成中国质量（杭州）大会特种设备安保工作。出台《杭州市亚运会亚残运会特种设备安全保障工作方案》。会同亚组委开展场馆特种设备安全检查，组织200名亚运会重点保障单位人员开展培训。

【检验检测机构规范管理】2021年，市市场监管局加强检验检测机构资质认定审批，检查检验检测机构218个，强制性产品认证获证企业586个，有机产品认证获证企业50个，质量管理体系认证机构23个。检验检测机构资质认定审批全年受理397个，其中新增86个、复评46个、扩项236个、检验检测场所变更28个、告知承诺1个。全年自我声明事项核查完成1875个（次），其中标准变更自我声明核查1473个（次），授权签字人自我声明核查402个（次）。

【校外培训机构监管】2021年，全市市场监管部门全面完成全市1247个营利性学科类校外培训机构转登任务，其中973个为变更登记、274个注销登记。出动检查人员1558人次，检查校外培训机构570多个，重点检查校外培训机构广告、合同、违规收费、虚假宣传、价格欺诈等问题，清理违规校外培训广告1662条（次）。全市查办广告违法案件51件，罚没款166.84万元；查办价格违法案件12件，罚没款36.93万元，向消费者退款35.76万元；查办合同违法案件31件，罚没款24万余元。引导使用国家市场监督管理总局《中小学生校外培训服务合同》示范文本728份。

【广告监测】2021年，市市场监管局监测全市各平台广告962.66万条（次），发现涉嫌违法广告8518条（次），涉嫌违法率0.09%。监测互联网广告961.98万条（次），其中全国互联网广告监测平台监测944.75万条（次），涉嫌违法8362条（次），涉嫌违法率0.09%；市市场监管局监测互联网广告17.22万条（次），涉嫌违法41条（次），涉嫌违法率0.02%。监测市区及县城户外广告6758条（次），涉嫌违法115条（次），涉嫌违法率1.7%。全市查处各类广告违法案件1322件，罚没款1628.94万元。其中，专项监测医疗美容、药品、保健食品相关广告5.90万条（次），发现涉嫌违法广告线索972条（次），立案查处116件，罚没款120.99万元，公布典型案例6件。开展全市房地产商业项目涉及“类住宅”等虚假宣传问题专项检查，责令改正5个、立案5件、结案1件，罚没款80万元。

【“创意杭州”金水滴奖广告大赛】2021年4月，第十二届“创意杭州”金水滴奖广告大赛启动。大赛历经4个月，征集参赛作品705件，评选获奖作品196件，其中获金奖8件、银奖13件、铜奖19件、优秀奖156件。

（李　甜）

知识产权保护

【概况】2021年，杭州市新增专利授权量12.25万件，比上年增长13.6%。其中：发明专利授权量2.29万件，增长32.4%；PCT国际专利申请量2062件，增长1.6%，全省占比44.1%。全市有效发明专利拥有量9.51万件，增长29.9%，全省占比38.0%；每万人发明专利拥有量79.6件，增长12.5%；每万人口拥有高价值发明专利33.4件。全市共办理知识产权质押融资登记企业1042个（专利质押754个、商标质押288个），质押知识产权2109件（专利1525件、商标584件），质押金额184.78亿元，增长118.2%，其中专利质押金额151.75亿元、商标质押金额33.03亿元，分别增长110.7%、160.7%。培育企业高价值专利组合18个，累计培育各级知识产权优势示范企业1090个、贯标企业1218个、托管企业2907个。完成5个产业导航和行业数据库、15个企业导航，助力企业创新发展。

【知识产权运营】2021年，杭州市获批建设中国物联网和人工智能知识产权运营中心，是长三角地区首家获批设立的国家级产业知识产权运营中心。构建知识产权融贷投评一体化服务模式，建立重点产业运营基金和质押风险补偿基金。知识产权质押金额184.78亿元，比上年增长118.2%，惠及中小微企业1042个。开展数据资产质押试点，全国首单基于区块链数据知识产权质押融资项目落地杭州。完成全省首单知识产权证券化项目，首期规模1.1亿元。建设杭州知识产权交易服务中心，实施“十百千亿”转化专项计划，专利成交额9.83亿元。

【知识产权保护】2021年，杭州市共办理专利侵权纠纷案件2225件，比上年增长25.4%。其中：线上和展会案件2180件，线下调解案件21件，行政裁决案件24件。专利侵权纠纷案件平均办理周期缩短至2.74天。推进打击非正常专利申请等专项行动，核查非正常专利1.5万件，督促申请人主动撤回率97.8%。建立专利行政裁决技术调查官制度，组织开展专利执法专题培训，提升队伍专业执法能力。

【知识产权服务】2021年4月，市市场监管局建设知识产权运营公共服务平台2.0版本，提供集126个国家（地区）、1.5亿条专利数据的查询和智能分析服务，受益企业3000多个。建设全链条一级应用场景7个和二级应用场景24个。按照“一主多点”布局，在未来科技城建设知识产权公

2021年4月25日，杭州市知识产权交易服务中心四方合作协议签约仪式举行（市市场监管局 供稿）

共服务主平台，在滨江区、余杭区等地建设分平台，线下面积3万余平方米。建立涵盖专利、商标、版权等各类知识产权申请、项目申报、政策兑现等75个事项的“掌上办”平台。

【商标品牌培育】2021年，杭州市新增申请注册商标21.18万件，增长10.6%；有效注册商标16.14万件，增长38.1%；商标申请注册有效通过率上升15.2%。马德里商标国际注册新增71件。新申请区域公共品牌28件。新申请地理标志证明商标3件。全年商标质押融资企业277个，质押商标569件，质押金额31.78亿元，增长141.3%。成功注册“亲清在线”“亲清D站”等8件商标，指导创建“千岛农品”商标并获初审公告。新建成商标品牌指导站17个。

【西湖龙井茶品牌管理和保护】2021年3月26日，市市场监管局会同市农业农村局申报“西湖龙井茶”国家地理标志产品保护示范区。8月27日，国家知识产权局确定杭州市成功申报“西湖龙井”茶国家地理标志产品保护示范区，是全国首批筹建的国家地理标志产品保护示范区。市市场监管局全程参与《杭州市西湖龙井茶保护管理条例》制定。3—5月，联合市农业农村局开展专项整治行动；7月，市政府督查室组织督查组对全市“西湖龙井”茶生产、销售和监管情况进行全面督查；8月，在全市开展为期1个月的“西湖龙井”茶自查和督查工作。全年出动执法人员4357人次，检查市场主体2941个，查获违法“西湖龙井”包装5.2万个。约谈天猫商城、淘宝网等大型网络平台及8个知名茶叶生产企业，规范网络销售行为。（李 甜）

统 计

【概况】2021年，杭州市统计部门围绕市委、市政府的决策部署，研究制定5个方面、25类、48项年度重点工作任务，明确25项重点调研课题。忠实履行统计职责使命，扎实推进统计现代化改革，为党委和政府科学决策提供可靠统计支撑，为争当共同富裕示范区城市范例提供优质统计保障。杭州市统计局被国务院第七次全国人口普查领导小组表彰为先进集体。

【统计监测分析】2021年，杭州市统计部门围绕“十个字产业”“高质量发展”“部分行政区划调整”等中心工作，实时监测地区生产总值、工业、社会消费品零售总额、投资额等重要指标，做实进度分析，做深专题分析，做精对标城市比较分析，做强风险预判预警分析，打造统计分析系列精品。做好杭州市高质量发展建设共同富裕示范区城市范例2021—2025年主要目标数据测算服务，提供全市高质量发展指标考核和“对标补短争先”“15+7”专项考核统计数据支撑。全年提交各类分析报告、调研文章、统计信息150多篇。

【统计数据发布】2021年，市统计局发布全市经济运行月度、季度指标，加强数据解读和形势分析报告。发布《2020年杭州市国民经济和社会发展统计公报》，宣传杭州市经济社会发展成就。《杭州“十三五”实现哪些跨越》等30多篇统计信息被《浙江日报》《杭州日报》《杭州发布》等省、市媒体采用。《把梦想变成奇迹》一文在《杭州日报》庆祝中国共产党成立100周年专刊头版刊登，《2020年杭州“经济答卷”》等多篇经济形势解读在《浙江日报》和《杭州日报》媒体公众号发布，阅读量均超过10万人次。

【“统计联心、数为民用”主题服务】2021年8月，杭州市统计系统开展“统计联心、数为民用”主题服务行动，形成统计部门深化“三服务”的新模式。把统计服务向13个区县（市）、191个乡镇（街道）拓展延伸。对全市13个区县（市）经济运行情况、“15+7”重要经济指标、高质量发展指标开展分析评价，面对面送服务。扎实推进“百企走访”，“一看二问三帮四新”，为企业生产经营提供有力支持。全市统计系统有500多人次深入企业调研，为105个企业提供个性化分析报告和数据服务。扎实推进民生统计调查，调查访问群众近5万人，收集意见和建议4000多条，围绕群众反映的问题和困难积极建言献策，多项建议被职能部门采用，转化为实实在在的惠民举措。

【防范和惩治统计造假行动】2021年，杭州市统计局做实数据质量抽查、数据联审、关键数据评查等关键动作，持续加强横向、纵向关联数据比对，加强工业、投资、贸易、服务业、科技投入、劳动工资、低收入农户、特色小镇等各专业数据质量核查，把统计失实失真风险降到最低。定期召开数据质量分析例会，加强重点行业数据风险评估，加强统计违法线索、案件的查处、督办力度。5月、10月在全市范围内两次集中开展“双随机”执法检查。全年全市共对838个企事业单位开展统计执法检查，对存在统计违法行为的105个单位给予行政处罚，处罚金额25.65万元。

【统计数字化改革】2021年，杭州城市大脑驾驶舱数据采集系统、“最多报一次”改革、“数字员工”创新应用、“一键入库”项目、“统计网格智治平台”等统计五大数智系统（平台）如期投入使用。统计“最多报一次”改革项目被纳入省委改革办“浙里”“最多报一次”应用跑道。“数字员工”创新应用被《中国信息报》宣传报道。“统计网格智治平台”在提升基层业务水平、提高源头数据质量、夯实统计基层基础方面发挥作用。

【统计制度改革创新】2021年，杭州市完成国家统计局经济普查与投入产出专项试点，国有经济统计界定范围研究，批发和零售业、住宿和餐饮业的限额以上企业“入库纳统”等试点工作。市统计局探索构建杭州特色统计指标体系，充分反映杭州发展特点。“人工智能”产业以及民营经济等配套统计制度、城西科创大走廊统计工作体系、高质量发展综合评价体系等统计测算办法从无到有、从有到优，统计指标更加科学、工作流程更加规范，在实时监测经济运行态势、有力助推经济高质量发展方面充分发挥统计的基础性作用。

【人口抽样调查和普查】2021年，杭州市完成5‰人口变动情况抽样调查，核查样本区块内4.44万个建筑物、21.76万个住房单元，对其中1.95万个住房单元开展入户登记，登记近6万人。5月17日，在全市各大媒体发布杭州第七次全国人口普查数据公报，在《杭州新闻联播》节目对全市第七次全国人口普查工作进行全程回顾和总结。市、县、乡三级人口普查办公室运用人口普查成果撰写研究文章97篇，其中7篇获省级优秀。3个集体、7名个人被表彰为国家级先进，3个集体、36名个人受到省级表彰。杭州市将第七次全国人口普查工作列入2021年度全市行政奖励计划，表彰成绩突出集体50个、个人100名。

【统计快速调查和专项调查】2021年，杭州市组织快速调查和专项调查，实时监测产业发展和企业生产经营情况，及时反馈全市经济社会发展进程，反映重大决策落地落实成效。对3979个“四上”行业重点产业法人单位开展问卷调查，摸清全市重点产业紧缺人才真实需求。对1624个省级样本、48个国家样本进行季度调查，掌握企业用工第一手资料。春节期间，调查访问150多个企业、近800名非浙江籍员工，第一时间反映市委、市政府“鼓励新杭州人留杭过年”倡议的实效，了解春节后杭州市企业用工及产品订单销售等情况，为赢得节后生产“开门红”提供决策参考。至年末，对1708个中小微企业及个体工商户开展快速调查，覆盖制造业、建筑业、批发和零售业、住宿和餐饮业及外贸等10个行业，助力市场主体稳健经营、规模递增。

【社情民意调查】2021年，市统计局完成“平安浙江”群众安全感、“法治杭州”群众满意度、“五水共治”群众获得感、“共同富裕”群众关注度调查，以及城市大脑应用场景群众使用情况、消费者权益保护情况、村集体经济发展情况、全民参与亚运会状况、居家养老服务满意度、市民交通出行满意度调查等社情民意调查30多次。关注社会热点和民生焦点问题，形成调查报告，提出对策建议，为市委、市政府和职能部门准确研判、科学决策、有效施政提供可靠的统计支撑。（许剑峻　吴　晶）

审　计

【概况】2021年，杭州市审计机关完成审计项目242个，查出主要问题金额369.62亿元，其中违规金额14.24亿元、管理不规范金额352.55亿元。出具审计报告和专项审计调查报告330篇。审计处理处罚金额54.57亿元，其中应上缴财政13.63亿元、应减少财政拨款或补贴2.06亿元、应归还原渠道资金15.24亿元、应调账处理金额23.63亿元。移送司法机关、纪检监察机关和有关部门处理案件55起，移送处理人员49人，移送处理金额7015万元。审计提出建议1174条，被采纳1060条，推动被审计单位制定整改措施248项，促进被审计单位制定、完善规章制度94个。提交审计信息1188篇，被批示、采用710篇，向社会公告审计结果133篇。组织实施的招商引资政策绩效情况专项审计调查项目获全国优秀审计项目一等奖（第三名），市本级连续4年获该荣誉。

【财政资金审计】2021年，市审计局围绕财政审计全覆盖，聚焦全口径预算管理，起草预算执行和其他财政收支审计结果报告、审计工作报告，全面反映五大类、43个问题、104个明细事项。推动建立健全预算管理制度，促进预算绩效管理全面实施，防范财政运行风险。通过审计盘活沉淀多年的政府创投跟投基金8000多万元。临安区审计局在2020年度区本级预算执行情况审计中，重点围绕临时设立机构资产及闲置办公用房管理、国有房产租金减免、残疾人保障专项资金管理等专题进行审查，发现财政管理、预算执行、残保金使用等5个方面、14个问题。

【政策措施落实情况跟踪审计】2021年，市审计局围绕长三角区域一体化发展、构建双循环扩内需促消费战略、国有企业改革、杭州市部分行政区划优化调整等主题开展专项审计。实施6个涉及行政区划调整城区的财政运行情况专项审计调查，促进新上城区向企业兑现原上城区和原江干区的产业扶持政策2020年度资金约6.13亿元，涉及企业755个。实施推进长三角区域一体化发展重大项目2020年计划执行情况专项审计调查，涉及金额418.78亿元。开展国有金融投资平台企业运营情况专项审计，推动盘活创投跟投资金近1亿元。富阳区审计局开展老有所养政策执行审计调查，检查全区5个“医养结合”医疗机构，追回医保基金193.84万元。

【重大公共投资项目审计】2021年，市审计局对亚运会场馆、标志性工程、轨道交通工程、杭州西站枢纽等重大公共投资项目开展跟踪审计，对落实"节俭办亚运"宗旨、推动重大交通基础设施"建管养一体化"、提升轨道交通工程灾害应对能力等提出审计建议，推动建设单位追回多支付工程款2000多万元，促使开展专项行动系统排查亚运会重大保障项目安全质量隐患。搭建杭州市重大公共工程全过程监管平台系统，实现对重大公共投资项目全方位、全过程监管。上城区审计局开展老旧小区改造专项审计调查，涉及23个改造项目累计概算共投资10.26亿元，审计范围涵盖64个小区、811幢楼房，共计2.7万套、274万平方米。临平区审计局在浙江理工大学时尚学院审计中，采用"不打招呼""不定时间"的方式进行"飞行检查"。

【经济责任审计】2021年，杭州市审计机关对98个单位的153名各级领导干部开展经济责任审计，提交审计报告和审计结果报告178篇；审计提出建议592条，被采纳529条。会同市委组织部对市管领导干部的经济责任审计成果进行会商研判；首次向市委组织部提供包括被领导干部研判建议、被审计单位风险点、监管建议等内容的书面材料。11月，杭州市出台《杭州市市管领导干部经济责任审计结果反馈实施办法》，为开展结果反馈提供指导；召开杭州市经济责任审计工作联席会议。10月，余杭区审计局印发《余杭区经济责任审计2021—2025年工作规划》。

【内部审计】2021年，杭州市内审机构完成审计项目8054个，其中贯彻落实国家重大政策措施审计60个、财政财务收支审计847个、固定资产投资审计2650个、经济责任审计1166个、内部控制和风险管理审计1566个、信息系统审计125个、境外审计1个、其他1639个。审计发现问题金额166.02亿元，发现问题2.3万个，审计发现问题整改（金额类）107.06亿元，审计发现问题整改（非金额类）1.16万个，根据审计建议给予党纪、政务和内部纪律处分68人，向司法机关移送或报告案件线索2件。市审计局深化国家审计和内部审计"两审"协同，全年安排协同审计项目23个，占年度项目总数的56%。3月，首次在全市组织开展内部审计全面统计工作，统计范围涉及全市各级党政机关、事业单位、国有企业、金融机构、民营企业和乡镇内部审计情况。4月，出台《杭州市内部审计高级专业人才遴选、培养及管理办法》，规范内部审计高级专业人员管理。桐庐县审计局推动"驻镇审计师"工作在14个乡镇（街道）全覆盖基础上，向国有企业和村一级延伸。

【大数据审计】2021年，市审计局从"年度计划、调查了解、项目实施、成果提炼"等环节入手，构建大数据审计项目全过程管理机制。推广"数据分析＋现场核查"数字化审计模式，在财政审计、经济责任审计等领域开展审计进点前数据集中分析，并将疑点数据交由审计组现场核实。探索"在线审"，对课题研究经费、信息化建设资金等开展常态化数据分析，对疑点较多、金额较大的单位进行"飞行检查"。积极推进数字化改革，5月和9月分别申报并承担浙江省审计厅三项应用试点任务和二项数据规划编制任务。拱墅区审计局在政府购买服务专项审计调查中首次尝试非现场审计，运用SQLsever、Excel等数据分析工具进行综合分析，得到疑点数据4万条。滨江区审计局在智慧新天地创新中心跟踪审计中利用BIM分析技术，共计发现问题185个，提出优化建议19条。

【审计整改督查】2021年，市审计局建立"重大审计问题清单"闭环管理机制，对整改的程序、标准、责任进行规范。建立健全"查""审""督""评""回头看"等多位一体审计整改长效机制。至年末，审计工作报告反映问题事项整改率95.2%，问题金额整改率99.99%，促进出台完善各类制度办法90多项。西湖区审计局探索审计整改数字化建设，审计整改情况于4月在数字政府上线。萧山区首次由区府办发文，区审计局带队会同区人大办、区纪委、区委组织部等单位对10个被审计单位整改落实情况进行联合督查。淳安县将"审计整改情况"作为负面清单纳入2021年全县乡镇部门年度综合考核办法，实施负分制。

【审计内部管理】2021年，市审计局推进审计质量标准化改革，制定或修订出台《杭州市审计局关于严格依法行使金融机构账户查询权限的规定》《杭州市审计局关于进一步规范审计事项移送管理的若干规定》等制度，编制印发《审计取证工作指引》《审计项目审理工作指引》《杭州市审计局审计项目质量全流程闭环管理流程图》《杭州市审计局审计质量分级控制主要职责分解图》，探索建立覆盖各关键环节的重大质量风险事项防范机制，推动形成质量控制闭环。加大对县级审计机关指导，推出11期《查病治病防病药方指引》。8月，钱塘区审计局出台钱塘区《行政事业和国有企业审计发现共性问题提醒清单》。11月，建德市审计局出台《建德市审计局促进高质量发展建设共同富裕示范区"县域样板"实施方案（2021—2025年）》。（张静婷）

责任编辑　秦文蔚

17 西湖风景名胜

综述

【西湖风景名胜布局与特点】杭州之美，美在西湖。以西湖为中心的西湖风景名胜区总面积约60平方千米，其中西湖水面6.38平方千米，是国务院公布的首批国家重点风景名胜区，也是全国首批十大文明风景旅游区和国家AAAAA级旅游景区，素有“东方文化名湖”之誉。2011年6月，“杭州西湖文化景观”被列入世界遗产名录下的“世界文化景观遗产”，面积43.3平方千米。

地理区位优越，城景交融相得益彰。西湖风景名胜区位于杭州市中心，中涵秀丽的西湖，东临市中心城区，南、西、北三面海拔不超过400米的内外两圈群山环绕，内圈有飞来峰、南高峰、玉皇山、凤凰山、吴山、葛岭、宝石山等，外圈有北高峰、天马山、天竺山、五云山等，呈现出“三面云山一面城”的空间格局。西湖风景名胜区管委会下辖受委托管理的西湖街道，有9个村、6个社区、3个经济合作社，常住人口6047户、3.3万人。

自然景观精致，湖光山色如诗如画。西湖湖中被孤山、白堤、苏堤、杨公堤分隔，按面积大小分别为外湖、西里湖、北里湖、小南湖及岳湖5片水面，其中外西湖面积最大。西湖正常水位水面面积6.38平方千米，平均水深2.27米，库容量约1450万立方米。2021年，西湖引水1.37亿立方米、配水1.6亿立方米，湖心平均透明度94.7厘米，比上年提升6.7厘米，水质保持地表三类标准。环湖四周，绿荫环抱，山色葱茏，画桥烟柳，云树笼纱，名胜众多。有三秋桂子、六桥烟柳、九里云松、十里荷花等100多处各具特色的公园景点，其中最为著名的是：苏堤春晓、曲院风荷、平湖秋月、断桥残雪、柳浪闻莺、花港观鱼、雷峰夕照、双峰插云、南屏晚钟、三潭印月“西湖十景”，云栖竹径、满陇桂雨、虎跑梦泉、龙井问茶、九溪烟树、吴山天风、阮墩环碧、黄龙吐翠、玉皇飞云、宝石流霞“新西湖十景”，灵隐禅踪、六和听涛、岳墓栖霞、湖滨晴雨、钱祠表忠、万松书缘、杨堤景行、三台云水、梅坞春早、北街梦寻“三评西湖十景”。

历史文化厚重，人文景观浑然相融。西湖近千年自然与人文历史的演变过程中，融汇和吸取中国传统的佛教文化、儒家文化、道教文化。西湖周边，文物荟萃，古迹遍布，有国家级重点文物保护单位16处、省级24处、市级51处，有博物馆（纪念馆）20多个，湖山胜景与丰富文化遗迹交相辉映，自然、人文、历史、艺术融为一体，是中国著名历史文化游览胜地。2021年，“南宋皇城遗址”“五四宪法与西湖”入选浙江省优秀文化基因解码项目，“西湖文化”被确定为首批100项“浙江文化标识”培育项目。

2021年，杭州西湖风景名胜区管理委员会（杭州西溪国家湿地公园管理委员会）统筹推进新冠肺炎疫情防控和经济社会发展。根据疫情防控形势，动态调整公园景点、博物馆、大型活动管控措施，做好开放式景区常态化疫情防控工作，确保景区平安稳定。围绕碳达峰碳中和战略目标，出台与景区规划匹配的产业扶持政策，推动业态转型升级。与大家保险集团有限公司、浩鲸科技股份有限公司、浙江古越龙山绍兴酒股份有限公司等开展战略合作，推动黄泥岭景中村综合整治、房产智能估值与数据服务体系等项目落地。全年国有物业招商71个项目，引入项目租金6813.82万元，协议引进综合税6790万元；通过阿里拍卖平台招标签约物业22处，增加租金702.73万元，增加税收1760万元。全年财政总收入12.53亿元，比上年下降8.3%。景区接待中外游客1857万人次，增长26.9%，其中：收费公园接待1147.4万人次，增长25.2%；实现门票收入2.27亿元，增长35.4%。完成各级警备任务、党政代表团接待、兄弟单位交流等215批次、3505人次。

【西湖风景名胜区党工委、管委会被确定为杭州市委和市政府派出机构】2021年9月16日，中央编办和省委编委批准，中共杭州西湖风景名胜区工作委员会、杭州西湖风景名胜区管理委员会为杭州市委、市政府派出机构，实行合署办公、一套机构，机构规格与杭州市党政工作部门相同；杭州西湖风景名胜区管理委员会挂杭州西溪国家湿地公园管理委员会牌子。

2021年，杭州西湖西溪管委会落实市委、市政府关于推进西湖西溪一体化保护提升要求，做优西湖西溪保护顶层设计。编制完成《西湖西溪“十四五”规划和二〇三五年远景目标纲要》。《西湖风景名胜区总体规划（2021—2035年）》通过市人大常委会审议。《杭州西湖风景名胜区全域提升“十四五”规划》通过杭州市政府审核并发布。修编《西溪国家湿地公园总体规划》报批。组织修订《杭州西溪国家湿地公园保护管理条例》，5月14日经市政府常务会议原则通过，12月30日经市第十三届人大常委会第四十次会议审议通过。开展《杭州市西湖水域保护管理条例》执行情况评估，完成修订立法计划建议。参与制定《杭州市西湖龙井茶保护管理条例》。《杭州西湖文化景观保护管理规划》完成实施评估。

【“西湖西溪红十景”评选】2021年3月24日，杭州西湖西溪管委会启动“西湖西溪红十景”评选活动，向市民游客公开征集景区范围内10个红色资源景点，开辟西湖西溪“双西红”10条游览线路供游客体验，3万余名市民游客参与评选活动，1000多名市民参加体验。经过公众投票、大众体验、社会推选、专家评议环节最终确定入选景点。6月29日，“西湖西溪红十景”公布，分别为：云居高节、北山薪火、白塔丹心、烟霞青史、一桥飞虹、五四宪晖、洪园润泽、梅坞情长、湖山撷萃、绿堤春语。“西湖西溪红十景”历史背景涵盖1921—2021年，分别为中国共产党在新民主主义革命时期、社会主义革命和建设时期、改革开放和社会主义现代化建设新时期、中国特色社会主义新时代4个阶段光辉历程的代表性景点。

【西湖西溪六大文化项目推进】2021年，杭州西湖西溪管委会推进西湖西溪六大文化项目。宋韵留芳项目南宋皇城综保工程完成圣果寺十八罗汉造像文物保护罩、御莲桥周边环境整治。爱情诗路项目完成长桥公园、万松书院相亲广场、世界爱情文化公园“爱情之路”区域提升完善工程。苏风流韵项目完成苏东坡文化公园建设。忠义传奇项目完成施耐庵故居建筑修缮和展陈提升。北街梦寻项目完成宝石山区域综合整治、宝石山一弄、葛岭路、北山街东段道路品质提升工程设计批复，组织区域住户搬迁，完成北山街30号保护工程。金石魅力项目西泠印社及孤山保护提升、建筑物修缮和环境整治工程相继开工。

【长三角湿地保护一体化暨西溪湿地朱鹮回归试验启动仪式】2021年3月31日，长三角湿地保护一体化行动暨西溪湿地朱鹮回归试验启动仪式在西溪国家湿地公园举行。长三角地区浙、苏、皖、沪“三省一市”发布《长三角湿地保护一体化行动联合宣言》，发出规划引领、夯实基础、资源共享、合作共商4点倡议，共植“三省一市友谊树”。在长三角湿地保护一体化高质量发展研讨会上，与会专家学者围绕长三角湿地保护一体化行动开展研讨交流。西溪国家湿地公园在浙江省林业局指导支持下，与德清县下渚湖湿地朱鹮种群重建基地共同启动西溪湿地朱鹮野化放飞试验。

【景区全域提升工程】2021年，杭州西湖西溪管委会开展景区全域提升工程三年攻坚行动。完成白塔公园J区块环境提升、五云山真际院整治及环境提升、少儿公园综合整治、花圃西门停车场等16个项目。城西休闲公园地下停车库及配套用房、西湖道路两侧美化彩化等14个项目在建。中国茶叶博物馆、双西绿道品质提升工程，以及宝石山区域综合整治、西溪湿地水环境治理（一期）、智果寺及周边环境整治、“水南半隐”周边环境提升改造、南高峰考古遗址保护展示、杭州植物园健康跑道及游赏步道改造等9个项目完成前期工作。

【环西溪湿地绿道及五大出入口景观提升改造工程】2021年9月，环西溪湿地绿道及五大出入口景观提升改造工程开工。该绿道通过贯通湿地周边原有游步道，形成一横（绿堤）一纵（福堤）一环（环西溪绿道）完整慢行系统，总长约20千米，宽度2.5米。绿道沿途设置文化驿站、科普牌等，不触及生态红线、基本农田和生态保育区范围。通过强化文二西路北、紫金港路东、天目山路周家村、龙舌嘴、访溪路邬家湾五大出入口景观特色、改造服务休憩设施等提升景观环境，实现人车分流。

【“老兵码”免费入园活动】2021年7月28日，杭州西湖西溪景区17个收费景点、57台闸机实行“老兵码”免费入园，凡杭州籍残疾军人、“三属人员”（烈士家属、因公牺牲军人家属、病故军人家属）以及特定优抚对象（参加过战争、核试验）均可享受。“老兵码”是市退役军人事务局针对杭州户籍退役军人及“三属”人员开发的二维码，集合优待入园、优惠商家、优先就医、政策咨询等模块。上线崇军商家34个，杭州27万名优抚对象可凭“老兵码”参加消费优惠活动。

【景区数字救助“码上办”】2021年9月，杭州西湖西溪管委会将公园卡办理事项纳入数字救助拓展范围，困难群众可扫描省民政厅“幸福码”进入西湖西溪景区公园。全年群众享受救助政策幸福清单送达率、定期上门探访关爱率100%，救助系统电力户号有效采集率99%。民生直达平台上线高龄津贴、困难群众物价补贴、最低生活保障金、社会特殊救助对象等10项社会救助政策，发放救助资金64.59万元。景区智慧救助新模式获评杭州市社会救助创新十佳案例。（杭州西湖西溪管委会）

西湖文化景观保护

【白塔公园整体建设完成】2021年10月20日，位于虎跑路沿线、马儿山及龙井虎跑景区的白塔公园J区块环境整治工程通过竣工验收，历经10年的整体建设完成。白塔公园是南宋皇城大遗址综合保护工程重要建设项目，总用地78.4公顷。2012年6月14日，市人大常委会审议通过《白塔公园设计建设方案》，分为9个区块选址立项，按照“成熟一块，建设一块”思路，推进公园建设。白塔公园A区块建设于2013年12月完成，用地17.16万平方米，规划保留整治建筑6921平方米，实际保留整治9005平方米，建设地下公共停车场面积8440平方米。B区块建设于2015

年12月完成，用地6.62万平方米，规划保留整治建筑1.75万平方米，实际保留整治3.01万平方米。C区块及周边建设于2019年12月完成，规划保留整治1800平方米，实际保留整治2762平方米。D区块建设于2018年12月完成，新建建筑7500平方米（地上5000平方米、地下2500平方米）。白塔公园A、C区块景观整合工程，包括横跨老复兴路的大桥模型廊桥、雕塑、景观照明等于2020年6月完工。

【五云山真际院环境提升工程完工】 2021年7月30日，五云山真际院整治及环境提升工程完工。位于五云山顶的真际寺历史悠久，可追溯至五代十国时期。北宋乾德年间，真际寺改名真际院，历经多轮毁建，仅存遗址。2000年，市政府在遗址斥资重建。2020年12月，景区重要文化工程——五云山真际院整治及环境提升工程启动。工程对3个框架结构、外部装饰构件为实木的宋式古建主体建筑进行整治，提升地面铺装及绿化，完善相关配套设施，使真际院既有宋韵风格，又融合红色文化、五云山文化和祈福文化。

【苏东坡文化公园提升工程完工】 2021年9月，位于西湖苏堤南入口的苏东坡文化公园提升工程完工。杭州西湖西溪管委会秉持"保护世界文遗，传承西湖文化"理念，丰富西湖十景之首"苏堤春晓"的景观内涵，改善南入口景观风貌，整理植被花卉、新增组合式花境、局部绿地铺陈，整体呈现素雅恬淡。重建纪念白居易、林和靖、苏轼三位西湖先贤的三贤堂，增加诗词廊、宋韵格子窗；梳理御碑亭周边环境，开拓园路、更换垃圾桶、新增文化护栏和带有文化装饰的园椅；将"仁风亭"恢复为"松窗亭"，统一宋韵建筑风貌。公园新设数字化多功能智慧联屏，为游客提供导航、导览，实时了解景区景点和天气、公交状况。

【杭州市劳模工匠文化公园开园】 2021年9月25日，杭州市劳模工匠文化公园开园。该公园位于西湖西溪之间，占地26公顷，以杭州城西休闲公园绿色生态为基底，以节点改造的形式，新建杭州工匠林、劳模记忆带、天下巧工浮雕景墙、战疫群英像、格言墙、色彩林等劳模工匠主题景观，展示劳模工匠的文化元素和精神内涵。园内设有10组荣誉柱，刻录第一至第四届120位"杭州工匠"名单。

【杭州院士路二期完工】 2021年11月10日，杭州院士路二期工程在杭州植物园水生植物区蔷薇园完工。杭州院士路是一条以中国"两院"院士和科学家代表为主题的道路，位于杭州植物园蔷薇园内的无患子大道上。杭州院士路二期是一期道路的延伸和扩建，增加徐匡迪、叶培建、许庆瑞等13位杭州籍院士的手模，手模总数33块。由中国工艺美术大师朱炳仁制作的铜制手模立座，树立在无患子树间。立座高1.2米，长0.6米，宽0.4米，手模旁刻有二维码，可扫描浏览院士详细介绍。

【宋韵文化国际传播园开园】 2021年12月31日，宋韵文化国际传播园在吴山城隍阁开园。园区是以多元文化活动为载体、精准传播为导向的宋韵主题文化园。开园仪式以城隍阁宋樟古树平台举行的撞钟仪式开启，现场发布宋韵文化国际传播使者名单、宋韵原创音乐作品征集暨音乐人聚合计划，面向全球音乐爱好者征集宋韵主题的优秀原创歌曲和原创音乐。"宋风雅韵——高甬春书画展"同时开展，展览围绕宋韵文化主题，汇集立轴、工笔、团扇、册页、诗词、花鸟、山水等书画作品，分小品大境、诗词歌赋、扇解人意、花开时节4个部分。

【大师工作室培育】 2021年，杭州西湖西溪管委会推进人才生态建设，组建"大师驿站"，推进大师工作室培育。成功申报2个市级大师工作室、2名首席技师、4名浙江工匠、1名浙江青年工匠、1名杭州工匠。确定19个区级大师工作室，其中11个西湖龙井茶炒茶大师工作室。

【新优特植物产学研用】 2021年，杭州西湖西溪管委会结合杭州亚运会苗木储备建设，加大园林植物引种及应用，筛选新优品种80多种，完成荷花、月季、石蒜、菊花重点新优品种扩繁和反季节栽培。完成西湖西溪植物多样性调研，摸底植物多样性本底数据，对特色植物、栽培植物、入侵植物等数据进行分析。引进乡土植物203种，做好加拿大一枝黄花等外来入侵种清理工作，提出植物多样性保护与持续利用建议，为西湖西溪生物多样性保护提供参考。

（杭州西湖西溪管委会）

景区综合管理

【西湖龙井茶保护管理】 2021年，杭州西湖西溪管委会辖区生产西湖龙井茶产量140.97吨，产值2.03亿

西湖龙井茶炒制技艺培训班（摄于2021年）（杭州西湖西溪管委会 供稿）

元。完成茶地流转和意向流转面积57.98公顷。建成西湖龙井群体种种质资源圃,保存60多个不同种质资源的单株。产业扶持政策扶持西湖龙井茶产业化项目47个。破获涉案金额2000多万元的西湖龙井茶制假售假案件,涉案人员40多人,采取刑事强制措施25人。杭州西湖西溪管委会牵头统筹15个省、44个茶非物质文化遗产保护项目,以“中国传统制茶技艺及其相关习俗”申报世界非物质文化遗产。联合有关单位召开西湖龙井茶保护与发展高级论坛、“狮龙云虎梅”老字号西湖龙井茶保护管理及高质量发展研讨会。举办西湖龙井茶“非遗”传承赛、手工炒制技艺大比武。6个茶叶产品获杭州市第三届名优茶评比金奖。反映龙井茶文化的影片《龙井》上线公映,影片入选浙江省庆祝中国共产党成立100周年主题电影展。

【西湖西溪景区环境综合整治】2021年,杭州西湖西溪管委会综合整治景区环境,景区公安、交通运输、市场监管、综合执法等多部门协作开展打击整治。全年联动执法153次,治安处罚“野导”、散发旅游小广告、尾随揽客等违法人员221人,一般程序查处散发旅游小广告人员5人,法制留置教育“野导”、散发旅游小广告人员56人;查扣“黑车”102辆,查处旅游大巴13辆、违规营运出租车566辆、机动车占人行道6738起;查处涉旅商家112个、无证兜售93起、手划船违规经营124起、偷钓354起。加大景区交通治堵力度,完成西湖西溪景区交通综合治理方案中间稿。五一期间,实施孤山路人行道非机动车禁停措施。“十一”长假期间实施灵隐景区机动车预约制试点。建成梅家坞立体车库、花圃西两处停车场,有73个停车场实现无杆停车收费,占停车场总数的72.3%。调整梅灵南路和孤山路道路泊位,减少外围过境公交线路35条。完成南山路净寺、长桥2座公交车站优化改造,启动梅灵路沿线公交站点优化改造。推进无烟景区建设,在龙井村、梅家坞村两侧路灯杆安装70多处烟蒂收集器。完成“无废景区”创建,构建完善垃圾分类收运保障体系,推进景中村垃圾分类,栖霞岭小区、茅家埠村、九溪村入选省级示范预备小区(村)。搭建再生资源回收系统,规范处置有害垃圾,易腐垃圾就地处置,净慈寺、灵隐寺和茅家埠农贸市场有机垃圾就地处置场所月均处理20多吨;推进园林废弃物资源化利用,废弃物转运处置场地月均转运量212吨;景区餐厨废弃油脂处置分阶段完成收运专项整治;全域推行电子门票,使用率超过90%。创建“平安景区”,全年侦破百万元以上电信诈骗案件4起,完成各类重大节庆活动安保维稳任务59次;受理信访件3443件,办结率100%;化解各级重复信访积案15件,化解率100%,按期完成积案“清零”任务。开展第二轮中央生态环境保护督察信访件(泼水观音等3处)“回头看”。推进西溪湿地凡云酒店信访问题整改,12月29日完成销号。办理省环保督察信访件2件,其中1件完成销号。

【西湖西溪数智景区建设】2021年,杭州西湖西溪管委会围绕“数智杭州·宜居天堂”发展目标,打造“数字第一景”。编制完成数智景区建设总体方案,搭建一体化智能化公共数据平台。完成“公共资源监管”“督考一体”“一表通”3类特色场景开发。推进数字政府建设,开发交旅融合、应急管理、网格管控、文旅服务等特色场景,其中交旅融合场景在中央广播电视总台播出。完成数智龙井应用和数字公园卡应用特色场景开发,龙井村实现全村各类数据资源可视可用,杭甬两地居民公园卡实现网上互办。实现完租完税预警、实时履职考核,开发应用“放心消费·无忧双西”小程序,申报全省市场监管系统改革创新最佳实践。开发“西子义警智慧云平台”“双西合璧·社会治理”特色场景,西子义警数智场景入选浙江省第一批最佳应用。对西湖西溪景区采用无人机结合多光谱相机遥感拍摄,开展“无违建”创建。对比卫星成像图片,梳理出不一致的地理信息图斑411个,拆除各类违法建筑物1528.56平方米。

【长三角女子巡逻队红色联盟成立】2021年5月28日,“巾帼向党,奋斗有我”庆祝中国共产党成立100周年暨长三角女子巡逻队红色联盟在杭州成立。长三角女子巡逻队红色联盟以加强合作、优势互补、共同进步为宗旨,整合各地红色资源,搭建开放交流平台,以党建+模式带动提升长三角地区综合行政执法水平。联盟成员有杭州西湖西溪女子巡逻队、嘉兴南湖景区女子分队、丽水缙云蓝凤凰女子巡逻队、湖州吴兴区爱山中队女子分队、上海黄浦外滩景区女子班组、宿迁宿城区城管局女子中队6支女子巡逻队。

2021年5月28日,庆祝中国共产党成立100周年暨长三角女子巡逻队红色联盟授牌仪式举行
(杭州西湖西溪管委会 供稿)

【景区流动行政服务模式打造】2021年7月9日，西湖西溪景区行政服务中心西溪服务点启动，发挥便民利企服务窗口和跨部门业务协同协调中心作用，通过每周驻点服务、定期流动服务、常态化协调反馈等，在西溪服务点打造集行政审批、公共服务、政策解读为一体的流动行政服务中心和“无差别”办事模式。全年开展进村社、进广场、进企业等“五进”活动56场，服务群众4000多人次、企业400多个，帮办事项1200多件。流动行政服务模式入选杭州市“民呼我为”第一批最佳实践案例，获2021年浙江省青年志愿服务项目大赛银奖。

【景区无障碍设施建设】2021年，杭州西湖西溪管委会在公园主要景点、公厕、博物馆等公共服务场所添置无障碍设施。创建完成三潭印月、中国茶叶博物馆、西湖博物馆等10个无障碍示范场所。完成湖滨三公园等6座公厕整体提升改造。西湖沿湖12个游船码头、2艘大型画舫、环湖电瓶车无障碍设施进行提升改造。新（改）建的区党群服务中心、行政服务中心及辛亥革命纪念馆等场所按照无障碍设计规范标准建造。“杭州西湖景区无障碍旅游服务标准化试点”项目获国家级服务业标准化试点立项。

【西溪湿地新开河疏浚工程】2021年1月25日，西溪湿地新开河疏浚工程开工。工程通过疏浚长约800米、宽约10米的河道，维修存在安全隐患的水闸，加固河堤，恢复植被，复原提升周边环境等，整合湿地东、西园区，更显湿地公园自然特色，增强市民游客舒适感。工程于4月24日竣工。

【西湖规模化高效降氮示范工程通过验收】2021年8月，西湖规模化高效降氮示范工程通过主体结构验收。工程利用玉皇预处理场虎玉路南侧预留地块，建设5万立方米/日叠合式多层布局引水扩容水质提升系统，采用反硝化生物滤池工艺，添加安全碳源进行大规模引水降氮处理，年削减入湖氮负荷40%，有效提升西湖入湖水质和西湖水环境质量。

【西湖景区旅游法庭成立】2021年12月27日，杭州市西湖区人民法院西湖景区旅游法庭在杭州西湖风景名胜区成立。旅游法庭是西湖区人民法院派出法庭，管辖西湖风景名胜区、西溪国家湿地公园两大景区，审理旅游、环境资源、涉茶产业知识产权、金融纠纷以及辖区内其他民商事案件。

【西湖西溪历史遗留房产确权办证】2021年，杭州西湖西溪管委会全面完成各单位遗留房产确权办证工作。确权办理不动产权证215宗，涉房产1159处；确权宗地面积400.7万平方米，确权房产面积38.7万平方米。

【西溪清风清廉文化教育专线开通】2021年9月17日，杭州西湖西溪管委会推出西溪清风清廉文化教育专线。专线通过挖掘优秀传统文化，以“钱塘望族”洪氏家族、“平民典范”蒋氏兄弟、“忠义英雄”水浒传奇等为载体，弘扬“清正德义”传统家风、“德润四方”道德楷模、“肃贪倡廉”英气清风，营造敬廉崇廉、风清气正风尚，打造新时期杭州清廉文化阵地示范点。至年末，通过“党建+旅游”“西溪廉韵”“洪氏清风之旅”“我在西溪学党史”红色专线接待参观团体347批、1.04万人次。

【西湖环湖游览新线路推出】2021年10月11日，西湖游船公司推出多站点环湖新线路——西湖环湖游览线。新线路途经西湖人文景观南宋“西湖十景”、清代“西湖十八景”“新西湖十景”“三评西湖十景”等景点，设10个站点、9段游线。新线路不再局限于环绕外湖，深入西里湖直至“茅乡水情”景区，实现西湖游船“深度游”。游览全线用时约2小时，全价70元。每站点分段计价，8分钟及以内6元/人·站，8分钟以上8元/人·站。

【景区防汛防灾防火】2021年，杭州西湖西溪管委会从体系重构、基础强化、火源管控、宣传深入和督查追责5个方面，做好防汛、防灾、防火工作。清明、冬至等节假日期间设置37个重点茔葬区森林消防执勤点，悬挂、发放宣传用品2万余份，接待祭扫人员2.73万人次，劝导制止不文明祭扫行为350多起。完成第34个森林防火期任务，连续34年确保森林安全无火灾。针对超常短时强降雨和梅汛、台风等极端恶劣天气，完成九溪口、进龙河口防洪排涝工程和香樟雅苑雨水管道分流改造。发挥群防群治作用，人防技防并重，排查591处易受灾点，整改隐患55处。台风“烟花”期间，启动一级应急响应，投入1.07万人次、车辆900多辆（次）、船艇18艘（次）参与防台抗台。转移安置群众、游客1454人，暂停营业926个餐饮场所，消除隐患170多处。做到物资应备尽备、人员应转尽转、树木应撑尽撑、水位能控尽控、隐患应除尽除、积水应排尽排，实现“不亡人、不伤人、少损失、民房不进水、道路不中断”目标。

（杭州西湖西溪管委会）

特色活动

【六和塔牡丹花展】2021年3月24日，第十三届六和塔牡丹花展开幕。花展以“百年建党筑盛世，千姿牡丹庆伟业”为主题，以百种牡丹花庆祝中国共产党成立100周年，特别推出“太阳”“曹州红”“五一红”“迎日红”等正红色牡丹品种，表达对党和国家的美好祝福。

【西湖月季花精品展】2021年4月28日至5月23日，“百年征程筑伟业，五彩月季奏华章”——第九届西湖月季花精品展在郭庄举行。花展分郭庄、杭州花圃两个展区。郭庄主展区集中展示“花中皇后”月季花。分展区杭州花圃月季园以展示地栽月季为主，有300多个品种，5.8万株月季花，分为扬帆起航、幸福当下、筑梦未来3个篇章。

【园林艺术精品展】2021年6月10日至7月9日，由杭州西湖西溪管委会、市园文局联合主办的“盛世花盛开，百花庆百年”——2021年杭州市园林艺术精品展在杭州植物园玉泉

2021 年 3 月 24 日，第十三届六和塔牡丹花展开幕

（杭州西湖西溪管委会 供稿）

鱼跃南苑广场举行。精品展展示 500 多种、10 万余盆园林植物，设置百舸争流、生态之光、花开盛世、锦绣大道、百花献礼 5 个展区。

【西湖荷花展】2021 年 6 月 16 日至 7 月 6 日，“百年辉煌，吾心向党，‘荷’美西湖，‘莲’守世遗”——2021 年第九届西湖荷花展分别在郭庄、曲院风荷两处举行。荷展由杭州西湖西溪管委会主办，西湖景区花港管理处承办，设置碗莲精品、荷花精品、荷花科普、环境小品、书画作品、百年党史 6 个展区，展示荷花、碗莲 400 多种。

【菊花精品展】2021 年 11 月 5—28 日，由杭州西湖西溪管委会、市园文局联合主办的第二届长三角菊花精品展暨 2021 年西湖秋韵菊花艺术节在杭州植物园举行。菊花精品展以“共享共富，美丽长三角”为主题，汇聚浙江、江苏、安徽、上海的 15 个城市优秀菊花园林艺术小品和品种菊。精品展分 3 个展区：菊花小品展区以菊花为主元素，展示美丽大花园示范区建设、西湖西溪一体化发展、美丽乡村和诗画江南等 13 个主题菊花艺术小品；品种菊展区展示各城市精心选送的多头菊、独本菊、案头菊等 800 多个菊花品种；室外环境布置区展出数万盆塔菊、立菊、盆景菊、悬崖菊、造型菊、小菊等各色菊花。

【《今夕共西溪》公演】2021 年 5 月 1 日，融合西溪实景、宋韵符号、家国情怀的江南美学浸润实景大戏《今夕共西溪》在西溪湿地洪园公演。剧情以南宋时期洪皓一家的故事为创作蓝本，围绕宋韵文化和五常民俗，讲述“宋之苏武”洪皓为国出使 15 载，不忘使命，妻子在家恪守家训，教子有方，为国培育 3 位宰相的故事。《今夕共西溪》以双动线、沉浸式的形式，通过写实舞蹈场景、多媒体大写意，使用全息、沉浸式裸眼 3D，打造 360 度全息纱幕盒。借助光影手段，在配色、服饰、音乐、舞蹈、戏剧表演方面探寻宋韵文化，是浙江省“四十百千”文旅重大项目和“杭州文旅金名片”重点培育项目。

【新编杭剧《结发缘》首演】2021 年 5 月 19 日，新编杭剧《结发缘》首演。《结发缘》以宋时背景讲述一对年轻夫妻因投缘而结发，因相疑而离弃，因反省而自立，因悔悟而自赎，因宽恕而重圆的故事，是倡导夫妻和美、家庭和睦、社会和谐，以古鉴今，弘扬社会主义核心价值观的社会伦理道德剧。

【浙江省中小学生自然笔记大赛】2021 年 6—11 月，由省生态环境厅、省林业局、杭州西湖西溪管委会、杭州日报社联合主办，杭州西溪国家湿地公园生态文化研究中心、杭州植物园承办的第五届浙江省中小学生自然笔记大赛举行。大赛通过邀请自然笔记导师进校园，自然笔记优秀作品巡展、录制线上课程开启“云课堂”，扩大传播面。开设“邂逅萤火虫”“百草探秘”“神奇多肉”“飞羽寻踪”等户外课，全省 11 个地市、200 多所中小学校 3 万余名学生参与。大赛收到 1 万余幅自然笔记作品，评选出一等奖 8 名、二等奖 12 名、三等奖 30 名、优胜奖 50 名，以及优秀指导教师奖和优秀团队奖，并评选杭州市保俶塔申花实验学校、杭州市勇进实验学校、北京师范大学南湖附属学校、仙居县第一小学、杭州市宝俶塔实验学校、浙江省海盐县三毛小学、杭州市留下小学、杭州市文新小学、中国杭州低碳科技馆、杭州市胜利实验学校为浙江省中小学生自然笔记大赛创作基地。

【杭州西湖诗词大赛】2021 年 6 月 19 日，2021 年杭州西湖诗词大赛举行决赛。大赛为“西湖申遗 10 周年”系列活动，由团市委、杭州西湖西溪管委会、杭州文广集团指导，西湖风景名胜区团工委、杭州交通经济广播（FM91.8）主办。5000 多名西湖诗词爱好者参加网络海选，经网络初赛、线下复赛对决、踢馆赛复活等形式，12 名选手进入决赛。决赛第一名获“西湖文化使者”称号。

【杭州书房·梦泉书院入驻景区】2021 年 7 月 8 日，虎跑公园翠樾堂举行“杭州书房·梦泉书院”授牌暨宋韵文化季启动仪式。以传播中华优秀传统文化、杭州优秀历史文化为宗旨的杭州书房·梦泉书院开院，书院收录儿童、生活、文学、历史、哲学、政治等书籍 7000 多册，可满足不同年龄段读者需求。12 月 20 日，虎跑梦泉书院入选杭州市“十大最美杭州书房”。

【西溪花朝节】2021 年 3 月 27 日至 5 月 9 日，西溪花朝节开幕。西溪湿地以绿堤为主题布置花展，开展“我在西溪学党史”、宋韵汉服游等体验活动，举办西溪水陆空全景立体汉风巡游，空中、陆地、水上十二花神花船巡游，“忙趁东风，轻放纸鸢”穿汉服放纸鸢、西溪花市等活动。“五一”小长假期间，举办水乡婚礼、十八般武艺表演等西溪民间传统活动。

【西溪火柿节】2021年9月17日至10月17日，杭州西溪湿地举办西溪火柿节。火柿节以秋季丰收为背景，以“丰年盛‘柿’宋韵西溪”为主题，集生态展示、民俗互动、休闲体验为一体。开幕当天，5000千克柿子免费品尝券通过媒体平台派发给市民。采摘体验“快乐柿民”“我在西溪有棵大柿树”吸引5000多名游客参加。中秋、国庆期间，开展“天降喜柿”宋韵快闪、“迎亚运·全民赛柿”宋韵游园会等活动，1.4万名游客观赏和参与。

【西湖“中秋拜月·祈福家园”系列活动】2021年9月19日，杭州西湖西溪管委会推出2021年西湖“中秋拜月·祈福家国”系列活动。活动首场在平湖秋月开场，再现宋代中秋场景。中秋假期3天夜晚持续亮灯，邀请市民游客领略西湖中秋之美，活动分西湖拜月、临湖赏月、城隍祈月3个板块。西湖拜月以“月是故乡明”为主题，平湖秋月主会场定向邀请嘉宾，推出10多种文化体验活动，进行三岛巡游，体验宋风夜游；临湖赏月以“花好月圆夜”为主题，围绕西湖全域，让游客漫步湖边；城隍祈月以“天涯共此时”为主题，让游客在城隍阁赏月，俯瞰西湖全景。

【南宋农耕文化艺术节】2021年10月29—31日，杭州西湖西溪管委会在八卦田遗址公园举办南宋农耕文化艺术节，围绕宋韵文化，开展宋韵文化、农耕文化及农耕市集3个主题、8项活动。开幕式以少儿诗朗诵《二十四节气歌》启幕，太极拳与古琴表演《宋韵流雅》展示古典音乐与武术魅力。南宋“籍田礼”表演再现南宋皇家籍田祭祀过程，集中体现浓郁宋韵及传统农耕文化内涵；耕织图展以中国古代耕织图发展沿革为序，系统介绍耕织图这一特殊农耕文化载体。“宋辰今朝”宋韵文化体验通过5组场景呈现南宋独特生活娱乐场景。农耕趣味小品以“耕—收—庆”为时间轴，利用稻草艺术、瓜果蔬菜、传统农具等材料展现完整农事活动，将耕种活动、丰收景象和庆祝的喜悦呈现给观众。农耕市集特邀建德、临安和淳安3地商户入驻，为观众提供特色农产品体验和购买服务。

2021年9月17日至10月17日，西溪火柿节举行。图为火柿节赶集活动
（杭州西湖西溪管委会 供稿）

【西溪干塘节】2021年11月27日，西溪湿地洪园、烟水渔庄、福堤、绿堤等区域举行一年一度的西溪干塘节。这次干塘节扩大干塘区，增加撑泥清淤环节，游客可近距离观看撑泥护岸过程，推出“我在西溪有个大鱼塘”特色旅游产品，融入撑泥清淤展示，体验了解西溪农耕生态文化。开设鱼市、售卖手工鱼圆、定制“西溪全鱼宴”，供游客品尝西溪味道。

【青少年生肖邮票绘画大赛】2021年12月19日，相约亚运，如“虎”添“艺”——2021年青少年生肖邮票绘画大赛决赛在韩美林艺术馆举行。大赛由杭州市文明办、杭州西湖西溪管委会主办，韩美林艺术馆、中国邮政集团公司杭州市分公司、杭州青少年活动中心美术部承办。大赛历经初赛、复赛、决赛三轮评选，25名选手晋级决赛，决出一等奖、二等奖、三等奖。

【景区博物馆展陈弘扬主旋律】2021年，杭州西湖西溪管委会各文博单位推出红色、宋韵等临时主题展览38个，以文史助力弘扬主旋律。“象外之境——西湖十景与题名景观文化展”，展示始于南宋的西湖十景的景观元素和文化含量；“弄青影——南宋青瓷造物美学侧记”是以青瓷为代表的美学展览。“南宋临安城的故事系列展览之临安城中行”“他是谁——探秘兰若寺大墓”“绿色黄金——17—19世纪中国和欧洲的海上茶叶贸易”“肆年似锦——当代艺术交流展”等展览，通过不同表现手法，再现历史，以史为鉴。“丹心着墨——迎建党100周年浙江青年书法家作品展”运用书法作品表达对党的热爱与崇敬。

（杭州西湖西溪管委会）

责任编辑 须同威

18 旅游业

综 述

【旅游经济发展态势良好】2021年，杭州市接待境内外游客8951.8万人次，比上年增长5%。其中，接待国内游客8933.7万人次，增长4.9%。旅游总收入1524.18亿元，增长6.9%。其中，国内旅游收入1518.29亿元，增长6.8%。旅游休闲产业增加值1068亿元，增长4.5%，占全市地区生产总值的5.9%。

【入境旅游18.2万人次】2021年，杭州市接待入境游客18.16万人次，比上年增长26.4%。旅游外汇收入8544.2万美元，增长46%。到杭州的外国人14.55万人次，增长26.3%。其中：亚洲1.94万人次，欧洲1.50万人次，美洲1.13万人次，大洋洲0.47万人次，非洲及其他地区9.51万人次。到杭州旅游的十大客源国分别是美国、德国、埃及、日本、澳大利亚、印度尼西亚、韩国、加拿大、西班牙和新加坡。以上客源国的旅游人数占全年接待外国人总数的26.6%。

【文化和旅游重大项目投资】2021年，杭州市纳入文化和旅游项目库的文化旅游在建项目297个，总投资2594.29亿元，实际完成投资355.98亿元，完成年度计划的114.8%。杭州市文化和旅游投资综合评价指数列全省第一位。

（市文化广电旅游局）

旅游资源

【A级旅游景区建设】至2021年年末，杭州市有A级旅游景区111个，其中AAAAA级景区3个、AAAA级景区44个、AAA级景区54个、AA级景区10个。推进旅游景区服务大提升活动，“放心景区”覆盖率91%。

2021年杭州市游客量及旅游收入一览表

表12

地 区	游客量（万人次）	比上年增长（%）	总收入（亿元）	比上年增长（%）
全 市	8951.8	5.0	1524.2	6.9
主城区	4126.5	4.5	672.0	4.1
萧山区	1008.4	0.9	180.3	7.5
余杭区	725.7	9.4	121.7	17.9
临平区	349.5	3.5	61.5	1.0
富阳区	441.1	0.1	84.2	1.4
临安区	573.7	1.7	107.7	3.0
桐庐县	531.7	11.6	94.2	18.5
淳安县	932.9	9.1	154.2	11.4
建德市	262.3	7.5	48.5	14.5

2021年杭州市接待入境游客量与旅游收入一览表

表13

地 区	游客量（万人次）	比上年增长（%）	外汇收入（万美元）	比上年增长（%）
全 市	18.16	26.4	8544.3	46.0
萧山区	1.16	54.6	659.7	106.4
余杭区	0.43	1062.0	232.6	2721.8
临平区	0.68	14.1	414.8	18.2
富阳区	0.13	−29.6	84.6	−26.9
临安区	0.94	1365.1	644.1	1921.7
桐庐县	0.06	553.6	577.8	342.9
淳安县	0.50	5.1	265.9	79.2
建德市	0.07	13.0	45.1	59.4

2021年杭州市接待国内游客量及旅游收入一览表

表14

地 区	游客量(万人次)	比上年增长(%)	收入(亿元)	比上年增长(%)
杭州市	8933.7	4.9	1518.3	6.8
萧山区	1007.2	0.9	179.8	7.4
余杭区	725.3	9.4	121.5	17.7
临平区	348.8	3.5	61.2	0.8
富阳区	441	0.2	84.1	1.5
临安区	572.8	1.5	107.3	2.6
桐庐县	530.9	11.4	93.8	18.1
淳安县	932.4	9.1	154	11.4
建德市	262.2	7.5	48.5	14.4

【旅行社959个】至2021年年末，杭州市有旅行社959个，比上年增加33个。其中经营出境旅游业务的旅行社120个，减少2个。全市有星级品质旅行社124个，其中五星级17个、四星级53个、三星级46个、二星级5个、一星级3个。全市旅行社营业收入72.98亿元，增长24.6%。

【星级饭店105个】至2021年年末，杭州市有星级饭店105个，比上年减少16个。其中：五星级22个，四星级39个，三星级31个，二星级13个。全市星级饭店有客房2.21万间，床位3.56万张，平均客房出租率46.6%，比上年增长16.2%；平均房价410.76元/间，增长0.2%。全市纳入统计监测的宾馆和饭店营业收入123.73亿元，增长104.2%。

【市文化广电旅游“十四五”规划编制】2021年10月，市文化广电旅游局和市发改委联合印发《杭州市文化广电旅游“十四五”规划》并组织实施。该规划以文化广电旅游的深度融合和高质量发展为主线，坚持“用未来要求现在、用战略构筑优势、用创新驱动发展、用落地促进成效”，开启杭州文化广电旅游建设现代化新征程，塑造古今交汇的文化盛景，加快建成具有国际影响力的历史文化名城和世界一流的旅游目的地。

【文化旅游资源普查启动】2021年，市文化广电旅游局启动杭州市文化旅游资源普查，制订实施方案，成立专项工作领导小组。举办全市文化广电旅游系统文旅资源普查培训班，组建普查队伍。通过普查将摸清杭州市文化和旅游资源底数，厘清文化和旅游资源的分类标准，为文化旅游产业融合高质量发展提供基础保障。工作计划于2022年完成。

【“百城千镇万村景区化”工程】2021年，杭州市继续深入推进浙江省“百城千镇万村景区化”工程，打造文化禀赋底蕴深厚、人居环境优美和谐、休闲业态丰富多元、公共服务配套完善、综合管理保障有力的宜居、宜业、宜游的“大花园”。富阳区、萧山区分别被评为浙江省AAAA级和AAA级景区城。余杭区径山镇、临安区湍口镇被评为省AAAAA级景区镇，萧山区进化镇等19个镇（乡、街道）被评为省AAAA级景区镇，余杭区黄湖镇等14个镇（乡、街道）被评为省AAA级景区镇。全年创建浙江省A级景区村庄402个，其中AAA级景区村庄74个。

【旅游业“微改造、精提升”项目实施】2021年，杭州市以“体验更精致、设施更精良、景观更精美、服务更精心、运营更精细”为导向，实施旅游业“微改造、精提升”项目。指导临安区、淳安县、桐庐县推进省级试点，遴选确定149个景区（场馆）作为各级试点项目（其中省级13个、市级37个、县级99个）。至年末，全市实施“微改造、精提升”项目1275个，完成投资38.57亿元。

【清河坊历史文化街区获评首批国家级街区】2021年，杭州市着力推动旅游休闲街区建设，促进旅游休闲产品和服务集聚，加强文化特色展示，完善基础设施和服务设施，推动旅游休闲作为城市基本功能，更充分满足游客和当地居民的旅游休闲需要。上城区清河坊历史文化街区、拱墅区桥西历史文化街区获评首批浙江省旅游休闲街区，清河坊历史文化街区获评首批国家级旅游休闲街区。

【全域旅游示范区县（市）创建】2021年，萧山区成功创建浙江省全域旅游示范区。至年末，杭州市有国家全域旅游示范县1个（桐庐县），省级全域旅游示范区县（市）7个（淳安县、余杭区、临平区、建德市，西湖区、临安区、萧山区）。塘栖镇、姜家镇、河上镇、龙门镇、乾潭镇、湍口镇、径山镇、富春江镇、梅城镇、楼塔镇、鸬鸟镇、河桥镇、莪山乡13个乡镇成功创建省级旅游风情小镇。

【红色旅游发展】2021年，杭州市推进红色旅游景区提升，指导抗日战争胜利浙江受降纪念馆、淳安中洲北上抗日纪念馆建设。抗日战争胜利浙江受降纪念馆被评为浙江省红色旅游教育基地。向文化和旅游部推荐红色旅游经典线路及景点100个，杭州有7个景点入选“全国红色旅游经典线路”。

【“文旅赋能乡村‘6+X’计划”实施】2021年，杭州市组织梳理乡村旅游招引项目，做好平台搭建，推进项目对接，引进乡村旅游项目投资53.42亿元、各种业态101个、产品42个、客源66.52万人次。全市24个民宿被评为省级等级民宿，其中“白金宿”1个、“金宿”3个、“银宿”17个、文化主题民宿3个。西湖区外桐坞村等11个村庄被评为省级乡村旅游重点村，余杭小古城村被评为国家级乡村旅游重点村。

【宋韵杭式生活体验基地（体验点）评定】2021年，根据《宋韵杭式生活体验基地、体验点创建标准》，通过企业申报、区县初审、实地走访、专家评审、党组审定，清河坊历史文化特色街区等3个单位被评为首批宋韵杭式生活体验基地、城隍阁等12个单位被评为首批宋韵杭式生活体验点。

2021年杭州市AAAA级以上景区（景点）接待游客量及门票收入一览表

表15

景区（景点）名称	星级	游客量（万人次）	比上年增长（%）	门票收入（万元）	比上年增长（%）
杭州西湖风景区	AAAAA	1857.01	26.86	22735.69	35.38
淳安千岛湖风景名胜区	AAAAA	869.00	70.04	18213.32	48.44
西溪国家湿地公园	AAAAA	436.37	−12.00	4568.40	33.81
杭州市清河坊历史街区	AAAA	2498.47	69.51	—	—
萧山湘湖景区	AAAA	239.58	−10.74	—	—
杭州宋城旅游景区	AAAA	546.34	104.59	45787.95	97.36
杭州雷峰塔景区	AAAA	273.02	38.82	9709.44	35.35
桐庐江南古村落	AAAA	118.13	−32.42	—	—
杭州乐园有限公司	AAAA	257.81	49.60	15108.60	41.79
航空小镇	AAAA	113.12	−25.73	4492.04	44.99
临平塘栖古镇（水北街）	AAAA	156.65	37.68	—	—
下姜景区	AAAA	83.17	20.98	—	—
杭州野生动物世界	AAAA	53.08	−18.58	7483.04	−16.78
杭州余杭超山风景名胜区	AAAA	99.31	64.98	583.12	383.11
余杭径山景区	AAAA	423.15	—	4864.22	—
余杭梦想小镇	AAAA	74.65	32.60	—	—
良渚博物院	AAAA	72.65	32.64	—	—
皋亭山景区	AAAA	56.37	83.38	—	—
玉皇山南基金小镇	AAAA	50.10	7.28	—	—
兰里景区	AAAA	10.75	—	10.80	—
杭州长乔极地海洋公园	AAAA	41.74	25.87	9912.48	37.41
桐庐垂云通天河景区	AAAA	27.88	−12.66	3134.59	93.39
瑶琳仙境景区	AAAA	35.04	29.90	2338.66	34.64
杭州龙门古镇	AAAA	28.39	6.02	573.70	40.78
富阳富春桃源风景区	AAAA	29.42	11.09	498.37	37.01
临安太湖源景区	AAAA	16.90	−17.82	580.46	−3.58
临安大明山景区	AAAA	28.18	38.98	1195.39	−0.10
大慈岩景区	AAAA	10.26	−31.42	428.94	4.21
千岛湖乐水小镇·文渊狮城	AAAA	15.19	1.81	156.88	−12.98
杭州山沟沟景区	AAAA	15.26	3.23	569.10	−41.66
灵栖洞景区	AAAA	17.00	28.55	594.10	46.56
杭州东方文化园	AAAA	13.79	9.31	338.25	123.12
余杭双溪竹海漂流景区	AAAA	10.49	−12.41	1351.00	0.54
富阳黄公望隐居地景区	AAAA	8.69	−8.90	113.68	711.37
桐庐天子地生态风景旅游区	AAAA	17.90	93.23	457.69	352.44
桐庐严子陵钓台景区	AAAA	19.06	58.83	1479.05	98.88
建德七里扬帆景区	AAAA	7.54	11.29	161.00	22.95
淳安县千岛湖石林景区	AAAA	3.38	−25.71	164.77	−24.38
桐庐浪石金滩风景区	AAAA	3.20	−13.69	107.86	34.28
临安天目山景区	AAAA	6.77	−15.12	492.05	4.39

说明：门票收入标示"—"的为不收费景区

【文化和旅游服务场所无障碍环境建设】2021年,按照《杭州市2021年度无障碍重点工作任务》,市文化广电旅游局完成局属事业单位公共服务场所79个无障碍环境建设问题的整改达标任务;组织完成全市四星级(含)以上宾馆和饭店无障碍建设问题整改提升。优化景区无障碍旅游设施,编制《杭州无障碍旅游线路设计方案》《杭州无障碍旅游线路保障方案》,打造城区无障碍旅游线路5条。创建旅游景区无障碍服务专员机制,推行《杭州市景区无障碍服务专员岗位职责(试行)》《杭州市景区无障碍旅游服务规范(试行)》,并组织首批景区无障碍服务专员业务培训71人次。

【"百县千碗"工程推进】2021年,市文化广电旅游局组织并评定杭州市"百县千碗"美食体验店25个、示范店32个、旗舰店15个。获评省级特色美食体验店44个。评选美食达人30人、美食工匠30人。全市评选并发布100道金牌美食(20道冷菜、20道点心、60道热菜)。制作1首"百县千碗"美食歌曲《寻味》、1幅美食地图。指导塘栖美食小镇、胜利河·"百县千碗"特色美食街、千岛湖骑龙巷街区成功创建特色美食小镇和街区。指导各区县(市)评出10道冷菜、10道点心,形成"1+1+1百县千碗"特色菜品体系。"百县千碗·杭州味道·运河美食汇及市民体验活动"、"百县千碗"进农家特色美食大赛、2021年"百县千碗"美食进旅游饭店宋宴(东坡宴)菜品展示推广品鉴交流活动举行。

【省中医药文化养生旅游示范基地评定】2021年12月,通过企业及相关单位申报,区县(市)文化和广电旅游体育局推荐,市文化广电旅游局联合市农业农村局、市卫生健康委复核,经省专家组验收评定,杭州市富阳中医骨伤医院被认定为省级中医药文化养生旅游示范基地。该医院围绕国家级非物质文化遗产项目"张氏骨伤疗法"开展传播,并提供游览、度假、休憩、疗养、科普、人文旅游等服务。

【夜间文化和旅游消费集聚区创建】2021年,杭州宋城、杭州市清河坊历史文化街区获评第一批国家级夜间文化和旅游消费集聚区。杭州新天地活力Park街区、星光大道电影文化特色街区获评第一批省级夜间文化和旅游消费集聚区。（市文化广电旅游局）

【"狐妖小红娘"景区开业】2021年5月1日,由"腾讯动漫"独家授权,杭州宏逸投资集团有限公司打造的"狐妖小红娘"景区在杭州临安河桥古镇正式开业。"狐妖小红娘"项目于2021年年初完成景区施工,并于2月14—17日试营业,定位访问量超过1400万次,综合上座率111%,列杭州景区热门榜前三名。景区以国漫IP"狐妖小红娘"为主题,采用"动漫+科技+夜游"体验模式,通过大规模实景建设,运用裸眼3D、全息成像、AR增强现实等科技,还原动漫中的场景和人物,增强游客的体验感和参与度。"狐妖小红娘"项目获评首届杭州市民日最具品质体验点、金城标奖体验点荣誉,并入选"杭州亚运人文体验点50强"。

【萧山闻堰老街改造项目一期"钱塘渔市"推出】2021年10月28日,萧山闻堰老街改造项目一期"钱塘渔市"推出。"钱塘渔市"地处杭州三江汇未来城市实践区核心,可容纳100多户经营户,涵盖"鱼市、圩市、食肆"三大区域,围绕"生活、人文、艺术、创意"理念,融入生活中的各类主流元素及场景艺术,并增设直播间、美食加工坊等功能区块。通过复古与潮流的碰撞,营造切换时空的场景感受,打造集"烟火味、潮流味、人情味"为一体的复古潮流江鲜市集。（梁 之）

旅游节庆活动

【杭州文化和旅游消费季】2021年7月30日,"2021杭州文化和旅游消费季"启动。消费季以"杭式雅生活,国风潮消费"为主题,以政府与企业联动、线上和线下互动的方式,持续至10月。其间,"潮动、雅动、艺动、跃动、红动、萌动"等"六动"系列共40项活动推出。消费季活动期间,拉动文旅消费近10亿元。

【杭州都市圈文旅惠民大联展活动】2021年4月17日,杭州都市圈春季旅游惠民大联展活动在西湖文化广场隆重举行。都市圈6个城市推出文化旅游节庆活动、产品线路和惠民举措248个。活动得到杭州都市圈外的宁波、丽水等城市积极响应,助推市场合作空间的拓展。展会共设100个展位,有50个单位及近130个涉旅企业参展,与市民游客面对面地进行文游产品和惠民举措发布、文旅商品展示和旅游推介、抽奖、演出活动。

【中国旅游日活动】2021年5月19日,"中国旅游日"宣传暨杭州旅游服务进社区活动在杭州孔庙举行。活动以"绿色发展·美好生活"为主题,现场设置42个展位,开展文化旅游惠民服务、特色文化展演、文旅产品发布等活动,进一步提升"中国旅游日"的影响力和传播力。当日,推出全市10条红色旅游精品线路,并组织市民和在杭州的外籍人士代表免费体验红色之旅体验活动。

【大学生旅游节】2021年9月24日,由杭州市文化广电旅游局、杭州市教育局、共青团杭州市委、宁波市文化广电旅游局联合主办的2021年中国·杭州大学生文化旅游节在杭州开幕。来自杭州、宁波及国内各大高校的近200名大学生和媒体记者代表出席开幕式。活动以"传承红色基因·追梦扬帆启航"为主题,围绕建党百年,先后开展"唱支红歌给党听"比赛、"红色线路"体验之旅活动、"讲杭州故事"作品征集活动、红色电影进高校活动等系列活动。旅游节期间,媒体总曝光量1亿人次以上。中央广播电视总台综合频道进行宣传报道。（市文化广电旅游局）

旅游推广

【《杭州故事》海外经典版音频和视频创作】2021年,围绕"最忆是杭州"主题,以西湖、中国大运河、良渚古城遗址三大世界文化景观遗产和南宋文化等为核心,挖掘杭州历史文化、旅游美景、非遗民俗、美食美宿、市民生活等素材,根据不同国家受众的兴趣偏向以及语言表述方式,创作生产出15个《杭州故事》海外经典版音频和视频。

2021 年 9 月 24 日，大学生文化旅游节在杭州开幕（市文广旅游局 供稿）

【“最忆是杭州”文化旅游推广活动】 2021 年 5 月 23—29 日，市文化广电旅游局组织 100 人促销团队，由市领导带队，到福州、长沙、南京开展“最忆是杭州”大型文化旅游推广活动。推介会以舞蹈《杭州印象》拉开序幕，通过“韵味杭州”“文化杭州”“数智杭州”3 个精彩视频呈现杭州独特的文旅资源。杭州与三地旅行商达成意向合作团队 1056 个，带动到杭州团队游客超过 4 万人。

【“宋韵杭式生活节”雅集活动】 2021 年 5 月 19—21 日，“宋韵杭式生活节”雅集活动在杭州孔庙举行。活动首次将宋韵美学与旅游、文创、美食、研学等产业融合，设置“以画遣兴、簪花留春”等十大板块，成立“宋韵文化研究智库”，开创宋韵文化雅集新模式。活动吸引央视网、新华社、浙江卫视等 100 多个中央级、省级和市级媒体报道，总曝光量 2.9 亿次。

【“微观杭州”城市文化新空间打造】 2021 年 5—11 月，市文化广电旅游局策划推出“微观杭州”项目，整合博物馆、星级酒店、非物质文化遗产文创资源，以微展陈、微体验形式打造城市文化体验公共空间。促成杭州西子湖四季酒店与中国丝绸博物馆等项目落地。新侨饭店、杭州艺尚雷迪森酒店也在国庆期间分别推出宋韵沉浸式游园会、宋韵非物质文化遗产活动，让住店客人体验非物质文化遗产。

【“数字经济旅游十景”预约平台上线】 2021 年 6 月 1 日，“数字经济旅游十景”个人、团队预约平台上线，并接入杭州城市大脑，方便公众参访预约。至年末，参观访问 2600 批（次），总量超过 14 万人次。“数字经济旅游十景”拓展文旅产业外延，吸引商务游客到杭州开展交流活动，更大范围提升城市商业环境和产业氛围。自公布以来，被搜索引擎“谷歌”“雅虎”“必应”收录相应关键词，美国联合通讯社、彭博新闻社、《每日先驱报》等 400 多个亚洲、欧美主流媒体和会奖旅游专业媒体对其进行宣传总曝光量超过 7 亿次。

【“城市记忆工坊”宋韵杭式生活系列主题活动】 2021 年 7 月 28 日至 10 月 18 日，市文化广电旅游局开设“城市记忆工坊”宋韵主题课程 30 场次。课程涵盖花道香道、竹纸文化、木雕技艺、宋代糕点、刺绣女红、古琴文化、金石篆刻、雕版水印、土布印染等主题，吸引 1000 多名市民和游客聆听及体验。

【“文旅市集·杭州奇妙夜”活动】 2021 年 7 月 30 日至 8 月 1 日，第二届“文旅市集·杭州奇妙夜”活动在钱江新城举行。活动将文化旅游与博物馆、数字经济、乡村旅游等有机融合，在主会场设置“奇妙博物馆”“宋韵雅生活”等 10 个展示单元，联动全国 12 个博物馆、全市 6 个分会场和 25 个文化夜游点，共同打造城市文化消费的奇妙空间。线上和线下活动共拉动文旅消费总额 7071.35 万元，获新华社、“人民资讯”等 40 多个媒体报道，总曝光量 4.5 亿次。其中，“玩转长三角（东西部城市联动）”板块联合上海、四川省甘孜藏族自治州理塘县、新疆维吾尔自治区阿克苏市等 7 个城市和地区推出文化体验和产品展销活动。

【“数智旅游奇遇记”情景式推广活动】 2021 年 7—11 月，市文化广电旅游局策划实施“数智旅游奇遇记”项目，邀请杭州籍说唱歌手为杭州文旅定制“奇妙杭州多来来”MV，微博曝光量超过 218.2 万次。原创“机器人小镇奇遇记”“阿里参访说明书”等 11 支创意短视频，在“抖音”、视频号等平台搭建官方话题发布，引导全网用户自创短视频，形成传播热点，活动总曝光量超过 1.5 亿次，4 条视频点赞量超过 1 万人次。

【苏东坡文化旅游节】 2021 年 9—12 月，杭州市联动苏东坡品牌文化联盟城市，举办第二届苏东坡文化旅游节，包括“来自苏东坡的邀请函”“你好，苏东坡”“少年东坡诗词咏”“写意苏东坡—书画名家精品展”等线上和线下活动，多维度、立体化展示苏东坡文化精神内涵。其中，“来自苏东坡的邀请函”线上活动参与量超过 101 万人次。

【大运河文化旅游季活动】 2021 年 10 月 23 日，围绕“运河文化”主题，大运河文化旅游季开幕式暨“运河旗妙夜”活动在大运河杭州段拱宸桥畔举行。通过“拱宸桥旗袍走秀”“家在运河边”“诗词里的运河”等节目，集中展现运河生活、“非遗”文化、大运河诗路和运河发展规划蓝图。2021 年“杭州旗袍”国内外获奖作品同步揭晓。活动被新华社、中新网、人民网等 20 多个主流媒体报道，总曝光量超过 1.1 亿次。活动话题“旗开得胜，好运杭州”上榜微博全国热搜。

【杭州文旅“新十大”系列活动】 2021 年 9—11 月，“最江南·杭州味”杭州文旅“新十大”系列活动开展。活动包括“文旅新势力”“代表性历

2021 年 9—12 月，第二届苏东坡文化旅游节举行　（市文广旅游局 供稿）

史文化建筑”“文化新地标”“文化新现象”4 个板块，从代表性人物、历史建筑、城市发展、生活方式等角度切入，梳理杭州文脉，激活文化基因。活动获“央视频”、新华网、浙江电视台、《都市快报》等 20 多个主流媒体报道，总宣传曝光量 1 亿次，“杭州文旅新势力”视频观看量超过 1 亿次。

【杭州文旅海外新媒体营销活动】2021 年，杭州文旅海外社交媒体平台通过互动漫画、文化视频、白噪音音乐等方式，举办“属于你的杭州时刻”“跟着专家游杭州”“城市竞猜”等活动，讲述杭州故事、营造文化氛围。至年末，5 个海外社交媒体平台总粉丝数 138.4 万人，总互动数 108.1 万次。

【《杭州旅游指南》编印】2021 年，市文化广电旅游局围绕“文物激活”“千年古镇”“数字文旅”“宋韵文化”等主题，编印《杭州旅游指南》多语种手册 152 万册，其中《杭州历史名镇名村》7 万册。杭州市拓展宣传品派送网点类型和数量，全年吸引 32 个酒店加入派发网络，宣传品网点总数 560 个。（市文化广电旅游局）

旅游管理与服务

【“亚运 PASS · 文旅一码通”上线公测】2021 年 10 月，“亚运 PASS·文旅一码通”上线公测。针对用户因各类使用场景、使用身份的不同，需切换不同的二维码，使用不便的问题，杭州市把健康码、景区入园码、公交码、地铁码等多码合一，集成创建“文旅一码通”，打通全市 500 多条公交线路、9 条地铁线路、4 条水上巴士，覆盖西湖、西溪湿地等 36 个重点景区和 60 多个博物馆、文化场馆以及 10 条数字旅游专线。

【“20 秒入园”适老服务】2021 年，杭州市针对老年人等数字化弱势群体提供针对性的“20 秒入园”服务，在西湖景区简化实名预约入园流程，实名预约的老年人只需刷身份证便可直接入园，无须多次重复“亮码”“扫码”。在西溪国家湿地公园，增设老年人专属服务窗口，指导智能手机应用，为老年人提供即时预约、现场取票的专属服务。“杭州适老服务弥‘鸿沟’便民惠民提效能”入选文化和旅游部首批发展智慧旅游提高适老化程度示范案例。

【“走读杭州五色行”系列活动】2021 年 6 月 30 日，“走读杭州五色行”系列活动启动。活动依托全市文旅咨询点打造“i”杭州文旅服务中心，引入社会力量，整合咨询点及周边文化和旅游资源，为市民和游客提供开放的文旅服务空间。围绕建党百年红色行、文旅活动橙色行、文明旅游绿色行、助力亚运紫色行和智慧文旅蓝色行等 5 个主题，通过文化讲座、红色走读、剧场展演、非物质文化遗产体验、阅读沙龙、志愿服务、直播宣讲等形式，举办公益文旅活动 135 场，共吸引线上和线下近 5 万名市民游客参与。

【旅游厕所改造】2021 年，杭州市新建、改建和扩建旅游厕所 21 座，其中新建 10 座、改建和扩建 11 座。3 个 AAAAA 级景区建成 AAA 级旅游厕所 42 个，占 22.8%；40 个 AAAA 级景区中，28 个景区至少有 1 个 AAA 级旅游厕所，占 51%。

【景点景区讲解员服务技能大赛】2021 年 9—11 月，市文化广电旅游局、市人力社保局、市总工会、团市委联合主办 2021 年杭州市第四届景点景区讲解员服务技能大赛。大赛突出“寻迹红色根脉、传承革命精神”的主题，鼓励讲解员以“我是红色故事讲述人”“致敬 100 年，讴歌新时代”“讲好红色故事，展现时代风采”“党的故事我来讲”等选题为主，讲好红色故事、传播时代新声。评选出“杭州市金牌讲解员”15 名、优秀讲解员 15 名。授予 3 人“杭州市技术能手”称号，授予 1 人“杭州市杰出青年岗位能手”称号，授予 5 人“杭州市优秀青年岗位能手”称号。

【旅游目的地环境秩序综合治理】2021 年，市文化广电旅游局依托市旅游目的地管理工作协调小组，以“疏堵结合、综合监管”理念为指引，牵头组织开展春季、秋季旅游旺季西湖景区旅游目的地环境秩序集中整治行动，协调多部门开展联合整治，加强对“野导”、涉旅“黑车”、旅游购物商场的联合检查，强化旅游面上秩序常态化巡查管控。引入“一日游”旅行社入驻旅游咨询亭，为游客提供面对面的旅游咨询服务，进一步压缩“野导”生存空间，西湖景区周边面上旅游秩序明显好转。全年开展旅游目的地联合执法检查行动 42 次，出动执法人员 1.88 万人次，处罚“野导”181 人次，收缴各类非法涉旅宣传资料 2000 多份，处罚“黑车”66 辆（次）。（市文化广电旅游局）

责任编辑　秦文蔚

19 数字经济

综述

【数字经济营业收入1.63万亿元】2021年，杭州市数字经济核心产业实现增加值4905亿元，比上年增长11.5%，占全市地区生产总值的27.1%；营业收入1.63万亿元，增长20.2%。其中：电子商务产业增加值1818亿元，增长2.1%；云计算与大数据产业增加值1615亿元，增长9.5%；物联网产业增加值665亿元，增长12.1%；数字内容产业增加值3548亿元，增长9.3%；软件与信息服务产业增加值3933亿元，增长10.1%；电子信息制造业增加值1231亿元，增长16.2%；集成电路产业增加值110亿元，增长21.9%；机器人产业增加值41.7亿元，增长24.8%；人工智能产业增加值427亿元，增长26.9%。

【数字经济发展“十四五”规划发布】2021年12月13日，市政府办公厅印发《杭州市数字经济发展“十四五”规划》。该规划以“一城五地七新”为主线，围绕坚持创新引领、壮大核心产业、深化产业变革、推进数字治理、探索市场配置、布局数字基建、凝聚优势资源7个重点，提出“十四五”时期杭州数字经济发展任务。

【杭州达标数字经济一线城市】2021年4月12日，新华三集团和中国信息通信研究院发布《中国城市数字经济指数蓝皮书（2021）》，对全国242个城市数字经济发展进行评估。上海、深圳、北京、成都、杭州、广州6个城市达到数字经济一线城市标准。9月6日，赛迪顾问发布《2021数字经济城市发展百强榜》，排名前5位的城市为北京、上海、深圳、广州、杭州。

【杭州获评国家级服务型制造示范城市】2021年10月27日，工业和信息化部发布《关于公布第三批服务型制造示范名单的通知》，杭州被确定为国家级服务型制造示范城市；杭州制氧机集团股份有限公司、浙江春风动力股份有限公司被确定为国家级服务型制造示范企业；杭州万泰认证有限公司面向制造全过程的认证及管理优化服务平台被确定为国家级服务型制造示范平台。

【工业互联网获部级、省级认定】2021年，杭州市入选工业和信息化部工业互联网平台试点示范项目3个、工业互联网App优秀解决方案4个、工业互联网平台创新领航应用案例6个。获省级工业互联网认定平台8个、工业互联网平台创建平台15个、重点工业互联网平台3个。

【新增12个数字经济类上市公司】2021年，杭州市数字经济行业新增上市公司12个，分别是美迪凯控股集团有限公司、杭州西力智能科技股份有限公司、杭州涂鸦信息技术有限公司、杭州爱科科技股份有限公司、杭州品茗安控信息技术股份有限公司、杭州柯林电气股份有限公司、杭州宏华数码科技股份有限公司、杭州新利软件有限公司、果麦文化传媒股份有限公司、广脉科技股份有限公司、杭州网易云音乐科技有限公司、浙文互联集团股份有限公司。

【“未来工厂”体系培育发展】2021年4月28日，杭州市制造业高质量发展大会暨“未来工厂”建设推进大会召开。会议发布《关于加快建设“未来工厂”的若干意见》，明确5类“未来工厂”、3类“新空间”和6大行动建设重点。至年末，全市征集培育“未来工厂”326个，认定48个。其中“链主工厂”5个、“智能工厂”18个、“数字化车间”25个。新增省级“未来工厂”认定企业5个、试点企业6个，数量居全省第一位。

【数字化改造“百千万”工程实施】2021年，杭州市组织实施数字化改造“攻关”项目490个，入库培育395个，验收通过53个；组织实施数字化改造“推广”项目1152个，规模以上工业企业数字化改造全覆盖。

【省级制造业数字化试点示范申报】2021年，杭州市围绕部级、省级制造业数字化重点部署，推进“未来工厂”“智能工厂（数字化车间）”“新一代信息技术与制造业融合发展”试点示范。申报省级“未来工厂”试点企业10个，入围6个。申报省级智能工厂（数字化车间）项目74个，申报省级新一代信息技术与制造业融合发展试点示范企业24个，分别在“个性化定制”和“网络协同制造”两个方向入围6个。余杭经济技术开发区等2个地区入选2021年省产业集群（区域）新智造试点名单。

【中国工业互联网研究院浙江院落地临平】2021年9月25日，中国工业互联网研究院浙江院在临平区中国（杭州）工业互联网小镇揭牌成立。该研究院旨在汇聚国家级工业互联网行业数据，赋能企业持续发展，提升产业链现代级水平。

【数字化工程服务能力增强】2021年，杭州聚集各类信息工程服务机构500多个，覆盖智能硬件、网络设施、云服务和大数据、软件和应用服务等方面，形成以滨江区、西湖区、拱墅区、上城区为主的产业发展集聚区，为两化深度融合提供坚实技术服务支撑。

【萧山、富阳创建全国智慧养老示范基地】2021年，工业和信息化部、民政部、国家卫生健康委员会公布2021年智慧健康养老应用试点示范名单，萧山区、富阳区入榜。萧山区智慧养老信息化系统依托一体化智能化公共数据平台，融合区卫生健康委等19个部门数据，集数据治理、应用协同功能于一体，开展智慧养老。富阳区研发“空巢老人安全守护平台”，将非接触感知技术应用于空巢老人居家安全“环境智能”建设，成为2021年度全国运用智能技术服务老年人示范案例。

2021年杭州市数字经济核心产业增加值及增长情况表

表16

产　业	增加值（亿元）	比上年增长（%）
电子商务产业	1818.0	2.1
云计算与大数据产业	1614.9	9.5
物联网产业	665.1	12.1
数字内容产业	3548.0	9.3
软件与信息服务产业	3932.5	10.1
电子信息产品制造产业	1230.6	16.2
集成电路产业	109.5	21.9
机器人产业	41.7	24.8
人工智能产业	427.0	26.9

2021年杭州市区县（市）数字经济核心产业增加值及增长情况表

表17

地　区	增加值（亿元）	比上年增长（%）
上城区	76.6	12.0
拱墅区	72.4	14.4
西湖区	790.5	15.2
滨江区	1596.2	16.0
萧山区	150.7	18.0
余杭区	1605.7	4.1
临平区	61.8	15.8
钱塘区	129.0	13.3
富阳区	97.2	11.1
临安区	83.1	18.3
桐庐县	53.2	5.8
淳安县	7.4	3.6
建德市	13.2	18.5

【6个区县（市）获评全国县域农业农村信息化发展先进县】2021年11月26日，农业农村部信息中心通报2021年全国县域农业农村信息化发展水平评价工作结果，杭州市西湖、萧山、建德、桐庐、临安、余杭6个区县（市）获评2021年全国县域农业农村信息化发展先进县。（金子倩）

软件与信息服务产业

【概况】2021年，杭州市软件与信息服务产业实现业务收入6932.61亿元，比上年增长22.4%，排名全国中心城市第4位（北京、深圳、上海、杭州），副省级城市第2位（深圳、杭州）。其中：软件产品收入1306.66亿元，增长26.2%；信息技术服务收入5495.81亿元，增长22.4%；信息安全收入11.97亿元，增长9.3%；嵌入式系统软件收入118.17亿元，下降7.1%。利润1659.98亿元，下降3.4%。上缴税金547.07亿元，增长24.8%。在全市数字经济相关产业中，信息软件产业营业收入12167.01亿元，增长15.8%，占全市数字经济营业收入的74.5%；增加值3932.5亿元，增长10.1%，占全市地区生产总值的21.7%，提高0.3个百分点。

【产业发展质效并进】2021年，杭州市软件行业实现利润1659.98亿元，研发投入1418.71亿元，研发强度（研发经费占主营业务收入比重）18.1%，比上年提高5.6个百分点；行业从业人员近34万人，增长13.7%，全员劳动生产力204.44万元/人，提高7.6%。至年末，杭州市软件业务收入超过1000亿元的企业有1个，100~1000亿元的企业有10个，10~100亿元的企业有38个，超过1亿元企业198个。其中，49个企业软件业务收入占全市的89.6%，提高5.3个百分点。

【16个企业入选百强榜单】2021年，杭州海康威视数字技术股份有限公司、网易（杭州）网络有限公司、浙江大华技术股份有限公司、新华三技术有限公司、中控科技股份有限公司、恒生电子股份有限公司、浙江核新同花顺网络信息股份有限

公司、浙江宇视科技有限公司、银江技术股份有限公司、浙大网新科技股份有限公司入选中国电子信息行业联合会2021年度软件和信息技术服务竞争力百强榜单。阿里巴巴集团、网易（杭州）网络有限公司、杭州边锋网络技术有限公司、每日互动股份有限公司、杭州博盾习言科技有限公司、杭州泰一指尚科技有限公司入选2021年度中国互联网企业100强。

【西湖论剑·网络安全大会】2021年4月24日，西湖论剑·网络安全大会在杭州国际博览中心举行。大会以“安全：数字化改革之根基”为主题，设有1个主论坛、15个分论坛、1个网络安全创新成果展、1场专场音乐会，2500多名领导、专家学者、企业家参会，就数据安全、新型智慧城市发展、工业互联网等热点分享和探讨。大会线上观看量超过287万人次，70多个新闻媒体、杂志期刊进行报道。

【网易未来大会】2021年12月17—18日，由网易集团主办的网易未来大会在元宇宙空间举行。大会以“原生·向上”为主题，设置原力觉醒、未来之城、“双碳”之夜、国潮、文化、元宇宙、未来灵感之夜7个论坛，展示AI虚拟人、NFT艺术展、未来人居展等创新应用，10名院士以及相关专家、“非遗”传人、艺术评论人、国货行业领军人物、意见领袖、时尚界标杆人物等参会。大会以线上方式举行，全网总曝光量超过5.5亿人次，微博总话题阅读量超过3.5亿人次，32个媒体直播报道，点击量超过2200万人次。（杜俊伟）

云计算与大数据产业

【概况】2021年，杭州市云计算与大数据产业实现限额以上企业主营业务收入4000.6亿元，比上年增长20.2%；增加值1614.9亿元，增长9.5%。骨干企业阿里云计算有限公司居国内市场份额第1位，解决方案受到国际权威机构肯定。5个项目入选工业和信息化部大数据产业发展试点示范项目，14个企业被确定为全省第一批制造业“云上企业”，15个云计算大数据相关案例入选省数字经济“五新”优秀案例，19个企业成为浙江省第7批大数据应用示范企业。

【开源项目Kyuubi进入国际层面】2021年6月21日，杭州网易数帆科技有限公司发起的开源项目Kyuubi进入世界最大开源基金会——Apache软件基金会孵化器。8月12日，杭州网易数帆科技有限公司大数据专家姚琴被大数据独角兽Databricks“灯塔”计划评选为全球13位“灯塔”之一，也是首位中国“灯塔”。10月19日，阿里巴巴集团宣布开源平头哥玄铁RISC-V系列处理器，支持全球开发者研发基于RISC-V架构的芯片。

【5个公司项目被确定为大数据产业发展试点示范项目】2021年9月18日，工业和信息化部公布2021年大数据产业发展试点示范项目名单，网易（杭州）网络有限公司、杭州安恒信息技术股份有限公司、杭州半云科技有限公司、蚂蚁科技集团股份有限公司、创业慧康科技股份有限公司的项目被确定为大数据产业发展试点示范项目。

【存储系统“盘古”入选世界互联网领先科技成果】2021年9月26日，世界互联网大会乌镇峰会期间，阿里云计算有限公司自主研发的分布式存储系统“盘古”入选世界互联网领先科技成果。“盘古”通过分布式存储架构和相应数据冗余算法，支持规模扩展，较好解决超大规模数据高可用和高可靠问题。

【云原生处理芯片“倚天710”发布】2021年10月19日，云原生处理芯片“倚天710”在杭州·云栖大会发布。该芯片由平头哥半导体有限公司定制，采用5纳米工艺制程，由128个Arm核驱动，主频可达3.2吉赫兹，是业界首款基于最新Armv9架构的服务器芯片。由“倚天710”驱动的自研服务器“磐久”，面向云原生架构设计，可大规模部署，具备较高云计算服务性能和较优能效。

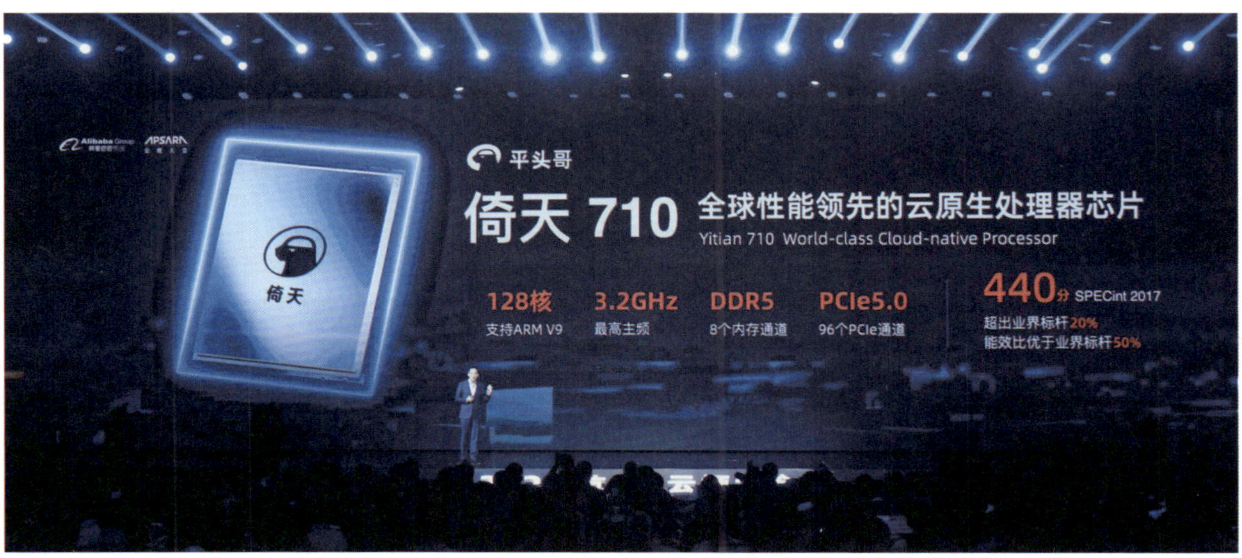

2021年10月19日，云原生处理芯片“倚天710”杭州·云栖大会发布（市经信局 供稿）

【国产云解决方案达世界一流水准】2021年11月16日，阿里云计算有限公司在*Gartner*发布的报告《阿里云国际IaaS+PaaS解决方案记分卡》（*Solution Scorecard for Alibaba Cloud International IaaS+PaaS*）获81分（满分100分），被认为是云生产环境部署人员普遍可行的选择。阿里云在该项评测中得分高于Oralce Cloud Infrastructure，低于Amazon Web Services和Microsoft Azure，表明国产云解决方案已达到世界一流水准。

【4个项目入选创新领航应用案例名单】2021年12月10日，工业和信息化部公布“2021年工业互联网平台创新领航应用案例名单”，新华三技术有限公司的“新华三供应链协同平台创新应用”、阿里云计算有限公司的“钢铁工业大数据平台创新应用”“基于云边网一体的离散行业‘一个流’制造创新应用”“磁性材料全产业链协同制造创新应用”入选。

（周狄波）

物联网产业

【概况】2021年，杭州市物联网产业实现营业收入2720.8亿元，比上年增长17.2%。有物联网重点企业1562个，主要集中在滨江区、西湖区、余杭区、萧山区、拱墅区，行业分布在数字安防、数字文娱/智能家居、计算机通信设备、仪器仪表、工业视觉等领域。新注册企业以医学影像、自动驾驶、虚拟现实行业较多，中大型企业以数字文娱/智能家居、计算机通信、数字安防、仪器仪表、工业视觉等领域居多。

【杭州“中国视谷”建设方案发布】2021年7月21日，杭州市发布“中国视谷”建设方案，以建设“中国视谷”经济地理新地标为牵引，明确从数字安防向视觉智能产业跃升的电子信息产业发展路径，进一步发展数字安防、工业视觉、自动驾驶、医学影像、虚拟现实、新一代视频会议终端、数字文娱等具有杭州标识度的产业。

【物联网芯片研制取得进展】2021年，杭州士兰微电子股份有限公司形成一批广泛应用于移动通信、物联网、汽车电子、智能硬件的智能控制芯片。平头哥半导体有限公司基于自主指令架构（RISC-V）研发嵌入式CPU（中央处理器）的IP核实现大规模量产。杭州中科微电子有限公司研发自主可控北斗导航芯片，实现GPS（全局定位系统）芯片国产替代。利尔达科技集团股份有限公司成为国内领先的物联网嵌入式微控制器设计企业。浙江铖昌科技股份有限公司、杭州海兴电力科技股份有限公司在微波毫米波射、5G、Wi-Fi、蓝牙、毫米波雷达、音频视频、存储等领域的芯片研发取得进展。

【重点企业物联网技术平台建设】2021年，阿里巴巴集团开发的AliOS Things是AliOS系列中面向IoT领域的轻量级物联网嵌入式操作系统，应用在智能家居、智慧城市、新出行等领域，推动物联网产业生态拓展。杭州海康威视数字技术股份有限公司的“视频感知新一代人工智能开放创新平台”是国家级人工智能开放创新平台，有注册用户6000多个，为用户训练智能算法超过4万个，发布智能硬件产品超过400个，为城市治理、智能制造等领域提供超过100个应用场景解决方案，落地项目超过2400个。利尔达科技集团股份有限公司开发的IOT基础服务平台为设备提供安全可靠的连接管理能力，整合物联网产业链上下游，下连智能设备，上承物联网应用，形成端到云完整链路物联网解决方案，应用于智慧出行、智能家居、智慧商业、智慧管理等行业。杭州涂鸦科技有限公司开发的涂鸦IOT开发平台累计超过44.6万个注册开发者，分布于200个国家和地区，服务4500多个客户，赋能近3800个品牌，辐射全球超过10万个线上和线下销售渠道。涂鸦IOT PaaS全面开放包含设备管理、AI场景、数据分析服务等基础能力，开发者可通过OpenAPI灵活调用全量云服务。

【数字安防大脑入选省行业产业大脑“揭榜挂帅”名单】2021年7月，数字安防产业大脑入选省首批行业产业大脑建设试点“揭榜挂帅”项目名单。12月，在全省数字经济综合门户测试上线数字安防产业大脑1.0版本，并迭代上线“1+4+N”典型应用。

【3个项目入选示范项目】2021年，浙江宇视科技有限公司“基于物联大数据智能分析的新一代交通管理决策支持和服务平台”、杭州炬华科技有限公司“智慧用能综合监测物联网云平台”、金卡智能集团股份有限公司“基于云计算的物联网数据采集和应用平台”入选2020—2021年度物联网关键技术与平台创新类、集成创新与融合应用类示范项目名单。

（裴　敏）

电子信息产品制造产业

【概况】2021年，杭州市电子信息产品制造产业实现主营业务收入5499亿元，比上年增长21.9%；增加值1230.6亿元，增长16.2%。拱墅区、西湖区、萧山区等8个区县（市）增速快于全市增速，产业整体呈现韧性强、创新推进快、转型升级稳的特点。

【8个企业入选电子信息百强榜】2021年10月12日，中国电子信息行业联合会发布2021年电子信息百强企业榜，杭州海康威视数字技术股份有限公司、富通集团有限公司、浙江大华技术股份有限公司、新华三技术有限公司、浙江富春江通信集团有限公司、浙江南都电源动力股份有限公司、浙江万马股份有限公司、三维通信股份有限公司入选。其中杭州海康威视数字技术股份有限公司列全国第15位。

【6个企业入选中国电子元件百强企业】2021年10月22日，中国电子元件行业协会信息中心发布“2021年（第34届）中国电子元件百强企业”榜。富通集团有限公司、浙江富春江通信集团有限公司、杭州富生电器有限公司、杭州象限科技有限公司、杭州日月电器股份有限公司、杭州微光电子股份有限公司入选。其中富通集团有限公司排全国第五位。

【精密仪器技术研发与创新服务平台投用】2021年9月，临安区与杭州谱育科技发展有限公司合作建设的先进精密仪器共性技术研发与工程化创新服务平台投用。该平台旨在解决国内先进精密仪器产业缺少共性技术支撑、缺乏工程化中试加速的问题,通过技术攻关、设备购置与能力建设,实现高水平、全链条共性技术研发及工程化创新服务。(裘 敏)

集成电路产业

【概况】2021年,杭州市集成电路产业实现限额以上企业营业收入413.5亿元,比上年增长25.7%。全市集成电路企业有243个,产品涵盖微处理器、逻辑电路、存储器、模拟电路、功率器件、传感器6个品类;应用覆盖计算机、通信、物联网、卫星导航、电力电子、人工智能、消费类电子、工业和车规级芯片等主流领域,部分产品全国领先。形成以杭州国家"芯火"双创基地为主平台,集成电路各环节产业服务平台齐头并进,省集成电路产业技术联盟为桥梁纽带,推进杭州企业、高校院所、平台等创新主体相互融合的发展架构。6月,浙江省集成电路创新平台大楼结顶。该平台致力于打造12英寸CMOS集成电路芯片设计与制造成套工艺技术公共创新平台。

【杭州集成电路测试公共服务中心启用】2021年1月,由杭州"芯火"双创基地和杭州朗迅科技集团有限公司建设的杭州集成电路测试公共服务中心启用。该中心可提供设计阶段的设计验证、晶圆制造阶段的过程工艺控制测试、封装前的晶圆测试、封装后的成品测试,服务电源管理、GPS导航、无线SOC、MCU、(微控制单元)数字媒体芯片、信号链芯片等方向。

【芯片全要素检测分析实验室落户高新区】2021年2月,浙江省首家芯片全要素检测分析实验室(季丰实验室)落户杭州高新区(滨江)。该实验室主要为芯片企业提供失效分析、可靠性验证等芯片分析验证专业技术服务,还包括测试方案开发、晶圆测试、成品测试及相关配套服务。实验室更加注重利用先进科学仪器设备,对少量的芯片工程样品批次进行彻底的解剖分析验证。该机构为杭州市及省内多个芯片重点研发企业提供检测分析服务。

【杭州市集成电路设计产业园开园】2021年7月5日,市集成电路产业园改造提升工程竣工,工程建筑面积6.74万平方米,总投资2.6亿元。入驻企业10个,计划总投资超过40亿元,涵盖芯片设计、芯片封装、成品测试及应用等细分领域研发、小试阶段产品生产等。

【"芯机联动"对接活动】2021年,市经信局"芯机联动"活动组织企业赴宁波、台州等地,举办杭州湾、台州、钱塘芯谷、中欣晶圆、EDA、存储等"芯机联动"专场对接会7场,推动终端企业在智能摄像头、汽车自动驾驶系统、智能电表、工业视觉、智能家居等方面与杭州芯片企业达成合作意向。

【8个企业获"中国芯"大会相关奖项】2021年12月,第十六届"中国芯"大会在珠海开幕。杭州士兰微电子股份有限公司、杭州万高科技股份有限公司、矽力杰半导体技术(杭州)有限公司获优秀技术创新产品奖,杭州国芯科技股份有限公司、杭州海康微影传感科技有限公司获市场表现奖,杭州晶华微电子股份有限公司、杭州雄迈信息技术有限公司获芯火新锐产品奖,杭州广立微电子股份有限公司获优秀支撑服务企业奖。(裘 敏)

机器人产业

【概况】2021年,杭州市机器人产业规模以上企业实现业务收入152.3亿元,比上年增长29.4%,基本形成机器人零部件、整机、系统集成及周边配套为一体的产业链,在巡检、物流、移动机器人方面形成一定的集聚优势。工业机器人代表企业有杭州海康机器人技术有限公司、杭州新松机器人自动化有限公司、杭州南江机器人股份有限公司、杭州永创智能设备股份有限公司。服务机器人代表企业有杭州迦智科技有限公司、中建材轻工业自动化研究所有限公司、浙江亿视电子技术有限公司、浙江厚达智能科技股份有限公司。特种机器人代表企业有浙江国自机器人技术有限公司、杭州萧山中开机器人有限公司、浙江盛暄电力科技有限公司。

【国自机器人获省技术发明奖二等奖】2021年6月15日,浙江省科学技术奖励大会发布浙江省科学技术奖等奖项,浙江国自机器人技术股份有限公司"基于智能仓配一体化技术的智能物流关键设备及系统"获省技术发明奖二等奖,该产品为电商和供应链仓储管理领域提供通用、高适应性、高效物流整体解决方案。

【智慧中药房共享中心被认定为2021年浙江省智能工厂】2021年12月,省经济与信息化厅发布"2021年浙江省智能工厂(数字化车间)名单",浙江厚达智能科技股份有限公司"智慧中药房共享中心"入选省级智能工厂。该中心通过高质、高效、安全、绿色现代中药煎制智能化煎制系统,实现处方智能接审、饮片智能仓储、智能调剂、智能煎煮、汤剂智能包装、智能清洁以及成品自动配发。

【《机器视觉发展白皮书》发布】2021年11月,由中国电子技术标准化研究院牵头,杭州海康机器人技术有限公司参与编写的《机器视觉发展白皮书》发布。标志着机器视觉行业从概念到产品有了统一的系列标准规范。

【全国物流机器人工作组会议在杭州举行】2021年4月27日,全国自动化系统与集成标准化技术委员会机器人与机器人装备分技术委员会物流机器人工作组(SAC/TC159/SC2/WG15)全体委员会暨国家标准研讨会在工作组秘书处杭州海康机器人技术有限公司举行。

【图快未来工厂落户云栖小镇】2021年6月29日,由杭州自动化技术研究院投资组建的浙江图快数智科技公司落户云栖小镇。该公司战略目标是融入西湖区未来工厂设计中心,整合西湖区未来工厂4个联盟及全国范围优质资源，推动制造业数字化改造和未来工厂普及推广。

（张向荣）

信息基础设施

【概况】2021年，杭州市主要通信运营商实现电信业务收入238.11亿元，比上年增长10.8%；城域网出口带宽达到16.5T，增长28.9%；建成5G基站2.7万个，增长32.3%；移动电话（出账）用户1832.98万个，增长3%；固定电话用户194.9万个，（固定）互联网宽带接入用户579.39万个，增长3%。12月24日，首届“千兆城市”高峰论坛在山东青岛举行，杭州入选首批“千兆城市”。

【杭州5G网络质量获3个奖项】2021年9月28日，第一届移动网络高质量发展论坛上，工业和信息化部发布2021年度全国移动网络质量专项评测结果。基于杭州移动5G网络在整体覆盖、城市道路等方面的表现，杭州市在公园、商超、地铁、行政中心等场景评测中取得5G覆盖和速率满分，获“各场所网络质量卓越城市”“主要道路5G网络质量卓越城市”“地铁场景5G网络质量卓越城市”3个奖项。

【国家（杭州）新型互联网交换中心】2021年9月29日，国家新型互联网交换中心试点推进会在杭州召开。会议肯定国家（杭州）新型互联网交换中心在试点探索过程中形成的经验，杭州交换中心先行先试、善作善成，为全国新型互联网交换中心发展贡献浙江样板。国家（杭州）新型互联网交换中心落地杭州，出台并落实《国家（杭州）新型互联网交换中心补贴方案实施细则》，加强产业推介和对接，提升服务能力，提前超额完成省定目标。

【杭州企业参与行业标准起草】2021年12月2日，工业和信息化部批准513项行业标准。阿里巴巴集团和新华三技术有限公司参与其中数据中心液冷行业标准的起草。

【工业互联网标识二级节点服务许可证颁发】2021年12月22日，浙江省通信管理局向迈迪信息技术有限公司颁发全省首张工业互联网标识解析二级节点“互联网域名注册服务机构”许可。标识解析体系是网络基础设施的重要组成部分，工业互联网标识二级节点是工业互联网标识解析体系的中间环节。

【杭州移动5G分流比超过30%】2021年10月，杭州移动网络5G分流比（5G流量占全网流量的比重），是5G综合运营能力评估的重要指标达到30.8%，率先实现5G分流比30%的突破。

（周狄波）

2021年6月1日，杭州电信公司的工程人员在杭州奥体中心调测通信设备

（杭州电信公司 供稿）

通信服务

【概况】2021年，中国电信股份有限公司杭州分公司（简称杭州电信公司）主业员工2752人。至年末，杭州电信公司完成全业务主营收入77亿余元，宽带净增16.6万户，移动净增35.5万户，5G用户271万户。数字化业务发展加速，天翼云收入6560万元，比上年增长102%；物联网收入9504万元，增长43%；移动5G基站1.1万个，实现杭州市城区、郊区、乡镇、风景区、部分发达村的连续覆盖。5G分流比25.5%，列全省第一位、全国重点城市第二位。推进双千兆网络建设，新增4.1万个XG-PON端口，千兆端口超过25%，具备千兆接入能力的FTTH覆盖家庭262.4万户，完成1000多个千兆小区建设和用户割接。全年联合共同开通5G基站2983个、室分1236套，累计共同开通5G基站1.04万个、室分1898套。5G无线网络城区全覆盖、重要乡镇连续覆盖，一般乡镇重点区域有效覆盖达到城区与重要乡镇的连续覆盖，5G的NSA（非独立组网）网络正式全面升级为SA（独立组网）网络。加快网络云改数转，启动新型城域网建设，加快政企OTN（光传送网）建设。全年共建共享RRU（射频拉远单元）1.57万套，补充城区网络覆盖，在建德市、桐庐县等进行成片共享，盘活基站资源。

中国移动通信集团浙江有限公司杭州分公司（简称杭州移动公司）下设13个生产单位、10个职能部门和工会，员工2900多人。2021年，通信服务收入122.7亿元，比上年增长16.4%，增幅居全国同类城市第一位；通话用户1086万个，5G终端用户438万个，宽带用户260万个。至年末，杭州移动公司5G基础设施建设投资累计超过36亿元，站点建设开通累计超过1.3万个，覆盖总面积超过3500平方千米，实现杭州主城区、县（市）城区、乡镇5G全覆盖。4G物理基站2.3万个，4G网络人口覆盖率超过99.9%，日均4G网络、5G网络流量总量6685TB。

中国联合网络通信有限公司杭州市分公司（简称杭州联通公司）有在职员工近1600人，本科及以上学历专业人员占员工总数的73%以上。杭州联通公司2021年业务收入39.63亿元，比上年增长15.1%。新建5G基站4732个，5G基站累计1.3万个，实现重点乡镇以上5G网络连续覆盖，人口覆盖率92%，核心城区5G速率700Mbps。开展诈骗骚扰号码整治，强化反诈宣传，优化防范技术，加强诈骗骚扰问题管控，提升“反诈”等本地系统能力。运用大数据建立红黄预警监测模型，对不同风险等级号码进行实时拦截，识别处置高危号卡6.2万个，黑名单惩戒600多个。

杭州电信公司、移动公司、联通公司为杭州市“两会”提供5G网络技术支持。完成省、市“两会”和建党百年庆典、中国质量（杭州）大会、中国国际茶叶博览会、杭州国际电子商务博览会、未来生活节、国际动漫节、高考，以及抗击强台风等通信网络保障任务。

【亚运会通信网络保障】2021年，杭州电信公司融合信息化新技术与亚运服务网络保障，推进AGIS专网、互联网（Wi-Fi）专网建设，AGIS专网于11月17日通过亚组委验收，场馆侧完成11个场馆出口交换机、7个场馆接入交换机安装，网管统一认证平台上线。建设开通5G室外基站2688个，其中亚运保障5G室外基站473个。33个亚运场馆建设室内分布覆盖开通17个，提升光网、无线网两张网络质量。完成亚组委第五次执委会暨全委会、亚残组委第二次执委会暨全委会、杭州亚运会代表团团长大会等6个重要会议通信保障服务，有效测试网络及通信服务运行流线。根据规范补充完善通信产品服务清单，全程参与亚组委核价工作小组会议，完成《关于通信联合体提供通信产品服务价格支撑材料的说明》提交组委会。

中国移动通信集团和浙江公司、杭州分公司三级联动，组建专项领导小组和办公机构，打造“大型洲际型赛事网络保障体系”，通过亚组委AGIS核心网验收。参加编制全国大中型智慧场馆地方标准，完成黄龙体育中心、富阳水上运动中心等23个智能亚运项目。“杭州亚运会：泛5G智能场馆赛事应用项目”获2021年全球互联网大赛总决赛5G赛道一等奖。

【杭州电信陈列馆庆祝中国共产党成立100周年】2021年7月13日，杭州电信陈列馆以“百年初心，红色电信”为主题全新升级开馆。馆内陈列的旧式电报机、老式电话机、无线电台等通信设备记录着清光绪九年（1883年）至2021年杭州及中国电信业发展历程，展现红色电信百年来自强不息、艰苦奋斗、跨越腾飞的历史画卷。杭州电信陈列馆所在的惠兴路电信大厦是浙江省电话局旧址，也是浙江省现代通信事业重要发源地。该建筑建于民国十九年（1930年），历经90多年仍保存完整，被认定为中央企业工业文化遗产、杭州市文物保护建筑、上城区爱国主义教育基地。

【“5·17”美好家生活联盟发布】2021年5月17日电信日，杭州电信公司举办“数智生活，共生美好”主题活动，发布“美好家生活联盟”，开启5G生态智能时代生活，推动智慧家庭终端发展。至年末，全屋Wi-Fi新增14.6万户，“天翼”看家新增5.4万户，智慧家庭收入5909万元。

【杭州大数据中心项目启动】2021年，中国电信杭州大数据中心项目落户萧山经济技术开发区三江创智新城。该项目用地约11万平方米，建筑面积约23万平方米，规划8千瓦机架总数2万架，可容纳40万台服务器，设计PUE值1.25以下。建设机楼6幢、110千伏变电站2座、生产研发中心1幢及配套用房，总投资50.1亿元，计划2025年完工。8月16日，该项目入选省发改委、省自然资源厅2021年浙江省重大产业项目（第一批）特别重大产业项目（实施类）名单。9月23日，市发改委批复同意该项目首批10.23万吨标准煤年综合能耗指标。12月27日，杭州大数据建设运营分公司以1.09亿元竞得三江创智新城工业用地11.22万平方米，杭州大数据中心建设启动。

【数字化改革智慧应用赋能】2021年，杭州电信公司推动数字化改革智慧应用赋能，助力基层治理平台及数字化改革重点项目。西湖区“民呼我为”和“西湖码”综合应用获评全省数字化改革“最佳应用”。按照杭州建设“未来工厂”部署要求，聚焦萧山、钱塘、临平等重点区域和重点客户，打造三花集团5G+智能工厂、杭锅集团5G+数字化生产、杭萧钢构股份有限公司5G+数据采集、杭叉集团5G专网等一批标杆案例，其中三花集团5G“未来工厂”项目获第4届“绽放杯”全国总决赛二等奖、工业赛道一等奖。

【疫情防控通信保障】2021年，杭州电信公司确立2小时监控机制，保障核酸检测平台平稳运行，为重要场所提供紧急通信保障服务。大数据赋能流调溯源，对全市基站及室内分布系统经纬度比对校正，为判断新冠肺炎疫情传播路径提供数据支撑。“视频监控”和“智能门磁”助力政府降低防控成本，提升群众隔离感知和防控配合度。（孔　咏）

【“双5G”数字化发展】2021年，杭州移动公司加速构建高速泛在、智能开放、绿色安全的新型基础设施网络，打造以5G、千兆光网F5G为核心的“双5G”数字化发展核心底座。在中国信息通信研究院专业评测中获“5G网络质量卓越城市”3个奖项，千兆宽带网络实现全域覆盖。打造商用变现5G行业应用、“5G+边缘计算”校园专网等一系列标杆项目，落地集团、省公司级示范项目77个，规模居全国第一位，再次中标国家发展改革委创新工程。至年末，5G终端用户渗透率38.1%，5G流量占比居全国第一位。千兆用户规模达到37万户，份额居行业第一位。

【移动公司数字化改革推进】2021年，杭州移动公司推进数字化改革，打造数字人大、区域医疗影像云、“5G公证云链”等多个数字化改革项目，累计建设数字化改革项目70个。参与萧山横一村、凤凰村等省级重点示范村数字乡村场景建设，打造余杭“数智鸬鸟”、拱墅瓜山未来社区等数字乡村/社区示范项目。

【服务民生实事工程】2021年，杭州移动公司开展“阳光厨房”专项攻坚，形成包含策略方向、发展模式、营销标准、激励措施的“四位一体”保障体系。实施全天候服务、业务开通仅需“上门一次”，助力政府浙食链平台接入商家6000户。“技防+人防”，“自查+督查”，开展反诈公益宣传，开展“断卡”行动、“安心”行动，累计配合公安机关查处涉嫌通信网络诈骗案件1594起，涉案金额3506万元，累计处置高风险号卡近51万张。

【联通公司数字化改革成果】2021年，杭州联通公司多领域参与党政机关整体智治、数字政府、数字经济、数字社会、数字法治等系统建设。打造机关事务管理局智慧机关、团委数智群团、数字人大等平台，先后服务城市大脑“交通治堵”，搭建20多个城市大脑数字驾驶舱，承建城市大脑深化应用、杭州城市体检项目。打造市环保局“生态智卫”等项目，入选杭州市数字政府12个重要应用、浙江省数字政府成果展、杭州城市大脑新实景。为杭州商旅集团有限公司、运河集团有限公司、城投集团有限公司、钱投集团有限公司打造国企上云建设，助力国有企业数字化转型。实施“浙江中控云化5G+PLC应用合作”“国网电力5G虚拟专网—零碳亚运”“城东大厦IOC智能楼宇”“杭州国际中心5G智慧工地监测”等项目，服务城市公共设施建设。（周宇飞）

2021年11月，杭州移动公司余杭分公司为余杭区鸬鸟镇搭建的“数智鸬鸟全域治理”平台运行 （杭州移动公司 供稿）

【联通5G应用成果】2021年，杭州联通公司加快5G融合创新应用，落实5G应用“扬帆”行动计划，在全国第4届“绽放杯”5G应用征集大赛上获多个奖项。

5月，杭州联通公司和国网浙江省电力有限公司杭州供电公司联合打造“国家电网5G电力虚拟专网赋能‘零碳’亚运”项目，部署全国首个商业落地的地市级5G电力虚拟专网；国内首次应用“5G+量子加密”、“5G+零信任安全防护方案”，参与电网调度，实现电力数据安全隔离、毫秒级时延控制，提升新能源装机及发电站比。

6月，杭州联通公司与桐庐县新合乡完成“5G+红色新合党史学习教育基地项目”，把“数智”植入新合乡红色资源，打造集参观、学习、体验、研学、消费于一体的党史学习教育基地。通过开发“景点预约”“数字导览”“AR讲解”“导购服务”“红色游戏”“新合山货”等功能板块，实现旅游数据实时掌握，安全风险精准研判，旅游服务功能优化。11月，杭州联通公司与杭州市第一人民医院实施基于“5G+边缘云技术”的手术急重症信息化改造项目。通过5G融合监测、治疗、辅助等智能医疗终端，构建跨院区5G医疗专网，打通多院间云边协同云平台，搭建面向患者、家属、医护人员的5G智慧危重症一体化全场景应用体系，提供“1+1+N”（1张跨院区5G医疗专网，1个危重症一体化管理平台，重症患者实时监护、远程会诊、远程探视、远程查房、移动护理等N个应用）的服务，满足医院业务发展需求，实现多院区危重症管理智慧联动，提升患者就医体验。

（柴萍燕）

责任编辑 须同威 孙晟珂

20 文化产业

综　述

【文化产业实现增加值2586亿元】 2021年，杭州市文化产业持续健康发展，产业综合实力增强。全市文化产业及相关特色产业实现增加值2586亿元，比上年增长8.7%，占地区生产总值的14.3%。全市有规模以上文化企业1303个，全年实现主营业务收入8212亿元，增长11.6%，占全省的61.5%。

【文化产业发展规划政策制定】 2021年，杭州市编制发布《杭州市文化产业发展“十四五”规划》，明确“十四五”时期全市文化产业高质量发展目标定位、布局举措、重点任务。制定《杭州市文化产业信贷融资风险补偿基金管理办法》，与杭州银行组建新一轮文化产业信贷融资风险补偿基金，全市4个文化金融合作银行为350多个文化企业办理信贷融资25亿元。研究修订《杭州市文化创意专项资金管理办法》，明确重点扶持方向、项目绩效质量等，强化财政性资金产业引导作用。

【之江文化产业带建设】 2021年，杭州市落实《之江文化产业带建设规划》和《杭州市之江文化产业带建设推进计划（2018—2022年）》，推进之江文化产业带建设。全年新增16个重点项目入库，之江文化产业带重点项目增加到84个，比规划数增长170%；重点项目投资额1296亿元，比第一期项目增长15.7%。其中：投资规模10亿元以上的文化项目39个，约占项目库总数的46%；投资规模50亿元以上的文化项目10个，约占项目库总数的12%。“宋城演艺”“网易云音乐”入选第四批国家文化和科技融合示范基地（单体类），浙江数字文化国际合作区获批国家文化出口基地。中央广播电视总台与杭州文广集团联合打造国家级短视频基地，中国视听创新创业产业基地落地之江发展核。中国（浙江）影视产业国际合作区基地在中央宣传部、商务部等4个部委开展的国家文化出口基地综合考评中居全国前三位。产业带“一核五极多组团”空间发展格局日渐清晰，数字文化、影视、动漫游戏、艺创设计等重点产业基础不断夯实，逐步构建竞争有序、特色鲜明的带状文化产业发展体系。之江文化产业带上下游延伸区域重点围绕文旅产业融合、乡村产业振兴融合发展进程加快，“昌化8300文化体验中心”及“临安线上市集”上线，梅城严州活态府、千岛湖水下古城文化创意街区业态提升。之江文化产业带区域文化产业实现增加值1102亿元。

【“文创e点通”企业服务数智应用】 2021年，市委宣传部深化数字文化改革，市文创产业发展中心创新推出“文创e点通”企业服务数智应用。设置“文创头条”“文融通”等5种应用场景，为文化企业提供“在线店小二”式服务。通过企业办事服务“一码直达”、政策信息资讯“一览无余”、产业资源对接“一键响应”、动态数据集成“一舱掌控”的数字化场景应用，打通文化企业服务“最后1公里”，实现“数据多跑、企业少跑、智慧应用、办事便捷”。

【文创产业投资引导基金完成项目投资261个】 2021年，文创产业投资引导基金新增投资项目41个，新增对外投资额11.4亿元。至年末，文创产业投资引导基金累计规模70亿元，完成项目投资261个，完成对外投资额41亿元。其中，引导基金参股子基金规模49.2亿元，累计投资项目153个（杭州项目55个，占比36%，单个项目多轮投资计1个），累计投资额24.72亿元（杭州项目8.16亿元，占33%），投资杭州区域金额为引导基金出资金额的3.1倍。自有资金参股子基金规模为20.8亿元。投资项目中，爱科科技股份有限公司、浙江出版传媒股份有限公司等于2021年上市；斯瑞新材料有限公司科创板上市过会并提交注册申请，磨铁图书有限公司、河北广电无线传媒有限公司、浙江小影科技有限公司等项目提交上市申报材料；杭州巴九灵文化创意有限公司、杭州玄机科技信息技术有限公司、浙江托普云农科技有限公司等项目接受上市辅导。另有多个项目筹备股改、上市或并购相关工作，未退出项目中有100多个项目获后轮融资。

【7个杭州企业入选国家文化出口重点企业】 2021年，杭州绝地科技股份

有限公司、杭州电魂网络科技股份有限公司等7个杭州企业再度入选国家文化出口重点企业，浙江中南卡通股份有限公司“之江一号”AI表演数字动画平台获评国家文化出口重点项目。至年末，杭州累计24个企业入选国家文化出口重点企业名单，24个项目获评国家文化出口重点项目。

【动漫游戏产业营业收入328.5亿元】2021年，杭州市动漫游戏产业营业收入328.5亿元，比上年增长26.9%，上缴税金10.65亿元，游戏境外销售99.29亿元；创作生产动画片3947集、2.85万分钟。在电视、网络等平台播出动画片34.4万分钟，创作出版漫画94部共23.46万册。立项动画电影8部，3部动画电影在银幕公映，制作完成各类游戏897款。建设浙江数字文化国际合作区，成为数字文化贸易功能区。万达宝贝王有限公司、北京追光动画电影公司、字节跳动有限公司（游戏板块）等知名品牌企业相继落户杭州。（李　寒）

【杭产动漫作品获奖】2021年，6部杭产动画作品获得国家广播电视总局季度推优，数量居全国同类城市第一位。动画片《口袋森林》（第一季）、《小鸡彩虹》（第五季）入选优秀海外传播作品，动画片《口袋森林》（第二季）、《舒克贝塔》（第二季）获优秀动画作品。在中国文化艺术政府奖第四届动漫奖评选中，动画片《下姜村的绿水青山梦》、漫画《红船故事》入选最佳动漫作品，杭州阿优文化科技有限公司入选最佳动漫团队。在第三十一届浙江电视“牡丹奖”评选中，动画片《下姜村的绿水青山梦》获最佳作品奖，《秦时明月陆沧海横流》《旗旗号巡洋舰》（第一季）获优秀作品奖。有17部作品入选浙江省广播电视和网络视听“十四五”重点文艺作品选题规划。中国美术学院动画短片作品《海马》获昂西国际动画节短片学生毕业创作单元“水晶奖”。（金杭婷）

文化产业园区（文化创意街区）

【概况】2021年，杭州市文化产业园区（街区）保持稳步发展趋势。40个市级文化产业园区和12个市级文化创意街区发展稳定。市级文化产业园区规划建筑总面积935万平方米，集聚各类企业5371个，其中，文化企业4565个，占企业总数的85%以上。文化创意街区规划建筑总面积84万平方米，集聚各类文化企业744个。

【中国数字音乐谷】中国数字音乐谷位于杭州国际博览中心A座（一期）、后解放河建筑群景观带（二期），主导数字音乐、动漫游戏等产业，是杭州市级文化产业园区。园区是全国5个国家级音乐产业基地之一，以“音乐科技创新城”为核心定位，坚持“内容为王，创新制胜”发展理念，打造联通产业链的音乐综合平台，推动音乐内容创作、音乐科技及相关产业发展模式的创新融合。2019年投入运营，总建筑面积5万平方米，融展示、演出、交流、内容制作等功能于一体，建有创客区、音乐厅、功能区、展示区等公共服务区域。2021年，园区营业收入117亿元，利税1.5亿元，入驻企业23个。

【聚落五号创意产业园】聚落五号创意产业园位于上城区艮山支三路5号，园区主导建筑设计产业，是杭州市级文化产业园区。2011年投入运营，是省内首个以建筑设计产业为主导的文化产业园区，总建筑面积5万平方米，先后被评为浙江省重点文化产业园、浙江省现代服务业集聚示范区。园区引进中国航天设计院浙江分院等一批优质建筑设计企业，涵盖园林景观设计、室内设计、照明设计、节能建筑科技、BIM建筑技术等辅助设计企业，组建建筑设计产业联盟，构成以建筑设计为主的全产业链。2021年，园区营业收入5.8亿元，利税3200万元，入驻企业77个。

【东方电子商务园】东方电子商务园位于上城区九盛路9号，园区主导信息软件、电子商务产业，是杭州市级文化产业园区。园区地处城市东部核心区块，2009年投入运营，总建筑面积20万平方米。园区以数字经济赋能文化产业，探索“新服妆、新零售、新媒体”三新联动，打造数字时尚文化产业新高地，集聚杭州平治信息技术股份有限公司、杭州蒸汽工场文化创意有限公司、定格文化传媒有限公司等一批文创产业骨干企业。2021年，园区营业收入122亿元，利税2.6亿元，入驻企业155个。

【元谷创意园】元谷创意园位于拱墅区长乐路29号，园区主导文化创意产业，是杭州市级文化产业园，2008年投入运营，总建筑面积2.6万平方米。园区按照“专业化、品牌化、连锁化”的市场运营模式，构建创业孵化、金融服务、活动交流、品牌推广、信息咨询、中介服务、人才服务、省工业设计技术创新服务等平台，组建元谷文创园党委、元谷工会联合会，为园区企业提供全方位服务，助力企业快速做大做强。2021年，园区营业收入1.3亿元，利税231万元，入驻企业123个。

【中国美院风景建筑设计创意产业园】中国美院风景建筑设计创意产业园位于西湖区西斗门路，园区主导创意设计产业，是杭州市级文化产业园区。2011年投入运营，使用面积3.2万平方米。中国美院风景建筑设计创意产业园依托中国美术学院学术背景，发挥设计艺术在改善民生、推动社会创新中的独特作用，参与美丽乡村建设、“未来社区”试点等工作，打造国际文化创意龙头企业园区。2021年，园区营业收入10亿元，利税4655万元，入驻企业63个。

【杭州智慧产业创业园】杭州智慧产业创业园位于西湖区文一西路857号，园区主导动漫游戏、信息服务、设计服务等产业，是杭州市级文化产业园区。园区地处西溪国家湿地公园北面，2015年投入运营，总建筑面积5.5万平方米。重点引进信息服务、影视文化、游戏动漫、设计服务、广告新媒体、文化会展等文化产业企业及相关应用企业，搭建公共交流平台、技术服务平台、融资服务平台、产业孵化平台等公共服务，是集文化创意设计、研发、展示、体验的综合性文化产业园区。2021年，园区营业收入11亿元，利税3000万元，入驻企业67个。

【西溪艺术集合村】西溪艺术集合村位于余杭区五常街道访溪路，主导影视动漫、信息软件、文化旅游、设计服务等产业，是杭州市级文化产业园区，2019年被评为浙江省重点文化产业园区。园区地处国家AAAAA级景区——西溪国家湿地公园洪园西南角，是国内唯一城市湿地艺术聚落，总建筑面积3.7万平方米。园区重点发展艺术创作及艺术经营类、创意设计类、总部基地类文创产业，作为梦想小镇天使村先导区块和浙江省上市公司金融村核心区之一，为入驻企业提供产权交易、金融融资、人才培养、商务服务、法律咨询、后勤配套等专业服务。2021年，园区营业收入4亿元，利税6855万元，签约入驻企业30个。

【绿岸文化产业园】绿岸文化产业园位于余杭区文一西路1382号，园区主导数字内容产业（社交电子商务、网红经济、新媒体、手机游戏），是杭州市级文化产业园区。2015年投入运营，建筑面积1.47万平方米。园区以视频文创产业为核心的孵化器平台，融合智能与娱乐、文化与消费、艺术与产品，创建内容创意、孵化引导、网红培育、媒介联系、学习交流的全产业链，为入驻企业提供产业培育、技术支撑、科技金融、人才培育、知识分享等系列专业服务。2021年，园区营业收入1428万元，利税170万元，入驻企业23个。

【凤凰山南影视文化街区】凤凰山南影视文化街区位于上城区大资福庙前路，园区主导影视产业，是杭州市级文化创意街区，总面积2.28万平方米，使用面积1.28万平方米。街区广播电视总台电影频道杭州基地、杭州佳平影业有限公司、浙江睿宸影视制作有限公司等优秀文化企业，由浙江省文化产业促进会牵头组建的影视浙军新力量发展联盟也落户街区。街区企业出品的电视剧《东方》《鸡毛飞上天》《麦香》分别获中共中央宣传部第12届、第14届、第15届精神文明建设“五个一工程”奖。通过影视街区打造，将馒头山文化街区和玉皇山南基金小镇有机串联，使资本与影视产业实现有机衔接，影视产业成为“有源之水”，实现资金、IP、制作一体化影视产业链，成为上城区打造杭州市影视文化产业高地的主阵地。2021年，街区营业收入17亿元，利税1345万元，入驻文化创意企业39个。

【杭州新天地文化创意街区】杭州新天地文化创意街区位于拱墅区东文街90号，主导演艺、文旅休闲等产业，是杭州市级文化创意街区。街区以工业主题文化为核心创意，是集演艺、会展、休闲、旅游、灯光秀于一体的新概念文化综合体，占地面积56.7万平方米，建筑总体量180万平方米。街区分为新天地艺术中心、新天地露天剧场、星光文化广场、新天地新远影城、新天地工业遗存保护展示中心、中国·武林美术馆、新天地太阳马戏秀场7个板块，其中新天地太阳马戏秀场是国际著名演艺品牌加拿大太阳马戏在全球硬件投入最大的剧院。2021年，街区营业收入24亿元，利税1200万元，入驻企业291个。

【艺尚小镇时尚文化历史街区】艺尚小镇时尚文化历史街区位于余杭区汀兰路，主导服装设计、时尚产业，集聚国内外顶尖服装设计师24名，是杭州市级文化创意街区。2016年投入运营，总面积20万平方米。2019年被评为浙江省文化创意街区。街区由时尚文化街区和时尚历史街区组成，其中时尚文化街区以余杭文化艺术中心为轴心，分布于汀兰路两侧，形成研发时尚创意办公与时尚创客的文化创意街区。时尚历史街区保留29幢农村自建房原有田园特色，形成江南水乡风格的创新创意汇聚、时尚电子商务企业、青年创业孵化一体的综合文创板块。2021年，街区营业收入35亿元，利税2.47亿元，入驻企业126个。（李　寒）

文化品牌活动

【概况】2021年，杭州推进文化品牌活动，创新文博会办展方式，举办第十五届杭州文博会，集中举办“文创新势力”颁奖典礼、“创意对话创意”两岸文创产业高峰论坛，发布年度发展指数报告，打响“思想的文博会”品牌。举办第七届中国数字阅读大会、国际工艺周等会展活动，组织文化企业参加深圳文博会、苏州创博会、成都创意周、香港影视展等展会。设在英国、意大利的两个海外文创交流中心，举办“宋韵文化展”、“中意你”少儿创意作品巡展等文化交流活动，提升杭州文化品牌国际知名度与影响力。

【杭州文化创意产业博览会】2021年11月2—8日，由市政府、浙江大学、中国美术学院共同主办，市委宣传部、

2021年11月2—8日，第十五届（2021）杭州文化创意产业博览会举行（市文创产业发展中心 供稿）

市文创产业发展中心承办的第十五届（2021）杭州文化创意产业博览会举行。文博会以“创意杭州·联通世界——文化引领美好生活”为主题，采取“线上文博会+线下论坛及指数发布”相结合的方式办展。30多个国家和地区的3000多个文化企业及品牌参展，线上会场展示国内外文化精品20多万件，在线点击量1.9亿人次。线下集中举办“文创新势力”颁奖典礼、“创意对话创意”两岸文创产业高峰论坛、2021年杭州市文化产业投融资发展论坛等产业论坛，发布一系列文化行业年度发展指数研究报告，吸引境内外专业机构、媒体及网民的极大关注，打响“思想的文博会”品牌。文博会完成现场项目签约及达成融资意向总额48.5亿元，省、市领导及100多位国内知名高校、专业机构、“头部”文创企业的专家学者与专业人士参与线上和线下活动。新华社海外版、人民网、新华网、央广网、中国新闻社、《中国日报》《浙江日报》等100多个中央及省、市主流媒体、新媒体和“学习强国”平台共计刊发相关报道4000多篇，网络转发信息20多万条。文博会举办的消息在欧美和亚太地区国家以6种语言同时发布，美联社等境外媒体及门户网站报道。（李　寒）

【戛纳电视节·中国（杭州）国际电视内容高峰论坛】2021年6月22—30日，第五届戛纳电视节·中国（杭州）国际电视内容高峰论坛（MIP China）在杭州举行。通过线上和线下结合方式举办论坛培训、“一对一”商务洽谈、全球电视内容展播、行业新片推介创投会4个板块内容，吸引35个国家和地区的359个影视公司参加。开展一对一洽谈会4095场，达成合作意向826个，意向金额超过8200万美元。《功夫熊猫》导演约翰·史蒂文森、《超级飞侠》制作人乔希·塞利格等国际动画界领军人物通过视频演讲方式，全球纪录片领军媒体探索频道亚太区内容制作开发副总裁魏克然、中国专家程十卉和《你好，李焕英》制片方新丽传媒副总裁王乔等嘉宾通过现场演讲方式，分享热门影视动漫作品和优秀节目制作模式的成功案例。论坛首次增设泛亚洲儿童内容创投会，邀请美国维亚康姆有限公司（Viacom）、华纳传媒有限公司、“腾讯视频”、“爱奇艺”等国内外媒体平台和内容采购方，挑选优秀儿童娱乐内容进行现场点评。特别推出全球电视内容展播和优秀作品推介会等活动，精选来自法国、英国、日本等8个国家的18部作品进行现场展播，后续在线开展33场论坛培训和40多场电视内容展播。（金杭婷）

【中国数字阅读大会】2021年4月16日，第七届中国数字阅读大会在杭州开幕。大会由国家新闻出版署、浙江省政府指导，中国音像与数字出版协会、浙江省委宣传部、杭州市委宣传部共同主办。大会以“数字赋能新发展，阅读追梦新征程”为年度主题，开展“重温红色故事”“阅读点亮中国”等重点活动。设立主题峰会，创新举办中国数字阅读大会文化创意展，首次采用线上和线下相结合的办会模式，同步推出线上大会，访问量3900万人次。大会发布《2020年中国数字阅读报告》，系统梳理2020年党和国家在数字阅读领域的决策部署，从政策、产业、用户、趋势4个维度呈现2020年中国数字阅读产业的发展现状、用户行为习惯及未来发展趋势。中央、省级50多个主流媒体参会，超过300个媒体对大会进行全方位报道和传播。

【杭州国际工艺周】2021年5月28日至6月1日，由上城区委、区政府和市文创发展中心共同主办的2021年杭州国际工艺周在杭州创意设计中心举行。工艺周以“宋韵遇上波希米亚”为主题，以陶瓷与玻璃作品为表达形式，吸引10个国家60多个文创企业近3000件作品参展。举办现场活动21场，近2万人次参观，意向及现场成交额超过1500万元。《浙江日报》、《杭州日报》、“杭州发布”、“学习强国”等媒体、平台发布原创推文40多篇，全网点赞关注量260万次，助力宋韵文化世界传播和国际交流。

【香港国际影视展（杭州馆）】2021年3月15—18日，第25届香港国际影视展于线上举行。受主办方邀请，杭州馆连续第10年设展，组织浙江中南卡通股份有限公司、浙江博采传媒有限公司、杭州九样文化传媒有限公司、浙江华麦网络技术有限公司、杭州午夜失焦文化传播有限公司、浙江美视众乐文化传播有限公司等20个杭州影视企业联合参展，浙江华策影视股份有限公司、杭州黑岩网络科技有限公司独立参展。开展前举办海外发行培训班，展会期间向参展商提供“杭州影视海外发行加油站”线下空间，提供有针对性的服务内容，助力杭州影视企业“数智出海”。其间，开展288场线上会议，开拓土耳其等一些从未采购过华语作品的地区市场，达成意向成交额400多万美元。（李　寒）

文化企业

【概况】2021年，杭州市围绕之江文化产业带、大运河文化带（杭州段）建设，培育龙头领军企业、引进大企业（集团），重点扶持中小微文创企业发展，企业整体经济效益持续向好。全市有规模以上文化企业1303个，全年实现主营业务收入8212亿元，比上年增长11.6%，占全省的61.5%，实现利润1043.3亿元。浙江好酷影视有限公司、杭州盘石信息技术有限公司等15个在杭文化企业入选浙江省第六批成长型文化企业，杭州双枪科技股份有限公司、浙江出版联合集团有限公司等7个文化企业上市（过会），累计上市（过会）文创企业54个。

【“文创新势力”“文创青云榜”上榜企业（项目）获融资21.5亿元】2021年11月3日，第七届（2021）“文创新势力”颁奖活动在杭州创意设计中心举行。活动自9月启动，经初审、复评、决赛等程序，最终杭州翻翻动漫科技有限公司、杭州快哉文化有限公司、浙江浩迈科技有限公司、杭州时印科技有限公司、杭州全拓科技股份有限公司、杭州满屋家居科技有限公司、杭州佰里科技有限公司、杭州维妥科技有限公司、浙江思阳广告有限公司、杭州掌盟软件股份有限公司10个获评2021年度“十大文创新势力”。浙江小影科技有限公司、杭州装点文化创意有限公司等34个企业入选2021年杭州“文创青云榜”，其中杭州趣编网络科技有限公司等6个企业首次上榜。“文创青云榜”上榜企业果麦文化传媒股份有限公司、杭州妙聚网络科技有限公司、“网易云音乐”上市，7个企业接受上市辅导。入围“文创新势力”20强参评项目和“文创青云榜”上榜企业在活动期间共获得或达成意向融资金额21.5亿元。

【云音乐股份有限公司上市】2021年12月2日，云音乐股份有限公司在香港联合交易所主板挂牌上市。该公司的“网易云音乐”（NetEase CloudMusic）是一款音乐产品，是网易杭州研究院的成果，依托专业音乐人、DJ、好友推荐及社交功能，在线音乐服务主打歌单、社交、大牌推荐和音乐指纹，以歌单、DJ节目、社交、地理位置为核心要素，主打发现和分享。2019年6月11日，该公司入选“2019福布斯中国最具创新力企业榜”。

【杭州双枪科技股份有限公司上市】2021年8月5日，杭州双枪科技股份有限公司在上海证券交易所上市。双枪科技股份有限公司以市场为导向，致力于日用餐厨具的研发、设计、生产和销售，对竹木材料进行深加工，推动文化创意与传统餐厨具深度融合。有筷子、砧板、勺铲、签类和其他餐厨具5个类别、1000种单品得到市场认可，获“农业产业化国家重点龙头企业”“国家林业重点龙头企业”“中国竹业龙头企业”等称号。

【曼卡龙珠宝股份有限公司上市】2021年2月10日，曼卡龙珠宝股份有限公司在深圳证券交易所上市。曼卡龙珠宝股份有限公司前身为浙江万隆珠宝有限公司，是集国际珠宝贸易、珠宝设计、珠宝销售、品牌管理为一体的国际化珠宝集团。公司旗下有“MCLON曼卡龙”珠宝、“今古传奇”翡翠等珠宝品牌。（李　寒）

文化人才队伍

【概况】2021年，杭州市贯彻落实《杭州市文化人才发展规划（2019—2022年）》《关于支持文化人才队伍建设的政策意见（试行）》等专项政策，为全市文化企业搭建线上和线下相结合的“人才培训＋创业服务＋创业平台”人才培育服务系统。依托杭州市文化创意人才协会、杭州文化创意研究中心等，通过实施“文化创意企业家孵化工程培训班”“成长型文化创意企业家高端培训班”“创意力量大讲堂”“工艺美术大师带徒学艺”等重点人才项目，推动全市文化产业人才载体持续发挥作用。至年末，杭州市举办各类文化产业人才培育课程活动212期，覆盖人群1.71万人，为完善贴合市场需求的人才培育体系、营造创新创业氛围发挥作用。

【文创人才特色培训班】2021年，依托专业人才培训机构，杭州市完成两期文创企业新锐人才培养班、两期文创企业领军人才班，增设文创产业细分领域课程，实现课程专业化、精细化，提升品牌影响力。全年开展投融资、网络营销、数字化管理、乡村振兴4期细分领域培训班，培养本土文创企业家320名，受训学员满意度98%以上，培训时长400多课时。组织私人董事会、企业走访等线下社群配套活动，作为课堂活动的延展和升华，丰富学员知识结构，增进学员间相互了解，促进业务合作。组织省外游学1次，线下社群活动21次，惠及1000人次。

【第二轮“薪火传承计划——工艺美术大师带徒学艺”活动】2021年12月，第二轮“薪火传承计划——工艺美术大师带徒学艺”活动为期3年的长期带徒工作，以及为期1个月的木雕、铜雕2个短期传习班结束。培养萧山花边、机绣、陶瓷、手绣、铜雕5项杭州地区代表性传统技艺核心传承人14名、新匠人100名。其中杭州市工艺美术大师2名、湖州工匠1名、区级“非遗”传承人1名。（李　寒）

文化市场监管

【概况】2021年，杭州市文化市场综合执法检查出动11.89万人次，检查经营场所5.78万个（次），落实“双随机”抽查监管要求，抽查7686个（次）。行政处罚立案调查307件，办结案件316件，罚没款175.16万元，没收违法物品1.38万个，查处重大案件8件。2个案件入选全国文化市场综合执法重大案件。1个案件获全国文物优秀案卷，2个案件分获首届长三角地区文物行政处罚优秀和良好案卷。

【文化市场疫情防控】2021年，杭州文化市场落实疫情防控工作要求和常态化管控，加强暑期及“12·7”新冠肺炎疫情期间文化市场巡查监管，对防疫不到位情况实行“零容忍”。督促363个疫情防控措施不到位的文化经营场所停业整顿，整改口罩佩戴不规范等涉疫问题550个（次），落实部分城区歌厅临时关停措施，确保文化市场疫情防控安全。

【文化市场专项整治行动】2021年，杭州文化市场开展护航建党百年百日攻坚行动，开展革命文物专项执法检查。加强暑期文化市场集中专项检查，严查文化娱乐场所接纳未成年人等违法违规行为。进行擅自从事营业性演出经营活动专项整治，加强对劣迹艺人演出管控，专项执法检查“脱口秀”演出。开展线上线下出版物、网络游戏集中专项整治，督促全面落实网络游戏防沉迷系统。针对全市旅游行业重点乱象进行专项整治，严查“不合理低价”和未经许可经营旅行社业务。落实“新风2021”和“正道2021”两大系列“扫黄打非”专项行动。

【杭州广播电视安全播出】2021年3月19日，杭州市召开迎接中国共产党成立100周年广播电视和网络视听安全播出保障工作会议，为24支“安全播出党员先锋队”举行授旗仪式。是年，杭州广播电视部门切实做好春节、中国共产党成立100周年庆祝活动等7个重要保障期，以及清明节、“五一”小长假广播电视安全播出保障工作。全面落实安全播出应急预案，组织广电安全播出大检查，排查整改隐患问题200多个，监测并协调市无线电管理局处理“黑广播”14个，全年播出无事故。

（市文化广电旅游局）

责任编辑　须同威

21 农 业

综 述

【农林牧渔业产值增长】2021年，杭州市农林牧渔业总产值501.53亿元，比上年增长1.8%；增加值342亿元，增长2.0%。其中：种植业产值314.29亿元、畜牧业53.34亿元、渔业54.65亿元，分别增长1.7%、6.4%、3.2%；林业产值56.81亿元，下降6.1%。粮食产量53.0万吨，增长4.2%；蔬菜产量344.32万吨，下降0.9%；水果产量82.3万吨，下降0.9%；水产品产量20.04万吨，增长3.67%；肉、蛋、奶产量分别为11.48万吨、7.59万吨和2.83万吨。杭州市农村居民人均可支配收入42692元，增长10.3%，城乡居民人均可支配收入比缩小到1.75 ∶ 1。

【乡村振兴战略实施】2021年，杭州市推进乡村振兴，“三农”工作成效明显。新成立杭州市乡村振兴局，增设乡村振兴协调处，加强工作机构和人员配置，市、县（市、区）两级每年统筹不少于100亿元资金用于乡村振兴。11月16日，全省深化“千万工程”建设新时代美丽乡村现场会在萧山区召开。西湖区双浦镇入选《中国生态修复典型案例集》。实施乡村振兴战略实绩考核，余杭区、萧山区、建德市、临安区、桐庐县、临平区、富阳区、淳安县、钱塘区被评为杭州市实施乡村振兴战略实绩考核优秀单位。市农业农村局被评为全国农业综合行政执法示范单位、浙江省消除集体经济薄弱村工作成绩突出集体和浙江省渔业高质量发展工作成绩突出集体。

【农民农村共同富裕行动】2021年，杭州市出台《中共杭州市委办公厅 杭州市人民政府办公厅关于深化“千万工程”开展新一轮高水平高质量美丽乡村建设的实施意见》《杭州高质量促进农民农村共同富裕行动计划（2021—2025年）》《关于深化新时代区县（市）协作高质量推进山区4县跨越式发展的实施意见》《杭州市人民政府办公厅关于高质量推进杭州现代农业发展的实施意见》《关于高质量发展打造共同富裕乡村范例的实施意见》等一系列政策文件，对打造高质量发展建设共同富裕示范区的杭州乡村振兴样板，做出系统谋划和顶层设计，形成未来5年的政策框架。出台《杭州市农业发展“十四五”规划》《杭州市农村发展“十四五”规划》。完善区县协作、联乡结村、镇街结对、村社结对、干群结对五大机制。城区92个乡镇（街道）与山区59个乡镇100%结对，全市7.07万户低收入农户与1.40万名干部100%结对，推进联乡结对活动。认定第一批共富村、共富带、共富联合体100个。

【农业“双强”行动】2021年，杭州市实施科技强农、机械强农“双强行动”。杭州市政府与中国农业科学院建立战略合作关系，共同组建城乡共富研究院，市农业科学院、杭州种业集团及9个区县（市）与中国农业科学院相关院所分别就茶叶、蔬菜、水果、鲜桃、草莓、蜂蜜、生猪、食用菌、优质稻米、数字农业等签订“4+9”合作协议，选择小切口进行深度合作。12月30日，市农业农村局印发《杭州市深化机械强农行动高质量推进农业“机器换人”的实施方案》。成立市农业“双强”行动工作领导小组和工作专班，初步形成月工作调度、区县（市）基层调研、年度工作业绩考核等工作机制。谋划省、市、县（市、区）三级重大项目，申报省级“双强”项目25个，确定市院合作项目13个。

【农村改革推进】2021年，杭州市加强土地承包经营权证动态管理，推进土地流转和适度规模经营，土地流转率65%。全市202个村股份经济合作社完成股社分离，实现社区居委会行政事务和股份经济合作社经济事务分离。临安区被列入第二批全国农村集体产权制度改革试点典型单位。萧山区、桐庐县新时代乡村集成改革试点推进，余杭区、临平区、建德市被列入第二批全省新时代乡村集成改革试点。完善市、县（市、区）、乡镇、村四级农村产权交易服务体系，开展农村集体经营性资产、农村资源经营权、农村宅基地使用权、农村集体股权流转交易。全市农村产权交易1714宗，总成交额超过20.5亿元，促进集体资产保值增值。

【村级集体经济提升发展】2021年，杭州市村总收入60.39亿元，经营性收入38.99亿元；92%的村集体经济总收入达50万元，经营性收入达30万元。制定《杭州市发展新型农村集体经济工作指南》，形成土地开发、历史人文、山谷经济等12种多元化发展类型和“定制化”招商、“公司化”经营、“联合体”运作、“项目化”带动等多种新型集体经济发展模式。

【新型农业经营主体培育】2021年，杭州市申报并新认定1个农业产业化国家重点龙头企业，累计9个。根据《杭州市市级农业龙头企业认定和监测管理办法》，开展第二十三批市级农业龙头企业申报认定，新认定33个市级农业龙头企业。组织对市级农业龙头企业动态监测，至年末，全市市级以上农业龙头企业有653个，其中省级骨干农业龙头企业83个（含9个农业产业化国家重点龙头企业）。继续开展农民专业合作社和家庭农场示范创建，新认定市级示范性农民专业合作社33个、市级示范性家庭农场55个。组织80个农民专业合作社和70个家庭农场负责人开展业务培训，提高知识技能和管理水平。淳安县获批全省家庭农场整体提升试点县。富阳区、桐庐县获批全国农民合作社整县提升试点。临安区获批全国农业社会化服务创新试点县，杭州余杭益民农业生产服务专业合作社获批全国农业社会化服务创新试点组织。

【农业结对帮扶】2021年，杭州市按照机制不变、力量不减的要求，推进联乡结村活动。各帮扶集团结合“三服务”“助万企、帮万户”“三联三送三落实”等活动，开展帮扶活动419次，实施项目588个，筹集市、县（市、区）两级联乡结村帮扶资金1.83亿元。启动新一轮省级结对帮扶工作，杭州团组在衢州市衢江区全年实施帮扶项目18个，投入帮扶资金5238.3万元。

【低收入农户保障提升】2021年，杭州市全面推进低收入农户和低保边缘户认定标准“两线合一”工作。至年末，全市有低收入农户7.09万户9.89万人。低收入农户人均可支配收入20131元，比上年增长14%，比全市农民人均可支配收入增幅高3.7个百分点。在全市开展低收入农户“春风行动”重大疾病医疗救助和“春风助学”活动，实施重大疾病救助224人，补助金额69.6万元，春风助学35人，补助金额10.5万元。

【新一轮区县（市）协作开启】2021年9月18日，市委办公厅、市政府办公厅印发《关于深化新时代区县（市）协作高质量推进山区4县跨越式发展的实施意见》，开启新一轮区县（市）协作，调整新一轮协作组关系，落实协作组联席会议、联络员例会等工作制度。全市配备区县（市）协作联络员11名。统筹城乡区域融合发展，开展以产业共兴、资源共享、环境共保、乡镇结对、干部挂职为主要内容的结对协作，4个协作组落实区县（市）协作资金4.02亿元，实施153个协作项目，实现产业转移投资额28.81亿元，实施协同项目32个。

【现代农业园区和特色农业强镇创建】2021年，杭州市推进现代农业园区和特色农业强镇创建。西湖区双桥龙坞、余杭区大径山、桐庐县、临安区太湖源、淳安县下姜创建省级现代农业园区通过验收，被认定为省级现代农业园区。余杭区苕溪、临平区大运河被列为2021年省级现代农业园区创建对象。余杭区鸬鸟蜜梨、临安区太阳水稻生猪、建德市大慈岩里叶白莲创建农业强镇通过省级验收，被认定为第四批省级特色农业强镇，全市累计认定11个省级农业强镇。

【特色农产品优势区和农业产业化联合体创建】2021年，杭州市推进特色农产品优势区和农业产业化联合体创建。成功创建临平区莲藕、富阳区鲜桃、淳安县新浙八味3个省级特色农产品优势区。成功创建萧山区银河蔬菜、余杭区茶叶、临安区山核桃、桐庐县桐君堂中药材、淳安县千岛湖中药材、建德市苞茶6个省级农业产业化联合体。

【乡村产业技能大师和大师工作室认定】2021年，杭州市继续开展乡村产业技能大师和大师工作室认定工作。按照现代农业、乡愁产业和新型产业类别，经过初评、复评两轮投票评审和公告公示，新认定43名“杭州市乡村产业技能大师”和20个“杭州市乡村产业技能大师工作室”，经过3年认定工作，累计分别达203名和60个。

【农产品质量安全提升】2021年，杭州市地产农产品质量安全形势稳中有升，省级例行风险监测种养殖环节总体合格率99.86%，生产和市场环节总体合格率98.62%，市级监测总体合格率98.12%。强化源头治理，加大生产环境监测和治理，加大投入品使用和管理，加大“瘦肉精”、兽用抗生素、生猪屠宰、生鲜乳、水产品药物残留及非法投入品、农资打假、禽产品抗生素、禁用化合物等专项整治。围绕农产品农药兽药超标问题，开展“治违禁控药残促提升”三年行动。加大抽样检测力度，全市开展各类抽样检测1.04万批次，其中部级检测409批次、省级检测1594批次、市本级定量检测3401批次、县级定量检测4956批次。加快绿色农产品发展，创建余杭、富阳2个省级标准化生产示范县（区）、创建11个市级绿色品质农业综合示范项目，加快无公害农产品向绿色食品转化。依靠数字赋能提升监管能力，承办全国农产品质量安全信用体系建设工作推进会，现场介绍杭州做法。

【“三品一标”农产品培育】2021年，杭州市推进“三品一标”农产品培育。余杭径山茶和塘栖枇杷国家地理标志农产品保护工程项目通过验收，实施萧山萝卜干国家地理标志保护工程，建设建德苞茶、桐庐雪水云绿茶、淳安鸠坑茶果省级绿色精品基地，创建11个市级绿色品质农业综合示范项目。至年末，全市有在有效期内的无公害农产品1170个、绿色食品506个、地理标志登记农产品17个，以“三品一标”为主的绿色优质农产品占食用农产品的61%，居全省前列。

【农产品电商网络销售】2021年，杭州市农村电商实现销售额186亿元，比上年增长12.7%，“网上农博”杭州

农产品直播销售（摄于 2021 年） （市农业农村局 供稿）

馆入驻商家 539 个，上架商品 2420 个，成交订单 19.67 万单，实现销售额 1248 万元。淳安千岛湖品牌农产品馆和富阳区富春山居农产品品牌馆线上和线下结合，销售稳步增长。完成临安、余杭、桐庐等国家和省级"互联网 +"农产品出村进城试点工作。

【农业行政执法】2021 年，杭州市农业综合行政执法系统出动执法人员 2.54 万人次，检查各类主体 0.76 万个（次），开展"互联网 + 监管"行政检查 1.4 万次、"双随机"检查 5154 次、专项检查 5824 次，跨部门联合执法监管率 25%，掌上执法检查率、检查事项覆盖率均达 100%。坚持问题导向，强化检打联动，抽检农业投入品和农产品 2669 批次。查办农业行政处罚案件 3299 件，罚没款 504.21 万元，移送司法机关案件 77 件。案件覆盖农业 11 个领域，其中渔政案件 2967 件、其他案件 332 件。

【农业事项"最多跑一次"改革】2021 年，根据国家、省、市进一步做好优化营商环境工作要求，杭州市推进深化"证照分离"改革，落实中央"简政放权、放管结合、优化服务"改革要求和省政府"全覆盖、零许可、数字化、强监管"改革目标，落实农业农村领域"证照分离"改革全覆盖试点工作。取消 3 项许可事项，13 项实现"告知承诺"，15 项在自贸区实现"告知承诺"，其他所有许可事项实现优化审批服务提升。进驻行政审批服务中心许可事项全部实现实体大厅窗口与自助终端接入，做好与"浙江省农业农村行政审批系统"联网工作，实现农业农村领域行政审批事项"全省通办"，实现全流程电子化审批，市本级全年受理办结许可事项 1.44 万件。新增水生保护动物利用特许线下年检、副本变更工作，完成 80 多个企业变更增量、年检工作。做好 2021 年度重点城市一体化政务服务能力第三方调查评估工作，许可事项即办率在 94% 以上。探索"放管服"改革工作，市农业农村局经验总结《犬类狂犬病强制免疫社会化服务》被列入 2021 年农业农村部法规司《地方农业农村部门深化"放管服"改革典型经验汇编》。

（市农业农村局）

种植业

【概况】2021 年，杭州市实现种植业产值 314.29 亿元，比上年增长 1.7%。粮食播种面积 9.14 万公顷，增长 0.6%；粮食产量 53.0 万吨，增长 4.2%。蔬菜种植面积 9.91 万公顷，下降 0.3%；产量 344.32 万吨，下降 0.9%。水果（含果用瓜）种植面积 3.80 万公顷，下降 4.7%；产量 82.3 万吨，下降 0.9%；产值 50.21 亿元，增长 14.2%。其中：果用瓜种植面积 1.0 万公顷，下降 5.2%；产量 33.78 万吨，下降 6.1%。中药材种植面积 0.89 万公顷，下降 2.2%；产量 5.87 万吨，增长 16.3%；产值 16.71 亿元，增长 10.7%。花卉苗木种植面积 3.67 万公顷，与上年持平；产值 62.42 亿元，增长 12.2%。茶叶种植面积 3.60 万公顷，增长 1.0%；产量 2.98 万吨，增长 0.9%；产值 37.87 亿元，增长 2.9 %。桑园面积 5147 公顷，下降 13.4%。

【农作物新品种展示示范】2021 年，杭州市创建省、市、县（市、区）级农作物新品种展示示范点（方）41 个，面积 106.1 公顷。其中：水稻展示点 10 个、高产示范方 9 个，展示示范面积 60 公顷，包括"甬优 7826""秀优 4913""浙粳优 6 号"等 50 个品种；油菜展示点 8 个、高产示范方 3 个，展示示范面积 26 公顷，包括"浙油 505""越优 518""浙油杂 59""浙大七彩"等 26 个品种；旱杂粮展示点 4 个，展示面积 2.6 公顷，包括"扬辐麦 9 号""金运麦 1 号""金糯粱 1 号"等 15 个品种；瓜菜展示点 7 个，展示面积 17.5 公顷，展示品种 98 个。

【新技术新模式推广应用】2021 年，杭州市持续推进绿色高效生产技术模式集成与示范应用。推广水稻叠盘出苗育秧技术、水稻机插侧深施肥技术、油菜稀植绿色栽培技术等粮油主推技术 10 项，应用面积达 7.33 万公顷。推广蔬菜集约化育苗技术、设施蔬菜连作障碍生态防控技术等蔬菜主推技术 4 项。其中：蔬菜集约化育苗 7703 万株，微灌应用面积 1789.7 公顷，设施蔬菜连作障碍生态防控技术应用 1183 公顷，大棚草莓优质清洁栽培技术应用 283.5 公顷。开展农作制度创新，推广蔬菜相关新型种植模式 5625.5 公顷。其中：水旱轮作 4217.3 公顷，旱地间作套种 1255.5 公顷，生态种养 152.7 公顷。

【水稻高产创建】2021 年，杭州市晚稻生产克服梅汛、台风、后期高温干旱等不利天气影响，品种特征特性和增产潜力得到展示与挖掘，创造杭州市单季晚稻高产新纪录。余杭区仁和街道的"甬优 12"百亩攻关方，攻关田最高亩产 1012.7 千克，亩产首次超过 1000 千克，创造杭州市单季晚稻亩产新纪录。

【种质资源保护】2021年,杭州市开展种质资源提纯保护工作。新搜集地方种质资源15份,送省种质资源库保存。搜集的西湖莼菜、小林黄姜等40份地方种质资源品种的保护提纯工作取得进展,留存优良种子1千克。"十姐妹"南瓜种质资源经过提纯、改良,育成苗头新品系1个。

【救灾应急种子储备】2021年,杭州市储备农作物应急种子83.03万千克(折合常规稻96.69万千克),其中常规早稻19.45万千克、常规晚稻42.25万千克、杂交晚稻1.50万千克(折常规稻7.49万千克)、小麦12.1万千克、玉米5.35万千克(折合常规稻10.7万千克)、大豆1.8万千克、蔬菜0.58万千克(折常规稻2.9万千克)、油菜0.96万千克;储备蚕种4000张。根据需求按程序及时动用储备种子22.74万千克,保障粮食生产种子需求,其中早稻9.99万千克、晚稻3.40万千克、玉米0.04万千克、小麦9.15万千克、大豆0.06万千克、油菜0.02万千克、蔬菜0.08万千克,补播面积27公顷。

【种子执法年活动】2021年,杭州市开展种子执法年活动。全市出动执法人员1084人次,检查持证种子企业26个、种子经营门店498个、繁种基地31个,监督抽检种子样品153批次,受理种子投诉12件,对违法行为立案调查8起,结案7起,罚没款5.64万元。

【高标准农田建设】2021年,杭州市围绕"保供给、保增收、保安全"任务和"藏粮于地、藏粮于技"要求,以高标准农田示范区建设为引领,推进全市农田建设。全年建成高标准农田9746.67公顷,同步建成高效节水灌溉2020.00公顷,分别占任务数的143%和150%;新立项实施高标准农田7313.33公顷,达任务数的107%,开工率99%。

【农作物病虫害监测与绿色防控】至2021年年末,杭州市有省级及以上农作物重大病虫监测预警区域站7个,设立重点农作物病虫监测点50个。做好褐飞虱、草地贪夜蛾、稻瘟病等迁飞性害虫和流行性病害的监测预警和科学防控工作。全年发布病虫情报123期,全市农作物病虫害发生面积87.6万公顷(次),防治面积94.1万公顷(次),挽回损失46.4万吨。草地贪夜蛾中等发生,发生面积2913.33公顷(次),比上年下降55.4%,防治面积3486.67公顷(次),暴发态势得到有效控制。

2021年杭州市粮食作物生产情况表

表18

项 目	播种面积(公顷)	总产量(吨)
早 稻	2227	1460
晚稻及迟中稻	39013	298500
大 麦	307	1100
小 麦	12500	51800
玉 米	10607	52500
大 豆	12107	34500
其他杂豆	2773	7700
薯 类	11333	67300
其他谷物	820	3100
总 计	**91387**	**530000**

说明:薯类产量按五折一计算

2021年杭州市棉花、麻类、油菜籽生产情况表

表19

项 目	播种面积(千公顷)	比上年增长(%)	总产量(吨)	比上年增长(%)	每公顷产量(千克)	比上年增长(%)
棉 花	0.149	-6.9	216	-11.1	1449.7	-4.6
麻 类	0	0	0	0	0	0
油菜籽	23.86	3.4	57900	-5.7	2427	-8.9

2021年杭州市蔬菜、茶叶、水果生产情况表

表20

项 目	播种面积(千公顷)	比上年增长(%)	总产量(万吨)	比上年增长(%)	每公顷产量(千克)	比上年增长(%)
蔬 菜	99.10	-0.3	3443174	-0.9	34744	-0.7
茶 叶	35.98	1.0	29838	0.9	829	-0.1
水 果	27.99	-4.6	485237	2.9	17336	7.9

说明:蔬菜产量包含食用菌;水果指园林水果,不含果用瓜

【植物疫情防控】2021年,杭州市落实重大农业植物疫情防控责任,建立地方政府负责、部门分工协作、区域联防联控的工作机制。设立省、市级植物疫情监测点45个,构建重点疫情区域阻截带5条。开展以亚洲梨火疫病、红火蚁为重点的植物疫情专项普查9.37万公顷(次),及时发现和处置检疫性有害生物5种,发生面积8.5公顷,比上年下降44.5%。处置扑灭局部疫点26个,疫情总体控制在零星轻发生状态。强化植物检疫源头监管,创建无疫种子种苗基地12个。全市实施产地检疫98批次,调运检疫2.1万批次,调运种子1万吨、花卉苗木24.83亿株。

【秸秆综合利用与禁烧】2021年,杭州市农作物秸秆可收集资源量64.45万吨,利用量63.92万吨,秸秆综合利用率96.1%,其中肥料化利用55.61万吨(直接还田44.93万吨,离田肥料10.68万吨)、饲料化利用5.24万吨、燃料化利用2.02万吨、基料化利

临安太阳镇高标准农田示范区（摄于 2021 年） （市农业农村局 供稿）

用 0.88 万吨、原料化利用 0.15 万吨。通过多种途径宣传，引导民众树立利用秸秆、抵制露天焚烧的自觉意识，增强群众法治观念和环保理念。

【农田氮磷生态拦截沟渠】2021 年，杭州市建设农田氮磷生态拦截沟渠系统 12 条，沟渠长度 1.47 万米，覆盖农田面积 393.73 公顷。两年累计建设农田氮磷生态拦截沟渠 24 条，沟渠长度 2.87 万米，覆盖农田面积 736.27 公顷。

【农业土壤污染防治】2021 年，杭州市推进农业土壤污染防治与安全利用工作。继续与科研院校合作在富阳区常安镇筹建的土壤重金属污染治理试验站进行重金属治理研究工作，并在富阳区和桐庐县实施省级受污染耕地安全利用试验研究与示范应用工作，初步筛选出适宜重度污染区的修复材料，形成中轻度污染区稻麦轮作安全利用技术模式，建立 140.0 公顷安全利用示范区。根据全市耕地的污染类型精准施策，重点对水稻种植区实施以“原位阻隔治理、低积累品种替代、深翻耕、水肥优化调控”为主要技术的水稻等农产品安全生产技术措施，完成严格管控区种植结构调整，全市受污染耕地安全利用率 95.9%。

【“肥药两制”改革农资店创建】2021 年，杭州市创建“肥药两制”改革农资店，推广“刷身份证”“刷脸”等实名制购买手段，从源头规范农业投入品流通使用。全市有 45 个“肥药两制”改革农资店通过省级认定，其中：富阳 7 个，萧山、余杭、临安、桐庐、淳安各 6 个，建德 5 个，临平 3 个。

【农药减量增效】2021 年，杭州市围绕农业绿色发展，集成推广统防统治、绿色防控、精准测报和科学用药等措施，农药使用量比上年减少 311.13 吨，下降 5.7%。全市培育县级以上示范性统防统治服务组织 47 个，实施主要农作物统防统治面积 4.77 万公顷。融合推进专业化统防统治与绿色防控，建立省绿色防控（农药定额）示范区 19 个，示范面积 552.27 公顷，绿色防控推广面积 8.37 万公顷（次）。通过示范区建设、科技下乡、培训班和现场会等多种形式，加强安全用药、绿色防控和植保器械操作等农药减量技术培训，培训人员 4712 人次。为 131 个蔬菜生产组织、种植大户补贴高效双低新农药及绿色防控产品，受补蔬菜种植面积 3833 公顷。

【化肥减量增效】2021 年，杭州市结合中央环保督察涉肥整改任务、有机肥替代化肥、水肥一体化等技术，推进化肥减量增效工作。全年举办测土配方施肥技术培训班 44 期，培训技术骨干和农民 3888 人，在主要农作物推广应用测土配方施肥技术 10.58 万公顷（次），应用配方肥 3.54 万吨（实物量）、6.67 万公顷（次）。加大有机肥替代化肥推广力度，推广有机肥 18.70 万吨，应用面积 5.09 万公顷（次），资源化利用畜禽粪便 65.5 万吨。继续探索土肥水耦合技术，建立典型经济作物水肥一体化示范基地 60 个，水果、蔬菜基地水肥一体化应用面积 7013 公顷。全年实现不合理化肥施用减量 2747 吨（实物），比上年下降 0.7%，完成年度减量 2700 吨目标任务的 101.7%。

【农药包装废弃物回收处置】2021 年，按照政府主导、财政支持、企业运作、农户参与、部门配合的原则，杭州市各涉农区县（市）建立农药包装废弃物有偿回收和集中处置管理工作体系，全域推进农药包装废弃物的回收和处置工作。全市投入财政资金 1731.34 万元，设立回收点 811 个，回收农药包装废弃物 512.94 吨，回收率 105.6%；无害化处置农药包装废弃物 609.95 吨，处置率 139.6%，超额完成回收率 90%、处置率 90% 的考核任务。 （市农业农村局）

林 业

【概况】2021 年，杭州市以全面推行林长制为契机，立足区域森林资源优势，坚持山水林田湖草系统治理，以加快推进林业高质量发展为重点，构建布局合理、功能完备、效益显著的森林生态系统。全市实现林业产值 56.81 亿元。完成造林更新 4156 公顷、零星植树 527 万株，完成森林质量提升（不含健康森林）面积 6708 公顷，其中战略储备林 5128 公顷、美丽生态廊道 1580 公顷。新增省级林业重点龙头企业 1 个，新建省级森林城镇 9 个、省级林业特色产业强镇 1 个、省级森林康养名镇 2 个、省级“一村万树”示范村 30 个、省级森林人家 18 个、省级生态文化基地 6 个、森林氧吧 12 个。全年森林火灾受害率 0.0045‰，松材线虫病监测覆盖率 100%，防治面积 4.8 万公顷，占省计划任务的 136%。

市林水局被评为浙江省“森林浙江”建设工作突出贡献集体，浙江省松材线虫病防治工作和全面禁止非法交易、滥食野生动物工作突出贡献集体，并获浙江省 2021 年度高质量森林浙江建设目标责任制考核优

秀；杭州市通过国家森林城市建设工作调研评估。（市林水局）

【《杭州市林业发展“十四五”规划》发布】2021年7月12日，市林水局、市发改委印发《杭州市林业发展“十四五”规划》。规划提出全域国土绿化美化、生态安全保护修复、现代林业经济示范、数字赋能和林业装备建设、森林文化惠民共享等重点建设工程，确立杭州林业“一轴两区”的生态景观布局和“四园多点”的产业发展布局，全力实现“建设高质量森林杭州，打造美丽中国‘杭州样本’”的发展目标。（郭新保）

【《杭州市湿地保护“十四五”规划》发布】2021年9月23日，市林水局、市发改委印发《杭州市湿地保护“十四五”规划》，以全力推进“国际湿地城市”创建为主题，以江河湖海溪“五水共导”为抓手，以做好湿地资源保护、恢复、利用、管理“四篇文章”为主线，着力打造“闻名世界、引领时代、最忆江南”的“湿地水城”。规划到2025年，湿地率保持在8%以上，修复湿地资源9023公顷，新增受保护湿地1万公顷以上，国家和省级重要湿地进一步增加，湿地保护水平得到明显提升。

【湿地保护三年行动计划】2021年7月29日，市委、市政府印发《杭州市湿地保护三年行动计划（2021—2023年）》。按照“山水相融、湖城合璧、拥江枕河、人水相亲”理念，实施“万顷湿地、万里碧水”湿地保护与修复工程，助力“湿地水城”建设。重点推进国际湿地城市创建、国际一流湿地打造、国内知名湿地修复、市域特色湿地保护、全域河湖提升、湿地文化培育六大行动。（孙品雷）

【森林资源监测】2021年，杭州市开展全市森林资源动态监测工作，完成2020年度森林资源与生态状况监测成果。成果显示，2020年，全市森林覆盖率66.89%，林地面积117.82万公顷，森林面积112.73万公顷，活立木蓄积量7392.67万立方米，市级以上公益林50.18万公顷。森林面积、森林蓄积量和森林覆盖率持续增长，其中森林覆盖率居全国省会城市、副省级城市第一位。（方鑫之）

【林长制推行】2021年11月16日，市委办公厅、市政府办公厅印发《关于全面推进林长制的实施方案》，以建设高质量森林杭州为主导，以强化森林湿地资源保护为重点，以提升林业治理能力为抓手，构建党政同责、属地负责、部门协同、源头治理、全域覆盖的杭州特色林长制管理机制。明确由市委、市政府主要领导担任总林长，市委联系林业的负责人、市政府分管林业的负责人担任副总林长，分管公安的市领导担任副总林长兼林区总警长；市委、市政府其他领导担任林长。县、乡、村参照设立林长（警长），统筹山水林田湖草系统治理，助力新时代美丽杭州建设。（董建华）

【新增百万亩国土绿化行动】2021年，杭州市林业部门以美丽杭州和大花园建设为引领，持续推进新增百万亩国土绿化行动。桐庐县率先完成年度造林任务，杭州市完成造林施工3087公顷，占省计划任务的127%，居全省前列。（孔令伟）

【森林防火】2021年，杭州市加强森林消防基础设施建设，推进“引水灭火”。市级财政补助山地抗旱项目资金500万元，建成森林消防水池总蓄水量1185立方米，配备高压水泵31台、储水桶310个，新建堰坝3座，维修山塘1座。全市森林火灾发生率0.35起/10万公顷，受害率0.0045‰，实现连续8年森林火灾发生率处于低发水平。

【森林火灾案件协作机制建立】2021年10月，市森林防火指挥部办公室、市公安局、市林水局印发《关于建立森林火灾案件协作机制的意见》，建立森林火灾案件办理协作新机制。新机制坚持“防未、防危、防违”，依法查处各类野外违规用火行为，实现信息共享、同步上案、行刑衔接，提高森林火灾发生后办案质量和效率，从源头上防范化解森林火灾重大风险。（汤惠明）

【森林火灾风险普查】2021年，杭州市首次开展森林火灾风险普查，坚持“边普查、边应用、边见效”原则，市、县（市、区）两级成立风险普查工作领导小组，制定《森林火灾风险普查实施方案》，全面开展县级森林火灾风险普查工作。至年末，13个区县（市）完成483个标准地、49个大样地的外业调查、森林火灾历史调查和森林火灾减灾能力调查。（蔡　婷）

【义务植树活动】2021年3月，省、市、区党政军领导与干部群众在萧山钱江世纪城亚运村地块开展义务植树劳动，种植亚运林3公顷。全市开展全民义务植树运动40周年纪念林、省市林业部门共植珍稀濒危树种、浙江省互联网+义务植树基地授牌等系列活动。开展各种形式植树活动874场次，301万人次参与，以植树崇绿、生态惠民实际行动，引领高质量森林杭州建设。

【国家森林城市建设调研评估】2021年3月5—6日，国家林草局森林城市建设工作调研评估组对杭州市2009年创建森林城市以后建设工作开展调研评估。评估组对杭州市取得的新进展新成效，特别是杭州市森林城市建设领导重视程度之高、部门配合协同之强、群众参与度之广给予肯定。（郭新保）

【千万亩森林质量精准提升工程启动现场会】2021年6月3—4日，浙江省千万亩森林质量精准提升工程启动现场会在建德召开。会议考察建德市独流入海钱塘江治理工程、建德林场大径材林培育等现场。建德市、淳安县分别就森林质量提升、健康森林建设等内容以视频形式做典型经验交流。（邢筱蛟）

【林业有害生物防治】2021年，杭州市林业有害生物发生总面积6.11万公顷，防治作业面积7.51万公顷，无公害防治作业面积7.50万公顷，无公害防治作业率99.8%。12月29日，市防控农林植物重大疫情指挥部印发《杭州市松材线虫病疫情防控五年攻坚行动方案（2021—2025年）》，明确全市5年攻坚行动目标。开展松材线虫疫情防治“百日攻坚行动”，实际除治松林及松杂混交林4.80万公顷,占省计划任务的136%,比上年增长36.6%;清理病枯死松树51.96万株,松树免疫注射47万株。（赵丽涵）

【无规定马属动物疫病区建设野生动物调查监测】2021年,杭州市全方位推动杭州桐庐无规定马属动物疫病区建设野生动物调查监测工作。完成易感野生动物调查,掌握动物种类和分布,绘制易感野生动物迁徙路线图和栖息滞留分布图,制定《桐庐无规定马属动物疫病区野生动物防范措施与方法建议》,为杭州亚运会马术比赛提供保障。（沈 冰）

【清凉峰名山公园建设】2021年,临安区清凉峰入选全省第二批名山公园,这是杭州市第二个省级名山公园(天目山名山公园于2020年入选省级名山公园)。公园范围以清凉峰国家级自然保护区为主体,延伸至昌化镇、龙岗镇、清凉峰镇、岛石镇、河桥镇、湍口镇6个镇,面积1320平方千米,打造集生态体验与自然教育、镇村与自然保护地融合发展、绿色发展与共同富裕于一体的名山胜地。（华锦欣）

【林业科研与推广】2021年,市林业科学研究院科研成果获国家发明专利1项、成果登记8项、"五小"科技成果1项,参与制定标准2个、开发新品种1个。开展金针虫高效绿僵菌生物制剂制备技术、水源保护区山核桃林地生态修复技术、薄壳山核桃低产林改造及病虫害防治技术、松杉林珍贵彩色化改造关键技术等13项科研项目,推广林业科技富民模式"一亩山万元钱"9673.33公顷。

【自然教育】2021年,杭州市林业展示厅成功申报成为浙江省第三批自然科普教育基地。举办"畅游科普春天,播种绿色希望""探寻秋天森林的奥秘"等活动,与中小学结对共建,整合双方资源,打破领域与行业界限,打造优势互补、融合互动的自然教育模式,助力国家中小学教育"双减"政策与生态文明建设。（赖相燕）

【杭州企业参加中国义乌国际森林产品博览会】2021年11月1—4日,第十四届中国义乌国际森林产品博览会在义乌国际博览中心举行。杭州参展企业92个,展位132个。主要参展产品为萧山花卉、余杭竹(竹笋)产品、富阳甜柿、临安山核桃、建德山茶油、淳安林下道地药材等特色林产品。杭州市49个产品获金奖、54个产品获优质产品奖,提高特色林产品品牌知名度。（邢筱蛟）

【野生动植物保护宣传月暨"爱鸟周"活动】2021年4月,杭州市开展以"爱鸟护鸟,万物和谐"为主题的野生动植物保护宣传月暨"爱鸟周"系列宣传活动,举办鸟类自然笔记大赛、爱鸟护鸟嘉年华、杭州常见鸟类图片展等活动,组织鸟类自然笔记优秀作品及常见鸟类图片宣传进校园活动,展出学校超过25所,1.2万人次参与。全年近1.6万人次参加杭州市野生动物保护宣传活动。（沈 冰）

【杭州花卉展品在中国花卉博览会获奖】2021年5月21日至7月2日,第十届中国花卉博览会在上海崇明举行。杭州市花卉展品获奖项230个,其中金奖17个、银奖51个、铜奖91个、优秀奖71个,获奖总数占全省获奖数的54.5%,杭州市花卉苗木研究、生产、园艺、设计等方面的水平继续走在全省前列。

【林业科技周活动】2021年9月28—29日,市林水局启动以"科技引领,生态共保,产业共富"为主题的林业科技周活动,与"2021年中国农民丰收节暨全国第二届'太秋'甜柿优质产品鉴评大会"相结合,举行杭州市林业科技推广座谈会、甜柿及其优质高效栽培技术培训班。全市举办各项林业科技培训14期1100多人次,解决一批林农面临的问题,助力山区高质量发展。（赖相燕）

【国有林场及自然保护地森林消防队伍扑火技能比武竞赛】2021年11月,杭州市首次举办全市国有林场及自然保护地森林消防队伍扑火技能比武竞赛,来自拱墅区、西湖区、余杭区、富阳区、临安区、桐庐县、淳安县、建德市等地国有林场及自然保护地8支森林消防队伍共128人参加比武竞赛。竞赛从实战出发,检验全市国有林场及自然保护地森林消防队伍扑救森林火灾的组织指挥和实战能力,保障全市林区安全。（蔡 婷）

畜牧业

【概况】2021年,杭州市以"保护存量、新建增量、补栏扩量"为重点发展生猪产业,以"优禽、扩羊、稳奶"为导向发展特色畜牧产业。加强政策供给,创新体制机制,以"六化"为引领,推进畜禽养殖场建设,持续深化转型升级,加快提升优势产能和核心竞争力,推动全市畜牧产业高质量发展。全市实现畜牧业产值53.34亿元,比上年增长6.4%,拉动全部产业产值增长0.8个百分点。全市创建国家级和省级生猪屠宰标准化示范场各1个、省级美丽牧场12个、数字牧场14个,畜禽粪污资源化综合利用率超过91%。

【重大动物疫病强制免疫】2021年,杭州市继续实行重大动物疫病强制免疫,实现应免尽免。全市使用牲畜口蹄疫疫苗695.81万毫升,免疫家畜157.48万头;使用高致病性禽流感疫苗1200.48万毫升,免疫家禽1799.02万羽;使用猪瘟疫苗574.89万头(份),免疫生猪89.91万头。全市未发生区域性重大动物疫病。

【动物疫病风险预警】2021年,杭州市对1312个场(点、次)种畜禽场、规模养殖场、散养户、屠宰场(点)等主体进行采样监测,监测各类样品6.80万份(次)。其中:检测高致病性禽流感抗体1.31万份、口蹄疫抗体6244万份、猪瘟抗体4027份、高致病性蓝耳病抗体1947份、小反刍兽疫抗体5221份、新城疫抗体2630份;检测高致病性禽流感病原1990份、口蹄疫病原525份、非洲猪瘟病原6368份、高致病性蓝耳病病原356份、小反刍兽疫病原3243份。开展H7N9流感监测,对23个(次)种禽场、113个(次)商品代饲养场、20个(次)散养户、23个(次)屠宰场(点)和4个(次)养殖小区采集4412份家禽血清样品开展抗体检测，合格率为97.3%；抽检家禽咽肛拭子1260份，未检出H7或H7N9病毒核酸阳性。

【非洲猪瘟应急防控】2021年，杭州市继续发挥市防治动物疫病指挥部办公室职能，完善联防联控机制，统筹推进非洲猪瘟防控各项工作。落实存栏5000头以上的43个生猪养殖场非洲猪瘟自检工作，全市18个生猪屠宰企业均采用PCR（聚合酶链式反应）方法开展非洲猪瘟自检工作。开展养殖场、屠宰场、无害化处理场等重点场所的入场采样工作，采集520份样品，检测结果均为阴性。督促区县（市）开展非洲猪瘟日常检测，全年检测样品7732份，结果均为阴性。

【主城区宠物防疫】2021年，杭州市对主城区2.4万只犬进行狂犬病免疫。突破主城区免疫点仅靠政府设立的单一模式，形成政府指导、社会参与的良好局面，全市的免疫点增加到257个，城区实现犬狂犬病免疫就近办。全市7个定点医院实施流浪猫绝育手术552例，保持零投诉。

【动物及动物产品检疫和调运监管】2021年，杭州市开展产地检疫生猪95万头、牛0.04万头、羊1.01万头、家禽628.94万羽。开展屠宰检疫生猪125.85万头、牛羊8.54万头、家禽1181.61万羽。规范动物及动物产品调运，全市调入活畜103.39万头（只）、活禽498.03万羽，动物产品68.98万吨，其中猪肉27.70万吨、牛羊肉1.17万吨、禽肉37.20万吨。完善调运监管机制，全市有供杭冷鲜动物产品屠宰加工企业152个，其中省内冷鲜猪产品屠宰加工企业28个。执行东部大区生猪调运新要求，贯彻落实大区外"点对点"调运备案制度，至年末，全市备案通过大区外"点对点"调运生猪养殖企业72个。

【无规定马属动物疫病区建设】2021年，杭州市继续发挥2022年第19届亚运会无规定马属动物疫病区（简称无疫区）建设工作领导小组办公室统筹、协调作用。开展疫病监测、净化处置，强制免疫马流感和日本脑炎8.7万头（次），检测马属动物和猪、牛、羊19个病种样本1.68万份，检测虫媒样本1557份，检测野生动物样本756份。加强动物防疫基础建设，指导完成2条动物及产品运输指定通道、3个隔离场，4个公路检查站、80个道口监控、403个公路指示牌建设并规范运行；对全市6个兽医实验室进行提升改造，建立质量管理体系，规范运行；实施92个乡镇兽医站所提升，对19个屠宰场进行整改完善，新建20个公共病死动物收集点，规模养殖场和散养户病死动物集中处理达到全覆盖。加强数据核查和台账整理，每月对所有规模养殖场、屠宰场台账进行核查，核对过去10年的疫情数据和过去2年的生产、防疫、检疫、死亡数据，确保逻辑闭环。开展技术培训和攻关，与国家级科研机构进行技术合作，开展伊氏锥虫用药研究、日本脑炎免疫效果研究；开发无疫区监控信息平台，邀请全国专家进行无疫区技术研讨、论证会12次，组织全市无疫区技术培训6次，对区县（市）开展督查技术指导44次。

【畜产品安全监管】2021年，杭州市开展牛羊肉"瘦肉精"专项整治行动，排查肉牛养殖场（户）186个、肉牛3092头，肉羊养殖场（户）495个、肉羊18.64万头；排查肉牛羊屠宰养殖企业4个，排查宰前肉牛、肉羊2674头；养殖环节快速监测尿样3.4万份，屠宰环节快速监测尿样1200份，结果全部合格。市本级在养殖环节开展各类畜产品风险抽检1648批次，各类畜牧投入品抽检150批次，发现和消除质量安全隐患5起；每月开展一次畜产品例行检测，抽检畜产品禁限用药物残留404批次，检出不合格1批次，移送执法部门处理。在每次重大节假日来临前，针对风险品种开展应急飞行检测，全年开展4次，抽检各类样本115批次，结果全部合格，保障重大节假日期间地产畜产品质量安全。

【畜牧业专项整治】2021年，杭州市办理畜牧业违法案件217件，罚没款100多万元，其中移交公安机关12件。开展打击马属动物违规调运违法行为专项整治行动，开展执法检查74次，出动执法人员251人次，检查单位（车辆）138个（辆），查办违法案件4件，罚没款金额3.83万元。开展全市动物诊疗机构专项整治行动，检查单位246个（次），出动执法人员393人次，立案16起，案件涉及假兽药、违规免疫、超范围诊疗等违法违规行为。开展畜产品监督抽检，紧盯兽药残留超标、非法添加、违禁使用等重点区域、重点领域、重点产品违法行为，结合夏季、秋季"绿剑"系

2021年杭州市畜牧生产情况表

表21

项　目	单　位	年内出栏	比上年增长（%）	年末存栏	比上年增长（%）
生　猪	万头	115.09	1.9	109.61	4.9
牛	万头	1.2682	-4.4	0.6921	5.1
其中：奶牛	万头	—	—	0.6664	4.0
羊	万只	19.98	-5.2	22.42	11.0
兔	万只	27.11	14.2	6.59	-17.6
禽	万羽	1251.16	-19.1	916.12	-9.9

2021年杭州市主要畜产品产量情况表

表22

项　目	总产量（吨）	比上年增长（%）
肉　类	114751	4.5
禽　蛋	75932	2.7
牛　奶	28316	-8.5
蜂　蜜	14250.7	-4.2

列执法，元旦、春节保安全等专项执法行动，全年监督抽检鸡蛋、牛羊肉、猪肉等畜产品171批次。开展“瘦肉精”专项整治行动，坚持以问题为导向，排查风险隐患和梳理例行监测线索，强化检打联动，加大对“瘦肉精”等违禁药物的抽检力度。出动执法检查20多次，出动执法人员175人次，检查相关企业（门店）75个（次），监督抽检35批次，均未发现“瘦肉精”检出情况。开展非法生产销售使用非洲猪瘟假疫苗违法行为检查，对兽医实验室、兽药生产经营企业、生猪养殖场户等各类从业者主体进行重点检查，检查企业39个（次），出动执法人员75人次，未发现违法生产销售非洲猪瘟假疫苗的情况。加强部门联动，针对畜产品违禁药物残留、私屠滥宰、违规调运等违法行为，多次与市公安局环食药支队联合执法，打击农产品食品安全领域违法犯罪行为。（市农业农村局）

水产业

【概况】2021年，杭州市以水产品稳产保供、渔业高质高效、渔民富裕幸福为目标，坚持生态优先、安全生产，实施渔业“双强”行动，推进现代渔业高质量发展。全市渔业产值54.65亿元，比上年增长3.2%。水产养殖面积5.34万公顷，增长1.8%；水产品产量20.04万吨，增长3.7%。

【渔业主推品种和主推模式与技术联合行动】2021年，杭州市开展渔业主推品种和主推模式与技术联合行动。重点推广中华鳖、大口黑鲈、南美白对虾等13个主推品种，及稻渔综合种养、池塘内循环流水养殖、大棚设施养殖等9项主推技术。建立科技示范户372户，示范面积3135公顷。组织渔业技术培训，3231人次参加。

【健康养殖示范建设】2021年，杭州市按生产条件标准化、生产操作规范化、生产管理制度化、示范辐射规模化等要求，继续推进健康养殖示范建设。创建省级渔业健康养殖示范县1个，省级水产健康养殖示范场38个。

2021年杭州市水产品产量一览表

表23

项目	产量（吨）	比上年增长（%）
（一）总计	200407	3.67
淡水养殖	165790	5.12
淡水捕捞	15255	5.02
远洋渔业	19362	-8.06
（二）养殖水域		
池塘	92209	12.67
湖泊	720	-2.57
河沟	18	-97.64
水库	17772	7.47
稻田	48814	-6.18
其他	6257	7.62
（三）主要养殖品种		
青鱼	4402	-1.92
草鱼	12349	0.25
鲢鱼	25890	8.05
鳙鱼	24865	2.98
鲫鱼	16819	10.15
鳊鱼	7905	14.80
鲤鱼	2785	54.04
罗非鱼	41	-8.89
鲶鱼	187	30.77
鳖	31738	6.59
蟹	277	96.45
虾类	27652	-2.63
加州鲈鱼	1545	40.45
乌鳢	288	-6.19
鳗	11	-90.52
鳜鱼	444	71.43
黄鳝	23	4.55

2021年杭州市水产养殖面积一览表

表24

项目	面积	比上年增长（%）
一、水域养殖（公顷）	53367	1.82
池塘	9231	13.75
湖泊	385	0
河沟	7	-96.76
水库	42941	0.01
稻田	4600	-33.66
其他	803	6.92
二、网箱养殖（平方米）	266800	0

【水产品保供能力提升】2021年,杭州市围绕"菜篮子"考核任务,做好水产品保供指标分解、责任明确、措施落实等工作。完成"菜篮子"水产基地项目建设21个,完成池塘循环流水养殖"跑道"6条;组织水产品参加"菜篮子"进社区活动5场。

【休闲渔业发展】2021年,杭州市加强政策和技术支撑,推进"数字+渔业""渔业+旅游"融合,挖掘渔业文化,延长产业链、提升价值链,创建渔业品牌,利用新兴和传统媒体,加大品牌宣传力度,扩大知名度、提高附加值。余杭数字渔业,萧山设施渔业,临安、建德山区特色渔业,淳安大水面生态渔业,富阳、桐庐休闲渔业等取得成效,形成杭州特色渔业产业布局。循环水"跑道鱼"养殖继续全省领先,浙江恒泽生态农业有限公司首创内陆生态养殖海水鱼模式入选"浙江省农业高质量发展十佳案例",余杭建光黑鱼专业合作社、龚老汉中华鳖数字渔场被省农业农村厅确定为数字农业工厂试点示范主体。

【远洋渔业管理】2021年,杭州市远洋渔业产量1.94万吨,比上年下降8.1%;产值1.74亿元,下降18%。至年末,全市有远洋渔业企业1个,实际投入生产渔船25艘。远洋渔业企业从制度完善、管理跟进、硬件保障等方面抓好安全生产工作,无安全生产事故发生。

【钱塘江禁渔期管控】2021年3月1日至6月30日,钱塘江干流和主要支流实施禁渔期管理。杭州市出动宣传车船42次、发放宣传图册5.3万份、媒体报道80多次,渔民知晓率达100%,做到"电视有像、电台有声、报刊有文、网络有贴"。市农业农村局联合市公安局举办打击非法捕捞犯罪"剑锋4号"新闻通报会,震慑违法捕捞行为。强化渔船监管,全江段设立渔船集中停泊(上岸)点94个,全市1070艘捕捞渔船全部登记造册并就近分片区停泊,实现渔船集中停泊、渔网包扎入库、渔民上岸管理。通过"数字化监控+日常巡查",确保所有捕捞渔船按规停泊、应休尽休。建立禁渔值班网、信息网、监督网"三张网",调动全社会力量共护母亲河。严格执法打击,推进省、市、县(市、区)三级联动,开展涉水单位合作。落实24小时全天候值班制度,全市组织执法检查1815次,参加人员7815人次,出动船艇1585艘(次),实施行政处罚747件,收缴渔获物377千克(含鳗苗3658尾),没收"三无"船只72艘,取缔电捕器具99套、违规网具4169件,罚款92.7万元,移送公安涉刑案件83件152人。

【水生野生动物保护】2021年,杭州市结合日常执法和专项执法,有针对性地对渔市码头、繁育场、展演场馆等开展执法行动。全市开展执法行动222次,出动执法人员2199人次,检查单位702个,责令整改44个。与杭州长乔极地海洋公园开展合作,依托属县级农业主管和执法机构、派出所、消防救援站和市民求助热线,合作处置并救助大鲵14尾、江豚4只、花龟2只、暹罗鳄4条、鲟鱼2条、鹰嘴龟4只、四眼龟2只。开展水生野生动物保护科普宣传月活动,悬挂横幅6条、发放各类宣传资料4960份,媒体宣传3次。

【水产病害测报与防疫检疫】2021年,杭州市设立水生动物病害测报点31个,开展对鲫鱼、鳖、南美白对虾、白条4个品种水生动物的病害测报,完成9期水产病害监测与预报工作并发布相关信息。全年完成41个批次、205个项目的南美白对虾苗种及成虾的白斑病毒、对虾血细胞虹彩病毒、传染性皮下及造血组织坏死病毒、肠胞虫和急性肝胰腺坏死等病源检测。从获得的14株中华鳖主要细菌性病原中筛选出8株气单胞菌属的细菌,用9种抗菌药物进行最小抑菌浓度测定。

【主要渔业水域环境监测】2021年,杭州市开展主要渔业水域环境监测。按鱼类种质资源保护区、增殖放流区、产卵索饵场和养殖区4类监测区域,设立监测站点49个,确定单水样检测指标19项,采样检测216批次,获取各类监测数据4094个,基本掌握全市主要渔业水域环境情况。

(市农业农村局)

杭州富阳云飞生态农业开发有限公司池塘循环流水养殖设施(摄于2021年)

(市农业农村局 供稿)

农业科技

【概况】2021年,杭州市实施科教兴农战略,加强农业科技体系建设和队伍建设,抓好农业科技创新、推广、管理和协作工作。全市基层农技推广体系健全,建有市、县级农技推广机构31个、镇级144个。全市有农业技术创新和推广团队85个,其中市级产业团队10个;团队专家618个。市级组织推荐的农民土专家陈红炳"径山茶鲜叶标准化采摘技术"授课获全国农业技术推广服务中心优秀短视频奖,李阿根“小麦赤霉病防治技术”授课获评中国农业广播电视学校百例优秀教学视频。

【农业科技创新】2021 年，杭州市开展农业技术协作攻关。加强农业科技创新和转化推广应用，组织市农业农村局系统申报 2021 年农业与社会发展科研一般项目 12 个、重点项目 1 个，与中国农业科学院开展战略合作，完成“市院合作”项目立项 13 个。打造农业科技示范样板，突出“绿色、科技、示范”，加强省级高品质绿色科技示范基地建设，新培育省级科技示范基地 29 个，累计 226 个。做好部、省各类奖项的组织推荐工作，杭州市获 2020 年度全省农业科技奖励项目 10 项，其中省农业丰收奖 9 项（一等奖 2 项、二等奖 2 项、三等奖 5 项）、省农业农村厅技术进步奖 1 项（二等奖）、农业技术推广贡献奖 5 人。余杭区农业技术推广中心获评全国星级基层农技推广机构，杭州广通植保防治服务专业合作社获评全国星级农业科技社会化服务组织。富阳区蒋玉根获评“全国十佳农技推广标兵”，萧山区农业科技示范企业负责人范正伟获评农业农村部“百优保供先锋”等。

【农业科技推广】2021 年，杭州市创新开展科技下乡助农服务。3—4 月，发挥市、县（市、区）两级产业科技服务队作用，市、县（市、区）、乡镇三级联动，多部门合作，开展“科技服务助力乡村振兴”科技下乡服务月活动，推广农业先进实用技术，促进农业生产保供和农民持续增收。全市开展科技下乡活动 1334 多次，8050 人次参加，推广技术 569 项、推广品种 599 个，解决问题 1084 个，举办培训 173 期，服务 2.45 万人次。

【农业科技管理】2021 年，杭州市加强农业转基因监管，委托省农业科学院农业农村部农产品及加工品质量安全监督检验测试中心（杭州）完成全年主要农产品及其加工品抽样检测工作，抽检样品 464 批次。开展“双随机抽查”和劳动节、国庆节前检查，完成对中国水稻研究所等试验研究环节和各种子经营企业、门店督查指导，全年检查单位 23 个，出动执法人员 63 人次。加强农业知识产权保护，完成知识产权营商环境考核各项工作。全市引进农作物新品种申请数 99 个，筛选出种植优新品种 4 个，组织实施种质资源的保护和提纯复壮 23 份。开展知识产权宣传，举办线上和线下知识产权培训 7 期，市、县（市、区）、乡镇三级农技推广干部、农业管理干部和新型经营主体负责人 450 多人参加培训。

【农业科技队伍建设】2021 年，杭州市加强科技产业服务团队管理，粮食、蔬菜、水产、畜牧、水果、蚕桑等 10 个产业科技服务队加强科技推广和服务，建立工作例会制度、信息报送制度、培训交流制度等，加强队伍建设、项目管理和工作推进。提升农技人员素质，开展农技人员培训，通过异地研修、集中办班和现场实训等方式，培训农技人员 1062 人。其中：市级举办培训 11 期，培训 632 人；全市定向培养基层本科农技人员 19 人（富阳区 8 人、桐庐县 4 人、淳安县 2 人、建德市 5 人）。做好第九批科技特派员选派工作，选派市农业农村局系统科技特派员 7 名，比上批增加 3 名。

【农村实用人才培训】2021 年，杭州市以农民教育培训提质增效“1256”行动为主抓手，开展分层分级分类培训，培育“有文化、懂技术、善经营、会管理”的农村实用人才。全市培训农村实用人才 8986 人。其中，市本级抓好“125”高层次农村实用人才培训，培训 809 人（乡村振兴领军人才 109 人、新型农业经营主体带头人 200 人、农业农村兴业带头人 500 人）。开展农民智能手机应用大培训，培训农民 124.96 万人。

【高素质农民培训】2021 年，根据部、省关于高素质农民培训的有关规范管理要求，杭州市、县（市、区）两级围绕产业发展需求，创新培训方式，采取理论与实践结合、线上与线下培训相结合，培养经营管理型、专业生产型和技能服务型的高素质农民，全年培训 3984 人。拓展培训模式，开展新型农业经营主体（中药材）政产学研用一体化培育，联合浙江理工大学生命学院技术团队，选拔 32 名中药材农业经营主体开展为期 3 年的全产业链培育，通过政策咨询、专题培训、学术交流、点对点现场指导，从生产到加工到销售，进行系统性政产学研用一体化培育。

【农业技能大赛】2021 年 9—10 月，市农业农村局与团市委、市人力社保局、市总工会举办全市农业技能大赛，设置西湖区茶艺师、临安区农机操作、萧山区植保无人机、建德市农业品牌策划 4 项赛事，获奖选手 57 人，其中：一等奖 10 人、二等奖 18 人、三等奖 29 人，获“杭州市技术能手”称号 1 人，获“杭州市职工经济技术创新能手”称号 6 人。组织选手参加全省农业技能大赛 7 项，获一等奖 2 人、二等奖 3 人、三等奖 5 人，获“浙江省金蓝领”称号 2 人、“浙江省农业技术能手”称号 9 人。（市农业农村局）

农业机械化

【概况】2021 年，杭州市农机管理部门以实施农业“双强”行动为契机，开展农业“机器换人”促进工程、农机购置补贴和“平安农机”示范创建等工作，农业机械化水平进一步提升。至年末，全市有农业机械总动力 190.49 万千瓦（不含渔船），其中柴油机械动力 66.05 万千瓦、汽油机械动力 22.72 万千瓦、电动机械动力 101.72 万千瓦。有主要农机具 50.73 万台（套），其中大中型机械有拖拉机 0.14 万台（与其配套的各类农机具 1.08 万台）、收获机械 0.11 万台、植保机械 3.02 万台、排灌机械 12.36 万台、农产品初加工机械 2.25 万台，农机装备结构进一步优化。

【农业“机器换人”推进】2021 年，杭州市安排市级财政补助资金 1200 万元，加快提升农业设施装备水平，推进农业“机器换人”促进工程。创建全国第六批率先基本实现主要农作物生产全程机械化示范县 1 个（萧山区）、省级综合性农业“机器换人”高质量发展先行县 1 个（余杭区）、省级特色产业农业“机器换人”高质量发展先行县 1 个（萧山区），创建

机械化草莓采摘（摄于2021年） （市农业农村局 供稿）

省级农机综合服务中心12个、省级全程机械化应用基地16个。

【农机购置补贴政策落实】2021年，杭州市通过落实中央、省、市、县（市、区）四级财政资金对农户购置先进适用的农业机械装备给予补贴，调动农户购买使用农机的积极性，促进农机装备信息化和智能化水平提升。全市补贴机具7582台（套），补贴资金5305.49万元，其中中央补贴资金3755万元、省级补贴资金283.33万元、市级补贴资金800万元、县级配套资金467.16万元。

【新机具新技术引进】2021年，为适应智能化装备在农业生产领域广泛运用新形势，杭州市农机系统引进试验新机具，强化新技术培训，加快新机具示范推广应用。萧山区引进无人驾驶联合收割机、无人驾驶插秧机、毛豆收获机、同步施肥水稻旱穴播机、蔬菜移栽机等，桐庐县引进大棚加温系统、无针注射机、水果套袋辅助机、搂草机、水果酿酒整套设备、四驱微耕机、蔬菜田园管理机、蔬菜撒肥机、蔬菜播种机等，富阳区引进烘干机远程监控设备、水稻精量播种流水线等，建德市引进稻麦油菜联合收割机等新机具。

【农机安全监管】2021年，杭州市加强宣传教育，开展各类农机安全主题宣传活动53次，发放农机安全宣传资料7300多份，1.22万人次受益。检查农机专业合作社、农机大户、农机经销商、农机维修网点等农机服务经营组织692次，农机监理人员参加检查1449人次，排查治理安全隐患195个。办理农田作业拖拉机牌照登记246台，办理联合收割机牌照登记70台。检验合格上道路行驶拖拉机12台、农业机械实地安全检验3751台。核实外省籍拖拉机539台，核实假牌证、假驾驶证36本。培训驾驶员242人，发送安全警示提醒短信24.68万条（次）。联合交警部门开展路面检查141次，检查拖拉机381台，查获涉嫌违法违章拖拉机74台。

（市农业农村局）

农业合作生产

【概况】2021年，杭州市供销社系统实现总经营收入603.4亿元、利润3.6亿元，获全国供销合作社系统综合业绩考核计划单列市和副省级省会城市一等奖第一名。萧山区、临平区、富阳区、临安区供销社被评为全省20强县级社，萧山区临浦供销社等14个基层社被评为全省百强基层社。

【为农服务优化】2021年，杭州市供销社系统土地全托管5200公顷、农业社会化服务规模13.47万公顷（次）。开展春耕支农促生产“五送”下乡活动，赠送优质农资产品300多万元。推出市农民专业合作社联合会“醉忆杭鲜”农产品公用品牌，承接运营或参与“禹上田园”“天目山宝”等县域农产品公用品牌打造。全年实现农产品市场交易额299.4亿元，从农业生产者购进的农产品总额206.7亿元，实现农信担保在保额14.93亿元。召开农业社会化服务现场会、“党建带社建，村社共建”现场会、村综合服务社建设现场会、为农服务体系建设现场会，推广大田托管全流程服务、基层社与村两委融合、“快递进村”邮政快递供销合作、全程为农服务体系建设等为农服务典型经验做法。开展首届全市农合联“双十佳”会员评选活动，参与承办农民丰收节主场活动等农事节庆活动50多场，开展农产品经纪人等各类涉农培训41班（次），2300多人次参加。

【供销社系统助力共同富裕】2021年10月29日，市供销社共同富裕工作领导小组成立并召开第一次领导小组会议，明确共同富裕专项行动实施细则、考核评价办法和具体任务清单。在建德市开展村经济合作社整建制加入乡镇农民专业合作社联合会、组建强村公司试点；在淳安推广“农合联会员企业+村集体”联合经营的“乡村消薄”模式，探寻共同富裕模式。

【“三位一体”农合联改革】2021年2月9日，市委办公厅、市政府办公厅印发《关于持续深化“三位一体”农合联改革服务乡村振兴高质量发展的实施意见》。市供销社推动建立“三位一体”改革专班制度、工作例会制度、督查考核机制，细化明确18个改革成员单位职责分工，推动形成党委政府领导、农办牵头、供销社执行、相关各方协同工作机制。

【从严治社】2021年，根据省委、市委部署，市供销社全面开展腐败和作风问题重点整治。推动巡察“回头看”整改和审计整改，梳理出“三重一大”等权力清单200多项，全市供销社系统查办案件8起，处分9人，自查并整改问题84个，完成152个巡察反馈问题整改，新建制度48项，修订制度141项。 （席庆山）

责任编辑 郦 晶

22 工业

综述

【工业经济发展提质增效】2021年，杭州市全部工业企业营业收入首次超过2万亿元。规模以上工业增加值4100亿元，比上年增长10.6%。规模以上工业利润总额1428亿元，增长13.5%。规模以上工业百元营业收入成本80.6元，低于全省3个百分点。规模以上工业全员劳动生产率40.0万元/人，提高3.8万元/人；新产品产值率40.8%，提高2个百分点。规模以上工业高新技术产业、装备制造业、战略性新兴产业分别实现增加值2827.7亿元、2061.9亿元和1850.6亿元，分别增长13.1%、14.8%和17.6%，占规模以上工业比重分别为69.0%、50.3%、45.1%，连续6年实现增长。规模以上工业研发费用占营业收入的3.3%。制造业投资额增长28.4%，居全省首位。

【"新制造业计划"实施】2021年，杭州市制定"新制造业计划"年度工作要点，推进"六能行动"。围绕未来工厂、小微企业园、数字经济等主题，召开全市推进"双引擎"工作例会4次。强化制造业发展空间保障，做好工业用地占补平衡管控，全年出让工业用地8平方千米，完成工业用地收储10平方千米。

【制造业高质量发展暨"未来工厂"建设推进大会】2021年4月28日，杭州市制造业高质量发展暨"未来工厂"建设推进大会召开。会议公布获国家、省、市表彰的企业名单，并为浙江省科技进步奖、杭州市政府质量奖、鲲鹏企业、聚能工厂培育企业、"链主工厂"培育企业等颁奖授牌。

【制造业"腾笼换鸟、凤凰涅槃"推进大会】2021年11月9日，杭州市新一轮制造业"腾笼换鸟、凤凰涅槃"攻坚行动推进大会召开。会议要求以数字化改革为牵引、以制度创新为动力，奋力推进"低效整治、创新强工、招大引强、质量提升"4项攻坚行动，开创制造业提质扩量增效新局面，把杭州建成具有全球影响力的先进制造业强市。

【"亩均论英雄"改革】2021年，杭州市推进"亩均论英雄"平台建设，完成全市规模以上工业企业及占地2000平方米以上规模以下工业企业的亩均综合评价。浙江省"亩均论英雄"3.0平台显示：全年杭州市规模以上工业亩均增加值218.8万元/亩，比上年增长10.9%；规模以上工业亩均税收54.4万元/亩，增长27.9%，两项指标均居全省第一位。

【高耗低效企业整治】2021年，杭州市完成高耗低效企业整治销号396个，100%销号；腾出用地3.56平方千米，腾出用能42.3万吨标准煤。强化铸造产能管理及熔化设备规范整顿，全年完成铸造业产能置换企业5个，置换产能3.91万吨。

【工业领域碳达峰推进】2021年，杭州市加强节能减碳技术改造储备项目库建设，入库项目40个，25个被列入浙江省首批节能减碳技术改造项目清单。《关于深入推进绿色低碳工业园区工厂建设的通知》印发，评定首批市级绿色低碳工业园区2个、绿色低碳工厂83个。新增国家级绿色园区1个、绿色工厂4个、绿色设计产品18个、绿色供应链管理企业2个、绿色设计示范企业2个，新增浙江省绿色低碳园区1个、绿色低碳工厂16个。

【产业基础再造和产业链提升实施】2021年，杭州市发布《杭州市制造业产业基础再造和产业链提升工程实施方案》《杭州市九大标志性产业链"链长制"工作方案》，加强制造业产业基础能力，提升产业链现代化水平。组织企业申报浙江省产业链协同创新项目19个、"急用先行"项目8个，筛选149个企业的296个产品列入"2021年杭州市优质产品推荐目录（第一批，不含医药医疗器械）"。组建产业链上下游企业共同体23个，涵盖视频安防、5G通信产业、智能网联汽车等领域。举办亚组委重点项目、"芯机联动"、"医企对接"、"云端对接"等产业链上下游对接会，以及产品推广会、区域精准合作会等近350场。

【企业集团培育壮大】2021年，杭州市实施"十百千亿"企业培育工程，动态更新58个鲲鹏企业库，编制第二批“雄鹰行动”企业“一企一策”培育计划书，完成第三批“鲲鹏企业”评选。4个企业入围2021年《财富》世界500强企业榜单，阿里巴巴集团、浙江吉利控股集团有限公司排名比上年分别提升69位和4位，浙江荣盛控股集团有限公司、浙江恒逸集团有限公司首次进入榜单。

【55个企业入选国家、省部级优胜名单】2021年，浙江高泰昊能科技有限公司等32个企业获评第三批国家专精特新“小巨人”企业。杭州中科微电子有限公司等5个企业入选工业和信息化部制造业单项冠军示范企业，1个产品入选单项冠军产品。杭州杭锅工业锅炉有限公司等18个企业被新认定为浙江省“隐形冠军”企业。至年末，杭州市有国家级“专精特新小巨人”企业53个；有单项冠军示范企业24个，数量居全国第二位；有浙江省“隐形冠军”企业54个，数量居全省第一位；有浙江省专精特新中小企业310个。

【企业创新能力增强】2021年，杭州市备案新产品新技术780件，实现新产品产值6812.3亿元，新产品产值率39.9%。成功创建浙江省重点技术创新项目计划15个、浙江省重点高新技术产品17个。有44个产品入选“浙江省装备制造业重点领域首台（套）产品名单”、40项产品入选“浙江省首台（套）产品推广应用指导目录（2021年版）”、10个项目入选省首台（套）产品工程化攻关重点项目，数量居全省首位。新增国家级企业技术中心3个、省级16个、市级87个，新培育创建质谱仪器省级制造业创新中心。至年末，杭州市有国家级企业技术中心45个、省级214个、市级603个，其中国家级数量居全省第一位；有省制造业创新中心10个，数量居全省第一位。

【服务企业全面提升】2021年，杭州市聚焦“云暖”服务行动，深耕云上看直播、线上云服务、线下精准辅导和工信研究赋能等服务矩阵，形成亲清直播间、惠企服务平台、创新创业大赛、专精特新培育、“杭州经信观察”等特色服务品牌。全年开展服务活动126场、服务企业1.17万个。全市选派103名驻企服务员，联动1.1万名区县（市）驻企服务员，“网格化+专班化”实现规模以上企业、高成长性中小企业和园区服务全覆盖。全年重点服务企业1090个、小微企业园202个、产业链上下游企业706个，走访企业7586个（次）、小微企业园1994个（次）。建立企业问题协调解决机制，线下收集问题3488个、解决问题3124个；线上收集问题6.60万个，解决问题6.57万个。

【高质量发展伙伴银行专项金融服务】2021年6月25日，杭州市小微企业园高质量发展伙伴银行专项金融服务启动，首批优选4个银行建立“杭州市小微企业园高质量发展伙伴银行”，分别授信20亿元，3年全口径融资额度80亿元，解决小微企业园和园区企业融资难、融资贵问题。至年末，4个“伙伴银行”与43个小微企业园、267个企业达成合作，成功授信16.59亿元。

【小微企业园建设】2021年，东部软件园、天和高科技产业园成功创建国家小型微型企业创新创业示范基地，万轮科技园、杭州市高科技企业孵化园区获评浙江省五星级园区，杭州人工智能产业园等9个小微企业园获评浙江省四星级园区，浙江（杭州）知识产权创新产业园等7个园区获评浙江省数字化示范小微企业园。

【“企业码”专区建设】2021年，杭州市加快“企业码”平台杭州特色专区建设，打通省、市、区县（市）三级数据通道，构建多部门多业务协同，实现基层数智服务企业。至年末，上线企业64.5万个，专区浏览量1242.85万人次；上架专区应用105个，上线惠企政策346条。（周欣海）

装备制造业

【概况】2021年，杭州市装备制造业实现工业总产值8437亿元，比上年增长16.0%，占规模以上工业总产值的49.3%；增加值2062亿元，增长14.8%，占规模以上工业增加值的50.2%。其中，高端装备制造业实现工业总产值3337亿元，增长12.1%；增加值860亿元，增长11.5%。

【装备制造业产业结构优化】2021年，杭州市在装备制造业的细分领域现代物流装备业中，形成“工程总承包—设备制造—管理运营”完整产业链。机器人与智能制造装备业发展迅速，形成从核心技术研发、智能终端制造到行业智能化应用产业链。节能与新能源汽车及先进交通装备制造业创新发展，智能网联汽车技术研发获新成果，在道路环境感知、多态数据融合、高精地图定位、运行决策规划等方面取得重大突破。在航空航天领域，重点打造钱塘区“万亩千亿”航空航天产业平台、建德航

杭州西奥电梯有限公司电梯生产线（摄于2021年） （李 忠 摄）

空小镇等主要产业载体，在飞机零部件、高难度材料加工、航空发动机核心零部件制造等领域优势明显。

【重大项目加快推进】2021年，杭州市桐庐县总投资10亿元的杭州联亚智能设备有限公司“年产15000套高端智能物流装备与机器人技术生产线项目”、中汽商用汽车有限公司（杭州）“新能源系列商用车研发生产项目”加快建设；总投资3.5亿元的东芝水电高端清洁能源装备项目、总投资1.8亿元的延伸电梯年产12万吨电梯配件研发制造项目签约。富阳区智能装备产业重点项目40个，累计招引智能装备产业项目38个，总投资157.3亿元；重点招引项目6个，有存量企业新投资项目4个。临安区的众硅项目、华正项目、福斯特项目、高分子项目入选省产业链协同创新项目，其中福斯特项目和第一批入选的杭叉项目完成区级层面验收。钱塘区省级制造业创新中心、中国（浙江）机器人及智能装备创新中心围绕机器人及智能装备产业链开展研发创新、产业化应用取得成效。

【装备制造业合作交流】2021年4月，杭州市组织装备制造业骨干企业到合肥参观联想全球智能制造基地。10月，组织机器人、智能装备企业到江西省开展交流活动，参加2021年中国航空产业大会，以航天航空产业为突破点，与当地高端装备企业对接交流。（张向荣）

汽车产业

【概况】2021年，杭州市汽车产业实现工业总产值569.41亿元，比上年增长11.2%；销售产值562.80亿元，增长11.6%；出口交货值76.20亿元，增长34.3%。有规模以上企业219个，其中：整车、改装车、专用车企业18个，具备整车生产资质企业10个，上市企业12个。有国家级企业技术中心6个、省级企业技术中心15个。杭州市汽车产业发展格局为“一极两翼”，基本形成从关键零部件到整车的完整产业体系。“一极”是钱塘区，以浙江吉利控股集团有限公司、广汽乘用车（杭州）有限公司、长安

长安福特汽车有限公司杭州分公司智能制造工厂（摄于2021年）

（市经信局 供稿）

福特汽车有限公司杭州分公司为代表的整车企业，是全市汽车产业主平台。“两翼”是萧山区和余杭区。萧山区加快构建汽车零部件制造、动力电池等新能源汽车核心零部件生产基地，以及智能网联汽车创新中心。余杭区以余杭经济技术开发区、仁和工业园区为基地，重点发展新能源商用车、零部件制造；以未来科技城为重点，带动西湖区周边形成智能网联汽车技术研发、测试、创新中心。9月16日，万向钱潮股份有限公司、浙江吉利控股集团有限公司获第四届中国质量奖提名奖。

【节能与新能源汽车产业发展“十四五”规划发布】2021年10月，《杭州市节能与新能源汽车产业发展“十四五”规划》发布，提出“十四五”期间杭州市节能与新能源汽车产业的总体思路和发展目标。计划到2025年，汽车产业实现总产值2500亿元，其中整车、零部件产值分别为1200亿元、1300亿元；整车产量73.7万辆，其中新能源汽车31.3万辆。使节能与新能源汽车产业成为推动全市高质量发展的主导性产业。

【新能源汽车推广应用】2021年，杭州市生产整车23万余辆，其中新能源汽车2万余辆，年产值超过80亿元。全市新增新能源汽车13万辆，比上年增长250%，月均超过1万辆，增量超过2019年、2020年两年总和，累计推广新能源汽车34万辆。新建公用充电桩3010个，累计建成各类充电设施5.4万个。杭州市主城区高峰限行区域内公用充电服务半径缩小至700米左右。

【杭州汽车企业排名】2021年，在中国机械工业联合会、中国汽车工业协会公布的“2021年中国汽车工业整车二十强企业名单”中，浙江吉利控股集团有限公司排名第6位。在“2021年中国汽车工业零部件三十强企业名单”中，万向集团有限公司排名第3位，中策橡胶集团有限公司排名第9位。在“2021年中国机械工业百强企业名单”中，杭齿集团再次入选“中国机械工业百强”榜。

【吉利汽车集团加入国际汽车标准合作组织】2021年4月8日，国际汽车标准合作组织（IATF）宣布，吉利汽车集团成为IATF国际汽车工作组第10个汽车集团成员，并拥有董事表决权。吉利汽车集团成为该工作组的第一个亚洲会员，并将与其他9个国际汽车集团以及欧美各国汽车协会共同参与国际质量标准制定，推动世界汽车工业可持续发展。

【吉利控股集团年销量超过220万辆】2021年，吉利控股集团旗下各品牌汽车总销量超过220万辆，实现

多品牌协同发展。其中，"吉利"汽车总销量132.8万辆，连续5年获中国品牌乘用车年度销量冠军，乘用车销量排名行业前3位。"领克"汽车，全年销量22.1万辆，创该品牌历史年销量新纪录。在新能源领域，"几何A""几何C""帝豪EV"等新能源及电气化车型总销量10万余辆，比上年增长47%。全年出口11.5万辆，增长58%。

【零跑新能源汽车项目落户钱塘新区】2021年3月29日，钱塘新区与浙江零跑科技有限公司举行新能源汽车项目签约仪式，开展新能源汽车研发、生产与销售，总投资40亿元，计划2023年建成投产。

（魏兆宏）

节能环保产业

【概况】2021年，杭州市节能环保产业实现增加值434.8亿元，占全市工业增加值的10.6%；销售产值1808亿元，占全市工业销售产值的10.7%；有规模以上企业520个，比上年增加26个。至年末，77个企业年销售产值超过5亿元，浙江元通线缆制造有限公司销售产值超过50亿元。杭州老板电器股份有限公司销售收入103.38亿元，杭州福斯特科技集团有限公司销售收入110.47亿元，浙江运达风电股份有限公司销售产值181.48亿元。节能环保产业年出口交货值228.4亿元，占销售产值的12.6%。出口产品主要集中在高效节能和新能源产品，交货值分别为113.7亿元和104.6亿元，增幅分别为16.6%和31.5%。高效节能领域发展较快，258个规模以上企业全年工业增加值228.4亿元，完成工业销售产值922.9亿元，出口交货值113.7亿元。

【高投入大项目支撑行业发展】2021年，杭州市节能环保产业研发投入增速为39.1%，高于全市14.2个百分点；研发支出占营业收入的4.1%，高于全市0.8个百分点；新产品产值率51.9%，高于全市12个百分点。至年末，全行业有国家级企业技术中心5个、省级企业技术中心15个、市级企业技术中心45个。是年，总投资111.55亿元的万向创新聚能城年产80吉瓦时锂电池项目完成投资6亿余元；万向一二三股份有限公司总投资96.91亿元的锂电池技改项目，至年末完成投资16亿元；浙江杭可科技股份有限公司锂离子电池充放电设备智能制造项目开工建设，总投资13.7亿元。

【LHD海洋潮流能发电项目】2021年，杭州林东新能源科技股份有限公司LHD海洋潮流能发电项目发电21.44万千瓦时，向国家电网送电14.81万千瓦时，累计送电235万千瓦时，发电量在同领域排名全球第三位。至年末，不间断发电55个月，连续稳定运行时间居全球第一位。全年完成LHD海洋潮流能发电第二期项目1.6兆瓦机组下海前准备工作。

（刘元永）

生物医药产业

【概况】2021年，杭州市生物医药产业有规模以上企业195个，实现总产值980亿元，比上年增长22%，规模总量居全国第二梯队。化学药产值占全市的70%，生物药发展稳中有升，医疗器械在体外诊断、医用高值耗材、医学影像等领域形成一定竞争优势，数字化医疗特色明显。产业布局基本形成"一核四园多点"格局，全市67%的生物医药重点企业集聚在钱塘、滨江、余杭、临平、萧山5个区，生物医药工业总产值占全市的65.7%。

【生物医药产业政策发布】2021年7月23日，市政府办公厅印发《关于加快生物医药产业高质量发展的若干意见》，从明确目标领域对象、提升创新研发能力、完善临床研究应用、促进产业集聚发展、提升要素支撑能级、健全生态服务体系、强化统筹推进机制7个方面，提出支撑全产业链发展的政策措施。计划到2030年，全市生物医药与健康产业规模达到万亿级。

【生物医药创新成果】2021年10月，杭州启函生物科技有限公司开发多条免疫细胞治疗血液瘤和实体肿瘤研发管线，基于干细胞来源的Car-NK（自然杀伤细胞）免疫细胞治疗产品，与浙江大学医学院附属第一医院开展IIT（研究者发起临床试验）临床研究，展现出优秀的安全性和靶向肿瘤治疗缓解率。11月，杭州睿丽科技有限公司自主研发的药物滥用化学发光检测仪器通过公安部检测认证，入围公安部警用装备采购中心采购目录，参与制定国家毒品检测新标准，是毒品高端检测领域唯一供应商。同月，由微泰医疗器械（杭州）股份有限公司自主研发的"14天、免校准、实时"持续葡萄糖监测系统AiDEX G7获国家药品监督管理局批准上市。

【中国科学院基础医学与肿瘤研究所项目课题获科技部立项】2021年12月，中国科学院基础医学与肿瘤研究所"非天然碱基和非天然细胞设计合成及功能研究""重大疾病便携式生物传感器检测仪的研制""非天然及修饰核酸的合成、扩增和信息写入"3个项目与课题获科技部立项。至年末，中国科学院基础医学与肿瘤研究所获批国家级科研人才项目经费超过1亿元，经费增速居浙江省前列，成为全国在合成生物学领域获批项目最多的科研机构之一。

【江西济民可信集团有限公司落户杭州医药港】2021年9月10日，江西济民可信集团有限公司与钱塘区举行签约仪式，落户杭州医药港，计划投资20.5亿元建设小分子创新药物研发总部及制剂生产销售基地。

【生物医药企业上市】2021年，杭州诺辉健康科技有限公司、杭州奥泰生物技术股份有限公司、杭州博拓生物科技股份有限公司、堃博医疗控股有限公司、微泰医疗器械（杭州）股份有限公司等生物医药企业上市，借助资本力量提升产品技术水平和附加值，为杭州发展提供新增长点。

【归创通桥产业园开园】2021年4月，归创通桥产业园在余杭区未来科技城数字健康小镇核心区开园。7月，归创通桥医疗科技股份有限公司在香港联合交易所主板上市。“通桥白驹”颅内球囊扩张导管、“通桥银蛇”DA远端通路导引导管、ZYLOX Boa抓捕器、“通桥大禹”球囊导引导管、“通桥凤”弹簧圈系统等8款产品取得国家药品监督管理局上市批件；颅内血栓抽吸导管、取栓支架微导管2款产品获得CE认证。12月，归创通桥与浙江大学合作的企业博士后工作站启动。

【华东制药公司产品获注册证书】2021年6月，杭州中美华东制药有限公司产品注射用米卡芬净钠、奥美拉唑碳酸氢钠胶囊剂、二甲双胍恩格列净片获“药品注册证书”。8月29日，杭州华东医药集团全资子公司欣可丽美学（上海）医疗科技有限公司的新品“伊妍仕”投放市场，首发医院100个。（李中韦）

食品工业

【概况】杭州食品工业是杭州市重点产业之一，其中饮料、乳制品、冷冻食品和肉制品在全国有较大影响力。2021年，杭州市有食品生产许可证企业2005个、被列入监管目录的小作坊1271个，添加剂生产企业99个。全年抽检食品产品（生产环节）5080批次，合格5063批次，合格率99.67%。杭州食品工业规模以上企业数288个，工业销售产值924.48亿元，比上年增长9.2%，主营业务收入1238.53亿元，增长12.4%；利税总额394.61亿元，增长3.9%；利润总额97.51亿元，增长3.7%。其中，软饮料占据主导地位，其次为方便食品、婴童食品、食用油、巧克力，以及具有区域特色的豆制品、休闲食品等，基本涵盖食品饮料产业的主要行业门类。4月，农夫山泉股份有限公司推出源自长白山原始森林的“长白雪”天然雪山矿泉水，属偏硅酸型矿泉水。

【娃哈哈集团文成智能化饮料项目签约】2021年7月30日，杭州娃哈哈集团有限公司文成智能化饮料项目签约仪式在杭州乔司基地举行。项目计划投资近5亿元，在文成县巨屿镇建立娃哈哈智能化饮料生产基地。基地占地约8万平方米，建智能化生产线4条，生产“娃哈哈”含乳饮料、纯净水、营养快线、八宝粥等产品。投产后年销售额10亿元。

【娃哈哈集团成为杭州亚运会官方非酒精饮料赞助商】2021年8月13日，杭州2022年第19届亚运会官方非酒精饮料赞助商签约发布会在杭州召开，杭州娃哈哈集团有限公司成为赞助商。围绕着“Win Happy Health 赢在健康快乐”理念，娃哈哈集团推出3款亚运定制新品，并启动“哈哈加油站”项目。集团开拓运动场景，成立专项研发团队，融合亚运特色定制，推出两款针对细分消费人群的饮品，并推出亚运定制版天然矿泉水，满足不同群体饮用水需求。

祖名豆制品股份有限公司（摄于2021年） （市食品工业协会 供稿）

【娃哈哈集团发起“实验室用水支持计划”】2021年9月，娃哈哈集团官方微博发起“实验室用水支持计划”，专项提供全国高校及各大研究机构实验室1年免费纯净实验用水。10月，公布实验室用水支持计划名单，50所实验室获得支持。

【祖名豆制品股份有限公司上市】2021年1月6日，祖名豆制品股份有限公司在深圳证券交易所上市。该公司成立于2000年，专注于豆制品的研发与销售，是江浙沪地区的豆制品领导品牌之一，是CAC（国际食品法典委员会）国际标准以及国家标准、多个行业标准起草单位之一。

【杭州杭豆科学技术研究院成立】2021年9月，豆制品行业首个科研机构杭州杭豆科学技术研究院在杭州豆制食品有限公司成立。研究院重点开展“大豆、豆浆、豆腐及其制品机理”等基础性应用性研究，加强数字化、人工智能与管理，开发新产品、新技术，提升豆制品品质，推动大豆食品“产、学、研、市”融合发展，赋能产品和市场创新升级。由杭州豆制食品有限公司和中国农业大学等单位合作的《传统大豆食品提质高效加工关键技术与装备》项目获中国轻工业联合会科学技术进步奖一等奖。

【“姚生记”现代化工厂落户临安区】2021年8月，杭州姚生记食品有限公司在临安区龙岗镇坚果炒货园区投资2.6亿元，建造集山核桃研究院、博物馆、展陈中心、透明观光、生产研发、销售等于一体的三产融合高标准现代化工厂。项目预计于2022年9月投产。

【贝因美公司获中国乳业科技进步奖特等奖】2021年9月10日，在杭州举行的中国乳制品工业协会第二十七次年会暨2021年中国（国际）乳业技术博览会上，贝因美股份有限公司获行业最高奖项——中国乳业科技进步奖特等奖。贝因美股份有限公司产品体系有20个系列、60个婴幼儿配方奶粉和4个特殊医学配方奶粉；承接多项国家重点研发计划项目，申请专利40多件。发表专业论文30多篇，其中《婴幼儿配方乳粉安全控制及微营养重组关键技术》《贝因美爱加系列婴幼儿配方奶粉关键技术及产业化研究》获部级特等奖。（袁琼芳）

建材冶金工业

【概况】2021年，杭州市建材冶金工业有规模以上企业908个，占全市规模以上工业企业数量的15.0%；工业总产值2196亿元，占全市规模以上工业的12.9%，比上年增长17.8%；利税188.5亿元，增长10.0%，其中，利润120.3亿元，增长9.7%。完成出口交货值171.5亿元，增长18.0%。分行业看，非金属矿产采选业主营业务收入22.8亿元，增长4.6%；制品业880.7亿元，增长8.2%；金属矿选、冶炼和压延加工及制品业，除有色金属矿选业外，主营业务收入比上年均有较大提高。其中：黑色金属148.8亿元，增长42.5%；有色金属716.8亿元，增长48.0%；金属制品业712.1亿元，增长17.0%。

【新材料产业发展"十四五"规划发布】2021年7月20日，市经信局、市发改委印发《杭州市新材料产业发展"十四五"规划》。规划明确新材料产业发展方向、重点领域和区县布局，重点打造功能膜材料、高分子复合材料、石墨烯3条产业链，提出到2025年，新材料产业总产值超过1500亿元。

【3个企业新材料产品技术取得突破】2021年，杭州五星铝业有限公司推出8微米电池箔产品，打破日韩企业垄断，在电池箔行业中处领先地位，国际市场占有率45%，居世界第一位。杭州福斯特应用材料股份有限公司"高效双面发电组件用共聚烯烃封装材料"获浙江省科技进步奖一等奖。纳晶科技有限公司在量子点显示领域市场占有率居全国第一位、全球前三位，完成浙江省首台（套）产品工程化攻关重点项目——量子点扩散板产品开发和客户验证。

【6个项目产品获省首批次新材料认定】2021年，杭州永磁集团有限公司"高性能高致性钐钴永磁材料"、建德鑫鼎纤维材料有限公司"高硅氧纤维材料制品"等4个项目，被认定为技术水平国内领先或打破国际垄断的浙江省重点首批次新材料奖励补助项目。杭州千石科技有限公司"注塑钐铁氮稀土永磁复合材料"、杭州屹通新材料股份有限公司"高精度高强度合金钢粉体"2个产品被认定为浙江省首批次新材料（非认定奖励类）产品。

【杭萧钢构公司工业互联网平台入选省级创建名单】2021年，杭萧钢构股份有限公司建立行业数据中心，构建钢结构工业互联网平台，以数据驱动生产管理组织模式重构，在市场营销、智能设计、加工制造、仓储物流、项目施工、服务运维等方面实现全流程数据云端融合。实现市场快速响应、资源全网利用、要素动态配置、产业链业务高效协同、能力开放共享。该平台入选浙江省2021年度省级工业互联网平台创建名单。

【诺贝尔公司成为北京冬奥会官方瓷砖供应商】2021年6月28日，杭州诺贝尔陶瓷有限公司签约成为北京2022年冬奥会和冬残奥会官方瓷砖供应商。诺贝尔瓷砖秉持北京冬奥会"绿色办奥"理念，以科技创新驱动企业发展，以绿色环保促进产品更新，实现瓷砖生产更智能，应用更广泛的目标。

【光储一体化电站建设】2021年，建德海螺新能源有限公司投资1.07亿元，建设光储一体化电站。电站利用建德海螺水泥有限公司厂区循环水池水面、矿山区部分空地建造，不需消耗水资源，无污水排放。光伏一期装机容量14.7兆瓦，平均年上网电量1134.66万千瓦时，每年可节约标准煤3086.3吨，减少二氧化碳排放1.13万吨。

【建德南方水泥公司产能置换项目建成】2021年12月，建德南方水泥有限公司5000吨/天熟料水泥生产线技改工程点火试生产。投产后年产熟料155万吨、水泥200万吨，配套建设9兆瓦纯低温余热发电。全线采用六级旋风预热器、两档短窑、第三代熟料烧成窑尾系统等新型建材装备。

（陈丽华 陈文娟）

丝绸服装产业

【概况】2021年，杭州市有规模以上丝绸企业26个。丝绸产业主营业务收入21.8亿元，比上年增长5.3%；销售产值20.9亿元，增长5.6%；利税0.86亿元，增长49.6%。其中：利润0.29亿元，增长139.6%；税金0.57亿元，增长25.1%。有规模以上服装服饰企业229个，服装产业实现工业总产值196亿元，增长10.5%；销售产值195亿元，增长8.7%；出口交货值63.5亿元，增长2.5%；利税总额17.7亿元，增长22.3%。其中：利润10.1亿元，增长64.7%；税金7.5亿元，下降9.2%。

【全国丝绸标委会成立暨标准审定会】2021年3月25—26日，第三届全国丝绸标准化技术委员会成立大会暨标准审定会在杭州召开。会议审议第二届全国丝绸标准化技术委员会工作报告，宣读全国丝绸标准化技术委员会换届及第三届组成方案，表彰先进单位和个人。

【国际丝绸联盟主席会议暨丝绸可持续发展国际智库论坛】2021年6月10日，2021年国际丝绸联盟主席会议暨丝绸可持续发展国际智库论坛在杭州举行，22个国家和地区的嘉宾通过线上、线下参加会议。会议审议国际丝绸联盟和各专业委员会工作报告，通过章程和工作机制等文件，发布《全面客观评价丝绸产品生命周期倡议书》。

【杭州丝绸产品质量培训会】2021年4月19日，杭州市丝绸协会与杭州市质量技术监督检测院联合召开丝绸产品质量培训会。市市场监管局解读《产品质量监督抽查管理办法》，市丝绸协会做《杭州丝绸产业》报告，全国丝绸标准化技术委员会宣传贯彻《蚕丝被》国家标准，市质量技术监督检测院就丝绸产品、床上用品抽检中发现的质量问题做解析。

协会会员、丝绸从业者60多人参加培训。

【杭州国际时尚周】2021年5月19日，杭州国际时尚周在运河文化发布中心开幕。杭州国际时尚周每年举行两季，连续举办12年。时尚周致力于打造国内外专业泛时尚发布平台，推动中国服装原创产业、时尚文化产业、独立设计师品牌发展。

【丝绸之路周主场活动】2021年6月18日，“2021年丝绸之路周”杭州主场活动暨“万物生灵：丝绸之路上的动物与植物”展览在中国丝绸博物馆开幕。开幕式发布《2020年度丝绸之路文化遗产年报》和“穿越之合：敦煌研究院和中国丝绸博物馆联名文创”，并启动丝绸之路数字博物馆。

【世界时尚科技大会】2021年7月28日，首届世界时尚科技大会暨2021年中国服装科技大会在杭州市临平区召开。大会旨在联通全球时尚产业，交流科技应用经验，展示高新技术成果，增强科技进步对行业发展支撑作用，促进全球时尚领域变革。

【“达利丝绸”3D云上数字面料图书馆上线】2021年8月，达利丝绸（浙江）有限公司3D云上数字面料图书馆上线。图书馆利用3D数字技术在云端展示10万余种丝绸面料，并进行线上和线下同步展示。

【万事利丝绸文化公司上市】2021年9月22日，杭州万事利丝绸文化股份有限公司在深圳证券交易所A股创业板挂牌上市。该公司成立于2007年，是一家从事文艺创作、服装服饰制造等业务的公司，主要经营丝绸巾、领结、家纺、工艺品等。

【丝绸行业宋韵文化展示系列活动】2021年9月，杭州市丝绸协会在万事利丝绸文化博物馆举行“丝里杭间宋韵在显——宋服饰与丝绸文化”沉浸式体验，挖掘宋韵文化，开展丝绸、服饰领域宋文化研究和文创产品（活动）开发。10月，以“七仙女”为主题的宋制汉服巡游表演在中国丝绸城步行街举办。11月，市丝绸协会秘书处联合哈尔滨六丑汉文化传播有限公司，策划中国丝绸城宋韵文化节暨金秋购物节，开展宋婚展示、民乐表演、点茶制灯品香画扇雅集、汉服免费体验活动。

【中国（杭州）时尚产业数字贸易博览会】2021年10月13日，中国（杭州）时尚产业数字贸易博览会在杭州国际博览中心举行。博览会以加快时尚产业数字化、拓展产业数字经济发展为宗旨，融合长三角地区、珠三角地区的时尚产业资源优势及杭州数字经济优势，打造数字经济新趋势、新渠道、新场景国际性展会。

【13个茧丝绸项目获外经贸专项资助】2021年，杭州市申报的“面向无水印染丝绸的智能花型设计方法研究”“柞蚕茧自动缫丝机开发及关键技术研究”等13个茧丝绸项目获中央外经贸专项资金（茧丝绸）资助。（郑璐华）

工艺美术产业

【概况】2021年，杭州市有规模以上工艺美术品制造企业59个，工艺美术产业呈规模化、多元化发展，形成门类众多、产品多样、辐射广泛产业格局。有亚太地区手工艺大师3名，工艺美术大师160名，其中国家级工艺美术大师7名、省级工艺美术大师53名、市级工艺美术大师100名。3月，陈小波、金家虹、翁祝红3位大师当选第五届“杭州工匠”。至年末，全市工艺美术行业有28位工艺美术工作者获“浙江工匠”“杭州工匠”称号。

【杭州市工艺美术大师获颁证】2021年4月23日，第五届杭州市工艺美术大师颁证仪式暨“匠心献党”活动在萧山区举行，40名新晋杭州市工艺美术大师接受颁证，中国工艺美术大师赵建忠、嵇锡贵、陈水琴现场收徒。7名国家级工艺美术大师作品与新晋市大师作品现场展示，涵盖木雕、石雕、瓷器、金属工艺、刺绣、花边等。中国工艺美术大师赵建忠、省工艺美术大师金家虹与杭州职业技术学院签订大师进校园战略合作协议。

【组团参展博览会和交易会】2021年4月29日至5月3日，近20位杭州大师携朱炳仁铜、临安鸡血石、杭州刺绣、越窑青瓷等作品参加2021年中国（温州）工艺美术精品博览会，分别获金奖4个、银奖7个、铜奖3个、优秀奖6个。7月9—11日，“匠心向党、共铸辉煌”庆祝中国共产党成立100周年，浙江（绍兴）工艺美术主题作品展举行。杭州朱炳仁铜、王星记扇业、杭州刺绣、南宋官窑、莫干山剑等20多名大师作品参展，获金奖11个、银奖和铜奖各9个。9月23—27日，第十七届中国（深圳）国际文化产业博览交易会在深圳举行。杭州水韵琴丝文化艺术有限公司、杭州泉季工艺品有限公司、杭州武备司文化创意有限公司、杭州萧龙青瓷文化艺术研究院、杭州市弥和园文化艺术有限公司、杭州萧山郦氏南宋官窑工作室组团参展，获金牌、银牌各4项。

【杭州工艺美术精品邀请展】2021年10月22—30日，由桐庐县委、县政府主办的“钱塘江诗路文化·宋韵生活”杭州工艺美术精品邀请展在桐庐叶浅予艺术馆举办。近100名专家、领导、大师嘉宾出席开幕式。现场开展技艺表演和休闲体验活动，工艺美术大师和专业技艺人员向市民游客展示刺绣、扇子绘画、印石篆刻、陶瓷拉坯、萧山花边等手工艺。其间，参展人员到桐庐古村落、梅蓉艺术乡村实地考察交流。

【深圳工艺美术博览会线上展】2021年12月20—23日，第十二届深圳工艺美术博览会线上展开幕。展出赵锡祥、嵇锡贵、王文瑛、陈水琴、赵建忠、朱炳仁、钱高潮等杭州大师的陶瓷、刺绣、石雕、木/根雕、铜雕、萧山花边、王星记扇等具有杭州特色的经典名作，以及为庆祝中国共产党成立100周年创作的精品力作。（郑璐华）

石油和化学工业

【概况】2021年，杭州石化行业规模以上企业实现营业收入1801.98亿元，比上年增长16.3%；利税总额

155.54亿元，出口交货值243.31亿元，新产品产值600.99亿元。有规模以上企业659个，占全市规模以上工业企业总数的10.9%，主要分布在钱塘区、萧山区和建德市等地。行业经济运行总体稳中向好，3个子行业营业收入有升有降，生产平稳增长，产品价格上涨明显。

【《杭州市化工产业发展规划》发布】 2021年12月9日，《杭州市化工产业发展规划》发布，计划到2025年，全市化工产业加快实现由粗放型规模扩张向集约型内涵提升转变，重点领域和关键环节取得突破性进展，在国际化工产业分工和价值链中的地位明显提升。该规划将做精做优化工新材料、提质发展专用精细化学品、延伸发展下游终端化工制品作为发展重点，明确产业发展布局、主要任务和保障措施等。

【化工园区"1+5+X"架构体系打造】 2021年，杭州市3个化工园区在原有园区智慧化管理平台基础上，打造完善1个化工园智慧化管理驾驶舱，安全、环保、应急、封闭、能源5个共性模块，不同园区特点个性模块的"1+5+X"应用架构智慧平台。提高园区安全环保风险预警、应急处置能力、高效服务能力、智慧产业培育能力。

【浙江新化公司工艺安全评估中心获国家"实验室认可证书"】 2021年7月7日，浙江新化化工股份有限公司工艺安全评估中心获中国合格评定国家认可委员会（CNAS）颁发的"实验室认可证书"，标志着该工艺安全评估中心成为国家认可的标准检测实验室。

【建德市入选省级智慧化化工园区试点】 2021年9月，建德市入选省级智慧化化工园区试点，建设"化工园区智慧化管理"应用。10月，省经信厅在建德市召开全省智慧化化工园区推广建设现场会，推进全省化工产业大脑建设，深化省级智慧化化工园区试点建设，开发化工园区可复制可推广场景应用。全省各地36个经信局、开发区代表参加。

【杭州福莱蒽特公司上市】 2021年10月25日，杭州福莱蒽特股份有限公司在上海证券交易所挂牌交易。该公司成立于1998年，以生产经营中高端分散染料产品为核心，研发出覆盖广阔色系多个系列分散染料，在运动服饰、家纺、汽车等领域应用。其销售终端有"耐克""阿迪达斯""优衣库""安德玛""李宁"等品牌。

【百合花集团通过省重点企业研究院验收】 2021年11月10日，省科技厅组织专家对百合花集团股份有限公司建设的"浙江省百合花有机颜料重点企业研究院"进行现场验收。最终认定建设单位完成省级重点企业研究院责任书规定的任务，通过验收。

（金　炼）

电力工业

【概况】 2021年，杭州电网有35千伏及以上公用变电站433座，变电容量8928.18万千伏安；35千伏及以上输电线路（含电缆）1011条，总长度1.14万千米；10（20）千伏配电变压器（含用户）11.78万台，总容量7228.95万千伏安；10（20）千伏输电线路（含电缆）6599条（含用户），总长度5.61万千米。

按电度表户为计算单位，电力用户522.27万户，全社会用电量910.33亿千瓦时，比上年增长12.7%；售电量861.1亿千瓦时、增长12.8%；最高负荷1834万千瓦，增长6.8%。至年末，杭州电网总投入51.1亿元，完成固定资产投资48.6亿元；营业收入487.1亿元，增长14.4%，利润6.5亿元；资产总额517.8亿元、增长31.1%。

【电网建设推进】 2021年，110千伏及以上输变电工程开工项目63个，其中变电容量340万千伏安，线缆379千米；投产变电容量402万千伏安，输电线路372千米。建成投产220千伏变电站2座（富阳甘浦、临安泉口）、110千伏变电站20座〔上城百安、三卫，拱墅北秀、康贤，钱塘闸北、灯塔、春澜，萧山樟树、市北、楼塔、丰北，余杭永胜、良文、高地、勾庄（迁建），富阳新民、梓树，建德杨村桥，桐庐林场，淳安毛演〕。建成投运地铁电源站15座、亚运保障工程5个，实施电力迁改项目216个。

杭州电力部门编制完成"十四五"电网发展规划，衔接纳入政府规划。多个重点难点项目取得进展，500千伏江南变完成可研评审，220千伏公园变、110千伏新安变"地下变"示范项目获批，220千伏花木变历时10年核准开工。推进白鹤滩特高压直流及其配套送出工程建设，6个大型隧道工程铺开。助力乡村振兴和城市更新，完成农网建设改造投资18亿元。建成新时代乡村电气化村75个、"乡村振

2021年8月20日，国网杭州市富阳区供电公司利用新型导线绝缘敷设机器人，对钢芯裸导线实施不停电绝缘敷设作业　（黄　辉　摄）

2021年杭州市全行业用电一览表

表25

行　业	用户数（户）	用电量（万千瓦时）
一、农林牧渔业	43564	52441.61
二、工业	119068	4429670.37
三、建筑业	25199	296021.16
四、交通运输、仓储和邮政业	5111	266081.37
五、信息传输、软件和信息技术服务业	43550	333893.55
六、批发和零售业	149111	492737.08
七、住宿和餐饮业	19510	152582.83
八、金融业	2467	43629.00
九、房地产业	90432	369069.62
十、租赁和商务服务业	10987	382880.62
十一、公共服务及管理组织	114974	701777.19
总　计	623973	7520784.39

兴·电力先行”示范区2个，完成老旧小区及城中村改造281个、既有住宅加装电梯1405台。

【供电服务优化】2021年，国网杭州供电公司“获得电力”（衡量营商环境水平的重要指标）指标列全国第四位、居国家电网公司第二位，乡村电力服务“下姜模式”成为国家电网公司样板，供电服务机构优化调整匹配“一核九星”城市格局。超前谋划迎峰度夏，确保电力供应，最高负荷1834万千瓦，大电网始终保持安全稳定运行。出台城市地下电力设施防涝整治标准。有序应对供需矛盾，统筹做好电力保供和能耗双控，创新能耗双控码、嘉里商业区精细化需求响应和萧山园区用电权交易模式，组织错避峰最高负荷185万千瓦。完成庆祝中国共产党成立100周年、中国质量（杭州）大会等重大政治保电任务。成立亚运保电专班和临时党支部，提前完成77个亚运配套工程。常态化做好疫情防控和抗疫保电。全年带电作业次数提升近20%，全域供电可靠性处于国网系统领先地位。

以下姜村为样板，构建“数智型供电所+红船光明驿站”新时代乡村电力服务模式。推出全国首个乡村智慧能源服务平台，建成首批24个数智型“六好”供电所，全省试点率先上线“一平台一终端”，实现业务工单化、工单数字化、数字绩效化。打造“五最”用电营商环境。深化阳光业扩智慧办电，实施数智用电营商环境8个服务举措，惠企减免客户办电成本7.66亿元。开展公共能效服务，向3.23万户高压客户推送能效账单，覆盖率99%以上。建成市、县、所三级服务稽查机构，实施“四全”监督，强化投诉管控，在全省“庆百年、比赶超、零投诉”活动中列第一位。深化“三进三服务”，实施“电力助企开门红”，管理人员带头上门走访企业300多个，帮助解决实际问题。

【智慧电力建设】2021年，国网杭州供电公司创建新型电力系统省级示范区。发布县域（萧山）“双碳”行动纲领，建成萧山泛亚运高弹性电网示范区，完成分布式潮流控制器、红场储能站等12个高弹示范工程。发布数字化转型战略落地行动方案，构建数智杭电治理体系。推进杭州能源大数据中心实体化运作，做好能耗双控。推进“网上电网”“双碳地图”“双碳大脑”应用。完成电能替代21亿千瓦时，综合能源服务累计营业收入8.83亿元，比上年增长17.7%，列全省第一位。萧山奔马余热回收、临平银泰城等示范项目稳步推进。电动汽车充电业务创新“整体加装”“统建统营”模式，全年接入充电桩5610个、完成充电量1.27亿千瓦时，分别比上年增长33%、89%。投运全国单期最大石塘公交智慧充电站，年盈利1000万元。全市一盘棋推进光伏倍增计划，实质性进展项目装机容量38.54万千瓦。完成主城区5.6万盏路灯节能改造。投运“5G+量子加密开关”等20多个首创项目，低频输电工程、杭州亚运低碳氢能等示范工程取得阶段性进展，国网系统开出首张电子电费专票。创新成果获省部级奖项21个，获中国专利奖优秀奖1个、国际QC金奖2个。（张学飞）

责任编辑　须同威　孙晟珂

23 建筑业

综 述

【概况】2021年，杭州市有建筑业企业6932个，比上年增加1127个。有企业各类资质19753项，增加3173项。其中施工总承包资质5702项、专业承包资质11373项、施工劳务资质2678项。有工程监理综合资质17项、房屋建筑工程监理资质214项、市政公用工程监理资质202项、电力工程甲级资质5项、机电安装工程甲级资质9项。全年完成建筑业总产值（国家统计口径内）5574.57亿元，增长13.2%，增速提高5.6个百分点。其中，省外完成建筑业总产值1239.99亿元，增长3.3%。签订合同额12036.13亿元，增长6.1%。其中：上年结转合同额6391.69亿元，增长18.7%；新签合同额5644.44亿元，下降5.2%。实现建筑业增加值684.9亿元，增长5.7%，占全市地区生产总值的3.8%。实现营业收入5541亿元，增长15.1%。实现利润107亿元，增长1.4%。（王晓剑）

【投资项目审批流程优化】2021年，市建委从建设方需求出发，重新梳理全流程审批事项，针对不同项目的审批规则，分别给出路径指引。内部打通各部门审批系统数据，实行信息资源共享。对项目前期生成及事中、事后监管等环节进行优化，项目全流程审批"小时制"在"亲清在线"平台上线，实现开工前9.5小时审批，施工许可证申请从4个工作日缩短至3小时，工程联合验收从26个工作日缩短至3个工作日。

【装配式建筑发展】2021年5月9日，市建委印发《2021年度各区、县（市）装配式建筑（建筑工业化）工作任务书》，明确各区县（市）年度发展装配式建筑任务。建立实施工作例会、服务指导、督查通报、专题协调等推进机制，全年市建委组织市本级装配式建筑项目方案审查及参与初步设计技术指导项目21个，复核新开工装配式建筑项目网上报送信息264条。组织开展2021年度杭州市新型建筑工业化示范项目申报、评审工作，全市评定示范项目20个。联合市财政局发放市级新型建筑工业化奖补资金810万元，对装配式建筑技术创新、基地与项目建设等给予奖励补助。举办杭州市"9·26"工匠日杯装配式建筑施工员职业技能竞赛、钢结构装配式住宅专题讲座，组织编制PC构件装配工、PC模具工等7个职业技能评价团体标准。全年全市新开工装配式建筑2392万平方米，其中钢结构装配式住宅48万平方米，比上年增加20.75万平方米。开工装配式建筑数量超额完成省下达的年度目标任务。推进保障性住房、商品住宅规模化装配式建筑试点示范，全市有3个住宅项目整体采用钢结构建造，建筑面积17.4万平方米。其中，萧山区萧政储出［2021］31号地块项目被省建设厅认定为浙江省钢结构装配式住宅建设试点项目。（朱文杰）

【建筑业绿色发展】2021年，杭州市网上审查办理省民用建筑节能项目714个，建筑面积6198万平方

2021年，杭州装配式建筑发展加快。图为杭州宝业建筑工业化制造有限公司预制混凝土构件生产基地（市建委 供稿）

米，所有项目均达到一星级及以上绿色等级。其中：二星级项目368个，面积3609.9万平方米，占总面积的58.2%；三星级项目56个，面积808.28万平方米，占总面积的13.0%。启动建筑领域碳达峰碳中和行动，编制建筑领域碳达峰行动方案，根据杭州市建筑领域碳排放现状，明确减排重点领域，提出达峰目标（峰值年和峰值量）、实施计划和工作举措，并报市碳达峰碳中和领导小组审查。开展政府采购支持绿色建材促进建筑品质提升试点。市政府办公厅印发《杭州市政府采购（投资）支持绿色建材促进建筑品质提升试点实施方案》，并发布《杭州市绿色建筑和绿色建材政府采购（投资）需求标准（试行）》《试点项目施工图绿色建筑和绿色建材设计专篇》《杭州市试点项目绿色建筑和绿色建材应用全流程实施指南》《试点项目绿色建筑和绿色建材应用第三方评估（评价）技术导则》等文件。全市纳入绿色建材产品名录的产品有36个大类、78个小类，市政府确定12个大类产品作为试点产品。全年完成既有公共建筑节能改造面积72.62万平方米、既有居住建筑节能改造面积157万平方米。完成可再生能源建筑应用面积1659.32万平方米；太阳能光热、光伏、空气源、地源热泵等可再生能源应用面积2331.96万平方米；58个项目申报绿色建筑标识并获评通过，其中三星级项目26个、二星级项目32个。年内，市建委根据杭州市商业综合体类公共建筑能耗标准研究成果，与市发改委联合印发《关于印发杭州市商业综合体合理用能指南（试行）的通知》，推进全市大型商业综合体合理用能工作。开展《杭州市农房绿色适宜技术研究》，编制《杭州市农房建筑绿色技术指南》。开展适合杭州特色和气候特点的节能及绿色化改造研究，制定《既有住宅小区建筑节能及绿色化改造技术导则》。（蔡　群）

勘察设计

【概况】2021年，杭州市有勘察设计企业1172个，从业人员9.35万人。全年行业收入2278亿元。行业协会有会员单位336个。行业协会集中全市规模最大、实力最强的勘察设计企业，内部健全法人治理结构，完善以协会章程为核心的运作机制，依据相关法规政策开展工作。组建照明专业委员会，协会分支机构增至7个。各分支机构发挥自身优势，组织开展分类活动，为协会工作增添生机活力。（杨　敏）

【优秀青年园林景观设计师选拔培养】2021年3月18日，市建委与市勘察设计行业协会联合印发《关于开展2021年度杭州市青年设计师发现计划——选拔和培养优秀青年园林景观设计师的通知》，启动第二届优秀青年园林景观设计师选拔和培养活动。成立选拔培养活动领导小组和评审专家组，制订选拔培养实施计划，公开、公平、公正进行选拔。有22个会员单位推荐的41名青年园林景观设计师参与选拔，经过专家组评审、面试、答辩，选拔8名进入后续重点培养。协会自筹资金，邀请中国工程院院士、国内知名设计师和重点高校教授，为入围的青年园林景观设计师授课，并开展以“助力乡村振兴、实现共同富裕”为主题的下乡公益设计，与西湖区转塘街道长埭村、大清社区结对，选择2个村（社区）的8个点位，进行设计创新。年内，8名青年园林景观设计师经过系统培训和严格考核，被市建委授予“杭州市优秀青年园林景观设计师”称号。

【工程勘察设计综合检查】2021年，市建委组织3次全市勘察设计综合检查，通过“杭州市工程建设项目双随机监管系统”抽取检查项目，重点检查勘察设计单位和职业人员市场行为、勘察设计工程强制性标准执行情况和施工图质量等。全年抽取104个不同类型的在建工程，类型包括安置房、公租房、亚运场馆、学校、养老院、医院、乡村（社区）活动中心、商业综合体、工业厂房等。检查发现建筑工程施工图设计质量违反强制性条文2项、存在一般性问题1469项。市建委分别向相关单位发出“指导意见书”178份，“行政执法事先告知书”9份，相关单位均完成整改。

【勘察设计优秀成果认定】从2021年起，市勘察设计行业优秀成果认定改推荐评选为专家认定，并不再冠以“西湖杯”奖名称，其结果作为市勘察设计行业向省级及以上一级部门推荐优秀成果的依据。根据新的办法，市勘察设计行业协会修订《杭州市勘察设计行业优秀成果认定细则》，并组织开展2021年度优秀成果认定工作。协会收到各类申报项目736个，根据申报项目类型设置建筑、勘察、风景园林、市政工程、综合工程技术、建筑智能化、环境照明和BIM应用8个类型的奖项。经专家评审，认定一等奖73项、二等奖154项、三等奖218项。8—11月，协会组织建筑设计、工程勘察、风景园林、市政工程、BIM应用、环境照明6场不同专业的优秀项目讲评会，由各类获一等奖的优秀项目主创设计师介绍项目特点、难点和设计过程中的创新点，再由评审专家对优秀项目逐一点评，让设计人员共同分享优秀设计成果。

【行业业务培训】2021年，市勘察设计行业协会围绕新技术、新标准及会员单位关注的热点难点问题，举办设计软件国产化交流研讨会、杭州市勘察设计行业数字化创新应用研讨会、数据安全研讨会及《浙江省消防技术规范难点问题操作技术指南（2020版）》宣传贯彻培训班等。其中“消防技术指南”内容培训邀请建筑、给排水、暖通、电气4个专业的主要起草人，进行“消防技术指南”解读。配合市建委组织开展“建设工程全过程图纸数字化”、“5G标准”、《建设工程抗震管理条例》、无障碍设计、住宅小区应用智能信报箱设计等技术培训和标准宣传贯彻。与杭州杰加设计事务所联合主办以“建筑一体化设计”为主题的青年建筑师交流论坛，由青年设计师主讲，青年建筑师参与互动，行业专家站台点评。全年组织培训活动12场，2530人次参加。（顾　全）

建筑工程管理

【概况】2021年，杭州市有在建建筑工程4576个，比上年减少282个。其中：房屋建筑工程3834个，建筑面积25382.7万平方米；市政基础设施工程（含轨道交通工程）742个，工程造价1415.3亿元。全年新开工房屋建筑工程1728个，面积7679.2万平方米；新开工市政基础设施工程415个，造价590.0亿元。竣工项目2035个，其中：房屋建筑工程1566个，面积6045.7万平方米；市政基础设施工程469个，造价548亿元。全市评出市标准化优良工地206个、"西湖杯"优质工程106个。组织开展省标准化优良工地、"钱江杯"优质工程推荐工作，有69个工程获评省标准化优良工地、27个工程获"钱江杯"奖（优质工程），杭州获奖工程数量居全省第一位。

（黄亮亮　祝　竹）

【工程安全质量管理】2021年，杭州市加强对重点项目、重点企业和重点部位的安全管理。市、区县（市）两级建设主管部门和监督机构排查施工企业和项目3.71万个，发现质量、安全问题和文明施工隐患8.18万个，签发限期整改通知单1.84万份、停工整改通知单1865份，罚款3393.6万元，企业信用扣分3914分。加强施工现场重大危险源监管，严格实施项目开工安全生产条件审查。发布《关于推进杭州市建筑施工领域安全生产责任保险工作的通知》，构建建筑施工安全生产风险防范长效机制，形成政府主导、企业负责、社会化保障的风险防控体系。以营商环境优化为契机，试点推行杭州市建筑施工领域安全生产保险，增加新建项目无障碍设施验收检查，提升试用体验覆盖率和验收合格率。（王　立）

【"迎亚运"施工工地环境整治】2021年，杭州市以控制施工工地扬尘污染为重点，开展"迎亚运"施工工地环境提升专项整治。制订专项整治方案，出台施工工地扬尘防治规范意见，完善扬尘在线监测系统，实施涉挥发性有机化合物（VOCs）排放错时生产减排行动。以工地围挡占道、施工扬尘、通行道路坑洼为重点，开展工地环境整治比武、建筑工地围挡和临时工棚专项整治。成立市级联合督查组，将控制扬尘污染考核纳入美丽杭州创建暨"迎亚运城市环境大整治、城市面貌大提升"专项行动。开展绿色施工宣传教育培训，推广绿色施工新技术、新工艺、新材料。

【智慧工地建设】2021年，杭州市加强工地数字化管理，上线试运行质量安全监督、验收管理、检测管理、工地视频监控、施工过程管理五大模块。根据住房城乡建设部质量安全监管平台建设要求，市、区县（市）两级质量安全监督机构启用数字化平台并开展信息报送。结合地下隐患智防系统建设，将原有数据迁移至新平台，无缝对接全省统一工程建设数字化管理系统（"1369"系统），市本级城区规模以上工地全部纳入数字化管理，全市初步实现"一张图""一个平台"看工地物联网视频的目标。推广应用混凝土动态监管平台，实现行业全链条、可追溯的智慧化监管。全年新增实名制登记管理工地1712个，累计6601个。

（祝　竹　寿冬伟　王　蕾）

建筑市场管理

【概况】2021年，市建委加强对勘察设计单位、设计图审查单位信用管理，组织实施建筑师负责制试点。深化电子招投标和远程异地评标工作，对评标专家实行全市域共享、动态管理。全年完成全流程电子招投标项目2708个、远程异地评标项目290个。杭州全流程电子招投标做法获住房城乡建设部肯定并在全国推广。将萧山、余杭、富阳、临安、桐庐、淳安、建德4个区和3个县（市）纳入全市建设市场主体信用体系监管，实现建设市场信用评价"一体化"。落实农民工工资保证金担保、"一地缴存、全市通用"及满2年减免政策，全年释放施工企业工资保证金9.98亿元。完成1.64亿元新型墙体材料专项基金清算。（汪林娟）

【建设工程招投标改革】2021年，杭州市工程建设项目在全市域统一推行电子招投标软件、计算机辅助评标系统，并推行"评定分离"办法，即把评标和定标分离开来。开展对招投标代理机构"双随机"检查，检查情况通过市建委外网公示。加强评标专家入库资格审查，定期更新评标专家库。全年完成全流程无纸化招投标项目2708个，完成远程异地评标项目290个。杭州市房屋建筑和市政基础设施项目发包4913个，中标金额2923.35亿元。市本级项目发包352个，中标金额193.56亿元。

【建筑市场信用体系完善】2021年，杭州市实现全市建筑市场信用管理"一体化"，将萧山、余杭、富阳、临安、桐庐、淳安、建德7个区县（市）纳入杭州建设市场主体信用体系，实现全市域管理政策统一、记分标准统一、管理平台统一。建立房屋建筑和市政工程领域信用管理例会制度和层级检查机制，对全市信用体系运行情况进行动态跟踪研判，根据市场环境变化进行调整优化。全年杭州建设信用监管平台有市场主体3.63万个，从业人员54.1万人。按照新版记分标准，对市场主体信用扣分4052个次6987分、信用加分3250个次5144.9分。（洪　军）

进杭建设者

【概况】2021年年末，杭州市有进杭建设者42.43万人，比上年增加12.58万人。人员分布在全市3100多个工地。从来源地看，河南占21.5%，安徽占18.9%，四川占9.6%，贵州占8.2%，江西占6.2%、浙江占12.2%。年龄偏高，29岁以下占12.4%，30~39岁占22.3%，40~49岁占27.0%，50~55岁占23.5%，55岁以上占14.9%。学历偏低，小学文化占28.2%，初中文化占41.3%，高中和中专文化占7.6%，大专及以上文化占2.3%，其他（包括小学）占20.6%。进杭建设者中男性居多，占88.5%；女性占11.5%。

【民工学校建设】2021年，市建委优化民工学校办事流程，完善建设工地民工学校信息管理平台，编印《民工学校》专刊4期。运用建设工地民工学校平台，开展建筑工人工程质量、安全、文明施工、操作技能、职业道德、法律知识、健康卫生等培训教育。全市新建民工学校493所，累计2943所；全年参评示范民工学校274所，196所通过示范民工学校验收；在建工地民工学校2550所。全年各类民工学校开展教学活动1.7万场（次），参训学员40.6万人次。

【建筑工人队伍培育】2021年4月19日，市建委印发《杭州市新时期建筑产业工人队伍培育2021年工作要点》，将建筑工人队伍培育纳入企业人力资源发展规划，选择12个企业先行试点，通过吸纳劳务市场上优秀班组长、优秀建筑工人和招聘建设职业院校大中专毕业生等途径，充实建筑工人队伍，培养年轻技术骨干。全年试点企业吸纳建筑工人426人。探索对建筑工人实行公司化、专业化管理的具体模式，推动浙江华临建设集团有限公司组建装配式建筑专业作业企业，并依托现代化的装配式建筑生产基地，培育装配式建筑工人队伍；以浙江省建工集团等21个企业的劳模（工匠）工作室为核心，加快打造专业劳务团队。联合行业协会搭建“杭州市建设行业人才服务平台”，为建筑企业提供人才政策、职称评审、继续教育、人才招聘、信息资讯等服务。依托建设职业院校和行业协会，开展订单式培训、新型学徒制培训和“双师型”（企校双师带徒、工学交替培养）教学等，提升建筑产业工人队伍职业技能和综合素质。全年市建委组织开展建筑施工三类人员、特种作业人员培训考核1.4万人，取得特种作业证书人员1885人；开展特种作业人员继续教育1.2万人；依托建设职业院校开展职业技能培训与等级认定，通过各建筑工种高级技师认定39人、技师247人、高级工632人、中级工1506人。开展建筑工人职业培训考核机构资格认定，认定建筑工人职业培训机构和企业8个。协调2所建设职业院校与上海鲁班软件有限公司、广联达科技股份有限公司联合开展BIM（建筑信息模型）技术人员培育，推进BIM技术在工程建设领域的应用，助力建筑业数字化、智能化转型。成立杭州市建设职业教育联盟，推动建设职业院校、行业协会、建筑业企业在人才培养、协作交流和科研合作等方面合作交流。

【进杭建设者工资支付保障】2021年春节前夕，市建委组织开展“迎新春送温暖、稳岗留工”专项督查，督促建筑企业落实好进杭建设者劳动报酬权益，对就地过年的外来人员做好工资休假权益保障工作。组织开展根治欠薪冬季专项行动，对省建设主管部门督办的民工工资拖欠纠纷问题，协调相关区县（市）完成欠薪案件“清零”任务。约谈存在民工工资隐患的14个施工企业和10个建设单位负责人，督促其落实主体责任，限期完成隐患整改。加强与市人力社保部门联动，组织参加纠纷协调会38次，对纠纷处理不力的34个施工企业予以不良（警示）信用信息记分62分。全年处理民工工资纠纷40起，涉及1595人，工资总额4800多万元。落实民工工资保证金“一地缴存、全市通用”及有关税费减免政策，办理施工企业工资保函1546笔，涉及金额9.16亿元；退还保证金130笔，保证金金额7220万元。

（张艳芳）

【进杭建设者服务管理】2021年，杭州市组织开展在杭州过年的建筑业外来务工人员“十送”关爱行动。联合7个建筑企业，开展建设行业“小候鸟”关爱活动和课题研究，完成《杭州市建设行业“小候鸟”关爱课题研究报告》。印发《关于在全市建设工地民工学校做好新冠肺炎疫情防控和宣传培育工作的通知》《关于在全市建设工地民工学校平安宣传暨涉危险作业宣传教育活动的通知》，推动建筑工地开展新冠肺炎疫情防控和平安宣传教育。全年分批组织施工人员参加免费健康体检。

（俞　辉）

【工地项目党建引领】2021年，市建委推动党史学习教育深入工地一线，开展“民呼我为”活动，落实党支部基本规范，推进党支部13项经常性工作制度落地，提升工地项目党建工作规范化水平。围绕“办一届成功的亚运会”目标，开展“我为亚运当先锋”主题活动，全市建设系统结成党建联建对子21个，破解难题36个。开展“百名干部破百题”“百个支部结对百个工地”活动，组织101个机关、事业单位党支部与116个工地项目党支部联建结对，助力项目攻坚。推广应用杭州市建筑工地项目党建管理服务平台，组织项目党组织“三晒三比”（晒党日活动、晒主题党课、晒信息宣传，比特色载体、比亮点工作、比先进典型）活动。全年全市创建工地项目党组织1245个，工地有登记建筑工人流动党员3871人。

（张　涛）

【建筑业先进选树】2021年，市建委联合市人力社保局、市总工会、市建筑业协会开展“9·26”工匠日杯BIM（建筑信息模型）技术员和装配式建筑施工员等职业技能竞赛，对理论知识、操作技能合格者，核发高级工职业资格证书；对竞赛前三名的选手核发技师职业资格证书并授予“杭州市技术能手”称号；对竞赛第一名选手推荐申报“杭州市五一劳动奖章”称号。开展建设系统“杭州建设工匠”选树和农村建筑工匠大比武，有15位技术能手获“杭州建设工匠”称号，54位技术能手获“农村建筑工匠”个人奖项。电联工程技术股份有限公司於彩英电焊技能大师工程室、浙江东南网架股份有限公司吴志新焊工技能大师工作室、浙江大有实业有限公司电缆工程分公司工作室、金臣文电力电缆技能大师工作室被认定为2021年杭州市技能大师工作室。萧山区、临平区住建局分别组织开展焊工技能比武、钢筋工技能精英赛，浙江省三建建设集团有限公司、杭州通达集团有限公司、浙江东南网架股份有限公司分别组织开展电气安装工职业技能竞赛、BIM场地策划与进度控制技能竞赛、焊工技能比武大赛。

（俞　辉）

责任编辑　余显幕

24 商贸服务业

综　述

【社会消费品零售总额6743.52亿元】2021年，杭州市社会消费品零售总额6743.52亿元，比上年增长11.4%，两年平均增长3.7%，比全省高1.7个百分点，列全省第三位，比2020年前进5位。消费品市场运行呈现“高开低走”型态势。从消费类型来看，全市商品零售额5576.85亿元，增长10.2%，两年平均增长3.7%；餐饮收入1166.67亿元，增长17.2%，两年平均增长3.6%。从地市层面看，杭州市社会消费品零售总额增速在全省11个地市中列第三位。从区县（市）层面看，13个区县（市）中除钱塘区、富阳区、淳安县社会消费品零售总额增速在个位数之外，其余10个区县（市）均为10%以上。其中，余杭区社会消费品零售总额增长22.7%，为全市社会消费品零售总额增幅的2倍。

【“安心找家政”场景上线】2021年1月8日，“安心找家政”场景上线，推出多渠道、多维度、多形态的宣传方案。组织一场家政主题直播，宣传推广“安心找家政”场景。同时，根据“认定一批、培育一批、建设一批”原则，结合“一老一小”重点需求，以“家政+”养老、托幼、维修、快递等综合场景为载体，以社区网点为依托，以网点星级评价为引导，在全市构建较为完整的社区家政服务网络。另外，市商务局第五支部分别与家政企业三替集团党委、巾帼西丽集团党委成立党建联盟，并把党建列入家政网点评价规范。

【重点保供企业（大户）支柱作用发挥】2021年，为确保杭州主城区“菜篮子”重点商品市场供应，特别是极端气候条件及其他特殊情况下的应急供应，杭州市主城区采取行业推荐、考察、公示，评选出45个“菜篮子”重点商品保供稳价骨干企业（大户）组成保供队伍，直接从本地主要农产品批发生产、市外货源贩运经营及主城区重点连锁零售网点3个层面。保障杭州主城区“菜篮子”重点商品市场供应。保供队伍在新冠肺炎疫情防控、防台抗台等特殊情况下，克服人工成本增强、生产成本上涨、电力资源受限等不利因素，完成保供社会责任。

【肉菜追溯系统运行平稳】2021年，肉菜追溯系统追溯节点数据覆盖不断提升。追溯管理平台每日同步蔬菜批发市场600条以上追溯农药残留检测源头数据，肉类批发市场进出场数据1000条以上。总计完成对农贸市场4500个经营户的追溯布码，每日上传商务部追溯平台各类数据约5万条。

【杭州首届“数智消费嘉年华”活动】2021年4月29日，杭州首届“数智消费嘉年华”活动在滨江区射潮广场启动。嘉年华以“数智消费，乐享生活IN杭州”为主题，首次推出杭州城市消费品牌标识。活动持续到年底，以“十百千万亿”为架构，开展系列促消费活动。“十”是指10个活动主题（数智新商品、数智新服务、数智夜生活、数智新国潮、数智新汽车、数智直播秀、数智新农村、数智新体验、数智新文旅、数智新会展）；“百”是指举办数百场各具特色的促进消费活动；“千”是指千名主播、千场直播；“万”是指万企万店，消费场所、消费业态、消费人群全覆盖；“亿”是指鼓励商家让利刺激，调动百亿级新增消费。全市举办杭州仲夏夜、未来生活节等各类促消费活动428场，7201个企业参与，直接拉动消费65.67亿元；企业、平台等发放优惠券金额6940万元，拉动消费16.24亿元。

【杭州国际消费中心城市建设培训班】2021年7月21—23日，市商务局联合市委组织部，与中国人民大学合作，在杭州市委党校举办杭州国际消费中心城市建设培训班，市直相关部门和各区（县）的分管领导干部共50多人参加。培训期间，邀请王微、杨建龙、姚建明、董超等专家为学员授课，深化学员对国际消费中心城市建设的认识，为后续建设指明方向。

【老字号立法进程推进】2021年，《杭州市老字号保护条例》被列为市人大常委会立法预备项目。为加快推进杭州市老字号立法，市商务局走访老字号企业，并了解调研经营情况。5—6月，由局领导分别带队，到南京、武汉、西安、兰州、郑州、宁波、绍兴等地开展考察调研和学习交流。拟定《杭州市老字号传承发展促进条例（草案）》,并召开意见征求会,对条例（草案）进行完善。条例（草案）内容分总则、申报认定、保护传承、创新发展、法律责任、附则6章,共33条。

【汽车流通消费促进】2021年,杭州市汽车零售额1087.5亿元,比上年增长16.1%。二手车交易41.4万辆,增长18.8%;交易额40.6亿元,增长26%。回收报废机动车2.40万辆,增长3%。杭州入选二手车交易登记跨省通办便利二手车异地交易试点城市,6月1日起开始执行。6—12月,全市16个二手车市场异地通办二手机动车1.77万辆。

【预付卡数字化监管平台】2021年,预付卡数字化监管平台涉及省、市22个部门和单位的30个接口、500多个字段。至年末,基本完成大数据对接。6月,平台率先在富阳区启动试点,随后在上城区、西湖区、滨江区开展,结合当地特点先行先试。8月,"杭州预付码"微信公众号上线,并与系统对接。发卡经营者操作管理系统、消费者服务系统的操作短视频及手册,线上和线下宣传展示的各类宣传物料和"抖音""快手"等短视频官方账号全面推出。与市市场监管局、市体育局等部门联合在全市范围内对体育健身、美容美发等投诉多、风险高等行业联合进行风险排查。

【高品质商业特色街打造】2021年,杭州市商业街街区总长度4.9万米,街区总营业面积229万平方米,入驻商家1.8万户,就业总人数6.3万人。全市街区营业额571.9亿元,达到全市社会消费品零售总额的8.5%;全年上缴税收12.1亿元,比上年增长19.2%;年度客流量12551.3万人次,增长7%。至年末,杭州有17条市级商业特色街和8条市级高品质步行街。其中,11条商业特色街区被省商务厅评为省级示范街,4条商业特色街区被省商务厅11个部门联合评为省级高品质步行街。其中:湖滨步行街被商务部授予首批全国示范街称号,四季青服装特色街区被中国商业联合会授予"中国服装第一街"称号,文三路电子信息街区杭州数字娱乐产业园被文化和旅游部授予全国首个"国家数字娱乐产业示范基地",丝绸特色街区被授予"全国百强批发市场",杭州武林商圈获"中国最具竞争力中央商务区"称号。（冯蔷颖）

【市商旅集团营业收入356.25亿元】2021年,市商旅集团全资和控股参股企业营业收入356.25亿元,比上年增长7.2%;利润总额29.8亿元,增长8.5%。集团合并报表营业收入132.97亿元,增长27.2%;国有净利润10.02亿元,增长20.9%。至年末,国有净资产总额112.61亿元,增长13.2%;国有净资产收益率9.5%。5月31日,为激发干部员工创新创业活力,推动企业高质量发展,市商旅集团举办第二届"创新之星""创业之星"评选。

【市商旅集团第二个五年发展规划发布】2021年7月,市商旅集团第二个五年发展规划（2021—2025）发布。规划构建"1+8+26"三级体系,明确集团的1个愿景、3个标签、4个战略、3条发展路径、6个产业板块、6个工程和6项保障,提出到2025年年末集团营业收入、利润力争翻番,成为科技含量显著提升、企业文化特色彰显、企业活力充分释放的全国商贸旅游骨干企业。同时开展规划优秀成果评比,制作《集团五年发展规划图解》,加强战略任务分解和年度考核,开展规划宣传贯彻工作,确保规划落实落地。

【市商旅集团国有企业改革】2021年,市商旅集团落实国有企业改革三年行动计划任务,制定《深化改革工作安排》。根据系统企业实际情况制定混改方案和低效无效资产处置方案,完成低效无效资产（股权）处置43个、二级企业减少14个、四级企业层级压缩12个。推行经理层任期制和契约化管理的系统企业占90%,超额完成年度目标。在杭州采芝斋食品有限公司开展一级职业经理人团队试点。完成系统企业外部董事选

2021年杭州市社会消费品零售额一览表

表26

行业（地区）	社会消费品零售额（亿元）	比上年增长（%）
全市总计	**6743.52**	**11.4**
一、分行业		
商品零售	5576.85	10.2
餐饮收入	1166.67	17.2
二、分地区		
上城区	976.86	10.6
拱墅区	1273.38	11.2
西湖区	787.63	14.2
滨江区	476.72	11.2
萧山区	813.43	14.4
余杭区	676.29	22.7
临平区	349.00	11.8
钱塘区	339.50	9.6
富阳区	417.43	9.2
临安区	212.68	11.4
桐庐县	158.62	15.4
淳安县	90.03	7.5
建德市	126.06	10.5
杭州西湖风景名胜区	45.92	11.5

2021 年杭州市主要商业特色街情况一览表

表 27

街区名称	入驻商家（户）	就业人数（人）	营业额（万元）	税收（万元）	客流量（万人）
湖滨路旅游商贸特色街	1300	10000	1046900.00	51500.00	4208.79
清河坊历史文化特色街	380	4125	217089.00	8100.00	2498.46
四季青服装特色街	14000	30000	2050000.00	25000.00	3000.00
杭州中国丝绸城	650	1500	153340.00	749.21	350.00
武林路时尚女装街	584	2150	75600.00	2000.00	500.00
胜利河美食街	20	276	9516.66	—	84.40
绍兴路汽车精品文化街	30	1000	690000.00	16500.00	30.00
大兜路美食与历史文化特色街	39	240	2100.00	105.00	80.00
信义坊商业步行街	128	675	3840.00	134.00	46.00
桥西历史文化街	65	600	5547.00	10.00	277.00
石祥路汽车贸易街	165	6763	1375191.00	14006.00	28.00
青芝坞休闲旅游慢生活特色街	225	1205	13800.00	—	135.00
梅家坞茶文化村	130	560	7800.00	250.00	260.00
星光大道步行街	220	2500	160000.00	4000.00	2500.00
湘湖慢生活步行街	65	150	6300.00	—	210.00
塘栖老街	100	400	1528.80	561.45	156.65
瓶窑老街	64	1000	1200.00	—	25.00
富阳达夫路	38	260	33045.00	1850.00	45.00
淳安千岛湖秀水街	50	300	5500.00	200.00	120.00
淳安千岛湖骑龙巷	44	150	1300.00	20.00	200.00
建德严州古城步行街	160	375	4000.00	189.00	195.00
建德寿昌中山路	126	1200	15000.00	—	102.00

聘工作。解决杭州大厦土地使用权确权、杭州解百集团股份有限公司股权激励、杭州市国际会展博览集团有限公司组建和引入战略投资、杭州饮食服务集团有限公司职工持股会清理等制约企业长期发展的问题，进一步增强企业发展活力和内生动力。加快上市工作，杭州饮食服务集团有限公司收购杭州东南面粉有限公司和杭州市食品酿造有限公司员工股，引进战略合作伙伴百胜（中国）投资有限公司，并与百胜（中国）投资有限公司旗下的“肯德基”合作，在浙江和上海市场供应知味观小笼，销售 40.9 万包、销售额 950 多万元。杭州市安保服务集团有限公司完成清产核资和资产评估，推进战略性投资引入和员工持股。优化国有资本布局，对杭州宏逸投资集团有限公司增资、股权划入。对杭州商旅进出口贸易有限公司增资、重组，并以“股权转让 + 增资”的创新模式引进杭州热联集团股份有限公司，推进供应链资源整合共享。强化资金使用管理，在集团存续超短期融资券、公司债券负债结构中新增中期票据品种。深化资金集中管理，为纳入企业增收 4550 万元。提升资金使用效益，集团本级资金运作收益 6570 万元。

【“i 商旅通”会员平台上线】2021 年 9 月，市商旅集团推出“i 商旅通”会员权益服务平台，一站式整合集团“吃、住、行、游、购、娱”六大消费业态，汇聚餐饮、酒店、停车、娱乐、景区等 150 多项会员权益，为来杭游客和本地消费者提供更实惠、更便捷、更贴心服务。至年末，“i 商旅通”会员人数超过 102 万人、实现会员消费 550 万元。杭州饮食服务集团有限公司通过“i 商旅通”会员平台建立老字号线上线下一体化服务通道，会员连带销售额 470 万元；五洋宾馆和天元大厦实现“0 秒入住”功能；黄龙饭店推进智慧黄龙 2.0 建设；杭州外事旅游汽车集团有限公司上线“用车管理系统”；杭州宏逸投资集团有限公司云和梯田项目搭建统一信息管理平台，推进景区管理数字化。

（梁　之）

电子商务

【概况】2021 年，杭州市网络零售总额 9951.5 亿元，占全省的 39.4%，占全国的 9.2%，比上年增长 10.7%。居民网络消费 3629.1 亿元，占全省的 29.6%，增长 12.7%；网络零售顺差 6322.4 亿元，占全省的 48.8%。网络零售额、居民网络消费和网络零售顺差均继续保持全省首位。余杭区、滨江区、萧山区、上城区、钱塘区、西湖区、拱墅区 7 个区的网络零售额列全省前十名。全市数字经济核心产业增加值 4905 亿元，增长 11.5%，占全市生产总值的 27.1%。电子商务产业增加值 1818 亿元，增长 2.1%，占全市生产总值的 10.0%。全市有电商平台 115 个，平台网店超过 1100 万个，“独角兽”企业 31 个和“准独角兽”企业 142 个。

【新零售示范之城建设】2021 年，市商务局根据新零售发展五年行动计划，持续推动电商平台和实体商业企业、线上与线下双向融合。继续推进新零售示范工程建设，制定新零售示范企业和示范街区申报标准，组织开展市级新零售示范企业、示范街区申报工作。收到新零售认定申报企业 100 个、新零售示范申报企业 61 个、新零售示范街区申报 12 个。经过评审，认定新零售企业 27 个、新零售服务企业 20 个，新零售示范企业 22 个，新零售示范街区 5 条。推进新零售标准和统计体系建设，重点围绕新零售统计四大体系，制定《杭州新零售统计调查制度》并报市统计局审批，基本完成杭州市新零售统计调查系统，一期纳入新零售样本企业 101 个。指导各相关区用好 2020 年新零售发展专项资金，并根据审计整改要求，进一步跟进督导资金兑现使用。至年末，该专项资金兑付使用 1713.72 万元，占资金总额的 85.7%。

【电商新业态新模式发展】2021 年，市商务局印发《杭州市商务局关于组织申报 2021 年度杭州市直播电商专项资金的通知》《关于开展市级直播电商园区（基地）和直播电商示范企业创建申报工作的通知》，开展“头部”直播电商企业（项目）招商引资、本地直播电商企业培育、直播电商示范建设等相关项目申报审核，收到各类申报材料 54 个，其中直播电商企业招引 2 个、本地直播电商企业 15 个、市级直播电商示范企业 12 个、市级直播电商园区（基地）24 个。全市有直播相关企业注册量超过 5000 个，直播平台 30 多个、“头部” MCN 机构 11 个、知名 MCN 机构 50 个，相关从业人员超过 80 万人，月均有 4 万名主播开播。直播电商产业链覆盖直播平台、MCN 机构、直播电商园区基地、供应链系统等环节。1—10 月，全市直播电商交易额 5024.8 亿元，比上年增长 128.4%。

【电子商务博览会意向成交额超过 4800 万元】2021 年 10 月 15—18 日，电商中国·第八届中国（杭州）国际电子商务博览会在杭州武林之星博览中心举行。博览会以“新机遇·新发展·新格局”为主题，按照“看趋势、找服务、选产品”办展方向，举办 13 场垂直于电商各领域的会议活动，吸引超过 300 个企业（包含电商平台、直播平台、MCN 机构、品牌供应链等）参加相关活动。现场有 10 个直播间，邀请近 100 名网红参与现场直播，网络直播及现场意向交易额超过 4800 万元，现场接待观众超过 3 万人次，辐射受众超过 5000 万人次。博览会展示杭州市电子商务发展的新业态，促进骨干企业之间的交流合作，推动项目品牌的“升格、升维、升值”。

【“千家企业云化”行动】2021 年，杭州市推动商圈、商业综合体、专业（商品）市场、大中型商场（超市）、社区商业和其他生活服务业场所进行人、货、场云化改造。全市 94 个大型商场（综合体）和 5 个大型连锁超市建有线上服务平台和智能服务终端，超过 4000 个传统便利店通过“零售通” App 实现数字化运营。创新“互联网 + 商圈”发展模式，构建智慧街区“生态链”，推动街区智慧商业、智慧停车、智慧金融、智慧物流、智慧旅游、共享服务等功能的实现。湖滨商圈、武林商圈、城西银泰城等普遍建有线上平台，开设微信公众号、小程序及视频号；商业综合体、百货商场自行开发、运营专属公众号和小程序；依托阿里本地生活“饿了么”“美团”“抖音”“跑腿”等互联网平台，提供导购、停车、咨询、活动介绍等服务，商圈智慧化程度、便民服务水平不断提升。

【电商促消费活动】2021 年，杭州市以新业态新模式引领新型消费，释放消费潜力，推动消费提质升级，组织企业参加“全国网上年货节”“双品网购节”及“6·18”大促销等电商促消费活动，引导电商企业推出优惠举措，开展促销活动。

1 月 20 日至 2 月 18 日，开展以“杭货优品云嗨购，居家平安过大年”为主题的“2021 全国网上年货节”活动。全市近 50 个电商平台企业联合超过 10 万个线上和线下商户参加活动，举办集中性大型活动 165 场（次），举办直播活动 1.15 万场（次），1000 多名网红主播参加，直播销售额 27.29 亿元，各电商企业投放消费券 104.91 亿元，网上年货节活动总销售额 2486.14 亿元。

4 月 28 日至 5 月 12 日，杭州市组织阿里巴巴集团、“网易严选”、“云集”、杭州贝贝集团有限公司、浙江顺联网络科技有限公司、浙江格家网络技术有限公司、有赞微商城、苏

2021 年 10 月 15—18 日，第八届中国（杭州）国际电子商务博览会在杭州武林之星博览中心举行

（市商务局 供稿）

宁易购集团股份有限公司等8个电商企业参加全国第三届“双品网购节”。阿里巴巴集团聚合多业务板块共同参与，“本地生活”板块推出“百亿补贴”活动，天猫商城线上开设“55吾折天盛典”。“网易严选”上线“我支持新疆棉花”专栏，推广国货良材，并“严选”超过2万个“中国制造”生活好货参与活动。

“6·18”大促期间，直播电商成为网络零售的主力军之一。全市直播电商交易规模310.7亿元，占浙江省交易总额的85.7%。其中：淘宝网直播交易额266亿元，“抖音”平台直播交易额371.8亿元。全市在淘宝网、“抖音”平台、“快手”平台上开播主播数14万人。“双十一”购物狂欢节，天猫商城总交易额5403亿元。

【农村电商发展提质增效】2021年，杭州市以创建杭州数字乡村试点示范市为契机，在国家级电子商务进农村综合示范项目建设落地、推进全市农村电商示范培育、助推农村电商直播发展和拓宽农村电商人才培育渠道等方面着手，推动全市农村电商持续保持健康发展。至年末，启动创建首批110个数字乡村样板乡镇和村、数字农业园区10个、省级数字农业工厂17个。依托高校、电商平台及行业协会，开展电子商务技能知识专业培训，不断提高全市农村电子商务人员实际操作水平。全市举办各类农村电商人才培训超过150期，培训各类农村电商人员超过5100人次。

【省级电商示范村培育深化】2021年，杭州市深化开展农村电商示范培育，持续推动全市电子商务村各项工作发展。继淳安县、建德市之后，桐庐县获国家电子商务进农村综合示范县项目。至年末，全市完成培育281个电商村和40个电商镇。其中，向省商务厅申报38个省级电商示范村和90个省级电商示范服务站，并通过认定，提前一年完成118个省级电商示范村及200个省级电商示范服务站的创建工作。

【“网上农博”平台打造】2021年，“网上农博”杭州馆入驻商家701个，上架商品1761个，订单12.9万单，销售716.7万元，列全省第二位。临安等国家和省级“互联网+”农产品出村进城试点工作进展顺利。“富春山居”品牌馆正式运营，“萧山本味”公用品牌发布。

【农产品电商直播】2021年，杭州市发挥直播电商等新业态新模式带货强的优势，创新“直播+短视频”模式，依托电博会、“网上年货节”、厨神争霸赛等平台和活动，举办各类农产品电商直播活动。余杭区推出鸬鸟“神鲜鸡”等一批本土特色品牌，萧山区做强萧山萝卜干等“萧山本味”农产品品牌，在2021年“双十一”购物狂欢节期间，临安白牛村主打产品山核桃，直播带货约300万元，约占总成交量的38%，建德市农村电商以“建德草莓”“建德苞茶”“建德西红花”等国家地理标志产品和老字号产品为核心，实现从传统线下转为线上销售，并协助对接网红达人直播带货，助力企业产品实现新零售升级。

（冯蔷颖）

批发和零售业

【概况】2021年，杭州批发和零售业增加值1432亿元，比上年增长8.6%。限额以上化妆品类零售额增长29.7%；新能源汽车、智能手机和可穿戴智能设备零售额分别增长167.0%、45.0%和36.1%。有各类商品市场613个，全年交易额3347亿元。

杭州9条商业特色街区被中国步行商业街工作委员会授予“中国著名商业街”“中国特色商业街”称号。其中：湖滨步行街被商务部授予首批全国示范街称号，四季青服装特色街区被中国商业联合会授予“中国服装第一街”称号，文三路电子信息街区杭州数字娱乐产业园被文化和旅游部授予全国首个“国家数字娱乐产业示范基地”称号，丝绸特色街区被授予“全国百强批发市场”称号，杭州武林商圈获“中国最具竞争力中央商务区”称号。全市有17条市级商业特色街和8条市级高品质步行街。

【便利店品牌化连锁化推进】2021年，市商务局聚焦影响便利店发展的关键领域和薄弱环节，加快网点布局，推动数字化改造，建立智慧供应链，通过“新建一批、加盟一批、提升一批”，全面推进便利店品牌化连锁化发展。全市新增100个社区便利店。10月，市商务局联合支付宝“蓝马甲”公益志愿行动启动“杭州蓝马甲数智助老服务驿站”计划，结合杭州的商业发展阶段、助老化服务需求，为老年人提供手机使用技能、防诈骗常识普及、老人课堂辅导等服务。第一批加入计划的门店包括“盒马鲜生”超市、世纪联华超市、物美超市、华润超市、沃尔玛超市、大润发超市、银泰商城、水晶城等54个线下门店。

【杭州市外蔬菜保供基地建立】2021年，市商务局到安徽省亳州市蒙城县进行杭州“市外蔬菜基地”对接。市商务局、蒙城县政府、地利集团杭州市蔬菜物流有限公司三方共同签订《杭州市市外蔬菜主供应基地合作协议》，共同建立生产和批发销售的保供联和体。杭州市“菜篮子”保供体系利用地利集团旗下的杭州蔬菜批发交易市场，结合蒙城县农产品大规模种植基地，把控源头品质，构建产销体系，打造杭州市高品质绿色蔬菜“产加运销”5小时保供圈，保障杭州市菜篮子长期、足量、安全供应，确保杭州市蔬菜市场供应、价格基本稳定及安全。

【再生资源回收体系建设】2021年，杭州市基本完成再生资源回收体系建设。提升建设分拣中心44万平方米，在建5万平方米，回收网点2491个，城镇生活垃圾回收利用率61%。开展对申报再生资源回收骨干企业、可推广“互联网+再生资源回收”企业、废旧市政公用设施回收定点企业检查。完成市审计局对全市固废管理和再生资源工作的审计。

【供应链试点工作推进】2021年，杭州市完成2021年农产品供应链中央服务业发展专项资金2842.68万元申报、分配、拨付工作。继续推进全市供应链创新与应用。杭州市被商务部等8个部门评为全国供应链创新与应用示范城市，传化智联股份有限公司等9个在杭州企业被评为“示范企业”，入选企业数量列全国第一位。争取省级激励资金700万元，完成申报、分配、拨付工作。完成清算现代流通供应链体系建设试点资金8000万元，并拨付企业。（冯蔷颖）

【市场“五化”改造】2021年，市市场监管局以“便利化、智慧化、人性化、特色化、规范化”为导向，采取现场督导、一场一次、量化评比等方式，创建“五化”市场125个。其中，专业市场38个、农贸市场87个，占全省总数的1/3。全市累计投入资金1亿余元，涉及经营户近2.4万个，安装智慧化大屏、信息查询终端和AI视频设备，配备政务一体机31台、AED（自动体外除颤器）设备51台、垃圾就地处理装置8台，改造综合服务台、休息室、母婴室、经营户之家、公厕、充电桩（点）、共享设施等4800多个。

【网络市场监管】2021年，杭州市有网络平台115个，在线检查网站（网店）5047个，实地检查533个，行政指导和约谈电商企业226个（次），下架商品12.07万个（批），关闭店铺2.11万个，查办网络案件4389件、罚没款3798万元，办理网络消费投诉举报46.7万件。试点制定《绿色直播间创建指南》和《“绿色直播间”星级评定办法》，完成培育省“绿色直播间”20个。6月10日，市市场监管局召开110个平台企业行政指导会，部署平台企业自查整改和督导工作。6月22日，市市场监管局召开数字化改革成果首期通报会，“杭州数智网监”平台上线。“数智网监平台”整合“一桥一渠一宝一渠”：“红盾云桥”全年交互政企数据13万条，在线处置违法行为5737条；“红旗渠”联通15个平台，快速化解网络消费投诉举报7.93万件；“监管宝”处理网络违法案源4657件，立案查处3645件，结案2513件，罚没款140万元；“异地协作网”覆盖20多个省（市）220个地区，累计开通异地账号550个，协查周期缩短至在线的3~5天，全年协查6.4万件。（李　甜）

【市商旅集团“新消费”模式发展】2021年，市商旅集团推动系统企业升级传统消费、培育新型消费、创新消费平台、改善消费环境，实现“新消费”快速发展。杭州宏逸投资集团有限公司推出梯田云游、星空露营、国漫夜游、户外滑雪、水乡乐园、红色团建等一系列产品，文旅板块营业收入比上年增长85%，特别是“狐妖小红娘”项目获“杭州亚运人文体验点50强”。杭州西溪投资发展有限公司打造旅游、会务、婚礼“三个目的地”，推出“西溪夜宴”“西溪幻星夜”等沉浸式产品。杭州市安保服务集团有限公司AR实景数智安保指挥管理平台和智慧医疗安防系统投入运行，获“第五届全国先进保安服务公司”称号。杭州市国际会展博览集团有限公司围绕重大会展项目，探索打造数字会展平台，其中丝绸之路国际博览会在线参与超过1亿人次，中国（杭州）国际电子商务博览会网络直播及现场意向交易额超过4800万元。

“五化”提升改造后的建德市新安江农贸市场（摄于2021年）
（市市场监管局 供稿）

【知味观电商平台品牌打造】2021年，市商旅集团整合系统食品生产板块，发挥线下产品质量优势，借助线上营销优势，将知味观电商平台打造成资源集聚、功能丰富、资讯优质的电商平台，逐步形成线上与线下优势互补、企业与平台效益互促、产品与客户良性互动的发展态势。集团系统企业杭州采芝斋食品有限公司、杭州豆制食品公司、杭州市食品酿造有限公司、杭州五丰联合肉类有限公司、浙江五丰冷食有限公司、杭州东南面粉有限公司的200多个产品实现在线销售。知味观电商平台从区域品牌发展成为全国品牌，“知味观”青团连续3年保持全网销售第一名、粽子销量进入天猫平台前三名、月饼销量进入天猫商城前六名。

【杭州联华华商集团省内地级市网点全覆盖】2021年，杭州联华华商集团有限公司持续践行“深耕杭州、覆盖全省”的发展战略，新增网点73个。探索经营与资本“双轮驱动”，并购“浙江快客”和“诸暨一百”网点255个。杭州联华华商集团有限公司入围“十三五”浙江省商贸百强企业榜。

【杭州大厦销售额超过100亿元】2021年，杭州大厦坚持“双轮驱动”战略，奋力打造标杆企业，采取重要节点销售爆发和非促销日常销售“两手抓”，抢占货品和活动资源。4月，“嘉年华”活动3天销售额2.8亿元，比上年同期增长80%；9月，杭州大厦“生日庆”活动5天销售额4.26亿元，比上年同期增长12.7%。创新“会员运营合伙人”机制，至年末，有合伙人1200多人，品牌覆盖率78%，新会员超过2万人，消费人数占比超过82%。全年杭州大厦销售额首次超过 100 亿元。

【杭州饮服集团新零售线下体验店开设】2021 年，杭州饮食服务集团有限公司开设新零售线下体验店。门店在传统工艺造型、道具、装饰的基础上，加入更多“国潮”和“青春”元素，强调突出“知味观”品牌文化底蕴和传承。在资源协同、品牌合作、产品研发上加强力度，在新零售各家门店同步上架 20 多款新品，满足不同客人的消费需求。4 个新零售体验店营业收入 2000 多万元。（梁　之）

住宿和餐饮业

【概况】2021 年，杭州市住宿和餐饮业增加值 220 亿元，比上年增长 9.7%。限额以上住宿业和餐饮业企业 1238 个。其中：住宿业法人企业 550 个，包括旅游饭店 296 个、一般旅馆 240 个；餐饮业法人企业 688 个，包括正餐服务企业 598 个、快餐服务企业 39 个、饮料及冷饮服务企业 31 个。限额以上住宿企业营业额 126.82 亿元，其中客房收入 67.89 亿元、餐饮收入 38.23 亿元、商品销售收入 1.75 亿元。限额以上餐饮企业营业额 278.75 亿元，其中客房收入 2.71 亿元、餐饮收入 261.25 亿元、商品销售收入 6.78 亿元。

【杭州餐饮美食推广】2021 年 10 月 17—19 日，第二十二届中国（杭州）美食节暨知味中国·第三届中国（杭州）国际美食博览会在杭州武林之星博览中心举行。美食博览会通过新华网客户端在线举办开幕论坛暨数字美食创新大会，以“数智到家·无界食代”为主题，联动“阿里本地生活”“京东生鲜”等知名餐饮企业及数字平台，关注数字美食、“到家”食材等新消费场景。论坛吸引在线观看人数 204.8 万人。线下展览板块有近 100 个餐饮企业参与展示，以“有 Young 生活”为主题，从食材、食客、时空、生态等不同维度制造无边界餐饮，以创意焕新的模式，融入游园之旅、烟火音乐会、滑板表演赛等互动内容。线下接待观众超过 5 万人次，拉动线上和线下消费，促消费总额近 300 万元。7 月 23 日，市商务局、市市场监管局联合印发《杭州餐饮业“六名”工程高质量发展三年行动计划》，开展“名厨、名服务师、名菜、名礼、名店、名街”评选，挖掘和构建以“六名”为支撑的杭帮菜品牌体系。（冯蔷颖）

【定胜糕专项技术比武大赛】2021 年 11 月 23 日，定胜糕专项技术比武大赛在杭州知味观食品有限公司举行。比赛分设传统类和创新类两大组别。其中，规定品种为传统定胜糕 1 道，主要考查选手基本功，成品讲究棱角分明、调味适当、胚皮松软，符合松质糕应有的特点。为鼓励创新，对每名选手创意类组别的参赛作品不设上限。9 个企业的 26 名选手提供近 70 道定胜糕作品。大赛的成果以整体展台的形式亮相第二十二届中国（杭州）美食节现场，集中向大众展示推介。

【“保护老字号、保持老味道”产品提质增效活动】2021 年，市商旅集团开展“保护老字号，保持老味道”产品提质增效专项活动。通过加强门店研发能力，持续推出品质安全、价格公道、大众喜爱的传统美食。深入分析研判行业发展趋势，开展技能比武等活动，推进“老字号”标准化流程，为杭州“老字号”品牌文化增添风采。（梁　之）

粮油供应

【概况】2021 年，杭州市粮食总产量 53.0 万吨，比上年增加 2.14 万吨。全市粮食消费总量 313.34 万吨，增加 6.31 万吨；食用油消费总量 25.74 万吨，增加 1.85 万吨。粮食产需缺口为 260.34 万吨，增加 4.16 万吨，增幅 1.6%；食用油产需缺口为 23.55 万吨，增加 2.0 万吨，减幅 9.3%。至年末，社会粮食库存 136.83 万吨，减少 17.15 万吨。其中：国有粮食收储和加工企业库存 91.32 万吨，减少 15.41 万吨；非国有粮食收储和加工企业库存 26.79 万吨，减少 4.01 万吨；转化用粮企业库存 2.41 万吨，增加 0.19 万吨；农户存粮 16.31 万吨，增加 2.08 万吨。至年末，社会食用油及油料库存 9.95 万吨，增加 0.23 万吨。其中：食用油收储和加工企业库存 6.65 万吨，减少 0.84 万吨；转化用油企业库存 0.04 万吨，增加 0.02 万吨；城镇居民家庭库存 1.80 万吨，增加 0.67 万吨；农村居民家庭库存 0.99 万吨，增加 0.40 万吨。

市粮食和物资储备局完成《杭州市粮安工程“十三五”规划评估报告》，起草的《杭州市粮食和物资仓储建设“十四五”规划》被编入《杭州市商务发展“十四五”规划》，并按规划进行督促指导项目前期工作和建

2021 年，杭州饮食服务集团有限公司开设新零售线下体验店
（市商旅集团 供稿）

设进度。“十四五”期间，粮食和物资储备建设项目计划新建9个项目，计划投资6.23亿元。全市气调仓容改造2.9万吨。

【粮食安全“党政同责”实行】2021年起，杭州市对粮食安全责任制考核首次实施“党政同责”。省委、省政府首次与市委、市政府签订《粮食安全责任书》，市委、市政府与相关区县（市）委、政府签订《粮食安全责任书》。《粮食安全责任书》要求：各级地方党委主要负责人应当全面加强党对本辖区粮食安全工作的领导，切实承担起保障粮食安全的领导责任。各级地方党委应将粮食安全工作列入向党委全会报告的重要内容，纳入党委常委会及其成员职责清单，定期组织召开党委常委会会议、办公会议或者专题会议，听取粮食安全工作专题汇报，及时研究解决粮食安全工作重大问题。

【粮食安全责任制考核】2021年，市粮食和物资储备局配合抓好粮食安全责任制考核。陪同省粮食安全和推进农业现代化领导小组粮食安全办公室考核组按照“四不两直”方式现场抽查，考核临安区2020年粮食安全责任制落实情况。《关于2020年度我市粮食安全市长责任制考核发现问题整改意见的情况报告》完成，并报送省粮食安全工作领导小组办公室。市粮食和物资储备局牵头做好市政府与各区县（市）政府签订《粮食安全责任书》。经综合考核评定，建德市政府、富阳区政府、桐庐县政府、临安区政府为优秀单位，原余杭区政府、淳安县政府、萧山区政府、原钱塘管新区委会为良好单位。

【粮食储备规模足额落实】2021年，杭州市粮食储备规模从72.66万吨增加到76.95万吨，其中成品粮储备规模为5.87万吨。市本级（是指上城、拱墅、西湖、滨江4个主城区）粮食储备规模从37.34万吨增加到39.18万吨，其中成品粮储备规模为3.26万吨。进一步优化粮油储备品种结构，适应市场消费需要。分年逐步调整优化市级储备粮品种结构，减少早籼谷，增加晚稻谷和小麦储备，晚稻谷和小麦占总储备规模的85.4%（其中晚稻占比49.0%）。新增小包装食用油储备，从市级储备食用油中安排650吨为适合直接消费的小包装食用油储备。

【市本级社会周转粮储存财政资助标准提高】2021年，根据省粮食局《关于持续做好粮油市场保供稳价工作的通知》及杭州市政府粮油市场保供稳价工作部署会议有关要求，杭州市提高市本级社会周转粮储存财政资助标准，每吨每年资助标准由100元提高到200元。按照“相对集中、便于管理、储存安全、调用快捷”的原则实行公开招投标方式，分期分批落实2万吨社会周转粮储存。

【粮源渠道拓宽】2021年，市粮食和物资储备局到河南郑州、山东济宁市任城区及枣庄市台儿庄区等粮食主产区开展省外粮食产销对接活动。至年末，先后与江西、江苏、湖北、安徽、山东、河南、黑龙江、吉林、辽宁等9个主产省的32个市、县建立48个省外订单粮食基地。基地面积5.13万公顷，2020年度实际调入杭州市粮食24万吨，政府财政补贴资金955.4万元。省外订单品种包括早籼稻、晚籼稻、晚粳稻、小麦等。

【市本级粮食收购政策出台】2021年，杭州市本级小麦（三等）、早籼稻、中晚籼稻、粳稻最低收购价格分别为每50千克113元、125元、131元、133元。实行“订单粮食”政府奖励，种粮大户、家庭农场、粮食专业合作社社员按订单向国有粮食收购企业交售符合储备粮标准的，每50千克早籼稻、小麦给予30元政府奖励；每50千克晚稻给予25元政府奖励。继续对种粮大户烘干费用实施政府适当补贴。对种粮大户与国有粮食收储企业签订“订单粮食”，用于粮食储备的稻谷收购，其粮食烘干费用按实际烘干数量给予每吨80元的补贴。

【猪肉储备补贴资金兑现】至2021年年末，市猪肉储备量6800吨。猪肉储备采取生猪活体储备和冻猪肉储备相结合的方式，按照基本保证杭州市区（指主城区）10天左右供应量的要求，确定市区的储备量4300吨，其中生猪活体储备1600吨、冻猪肉储备2700吨。补贴标准从675元每年每吨提高至2980元每年每吨。萧山、余杭、临平、富阳、临安、桐庐、淳安、建德等区县（市）冻猪肉储备2500吨。9月，市粮食和物资储备局与市财政局联合印发《关于下达2021年度杭州市区猪肉储备财政补贴资金的通知》，为10个生猪活体和1个冻猪肉储备企业兑现补贴资金863.16万元。

【救灾物资储备】2021年，市粮食和物资储备局对接市民政局、市应急管理局等部门，承接实施重要物资和应急储备物资的收储、轮换和日常管理职责。掌握全市救灾应急储备物资储存品种、质量、数量、管理等情况。通过清点实物、核查台账，完成救灾和应急储备物资交接。制定《杭州市救灾物资储备管理实施细则》。根据《省应急管理厅省粮食和物资储备局关于建立救灾物资储备使用管理联动机制的通知》《杭州市自然灾害救助应急预案》等政策法规，市粮食和物资储备局与市应急管理局建立救灾物资储备使用管理联动机制，加强信息互通、工作沟通、业务联通。依据市应急管理局《2021年杭州市应急物资储备需求计划》和实际工作要求，杭州市应急物资采用公开招标方式采购，应急物资包括行军床、橡皮艇以及毛巾被等13个类目，预算经费200万元。4月，启动救灾物资招投标工作。10月，采购物资全部入库。邀请第三方验收，各类物资均在标准范围内。

【粮食物资仓储建设】至2021年年末，杭州市投资2.2亿元建设仓容3万吨的富阳区第二粮库，其主体工程完成41%。10月，淳安县中心粮库四期建设工程完工并投入使用。9月，桐庐县粮食储备库四期工程项目开工建设，投入资金1128万元。临安区粮食和物资储备调剂中心项目的风险评估、林地专用、地质危害性评估等正在办理申报中。余杭区、萧山区、钱塘区根据实际仓容情况谋划新库建设。

【粮食质量监管】2021 年，杭州市储备粮出入库鉴定抽检样品 769 批次，代表数量 66.17 万吨。做好粮食质量安全风险关口前移监测，抽取小麦样品 291 个，涉及农户 224 户，代表亩数 5911.73 公顷。组织开展收获粮食品质测报和质量调查，抽取样品小麦 7 个和菜籽 2 个，并将检测结果在网站上进行信息公开。规范做好收购超标粮处置工作，严格处置流程，严禁超标粮流入口粮市场。全年市本级规范处置超标小麦 222.82 吨。

【政策性粮油库存检查】2021 年，市粮食和物资储备局对全市政策性粮油库存进行检查，开展全市秋季粮油安全普查和"一符四无"鉴定检查。按照属地管理做好储备粮食质量 30%（储备规模）抽查工作，组织检查组进驻温州市开展省级交叉重点检查，并接受省第七检查组对余杭区进行重点检查及省粮食和物资储备局第二巡察组的巡察督导。开展全市政策性粮食出入库专项检查、政策性粮油损益和出库管理自查检查工作。接受中国农业发展银行（浙江省分行）库贷专项检查，结论为粮油账实相符、账账相符，储备轮换计划执行和财政补贴到位。

【"放心粮油"示范创建】2021 年，杭州市实施"放心粮油"示范的动态监管，市粮食和物资储备局联合市市场监管局随机抽查 24 个企业和门店，并进行扦样，检测结果质量合格。对区县（市）动态监管机制进行督促，并开展年审工作。对富阳区和临安区申报省级"放心粮油示范县"条件进行摸底和指导。市粮食和物资储备局联合市场监管、财政等部门开展全省第一批"放心粮油示范县"复核检查工作，随机抽查 11 个企业和门店。对粮食市场的放心粮油进行抽检，全年抽查 51 批次，其中大米 44 批次、植物油 2 批次、小麦粉 4 批次、生湿面 1 批次。（冯蔷颖）

专项经营

【烟草专卖】2021 年，杭州市查获各类涉烟违法案件 5569 起，比上年上升 19.7%；查获违法卷烟 1.23 万件，上升 42.1%；涉案案值 1.43 亿元，上升 50.5%。

杭州市烟草专卖局保持打假打私高压态势，结合公安部"昆仑 2021"专项行动开展"天网"专项行动，严厉查处烟草制假售假和走私贩私行为。全年查获假烟 3775 件，增长 126.4%；走私烟 1945 件，增长 389.6%。破获国标网络案件 11 起，负刑事责任 165 人。其中，特级案件 2 起，分别为杭州市局"9·22"非法经营网络案件和临安区局"12·17"特大销售假烟网络案件。

市烟草局持续加强市场监管。完善重点监管对象标签与名录，提高检查频次，集中监管力量开展"使命 1—4 号"行动，以点带面推动卷烟市场大整治。累计查处无证运输案件 3425 起，无证经营案件 254 起；查获违法违规经营大户案件 841 起，停业整顿 196 户，取缔注销 95 户。开展"守护成长"专项行动，清退中小学及幼儿园周边零售户 83 个，查处向未成年人销售电子烟案件 5 起。修订《杭州市烟草制品零售点布局规定》等，开展异常许可证专项治理，强化许可证后续监管，清退 688 本异常许可证。深化政务服务 2.0 平台对接，推广轻微违法案件快速办理。

（余碧瑶）

【成品油市场秩序规范】2021 年 8 月 10 日，《杭州市成品油零售体系发展"十四五"规划》出台。"十四五"期间，杭州市规划新增 118 个加油站（新建 92 个站、迁建 26 个），高速公路服务区加油站 7 对。修订并印发《杭州市处置成品油市场供应异常波动应急预案》《杭州市处置成品油市场供应异常波动应急预案操作手册》，进一步完善全市成品油市场供应异常波动应急处置工作。做好成品油零售经营资格年检和零售经营资格审批，全年通过年检合格的 672 个、停业 5 个、歇业 13 个、整改 3 个、待拆征 2 个，未参加年检 16 个。全市新申领"成品油零售经营批准证书"的加油站 30 座，新申领加油船 6 艘，迁建申领 3 座，办理各类变更 227 起，规划实施确认 12 座。（冯蔷颖）

【盐业经营】2021 年，杭州市盐业有限公司推进各项经营管理工作，促进企业提质增效，全年营业收入 9573 万元。推进渠道下沉和市场拓展，在保障食盐质量供应安全的前提下，提升渠道掌控力和市场占有率。推进"雪涛"精品海盐战略，调整优化产品结构，满足市场和消费者的各类食盐需求。销售各类盐产品 5.2 万吨，其中小包装口食盐 2.3 万吨、食品加工用盐 2.4 万吨、工业用盐 0.4 万吨。

根据《浙江省盐业体制改革实施方案》要求，加强食盐储备体系建设。按照市经信局和市财政局通知市级食盐储备计划 4600 吨的要求，其中小包装食盐储备 2700 吨、大包装食盐储备 1900 吨，公司实行常年足量储备，并专人管理、专账记载、挂牌明示。在食盐市场产量下降、阶段性产能不足的情况下，公司第一时间启动食盐供应应急预案，向省内外生产企业调运各类小包装食盐 500 多吨补足食盐库存，同时调度配送，确保消费需求、稳定食盐价格，维护食盐市场正常供应秩序。

杭州市盐业公司按照省盐业集团总体布局，推进第二轮混合所有制改革。在原杭州市盐业有限公司的基础上存续分立杭州市杭盐商业管理有限公司，并在分立后推动国有企业体制机制改革。公司践行"增品种、提品质、创品牌"的"三品"战略，以亚运系列新品上市和"浙食链"推广为契机，开展健康用盐宣传和活动促销，设立"浙食链"产品专柜 21 个。组织开展食盐放心消费"四进"（进机关、进学校、进企业、进社区）活动 56 场。

（赵根娣 占舒妮）

责任编辑 秦文蔚

25 会展业

综述

【“会展在行动”系列活动】2021年,杭州市开展“会展在行动”系列活动,搭建合作交流平台,加强行业品牌培育,增强行业发展信心。召开杭州会展业发展大会、淳安特别生态功能区会展业发展研讨会、以“数智会展迎亚运”为主题的第十三届中国（杭州）城市会展发展大会,开展杭州高端会展人才培训,发起成立国内高规格会展智库平台——湖山嘉会。8月11日,市商务局、市发改委联合印发《杭州市会展业发展“十四五”规划》,确定“十四五”时期会展业发展目标。全年杭州国际博览中心、杭州白马湖国际会展中心、浙江新农都会展中心、未来科技城、云栖小镇会展中心、浙江展览馆等专业场馆举办6000平方米以上规模的展览110场,展出总面积118.33万平方米,举办展览数和展出总面积均比上年增加。

【行业协会作用发挥】2021年,杭州会展业协会有会员单位360多个,会员企业产业结构进一步完善。2月、3月、6月,协会分别与上海市、澳门特别行政区、江苏省会展部门签署合作协议,开展多方面合作。6月,协会加入中国会展经济研究会,在会展业领域建立合作机制。协会融合平台资源,举办各种行业活动,增强协会活力和凝聚力。创新改版《杭州会展》等刊物,创编《“湖山家荟”会员集萃》杂志,发布行业信息动态,展示会员企业风采。加强行业情况调研及会展数据统计分析,形成《杭州市会展企业疫情影响的调查报告》等专题报告,为政府决策提供参考。协会新设法律与公关专业委员会、融媒体专业委员会、新科技赋能专业委员会3个专委会,为会员企业提供专业服务。发挥“湖山嘉会”会展专家智库平台作用,组织智库专家为杭州会展业发展建言献策。加强协会自身建设,培育打造“云上会展产业园”“湖山家荟主题沙龙”等协会品牌及“会展人之家”平台,推动协会成员合作发展。

【宣传推介活动】2021年,杭州市加强会展对外宣传,开展杭州“会展新生代人物”系列专访活动,杭州鑫彩峰广告有限公司董事长朱学峰、浙江世贸君澜大饭店总经理杨国荣等9位会展新生代人物接受专访。策划录制《我们圆桌会》专题节目,8位杭州会展企业负责人、高校学者代表参加杭州电视台专题节目录制,围绕“数字时代杭州会展业加快转型升级”话题,分享各自见解和研究成果。杭州通过微信、微博、电视媒体、移动广告、报纸等载体,加强会展对外宣传的做法在中央广播电视总台播出。4月21日,市商务局在海南海口举行“海纳百川·数智天堂”杭州会展业（海口）专场推介会,推介杭州会展业发展潜力和发展机遇,发布杭州会展业发展举措和重点项目。推介会上,杭州市城市会展研究会与海口市会议展览业协会签署战略合作协议。6月21—24日和11月6—8日,杭州分别组团参加在天津举行的中国会展经济研究会年会暨中国会展经济（天津）论坛、在上海举行的中国会展行业高峰论坛,推介杭州会展环境、品牌会展项目和重点会展企业,并与各地参会企业进行合作洽谈。（崔晓洁）

【杭州市国际会展博览集团成立】2021年2月26日,杭州会展业发展大会暨杭州市国际会展博览集团有限公司（简称会展集团）成立仪式在西湖博览会博物馆举行。会展集团由市商旅集团旗下杭州西博文化传播有限公司、杭州西湖国际博览有限公司和杭州国际交流服务中心有限公司联合组建,并引入上海东浩兰生集团作为战略合作伙伴。年内,会展集团自办及运营执行展会项目36个,实现营业收入1.05亿元;投资设立会展公司2个,新公司布局农业和消费类展会业务。（梁　之）

西湖国际博览会·世界休闲博览会

【概况】2021年10月15—18日,第二十三届中国杭州西湖国际博览会、第五届世界休闲博览会开幕式合并在杭州武林之星博览中心举行。西博会和休博会以“数智生活·休闲天堂”为主题,以数字化改革为引领,推出“丝鹿东方·2021中国国际丝绸博览会”“第二十二届中国（杭州）美食节暨知味中国·第三届中国（杭州）国际美食博览会”“电商中国·第八届中国（杭州）国际电子商务博览会”3个核心展会，共同聚焦“数智+文化”，突出“场景+消费”，融合“线下+线上”，体现“会展与产业一体化”办展的新思路。展会期间，现场观众超过6万人次，线上参与1亿余人次，实现订单交易额1.2亿元。

【中国国际丝绸博览会】2021年10月15—17日，“丝鹿东方·2021中国国际丝绸博览会”在杭州武林之星博览中心举行。丝博会由商务部和杭州市政府主办，杭州市商务局、杭州市商旅集团承办，以传承保护和创新发展为主线，以“丝路东方，美好生活”为主题，突出国际化、专业化导向，参展企业150多个，注册专业观众2100多人，现场观众超过6万人次，线上参会超过1亿人次。实现成交额2300万元，合同订单额5000多万元，意向交易额2.3亿元。

【中国（杭州）国际美食博览会】2021年10月15—17日，“知味中国·第三届中国（杭州）国际美食博览会”在杭州武林之星博览中心举行。博览会以“数智到家·无界食代”为主题，聚焦数字美食的创新发展，邀请数字平台、餐饮骨干企业代表等以主旨演讲、报告发布、云端对话等方式，共同探讨数字经济下的未来餐饮发展方向。博览会融合美食、音乐、赛事等多元文化，举办沉浸式的线下展览“知味烟火集·美食嘉年华”。国内外100多个知名餐饮企业参加，观众超过5万人次，通过新华网“云直播”论坛吸引在线观众204.8万人次。联动中国农业银行浙江省分行发放消费券5万份，线上和线下实现消费310多万元。

【中国（杭州）国际电子商务博览会】2021年10月15—18日，“电商中国·2021年第八届中国（杭州）国际电子商务博览会”在杭州武林之星博览中心举行。电子商务博览会以“新机遇、新发展、新格局”为主题，以“看趋势、找服务、选产品”为导向，涵盖会议、展览、活动三大板块，聚焦新零售、直播电商、跨境电商、农村电商，构建全产业链电商生态圈，吸引参展企业300多个，接待观众3万余

2021年10月15—17日，中国国际丝绸博览会在杭州武林之星博览中心举行 （市商旅集团 供稿）

人次，网络直播及现场意向交易额4800万元。

【亚洲设计管理论坛暨生活创新展】2021年10月28日至11月1日，“亚洲设计管理论坛暨生活创新展”在杭州武林之星博览中心举行。论坛以“设计即使命”为主题，从“设计即乡村”“设计即城市”“设计即智造”“设计即生活”4个角度，探讨设计背后的产业重构和升级转型，通过品牌跨界合作创造消费新场景，60多位设计大师及艺术专家参与。展会举办50多场沉浸式互动体验活动，500多个主流媒体进行跟踪报道，实现交易额5200多万元。（梁 之）

中国国际动漫节

【概况】2021年9月29日至10月4日，由国家广播电视总局、中央广播电视总台、浙江省政府主办，杭州市政府、浙江广播电视局和浙江广播电视集团承办的第十七届中国国际动漫节在杭州举行。动漫节以“共富新时代，动漫创未来”为主题，采取线上和线下相结合的方式，举办会展、论坛、商务、赛事、活动28项。56个国家和地区335个企业机构通过线上线下参与，参展商客4030多人，现场观众1.65万人次，通过“云上国漫”平台参与线上互动1300万人次。举行“一对一”洽谈1640多场，签约金额4.8亿元。新华社、中央广播电视总台、《人民日报》、《光明日报》、《中国文化报》等129个主流媒体和64个新媒体参与动漫节报道，其中中央广播电视总台发稿219篇。“学习强国”全国学习平台开设专题重点推荐，新媒体平台相关话题阅读量2.6亿次。动漫节通过中国国际电视台等平台，运用英语、法语、日语等30种语言，向海外受众传播动漫节盛况和杭州城市风采。

【动漫游戏商务大会】2021年9月27—29日，动漫游戏商务大会在杭州高新区（滨江）白马湖建国饭店举行，大会举办16场专业活动、679场“一对一商务洽谈”，132个项目参加创投大会，吸引国内116个动漫游戏企业和国内外电视台、新媒体及67个发行代理买家、文娱行业机构代表480多人参加。大会首次举办“剧本游戏行业大会”和“动漫行业法律服务培训会”。浙江中南卡通股份有限公司、杭州大有叔叔文化传播有限公司、中国网络作家村等企业和机构达成合作意向金额4.8亿元。

【“金猴奖”大赛】2021年5月，“金猴奖”大赛启动。大赛采取线上方式面向全球征集原创动漫作品，大赛组委会收到16个国家和地区的1176部原创动漫参赛作品。大赛新设“红色动漫奖”，吸引国内动漫工作者

2021 年 9 月，第十七届中国国际动漫节"金猴奖"入围作品在创投对接会上签约　（杭州市动漫游戏产业发展中心 供稿）

用原创动画、漫画反映中国共产党的百年发展历程。有 132 部红色动漫作品报名参赛，数量占参赛作品总数的 11.2%。9 月，大赛评出综合奖作品 31 部，其中红色动漫特别奖 1 部、红色动漫优秀奖 3 部。大赛增设专家点评环节，6 部作品在创投对接会上达成合作意向。

【动漫高峰论坛】2021 年 9 月 29—30 日，动漫高峰论坛在杭州高新区（滨江）白马湖建国饭店举行。论坛设主论坛、大师班、精锐班和圆桌班等对话、研讨活动，迪士尼原创节目策划高级副总裁乔·达布罗西亚、国际知名导演唐季礼等嘉宾应邀出席，共同探讨动漫产业未来发展趋势。国家广播电视总局副局长杨小伟出席主论坛并发表主旨演讲。论坛发布第四届"社会主义核心价值观动画短片扶持创作活动"优秀作品。中央广播电视总台财经频道《对话》栏目通过"动漫＋国潮""动漫＋数字""动漫＋场景"3 个维度，探讨动漫产业跨界融合的竞争力和影响力。

【动漫产业博览会】2021 年 9 月 29 日至 10 月 4 日，第十七届中国国际动漫节动漫产业博览会在杭州高新区（滨江）白马湖动漫广场举行。博览会集聚 110 多个国内外动漫游戏骨干企业、300 多个知名动漫游戏 IP，全球最大实体钢铁侠成为热门打卡点。博览会推出"永远跟党走——红色动漫致敬百年风华"主题展，集中展出《从未变过》《林海雪原》《下姜村的绿水青山梦》《红船故事》等优秀作品。举办"国潮 X 次元"盛典，推出宋制服装走秀专场，助推宋韵文化等中华优秀传统文化传承弘扬。博览会运用数字化、智慧化、精细化的防控手段，确保参展参会人员安全。博览会现场搭建"云上国漫"平台、3DVR 实景化展厅和交互式数字大屏等数字化"新基建"，通过新媒体举办 76 场移动直播及"抖音"挑战赛、微博话题互动等系列线上活动，相关话题浏览量 4.4 亿次，比上届博览会增加 1 倍。　（金杭婷）

其他重要会展

【杭州会展业发展大会】2021 年 2 月 26 日，杭州会展业发展大会举行。大会以"杭州会展业发展大会及发展论坛"为主题，参会的国内知名专家、学者、行业精英及国际有关行业组织与协会代表，围绕"创新发展会展业促进杭州产业和经济发展"中心议题进行探讨。商务部原副部长陈健、中国贸促会原副会长王锦珍、国际展览业协会名誉主席陈先进等出席大会。会议发起成立国内高规格会展智库平台——湖山嘉会。

【中国国际茶叶博览会】2021 年 5 月 21—25 日，第四届中国国际茶叶博览会在杭州举行。茶博会以"茶和世界·共享发展"为主题，由农业农村部和浙江省政府共同主办，杭州市政府、浙江省农业农村厅和浙江省供销合作社承办。浙江省委书记袁家军，中央农办主任、农业农村部部长唐仁健出席茶博会"世界茶乡、中国之夜"活动并致辞，与国内外嘉宾和客商代表共论茶事、共话发展。5 月 21 日，举行"西湖论茶"第四届中国茶业国际高峰论坛暨 2021 年"国际茶日"中国主场活动，唐仁健、浙江省省长郑栅洁、贵州省人大常委会党

2021 年 9 月 29 日，第十七届中国国际动漫节动漫高峰论坛在杭州高新区（滨江）举行　（杭州市动漫游戏产业发展中心 供稿）

组书记慕德贵出席并讲话，现场连线“国际茶日”陕西分会场，陕西省省长赵一德为嘉宾介绍陕西经济社会发展情况。茶博会有4000多个采购商、1500多个涉茶企业参展。其间举办中华茶诗品鉴交流会、“西湖论茶”中国茶业国际高峰论坛暨“国际茶日”中国主场活动、第四届中国当代茶文化发展论坛、茶乡旅游发展大会及75场茶品牌推介活动，发布全国30个区域特色美丽茶乡、100条红色茶乡旅游精品路线，访问量429万人次，实现交易额2.2亿元，比上届增长20.1%；意向交易额63.9亿元，增长18.2%。

【杭州国际会展文化活动】2021年6月18日，由商务部外贸发展事务局、国际展览与项目协会（IAEE）主办的杭州国际会展文化活动暨国际会展业创新发展大会在杭州举行，旨在搭建开放合作平台，推动国际国内产业链对接融合，助力杭州建设国际会议目的地城市、会展之都、赛事之城。“数智会展”活动季暨平台启动仪式同步举行。来自全国会展业的近100位行业嘉宾及专家学者参会，围绕“建设数字会展之都，服务全球数字贸易”主题，共商杭州会展业高质量发展大计。会上宣布，英富曼会展集团与杭州会展集团签署战略合作协议，加快推进杭州会展业参与国际合作。

【中国（杭州）城市会展发展大会】2021年8月27日，以“数智会展迎亚运”为主题的第十三届中国（杭州）城市会展发展大会在杭州西湖博览会博物馆举行。大会从数智会展理念、亚运“黑科技”技术、会展与亚运会相互促进效应等方面展开探讨交流。大会与商务部原副部长张志刚、中国会展经济研究会会长袁再青及乌拉圭驻华大使馆、匈牙利驻上海总领事馆领事等国内外嘉宾视频连线，邀请杭州亚组委负责人介绍杭州亚运会筹备情况，并举办相关专业会议展览活动。

【“振兴杯”浙江省青年职业技能竞赛】2021年9月25—26日，由团省委、省人力社保厅联合主办，团市委、市人力社保局承办的“振兴杯”浙江省青年职业技能竞赛主体赛在杭州职业技术学院举行。来自全省133名青年技能人才同台竞技，争夺代表浙江省参加第十七届“振兴杯”全国青年职业技能大赛的“入场券”。竞赛设车工、工业机器人系统操作员、计算机程序设计员（云计算平台与运维）3个职业（工种）。通过同台竞技，获得各职业（工种）单人赛项前8名、双人赛项前4名的选手，被团省委授予“浙江省青年岗位能手”称号。获得各职业（工种）单人赛项前5名、双人赛项前3名的选手，被晋升高级工职业技能等级。

2021年8月27日，以“数智会展迎亚运”为主题的第十三届中国（杭州）城市发展大会在杭州西湖博览会博物馆开幕　（市商务局 供稿）

【云栖大会】2021年10月19—22日，以“前沿·探索·想象力”为主题的云栖大会在杭州举行。浙江省副省长高兴夫出席开幕式并做主题发言，杭州市委副书记、市长刘忻出席并致辞，与会嘉宾探讨云原生、芯片、大数据、AI、物联网等技术趋势，研发机构的科学家参会展示制造、汽车、电力、交通、物流、零售、金融、教育、办公9个行业数字化转型升级的最新成果，包括25个场景、60项重点产品和技术。大会设置“数智风暴馆”展览，首次打造以“智能化”为主题的展览展示，吸引全球领军科技企业、移动互联网科技企业及新锐科技企业的新技术、新产品、新品牌汇聚云栖。

【杭州国际人才交流与项目合作大会】2021年11月7日，第十二届杭州国际人才交流与项目合作大会举行开幕式。全国人大常委会副委员长、民盟中央主席、欧美同学会会长、中国科学院院士丁仲礼通过视频致辞。浙江省委书记、省人大常委会主任袁家军，省委副书记、代省长王浩，杭州市委副书记、市长刘忻出席开幕式。袁家军、刘忻分别致辞。开幕式现场发布“杭州建设人才生态最优城市，打造人才创新高地行动方案”、“西湖对话”高端国际人才对话品牌。中国科协副主席、中国科学院院士、西湖大学校长施一公代表出席大会的100名海内外院士宣读《弘扬科学家精神，推动高质量发展建设共同富裕示范区》的倡议。大会举办中共中央总书记习近平关于新时代人才工作新理念新战略新举措专题研讨会，以及中国留学生论坛、未来智造工程师大会、乡村人才振兴促进共同富裕大会、中国（杭州）外国人才暨长三角人才云市场招聘大会等40多场系列活动。　（崔晓洁）

责任编辑　余显幕

26 金融业

综述

【金融业运行平稳】2021年，杭州市金融业运行总体平稳，金融总量合理增长，融资结构持续优化。全年实现金融业增加值2189亿元，比上年增长6.4%。金融业增加值占杭州市地区生产总值的12.1%，下降0.1个百分点；占第三产业增加值比重17.8%，下降0.1个百分点。全市新增社会融资总量8690.8亿元。其中：以人民币贷款为主体的间接融资6078.5亿元，以债券、股权融资为主体的直接融资2612.3亿元。

【杭州国际金融科技中心建设】2021年，杭州市加快建设"一核"（杭州金融城、钱塘江金融城）、"三镇"（玉皇山南基金小镇、西湖蚂蚁小镇、运河财富小镇）、"多点"（湘湖金融小镇、黄公望金融小镇等若干金融集聚区）。至年末，杭州金融城、钱塘江金融城聚集省级以上持牌金融机构96个，玉皇山南基金小镇等3个金融特色小镇集聚各类服务机构3330个，管理资产规模1.5万亿元。

【金融服务实体经济】2021年，《杭州市金融业发展"十四五"规划》《杭州市人民政府关于金融支持服务实体经济高质量发展的若干措施》发布。民营经济、普惠小微和制造业贷款增速加快，新增民营经济贷款2921.08亿元、普惠小微贷款2125.94亿元、制造业贷款599.4亿元，比上年分别增长16.3%、38.9%、11.2%。新拓展小微企业首贷户2.19万个，增长17.9%。全市企业贷款平均利率4.6%，下降0.22个百分点。做强做优杭州金融综合服务平台，至年末，平台入驻银行52个、担保公司21个、小额贷款公司10个，上架金融产品302个，注册企业15.3万个，撮合融资金额1773亿元。评定金融类杭州高层次人才43人。

【多层次资本市场利用】2021年，杭州市新增境内外上市公司52个、"新三板"挂牌企业2个、浙江股交中心挂牌企业13个、股份制公司163个。至年末，杭州市有境内外上市公司262个，仅次于北京、上海和深圳，居全国大中城市第四位。其中，境内上市公司201个、境外上市公司63个（有2个企业同时在境内外上市）。至年末，杭州市有市级重点拟上市企业190个、"新三板"挂牌企业187个、在浙江股权交易中心挂牌企业2942个、股份制公司2213个。

【社会融资渠道多元化】2021年，杭州市企业通过股权融资720.81亿元。其中：境内外首次公开募股融资503.17亿元，境内上市公司定向增发209.55亿元，"新三板"挂牌企业定向增发8.09亿元。全市债

湘湖金融小镇（摄于2021年）　（湘湖国家旅游度假区管委会 供稿）

权融资3322.49亿元，比上年增长65.6%。其中：银行间市场发行债务融资2916亿元，可转换债196.39亿元，企业债169.6亿元，公司债40.5亿元。

【金融改革创新】2021年，杭州市推进人民银行金融科技创新监管试点，入箱检测两批共9个创新应用项目，其中4个已完成出盒评审。获批区域性股权市场浙江创新试点、区域性股权市场区块链试点，建成浙股交科创助力板。推进中国（浙江）自由贸易区杭州片区金融改革创新，启动本外币合一银行账户体系试点。全年新增贸易投资便利化试点企业超500个，实现跨境人民币结算量6267亿元，比上年增长25%。探索开展合格境外有限合伙人试点，9月18日，印发《杭州市合格境外有限合伙人试点暂行办法》。

【地方金融业规范发展】至2021年年末，杭州市有小额贷款公司51个，注册资金90.57亿元，比上年减少2亿元。全年发放贷款2万笔（小额贷款占85%），金额180.91亿元（小额贷款占31.82%）。全市有典当机构82个，注册资金44.99亿元，典当余额41.56亿元；典当机构典当笔数4.23万笔，发放金额238亿元。全市有融资性担保机构84个，注册资金154.5亿元。年内，新增担保笔数5.2万笔，融资担保金额814.8亿元；年末融资担保余额680.34亿元。

【金融风险防范化解】2021年年末，杭州市银行业不良贷款率0.8%，比年初下降0.07个百分点。抓好地方金融组织日常监管，指导、督促地方金融组织依法依规运营。全年退出地方金融组织29个，其中退出问题小贷公司4个、典当行5个、融资担保机构19个、地方交易所1个。压降风险类上市公司7个。完成首轮私募投资基金行业风险排查。加强防范和处置非法集资宣传，开展杭州市属院校防范非法金融活动视频大赛，推进金融宣传"进电视、进电台、进公交、进校园"活动，受惠群众约500万人次。（王舒绮）

银行业·保险业

【概况】至2021年年末，在杭各类银行业金融机构有86个。其中：政策性银行3个，大型国有商业银行6个，股份制银行12个，城市商业银行14个，民营银行1个，农村中小银行机构18个，外资银行12个，金融资产管理公司4个，信托公司4个，财务公司8个，金融租赁公司1个，汽车金融公司1个，消费金融公司1个，商业银行理财子公司1个。

至年末，杭州市银行业金融机构本外币各项存款余额6.10万亿元（占全省35.7%），比上年增长12.5%，增速下降7.25个百分点。本外币各项贷款余额5.63万亿元（占全省的34.0%），增长13.0%，增速下降4.88个百分点。在杭银行业金融机构实现利润613.99亿元，增长6.5%。全市银行信贷不良率0.8%，高于全省0.06个百分点，比年初下降0.07个百分点。

至年末，在杭各类保险公司有86个，其中财产险公司38个、人身险公司48个。全市保险机构实现保费收入969.04亿元（占全省的33.9%），增长3.7%。其中：财产险公司实现保费收入302.95亿元，增长5.4%；人身险公司实现保费收入666.10亿元，增长2.9%。发生赔付支出316.05亿元（占全省的30.7%），增长20.9%，其中：财产险公司赔付支出178.32亿元，增长7.5%；人身险公司赔付支出137.73亿元，增长44.3%。

【银行业保险业支持高质量发展建设共同富裕示范区】2021年9月28日，浙江银保监局、浙江省地方金融监管局印发《浙江银行业保险业支持高质量发展建设共同富裕示范区行动方案（2021—2025年）》，提出18项重点任务，并争取银保监会政策倾斜支持，系统谋划金融支持路径。制定金融支持浙江山区26个县高质量发展行动方案，支持杭州淳安县高质量跨越式发展。推出"农户家庭资产负债表融资模式"，实现新型农业经营主体建档评级全覆盖。推动发展慈善信托，推进专属商业养老保险试点落地，推广普惠型商业补充医疗保险"西湖益联保"，推动农业保险提质扩面。

【重点领域金融保障】2021年，浙江银保监局实施融资畅通工程升级版，出台金融支持创新发展实施意见，试点知识产权质押线上登记。制定银行业保险业助力碳达峰碳中和行动方案。推进金融支持经济持续恢复和高质量发展，落实延期还本付息政策，健全常态化"双保"融资支持机制，推动无还本续贷、中期流动资金贷款增量扩面。至年末，向2692万个中小企业发放应急贷款66.38亿元，无还本续贷余额1255.08亿元，中期流贷余额5643.96亿元。持续强化小微、民营、制造业、涉农、外贸等领域融资保障，年末杭州市小微企业贷款余额1.51万亿元，比年初增长26.4%；制造业贷款余额6811.19亿元，比年初增长16.7%。

【金融风险防范化解】2021年，浙江银保监局稳步推进信用风险防控。配合推进大型出险房企风险化解，加强住房信贷审慎管理，房地产贷款集中度有序回落。落实地方政府隐性债务风险防控要求，化解存量、遏制增量。推动不符合资管新规的理财存量资产和信托通道业务如期完成整改，"影子银行"风险持续收敛。全年处置不良贷款446.37亿元。

浙江银保监局持续规范各类创新业务，加强互联网平台金融活动监管，推动网商银行等互联网贷款业务整改。打击各类"伪创新"存款，维护存款市场秩序。开展内控合规管理建设年活动，巩固拓展乱象整治成果。开展人身险、车险、互联网保险乱象专项整治，排查发现并督促整改业务违规问题和风险隐患。配合P2P网贷整治追赃挽损。全年处罚银行保险机构74个（次），处罚责任人37人次，罚没金额3005万元。

【银行业保险业改革创新】2021年，浙江银保监局探索省会城市银行业保险业监管模式。为强化杭州地区银行业保险业监管工作统筹，加强与杭州市委、市政府及有关部门的监管协调沟通，服务好地方经济金融重点建设，浙江银保监局内设杭州地区监管协调处。7月，浙江银保监局联合杭州市政府成立杭州银行保险监督管理领导小组，下设杭州银行保险监督管理办公室。

浙江银保监局推进法人机构高质量发展，浙江农村信用社改革试点方案获批。推动形成中小银行高质量发展实施意见，深化信托公司大股东约谈机制，浙江差异化监管经验在全国银保监会系统推广。推进车险综合改革，平均保费较改革前下降22个百分点。迭代升级浙江省金融综合服务平台，建成18个多跨场景应用，服务企业和个人57.5万个（人）次。

（王　硕）

证券·期货

【概况】2021年，杭州市新增境内上市公司39个（首次公开募股上市新增38个，迁入增加3个，终止上市1个，迁出杭州1个，合计新增39个），占全省新增总数的44.3%，居全省第一位；"新三板"挂牌企业减少35个。至年末，杭州市有境内上市公司201个，其中主板上市公司121个、北京证券交易所上市公司1个、创业板上市公司58个、科创板上市公司21个；"新三板"挂牌企业187个；浙江股权交易中心挂牌展示企业2942个。全市有拟境内上市企业137个，其中辅导期企业103个、已报会待审核企业31个、已过会待发行企业3个。杭州上市公司数量在省内各地市中居榜首，后备企业资源充足，在各市场板块间形成良好梯队效应，为各类企业对接多层次资本市场发展奠定基础。

【股债融资协同发展】2021年，杭州市有38个公司在境内A股市场完成首发融资339.60亿元，融资额比上年增长199.4%。其中：12个公司在主板上市，融资121.32亿元；13个公司在创业板上市，融资77.64亿元；12个公司在科创板上市，融资139.83亿；1个公司在北京证券交易所上市，融资0.81亿元。除首发融资外，有33个上市公司实施再融资608.43亿元，融资额下降19.6%。其中：21个上市公司增发融资209.54亿元，融资额下降45.0%；13个上市公司通过可转债、公司债融资398.89亿元，融资额增长18.2%。杭州有45个企业发行公司债券85只，融资1031亿

2021年杭州市境内上市公司情况表

表28

项　目	单位	2020年年末数	2021年新增数	2021年年末数
境内上市公司	个	162	39	201
主板[①]	个	107	14	121
创业板	个	46	12	58
科创板	个	9	12	21
北京证券交易所	个	—	1	1
募集资金[②]	亿元	4629.19	948.03	5577.22
首发募资	亿元	1147.77	339.60	1487.37
主板	亿元	829.59	121.32	950.91
创业板	亿元	237	77.64	314.64
科创板	亿元	81.18	139.83	221.01
北京证券交易所	亿元	—	0.81	0.81
再融资[③]	亿元	3481.42	608.43	4089.85
过会待发企业	个	8	—	3
已报会企业	个	43	—	31
辅导期企业	个	70	—	103

注：①2021年4月6日，深圳证券交易所主板与中小板合并实施，表中主板数据均按合并后口径统计。同比基数为2020年度或2020年12月31日的主板与中小板合并数据；
②募集资金包括杭州境内上市公司首发融资、交易所股票市场再融资（增发融资、优先股融资和配股融资）和交易所债券市场融资（公司债、可转债、可交换债和资产证券化产品）；
③再融资包括杭州境内上市公司交易所股票市场再融资（增发融资、优先股融资和配股融资）和交易所债券市场融资（公司债、可转债、可交换债和资产证券化产品）

2021年杭州市证券期货经营机构情况表

表29

项　目	单位	2020年年末数	2021年新增数	2021年年末数
证券公司	个	3	0	3
证券资产管理公司	个	2	0	2
证券分公司	个	61	2	63
证券营业部	个	265	0	265
证券投资咨询机构	个	2	1	3
公募基金管理公司	个	1	0	1
证券从业人员	人	6147	560	6707
期货公司数	个	10	0	10
期货分公司	个	22	14	36
期货营业部数	个	79	-8	71

2021 年杭州市证券期货交易情况表

表 30

项　目	单位	2020 年年末数 / 2020 年全年	2021 年年末数 / 2021 年全年
证券经营机构代理交易金额	亿元	257270.51	324665.70
A、B 股交易额	亿元	173164.16	210975.49
基金交易额	亿元	5139.69	6941.80
证券经营机构代理交易手续费收入	亿元	52.81	59.65
证券经营机构利润总额	亿元	17.68	16.53
证券经营机构托管市值	亿元	26087.91	29352.41
证券经营机构客户交易结算资金余额	亿元	592.29	687.15
证券投资者开户数	万户	782.82	908.69
期货经营机构代理交易金额	亿元	492800.90	702580.90
期货经营机构代理交易手续费收入	亿元	17.32	25.49
期货经营机构利润总额	亿元	17.39	21.85
期货经营机构客户保证金余额	亿元	695.52	951.92
期货投资者开户数	万户	33.53	35.66

元，融资额与上年基本持平。

【证券基金行业综合竞争力提升】至 2021 年年末，杭州市有证券公司 3 个、分公司 63 个、营业部 265 个，证券资产管理公司 2 个，证券投资咨询机构 3 个，公募基金管理公司 1 个；全市证券投资者开户数 908.69 万户；证券经营机构托管市值 2.94 万亿元，客户交易结算资金余额 687.15 亿元。2021 年，全市证券经营机构实现代理交易额 32.47 万亿元、手续费收入 59.65 亿元、利润总额 16.53 亿元；全市证券公司实现营业收入 121.47 亿元、利润总额 54.51 亿元。至年末，公募基金管理公司管理规模 450.44 亿元。在 2021 年证券公司分类评价中，财通证券股份有限公司、浙商证券股份有限公司被评为 A 类。

全年全市证券公司服务实体经济发展，与省内多地政府、国有企业、金融机构深化战略合作，推荐优质企业进入资本市场，服务浙江企业新增直接融资 2135 亿元。浙商沪杭甬杭徽高速不动产投资信托基金（REITs）作为全国首批公募不动产投资信托基金产品发行上市。

【期货行业稳步发展】至 2021 年年末，杭州市有期货公司 10 个、分公司 36 个、营业部 71 个；全市期货投资者开户数 35.66 万户，客户保证金余额 951.92 亿元。2021 年，全市期货经营机构实现代理交易额 70.26 万亿元、手续费收入 25.49 亿元、利润总额 21.85 亿元；期货公司实现代理交易额 69.43 万亿元、营业收入 46.87 亿元、利润总额 21.62 亿元。在 2021 年期货公司分类评价中，永安期货股份有限公司、浙商证券股份有限公司、南华期货股份有限公司被评为 AA 类。

全年全市期货公司推广“保险 + 期货”服务“三农”模式，助力农户致富和乡村振兴；创新“期货锁价 + 配送”“期货稳价订单”等模式服务企业有效管理原料价格风险，促进产销顺畅。

【私募基金管理规模增长】2021 年，杭州市私募基金管理机构募投活跃，管理规模持续增长，在支持企业股权融资、促进创新资本形成、服务居民财富增长等方面发挥作用。杭州市、区两级政府重视私募基金集聚发展、规范发展，打造玉皇山南基金小镇、运河财富小镇等特色金融小镇，加强私募基金规范治理和风险防范化解，推动形成良好的金融投资和发展环境。至年末，全市有 1523 个私募基金管理人完成登记，发行私募基金产品 8323 只，管理资产规模 8463 亿元，比上年增长 27.6%。

【资本市场助推实体经济发展】2021 年，浙江证监局以推动资本市场服务浙江经济高质量发展为主线，以服务“凤凰行动”计划和融资畅通工程升级版为抓手，深化与地方政府合作监管，推动提高上市公司质量，切实防范化解重点领域风险，助力建设共同富裕示范区。全年浙江辖区（不含宁波，下同）首次公开募股融资总额 596 亿元，比上年增长近 1 倍；上市公司并购重组金额 395 亿元，增长 17%；上市公司再融资 1186 亿元，公司债券及 ABS（资产支持证券）新发融资 3966 亿元，保持近年来较高水平。服务创新驱动和绿色低碳转型，支持上市公司增强科创属性，全年辖区新增科创板上市公司 15 个。至年末，辖区有科创板上市公司 29 个，占全国总数的 7.7%，增长 1.2 个百分点。全年发行 34 只绿色公司债券和 ABS，发行总额 98 亿元。浙江证监局助力浙江共同富裕示范区建设，会同省地方金融监管局印发《关于金融支持高质量发展建设共同富裕示范区的实施意见》。支持证券公司增强基金投资研究、投资顾问和托管功能，打造更稳健、普惠的财富产品体系，提升财富管理能力。支持浙江省股权交易中心与交易所、全国股转公司共建企业上市培育基地，服务 9 个公司到证券交易所、“新三板”上市挂牌；依托地方政府支持，建立 10 个县级资本市场普惠服务基地，联合银证保等机构为中小微企业提供金融顾问和培育服务。

【资本市场改革推进】2021 年，浙江证监局做好股票发行注册制改革在浙江的对接落地工作，加强与地方政府沟通汇报，传导注册制改革理念。引导地方政府把握好上市企业数量和质量的关系，督促指导企业合理选择申报窗口和板块，把牢资本市场“入口关”。完善辅导监管工作流程，做实做细辅导验收，压实中介机构责任。做好北京证券交易所开市准备

2021年10月17日，第三届（2021）中国大宗商品金融服务创新峰会在杭州举行　（浙江证监局 供稿）

工作。向地方政府传导改革政策，围绕浙江专精特新企业对接北京证券交易所建言献策。会同地方有关部门举办专题培训会，指导做好创新型中小企业分类培育。调研拟申报企业，实地指导企业上市准备工作。推动上市公司提高质量，推进上市公司治理，督促公司整改自查发现的问题。指导400多个公司召开业绩说明会，提高信息透明度。与省国资委在国有拟上市公司培育、上市公司监管、债券监管、风险防控等方面开展全面合作，共同指导国有上市公司发挥好高质量发展引领作用。

【金融风险防范化解】2021年，浙江证监局全链条推进上市公司风险化解。督促上市公司及其大股东通过转让股权、并购重组、破产重整等方式化解风险。督促上市公司按期自查自纠资金占用和违规担保问题。制订辖区退市监管指引，及时向地方政府通报上市公司潜在退市风险。推进私募基金风险整治，推动地方政府成立风险整治领导小组，细化整治工作任务表和进度管理。全覆盖完成疑似风险类私募机构风险摸排及未备案机构排查工作。跟踪推进纳入整治机构的分类处置工作，针对高风险机构逐个制订"一企一策"风险处置方案，稳妥化解风险。持续做好债券违约风险防控，定期向地方政府通报债券市场形势和风险防控动态，推动制定加强国有企业债券融资监管相关指导意见。对本年度到期和回售的债券进行全面风险摸排，对存在潜在违约风险的发行人进行现场检查督导。整治互联网平台涉及非法活动风险，快速约谈核查，督促相关平台公司全面清理非法证券期货活动相关商品信息。制订涉非活动和互联网平台两张清单，督促平台公司签订承诺书并全面自查自纠。

【金融市场良好生态营造】2021年，浙江证监局查处财务造假、内幕交易等重大违法行为，严惩"关键少数"，压实中介责任，落实"一案多查"。建立辖区重大违法案件内部通报制度，加强与地方政府信息互通。保护投资者合法权益，开展投资者教育"四进下基层"活动，推动其纳入国民教育体系，探索构建"精准投教"格局。发挥好辖区投资教育基地服务投资者学知识、防风险的作用，新增1个国家级投资教育基地、3个省级投资教育基地。开展群体性纠纷"示范判决+集中调解"工作。营造良好市场舆论环境，多渠道做好资本市场重大法规政策宣传，引导辖区市场主体和投资者稳定预期。多渠道做好重点案件通报宣传，强化警示教育作用。做好行政处罚、行政监管措施信息公开，发挥舆论监督作用，督促市场主体树立崇法守信理念。

（唐成伟）

【中国大宗商品金融服务创新峰会在杭州举行】2021年10月17日，第三届（2021）中国大宗商品金融服务创新峰会在杭州举行，探讨大宗商品"保供稳价"和储运的新思路、新解法，助推中国经济高质量发展。峰会以"线上+线下"模式召开，首次上线峰会云平台，设置主论坛和4个分论坛："保'价'护航 中小企业服务新思维"分论坛、"双碳目标下企业高质量发展探索"分论坛、"'场内+场外'助力'保供稳价'"分论坛、"共同富裕背景下期货市场功能发挥"分论坛。　（李　静）

责任编辑　郦　晶

27 房地产业

综　述

【概况】 2021年，杭州市落实城市主体责任，结合市场实际主动采取措施，新建住房和二手住房的环比指数保持相对平稳，基本完成房地产价格“双控”目标，实现房地产市场平稳有序发展。全年全市完成房地产开发投资3628.3亿元，比上年增长1.5%，投资额创历史新高。新开工商品住宅面积1221万平方米，下降42.1%。新建商品房批准预售18.32万套，批准预售面积2123.68万平方米，分别下降3.82%和增长3.72%。其中，新建商品住宅批准预售15.25万套，批准预售面积1741.91万平方米，分别下降0.02%和1.74%。全市新建商品房成交21.05万套，成交面积2341.84万平方米，成交金额6865.68亿元，分别增长26.37%、31.84%和44.21%，成交套数、成交面积、成交金额均创新高。非住宅批准预售30756套，批准预售面积381.77万平方米，预售套数下降19.23%，面积增长13.86%。非住宅成交34924套，成交面积340.84万平方米，成交金额938.27亿元，分别下降7.84%、增长23.67%和增长37.54%。二手住宅成交87482套、成交面积865.08万平方米、成交金额2284.41亿元，分别下降21.52%、20.07%和20.64%。

【房地产企业资质管理】 自2021年7月1日起，杭州市按照住房城乡建设部通知，停止办理房地产开发企业三级、四级资质的核定申请和暂定资质的备案申请。为解决新设立的房地产项目融资难、办理预售证难等问题，市建委制定资质办理过渡办法，协调区县（市）住建局为企业解决“两难”问题。全市在规定过渡期间，办理二级资质证明71件；完成房地产开发企业资质审批548件，其中二级资质21件、三级资质17件、四级资质7件、暂定级资质503件。

（高旻旸）

【住房租赁市场发展平稳】 2021年，杭州市新增租赁住房5.19万套(间)，将4.88万套（间）验真房源纳入杭州市住房租赁监管服务平台管理。全市新增运营房源超过1000套(间)的规模企业5个，全年租赁房月平均租金63.26元/平方米，比上年增长0.7%，住房租赁市场发展总体平稳。

【商品住宅配建公租房】 2021年，杭州市调整商品住宅用地配建公租房比例，将配建比例从“主城区不低于总建筑面积的10%，萧山区、余杭区、富阳区不低于总建筑面积的5%”调整为上城区、拱墅区、西湖区、滨江区、临安区5%，萧山区、余杭区、临平区、钱塘区、富阳区10%。严格落实公租房配建政策，进一步加快房源筹集，全年全市公告挂牌配建公租房的商品住宅出让地块115宗，应配建面积80.05万平方米，可建房源1.4万套。

（范国强）

2021年1月8日，杭州首个纯租赁住房项目——宁巢·明石公寓项目竣工

（市住保房管局 供稿）

房地产市场

【概况】2021年,杭州市落实城市主体责任,进一步完善房价和地价联动机制,市区全面执行板块刚性控价,制定推行市区板块控价新机制,并根据市场形势变化,4次调整房地产政策,从提高限购门槛、加强限售管理、强化税收调节、完善无房家庭认定标准、优化高层次人才优先购房、规范市场秩序、实施样板房纳入公开摇号销售等方面加强房地产市场调控。将样板房房源和"超面限制用房"房源纳入公开销售范围,体现购房政策公平性。通过综合施策,市场热度明显下降,新建商品住宅流摇率、摇号平均中签率均大幅度提升,二手住宅成交量、成交价下跌。全年新建商品住宅销售价格指数月同比平均为103.7,保持在合理区间,房地产市场总体平稳有序。

【房地产政策调控】2021年1月27日,杭州市房地产平稳健康发展领导小组(简称领导小组)印发《关于进一步加强房地产市场调控的通知》,明确落户未满5年限购1套住房,住房赠与方3年内实行限购。加强限售管理,中签率低于10%的项目须取得房产证满5年方可转让;加强税收调节,增值税免征年限从2年调整为5年。通知并对无房家庭认定标准、高层次人才优先购房政策进行调整。3月3日,领导小组印发《关于进一步规范房地产市场秩序的通知》,将司法拍卖房产列入限购范围,规定参与本市限购范围内住房司法拍卖的竞买人,须符合本市住房限购政策。4月9日,杭州市进一步规范高层次人才家庭优先购房政策,规定单身(含离异)、外地户籍及5年内新落户杭州的高层次人才家庭在杭州限购区域内限购1套住房。8月5日,杭州市进一步升级限购举措,规定落户未满5年的家庭,需连续缴纳社保24个月方可购买限购范围内住房;非本市户籍家庭,需连续缴纳城镇社保或个人所得税满48个月方可购买限购范围内住房。此前,杭州将富阳区的乡镇和临安区纳入出让土地板块刚性定价范围,板块数量从136个调整为175个,全市统一执行出让土地板块稳控标准;规定在涨幅限制和调价原则下,各区对板块价格可以自主定价,形成新的板块控价调整机制。

【房地产市场秩序规范】2021年,市住保房管局组织开展以全装修为重点的乱象整治等专项行动,做好维护房地产市场秩序工作。5月,对全市全装修交付商品住宅的信访问题进行摸排,通过召开信访联席会议、专题会议和市、区两级住建部门领导包案、专人负责,7个项目涉及的矛盾纠纷得到妥善处置。9月,联合市建委、市市场监管局等部门开展样板房设置、售楼部现场公示抽查,抽查商品房项目92个,下发限期完成整改告知书73份。会同市民政局、市市场监管局开展房地产地名使用问题专项检查,在企业开展自查自纠基础上,对栖隐阁、云泓之城等5个项目进行实地抽查。按照"商改住"项目"整存量、控增量"要求,加强对非住宅项目预售许可环节及网签备案环节管理,对存在违规宣传和有负面舆情项目进行现场抽查。全年通报处理违规参加商品住房公证摇号行为6起,涉及违规报名家庭51户。推进房地产开发企业信用体系建设,市建委制定《杭州市房地产开发企业信用管理暂行办法》。(范国强 黄一成)

【房地产项目风险防控】2021年,市住保房管局牵头开展房地产项目风险隐患化解、处置工作,建立市、区县(市)两级工作专班,通过全面排查存在延期施工、延期交付和预售资金监管等问题的房地产风险隐患项目,推进房地产风险项目账务审计、资产评估、资产保全、资产处置、资金归集、工程建设、信访维稳、保障农民工工资等工作。9月,发布"凡是开发企业未取得预售证收取购房款的就是风险"等购房风险7个"凡是"的提示,在报名登记平台及选房后以通告、短信等形式给予购房人购房资金须入监管账户的风险提醒,提前防范交易风险。10月,在"浙里办"App、"杭州城市大脑"App的"e房通"模块推出"预售资金监管账号查询"功能,购房人通过提供楼盘名和预售证号,就可查询、核对相应商品房预售资金监管账户信息,提升购房资金安全性。

【房地产经纪行业监管】2021年,市住保房管局建立和完善以信用为核心的房地产经纪行业监管体系,通过"杭州市二手房交易监管服务平台"将房地产中介企业及从业人员的备案信息、信用情况等全面公示。年内平台备案经纪机构门店4420个、经纪从业人员10.1万人。全年通报告诫中介机构28个,通报批评中介机构26个,11名经纪从业人员被列入行业惩戒名单,营造守信激励、失信惩戒的行业环境。聚焦行业痛点,从规范行业信息发布入手,多措并举加强监管,通过推行"双随机"抽查+重点专项检查+案件核查"的常态化检查机制,查备各类网络平台账号450多个,清理不当言论信息4000多条,督促下架违规房源信息8万余条。

【房产档案服务】2021年,市住保房管局利用三维虚拟现实技术,建设房屋档案"网上展馆",并向公众开放浏览。"网上展馆"分珍档馆和综合馆,其中,珍档馆展示横跨清代、中华民国和中华人民共和国成立后3个时期的历史房产档案。综合馆记录杭州住保房管工作的发展历程和巨大变化。"网上展馆"通过数字技术,记录和展示杭州珍贵的房产档案资料。优化房屋档案的查询利用,在"浙里办"App、浙江政务服务网开通查询通道,统一查询个人住房信息、买卖合同信息、房屋安全信息等房屋信息,查询实行全程在线办理,即时出具查询结果,方便群众随时随地办理。全年房屋档案月均受理查询31万余人次,其中网上查询占99.4%。

(范国强)

住房租赁市场

【概况】2021年,市住保房管局以满足新市民住房需求为主要出发点,以建立"租购并举"住房制度为目标,从租赁主体培育、房源供应、市场监管3个方面下功夫,创新探索保障性租赁住房发展路径,加快发展租赁住房。推进3年24亿元中央财政资金及1亿元市级财政资金支持住房租赁市场发展工作。经企业(机构)自主申报、部门审核、评审论证、公示等程序,市住保房管局分两批向53个次住房租赁从业企业拨付2020年度中央财政专项资金8.51亿元。9月,向21个住房租赁从业企业拨付2020年度市级财政资金2728.3万元。

【蓝领公寓交付运营1.23万套(间)】 2021年,市住保房管局将蓝领公寓工作重心从建设转移至建设运营并重,明确年度新增交付运营蓝领公寓1万套(间)的目标任务。7月16日,《关于做好2021年度蓝领公寓交付运营工作的通知》印发,通知进一步放宽租住人员户籍准入条件,扩大申请范围,并要求改善交付运营蓝领公寓项目配套设施,提升居住品质。市住保房管局根据目标任务制订计划,倒排时间节点,通过建立月度例会、项目巡查、情况通报等举措,督促落实蓝领公寓交付工作。全年全市交付运营蓝领公寓项目39个、房源1.23万套(间),超额完成年度交付运营目标任务。

【首批落实租赁资金监管企业"白名单"公布】 2021年5月18日,市住保房管局公布全市首批50个落实资金监管政策的规模化住房租赁企业"白名单",同步"浙里办"App的"e房通"模块开辟"住房租赁企业白名单查询"子模块,对外公布并动态更新租赁企业"白名单",有选择地进行服务委托和租房,保障房屋委托出租人、承租人合法权益。全年对外公布17个资金监管银行名单、53个落实资金监管的规模化住房租赁企业"白名单"。

【保障性租赁住房发展】 2021年8月10日,市住保房管局开展全市保障性租赁住房摸底排查工作,对各区符合保障性租赁住房条件的存量土地和存量房屋进行登记造册,为杭州发展保障性租赁住房提供数据支撑。10月25日,市政府办公厅印发《杭州市加快发展保障性租赁住房实施方案的通知》,明确保障性租赁住房房源筹集方式、审批程序、租金确定、人员准入、政策支持等内容,确定"十四五"期间建设筹集保障性租赁住房33万套(间),年度租赁住房用地供应面积占出让住宅用地供应面积的10%以上,新增保障性租赁住房套数占新增住房供应套数的30%以上。

【住房租赁市场和从业人员管理】 2021年1月,市住保房管局组织开展住房租赁市场专项整治工作,对写字楼、商铺等住房租赁企业经营场所进行"拉网式"排查,摸排各类住房租赁从业企业1.78万个,并按照"规范一批、整改一批、淘汰一批"的原则开展分类管理与处置,全面整顿规范市场秩序。10月20日,杭州市住房租赁管理协会印发《关于开展市住房租赁企业从业人员信息登记工作的通知》,督促在杭州市住房租赁监管服务平台上开户的住房租赁企业做好从业人员信息登记工作。年内有7098名租赁企业从业人员完成登记备案。 (范国强)

2021年11月19日,市住保房管局工作人员在上城区吴山路社区发放住房租赁管理政策、租赁风险提示、住房租赁企业"白名单"等宣传海报

(市住保房管局 供稿)

房管数字化转型

【概况】 2021年,杭州市按照全省数字化改革要求,全面推进"数智房管"建设,从决策端、治理端、服务端3个层次,打造"住房智保"平台,在房产市场、住房租赁、住房保障、物业管理、房屋安全等领域取得有辨识度、有影响力的数字化改革成果,提升政府整体智治能力,满足更多群众多层次、个性化、高品质的住房需求。年内,决策端完成关键数据汇集和基本框架搭建,打破住房供应决策数据支撑不足困境,建立商品住宅房地产项目涉及土地出让、施工许可、预售许可的信息共通,动态分析人口、土地、住房匹配度,为决策提供参考。上线运行开发用地配套设施核查系统,实现地块配套核查工作数字化转型。在治理层面为扭转房地产市场执法监督被动局面,在源头上对租赁、交易房源信息、公租房空置及违规占用情况进行数字化管理,通过二手房交易监管服务平台、住房租赁监管服务平台、商品房预售资金监管系统,实时监控房产租赁、交易行为,实现租赁风险防控全系统的自动预警。市场监管服务由被动业务办理转向多元主动服务,聚焦房屋交易、租赁、安全、住房保障、物业管理五大民生领域,建设"e房通"跨多场景服务平台。通过制度重构、流程再造,重点解决人民群众信息获取难、多头办事烦、交易成本高等痛点,"e房通"平台被评为省数字社会第一批最佳应用系统。 (范国强 倪芳明)

【"e房通"多跨场景服务平台开通】 2021年5月,市住保房管局开发的

“e 房通”一站式集成住房便民多跨场景服务平台投入使用。该平台服务端应用设置“我的房子”“我的小区”“我要买房”“我要租房”4 个板块，融合房屋交易、保障、租赁、物业、安全等监管服务功能，重点建设“购房一件事”多跨场景平台、二手房自主交易新模式、杭州市智慧物业管理服务平台、杭州市住房租赁监管服务平台等应用场景，协同跨度广、改革力度大。年内，平台月最高访问量 30 万次。“e 房通”推出的“电子业主卡”“房屋买卖云签约”“二手房自主交易新模式”等功能得到住房城乡建设部、省建设厅肯定，并入选浙江省数字社会第一批“最佳应用”场景。

【“购房一件事”应用场景上线】2021 年 12 月 15 日，为解决群众在买房卖房过程需面对多个办事部门、递交多次资料、手续过于复杂的痛点难点，市住保房管局依托“e 房通”数字化平台，整合购房中涉及的房管、公积金、公证、银行、税务、不动产登记、水务、电力、燃气等部门业务，优化一次性网上申请、跑零次在线办理、无纸化电子签名等服务，上线“购房一件事”跨部门多业务协同掌上办应用场景。该场景实现全流程“统一入口、一次申请、一次收件、一网全办、全程可视”，构建“便民惠企 高效安全”的管理新模式和服务新业态。

【二手房“自主交易”新模式推出】2021 年，市住保房管局在“杭州市二手房交易监管服务平台”推出“个人自主挂牌房源”栏目，探索建立以买卖双方为主导、由政府建立公开透明平台、为交易双方提供自主挂牌房源信息发布、搜索和交易撮合等服务的新模式。该模式引入提存公证机制，保障交易资金交割安全，并打通公证机构与金融机构合作为房屋交易提供按揭贷款的新渠道，降低二手房交易成本。至年末，“个人自主挂牌房源”栏目挂牌房源近 4000 套，完成网签交易 49 单。

【智慧物业管理平台投用】2021 年，杭州市智慧物业管理服务平台以“电子业主卡”为核心，以“物业企业、业委会、政府及街社监管”3 个子平台为基本架构的升级迭代平台投入使用，为小区业主了解小区信息、参与共同决策、联系物业企业、发表意见和建议提供方便。年内，市住保房管局完成上城区、拱墅区、西湖区、滨江区、钱塘区全部住宅小区的精细核验和图形面绘制工作，并在上城区、拱墅区、临安区 7 个街道启动“智慧物业管理服务平台”与“住宅小区物业管理项目考核评价”双试点工作。至年末，杭州有 30 万名业主领取“电子业主卡”，登录平台次数超过 600 万次。

2021 年，杭州市上线“购房一件事”跨部门多业务协同掌上办应用场景。图为应用场景示意图　（市住保房管局 供稿）

【“数智房管”建设】2021 年，市住保房管局推进“数智房管”建设上线公租房监管服务平台，实现公租房业务常态化受理，网办率 97%。实现新引进应届大学生租房补贴“实时受理、实时审批”。扩大“公证云选房”应用，全年 4687 套房源实行“公证云选房”，选房效率和数字化服务水平明显提高。拓宽数字化场景应用渠道，在“e 房通”上线保障资格自查、公租房资格申请、货币补贴申领及货币补贴发放查询应用。　（范国强）

物业管理

【概况】2021 年，杭州加强对物业服务的监督管理，进一步完善物业管理政策法规，完成《杭州市物业管理条例》修订，推动物业服务行业制度化、规范化及健康有序发展。推进以党建引领业委会和物业企业建设，全市业委会和物业企业实现党的组织和工作全覆盖。深化“美好家园”住宅示范小区建设，推动老旧小区物业服务提升，探索智慧物业管理平台建设，实行物业经营性收支信息公示，开展“美丽杭州”住宅小区环境秩序治理，推动形成“党建引领、政府保障、基层主导、业主主体、市场运作”五位一体和良性互动的住宅小区物业综合管理格局。

【新物业管理条例出台】2021 年 6 月 29 日，杭州市第十三届人民代表大会常务委员会第三十六次会议通过《杭州市物业管理条例》修订。该条例对物业管理区域、业主和业主组织、前期物业管理、物业服务、物业的使用和维护、监督管理、法律责任等做出规定。新修订的条例将物业管

2021 年，杭州市推进“美好家园”住宅示范小区建设。图为示范小区拱墅区祥符街道阮家桥公寓的架空层走廊（市住保房管局 供稿）

理活动纳入基层治理体系，鼓励运用数字赋能物业管理，创新设立物业管理委员会制度，规范物业专项维修资金使用，禁止物业服务人强制获取业主生物信息，明确业主应自觉履行的义务等。

【物业服务监管】2021 年，市住保房管局组织各区住建局对全市 1689 个物业管理项目进行检查考核，对 1141 个项目印发整改通知书，49 个项目进行扣分处理。针对考核扣分情况，市住保房管局督促各区住建局加强对扣分项目后期整改情况的跟踪指导，并会同属地街道、社区协调督促整改工作。制定《杭州市住宅小区物业管理项目考核评价实施方案》及计分标准，并在上城区、拱墅区、临安区 7 个街道开展试点。

【美丽杭州住宅小区环境秩序治理】2021年，市住保房管局开展美丽杭州住宅小区环境秩序治理工作，发动 6000 多名小区环境秩序监督员，检查发现住宅小区环境秩序的四大类 5.84 万个问题，问题综合整改率 99% 以上。市住保房管局被市“美丽杭州”创建暨“‘迎亚运’城市环境大整治、城市面貌大提升”长效管理工作推进领导小组评为年度优秀行业单位。

【“美好家园”住宅示范小区建设】2021 年 3 月，市物业综合管理工作领导小组印发《2021 年杭州市“美好家园”住宅示范小区建设实施方案》，并将杭州“美好家园”建设工作与住房城乡建设部“美好家园”建设和省建设厅“红色物业”创建等工作紧密结合。全市组织发动 1946 个小区参与，其中申报候选小区 230 个。“美好家园”住宅小区建设工作被列入市政府民生实事项目，并接受市人大代表、市政协委员监督。兼顾设施改造硬件建设和物业综合管理软件建设，强化过程性管理，突出居民满意度，线上和线下同步监督。年内通过市、区两级验收评审，确定 2021 年度杭州市“美好家园”住宅小区 148 个，其中商品房小区 76 个、老旧小区 40 个、保障房小区 32 个。相关工作经验刊登在住房和城乡建设部主管的《城乡建设》杂志上。

【物业服务收费信息公示】2021 年，市住保房管局开展“加大物业服务收费信息公开力度，让群众明明白白消费”行动，督促物业服务企业落实收费信息公开工作。加强监督检查、政策宣传、行业自律，实行物业企业信息公开集体承诺。全年开展检查和执法行动 1730 次，出动检查和执法人员 2840 多人，发放政策法规宣传册 4.63 万份。8 月，市物业管理协会拟定《关于开展“加大物业服务收费信息公示力度，让群众明明白白消费”工作的倡议书》，向会员单位发出收费信息公开以及合法经营、规范收费的倡议，并与会员单位签订《杭州市物业服务企业“合法经营 规范收费”承诺书》。

【小区经营性收支信息公示推广】2021 年 5 月，杭州市物业综合管理工作领导小组办公室印发《关于进一步明确 2021 年度物业综合管理有关重点工作具体目标任务的通知》，明确在全市范围内扩大物业经营性收支信息公示平台覆盖面。至年末，全市有 1893 个物管项目完成平台开户，其中 1376 个项目在平台中录入收支信息，业主通过移动端可以随时查询收支情况。

【物业专项维修资金和物业保修金管理】2021 年，市住保房管局办理物业专项维修资金交存 78 件，归集资金 4.48 亿元；拨付 1841 个物业专项维修资金使用项目，金额 10874.85 万元，其中 275 个电梯、消防等涉及公共安全的维修项目按简易程序拨付维修资金 5224.43 万元；拨付 811 个物业应急维修专项资金使用项目，金额 1104.66 万元。办理物业保修金交存 55 件，归集资金 2.96 亿元；拨付 5 个物业保修金使用项目，金额 1080.25 万元。办理物业保修金到期退还 40 件，退还资金 1.76 亿元；物业专项维修资金退还 29 件，退还资金 6.5 万元。（范国强）

责任编辑　余显幕

2022
杭州年鉴

28 交通运输·邮政

综　述

【**交通建设投资1097亿元**】2021年，杭州市完成综合交通建设投资1097亿元。其中：公路、水运和民用机场完成投资528亿元，完成年度目标（公路、水运、民用机场计划投资500亿元）105.6%，比上年增长7.9%；完成公路投资422亿元，增长8.3%，公路站场完成投资6.8亿元；完成水运投资34亿元，增长20.3%；京杭运河"四改三"段主体工程完工，新开挖段（杭州侧）、八堡船闸段、义桥作业区均超额完成年度投资目标；完成民用机场投资72亿元，增长1.3%。萧山国际机场三期项目新建航站楼及陆侧交通中心工程完成年度目标，建德航空小镇机场扩建工程完成项目总投资。

全社会营运性综合客运量（公路、水路、铁路、民航）1.37亿人次，增长13.3%，高于全省均值32.4个百分点。其中：公路运输完成客运量5042万人次，增长11.2%；水路运输完成客运量435.9万人次，增长28.6%；铁路运输完成旅客发送量6860.5万人次，增长18.2%；民航旅客发送量（取旅客吞吐量的1/2）1408.2万人次，下降3.0%。总体水路客运量增幅最大，公路、铁路次之，民航负增长。

综合交通运输（铁路、公路、水路、民航）完成营业性货运量4.7亿吨，增长12.4%，高于全省均值3.2个百分点。其中，公路完成货运量3.88亿吨，增长11.4%；水路完成货运量7645.8万吨，增长17.9%；铁路运输完成货运发送量131.6万吨，增长20.0%；航空运输完成货邮出港量（取货邮吞吐量的1/2）45.7万吨，增长14.0%。各种运输方式货运量均实现两位数增长。（康　琦）

【**交通规划推进**】2021年，杭州交通运输部门按照"两级三类三层"的综合交通规划体系推进规划编制，系统谋划引领综合交通发展。完成《杭州市综合交通发展"十四五"规划》，提出构筑服务新发展理念的综合立体交通网络，基本形成"全国123出行交通圈"。落实《国家综合立体交通网规划纲要》，完成《杭州市综合立体交通网规划（2021—2035年）》《杭州港总体规划（2021—2035年）》《杭州市普通省道选址规划》《运河港区和钱江港区分区控制规划》送审稿编制，开展对接和征求意见。加强与国土空间规划衔接，推进"多规合一"，落实规划项目土地要素保障。开展三江汇未来城市实践区综合交通规划研究和《杭州空港综合交通枢纽规划》《都市区交通衔接规划》《杭州市渣土码头布局规划》等项目编制。杭州市交通运输局与交通运输部规划研究院签署战略合作协议，启动《杭州市打造国际性综合交通枢纽规划》专项研究，对杭州打造国际性综合交通枢纽城市的顶层设计、实施路径、政策支持等进行系统研究，提出契合杭州实际的总体方案。8月19日，《杭州市综合交通专项规划（2021—2035年）》获市政府批复。规划提出建设世界一流的现代综合交通体系目标，建设城乡协调、区域协同、连通高效、内畅外通综合交通网络。（杨　烁　张乃计）

【**《杭州市综合交通发展"十四五"规划》发布**】2021年12月11日，《杭州市综合交通发展"十四五"规划》经市政府同意发布。"十四五"期间，杭州交通将重点建设"六张网"：辐射全球航空网，着力提升萧山国际机场航空运输保障能力，打造亿人次空港；融合互补轨道网，建立杭州至省内各设区市高铁1小时交通圈，高速铁路网新增250千米，2022年建成12条线路516千米的城市轨道交通网，启动城市轨道交通四期建设规划项目，研究谋划杭州都市圈市域（郊）铁路网；广域辐射道路网，做好"打通大动脉、畅通微循环"两个层面工作，建成临建高速公路、杭绍甬高速公路、沪杭甬高速公路杭州市区段改建工程，全面推进杭州都市区中环建设，实现杭州都市区高质量一体化发展；通江达海水运网，完成京杭运河二通道、八堡船闸、新坝二线船闸建设，建成义桥、下沙综合作业区；支撑有力管道网，建成"一张网、一盘棋、一体化"高压供气系统；层级分明枢纽网，重点完成杭州萧山国际机场、杭州西站、钱塘枢纽及富阳西站、桐庐东站、建德南站、建德东站、新汽车南站等枢纽建设，形成层级清晰、布局合理的三级客货枢纽体系。预计"十四五"时期综合交通总

投资约5700亿元。（梅 青）

【交通领域疫情防控常态化】2021年，杭州市交通运输局成立疫情防控指挥部，下设1个办公室、12个组，落实机场、铁路、客运场站和城市交通各领域及系统内部的各项防控措施，加强督查指导，保持行业系统新冠肺炎疫情防控体系高效运转。全市重点客运枢纽均设立“两区一通道”（入境人员返杭离杭转运车辆专用停车区、入境人员返杭离杭转运专用候车区，场站内入境人员返杭离杭专用通道），确保重点人员转运无缝交接，在重点场站“零停留”。开展道路客运站、地铁站、收费站、服务区等重点区域常态化疫情防控巡查，出动检查人员9934人次，检查企业、场站1262个（次），高速公路服务区和收费站3019次，检查各类营运车辆4.50万辆（次），高速路口各类车辆5.94万辆（次）。（赵应华）

【“人车不分离”核酸检测模式】2021年12月17—19日，杭州交通运输部门在上城区体育中心设立出租车核酸采集点，采用“人车不分离、司机不停车、检测车内做”核酸采集模式。核酸采集现场划分为“入口验码、蓄车复核、采集分流、核酸采集、外围交通、临时指挥”6个区域9个关键控制性节点，科学优化核酸采集动线，从入口亮码到完成核酸采集驶离现场，全程无需下车，平均8~15秒完成一名司机的核酸样本采集工作。3天共采集出租车司机核酸样本9069个。

【“四好农村路”建设通过考核验收】2021年，杭州交通运输部门深化“四好农村路”示范创建，全年建设示范路38条，争创国家级示范县3个、省级示范县2个。3月，杭州市开展2020年度“四好农村路”建设年终考核。考核以全面覆盖、随机抽检、重点必查的原则，到各区县（市）现场检查，核查内业台账。范围包括新改建项目637个、路面维修603个、安防工程369个、桥梁隧道154座、普通公路服务站57座、乡镇运输服务站4个、港湾式停靠站485个、农村物流服务点170个、更新农村客车156辆、渡口渡船提升改造7个，以及2019年复查项目19个。考核验收10个市级“四好农村路”建设示范乡镇，检查区县（市）自主申报示范乡镇。经考核，全市“四好农村路”建设成效显著、特色突出。同月，省交通运输厅考核杭州“四好农村路”建设三年行动计划完成情况。考核组抽取淳安和建德左口乡临黑线、三都镇凤凰至上姜瑶山乡级农村公路管理站等6个项目，踏勘农村公路管养情况，核查市、县两级内业资料，认为杭州市“四好农村路”建设完成情况良好，农村路网管养水平显著提升，人民群众较为满意，验收通过。（康 琦）

【春运发送旅客769.49万人次】2021年1月28日至3月8日春运期间，杭州市城际交通（公路、水路、铁路、民航）客运发送总量769.49万人次，为上年同期的41%。道路旅客发送量110.15万人次，为上年同期14.5%。铁路旅客发送量504.16万人次，为上年同期59.4%。民航旅客发送量116.80万人次，为上年同期的49.6%。水路旅客发送量38.38万人次，为上年同期的119.3%。市内公共交通（公交、轨道）旅客运输总量1.29亿人次，为上年同期的91%。其中：城市公交运送乘客5544.39万人次，为上年同期的62.1%；地铁运送乘客7391.56万人次，为上年同期的139.8%；出租汽车（含网约和巡游车）日均上路服务3.89万辆，为上年同期的135.5%；日均客运量102.14万人次，为上年同期的117.8%。杭州辖区内高速公路总流量3556.10万辆（次），为上年同期的116.4%。（张乃计）

【“地上空间建设用地不动产权证”办理】2021年7月19日，铁路杭州西站枢纽雨棚上盖开发项目获得“地上空间建设用地不动产权证”。西站枢纽雨棚上盖开发项目是新建高铁站雨棚上盖商业开发项目，开发空间分别位于站房候车大厅东西落客平台雨棚上方四角，规划为商业/商务用地，将开发特色酒店、总部办公综合体，开发体量约5万平方米。地块由上海铁路房地产开发经营有限公司与杭州市西站枢纽开发有限公司联合体竞得。（市交投集团）

【云城北综合体（金钥匙）开工】2021年11月1日，杭州云城北综合体（金钥匙）项目开工奠基。综合体位于杭州西站枢纽站房北侧，由1栋近400米的主塔楼［杭州第一高楼（金钥匙）］、1栋高约320米的塔楼以及2栋高约249米的副塔楼组成，总建筑面积（含地下部分）超过80万平方米。主要业态为商务办公和五星级酒店，引进世界500强企业区域总部和数字经济企业总部等高端

2021年11月1日，杭州云城北综合体（金钥匙）项目开工奠基

（市交投集团 供稿）

企业，是人流、物流、资金流、信息流集散高地。设有360度云端观景平台、娱乐康体、影视文化中心，将成为杭州人生活、工作、休闲的新选择，以及外地游客到杭州打卡、观光必经之地。主塔楼预计2027年竣工投用。

（市交投集团）

【《杭州市小客车“区域指标”和“浙A区域号牌”设置管理办法》实施】 2021年3月1日，《杭州市小客车“区域指标”和“浙A区域号牌”设置管理办法》实施。市民通过调控官网、杭州交通微信公众号、城市大脑App等网络渠道，均可申请“区域指标”。首日，小客车区域指标申请量达到17.54万人，通过线上申请17.42万人，窗口办理1224人，配置完成达到15万人。3月2日凌晨0时0分8秒，杭州市第一个小客车区域指标产生。至年末，杭州市受理“区域指标”申请72.4万件，配置“区域指标”68.5万个，其中97.6%通过线上完成。（吴 进）

【“浙里学车”App上线】 2021年8月17日，“浙里学车”App正式上线，标志着杭州市驾驶员培训管理工作迈入数字化、规范化、精细化发展阶段。“浙里学车”App以杭州市机动车驾驶人培训行业协会为建设主体，集成打造集报名、缴费、学习、评价于一体的“一站式”驾驶员培训服务。

（康 琦）

【科技智库研究基地（未来交通）成立】 2021年11月29日，“科技智库研究基地（未来交通）”在杭州市综合运输研究中心正式挂牌。研究基地是杭州市科协依托专业团队，开展决策咨询研究、服务科技管理决策潜力的学会，也是基层科协、高校、科研院所等设立的非营利性研究组织。专业智库基地将发挥科技资源优势，完善决策咨询机制，为党委、政府科学决策提供智力支撑。（梅 青）

【平安交通建设】 2021年，杭州交通运输部门统筹落实平安交通建设年、“遏重大”攻坚战、平安护航建党百年、防汛防台等工作，有关指标达到“四升四降四清零”：“两客一危”智控指数升至全省第一位、网约车合规率升至全国第三位、安全生产网格化覆盖率升至100%、安全类案件增至150%；行业亡人事故、公路超限率、“两客一危”超速、疲劳驾驶比例大幅下降；危货挂靠、“两外”（杭州驻外经营危货车辆、外省驻杭经营危货车辆）、高速公路超限、“百吨王”车辆基本“清零”。应急保障能力持续提升，全年启动“三防”应急响应14次，转移船舶970艘（次）、578人次，抵御2次强台风侵袭和富春江大坝9次泄洪。完成诸暨双金线抢险任务，多次驰援余姚开展应急排涝。开展安全生产风险普查和应急演练1266次，制作播放安全公益广告等安全宣传视频40部。开展燃气、成品油、新型燃料油等危货运输行业专项治理。淘汰危险货物道路运输企业9个，建成富阳、建德2个危货停车场和新增11个高速服务区危化品专用停车位，实现危货运输行业亡人事故、重大泄漏事故和重大负面影响事件3个“零发生”。（卫 青 黄 洁）

【交通领域数字化改革】 2021年，杭州交通运输执法部门与杭州海康威视数字技术公司签订战略合作协议，联手成立“交通数字执法实验室”。实验室将探索人工智能、大数据、可视化等先进技术在交通运输执法中的应用，通过数字化创新融合，形成“现场采集、数据筛选、重点比对、锁定执法、一案双查”的杭州特色智慧执法模式。实验室研发的“杭州市大客车非法营运查处系统”在主城区各交通执法大队全面应用并在余杭等区县（市）交通执法部门试点应用，通过数据融合、智能研判、分级预警、精准布控，形成“3+3+3”数字打非作战体系，打击违法行为。“3+3+3”即：“3跨协同”，通过归集部、省、市跨层级，交通、公安跨部门，路政、运政跨业务3类数据，打通跨数据壁垒；“3屏联动”，建立应急指挥中心“大屏”、16个大队数字执法室“中屏”、一线作战单元557台智能执法终端“小屏”，构成“3屏联动”机制，把指挥调度从“层层传达”变“扁平智达”；“3环叠加”，构建从发现、研判、分派到反馈的全过程闭环，精密布控“车辆、站点、线路”全链条打击环，健全全方位监管环，形成高速公路、国道省道、城区道路陆域一体化监管。自5月初系统启动至年末，精准查处大客车非法组客、非法营运案件390起，罚款39万元，为上年同期的3.6倍。“网约车数字取证”解决网约车平台查处难问题，落实网约车无证营运“一案双罚”，处罚网约车平台违规派单案件938起，查处网约车无证营运864起。提升数字执法装备，基层站所带宽提升至双100M，实现移动执法终端、对讲机、执法记录仪及数据采集站，所有车辆车载GPS及4G摄像头配备100%覆盖。

（卫 青 朱 宁 黄 洁）

【法治交通建设】 2021年，杭州市交通运输系统推进《杭州市公路条例》《杭州市公共汽车客运管理条例》《杭州市道路旅客运输管理若干规定》立法修订调研。按照涉及行政处罚内容的市政府规章专项清理要求，废止《杭州城市轨道交通运营管理办法》。根据市人大工作部署，开展《杭州市客运出租汽车管理条例》《杭州市城市轨道交通管理条例》立法后评估。完成《杭州市文明行为促进条例》《杭州市行政赔偿和追偿办法（草案）》等80多件立法征求意见反馈。修订《杭州市交通运输局行政规范性文件管理办法》，编制2021年行政规范性文件制定目录，完成2021年度行政规范性文件清理和后评估工作。深化法治交通建设，为交通强国示范城市建设和高水平打造共同富裕示范区提供法治保障。全年办理行政处罚案件3.04万件，比上年增长129.9%；处罚金额1.16亿元，增长111.9%，均为历史最高水平。执法队伍实现从“不想管、不敢管、不能管”到“想管、敢管、能管”的转变，杭州获2021年度全省法治交通考核第一名、综合执法比武团体第一名、全市综合执法比武团体一等奖。完成2个省级基层站所规范化试点和1个省级水上非现场执法示范区建设。2个集体被列入浙江省社会大普法六优培育行动优秀名单，1人获评浙江省“十三五”期间普法先进个人，1个集体获杭州市“七五”普法优秀社会组织称号，法治战线21人获交通运输部和省、市通报表扬。

（郑 亮）

【交通运输行业治理】2021年，杭州交通运输部门推进行业治理体系和治理能力现代化，打好治堵、治超、治乱、治危、治污组合拳。杭州市治理城市交通拥堵工作领导小组办公室牵头抓总，省治堵任务8项核心指标6项超额完成。主城区全年高峰时段拥堵延时指数1.593，在全国50个主要城市中排名第34位，比上年下降3位。推进学校、医院、综合体等128处常发堵点治理，创新形成“一面一网五点”全域交通治理模式。结合大数据分析，开展拥堵排名前十位的主干路和快速路治理，平均车速提升10%以上。采取外围停车接驳、网约车空车禁入、公交站优化改造、瓶颈堵点治理等举措，推出灵隐景区机动车预约通行制，实施区域号牌及错峰出行新政。杭州市治理车辆超限超载工作领导小组办公室（交通执法队）有效履职，各区县（市）年度治超工作有序推进，在全省治超通报中，杭州排名前列。临平区开展以荷禹路“百吨王”为重点的专项治理，基本消除乱象。桐庐县深化科技治超，超限车辆比上年下降47.4%，货车超载率从20%下降到0.6%。提升铁路沿线环境，沪昆高铁杭州东—杭州南段被上海铁路监管局评为铁路沿线安全环境治理示范段，有关经验做法得到交通运输部和省、市领导批示肯定。落实生态环保和碳达峰工作，中央环保督察所有问题完成整改销号。编制杭州交通碳达峰行动方案，明确6个领域14项行动，研究推进大公交出行、巡游出租车“油改电”等示范项目。交通运输执法领域突出问题专项整治取得实效，行业各类投诉1.03万件，下降18%；办结率100%，满意率97.6%；出租车投诉下降24.2%。

（卫　青 张乃计 黄　洁）

【交通职业教育与培训】2021年，杭州技师学院录取新生1122人，成人高考本科上线率52%，专科上线率92%。1058名实习生进入300多个用人单位实习，毕业生就业率和就业满意度分别为99.2%和98.5%，用人单位对学生满意度为99%。学院有校内实训基地66个，校外350多个。学院在编职工281人，高级职称教师占38.7%，“双师型”教师占98.2%。其中：全国交通中等职业教育专业带头人2名，技工院校省级专业带头人9名，全国技术能手8名，全国交通技术能手10名，全国人大代表1名，浙江省技术能手6名，德国机动车技术服务总监和加拿大高级电工师12名。师生获市级及以上技能大赛奖项87人次，其中国家级32人次。1位选手参加全国第一届乡村振兴技能大赛，获得金牌。第46届世赛汽车喷漆、飞机维修、机器人系统集成3个项目国家集训基地落户学院。教师杨金龙获全国五一劳动奖章，蒋应成获第二十五届中国青年五四奖章，院长邵伟军获评杭州市杰出教育工作者。学院启动杭州市交通职业教育“六型”学校建设，成立交通职业技能教育平台。全年完成社会培训4800多人次，职业技能等级认定3800多人次。完成驾驶专业学生驾驶技能培训71人次，其中C1车型37人次、A1车型34人次。新增铁路车辆制修工、互联网营销师两个认定职业工种。至年末，认定职业14个、工种28个。

杭州汽车高级技工学校招收12个班级，录取354名学生，利用“习讯云”平台，结合定期不定期走访企业，进行实习生管理。2021届毕业生397人，为215名毕业生申领求职创业补贴50多万元。校属交通培训考试服务中心组织培训考试总计6.95万人次，其中：组织出租车驾驶员从业资格考试6.35万人次，组织出租车驾驶员继续教育5402人次，组织出租车驾驶员职业道德教育277人次，组织客、货运驾驶员从业资格考试391人次。职业技能培训鉴定中心组织社会学员开展各工种职业技能培训与认定2202人，其中高级工及以上2187人；完成社会学员各等级鉴定1067人，其中高级工1055人；组织全日制学生开展汽车维修工、数车（铣）各等级技能等级鉴定825人，发放技能等级证书706本（含高级工285本）。组织低压电工作业资格考证73人。开办企业新型学徒制培训班4个，培训学员176人。经批准成为杭州市职业技能等级认定社会培训评价机构、杭州市职业技能认定无纸化定点考场，获准增补本校学生相关工种等级认定资质。杭州汽车高级技工学校和杭州技师学院开展两校“职业技能等级联动认定平台”建设，获准成为技能等级认定社会培训评价组织考点，完成汽车维修一级技师培训班1期。

（沈　妤 高超颖）

公路运输

【概况】至2021年年末，杭州境内建有公路6823条、总里程1.7万千米，比上年增加115条、68.12千米。其中：国道省道干线里程1977.56千米、农村公路1.5万千米、城管路段426.24千米（干线公路78.12千米）。公路密度100.77千米/百平方千米，公路通乡率和通村率100%。公路桥梁6138座50万延米，新增33座1.3万延米。其中：高速公路桥梁1052座28.1万延米，占全市公路桥梁总数的17.1%；普通干线桥梁665座5.6万延米，占全市公路桥梁总数的10.8%；农村公路桥梁4421座，17.2万延米，占全市公路桥梁总数的72.1%。公路隧道335道24.5万延米。其中：高速公路隧道182道，占全市公路隧道总数的54%；普通干线隧道71道，占全市公路隧道总数的21%；农村公路隧道82道，占全市公路隧道总数的24%。

高速公路节假日期间（春节、清明节、五一节、国庆节）小客车免费通行1900.4万辆（次），免收通行费超过5.7亿元，总流量2630.4万辆（次）。收费公路农副产品免费通行55.3万辆（次），免费额4.4亿元。

全市从事道路运输经营业户（含个体运输户）5332户，营运客货汽车11.13万辆（其中营运货车10.68万辆、152.80万吨位，营运客车4497辆、18.00万座）。从事道路运输相关业务经营业户6238户。

从事道路旅客运输的业户97户（含道路运输客货运输兼营业户数3户），其中：班车客运56户，旅游、包车客运87户。开行客运线路876条，其中：一类客运班线182条，日发班次563.6个；二类客运班线342条，日发班次1338.8个；三类客运班线83条，日发班次379个；四类客运班线269条，日发班次2242.8个。杭州市区（不含萧山、余杭区）开行道路客运线路406条，其中：一类客运班线134条，日发班次464个；二类客运班线232条，日发班次903个；三类客运班线38条，日发班次96个；四类客运班线2条，日发班次17个。全年完成道路旅客运输量5042万人次，旅客周转量45亿人次千米，分别比上年增长11.2%、17.9%。

全市有城市公共客运综合枢纽7个，公交调度指挥中心19个，从事公共汽电车经营户17户，运营车辆1.08万辆，运营线路1363条，线路总长度2.60万千米，其中：BRT总长度151.62千米，无轨电车总长度27.7千米。年完成客运量7.94亿人次。轨道交通站187座，运营线路总长度342千米，运营车数419列。完成客运量8.97亿人次，旅客周转量78.71亿人次千米。

全市有公路货物运输业户（含个体运输户）5238户（其中道路运输客货运输兼营业户数3户），拥有营运货车10.68万辆、152.80万吨位。其中，市辖区（不含萧山、余杭区）1609户，拥有营运货车3.51万辆、47.12万吨位。全年完成货物运输量3.88亿吨、货物周转量552.19亿吨千米，分别增长11.4%和20.1%。全市有等级客运站23个，其中一级站7个、二级站6个、三级站10个、简易站及招呼站756个。

全市有巡游出租汽车经营业户634户，经营车辆1.43万辆（其中：企业户106户，经营车辆1.37万辆；个体户528户，经营车辆622辆）。杭州市区（不含萧山、余杭区）有客运出租汽车经营户446户，经营车辆1.11万辆（其中：企业户60户，经营车辆1.06万辆；个体386户，经营车辆474辆）。主城区有出租车服务区11个，占地面积6.3万平方米，停车位2134个。

全市有机动车驾驶培训机构171个，从业人员1.28万人。其中：一级驾培机构15个，二级驾培机构68个，三级驾培机构87个，残疾人驾驶员培训机构1个。有道路客货运输驾驶员从业资格培训机构17个，危险货物运输驾驶员从业资格培训机构6个。有各类教学车辆9438辆，教练员1.03万人，全年培训驾驶员35.36万人。

全市有机动车维修企业4656个，从业人员3.77万人。其中：一类机动车维修企业202个，二类机动车维修企业1133个，三类机动车维修业户3032个，摩托车维修业户193个。全年维修各类车辆792.3万辆（次）。有汽车综合性能检测站27个，从业人员735人，全年检测车辆14.4万辆（次）。备案登记机动车配件经销业户9559个。备案登记汽车租赁企业466个，备案租赁车辆3.54万辆，从业人员1.11万人。

【公路建设】2021年，杭州完成公路建设投资422亿元，比上年增长8.3%。其中：高速公路全年完成投资187亿元，普通国（省）道完成投资87亿元，农村公路（含规划省道和重要县道）完成投资141亿元，公路站场完成投资6.8亿元。全年新改建高速公路4条133千米、新改建普通国省道项目10个146千米、新改建农村公路500.9千米。地铁8号线一期等4条新线路以及杭海线、杭绍线通车，实现杭嘉绍3地轨道交通互联互通。实施干线公路大中修养护271千米，农村公路养护856.4千米，在“十三五”时期公路干线养护管理评价中取得历史最好成绩。农村公路总里程近1.5万千米，较大自然村100%通等级公路，乡镇97.9%通三级及以上公路，村82.9%通双车道公路。创新实施农村公路灾毁保险制度，安排投保资金2000万元，对8753千米估值192亿元农村公路打包投保，10月，首次得到受灾全额赔付。培育部级农村物流示范项目2个。新建客货邮综合服务站1个，开通合作线路3条。美丽经济交通走廊拓展至3207千米。

【公路养护管理】2021年，杭州高速公路路面技术状况指数（PQI）值为94.45。全年高速公路大中修里程完成74.7千米，预防性养护里程完成122.7千米，投入养护金额5.9亿元，其中养护大中修（含预防性养护）工程约2.03亿元。普通国道、省道PQI值89.49。全年完成普通国道、省道公路大中修工程项目99.7千米（含应急养护提前实施的28千米），总投资1.8亿元。投入公路桥隧养护资金2.3亿元，其中：高速公路1.02亿元，维修改造桥隧117座；普通国道、省道约3300万元，维修改造桥隧39座；农村公路0.95亿元，维修改造桥隧88座。高速公路投入资金约1600万元，检查桥隧516座。普通国道、省道投入资金约120万元，检查桥隧372座。农村公路投入资金约900万元，检查桥隧1259座。

（康　琦）

【沪杭甬高速公路杭州市段改建工程】沪杭甬高速公路杭州市区段改建工程，北起乔司枢纽，南至红垦枢纽，改建里程21.31千米，分为乔司收费站至钱塘江新建大桥段（北段）、机场轨道快线合建段（中段）、S2高速公路红垦段（南段）三部分实施。项目概算总投资136.7亿元，计划亚运会前建成通车。至2021年年底，北段完成年度投资15亿元，总体形象进度85%；中段完成年度投资20亿元，总体形象进度87%；南段年度投资4.8亿元，总体形象进度35%。项目建成后将成为集高速公路、轨道快线、慢行系统为一体的综合立体交通走廊，串联起杭州萧山国际机场、杭州亚运村、钱江新城、杭州东站枢纽、铁路杭州西站。（王幼君）

【沪杭甬高速公路改建工程新彭埠大桥主体结构完工】2021年11月15日，沪杭甬高速公路改建工程关键节点工程——新彭埠大桥主体结构完工。项目位于老彭埠大桥下游，是多跨长联公轨两用悬链形上加劲钢桁梁桥，全长1350.8米，分8轮次拼装顶推，顶推总重最大4.3万吨，大桥钢结构总重6.2万吨。大桥采取双层布置，上层为8车道高架快速路，下层为双线快轨。轨道层两侧设置慢行系统，供行人、非机动车过江。

（张　磊）

【“钱塘奋进1号”始发】2021年1月6日，泥水平衡盾构机“钱塘奋进1号”在杭州下沙路与12号路提升改造及附属配套工程PPP（政府和社会资本合作模式）项目始发。“钱塘奋进1号”由中铁十四局集团有限公司联合中国铁建重工集团股份有

2021 年 1 月 6 日，泥水平衡盾构机“钱塘奋进 1 号”始发

（市交投集团 供稿）

限公司，为下沙 PPP 项目量身定做的超大直径泥水平衡盾构机，整机长约 130 米，总重量约 4300 吨，直径 15.07 米，最大推进速度每分钟 50 毫米。

（市交投集团）

【肖岭隧道土建主体工程通过交工验收】2021 年 1 月 23 日，安吉至洞头公路桐庐凤川至新合段改建一期工程——肖岭隧道土建主体通过交工验收。肖岭隧道全长 1612 米，洞内净宽 10 米，净高 5 米，双向 2 车道 2 级公路标准，设计时速 60 千米，投资额 1.3 亿元。（张 磊）

【临建高速公路 2 个隧道贯通】2021 年 4 月 7 日，全长 370 米的临建高速公路毕浦隧道贯通。11 月 26 日，临建高速公路虎溪台特长隧道右洞贯通，隧道是临建高速重难点及控制性工程，为双向分离式隧道，右洞长 3105 米。临建高速公路是长三角都市圈高速公路网规划“十横七纵”中的“一纵”——宁金高速公路的一段，项目北起皖浙交界的千秋关隧道，经临安、桐庐、建德，终点与杭新景高速公路安仁枢纽衔接，全长 85.5 千米，双向 4 车道，设计时速 100 千米。

（任 壮）

【东西向快速路（高架）项目通过交工验收】2021 年 7 月 28 日，杭州东西向快速路（高架）项目通过交工验收。8 月 1 日通车，总投资 99.46 亿元。项目为杭州都市区中环重要组成部分，起于崇贤至东湖路连接线工程疏港枢纽，终于东西大道与余杭街道城南路交叉口，全长 34 千米，双向 6 车道，设计时速 80 千米。

（康 琦 唐晓远）

【上港隧道双洞贯通】2021 年 8 月 18 日，S305（23 省道）改建工程上港隧道左洞贯通，9 月 5 日，右洞贯通。工程起于富阳区渌渚镇山亚村，终于桐庐县江南镇窄溪村，全长 515 米，双向 4 车道，设计时速 60 千米，项目概算 2.08 亿元。（康 琦）

【沪杭高速公路临平段主线通车】2021 年 12 月 1 日，沪杭高速公路临平段主线通车。沪杭高速临平段改建工程西起杭浦高速，东至运河二通道，与运河二通道的沪杭高速桥相接，全长 3.04 千米。工程采用上层高架桥、下层地面道路的标准断面形式，上层双向 6 车道高速公路，设计时速 120 千米。（张乃计 任 壮）

【“杭州—安吉”定制客运班线运行】2021 年 1 月 25 日，由杭州长运运输集团有限公司、安吉长运汽车运输有限公司联合运营的“杭州—安吉”班线开通。班线为定制客运班线，开通医疗、交通、景区、高校等定制服务，在安吉主城区设置 300 多个站点，在杭州市区依托医院、交通枢纽、高校、景区等开通 20 多个站点，基本满足乘客就近上车需求。

（康 琦 市交投集团）

【汽车南站临时站整体搬迁】2021 年 11 月 28 日，杭州汽车南站临时客运站整体搬迁至婺江路 455 号（地铁 1 号线婺江路 D 出口处），实现长途汽车站与地铁站、公交站（1 个公交总站和 12 条公交线）无缝衔接。新临时站占地 4300 平方米，站内设 5 个检票口、17 个停车位。班线覆盖省内杭州、绍兴、金华、宁波、舟山、温州地区，以及省际临沂、德兴、金湖、浦城、盐城等地。（康 琦）

水路运输

【概况】2021 年，杭州市完成水路运输建设投资 34 亿元，比上年增长 8.3%，其中重点航道工程投资 27.7 亿元、港口工程投资 2.65 亿元、航道养护工程投资 0.31 亿元。杭州港货物吞吐量 1.46 亿吨，水运集装箱运力计 98 艘（3426 标箱），分别增长 19.5%、20%。内河船舶平均吨位达 600 净载重吨，增长 27.9 净载重吨。

全航区完成水路运输客运量 435.9 万人次，旅客周转量 7189.8 万人千米，分别增长 28.6%、37.7%。三堡船闸运行 2.51 万闸（次），过闸船舶 8.47 万艘，过闸量 6020.39 万吨，分别增长 11%、11.4% 和 11.2%，普通货船平均待闸时间 4.49 天。新坝船闸运行 1.46 万闸（次），过闸船舶 5.55 万艘，过闸量 3029.87 万吨，除运行闸（次）外，分别增长 3.64% 和 8.6%，普通货船平均待闸时间 1.27 天。富春江船闸运行 3795 闸次，过闸船舶 3.34 万艘，过闸量 2382.06 万吨，分别增长 22.4 %、26.9 % 和 31.9%，普通货船平均待闸时间 0.91 天。全年有 83 艘（次）外贸急运物资船舶和 1284 艘（次）电煤船舶完成优先过闸。开展水路运输企业经营资质检查，全年检查水路运输企业 90 个（次）。

全年航道巡航里程 8.88 万千米，检验船舶 3963 艘（次）、94.94 万吨。行政处罚 5754 件，增长 21%。完成非现场执法 3120 件，占总数的54.2%，增长41.7%；异地处罚593件，增长12.1%。水运行业行政服务事项网上办理比例97.1%，完成“多证合一”1667件。所有事项实现“跑零次”，办理满意率100%。全年发生水上交通事故103起（其中一般事故3起），死亡3人，事故起数、死亡人数分别下降24.8%、40%。组织水上救助670起，增长12.2%，救助船舶1300艘（次）、遇险人员2700多人次。杭州航道养护工作完成投资3065万元，其中例行养护1489万元、专项养护1425万元、其他设计及研究151万元。（康　琦　潘　菲）

2021年4月29日，大件运输船舶在市港航行政执法艇护航下通过拱宸桥（市交通运输局 供稿）

【水运行业发展】 2021年，杭州市完成水路客运量435.9万人、旅客周转量7189.8人千米，比上年分别增长28.6%、37.7%。本港籍船舶全年完成水路货运量7645.3万吨、货物周转量495.1亿吨千米，分别增长17.9%、下降9.5%。全航区完成集装箱吞吐量13.11万TEU（集装箱），增长31.3%。京杭运河二通道（杭州侧）超额完成年度投资目标，完成航道疏浚42.5万立方米，并开展低等级航道通航尺度论证，渌渚江航道养护改造、建德三都应急锚泊区和钱塘江航道唐家洲段护岸修复等项目完工。新改扩建港口项目23个，完工15个，新增500吨级泊位5个，义桥作业区、渌渚江综合作业区江口码头工程主体完工，下沙综合作业区按计划开工。实施十里埠作业区等有条件码头“散改集”工艺改造。组建“四港”联动联盟成员单位15个。外贸集装箱精品航线（东洲—乍浦—宁波）启航。结合钱塘江—新安江、大运河、千岛湖精品游线规划，开展“水上交旅融合示范区”试点建设。（康　琦）

【水上运输监管】 2021年，杭州港航执法部门开展专项执法、联合执法、交叉执法等19次。运用“浙政钉2.0”掌上执法平台开展及时检查、事件核查，开展杭州航区“双随机、一公开”交叉检查企业覆盖率100%。编制《港航执法检查手册》《水上非现场执法操作手册》等执法业务规范“说明书”，并在全省推广；总结提炼24个制度、19个台账规范文本推进管理规范化。制订通航安全保障应急预案，确定重点船舶477艘，其中超限船舶452艘、超尺度船舶25艘，保障低水位期间重点物资、地铁施工、亚运工程大件运输不受影响。开展港口危货整治、船舶碰撞桥梁隐患治理、航区“三清理”水上交通综合治理。七级以上实际通航航道40条（632千米），299座非公路、铁路跨航桥梁完成第三方核查。治理无证船舶240艘、非法作业点2处，全面消除无证船、非法码头宕口。组织实施各类渡口现场检查36次、211艘（次）。启动“三防”应急响应14次，转移船舶970艘（次）、群众578人次，抵御2次强台风侵袭和富春江大坝9次泄洪。推行执法案件“异地办”“移动办”“一网办”“自助办”等便民举措。少年海事学校讲师团（小海狮工作室）开展水上交通安全知识进校园活动，开展校园讲座、实践活动30次，授课中小学生4540多人，获杭州市“七五”普法优秀社会组织称号，1人获交通运输部“七五”普法通报表扬。

【水上运输污染治理】 2021年，杭州交通运输部门完成59个散货码头扬尘在线监测设施安装工作。全年接收船舶垃圾477吨、生活污水2.8万吨、含油污水1933吨。改造并启用鸦雀漾水上服务区船舶生活污水岸上接收设施，实现纳管处置。会同城管、生态环境部门开展联合督查，指导各地建立完善船舶水污染物“收集—接收—转运—处置”衔接和协作机制，全航区船舶污染物转运处置率90%以上，被交通运输部通报肯定。推进岸电及清洁能源推广应用，新增岸电设施19套，建各类岸电设施178套，使用岸电8625次，接电总时长7.15万小时，用电量53.8万千瓦时，新增新能源、清洁能源船舶32艘。开展长江经济带生态环境问题“举一反三”、船舶危防管理百日攻坚、行业乱象治理、清港巡河等专项整治，全年实施船舶登轮检查7410艘（次），港口码头检查975个（次），实施行政处罚264起，罚款21.4万元。推进长江经济带船舶水污染物联合监管与服务信息系统“船E行”应用，实现数字化全过程监管，全年“船E行”产生船舶污染物接收单证19.3万单，居全省首位。（潘　菲）

【水上交通旅游服务融合】 2021年，杭州市水上旅游进入高质量发展阶段，客运量增长势头良好，比上年增幅152.1%，占全省内河客运量的52.2%。千岛湖、钱塘江、富春江、新安江均开辟夜游航线。建德大型演出《江清月近人》在原夜游基础上融入不同于传统剧场定点演出，提升为游船夜游+沉浸式演出体验，给游客提供更多游玩选择。对码头船舶等硬件设施新增或改造计划，发展方向集中于游艇等高端项目、夜游、红色游、古镇游之类的“文化 + 旅游”项目、钱塘江全域游以及餐饮、商务会议等船上增值服务。桐庐至建德旅游精品航线、江南古运河文化实景演出《如梦上塘》等沉浸式夜游品牌稳步推进。（康　琦）

【船闸运行突发事件演习】2021 年 6 月 18 日，杭州航区船闸客船过闸失火应急救援演习在三堡船闸举行，分别对客船遇险报警、乘客疏散、AED（自动体外除颤仪）急救、伤员转移、消防灭火、船舶拖离等科目进行演练，为客旅船舶在闸室内遇险及时开展应急处置提供实操经验。演习创新加入量身打造的客船逃生应急救援梯，可以保证客船在闸室内遇险时，乘客能快速、安全通过逃生梯转移上岸，以适应京杭运河杭州段客旅船主要船型和三堡船闸水位落差大等环境特点。

【杭州交通水运党群服务中心成立】2021 年 7 月 6 日，杭州交通水运党群服务中心在杭州鸦雀漾水上服务区成立。鸦雀漾服务区是全国最繁忙的内河水上服务区之一，占地 18.01 公顷，日均停靠船舶 300 多艘，年均服务船员 26 万余人次。杭州交通水运党群服务中心设有船员餐厅、便民超市、船舶配件修理点、党建活动室等，为船员提供 6 类、39 项便民服务，并将行政处罚、过闸申报核查等高频事项前移到水上服务区，推动“最多跑一次”向“河岸”延伸。逐步引进保险、航运金融、物流、船舶交易等多元化服务，将党群服务中心打造成水上一体化多功能服务区。（潘　菲）

【《杭州市交通运输行业安全监督检查指引》出台】2021 年 7 月 17 日，《杭州市交通运输行业安全监督检查指引》（简称《指引》）获交通运输部、省交通运输厅及行业相关专家评审通过。《指引》是杭州交通运输行业事中事后安全监督检查指导性文本，对涉及 12 个主要领域的法律法规进行梳理归集，引用法律法规 107 个，结合行业特点与管理实际，引导执法人员系统、科学地开展检查和指导，在全国交通事中事后安全监督检查标准的制定具有领先示范效应。（卫　青）

【内河外贸集装箱精品航线开通】2021 年 4 月 20 日，由市交投集团和省海港集团共同开辟的内河外贸集装箱精品航线“东洲—乍浦—宁波”航线开通。航线以实现“港—闸—货”高效联动为目标，首次实现外贸集装箱以 CY（集装箱堆场）东洲模式出口；提前与航线指定海港、港口、船闸管理主体对接航运信息，保证精品航线船舶享受优先靠泊、优先通过船闸服务。实行定装卸港口、定运输线路、定班轮船期、定运输时间、定全程运价“五定”运输模式。运行初期每天安排 3 班轮往返，运输时间单程不超过 2 天、往返不超过 4 天。航线起点于杭州东洲国际港，连接浙北地区唯一出海口、浙江省海河联运枢纽港乍浦港，对于调整杭州市水路运输结构、优化营商环境、发展临港经济及构建集装箱运输为核心的多式联运体系具有重要意义。至年末，航线外贸集装箱吞吐量 7672 标箱，弥补杭州至乍浦、宁波母船衔接问题，降低江海河联运物流成本。（张乃计　市交投集团）

【运河二通道、八堡船闸节点工程】2021 年 12 月 30 日，运河二通道控制性节点——绕城高速公路大桥主桥合龙，八堡船闸段关键节点——双线船闸闸室主体结构浇筑完成。两个项目为国家发展改革委和交通运输部重点建设项目、浙江省内河水运复兴计划重点项目、杭州市 2022 年亚运会前“5433”现代综合交通大会战重点打造的水陆空三大枢纽之一。运河二通道新开挖航道段起于博陆，终于八堡船闸，全长 23.4 千米。绕城公路大桥全长 1215 米，主桥段为现浇箱梁结构，梁体最大高度 9 米，最长节段 23 米，混凝土方量 1.29 万立方米。八堡船闸为Ⅲ级双线船闸，闸室总长 310 米，采用移动模架施工法两次浇筑，整个墙身无缝衔接，可通航 1000 吨级船舶。（甘　军　市交投集团）

铁路运输

【概况】2021 年，杭州市境内营运铁路 612.4 千米，其中高铁 264.9 千米、干线铁路 308.3 千米、支线铁路 39.2 千米。高铁中杭黄高铁 208 千米、沪杭高铁 17 千米、杭甬（杭台）高铁 5.6 千米、宁杭高铁 9.3 千米、杭长高铁 25 千米，均为全封闭电气化铁路。干线铁路中沪杭线 49.9 千米、浙赣线 132 千米、宣杭线 93.2 千米、萧甬线 33.2 千米，均为全立交铁路，铺设 60 千克无缝钢轨。除宣杭线外，其余设施为电力网线、信号自动闭塞双线铁路，站内通过计算机联网控制。金千线为支线铁路，境内长 39.2 千米，铺设 50 千克普通钢轨，为信号半自动闭塞的单线铁路，站内信号为继电集中控制。

杭州市境内铁路车站 30 个，分别由中国铁路上海局集团有限公司杭州直属站、乔司直属站、嘉兴车务段、金华车务段和宁波车务段等分管。铁路杭州站、杭州东站属一等客运站，由杭州直属站管理。杭黄高铁线上的杭州南、富阳、桐庐、建德、千岛湖站，普铁线上的盈宁、钱塘江、萧山西、萧山站也归杭州直属站管理。乔司直属站分管乔司、艮山门、南星桥、杭州北、临平、笕桥、行宫塘、沈家塘、星桥、仓前 10 个车站。其中：乔司站为综合自动化编组站，二级四场配置，承担杭州地区货物列车编解作业任务，为一等编组站；艮山门站为动车所的一部分，主要为杭州枢纽开行高铁动车组提供保障；南星桥站承担零担货物和部分集装箱运输，并负责杭州客车底的整备工作。排塘、功塘、寿昌、新安江南、新安江、朱家埠、千岛湖南 7 个车站由金华车务段管理。余杭站更名为临平南站，由嘉兴车务段管理，石濑站撤销。夏家桥站由宁波车务段管理。除车站外，涉及铁路运营的还有杭州客运段，负责旅客列车乘务；杭州机辆段，负责辖内机车乘务、整备、检修；杭州北车辆段，负责货车整备、检修；杭州工务段，负责线路、桥梁、隧道维修养护；杭州电务段，负责铁路信号的维修和养护；杭州供电段，负责铁路电网的调配和维修；杭州房建公寓段，负责铁路房产及乘务员公寓管理运营。

全年发送旅客6913.79万人次，到达旅客6952.41万人次，发送货物430.8万吨，到达货物1263.72万吨，运输收入87.49亿元，分别比上年增长17.3%、18.2%、13.1%、188.8%（杭州北站、功塘站新增到达货物量较大）和19.2%。

【杭台高铁试运行】2021年11月26日，铁路G5501次运行试验列车从绍兴北站出发驶向台州，标志着杭台高铁开始试运行。杭台高铁（原名杭绍台铁路）始建于2017年年末，2021年6月22日全线铺轨贯通，9月底开始联调联试。试运行期间，进行列车运行图参数测试、故障模拟、应急救援演练、最高测试速度等级提速试验、按图行车试验等项目测试，检验整体系统在正常、极限、设备故障、模拟运营等条件下运营的适应性、稳定性，使全线满足正常运营要求，提供运输组织方案技术依据，为正式开通运行打基础。

杭台高铁连接杭州、绍兴、台州3地，北起杭州东站，经杭甬高铁至绍兴北站，新建正线至台州市温岭站，设杭州东、绍兴北、上虞南、嵊州新昌、天台山、临海、台州、温岭8个车站，全长271千米，设计时速350千米，是国家沿海铁路快速客运通道的组成部分，也是民营控股高铁。新线通车后，连通沪昆高铁、商合杭高铁、宁杭高铁、杭黄高铁、杭深高铁，接入长三角地区高铁网，成为长三角核心区辐射浙西南、沟通杭州都市圈、连接温台沿海城市群的一条快捷通道。

【杭州铁路南站运营】杭州铁路南站位于钱塘江南岸，总建筑面积7.89万平方米，站房面积46973平方米，有7个站台21条轨道，可容纳1.3万人同时候车。2021年7月1日，杭州铁路南站开通运营1周年，累计发送旅客421.20万人次，日均客流量1.15万人次；旅客到达441.25万人次，日均到达1.21万人次。杭州铁路南站有停靠办理客运业务旅客列车71对，其中普速列车40对、动车组列车26对、市域列车5对。通达列车覆盖宁波、金华、黄山、上海等方向，是杭长、杭甬、杭黄高铁的主要节点站。

2021年杭州铁路客货运量情况表

表31

单位	站名	旅客发送量（万人次）	旅客到达量（万人次）	货物发送量（万吨）	货物到达量（万吨）	运输收入（万元）
杭州直属站	杭州	692.13	679.65	—	—	88945.09
	杭州东	5310.13	5350.72	—	—	659800.22
	杭州南	443.39	473.26	—	—	44557.16
	盈宁	—	—	—	—	—
	钱塘江	—	—	—	—	—
	萧山西	—	—	—	—	—
	萧山	—	—	—	—	—
	富阳	65.40	61.32	—	—	4407.49
	桐庐	127.29	121.71	—	—	7854.06
	建德	72.01	72.43	—	—	5161.58
	千岛湖	100.13	99.77	—	—	9339.70
乔司直属站	乔司	—	—	0.94	2.39	172.53
	艮山门	—	—	—	—	—
	南星桥	—	—	3.97	5.86	1011.34
	杭州北	—	—	80.76	519.35	17409.73
	临平	—	—	19.53	43.48	4223.93
	笕桥	—	—	0.60	4.04	—
	行宫塘	—	—	—	—	—
	沈家塘	—	—	—	—	—
	星桥	—	—	—	—	—
	仓前	—	—	—	—	—
嘉兴车务段	临平南	103.31	93.55	—	—	7549.88
金华车务段	排塘	—	—	—	—	—
	功塘	—	—	3.80	623.00	835.80
	寿昌	—	—	—	—	—
	新安江南	—	—	137.10	43.60	5968.40
	新安江	—	—	—	—	—
	朱家埠	—	—	93.50	16.80	8930.30
	千岛湖南	—	—	90.60	5.20	8750.50
宁波车务段	夏家桥	—	—	—	—	—
合计		**6913.79**	**6952.41**	**430.80**	**1263.72**	**874917.71**

说明：各站货物发送量、到达量和运输收入数据均由杭州、金华货运中心提供

【杭州铁路西站建设】杭州铁路西站是湖杭铁路控制性工程，也是2022年杭州亚运会重点保障工程。至2021年年末，杭州铁路西站站房外立面装修基本完成，进入内部装修及站房配套设施施工。车站总建筑面积51万平方米，其中站房建筑面积约10万平方米、客运配套服务设施10万平方米、城市配套设施31万平方米。站台规模11台（站台）20线（线路），是连接5条高铁线（湖杭铁路、杭黄铁路、沪乍杭铁路、杭临绩铁路和杭温铁路）与4条地铁线、集城市综合开发和配套等多工程于一体的大型综合交通枢纽。杭州铁路西站于2019年9月17日开工建设，2020年9月地下结构封顶，2021年1月候车层施工，2021年6月30日站房封顶。计划2022年9月开通运营。（徐卫宁）

【湖杭铁路完成全线架梁】2021年8月29日，2022年杭州亚运会重点保障工程湖杭铁路完成全线架梁。湖杭铁路北起湖州市，途经湖州市德清县和杭州市余杭区、富阳区至桐庐县，全长137.7千米，双线高速铁路，设计时速350千米。设车站6座，其中：利用既有车站2座（湖州站、桐庐站），改建既有车站1座（德清站），新建车站3座（杭州西站、富阳西站、桐庐东站），新建动车运用所1座。工程是2022年杭州亚运会重点保障工程，浙江省“一小时交通圈”关键性工程，对于贯彻实施长三角区域一体化发展国家战略、完善长三角区域高速铁路网布局、促进沿线经济社会发展、优化杭州铁路枢纽客站与过江通道布局、提升枢纽地位与能力具有重要意义。

（徐卫宁　张乃计）

【浙江省“12395”报警电话联通上海铁路调度所】2021年7月6日，浙江省“12395”涉航铁路桥报警与上海铁路调度所联通，水铁联手通报撞桥险情机制正式运行。浙江境内水网密布，通航铁路桥梁147座，且大型船舶逐渐增多，铁路桥梁或墩台、桩基面临风险增加。铁路部门通过案例分析，协调联系省交通运输厅、省港航管理中心，在浙江省铁路沿线安全环境整治专班推进下，路地达成水铁联手第一时间通报警情的意见。省海事局及所属地方海事辖区，其“12395”水上遇险求救电话一旦接到船舶触碰铁路设施，引发事故或险情的报警时，同步电话转报至上海铁路调度所，确保铁路第一时间掌握应急信息。撞桥信息联动响应机制的实施，有利于对危及铁路行车安全紧急情形快速响应、科学应对、高效处置，将危害降到最低程度。（徐卫宁）

【沪杭高铁余杭站更名临平南站】2021年11月18日，沪杭高铁余杭站更名临平南站。临平南站站场规模2个站台4条线，主体为地上2层高架车站，采用“下进下出”流线模式组织客流。候车厅位于高铁线路正下方，是沪杭高铁唯一建在高架上的车站，日均运送旅客7000多人次。

（张乃计）

民用航空运输

【概况】杭州萧山国际机场位于浙江省杭州市东部，距市中心27千米，是国内区域性枢纽机场、国家一类航空口岸，也是浙江省门户机场和中国·杭州临空经济示范区、中国（杭州）跨境电子商务综合试验区的重要依托。机场2000年12月28日建成通航，2006年12月与香港机场管理局合资合作，是整体对外合资的机场。2009年跻身全球机场百强。2021年，杭州机场列国内客运机场第10位、货运机场第5位和航空口岸前5位。至年末，杭州萧山国际机场占地面积10平方千米，有建筑面积近37万平方米的3座航站楼；建有2条跑道（分别为长3600米、宽45米和长3400米、宽60米）和等长的滑行道，机位157个。飞行区等级为4F级，可保障世界最大民航客机A380全重起降。

2021年，杭州萧山国际机场完成航班起降23.83万架（次），比上年增长0.4%；完成旅客吞吐量2816.38万人次，下降0.2%；完成货邮吞吐量91.41万吨，增长14%，居全国第5位，其中国际及地区货邮吞吐量17.88万吨，全国排名第7位。新增及恢复10个国内客运通航点，国际和地区客运航点恢复至14个，复航杭州—法兰克福客运航线。开通第五航权国际货运航线：纽约—杭州—首尔—纽约航线，新增3条全货机航线和7条客改货航线。牵头成立杭甬温机场配载联盟和省内航空货运联盟，推动实现省内异地货站全覆盖。年内定期运营各类航空公司55个，定期通航点169个，全年航班始发正常率86.3%，加权正常率87.2%。

【机场疫情防控完善】2021年，杭州萧山国际机场扎实抓好防疫，完善协同机制，调整疫情防控领导小组组织架构和职责分工，将相关政府部门、驻场单位、航空公司纳入组织体系，完成防疫办实体化运作。织密防控网络，建立“六个一”（一个工作机制、一张清单、一套标准、一道流程、一套监督检查机制、一套应急预案）工作机制。加强应急值守，强化入境旅客和货物防疫管理，全年成功保障国际及地区（不含中国澳门）客运航班672架（次）、旅客7.04万人次，未发生脱管、失管、漏管和感染。推行精密智控，创新研发并上线“空港疫智控”系统，将机场区域所有单位及工作人员的防疫信息纳入闭环管控。

【航空安全运行稳中向好】2021年，杭州萧山国际机场安全形势稳中向好，不安全事件万架次率为0.08，机场责任原因征候万架次率和一般事件万架次率5年滚动值稳步降低，实

2021年12月30日，杭州萧山国际机场开通浙江省首条第五航权国际货运航线：纽约—杭州—首尔—纽约航线（谭申捷　摄）

2017—2021 年杭州萧山国际机场主要生产指标一览表

表 32

年份	旅客吞吐量（万人次）	比上年增长（%）	货邮吞吐量（万吨）	比上年增长（%）	航班量（万架次）	比上年增长（%）
2017	3557.04	12.6	58.95	20.8	27.11	8.0
2018	3824.16	7.5	64.09	8.7	28.49	5.1
2019	4010.84	4.9	69.03	7.7	29.09	2.1
2020	2822.43	−29.6	80.20	16.2	23.74	−18.4
2021	2816.38	−0.2	91.41	14.0	23.83	0.4

2021 年杭州萧山国际机场直达通航流量前十位城市一览表

表 33

位 次	城 市	客流量（万人次）	出港平均客座率（%）
1	北京	231.0	72.7
2	广州	251.2	83.0
3	深圳	207.2	79.1
4	成都	167.3	80.4
5	重庆	137.3	84.7
6	西安	104.0	82.2
7	昆明	98.1	84.3
8	贵阳	81.5	88.6
9	三亚	57.9	77.3
10	沈阳	55.0	80.5

说明：以上数据不含经停航线

2021 年杭州萧山国际机场新开通的部分国内航线一览表

表 34

航空公司	航 线	开通日期	航班号	机型
中国东方航空公司	杭州—常德—成都天府	6 月 29 日	MU9886	A320
浙江长龙航空公司	杭州—菏泽	11 月 3 日	GJ8665	A320

2021 年杭州萧山国际机场新开通的部分国际航线一览表

表 35

航空公司	航 线	开通日期	航班号	机型
海南航空公司	杭州—伦敦（客改货）	2 月 28 日	HU767	A330
中国东方航空公司	杭州—悉尼（客改货）	4 月 27 日	MU7791	B777
阿特拉斯航空公司	纽约—杭州—首尔—纽约（货）	12 月 30 日	5Y555	B747

现第 21 个安全年。完成航空安保方案修订，完善安全管理体系，优化安全绩效考核，通过民航局安全管理体系（SMS）专项审核。严把重点安全关键环节，开展风险排查整治和安全专项整顿，成功防御超强台风“烟花”及“灿都”，获“浙江省安全文化建设示范企业”称号及华东地区“平安民航”建设考核一类机场第一名。保障警卫任务航班 65 架（次）、专机任务 1 架（次）、急救飞行 2 架（次），接收备降 306 架（次）。

【机场服务品质稳步提升】2021 年，杭州萧山国际机场服务质量稳步提升，ASQ（国际机场协会旅客满意度）得分 4.88 分，比上年增长 0.6%，46 项服务承诺 100% 达标（新冠肺炎疫情影响除外）。优化旅客投诉咨询、服务评价、遗失物品查询、旅行常识普及等服务，推进无障碍通道设施改造，协调各方力量开展“黄牛”整治，全年收到表扬信 334 封。打造特色品牌，深化客运“浙里飞”及下辖“浙里转”“浙里行”“浙里运”3 个系列子品牌，推出“96299 爱心预约”、地面交通“畅行优+”及“温暖畅行”志愿服务，货运打造“货小二”“飞 GO 服务”“E-FREIGHT”“一港飞”4 个特色服务品牌。

【机场枢纽建设推进】2021 年，杭州萧山国际机场推进三期建设，克服新冠肺炎疫情不利影响，落实各项工作机制，协调大宗材料和设施设备供应难题，新建航站楼及陆侧交通中心主体工程基本完工，能源中心和飞行区工程竣工验收，稳步推进三期工程投运工作。全面启动亚运保障，制订航空运输保障工作总体方案和计划清单，对接亚组委商讨明确抵离事项，提前开展走场踏勘以及动线流程实地调研。改善运行环境，推动机场运行管理委员会实体化运作，强化机场、空管和航空公司三方联动，协调相关管制单位，争取放行政策，开展航班计划动态调整；双跑道运行模式由“两起一落”升级为“两起两落”，运行效率有效提升；召开容量评估评审会，航班时刻容量参数从 45 架（次）分阶段提升至 54 架（次）。推进数字化改革，组建 7 个改革场景工作专班，编制《“十四五”智慧机场与数字化改革规划》，梳理分解 4 个类别 32 项改革项目及场景并推动落地。丰富四型机场顶层架构和具体内涵，编制碳达峰碳中和工作方案，3 个四型机场示范项目入选民航局汇编白皮书。强化政企合作，落实省机场集团与杭州市政府深化全面合作框架协议相关任务，融入服务地方发展大局。（曾宪武）

▶资料：2021 年杭州萧山国际机场定期航点

共 169 个，其中内地 138 个、港澳台地区 2 个、国际 29 个。

1. 内地：北京（首都、大兴）、广州、深圳、成都（双流、天府）、重庆（江北、巫山、仙女山、万州、黔江）、西安、昆明、贵阳、郑州、青岛、沈阳、海口、南宁、长春、哈尔滨、厦门、兰州、天津、大连、太原、乌鲁木齐、武汉、石家庄、揭阳、银川、烟台、呼和浩特、长沙、泉州、济南、潍坊、福州、锡林浩特、三亚、珠海、西宁、丽江、桂林、绵阳、西双版纳、泸州、恩施、运城、威海、赣州、宜宾、柳州、临沂、宜昌、张家界、赤峰、湛江、惠州、温州、遵义(茅台、新舟)、临汾、榆林、毕节、汉中、广元、十堰、拉萨、阿克苏、衡阳、东营、常德、襄阳、文山、日照、玉林、南阳、安康、南充、兴义、济宁、乌兰浩特、包头、锦州、鄂尔多斯、信阳、秦皇岛、铜仁、昭通、北海、呼伦贝尔、通辽、保山、荆州、怀化、邯郸、陇南、岳阳、腾冲、大同、延安、黎平、佳木斯、六盘水、白山、天水、达州、通化、库尔勒、中卫、吕梁、邵阳、牡丹江、大理、忻州、延吉、嘉峪关、西昌、敦煌、凯里、承德、张家口、乌兰察布、满洲里、稻城、九寨、乌海、格尔木、喀什、琼海、盐城、菏泽、安顺、南昌、阿尔山、甘孜、韶关。

2. 港澳台地区:香港、澳门。

3. 国际:阿姆斯特丹、马德里、列日、莫斯科(伏努科沃、谢列梅捷沃)、海参崴、克拉斯诺亚尔斯克、乌兰乌德、圣彼得堡、喀山、新西伯利亚、伦敦、法兰克福、米兰、洛杉矶、纽约、悉尼、开罗、多哈、首尔、东京、大阪、吉隆坡、新加坡、马尼拉、达卡、斯里巴加湾、雅加达(珀达纳库苏马、苏加诺-哈达)。

城市公共交通

【概况】 杭州市公共交通集团有限公司为以客运服务为主,集汽车出租、汽车修理、旅游客运、燃料销售、物业管理、餐饮服务、培训教育、广告制作发布、房产开发经营、公共自行车服务为一体的综合型企业。至2021年年末,集团公司总资产175亿元,员工2.45万人,营运线路1150条,营运车辆1.04万辆(其中主城区4442辆),出租车3445辆(含和谐出租挂靠车辆),公共自行车11.64万辆、服务点5159处。初步形成以公交线路为主体,旅游线、定制线、接驳线、社区微公交、出租车、公共自行车为补充的公共交通服务体系,线路覆盖杭州10个城区,并开通杭州至德清、海宁等地的公交线路。

2021年,杭州地铁"十四五"开局良好,完成投资额450亿元。全年建成7段线路94千米,新增运营里程35千米,9条线总运营里程342千米。杭海、杭绍城际开通运营,实现杭州都市区轨道交通互联互通。杭州地铁全年开行列车120.83万列(次),比上年增长46.58万列(次)。全年日均客流280万人次,其中9月30日最大单日客流达350万人次。降低高峰时段列车满载率,缩短地铁1号、2号、5号线列车间隔至2分15秒、4号线至2分30秒,提升乘车舒适度。随着地铁线网不断完善,杭州公交实施"两网融合"战略,构建地铁公交接驳支线体系,实现公交地铁换乘无缝衔接。新建(改造)公交停靠站128个,优化公交线路332条,开通地铁接驳线256条,实现地铁口50米换乘公交站点占比78.1%,150米近距离换乘比例98.3%,公共交通出行占机动化出行比例提升4.3%。新增地铁口非机动车停放点103处,新增泊位1.4万多个。复兴路、江南大道等2条拥堵路段改扩建后,高峰时段车速明显提升。"95128"出租车爱心车队扩容至1145辆,服务老年人出行3.2万次,车队被市文明办授予"最美志愿服务团队"称号,相关经验被交通运输部在全国推广。针对学生接送和企业员工上下班出行需要,开通求知专线和"心动巴士",旅游旺季及重要节假日、赛事、重大活动期间开通定制公交,为市民群众和外地游客提供定制服务突破9500万人次。

(卫　青　傅方明　张乃计　市公交集团)

【杭州公交石塘停车场启用】 2021年3月,杭州公交石塘停车场启用。停车场总用地面积6.54万平方米,是杭州规模较大的单体公交充电站之一,可提供400多辆公交车停放、充电、保养、维修,满足周边居民公共出行需要,也是杭州市区公交车全面实现纯电动化、加强充电桩配套保障工作的重要举措。

【杭州公交"小莲清风廉运"升级】 2021年3月31日,由杭州市纪委、市监委、市城投集团、市公交集团联合打造的"小莲清风廉运"启动。2019年6月,杭州开通"510小莲清风专线"。2021年,为庆祝中国共产党成立100周年,"510小莲清风专线"进一步升级,辐射长三角地区。以定制公交为载体,从单条线路拓展为5条专线、14条线路,串联起长三角地区20多个清廉文化阵地,打造清廉文化品牌。"小莲清风廉运"5条专线包括:参观嘉兴南湖、上海中共一大会址的"初心之旅",参观余杭于谦求学

2021年3月31日,杭州公交"小莲清风廉运"专线开通

(市公交集团　供稿)

赶考点、富阳龙门古镇、桐庐范仲淹纪念馆等名人故居的"清心之旅",参观浙江省法纪教育基地的"锻钢铸魂之旅",参观杭州国博中心、城市大脑运营指挥中心等场馆的"数智之旅",参观鲁冠球精神展陈馆、富春江集团等民营企业清廉建设的"亲清之旅"。

【西湖西溪"三环三线"公交一体化全覆盖】2021年9月,杭州公交在西湖景区与西溪景区间构建一体化、全覆盖的"三环三线"公交线路网络,增强乘客游览西湖西溪景区的体验感。"三环":507H路为西湖内环线顺时针绕西湖一圈;508H路为西湖外环线,也称"龙井数字专线",串联龙井、灵隐、天竺、梅家坞、云栖、九溪6个景区;509H路为西溪湿地环线连接周家村、龙舌嘴、洪园、文二西路、西溪天堂等西溪入口。"三线":西溪湿地龙舌嘴至西湖六公园的277路"爱双西"线是首条串联西湖、西溪两地的特色旅游线路,沿途经岳坟、断桥、北山街、孩儿巷等城市地标,串联起中国湿地博物馆、浙江大学玉泉校区等景点;278路线起点设在西溪湿地北门(文二西路出入口西侧停车场),终点位于灵隐公交站,经西溪湿地、青芝坞、杭州植物园、双峰插云、灵隐等景区;279H路连接西溪湿地、茅乡水情、三台云水、花港观鱼、杭州动物园、玉皇飞云、丝绸博物馆等景点,填补景区西北部与南线间的公交空白,也是留下街道第一条连接西湖景区的公交线路,沿途经西山森林公园石人坞入口、法华寺入口及北高峰、普福岭、吉庆山、三台山、九曜山、玉皇山、将台山、凤凰山等西湖群山登山入口。

【"地铁一到,公交即发"服务推出】2021年1月8日起,杭州公交在工作日试行推出"地铁一到,公交即发"服务。即根据地铁营运计划到达的班次时刻和乘客从站厅步行到接驳公交站的时间,制订执行公交行车作业计划,确保"地铁一到,公交即发",无缝连接零等候。首批推出3条线路,分别为接驳2号线白洋站的1205M路、接驳1号线九和路站的394M路、接驳5号线永福站的2402M路。

【"三城融合"公交体系打造】2021年,杭州公交集团制定《"三城融合"公交体系配套方案》,通过新辟优化6条公交线路,布设以钱塘江为东西轴,南北两区域"一江两主四支拥江相融"地面公交网络,完善钱江新城、钱江世纪城、奥体博览城区域公共交通配套,强化三城联系。8月28日,533路、537路两条跨江线上线,依托博奥隧道过江通道,连接城站火车站、钱江新城核心区、钱江世纪城东片并辐射萧山区市北板块。

【杭州公交数字驾驶舱建设】2021年,杭州公交数字驾驶舱以数据、算力、算法等为基础和支撑,运用大数据、云计算、区块链等新技术,采用"1+8+X"模式("1"为首页界面综合指标监测平台;"8"为二级指标监测平台和三级系统操作平台,包括客流分析、线网管理、智能调度、智慧场站、数字安防、信息服务、定制公交、公共自行车等子系统;"X"为数字驾驶舱建设未来扩展的应用系统),解决杭州公交各系统数据分散、信息孤岛的问题,提高科学调度水平,使运力投放与市民乘车需求更加匹配。该模式实现"能听、能看、能指挥、能拓展",推进公交产业数字化,公交决策科学化,公共出行治理高效化、公共交通服务精准化、公交运营社会效益和经济效益最大化。 (市公交集团)

【市地铁集团疫情防控措施强化】2021年,市地铁集团做好常态化新冠肺炎疫情防控,建立常态化防疫处置流程及快速排查工作机制,持续做好运营线路测温验码、联防联控、通风消毒工作,执行"三个100%",保障乘客出行无疫。配合地铁公安等单位,对涉疫重点人员快速排查管控,阻断疫情传播链条。把好工地入口关和人员流动关,督促参建单位做好疫苗接种,落实外来人员进出实名登记、佩戴口罩、验码、测温和行程登记等措施。 (傅方明)

【杭州都市区轨道交通互联互通】2021年6月28日,杭州地铁8号线一期、杭海城际铁路、杭绍城际铁路(绍兴市轨道交通1号线柯桥段)同时开通,实现杭州、嘉兴、绍兴三地轨道交通联通,杭州都市区轨道交通线网总里程达391千米。地铁8号线路全长17千米,可与杭州地铁1号线、7号线换乘,列车采用4动2拖6辆编组,A型铝合金焊接鼓形车体,最高时速100千米。杭海城际可与杭州地铁1号线换乘,杭绍城际线路可与杭州地铁5号线换乘。首批公交接驳线路于6月29日开通运营,沿线覆盖钱塘区10多个住宅区,接驳零距离。杭嘉绍轨道交通实行"一张票"换乘功能,三地乘客在两地换乘站乘坐另一城市轨道交通无需出站重新购票,可直接在付费区内进行便捷换乘。 (傅方明 卫 青)

【地铁9号线一期北段、7号线市民中心站同步开通】2021年9月17日,地铁9号线一期北段与地铁7号线市民中心站至奥体中心站(不含)同步开通运营。地铁9号线一期工程北段起于邱山大街站,止于龙安站,全长约6千米,开通后与地铁1号线在客运中心站换乘,与杭海城际铁路在余杭高铁站换乘。地铁7号线市民中心站至奥体中心站(不含)全长约3千米,穿钱塘江而过,与4号线市民中心站实现"L"形通道换乘。乘客从市民中心站前往萧山国际机场可一线直达,较原来至少节省15分钟。

【地铁6号线二期开通运营】2021年11月6日,地铁6号线二期开通运营。线路全长约9千米,起于萧山丰北站,止于上城区枸桔弄站,设7座地下站(其中丰北站、亚运村站暂缓开通),串联起杭州亚运会主场馆、亚运村与杭州铁路东站枢纽,乘客从富阳可直达杭州火车东站。6号线电客车采用4动2拖6辆编组,AH型铝合金焊接鼓形车体,最高时速100千米。

【杭州至德清市域铁路工程获批】2021年11月3日,杭州至德清市域铁路工程可行性研究报告获批。工程起自余杭区仁和北站(含),终至德清高铁站,全长25.6千米,设车站

9座。初期、近期与杭州城市轨道交通10号线同台换乘，远期预留与杭州城市轨道交通10号线贯通运营条件，预计2026年年末建成运行。

（张乃计）

【杭州地铁“有爱无碍”活动】2021年，市地铁集团贯彻实施亚运会运营服务专项攻坚行动计划，开展“有爱无碍”活动。专门成立无障碍专项工作小组，从设计建设标准、现场排查问题、工作方案制定、建设进度推进、设施质量保障五大方面推进地铁无障碍环境建设。提出70多条具有地铁特色的无障碍标准，实施客服中心票亭低位改造、电动平移门智能化改造、轮椅坡道改造、无障碍卫生间完善、无障碍轮椅踏板配置、特殊乘客“一对一”便捷服务预约、《杭州地铁盲人乘坐指导手册》发布等无障碍服务，提升杭州地铁无障碍环境品质。“有爱无碍”项目入选2021年度杭州精神文明建设十件大事。

【平安地铁建设】2021年，杭州城市轨道交通落实安全生产目标责任，坚守“三全一严”（全员、全过程、全覆盖、严要求），构建人防、物防、技防“三位一体”安全保障体系，提升地铁建设、运营、经营保障能力。组织季度、专项、专家安全隐患暗访排查，克服管线外破事故频发、违规吊装多发、道路恢复管理混乱等问题。通过提升监管效能、深化工序管控、构建防塌体系、保障监控监测体系、创新地铁保护管理等措施。抓好设备材料过程质量，遵守规范质量标准，有37个项目分获西湖杯结构优质奖、优质工程奖。整治地铁工地环境，提升文明施工管理水平。

（傅方明）

邮政·快递

2021年杭州市邮政行业发展情况表

表36

指标名称	单位	2021年	12月	比上年同期增长（%）	
		累计	当月	累计	当月
一、邮政行业业务收入	亿元	507.12	49.57	12.69	19.00
1. 邮政寄递服务	亿元	17.52	1.80	21.70	30.24
2. 快递业务	亿元	416.25	40.76	13.42	24.23
二、邮政行业业务总量	亿元	652.44	57.85	30.26	3.87
1. 邮政寄递服务	万件	46345.54	5097.90	19.12	32.62
其中：函件	万件	6060.03	501.95	23.43	0.38
包裹	万件	42.59	4.01	-3.93	-4.98
订销报纸累计数	万份	23083.30	1990.45	7.96	7.27
订销杂志累计数	万份	858.28	69.93	9.17	6.83
汇兑	万笔	20.06	1.66	-27.16	-38.75
2. 快递业务	万件	367134.00	32710.15	22.34	0.38
其中：同城	万件	46946.74	4393.62	-0.68	9.16
异地	万件	274870.78	24750.13	23.38	1.66
中国港澳台及国际	万件	45316.48	3566.40	50.88	-15.38

说明：邮政行业业务收入中未包括邮政储蓄银行直接营业收入

【概况】2021年，杭州市邮政企业和规模以上快递服务企业业务收入（不包括邮政储蓄银行直接营业收入）507.12亿元，比上年增长12.7%；业务总量652.44亿元，增长30.3%。

杭州市规模以上快递服务企业业务量36.71亿件，增长22.3%；业务收入416.25亿元，增长13.4%。其中：同城业务量4.69亿件，下降0.7%；异地业务量完成27.49亿件，增长23.4%；国际及中国港澳台业务量4.53亿件，增长50.9%。全行业从业人员5万余人，支持网络零售6000多亿元。快递业务量和业务收入分别全国各大城市第五位、省会城市第二位。

全市邮政函件业务完成6060.03万件，增长23.4%；报纸业务累计完成2.31亿份，增长8%；杂志业务完成858.28万份，增长9.2%；汇兑业务完成20.06万笔，下降27.2%。杭州地区有邮政局所287个，其中邮政支局98个、自办邮政所180个、代办邮政所9个。有报刊零售网点76个（含邮政报刊亭69个）、“邮乐购”站点3382个、“中邮驿站”1440个、集邮专业网点19个。有一级干线邮路38条、二级干线37条、邮区内邮路524条。投递道段2395条，其中城市投递道段1466条、农村投递路线929条。村全部通邮，城区每日平均投递次数3次。12月，国家邮政局批复同意设立建德、淳安邮政管理局，至此，杭州的县（市）均设邮政管理机构。

【《杭州市邮政快递业“十四五”规划》发布】2021年6月28日，市邮政管理局、市发改委联合发布《杭州市邮政快递业“十四五”发展规划》，该规划总结“十三五”期间杭州邮政快递业发展成绩，分析存在问题和面临形势，构筑“一环四带两翼三心多点”空间布局，明确品牌引领、筑巢引凤、示范引领、“两进一出”、末端畅通、技术创新、绿色安全7项任务，激发市场主体活力，推动集约集聚发展，提升发展质效，完善基础服务网络，发展智慧邮政。

【快递业党建试点“杭州模式”】2021年6月10日，在桐庐县举行的全国新时代快递业党建论坛上，杭州邮政的“风雨快递，党建同行”被评为全国快递物流业党建创新案例，在全市成立杭州市快递物流行业党委、市快递物流行业工会联合会、妇女联合会、共青团工作委员会等党群组织，实现企业党建、群团组织全覆盖。市本级出台15个政策和区县（市）23个配套政策，为行业发展、关心关爱、人才成长提供政策支撑。全市快递行业以党建引领高质量发展，维护好快递员合法权益，将快递小哥的职称、竞赛成绩及劳模与委员代表推选等纳入当地的人才政策。全市有高级职称快递员38名、全国技术能手1名、市五一劳动奖章获得者1名、杭

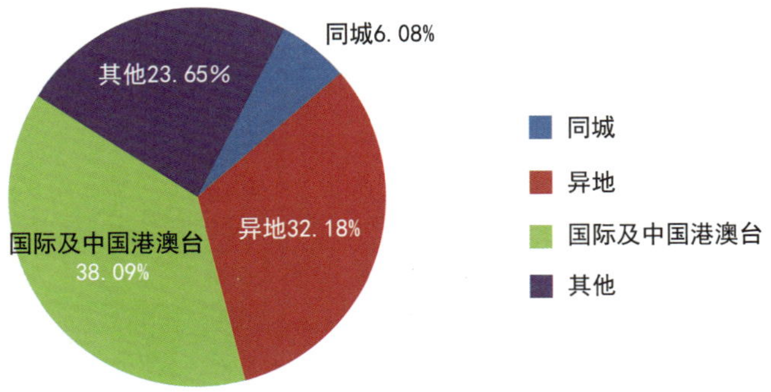

图1 2021年杭州市快递业务收入结构图

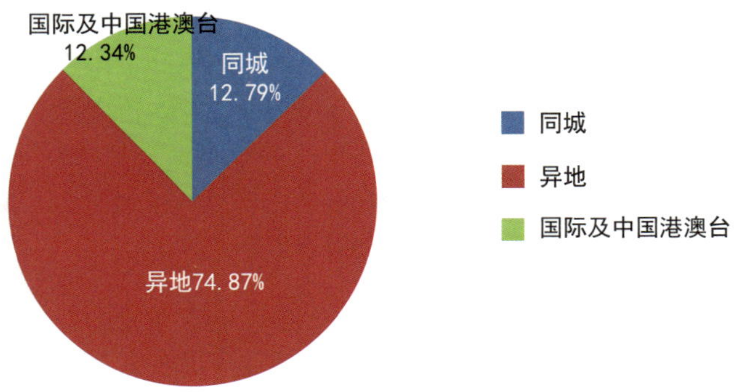

图2 2021年杭州市快递业务量结构图

州工匠1名，享受属地人才购房等相关政策。

【“快递进村”推进】2021年，杭州邮政推动“快递进村”，快递进村率平均达99.4%，覆盖全市1900多个村，超额完成年度“进村”指标。余杭区“交邮快农商融合发展”模式、淳安县“交邮合作+电商物流+特色产业”模式入选交通运输部第二批农村物流服务品牌，入选数居全省第一位。萧山、余杭、桐庐、淳安4种“快递进村”模式被《中国邮政快递报》和浙江省邮政管理局简报刊载和转发。

【“中邮驿站”快递共配体系建设】2021年，中国邮政杭州市分公司基于服务国家乡村振兴战略，加快“中邮驿站”“中邮驿路”系统快递共配体系建设，推进“中邮驿站”城市社区和乡镇农村服务布点。快递共配体系具有行业一流的开放性、稳定性、经济性、易用性、迭代性，是邮政企业建设三级物流体系最佳解决方案。“中邮驿站”与14个快递品牌实现系统数据对接，“中邮驿路”支持同时分拣9个快递品牌快递，实现“到、派、发、代、签”五位一体，分拣、派送数据实时写回合作快递企业，实时获取合作快递品牌单号，实现在线收寄。至年末，杭州建设开通“中邮驿站”1440个，日入库快递量超过10万件。“中邮驿站”接收代投、代寄各家快递公司邮件，做好末端服务。在城市社区、农村乡镇、校园、商业园区布点，解决偏远乡村快递进村难问题。贯通县、乡、村三级物流配送网络，打通“工业品下乡、农产品进城”双向快递通道。

【杭州国际邮件处理中心建成投产】2021年7月，位于萧山区坎红路的杭州国际邮件处理中心（国际邮件互换局）建成并投入使用。新中心包括装卸区、待验区、海关查验区、放行区、员工生活区，配套功能完善，自动化、机械化水平先进，处理能力居全国省会国际邮件互换局前列。至年末，杭州国际邮件处理中心（国际邮件互换局）处理各类进口邮件1062.25万件、出口邮件4057.10万件。

【亚运会吉祥物专用邮资图首发】2021年9月10日，迎接亚运倒计时1周年，经中国邮政集团公司批准，《杭州2022年第19届亚运会吉祥物》普通邮资明信片1套1枚在杭州发布。《杭州2022年第19届亚运会吉祥物》邮资图展现出“中国新时代·杭州新亚运”定位以及“中国特色、浙江风采、杭州韵味、精彩纷呈”的目标。活动现场同步发行《亚运在中国》《杭州亚运会运动项目》《新时代、新亚运》《倒计时一周年》邮资机宣传戳等系列集邮品。

【快递员职业技能竞赛】2021年8月17日，由市邮政管理局、市总工会、市人力社保局共同主办的杭州市“9·26”工匠日杯快递员职业技能竞赛在杭州萧山技师学院举行，全市12个品牌快递企业60名优秀选手参赛。9月9日，浙江省邮政行业职业技能竞赛在浙江邮电职业技术学院举行，杭州市3名参赛选手分别获得一、二、三等奖，其中时斌入选全国赛选手。10月15日，时斌以总分第三的成绩获2021年全国邮政行业职业技能竞赛一等奖。

【关心关爱快递员】2021年，杭州邮政组织9个部门先后出台7个关心关爱快递员的政策文件，慰问快递员1.2万人，安排免费体检1400多人，免费疗休养100人，投入慰问、技能竞赛等经费120万元，使关心关爱工作实现制度化、社会化。全市主要品牌企业快递员工的社会参保率为85%，在职员工工伤保险率达100%。

（刘　琴）

责任编辑　须同威

29 产业投资促进

产业链精准招商

【概况】2021年，杭州市紧扣高质量发展主线，锚定共同富裕目标，着力推动产业链招商保持稳步发展态势。全年落地1亿元以上产业项目785个，完成全年目标任务的157%；引进外商投资项目989个，实际利用外资81.7亿美元，比上年增长13.5%，利用外资总量创下历史新高，占全省利用外资总量的44.6%，其中，高新技术产业利用外资40.2亿美元，占利用外资总量的49.2%，完成全年目标任务的172%；新建工业项目完成固定资产投资327亿元，增长24.0%。

【重大项目专班招引】2021年，杭州市围绕“万亿产业、千亿企业、百亿项目”目标，瞄准主导产业，紧盯细分赛道，以行业骨干企业为突破口，深化专班产业招商工作机制，引领全市产业链精准招商深入推进。生物医药产业专班通过梳理工作体系、目标企业和产业信息，围绕产业链重点领域集中发力，年初确定的170个头部企业，走访对接覆盖率96%。年内落地1亿元以上生物医药产业项目59个，比上年增加13个。信息技术和通信产业专班坚持集成电路、智能计算、网络通信、产业互联网、视觉智能等重点细分赛道，谋划梳理目标企业100多个，引进曙光信息产业股份有限公司及网卡芯片研发等重点项目。航空制造产业专班推动杭州成为长三角地区大飞机产业链承接基地，依托中国商用飞机有限责任公司和空中客车公司、罗尔斯—罗伊斯公司等航空骨干企业，推动杭州艾美依航空制造装备有限公司与中国商用飞机有限责任公司共建复材COE中心（卓越创新中心）。总部经济工作专班实施“浙商回归杭商回家”工程，推进各类企业到杭州设立总部（机构），全年引进1亿元以上的浙商回归项目122个，其中浙江阳光照明电器集团股份有限公司、奥康国际电子商务有限公司等总部项目12个。

【265个1亿元以上制造业项目落地】2021年，杭州市按照新一轮制造业“腾笼换鸟，凤凰涅槃”攻坚目标，以市级重点产业为样板，组织专班到各区县（市）指导帮助厘清产业发展目标，确定重点产业赛道，实施靶向攻坚。全年落地1亿元以上制造业项目265个，比上年增长33.8%。其中，10亿元以上制造业项目46个。加强对新引进项目落地后绩效的跟踪，推动新引进项目加快投资建设。年内杭州市新建工业项目固定资产投资增长24%，分别高出固定资产投资增速和工业固定资产投资增速15个、8.8个百分点。

【重大项目生成路径拓宽】2021年，杭州市以完善龙头企业和优势产业的产业链、供应链、生态链为切入点，策划生成重大项目。吸引和推动包括立讯精密工业股份有限公司、三星（中国）投资有限公司、阿斯利康投资（中国）有限公司、中芯国际集成电路制造（上海）有限公司等企业到杭州考察对接。以举办先进医疗技术协会企业家杭州恳谈会、国际航空产业领袖峰会等活动为契机，加强与目标企业精准对接，提升项目谋划成效。年末，全市谋划盯引10亿元以上项目152个，其中制造业项目66个；签约10亿元以上项目139个。

【投资促进数字化管理】2021年，市投资促进局以数字化改革为契机，用新的视角谋划招商引资项目管理体系的制度性重塑。迭代完善“智慧投资”系统，形成企业盯引、项目生成、项目盯引、项目签约、项目注册落地和项目履约监管的全流程闭环管理体系，提升产业投资促进工作数字化管理水平。开发并上线运行“掌上盯引”“履约信号灯”等应用场景，全面打通移动端、电脑端数据通道，提高招引项目效率。（陈　璐）

引进和利用外资

【实际利用外资超过80亿美元】2021年，杭州市发挥产业、资本集聚优势，挖掘投资潜力，拓展引资渠道，优化营商环境，利用外资总量连续4年实现两位数增长。全市新引进外商投资项目989个，实际利用外资首次突破80亿美元，总量为81.7亿美元，比上年增长13.5%，规模列北京、上海、深圳、广州之后第五位。至2021年年末，杭州市累计引进外商投资企业17198个，投资总额2986.41亿美元；合同外资1615.06亿美元，实际利用外资960.11亿美元。

2021年杭州市各区县（市）利用外资情况表

表37

地　区	项目（个）	到位资金目标数（亿美元）	到位资金完成数（亿美元）
上城区	79	10.6	6.27
拱墅区	80	10.6	8.63
西湖区	86	6.5	8.31
高新区（滨江）	177	7.5	8.51
萧山区	170	9.9	8.86
余杭区	159	7.9	9.66
临平区	32	2.0	1.68
钱塘区	103	9.9	9.90
富阳区	36	3.3	3.39
临安区	16	1.9	2.63
桐庐县	11	1.6	2.60
淳安县	9	—	0.26
建德市	25	1.3	1.30
市　属	6	—	9.70
合　计	**989**	**73**	**81.70**

【世界500强企业投资】2021年，在全球投资需求不断萎缩大背景下，杭州市新引进世界500强企业投资项目3个，分别为赛默飞世尔科技公司投资的生物制药CDMO（定制研发生产）工厂项目、联合利华集团投资的商贸品牌项目和美国开市客（Costco）公司投资的超市项目。连通（杭州）技术服务有限公司、宝爱捷（中国）汽车投资有限公司、浙江壳牌燃油有限公司、华润万家购物中心（杭州）有限公司等在杭州的世界500强公司加大投资规模，新增投资额均在1亿美元以上。市投资促进局与40多个德资、英资、日资在杭州重点企业高级管理人员进行面对面交流，"一对一"做好投资服务，为杭州企业增资扩产寻找空间、开辟新路。至年末，全市累计有128个世界500强企业在杭州投资项目225个。

【高技术产业利用外资】2021年，杭州市引进外资项目产业结构进一步优化，高技术产业利用外资快速增长，实际利用外资40.2亿美元，比上年增长64.4%，占全市利用外资总数的49.2%。其中：高技术制造业实际利用外资10.0亿美元，增长56.9%；高技术服务业实际利用外资30.17亿美元，增长67.1%。全市高技术产业主要集中在信息传输、软件和信息技术服务业，实际利用外资26.76亿美元，增长70.6%。

【重大外资项目招引】2021年，杭州市与戴德梁行房地产咨询（上海）有限公司、世邦魏理仕物业管理（中国）有限公司、普华永道思略特管理咨询（上海）有限公司等专业机构开展合作招商，利用2021年世界互联网大会、第四届中国国际进口博览会、中国质量大会等活动平台，链接全球项目信息和资源。全年杭州引进投资总额3000万美元以上的外资项目110个，比上年增长12%，投资总额188.9亿美元，合同外资80.9亿美元。引进投资总额5000万美元以上的大项目78个，其中，投资总额1亿美元以上的46个，增加8个。年内总投资60亿元的噢麦力项目落户淳安。（陈　璐）

投资促进活动

【浙江—澳门经贸交流会暨浙江出口网上交易会】2021年3月7—10日，由浙江省商务厅主办，澳门贸易投资促进局、葡中工商会澳门分会等单位支持的"浙江—澳门经贸交流会暨浙江出口网上交易会"在澳门举行。活动期间，杭州市投资促进局就杭州营商环境及重点发展产业做重点推介，杭州市代表团拜访中央驻澳门联络办、澳门特别行政区政府、澳门财政司、澳门贸促局、澳门浙江商会、澳门大学科技孵化基地、澳门贺田投资发展有限公司等单位，双方就共享和抢抓双循环背景下蕴含的历史性发展机遇进行交流，共同谋划产业合作项目。

【中意医药健康产业发展研讨活动】2021年4月8日，由杭州市投资促进局、浙江省健康产业联合会、意大利大米兰区工业家联合会主办，浙江省股权投资协会协办的中意医药健康产业发展研讨活动在杭州举行。40多个中意知名生物医药企业和投资机构，通过国际视频连线方式，就中意双方在杭州生物医药领域合作机遇和前景进行交流和探讨，加深对彼此投资环境、生物科技产业化水平的了解。

【中外企业家联合会走进杭州对接交流会】2021年4月21日，市投资促进局举办"中外企业家联合会走进杭州对接交流会"。西门子交通有限公司、微软（中国）有限公司、保时捷汽车股份有限公司、拉法基豪瑞投资有限公司、法国法能（ENGIE）集团等40多个企业参会，市投资促进局做投资环境推介。中外企业家联合会代表团参观考察连连数字科技有限公司、浙江连信科技有限公司、杭萧钢构股份有限公司等企业。交流活动展示杭州传统文化韵味与现代数字都市生态融合发展的生机活力，促进杭州与参会企业建立密切联系。

【中国浙江投资贸易洽谈会之江论坛】2021年6月7日，第二十三届中国浙江投资贸易洽谈会之江论坛暨第六届中国浙江欧洲数字经济和高新技术产业高峰对接会在宁波举行。论坛由省政府主办，省商务厅、省经信厅、省科技厅、省外办、各设区市政府承办。杭州有美国开市客（Costco）杭州商超项目、香港阿诺医药项目、中科院空间应用工程与技术中心项目、华东医药收购西班牙可控公司股权项目4个项目在论坛上签约，总投资7亿美元。杭州市各区县

（市）组织场外签约项目 14 个，总投资 17.3 亿美元，签约项目涉及生物医药、智能制造、数字经济等产业。

【浙江数字医疗健康产业杭州峰会】 2021 年 7 月 28—29 日，第一届浙江省数字医疗健康产业峰会在杭州举行。活动由省商务厅、省卫生健康委、省医疗保障局、省药品监督管理局共同主办，市投资促进局组团参加。峰会期间，市投资促进局与拱墅区政府共同组织杭州泰格医药科技股份有限公司、江苏弘晖股权投资管理有限公司、美国碧迪医疗器械有限公司分别与日本武田制药公司、美国强生公司、勃林格殷格翰生物制药公司、西门子医疗系统有限公司、德国拜耳公司、美国礼来公司、百时美施贵宝公司、晖致医药有限公司 8 个企业进行对接，洽谈合作事宜。

【杭州代表团参加厦门国际贸易投资洽谈会】 2021 年 9 月 8—11 日，第二十一届中国国际贸易投资洽谈会在厦门国际会展中心举行。活动由商务部主办，杭州市投资促进局组团参加。洽谈会期间，杭州代表团参加投资商投资计划发布会、商务部投资促进事务局并购项目发布会、日韩驻华机构代表对接交流会等 30 多场对接和研讨活动，了解产业发展情况，与外资外商企业建立合作关系。

【杭州投资环境推介】 2021 年 9 月 16—17 日，中国质量大会在杭州举行。大会由国家市场监管总局、浙江省政府和杭州市政府共同举办。大会期间，市投资促进局采取专班运作、现场驻点办法，参与大会受邀企业和嘉宾的对接联络、服务保障工作，筛选形成 68 个重点目标企业盯引清单，"一对一"开展服务和对接，推介杭州市投资营商环境。安排市领导与三星电子株式会社、中航光电科技有限公司、歌尔股份有限公司等重点客商的会见交流，进一步增强意向投资企业在杭州的投资意愿。

【"信息技术 + 生物技术"杭州生态沙龙】 2021 年 9 月 23—24 日，市投资促进局邀请生物医药界 40 多位"信息技术 + 生物技术"（IT+BT）融合发展领域的专家学者、企业和投资机构负责人参加"IT+BT"杭州生态沙龙活动。杭州参会企业代表围绕药品与器械研发、脑机接口技术、数字医疗、基因科技、保险 5 个前沿赛道的产业发展现状和方向与嘉宾进行交流，听取该领域发展的意见和建议。

【杭州航空制造产业招商活动】 2021 年 11 月 8—9 日，市投资促进局组团参加第四届国际航空产业链领袖峰会。中国商用飞机有限责任公司、空中客车公司、赛峰集团、罗尔斯—罗伊斯公司、普拉特·惠特尼集团等主机制造厂和重要供应商应邀参加，共同探讨碳中和目标引领下的产业链协同创新课题。峰会期间，市投资促进局负责人做题为《打造大飞机产业供应基地》的主旨演讲，与国际航空产业链（IASC）签订全球航空集群合作加速中心（GAC Hub）合作协议，举办杭州航空产业集群主题圆桌论坛、VIP 嘉宾午餐会和杭州航空产业集群愿景发布等活动，进一步挖掘杭州在航空研发、机体结构、零部件制造和数字航空等领域的合作机遇。

【先进医疗技术协会企业家杭州恳谈和考察活动】 2021 年 11 月 11—12 日，市投资促进局联合美国先进医疗技术协会，邀请包括碧迪医疗器械有限公司、波士顿科学公司、德国凯杰生物公司及 GE（通用电气）医疗公司等在内的全球 20 多个医疗器械领域头部企业负责人参加恳谈和考察。恳谈会期间，副市长胡伟围绕杭州城市定位及人才、资本、资源、生态、文化等优势，向与会企业家介绍杭州市发展情况；市投资促进局负责人围绕创新主题推介杭州生物医药产业投资环境，省、市医疗保障和卫生健康部门负责人对推进生物医药产业发展的政策安排进行解答。

【杭州参与举办中国医药企业家科学家投资家大会】 2021 年 12 月 21—23 日，中国医药企业家科学家投资家大会举行线上会议。大会由中国医药企业管理协会、中国医药生物技术协会、中国农工民主党中央委员会办公厅、杭州市投资促进局联合主办，设开幕式、主论坛及抗体偶联药物、核糖核酸、科学家领"杭"、小分子、细胞与基因、"数字技术 + 生物技术"等 12 场主题论坛。副市长胡伟参加会议并致辞，全国政协副秘书长、农工党中央专职副主席曲凤宏，中国医药生物技术协会理事长、中国科学院院士魏于全，中国医药企业管理协会执行会长吴海东在会上分别从宏观层面提出产业发展意见和建议，生物医药骨干企业负责人、专业投资人、科学家及"两院"院士和国家部委负责人参与探讨产业前景。（陈　璐）

责任编辑　余显幕

2021 年 11 月 8 日，在第四届国际航空产业链领袖峰会上，市投资促进局与国际航空产业链签订全球航空集群合作加速中心落地中国协议

（市投资促进局 供稿）

30 对外经贸

货物贸易

【概况】2021年,杭州市货物进出口总额7369.0亿元(1140.3亿美元),比上年增长23.7%(以美元计算增长32.7%)。其中:出口4647.0亿元(719.3亿美元),增长25.9%(以美元计算增长35.1%);进口2721.9亿元(421.0亿美元),增长20.0%(以美元计算增长28.6%)。按不含省级公司进出口实绩统计,全市外贸进出口总额6899.4亿元(1067.6亿美元),增长24.5%(以美元计算增长33.5%)。其中:出口4460.8亿元(690.5亿美元),增长27.2%(以美元计算增长36.4%);进口2438.6亿元(377.1亿美元),增长19.9%(以美元计算增长28.5%)。全年一般贸易出口3869.7亿元,增长30.2%,占出口总额86.8%;加工贸易出口502.3亿元,增长17.0%,占出口总额11.3%。机电产品出口2019.7亿元,增长24.8%,占出口总额45.9%;高科技产品出口887.4亿元,增长41.9%,占出口总额20.2%。对"一带一路"沿线国家出口1430.35亿元,增长30.1%,占出口总额32.1%;对《区域全面经济伙伴关系协定》的国家出口998.0亿元,增长22.3%,占出口总额22.4%。杭州市有进出口实绩企业1.45万个,有出口实绩企业1.23万个。

【"杭信贷"融资模式推广】2021年,杭州市加大"杭信贷"融资模式("信保+担保"融资)推广,发挥政策性担保融资兜底作用,持续扩大惠及面。全年14个签约合作银行为53个企业授信3.7亿元,为46户企业放款2.9亿元,"杭信贷"派生的其他银行信贷放款4.9亿元。

【融合办展模式推动】2021年,杭州市推动"线上+线下"融合办展模式。组织362个企业参加80场浙江出口网上交易会,其中杭州主办10场。组织企业参加中国国际消费品博览会、宁波国际日用消费品博览会、中国—中东欧国家博览会等主要展会。做强"海外杭州"展会平台,线上展会吸引超过5000个(次)企业、近26万人次采购商。12月,使用"数字+实体"的模式重启恢复中国(波兰)国际贸易博览会、中国(迪拜)国际贸易博览会、中国(墨西哥)国际贸易博览会,共吸引全国500个(次)企业参展,吸引采购商超过8000人次,订单成交额近4000万美元。

【出口品牌培育】2021年,杭州市开展2021年度杭州市级出口名牌企业评审认定工作。按照《杭州市商务局关于组织开展2021年度"杭州出口名牌"认定工作的通知》要求以及有关认定办法,在企业自主申报、属地初审推荐和第三方事务所审核打分的基础上,市出口名牌评审小组通过核查确认、会议联审、征求意见和网络公示,认定2021年度"杭州出口名牌"60个,其中新增品牌14个、复评品牌46个。

【国际贸易摩擦应对】2021年,杭州市组织区县(市)商务局和相关预警点做好相应的贸易救济案件应对工作。共排查案件32起,涉案企业662个,实际涉案金额1.65亿美元。加强预警点整合提升,撤销杭州党山装饰卫浴对外贸易预警点(市级)。发动区县(市)和企业参加合规建设、《区域全面经济伙伴关系协定》政策解读、风险直播等培训,培训人员超过4000人。

【外贸风险防范】2021年,杭州市与中国出口信用保险公司浙江分公司创新服务模式,推出"杭城出口风险直播间",通过直播模式开展培训20场次,覆盖超过2万多人次。鼓励开展多种信用保险形式,防范企业特别是中小企业的出口风险,全年信用保险承保企业3649个,通过直接赔付和海外追偿为企业挽回损失超过13亿元,比上年增长13.2%。

【杭州交易团参加广交会】2021年4月15—24日,第129届中国进出口商品交易会在线上举行。杭州共有715个企业参展,其中品牌企业54个,参展展品类别涵盖纺织服装、鞋帽、医疗保健、家电、电子信息、机械设备、工程机械、礼品、餐厨、园艺、装饰品、家具等46个展区。参展企业在云展厅上传展品7万余件,414个企业搭建直播间,开展直播洽谈,参与申请直播和洽谈人员2000多人。

10月15—19日,第130届中国进出口商品交易会在广州线上和线下同时举行。杭州线上共有712个企业参展，其中品牌企业53个，参展展品类别涵盖纺织服装、鞋帽、医疗保健、家电、电子信息、机械设备、工程机械、礼品、餐厨、园艺、装饰品、家具等46个展区。线下有展位475个，有品牌260个、品牌企业47个、不重复参展企业187个，参展展品类别涵盖纺织服装、鞋帽、医疗保健、家电、电子信息、机械设备、工程机械、礼品、餐厨、园艺、装饰品、家具等33个展区。

【参与中国国际消费品博览会】2021年5月7—10日，首届中国国际消费品博览会在海南国际会议中心举行。博览会总面积10万平方米，参展品牌1200多个。杭州综合保税区、杭州久积控股有限公司、杭州海康威视数字技术股份有限公司、杭州巨星科技股份有限公司等入驻浙江主题馆展出。阿里巴巴集团以500平方米的面积参展，并组织旗下"天猫国际"、"考拉海购"、浙江菜鸟供应链管理有限公司与合作商现场签约。"天猫国际"举办招商启动仪式、全球品牌战略合作伙伴签约仪式和直播达人合作签约仪式。市商务局组织全市28个企业参加首届中国国际消费品博览会采购，意向采购金额7000多万元。

【参与中国—中东欧国家博览会暨国际消费品博览会】2021年6月8—11日，中国—中东欧国家博览会暨国际消费品博览会在宁波举行。市商务局组织244个采购商报名参加该博览会、485个报名参加"海淘汇"观展采购。全市登记场内、场外采购意向成交额31.39亿元，超额完成省政府意向成交目标任务。以"唱好杭甬'双城记'，展示'窗口'新风采"为统一标识，在杭州企业展位突出展示。市商务局组织63个企业参展，其中浙江菜鸟供应链管理有限公司等3个重点进口企业参加"海淘汇"进口平台展区、35个外贸企业参加出口商品展、19个服务贸易企业参加数字贸易展、杭州海康威视数字技术股份有限公司等6个企业参加内外贸一体化展。与滨江区、钱塘区谋划"海淘汇"杭州站活动，举办进口商品消费促进活动。

【杭州交易团参加中国国际进口博览会】2021年11月5—10日，第四届中国国际进口博览会在上海举行。市商务局邀请企业3176个、专业观众6180人参会，分别完成目标任务的115%和112%；摸排意向采购金额20.9亿美元。市商务局组织40个杭州企业参与2021年中国浙江国际数字经济高峰会暨第七届中国（浙江）—欧洲数字经济和高新技术产业高峰对接会。其中：5个企业参加重大项目签约，3个企业参加进口采购集中签约式，5个省级进口平台参与浙江重点进口平台推介会，14个企业参加浙江非物质文化遗产和老字号展示。杭州市举办活动4场，分别为市商务局和钱塘区联合举办的钱塘区2021年招商推介活动，市投促局举办的杭州市产业投资促进系列活动，杭州亚组委举办的杭州2022年亚运会、亚残运会筹备情况新闻发布会，部分非物质文化遗产和老字号企业参加相关展示。市商务局与市卫生健康委等单位建立合作机制，成立防疫专班，制定应急预案，编制防疫指南，组织全员检测，发放防疫专包，专家驻点，做好健康监测等工作。

【服务外贸企业】2021年，杭州市组织申报浙江省2021年度商务促进财政专项资金（进口贴息事项），20个企业的178个项目符合申报条件，获贴息1481.53万元；组织企业申报中央进口贴息，审定项目311个，申报总额合计12905.97万美元。协调省市场监管局和市市场监管局、海关等部门帮助艾博生物医药（杭州）有限公司解决生物制剂进口通关难题。开展"三服务"，针对杭州热联集团股份有限公司、中航国际矿产资源有限公司等企业在大宗商品进口异地报关中遇到的难题，协调异地海关帮助企业减少损失。协调推动杭州汽轮动力集团有限公司、华东医药股份有限公司、杭州士兰微电子股份有限公司、赛诺菲（杭州）制药有限公司等企业的难题破解。督促指导进口企业落实疫情防控主体责任，做好人防物防。

【内贸外贸一体化发展】2021年，市商务局帮助外贸企业开拓国内市场，推动内贸外贸一体化发展。为18个企业申报浙江省内贸外贸一体化"领跑者"企业，2个产业基地申报浙江省内贸外贸一体化改革试点产业基地，4个企业申报浙江省内贸外贸一体化典型案例。邀请被列入美国实体清单的杭州海康威视数字技术股份有限公司、浙江兆晟科技股份有限公司等企业参与内贸外贸一体化展。中国浙江投资贸易洽谈会、中国国际贸易消费品博览会和中国—中东欧投资贸易博览会在宁波召开期间，杭州市滨江区数字安防产业、杭州艾柯塞斯品牌管理公司、杭州巨星科技股份有限公司、浙江华达新型材料股份有限公司等内贸外贸一体化发展实例作为典型案例在内贸外贸一体化展馆展示。

【对外贸易经营者备案登记】至2021年年末，市商务局完成对外贸易经营者新增备案登记企业3672个，变更及注销2464个。协调取消中国（浙江）自由贸易试验区杭州片区对外贸易经营者备案登记事项，以及所涉及各部门办事流程的调整。杭州市部分行政区划优化调整后，做好新增对外贸易经营者备案登记受委托单位的申报准备工作，回收江干区、下城区、大江东产业集聚区对外贸易经营者备案登记公章。（冯蔷颖）

服务贸易

【概况】2021年，杭州市服务贸易出口额152.53亿美元，比上年增长10.2%。新兴服务贸易出口额130.13亿美元，占全市服务贸易出口额的85.3%。其中，其他商业服务成为拉动新兴服务贸易增长的主要动力，占新兴服务贸易出口额的47.2%。《区域全面经济伙伴关系协定》成员国成为杭州市服务贸易出口第一大市场。全年杭州市对《区域全面经济伙伴关系协定》成员国服务贸易出口额56.69亿美元，占全市服务贸易出口额的37.2%，是第一大出口市场。其中，对新西兰、新加坡和老挝出口额增长较快，分别增长122.0%、101.0%和71.1%。各区县（市）发展态势较好。从总量来看，滨江区、西湖区和上城区对全市服务贸易出口贡献最大，出口额分别为45.81亿美元、20.66亿美元和20.29亿美元；从增速来看，全市11个区县（市）实现正增长，其中余杭区、西湖区和临平区增幅均超过40%。

杭州市承接服务外包合同签约额159.79亿美元、执行额140.58亿美元，其中离岸服务外包合同签约额101.64亿美元、执行额82.98亿美元，分别增长5.8%和6.8%。离岸执行额中，信息技术外包（ITO）合同接包执行额40.11亿美元，占总执行额的48.3%。业务流程外包（BPO）接包执行额3.49亿美元，占总执行额的4.2%。知识流程外包（KPO）合同接包执行额39.39亿美元，占总执行额的47.5%。2月，商务部公布的2020年服务外包发展情况中，杭州市2020年离岸服务外包合同执行额79.5亿美元，连续两年居全国第二位。9月，商务部公布2019年和2020年中国服务外包示范城市综合评价结果，杭州继续列全国第四位。

杭州市技术进出口合同登记金额26.80亿美元，增长14.8%。其中技术出口合同金额9.72亿美元，增长23.6%；技术进口合同金额17.08亿美元，增长10.3%。技术出口合同中，技术咨询、技术服务出口合同金额6.49亿美元，占66.7%；专利技术出口合同金额1.22亿美元，占12.5%；计算机软件出口合同金额1.58亿美元，占16.2%。

【服务贸易创新发展试点】2021年，杭州市“创新‘数智化’在线商事调解模式”入选国务院服务贸易发展部际联席会议办公室编撰的全面深化服务贸易创新发展试点首批“最佳实践案例”。该模式围绕建设一流营商环境目标，借助大数据赋能商事调解，搭建中国（杭州）知识产权国际商事调解云平台，实现跨时空跨地域知识产权和国际商事纠纷调解“一次不用跑”，为数字化手段、非诉讼方式解决知识产权和国际商事纠纷提供方案。杭州市国家文化出口基地——中国（浙江）影视产业国际合作区“以数字化新媒体为抓手推动扩大影视服务出口”模式入选由商务部、中共中央宣传部、文化和旅游部、国家广播电视总局4个部门编撰的《国家文化出口基地首批创新实践案例》。该案例以平台搭建为依托，推动中华文化走出去，自主创建影视剧海外出口平台“华剧场”，海外订阅用户数超过500万人次。

【服务贸易市场主体建设】2021年，杭州市“浙江数字文化国际合作区”获评商务部、中共中央宣传部、文化和旅游部、国家广播电视总局联合认定的第二批国家文化出口基地。7个企业入选商务部、中共中央宣传部、文化和旅游部、国家广播电视总局联合认定的2021—2022年度国家文化出口重点企业，1个项目入选2021—2022年度国家文化出口重点项目。在2021年中国国际服务贸易交易会上发布的2020年度浙江省数字贸易百强榜中，杭州市有91个企业入围。全年新认定服务贸易示范园区5个、示范企业38个和成长型企业19个。累计认定25个示范园区和142个示范企业、70个成长型企业。（冯蔷颖）

中国（浙江）影视产业国际合作区（摄于2021年）　（市商务局 供稿）

对外经济合作

【概况】2021年，杭州市境外企业总投资额80.45亿美元，境外企业中方投资额31.85亿美元。其中，新批境外投资项目256个，总投资68.27亿美元，中方投资额24.21亿美元。新批境外投资增资项目66个，增资额7.64亿美元。全年全市国外经济技术合作营业额27.18亿美元。全年对外承包工程新签合同额22.45亿美元，完成营业额27.18亿美元；对外劳务人员实际收入总额126.00万美元。全年杭州市90多个企业参加中国—东盟博览会、第二届中国—非洲经贸博览会、中美省州绿色低碳合作研讨会暨对接会、2021年国际工程发展高峰论坛、杭州—开普敦视频会议等线上线下经济贸易交流和项目对接活动。

【境外经贸合作区建设和培育认定】2021年，杭州市推进境外经贸合作区建设，做好1个国家级境外经贸合作区、4个省级境外经贸合作区的建设工作，新获认定1个省级境外经贸合作区，引导全市境外投资企业入驻园区。至年末，泰中罗勇工业园有入驻企业165个，硅谷钱塘中心有入驻企业40个，北美华富山工业园有入驻企业15个，中柬国际农业合作示范园区有入驻企业3个。

【“一带一路”沿线国家经贸合作】2021年，杭州市对“一带一路”沿线国家完成对外承包工程营业额21.57亿美元，占对外承包工程总营业额的

79.4%；非洲地区完成营业额3.43亿美元，占总营业额的12.6%；拉美地区完成营业额1.35亿美元，占总营业额的5.0%。全市对“一带一路”沿线国家投资项目159个，总投资额12.47亿美元，主要投资领域为汽车零部件、纺织品、造纸、批发业等。

（冯蔷颖）

国际贸易促进

【概况】 2021年，市贸促会应对错综复杂的国内外经济形势，克服新冠肺炎疫情等不利影响，发挥贸促会职能，做好稳外贸、稳外资工作，服务构建“双循环”新发展格局。杭州市贸促系统共签发各类单证15.2万份。其中：市本级签发一般原产地证明书9.72万份，签发优惠产地证2.27万份，出具商事证明书2.93万份，代办使馆认证2697份，签发ATA单证册8份。自贸协定优惠原产地证为企业减免关税6400万美元。原产地签证事项上线杭州“亲清在线”平台，成为获中国贸促会授权开放申报数据端口的机构。

市贸促会全年接待36个国家和地区的到访团组61批次、191人次。与加拿大加中贸易理事会上海代表处、加中商会、中国泰国商会、埃塞俄比亚上海总领事馆、国际小水电联合会、东帝汶国家馆签署合作协议。新设立越南河内、墨西哥奇瓦瓦2个海外联络处。

市贸促会围绕企业需求和关注热点，举办“商事调解风险防范”“企业如何运用RCEP协定享受关税优惠”“防范跨境支付风险”“《区域全面经济伙伴关系协定》(RCEP)政策解读”“企业国际化经营合规风险排查”“RCEP税差及原产地规则解读、RCEP协议下跨境电商知识产权保护”“外贸企业商事认证业务”等13场“贸促课堂”培训活动，帮助企业提高国际贸易摩擦防范、应对能力和国际化经营水平，932人次参加。为进一步深化与各驻杭国际商务机构的交流合作，市贸促会联合墨西哥—杭州中心、中非民间商会杭州办（浙非服务中心）等商务机构相继举办4期驻杭国际商务机构季度会商活动。

【中国（杭州）知识产权·国际商事调解云平台功能提升】 2021年，由市贸促会主办，市法院指导建立的中国（杭州）知识产权·国际商事调解云平台深化合作，先后邀请香港国际调解中心，贸促系统的山东、江苏、浙江、安徽、南京、宁波、台州、嘉兴、潍坊等省级和市级的调解中心，以及金华市知识产权维权援助中心和北京版权调解中心等14个专业调解机构入驻平台。至年末，在平台上向公众提供调解服务的调解机构72个、调解员1100多名；平台受理案件1.45万件，调解完结1.06万件，调解成功3716件，成功率35%，履行率99%。案件涉及中国、韩国、美国等14个国家。“创新‘数智化’在线商事调解模式”入选国务院服务贸易创新发展试点“最佳实践案例”、浙江自贸区第四批十大标志性改革成果和浙江省城市大脑（智慧城市）场景应用优秀案例。市法院、市司法局、市贸促会联合印发《杭州开展市场化解纷机制试点工作方案》。

【中美汽车行业投资研讨会】 2021年4月1日，由中国国际贸易促进委员会贸易投资促进部与美国驻华大使馆商务处联合主办，杭州市贸促会承办的中美汽车行业投资研讨会在杭州举行。中国贸促会副会长、美国驻上海总领馆总领事等出席并致辞，美国福特汽车公司、长城汽车股份有限公司、比亚迪集团、吉利汽车集团等80多个中美汽车行业机构和企业近150人参会。研讨会围绕中美汽车市场展望、汽车行业能源应用趋势、汽车行业未来等议题展开研讨，为两国工商企业界人士探讨汽车行业发展前景、展望新能源应用趋势、推动双方互利共赢合作搭建务实平台，增进两国工商界对话沟通交流。

【东帝汶国家馆（浙江馆）在杭州成立】 2021年10月12日，东帝汶国家馆（浙江馆）在杭州揭牌成立。东帝汶国家馆是由东帝汶政府授权东帝汶驻华大使馆在中国设立的两国间唯一的文化展示和开展商贸活动官方平台。东帝汶国家馆（浙江馆）是东帝汶在上海设立国家馆后首次在地方以国家名义设立的对外开放和交流服务平台，是首个东帝汶国家驻杭经贸合作与文化交流机构。市贸促会与东帝汶国家馆签署友好合作备忘录，东帝汶国家馆（浙江馆）成为杭州市国际商会第30号国际驿站。

【“数字赋能，品牌出海”行动】 2021年，为帮助企业建立对外贸易新渠道，市贸促会举办“杭州市出口商品线上展暨海外独立站培训营”，为企业提供一体化外贸B2B独立站自主

2021年10月12日，东帝汶国家馆（浙江馆）在杭州揭牌成立

（市贸促会 供稿）

营销解决方案。首批帮助50个企业完成独立站建站，品牌曝光量50多万次，点击2.8万次，接收订单超过100个，项目意向成交额280万美元，国际询盘超过75%。

【“世界科技前哨”项目】2021年6月17日，“世界科技前哨”项目启动。市贸促会推进投资贸易促进实体化，依托贸促会国际资源优势和国际商会平台优势，整合政府、企业、社会三方资源，开展项目信息精准推介，服务地方招商引资。全年共收集来自27个国家的各类经贸项目信息87个，推动德国乎泊停车科技项目、加拿大电子商务软件服务公司WPIC集团项目等落户杭州。

【《区域全面经济伙伴关系协定》政策推广】2021年，市贸促会以《区域全面经济伙伴关系协定》（RCEP）签署为契机，开展RCEP等自贸协定宣传解读、培训咨询等综合服务。联合各区县（市）开展“RCEP培训走进基层”活动，举办或组织企业参加线上和线下RCEP专题培训28场，培训企业2800多人次，引导企业利用原产地规则开拓国际市场，提升国际竞争力。

【中国（杭州）—越南进出口商品交流会】2021年11月19日，市贸促会与越南老街省工业与贸易促进中心联合举办中国（杭州）—越南进出口商品交易会（线上）。交易会以线上、线下相结合方式进行，在越南老街省老街市设主会场，越南北江、山罗、兴安等省、市设立15个分会场。杭州市分会场为交易会中国境内唯一的分会场，有30多个不同细分领域行业企业参与对接交流。其中，越方企业127个，主要为物流服务类，综合贸易（进出口）类，农、林及水产品贸易类，工业及农业加工类企业。中方企业84个，分别来自浙江、上海、黑龙江、河南、广西、云南等省。（郑慧颖）

钱江海关

【概况】2021年，钱江海关围绕打造“数智杭州·宜居天堂”，开创“大杭州、高质量、共富裕”发展新局的目标，落实“六稳”“六保”任务，强化监管优化服务，巩固拓展新冠肺炎疫情防控和促进外贸稳增长成效。全年从钱江海关申报进出口844亿元，占杭州关区进出口总值的6.8%，其中出口200亿元、进口644亿元。受理报关单9万份，占杭州关区的5.2%，其中出口报关单4.4万份、进口报关单4.6万份。监管进出口货物223.5万吨，进出口邮件和快件3903.1万件。完成税收征管入库78.6亿元。

【国门安全监管】2021年，钱江海关加强国门生物安全监测监控预警，针对性地开展昆虫、杂草、病害等外来有害生物监测，完成2021年度出境食用水生动物监控、进出境饲料和饲料添加剂抽样监控；妥善应对辖区出口甲鱼检出兽药超标事件。加强沙漠蝗、非洲猪瘟等疫情防控。开展进出口食品化妆品抽样检验及风险监测。压紧压实进出口危险化学品和危险货物检验监管责任。

【跨境贸易便利化】2021年，钱江海关落实杭州市打造国际一流营商环境工作要求，组织开展跨境贸易便利化专项行动，推动落实杭甬“双城记”有关部署，推进营商环境创新试点改革有关事项，协助做好杭州市营商环境跨境贸易指标第三方评估工作。推广“两步申报”“提前申报”和“两段准入”通关业务模式。全年“两步申报”比例为36.5%，进口出口“提前申报”率分别为39.9%和90.5%。全面推广原产地证书自助打印、“信用签证”，实现所有原产地证书24小时全天候智能审核。全年共签发原产地证书33.3万份，杭州地区企业自贸协定项下进口出口享受优惠63.09亿元。用好内河运输资源，推出“库港联动”模式，降低物流成本。5月24日，钱江海关完成首票“库港联动”进口保税货物实单运作。推广长三角区域一体化海关真空包装等高新技术货物布控查验协同模式，与口岸海关建立协同查验联系配合机制，解决高新技术货物进口通关实际困难，共组织辖区3个高新技术企业开展跨区域布控查验协同试点。

根据杭州和宁波两地政府、海关形成的口岸营商环境“2+2”合作协调机制，钱江海关协助杭州海关与宁波海关发布《杭州海关、宁波海关关于支持杭甬“双城记”开展2021年贸易便利化专项行动的联合公告》，制定推进杭州、宁波唱好“双城记”海关工作清单。落地首批“惠民利企”措施，加大杭州企业在嘉兴乍浦港“船边直提”“抵港直装”业务试点力度。全年为企业办理23票货物通过“水水联运”在乍浦港实现“船边直提”。11月24日，钱江海关与北仑海关签署《钱江海关、北仑海关促进跨境贸易便利化合作协议》，协议从建立专题联席会议制度、业务协调制度、重点企业优先通道等7个方面强化两关合作。

钱江海关和湖州海关联合推出“库港联动”举措。企业进口货物运抵上海港后，通过内支线运输至湖州安吉港，在湖州海关监管下进行快速验放，随后通过陆路运输到杭州临安区公共型保税仓库，并在钱江海关办结通关手续。“库港联动”模式为属地进口企业提供了一种新的物流解决方案，在降低企业进口物流成本的同时，有助于充分发挥公用型保税仓库和安吉上港集装箱码头的功能互补性。

【打击走私行动】2021年，钱江海关按照杭州海关关于开展打击走私“国门利剑2021”行动的要求，开展“全员打私”，推进综合治理。完成进口固体废物和进口再生金属行业两个专项稽查行动，发现少报低硫油费、保险费各1起，归类错误1起。开展禁止洋垃圾入境、打击象牙等濒危动植物及其制品走私等工作。推进“蓝天2021”专项行动，坚决落实进口固体废物零进口，强化邮快件渠道监管。全年查获象牙等濒危动植物及其制品13起、109件，其中象牙及其制品7起、16件。

【中国（浙江）自由贸易试验区杭州自贸片区建设】2020年9月21日，国务院发布《中国（浙江）自由贸易试验区扩展区域方案》后，钱江海关梳理58个涉及海关事权的国务院发布的自贸区改革试点经验，做好海关监管制度和信息化系统配套，按需复制推广 28 个试点经验，其余 30 个可根据企业需求随时配套落地。2021 年，钱江海关完善“保税进口 + 增值服务”海关监管模式，助力综保区内企业引入境外优质原材料实施增值服务或保税深加工。其中，进口咖啡保税零售项目入选浙江自贸区第三期“十大标志性成果”。组合运用跨境电商保税进出口、综保区仓储企业分状态监管等制度，支持跨境电商企业在杭州综保区实现非保税货物与保税货物“同仓存储”、出口贸易与进口贸易“同仓调拨”、小额交易与大宗贸易“同仓交割”、外贸与内贸“同仓一体”，逐步形成全球跨境电子商务分拨中心。跨境电商全球“中心仓”案例获批浙江自贸区首批制度创新十佳案例。对接 eWTP 框架下的公共服务平台，共享境内消费者自境外购买的个人物品三单信息，实现入境监管手续集中办理。

2021 年 8 月 3 日，钱江海关工作人员对全地形车出口业务开展指导
（钱江海关 供稿）

【综合保税区建设】2021 年，钱江海关立足杭州综合保税区国内国际双循环交汇的特殊位置，以“管得住，通得快”为目标。6 月 10 日，钱江海关实行杭州综合保税区卡口 24 小时开放常态化。完成杭州综合保税区辅助管理系统迭代升级。推进在杭州综合保税区落地“选择性征收关税”政策，内销选择性征收关税政策是指对海关特殊监管区域内企业生产、加工并从区内销售至国内的货物，根据企业申请，按其对应进口料件或按实际报验状态征收关税。9 月 1 日，杭州综合保税区首单选择性征税申报完成。

【跨境电商监管服务】2021 年，钱江海关推进“跨境电商零售进口退货中心仓监管模式”应用。针对跨境电商企业普遍反映的网购保税零售进口商品是否符合原状认定、物流链条过长、超过 30 日规定退货时限无法重新上架销售等阻碍业态健康发展的问题，通过优化流程、争取海关总署政策支持等，对原有退货模式进行监管创新。

【联合抽查执法】2021 年，钱江海关探索核查领域推进与市场监管部门间的联合抽查执法，实施联合抽查作业 13 起，其中帮扶企业规范整改 4 起。组织对低风险企业实施“互联网 + 核查”模式，开展核查 16 起。组织参加核查领域“企业自查结果认可模式”改革试点工作，对 2 个高级认证企业的保税货物盘库核查开展改革试点，并采信企业自查结果，移交办理补税手续。钱江海关牵头成立迎检领导小组，制定迎检方案，开展业务指导、模拟演练，督促企业整改问题。4 月 9 日，助力浙江凯兴公司完成巴西农业部视频检查。

【国家税收优惠政策落实】2021 年，钱江海关服务杭州市各科研单位和先进生产企业，为高科技设备仪器进口提供保障。全年审核减免税 1349 份，审核总货值 24.85 亿元，比上年增长 12.6%，减免关税、减免进口环节增值税（简称减免两税）2.63 亿元。国家对享受“十四五”时期科技创新进口税收政策的科研单位名单和免税商品清单进行重新认定和调整，钱江海关在新的名单和清单下发前根据相关通知规定，为杭州市各类科研单位急需的进口设备办理税款担保手续，全年办理 961 份《减免税货物税款担保通知书》。12 月 14 日，第一批享受政策的科研机构名单下发后，主动通知名单内单位，加速办理减免税审核手续，办理 257 份免税证明，审核总货值 3.41 亿元，减免两税 4644 万元。开展税政调研，支持企业扩大外贸稳增长，上报税政调整建议 13 条，被海关总署采纳 6 条。

【亚运会马术比赛检疫监管推进】2021 年，钱江海关成立第 19 届亚运会马术比赛检疫工作领导小组，制定亚运会马术比赛钱江海关监管倒计时一周年工作计划表，推进检疫监管筹备工作。7 月 7 日，海关总署与杭州亚组委联合组建的第 19 届亚运会参赛马进出境检疫工作专班第一次领导小组会议在杭州召开，会议讨论交流海关进出境马匹检疫准备工作和杭州亚运会马术项目赛事筹备等工作。12 月 29 日，钱江海关组织开展第 19 届亚运会马术比赛参赛马检疫监管突发事件应急演练。

【“全国食品安全宣传周”主题日活动】2021 年 7 月 6 日，海关总署在杭州举办 2021 年“全国食品安全宣传周”海关总署主题日主会场活动，活动以“尚俭崇信，守护阳光下的盘中餐”为主题。与会代表在杭州大厦城市综合超市进口食品专区实地了解进口食品企业经营管理情况，与进口食品经营商、消费者进行交流，为消费者答疑；到杭州萧山国际机场，实地考察厦门航空有限公司杭州配餐部的食品生产线及部分口岸食品经营单位。活动当天，进出口食品企业代表发出倡议，倡议进出口食品行业立足“人民至上、安全至上”的价值追求,诚信经营,加强管理,接受监督,保障安全。

【《区域全面经济伙伴关系协定》政策宣讲】2021年,钱江海关围绕辖区内主要出口国家及商品等专题,开展线上和线下《区域全面经济伙伴关系协定》(RCEP)关税实施专题培训,帮助辖区企业充分了解原产地规则,并根据企业进出口的实际需求,"一对一"开展政策讲解和业务指导。联合市商务局、市贸促会等部门开展培训,参训企业1700多个。联合萧山机场海关编制《FTA关税减免手册(杭州分册)》,列举杭州市前100位进出口商品在RCEP等各个自贸协定项下的关税优惠供企业参考,并通过问答和实际案例为杭州市进出口企业提供指南。 (张淑敏)

中国(浙江)自由贸易试验区杭州片区

【概况】2021年,中国(浙江)自由贸易试验区杭州片区(简称杭州片区)根据国家赋予的"三区一中心"功能定位,按照省委、省政府"458"系统构架,围绕创建全球数字贸易中心,以数字物流、数字金融为支撑,用数字治理作保障,发展数字产业,探索数字自贸区建设路径。

杭州片区范围内税收收入318.2亿元,比上年增长14.2%;进出口总额1382.8亿元,增长26.2%;实际利用外资金额8.99亿美元,增长58.2%。杭州片区税收收入占全市的7.4%、进出口总额占全市的20.0%、实际利用外资金额占全市的11.0%。至年末,杭州片区有重大项目111个,投资总额1344亿元,新增上市企业10个,新增世界500强外资项目6个,新注册企业8050个。

杭州片区6个案例入选省自贸试验区两批改革创新案例、25个成果入选省自贸试验区六批"十大成果",居全省第一位。根据《关于中国(浙江)自由贸易试验区2021年度建设成效评价结果的通报》,杭州片区为优秀档次,杭州片区滨江区块、萧山区块在区块评价中为优秀档次。6月15日,2020年度浙江省科学技术奖励大会召开,杭州片区企业优思达生物技术"新型冠状病毒肺炎防控关键技术研究"、启明医疗器械"经导管心脏瓣膜病治疗新技术的创新及推广"、网易"互联网内容风控技术、平台研发及产业化"3个项目获浙江省科学技术进步奖一等奖。10月27日,中国(浙江)自由贸易试验区杭州片区与中国(安徽)自由贸易试验区合肥片区签署战略合作协议,双方将在数字经济、跨境电商、科技创新、人才交流等领域开展合作,推动协同创新,构建合作生态。

【本外币合一银行账户体系试点】2021年7月26日,杭州市启动本外币合一银行账户体系试点。中国工商银行、中国农业银行、中国银行、中国建设银行4个银行在杭州的51个网点落地试点业务,为涉外企业提供便利化的本外币银行结算账户服务,提高企业资金周转效率,促进对外贸易发展。至年末,新开账户8390户,办理人民币资金收付3057亿元、外币资金收付34亿美元。

【知识产权证券化项目启动】2021年7月12日,浙江省首单知识产权证券化项目落地杭州联动创新区未来科技城。项目储架发行10亿元,首期发行规模2亿元。项目针对区域内高科技创新型企业轻资产、重研发、多专利的特点,通过证券化手段,具象化知识产权价值评估,形成可抵押的底层资产,为成长型科创企业提供成本较低的大额融资。

【"单一窗口"银行标准化中小企业融资业务开展】2021年11月5日,"单一窗口"银行标准化中小企业融资业务——"出口易贷"落地杭州片区滨江区块。该产品是由杭州银行与浙江国际贸易"单一窗口"联合打造的纯信用线上本外币贸易融资产品,企业在"单一窗口"扫码申请后30秒可出额度、当天可提款。

【飞机保税租赁进口异地监管模式创新】2021年,钱江海关与杭州萧山机场海关、天津东疆海关开展合作,创新飞机保税租赁进口异地监管模式,由天津东疆海关负责办理东疆综保区内保税租赁的单证作业,由杭州机场海关负责飞机的实货监管,由钱江海关办理飞机租赁进口申报和税收征管。5月11日,在创新模式的支撑下,首架保税租赁飞机完成进口,货值约5600万美元,境外租赁进口飞机的时间从1～2天压缩至2小时。

【金融机构自贸区支行集中揭牌】2021年4月30日,杭州片区滨江区块首批金融机构——中国工商银行、中国农业银行、中国银行、中国建设银行的自贸区支行集中揭牌。各自贸区支行将在跨境业务清算便利化、资本项目结汇便利化、扩大人民币跨境使用、探索投融资汇兑便利化等方面积极探索、先行先试,为杭州片区建设发展提供优质金融服务。

【OTC药械产品网购保税进口模式创新】2021年,依托杭州综保区对跨境零售进口正面清单内备注"按照医疗器械管理的商品除外"的税号项下共计21个税号的商品,按照"1210"模式的监管,进行跨境零售,产品备案数超过300个SKU(库存量单位)。在药械商品质量安全把控方面,做到事前、事中、事后3个环节全覆盖,专题检测、日常检测和国家检测3种方式联合,高风险、中风险、低风险3类风险科学处置。

【"浙江数字文化国际合作区"入选"国家文化出口基地"名单】2021年8月27日,第二批"国家文化出口基地"名单公布,杭州片区滨江区块的"浙江数字文化国际合作区"入选。至年末,合作区引入数字文化技术、内容、贸易等相关创新型企业30多个,初步形成近5万分钟的动漫数字内容年生产能力,有近50万分钟多语言片库,出口原创动画超过1万小时。出口覆盖100多个国家和地区,形成了集数字技术研发、数字内容创作、数字文化出口为一体的数字文化产业和贸易生态链。

【中国自由贸易试验区发展论坛在杭州举行】2021年10月27日,第二届中国自由贸易试验区发展论坛在杭州片区滨江区块举行。论坛以"新格局新使命新担当"为主题,商务部自贸区港建设协调司、商务部国际贸易经济合作研究院、省商务厅的有关嘉宾围绕自由贸易试验区高质量发展、服务构建新发展格局等内容发表演讲。论坛发布《中国自由贸易试验区发展报告（2021）》。

【服务保障自贸试验区建设白皮书发布】2021年7月15日，杭州互联网法院举办司法服务保障中国（浙江）自贸试验区建设暨跨境贸易法庭设立一周年座谈会，发布《杭州互联网法院跨境贸易法庭服务和保障中国（浙江）自由贸易试验区建设白皮书》。白皮书分析跨境电子商务案件基本情况、呈现特点、裁判规则提炼及法律争议问题探索，提出要进一步完善跨境贸易法律体系、加大行政司法协同治理力度、加强跨境贸易发展司法保障、提高消费者维权意识、提升跨境贸易企业自律意识和治理能力5个方面的建议。

【杭州片区建设五年行动计划出台】2021年6月25日，《中国（浙江）自由贸易试验区杭州片区建设五年行动计划（2021—2025年）》印发。计划开展数字贸易高质量发展、智能物流枢纽打造、空港服务能级提升、金融科技应用创新、数字经济研发合作、未来工厂实践推进、国际高端人才集聚、数据要素市场培育、数字化改革整体智治9个行动，推出35条工作举措，加快打造全球数字贸易中心、全球智能物流枢纽、国际金融科技中心、全球人才"蓄水池"和数字变革高地，高水平建设数字自贸区。

【制度创新优秀案例和改革试点经验评选】2021年4月，杭州片区开展首批制度创新优秀案例和联动创新区优秀改革试点经验评选。经区块推荐、现场路演、专家打分，飞机进口保税租赁海关异地联动监管、"上马石"微信小程序、非洲一站式综合服务平台打造等12个案例入选首批制度创新优秀案例。建立健全"一云二图三机制"等5个成果入选首批联动创新区优秀改革试点经验汇编。

【跨境融资转卖政策落地】2021年3月19日，中国建设银行（杭州分行）通过区块链平台完成首笔跨境融资转卖业务。该政策基于中国人民银行（杭州中心支行）的《中国（浙江）自由贸易试验区全口径跨境融资转卖业务操作细则》，将信用证项下被承诺付款行有效承诺付款的应收账款，通过境内行搭桥方式，以跨境人民币融资方式转让给境外包买商，业务最终付款风险由境外包买商来承担。该政策有效打通境内、境外两个资金市场通道，提升杭州片区金融机构服务实体经济能力，促进人民币跨境使用。

【外商投资企业主体资格证明容缺受理机制探索】2021年7月，杭州片区萧山区块实现自贸试验区外商投资企业主体资格证明容缺受理，帮助健新原力制药有限公司解决企业融资问题。在主流离岸公司实现注册地市场主体登记公证容缺受理基础上，探索外国投资者主体资格证明提交形式。同时，将该经验在区域重点高新技术园区推广，帮助杭州见月科技有限公司融资。（冯蔷颖）

杭州综合保税区

【概况】2021年，杭州综合保税区规模以上工业总产值106.94亿元，比上年增长10.6%；规模以上工业企业实现利润总额3.56亿元，增长22.1%；实现税收总额20.50亿元，下降0.9%；实现货物进出口总值269.97亿元，下降1.0%；全年跨境零售进口额76.95亿元，下降24.6%。在海关总署发布的综合保税区发展绩效评估结果中，杭州综合保税区在全国127个海关特殊监管区中列全国第十二位和浙江省第二位。

【一般纳税人试点政策推广】2021年，杭州综合保税区推广一般纳税人试点政策，叠加试点政策企业11个。通过打通国内增值税"免抵退"链条，降低企业税负成本、提升企业经营效益。全年试点企业内销金额2亿元，合计降低经营成本700万元。

【跨境电商9610出口包裹退换货业务开展】2021年，杭州综合保税区联合钱江海关在保税区内完成适合9610（B2C小包出口）出口模式业务开展的软硬件设施建设，在园区中心监管仓设有5000平方米的仓库平台，并配备3条查验线设备，日监管跨境电商货物10万件。3月3日，杭州综合保税区首批9610出口1.12万个包裹通关；3月22日，退运全国首批9610出口包裹。至年末，杭州综合保税区跨境9610包裹出口1.15亿美元。

【杭州综合保税区营商环境提升】2021年，杭州综合保税区收回工地用地9.46公顷，完成存量用地、用房及企业亩均效益排位等摸底工作。与钱江海关下沙办签订促进共商合作机制，加强共商共建、战略合作，共同推动杭州综保区"高水平开放，高质量发展"。在"7×24小时"通关服务模式基础上，推出保税转非保系统建设，提高通关时效、缩减企业经营成本。（印婧鑫）

跨境电子商务

【概况】2021年，中国（杭州）跨境电子商务综合试验区（简称杭州综试区）实现跨境电商出口总额853.19亿元，比上年增长12.7%；跨境电商进口总额260.98亿元，下降20.3%，占全市进出口总额的16.2%。全年杭州综试区跨境电商企业对企业（B2B）出口额574.41亿元。培育年交易额2000万元以上的跨境电商企业411个，有134个高新技术企业和46个上市企业布局跨境电商。杭州综试区内阿里巴巴国际站、"全球速卖通"、"WHOLEE"、杭州思亿欧外贸快车、"集酷（KiKUU）"等本土跨境电商平台年度出口额2450亿元，覆盖200多个国家和地区，服务中小企业60多万个。杭州综试区内"天猫国际"和"考拉海购"跨境电商零售进口平台交易额占全国总额的50%。

杭州综试区完善线上综合服务平台政务服务、大数据、海外征信、人工智能实验室和网络贸易促进中心、eBOX创新项目服务平台功能，并上线"浙里办"App。基于平台汇集的贸易端数据，构建全国跨境电商诚信体系，汇集28个政府部门、195张表、4.6亿条数据，完成对杭州地区

2021年杭州综合保税区主要经济指标完成情况表

表38

指标名称	计量单位	2021年	比上年增长(%)
一、招商引资			
外资项目批准数	个	2	100.0
仓储物流企业	个	0	—
外资项目投资总额	万美元	2249.81	-55.0
增资额	万美元	0	—
合同利用外资	万美元	2239.41	148.8
增资额	万美元	0	—
实际到位外资	万美元	700	-72.5
内资项目审批数	个	5	150.0
仓储物流企业	个	0	—
内资项目注册资本数	万元	42600	674.6
二、工业经济			
工业总产值	万元	1069353	10.6
工业产品销售产值	万元	1069842	10.4
工业企业利润总额	万元	35621	22.1
税收总额	万元	204955	-0.9
海关税收及代征税	万元	196900	2.2
税务部门税收	万元	8055	-42.7
进口值	万美元	1662756	-6.9
出口值	万美元	1036983	10.2
三、仓储物流业			
营业收入	万元	8736	7.2
工商税收	万元	419	21.8
四、保税业务			
保税物流	万元	1054228	20.1
保税加工	万元	951730	9.3
保税电商	万元	645091	-29.2
五、基本建设			
固定资产投资	万元	84298	14.0
投产企业数量	个	5	400.0
从业人员	个	7677	23.7

说明:投产企业数量为拿地和租赁类项目投产

1.7万个跨境电商企业的信用评分评级,查询覆盖13个国家和地区海外企业资信状况8.11万次。4月,杭州跨境电商行业信用监管场景获评浙江省信用数字化改革十大示范案例。eBOX创新项目服务平台上线企业数357个、服务项目476个,信用快贷等产品授信总金额371亿元,贷款发放总金额258亿元,"基于大数据的物流账款智慧管理业务"创新模式作为"杭州经验"向全国复制推广。杭州综试区内企业、院校、行业协会等组织、参与编写跨境电商相关国家、行业标准20个,其中牵头制定的"跨境电子商务平台商家信用评价规范"成为跨境电商信用国家标准。

【"全球跨境电商知识服务中心"启用】2021年5月26日,"全球跨境电商知识服务中心"落成启用,由杭州综试区、萧山区政府、萧山经济技术开发区、杭州湾信息港、"亿邦动力"联合建设运营。"全球跨境电商知识服务中心"线下选址杭州湾信息港六期4号楼,面积1200平方米。实体项目运营包含展示中心、运营中心、品牌中心和交流培训中心,涵盖跨境电商全球趋势分析、政策创新成果、双循环路径、数字变革等内容。线上载体从政策分享、技术前沿、品牌经验、内容创新、知识精英等维度进行相关内容整理,发布中文、英文内容240篇以上,其中英文稿件发布媒体总数超过40个,覆盖人群超过600万人。

【政企联动促进产业转型新模式】2021年,杭州综试区创设政企联动促进产业转型新模式,每年推出一项促进产业发展专项活动。全年杭州各大跨境电商平台开展全国性产业交流活动500多次。阿里巴巴国际站先后联动机械、纺织、服装等行业"出海"。"全球速卖通"平台在杭州推出跨境电商品牌出海"巨鲸"计划后,与厦门、青岛等地建立战略合作,推动全国100个品牌走出国门。

【跨境电商进出口退换货等新模式创立】2021年,杭州综试区建设跨境电商出口退换货中心仓,打通退换货数据匹配、理货查验、退货申请、尾程派送及二次销售链路,杭州综试区首创的跨境进口B2C包裹退货新模式入选国务院深化服务贸易创新发展试点"最佳实践"。创立全球中心仓模式,探索非保税货物与保税货物"同仓存储"、出口贸易与进口贸易"同仓调拨"、小额贸易与大宗贸易"同仓交割"、外贸与内贸"同仓一体",实现一区多功能、一仓多形态。跨境电商进口医药产品白名单1.0版推出,覆盖跨境零售进口正面清单内21个税号商品,产品备案数超过30个SKU(最小存货单位)。创立寄递渠道进口个人物品数字清关模式,联合海关共建数字清关公共服务平台,构建跨境包裹交易数据、支付数据、物流数据以及部分随附数据全链路数字化监管闭环,针对低风险包裹实现快速放行。创立"保税进口+零售加工"模式,投产日化洗护品类新世界工厂项目,将海外成品终端加工、分装环节,前置到国内综保区,快速送达国内消费者。创新跨境电商"线上下单、线下展示、定点配送"模式,店内扫码下单,直联海关系统,商品秒级在线通关并从保税区发货，定点配送到消费者。

【跨境电商数字化监管】2021年，杭州综试区系统评估跨境电子商务“小包出口”、“直邮进口”、“网购保税进口”、跨境B2B出口、特殊监管区出口等业务开展情况，优化“清单申报”便捷通关流程和“信息互通、监管互认、执法互助”部门协同机制，加快构建“数据多跑路、人为少干预、货物快通关、退货更便捷”的新型监管模式。开展贸易外汇收支便利化试点，在满足业务真实性要求下实现跨境电商海外仓收汇模式，支持商业银行经批准，凭交易电子信息为出口跨境电子商务经营者提供收结汇服务资质。促进杭州—宁波跨境贸易便利化，召开跨境贸易便利化专项行动推进会，杭州和宁波发布两批促进跨境贸易便利化若干措施的公告、共42条举措，进一步减单证、优流程、提时效、降成本。

【海外仓建设】至2021年年末，杭州综试区内企业在境外自建、合作、租赁的海外仓共有349个，总面积541.01万平方米，覆盖30多个国家和地区。其中，杭州综试区提供各类服务的公共海外仓152个，公共海外仓总面积373.17万平方米，覆盖17个国家和地区，服务客户20.34万个。海外服务网络点位108个，覆盖30个国家地区。杭州机场国际及地区定期货运航线增至24条。杭州综试区出台海外仓扶持政策，加强政策引导。对列入省级跨境电子商务公共海外仓建设试点名单的企业，除省级扶持资金外，给予不超过20万元的一次性资金扶持；对列入市级跨境电子商务公共海外仓建设试点名单的企业，给予不超过75万元的一次性资金扶持。

【“一键达海外仓”应用场景打造】2021年，杭州综试区打造“一键达海外仓”应用场景，整合第三方公共海外仓运营企业的海外数字仓储数据，打通海外仓供需双方信息壁垒，为外贸企业、跨境电商企业提供多种赋能，涵盖海外仓租赁、VAT（增值税）解决方案、物流服务、供应链金融、品牌培育及维权等环节，同时接入海关国际贸易单一窗口、国家外汇管理局数字外管系统、“互联网+便捷退税系统”等平台，解决企业海外仓租赁难、运营费用高、智能化水平低、库存压力大等问题。至年末，“一键达海外仓”应用场景覆盖全球24个国家、78个海外仓，总面积226万平方米。

【最优跨境电商生态圈建设】2021年，杭州综试区加快建设最优跨境电商生态圈。根据规划设立14个跨境电商产业园，按照“一园多点”的发展模式，培育产业集聚分园25个，规划面积1543.48万平方米，开发面积405.95万平方米，入驻企业1304个，获省级及省级以上部门认定和挂牌30个。

【跨境电商企业主体培育】2021年，杭州综试区发挥跨境电子商务在带动就业创业方面的作用，整合政府、平台、培训机构和服务商资源，加快跨境电商主体培育，打造跨境电商新兴产业中心、品牌出海中心、人才生态中心和服务资源中心。杭州综试区内开展跨境电商业务的企业共4.83万个，其中2021年新增跨境电商企业5304个，开展跨境电商进出口业务金额2000万元以上的企业411个，从事跨境电商服务企业1063个，被认定为高新技术企业134个，跨境电商企业注册海外商标2085个。

【跨境电商新兴产业中心打造】2021年，杭州综试区推出“百网万企品销全球”跨境E贸节和跨境电商新制造专项行动，加强与亚马逊公司、阿里巴巴国际站、“全球速卖通”及“Wish”“eBay”“Shopee”“Lazada”等全球电商平台合作，引导传统外贸、制造和国内电商转型跨境电商。联合跨境电商平台、服务商、咨询机构走进15个跨境电商产业带，引导跨境电商品牌企业、平台、服务商与产业带相结合，带动家纺服装、五金工具等轻工业消费品产业带“出海”。创新“制造+品牌”合作模式，余杭、萧山、建德等地先后被纳入全省产业集群跨境电商试点激励。5月18—19日，首届“双湾联动”跨境电商发展趋势高峰论坛举行，联通杭州与深圳两个跨境电商领先城市资源，吸引江苏、山东、福建、河北、陕西、山西、北京、上海等地超过1000名跨境电商卖家参会。

【跨境电商人才培养加强】2021年，杭州综试区编制跨境电商人才标准和紧缺人才目录，组建跨境电商人才联盟，创新中国（杭州）跨境电商学院培育模式。创新校企人才培养模式，联合阿里巴巴集团“百城千校计划”、亚马逊公司“101时代青年计划”、“eBay”、“E青春计划”、“Wish”星青年计划，推进跨境电商实践训练基地建设，加快培育复合型人才。开展多层次人才培训，举办跨境电商领军班、精英班、创业班以及实操班等人才培育工程，构建覆盖领军人才、精英人才和实操人才的多层次培训孵化和创业创新体系。搭建跨境电商人才输送渠道，先后在浙江工商大学等5所在杭高校举办6场跨境人才双选会，120多个企业提供1600多个岗位，1万余名应届高校毕业生参加活动。全年20所在杭高校培育跨境电商专业毕业生6000人、社会化人才8.63万人次。

【跨境电商行业战略枢纽构建】2021年，杭州综试区发挥骨干跨境电商平台、跨境电商协会、eWTP秘书处等公共服务平台作用，推进国家、地区、城市间跨境电商行业交流合作，加快构建数字丝绸之路战略枢纽。组建杭州跨境电商协会、跨境百人会等7个跨境电商行业组织，联合阿里巴巴全球速卖通等全球知名跨境电商平台举办行业性对接活动100场。联合阿里巴巴集团举办第二届“扬帆起杭”全球跨境电商创业创新大赛，吸引11个国家的1600多名外国留学生报名参赛。举办数字品牌无国界——2021年全球商业挑战赛，支持来自12个国家1500支海外留学生团队参赛。联合“eBay”举办全国跨境电商创业创新大赛，288个高校、2650支团队、1万余名师生参加比赛。全年在中央、省、市级主流媒体宣传杭州地区跨境电商工作成果225篇，杭州综试区微信公众号年阅读量60万人次以上，用户近10万人次。（冯蔷颖）

责任编辑　秦文蔚

31 区域合作

东西部协作

【概况】2021年是国家新一轮东西部协作工作的起步之年，杭州市承担四川甘孜藏族自治州（简称甘孜州）、广元市18个县的东西部协作任务。市委、市政府召开4次市委常委会、市政府常务会议，专题研究新一轮东西部协作工作。市委、市政府主要领导分别赴甘孜州、广元市考察指导，召开4次两地联席会议，研究解决协作中遇到的问题。全年投入财政援助资金9.73亿元，组织实施帮扶项目136个。投入社会帮扶资金和物资价值1.39亿元。组织79所学校、48个医院、290个企业和40个社会组织到对口地区，开展帮扶协作、专业培训、支医支教、理论研讨等活动。与贵州省黔东南州、湖北省恩施州建立友好城市关系，加强互动交流，深化各领域合作。

【人才产业合作】2021年，杭州市选派39名干部到对口地区挂职，选派235名教师、医生开展“组团式”支教支医。帮助对口地区培训乡村振兴干部、专业技术人员2.38万人。引导108个企业到四川投资100.58亿元，参与共建产业园区17个，援建生产车间57个，吸纳当地劳动力5820人。引导浙江能源集团有限公司与甘孜州政府签订可再生能源合作协议。协调杭州娃哈哈集团有限公司将食品研究院落户广元市泸定县，与该县在饮料行业人才培养、产品研发、科技成果推广转化等方面开展合作。指导甘孜州理塘县做强做优牦牛特色产业，打造千亩家庭牧场、千头牦牛标准化健康养殖场、万亩牦牛现代农业基地、万头活畜交易市场。推进当地来料加工项目提档升级，实现群众居家灵活就业扩面。林丰铝电有限公司电解铝项目、吉利集团装潢公司铝型材项目落户川浙合作产业园。

2021年，杭州市钱塘区在四川省甘孜藏族自治州理塘县建设牦牛产业园
（市对口支援和区域合作局 供稿）

【劳务协作】2021年，杭州市打造东西部劳务协作数字化服务平台——“杭广协作云”，通过“互联网+平台+社区式求职体验中心”模式，为广元市待就业人员在驿站或手机端提供求职登记、在线面试、在线签约、创业辅导、技能培训、公益帮扶等服务。年内该平台集聚杭州、广元两地招聘企业739个、创业服务机构79个、创业载体16个，注册用户1.39万人。全年在甘孜州、广元市举办劳务培训班230期，参训1.01万人次。帮助对口地区劳动力在杭州就业7.92万人，在四川省内就近就业1.42万人，到其他省份就业7748人。

【消费帮扶】2021年，杭州市发挥电商与商场、线上与线下双重优势，打造“圣洁甘孜”“有机广元”公共区域品牌。在四川广元市采取一体化供货、一体化运营、一体化导流的“三位一体”协作模式，依托明康汇生态农业集团及其230多个“线下”门店，拓宽当地政府部门、企事业单位、学校食堂等团购销售市场。组织甘孜州牦牛肉等高原特色农产品参加“2021文旅市集·杭州奇妙夜”暨杭州文旅消费季活动，5分钟实现销售额60多万元。阿里巴巴集团在甘孜州、广元市实施“热土计划”,选派员工担任乡村振兴指导员,帮助两地发展电子商务,扩大农产品销售,促进农牧民增收致富。

【数字赋能乡村振兴】2021年,杭州市在广元市青川县建设“白叶一号”数字驾驶舱,依托物联网、5G、人工智能及大数据等现代技术,实施茶叶数字化种植管护,并引进企业、专业合作社等新型经营主体参与茶园承包。组织中国茶叶研究所、杭州、广元青川三方技术专家参加会商,通过改良土壤、培肥地力、精细管护,“白叶一号”取得初步效益,带动600多户脱贫群众年均增收4300多元。构建线上浙甘援建数智平台,搭建“1+4+N”顶层设计框架,包括1个“浙政钉”工作平台,智慧党建、干部人才、项目管控、内部管理4个模块,党支部活动、项目一张图、干部人才一张图、特色工作、健康打卡、微信公众号等N个可扩展的应用场景。依托数字化赋能乡村振兴,在广元市致力打造产业兴旺、生态宜居、乡风文明、治理有效的未来乡村新样板。

【社会力量参与协作】2021年,杭州市发动社会各界参与东西部协作,实施西奥电梯西南地区人才培训中心、中日韩大学城、世界技能大赛冠军广元工作室、蔡崇信基金会体育与职业教育帮扶等八大帮扶项目,直接投入帮扶资金836万元。引导杭州市青年企业家协会、杭州农村青年兴业带头人协会、杭州青年公益社会组织服务中心等协会社团组织,发挥品牌化、专业化优势,开展各类公益帮扶项目。加大慈善助残投入。在甘孜州安排助残项目10个,投入助残资金500万元,配置残疾人辅具980件,资助25名残疾大中专学生。开展残疾人基本康复服务738人次,为180多名残疾人购买书籍和文化用品,组织残疾人就业技能培训100多人次,并设立残疾人“助梦百货超市”。（王力洲）

对口支援

【概况】2021年,杭州市继续做好对口支援新疆阿克苏市、西藏那曲市色尼区、青海德令哈市工作。通过产业扶持、民生支援、民族交流交往交融,带动对口支援地区共同富裕,实现对口支援地区长治久安和长足发展。全年选派干部人才111人到对口地区挂职;安排财政资金3.85亿元,其中援疆2.32亿元、援藏0.97亿元、援青0.56亿元。

【项目建设】2021年,杭州市实施援疆大项目31个,涉及具体项目116个,其中阿克苏市第十七中学、第十八中学、阿克苏市喀拉塔勒镇卫生院3个项目总用地面积2.03公顷,总建筑面积4.29万平方米。年内建成阿克苏市7个村级基层组织阵地(党群服务中心)、14个新时代文明实践站。实施援藏项目17个,协助色尼区建立项目分管区领导负责制、项目库管理制和项目推进协调机制,为完成“十四五”时期援藏项目建设提供机制保障。杭州海康威视技术股份有限公司、杭州施强集团有限公司与那曲市色尼区政府签订实施数字色尼一张图、“互联网+医疗、“互联网+教育”项目协议。杭州鼎岳空分设备有限公司与那曲市色尼区政府签订制氧机项目落户那曲市战略框架合作协议。实施援青项目14个,项目涉及社会治理现代化、产业扩大促就业、基础设施提升、民政救助、医疗卫生提升、就业创业帮扶、生态修复工程、民族文化交流交往及教育服务创新等方面。杭州投入100万元,在主城区解放路196号成立大美青海·柴达木城市会客厅,作为青海文旅宣传展示的重要窗口、柴达木有机农畜产品展销的服务前端、海西州招商引资的重要平台。

【民生支援】2021年,杭州援建的阿克苏娃哈哈饮料二期等项目投产,新增就业1600多人。首次组织那曲籍高校毕业生28人在富阳、桐庐等地企业就业。组织140多个杭州企业到德令哈市招聘员工。组织124名援疆教师与474名阿克苏教师结对,举办讲座、公开课等活动,提升当地教育质量。创办西藏首个区县级内地援藏班,安排110名那曲市色尼区学子到浙江就读。杭州新增与德令哈市结对中小学和幼儿园17所。开展医疗便民活动,通过“多院帮科·专科联盟”形式,缓解阿克苏市就医难。全国道德模范、“最美杭州人”韩凯医生发起“母亲微笑行动”,免费为阿克苏唇腭裂患者施行手术109例。推出“抬头挺胸重塑脊梁”圆梦行动,安排18名那曲市色尼区患者到杭州接受免费康复救治。拓展杭州职工疗休养市场,杭州市总工会分别与德令哈市、海西州总工会达成职工(劳模)疗休养框架协议,把援青项目“柯鲁柯农垦文化风情小镇”“德令哈市游客服务中心”分别打造成为杭州职工(劳模)疗休养基地和海西州职工疗休养基地及浙报集团海西疗休养基地。

2021年,杭州市在解放路196号成立“大美青海·柴达木城市会客厅”,作为青海省文化旅游宣传展示的窗口（市对口支援和区域合作局 供稿）

【民族交流交往】2021年，杭州市举办"'浙'片真情·'包'罗万象"——为那曲孩子捐赠爱心书包、杭州青企协公益捐赠那曲、浙江光彩事业走进那曲、全国教育领域爱心企业走进色尼等活动，启动微心愿"亲青筹·圆梦那曲"公益项目1063个。以庆祝中国共产党成立100周年和西藏和平解放70周年为契机，举办援藏成果摄影展，全面展示25年里杭州与那曲市色尼两地共同成长、共同进步的历程。组织"百名浙商进海西"、"丝路爱情"文化交流、海子诗歌节、杭州与阿克苏两地10户"最美家庭"结对走亲等活动，组织85名新疆妇联干部到杭州建德市千鹤村学习参观。举办"小小石榴籽、共筑中国梦"杭州与阿克苏青少年融情夏令营，阿克苏市21名小学生和90名青少年参加。（聂晟楠）

对口交流与合作

【概况】2021年，市对口支援和区域合作局按照"加快构建区域协调发展新格局"的总体思路，牵头开展多领域合作与交流，完善合作共建机制，推进与吉林长春市、长白山市全面深度合作。实施西部大开发国家战略，组织杭州企业参加西部地区的经贸交流，拓展杭产品西部市场。加强与国内友好城市及周边城市合作交流，杭州国内友好城市增加到19个。

【合作机制共建】2021年，杭州市与长春市签订新一轮《深化对口合作框架协议》，根据杭州部分行政区划优化调整、长春市设立中韩国际合作示范区和代管公主岭市实际情况，对两市县县对口合作结对关系进行优化，推动萧山区与公主岭市、临平区与中韩国际合作示范区建立对口合作关系。杭州召开对口合作工作会议，明确各单位对口合作任务。市发改委、市卫生健康委、上城区、富阳区等单位负责人分别到长春市对口单位进行工作对接。杭州继续选派干部到对口地区挂职，挂职干部人才包括党政机关干部、医疗卫生专家。统筹各功能平台、市场主体以各种方式参与对口合作，两市建立横向联动、纵向衔接、全面深化的合作体系。

【专项领域合作】2021年，杭州市根据对口合作框架协议，开展多领域合作与交流，促进两市经济社会互补发展。

两市结成"跨省通办"政务服务战略合作伙伴，开展政务服务事项"跨省通办"业务合作。杭州向长春介绍"最多跑一次"改革、工程建设项目审批制度改革、企业开办"小时制"、个人事项"分钟制"等做法，提供相关改革政策文件及优秀案例。向长春推介城市大脑赋能城市治理，数据赋能生产、生活等方面情况，助力长春加快数字城市建设，减少探索和开发成本。年内，杭州"亲清在线"核心功能在长春上线应用。杭州城市大脑产业协同创新基地核心生态企业杭州天壤智能科技有限公司承接长春城市智能体交通治堵场景建设，实现长春交通智能治堵，促进全市数字产业链发育。两市开展国有企业混合所有制改革情况交流，交换拟开展混合所有制改革的企业名录。杭实集团下属杭州热联佰业优供应链管理有限公司通过公开挂牌方式，引入长春佰业优钢材配送有限公司，开创杭州、长春两市国有企业混改的先例。

根据长春市汽车制造、轨道交通、大工业环境等产业特色和地理优势，杭州安恒信息技术股份有限公司在长春合作共建信息安全产业基地。长春依托杭州修正药业集团市场资源和品牌影响力，加快修正大健康数字产业园建设，产业园建筑面积5.58万平方米，主要用于建立区域销售、研发中心。长春市有关部门与杭州裕新智能科技有限公司、杭州启明医疗器械股份有限公司分别签署"裕新科技（长春）工业机器人与智能装备产业园""启明皓月新型生物瓣膜"合作项目。由浙江清创和梓信息科技有限公司投资建设的"一亿中流"上市加速器·长春园区引入企业40个，入驻企业实现营业收入1亿多元。杭州援建的柳桥晨雨牧业屠宰加工项目投入试运行。万丰智能机器人装备制造产业园为浙江万丰企业集团与长春经济开发区合作项目，一期主体工程竣工。中通快递东北智能电商产业园项目落户长春公主岭市。吉浙服务业发展示范区中的阿里云创新中心累计孵化企业近100个，在孵企业实现营业收入2.6亿元、税收857万元。

浙江省与吉林省进一步加强粮食交易合作。临安区在长春榆树市进行粮食储备和轮换，全年采购和销售吉林及榆树大米价值300多万元。

杭州市将长春市、长白山市特色的旅游产品和优惠举措推介给杭州旅行商和市民游客，通过"杭州文化消费""杭州文广旅游发布"等平台宣传推介旅游精品线路产品。杭州组织职工到长春、长白山等地疗休养。3月，杭州、长春、长白山、松原四地联合举办"春雪咏春韵，春风话春雨"——首届春回大地主题音乐诗会。6月，杭州应邀参加长春消夏艺术节开幕式活动。杭州龙门古镇与长白山讷殷古城缔结为友好景区。

【经贸交流活动】2021年，杭州组织浙江一亿中流信息科技有限公司、浙江大胜达包装股份有限公司、杭州天堂伞业有限公司等25个企业，分别赴重庆、西安、兰州、成都参加第十八届中国西部博览会、第二十七届兰州经贸洽谈会等全国性和地区性展销会，参与西部大开发，拓展杭产品销售渠道。展销会期间，浙江焱磊新能源科技有限公司与国家电投贵州金元股份有限公司陕西分公司签订战略合作协议；浙江梧斯源通信科技股份有限公司、杭州天堂伞业有限公司等企业达成意向销售订单；浙江喻晓网络科技有限公司与四川省浙江商会、雅安大数据产业园，浙江一亿中流信息科技有限公司与成都大邑区招商局、青岛招商局、徐工信息技术股份有限公司等单位达成合作意向。

【国内友城合作交流】2021年3月和4月，杭州分别与贵州省黔东南苗族侗族自治州（简称黔东南州）、湖北省恩施土家族苗族自治州（简称恩施州）签署缔结国内友好城市协议。至此，杭州国内友好城市增加到19个。10月23—24日，"第二届（2021）世界会长大会暨第十二届西湖公共关系论坛"在杭州举行，黔东南州、恩施州、广元市政府领导应邀出席，并参加"数字经济与人类命运共同体""直播与乡村振兴"等论坛及相关活动。

市人力社保局、市对口支援局等部门协助黔东南州政府驻杭办事处，举办“黔东南籍在杭大学生交流座谈会”及考察活动。（卞平华）

长三角区域一体化发展

【概况】2021年，杭州市全面落实党中央和浙江省长三角区域一体化发展工作部署，统筹抓好一体化推进工作。印发年度一体化工作任务清单和重大项目清单，建立清单化、项目化推进机制。将唱好杭甬“双城记”纳入长三角区域一体化发展总体框架，建立四级工作协同机制。完成杭绍、杭嘉、杭黄3个毗邻区块建设方案编制，推广长三角区域生态绿色一体化发展示范区第一批制度创新经验。调整完善《杭州都市圈发展规划》并推动报批。《共同做好亚运会服务保障合作协议》被纳入三省一市主要领导座谈会期间签约事项，杭州配合全省开展长三角区域一体化国家战略实施三周年系列活动。长三角城市经济协调会办公室在湖州吴兴区和南京浦口区举办2次主题分别为“长三角城市科技和产业创新合作”“长三角城市创新合作与发展”的专题交流培训班，交流长三角区域全方位一体化发展工作。

【科创共同体共建】2021年，长三角城市加强战略科技力量培育，深化科创共同体建设。之江实验室成为上海浦江实验室重要支撑，推动上海临港实验室在杭州建设浙江基地。开展关键技术联合攻关，之江实验室联合复旦大学等高校研发“天枢人工智能开源平台”，阿里达摩院联合上海交通大学等单位开发新一代位置智能引擎Ganos空天数据库引擎，浙江大学会同南京邮电大学、河海大学等单位研发“水下直升机”下潜深度超过1000米。借力上海科创资源，在上海松江、张江分别设立长三角G60浙江（临平）科创基地、“拱墅·上海飞脑中心”。推进区域创新成果转移转化，联合发起成立杭州都市圈促进科技成果转化联盟，杭州有关单位与中国科技大学上海光机所合作建设光电激光产业协同创新创业中心，与中科院上海分院合作设立杭州中科国家技术转移中心，该中心引进企业17个。成立“沪杭人才之家”，打造杭州在沪人才驿站，推动人才资源流动共享。杭州依托火车东站的长三角人才杭州枢纽，吸引长三角优秀人才企业近50个。“长三角人才云市场”服务覆盖长三角各节点城市，服务企业近20万个。

【产业链融链补链】2021年，长三角城市发起设立长三角物联网产业链共同体、长三角主要城市中心城区高质量发展联盟，发展联盟将楼宇标准化杭州经验向长三角城市复制推广。推进成立物联社“杭州会客厅”。中电海康集团有限公司牵头成立的跨领域“感存算一体化”超级中试中心汇集中试设备500多台（套），设备能力覆盖感存算主要技术领域。萧山区设立长三角（杭州）制造业数字化能力中心，打造服务长三角地区制造业数字化“策源地”。杭州与上海、江苏太仓签约共建全球航空集群合作加速中心。云栖小镇联动上海普陀区海纳小镇、江苏无锡雪浪小镇实现人才、技术互通和配套设施共享。由长三角城市经济协调会物联网专委会牵头，杭州、上海、宁波、合肥、无锡、嘉兴等物联网共同体组成的首个“长三角物联网产业链共同体”在杭州滨江区智慧e谷揭牌。

【开放统一大市场建设】2021年，长三角区域三省一市建立网络监管异地协作平台，该平台协同监管网覆盖全国20多个省、市。三省一市联合开发的长三角知识产权信息公共服务平台、城市信用分互认互通平台在杭州上线。实现长三角城市与宁波、厦门、郑州信用分互认及杭州都市圈城市信用码互认。对标上海自贸试验区制度创新经验，探索生物医药等高端制造全产业链保税制度试点，推动跨境融资转卖业务落地。组织长三角城市参加第四届中国国际进口博览会，首次在博览会上设立亚运专题展区，举办“揭榜挂帅·全球引才”科洽会等重要配套活动，有5个重大外资项目签约，总投资8.36亿美元。

【基础设施互联互通水平提升】2021年，杭州萧山国际机场三期扩建工程、杭衢铁路、湖杭铁路、杭温铁路、杭淳开高速公路、杭绍甬高速公路、沪杭甬高速公路、京杭运河浙江段三级航道整治工程等跨区域重大项目全面推进。打通跨区域断头路，建成千黄高速公路淳安段、临金高速公路建德至金华段。完善都市圈通勤网络，杭绍、杭海城际铁路实现与杭州地铁一票无缝换乘，全面建成杭州绕城高速西复线。

【公共服务同域化推进】2021年，长三角区域加大优质公共服务资源合作力度。成立长三角教育评价城市联盟，上海外国语大学附属杭州中学落户富阳，杭州市儿童医院加入“上海交通大学医学院附属新华医院联盟”，杭州引入上海朗诗常青藤养老品牌参与示范性居家养老服务中心建设运营，与安徽省黄山市、宣城市泾县儿童医院开展医疗养老合作。杭州推出“智能亚运一站通”平台，举办“亚运走十城”活动、首届“杭州·上海”街头艺术节，与绍兴共同主办宋韵文化节。提升医保转移接续便利化水平，实现与上海、江苏10个城市、安徽省本级及黄山市医保关系双向转移接续“一网通办”。推进居民服务“一卡通”，实现与全国318个设区市以上城市公交一卡通互联互通，长三角地区市、区两级公共图书馆实现长三角地区借阅服务“一卡通”。

【长三角生态文化旅游品牌共塑】2021年，长三角区域3个城共同打造长三角世界遗产群落，提升10条杭州世遗精品旅游线路影响力，联动杭州都市圈城市和南京、苏州、宁波共同开展世界遗产宣传推广。共同开发建设杭黄自然生态和文化旅游廊道，编制完成跨省际流域水生态共保规划《新安江流域水生态环境共同保护规划》。实施廊道沿线景观改造，完善沿线旅游标识标牌，推出“探街源秘境，走徽州天路”等乡村游线路。（孙　强）

【长三角城市经济协调会第二十一次全体会议】2021年10月19—21日，长三角城市经济协调会第二十一次全体会议在江苏省徐州市召开。上海市常务副市长陈寅等41个成员城

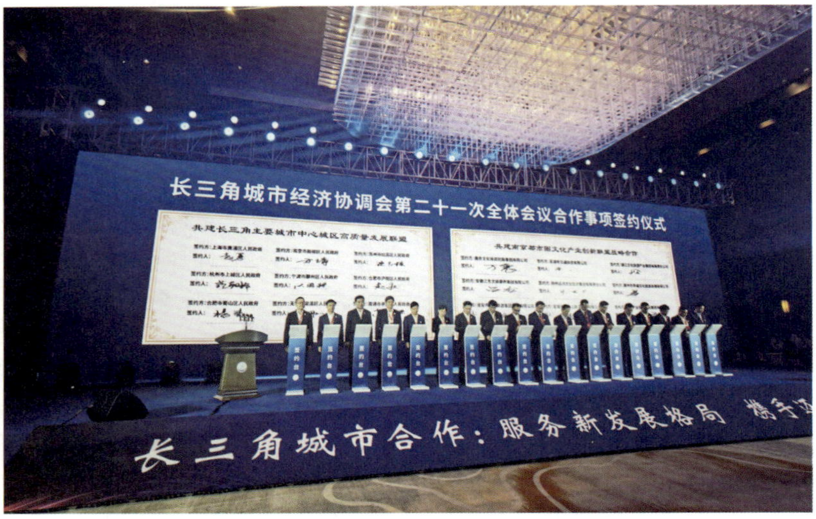

2021年10月19—21日，长三角城市经济协调会第二十一次全体会议在江苏省徐州市召开，会上举行合作事项签约仪式　（市对口支援和区域合作局 供稿）

市市长出席会议，江苏省委常委、常务副省长樊金龙，国家发展改革委地区司负责人，上海、江苏、浙江、安徽三省一市发展改革委负责人，上海市16个市辖区相关负责人应邀出席会议，城市经济协调会专业委员会、合作联盟有关代表应邀参加。会议以“服务新发展格局，携手迈上新征程”为主题，总结2020年城市经济协调会工作，审议通过《长江三角洲城市经济协调会2020年经费决算和2021年经费预算报告》《长江三角洲城市经济协调会第21次全体会议纪要》等。会上，上海市黄浦区、南京市鼓楼区、苏州市姑苏区、杭州市上城区、宁波市鄞州区、合肥市庐阳区、合肥市蜀山区联合签约，共同组建“长三角主要城市中心城区高质量发展联盟”，旨在推动各城市中心城区产业发展、科技创新、数字化转型、城市更新、社会治理。杭州市与无锡市签订“智能制造产业工程院战略合作框架协议”。　（卞平华）

杭州都市圈

【概况】2021年，杭州都市圈建设以“数智”“共富”为主线，围绕共建现代化都市圈目标，聚焦杭州都市圈数字协作等10项重点工作，协同推进杭绍甬智慧高速公路、企业数字化改造等30个合作项目，打造交通共联、产业集群、人文魅力、绿色生态、智慧民生五大主题都市圈。全年都市圈城市实现地区生产总值37738亿元，比上年增长8.7%，增速分别高于全国、全省0.6个和0.2个百分点。都市圈省内城市地区生产总值占全省的50%。其中，湖州、绍兴、衢州分别增长9.5%、8.7%和8.7%，杭州、嘉兴均增长8.5%。黄山地区生产总值增长9.1%，增速高于安徽省0.8个百分点。都市圈第一产业实现增加值1001亿元，增长2.6%；第二产业实现增加值15190亿元，增长9.9%；第三产业实现增加值21548亿元，增长8.2%。三次产业结构由上年的2.9∶38.8∶58.3调整为2.7∶40.2∶57.1，第二产业比重明显提高。都市圈规模以上工业企业利润增长23.6%，提高幅度超过10个百分点。

【跨区域合作协调机制完善】2021年，杭州都市圈城市以活动带联动，加强协同合作。联动都市圈15个专业委员会、8个部门联席会议和各区县（市），开展都市圈品牌产品评选、都市圈共富典型案例推介、专家深度行、市民体验日等活动，打造杭绍、杭海、杭湖、嘉湖等毗邻区块都市圈合作样本。推进数智发展，加强力量联合。都市圈各城市发挥政府主导、市场主体作用，汇聚各方力量参与都市圈建设。召开杭州都市圈现代化数智发展会议，建立数字协作联盟等合作新载体；充实都市圈智库，新聘任智库专家12名；与浙江省八八战略研究院、浙江大学长三角中心签订推进数字赋能、未来乡村建设等战略合作协议6个。开展《杭州都市圈发展规划》修订、报批工作，编制完成生态环境共保规划。开展杭州都市圈指数、数字协作路径等课题研究，加强都市圈发展分析和统计监测。

【杭州都市圈交通共联】2021年，杭州都市圈加快推进交通共建共联工作。杭州绕城西复线、千岛湖至黄山高速公路（淳安段）通车；杭州至绍兴城际快线、杭州至海宁城际快线建成，三地共同推出票制票价一致、车票（码、卡）兼容互通、信息系统互联、安检互信互认和公交接驳互通。杭州至德清城际快线开工。建德至衢州高速铁路、湖州至杭州西至杭黄铁路连接线、杭绍甬高速公路杭州至绍兴段、京杭大运河（浙江段）三级航道整治工程、杭州至淳安、开化高速公路等重大交通项目有序推进。都市圈六城市基本实现城际客运高频次1~1.5小时快速通达。

【产业集群都市圈共建】2021年，杭州都市圈产业协作成效明显，杭州和黄山开展数字经济产业合作对接，杭州和宣城开展产业协作交流座谈，杭州邀请衢州、黄山等城市企业家参加都市圈企业技术创新能力提升培训。《杭州城西科创大走廊德清片区发展规划》审议通过，德清融入杭州城西科创大走廊北翼联动区。

【人文魅力都市圈共塑】2021年，杭州都市圈城市联合共塑“江南绝色·吴越经典”等区域旅游品牌，共同开发杭黄毗邻区块生态文化旅游合作先行区、大运河唐诗之路等文化旅游综合开发项目。举办都市圈文化旅游新春惠民大联展活动，杭州、嘉兴、湖州、绍兴、衢州、黄山6个城市推出248项全新的文旅节庆活动、产品线路和惠民举措。推出杭州都市圈文旅卡，打造“亚运一站通”平台，实现“看亚运、游杭州”一步到位。制定《杭黄毗邻区块（淳安、歙县）生态文化旅游合作先行区建设方案》，推动杭黄合作以及杭黄“五名”（名城、名湖、名江、名山、名村）宣传。

【绿色生态都市圈共建】2021年，杭州都市圈各城市开展“碧水护亚运”

活动，编制完成《新安江流域水生态环境共同保护规划》。探索钱塘江"流域共治联盟"，推进钱塘江流域生态环境高水平共同保护。成立新安江流域上下游水环境联防共保协调工作组，杭州市与黄山市定期开展联合监测。杭州市淳安县与黄山市歙县签订联合打捞协议，全年开展15次新安江流域污染物联合打捞活动。

【智慧民生都市圈共享】2021年，杭州都市圈各城市完成全域异地就医门诊、住院费用直接结算，杭州开通异地结算医疗机构628个。建立完善都市圈城市公共图书馆协作交流、文化市场综合行政执法联动、培训资源合作共享等机制。都市圈六城市执法队负责人共同签订《杭州都市圈文化市场综合行政执法联动工作合作签约书》，并组织联动交叉执法检查。杭州市、区两级公共图书馆实现"长三角地区借阅服务一卡通"，其他城市凭长三角地区社保卡即可借阅图书。杭州都市圈"个人信用码"在都市圈各城市落地。（俞宏陵）

山海协作

【概况】2021年，杭州市贯彻落实全省山区26县跨越式高质量发展暨山海协作推进会精神，扛起省会城市责任担当，打造山海协作工程升级版。全年市本级安排援建资金880万元，省定的结对区西湖区、萧山区、余杭区、富阳区安排援建资金660万元，其他各区安排援建资金330万元，筹集社会帮扶资金9700万元；杭州累计投入山海协作资金1.59亿元。

【产业项目合作】2021年，杭州市与衢州市新签合作项目91个，续建合作项目235个，到位资金（含续建项目资金）139.56亿元；与丽水市新签合作项目43个，续建合作项目84个，到位资金（含续建项目资金）60.8亿元；与淳安县新签合作项目18个，续建合作项目27个，到位资金20.7亿元。全年全市实施合作项目498个，到位资金221.1亿元，完成省下达的山海协作资金计划的5.5倍。杭州市引导社会资源在协作地区开展合作，实施教育、卫生、科技和文化领域协作项目66个。聚焦提升协作地区群众劳动技能，组织开展业务技能培训116次，实现劳动力转移6670人次，完成省下达指标的2.7倍。

【乡村振兴示范点建设】2021年，杭州市首次开展山海协作援建项目申报和公开评选工作，经公开评审确定实施乡村振兴点32个，其中1个村入选全国就业村和全国民主法治村、6个村入选省级美丽宜居示范村。首次启动乡村振兴创新联合共同体建设，该项目被列入杭州市级单位十大共同富裕试点之一。推进文化引领未来乡村建设，杭州余杭区结对的衢州柯城区余东村乡村振兴示范点共富实践等特色工作获省委副书记黄建发等领导批示肯定。

【消费帮扶合作】2021年，杭州市以"政府搭台、公益运营、企业参与"的消费帮扶模式，聚焦培育村集体经济，帮助农户扩大农产品销售。举办形式多样的消费促进增收活动，提高山海协作地区优质特色农产品的市场知名度。全年全市实现消费帮扶6.85亿元，消费帮扶金额创下历史新高，超额完成省下达的目标任务。阿里巴巴集团"打造消费帮扶新引擎"、海亮集团"构建全产业链消费帮扶模式"、杭州三替集团多措并举推进消费帮扶做法入选2021年全国消费帮扶助力乡村振兴优秀典型案例。

【山海协作数智援建管理平台建成】2021年，杭州市依托一体化、智能化公共数据平台，开发山海协作数字化应用系统，推进全市山海协作重点领域重点项目管理方式和运行方式的重塑。运用区块链技术，对援建项目开展评审、绩效评估，发挥山海协作援建资金的带动和支持作用。年内，山海协作数智援建管理平台一期建成，综合应用总体框架基本形成，基本建成乡村业态"一屏掌控"、项目资金"一键直达"、营销帮扶"一码互联"等功能模块。

【山海协作园区建设】2021年，杭州市推进山海协作工业产业园转型升级。龙泉—萧山山海产业园落地项目14个，投产项目11个。产业园认定国家高新技术企业5个，申报省科技型中小企业10个。余杭—柯城山海协作产业园引进项目46个，总投资382亿元。其中投资10亿元项目1个、1亿元项目11个。推进山海协作生态旅游文化产业园提质扩面。淳安—西湖山海协作生态旅游文化产业园将千岛湖镇、界首乡纳入产业园总体规划范围，并增加产业园标志性项目投资1.5亿元。缙云—富阳山海协作生态旅游文化产业园完成政府性投资5500万元，产业园社会性投资实际到位9.93亿元。推动"消薄飞地"建设，助力乡村消薄增收。西湖—淳安"消薄飞地"千岛湖智谷大厦成为浙江省第一批数字经济"飞地"示范基地。富阳—缙云"消薄飞地"杭州缙云大厦主体结顶。余杭—柯城"消薄飞地"将柯城补助和扶贫资金量化股权给柯城区86个集体经济薄弱村，促进薄弱村增加收益1607.05万元。萧山—龙泉"消薄飞地"萧龙科创园重点打造以数字经济、生物医药、精密制造、文化创意等产品应用为主导的科创消薄产业园。推动"科创飞地"创新发展，为先富带后富提供高能级平台。衢州海创园1期和2期总投资15.27亿元，有61个企业入驻，其中注册衢州的企业占总数的44.6%。杭州丽水数字大厦落户杭州城西科创大走廊，引进企业80个，覆盖丽水市所辖9个山区县。浙江人才大厦先导区块入驻来自9个山区县的11个创新型人才企业。推进"产业飞地"发展。全市完成杭州钱塘区、萧山经济技术开发区、余杭经济技术开发区、富阳经济技术开发区等5个"产业飞地"选址四至范围的确定。临平—柯城和钱塘—龙游"产业飞地"、萧山—龙泉"产业飞地"、富阳—缙云"产业飞地"分别签约。钱塘—淳安"产业飞地"、前进区块千岛湖智造产业园完成设计招标。推进钱塘—龙游"产业飞地"项目共建欧亚智能装备制造和科力健智能装备项目。临平、柯城两地签订《临平—柯城山海协作工程框架协议》《临平—柯城山海协作"产业飞地"建设备忘录》。（余志刚）

责任编辑　余显幕

32 开发区·产业平台

杭州钱塘新区

【概况】杭州钱塘新区于2019年4月2日由省政府批复成立，实行“一套班子、多块牌子”。2021年4月9日，杭州市部分行政区划调整，成立钱塘区，钱塘新区作为经济功能区和省级新区，与行政区同时存在，实行“区政合一”。是年，钱塘新区获全省高新区突出贡献奖，列全省六大新区综合评价第一名，生物医药、航空航天2个“万亩千亿”平台考核进入全省十强，入选浙江省首批高能级战略平台培育名单。杭州医药港获评杭州市“最强产业小镇”。

钱塘新区全年实现进出口总额1028.78亿元，其中外资制造业企业进出口额占60%。新增外商投资企业115个。出台自贸区建设三年行动计划，“全球中心仓”等11项经验做法入选浙江省制度创新案例。共建跨境电商学院和跨境贸易法庭，推动综合保税区与浦东机场形成属地申报、数据互认、口岸放行的区港联动模式。扩圈“城市货站”，建成“9610出口模式监管仓”5000平方米，“9710保税仓集货+海外仓联动”模式覆盖全球15个国家和地区。对非洲一站式数字服务平台投用，4个“新世界工厂”项目落地。“芯智造”、生物医药、汽车3条产业链入选浙江省产业链“链长制”示范试点，“芯智造”和生物医药获评全省经开区优秀示范单位。招引1亿元以上产业项目75个，总投资近600亿元，签约落地投资20亿元以上产业项目8个，10亿元以上制造类项目和第一批实施类省重大产业项目数均居全市第一位。引进校友经济项目153个，落地高层次人才项目90个。高新技术产业投资比上年增长52.2%，新增企业发明专利授权量增长28.2%。新增市级高层次人才428名，培育高技能人才3260名。实施制造业企业数字化改造“百千万”工程，完成数字化改造攻关项目63个、“机器换人”项目128个，建成5G与传统制造业融合应用场景10个、数字化车间32个。入选市“未来工厂”体系培育企业45个，总量列全市第一位。深化“亩均论英雄”改革，整治低效工业企业72个，淘汰落后产能企业22个，规模以上工业亩均税收32.5万元，增长23.1%。建成启用区公共数据平台，实现“一网通办”率达98%、杭甬湖异地通办事项259个，4个应用项目被列入省重大应用目录。钱塘生物医药板被列入省政府区域性股权市场创新试点。深化“产业大脑+未来工厂”建设，培育“链主工厂”2个、“智能工厂”8个。推行产业用地“净地一件事”、投资项目“小时制”等制度，净地用时缩短至60天内，项目拿地开工最短用时4天。“土地码”实现工业项目全覆盖，推行涉企事项“一窗一次办”“一件事联办”，市场主体总数突破10万户，新增数和总数增幅列杭州市第一位。

【三大新平台增设】2021年，钱塘新区在六大产业平台基础上，增设钱塘科学城、美丽云城、江海之城三大产业平台，形成“6+3”平台体系，实现招商引资、项目推进、企业服务精准化全覆盖。3月25日，钱塘科学城揭牌成立，规划“一核引领、两区联动、全域覆盖”格局，以环大学城区域为核心，联动创新成果转化区和城市综合功能区，重点发展生物医药、智能装备、数字贸易等产业，打造“杭州综合性科学中心的重要承载区、长三角地区一体化的融合发展先导区、活力迸发的都市型新城区”。9月23日，美丽云城建设启动，范围覆盖钱塘区全域，聚焦美妆、美食、美图、美服、美生活为主体的“美丽经济”，规划未来3年引入总产值不少于100亿元的项目30个。9月30日，江海之城发布，总开发建设面积24.5平方千米，先行启动区6.24平方千米，东至青东一路，南至青龙路，西至前民河，北至南沙大堤。重点发展科创、商务、总部经济、现代金融、公共服务、文化休闲等服务业，以产业高端化、要素高能化、城市品质化、人文特色化、场景低碳化“五化共促”，高水平打造“湾区活力门户、星城魅力客厅”。

【零跑新能源汽车项目签约】2021年3月29日，钱塘新区与浙江零跑科技有限公司就“新能源汽车项目”签约。浙江零跑科技有限公司拟在钱塘新区建设年产20万台新能源汽车项目，从事新能源汽车研发、生产与销售。项目总投资40亿元，计划2023年投产。浙江零跑科技有限公司2015年12月成立于浙江杭州，是科技型智能电动汽车企业，有智能电动车完整自主研发能力，业务范围涵盖智能电动汽车整车设计、研发制造、智能驾驶、电机电控、电池系统开发以及基于云计算的车联网解决方案等方面。

【大创小镇获评省级优秀特色小镇】 2021年11月4日，浙江省创建特色小镇2020年度考核结果公布，杭州大创小镇获优秀等级。大创小镇依托全省最大高教园区，以杭州市高科技企业孵化园区和新加坡（杭州）科技园为双核心，打造全链条双创空间体系。全年新增人才项目企业115个，其中超过1亿元的企业18个。新增市级科技企业孵化器4个、国家高新技术企业93个、省科技型中小企业266个。至年末，集聚杭州士兰集成电路有限公司、杭州安费诺飞凤通信部品有限公司等行业领先的集成电路和电子产品制造企业，以及杭州壹网壹创科技股份有限公司、杭州宜格化妆品有限公司、杭州缦图摄影有限公司等“互联网+”企业。

【中国计量大学（钱塘区）校友产业园开园】 2021年7月5日，由中国计量大学与钱塘新区管委会合作共建的中国计量大学校友产业园开园仪式在钱塘科学城佳宝科创中心举行。园区围绕数字化计量、先进检验检测等领域，创新推出NQI（国家质量基础设施）一站式服务联盟钱塘中心，探索政府与名企、名院、名校战略合作新模式，打造集研发总部、加速载体、交流枢纽、展示中心于一体的校友创新创业平台。杭州量友创业投资有限公司与杭州诚鸿佳煜测量技术有限公司、杭州君安有道网络有限公司等一批涵盖智能装备、生物医药、精密检测等科创领域的优质校友企业在开园仪式上签署战略合作与入驻协议。至年末，校友产业园落地“都林生物”“君安有道”“云莓科技”“亚微特科技”“舜地智能”等重点项目12个；自主举办“量友汇”投融资对接会1场，组织参加各类创新创业大赛、路演活动10多场；搜集筛选出符合钱塘区“515”现代产业定位项目22个，其中重点项目17个。

【浙江省原料药安全研究中心成立仪式暨医药创新发展论坛举行】 2021年4月26日，浙江省原料药安全研究中心成立仪式暨医药创新发展论坛在钱塘区举行。活动由浙江省药品监督管理局、中国药科大学、钱塘区主办，浙江省食品药品检验研究院、中国药科大学（杭州）创新药物研究院、杭州医药港管理办公室承办，200多名医药领域专家学者、企业家与会。浙江省药品监督管理局、中国药科大学、浙江省食品药品研究院与钱塘区举行浙江省原料药安全研究中心落户杭州医药港签约仪式。同步举行医药创新发展论坛，由浙江省食品药品检验研究院副院长陶巧凤，中国药科大学博士生导师、教授尤启冬等专家进行主题分享，与会专家围绕原料药产业发展现状、质量控制、影响因素与发展策略等进行探讨。（曹文慧）

大创小镇（摄于2021年）（钱塘新区 供稿）

杭州国家高新技术产业开发区

【概况】 2021年，杭州国家高新技术产业开发区（简称杭州高新区）实现地区生产总值2022.6亿元，比上年增长11.3%。财政总收入407亿元，增长13.5%，其中，一般公共预算收入202.5亿元，增长11%。一般公共预算支出143.2亿元，增长13.3%，其中：民生保障支出124.1亿元，占总数的86.7%；教育、产业扶持支出分别为27亿元、61.5亿元，分别增长8.2%、14.6%。全社会固定资产投资302.9亿元，增长14.2%。社会消费品零售总额476.7亿元，增长11.2%。规模以上工业增加值771.1亿元，增长16.6%；规模以上服务业营业收入3377.4亿元，增长19%，服务业综合评价居全省第一位。入选2020年国家五星级新型工业化产业示范基地，获评全省制造业改造升级最佳典型案例。

全年实现数字经济核心产业增加值1596.2亿元，增长16%，数字安防、网络通信、生命健康产业分别实现营业收入1844亿元、2217亿元、284亿元。新引进1亿元以上项目21个，工业投资、高新产业投资分别增长182.8%、130.3%。实际利用外资9.1亿美元，自营进出口总额804.4亿元。新增上市企业10个，累计63个。新设政府引导基金子基金7只，累计参股35只，带动社会资本200亿元。杭州高新区（滨江）富阳特别合作区富芯半导体项目一期开工，总投资180亿余元。新注册企业1.6万个，累计6.7万个，市场主体8万余个；新认定国家高新技术企业432个，有效数1928个；新增省科技型中小企业674个，居全省第一位。2个企业入围中国民营企业500强，38个企业入围2020年度浙江省数字贸易百强榜。

8个企业入选2021年度软件和信息技术服务竞争力百强企业，7个企业入围第三批专精特新“小巨人”名单，3个企业入选首批省级标准国际化试点、示范单位，13个企业上榜2020年度“浙江制造精品”名单。27个企业入选“省创造力百强企业榜单”，居全省首位。

北京航空航天大学杭州研究生院建成。杭州高新区与曙光信息产业股份有限公司、中国自动化集团开展战略合作，浙江大学—博日科技联合研究中心签约挂牌。公安部检测中心滨江实验室、杭州电子科技大学滨江创新中心揭牌。新增北航—德诺弱磁医学应用实验室等创新联合体11个、省级重点实验室2个、重点企业研究院4个、研发中心56个，省级以上研发载体累计501个。新增国家级工业设计中心2个、省级科技企业孵化器4个。新认定国家级孵化载体2个、省级9个，市级以上孵化载体累计117个，在孵企业3548个。

全年引进人才3.69万人，其中硕士生、博士生9084人。交付人才房2008套、新配租2143套。新增专利授权量1.79万件，其中发明专利授权量6086件。获国家科技进步奖二等奖1个、省科学技术奖29个、省市政府质量奖各1个、中国专利奖6个。发布内外贸产品“同线同标同质”团体标准，累计主导参与制定国际、国家和行业标准38个，获省首批“科技创新鼎”。开展数据知识产权质押试点，全国首单基于区块链的数据知识产权质押落地杭州高新区。举办第十届中国创新创业大赛生物医药全国赛、全国大众创业万众创新活动周（浙江分会场）、第二届中国自由贸易试验区发展论坛、第八届中国国际版权博览会、第七届中国杭州大学生创业大赛全国总决赛等赛会活动。

【杭州高新区科技新政20条出台】 2021年3月1日，杭州高新区施行《关于促进科技企业创新创业的实施意见》。该意见包括科技企业梯队培育、科技孵化体系建设、科技企业创新发展、研发创新体系建设、产学研合作和附则6个部分。具体在鼓励在孵创客企业、优质出孵企业、科技中小型企业、国家高新技术企业、开展技术创新、加大研发投入、设立研发机构、院士专家工作站建设、科技服务机构发展等20个方面出台鼓励政策。

【中国物联网产业知识产权运营中心落户】 2021年3月19日，国家知识产权局批复杭州高新区建设中国物联网产业知识产权运营中心，是国家级产业知识产权运营中心。杭州高新区利用物联网产业优势，以数据要素驱动物联网产业知识产权资本化和产业化，打造物联网产业专利导航服务、知识产权资产托管、知识产权金融服务，知识产权投资运营、知识产权交易五位一体运营体系。围绕数字经济、物联网、人工智能等重点产业，关联各类知识产权、人才、市场主体、产业数据，形成知识产权大数据库，分析定位区域产业优势，构建产业链全景图谱，匹配知识产权资源，全方位服务全国物联网产业创新生态。至年末，为100多个企业提供专业辅导，为40多个企业提供深度服务，助力区内企业上市。

【杭州电子科技大学滨江创新中心揭牌】 2021年5月13日，杭州电子科技大学滨江创新中心开业仪式暨首期科创项目推介会在杭州高新区海外高层次人才创新创业基地举行。杭州电子科技大学滨江创新中心（滨江研究院）由杭州高新区和杭州电子科技大学合作共建，位于海外高层次人才创新创业基地北楼，面积3000平方米，建有3个实验室和1个展厅，包含技术创新与服务、产业项目孵化、技术培训教育三大平台。创新中心围绕杭州高新区经济社会发展中的技术、人才、产业等需求，遵循“产教融合、产城融合”原则，依托杭州电子科技大学学科和智力优势，在大数据、人工智能、网络安全、智能制造与物联网等领域开展技术攻关、科技成果转化、产业化项目孵化、技术培训等，构建政校企一体的创新生态。至年末，创新中心与区内企事业单位共建联合实验室3个，开展合作项目15个，涉及智慧水务、数字化改革、智慧交通、工业互联网等领域。

【中国杭州大学生创业大赛全国总决赛】 2021年6月8日，第七届中国杭州大学生创业大赛全国总决赛在杭州高新区白马湖国际会展中心举行，大赛组委会各成员单位等负责人，各区县（市）相关部门负责人及产业平台、创业园区、孵化器、创投机构负责人，国内各高校代表，参赛大学生团队、指导老师，以及在杭高校大学生代表等800多人参加。清华大学“工业设备智能预测性维护平台”项目团队、香港中文大学“巨岩体育场馆智慧化综合管理云系统的研发与推广”项目团队获特等奖。杭州高新区对特等奖、一等奖、二等奖项目1年内在杭州高新区注册登记的，给予最高1500万元的项目资助。至年末，有13个大赛获奖项目在杭州高新区落户，其中二等奖以上项目4个。

【杭州高新区获中国专利奖5个】 2021年6月24日，国家知识产权局公布第二十二届中国专利奖获奖名单。杭州高新区获中国专利奖5个，其中：杭州安恒信息技术股份有限公司、浙江正泰太阳能科技有限公司、浙江苏泊尔家电制造有限公司、浙江中控技术股份有限公司获专利优秀奖，浙江吉利控股集团有限公司获外观设计优秀奖。至年末，全区拥有中国专利金奖2个、银奖2个、外观设计银奖2个、专利优秀奖50个、外观设计优秀奖9个，获奖总数居全省第一位。

【知识产权工作加强】 2021年6月30日，杭州高新区出台的《关于进一步加强知识产权工作的实施意见》，除要求加强知识产权创造、知识产权运用、知识产权保护、知识产权服务外，新增对国家政府质量奖、各级政府质量奖提名奖、金融机构专利代理机构等级评价、高价值专利组合培育运营、新获国家专利银奖与外观设计银奖的专利权人、承接品牌指导服务站且对区内企业托管量大的机构的奖励；对知识产权保险、产业规划类专利导航与专利产业化的资助；将资助对象扩展到事业单位，并分别给予单位和个人奖励。

【3个企业入选首批省级标准国际化示范、试点单位】 2021年7月29日，

省市场监管局公布浙江省第一批省级标准国际化试点、示范和培育基地名单，杭州高新区阿里巴巴（中国）有限公司和杭州趣链科技有限公司入选示范单位，浙江中控太阳能技术有限公司入选试点单位。阿里巴巴（中国）有限公司参与制定国家标准7项、行业标准15项。杭州趣链科技有限公司是区块链技术及解决方案供应商，累计申请专利230多项，软件著作权50多项，参与制定ISO标准1项、ITU（国际电信联盟）标准7项、国际标准50多项、国家标准8项、其余行业团体标准50多项。浙江中控太阳能技术有限公司专注塔式熔盐储能光热发电技术的技术研究、装备研制与工程化应用，参与制定国际标准1项、国家标准4项、行业团体标准10项。

【8个企业入选年度软件和信息技术服务竞争力百强企业】2021年8月27日，中国电子信息行业联合会发布2021年度软件和信息技术服务竞争力百强企业名单，杭州海康威视数字技术股份有限公司、网易（杭州）网络有限公司、浙江大华技术股份有限公司、新华三技术有限公司、中控科技集团有限公司、恒生电子股份有限公司、浙江宇视科技有限公司、银江股份有限公司入选。软件和信息技术服务竞争力百强企业名单评选由工业和信息化部指导，中国电子信息行业联合会发起。

【杭州高新区新增国家级工业设计中心2个】2021年11月3日，第五批国家级工业设计中心名单公布，新华三技术有限公司"云与智能"工业设计中心和浙江大华技术股份有限公司工业设计中心入选。新华三技术有限公司"云与智能"工业设计中心是后端供应链提供产品量产的技术保证，为用户提供ID设计、可用性设计与测试、三维建模渲染等专业服务，参与完成核心路由器、高端交换机等产品的工业设计。浙江大华技术股份有限公司工业设计中心以基础研究和创新设计为核心，开展从创意调研到工程实现的全体系工业设计工作，累计获国际最高工业设计奖（IF与Reddot）22个、国内设计大奖14个。

【4个企业被认定为省级科技企业孵化器】2021年12月14日，浙江省科技厅公布省级科技企业孵化器认定名单，正泰量测科技园、卧龙·江虹国际智汇园、金地汇孵化器、电魂智能创意孵化器4个孵化器入选。正泰量测科技园位于杭州高新区物联网小镇，立足新能源、互联网+、物联网、人工智能、软件信息等项目孵化、聚集、培育，孵化企业50多个。卧龙·江虹国际智汇园位于杭州高新区物联网产业园，以"绿色、智能、互联、协同"为目标，实现智慧和知识价值最大化，孵化企业50多个。金地汇孵化器位于江晖南路7号，以电子信息、智能硬件为特色，通过智能交通技术服务平台为企业提供一站式解决方案，孵化企业100多个。电魂智能创意孵化器位于滨安路435号，从事数字文娱领域，包括电竞游戏、数字动漫、数字新媒体、数字信息等科技企业孵化服务，为入驻企业提供资源对接、创业孵化、公共技术服务，孵化企业30多个。

［杭州高新区（滨江）地方志编研室］

萧山经济技术开发区

【概况】2021年，萧山经济技术开发区（简称萧山开发区）高水平建设"亚运国际城·数智新萧山"，开发区本级完成规模以上工业总产值516.8亿元，比上年增长8.6%；规模以上工业增加值129.3亿元，增长8.3%；规模以上服务业营业收入1747.4亿元，增长22.8%；规模以上服务业增加值79.3亿元，增长11.9%；固定资产投资111.4亿元，增长21%（其中：工业投资28.8亿元，增长20%，服务业投资82.7亿元、增长21.3%）；实现财政总收入154.01亿元、一般公共预算收入85.24亿元，分别增长26.1%、9.9%。

【中国（浙江）自由贸易试验区杭州片区萧山区块建设发展】2021年3月2日，萧山经济技术开发区自由贸易试验区管理局、自由贸易试验区服务中心挂牌。新能源汽车及关键零部件、高端装备、5G通信、生物医药等领域26个项目进入自贸区萧山区块重点统计项目，占项目总数的84%，涉及投资总额220多亿元。率先完成首笔新型离岸转口业务、开市客浙江首店落户自贸区、新落地采埃孚等世界500强项目、新落地嘉晨西海生物医药项目4项成果入选浙江自贸十大标志性成果。"线上知识服务+线下成果展示——全球跨境电商知识服务中心打造杭州跨境电商'第一站'"入选自贸杭州片区优秀案例。"一企一策、一事一议"为新型离岸国际贸易发展率先"探路"，入选2021年第二批中国（浙江）自由贸易试验区制度创新案例。

【创新引才成果】2021年，萧山开发区新认定国家高新技术企业85个、省科技型中小企业178个、市雏鹰计划企业34个。新增博士后科研工作站3个，新建市级及以上研发机构35个，1个企业入围国家科技进步奖二等奖，5个企业入围省科学技术进步奖。新引进院士专家2人，新认定A~E类人才419人，F类人才856人，新增高技能人才408人。杭州湾信息港、传化国际科创园入选杭州市高新技术孵化成果转化园。西电杭州研究院获批省级新型研发机构，9月，第一批研究生入学，组织开展产学研活动40多次，并与当地及周边8个企业达成共建联合实验室意向。完成桥南首个人才公寓建设，建成14万平方米产业配套综合体和生活服务综合体。

【制造业数智提升】2021年，萧山开发区制定《制造业数智提升三年行动计划》，按照未来工厂、智能工厂、数字化车间3个层次建立新智造企业培育库。7个企业入选市级"未来工厂"体系培育名单。以机器换人、工厂物联网、数字化车间、智能工厂、企业上云建设和工业App应用为重点，实施智能制造项目72个。机器人小镇获评省级小微企业集聚发展优秀平台，集聚凯尔达机器人、钱江机器人、中开特种机器人、西门子工业4.0智能制造创新中心、翼菲并联机器人等机器人及智能装备知名企业。建设开发区数智楼宇系统，打造楼宇经济升级版；鼓励服务业企业开展数字化改造，推动传统服务业企业提升发展。加快平安社区数字化系统建设应用，数字工作室建成率100%。首创“平安三率”宣传AI调查员、首推“AI反诈语音机器人”，推动平安创建提质增效。

【萧山开发区利用外资4.2亿美元】2021年，萧山开发区招商引资一批1亿元以上项目，总投资137亿元，实际利用外资4.2亿美元。包括投资1.6亿美元的美国开市客（Costco）项目，投资30亿元的华擎半导体项目，投资30亿元的美满芯盛智能传感器与5G芯片制造项目，投资1亿美元的云合以太网交换核心芯片项目，投资10亿元的希瑞新材料导电涂层项目，投资2亿元的安渡生物总部项目，以及清华大学戴琼海院士团队领衔的依澜科技图灵数字人等高层次项目。

【重大项目推进】2021年，萧山开发区6个项目被列入省重大项目，3个项目被列入省、市、县长“152”项目，62个项目进入萧山区“4286”产业载体项目。裕隆总部、永盛总部、兆丰智能化工厂、明电舍一期、机器人研发中心、传化钱湾智谷、圣奥时尚家具、凯风自南生物医药等一批项目相继竣工。三江创智新城加快开发建设，实施重大建设工程9个，总投资20亿元。签约落户重点产业项目5个，总投资约90亿元。浙大国际科创中心顺利完成启动区块一期、二期改造，新建区块COMS平台主体结顶。

【萧山开发区新增上市企业3个】2021年，新增上市企业3个，曼卡龙珠宝股份有限公司在深圳创业板、浙江九紫新能源汽车有限公司在纽约证券交易所、杭州凯尔达焊接机器人科技股份有限公司在上海科创板上市。新增区级上市后备企业4个。2个企业入选杭州独角兽榜单，累计4个。新增7个企业入选杭州准独角兽榜单，累计15个。新增融资1亿元以上企业19个，总融资额超过82亿元，其中：生命健康领域总融资额超过41亿元，先进制造及信息科技领域总融资额超过25亿元。信息港小镇连续5年获国家级科技企业孵化器A类优秀，新落地杭州康基医疗器械有限公司萧山区分公司、浙江王力安防产品有限公司、杭州赞宇化工有限公司等上市公司总部项目及杭州乐泽新材料科技有限公司、杭州无忧传媒有限公司、杭州缇苏网络信息有限公司等22个重点项目。新投入使用六期杭州湾数字健康创新谷北区块及九期杭州市集成电路产业园，持续推进超300万平方米的创新载体及总部经济建设。美国纳斯达克上市公司浙江九紫新能源汽车有限公司、医疗器械CRO行业龙头项目杭州致众医疗科技有限公司、总部经济项目仁弥（杭州）网络科技有限公司、产业孵化平台项目浙工大创业梦工场等入驻科技城。加快建设近200万平方米的“三谷一园一基地”创新载体。

【园区规划建设】2021年，萧山开发区开展美妆小镇概念规划，完成未来交通小镇启动区块、浙江绿色智造产业新城、三江创智新城城市设计。宁围街道金一、金二、宁东、宁税社区城中村改造安置房基本完工，新街街道新盛村、江南村部分区块进入主体施工，开发建设安置房总面积500万平方米，总投资310亿元。信息港初中、天德路幼儿园建成投用，开欣幼儿园、市北东幼儿园、市心初中建设加快推进。启动嵌入式幼儿园试点建设，信息港文体中心、人才公寓、市北东邻里中心、市心公园建设加快。通过发行公司债券、政府债券以及PPN项目多措并举，缓解资金压力。全域整治土地，强化耕地保护，优化永久基本农田布局，释放土地利用空间。争取农转用指标，提高土地利用效益，加快园区建设。（张　琼）

余杭经济技术开发区

【概况】2021年，余杭经济技术开发区（简称余杭开发区），聚焦制造业和数字经济“双引擎”驱动，经济社会发展态势良好。全年实现规模以上工业总产值1061.77亿元，比上年增长23.2%。实现规模以上工业增加值313.69亿元，增长16.8%。实现规模以上高新技术产业增加值272.87亿元，增长17.2%。完成有效投资155.64亿元，增长46.7%，其中，工业投资59.15亿元，增长24%。财政总收入66.6亿元，增长21.9%，其中，地方财政收入35.2亿元，增长16.6%。引进固定资产投资1亿元以上制造业项目32个，其中10亿元以上项目4个。引进外资1.15亿美元，其中高技术外资占74%。在商务部2021年国家级经开区综合考评中，余杭开发区列第24位。

强化数字经济和制造业“双引擎”，推进重点产业、重点企业能级提升。规模以上工业企业达到355个，创历史新高。新增上市企业2个（杭州汽轮动力集团有限公司、杭州百诚医药科技股份有限公司）。杭州微策生物技术股份有限公司、杭州本松新材料技术股份有限公司、杭州福斯达实业集团有限公司、杭州西奥电梯现代化更新有限公司等“扎根项目”新增用地全部开工，5个项目落实土地16.47公顷。创建以“未来工厂—数字化车间—数字化生产线”为主线的省级新智造区域示范。杭州西奥电梯有限公司入选省“未来工厂”，杭州新希望双峰乳业有限公司入选省智能工厂（数字化厂间），杭州老板电器股份有限公司、浙江春风动力股份有限公司入选杭州市“链主工厂”（全市5个），浙江运达风电股份有限公司获国家科学技术进步奖二等奖、浙江省政府质量奖、浙江省创新型领军企业，杭州本松新材料技术股份有限公司、杭州麦乐克科技股份有限公司入选第三批国家专精特新“小巨人”，万通智控科技股份有限公司获评省“隐形冠军”。杭州西奥电梯有限公司、浙江运达风电股份有限公司、杭州老板电器股份有限公司获评全省制造业“亩均效益领跑企业”。

围绕招优引强，立足主导产业，聚焦创新医药、高端医疗器械和医疗服务3个生物医药产业链，引进成都倍特药业股份有限公司投资的创新药和高端仿制药生产项目、杭州纽安津生物科技有限公司总部项目、科创板拟上市企业联赢医疗科技有限公司总部项目，艾昆纬医药科技有限公司、临平生物医学工程创新中心等项目签约。聚焦细分领域骨干企业和科创板上市企业，引进宁波江丰电子材料股份有限公司、新西奥电梯集团有限公司、深圳燕麦科技股份有限公司等装备制造头部项目。开展全省首批开发区智能制造“链长制”试点，依托求是半导体等“链主”企业，引进杭州中为光电有限公司、浙江晶创自动化设备有限公司、湖南科盛智能装备制造有限公司、杭州慧翔电液技术开发有限公司等一批补链延链项目。深耕基金招商，先后引进杭州璞睿生命科技有限公司、神州医疗科技股份有限公司、杭州英术生命科技有限公司等一批科技型、成长型项目。加强与高校科研机构联系合作，引进杭州飞仕得科技有限公司、博源润生医药（杭州）有限公司等7个高校系项目。打造高能级平台矩阵，工业和信息化部服务型制造研究院建成启用。浙江大学高端装备研究院入驻徐工研究院、“雪浪云”等平台。省级家纺产业创新服务综合体签约落地浙江理工大学临平家纺产业技术转移中心，中国（浙江）卫生健康科技研发与转化平台、省医疗器械检验研究院开发区院区、浙大基础医学创新研究院开园投入运营。成功创建省级双创示范基地，新增创新空间载体9个，累计48个；新增创新空间61.5万平方米，累计建成创新空间300万平方米。创建省级“杭州未来智造工程师协同创新中心”（全省14个），打造未来智造工程师协同创新产业园，新增F类以上特色人才520名，新引进顶尖人才3名，国家级领军人才16名，培育省级领军人才4名。

【重点区块规划建设推进】2021年，余杭开发区市民广场项目开工，小林高科地块成功出让。推进“腾笼换鸟”工作，加快老工业区块连片提升改造，杭州老板电器股份有限公司、浙江恒生印染有限公司、杭州双林化工试剂有限公司、杭州鸿辰化纤有限公司等15个项目开工。推进浙江理工大学临平校区、红丰幼儿园、胡桥幼儿园等学校项目。实施老城区有机更新、禾丰港整治、重点道路改造提升等“靓城行动”。玉架山考古遗址公园开工并入围第三批省级考古遗址公园。推进征迁攻坚，东湖街道全年完成泉漳、李家桥等区块征地68公顷，签约农户563户；杭州水享智能科技集团有限公司、杭州微策生物技术股份有限公司、成都倍特药业股份有限公司等19个产业项目地块净地交付。星光街整治、横塘安置房地块实现征迁“清零”，完成运河二通道、红丰沿街商铺等项目征迁，临和家苑等安置房项目建成交付，工农、红旗、胡桥3个社区360户家庭安置房交付分房。

【浙江省医疗器械检验研究院开发区院区启用】2021年4月19日，由余杭开发区和省医疗器械院共同出资建设的浙江省医疗器械检验研究院开发区院区启用。检验研究院围绕医疗器械全生命周期质量控制及监管要求，以大型医疗设备、移动医疗设备、医用机器人设备、医用软件、呼吸麻醉等产品为特色，设有源医疗器械产品性能、电气安全、电磁兼容、可靠性、软件评测等实验室，提供医疗器械产品的检测及安全性评价服务。利用检验院拥有的检验技术优势，缩短检测时间，降低检测费用，为开发区企业提供检测绿色通道，为开发区医疗器械企业提供有力技术支撑，推动生物医药产业转型升级和集群发展。

【浙江大学（临平）基础医学创新研究院启动】2021年5月20日，由浙江大学与余杭开发区合作共建的浙江大学基础医学创新研究院启动。研究院依托浙江大学基础医学院学科优势、人才优势和源头创新学术成果，整合国内外医学领域专家智力资源，以创新驱动、服务地方、成果转化、市场导向为目标，打造若干个市场化运营的生物医药公共技术平台，面向全球提供早期生物医药孵化技术服务。创建高水平生物医药源头创新基地，服务赋能开发区生物医药和健康产业。研究院药物筛选、药效学评价、多肽研发、人工智能药物筛选、干细胞、医用可吸收高分子材料及医疗器械6个平台完成公司注册，面向开发区企业开展资源共享，同步医学院公共技术平台全部仪器设备至“小创在线”平台，供开发区企业预约使用。

【杭州未来智造工程师协同创新产业园（万贝智创谷）开园】2021年6月29日，杭州未来智造工程师协同创新产业园（万贝智创谷）在余杭开发区开园。园区以建设“工程师创业创新基地”为目标，依托国家级开发区产业基础及特色，以智能制造产业为主导，生物经济为辅的“1+1”产业体系，围绕“工程师协同创新中心”，搭建“中心+研究院+产业园区+实训基地”全周期产业链。立足开发区产业转型升级、动能跃升需要，打造集创业研发、科技企业集聚、智能制造、商业休闲为一体的智慧化园区。为工程师等高层次人才创新项目提供必要的产业空间及载体，为企业向“服务型制造”转型、向“未来工厂”升级提供工程师人才支撑，提高工程师人才在开发区的集聚度、活跃度、贡献度，实现未来智造产业链集聚发展。（沈晓燕）

富阳经济技术开发区

【概况】2021年，富阳经济技术开发区（简称富阳开发区）“四上企业”（规模以上工业企业、资质等级建筑业企业、限额以上批零住餐企业、国家重点服务业企业）实现营业收入2074.7亿元，比上年增长19.4%。实现规模以上工业总产值1003.1亿元，占全区的72.5%；规模以上工业增加值191亿元，增长18.5%，占全区的70.8%；高新产业增加值144.7亿元，增长20.8%，占全区的81.4%。制造业投资额30.6亿元，占全区的37.1%。高新产业投资额25.6亿元，占全区的38.1%。入库税收收入44.2亿元（不含房地产、建筑业、金融业企业税收），占全区的55.8%，其中制造业企业入库税收31.5亿元，占全区的63.4%。

全年实际利用外资1.56亿美元，其中高技术外资2564万美元。招商引资产业项目61个，其中高新产业54个、固定资产投资1亿元以上35个、固定资产投资1亿元以上制造业24个、10亿元以上产业4个。落地佰赛时（杭州）生物技术有限公司体外诊断设备及试剂盒研发生产项目、杭州鹏成新能源科技有限公司“年产6GWh非道路车辆锂电池PACK生产基地建设项目”2个“152”项目。全年完成开工项目36个（工业29个、服务业7个），其中银湖新区 17 个、场口新区（含环山）8 个、东洲新区 6 个、新登新区 5 个。全年续建项目 73 个，其中工业 62 个、服务业 11 个。竣工 27 个，其中工业 26 个、服务业 1 个。全年实际推进产业项目 109 个，总投资 209.23 亿元。

全年完成集体土地征用 862 公顷，农户拆迁 829 户，主体企业签约 51 个，承租企业搬迁 325 个，政策处理土地面积 1052 公顷，村级留用地消化 79 公顷。完成供地项目 50 宗，出让面积 745 公顷。其中完成工业用地 27 宗、197 公顷，完成住宅用地 3 宗、104 公顷，完成商业商务用地 8 宗、60 公顷，完成公建配套用地 12 宗、384 公顷。完成土地出让金 46.16 亿元（工业用地 2.39 亿元，住宅用地 41.16 亿元，商业商务 2.61 亿元）。完成消化存量土地 745 公顷，其中，批而未供 266 公顷，存量建设用地（集体及国有）479 公顷。

至年末，富阳开发区实际经营企业 7739 个，其中工业企业 1573 个。有规模以上工业企业 340 个，占全区 52.8%，其中年产值 100 亿元以上企业 2 个、10 亿元以上企业 12 个、1 亿元以上企业 127 个。国家高新技术企业 326 个，占全区的 62.9%；上市企业 4 个，占全区的 66.7%。有科技孵化器 8 个，其中国家级 1 个、省级 1 个、市级 6 个。有众创空间 12 个，其中国家级 2 个、省级 3 个。

2021 年 7 月 19 日，工业和信息化部公示第三批专精特新小巨人企业名单，杭州富阳中荷电子有限公司、杭州广安汽车电器有限公司、杭州大立过滤设备有限公司入选。8 月 24 日，开发区银湖创新中心孵化成果转化园成为富阳区首个市级高新技术孵化成果转化园。11 月 15 日，杭州市工业经济联合会、杭州市企业联合会、杭州市企业家协会发布 2021 年杭州市制造业（数字经济）百强榜，其中富阳开发区浙江富冶集团有限公司、富通集团有限公司、浙江富春江通信集团有限公司、海正药业（杭州）有限公司、杭州富生电器有限公司、杭州中策清泉实业有限公司上榜。12 月 30 日，杭州永特电缆有限公司、杭州富阳中荷电子有限公司入选浙江省智能工厂（数字化车间）名单。富阳开发区创建成为省商务厅 5G（产业）光通信示范试点单位、浙江省制造业四星级园区。

【银湖创新中心孵化器被认定为国家级科技企业孵化器】 2021 年 1 月 25 日，银湖创新中心孵化器被科学技术部确定为国家级科技企业孵化器。银湖创新中心孵化器于 2015 年 6 月成立，2016 年被认定为杭州市级孵化器，2018 年被认定为浙江省科技企业孵化器。银湖创新中心孵化器开展创业培训、辅导、咨询、经营的场地和共享设施，提供政策、法律、财务、投融资、企业管理等方面服务，还合作共建 5G 及物联网领域专业服务平台，以此为依托，开放科研设备、检测设施、小试中试平台等硬件，为创业者提供低成本的硬件设施支持。搭建完成“5G+ 物联网”应用专业创新链和产业链资源，提供符合 5G 行业特征专业领域的供应链对接、研发设计、产品推介等专业化服务能力。孵化器整体旨在促进科技成果转化、培育 5G 战略性新兴产业，降低创业成本，提高创业成功率，吸引海内外科技创业者服务于富阳经济建设。

【“年产 6GWh 非道路车辆锂电池 PACK 生产基地项目”签约】 2021 年 3 月 15 日，富阳开发区与杭州鹏成新能源科技有限公司“年产 6GWh 非道路车辆锂电池 PACK 生产基地建设项目”签约，项目位于东洲新区，总投资 10 亿元，用地面积 2.87 公顷。杭州鹏成新能源科技有限公司由杭州鹏成新能源有限公司、杭叉集团股份有限公司、安徽合力股份有限公司、宁德时代新能源科技股份有限公司组成的合资主体。公司立足新能源行业非道路车辆及储能领域技术集成发展，涉及储能系统集成、工业车辆动力电池系统、锂电池梯次利用、电池管理系

富阳经济技术开发区银湖新区（摄于 2021 年） （富阳经济技术开发区 供稿）

统(BMS)、工业车辆充电设备等研发、生产和销售。研发团队有领先市场的非道路车辆专用动力电池系统,产品为非道路用车成套锂电动力电池包,供应叉车等工程机械主机厂。其中电芯由宁德时代新能源科技股份有限公司提供,壳体等金属机加工件外协,BMS系统由杭州鹏成新能源科技有限公司自主研发设计,电路板由"鹏成"设计、制造、车间完成电池模组及PACK包的组装、调试与检测。除销售动力电池PACK外,计划开展老旧电池回收梯次利用业务,回收的电池(电池能量效率下降到85%)用于大型光伏电站或5G通信基站的储能设备。设计年产值30亿元、税收6000万元。

【全新一站式企业服务中心启用】2021年3月25日,位于银湖创新中心6号楼一楼的富阳开发区一站式企业服务中心启动。服务中心以"线上云平台+线下管家式"服务两种模式、窗口服务和企业走访两种渠道,将政务审批与第三方服务有效融合,为开发区企业提供全面、便捷、高效的各项服务。至年末,企业服务中心累计走访企业1000多个(次),协助企业解决问题1000多个。

【海骏科技医疗科技研发总部落户富阳开发区】2021年5月13日,杭州海骏科技有限公司竞得富阳经济技术开发区银湖科技城内地块,计划建设杭州海骏科技医疗科技研发总部。项目毗邻杭州地铁6号线银湖站,总投资3.5亿元,用地面积1.4公顷,容积率2.0,其中地上建筑面积2.83万平方米,地下建筑面积2.39万平方米,为全自持商务用地。杭州海骏科技有限公司是浙江通策控股集团旗下医疗科技企业。浙江通策控股集团有限公司以医疗健康服务为主业,布局眼科、妇幼和医疗信息化板块。集团旗下的通策医疗股份有限公司是以医疗服务为主营业务的主板上市公司。

【杭州巨骐数字科技产业园开工建设】2021年7月18日,杭州巨骐数字科技产业园在富阳开发区银湖科技城板块开工建设。项目规划土地面积2.47公顷,总建筑面积7.4万平方米,建设工期36个月,总投资约6亿元。建设单位杭州巨骐信息科技股份有限公司成立于2012年,专业从事电力领域高新项目研发,形成产品研发、生产制造、施工安装、调试维护等一系列产业链。产品采用电子信息、光电传感、光纤通信、信息安全等技术,智能辅助监控电网运行情况,为客户提供电力智能辅助方案和在线监测解决方案,应用于电力等领域。

【重大项目集中开工仪式举行】2021年8月4日,富阳区重大项目集中开工仪式在杭黄未来社区地块举行,8个集中开工项目总投资62.34亿元。项目包括工业项目5个,投资10.52亿元;房地产项目2个,投资49.6亿元;政府投资项目1个,投资2.22亿元。其中,工业项目分别是浙江中南建设集团建设年产装配式绿色建筑(钢结构)300万平方米项目(总投资5.3亿元),杭州巨骐信息科技电力机械和器材制造生产线项目(总投资2.2亿元),杭州亿登科技生产项目(总投资1亿元),杭州帕辉信息技术生产项目(总投资1亿元),杭州乾哲网络科技生产项目(总投资1亿元)。

【意大利你好集团全球总部大楼落户富阳开发区】2021年8月24日,富阳开发区与意大利你好集团总部大楼建设项目签约。项目总投资约2亿元,拟建集办公、研发、销售于一体的现代总部大楼,成为意大利你好集团的全球总部,同时结合商业裙房建设全球奢侈品新零售旗舰店。项目拟选址地铁野生动物园东站地块,面0.87公顷,建展厅、办公楼等2.2万平方米,建成后预期年营业收入5亿元。意大利你好集团于2004年在意大利曼托瓦市成立,主营百货零售及时尚卖场,有15个卖场、17个加盟店。集团中国区年全平台交易额约18亿元。

【中国(杭州)安全应急高峰论坛举行】2021年9月25日,2021中国(杭州)安全应急高峰论坛暨浙江求是应急科技产业基地启动仪式在富阳开发区银湖科技城举行。国家安全科学与工程研究院院长孙华山,国家减灾委专家委员会副主任闪淳昌,浙江省应急管理厅负责人,富阳区委、区政府主要领导,以及来自省内外安全应急领域专家、学者及企业和组织机构代表200多人参加论坛。论坛以"创新,协同,合作,共赢"为主题,旨在探讨交流安全应急管理新理念、新做法,营造应急科技发展良好氛围,推进浙江省应急安全领域高质量发展。与会专家学者为应急产业培育发展提出建议。论坛同期开展"2021年浙江'安全应急·政产学研'合作创新交流""2021中国安全应急产业应用场景供给新技术新产品精准匹配对接会"、"安全应急优秀项目投融资路演对接会"3个分论坛。活动期间举行应急安全行业重大项目签约仪式,浙江求是应急科技产业基地落户银湖科技城。

【张小泉股份有限公司上市】2021年9月6日,位于富阳开发区东洲新区的张小泉股份有限公司在深圳证券交易所创业板挂牌上市,这是证券市场富阳板块第6个上市企业。始创于明崇祯元年(1628年),是一个集设计、研发、生产、销售和服务于一体的现代生活五金用品制造企业,在清宣统二年(1910年)南洋劝业会、民国四年(1915年)巴拿马博览会、民国十八年(1929年)首届西湖博览会上均获奖项。2006年,"张小泉"被商务部认定为第一批中华老字号。

【银江研究院揭牌】2021年11月12日,2021年杭州国际人才交流与项目合作大会富阳分会场暨第三届创新主张大会在银湖科技城中国智谷富春园区举行,富阳区首个国家级银江院——银江研究院举行揭牌仪式。银江研究院是银江技术在智慧城市、城市大脑领域创新的主要载体,承担了重大课题研发任务40多项。银江研究院落地富阳开发区后,将整合自身人才储备、科研优势、产业资源,以技术创新引擎、战略研究中心、资源整合平台、创新孵化基地为定位,通过研发创新、管理创新、人才高地创新,为城市大脑、智慧城市建设和运营提供技术和智力支撑。 (沈丽洁)

杭州城西科创大走廊

【概况】杭州城西科创大走廊于2016年启动规划建设，是浙江"十三五"期间重大战略项目，获全省产业集聚区综合考评"五连冠"。城西科创大走廊紧盯创新力、竞争力、影响力卓著的高水平现代化引领示范区目标，串联起"一廊四城两翼"的空间发展新格局，实现高质量融合发展。

2021年，杭州城西科创大走廊实现产业增加值2812.7亿元，比上年增长12.9%；规模以上服务业营业收入5866.1亿元，增长19.2%；规模以上工业营业收入1384.8亿元，增长30.9%。推进重点产业项目80个，完成投资96亿元，是年度计划161.1%；推进实施重点基础设施和公共服务设施项目61个，完成年度投资564.7亿元。24名顶尖专家入选浙江省"鲲鹏行动"，占全省总数的70%；自主申报入选国家级高层次人才21名，占全市增量的91.3%。完成全域未来社区建设"1+3"方案，13个重点未来社区项目开工建设。

【杭州城西科创大走廊"十四五"规划发布】2021年6月28日，省发展改革委和市政府印发《杭州城西科创大走廊发展"十四五"规划》，为大走廊未来五年新一轮的发展，明确目标，提出打造战略科技力量支撑之地、原始创新成果之地、全球创新人才汇聚之地、未来新兴产业引领之地、宜居宜业宜创品质之地、全域整体智治示范之地"6个地"实施路径，确定"一廊四城两翼"（东西科创主廊道，紫金港科技城、未来科技城、青山湖科技城、杭州云城，南翼联动区、北翼联动区）发展新格局。

【杭州城西科创大走廊科技领域成果】2021年，杭州城西科创大走廊获国家科学技术奖23个，其中：自然科学奖4个（均为二等奖），技术发明奖3个（均为二等奖），科学技术进步奖16个（一等奖4个，二等奖12个）。获浙江科技大奖、自然科学奖、技术发明奖和科学技术进步奖119个。坚持科技创新核心地位，通过建设重大科研基础设施，汇聚全球顶尖科研人才，增强创新策源力。发挥4个省级实验室和大科学装置引擎作用，集聚科技创新和技术领域国内外顶尖创新团队联合开展科研攻关，提升科技创新能力。实施"国高企"培育工程、"凤凰行动"计划，鼓励支持企业、高校院所等各类创新主体开展"卡脖子"技术、"硬核"技术攻坚，出现亿级神经元类脑计算机、28纳米浸没式光刻机浸液系统等一批具有突破性、引领性重大科技成果。

【之江实验室研究团队获"戈登贝尔奖"】2021年11月19日，之江实验室研究团队与清华大学、上海量子科学研究中心等单位联合研发的量子计算模拟器SWQSIM，获国际高性能计算应用领域最高学术奖项"戈登贝尔奖"。"戈登贝尔奖"被称为超算领域的诺贝尔奖。量子计算模拟器SWQSIM是超算领域全世界最高混合精度浮点计算性能，可在304秒内完成百万保真度的关联样本，在1星期内得到同样数量的无关联样本，打破日本"富岳"、美国"顶点"等排名世界前列的超级计算机宣称的量子霸权。可在60小时内完成比谷歌"悬铃木"复杂1000多倍的量子电路模拟，实现100~400比特量子电路算法的单振幅和多振幅模拟，为未来量子计算的发展提供坚实的模拟支撑。

【西湖大学云谷校区启用】2021年10月23日，西湖大学云谷校区启用。校区总规划面积近100公顷，一期建设用地和二期室外运动场地启用，包括42座建筑、10座桥梁、室外运动场地等，总建筑面积45.7万平方米。西湖大学围绕城西科创大走廊目标定位，加强基础科学技术研究，有6位博士生、科研助理的研究成果被2021年国际先进人工智能协会（第35届）收录。签约优秀博士生导师141人，讲席教授13人；招收博士后225人、科研骨干418人，师生员工总数超过1500人。举办西湖名师论坛、学科交叉午餐会、求是西湖学会讲座等系列活动，完成建设116个

之江实验室（摄于2021年） （杭州城西科创产业集聚区管委会 供稿）

独立实验室，从事基础和应用领域的尖端研究。在新冠病毒基础研究领域取得多项重要进展。探索新型产业融合模式，签约建设智能产业研究院，合作建设生命科学产业研究院，新型红细胞治疗技术、3D 打印射频、微波电子、新一代蛋白质质谱等一批先进技术进入转化阶段。

【良渚实验室精准医学研究取得进展】2021 年 9 月 11 日，良渚实验室在第十届中国罕见病高峰论坛上发布疑难未诊断疾病 iPSC 细胞库和肾脏罕见病 iPSC 细胞库，将对未来研究疾病机制和基因细胞治疗提供重要保障，标志着实验室布局国际前沿的精准医学研究取得实质性进展。疑难未诊断疾病作为良渚实验室的主攻方向之一，重点围绕其发病机制与诊疗等关键科学问题，提升疑难未诊断疾病、罕见病的预防和诊疗水平。已建成的线上疑难未诊断疾病和罕见病注册系统登记 1 万余名疑难未诊断疾病患者、100 多种罕见病，为病种医学研究和治理干预提供样本基础。成立疑难罕见病诊治中心、儿童疑难罕见病诊治中心和生殖遗传中心，打通基础和临床研究，提高疾病精准诊疗水平。

【浙大超重力离心模拟与实验装置项目】2021 年 9 月 18 日，浙大超重力离心模拟与实验装置项目设备基础施工完成全部底板、部分机墩和侧墙的浇筑，正在进行模型制备机、温控分系统等核心设备建设。土建方面桩基工程施工完成，主机室基坑全面开挖完成，最深处 38.3 米。建成后地下空间呈“丰”字形布局，中央舱体内 3 台离心机顺序排列，构成南北纵轴；6 座超重力实验舱分居左右，可以模拟各种极端气候、深海与深地环境，将具备单次实验再现岩土体千米尺度演变和灾变、污染物万年历时迁移及获取千种材料成分的实验能力。相关领域预研成果获国家科技进步奖二等奖和国家自然科学奖二等奖、浙江省科技进步奖一等奖 5 个。

【校企合作研发芯片进入临床应用】2021 年 4 月 19 日，浙江大学脑机接口临床转化研究团队与未来科技城企业杭州诺为医疗技术公司共同研发的闭环神经刺激器（Epilcure™）成功植入患者体内，病患康复出院，标志着中国脑机接口临床转化研究在难治性癫痫诊治领域取得重要突破。闭环神经刺激器（Epilcure™）是中国自主研发生产的首款闭环神经刺激系统，完成从原理样机开发到动物实验等临床前研究，突破相关技术“卡脖子”情况。与之前唯一通过美国食品药品管理局审批的美国 RNS 产品相比，Epilcure™ 闭环神经刺激器产品使用寿命更长、体积更小、重量更轻。犹如“反导系统”，可实现更为精准的研判和发现到处置的闭环，对癫痫等疾病的异常脑电波产生抑制效果。其癫痫脑电波监测与反馈刺激的植入式脑机芯片波属国内临床首次应用。

良渚实验室（摄于 2021 年）（杭州城西科创产业集聚区管委会 供稿）

【“隐形冠军”企业培育】2021 年 1 月 4 日，省经信厅公布 2020 年浙江省“隐形冠军”企业名单杭州城西科创大走廊 2 个企业上榜，累计上榜 8 个。大走廊围绕创新策源地目标定位，加快培育中小企业专精特新，提升产业核心竞争力。加强企业与浙江大学、之江实验室等高校院所合作，助力企业突破关键技术。成立浙大—杭锅集团先进能源联合研发中心、微钠技术研发开放平台，提升企业核心技术研发能力，突破核心技术难题。依托杭氧工装泵阀、申昊科技等“隐形冠军”企业，围绕“补链、强链、固链”，加强区域内企业上下游关联产业拓展引进，推动产业链上下游协同创新发展、制造业转型升级提质增效，成长壮大“隐形冠军”产业集群。深化“走亲连心三服务”“助万企帮万户”活动，开展专利质量、企业标准化应用、企业知识产权专题培训，促进中小微企业“专业化、精品化、特色化、创新型”发展，培育细分领域“隐形冠军”。

【国家级知识产权产业平台落户未来科技城】2021 年 9 月，国家知识产权局批复支持未来科技城建设浙江人工智能产业知识产权运营中心，成为首批国家级人工智能产业知识产权运营中心。中心立足未来科技城产业优势和重点发展领域，发挥企业知识产权资产价值，推进人工智能产业高价值专利项目的创造产出和产业化应用，构建良好人工智能知识产权运营生态，促进区域人工智能产业迈向全球价值链中高端。未来科技城知识产权园累计专利申请 1.1 万件、专利授权 7105 件，专利质押金额 4.32 亿元。

【杭州国知国际知识产权研究促进中心揭牌】2021 年 4 月 26 日，杭州国知国际知识产权研究促进中心在未来科技城揭牌，助力区域企业全面了解和运用全球知识产权保护体系，应对国际竞争。未来科技城成立杭州知识产权法庭（未来科技城）巡回审判庭、浙江（杭州）知识产权诉调中心，完善多元化纠纷解决机制，高效、便捷、低成本解决知识产权纠纷。建设浙江（杭州）知识产权创新产业园，创立项目培育、引进、产业化等全生命周期运营服务模式，推动知识产权落地产业化。利用人工智能、大数据技术为企业提供专利受理、诉讼调解、质押融资、专利项目孵化及产业化等知识产权全链条服务。

【梦想小镇发展】2021年，依托城西科创大走廊人才产业优势的梦想小镇汇集国家级众创空间16个、省级众创空间24个，孵化国家高新技术企业65个。累计引进创业项目2747个、创业人才2.26万人，230个项目获100万元以上融资，融资总额131.71亿元。集聚金融机构1498个、管理资本3285亿元。举办全国双创周、中国青年互联网创业大赛等创新创业类活动2182场、26万人次参与。

【知识产权证券化项目启动】2021年7月12日，全省首单知识产权证券化项目在未来科技城启动。知识产权证券化项目是持有知识产权的企业在经过知识产权价值评估后，以特定价格将知识产权作为底层基础资产质押给第三方形成债权，由第三方通过结构化操作进行信用增进，发行标准化产品，并由证券机构在资本市场上出售以实现融资。项目顺应高科技创新型企业日益增长的融资需求，破解科技型中小企业融资难、融资贵的难题，为企业在知识产权交易和保护提供价值依据。项目储架发行10亿元，首期发行1.1亿元，为成长型科创企业提供与其研发、生产、经营过程相匹配的资金。

【青山湖科技城升级产业创新服务】2021年，青山湖科技城以微电子装备产业为突破口，引进产业链头部企业，打造微纳技术及应用产业创新中心、技术研发高地、人才集聚高地，助力"硬科技"产业高质量发展。建成一站式服务大厅，入驻工程师协同创新中心、科技创新服务机构、行业协会、产业联盟组织等10个机构，为企业提供产业发展配套资源。聚集公共服务类大型仪器设备92台，优化升级平台环境。成立企业服务中心，建立科技金融、知识产权、技术创新、成果转化、创业孵化、综合代办、人力资源、财税、法务9个服务体系，为企业提供技术研发、人才培育等服务，完成事项办理281个，解决困难460多个，代办服务事项178个。借助互联网、大数据、人工智能等技术优势，构建创新服务云平台，实现产业创新服务的信息、数据、资源的互通互联。推进浙江万马股份有限公司、浙江华昌液压机械有限公司等企业建设数字化车间及"未来工厂"，鼓励杭州杭氧股份有限公司、杭叉集团股份有限公司等骨干企业实施智能化技改投资，促进规模企业向数字化、智能化、绿色化转型升级。

【省医疗器械检验研究院未来科技城院区启用】2021年1月7日，浙江省医疗器械检验研究院未来科技城院区启用，为未来科技城双创企业和生物医药企业的研发生产提供高质量、专业化公共服务。未来科技城近年先后成立星月生物产业园、数字健康小镇、健康谷·181园区等健康产业平台，引进浙大医学中心、阿里健康、贝达安进等一批重大项目，集聚生命健康产业相关企业1000多个，形成创新药研发、高端医疗器械、精准医疗及健康服务产业集群。

【"云门"开工建设】2021年8月，杭州云城综合体项目重要组成部分——"云门"开工建设。项目位于杭州西站站房南侧，共14层，建筑面积9.67万平方米，总投资7.85亿元。地上部分东西长约180米、南北宽约60米、建筑高度约80米，集商业、办公、展示用房为一体。其主体结构及外立面形象将与杭州西站同步完工。

【全域未来社区建设推进】2021年，杭州城西科创大走廊以人本价值链、创新产业链、生活供应链为导向，推动全域未来社区高起点规划、高质量建设、高水平运营。6月20日，《城西科创大走廊全域未来社区建设中长期规划》通过省发展改革委审查备案，三区层面基本完成建设方案，编制年度工作方案和实施方案。将未来社区建设任务纳入年度工作清单，成立市、区、城三级多方联动专项工作组，明确责任抓落实。20个重点项目中，葛巷社区、南滕社区2个未来社区开工实施。结合老旧小区改造、TOD（以公共交通为导向的开发模式）开发，打造一批引领未来社区建设示范样板，杭腾社区、绿汀社区、南滕社区等11个未来社区成功申报2021年市级未来社区；葛巷社区、翡翠社区成功申报2021年省级未来社区。对接省、市发改部门和平台建设团队，在省未来社区平台上增设具有大走廊特色的未来社区项目实施方案审查、跟踪监测等全流程统一管理模块。（毛志华）

责任编辑　须同威

33 民营经济

综述

【民营经济快速增长】至2021年年末，杭州市有民营企业74.27万个，注册资本（金）6.78万亿元，比上年分别增长9.5%和20.8%。其中：第一产业8051个，增长4.1%；第二产业10.15万个，增长9.1%；第三产业63.3万个，增长9.6%。个体工商户71.21万个，资金总额966.34亿元，分别增长8.1%和13.6%。全年杭州市新设民营企业12.33万个，增长12.2%，注册资本（金）1.03万亿元，增长52.9%，分别占全市新设内资企业的91.9%和76.9%。

全年杭州市新增国家级专精特新“小巨人”企业32个、国家级重点“小巨人”企业23个、浙江省专精特新中小企业310个、浙江省“隐形冠军”企业18个，数量居全省前列。（李　甜　吴毓娟　赵卫华）

【民营经济协调发展】2021年，杭州市将全市民营经济发展联席会议划归市委统战工作领导小组领导，对27个成员单位所承担的职责和76项任务予以明确。将杭州市促进中小企业发展工作领导小组更名为杭州市促进中小企业和民营企业发展工作领导小组，由市委常委、常务副市长担任组长，统筹协调全市促进中小企业和民营企业发展工作。召开全市民营经济统战工作推进会，交流工作经验，谋划落实举措。召开全市制造业高质量发展大会暨“未来工厂”建设推进大会，对27个“中国制造业500强”企业、21个专精特新“小巨人”企业、28个省“雄鹰企业”、36个省“隐形冠军”企业、58个“鲲鹏企业”集中进行表彰。结合市工商联换届，聘请12位市工商联原企业家副主席、副会长为市工商联咨询委员会委员。（吴　炜）

【民营企业对外投资稳步增长】2021年，杭州市民营企业对外投资保持稳步增长，企业“走出去”步伐加快。新增6个入选“中国民营企业500强”企业的对外投资项目9个，中方投资额9.54亿美元，占全年新批对外投资项目中方投资额的30.0%。（冯蔷颖）

【小微企业园提质增效】2021年，杭州市创建国家小型微型企业创业创新示范基地2个、省五星级园区2个、省四星级园区9个。浙江（杭州）知识产权创新产业园等7个园区获评省级数字化示范园，各项指标均占全省首位。市经信局对2020年度经县、市、省三级审核认定的202个小微企业园全面实施绩效评价。确定正泰中自科技园等202个小微企业园绩效评价和星级评定结果。（吴毓娟　赵卫华）

【36个杭州企业入选“2021中国民营企业500强”】2021年9月25日，全国工商联公布“2021中国民营企业500强”榜单（根据2020年度数据评出）。进入“中国民营企业500强”的营业收入总额门槛由上一年度的202.04亿元提高到235.01亿元。杭州市有36个企业进入“2021中国民营企业500强”行列，占全国的7.2%，占浙江省的37.5%。杭州市进入“中国民营企业500强”的企业数连续19年居全国城市第一位。依照往年惯例采取企业自愿参加的原则，杭州市有194个2020年度营业收入总额超过（含）5亿元的民营企业参加调研，其中：超过10亿元的136个，超过50亿元的68个，超过100亿元的52个，超过150亿元的43个，超过500亿元的13个，超过1000亿元的7个。（吴　炜）

【32个杭州企业入选专精特新“小巨人”企业】2021年7月19日，工业和信息化部公布第三批专精特新“小巨人”企业名单，杭州有32个企业入选。杭州累计有53个“小巨人”企业。从行业分布来看，杭州53个“小巨人”企业多数为制造业企业，分布在计算机通信制造、仪器仪表、医药制造等多个细分行业。属于《工业“四基”发展目录》所列重点领域的企业有42个，主导产品属于关键领域“补短板”的企业有48个，填补国内空白的有38个，填补国际空白的有9个。从地域分布来看，高新（滨江）区、余杭区各有11个“小巨人”企业，数量居区县（市）前列。（李　静）

民营经济发展环境

【杭州中小企业发展环境评估居全国第六位】2021年3月30日，工业和

2021年杭州市民营企业登记注册情况表

表39

行业分类	年末实有数		全年开业数		全年注销数（个）
	企业数（个）	注册资本（金）（亿元）	企业数（个）	注册资本（金）（亿元）	
合　计	**742679**	**67774.34**	**123281**	**10325.77**	**63971**
农、林、牧、渔业	8051	380.32	749	37.21	467
采矿业	196	40.78	18	9.32	25
制造业	58959	3581.59	4458	432.95	4145
电力、热力、燃气及水生产和供应业	1082	157.11	184	94.05	63
建筑业	41237	4855.94	8022	1010.07	2672
批发和零售业	223190	9649.68	31626	1611.41	23352
交通运输、仓储和邮政业	10924	522.21	1796	72.77	781
住宿和餐饮业	14360	313.47	2463	184.52	1407
信息传输、软件和信息技术服务业	97869	5462.76	20822	1036.94	8003
金融业	6229	2953.80	602	525.16	365
房地产业	16781	2438.26	2239	332.05	1708
租赁和商务服务业	113373	29255.18	19415	3544.39	9767
科学研究和技术服务业	79180	5283.90	16330	962.03	5530
水利、环境和公共设施管理业	2929	314.01	481	86.69	157
居民服务、修理和其他服务业	23643	826.53	2992	89.59	1878
教育	6679	129.00	1358	22.15	762
卫生和社会工作	3121	141.19	546	15.20	236
文化、体育和娱乐业	34636	1340.81	9167	251.87	2633
其他	240	127.80	13	7.41	20

信息化部发布《2020年度中小企业发展环境评估报告》，4个直辖市、5个计划单列市和27个省会城市共计36个典型城市参加评估。杭州中小企业发展环境综合排名列上海、深圳、南京、广州、北京之后，居全国第六位。　（吴毓娟　赵卫华）

【国际一流营商环境构建】2021年，杭州市突出构建亲清政商关系抓手，从“政府端”和“企业端”两个方向切入，不断优化营商环境。在“政府端”，畅通政企沟通渠道，用好“亲清直通车”“万家民企评”系列活动等载体，开展“走进”“面对面”系列活动，激发民营企业参与评议和构建营商环境的主体意识。在“企业端”，结合中央和省委巡视反馈问题整改，由市委统战部、市工商联牵头起草《关于深化清廉民营企业建设的若干措施》，明确具体举措，推进清廉民企建设与企业发展融入，激发企业内生自觉。宣传诚信经营、合规经营的民营企业典型，让“不行贿、不欠薪、不逃税、不侵权”固化为民营企业行为准则。11月1日，全国工商联发布《2021年“万家民营企业评营商环境”报告》，杭州连续3年在营商环境城市排名中居全国第一位，获评“营商环境最佳口碑城市”。

【民营经济法治营商环境构建】2021年，市工商联畅通与市公安局、市检察院、市法院、市司法局等部门常态化沟通协调渠道，联合出台《关于助力法治营商环境建设，促进民营经济高质量发展的工作意见》，牵头召开涉法服务工作座谈会，建立多跨联动机制，探索形成法律服务“三三制”：坚持法律培训“三人行”，推进“法律培训进基层”；坚持法律服务“三下沉”，开展“千所联千会”活动，建立基层商会法律服务全覆盖体系；坚持工作定位“第三方”，供给民营企业法治工具。维护民营企业合法权益，为多个民营企业提供援助。反映民营企业合理诉求，就防范处置拖欠民营企业应收账款开展宣传引导，强化民营企业的合规发展意识。

【政企沟通渠道畅通】2021年，市工商联落实机关干部常态化联系走访基层组织和企业制度，每月联系走访基层组织和会员企业频度保持在30个以上。组织120多名企业家参加

2021年杭州市个体工商户登记注册情况表

表40

行业分类	年末实有数		全年开业数		全年注销数（个）
	个体工商户（个）	资金数额（亿元）	个体工商户（个）	资金数额（亿元）	
合　计	**712131**	**966.34**	**141299**	**220.92**	**84622**
农、林、牧、渔业	11481	42.67	1498	6.73	525
采矿业	49	0.38	5	0.06	3
制造业	24640	37.38	2462	6.06	1729
电力、热力、燃气及水生产和供应业	49	0.06	9	0.02	8
建筑业	10990	29.20	3212	9.42	701
批发和零售业	442146	512.60	77536	113.68	47824
交通运输、仓储和邮政业	8329	14.35	1665	2.60	1996
住宿和餐饮业	98542	151.09	23739	34.34	17167
信息传输、软件和信息技术服务业	6775	10.32	3258	4.75	825
金融业	39	0.04	14	0.01	8
房地产业	274	0.27	65	0.08	40
租赁和商务服务业	27285	57.34	8580	14.73	3948
科学研究和技术服务业	3459	4.64	1679	2.19	363
水利、环境和公共设施管理业	243	0.63	68	0.19	9
居民服务、修理和其他服务业	68200	81.64	13729	19.59	8279
教育	433	0.42	74	0.07	53
卫生和社会工作	701	1.33	85	0.14	57
文化、体育和娱乐业	8388	13.37	3562	5.90	1083
其他	108	8.61	59	0.34	4

10多场各级召开的征求意见座谈会，为市委、市政府编制“十四五”规划出谋划策。组织903个企业参与工商联社会责任调查，企业参与数居全省第一位。全年全市工商联系统会同科技、税务等部门召开3期“亲清直通车·政企恳谈会”41场，502个企业负责人参加会议，线上和线下收集问题建议558条，相关问题均分解落实并反馈。根据省工商联闭环管理指数测评，杭州政企恳谈会各方认可情况居全省第一位。

【清廉民营企业建设】2021年，市工商联结合落实中央和省委对杭州巡视反馈问题的整改，突出构建亲清政商关系，坚持“双侧发力，五廉共建”，提升清廉民营企业建设水平。牵头召开全市民营企业清廉建设推进会，与市委统战部联合起草《关于深化清廉民营企业建设的若干措施》。用好“六联十措”工作机制，引导民营企业勇于创新发展，诚信守法经营，外树诚信形象，内强合规意识，激发民营企业推进清廉建设的内生动力。发挥典型的示范引领作用，推动清廉建设和企业发展同步提升。（吴　炜）

【助企服务推进】2021年，杭州市为企业减轻负担927.08亿元，占全省减负降本总量的1/3强，比上年多减负190.58亿元。杭州市各级各部门聚力解决企业困难和问题。落实“四必到四先到”服务机制，推动“走亲连心三服务”常态化、长效化，梳理交办企业各类困难和问题。坚持以数字化赋能助企服务，利用“三服务小管家”等数字平台，建立“前台＋后台”“线上＋线下”企业问题协调解决机制。“三服务小管家”平台全年收集问题6.60万个，解决问题6.57万个。

市委组织部、市经信局牵头选派103名驻企服务员，联动区县（市）选派驻企服务员1.1万名，采取“网格化＋专班化”服务模式，集团化、一揽子推动解决网格内企业的困难和问题。采取“一企一园一链”服务方式，打通助企服务产业链，以服务大企业带动服务中小微企业，实现规模以上企业、高成长性中小企业和园区的全覆盖。全年重点服务企业1090个、小微企业园202个、产业链上下游企业706个，走访企业7586个（次）、小微企业园1994个（次）。

（吴毓娟　赵卫华）

杭州市入围"2021 中国民营企业 500 强"企业一览表

表 41

序号	企业名称	地区	营业收入总额（万元）	全国排序
1	阿里巴巴（中国）有限公司	余杭区	64420800	5
2	浙江吉利控股集团有限公司	滨江区	32561869	11
3	浙江荣盛控股集团有限公司	萧山区	30860925	13
4	浙江恒逸集团有限公司	萧山区	26607632	18
5	万向集团公司	萧山区	12673776	51
6	中天控股集团有限公司	上城区	12065311	54
7	传化集团有限公司	萧山区	11173172	64
8	杭州锦江集团有限公司	临安区	7889834	111
9	网易（杭州）网络有限公司	滨江区	7366713	122
10	广厦控股集团有限公司	西湖区	6831071	129
11	巨星控股集团有限公司	上城区	6202943	151
12	浙江富冶集团有限公司	富阳区	5906312	158
13	富通集团有限公司	富阳区	5123604	186
14	浙江明日控股集团股份有限公司	上城区	4854778	204
15	杭州娃哈哈集团有限公司	上城区	4398203	227
16	浙江新湖集团股份有限公司	西湖区	3953226	259
17	金田阳光投资集团有限公司	上城区	3917619	263
18	华东医药股份有限公司	拱墅区	3368306	308
19	杭州东恒石油有限公司	拱墅区	3178373	333
20	西子联合控股有限公司	上城区	3128623	340
21	浙江东南网架集团有限公司	萧山区	3085396	346
22	百世物流科技（中国）有限公司	滨江区	2999503	361
23	杭州滨江房产集团股份有限公司	上城区	2859680	378
24	海外海集团有限公司	拱墅区	2781712	390
25	华立集团股份有限公司	余杭区	2775838	392
26	浙江协和集团有限公司	萧山区	2760507	398
27	浙江富春江通信集团有限公司	富阳区	2701823	410
28	西子国际控股有限公司	临平区	2667079	413
29	泰地控股集团有限公司	拱墅区	2653581	415
30	浙江大华技术股份有限公司	滨江区	2646596	419
31	兴惠化纤集团有限公司	萧山区	2632223	422
32	胜达集团有限公司	萧山区	2581679	431
33	浙江中南建设集团有限公司	滨江区	2525758	446
34	浙江宝利德股份有限公司	西湖区	2427341	474
35	浙江国泰建设集团有限公司	萧山区	2420148	477
36	浙江建华集团有限公司	拱墅区	2388253	490

2021年4月28日，市工商联召开“优化法治营商环境 服务民营经济发展”工作座谈交流会（市工商联 供稿）

【小微企业纾困帮扶】2021年，市市场监管局推进“小微企业三年成长计划”，开展全市小微企业个体工商户职业技能提升培训，做好2021年浙江省民营企业100强申报核实工作。全年全市新设小微企业10.60万个（其中“八大万亿产业”企业5.28万个）、“个转企”3070个、“雏鹰”计划企业846个；全市33个企业入选浙江省民企百强、超过3000个企业被认定为科技型小微企业、超过4000个企业申报高新技术企业；小微企业培育库入库企业7.07万个；新增小微企业园56个，新开工小微企业园18个；新增小微专营支行38个；小微企业劳动者技能提升培训3.22万人次；对2.19万个小微企业“首贷户”发放贷款648.1亿元。全年新增食杂店、便利店1.27万个，比上年增长6.8%；新增小微餐饮店1.2万个，增长64.2%；新增批发零售业个体工商户7.75万个，增长15.3%。（李 甜）

企业活动

【民营经济领域获全国荣誉】2021年4月21日，中国个体劳动者协会印发《关于表扬2020年度调查工作先进单位和先进个人的通知》，杭州市个体劳动者协会和杭州市萧山区个体（私营）企业协会获先进单位通报表扬，杭州市个体劳动者协会丁晓慧和杭州市萧山区个体（私营）企业协会章勇诚获先进个人通报表扬。（李 甜）

【杭州企业获“创客中国”全国总决赛二等奖】2021年10月31日，由工业和信息化部、财政部共同主办的2021年“创客中国”中小企业创新创业大赛全国总决赛举行。浙江时迈药业有限公司“基于自主创新药物开发平台打造抗体药物源头创新领军企业”项目，获“创客中国”全国总决赛企业组二等奖、浙江赛区企业组一等奖。（吴毓娟 赵卫华）

【“杭州民营企业牵手‘一带一路’国家”对接交流会】2021年5月19日，第七届“杭州民营企业牵手‘一带一路’国家”对接交流会在杭州举行。来自19个“一带一路”国家的45名驻沪外交官、商务官员和商务机构代表参加，与100多名杭州民营企业、侨资企业代表对接交流。会上，12名外方代表做推介发言，杭州民营企业华立集团和浙江贡河农业开发有限公司代表做交流发言。交流会期间，与会外方嘉宾考察杭州城市大脑、物联网小镇，体验“数智杭州”建设成就。

【杭州全球企业家论坛】2021年10月30日至11月2日，第六届杭州全球企业家论坛举行。论坛主题为“新经济、新消费、新发展”，聚焦数字经济、共同富裕、上市企业、“新三板”、市长论坛、区块链等话题，设置中国中小企业上市高峰论坛、新金融助力民营经济高质量发展高峰论坛、新金融龙财富助力共同富裕建设高峰论坛等分论坛，来自10多个国家的专家学者、5000多名企业家、20多个地方政府的相关人员参加。论坛上，建设银行浙江省分行与浙江省工商联中小微企业工作委员会、浙江省融资担保有限公司、浙江省中小企业协会联合推出《支持浙江省民营科创企业行动方案》，推进科创金融建设，推进科技企业创新能力专属评价体系，优化浙江省民营科创企业融资环境，引导传统产业和新兴产业中小微企业加大研发投入。

【“民营经济创新治理”高层论坛】2021年12月6日，第五届浙江省社会科学界学术年会学术专场“民营经济创新治理”高层论坛在杭州举行。中国社会科学院数量经济与技术经济研究所教授李海舰、上海科学院教授李万、华立集团董事局主席汪力成等分别做主旨演讲，省内外200多名专家学者、企业家代表和高校教研人员参加。会上，2020年度中国中小企业景气指数发布。（李 静）

责任编辑 郦 晶

34 城乡建设

国土空间规划

【概况】2021年，杭州市加强规划统筹，根据“十四五”经济社会发展规划，谋划重大规划项目，深化“多规合一”改革，推进杭州市域一体建设。全年组织编制规划项目88个，投入专项资金1.5亿元。推进市级国土空间规划编制，开展国土空间规划“三区三线”（“三区”指城镇空间、农业空间、生态空间，“三线”指生态保护红线、永久基本农田保护红线、城镇开发边界）划定试点。完成《杭州市综合交通专项规划（2021—2035年）》《杭州市轨道交通线网规划（2021—2035年）》等交通设施专项规划编制，完善全市域快速路网和城市道路网，提升核心区交通辐射能级。完成《杭州市钱塘江堤防及岸线整体提升改造规划》《杭州大运河国家文化公园规划》《良渚遗址周边地区景观控制规划》编制，加强重点区域规划管控。完成《杭州市乡村地区国土空间规划导则（试行）》《杭州市国土空间生态修复实施规划（试行）》编制，夯实可持续发展生态基础。完成《杭州市区高中学校布局规划》《杭州市基础教育专项规划》编制，推进《杭州市养老服务设施布局专项规划》编制，优化全市公共服务设施布局。

2021年杭州市政府批复同意的规划项目一览表

表42

序号	批复项目	批复时间
1	杭州市北部新城LZ10单元控制性详细规划（2021年版修编）	2021-03-01
2	杭州市临平老城区单元（LP02-03-05-06）控制性详细规划（2021年版修编）	2021-03-01
3	杭州市滨江区中兴单元（BJ09）控制性详细规划（2021年版修编）	2021-03-18
4	杭州市基础教育专项规划	2021-03-22
5	杭州市萧山区进化单元XSLP08（镇区）控制性详细规划（2021年版修编）	2021-05-12
6	杭州市城市河道综合保护专项规划	2021-05-14
7	杭州市物流与仓储体系专项规划	2021-06-07
8	杭州市“迎亚（残）运”城市标识系统规划导则	2021-07-02
9	杭州市萧山区所前镇郊野单元（XSLP04）控制性详细规划（2021年版修编）	2021-07-08
10	杭州市滨江区总体城市设计	2021-07-26
11	杭州市轨道交通线网规划（2021—2035年）	2021-08-10
12	杭州市综合交通专项规划（2021—2035年）	2021-08-19
13	杭州市第八批历史建筑保护名录	2021-11-23

【市级国土空间总体规划编制】2021年，市规划和自然资源局加快杭州市国土空间总体规划（简称总规）编制工作，根据总规编制安排，开展“三区三线”划定试点、主城区生态红线勘界定标（桩）、数据建库和系统搭建。1月14日，市规划委员会专家委员会会议召开，梳理总规编制阶段性成果，研究确定近期总规编制主要任务。1—3月，市规划和自然资源局联合《杭州日报》，对杭州规划的未来城市愿景、生态保护、宜居品质等6个方面情况分专题进行宣传。4月，以杭州市部分行政区划优化调整为契机，按照“多中心、网络化、组团式、生态型”原则，加强构建特大城市新型空间格局的研究，并形成总规草案成果。5月11日，市规划和自然资源局在市规划展览馆召开总规听证会，听取社会各界意见和建议。5月31日，在市规划和自然资源局官网发布市级总规草案公告，开展为期30天的总规草案公示。6月，杭州市过渡期城镇开发边界划定成果获省政府批复。9月，杭州市完成“三区三线”第一轮、第二轮试划工作。（吴框框）

【西溪国家湿地公园总体规划评估】2021年3月，市规划和自然资源局对杭州西溪国家湿地公园总体规划开

2021 年 5 月 11 日，市规划和自然资源局在市规划展览馆召开国土空间总体规划编制听证会 （市规划资源局 供稿）

展评估。评估内容包括公园容量、结构布局、环境保护、风景游赏、典型景观、科研监测、游览及基础工程设施、配套服务设施等，旨在为新一轮西溪国家湿地公园总体规划编制奠定基础。

【儿童友好型城市规划研究】2021 年 3 月，市规划和自然资源局开展儿童友好型城市规划研究，通过对儿童友好城市既有研究成果和上位要求的梳理总结，借鉴国内外城市先进经验，从公共空间设施供给和需求两个层面入手，分析杭州儿童友好建设现状，提出杭州儿童友好型城市的规划目标、空间体系、优化策略及行动框架。该研究成果作为支撑性文件助力杭州申报国家第一批儿童友好试点城市。 （朱 筱）

【红色资源普查】2021 年 7 月，市规划和自然资源局以弘扬革命精神、传承红色文化为核心，按照“全面普查、掌握现状，加强保护、合理开发利用”的总体要求，编制《杭州市党史胜迹普查及展示利用规划》，并开展红色资源普查。普查发现全市域党史胜迹 245 处，总体呈现党史胜迹分布区域广、形成时期集中、建造时间早、保护级别高、涵盖类型多等特征。结合普查，市规划和自然资源局将胜迹旅游与自然风光、历史文化、民俗风情、乡村振兴有机结合，制定旅游配套基础设施建设规划，发挥红色资源“以史鉴今，资政育人”的作用。

【《杭州市第八批历史建筑名录》公布】2021 年 11 月 24 日，市政府公布《杭州市第八批历史建筑名录》，蕲王路 18 号建筑等 34 处历史建筑被列入第八批非文物建筑保护名单。公布的历史建筑中，上城区 9 处、拱墅区 3 处、西湖区 5 处、西湖风景名胜区 3 处、滨江区 7 处、萧山区 6 处、临平区 1 处。市政府要求各级各部门根据《杭州市历史文化街区和历史建筑保护条例》的有关规定，各司其职，加强保护、管理和宣传，发挥其在杭州名城保护中的积极作用。 （陈 霄）

【庆祝中国共产党成立 100 周年城市规划发展演进展】2021 年 6 月 1 日，“百年光辉·恰是风华”庆祝中国共产党成立 100 周年杭州城市规划发展演进展在杭州市城市规划展览馆展出。展览展示 100 年来杭州在规划引领下，从“三面云山一面城”到“一江春水穿城过”的建设历程。展览以中国共产党成立、中华人民共和国成立、改革开放、“八八战略”实施、“十四五”开局 5 个关键历史节点为统领，穿插介绍 5 轮城市总体规划和新一轮国土空间总体规划编制情况。展览在网上同步推出线上展厅，方便市民公众随时“云”上观展。 （蒋俊晗）

【乡村单元详细规划编制管理】2021 年，杭州市市、区县（市）两级开展乡村详细规划试点编制，其中 11 个乡村详细规划编制被纳入省级试点，全市结合试点创新乡村单元详细规划编制管理路径。10 月 14 日，市规划和自然资源局印发《杭州市乡村地区国土空间规划导则（试行）》，结合杭州自身特色，提出在规范“多规合一”实用性村庄规划编制标准基础上，探索“必做 + 选做”相结合的按需编制模式，并以该模式指导各区县（市）开展乡村地区国土空间规划编制。年内，乡村详细规划被纳入杭州市国土空间规划“一张图”和空间智治数字化平台统一管理。 （叶琴英）

【《杭州市国土空间生态修复实施规划（试点）》编制完成】2021 年 12 月，市规划和自然资源局编制完成《杭州市国土空间生态修复实施规划（试点）》。规划选取涉及工业污染、湿地保护、农田与生态空间、水资源保护 4 个具有不同生态特征的区域，探索生态修复规划落地路径和可实施方案。该规划对支撑协同市国土空间总体规划编制、保障国家确定的钱塘江源头山水林田湖草生态修复等起到重要作用。 （苏尔军）

【“空间智治”数字化改革】2021 年 4 月 8 日，杭州市召开“空间智治”数字化改革大会，提出搭建杭州市“空间智治”数字化平台“4+X”框架体系、深化“空间智治”数字化改革等工作要求。“4+X”框架体系中，“4”为“空间智治”一个数据库、一张图、一个工具箱和一个平台，“X”为优化规划统筹协同、工业空间应用、“土地码”协同审批、地质灾害风险防控、不动产登记全域一体化通办、耕地云监管等多个应用场景。11 月 30 日，杭州市完成 2210 平方千米实景三维数据获取、质检和入库。三维数据集成全市 416 类规划和自然资源数据，包括 93 类自然空间数据，131 类人口、企业等人造空间数据，192 类 3 条控制线、规划用途等未来空间数据，形成“空间智治一张图”。研发完成包括道路网密度测算、控制线管控分析、地块成熟度评估、类住宅分析等 26 个通用空间治理组件。年内，市规划和自然资源局搭建的“空间智治”平台在省域空间治理平台和数智杭州门户集成上线，全市建成的规划统筹协同、工业空间、耕地云监管、土地码协同审批、地质安全风险防控和不动产全域通办6个应用场景全部投入使用，其中，规划统筹协同、工业空间2个应用场景被评为浙江省空间治理数字化最佳实践案例。 （陈艳艳）

【杭州市城市规划展览馆】2021年，杭州市城市规划展览馆讲好“重要窗口”故事，发好规划资源声音，推进规划展览馆提升改造。全年承办会议55个，接待游客22万人次、团队757个。完成《明清杭州海塘和萧绍海塘（杭州段）沿线用地控制规划（草案）》等14个项目现场公示。承办“百年光辉、恰是风华”庆祝中国共产党成立100周年杭州城市规划发展演进展等专题展览。杭州市城市规划展览馆被列入浙江自然资源普法阵地、杭州市党员干部教育培训基地。 （彭婵娟）

城市更新

【城市路网建设】2021年，杭州市建成时代大道滨江段、时代大道萧山段高架、彩虹大道萧山段（局部）、彩虹快速路西延（之江段、富阳段）隧道、江南大道隧道等项目，建成总里程75千米。通城大道（萧绍路—晨晖路）工程、文一西路西延一期工程、崇贤至东湖连接线二期工程3个快速路建设项目开工；25个快速路项目续建，总长127千米。加快过江通道建设，博奥隧道建成通车。开工主次干道项目18个、18.3千米；完工项目38个、59.8千米；续建项目38个、64.9千米。建成萍水东路等联网路3条、港湾式公交停靠站18个，以及艮山东路三官塘路、红普路口、杭海路口3座人行过街天桥。打通城市道路“断头路”18条，总长12.8千米。完成71条地铁道路重建，涉及地铁5号线、6号线一期、7号线、8号线和9号线，重建道路总长61千米。开展道路移交接管工作，完成2020年及以前竣工的道路项目移交。 （吴育蔚）

【城中村改造】2021年4月，国务院办公厅印发《关于对2020年落实有关重大政策措施真抓实干成效明显地方予以督查激励的通报》，杭州市获“棚户区改造积极主动、成效明显”的评价受到国家通报激励。杭州市城中村改造开工安置房项目28个、476万平方米、2.55万套；竣工73个、1035万平方米、5.93万套；开工安置房配套项目77个，竣工97个，投入建设资金138亿元。开展“回迁提速”攻坚行动，全年回迁安置拆迁户12203户，全市在外过渡5年及以上并有安置意愿的8650户拆迁户全部回迁安置。“回迁提速”入选杭州市开展的首批“民呼我为”主题活动最佳实践案例。市建委组织开展首届杭州市“最美安置房”评选活动，海潮雅园、坤塘悦府、杨公佳苑等30个住宅小区入选“最美安置房”。 （汪予峰）

【“新城建”试点】2021年，市建委推进住房城乡建设部全国首批“新城建”试点城市建设。年内，城市科技信息模型（CIM）基础平台框架搭建上线，并初步完成数据仓库框架及有关功能框架建设，完成日照分析、制高点分析等组件开发和多种指标分析。CIM数据资源体系汇集109.5平方千米以上的倾斜摄影三维模型、全市域地表影像模型、主城区1000平方千米以上的白模（城市三维模型）、全市域1000万条以上的统一地址库数据，城市数据涵盖工程建设、城市部件、地下市政基础设施、住宅小区、建筑房屋、公共交通、配套设施、亚运场馆、视频监控等16个大类35个小类。组织研究开发地下隐患智防应用场景，全市完成综合视频赋能感知、楼宇安全管理、智慧社区、亚运会城市安全管理等“CIM+试点应用场景”的初步设计。

▶资料：“新城建”

“新城建”是基于信息化、数字化、智能化的新型城市基础设施建设。“新城建”引领城市转型升级，推进城市现代化。2020年，住房城乡建设部在重庆、杭州、太原、南京、苏州等16个城市开展首批“新城建”试点。 （蔡　群）

【大城北开发建设】2021年，杭州市围绕大城北基础设施建设、民生改善、生态修复等重点，加快大城北开发建设步伐。市建委完成《大运河新城核心区城市设计》等15个专项规划研究，启动《杭州市大城北地区规划建设三年行动计划（2021—2023年）》，实施建设项目177个，完成京杭大运河博物院（原杭州炼油厂）项目一期、大运河杭钢工业旧址综保项目14号地块一期、杭州炼油厂工业遗存消除隐患改造等项目46个。杭钢工业旧址综保项目、京杭大运河博物院、运河湾国际旅游休闲综合体、浙江云数据计算中心4个区块

2021年，杭州主城区彩虹快速路西延工程富阳段建成 （市建委 供稿）

完成投资17.1亿元。注重大城北绿色发展，大城北拱墅辖区李佛桥二期等7条河道整治和运河亚运公园等3个公园建设项目实施。

【老旧小区综合提升改造】2021年，杭州市完成老旧小区改造211个，惠及住户近7万户。全年落实中央财政补助、中央预算内投资、省级财政补助6.67亿元，发行专项债6.65亿元，拨付市级补助资金13亿元。8月，市建委与市委组织部联合印发《关于以党建引领高质量推进老旧小区改造提升的指导意见》及有关加强老旧小区改造监管、综合考评等意见，全市建立旧小区改造功能型党组织111个，设立实体化党建阵地127个，发挥老旧小区改造党建引领作用。完成改造的老旧小区新增停车泊位9511个，加装电梯509台；新增养老服务场所1.32万平方米、公共文化活动场所2.66万平方米、托幼服务场所4252平方米。改造智慧安防小区325个、"污水零直排"小区135个，完成架空电缆线"上改下"363千米、改造提升绿化124万平方米。住房和城乡建设部刊发2期简报推广杭州旧小区改造做法。杭州评出市级老旧小区改造最佳案例和典型案例30个，其中16个入选浙江省城镇老旧小区改造典型实践案例，17个老旧小区改造项目被列入2021年度省、市第三批未来社区创建项目。国家统计局杭州调查队调查显示，杭州市民对老旧小区改造工作的支持率98.9%、满意率96.3%。（杨静漪）

【海绵城市建设】2021年，财政部、住房城乡建设部、水利部举行系统化全域推进海绵城市建设示范城市竞争性评审，全国20个城市获首批"国家系统化全域推进海绵城市建设示范城市"资格，杭州市入选并获中央财政补助资金9亿元。市建委对标国家海绵示范城市建设任务和绩效目标，编制《杭州市系统化全域推进海绵城市建设实施方案》，印发《杭州市系统化全域推进海绵城市建设示范城市创建行动计划（2021—2023年）》《2021年杭州市系统化全域推进海绵城市建设示范工作中央财政补助资金分配方案》。全市以区县（市）为单元，打造24个海绵城市建设示范片区和150个海绵城市建设优秀示范项目，其中包括亚运村、之江双浦铜鉴湖等示范区域，以及阳陂湖、北塘河公园、运河亚运公园等优秀示范项目，全市35平方千米区域达到海绵城市建设要求。（姜茜）

【未来社区建设】2021年7月，全省未来社区建设工作牵头部门由发展改革部门调整为建设部门。市建委承接未来社区建设牵头职能后，建立例会、专题协调、信息报送等工作机制。在全市范围内开展"百社示范、千社提升"行动，全年推出127个省、市未来社区建设项目，其中城镇未来社区项目84个。城镇未来社区实施单元总面积4183公顷，受益居民91万人。（黄一成）

【地下隐患智防系统建设】2021年，市建委针对城市路面塌陷多发等问题，开展地下基础状况和塌陷隐患成因的研究，制订建设城市地下隐患智防应用场景、系统重塑城市道路形象工作方案。年内，市建委汇集地下隐患形成相关动态静态数据19类，实现10个城区试点区域109.5平方千米范围地下隐患因子三维可视；建立综合风险分析模型和算法，计算路面安全指数，以红、黄、绿3种颜色标出高、中、低风险区域，直观展示路面塌陷风险一张图；重塑跨部门联防联控机制，制订并发布地下隐患闭环暂行措施清单，明确实施监管单位职责和具体责任人，实现处置预案一键直达。全年全市管控中高风险路段123条，消除或降级中高风险路段50条。（蔡群）

【城市河道综合整治】2021年，杭州市围绕城市河道综合整治和品质提升，创建智慧河道和智慧管网建设模式，提高污水处理和中水回用能力，河道水质明显改善。推进亚运场馆等重点区域周边河道建设，提高城市内涝防治能力。继续开展创建美丽河道、打造"一河一特色"工作，实现美丽河道向"幸福河道"转变。依托智慧河道平台，推进精细化管理，将休闲活动"安不安全"、河道景色"好不好看"等信息告诉沿河居民，让居民享受更优质的生态环境。全年实施河道综合治理项目30个，总长35.14千米，其中完工12个，总长16.27千米，投入资金2.24亿元。杭州获全省"五水共治"工作先进集体和"十三五"期间实行最严格水资源管理制度工作集体嘉奖。（周静增）

【地下空间开发利用】2021年，市建委编制《杭州市地下空间开发利用专项规划（2021—2035年）》，提出城市地下空间未来的发展策略、发展布局和重点区域，实施"地下轨道交通、综合管廊、地下道路"3张网

2021年，杭州市统筹地上地下一体化发展。图为新建成的亚运村地下综合管廊（市建委 供稿）

络有效整合,统筹地上地下一体化发展。编制《杭州市重点区域地下公共空间设计导则研究》,统筹和规范重点区域地下公共空间设计和建设管理。全年全市新开工地下空间开发面积917万平方米,涉及12个重点区域65个重点项目,为年度目标任务的183.4%。年内,市建委组织开展"杭州市地下空间优秀典范案例"评选,从62个申报案例中选出27个,入选案例涉及地下轨道交通、地下道路、地下市政设施、地下商业设施、人防设施、统筹连片开发等类型。根据《中国城市地下空间发展蓝皮书(2021)》数据显示,杭州地下空间综合实力排名列全国第四位,杭州建成区地下空间开发强度、人均规模、停车地下化率、社会主导化率等指标位居全国城市前列。（徐林华）

钱江新城

【拥江发展行动推进】2021年,钱江新城管委会协同推进173项拥江发展重点工作。完善钱塘江综合保护制度体系。完成《杭州市钱塘江综合保护与发展工作协调机制》《钱塘江及两岸区域规划实施评估机制》《钱塘江及两岸生态联保共治机制管理办法》《杭州市绿道建设与养护导则》编制印发,《钱塘江两岸岛屿管理办法(草稿)》通过市政府办公厅预审。推进钱塘江诗路文化带建设。组织举办首届"拥江杯"诗文吟诵大赛,完成《钱塘江诗词文化带发展与实施策略研究及文化场景策划(成果稿)》,"严州古城至严子陵钓台沿江景区"统一品牌创建工作形成初步方案;完成钱塘江绿道系统规划评估。8月18日,市拥江发展领导小组办公室召开杭州市拥江发展领导小组办公室主任会议,通报2021年拥江发展重点工作进展情况,部署下一阶段主要任务,领导小组成员单位进行工作交流。

【核心区品质提升研究】2021年,钱江新城管委会组织杭州市城市规划设计研究院和上海现代城市更新研究院对4.02平方千米的钱江新城核心区进行专题研究。针对核心区在步行体验、设施配套、人气活力、文化活动等方面存在的不足,提出慢行网络打造、休闲街道整治、休闲水岸重塑、文化活力提升、旅游节事引爆、产业复合提升、更新蓝图制定、智慧交互、智慧交通、智慧旅游、城景无界融合、城市门户打造、小微场所营造、管理运营平台搭建、协商管理规则健全等15个方面的行动计划,谋划区域功能与形象的品质飞跃,为全面更新改造提升奠定基础。（刘　佳）

【三大新城区域规划设计加快推进】2021年,钱江新城投资集团加快推进钱江新城、城东新城、会展新城三大新城全局性规划和城东新城中轴线、运河水轴线、五堡国际商务轴线三大轴线精细化设计,完成运河湾赵家港水域城市界面优化调整,运河湾商务副中心等项目控制性规划获市政府批复。基本完成五堡TOD(以公共交通为导向的开发)选址论证方案审查、钱塘江堤塘提标与市政基础设施融合立项。完成会展新城控制性规划编制、市规划部门技术审查及市政府初步审查,完成钱江新城核心区地下空间等专项规划编制,出台《加快会展新城建设若干意见》。

【城区开发建设加快】2021年,钱江新城投资集团加大城市开发建设力度,全年完成投资132亿元,开工项目28个,竣工项目33个。其中,市级标志性工程亚运村108幢建筑全面竣工,杭州大会展中心地下主体结构和连堡丰城主体工程完工,江河汇城市综合体汇中公园开工。12个学校项目开(竣)工和续建,12个市政项目通过竣工验收。实施回迁提速工程,新建和续建安置房项目24个,总建筑面积345万平方米。完成杭州安琪儿小商品市场等24个企业征迁拆除。全年完成土地储备6宗、28.5公顷,出让地块5宗、21.5公顷。（朱礼胜）

【城市阳台品质提升】2021年9月,之江路景观配套提升整治工程开工建设。项目位于钱江新城之江路两侧绿化公共空间,东至钱塘江与运河交汇处,西至西兴大桥,北至各社会投资项目,南临钱塘江,全长3.2千米。项目对城市阳台11万平方米内的园林绿化、城市家具、标识系统、阳台展厅进行提升改造。全年城市阳台接待各地参观团76个。

【钱江新城主题灯光秀创新】2021年"七一"和国庆期间,钱江新城灯光秀分别推出"奋斗百年路·启航新征程"及"共同富裕·美丽浙江"主题灯光秀和千架无人机编队特别表演。灯光秀登上中央广播电视总台《新闻联播》《东方时空》等栏目直播画面。其中,"七一"灯光秀分"峥嵘岁月,热血涌动""星星之火,燎原中国""上下求索,中国道路"3个篇章,从国家、浙江、杭州3个层

2021年,钱江新城投资集团承建的杭州大会展中心地下主体结构和连堡丰城主体工程完工。图为杭州大会展中心外景　（钱江新城投资集团 供稿）

面诠释中华人民共和国在经济、科技、国防、文化上的发展蝶变和取得的伟大成就。国庆灯光秀以“共同富裕·美丽浙江”为主题，以中共中央总书记习近平对浙江工作重要讲话精神和省委、省政府重要决策部署为主线，在展示浙江繁华城市、美丽乡村及人民幸福生活的同时，特别融入浙江高质量发展建设共同富裕示范区、杭州2022年第19届亚运会等主题元素，设计具有杭州鲜明特色的钱江潮涌、三潭印月、杭派民居、莲花碗、亚运会标识等文案画面，讲好新时代浙江故事。两次主题灯光秀均联动1000架无人机编队进行空中表演，从“平面”到“立体”全面展示“中国红”形象。

【钱江新城民生工程建设】2021年，钱江新城管委会加快推进总建筑面积20多万平方米安置房建设。12月，钱江新城核心区29号、33号地块安置房结顶，可安置居民1266户。29号、33号地块分别位于上城区顺福路和景芳路交叉口东南侧和西南侧，占地面积5.3万平方米，建筑面积20.3万平方米，分别由11幢和7幢高层住宅组成。凯旋单元14地块3.5万平方米公共租赁房项目由地下室施工转入主体，可供房源288套。该地块公共租赁房项目位于上城区新塘路与昙花庵路交叉口西北侧，占地面积1.02万平方米，建筑面积3.59万平方米，由3幢高层住宅组成。年内，钱江新城核心区采东路延伸段、钱江苑1—3号支路、核心区地下通道（连廊）等市政配套工程建设加快推进。（刘　佳）

【宁巢·明石公寓开业】2021年9月16日，浙江省首宗成建制开发的人才租赁住房项目——宁巢·明石公寓开业。宁巢·明石公寓总投资14亿元，建筑面积15.9万平方米，户型40平方米、60平方米、90平方米不等，有房屋1469套，全部采用精装修。公寓集居住、休闲、购物、共享办公等功能于一体，为各类人才提供共享办公区、共享会议室、会客厅等丰富、完善、灵活的创业办公空间，实现“生活+工作+创业”一体化。（朱礼胜）

【杭州博奥隧道建成通车】2021年8月28日，连通钱江新城、奥体博览城和钱江世纪城的博奥隧道通车。博奥隧道位于钱江三桥和庆春路过江隧道之间，北起钱江新城新业路与富春路交叉口，南至钱江世纪城博奥路与平澜路交叉口。隧道全长2.8千米，为双向四车道，设计行车时速60千米。项目自2017年7月开工建设，采用自主研发制造的两台盾构机施工。为解决隧道结构复杂、专业繁多的建设管理难题，采用建筑模型信息化（BIM）技术，确保工程质量和施工安全。（刘　佳）

【望江隧道完成主体移交】2021年11月30日，杭州市望江路过江隧道工程完成主体移交。望江路隧道位于西兴大桥（三桥）和复兴大桥（四桥）之间，下穿钱塘江，北起上城区望江东路，南至滨江区江晖路，全长3.6千米，双向四车道，设计行车时速80千米，采用“盾构法+明挖法”施工，历时4年建设，于2019年12月15日通车。

【艮山东路过江隧道工程全面贯通】2021年12月26日，杭州艮山东路过江隧道工程的盾构段全面贯通，历时399天。艮山东路过江隧道工程主要包括隧道、综合管廊和地面道路等。隧道全长4616米，其中盾构段3210米，开挖直径15.06米，为双洞双向六车道设置，行车时速80千米。该工程是钱江新城投资集团参与建设的首个PPP项目。隧道建成后，钱塘江两岸通行时间最快只需4分钟。（朱礼胜）

【钱塘江绿道主线全线贯通】2021年，钱江新城管委会深入实施钱塘江绿道建设“三年行动计划”。钱塘江绿道是钱塘江流域重要自然生态廊道，东起曹娥江入海口，西至淳安县千岛湖，跨越沿江9个区县（市），主线长度751千米，串联钱塘江、富春江、新安江、千岛湖一线山水景观资源，绿道有精品都市型、江堤结合型、水岸公路型、山地生态型4种类型。钱塘江三江两岸绿道建设始于2019年，2021年，钱塘江沿岸各区县（市）抓住亚运会筹备契机，加强区域协作共建，落实三年攻坚举措，实现钱塘江绿道主线全线贯通。（刘　佳）

【浙江省首单智慧停车ABS债券发行】2021年11月5日，“国君—钱投—杭停股份智慧停车资产支持专项计划资产支持证券”获上海证券交易所出具的无异议函，成为浙江省首单获批的智慧停车ABS项目。该产品是钱江新城投资集团通过资产证券化方式盘活城市停车设施资产的有益尝试。12月10日，ABS债券正式发行，发行总规模7亿元，优先级6.65亿元，全场认购倍数3.37，发行利率3.28%。

【承办第五届中国—阿拉伯国家广播电视合作论坛】2021年12月6日，第五届中国—阿拉伯国家广播电视合作论坛在北京举行，北京设主会场，杭州设分会场，其他省、市及阿拉伯国家代表线上参会。中共中央政治局委员、中央宣传部部长黄坤明，阿拉伯国家联盟秘书长艾哈迈德·阿布·盖特以视频方式出席开幕式并分别致辞。与会嘉宾围绕广播电视政策沟通、内容创作与能力建设、智能化和网络视听传播等进行专题研讨。杭州市会展旅业有限公司作为杭州分会场举办主体，以国际化标准、数字化技术、专业化团队，推动完成论坛各项保障任务。

【国际会议管理培训在杭州举行】2021年6月2—4日，国际专业会议组织者协会（IAPCO）国际会议管理培训首次在杭州钱江新城假日酒店举行。培训由国际专业会议组织者协会（IAPCO）主办，杭州市会议与奖励旅游业协会协办，博悦咨询（北京）有限公司、杭州市会展旅业有限公司联合承办。来自北京、上海、广东、河北、四川、江苏等省（直辖市）和亚太地区企业会议、协会会议及展览组织者代表、专业工作者70人参加。杭州协办国际会议管理培训班有助于杭州引进更多更好的国际会议，加快杭州推进国际会议目的地建设。（朱礼胜）

历史文化名城保护

【概况】杭州为国务院首批公布的

国家历史文化名城。至2021年年末，杭州市境内有世界文化遗产3处、全国重点文物保护单位48处、省级文物保护单位93处、市（县）级文物保护单位542处；有市级文物保护点508处、历史文化名镇名村27处、历史街区和历史地段27处、历史建筑1640处；有国家级考古遗址公园1处、省级考古遗址公园3处。全年杭州投入保护专项资金1.26亿元，比上年增加427万元，其中中央、省级专项资金450万元。杭州加强历史建筑保护和历史景观风貌管控，实施文化名城保护工作责任制。国家标准化管理委员会公布"全国第七批社会管理和公共服务综合标准化试点项目"名单，杭州历史建筑保护利用标准化试点被列为全国试点项目。

【省地方标准《历史建筑修缮与利用技术规程》发布】2021年4月20日，由杭州市文物遗产与历史建筑保护中心牵头主编的浙江省建设工程标准《历史建筑修缮与利用技术规程》发布，于9月1日起正式施行。该规程明确历史建筑修缮与利用应遵循的真实性、整体性、可识别性和可持续性4项原则，从基本规定、查勘与检测、修缮设计、修缮施工、修缮验收、利用等8个方面对历史建筑的修缮与利用进行全覆盖精细化规范，有条款185条。

【《历史建筑保养维护规范》发布】2021年6月30日，由杭州市文物遗产与历史建筑保护中心牵头主编的杭州市地方标准《历史建筑保养维护规范》发布，于7月30日起正式实施。该规范从保养维护的范围、规范性引用文件、术语和定义、基本要求、巡查要求、保养维护实施、应急管理、消防管理、资料归档9个方面对历史建筑的保养维护进行规范，有条款41条。规范的发布填补省、市历史建筑日常养护规范性标准的空白。

【历史建筑价值评定项目专家论证会】2021年7月22日，杭州市文物遗产与历史建筑保护中心组织召开建筑价值评定项目专家论证会，对显宁寺旧址等80处历史建筑价值等级评定情况进行验收。此次评定的历史建筑分布在上城区、拱墅区、西湖区、滨江区、萧山区和西湖风景名胜区，价值品质总体良好。经专家论证，评定为一类保护建筑3处、二类保护建筑34处、三类保护建筑39处、三类以下保护建筑4处。

【历史建筑挂牌测绘建档】2021年，市园文局牵头组织开展全市历史建筑挂牌、测绘、建档工作。10月12日，召开全市历史建筑测绘、建档工作培训会议，贯彻落实住房城乡建设部有关要求，明确测绘对象为全市正式公布的86处历史建筑，测绘内容为历史建筑的总平面、立面、剖面及主要构件等。年内，杭州投入专项资金5200万元，委托第三方完成全市历史建筑的测绘、建档，测绘总面积50万平方米，并完成挂牌。

【历史文化名城条例立法调研】2021年，市园文局围绕《杭州市历史文化名城保护条例》立法工作，开展深入调研和意见征询，并完成条例初稿修改完善。条例初稿明确杭州市历史文化名城、名镇、名村、历史街区、历史建筑的职能部门、责任分工，以及应承担的历史文化名城相关规划编制、保护管理、展示利用等法定职责。

【杭一棉公司离退休人员服务中心卫生所旧址修缮完工】2021年7月，杭一棉有限公司离退休人员服务中心卫生所旧址修缮工程完工并通过验收。该旧址位于拱墅区桥弄街36号，是市政府公布的第六批历史建筑，为三层高、三进深、九开间的西式风格建筑，红墙黑瓦，歇山屋顶，建筑面积1070.09平方米，卫生所旧址系"通益公纱厂旧址"的重要组成部分，反映19世纪70年代工业类办公建筑的独特风貌，具有深厚的历史价值和丰富的文化渊源。2008年，卫生所旧址作为杭州工艺美术博物馆办公楼使用。2020年，使用单位委托博大环境集团有限公司对旧址进行保护修缮。工程内容包括外部风貌、特色构件保护修缮及结构体系加固、相应配套设施增设等，总投资350万元。

【祥符3处历史建筑修缮】2021年5月，拱墅区城建发展中心联合杭州大宸发投资有限公司，开展祥符茧行旧址、祥符桥粮仓、祥符直街48号3处历史建筑保护修缮，工程内容包括整体风貌整饬、结构体系加固、周边环境整治、智慧消防等方面，总投资1228万元。祥符茧行旧址、祥符桥粮仓、祥符直街48号3处历史建筑位于拱墅区祥符桥风貌街区范围内，其中祥符茧行旧址为市政府公布的第六批历史建筑，建于清末民国初，系砖木结构仓库建筑，建筑面积1053平方米；祥符直街48号为第七批历史建筑，建于清末，系木结构水乡民居建筑，建筑面积110平方米；祥符桥粮仓为第七批历史建筑，建于20世纪70年代，系砖混结构建筑，建筑面积346平方米。3处历史建筑共同构成祥符桥周边历史文化、社会变迁的实物见证，具有一定的历史记忆价值与社会人文价值。（章珠裕）

运河保护开发

【概况】2021年，市运河集团实现营业收入37.94亿元（含土地出让）、净利润2.71亿元；完成固定资产投资额55.3亿元，实施政府投资项目156个，完成财务投资额24.61亿元，11项市重点项目完成投资额28.54亿元，完成年度计划的172.5%。京杭大运河（杭州段）景区接待市民游客1079.5万人次。

大运河国家文化公园建设推进。京杭大运河博物院、大运河杭钢工业旧址综保项目2个标志性文化项目和中国大运河文化带京杭对话等5个文化品牌活动被纳入国家发展改革委"十四五"时期实施重点项目，36个项目被纳入国家发展改革委"十四五"时期文化保护传承利用工程项目储备库，大运河杭钢工业旧址综保项目获中央预算补助资金8000万元，京杭大运河博物院项目获浙江省诗路建设资金补助2397万元。运河湾社区、杭钢公园社区被纳入杭州市级未来社区创建点，大运河音乐公园建成投用，大运河国家文化公园规划展示馆启用，京杭大运河博物院、大城北中央景观大道、小河公园等标志性项目建设实现进度要求。

重点项目建设推进。组织开展重点项目“比学赶超”活动，通过流动红旗竞赛机制，营造比亮点、比特色、比干劲、比结果的项目建设氛围。义桥老街、夏衍历史街区项目41号地块完工，运河映巷开业。丽水路隧道基本完工，一号支路（田园路）等“断头路”打通。运河湾36班小学、拆迁安置房、公租房等民生基础设施建设稳步推进。

土地保障与开发加强。全年收储土地7宗、24.91公顷，出让土地9宗、31.99公顷，出让土地比上年增长166.4%，完成7个项目、3.14公顷土地“农转用”，完成20个项目、89.1公顷集体土地报批，完成杭州市航运有限公司等7个企业征迁。运河湾TOD（以公共交通为导向的开发）示范项目由市运河集团全资子公司以54.38亿元的总价摘牌，成为杭州市第一个实施TOD的示范项目。

品牌影响力扩大。市运河集团举办中国大运河文化带京杭对话活动，新年祈福“走大运”活动获北京世界休闲大会国际休闲生活案例金奖，第八届中国大运河庙会举办50场演出，大运河国际诗歌节征集到3298首原创运河主题诗歌作品。《人民日报》、中央广播电视总台等主流媒体连续播出大运河国家文化公园（杭州段）建设成果。市运河集团组织撰写《乾隆与大运河》等有关传承运河文化书籍。

精品文旅项目打造。实施迎亚运大运河（杭州段）水岸互动文旅融合提升工程，推进运河沿岸文化、景观、夜景灯光、船只、业态等方面提升，文旅融合项目获评中国旅游集团发展论坛之文化和旅游融合发展十大创新项目。金源昌二期和望山梅精品酒店建成并投入运营，桥西历史街区实施“挖掘存量做深度＋开拓创新市场做广度”战略，实现良好的社会效应和经济收益。

【“中国（杭州）新年祈福走运大会”获国际休闲生活案例奖金奖】2021年4月16日，北京·平谷世界休闲大会上，“中国（杭州）新年祈福走运大会”获首届国际休闲生活案例奖金奖。会议经遴选委员提交、评审委员审核评议，从国内外303个报名案例中评选产生首届国际休闲生活案例奖金奖2个、银奖3个、铜奖5个、提名奖20个。中国（杭州）新年祈福走运大会由杭州市政府主办，自2017年开始连续举办5届，每年1月1日市民沿运河毅行迎接新年到来，全程约8千米，途经世界文化遗产中国大运河（杭州段）标志性建筑拱宸桥，并串联大兜路历史文化街区、桥西历史文化街区、小河历史文化街区等。“走运大会”被列入省发展改革委大运河国家文化公园标志性项目。

【运河·映巷开街】2022年4月30日，运河·映巷开街暨商户动员大会在杭州举行。运河·映巷位于大运河文化带沿岸的严家路与新塘路交叉口，紧邻夏衍旧居，是市运河集团打造的首条影视文化主题商业街区，是“大运河文化带”和杭州市“拥江发展行动规划”的重点项目之一。运河·映巷街区建筑面积7.9万平方米，整体建筑风格以传统民国元素为基调，有机结合现代建筑设计人文风情，既有厚重历史感，又有视觉体验层次感。街区以影视文化为特色，多种业态融合。一期由一条东西走向的水平商业街区和容纳300多人的实验型剧场组成；二期以高层写字楼、700人座位的大剧院及商业配套组成。开街当天，运河·映巷吸引市民和游客6000多人次。

【中国大运河智库论坛在杭州举行】2021年5月7日，第九届中国大运河智库论坛在杭州举行。论坛由中国大运河智库联盟、浙江省文化和旅游厅指导，杭州市运河集团、浙江外国语学院共同主办。会上，30多位省内外知名专家学者，从政策、市场层面和理论角度对大运河的文旅融合、文旅产品、业态及游客需求等进行探讨。其间，联盟单位专家学者围绕大运河国家文化公园建设有效衔接文旅产业发展、大运河文化品牌推广的国际化及其展望、运河保护利用与城市发展及国际游客眼中大运河遗产旅游体验等方面做专题报告，从多种视角带来文旅产业发展的前沿动态及研究成果。中国大运河智库联盟于2018年6月在北京成立，首批30多个联盟单位分别来自大运河沿线的高等院校及研究机构。

【武林门码头及文化公园改造提升项目获批复】2021年5月13日，杭州市武林门码头及文化公园改造提升项目获市政府可行性研究批复，标志着项目正式完成立项。该项目总投资7800万元，改造提升以现有武林门码头为中心，将空间向陆域、水域拓展延伸，改造武林门码头、环北公园及码头南岸绿地区域，从功能、服务、景观、空间等方面提升改造武林门码头滨水公共空间，提升周边生活环境和生活质量。

【大运河国家文化公园建设现场会在杭州召开】2021年5月28日，大运河国家文化公园建设现场会暨第三次文化保护传承利用工作省部际联席会议在杭州召开。国家发展改革委、中共中央宣传部、文化和旅游部、国家文物局、自然资源部、生态环境部等24个国家部委及大运河沿线7个省（市）有关部门负责人及业界专家学者和企业代表80多人参加。会上，中共中央宣传部、文化和旅游部、国家文物局、水利部、生态环境部介绍有关工作进展情况，杭州、扬州分别介绍大运河重点谋划建设、论坛举办等典型案例。会议围绕共同推动大运河文化保护传承利用课题，交流大运河国家文化公园建设进展，审议《大运河文化保护传承利用“十四五”实施方案》，研究全国大运河保护传承利用工作。

【小河公园配套码头工程（小河换乘站）获批复】2021年6月16日，小河公园配套码头（小河换乘站）工程获市政府可行性研究批复，标志着配套码头项目立项工作正式完成。小河公园配套码头原为中国石油化工集团货运码头，是连接小河公园与京杭大运河的重要枢纽，总投资近860万元，码头占水域面积360.2平方米，拟利用83米岸线建设2个水上巴士泊位，同步打造码头滨河景观带，使小河公园与码头景观深度融合。

【丽水路（石祥路—金昌路）道路工程合龙】2021年6月25日，丽水路（石祥路—金昌路）道路工程合龙封顶。该工程是省内首个双层隧道项目，位于拱墅区，南起石祥路，北至金昌路，全长 1760 米，其中隧道工程 1085 米，隧道最大开挖深度 18.29 米，中间下穿京杭大运河管家漾段与上塘高架桥，下穿河段长度 227 米。地下一层隧道与运河湾区块内的地下空间连通，为机动车的进出提供便利；地下二层隧道穿过管家漾河，将管家漾河南北两侧的道路打通，增加南北向车辆通行路线，同时通过地下一层隧道与周边地下空间连通，为运河湾范围内的配套设施建设提供便利。

【中国大运河文化带京杭对话活动在杭州举行】 2021 年 10 月 21—23 日，中国大运河文化带京杭对话活动在杭州举行，活动由北京市政府新闻办公室、浙江省政府新闻办公室、杭州市政府、中国新闻社、世界运河历史文化城市合作组织（WCCO）共同主办，杭州市政府新闻办公室、杭州市运河集团等单位承办。对话活动以“走向共同富裕的千年运河”为主题，开展“1+N”场活动，即 1 个开幕式暨主论坛及魅力北京浙江周、“生态修复、水土共治”主题研讨会、京杭对话雅集等子活动，对话活动集政产学研成果发布、专家研讨、文化交融、艺术雅集、文旅推介、科技交流、产业落地、媒体传播于一体。活动期间，拱墅区与通州区、首钢园与大运河杭钢园缔结为友好城区和园区，并发布《北京名物》和《乾隆与大运河》等运河研究成果，成立大运河（杭州段）文化保护传承利用暨国家文化公园建设专家委员会、京杭大运河博物院项目博物馆专家委员会。京杭对话活动成为打造运河城市合作共赢的重要平台、开放平台和国际平台。

【大运河国际诗歌节】 2021 年 10 月 22 日，“大运和鸣”——大运河国际诗歌节闭幕，知名诗人、音乐人、民间诗词达人通过诗歌文化与诵读、歌咏、音乐、戏剧等形式的结合，共谱大运河诗意篇章。大运河国际诗歌节由浙江省作家协会、北京作家协会、杭州市委宣传部指导，杭州市运河集团等单位联合主办。闭幕式上揭晓“时运百年新”大运河主题诗歌大赛结果，主办方为最佳组织奖、提名奖、十佳作品等获奖代表颁布奖项。大赛自 6 月 22 日中国大运河申遗成功七周年纪念日起至闭幕，历时 4 个月，征集作品 3298 份。

【大运河音乐公园建成】 2021 年 11 月，大运河音乐公园建成。项目位于拱墅区丽水路西侧，留石高架路北侧，京杭大运河东侧，紧邻北侧规划道路，是大运河国家文化公园的首发项目。用地面积 3 万平方米，建筑面积 1.5 万平方米，建筑包括主楼（音乐文化交流馆）和地下车库两部分。公园中心结合地下室布置文化体验区，四周借助地形的抬升形成环形看台，通过打开滨河景观视线及营造观演场地等形式丰富交流空间。绿化配置遵循“春花为主、秋叶为辅”的设计原则，为游客打造“春天看花、秋季观叶、夏季遮阴、冬天沐光”的四季有景公园。该公园成为供市民游客欣赏运河沿岸景色的观景平台，是集文化、商贸、娱乐、旅游、居住功能于一体的城市活力滨水区。

2021 年 10 月 21—23 日，中国大运河文化带京杭对话活动在杭州举行

（市运河集团 供稿）

【中国旅游集团化发展论坛在杭州同步举行】 2021 年 12 月 11—12 日，中国旅游集团化发展论坛在北京、上海、杭州、南京、广州 5 个城市同步举行。论坛由中国旅游研究院、中国旅游协会主办，山西文旅集团、携程集团、杭州市运河集团、南京旅游集团、岭南商旅集团联合主办，以“变革、创新与高质量发展”为主题，重点探讨国内外旅游发展、旅游集团战略、旅游业趋势等问题。论坛采用线上和线下相结合方式召开，在杭州同步举行并在直播平台同步转播会议实况。论坛设置开幕式、主旨演讲、企业家战略对话会、青年企业家对话、“环境变化与集团应对”分论坛、“科技创新与集团发展”等环节，发布《中国旅游集团化发展报告（2021）》和 2021 年中国旅游集团 20 强及提名名单。论坛上，市运河集团负责建设的迎亚运大运河（杭州段）水岸互动文旅融合综合提升项目获评“中国旅游集团化发展论坛之文化和旅游融合发展十大创新项目”。

【大运河未来艺术科技中心工业遗存消防隐患维修工程通过竣工验收】 2021 年 12 月 3 日，大运河未来艺术科技中心工业遗存消防隐患维修工程竣工验收合格，标志着作为大运河国家文化公园标志性项目之一的大运河未来艺术科技中心建设取得新进展。大运河未来艺术科技中心位于原中石化炼油厂区搬迁厂址，占地面积 17 万平方米，建筑面积 17 万平方米，总投资 31.3 亿元，中心拥有未来艺术与科技中心、炼油厂艺术与自然公园、全球创意社区、大运河滨水文化空间四大功能。竣工验收的炼

2021年12月16日，大运河杭钢工业旧址综保项目消防隐患维修工程通过竣工验收。图为1号高炉工业遗存 （市运河集团 供稿）

油厂消防隐患维修工程于2020年12月30日开工，2021年6月完工。

【大运河杭钢工业旧址综保项目高炉工业遗存消防隐患维修工程通过竣工验收】2021年12月16日，大运河杭钢工业旧址综保项目1号、2号、3号高炉工业遗存消防隐患维修工程通过竣工验收。1号、2号、3号高炉是大运河杭钢工业旧址综保项目的核心工业遗存，是杭钢工业旧址公园的文化地标。1号、2号、3号高炉工业遗存消防隐患维修工程于2021年4月15日开工，8月23日完工。改造后的1号高炉地块占地面积3.3万平方米，用地建筑面积2.83万平方米，主要建设商务楼。2号、3号高炉地块占地面积5.01万平方米，用地建筑面积3.6万平方米，主要用于打造创意科技展览、时尚发布、庆典活动等业态。

【中国京杭大运河博物院（暂名）项目二期前期准备完成】2021年12月30日，中国京杭大运河博物院（暂名）项目二期工程奖取得建设工程施工许可证，标志着项目二期进入工程建设阶段。中国京杭大运河博物院（暂名）项目是大运河国家文化公园建设国家级标志性工程，被列入国家发展改革委"十四五"规划，目标打造为世界级展现大运河文化内涵的体验式博物馆和文旅目的地。项目位于大城北核心区，东至丽水路，南至金昌路、西邻运河，北靠杭钢河，规划用地面积5.71公顷，建筑面积18万平方米，其中地上建筑面积11万平方米、地下建筑面积7万平方米，建筑内容包括中国京杭大运河博物馆、大运河国际文化交流中心等，总投资31.9亿元。 （沈琴晓）

城市公用设施

【概况】2021年，市城投集团坚持"为城为民、用心用情"，克服新冠肺炎疫情影响，做好供排水、公共出行、能源（天然气）、垃圾清运处置、道路桥隧养护等保障工作。全年实施供水改造、污水处理、垃圾处置、公交场站建设等重点项目82个，其中省、市重点项目10个，完成投资475.1亿元，比上年增长19.9%。市水务集团完成供水8.13亿立方米，增长25.0%；处理污水5.98亿立方米，增长9.8%。公共交通运送乘客10.34亿人次，市民和游客租用公共自行车6377万人次。供应天然气15亿立方米。处置垃圾196.25万吨，清洁直运垃圾217.05万吨。市城投集团首次进入"中国企业500强"（榜单）。 （李 峰）

【城市供水】2021年，市城投集团围绕保障供水安全和提升供水质量两大工作中心，完善全市供水保障体系。全年市水务集团完成千岛湖配供水7.8亿立方米；完成售水量7.28亿立方米，比上年增长24.8%。江北主城区九溪水厂、南星水厂、祥符水厂、清泰水厂、闲林水厂5个水厂出厂水水质合格率均为100%；七格污水处理厂、城西污水处理厂污水出水水质达标率及管网水质合格率均达标。推进二次供水改造、老旧小区管网改造，全年完成75个小区二次供水改造，惠及市民4万余户；完成59个老旧小区管道施工，安装管道67.25千米。新建自来水管网33.55千米，改造老旧管网61.86千米，全市供水管网总长1.63万千米，污水管网总长1931.2千米。

【千岛湖配水工程通过竣工验收】2021年12月24日，千岛湖配水工程通过竣工验收。该工程是保障杭州城市供水安全、提升城市饮水水质的重大民生工程，由16个主体标段组成。自通水至年末，千岛湖配水工程取水13.8亿立方米，受益人口1500万人，并获浙江省十大最美水利工程奖、省建设工程"钱江杯"（优质工程）奖、省水利科技创新奖、"十三五"杭州市实行最严格水资源管理制度工作成绩突出集体等荣誉。

【重点水厂建成投运】2021年5月29日，杭州市首座山地、重力流水厂——闲林水厂建成投运。该水厂设计日制水能力60万立方米，占杭州市城区供水量近1/4。水厂利用重力流，借助地势"高差"输送原水，大幅度降低能源消耗。供水范围涵盖城西科创大走廊区域及余杭部分区域，惠及市民120多万人。7月8日，富阳区银湖水厂一期工程建成投运，日制水能力10万立方米，采用富春江和千岛湖"双水源"供水，改变以往富阳区以富春江为主的单一水源供水格局，大幅度提升富阳区居民用水安全和用水品质。8月23日，临安区龙岗水厂建成投运，日制水能力15万立方米，采用不锈钢设备化水厂模式建设，占地2.13公顷。水厂龙岗至昌化段、昌化至天目山段敷设直径1000毫米双管，总长53.5千米，沿途向清凉峰、龙岗、昌化、天目山等地供水；天目山至临安城区段敷设直径

1000毫米单管，具备向临安主城区每日供水10万立方米的能力。

【市水务集团产销差率7.7%】2021年，市水务集团主城区产销差率下降至7.7%，比上年下降1.95个百分点。市水务集团加强供水管网安全管理、表务计量管理、老旧管道有机更新，推进DMA应用，开展供水管网安全智慧监管试点。借助智慧水务发展契机，创新科技手段，加强水务产销差漏损控制，完善水务智慧化管网漏损管控体系。（葛汉阳）

【城市供气】2021年，市城投集团加快市域范围天然气门站和天然气管线建设，全市新增居民燃气用户点火数8.11万户，累计164.11万户。新增工业和公建燃气用户点火数1845户，累计11599户。销售天然气15亿立方米，比上年增长27.2%。杭州市域范围累计建成并投入运行的高、中、低压管线8300千米、天然气门站5座、高（中）压调压计量站（含阀室）32座、中（低）压调压设施6130座，服务区域辐射至13个区县（市）。主城区气化率提高到94.7%，采暖用户增至11.4万户。23个西湖"景中村"、75个城中村通上天然气，成为绿色能源村。

【燃气"一体化、规模化"改革】2021年12月22日，由中央企业中石油昆仑燃气有限公司、省属国有企业浙江浙能燃气股份有限公司、市属国有企业杭州市燃气集团有限公司合作整合资源成立的城市燃气企业——杭州临安燃气有限公司挂牌成立，标志着临安区天然气市场"一体化、规模化"改革迈出重要一步。临安区原有管道燃气经营企业4个，临安企业与主城区企业长期存在着服务标准、价格标准不统一等问题，为促进燃气公共服务均等化，股东三方围绕"增供给、降成本、促消费、惠民生、保安全"的宗旨，按照市场化原则，共同推进临安区天然气市场"一体化、规模化"运营，以"一城一网一企"的大融合推进杭州燃气市场的优化重构。

【天然气高压管线总体布局形成】2021年11月23日，杭州天然气利用工程建德安仁至乾潭段竣工通气，乾潭镇6万户用户用上天然气，实现与杭州主城区同城同价。11月30日，市燃气集团启动长11千米的乾潭—杨村桥S18-3高压管道工程建设，标志着杭州市天然气利用工程"一绕、一连、二沿、二环、多支"的高压燃气管线总体布局基本形成，至年末，杭州建成天然气门站5座、高中压调压计量站（含阀室）28座、高压管道252千米，完成总投资25亿元。（陶　毅）

【城市固体废物、医疗危险废物处置】2021年，临江环境能源工程实现安全稳定运行，日处理生活垃圾5200吨，全年消纳生活垃圾180万吨。5月30日，国内首座采用半地下式水平预压先进工艺的城东垃圾分类减量综合体投入运行，日转运生活垃圾2000吨。10月8日，杭州市厨余二期项目投入运行，项目技术进行优化，日处理厨余垃圾200吨。年末，杭州市第三固废处置中心医疗危险废物处置线实现全量处理，日均处理普通医疗废物46吨，涉疫医疗废物18吨。该处置中心取得"医废收集证"和"道路危险货物运输许可证"，标志着城市感染性废物处置能力和杭州市公共突发卫生事件应对能力进一步提高。

【涉疫垃圾清运服务】自2021年9月5日起，杭州市由市环境集团统一负责涉疫垃圾清运工作，清运范围涉及上城、拱墅、余杭、临平、钱塘、富阳、桐庐7个区县的集中隔离点，并负责全市涉疫垃圾处置。市环境集团固化涉疫垃圾清运流程与规范，以"包装更封闭、流程更规范、标准更严苛、机制更完善、处置更安全"的要求，建立健全城市涉疫垃圾管理体系，实现"平急一体化"，确保涉疫处置设施运行稳定、处置能力提升、过程管理规范。对临时封控小区提高生活垃圾安全清运规格与标准，并组建共产党员先锋队，确保第一时间生活垃圾"清零"。

【"转运＋直运"固废模式建立】2021年3月，市环境集团启动清洁直运优化调整工作，对全市清运线路、集置点和清运时间进行优化，完成54个重点小区122个清运集置点的优化调整和2个直运公司的资源整合，基本形成"转运＋直运"的清运模式。为解决"垃圾穿城"现象，市环境集团以"小车换大车"的方式，将垃圾运至末端焚烧厂处置，实现垃圾转运绿色、低碳。年内，杭州市首座半地下室减量综合体——城东减量综合体转运站通过调试投入运行。

【石塘安置房项目竣工】2021年9月30日，石塘社区安置房项目完成

2021年，市环境集团对全市垃圾清运集置点进行优化。图为生活垃圾清洁直运车辆在指定坑位卸料（市城投集团 供稿）

2021年10月28日，环城北路—天目山路（中河立交—古翠路）提升改造工程02标北线盾构段贯通　　（市城投集团 供稿）

竣工备案、如期交付。石塘社区回迁安置是杭州市主城区城中村改造五年攻坚行动重大项目，涉及600多户居民的安置，由市城投集团负责建设管理。项目位于半山街道桃源新区桃源单元GS15-R21-18地块、GS15-R21-17地块和铁路北站单元GS1105-R21-02-2地块，占地面积10万平方米，总建筑面积38万平方米，有32栋高层住宅及配套设施，房源2365套。年内，该社区完成667户选房、抽房工作，并分批次进行交付。（刘晓琳）

【艮山路提升改造（彭埠立交—东湖路）工程完工】2021年12月，杭州主城区艮山路提升改造（彭埠立交—东湖路）工程完工。该项目作为“天目—环北—艮山”快速路的东段工程，是杭州市“四纵五横”快速路网的中间“一横”，全长7.06千米，沿线相交21条道路、地铁9号线及8条河道，具有管线迁改复杂、交通导改多、基坑开挖深等特点。市城投集团组织参建单位攻克杭海路跨三污干管、和睦港涉及古海塘遗址保护、钢箱梁大构件运输吊装等施工难题，按预期完成提升改造，并首创东湖路拼宽桥采用高弹沥青混凝土施工的新工艺。

【中河立交—古翠路提升工程北线盾构段贯通】2021年10月28日，杭州主城区中河立交—古翠路提升改造工程02标北线盾构段贯通。该工程是杭州市“四纵五横”快速路网中最中间“一横”的中段，东起中河立交，西至古翠路，长5.6千米，全线穿越杭州主城核心区。其中，02标北线盾构沿线建构筑物较多，各种管线交织，施工场地狭小，施工难度大。市城投集团加强技术论证、过程监管、对外协调，克服盾构刀盘、设备桥等大型设备进场组装及盾构机近距离上跨地铁1号线及3号线、下穿地铁2号线，沿途穿越“上软下硬”地质土层等难题，确保02标北线盾构段如期洞通。（汪　彦）

水　利

【概况】2021年，杭州市完成水利建设投资58.7亿元，完成省水利厅提出的年度水利建设投资计划的117.7%。市林水局编制的《扩大杭嘉湖南排后续西部通道工程项目建议书》获省发展改革委立项。《杭州市水安全保障“十四五”规划》印发实施。全市高标准建成美丽河湖17条（个），杭州美丽河湖数量连续4年居全省第一位，“杭州市打造全域美丽河湖”项目入选浙江省水利争先创优第一批优秀案例。市林水局发布全省首部市级地方标准《幸福河湖评价规范》，建德市被列入全省首批幸福河湖试点县（市）。农村饮用水水质总合格率93.9%。市林水局获评全省“十三五”期间实行最严格水资源管理制度成绩突出集体，桐庐县创建成为“国家水土保持示范县”，三堡排涝工程入选水利部“水工程与水文化有机融合”案例，千岛湖配水工程和闲林水库被评为省十大“最美水利工程”。（徐　谦）

【水利规划编制】2021年，市林水局围绕水安全保障规划与国土空间规划有机融合工作，加强重大水利项目空间布局规划调研，《杭州市水安全保障“十四五”规划》获批实施。《杭州云城防洪专项规划》通过市级联合审查，《杭州市水网布局架构研究》《杭州市大运河岸线保护与利用专题研究》《杭州市解决防洪薄弱环节实施方案》3个研究成果和实施方案通过专家验收。《杭州市水资源节约保护与开发利用总体规划》完成初编。（蒋建灵）

【重大水利工程建设】2021年，杭州市推进重大水利工程建设，按计划实施的21个项目完成总投资21亿元。其中：桐庐富春江干堤加固三期、大江东片外排东湖防洪调蓄、西湖区铜鉴湖防洪排涝调蓄等项目完成主体工程建设，杭嘉湖南排八堡排水泵站扩容、富阳区富春江治理、富阳区北支江综合整治、临安区双溪口水库设施提升、桐庐富春江干堤加固二期等工程加快推进，青山水库防洪能力提升项目开工，杭嘉湖南排后续西部通道扩大、东苕溪防洪后续西险大塘达标加固、海塘安澜工程珊瑚沙段整治、临安区里畈水库加高扩容等项目前期工作有序进行。（金姗姗）

【水资源管理】2021年，杭州市水资源总量191.42亿立方米，比上年减少12.5%。其中，地下水资源量35.27亿立方米，地表水资源量189.11亿立方米（含允许重复计算量），全市平均产水系数0.62。地表水资源空间分布与降水量空间分布基本相似，总体趋势由西部山区向东部平原递减。全市全年用水总量29.75亿立方米。按年末常住人口计算，人均水资源量1568.5立方米。万元地区生产总值用水量和万元工业增加值用水量分

别下降 11.4% 和 12.9%。（聂 阳）

【节水行动】2021 年，市林水局印发《杭州市 2021 年度节水工作任务计划》，推进国家节水行动。全年建成省级节水标杆企业 48 个，杭州电化集团有限公司、浙江省水利水电学院、杭州市妇产科医院 3 个单位入选“国家水效领跑者”企业（单位）。县域节水型社会达标建设实现全市全覆盖、省级全达标，桐庐县通过水利部国家级节水型社会创建复核，临安区、建德市通过国家级节水型社会创建省级初验，杭州市妇产科医院等 4 个单位入选省“节水行动十佳”实践案例。淳安县、桐庐县主要负责人在水利部官网撰文介绍县域节水做法。杭州市农田灌溉水有效利用系数 0.61，有效利用系数比上年提高。（杨晓东）

【农村饮用水达标提标】2021 年，杭州市开工建设规模化水厂 8 个，完成 45 个单村水站建设，提升农村 6.2 万人口饮水品质，全市新增规模化供水人口 2.7 万人，城乡规模化供水工程覆盖人口比例为 95%。建德市新安江第二自来水厂等 7 个水厂获评省农村供水规范化水厂。“杭州城乡供水数字化管理应用”项目入选浙江省全域供水数字化试点项目，杭州打造的品质饮水系统实现“全域数字监管、旱情应急处置、浙水好喝便民服务”等功能。（楼淑君）

【农业节水减排】2021 年，杭州市创建省级泵站机埠、堰坝水闸、灌区灌片、农民用水管理主体和基层水利站 47 处，创建市级各类示范点 118 处。桐庐县江南灌区获评省级节水型灌区，市本级和淳安县等 5 个区县（市）获省级节水考核优秀。杭州通过农田水利设施提质增效、开展农业节水减排，助推粮食安全生产和乡村振兴。全年全市增加粮食生产能力 8890 吨，实现节水 2474 万立方米、节电 79.67 万千瓦时，减少 COD 排放 560 吨。（郑秀倩）

【水利营商环境优化】2021 年，市林水局牵头编制“优化水利工程招投标手续”“部分重点领域建立全流程事前事中事后监管机制（水土保持）”等 3 个营商环境创新试点城市改革事项实施方案及监管细则。推进工程建设项目审批制度改革，完成“办理建筑许可”改革扩面，明确社会投资简易低风险项目在出让前完成区域水评和水土保持补偿费缴纳即可办理。实现“获得电力”“用水用气外线报装”一件事联办，除自然保护地、林地、水利工程等负面清单外，不再办理涉林涉水审批。深化商事登记“证照分离”改革，涉及林业、水利的 4 项行政审批事项中，推行“实行告知承诺”1 项、“优化行政审批”3 项。（金 炜）

2021 年，千岛湖配水工程被评为浙江省十大“最美水利工程”。图为配水工程出水口（市林水局 供稿）

【水利行业安全生产】2021 年，市林水局以实施安全生产专项整治三年行动、打赢“遏制重大事故发生攻坚战”为主线，加强林水行业安全生产监管，全年水利系统实现安全生产无事故。以八堡排水泵站、青山水库防洪能力提升等工程为重点，开展隐患排查、危险源辨识，落实危险源管控、问题隐患整改和制度措施完善“3 张清单”，全市 827 项水利工程辨识的 4135 处危险源全部落实管控措施，市林业水利行业“双重预防机制”基本形成，市林水局获市政府安全生产目标责任制考核优秀等次。（秦福华）

【防汛防台】2021 年，杭州汛期暴雨洪水频繁，前后出现 9 轮强降雨、2 场洪水及“烟花”“灿都”2 个台风，其中台风“烟花”带来狂风暴雨。台风暴雨期间，省水利厅、市林水局均启动Ⅰ级应急响应。加强监测预报预警，发出山洪灾害书面预警 39 期、预警短信 70.4 万条，发布主要江河洪水预警 9 期，信息通畅率、预警及时率均 100%。加强水利工程调度，组织调度水库闸站 357 站（次），拦蓄洪水 5.7 亿立方米，排涝 6.2 亿立方米。在防御“烟花”台风期间，打好水库群、闸泵群“组合拳”，3 次调度东苕溪错峰，削减洪峰 95%；三堡工程首开 4 台机组排涝、闲林水库采取“零出库”拦洪，降低城区最高水位 41 厘米，缩短高水位持续时间 116 小时，保障杭州城市正常运转。加强抢险技术支撑。全市水利部门出动检查人员 10.3 万人次，检查水利工程 3.1 万处（次）；派出 179 个工作组、2274 人次下沉一线指导抢险，实现“堤防无一决口、水库无一垮坝、人员无一伤亡”的防御目标。（孙映宏）

【市水利科普馆接待观众 3000 多人】2021 年，杭州水利科普馆接待参观团组 95 批、3000 多人。科普馆以“水和杭州”为主题，设置 6 个展区，讲述杭州江、河、湖、海、溪、泉、井等多水共导的江南水乡故事。3 月 22 日为第二十九届“世界水日”，科普馆联合浙江电视台开展“探访水利科普馆、解密城市排涝密码”直播活动，观众点击 106 万人次；举办“治水兴水润钱塘、江河安澜惠民生”水利工程建设成果展，承办杭州市直机关“红色胜迹定向赛运河线”党史知识竞赛；利用科普日开展节水宣传进校园、进社区活动，以“惜水爱水节水，我们携手同行”为主题，向杭州市民发出节水倡议，并展示各种节水小妙招，图文并茂地进行节水宣传。（傅建英）

【杭州市节水宣传基地开馆】2021年3月22日，杭州市节水宣传基地揭牌开馆。该基地为依托闲林水库工程实体和生态环境布展的水利专业科普馆，以“护杭润州”为主题，以“一滴水的奇幻旅程”为主线，通过室内外两个展区宣传展示杭州水利建设与管理、水资源管理与保护、林业水利法治管理等工作。该基地入选浙江省节水宣传教育基地，浙江水利水电学院、浙江同济科技职业学院、余杭区闲林中心幼儿园3个校外实践基地同时挂牌。全年校外实践基地接待参观团组54批、2986人。（陈文波）

城市管理

【概况】2021年，杭州市城市管理突出精细化、法治化、智慧化、人本化和城市安全运行，推进亚运场馆“最后一公里”体验区和国际化标识系统建设，高标准办好民生实事，全力提升城市环境面貌。开展“美丽杭州”创建暨“‘迎亚运’城市环境大整治、城市面貌大提升”专项行动，发现处置车容车貌、城市家具、招牌广告、渣土运输、违法建设、餐饮油烟等城市环境问题850万个，整改率99.7%；杭州垃圾分类在全国46个重点城市中考核排名第三位，全市生活垃圾总量保持零增长。开展大综合一体化行政执法改革，推进综合执法“两化”（队伍正规化、执法规范化）建设。构建全市城管领域数字化改革“4+N”总体框架，加快推进城市综合管理服务平台、便捷泊车、城市治理有奖举报等15个应用场景建设，其中“犬证服务”关键小事智能速办、桥隧安全监管、城市运行管理服务平台3个应用场景被列入省数字化改革“一本账”重大应用案例。（裴 帅）

【城管领域改革深化】2021年，市城管局按照全省数字化改革“1+5+2”体系框架，围绕惠民服务便捷、数字办公高效、执法能力提升、感知能力加强、基础数据汇聚5个重点方向开展场景建设，搭建形成杭州城管领域数字化改革“4+N”总体框架体系，即建设1个便民服务端、1个统一工作台、1张物联感知网、1个基础数据库，拓展非现场执法等15个行业应用场景。杭州形成数字化改革应用成果44项、理论和制度成果11项。完成住房城乡建设部城市运行管理服务平台建设试点，平台包含业务指导、指挥协调、行业应用、公众服务、运行监测、综合评价、决策建议7个应用系统和数据交换、数据汇聚、应用维护3个后台支撑系统，并与国家和省级平台联通，实现城市治理“一网统管”。全年杭州新增数字城管覆盖面积89.99平方千米，总覆盖面积增至799.99平方千米，采集交办问题377.2万件，问题解决率99.97%；建成运行“城市治理有奖举报平台”，专门受理危害公共安全、侵害公共利益、损害公共环境及其他违反行政管理法规的行为，收到举报34.9万件，发放奖励116.4万元。平台被评为杭州市党史学习教育“民呼我为”最佳实践案例。建成城市管理综合指挥平台，汇集城市基础设施运行多元数据，将数字对讲、移动车载、单兵作战、无人机等接入指挥系统，形成“信息多源、汇总研判、指令顺畅、部门联动、复盘分析、跟进督办”工作闭环，综合指挥平台收到相关线索5500多条，妥善处置路面沉降、燃气管挖破、自来水爆管等紧急事件84件。（杨 超 邵汉星 竺小祯）

【“大综合一体化”行政执法改革】2021年，市综合执法局、市委编办和市司法局3个牵头部门谋划市县一体化执法改革方案和机构编制方案。市县一体化执法改革项目获评省、市两级“2021年度有辨识度有影响力法治建设成果”，具体做法被司法部《每日要情》简报和省委改革办《竞跑者》刊物刊登。杭州13个区县（市）均挂牌成立综合行政执法指导办公室，加强全域行政执法统筹协调。16个乡镇（街道）以赋权模式、其他乡镇（街道）采取派驻模式实施一体化执法，推进基层“一支队伍管执法”。编制综合执法事项拓展目录，建立争议处理、案件移送和容错免责等配套机制制度，全市基本形成分工合理、权责清晰、协同高效的执法体制。推进移动端一体化执法应用场景、执法案源拓展平台和超重车辆不停车检测系统建设，“非现场执法”系列应用现场查处率由90%降至30%，进一步提升执法效能。（孙孝丽）

【城市照明提升改造】2021年，市城管局根据市政府出台的《杭州市区亮

2021年，市城管局启动城管领域数字化改革。图为杭州市智慧城管综合指挥大厅 （单 宏 摄）

化资金补贴政策》,制定2021—2022年“迎亚运”城市照明第二批任务清单,编制《智慧灯杆技术标准》,推进西湖、京杭大运河、钱塘江、良渚四大重要区域及43个亚运场馆、40个入城口等重要节点亮化提升。杭州市智慧照明标准化工作入选浙江省省级标准化试点项目,河坊街柔性太阳能薄膜智慧庭院灯、城市道路5G中杆灯、火车东站广场智慧庭院灯等项目完成试点建设。市城管局主办的庆祝中国共产党成立100周年灯光小品秀被中央广播电视总台《新闻联播》《东方时空》等栏目直播。

【《杭州城市国际化标识系统导则》印发】2021年,市城管局依照“导则先行、重点提升、全面整治”工作时序,梳理法律法规和标准规范103部,汇总九大类图标、300多种图形标识,完成《杭州城市国际化标识系统导则》编制印发。市城管局联合有关部门对景区、机场、地铁等重点区域进行标识规范提升,打造具有中国特色、杭州底蕴、以人为本的标识导视设计,提升杭州城市国际化形象。（顾　颖）

【无障碍环境建设】自2021年10月1日起,《杭州市无障碍环境建设和管理办法》施行。全年杭州完成无障碍环境建设存量问题改造8.2万个;新（改、扩）建项目无障碍点位平均合格率由70%提升至90%。开展侵占无障碍设施专项整治,查处无障碍执法案件10.1万件,罚款1445万元。全市市属医院实现在线手语翻译、语音病历等信息无障碍服务全覆盖;市域范围“120紧急呼救”实现文字报警功能。完成党群服务中心、纪念馆等260多处“红色阵地”无障碍环境提升。完成1617座城市公厕无障碍设施改造,无障碍公厕覆盖率81.5%,其中1455座公厕设立第三卫生间或独立无障碍间。《人民日报》《光明日报》等媒体报道杭州无障碍环境建设情况18次,拱墅区城管局等单位创作的《爱无碍》无障碍公益歌曲在“学习强国”学习平台等平台传播。（余　锦）

【桥隧安全在线场景建设】2021年,杭州市升级智慧市政二期平台,完成设施地图构建、路面病害分析、隧道（钱江）区域智联、“云上坦途”道路智慧监管平台数据接入、智慧泵站模块开发等工作。更新感知设备,对复兴大桥、九堡大桥等结构监测数据进行综合分析和可视化展示,实现市政设施各类案件问题及时发现、及时预警、及时处置。加强超载超高车辆管控,完成花蒋桥、九堡大桥等车辆动态称重系统建设,实时监测重车过桥情况,查处未经审批违章运送梁板车辆60多辆（次）。在拱宸桥试点安装桥梁防船撞主动预警系统、健康监测系统,与港航部门实行联动,纠正偏航船只1000多艘。通过数字赋能推进桥涵保护区施工审批,防范桥涵保护区施工对桥梁安全的影响。（孟利吉）

【“美丽杭橙”党建联盟2.0体系建设】2021年,市城管局以环卫固体废物行业党建为引领,围绕美丽杭州创建目标,以“环卫橙”为主色,建立“中心内部+中心外部”双循环的“部门指导、中心牵头、行业配合、社会参与”的“美丽杭橙”党建联盟2.0体系。党建联盟吸纳24个来自不同城区、街道、社区、公益组织和媒体加入,共同探索“组织联建、党课联上、活动联办、工作联抓、问题联解”的党建联盟路径,破解疫情防控、亚运保障、垃圾分类、公厕异味、餐厨废弃油脂收运处置等群众急难愁盼问题26个。党建联盟实行季度轮值制,按照“一季一轮值、每季有主题、月月有活动”要求,组织开展“环卫工人节”“情暖元宵、喜迎亚运”“垃圾分类 党员先行”“新春送福”等主题活动30多场。（郑　清　白丹娜）

【城市地下安全隐患消除】2021年,市城管局成立工作专班,委托第三方用地质雷达进行专业检测,落实地铁施工和深基坑施工安全责任。绘制地下智防平台建设和城市地质安全风险“一张图”,印发《杭州市城市地下市政基础设施隐患排查与治理工作方案》,制订各类设施安全隐患排查风险评价办法。全年检测城市道路4323条（段）、3885千米,发现地下空洞258处、土体疏松2015处,采用注浆回填等措施进行治理,并落实专人定期巡查观测。应急管理部对杭州地下空洞整治工作予以肯定。在第四届全国城市道路塌陷灾害防治高峰论坛和杭州城市运行与建设领域前沿科技创新论坛上,市城管局分别介绍杭州城市地下安全隐患治理工作。（陈丹雯）

【市政设施精细化管理养护】2021年,市城管局完成100条（段）道路修缮（加固）,重点保障60条重要场馆周边和通勤保障道路运行,严格落实“迎亚运”道路整治导则标准,推行装配式防沉降井盖与施工工艺、人行道透水混凝土材料、配置公交车站集水渠设备等,打造富春路、武林路、中河北路、申花路、求是路等样板示范路。实行高架快速路全封闭综合养护模式,统筹市政、环卫、绿化、亮灯、标志标线、智能交通、通信运营商等40多个养护主体单位,养护主体以7天为一个周期,对市区范围内120千米高架快速路进行夜间全封闭养护,实现多行业综合养护作业。打造高架快速路“空中花廊”,在秋石快速路、德胜快速路、中河高架路、钱塘快速路等杭州城区17条高架公路及立交桥上,种植月季100多万株,完成高架桥防撞墙涂装更新18.8万平方米。（赵　洋　刘炜玥　万罗为）

【公共慢行交通系统优化】2021年,市城管局按照“控制总量、精准调度、便捷服务”要求,坚持平台赋能、政企合力、市区联动,加强共享单车及公共自行车管理,全市共享单车投放量由上年30多万辆减至25万辆,公共自行车保持11.6万辆,日均周转率2.21次/辆,增长10.1%。全年新增地铁出入口非机动车停放点103处、非机动车停车位1.41万个。4月21日,在首届“中国慢行交通大会”上,杭州获全国慢行交通优秀城市案例奖,全国有4个城市获奖。9月5日,杭州和法国巴黎、丹麦哥本哈根等5个城市入选C40最佳实践骑行城市全球范例。（周贻洋　敖姝姗）

【生活垃圾分类体系完善】2021年,杭州市完善巩固“全体系分类标准、全落地责任矩阵、全方位宣传教育、全市域设施设置、全覆盖资源利用、全过程监督管理”的生活垃圾分类“杭州模式”。至年末，全市所有街道、乡镇、小区、建制村及公共机构、企业实现垃圾分类全覆盖，新创建省级高标准生活垃圾分类示范小区170个、示范片区15个；全市城乡生活垃圾无害化处理率、资源化利用率均100%，回收利用率61.9%；全市清运处置生活垃圾474.18万吨，生活垃圾总量保持零增长。12月，杭州临江环境能源项目投入运营，项目总建筑面积14万平方米，总投资35.26亿元，日焚烧处理生活垃圾5200吨，利用垃圾发电的年并网电量7.98亿千瓦时，烟气排放达到国家《生活垃圾焚烧污染控制标准》，部分指标优于欧盟标准。至年末，全市垃圾焚烧日处理量1.49万吨，易腐垃圾日处理量2050吨，基本满足分类处理需求。

（施一益 李文翰 邵金蔚）

2021年，杭州市城管系统“红色城管驿站”向一线城管员工提供便民服务

（市城管局 供稿）

【工程渣土长效治理机制健全】2021年，杭州市处置工程渣土（泥浆）1.62亿吨，处置拆房、装修垃圾542万吨，较好地满足城市建设发展需要。市城管局抓好工程渣土转运码头规划布点、建设、管理，全年投入运营码头18座，码头消纳工程渣土量占全市总量的35%。通过渣土堆填场建设、低洼地改造、矿山生态恢复等举措，全市工程渣土综合利用率提高到90%。各区县（市）工程渣土消纳场地经营单位开展堆体稳定性评估并报备，推动工程渣土消纳场地持续、稳定、安全运行。全市建成统一的工程渣土监管服务平台，市域5819个建筑工地、109个消纳场、341个运输公司、7278辆渣土车数据全部接入平台，实现渣土出土、运输、消纳全流程监管，并通过供需双方信息上网发布、交易服务撮合等举措，推动全市工程渣土市场更加公开、透明。

（陈 星 杨 超）

【“红色城管驿站”打造】2021年，市城管局深化“支部建在驿站”工作法，从249座在运营的城管驿站中，推出105座“红色城管驿站”，通过优化设施设置、深化支部结对、拓展服务载体等形式，使“红色城管驿站”成为百年党史的学习平台、城市管理的宣传阵地、社情民意的收集窗口、一线工作者的“精神家园”。市城管局联合市委组织部、团市委、市妇联等部门，推动“红色城管驿站”与党群服务中心、“悦读益站”、“妇女微家”等平台融合，形成全市网上“一张图”。通过党史理论联学、资源平台联享、服务活动联办、行业工作联促、作风纪律联抓“五联”机制，开展学史党课讲座、红色书籍分享、红色电影展播、党史知识竞赛、追忆初心故事等系列活动1500多场。“红色城管驿站”利用“志愿汇”“党建同心圆”“西湖先锋”等信息平台，向一线城管员工和市民开展便民服务、“爱心”美发、医疗义诊和知识讲座等活动，服务城管员工和市民40多万人次，认领微心愿近1000个。杭州打造“红色城管驿站”、共建杭城“温暖家园”做法入选2021年度杭州市精神文明建设十件大事。

（郑 清 白丹娜）

【城乡公厕服务提升】2021年，市城管局按照“全覆盖、精细化”目标，对标国际一流，实施公共场所服务提升“五化”（便利化、智慧化、人性化、特色化、规范化）行动。全年市区完成公厕“无障碍环境提升”50座，新建、改建城市公厕83座、农村公厕43座，整改社会单位厕所24座，引导开放公厕45座；各区县（市）完成661座公厕、4388个问题整改。全市将1900座城市公厕数据录入省建设厅公厕“一张图”系统，并同步更新至“贴心城管”App，杭州城市公厕服务提升综合成绩列全省第一名。（庄 琦）

【城市河道综合治理】2021年，杭州市围绕“亲水杭城、全民共享”品牌建设，统筹抓好“水安全、水生态、水环境、水资源、水文化、水智慧”管理，全市综合实施截污纳管、河道清淤、生态治理、优化引配水、执法监管等治水举措，编制“一河一策”治理方案，实施水质“三色”预警，推进智慧河道平台建设，加强日常养护监管巡查，落实“民间河长制”，制定《城市河道休闲活动管理规范》和《城市河道运行安全评估规范》，实现河道治理全民参与、共建共享。全年完成城市河道清淤15条，清除淤泥18万立方米，创建省级美丽河湖6片水系33条、80千米，创建市级美丽河道57条、120千米，通过打通沿线绿道、提升绿廊品质、完善设施功能、城市河道水质和环境进一步改善。

（高辉辉 马良全）

【内涝治理】2021年，市城管局编制《杭州市城市内涝治理系统化实施方案》，明确区域流域治理措施、城市层面治理措施、设施提升改造措施与管理措施，为城市内涝治理提供规划指导。开展易涝积水点治理，全市107个易积水点全部落实“一点一方案”，全年清疏排水管网1.76万千米，改造雨水口4.58万个。落实17支、700多人的专业排涝队伍，储备26辆大功率的排涝车，启动防汛防台四级以上应急响应19次，完成台风“烟花”、台风“灿都”、“7·30”暴雨、“8·11”暴雨、“8·26”暴雨等23轮强降雨天气的防御处置。 （马良金）

【城管领域行政审批服务提升】2021年，杭州市城管系统受理、办结行政许可及其他权力事项4.68万件，其中市城管局窗口审批办结228件，市本级网办率、“跑零次”率、区域通办率均100%，即办率91.7%，承诺时限压缩比97.9%，获杭州市行政审批服务中心年度“红旗窗口”称号。贯彻落实省建设厅下达的23项城市建设管理领域“全省通办”业务，完成15项杭州特有事项政务2.0全省通办智能路由改造。自7月1日起，滨江区、钱塘区、萧山区等自由贸易试验区取消城市生活垃圾（含粪便）经营性清扫、收集、运输服务许可审批事项。“犬类关键小事智能速办”业务通过“浙里办”数字社会专区办理，取消村（社区）上门核验、出具证明、街道（乡镇）审核等环节，由申请人出具书面承诺即可，免去原审批需提交的“户口本、免疫证、村（社区）核验”纸质申请材料，事项性质从原来的“承诺件”提速为“即办件”，实现“当天进件，当天办结”，自动生成“电子犬证”。 （赵巧英）

【专项执法整治】2021年，市城管局紧扣保障重点工程出土、排查非正规堆放点等重点任务，集中治理渣土运输未密闭、抛洒滴漏、带泥行驶等行为，累计检查车辆10.03万辆（次）、工地7.07万个（次）、消纳中转场所5090个（次），约谈相关责任主体301次。强化“源头+终端”一体执法，落实追溯源头出土工地监管责任和运输企业安全责任，全年综合执法部门查处建筑垃圾违法行为1万余起，罚款7310.32万元。建立渣土处置跨市协同机制，与湖州市签订建筑垃圾（渣土）综合执法合作框架协议，从严从快查处跨市域非法倾倒建筑垃圾等行为。8月，杭州开展超限车辆擅自通过城市桥梁集中整治，通过“不停车动态称重系统”，对车辆违法超限运输行为进行自动监测，查处超限20%以上的车辆220辆。开展水务执法检查，组织供排水执法专项行动27次，对各类供排水违法行为实施处罚，挽回经济损失129.5万元。

（赵解文 杨群 章明）

城市绿化

【概况】2021年，市园文局根据《杭州市园林绿化“十四五”规划》《杭州市“迎亚运”园林绿化三年行动规划（2020—2022年）》，统筹推进园林绿地扩绿提质工作。加强与国土空间总体规划衔接，编制完成《杭州市迎亚运园林绿化设计导则》《杭州市绿道养护管理导则》《杭州市街心花园设计导则》。实施美化彩化工程。开展“春节”环境小品、“五一”自然花境和“国庆”立体花坛创作竞赛评比，推出“七一”迎建党百年主题花园14个；举办“盛世花盛开，百花庆百年”市园林艺术精品展、第二届长三角菊花精品展等惠民花事花展活动32个。组织有关单位参加上海（国际）花展、第十七届中国杜鹃花展、第十三届中国（徐州）国际园林博览会，其中参展作品“‘芍’华归花处”在上海（国际）花展获“铂金奖”。推荐立体花坛作品参加中国·昆明立体花坛大赛，为《生物多样性公约》第十五次缔约方会议献礼，其中作品“我心相（象）印”在C组中夺得金奖，作品“蓝鲸的眼睛”在B组中列第二名。全年市园文局完成绿化设计方案审查121个，办结园林绿化行政审批108件，受理园林绿化招投标项目140个、园林质量安全监督项目76个。深化“最多跑一次”改革，出台《杭州市园林绿化行政许可及审批事项标准化操作细则》，实施《杭州市园林绿化市场主体信用管理办法》，“创新政府绿化管理模式，构建杭州市园林绿化行业信用监管体系”课题入选“浙江省住房城乡建设系统领跑者改革培育项目”及“杭州市十大信用典型案例”。全年市区建成绿地1084万平方米，比上年增长39.6%。建成公园绿地564万平方米，其中有运河亚运公园、运河文化公园、北塘河滨水公园等4000平方米以上公园绿地90个。新建和改造提升民生实事城市小公园53个。年末，市区建成区绿地面积289.79平方千米，绿地率36.2%，绿化覆盖率39.7%，人均公园绿地面积11.2平方米。

【古树名木认定】2021年，市园文局完善古树名木挂牌立档工作，从健全责任制入手，加强古树名木保护复壮。开展新增古树名木认定，新认定古树名木129株，其中古树128株、名木1株。年末，全市域建成区有古树名木1242株，古树名木树种有香樟、银杏、珊瑚朴等77种，主要分布在西湖风景名胜区及上城区、西湖区。

【社会绿化活动】2021年，杭州市组织开展纪念省市区共建全民义务植树运动40周年、“3·12”书香换花香、树木认建认养、垂直绿化进社区（校园）、绿化科普等社会绿化活动。3月12日，浙江省和杭州市党政军领导、省市区机关干部、解放军武警官兵代表等300多人，到萧山区钱江世纪城亚运村景观绿化带参加义务植树，种植浙江樟、浙江楠、榉树、水杉、薄壳山核桃等树木2000多株。植树节期间，市区各界群众认建认养公园和绿地45处，认建认养总面积15.7万平方米。

【城市绿化综合考核】2021年，杭州市开展绿化、文物工作综合考核。经量化考核和综合评定，上城区政府、西湖区政府（含杭州之江度假区管委会）、杭州市西湖风景名胜区管委会、临平区政府被评为年度绿化工作最佳管理单位，拱墅区政府、杭州高新技术开发区（滨江）管委会（政府）、钱塘区政府、富阳区政府、桐庐县政府、淳安县政府被评为年度绿化工作优秀管理单位，余杭区政府、萧山区政府、临安区政府、建德市政府被评为年度绿化工作达标管理单位。

【“最佳、最差”系列评选】2021年，杭州市有10个城区、3个县（市）、1个管委会参加“双最”检查评比，354处公园（景区）、道路和滨水绿地、高架绿化及施工养护期绿地参加考核。经评定，雷峰塔景区、南星公园、北部园区公园、滨江高教公园被评为杭州市“最佳公园（景区）”；丽水路、浙大路、月明路、信诚路被评为杭州市“最佳道路绿地”；沿山河三期滨水绿地、沿山河四期滨水绿地、紫金港河滨水绿地被评为杭州市“最佳滨水绿地”，西湖区余杭塘河（西湖段）滨水绿地、萧山区商城河滨水绿地、建德市江滨公园被评为“最差滨水绿地”；中河高架被评为杭州市“最佳高架绿化”；三堡单元 S-G1-02 地块工程被评为“最佳施工养护期绿地”。

【园林城镇及园林式居住区（单位）、优质综合公园、绿化美化示范路评比】 2021 年，杭州市开展园林城镇及园林式居住区（单位）、优质综合公园、绿化美化示范路创建活动。年内，余杭区径山镇、余杭区瓶窑镇、萧山区浦阳镇、建德市大同镇、建德市大慈岩镇、淳安县姜家镇、桐庐县富春江镇、临安区河桥镇、淳安县文昌镇、余杭区百丈镇、临安区太湖源镇、余杭区鸬鸟镇、桐庐县瑶琳镇 13 个城镇被省建设厅评为省级园林城镇。上城区金隅中铁诺德玉润钱潮府、上城区御东方园、萧山区竞潮江南院、萧山区御江南华庭、余杭区东海闲湖城、余杭区白鹭郡东、钱塘区江东锦苑、建德市风尚泽园小区、桐庐县桐庐富春望名筑、淳安县千岛湖东方海岸住宅区、浙江大学城市学院、杭州高级中学、临安区政府、杭州花家山庄、浙江宾馆、建德市寿昌中学、建德市寿昌镇政府、桐庐县桐庐富春山健康城管委会 18 个居住区（单位）被省建设厅评为园林式居住区（单位）。上城区丰收湖公园、拱墅区和上城区城东公园、西湖区丰潭文化公园、萧山区江寺公园、余杭区凤凰山公园、余杭区五常北部园区公园、余杭区良渚古城遗址公园、余杭区杭州钱江经济开发区智荟动力公园、临平区人民广场公园、钱塘区东沙湖公园一期、富阳区儿童公园、西湖风景名胜区六和塔文化公园、西湖风景名胜区花港观鱼公园、桐庐县大奇山国家森林公园 14 个公园被省建设厅评为“优质综合公园”。上城区市民街（解放东路—五星路）、拱墅区通益路、拱墅区延安路、西湖区浙大路、滨江区滨文路、萧山区市心中路、余杭区良睦路、临平区东湖中路（星光街—东大街）、临平区临丁路、钱塘区金沙大道（海达南路—绕城高速公路）、临安区苕溪南街、临安区苕溪北街、西湖风景名胜区龙井路、西湖风景名胜区玉皇山路、桐庐县大奇山路、淳安县梦姑路 16 条道路被省建设厅评为绿化美化示范路。 （袁彰欣）

美丽城镇建设

【概况】 2021 年，杭州市围绕“五美”（环境美、生活美、产业美、人文美、治理美）创建目标，深入推进美丽城镇建设。把乡村治理融入“区块链”思维，通过数字赋能，形成“政府导治、村民自治、平台数治”的“三治联动”格局，提高美丽城镇建设智能化、科学化、精准化水平。全市开发余杭仓前街道“数智楼宇管理系统”、建德“数字梅城”平台、淳安汾口镇“汾火轮”小程序等美丽城镇智慧化服务治理平台，实现农村生产、生活、生态“三生融合”治理。全年投入美丽城镇建设资金 509 亿元，实施美丽城镇建设项目 1250 个。13 个乡镇创建成为省级美丽乡村示范乡镇，30 个村庄创建成为省级特色精品村，525 个村庄创建成为省新时代美丽乡村达标村。建成城镇道路 493.23 千米、公园绿地面积 149.33 公顷，新增和改造提升绿道 780 千米；新（改）建公共厕所 245 座；新增污水管网 870 多千米、“污水零直排”区 740 多平方千米；建成大型图书馆（博物馆、展览馆）33 个、医院和卫生院 49 个、居家养老服务中心 72 个、邻里中心 104 个、小镇客厅 48 个；改造老旧小区 64 个，提升历史街区和特色街区 70 个，更新老民居、老厂房 77 万余平方米。

【美丽城镇集群化建设】 2021 年是杭州市美丽城镇建设“三年行动计划”攻坚之年。按照蓝图共绘、交通共联、产业共兴、设施共建、服务共享、社会共治的“六共”原则，杭州市开展美丽城镇集群化建设。全年创建美丽城镇集群 15 个，涵盖市域范围内 54 个乡镇（街道）、相邻设区市 8 个乡镇（街道）。其中 6 个集群被评为全省集群化建设优秀案。建立美丽城镇首席设计师、驻镇规划师、发展师、美丽城镇体验师“四师”制度，各区县（市）聘请首席设计师 14 人、驻镇规划师 110 人、发展师 99 人，市级层面邀请以“两代表一委员”、热心群众、行业专家为主的体验师 150 多人，共同参与美丽城镇建设。全市以生产、生活、生态“三生”融合的理念为统领，打造融入“城乡风貌智汇通”乡镇级智慧化平台，通过数字赋能，提升美丽城镇建设水平。 （叶晓燕）

【未来乡村建设】 2021 年，市委办公厅、市政府办公厅印发关于深化“千万工程”开展新一轮高水平高质量美丽乡村建设的实施意见，启动实施“美丽乡村普惠、数字乡村赋能、未来乡村引领”的新一轮美丽乡村建设行动。全市建成精品村 70 个、风情小镇 9 个、美丽乡村风景带 10 条。启动建设 30 个市级特色村，实施工程项目 456 个、总投资 6.5 亿元，市级财政拨付资金 3.23 亿元。市农业农村局出台《未来乡村建设工作方案》《未来乡村试点创建评价指标体系（试行）》《未来乡村建设指南》，进一步深化“五化十场景”评价指标内涵和建设要求，为乡村发展评价和未来场景打造提供框架性、方向性和操作性指南。全年启动市级未来乡村建设试点 38 个，西湖区转塘街道长埭村等 12 个村人选全省第一批未来乡村建设试点村。

【数字乡村建设】 2021 年，市政府召开全市数字乡村建设现场会，制定《杭州市数字乡村样板镇（村）建设指南（试行）》，明确数字乡村建设评价体系和建设要求。全年启动建设 20 个市级数字乡村样板镇（村），90 个区县（市）级数字乡村样板镇（村）。萧山区、余杭区、桐庐县、建德市 4 个区县（市）入选全省第二批数字乡村试点县。全市有 46 个村入围省委宣传部、省委网信办、省农业农村厅指导举办的浙江省数字乡村“双十佳百优村”先锋榜。

（市农业农村局）

【绿道建设】 2021 年，杭州市绿道建设再次入选省、市政府为民办实事项目。市建委以“五道理念”（生态之道、健康之道、智慧之道、文化之道、致富之道）为引领，以“品质提升，数智赋能”为主线，高标准推进农村绿道建设。全年全市建成省级民生绿道276千米，完成省级民生绿道建设任务的110.4%；建成市级民生绿道821千米，完成市级民生绿道建设任务的149.3%。结合绿道建设，建成驿站56个、体育健身设施206处、城市小公园53个，并完成1.8亿元绿道建设专项资金的奖补。至年末，杭州建成环湖、沿山、沿江、沿路、沿河、湿地、公园、乡村8种类型绿道4200千米，绕城内绿道密度1.5千米/平方千米；余杭区径山（双溪、小古城村）绿道、建德新安绿道（九景连珠段）等12条绿道获评全省最美绿道，总量居全省11个设区市第一位；评选出36条全市最美绿道；打通13个区市间、区县间省级绿道交界面。

【农村住房建设】2021年，市建委创新农房建设理念，完善管理体制机制，借助科技智慧赋能，推进农房建设形态改革，打通农村建房服务链和技术链。市建委、市规划资源局、市农业农村局联合印发农房建设审批意见，实现农民建房“一件事联办”；通过农房建设智慧管家系统，为建房户上传样板房平面图集819套、VR图集260套，供建房户选择。加强与杭州联合银行、浙江省农业银行杭州分行等金融机构合作，为农户建房贷款融资提供优惠和方便。组织农村建筑工匠培训和技能比武，提高建筑工匠实际技能。全年开工农房建设7219户，完成困难家庭危房改造456户，其中C级危房373户、D级危房54户。杭州农房建设工作在《中国建设报》《浙江日报》《杭州日报》及“学习强国”等平台刊登，《杭州改革》第20期介绍杭州农房数字化平台建设情况。

【农村生活污水治理】2021年，杭州市对西湖、萧山、余杭、临平、钱塘、富阳、临安、桐庐、淳安、建德10个区县（市）的农村生活污水治理提出目标任务，并加强“一地一策”督导，组织专家为其“把脉问诊”。开展污水处理设施及配套管网进出水水质监测，倒逼推动污水处理设施提标改造，加快污水处理重点项目建设。全年全市有1900多个行政村配置污水终端处理设施，新建改建农村生活污水处理设施项目550个；4058个日处理污水20立方米以上的处理设施实现标准化运维，完成省建设厅考核目标的103.3%；农村开展污水治理的村占81.7%，污水管网进出水水质达标率81.2%。（叶晓燕）

城乡风貌整治后的临安湍口镇皋乡秋色（市建委 供稿）

【城乡风貌整治】2021年9月10日，市政府召开全市城乡风貌整治提升（未来社区建设）工作现场会，全市城乡风貌整治提升行动拉开序幕。现场会提出塑造独特韵味的城乡风貌“杭州意象”和十大魅力分区，把村容村貌建设“千村一面”、“刷白墙”、照搬外地建筑风格的负面做法作为反对形式主义的一项重要内容，引导各区县（市）编制好城乡风貌整治规划和方案，打造一批特色鲜明、风格独特的精品村和示范带。年内，杭州市和5个区县（市）城乡风貌整治行动方案被评为省级优秀方案。组织实施城乡风貌整治提升“揭榜挂帅”活动和十大专项行动，推动萧山区、滨江区奥体区域的“心相融·达未来”亚运风貌区成为全省唯一跨区级的样板区试点建设。城乡风貌“智汇通”平台成为风貌整治提升行动数字化建设中全省唯一的试点项目。杭州市获设区市城乡风貌整治“优秀”等次第一名，余杭区、萧山区、上城区、富阳区获城乡风貌整治“优秀”等次。（边志杰）

【“产镇融合”加快】2021年，杭州市坚持以产兴镇、以镇促产、产镇互动的城镇经济发展思路，发挥城镇在服务乡村、带动振兴上的区域中心作用，全市涌现“龙坞茶镇”“湍口温泉小镇”“梅城千年古府”“径山禅茶小镇”等美丽经济典型。全年新增市级以上创新创业基地29个、智能工厂和无人工厂97个、500强企业和上市公司等龙头企业23个、田园综合体45个、国家级发明专利（实用新型专利）4243个，加快形成既有特色集群、又有新兴业态的城镇经济。（严　建）

【小城市培育试点】2021年，杭州市深入实施小城市培育试点三年行动计划，萧山瓜沥镇、临浦镇，余杭瓶窑镇、塘栖镇，富阳新登镇、场口镇，桐庐分水镇、建德乾潭镇8个小城市培育试点取得新进展。全年试点小城市的生产总值比上年增长11.7%，固定资产投资增长20.4%，规模以上工业增加值增长15.5%，规模以上服务业营业收入增长26.98%，第二产业和第三产业增加值占比96%，社会消费品零售总额增长23.4%。全社会基本养老保险参保率99.7%，示范型居家养老中心和社会化养老机构实现全覆盖，每千名老年人有医疗卫生机构康复护理床位23.25张，城镇居民人均住房面积66.44平方米。城镇居民人均可支配收入增长11.5%。城乡居民收入倍差降至1.53∶1。（彭　赋）

责任编辑　余显幕

35 生态环境保护

环境质量

【水环境质量】2021年，杭州市地表水环境质量状况为优，与上年相比稳中有升。全市市控以上断面的水环境功能区达标率100%；达到或优于III类标准的水质比例为100%，上升1.9个百分点。钱塘江水质状况为优，水环境功能达标率100%，干、支流水质达到或优于III类标准的比例均为100%。运河水质状况为优，水环境功能达标率100%，水质达到或优于III类标准的比例为100%。苕溪水质状况为优，水环境功能达标率100%，水质达到或优于III类标准的比例为100%。城市河道水质状况为优，水环境功能达标率100%，水质达到或优于III类标准的比例为100%。西湖水质状况为优，平均透明度1.31米。湖区内监测点位水质均达到III类及以上标准。千岛湖水质状况为优，平均透明度4.27米，湖区内监测点位水质均达到III类及以上标准。全市县级以上集中式饮用水水源地水质状况为优，14个国控饮用水水源地点位水质达标率均为100%，水质保持稳定。县级以上集中式饮用水水源地水质达标率保持100%。全市跨行政区域河流交接断面水质达标率和优于III类标准比例均为100%。全市7个国控地下水监测点位中，曲院风荷、龙井村和虎跑3个监测点位均为III类水质，新开元和百井坊两个监测点位为IV类水质，临江高新区和建德高新产业园两个风险点位为IV类水质。全年入海监测断面（七堡断面）水质保持II类标准，优于考核目标要求。

【环境空气质量】2021年，杭州市区环境空气优良天数321天，比上年减少13天；优良率87.9%，优良率下降3.4个百分点。PM2.5达标天数362天，达标率99.2%，达标天数增加7天，达标率上升2.2个百分点。SO_2、NO_2、PM10和PM2.5四项主要污染物年均浓度分别为6微克/立方米、34微克/立方米、55微克/立方米和28微克/立方米，其中二氧化硫（SO_2）、二氧化氮（NO_2）和一氧化碳（CO）浓度达到国家环境空气质量一级标准，细颗粒物（PM2.5、PM10）浓度达到国家二级标准，臭氧（O_3）浓度略超过国家二级标准。桐庐县、淳安县、建德市环境空气质量优良天数分别为354天、356天、356天，优良率分别为97.0%、97.8%和97.5%。桐庐县主要污染物为NO_2，年均浓度为32微克/立方米；淳安县和建德市主要污染物为O_3；桐庐县、淳安县和建德市PM2.5年均浓度分别为26微克/立方米、18微克/立方米和23微克/立方米。

杭州市酸雨程度处于中等偏轻水平，总体有所改善，大部分地区处在非酸雨、轻度酸雨区，其中余杭区、建德市处在非酸雨区。全市酸雨率41.0%，下降13.7个百分点。降水pH年均值为5.24，降水pH值范围为3.56~7.30。

杭州市区降尘为3.19吨/（平方千米×30天），其余3个县（市）平均降尘为1.13~2.18吨/（平方千米×30天）。

【固体废物安全处置】2021年，杭州市工业固体废物产生量654.9万吨，处置利用率99.4%。一般工业固体废物产生量572.37万吨，综合利用量572.38万吨（含利用往年贮存量4.84万吨），处置量4.04万吨（含处置往年贮存量0.09万吨），综合利用率99.2%，处置利用率99.9%。危险废物产生量82.53万吨，处置利用率96.6%。医疗废物产生量3.59万吨（含涉疫垃圾3841吨），均得到安全、规范处置，无害化处置率100%。

【声环境质量】2021年，杭州市声环境质量状况良好，环境噪声的主要来源为交通和社会生活噪声。市区区域环境噪声为55.8分贝，质量等级为一般；桐庐县、淳安县、建德市区域环境噪声为53.5~57.8分贝，其中桐庐县、淳安县质量等级为较好，建德市质量等级为一般。杭州市13个区县（市）各类标准适用区昼间噪声均达标。杭州市区道路交通噪声66.5分贝，质量等级为好；桐庐县、淳安县、建德市道路交通噪声63.6~67.2分贝，质量等级均为好。

【辐射环境质量】2021年，杭州市辐射环境质量总体良好，全市环境x-γ辐射剂量率位于全国天然放射性水平范围之内，环境空气中放射性比活度保持正常水平，无上升趋势。钱塘江

(干流)、运河(杭州段)、千岛湖、西湖、地下水均未监测到人工放射性核素污染,天然放射性核素含量基本保持在本底水平。杭州市饮用水总 α、总 β 放射性比活度均低于国家生活饮用水水质标准,符合饮用要求。绝大部分放射源或射线装置应用单位的放射性应用活动未见异常,未对公众造成超过标准的额外照射。环境中电磁辐射水平符合《国家电磁辐射防护规定》(GB8702—2014),电磁辐射污染对公众造成的照射水平低于限值。电磁辐射环境总体上质量较好。(叶 辉)

环境综合治理

【主要污染物总量控制和应对气候变化】2021年,杭州市围绕改善环境质量和打好污染防治攻坚战的核心目标,实施主要污染物减排项目66个,完成化学需氧量减排975吨、氨氮减排75吨、氮氧化物减排1875吨、挥发性有机物减排1020吨,完成省下达的年度减排目标。

杭州市有序推进排污许可证质量复核、执行报告抽查、现场检查等工作。全市年度执行报告提交审核率100%,执行报告内容规范性(包括造纸、火电、污水处理及其再生利用3个行业,以及其他行业的10%)审核率100%,排污许可证质量审核任务完成率100%。推进应对气候变化工作,完成市级和13个区县(市)年度温室气体清单报告和杭州市"十四五"应对气候变化专项规划的编制。完成96个碳交易纳入企业和209个碳交易非纳入企业的碳排放报告核查,组织全市23个电力行业企业参与全国碳交易,履约率100%。推进多层次低碳试点创建,28个低碳项目获批省级试点。

【生态环境治理】2021年7月19日,市生态环境局、市发改委联合印发《杭州市重点流域水生态环境保护"十四五"规划》。完成全市22个国控水质断面走航分析,建立监测断面数据库,编制实施国控断面"一点一策"治理方案。完成乡镇(街道)类36个省级、29个市级"污水零直排"建设,完成生活小区类254个省级、749个市级"污水零直排"建设,完成工业园区(工业集聚区)类11个省级、33个市级"污水零直排"建设。完成17条256.1千米美丽河道建设、119千米中小河道综合治理、18个水美乡镇建设、159个农村池塘治理。建成污水处理厂5个,新增污水处理能力52.8万立方米/日,完成18个城镇污水处理厂清洁排放技术改造,新建改造污水管网156千米。推进钱塘江水生态健康评价和淳安县水生态环境示范试点县建设。完成全市9个县级以上饮用水水源地环境状况排查和有机物全指标分析,建立"一源一档"数据库,制订并实施"一源一策"保护方案。加强饮用水水源保护区环境违法违规问题整治,通过比对上年高清卫星遥感影像和保护区矢量数据,排查出保护区内建筑斑块144个,并全部完成整改。深化集中式饮用水水源地规范化建设,绘制全市9个县级以上饮用水水源保护区矢量图,开展饮用水水源保护区勘界定标工作,完成富春江富阳水源地、水涛庄临安水源地保护区优化调整。4月22日,开展入海排口排查行动、达标排放督导等工作。全面实施入海河流总氮总磷总量控制,将入海河流总氮、总磷浓度控制纳入美丽杭州考核指标体系,全年入海主要河流七堡断面达到省考核要求。加强入海排污口监管,推进7个入海排污口规范化建设,完成自动监控设备安装,在显著位置树立显示屏,将监控系统与环保部门联网,实现直排海污染源在线监测全覆盖、排放全达标。

【大气污染防治】2021年,杭州市开展涉低挥发性有机物(VOCs)排放错时生产减排行动,减少油性材料排放,在光照强烈时段,停止大规模使用涂料、油漆等排放低挥发性有机物的露天施工作业。加强燃煤烟气治理,全年完成生物质锅炉深度治理30台,低氮改造1吨及1吨以上工业燃气锅炉84台、民用燃气锅炉251台,提标改造工业炉窑企业12个,实施水泥熟料生产第一阶段超低排放改造8条,关停或实施超低排放改造水泥粉磨企业5个。推进工业废气治理,实施细颗粒物(PM2.5)和臭氧(O_3)"双控双减"行动,完成产业结构调整企业75个,整治涉气"低散乱"企业41个,实施低挥发性有机物(VOCs)原辅材料源头替代项目121个、挥发性有机物深度治理项目53个和无组织排放治理项目102个、恶臭异味治理项目12个。深化车船尾气治理,推广新能源出租车929辆、非道路移动机械247辆,淘汰"国三"及以下营运柴油货车1242辆。将高排放非道路移动机械禁用区从118平方千米扩大到828平方千米。开展扬尘灰气治理,结合实施美丽杭州创建暨"迎亚运"城市环境大整治、城市面貌大提升集中攻坚行动,推进建筑工地及周边环境整治。安装工地和道路扬尘在线监测设备1296台,依托扬尘在线监测设备和乡镇空气质量监测站等感知设备,发现并整改问题7941个。开展"裸土覆绿"专项行动,推进裸露地治理,发现并处置裸土问题6700多个。推进城乡排气治理,完成非经营性餐饮企业油烟治理719个。

1月26日,市政府印发《杭州市重点领域机动车清洁化三年行动方案(2021—2023年)》,提出车辆结构最优化、物流运输高效化、供能设施便利化、出行方式绿色化、政策措施差异化、产业发展多元化6项重点任务,实施非营运小微型客车"十年环保免检",年内19.3万辆小微型客车享受免检政策。3月26日,美丽杭州建设领导小组大气污染防治办公室制定《杭州市大气污染防治日常工作机制(试行)》,建立部门、区县齐抓共管的工作机制,全年发布污染天气预警29期。(叶 辉 祝 竹)

【土壤污染防治】2021年,杭州市加强土壤污染防治,完成417个地块土壤污染状况调查,确保用途变更为住宅、公共管理与公共服务地块得到安全利用。完成3个污染地块治理修复,为全市提供"净土"18.5公顷。在原杭钢半山生产基地地块试点探索"环境修复+开发利用"新模式。加强对做地主体指导服务,推出10条服务举措。督促154个土壤污染重点监管单位完成自行监测、隐患排查和有毒有害物质排放报告。完成5个地下水国考点位水质巩固方案和18个地下水重点污染企业管控方案编制,开展瓜沥镇工业集聚区地下水污染扩散排查，完成2个重点工业园区地下水监测体系布局。全年全市污染地块安全利用率100%，未发生污染地块违规开发事件，市生态环境局被评为重点行业企业用地土壤污染状况调查全国先进集体，杭州土壤污染现场执法和“数字治土”监管模式被评为全国土壤污染防治管理典型案例。

【固体废物污染防治】 2021年，杭州市加强固体废物管理，统筹推进“无废城市”建设，完成35项指标和70项清单任务。开展25类“无废细胞（单元）”创建，建成800多个“无废细胞（单元）”，占全省建成总数的50%。14个典型案例入选省“无废”建设线上巡礼项目，4项先进适用技术通过省生态环境厅评估。杭州出台服务产生固体废物小微企业10条举措，实现“覆盖率、签约率、收集率”3个100%，平均处置成本下降10%，被评为全省“无废城市”建设第一批典型案例。建立危险废物、一般工业固体废物和产生固体废物小微企业等管理指南。为19个企业核发经营许可证，完成固体废物跨省移出审批87批次。开发“无废城市”应用场景和开发交易服务中心及固体废物处置能力协调平台，创设智能预警报警系统和企业综合评价体系，上线危险废物“智”治模块。

【声环境管理】 2021年，杭州市加强噪声管理。市政府发布中高考等特殊时期环境噪声管理的通告，开展中高考期间“绿色护考”专项行动。加强全市夜间施工管理，做好建筑施工夜间作业证明的核准，杭州中高考期间出具夜间作业证明1.01万件，在网上发布夜间施工公告248期。

【辐射环境管理】 2021年，杭州有放射源单位85个、放射源1206枚、核技术利用单位1849个。全年完成1处放射性废物历史遗留问题处置，建成移动探伤高风险放射源在线监控项目125个。常态化开展辐射安全检查及放射源使用现场检查。推进放射源管理信息化，完善放射源在线监控系统，该系统覆盖所有放射源使用单位。加强辐射安全许可监管，全年核发辐射许可证190份，延续、变更、注销许可证73份，完成放射性同位素转让审批167件。督促送贮闲置、废弃放射源48枚，送贮率100%。（叶　辉）

环境监管执法

【环境执法监察】 2021年，杭州市立案查处行政处罚案件1156件，罚款1.13亿元，其中按日连续处罚、查封扣押、限产停产、移送拘留、涉嫌污染犯罪移送公安机关5类案件60件。开展执法大练兵活动，市本级和富阳、临安等区4个案例被生态环境部评为典型案例，其中联合公安机关查处的“4·26”特大非法处置废矿物油污染环境窝案，涉及刑事性质的26件，85人被采取刑事强制措施。开展“绿剑”执法专项行动，对“百日攻坚”专项行动重点问题开展“回头看”，出动执法人员1.87万人次，检查企业9104个（次），发现环境污染问题1201个，立案处罚202起，罚款1479.16万元，移送公安机关处理1起，行政拘留1人。杭州市生态环境局富阳分局被生态环境部评为生态环境保护执法大练兵活动表现突出集体，杭州市生态环境保护综合行政执法队直属机动大队获评“杭州市平安创建先进集体”。

【生态环境法治建设】 2021年，杭州市加快推动地方环境立法工作。7月30日，《杭州市淳安特别生态功能区条例》经省十三届人大常委会第三十次会议批准，于2022年1月1日起施行。加强规范性合法性审查和公平竞争审查，出台《关于延长非营运小微型客车环保免检年限的通告》等行政规范性文件。开展《杭州市非道路移动机械排气污染防治规定》立法调研和地方性法规及规章涉及行政处罚法内容的专项清理。11月9日，为进一步控制杭州市非道路移动机械污染排放，市政府印发《关于调整禁止使用高排放非道路移动机械区域的通告》。12月29日，为规范生态环境领域执法事项，厘清与其他部门执法边界，市生态环境局印发《杭州市生态环境保护综合行政执法事项清单（2021年版）》。全年通过执法稽查、执法案件评查、执法大练兵、邀请执法监督员参与环境执法等形式，加大执法监督力度。加强环保法制宣传，做好排污许可管理条例宣传贯彻工作，举办面向排污单位的培训会议，“杭州生态环境”官方微信公众号编发排污许可管理条例系列政策解读8期。在“环保智管服”应用场景中设置“学法积分”模块，实施精准普法。

【自然生态保护和修复】 2021年，市生态环境局等5个部门联合开展“绿盾2021”自然保护地强化监督工作，完成遥感监测疑似问题排查和整改。

2021年，市生态环境局会同市公安机关查处“4·26”特大非法处置废矿物油污染环境窝案。图为办案人员在窝案现场取证采样　（市生态环境局 供稿）

推进自然保护地体系整合优化，完成全市 32 个自然保护地整合优化预案编制、所有省级以上自然保护地的总规编制和天目山名山公园建设。完成生态保护红线优化评估，推进临安区生态红线勘界定标省级试点工作。协同有关部门开展饮用水源地、自然保护地问题排查，并督促责任单位落实整改。

杭州加快推进淳安和建德的国家级、富阳的省级山水林田湖草生态保护修复工程试点建设。全年投资 107.32 亿元，完成修复项目 129 个。开展“迎亚运”山体生态修复景观提升专项行动，对全市裸露山体生态损毁情况进行排查、清理和整治，实施全域土地综合整治、矿山生态修复，杭州西湖区双浦镇全域工程入选全国首批生态修复典型案例集，建德市三都镇全域工程入选省级生态修复精品工程。全年新增公园绿地 91 处、国土绿化 3120 公顷，新建改建绿道 821 千米。至年末，全市建成绿道 4200 千米，森林覆盖率 66.9%。

【生态环境保护区域合作】2021 年，杭州市加强长三角区域、杭州都市圈生态环境合作，完善生态环境一体化合作机制。6 月 8 日，杭州市生态环境局、湖州市生态环境局、绍兴市生态环境局、衢州市生态环境局和黄山市生态环境局共同编制《杭州都市圈生态环境保护共保规划》。6 月 18 日，杭州市生态环境局、宁波市生态环境局签订《杭甬生态环境共保联治合作框架协议》。6 月 26 日，杭州市生态环境局、黄山市生态环境局共同委托生态环境部环境规划院编制的《新安江流域水生态环境共同保护规划》通过专家评审。杭州都市圈建立健全杭州、湖州、嘉兴、绍兴边界环境联合执法、杭州与嘉兴环境信访联动、杭州与黄山应急联动等机制，完善联席会议、应急预警、联合执法和信息共享等制度，加强跨界联合执法，消除跨界监管盲区。

【生态环境保护督察和整改】2021 年，杭州市推进环保督察问题整改落实工作，第二轮中央生态环境保护督察 14 项反馈问题完成 8 项，1157 件信访提出的问题基本完成整改；省委“七张问题清单”（巡视、审计、督查、生态环保、安全生产、网络舆情、群众信访等方面问题）交办的 18 个问题整改销号 11 个；省委专项督察交办的 157 件信访完成 128 件信访问题处理。杭州变“被动改”为“主动查”“源头防”，建立问题发现和整改闭环机制，常态化开展明察暗访，每季度通报一次典型案例，全年曝光 4 期 149 个典型问题，推动市区联动排查整改问题 1.7 万个。

【环境应急管理】2021 年，杭州市完善环境应急处置体系，提升应急处置能力。加强应急处置准备，做好应急值班值守，全市形成队、站、分局各司其职的环境应急处置体系。开展“不通知、不预演、无剧本”的“两不一无”应急演练和“迎亚运”突发环境事件应急演练，提高应急处置实战水平。提升应急处置能力，依托浙江省生态环境科学设计研究院环境损害鉴定评估中心，构建突发环境处置技术力量体系。探索组建以危险废物处置单位为骨干、小微危险废物收集点为补充的突发事故现场处置队伍，确保突发环境事件现场危险废物有效处置。增配余杭苕溪沿线环境应急物资库，构建全市快速有效的应急物资网络，实现应急物资调运 1 小时市域范围全覆盖。做好风险隐患闭环整改，利用“环保码”环境风险隐患排查模块，督促企业根据环境风险隐患排查要求，开展闭环整改。加强环境安全监管，实现危险废物产生、收集、贮存、转移、运输、利用、处置等全过程覆盖的监管。推进建德高新技术产业园、萧山临江高新技术产业开发区新材料产业园有毒有害气体预警体系建设，提升园区环境安全水平。开展环境风险隐患整治，检查企业 2518 个（次），发现隐患 2988 处，完成整改 2978 处，启动环境应急响应 10 次（含突发环境事件 1 起），均得到妥善处置。

【建设项目环境管理】2021 年，杭州市深化“区域环评 + 环境标准”改革，对在改革区域内除负面清单外的项目实施环评降级审批，全年降级审批项目 518 个。全市全年审批环评文件（非辐射类）906 份，其中环评报告书 74 份、环评报告表 832 份、登记表网上备案 2636 份。

【生态环境宣传教育】2021 年，杭州市围绕“绿色亚运”、“无废城市”建设、生物多样性保护、减污降碳协同减排等主题开展生态环境保护宣传。全年杭州环保工作在市级以上媒体刊稿 1456 篇。其中：1 月 13 日，《人民日报》要闻版刊登《一江碧水出新安》文章；5 月 1 日，《求是》第 9 期杂志刊登《美丽中国的杭州风景》文章；6 月 5 日，中央广播电视总台播报杭州市世界环境日活动画面；7 月 9 日，《中国环境报》头版头条刊发《杭州十八年一张美图绘到底》；12 月 20 日，动漫短视频《环保小卫士》获市网络正能量优秀作品奖，并被“学习强国”学习平台等推送，阅读量 155 万人次。年内，杭州召开新闻

2021 年 5 月 22 日，“呵护自然，人人有责”国际生物多样性日活动在萧山区湘湖举行
（市生态环境局 供稿）

发布会5次，组织媒体集中采访（采风）3次。推发微信公众号消息560条，总阅读量44.68万人次；发布微博2314条，总阅读量526.8万人次；"抖音"总播放量79.3万次，并开设天目新闻"美丽杭州"天目号。

杭州市加强环境教育，首次将公众开放日活动固定为生态环境公众开放节，全年组织5场市级开放活动。5月12日，市生态环境局制定《2021年度四类设施向公众开放方案》和《生态文明教育基地和四类设施单位星级评定办法》。全年创建省市级生态文明教育基地12个、市级绿色学校59所、市级绿色医院5个，评选出环保小卫士31名。开展包括中小学普及环保科普知识等生态文明教育进基层活动11场，指导环保志愿服务总队开展环保公益活动350场。

【环境信访调处和建议提案办理】2021年，杭州市受理环境信访投诉1.22万件，比上年下降9.98%。其中涉气信访投诉占45.5%、噪声占40.1%、涉水占6.3%。所有信访件全部按时办结。收到全国、省、市"两会"建议提案中涉及由生态环境系统办理的50件，其中：全国人大建议、全国政协提案各1件，省人大建议2件、省政协提案1件，市人大建议28件、市政协提案17件，均按时办理。

【环保信息公开】2021年，杭州市修订生态环境政府信息公开指南，完善主动公开目录，规范信息公开申请答复函格式和答复用语。全年生态环境系统发布主动公开信息2171条。市本级收到政府信息公开申请56件。办结的申请件中，公开及部分公开47件，2件结转下年度继续办理。全年未发生因政府信息公开导致的行政复议及行政诉讼事件。（叶　辉）

环保科研监测

【环境信息化建设】2021年，杭州市以数字化改革为契机，以数字赋能提升现代环境治理能力水平为目标，推进生态环境领域数字化改革。构建杭州"生态智卫"大场景，整合"大生态"实时、动态数据1.4万条92.9TB，建成"空气卫士""秀水卫士""督察在线""环保智管服"4个应用场景，处置预警问题1.1万个，输出服务6万余次，智能引导查处环境犯罪案件7起，杭州"生态智卫"大场景被评为全省数字化改革门户优秀应用场景、全市数字政府十大场景之一，并在省数字化改革成果展上展出。其中"督察在线""环保智管服"2个场景被列为"一地创新、全省共享"项目。杭州依托全市一体化、智能化公共数据平台，夯实生态环境数据底座，延伸数据空间应用范围，完成IRS（一体化数字资源系统）集中攻坚任务。

【环境监测】2021年，杭州市围绕环境应急监测、理化分析、生态环境评价及检验检测机构通用要求等方面，开展38场业务知识和操作实务培训，1000多人次参加。举行全市生态环境监测技术大比武。完成生态环境质量监测及重点排污单位监督性监测等工作，全年获取水、气、噪声、固废、辐射及生物等常规数据7.5万个，大气复合污染综合监测系统获取数据882.5万个，交通污染监测系统获取数据53.2万个，省控地表水交接断面监测系统获取数据21.5万个，饮用水源地水质监测系统获取数据31.6万个。上报并发布环境空气质量指数（AQI）日报和预报365份，编制水和气环境质量分析专报、千岛湖水质专题报告、污染源信息公开简报专报各12期。完成执法监测36次，分析样品236个，获得监测数据600多个。组织技术人员完成46项（次）监测比对，结果均符合要求。杭州生态环境监测AI人工智能实验室试点项目被列入浙江省生态环境系统年度改革工作试点项目和《浙江省生态环境科技发展三年行动计划（2020—2022年）》第二批生态环境领域关键技术项目。

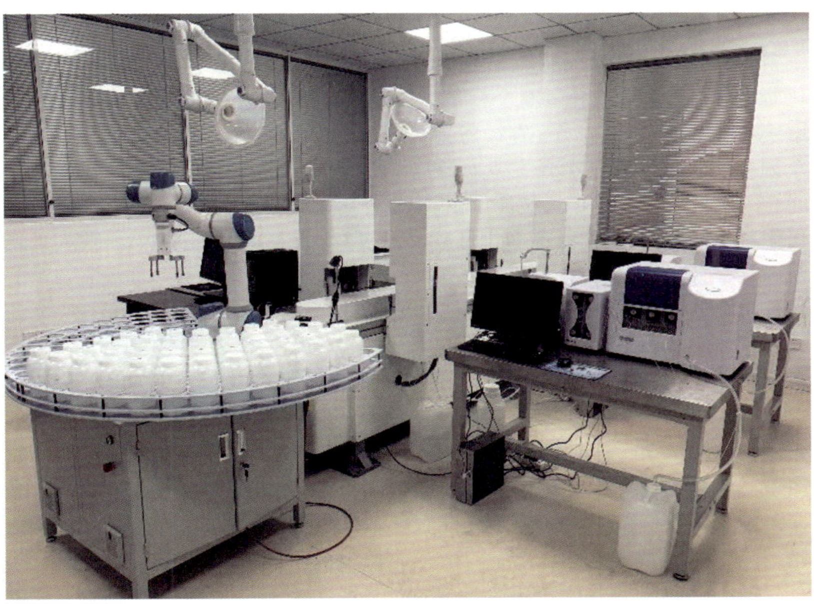

2021年4月，杭州"生态智卫"大场景被评为全省数字化改革门户优秀应用场景。图为杭州生态环境建设AI人工智能实验室（市生态环境局 供稿）

【环保科研】2021年，杭州市加强环境保护基础科研和科学治污支撑保障工作。完成《基于大数据分析的杭州市第二次污染源普数据辅助智慧环保应用的研究》《杭州市大气污染排放清单动态更新研究》《杭州市第二次全国污染源普查数据分析研究》《钱塘江流域（杭州段）污染时空分布特征研究》《杭州市地铁振动影响及传播规律测试分析研究》5个研究项目。编制完成《浙江省挥发性有机物污染防治可行技术指南（汽摩配）》和《浙江省挥发性有机物污染防治可行技术指南（机电制造）》20项技术指南，分别作为浙江省汽摩配和机电制造行业挥发性有机物污染防治工作的参考技术资料。（叶　辉）

责任编辑　余显幕

36 科学技术

综 述

【科技创新引领杭州经济】 2021 年，杭州新增国家高新技术企业 2800 个，累计总量超过 1 万个。新增省级科技型中小企业 5199 个，居全省第一位。技术交易总额 771.6 亿元，比上年增长 40.3%。全市科学研究与试验发展经费支出 578.8 亿元，投入强度为 3.6%。实施科技新政等工作成效明显，获全省首届“科技创新鼎”。全国创新型城市创新能力评价居全国第二位，创新指数排名居全球第 21 位。杭州连续 11 年入选“魅力中国——外籍人才眼中最具吸引力的中国城市”评选，排名第三位。

市科技局坚持政策引领，编制《科学技术发展“十四五”规划》，制定《关于落实党政领导科技进步目标责任制争获“科技创新鼎”的实施方案》，出台众创空间、新型研发机构、创新协作员和市天使投资引导基金等专项性创新政策，形成激励创新政策体系。编制《杭州城西科创大走廊硬核科技规划（2021—2025 年）》，加快科技创新资源集聚，科创大走廊创新策源地建设成效逐步显现。召开“双碳”工作小组会议，印发《科创领域碳达峰行动方案》。

提升科技创新硬实力，推进国家战略力量建设。北航杭州创新研究院“超高灵敏极弱磁场与惯性测量”大科学装置获批，被列入“十四五”规划建设计划；浙江大学“超重力离心模拟与实验装置”桩基工程施工完成，相关领域科研成果获国家科技进步奖二等奖和国家自然科学奖二等奖各 1 项、省科技进步奖一等奖 5 项。新获批国家重点实验室 1 个，在杭国家重点实验室达 14 个；之江实验室被纳入国家实验室体系，西湖实验室与昌平国家实验室签署战略合作协议；杭州医学院大动物 P3 实验室（生物安全防护三级实验室）获批建设。17 项科技成果获 2020 年度国家科学技术奖，杭州海康威视数字技术股份有限公司、贝达药业股份有限公司等企业成果和杭州高新区的创新成果入选国家“十三五”科技创新成就展。杭州高新区、临江高新区和余杭高新区获评 2020 年度浙江省高新技术产业园区建设突出贡献集体。

营造科技创新良好生态。全年全市新增市级孵化器 48 个、省级孵化器 11 个、国家级孵化器 9 个，新增市级备案众创空间 18 个、省级备案众创空间 23 个、国家级备案众创空间 25 个，新增国家大学科技园 1 个。强化科技金融支撑，杭州市创业投资引导基金、杭州市天使投资引导基金和杭州市重点产业知识产权运营基金新增批复合作子基金 29 支，子基金规模 173 亿元。参股子基金年投资项目 321 个，投资金额超过 56 亿元，投资企业上市（含已过会）20 个。知识产权证券化产品在深圳证券交易所发行，项目储架发行额度 10 亿元，首期发行金额 1.1 亿元。

推进党建与科技创新融合。成立全市孵化器和众创空间党建联盟，助企服务举办创新创业大讲堂 6 期，服务 1000 多人次，科技金融“园区保”与 152 个单位签订合作协议，提供担保授信 4 亿元。科技特派员“四双”模式入选“民呼我为”最佳典型案例。拓展科技合作交流，完成长三角 G60 科创走廊建设的各项重要指标。杭州市高科技投资有限公司以 1 亿元加入 G60 科创走廊科技成果转化基金。启动杭甬一体化科技对接，两地实现交易合同 370 项，技术交易额 3.89 亿元。（王 骏）

【杭州国家新一代人工智能创新发展试验区建设】 2021 年，杭州市强化科研攻关，组织实施国家、省、市人工智能科研攻关项目 200 个。杭州人工智能领域科技成果获 2020 年度吴文俊人工智能科学技术奖 7 项、国家科技进步奖 4 项。强化开放创新平台建设，阿里云城市大脑、杭州海康威视数字技术股份有限公司“视频感知”国家新一代人工智能开放创新平台迭代升级，同盾科技有限公司争创“智能金融风控国家新一代人工智能开放创新平台”，之江实验室牵头的“之江天枢人工智能开源平台”开源上线，浙江大学“智海”人工智能教学实训平台开放试用，思创医惠科技股份有限公司的“智能医疗开放创新平台开发及应用”等一批开放平台启动建设，杭州人工智能开放创新平台多领域差异化发展体系加速形成。推动第二批市人工智能创新发展区创建，将钱塘区、富阳区、临安区纳入培育名单，首批 4 个创新发展区形成示范引领作用，市人工智能“多点引领、全域联动”创新发展格局形成。杭州市围绕“城市治理”“智慧教育”两个领域开展人工智能社会实验，全年全市人工智能产业营业收入2038亿元，人工智能产业增加值比上年增长26.9%。杭州在科技部“国家新一代人工智能创新发展试验区工作推进座谈会”上做典型经验发言，在2021年全国人工智能科技产业城市竞争力评价中居第二位。（许蒙刚）

【杭州国家自主创新示范区建设】2021年，市科技局印发《杭州国家自主创新示范区2021年工作要点》，组织多个企业和杭州高新区参展国家“十三五”科技创新成就展，展示杭州国家自主创新示范区建设成果。制定《杭州高新区争先进位工作方案》《临江高新区科技创新高质量发展三年行动计划》，推动杭州高新区、临江高新区在2021年度国家高新区综合评价中实现排名进位。上城区、拱墅区、富阳区创建高新区被列入全省开发区（园区）2021年名单。杭州高新区、临江高新区和余杭高新区获评2020年度省高新技术产业园区建设突出贡献集体。（刘海琳）

【新型研发机构培育】2021年12月16日，市科技局印发《杭州市新型研发机构管理办法》，支持新型研发机构培育和发展，完善区域创新体系；推荐杭州市首批18个省级新型研发机构作为长三角科技创新券通用通兑服务机构，支持研发机构扩大影响、拓展服务；推荐在杭州的13个研发机构申报省级新型研发机构，被认定10个，累计28个。（姚广稀）

科技计划

【科技计划改革】2021年，市科技局根据省委、省政府关于推进“尖兵”“领雁”研发攻关计划项目立项和组织管理方式改革要求，建立“以应用研究倒逼基础研究、以基础研究引领应用研究”科技计划管理工作机制，会同区县（市）科技局梳理关键核心技术攻关“四张清单”（倒逼清单、引领清单、进口替代清单、成果转化清单）项目84个，开展跟踪服务，反馈实施进展情况；按照科技项目、平台、人才、资金“四位一体”创新资源配置机制，围绕“互联网+”“生命健康”“新材料”三大科创高地以及“碳达峰碳中和”技术制高点等重点领域，组织推荐省“尖兵”“领雁”攻关计划项目205个。140个项目被列入省2022年省重点研发计划并获得重大科技专项资助，其中省、市、区联合组织实施“尖兵”计划项目45个。推进综合性国家科学中心、国家大科学装置和国家实验室建设，保障省实验室等创新平台建设，支持2个省实验室建设的市级科技专项资金2亿元。推动科技金融做大做强，完成市财政注资杭州市高科技投资公司创业投资引导基金8亿元。

杭州国家自主创新示范区建设——杭州未来科技城高新技术产业园区
（市科技局 供稿）

【科技财政预算投入与支出】2021年，杭州市财政科技投入161.46亿元，比上年增长11.87%，占全市一般公共预算支出的7.74%，其中市本级财政科技投入32.87亿元，增长15.85%。市本级科技发展专项资金年初预算5.245亿元，当年度追加高新技术企业培育和省实验室建设专项资金9.439亿元，实际执行14.684亿元。具体支出安排：市重点研发计划专项（包括国家、省科技项目配套）补助资金1.627亿元；科技型中小微企业研发费投入补助资金1.099亿元；农业和社会发展科研攻关0.44亿元；领军型创新创业团队引进培育专项补助资金0.363亿元；科技型中小企业培育（“雏鹰计划”）专项补助金资金0.813亿元；科技成果交易转化项目0.22亿元；公共创新服务平台“创新券”补助0.222亿元；国家重点扶持领域高新技术企业认定补助和奖励资金7.439亿元；省实验室、浙江省集成电路创新平台和西湖大学基因编辑中心等重大研究平台建设专项资金2.225亿元；其余0.234亿元用于双创孵化平台建设、科技特派员等专项科技政策补助。

【关键核心技术攻关】2021年，市科技局编制完成《杭州市“十四五”科技发展规划》《杭州市“十四五”高新技术产业发展规划》《杭州市城西科创大走廊硬核科技发展规划》3个科技规划，围绕技术策源、科技支撑等方面服务经济社会高质量发展；重点组织实施和推进关键核心技术攻关，加快推进国家创新型城市建设。对标国际领先水平的技术标准、产品标准、产业标准，梳理“四张清单”项目84个，其中“倒逼清单”项目43个、“引领清单”项目6个、“进口替代清单”项目21个、“成果转化清单”项目14个。全年组织验收的省、市重点研发计划项目45个，带动研发投入15.6亿元，项目产品实现销售收入42.1亿元、利税7.8亿元。牵头制定国家标准16项，获得（授权和受理）发明专利403件。市政府对获得国家、省科技大奖并在杭州产业化的科技成果兑现奖励政策，其中获得国家科技进步奖二等奖成果2个、省科学技术进步奖一等奖成果17个，每个团队奖励100万元。（胡小庭）

【农业科研项目支持】2021年，市科技局强化农业农村科技创新能力和推进农村综合改革工作，为创建共同富裕示范区、打造乡村振兴杭州样本提供科技保障。助力特别生态功能区建设，对淳安县政府提出"白灵菇设施化栽培技术研究与示范"等科技项目作为特别生态功能区专项项目，给予130万元专项资助。在杭州市农业与社会发展科研引导项目中重点支持数字农业、现代种业等领域，对"桑黄栽培技术与采收干制对子实体有效成分及抗氧化活性的影响"等79个农业领域引导项目进行立项支持。

【社会发展科技计划】2021年，市科技局组织实施136个社会发展科研引导项目，重点支持医疗卫生、资源环境、节能减排、城建交通、公共安全等社会发展领域的科研攻关。对标科学技术部编制的《2020中国生命科学与生物技术发展报告》，绘制成生命科学与生物技术路径图，并将路径图纳入杭州市科学技术发展"十四五"规划和杭州市高新技术产业发展"十四五"规划。在"碳达峰碳中和"领域，围绕关键核心技术创新、高端平台体系创新、引育人才团队创新、双创生态环境创新，以及能源、工业、建筑、交通、农业、居民生活6个领域，制定《杭州市科创领域碳达峰行动方案》。（毛宇骁）

科技成果

【科技成果转化总指数809.4】根据浙江省科技信息研究院发布的《2021浙江科技成果转化指数》显示，杭州市科技成果转化总指数809.4，比上年增加135.66，高出全省平均指数537.54，其中创新研发、成果产出、成果交易、转化绩效4项分指数分别为275.84、545.56、1561.58、854.64，均大幅领先全省各地市。加上各区县（市）数据，全年全市受理登记科技成果515项，其中基础理论15项、软科学8项、应用技术492项。642项有效发明专利实现产业化，平均新增产值3464万元。科技成果获2020年度省科学技术奖174项、2020年度国家科学技术奖17项。

【企业科技成果转化促进】2021年，市科技局制定《杭州市创新协作员管理暂行办法》，采取市校"双聘、双管"，179名科技专家与158个企业结对服务，建立创新联合体和利益共同体。举办科技成果（竞价）拍卖会9场，成交科技成果189项、1.25亿元，受让34项、2875万元。打通高校院所科技成果直接转化通道，带动在杭高校院所与企业产学研合作项目2083个、资金14.3亿元。落实科技成果转化资金管理办法，对45个企业科技成果转化项目按照技术交易额20%、最高150万元的标准提供财政资助共1035.16万元；对14个在杭高校院所和新型研发机构向杭州企业输出技术成果，按技术交易金额3%、最高200万元的标准奖补547.8万元；对19个重大获奖成果在杭产业化团队实行重奖1900万元。建立杭州都市圈科技成果转化联盟，深化产教融合、校企联合和产学研合作；以1亿元参股长三角G60科技成果转化基金，引导助力企业科技成果转化。（陈子法）

科技人才

【科技人才工作】2021年，市科技局认定科技口高层次人才100人。建立重点企业、重大平台服务专员机制，开展重点人才申报辅导，各项国家级、省级人才计划入选人数均居全省前列，省领军型创新创业团队等重大人才计划入选数量连续多年居全省第一位；新培育市领军型创新创业团队15支。实施"揭榜挂帅"科技攻关项目，全市新征集重大攻关榜单1346个，总标的额48.2亿元。对接西湖大学、中国科学院大学杭州高等研究院等重点科研机构，揭榜攻克重大难题235个，揭榜金额超过5.6亿元；主办杭州"揭榜挂帅·全球引才"（生物医药）科洽会，吸引包括多位院士以及10多个高校、研究机构和10多个风投机构的近200名代表参会，会议发榜金额约5亿元，成立杭州生物医药"揭榜挂帅"创新共享中心，筛选重点项目在深圳"中国国际人才交流大会"等平台上向全球人才张榜发布。强化科技金融精准支持，丰富金融产品和服务创新，全年新投资人才项目316个，累计投资1612个；在生命健康和人工智能领域设立各类基金33支，累计超过120亿元；市引导基金获得"2021年中国最受GP关注的政府引导基金TOP10""2021年中国最佳创业投资引导基金TOP20"等荣誉。

【外国科技人才引进】2021年，市科技局利用"中国国际人才交流大会"国家级平台，举办以"来杭州，向未来"为主题的杭州专场活动，多维度、全方位展示杭州科技创新和招才引智的特色和优势，对接人才1000多人、机构50个、项目40多个。创新全球引才方式，争取科技部支持，在杭州国际人才交流与项目合作大会上首次共同举办"中国（杭州）外国人才招聘大会"，吸引来自31个国家的2706名国外求职者应聘。（陈　闻）

【科技特派员创新实践模式探索】2021年，市科技局以助力乡村振兴，打造共同富裕示范区为目标，探索杭州特色科技特派员创新实践模式。开展第八批科技特派员任期考核工作，孙健等18名科技特派员被评定为"优秀"，杭州市农业科学研究院等7个单位被评定为科技特派员工作先进单位。开展第九批市派科技指导员选派工作，选派70名个人特派员和10个特派员团队共185人，驻点杭州70个乡镇和1个科创园区，其中市农科院刘辉团队服务范围覆盖整个桐庐县域。对80个科技特派员项目予以立项，划拨项目资金800万元。

（毛宇骁）

科技创新体系建设

【科技政策体系建设】2021年，杭州市优化创新政策环境，强化规划引领，编制《杭州市科学技术发展"十四五"规划》《杭州城西科创大走廊硬核科技规划》《杭州市高新技术产业发展"十四五"规划》等重点规划和专项规划，形成加快建设高水平创新型城市的行动指南。强化政策创新，制定《关于落实党政领导科技进步目标责任制争获“科技创新鼎”的实施方案》《杭州市科创领域碳达峰行动方案》，印发《杭州市天使投资引导基金管理办法》《杭州市新型研发机构管理办法》《杭州市众创空间管理办法》《杭州市科技创新协作员管理暂行办法》《杭州市软科学研究项目管理办法》5个专项性创新政策。落实行政规范性文件合法性审核和后评估机制，落实支持创新的各项财税政策，营造支持创新的良好政策环境。5月22—28日，举办浙江省暨杭州市科技活动周。

【科技进步目标责任制考核】2021年，市科技局做好2020年度省对市、市对区县（市）的党政领导科技进步目标责任制考核工作。杭州市和滨江区、余杭区获首批省“科技创新鼎”，杭州市和滨江区、余杭区、西湖区获评党政领导科技进步目标责任制考核优秀单位。开展2020年度区县（市）创新发展专项考核，杭州高新开发区（滨江）、余杭区、萧山区、西湖区、桐庐县、临安区为2020年度区县（市）创新发展专项考核优秀单位，钱塘新区、江干区、富阳区、拱墅区、建德市为考核优胜单位。（刘海琳）

【科技创新数字化改革】2021年，市科技局聚焦需求清单、场景清单、改革清单，构建“科技大脑+天堂e创+多跨场景”的市科创数字化改革体系。成立数字化改革专班，联合市、区两级科技部门整体谋划推进，实施日报、周报、月报推进的督查机制和争先创优的“赛马机制”。谋划建设“一网融合、一指通办、一键智治”的管理体系，以及科创资源“一屏呈现”、科技服务“一站智享”、惠企政策“一键匹配”的服务体系，上线“孵化在线”应用场景，全面实时反映全市452个“双创”平台和1.5万个在孵企业的发展情况。（康智勇）

【风险投资引导基金】2021年，杭州市创业投资引导基金、杭州市天使投资引导基金和杭州市重点产业知识产权运营基金（以下合称“市引导基金”）新增批复合作子基金29支，子基金规模173亿元。累计批复合作子基金188支，子基金总规模超过439亿元。参股子基金2021年投资项目321个，投资金额超过56亿元。参股子基金累计投资项目1600个，投资金额166亿元。其中：杭州项目900多个，占比57%；投资金额87亿元，占比52%。参股子基金已投的2个项目获2020年度国家科学技术进步奖二等奖，已投的10个项目分别获2020年度浙江省自然科学奖一等奖、浙江省技术发明奖一等奖、浙江省科学技术进步奖一等奖及二等奖、三等奖。2021年度参股子基金收获20个上市公司（含已过会），市引导基金参股子基金已投企业中有68个上市（含已过会）或者被上市公司并购。市引导基金获得“投中2021年中国最受GP关注的政府引导基金TOP10”和“2021年中国最佳创业投资引导基金TOP20”、清科“2021年中国政府引导基金50强”以及中国风险研究院“2021年度中国政府引导基金TOP50”等荣誉。

【科技型中小企业融资支持】2021年，杭州高科技融资担保有限公司融资担保业务总量27.8亿元，服务企业1069个（次），年业务总量和服务企业数均创历史新高，其中小微企业担保额占担保总额的95.5%。担保业务开展15年来，累计为杭州地区中小微科技企业提供融资担保金额超过155亿元，累计担保企业近4600个（次），为企业节约成本3亿元。启动科技金融重点项目攻坚“揭榜挂帅”任务，与152个孵化器、众创空间或科技园签订战略合作协议，实现杭州市域园区全覆盖。通过“送服务到园区”活动，为科技型中小微企业打通科技金融服务“最后一公里”。7月，启动知识产权证券化项目，填补浙江省以专利作为底层资产的证券化产品空白。12月31日，知识产权证券化产品在深圳证券交易所完成首期发行。加大对科技型中小企业的融资周转力度，全年科技型中小企业融资周转资金到位资金1亿元，共为135个（次）科技型中小企业提供融资周转13.38亿元，财政资金放大倍数为13倍，平均周转天数8.4天。（林　旦）

【高新技术企业培育】2021年，杭州市推进科技型企业培育，构建“市雏鹰—省科小—国高企—省领军”的企业梯队培育体系。其中：杭州国家高新技术企业新增2800个，占全省新增数的39%，列全省第一位；有效高新技术企业1.02万个，占全省总量的35.8%，列全省第一位、全国省会城市第二位。高新技术产业投资增速19.7%，比固定资产投资高出10.7个百分点。战略性新兴产业增加值1850.6亿元，比上年增长30.8%；高新技术产业增加值2827.7亿元，增长13.1%，高于规模以上工业增加值增速4.9个百分点；高新技术产业增加值占规模以上工业增加值比重的69%，比上年高出1.6个百分点。

【省科技型中小企业培育】2021年，市科技局贯彻落实浙江省科技企业“双倍增”行动计划，壮大杭州市科技企业发展基数。把科技型企业培育作为全市科技重点工作，其中省科技型中小企业纳入杭州市“综合考评”“区县（市）创新发展专项考核”体系。市、区县（市）两级科技部门发动众创空间、孵化器和小微企业园等孵化平台，加大政策宣传贯彻和培训力度，省科技型中小企业培育成效显著。全市新增省科技型中小企业5199个，比上年增长24.5%；有效在库数1.95万个；新增数和有效在库数均居全省第一位。（邵永新）

【孵化平台建设】2021年，杭州市新培育市级孵化器48个（含市级专业化孵化器7个）、省级孵化器11个、国家级孵化器9个，累计培育市级孵化器260个、省级孵化器117个、国家级孵化器57个。新培育市级备案众创空间18个、省级备案众创空间23个、国家级备案众创空间25个，累计培育市级备案众创空间192个、省级备案众创空间160个、国家级备案众创空间91个。杭州师范大学科技园入选国家大学科技园。

至年末，全市科技企业孵化器和众创空间共452个，就业人数13.93万人，在孵企业1.53万个。累计孵化科技企业3.26万个，其中累计毕业企业5430个，培育市级高新技术企业1874个（其中国家高新技术企业657

个)、浙江省科技型中小企业1977个、"雏鹰"计划企业1154个。累计培育出主板和海外上市企业86个。累计创造知识产权2.81万件,其中发明专利4927件。全市有科技企业孵化器和众创空间面积502.34万平方米,其中孵化器463.3万平方米、众创空间39.04万平方米。（曾维启）

【企业研发机构建设】2021年,市科技局加强杭州市高新技术企业研发机构的建设和管理工作,组织专家到市和省高新技术研究开发中心、省重点企业研究院走访,服务指导企业近500个。引导企业加强研发投入,重视引进和培养科技创新人才,加快新技术、新产品、新工艺研发,促进高新技术产业化。全年新认定市级企业高新技术研究开发中心391个,累计2817个;开展省级高新技术企业的申报、评审和推荐工作,243个企业被认定为2021年省级高新技术企业研究开发中心建设单位,全市累计1690个;完成省企业研究院的组织申报,新增省企业研究院62个,全市累计538个;组织2021年省重点企业研究院的申报评审辅导工作,15个企业被认定为省重点企业研究院,全市累计118个。（王晓燕）

科技服务

【科技服务业】2021年,杭州市围绕科技创新与成果转化,加快发展科技服务业。全市规模以上科技服务业单位2121个,用工45.8万人;营业收入1.25亿元,比上年增长18%;研发费用568亿元,增长29.7%;利润1924亿元,下降10.1%。其中:科学研究与试验发展服务单位36个,用工6261人;营业收入46.8亿元,增长7.4%;研发费用8.2亿元,增长53.3%;利润5.5亿元,下降46.6%。专业化技术服务单位485个,用工10.4万人,营业收入813.8亿元,增长14.8%;研发费用44.6亿元,增长22.5%;利润77.4亿元,增长8.4%。科技推广及相关服务单位147个,用工1.69万人,营业收入207.5亿元,增长10.9%;研发费用11.4亿元,增长5.7%;利润37.4亿元,增长1.1%。科技信息服务单位998个,用工28.88万人,营业收入65.2亿元,增长9.9%;研发费用497.9亿元,增长31%;利润1710.8亿元,下降10.8%。科技普及和宣传教育服务单位50个,用工7190人,营业收入1.08兆元,增长17.8%;研发费用1.4亿元,增长14.8%;利润13.5亿元,增长41.9%。综合科技服务单位405个,用工3.48万人,营业收入507.5亿元,增长36.7%;研发费用4.6亿元,增长12.7%;利润79.6亿元,下降14.4%。

浙江数智交院科技股份有限公司、中国电建集团华东勘测设计研究院有限公司、中国能源建设集团浙江省电力设计院有限公司、中煤科工集团杭州研究院有限公司、浙江大合检测有限公司、汉嘉设计集团股份有限公司6个杭州企业被评为2021年度浙江省服务业重点行业规模以上企业"亩产效益"领跑者。（陈子法）

【科技创新平台】2021年,之江实验室、西湖实验室等省实验室建设持续推进;由浙江省农科院、宁波大学共建的"农产品质量安全危害因子与风险防控国家重点实验室"获批建设,在杭州的国家重点实验室累计14个。推荐杭州海康威视数字技术股份有限公司的"浙江省多维感知技术应用与安全重点实验室"等15个实验室申报浙江省重点实验室,被认定6个;强化评价考核,实行动态管理,推动市级科技创新服务平台建设,23个平台共整合仪器设备1.6万台(套),平台从业人员近2000人,其中高级职称技术人员1156人,全年服务企业5.35万次;全年发放创新券2.33亿元,确认使用7684.02万元。（姚广稀）

【外国科技人才服务】2021年,杭州市审批各类"外国人来华工作许可"事项5927件,其中A类794件;审发《高端外国人才确认函》51件,累计79件,列全省第一位。市科技局牵头相关部门,通过业务整合、流程再造,实现外国人到华工作许可和居留许可"一件事"办理改革,提高服务质量和管理效能。杭州国际人才俱乐部为外国人才搭建沟通平台,开展活动10多场,优化完善外国人才的居住环境和创新生态。与科技部合作举办"走进魅力杭州"活动,在国家级媒体推出多篇中英文文字和视频报道,提高杭州城市知名度。（陈　闻）

科技交流与合作

【杭州技术市场】2021年,杭州市推动技术要素市场化配置改革,建设具有较强创新活力的技术交易市场。据科技部火炬中心统计,2021年度杭州市技术输出合同1.46万个,比上年增长29.9%;合同成交额424.54亿元,增长26.3%,其中技术交易额416.99亿元,增长26.8%,列全国副省级城市和计划单列市第七位。技术吸纳合同1.56万个,增长31.7%;合同成交额653.42亿元,增长46.9%,其中技术交易额552.18亿元,增长43.4%,列全国副省级城市和计划单列市第四位。按照省科技厅统计口径,全市成交技术合同2.24万个,增长29.3%;合同成交额875.22亿元,增长42.6%,其中技术交易额771.62亿元,增长40.3%,列全省设区市第一位。（陈子法）

【长三角G60科创走廊建设】2021年起,市科技局牵头落实全市G60科创走廊建设具体工作。5月,长三角G60科创走廊光伏协同创新产业联盟成立,浙江正泰新能源开发有限公司为副理事长单位,13个杭州企业为成员单位;长三角G60科创走廊第三届科技成果拍卖会在上海举行,杭州4个项目共拍卖624万元。11月,长三角区域创新与高质量发展研讨会在上海松江举行,杭州市以视频方式交流发言,提出互助共商增强活力、融合互建促进合作、普惠包容共同发展3点建议。建立长三角G60科创走廊产融结合高质量发展示范园区,杭州和达高科孵化器、杭州医药港·和达药谷入围。12月,科技部长三角G60科创走廊科技成果转化基金成立,杭州市高科技投资有限公司以1亿元投入该基金。（周胤苑）

责任编辑　汤　峻

37 教育

综述

【《杭州市教育改革发展“十四五”规划》出台】 2021年6月，市教育局、市发改委发布《杭州市教育改革发展“十四五”规划》。该规划回顾总结“十三五”期间党对教育的全面领导、立德树人根本任务落实、高水平教育公共服务、现代职教体系建设、高等教育发展、“四有”教师队伍建设、教育热点难点破解、教育对外开放、教育帮扶等9个方面的教育发展成就，确定杭州教育现代化2035年远景目标，综合考虑教育改革发展趋势和杭州实际，明确未来五年教育改革发展目标任务，进一步完善党对教育工作的全面领导、育人体系、教师队伍、教育数字化改革、教育开放、教育治理等重点改革发展路径。

【“教育共富”顶层设计完善】 2021年，市教育局参与制定市政府办公厅《关于构建共建共享公共服务体系的专项计划》，将“建立市域教育共同体，全面提升美好教育水平”作为推进高质量发展和共同富裕的民生保障重要内容，提出加快发展学前教育、推进新名校集团化、引导优秀教师到“九大星城”任职任教、推进双向等额招生等举措，推动优质教育资源配置适应城市新型空间格局。12月，市教育局印发《杭州市“美好教育”共同富裕行动方案（2021—2023年）》，统筹推进“美好教育”共同富裕“十大行动”，创新市域内优质基础教育共建共享的路径机制。

【地方教育经费总投入605.52亿元】 2021年，杭州市地方教育经费总投入605.52亿元，其中国家财政性教育经费投入501.42亿元（包括一般公共预算安排的教育经费489.53亿元、政府性基金预算安排的教育经费11.63亿元）。市本级地方教育经费总投入101.01亿元，其中国家财政性教育经费投入79.38亿元（包括一般公共预算安排的教育经费79.11亿元、政府性基金预算安排的教育经费0.16亿元）。全市普通小学生生均教育事业性经费支出2.76万元，普通初中生生均教育事业性经费支出4.45万元，普通高中生生均教育事业性经费支出5.54万元，中等职业学校生均教育事业性经费支出5.19万元。

【中小学、幼儿园新建104所】 2021年，杭州市完成新建中小学42所、幼儿园62所，新增学位9.67万个。新增学校用地面积204.55万平方米、建筑面积257.36万平方米，完成投资171.76亿元；开工在建中小学、幼儿园222所。新增省义务教育标准化学校24所，累计781所，覆盖率98.99%。3月，《杭州市基础教育专项规划》公布实施。

【市属高中教育资源扩建】 2021年12月，杭州市中策职业学校大江东分校项目竣工。杭州第四中学新湾学校、上城区笕桥职业高级中学（杭州市交通职业高级中学笕桥新校区）项目分别于7月和8月开工建设，杭州市电子信息职业学校双桥校区、杭州第十四中学青山湖学校项目分别于11月和12月开工建设。杭州第二中学富春学校（暂名）、杭州高级中学临平新城学校（暂名）完成项目选址，启动项目前期工作。市教育局会同市规划和自然资源局编制完成《杭州市区高中学校布局规划（2021—2035）》（成果稿），报市政府审查。

【学生资助金额10.75亿元】 2021年，杭州市构建覆盖学前教育、义务教育、高中教育及高等教育的学生资助体系，履行“不让一个孩子因家庭经济困难而失学”的承诺。全市有440.32万人次学生获“奖、助、贷、免、补”等各类资助10.75亿元。全市义务教育段394.59万人次学生免杂费、课本费及作业本费6.73亿元；寄宿制学校有学生13.06万人次免除住宿费2683.92万元；义务教育段有学生3.11万人次享受营养改善计划2578.35万元、有困难生3.17万人次享受生活补助995.93万元；普通高中有学生5787人次享受免学费、代收费754.62万元，有学生6085人次享受国家助学金608.5万元；中职学生132人次获中等职业教育国家奖学金79.2万元、1711人次享受市政府奖学金171.1万元、15.57万人次学生免除学费1.64亿元、1.22万人次学生享受国家助学金1224.94万元；市属高校7.28万人次学生享受国家奖学金、省政府奖学金、国家助学金、助学贷款贴息补助、应征入伍学费补

2021年杭州市各类中小学、幼儿园情况表

表43

学校类别		学校（所）	毕业生（人）	招生（人）	在校生（在园幼儿）	
					2021年（人）	为上年（%）
普通高中	全市	95	38380	45443	130873	105.07
	主城区	36	15133	19103	53878	107.59
	市属	18	11209	14067	39619	107.42
职业高中	全市	31	17376	20218	61017	103.37
	主城区	12	6042	6568	20507	101.44
	市属	8	4751	5380	16520	102.90
中等专业学校	全市	7	1319	1301	4493	98.96
技工学校	全市	22	5601	8939	32029	107.71
初中	全市	296	77509	92196	263915	105.81
	主城区	121	30791	38971	110534	107.73
小学	全市	493	92341	127243	680976	105.53
	主城区	175	38735	54192	290385	105.41
幼儿园	全市	1073	119597	124073	384680	102.62
	主城区	431	50835	52589	162694	102.02
盲聋哑学校	全市	2	72	50	306	94.74
智障儿童学校	全市	12	218	220	1350	104.33
工读学校	全市	1	269	275	449	101.35

助、勤工俭学等1.33亿元。

【新名校集团化办学】2021年，杭州市推进跨区域跨层级新名校集团化办学，市属8所省一级重点高中成立跨区域教育集团，市属新建高中学校全部纳入名校集团管理。创新市、区两级合作共建优质高中办学机制，与临安区政府合作共建杭州第十四中学青山湖学校；与临平区、富阳区分别合作共建优质高中，落实学校选址，将有关项目列入2022年重点项目前期计划。吸纳西湖区、滨江区有关中小学加入杭州第二中学、长河高级中学教育集团。支持西湖区、富阳区合作共建求是教育集团——富春九小紧密型教育共同体。至年末，全市中小学教育集团210个，成员单位676个，全市中小学名校集团化参与面72.0%（按在校生数量计算）。

【新时代教育督导体制机制改革】2021年，杭州市确定市委组织部等16个单位组成新一届杭州市政府教育督导委员会。3月4日，召开第一次全体会议，印发《杭州市人民政府教育督导委员会工作规程》，明确各成员单位职责，确立各单位沟通联络机制，初步形成统一协调、分工负责、齐抓共管的工作机制。4月，市委办公厅、市政府办公厅印发《杭州市深化新时代教育督导体制机制改革工作方案》，确立教育督导工作的总体要求和目标任务。

【教育现代化品牌创建】2021年，杭州市继续将浙江省现代化学校评估作为推进学校内涵发展、促进教育现代化的重要手段。81所学校（幼儿园）获评浙江省现代化学校，其中幼儿园23所、小学22所、初中16所、高中5所、中职3所、社区学校12所。

【教育领域数字化改革方案出台】2021年11月，市教育局印发《杭州市教育领域数字化改革总体方案》，实施“教育有数”行动。围绕打造教育行业新基建、数字学习新模式、教育治理新格局、教育应用新生态等目标任务，重点建设“支撑一中台、智治一张图、服务一指办、校园一标杆、学习一站达、评价一份档、防护一道线”7个工程，推出首批16个应用项目，加快推动教育治理能力和治理体系现代化。

【优质数字教育资源建设】2021年，杭州市推进优质数字教育资源建设及应用推广工作，新增“名师公开课”100节，总量1302节。新增274门同步课程，总量1029门。新增省级专业教育精品教学空间70个。建设省级“基础教育精品课”91节，其中45节入选教育部“基础教育精品课”。建设省级“名师金课”10门。杭州第二中学、杭州市建兰中学、杭州市学军小学、杭州市采荷第二小学、杭州市胜利小学和杭州市濮家小学6所学校成为首批省级“名校上云”试点，并入驻之江汇教育广场平台的“云上名校”栏目，面向全省中小学师生提供优质数字教育资源。

【教育交流合作】2021年，杭州市继续支持迪拜中国学校办学试点，学校招收小学1~6年级16个班，在校学生320多人；教职工54名，其中杭州选派教师37名。全市中小学与境外学校结对数量超过1000对。11月，杭州、福井两市缔结友城关系30周年庆典学生线上交流活动举行。9月，杭州市教育局、南投县政府教育处共同承办第十三届两湖论坛之幼儿教育分论坛。全市8所外籍人员子女学校在校学生2300多名。6月，《杭州市外籍人员子女学校蓝皮书（2020年度）》通过“杭州教育网”在线发布。持续做好外籍教师日常管理，指导直属学校规范聘用专职外教21名。1月，认定第六批杭州市国际理解教育特色品牌项目30个。

【教育对口帮扶】2021年，杭州“组团式”教育帮扶深化，55所学校与3个对口支援地区52所学校结对，实现新疆维吾尔自治区阿克苏市、西藏自治区那曲市色尼区、青海省海西蒙古族藏族自治州德令哈市的中心校与杭州学校“校校结对”全覆盖。组织第四批援青海德令哈市教师、第十批第二期援疆教师选拔轮换，选派9位教师到德令哈市、42位教师到阿克苏市支教。启动杭州对四川省甘孜藏族自治州、广元市教育对口支援，选派12名教师到四川进行为期1年以上的支教活动。协同推进“浙阿百校十万‘石榴籽’工程”，开展“戏曲浙疆百校十万‘石榴籽’”戏曲进校园等系列活动，增进两地师生互动交流。

【教师队伍建设】2021年,杭州市中小学、幼儿园(含特殊教育学校、工读学校,不含技校、成人中专)有专任教师11.46万名,其中幼儿园专任教师3.16万名、小学专任教师4.13万名、初中专任教师2.35万名、普通高中专任教师1.24万名、中等职业学校(不含技校、成人中专)专任教师0.51万名、特殊教育学校专任教师564名、工读学校专任教师56名。幼儿园、小学、初中专任教师具有高一层次学历比例分别为99.6%、99.9%、99.2%,普通高中教师中具有研究生学历(含硕士)以上的占26.0%,职业高中教师中具有研究生学历(含硕士)以上的占16.1%。全市有35名教师获正高级职务任职资格;除自主评聘学校外,有671名教师获副高级职务任职资格、3394名教师获中级职务任职资格。全市教师工资收入长效保障机制和教师工资收入随当地公务员工资收入动态调整机制全面落实。

【师德师风建设】2021年1月,市教育局印发《杭州市教育局办公室关于落实"负面清单"信用管理全面加强师德师风建设的通知》,提出"宣传工作活动全到位、合同承诺签订全覆盖、查处通报机制全建立、专项常规检查全贯穿"4个方面要求,落实"一清单四机制"师德师风闭环管理。6月,印发《杭州市教育局关于在全市教育系统开展师德专题教育活动的通知》,实施"燃灯"行动,深化党史学习教育;实施"正风"行动,推进清廉学校建设;实施"洁身"行动,抓好师德警示教育。开展教师违规操办或参加"升学宴""谢师宴"、中小学有偿补课和教师违规收受礼品礼金问题等专项整治,向社会公布各级师德师风监督举报电话和邮箱,接受社会和家长的监督,严格规范教师从教行为。

【新锐教师培养工程完成】2021年5月7日,杭州市新锐教师培养工程结业典礼在杭州第十四中学举行。培养工程历经4年,分阶段研修,遴选培养1005名35岁以下优秀青年骨干教师,覆盖全市学前教育、义务教育、高中教育和特殊教育、中等职业教育各学段各学科,946名学员通过严格考核顺利结业。培养工程实施期间,学员获省教坛新秀、省春蚕奖等近20个,市级以上综合荣誉315个,业务竞赛获奖726个;开展送教下乡322人次;发表论文435篇,市级以上论文获奖754篇、课题立项219个。

【中小学名师名校长培养工程推进】2021年,杭州市全面启动"杭州市中小学名师名校长培养工程",研究制定选拔和培训方案,遴选首批培养人选242名,其中名师培养人选195名、名校长培养人选47名。建立"导师—学员—研究生助手"三级团队,指导培养人选制订三年发展规划,编写课题方案,开展课题研究,组织开展集中培训,打造"美好教育"领航者队伍。11月13—14日,针对全体名师学员的通识课程——杭州市中小学名师培养工程"使命与担当"论坛举行,通过清华大学石中英教授等名家授课,促进学员在学校管理、课程建设、教学改革等方面的思考与提升。

【名师乡村工作室建设】2021年,市教育局在淳安县新设2个名师乡村工作室,支持淳安特别生态功能区建设。全市125个名师乡村工作室覆盖幼儿园、小学、初中、高中等学段和职业教育、特殊教育的37个学科,工作室设立学校涉及70多个乡镇(街道),聘请导师125名。各工作室开展在线研讨615次,导师讲座303场,开设导师示范课278节,组织学员到导师学校见习96次,导师听课评课596次,组织学员参加各类研讨会556次,学员研修活动392次,参加活动4.16万人次。

【"护校安园"专项行动】2021年5月,市教育局、市委政法委、市公安局等6个部门印发《关于深入推进"护校安园"专项行动切实缓解上放学时段校园周边拥堵的通知》,确定试点学校48所,"一校一策"制定针对性治理方案,充分利用人防、物防、技防手段,推进缓解上放学时段校园周边拥堵工作的试点示范。10月,遴选公布杭州市"护校安园"缓解上放学时段校园周边拥堵优秀案例项目41个,进一步推广试点经验。12月,市教育局、市公安局联合印发《缓解上放学时段校园周边拥堵操作指南》,通过"一区一案""一校一策"精准实施,提升时间、空间利用效能,推动缓解上放学时段校园周边拥堵。秋季学期,全市学校周边平均拥堵延误指数下降到1.7,比"双减"政策实施前环比下降6.5%。

【校外培训机构监管】2021年12月,市教育局、中国人民银行杭州支行、浙江银保监局、市地方金融监管局联合印发《杭州市校外培训机构预收费管理实施办法(暂行)》,从监管对象、账户开设、规范收费管理、加强托管和拨付管理、加强退费管理、落实监管责任等7个方面,全过程加强对校外培训机构的收费监管。同月,市发改委、市教育局、市市场监管局

2021年杭州市中小学、幼儿园教职工情况表

表44

学校类别		教职工总数(人)	其中:专任教师数(人)		达到规定学历的专任教师比例(%)	
			初中	高中	初中	高中
普通中学	全 市	41540	23529	12444	100.00	99.98
	主城区	17544	10357	4957	100.00	99.96
	市 属	4351	206	3655	100.00	99.97
职业高中	全 市	5442	4904		99.39	
	主城区	2029	1675		99.82	
小 学	全 市	42823	41278		100.00	
	主城区	19358	18474		100.00	
幼儿园	全 市	58085	31614		100.00	
	主城区	24841	13744		100.00	

联合制定印发《关于加强义务教育阶段线下学科类校外培训收费管理的通知》,规定线下学科类校外培训机构培训费基准价,市区10人以下每课时70元/人,10～35人每课时55元/人,35人以上为40元/人;桐庐、建德、淳安10人以下为60元/人,10~35人为45元/人,35人以上为30元/人,上浮幅度10%。

市"双减"专班加强"市、区、街"三级联动,实现对全市所有培训机构检查、暗访全覆盖;持续在周末和节假日开展常态化执法检查,对550个校外培训机构组织21批次抽查检查,发放抄告单9份。畅通投诉举报渠道,把擅自开展学科类培训举报纳入城市治理有奖举报平台,全年办结相关举报15件。

【"安心培训"平台上线运行】2021年4月和7月,市教育局开发的校外培训机构智能服务管理平台"安心培训"分别在杭州城市大脑平台和"浙里办"平台上线运行。至年末,完成平台二期优化建设,实现预收费资金"一课一销"划拨功能,并开发在线选课、签合同、缴退费、服务评价等功能。全市中小学学科类机构在"安心培训"平台入驻率100%。

【《杭州市校园足球发展"十四五"规划》出台】2021年7月,杭州市青少年校园足球工作领导小组印发《杭州市校园足球发展"十四五"规划》。该规划分发展基础、总体思路、主要任务、保障措施4个部分,介绍杭州校园足球的建设发展成果,确定"十四五"期间校园足球发展的指导思想、基本原则和发展目标,提出5个方面的主要任务,并聚焦组织建设、经费投入、教学改革、师资培训、交流合作等10个重点环节制定综合保障措施。

【儿童青少年近视防控】2021年,杭州市持续推进实施儿童青少年防控近视"十大行动",召开全市儿童青少年近视综合防控专题会议2次。10月,《杭州市儿童青少年近视综合防控工作评议考核办法(试行)》印发,全市开展儿童青少年近视综合防控工作督查。市教育局联合市卫生健康委开展"近视防控宣传月"、"6·6"爱眼日"百场爱眼护眼和近视防控"科普宣讲进校园等系列宣传教育活动;落实每学期2次的视力普查干预工作,建立近视监测制度;对各地各校卫生工作人员开展2次培训,参训300多人次。4月,教育部发文公布2020年全国儿童青少年近视防控试点县(市、区)遴选结果,杭州拱墅区、西湖区入选。

【学生心理健康服务体系完善】2021年3月,中共杭州市委教育工作领导小组印发《关于实施杭州市推进儿童青少年心理服务体系建设五项行动的通知》,重点推进中小学校心理健康教育教师队伍建设、中小学校心理辅导站建设、儿童青少年心理危机诊断治疗服务提升、心理健康家庭教育工作、杭州"12355"青少年服务台建设等5项行动,形成联结联动工作网络。5月,召开成员单位联席会议,细化责任分工,稳步推进心理健康师资提升、心理辅导站提升、医教融合等重点工作。10月,与市卫生健康委联合成立杭州市儿童青少年心理健康诊疗中心,编印心理教师日常操作手册,举办心理健康教师业务提升专题培训班。全市小学四年级及以上每两周开设一节心理健康教育活动课,初中、高中实现新生心理健康筛查全覆盖,学校心理危机预警、干预和转介机制全面建立,中小学专任教师C证及以上持证率95%以上。

【中小学生科技节】2021年4—9月,杭州市第十三届中小学生科技节举行。科技节以"学科学·用科学·爱科学——'数智'创造美好生活"为主题,开展科普主题活动6项,市级专项科技竞赛及活动14类,近2000支队伍参加市级比赛,5000多名中小学生直接参加现场赛事,提高中小学生的实践能力、创新意识和科学素养。

【中学生社团文化节】2021年4—11月,市教育局、团市委联合举办杭州市第二十届中学生社团文化节,以"喜迎百年华诞·放飞青春梦想"为主题,将党史学习教育融入社团文化节中,开展"百年征程·初心永挚"诗歌节、"青春向党,逐梦起航"校园好歌声大赛、"百年忆征程,热血沃中华"动漫作品大赛、"跨越时空·对话经典"文学社团PK大赛等活动,培养青少年学生爱党爱国情怀。配合亚组委开展中学生社团"每个人都了不起"亚运短视频大赛。在10个直属学校和3个区属学校开展"习近平新时代中国特色社会主义思想学习社"建设试点工作,举行"与心灵相约·与快乐相伴"校园心理剧大赛、中学生社团"一社一品"评选、"我最喜爱的社团指导老师"评选等活动,以社团活动引导学生美好成长。(市教育局)

学前教育

【概况】2021年,杭州市有幼儿园1073所,在园幼儿38.52万人。杭州市学前三年户籍幼儿入园率99.3%,普惠性幼儿园在园幼儿人数占比为90.0%,公办幼儿园在园幼儿人数占比为76.3%。幼儿园专任教师3.16万人,幼儿园教师持证率99.8%,学历合格率100%,大专及以上学历占比为99.6%。

【优质学前教育覆盖率提升】2021年,杭州市安吉路幼儿园锦绣园区等103所幼儿园(园区)被认定为省二级幼儿园,杭州市笕桥花园幼儿园(花园园区)等31所幼儿园被认定为省一级幼儿园。全市等级幼儿园在园幼儿覆盖率99.96%,其中省一级、省二级幼儿园在园幼儿覆盖率(优质学前教育覆盖率)92.1%。

【产业园区嵌入式幼儿园建设实施细则出台】2021年3月,市发改委、市教育局、市卫生健康委联合印发《关于产业园区嵌入式幼儿园(含托育)建设的实施细则(试行)》,围绕申办主体、建设选址、安全要求、建设方法、房屋功能、建筑标准、办园模式、申办流程、收费标准、教师待遇、扶持政策等方面进一步完善顶层设计,推动嵌入式幼儿园从试点向推广发展,满足企业员工对优质普惠学前教育的需求,优化营商环境。全年新增产业园区嵌入式幼儿园(含托育)试点项目4个。(市教育局)

义务教育

【概况】2021年，杭州市有小学493所，在校学生（含九年一贯制、十二年一贯制学校小学部）68.10万人；初中（含九年一贯制学校）296所，在校学生（含九年一贯制、十二年一贯制学校和完全中学的初中部）26.39万人。其中：民办小学16所，在校学生6.77万人；民办初中（含九年一贯制学校）62所，在校学生4.07万人。全市义务教育阶段接纳随迁子女28.96万人，占在读学生的30.7%，其中全市小学一年级新入学随迁子女3.14万人。

【城乡义务教育共同体建设】2021年，杭州市新增融合型、共建型城乡义务教育共同体结对学校（校区）175个，城乡义务教育共同体覆盖所有乡村学校和73%的乡镇学校。12月，省教育厅发文公布浙江省城乡义务教育共同体区域和学校典型案例，萧山区教育局、富阳区教育局2个案例入选区域典型案例，杭州市竞舟小学和杭州市周浦小学的"数智同步：乡村振兴背景下城乡学教一体范式的构建"等9个案例入选学校典型案例。

【义务教育段招生改革深化】2021年，杭州市继续实施义务教育"公民同招"、民办学校审批地招生、电脑派位录取等政策。在基本政策与上年保持一致的基础上，允许选报同一民办学校的双（多）胞胎子女申请组合绑定参加电脑派位。主城区民办小学、初中报名录取比与上年基本持平或略有下降。推进入学招生"最多跑一次"改革，优化入学（入园）无纸化报名系统，集成幼儿园至初中入学（入园）的报名和信息采集功能，实现多跨场景的数据共享和业务协同，服务网上报名人数25.6万人。12月，"入学早知道"应用场景在杭州城市大脑上线试运行，可提供上城区、拱墅区、西湖区、滨江区、钱塘区和西湖风景名胜区的入学预警、学区地图、学校介绍、入学政策等信息查询功能。后续计划覆盖所有区县（市），并逐步将功能扩展到入学网上报名、录取等一站式入学服务。

【公办初中提质强校行动】2021年，市教育局开展专题调研，举办全市第一期公办初中校长培训班、开展公办初中提质强校试点学校教师说课比赛和作业设计评比，指导各地创新思路举措，提高公办初中办学质量。6月3日，杭州市公办初中提质强校首批试点学校"高坚联盟"成立仪式暨"新学校发展性评价"探索会在富阳区郁达夫中学举行。11月22—23日，杭州市公办初中提质强校工作推进会在杭州市丁兰实验中学举行。各区县（市）教育部门相关负责人和80多所公办初中校长等参加会议。会上印发《杭州市公办初中提质强校行动经验交流集》，滨江区、富阳区教育局和4所公办初中学校现场交流提质强校推进工作经验，55所试点学校通过分组讨论、集中分享等方式进行工作成果汇报。

【义务教育阶段"双减"工作】2021年8月，市委教育工作领导小组印发《杭州市进一步减轻义务教育阶段学生作业负担和校外培训负担实施方案》，明确"双减"工作目标、重点任务、部门分工、组织保障等。成立由市委副书记任组长的市"双减"工作领导小组，下设由28个成员单位组成的"双减"工作专班，统领7个专项工作组。9月，市级工作专班抽调7个市级部门骨干力量驻点集中办公，实现实体化运作。各区县（市）相应建立完善"双减"工作组织架构，形成左右互动、上下联动、各部门齐抓共管的工作格局。西湖区"三名系列"在线课程入选教育部第二批学校落实"双减"典型案例，杭州市采荷第二小学等9所学校入选全省"双减"典型案例。

【课后服务推行】2021年8月，市教育局等9个部门联合印发《关于进一步做好义务教育阶段学校课后服务工作的通知》。秋季学期开始，实施义务教育段"1+X"（基础性托管+拓展性托管）课后服务，实现学校、学段、有需求的学生3个"全覆盖"。针对学后托管教学资源、师资力量不足等问题，引进社会资源参与课后服务，协调市文明办、市青少年活动中心等8个单位，制定第一批课后服务清单共285门课程供学校选择，7273名校外专业人员参与学校课后服务工作。坚持以"1+X"课后服务模式为基础，鼓励各地各校探索具有地域特点和学校特色的服务项目，挖掘属地资源，实现学校与青少年宫、图书馆、博物馆、文化馆、红色景点、研学基地等社会场地、课程、师资的全面共享。教育部"双减"监测平台显示，全市有87.5%的小学、初中学生报名参加课后服务，94.6%的小学、初中教师参与课后服务，学生、家长满意率97%以上。

【小学生暑期托管服务试点】2021年，市教育局等5个部门联合开展小学生暑期托管服务试点工作，依托中小学校，发动教师、志愿者参与。暑期托管在8个区试点，分两期进行，共20天。全市启用暑托点103个，有1.35万人次小学生参加托管，教师、志愿者和工作人员2100多人次参与服务。各服务点在做好基础托管的同时，提供文体活动、阅读指导、作业辅导等服务内容，并安排学生午餐、午休。

【教育教学管理规范】2021年9月，市教育局印发《关于进一步规范初中学校作息时间和课后服务要求的通知》，对初中学校早上到校、放学、晚餐、晚自习时间以及放学后托管服务等事项进一步细化要求、强化管理。10月，印发《杭州市提高义务教育学校作业管理水平实施方案》，明确作业管理改革的目标、要求和十项举措，并通过举办作业评价改革研讨会、小学作业管理研讨会、中小学优秀作业案例评比、公办初中作业设计比赛以及定期开展作业负担监测等形式，提高作业的管理水平。推进中小学生"五项管理"工作，6月，国务院教育督导办第六督查组到杭州督查，给予肯定。全市460多名中小学责任督学每月至少一次进校开展"五项管理"实地督导，建立学校问题清单，并对问题整改落实情况持续进行跟踪督查。进校督导6231人次，中小学校100%覆盖；发出通报92份，约谈220人次。（市教育局）

2021年9月29日，2021年浙江省普通高中思想政治"新课程·新教材"教学展示活动在浙江大学附属中学举行（市教育局 供稿）

普通高中教育

【概况】2021年，杭州市有普通高中（含完全中学、十二年一贯制学校）95所，在校生13.09万人，专任教师1.24万人。全市初中毕业生升入各类高中比例为99.79%，高中段优质教育覆盖率为90.6%。

【中考招生改革政策落地实施】2021年起，杭州市首次实施"两考合一"，即初中毕业生学业考试和初中毕业升学考试合并为初中学业水平考试。全市优质示范普通高中名额分配生比例提高到60%。市教育局通过召开新闻发布会、举办教育部门和初中、高中学校培训会、各校组织家长会等方式，加强政策解读和正面引导。挖潜优质高中教育资源，主城区普通高中计划招生1.8万人，其中第一批招生学校招生1.5万人。充分考虑全员中考后考生结构的变化，科学设定试卷难度，2021年中考命题较好体现适当降低难度的导向，得到省教育厅肯定。

【普高新课程新教材国家级示范区示范校建设】2021年，市教育局指导区县（市）教育部门和学校，在课程建设、教学改革、考试评价等领域探索，推进育人模式变革。完善普通高中新课程实施方案，构建具有学校特色、以学科为中心、贯通必修和选修的课程体系，完善与课改考改相适应的选课指导、学分认定、必修走班、分层教学等教育教学管理制度。实施覆盖教育行政部门、教研机构和普通高中学校的普通高中新课程新教材（简称"双新"）全员研修培训，提升各层面"双新"工作实施能力和水平。9月，组织"双新"教学展示活动，由15所学校分别承办一个学科，全面总结和展示"双新"实施成果。"双新"教学展示活动覆盖所有高中学科，全国30万名一线教师通过网上直播方式观摩学习，提高杭州市普通高中新课程新教材实施改革领域的影响力，发挥示范引领作用。（市教育局）

中等职业技术教育

【概况】2021年，杭州市有独立设置中等职业学校42所（不含技工学校），其中职业高中31所、普通中专7所、成人中专4所。在校生6.94万人（不含技工学校及成人中专非全日制学生），专任教师5378人。有国家中等职业教育改革发展示范学校4所、省中等职业教育改革发展示范学校14所、省中职名校建设单位6个、省现代化中职学校9所、省高水平中职学校建设单位6个、省高水平中职专业建设单位19个。经省教育厅考核，6月，杭州市获"2020年度职业教育发展优秀单位"称号，考核总分列全省第一位。

【《杭州市深化职业教育改革实施方案》出台】2021年6月，市政府印发《杭州市深化职业教育改革实施方案》，从杭州城市发展、科技创新、产业布局等需求出发，明确高标准建设职业院校、高水平推进产教融合、高质量服务社会经济的总体目标。方案将办好新时代职业教育的决策部署细化为若干具体行动，聚焦目标引领、立德树人、规划布局、类型教育、产教融合、开放办学、人才激励、投入保障"八个强化"，提出23条政策措施，为助力打造"全国数字经济第一城"和实施"新制造业计划"提供优质人才资源支撑和制度保障。

【专业教学团队打造】2021年，杭州市突出"双师型"教师个体成长和"双师型"教学团队建设相结合，提高教师、教育、教学能力和专业实践能力，提升职业院校"双师型"教师队伍建设水平。5月，教育部公布国家课程思政示范课程，授课教师入选课程思政教学名师和教学团队，杭州市人民职业学校声乐课程入选（全省2所入选）。8月，教育部公布第二批国家级职业教育教师教学创新团队名单，杭州市中策职业学校环境检测技术教师团队入选（全省3所入选）。（市教育局）

高等教育

【概况】2021年，在杭州的全日制普通高校40所，在校生（含研究生）58.45万人。其中，部属、省属高校33所，在校生（含研究生）50.14万人；市属高校7所，在校生（含研究生）8.38万人。全市高等教育毛入学率71.2%。

【国科大杭州高等研究院科研水平提升】2021年，中国科学院大学杭州高等研究院在校研究生646人（含博士研究生60人），其中2020级220人、2021级426人。在研项目156个，其中国家自然科学基金项目35个；新增科研项目117个，包括国家重点研发计划项目"引力波探测"专项1个、国家自然科学基金项目重大项

2021年杭州市普通高校本专科学生基本情况表

表45 单位:人

学校名称	毕业生数	招生数	在校学生数
合 计	119986	146592	487001
浙江大学	5915	6341	26565
杭州电子科技大学	3739	5009	17903
浙江工业大学	4576	5113	19810
浙江理工大学	4288	4526	18334
浙江农林大学	3633	4463	15989
浙江中医药大学	1687	2820	11202
浙江工商大学	3751	4580	17020
中国美术学院	1614	1835	7268
中国计量大学	3698	4376	16347
浙江科技学院	3897	4260	16512
浙江水利水电学院	2386	4314	12263
浙江财经大学	3453	4113	15333
浙江警察学院	840	951	3627
浙江传媒学院	3144	3308	13836
浙江树人学院	4590	5020	18377
浙江交通职业技术学院	3216	3767	10865
浙江电力职业技术学院	0	0	0
浙江同济科技职业学院	2439	3515	10323
浙江机电职业技术学院	3244	3003	10091
浙江建设职业技术学院	3009	4413	12027
浙江艺术职业学院	1273	1359	3688
浙江经贸职业技术学院	3180	3819	11963
浙江商业职业技术学院	3681	4977	14080
浙江经济职业技术学院	3101	3367	9700
浙江旅游职业学院	4368	5045	14836
浙江警官职业学院	1014	1305	3754
浙江金融职业学院	3353	4059	11730
杭州医学院	1990	3174	9705
浙江长征职业技术学院	3568	6762	16476
杭州电子科技大学信息工程学院	2523	3225	10127
浙江中医药大学滨江学院	1134	1062	4270
浙江工商大学杭州商学院	2493	3279	9869
浙江体育职业技术学院	197	222	592
浙江外国语学院	2208	2384	8364
浙江特殊教育职业学院	550	1033	2465
浙江音乐学院	626	738	2724
杭州师范大学	3976	7274	20585
浙江大学城市学院	2959	2943	11052
西湖大学	0	0	0
杭州师范大学钱江学院	2837	0	6992
杭州职业技术学院	3607	4640	13276
杭州科技职业技术学院	3489	4293	11644
杭州万向职业技术学院	2246	2463	6796
浙江育英职业技术学院	2494	3442	8621

目课题1个、浙江省自然科学基金杰出青年科学基金1个。全院发表论文811篇,其中中国科学院一区及TOP文章483篇,以国科大杭州高等研究院为第一作者或通讯作者署名单位在国际顶级期刊发表论文51篇。学生获国家级学科竞赛奖7人次、省部级竞赛奖项16人次。

【北京航空航天大学与法国国立民航大学合作办学项目】2021年,杭州市依托北京航空航天大学杭州创新研究院(余杭)为平台,推进民航学院等6个二级学院筹建工作,确定重点发展学科方向18个。建设科研平台27个,包括小规模“超算中心”公共平台1个。有教职员工181人,在校研究生297人。承担各级各类科研项目45个,包括浙江省自然基金项目6个和浙江省“尖兵”项目1个。竞争性科研收入1070万元,发表学术成果超过百项。

【市属高校内涵式发展】2021年,市属高校一流学科建设工程、新型专业建设工程和高水平人才队伍建设工程的年度检查工作完成,12个一流学科、15个新型专业群和15个新型专业建设总体顺利推进。市属高校新一批“西湖学者”“西湖鲁班”引才计划评选出12名优秀人才。10月,国务院学位委员会发布2020年审核增列的博士、硕士学位授予单位及其学位授权点名单,杭州师范大学获批成为博士学位授予单位,获批生物学一级学科博士授权点和教育博士专业学位授权点;浙大城市学院获批成为硕士学位授予单位,获批电子信息、土木水利、艺术3个专业硕士学位授权点。杭州职业技术学院稳步推进国家“双高计划”建设工作,获省级教学成果特等奖和一等奖各2个、省部级科研成果奖2个。杭州科技职业技术学院和杭州万向职业技术学院制定工作计划,全面推进省“双高”建设。杭州科技职业技术学院入选第二批国家级职业教育教师教学创新团队立项建设单位。

【市属高校第三届科技成果推介会】2021年11月26日,由市教育局、市科技局、市经信局、市国资委4个部门联合主办，杭州师范大学承办的杭州市属高校第三届科技成果推介会在杭师大科技园举行。杭州师范大学等4个单位分别介绍创业平台（科技园等）建设情况，浙大城市学院等7个单位分享高校创新团队建设经验，中国科学院大学杭州高等研究院等8个单位进行重点科技成果推介，80多个企业与市属高校进行合作对接洽谈。推介会对市属高校18项科技成果进行实物展示，推出覆盖9个行业共计157个优秀科技成果供企业选择，“系列氮杂环及其含硅下游产品的合成工艺研发”等7个科技成果现场进行转让，转让总价近900万元，“跨境电商赋能品牌出海研究中心”等3个产学研合作平台进行合作签约。

（市教育局）

【浙江大学新一轮“双一流”建设】 至2021年年末，浙江大学学科涵盖哲学、经济学、法学、教育学、文学、历史学、艺术学、理学、工学、农学、医学、管理学、交叉学科13个门类，设有7个学部、39个专业学院（系）、1个工程师学院、2个中外合作办学机构、7个直属附属医院。学校有全日制学生6.31万人、国际学生5609人、教职工9778人。教师中有中国科学院院士、中国工程院院士（含双聘）60人、文科资深教授15人、国家杰出青年科学基金获得者172人。

浙江大学研究落实思政课改革创新专项任务，制定推进习近平新时代中国特色社会主义思想进课程教材的实施方案，开设“习近平新时代中国特色社会主义思想概论”等课程，编写出版“新思想在浙江的萌发与实践”系列教材。浙江大学教师作为首席专家编写的《习近平法治思想概论》入选中央马克思主义理论研究和建设工程重点教材。开展“思政名师堂”28次，建成3门国家级、39门省级课程思政示范课程，学校入选浙江省课程思政示范校。出台一流本科专业建设指导意见，累计有67个专业入选国家级一流本科专业建设点。制定学校教材建设“十四五”规划，修订教材管理办法，13本教材入选首届全国优秀教材奖，2位教师获评全国教材建设先进个人。统筹布局博士生教育综合改革“十大行动计划”，以招生学制改革为抓手，重点在物理学等若干基础学科试点统筹招生贯通培养改革。深入推进多学科交叉人才培养计划，建设“医药+X”等7个“多学科交叉人才培养卓越中心”。获批全国首批特色化示范性软件学院，入选集成电路、生物育种、考古学、关键软件国家急需高层次人才培养专项。成立第五届专业学位研究生教育指导委员会，打造工程师学院产教融合“特区”。出台《关于全面加强新时代大学生劳动教育的实施方案》，制定研究生综合素质评价实施办法，修订研究生荣誉称号和奖学金评定管理办法等，构建德智体美劳“五育”并举的育人体系。学生获国内外学科类竞赛特等奖10个、一等奖71个，获“互联网+”大赛金奖10个、“挑战杯”红色专项特等奖2个、“揭榜挂帅”专项特等奖1个。出台《关于进一步促进毕业生高质量就业的实施意见》，优化重点板块、重点区域就业结构，加强国防领域人才输送、推进选调生专项工作，2021届毕业生选调生录取、到国防领域（含部队）就业分别比2020届增长48.2%、35.3%。

深化有组织创新，启动“启真计划”“紫金计划”“领航计划”，在空天海高端制造工艺装备、高端射频芯片和微系统、区块链与信息安全、碳达峰碳中和等多领域服务国家战略的重大方向项目，申报国家重点研发计划等“揭榜挂帅”项目22个，推动现有7个牵头的国家重点实验室优化重组。1项研究成果入选2021年度中国科技十大突破，1项研究成果入选2021年度中国科学十大进展，学校教师破解困扰国际数学界20多年的“有限测度猜想”，推进现代空间结构体系创新并广泛应用于地标性建筑，研制的自供电软机器人成功挑战马里亚纳海沟，发明的新型化学显微镜技术实现超高时空分辨成像，全年科研总经费70.12亿元。学校入选首批高校专业化国家技术转移机构建设试点单位，2021年度授权发明专利数3024件，科技成果转化成交金额9685万元。作为唯一专利权人获第二十二届中国专利金奖1个。

启动一流学科培优行动，实施“创新2030”计划，启动“空天探索会聚研究计划”“数字社会科学会聚研究计划”等。组织40个学科开展新一轮“双一流”学科建设方案编制和论证工作；组织57个参评学科全力做好第5轮学科评估工作。编制一流学科体系发展规划，确定面向2025年的学科系统内涵式发展的路线图。优化学位授权点生态体系，2021年获批审核增列集成电路科学与工程一级学科博士、硕士学位授权点。发展海洋学科，在交叉学科门类下牵头设置海洋技术与工程一级学科。加强中药、茶学等学科建设。谋划航天医学学科建设，成立航天医学研究中心。学校一流建设学科增加至21个，根据2021年11月ESI统计数据，学校有10个学科进入前1‰，6个学科进入世界前50位。

构建中国特色哲学社会科学，建设全国重点马克思主义学院，中国特色社会主义研究中心获批浙江省习近平新时代中国特色社会主义思想研究中心研究基地。在原人文学院基础上，筹建文学院、历史学院、哲学学院。实施“亚洲文明学科会聚研究计划”，成立亚洲文明研究院并入选教育部高校国别与区域研究备案中心。推动文化传承创新，“中国历代绘画大系”被列为“浙江文化研究工程”项目，出版五大全集共67卷、240多册，阶段性成果在全国巡展。2021年立项文科基金类重大项目24个，其中国家社科基金重大项目（含专项）20个，教育部重大项目4个，获第六届全国教育科学研究优秀成果奖10个。获批首批教育部哲学社会科学实验室（培育）、国家智能社会治理实验基地等6个省部级重点研究平台，成立习近平法治思想研究中心等研究平台。制定“十四五”高端智库建设专题规划，承担国家高端智库重点研究课题54个，智库成果获党和国家领导人批示31篇。

服务浙江建设共同富裕示范区，与金华市、建德市等签署战略合作协议，共建金华研究院、绍兴研究院等高能级合作平台。推进定点帮扶、乡村振兴和对口支援工作，“云景天芝”获评第一批教育部直属高校服务乡村振兴创新试验培育项目，新增对口支援新疆农业大学。与安徽省、黑龙江省签署战略合作协议，与中国石化集团、中国航天科工集团、华为技术有限公司等骨干企业签署全面战略合作协议。成立校设事业单位建设发展领导小组，加强校外平台整顿优化。实施全球开放发展战略，制定《可持续发展行动计划》，发起可持续发展全球倡议、中国青年气候行动倡议，举办全球大学校长论坛、世界顶尖科学家大学校长论坛等，推动与多伦多大学、海德堡大学等高校新建7个学术交流和联合培养项目。加快打造国际合作教育样板区，积极推进"一带一路"国际医学院（筹）建设。学校在世界主流大学排行榜跻身百强并不断靠近50强，累计与40多个国家和地区的200多个高校、学术机构和国际组织结为合作伙伴。

浙江大学"十四五"发展规划文本修改完善，优化"1+5+8+39+X"规划体系。总结首轮"双一流"建设取得的成效，高质量编制新一轮"双一流"建设方案，聚焦"5（重点建设任务）+5（重点改革任务）+1（一流学科建设）"工作领域提出相关重点工作举措。

【浙江大学治理体系和治理能力建设】2021年，浙江大学制定学校"十四五"深化新时代教育评价改革规划，在职称评审中推行代表性成果评价，突出评价成果质量、原创价值和对社会发展的实际贡献，出台在教师职称评审中进一步深化代表性成果评价的意见并落实相关要求。深化"一院一策"治理改革，组织形成高分子科学与工程学系、药学院深化改革方案，开展深化改革"回头看"工作。推动"一线规则"落实，通过"书记有约""校长有约"征集意见和建议32个，开展"校领导接待日"8期。通过40位机关部门主要负责人对接62个基层点，收集问题249条，通过支部结对和作风调研收集问题269条，其中80%的问题得到有效解决。古籍馆正式开放，实施求是文脉传承创新工程，推进数字档案馆建设。"百事通"检索服务平台运行以后提供检索147万余次。启动"网上浙大2.0"建设，实现校务服务"一站式"办理。推动大型仪器开放共享，在国家重大科研基础设施和大型科研仪器开放共享评价考核成绩列全国高校第一位。推进紫金港校区建设，体育馆（亚运会篮球比赛馆）提升改造工程、游泳池附房（亚运会篮球比赛热身馆）改建工程、农业科技创新试验中心等5个项目竣工。全年完成基建投资额7.71亿元，校友企业总部经济园一期正式启用。

【浙江大学获国家科学技术奖励11个】2021年11月3日，国家科学技术奖励大会在北京举行。浙江大学作为第一完成单位获2020年度国家科学技术奖励11个，居全国高校第一位。其中，建筑工程学院罗尧治教授领衔的《现代空间结构体系创新、关键技术与工程应用》项目获国家科学技术进步奖一等奖。此外，学校获国家自然科学奖二等奖2个，国家技术发明奖二等奖3个，国家科学技术进步奖二等奖5个。

【浙江大学人才计划实施】2021年，浙江大学实施学术大师汇聚计划、第二期高层次人才培育支持计划、"新百人计划"等，对接浙江省"鲲鹏计划"，加大顶尖人才和战略科学家的引育，加强青年人才培养。新增两院院士5人，另有求是讲座教授2人当选为外籍院士。全职引进两院院士1人、文科资深教授1人、讲席教授10人，求是特聘学者14人、"百人计划"研究员82人；入选浙江省"鲲鹏计划"11人。新增国家杰出青年20人，增长100%；新增国家优秀青年科学基金20人；入选国家"四青"人才145人；评选求是特聘学者13人。

（田　雨）

【中国美术学院稳步发展】2021年，中国美术学院（简称中国美院）校园总用地84.53公顷，总建筑面积46.05万平方米，地跨杭州、上海两市，有南山、象山、良渚、张江4个校区。学校设有18个直属院系（部）及附属中等美术学校一所。现有教职工1000人，其中专任教师696人，正高级职称118人，副高级职称223人。在校学生1万余人，其中本科生7362人、研究生2783人、继续教育学历生551人、留学生287人。招录新生2788人，其中本科生1865人，硕士生809人，博士生114人。2021届毕业生2288人，其中研究生623人、本科生1665人，就业率93.3%。

中国美院有艺术学门类下的美术学、设计学、艺术学理论、戏剧与影视学4个一级学科硕士博士点，工学门类下的建筑学一级学科硕士点，以及艺术、风景园林、文物与博物馆3个专业硕士学位点，艺术学理论、美术学、设计学3个博士后科研流动站。有国家动画教学研究基地、艺术造型国家重点实验教学示范中心、虚拟仿真国家实验教学示范中心。建有研究中心17个、研究所8个、研究院11个、协同创新中心2个。

编制新一轮"双一流"建设方案，美术学再次入选"世界一流学科"建设学科。承办教育部"中国艺术大讲堂"及第四届艺术教育论坛并做首讲，发布《中国艺术教育"新文科建设"杭州共识》《浙江新文科建设"南山共识"》，探讨"新文科"的高质量发展之路。新增国家级一流本科专业建设点7个、省级一流本科专业建设点4个、省级一流课程64门。80%招生专业为国家级一流本科专业建设点。构建教学成果奖培育机制，获省级教学成果奖8个，其中特等奖1个。乡土学院网络布点7个。学生在《中文社会科学引文索引》等核心期刊发表论文65篇，获国家级学科（专业）竞赛等级奖11个、优秀奖12个，获专利获准、转化和应用2件，文艺、体育竞赛获奖65个。

新增国家级团队1个，国家级人才4名、国家级表彰1名；累计柔性引进人才64人，公开招聘76人。围绕"新艺科"建设聚人才，实施特殊人才专项行动计划，加大人才支持和投入力度。吸纳4个学科的11位青年博士进入博士后项目。

深化"三美"育人理想、"四通"人才目标与教育教学的契合。获评2021年教育部高校思想政治工作精品项目、"高校原创文化精品推广行动计划"各1个。入选国家级课程思政示范课程1门、课程思政教学名师和团队1个，学校获评全省首批课程思政示范校。编制"学科—人事—教学—研创—招生"一体化联合目录，优化"招生—培养—毕业"全流程人才培养链条；深化招生改革，加大艺术和科学融合步伐，首次面向外省进行普通类招生。推进学分制改革，深化“冬查夏展，春研秋赛”的人才培养特色质量文化建设，完善和提升契合艺术教育特点的教学体系。在第七届中国国际“互联网+”大学生创新创业大赛中，获总决赛高等教育主赛道金奖2个，本科生创意组最佳创意奖1个。

国家级项目平台持续拓展，文创设计智造实验室入选首批教育部哲学社会科学实验室，传统热成型手工技艺与数字化设计实验室获批文化和旅游部重点实验室。新增国家级科研项目13个（国家社科基金艺术学重大项目2个，国家艺术基金人才培养重大委托1个）、省部级科研项目38个。发表论文116篇，出版著作86部。获省级成果奖励4个。培育社会服务典型案例10个。

中国美院—法国南特设计联合学院办学推进，设立“海外院校联合培养试点”“国际化建设重要窗口试点”。学校获批浙江省国际人文交流基地。“在世界艺术的大格局中弘扬中国精神——中国美术学院海外传播平台建设案例”获评2021年度大学国际传播优秀案例。“中国美术学院美丽中国研究院”成立，乡土学院品牌建设拓新，城镇有机更新推进。中国美院与21处地方政府、高校、企业、科研单位达成各类合作协议，把学校的文化资源、创新资源转化为发展资源，践行产、学、研融合发展的国美之路。校友会和教育基金会工作取得突破，启动校友数据库建设，校友联络服务平台逐步完善。浙江中国美术学院教育基金会完成理事会换届，提升规范化制度化建设，签署7个约2200万元捐赠项目。

【之江国际青年艺术周】 2021年6月1日，“现在史”·2021年第三届之江国际青年艺术周暨中国美术学院毕业季、浙江音乐学院毕业演出在浙江美术馆开幕。第三届之江国际青年艺术周以“现在史”为主题，展示青年艺术工作者的文化思考、创作成果、精神面貌，包含线上开幕式、线下展览展映、科幻论坛、音乐会等各板块30多个艺术活动，展出3500多件作品，总展出面积近1.8万平方米。艺术周将常设展地点从院校升级为大众公共场馆，以西湖—之江—运河为主轴，覆盖浙江美术馆、浙江展览馆、西湖美术馆、西湖博物馆、西湖博览会博物馆、杭州国画院美术馆、艺创小镇象山艺术公社、凤凰创意大厦展厅、中国美术学院象山校区、浙江音乐学院10处场馆，动员超过2000名青年艺术家、设计师、作家、学者参与。展出持续到6月16日。

【“中国艺术大讲堂”启动】 2021年6月18日，“中国艺术大讲堂”启动仪式在中国美院举行，200多人参加。启动仪式后，教育部高等学校美术学类专业教学指导委员会主任委员、教育部新文科建设工作组副组长、中国美术学院学术委员会主任许江以《中国文化精神之征候》为题做中国艺术大讲堂第一讲。全国文科教育与艺术学科专家、相关高校校长、业界代表等参加在象山校区举办的艺术学晋升学科门类十周年学术研讨会暨第四届中国艺术教育论坛，并发布《中国艺术教育“新文科”建设杭州共识》。论坛旨在回应新文科建设之根本任务与时代使命，聚焦“新文科背景下艺术教育的内涵式发展”，以“‘新文科’进程中艺术学科的建设路径”“艺术学科的知识生产与美育实践”“艺术学科的自主评价体系”“学科交叉与艺术教育新领域”为各分论坛主题，从教育变局的世界经验与历史经验出发，探索世界水平、中国特色的艺术学科体系之构建，探讨新时代中国艺术教育的高质量发展之路。

【中国美术学院美丽中国研究院成立】 2021年6月18日，中国美术学院美丽中国研究院成立揭牌仪式暨“美丽中国”建设圆桌论坛在中国美术学院象山校区举行。会上举行中国美术学院乡土学院授牌仪式，为福建宁德、广东梅州、安徽泾县和浙江象山、开化、龙泉授牌“中国美术学院乡土学院”。“美丽中国”建设圆桌论坛同期举行。研究院由高世名担任院长，中国美术学院风景研究院院长陈坚任为执行院长，聚集国内外艺术、设计、科技、社会、文化、生态等领域的专家，打造艺术智库、公共美学、社会创新“三位一体”的研创平台，推动城市更新，助力乡村振兴，赋能社会美育，建设“美丽中国”。

【中国美术学院党建国美之路展】 2021年6月29日，“艺苑星火，百年芳华”中国美术学院党建国美之路展在浙江展览馆五号厅开幕，并发布《国美之路·党建卷》。展览分为4个篇章，以文献展的方式，用文字、图片、视频、文献等媒介立体地呈现建校以来的党建发展成就，穿插学校历史上代表性的党建题材作品原作，展示在党的坚强领导下中国美术学院砥砺奋进、建设世界一流大学的历程。展览持续至7月15日。

【两岸艺术院校优秀毕业作品联展】 2021年11月6日，由中国美术学院主办的“丛生——第三届两岸艺术院校优秀毕业作品联展”在象山艺术公社·仓美术馆开幕。展览包括“丛生——第三届两岸艺术院校优秀毕

2021年6月29日，“艺苑星火，百年芳华”中国美术学院党建国美之路展在浙江展览馆五号厅开幕

（中国美术学院 供稿）

业作品联展”“丛生·同行:两岸社会美育实践成果展”“丛生·融合:两岸艺术院校教育前沿论坛”3个板块,并拓展“多元展示+两种模式+多场对话”的新板块,参与人数329人,参展作品210件,作品形式涵盖绘画、雕塑、影像、设计、装置等多元创作媒介和展示形态。“多元展示”板块分别由“未来共同体”“社会美育实践成果展”2个主题组成,“未来共同体”是通过组织全国高校在陆台生与青年艺术家联合创作,形成跨学科、跨专业相结合的艺术作品;“社会美育实践成果展”结合艺术院校社会美育实践案例,共同分享和探索社会美育之路。“两种模式”板块则在以实体空间展览的同时,搭建线上同步展示平台;“多场对话”板块即在展览期间,以线上和线下共同参与的形式,举办“两岸融合论坛”。展览时间持续至11月21日。 (吴佳凝)

【杭州师范大学加快发展】2021年,杭州师范大学(简称杭师大)是省重点建设高校,有仓前、下沙、玉皇山3个校区,占地179.3万平方米,教学科研仪器设备总值10.17亿元,图书馆藏书308.4万册。下设教学机构23个、科研机构1个、国有民办独立学院(钱江学院)1个、直属附属医院(杭州市第二人民医院)1个。全日制在校生2.52万人(不含钱江学院本科生6916人),其中本科生2.06万人、硕士生4201人、博士生65人,有学历国际生328人。有教职员工2476人,其中专任教师1773人,国家级和省级人才84人。教师中具有副高级以上职称999人、博士学位1283人。本科毕业生就业率93.9%、;升学率22.3%;研究生毕业生就业率97.5%、升学率5.5%。

杭师大有一级学科博士学位授权点1个,专业学位博士授权点1个,服务国家特殊需求博士人才培养项目1个,一级学科硕士点25个、专业硕士授权类别领域18个、中外合作培养教育领导学硕士项目1个、非独立法人资格中外合作办学机构1个;省重点建设高校优势特色专业1个,省一流学科A类7个、B类6个;ESI(基本科学指标数据库)排名前1%学科7个。国家级教学成果奖10个、国家级精品课程1个、国家级精品资源共享课程建设项目4个、国家精品视频公开课建设项目2个、国家精品在线开放课程2个、国家一流课程5个、省级精品课程27个。新增国家级教材奖2个、国家级新文科教改项目1个。新获教育部产学合作协同育人项目18个,有省级实验教学示范中心8个、省级大学生校外实践教育基地建设项目5个;有省部级重点实验室、工程实验室8个。本科生获一类学科竞赛国家级奖项59个。23个外省招生省份一本线录取。获评省优秀研究生教学案例10个,获批国家建设高水平大学公派研究生项目14个。

杭师大获国家重点研发计划项目1个,国家自然科学基金项目71个,其中重点项目8个;获教育部哲学社会科学研究重大课题攻关项目1个、国家社科基金项目41个,其中重大项目2个、重点项目7个;获省部级重点项目69个,其中国家杰出青年基金项目3个、重点研发项目4项。11月10日,教育部公布首批新文科研究与改革实践项目名单,杭师大人文学院历史学专业负责人夏卫东教授主持的“‘新文科’背景下历史学人才培养的创新与实践”项目入选。发表SCI(科学引文索引)论文1014篇,JCR1/2(期刊引证报告)论文262篇。入选ESI(基本科学指标数据库)高水平论文136篇。发表人文社科类高水平论文767篇,其中文科权威期刊37篇,SSCI(社会科学引文索引)收录论文115篇。新增省部级研究基地2个,3个研究基地入库省软科学研究基地。获授权专利178件,其中发明专利128件,专利成功转化27件。获2020年国家自然科学奖2个,获省自然科学奖二等奖1个。获教育部全国教育科学研究优秀成果奖4个,省哲学社会科学优秀成果奖29个,列省内高校第一位。大学自然指数排名列全国第97位、省内第五位。

杭师大强化学科建设龙头地位,聚力推动申博工作,获批博士学位授予单位,获批生物学、教育学2个博士点,计算机科学与技术硕士学位授权点、生物与医药专业学位授权类别2个硕士点。环境与生态学进入ESI全球排名前1%。20个学科入选“2021软科中国最好学科排名”,其中2个学科排名全国前10%。杭师大围绕区域重大战略,实施服务地方项目95个,拓展地方合作关系6个,拓展校政企产学研创新平台、机构、基地7个。出版专著32篇(部),发表社会服务相关论文124篇。科技园被认定为“国家大学科技园”,推广高校科技成果400多个,培育孵化科技型企业500多个,园区企业年产值超过10亿元。开展继续教育培训125项,合作办学经费2500多万元。高标准完成亚运会橄榄球场和排球馆建设,做好赛事准备工作。

杭师大新增国家级人才4人,省级人才6人,引进学科带头人、学术方向带头人等高层次人才34人,海内外优秀青年博士129人,实施“院士结对培养青年英才计划”“高校创新领军人才培养计划”等人才培育计划。专任教师中博士学位占72%,具有6个月以上海外经历教师837人,比例为46%。4月,杭师大黄兆信、谢恬两位教授入选浙江省特级专家。10月12日,杭师大经亨颐教育学院退休教师倪文锦教授主编的《语文》获全国优秀教材一等奖(职业教育与继续教育类),护理学院许虹教授荣获全国教材建设先进个人奖。

【杭师大交流合作加强】2021年,杭师大参与“一带一路”教育行动计划,提升国际交流合作平台质量,获批教育部高校国别和区域研究备案中心及国家留学基金委促进与俄乌白国际合作培养项目,与英国布里斯托大学、澳门大学等建立教育合作关系。开展汉语国际教育传播,获批教育部语合中心交流项目。与余杭区建立全面合作关系。与淳安县石林镇打造共建共享党建“共同体”。与余杭区、萧山区、湖州市南太湖新区开展教育合作办学,附属学校联盟平台和共同体建设推进。

【杭师大获批博士学位授予单位】2021年11月12日,国务院学位委员会发布《关于下达2020年审核增列的博士、硕士学位授予单位及其学位授权点名单的通知》,杭师大获批成为博士学位授予单位,获批生物学一级

2021 年 5 月 9 日，杭州师范大学举行庆祝“5・12”国际护士节庆祝活动暨 2021 年度护生授帽仪式（杭州师范大学 供稿）

学科博士授权点和教育博士专业学位授权点，形成完整的“本、硕、博”高等教育人才培养体系。

【杭师大 ESI 排名全球前 1% 学科增至 7 个】2021 年 9 月 9 日，基本科学指标数据库（ESI）发布最新统计数据显示（数据覆盖时间 2011年 1月 1日至 2021年 6月 30日），杭师大环境与生态学首次进入全球前 1%，实现 ESI 学科建设的新突破。连同化学、临床医学、植物与动物学、神经系统学与行为学、工程学和材料科学，杭师大 ESI 排名全球前 1% 学科增至 7 个。

【杭师大科技园被认定为“国家大学科技园”】2021 年 6 月 1 日，根据《科技部教育部关于公布第十一批国家大学科技园认定结果的通知》，杭师大科技园等 25 个大学科技园被认定为第 11 批国家大学科技园。杭师大科技园集成生物医药、新材料、信息安全等高水平科研平台 26 个。其中建有企业院士工作站 2 个、教育部重点实验室 1 个、省重点实验室 3 个、博士后流动站 1 个、校企联合研究院（研发中心）近 10 个、大型仪器共享平台 1 个。

【杭师大获批教育部高校国别和区域研究备案中心】2021 年 3 月，教育部国际合作与交流司公布高校国别和区域研究备案中心动态调整结果，杭师大申报的“环波罗的海国家研究中心”获批，增列为教育部高校国别和区域研究备案中心。该研究中心以杭师大当代中国话语研究院、浙江省高校高水平创新团队“新时代中国话语国际传播创新团队”为基础，整合校内学院、机构力量，有国际关系研究、商贸关系研究、语言与文化研究、教育与艺术研究 4 个方向。

（刘伟伟 吴家浩）

【浙大城市学院】2021 年，浙大城市学院获批审核增列且需要加强建设的硕士学位授予单位及电子信息、土木水利、艺术等 3 个专业硕士学位授权点。构建“五育并举”体系。成立国土空间规划学院、全省首个考古学系，增设考古学、德语等 4 个新专业。实施“5215”高水平人才汇聚计划，引进各类人才 199 名，其中院士等国家级人才 5 名、省级人才 13 名，吸引 123 名国内外著名学者、专家加盟。深化产教融合，与曙光信息产业股份有限公司共同设立现代产业学院，举办特色产业班 11 个。获首届全国教材建设奖和教育部首批新文科研究与改革实践项目各 1 个。2021 届毕业生海内外深造率 21.0%，其中海外深造率 11.9%（QS 排名世界百强大学录取占 60%）。探索开放融合的办学机制。服务“数字中国”“健康中国”等战略，在城市数字治理等 8 个领域布局建设科教创新综合体，设立 12 个改革攻坚项目推进学校综合改革。成立杭州共同富裕研究中心等科研机构 16 个；新增省重点实验室 1 个、省级工程研究中心 2 个。与富阳区政府签约共建直属附属医院，与拱墅区合作建设附属幼儿园、附属学校。入选省高校数字化改革试点校，构建与杭州城市大脑互联互通机制，推进智能化校园公共数据协同平台建设，开发数字驾驶舱 6 个、应用场景 60 多个，上线集教、学、评、管于一体的智能化综合平台。

【西湖大学】2021 年，西湖大学新签约学术人才 36 人，累计签约 177 人、到岗 146 人，讲席教授 19 人。在岗学术人才中 90 人获国家级人才称号。至年末，博士后在站 280 人，全年进站 147 人。在全国首届博士后创新创业大赛中获金牌 1 枚、银牌 1 枚。人才培养体系不断完善，累计招收 5 期博士生 921 人，其中 2021 级招收 313 人，国内双一流高校和境外高水平高校生源占比 84%。深化“寓教于研”“兴趣先导”“学科交叉”培养理念，具有西湖特色的课程体系、思政体系、学工体系日益完善；与国外 17 所高水平大学签订学生交换或访学协议。加快建设高能级科研创新基地，重点聚焦未来产业加强布局，推进西湖实验室被纳入国家实验室体系。西湖基因编辑中心、合成生物学与生物智造中心先后成立，8 个校立科研机构高水平建设运行。全年立项国家自然科学基金项目 63 个，牵头立项国家重点研发计划 3 个，累计承担国家级项目 173 个。发表顶级期刊和顶级会议论文 74 篇、累计 186 篇，其中 CNS 三大刊物 5 篇、累计 23 篇。CatSper 高分辨率三维结构、人源次要剪接体高分辨率三维结构等重大原创成果完成；9 个自主创新成果实现落地转化。西湖大学云谷校区建设工程一期、二期项目于 2021 年 10 月举行交接启用仪式；三期项目 10 月开工建设，预计 2024 年交付使用。云栖校区提升改造继续进行，其中三期应急医学研究中心项目进行园区总体改建。与西湖区合作共建“西湖大学城”取得进展，校园周边环境改善。

【杭州科技职业技术学院】2021 年，杭州科技职业技术学院有学院 11

个、学部1个，全日制在校学生1.1万人，成人学历教育在籍生1.6万人，教职员工800多人，高级专业技术人数占比37%。学校校园占地面积60多公顷。学校以"学、谋、转、比"为年度工作主线，重点推进干部和人才队伍建设、重大项目建设、校园文化建设和内部治理体系建设。入选第二批国家级职业教育教师教学创新团队立项建设单位，浙江省高职高专院校教学工作及业绩考核连续4年位列A等（优秀），获省级教学成果奖一等奖1个、二等奖2个。在《2020届浙江省高校毕业生职业发展状况及人才培养质量调查报告》中，综合总排名列全省第六位。编制发布学校"十四五"教育事业发展规划。编制发布《杭州科技职业技术学院"十四五"教育事业发展规划纲要》及8个专项规划和11个子规划。推进产教融合平台建设。获省教育厅"五个一批"产教融合立项项目6个。稳步推进乡村振兴学院各项工作，组建专家团队12支，开展服务项目近20个，承接上级有关乡村振兴课题项目近10个。推进数字化改革工作，成立以党委书记、院长双组长的数字化改革领导小组。2个项目入选2021年浙江省教育领域数字化改革实践案例和浙江省教育信息化建设与应用案例。完成与钱塘区共建的国家级"智能制造"公共技能实训基地项目的基本建设任务。高桥校区新建学生公寓项目完成前期可行性研究报告的批复、规划方案制定等工作。完成省教育系统"领衔破难"项目：行知文化育人实践平台——高桥校区图书馆东翼和"青岭映雪"周边区域综合提升项目的建设任务。

【**杭州职业技术学院**】2021年，杭州职业技术学院设友嘉智能制造学院、商贸旅游学院、达利女装学院、生态健康学院、信息工程学院、吉利汽车学院、杭州动漫游戏学院、彩虹鱼康复护理学院、特种设备学院9个二级学院，开设38个专业。建有国家级专业教学资源库5个、国家高水平专业群2个、中央财政支持专业1个、国家重点建设专业3个、省级优势（特色）专业7个、省级重点（特色）专业5个、中央财政支持重点建设实训基地2个。"双高"建设稳步推进。完成"双高计划"2019—2020年度绩效自评工作，制定《"双高建设攻坚年"实施方案》，上线"双高计划"任务过程管理系统，创建310个核心绩效指标以及343个"双高"建设任务的电子台账。学校作为建设典型在教育部"双高建设"中期推进会上做专题报告。华为云计算学院、联想工业互联网、方圆生物安全研究中心开工建设。学校与杭州安恒信息技术股份有限公司启动共建杭州数智工程师学院。"杭海龙渡湖时尚产业学院"揭牌成立。与吉利汽车集团共建机械行业吉利汽车产教协同人才培养联盟，学校当选副理事单位。与杭州全速网络技术有限公司共建"互联网设计产教科创基地"，与市卫生健康委等以"政行企校"联合共建杭州康复护理职业教育联盟。与平湖市职业中等专业学校、独山港经济开发区等四方共建"独山港材料学院"。电梯实训基地认定为省级产教融合示范基地与虚拟仿真实训基地。与温岭市科技局共建温岭技术转移中心，与浙江省知识产权中心签订合作协议。第二届科技成果拍卖会举行。联合杭州市科技局、钱塘区政府举办第二届浙江省科技成果竞价（拍卖）会杭州职业技术学院专场暨高职院校科技成果转移转化服务平台签约仪式，共推出科技成果35个，总起拍价1236.5万元的35个科技成果全部成交，成交总价1736万元，溢价率40.4%。

【**浙江育英职业技术学院**】2021年，浙江育英职业技术学院有民航交通、信息技术、数字商贸、智慧旅游、创意设计、继续教育6个教学分院，社会科学、体育与艺术2个教学部。开设空中乘务、城市轨道交通运营管理等25个专业。学院4个案例入选《浙江省高校"三全育人"综合改革理论与实践》丛书。12月，学院跨境电商专业产教融合育人项目获杭州市政府专项资助20万元，接受杭州地区2020年退役军人职业技能教育培训考核，成绩列第一位。4月，在浙江省第十八届大学生程序设计竞赛获高职高专组唯一特等奖；6月，在第十二届蓝桥杯软件和信息技术专业人才大赛全国总决赛中获一等奖7个。12月，信息分院《计算机类专业适应产业数字化的"融圈建群，因岗施教"人才培养创新与实践》成果获浙江省教学成果奖高职教育类二等奖。5月，在浙江省大学生游泳锦标赛中，学校获高职高专组总团冠军、女团冠军、男团冠军和体育道德风尚奖。8月，在第二十届中国大学生田径锦标赛中，获高职高专组总团冠军、女团冠军和体育道德风尚奖。5月17日，中国管理科学研究院《中国大学评价》武书连课题组公布《2021中国高职高专评价》结果，学院列全国350多所民办高职高专院校榜首。

【**杭州万向职业技术学院**】2021年，杭州万向职业技术学院形成"服务数智制造，赋能康养旅游"的专业格局，以"做有意义的教育"为使命，逐步培育国际化教育、全人发展教育、美好教育、三创教育4张"金名片"。学校成为新一轮浙江省高职督导评估试点院校，构建"五化"全人教育模式，出版《全人教育——校本实践与研究》。获第十届全国大学生金相技能大赛一等奖1个、二等奖2个和团体二等奖。《课堂革命——杭州万向职业技术学院的探索》一书由浙江大学出版社出版。实施科研兴校战略，组建杭州新时代城市品牌研究与开发中心，有3篇咨政文章获奖。精准健康营养食品研发中心、新能源汽车关键技术研究中心、"一带一路"沿线国家文化研究中心、茶文化研究中心等取得研究成果。成立学院科协，完成社联换届。实施"357"产教融合行动计划，拓展与萧山区、西湖区、杭州市贸促会及余杭区黄湖镇青山村的合作，形成"两区一会一村"合作模式。与市中华职教社等共同举办余杭区青山乡村振兴领航学院。与市国际贸易促进会、国际商会建立战略合作，建设杭州市28号国际驿站。举办"永相连十年聚"线上活动，50多名美国师生和项目学生大使参会。全面加强党的建设，创建等级平安校园，通过"浙江省文明单位"复评。"爱心课堂"进文化礼堂志愿服务队获评浙江省教育系统"最美志愿服务组织"。以"新六艺"课程推进康养旅游专业群建设，建设浙江省健康养生体验中心。以"万老师在线"课程加强学生教育,推进劳模精神与企业家精神教育活动。4月12日,学校举办"万向学院鲁冠球教育奖"发布仪式暨2020年度颁奖典礼。

(市教育局)

成人教育

【概况】2021年,杭州市有全国社区教育示范区6个、全国社区教育实验区2个、浙江省社区教育示范区1个、浙江省社区教育实验区1个。西湖区社区学院转塘街道社区学校等12所乡镇(街道)成校(社区学校)被认定为省现代化成校。浙江老年开放大学萧山学院等3所学校被评为省优质(示范)老年大学,西湖区留下街道老年学堂等5所学校被评为浙江省优质(示范)老年学堂。上城区杭州海塘遗址博物馆等6个基地被评为省市民终身学习体验基地。上城区的马丽华获全国"百姓学习之星";杭州市教科院"社区共学养老"、上城区"幸福家课堂"获评全国"终身学习品牌项目"。市教育局指导部分区县(市)继续开展成人"双证制"教育,全市参加"双证制"教育考试学员7272人次,毕业学员1521人。

【全民终身学习活动周】2021年11月12日,2021年杭州市暨西湖区全民终身学习活动周启动仪式在云栖小镇国际会展中心举行。活动由市委宣传部、市教育局、市人力社保局、市文广旅游局等8个市级单位会同西湖区政府主办,杭州市成人教育协会、杭州社区大学、西湖区教育局承办。启动仪式以"庆建党百年华诞,谱终身学习新篇"为主题,由场外"点燃'云'之梦"和场内"聚焦'云'之学"两大部分组成,西湖区7个特色社团进行"市民终身学习成果"展示,滨江区、上城区、拱墅区、西湖区、双浦镇代表队进行"学习共同体展演"。开幕式上,对杭州市"百姓学习之星"、杭州市"终身学习品牌项目"、2021年杭州市老年智能技术应用优质资源奖、2021年杭州市示范社区学共体个人及团体奖的获奖个人和组织进行表彰。全市13个区县(市)社区学院的代表共同发出《享学杭州,慧学回来》的倡议。

【老年人智能技术日常应用普及行动】2021年2月,市教育局印发《开展老年人智能技术日常应用普及行动工作方案》,针对老年人运用智能技术困难问题,组织招募熟悉智能技术应用的教师、学生和其他社会志愿者,依托各类老年教育资源,开展"线下为主、线上补充"的智能技术应用培训,帮助老年人学习、掌握智能技术。全市开展宣传培训服务9700多场次,服务43.9万人次;开设长学制班803个,就读10.28万人次;组织短期专项培训5490场次,培训19.73万人次。市相关部门指导有关学校、老年教育机构,联合阿里巴巴集团等企业,组织研发老年人健康码使用、交通出行、挂号就医、亲友联络、生活缴费、移动学习、银行理财等课程,编写教材(讲义)108本,开发建设视频资源248个。

【老年大学(学堂)建设】2021年,市教育局将年度建设10所老年大学(学堂)任务列入民生实事项目。加强统筹谋划,将建设任务分解落实到有关区县(市),把握时间节点,督促、指导各区县(市)落实场地、人员、经费等。各地充分挖掘社区学校、社区服务中心、党群服务中心等教育资源,通过整合功能,探索老年教育资源共建共享的实践路径。全市新增老年大学(学堂)13所。(市教育局)

特殊教育

【概况】2021年,杭州市建有培智学校12所、聋人学校1所、省属盲校1所、杭州市新苗学校(民政系统)1所、工读学校1所,形成"以特殊教育学校为骨干,以随班就读为主体,以特教班、卫星班和送教上门为补充"的特殊教育发展格局。至年末,全市有市级合格资源教室405个(其中市级示范性资源教室84个),特殊教育"卫星班"18个,特殊教育职教实训基地6个,特殊教育医教结合实验学校7个。全市持证残疾儿童少年学前教育入学率99.0%,义务教育段入学率99.9%,高中段入学率94.0%。

【融合教育推进】2021年,杭州市强化普通学校在融合教育中的主体责任,规范随班就读、资源教室、卫星班等融合教育管理工作。12月,推进新一轮示范性资源教室等评估验收,对获评的合格、示范资源教室开展"回头看"。杭州文汇学校增设招收普通学生的职高专业,在学前段开展融合教育的基础上开展高中段融合教育。市教育局会同市残联成立杭州市特殊儿童家长学堂,聘请10位专家学者为首批公益讲师,通过线上和线下途径,组织开展专家授课、家长交流、康复沙龙、康复评估等活动。5月21日,由市教育局、市体育局、市残联主办的"共迎亚运,同逐梦想"——杭州市第九届培智学校学生特殊奥林匹克运动会在桐庐县举行,各区县(市)的15支代表队、236名运动员参赛。秋季学期,市残联、市教育局组织"学手语、育爱心、迎亚运"手语进校园活动,以"线上开展手语教学"、线下举办"人人学手语"主题学习会的方式进行手语推广。全市1023所中小学校、93.3万名中小学生学习线上手语课程。

【特殊教育师资培养和结对帮扶】2021年10月,市教育局组织杭州市第二届随班就读资源教师基本功大赛,推荐22位资源教师参加浙江省第二届随班就读资源教师基本功大赛,取得一等奖7个、二等奖10个、三等奖5个,市教育局同时获优秀组织奖。11月,组织市特殊教育学校教师基本功大赛,选拔18位教师参加省特殊教育教师基本功大赛(因疫情延期举行)。10月,杭州文汇学校与新疆维吾尔自治区阿克苏地区启明学校签订结对帮扶协议,通过共建语言训练重点项目、共建一批课程、共育一批高水平师资、"线上+线下"同上一堂课等活动,深化对阿克苏市特殊教育领域的帮扶协作。11月,市教育局开展全市"卫星班"工作实践案例征集活动,评出15个优秀案例编印成册,总结、交流和展示"卫星班"工作经验成果。(市教育局)

责任编辑 秦文蔚

38 文化遗产保护

西湖世界遗产

【概况】2011年6月24日，在法国巴黎召开的联合国教科文组织第35届世界遗产委员会会议上，杭州西湖文化景观被列入“世界遗产名录”，成为中国第41处世界遗产。西湖是我国第一个正式以文化景观类别申报世界遗产的项目。

杭州西湖文化景观位于浙江省杭州市，总面积3322.88公顷。由西湖自然山水、“三面云山一面城”的城湖空间特征、“两堤三岛”景观格局、“西湖十景”题名景观、西湖文化史迹和西湖特色植物六大要素组成。

杭州西湖文化景观肇始于9世纪、成型于13世纪、兴盛于18世纪，并传承发展至今。在10个多世纪的持续演变中日臻完善，成为景观元素特别丰富、设计手法极为独特、历史发展特别悠久、文化含量特别厚重的“东方文化名湖”。

杭州西湖文化景观是中国历代文化精英秉承“天人合一”哲理，在深厚的中国古典文学、绘画美学、造园艺术和技巧传统背景下，持续性创造的“中国山水美学”景观设计的杰出典范，展现了东方景观设计自南宋以来讲求“诗情画意”的艺术风格，为中国传承至今的佛教文化、道教文化以及忠孝、隐逸、藏书、印学等中国古老悠久的文化与传统的发展和传承提供了特殊的见证。

2021年，杭州西湖风景名胜区管委会（杭州西溪国家湿地公园管委会）（简称杭州西湖西溪管委会）按照依法依规保护、全域联动管理、人工巡查和科技监测相结合、科研和宣教促保护的工作总框架，开展西湖世界遗产的保护管理工作，西湖文化景观得到良好保护。

【杭州西湖文化景观申遗成功10周年活动】2021年6月24日，庆祝西湖申遗成功10周年、西湖西溪一体化保护提升1周年暨“杭州西湖日”活动开幕。省、市各级领导，中国文化遗产研究院领导，申遗专家代表出席。开幕式上，长三角地区文化与自然遗产保护联盟成立，现场完成签约仪式。

2021年，杭州西湖西溪管委会围绕西湖申遗成功10周年开展系列活动，打造西湖夜游秀，举办西湖IP联名款潮流玩具设计大赛，发布“双西”文旅微信表情包，举办申遗成功10周年系列讲座，制作申遗成功10周年宣传片，撰写《杭州西湖文化景观保护成果报告》等，总结西湖西溪保护管理经验，探讨西湖西溪保护新思路，传播西湖西溪文化。

【《杭州西湖文化景观2021年度监测报告》获评优秀监测年度报告】2021年，经中国文化遗产研究院中国世界文化遗产中心与浙江省文物考古研究所（浙江省世界文化遗产监测中心）联动，通过专家评审和推荐，杭州西湖世界文化遗产监测管理中心编制的《杭州西湖文化景观2021年度监测报告》获评“浙江省中

西湖春色（摄于2021年）　　（金 菁 摄）

国世界文化遗产2021年度优秀监测年度报告”。

世界遗产监测年度报告制度是落实《保护世界文化与自然遗产公约》第29条的规定，对世界遗产地的保护状况定期进行周到的专业检查、审议和评估，并向世界遗产委员会提出详尽的报告。

【西湖文化景观获希腊梅丽娜·梅尔库里文化景观保护和管理国际奖提名】2021年，杭州西湖文化景观获联合国教科文组织——希腊梅丽娜·梅尔库里文化景观保护和管理国际奖提名。该奖项创建于1995年，旨在对世界主要文化景观的杰出保护和提升行动进行奖励。奖项授予对象为在保护、管理和提升世界主要文化景观方面具有突出贡献的个人、遗产地管理者、机构、其他单位或实体、社区或非政府组织。

【遗产本体要素监测】2021年，杭州西湖西溪管委会加强遗产本体监测。推进“两堤三岛”“西湖十景”和14处文化史迹专业监测及评估。加强西湖文化景观遗产点本体病害监测，定期对文物周边环境因素、文物本体材料性质、文物病害状况及生物生长繁殖情况进行规范化勘测、评估和分子生物学检测。当文物本体突然遭到或可能受到侵害时，及时启动应急性监测，安排专业人员对文物本体进行检测评估，并迅速采取恰当处理措施，最大限度减小对文物的危害。继续实施保俶塔专项监测，最大限度采取前置措施，确保古塔安全。

【文物遗产巡查】2021年，杭州西湖西溪管委会加大文物遗产巡查力度。完善文物遗产巡查工作制度，构建监测中心及属地单位相互配合的巡查工作体系，对遗产区内的文物遗产实行常态化安全巡查和专项检查。加强重要节假日、极端天气下的文物安全督查检查，对遗产区内正在实施的文保项目或安全隐患较大的文物遗产点加强监管。全年巡查230多次，发整改通知单（函）31件。

【游客量监测】2021年，杭州西湖西溪管委会对遗产区内各景点、重要遗产要素进行游客量监测，根据《杭州西湖景区游客最大承载量研究》成果，优化遗产区各遗产点的游客监测管理方案。针对节假日可能出现的拥堵情况，在灵隐景区采取节假日交通预约措施。采用视频技术在开放场所进行客流监测，在断桥进行试点，优化调整新技术新方案，为之后全面换装更新国产监测设备打下基础。对西湖博物馆总馆、中国茶叶博物馆等4处场馆进行“一卡通”软硬件升级，优化公共场馆预约功能，提高场馆客流监测水平。

【“西湖文化特使”项目获评亚太地区世界遗产青少年教育优秀案例】2021年5—8月，联合国教科文组织世界遗产培训与研究中心苏州分中心在亚太地区开展首届世界遗产青少年教育优秀案例征集评选活动。杭州西湖世界文化遗产监测管理中心提交的“西湖文化特使”项目获评亚太地区世界遗产青少年教育优秀案例。“西湖文化特使”项目发起于2012年，每年从在杭高校选拔优秀大学生，发掘和培养优秀文化遗产志愿者，通过志愿者的系列文化遗产专题活动，实现文化遗产的社会传播。

【西湖文化特使招募及培训】2021年5月，杭州西湖世界文化遗产监测管理中心启动第九届西湖文化特使招募工作。在杭就读大学生、在杭外国留学生、杭州籍海外留学生共300多人报名，最终吸纳西湖文化特使学员40人。7月，举办为期6天的西湖文化特使集训营，开展世界遗产讲座、实地教学、分小组实践等活动。集训营主题为“世界遗产在杭州”，培训内容为杭州3处世界遗产地——西湖、运河、良渚的文化价值。新学员在专家学者和往届西湖文化特使的带领下，对杭州的3处遗产地进行游学和考察。

【西湖文化基因解码工程】2021年，杭州西湖西溪管委会根据浙江省文化基因解码工程要求，全面梳理西湖文化遗产内涵，完成浙江省文化基因解码工程中的西湖文化基因解码工程，拓展丰富西湖遗产文化元素的利用领域。其中，“南宋皇城遗址”和“五四宪法与西湖”两个解码项目被列为优秀解码项目，“西湖文化”入选首批“浙江文化标识”培育项目。

（金枭国）

运河世界遗产

【概况】2014年6月22日，在卡塔尔多哈召开的联合国教科文组织第38届世界遗产委员会会议上，中国大运河被列入“世界遗产名录”。中国大运河由隋唐大运河、京杭大运河和浙东运河组成，沟通海河、黄河、淮河、长江、钱塘江五大水系。大运河（杭州段）被列入遗产河道总长110千米，包括富义仓、凤山水城门遗址、桥西历史街区、西兴过塘行码头、拱宸桥、广济桥6个遗产点以及杭州塘段、江南运河杭州段、上塘河段、杭州中河—龙山河、浙东运河主线5段河道。《杭州市大运河世界文化遗产保护条例》自2017年5月1日起实施。

2021年，市园文局编制完成《大运河（杭州段）外语导览标识系统译写导则》和《中国大运河（杭州段）世界文化遗产驳坎保护管理规范》。大运河遗产日常巡查监测、标准规范制定、运河水体治理、运河文化研究和宣传、对外交流等工作均稳步推进。

【大运河遗产保护管理评估】2021年，市园文局委托浙江省古建筑设计院开展《2021年度大运河（杭州段）世界文化遗产保护管理评估》。通过科学评价大运河世界文化遗产沿线属地政府及市运河集团2021年度大运河保护管理工作，改善提高遗产保护管理水平。

【运河遗产巡查】2021年，市园文局开展运河遗产巡查。组织运河游步道巡查226次，完成巡查简报22期，排查护栏断裂破损23处、游步道道板破损沉降26处、驳坎孔洞修复19处、管线清理3处、环境卫生5处等问题75件，督促整改74件。

【运河水环境治理】2021年，市园文局结合全省深化“五水共治”碧水行动，巩固运河生态环境，牵头编制《京杭运河（古运河）杭州段2021

年水环境治理计划》《风波港2021年水环境治理计划》。坚持长效管理，强化河长制信息通报制度，定期发布《杭州市京杭运河“河长制”工作简报》《水质状况月报》《重点项目月进度通报》《运河水环境巡查简报》等。发挥水质监测通报督促作用，督促推进水质提升。发挥运河河长制的机制优势，全年督促整改问题28个，编制水质报告和工作简报各12期，年度重点项目进度通报7期。根据省生态环境厅通报，大运河（杭州段）4个省控以上断面及4个交接断面均达III类以上水质；根据市运保中心水质监测结果，运河干流18个断面平均水质为III至IV类；100条支流平均水质为II至劣V类，V类达标率（达V类或以上）为99%，IV类达标率88%。

【运河文化研究】2021年，《杭州大运河国家文化公园建设空间专题研究》获2020年度浙江省规划科学技术进步奖二等奖、2021年历史城市景观保护联盟优秀研究文章一等奖。《从棚户区到世界遗产高地——杭州桥西历史街区保护传承的创新实践》入选住房和城乡建设部科技委历史文化保护与传承专业委员会组织的“全国历史文化保护与传承示范案例”。推进《浙江大运河文化带打造的理论审视与现实对策》《中国大运河遗产河道历史环境保护控制导则》等项目研究。

【中国大运河（杭州段）世界遗产党建联盟成立】2021年6月，市园文局围绕《杭州市大运河世界文化遗产保护条例》，以构建党建统领整体治理体系为导向，建立由市政府分管领导领衔、各相关市直部门和沿线城区共同组成的中国大运河（杭州段）世界遗产党建联盟。实现以党建为核心，以共建共享为抓手，完善大运河遗产保护协同治理机制，并成为全市域党建联盟市级重点培育项目。9月6日，中国大运河（杭州段）世界遗产党建联盟第一次全体成员大会召开，会议通过《中国大运河（杭州段）世界遗产党建联盟章程（试行）》，明确党建联盟的宗旨、主要任务、组织机构、成员单位和运行机制。

【杭州市大运河世界文化遗产保护宣传周活动】2021年6月中旬，市园文局承办首届浙江大运河世界文化遗产宣传周开幕式，组织第五届杭州市大运河世界文化遗产保护宣传周活动。宣传周期间，开展“七个一”活动：成立一个党建联盟、打造一条红色研学线路、还原一道遗产点数字演绎、组织一场浙东运河首尾对话、制作一期《我们圆桌会》、发布一期“云游运河”视频专题、组织一场“走运”毅行。

2021年5月14日，“保护运河 加我一个”——“小小河长”在行动实践活动在杭州市京都小学举行（市园文局 供稿）

【运河宣传活动】2021年，市园文局利用“学习强国”和微博、微信公众号等平台，多渠道、多维度扩大运河遗产的宣传力度。全年组织“小小河长”活动3次，228人参与活动，总服务时长724小时。通过线上和线下渠道推广，增进公众对大运河文化遗产的认知和情感联系。（章珠裕）

良渚古城遗址世界遗产

【概 况】2019年7月6日，在阿塞拜疆巴库召开的联合国教科文组织第43届世界遗产委员会会议上，良渚古城遗址被列入“世界遗产名录”。2021年，良渚古城遗址入选全国“百年百大考古发现”和考古遗址保护展示优秀项目，良渚古城遗址保护利用经验做法获国家领导人批示肯定。良渚博物院获评全国爱国主义教育示范基地、第九批中国华侨国际文化交流基地，良渚古城遗址公园上榜全省首批大花园耀眼明珠名单。省、市共同举办重温中共中央总书记习近平关于良渚遗址重要批示精神理论研讨会，相关成果在《浙江日报》理论周刊单版刊登，儿童科普系列绘本“良良的世界”入选全球世界遗产教育创新优秀推荐案例，文化遗产研究、利用水平不断提升。加速跨界合作，与文化企业合作推出系列文创产品，良渚文创产品入驻天猫旗舰店，全年开发文创产品110多款，文化产业多样矩阵逐步成形。统筹抓好疫情防控和文旅产品供给，安全有序推进文旅融合发展工作，全年接待访客近250万人次。良渚文化北村遗址取得阶段性发掘成果，揭示良渚古城建成之前贵族阶层的发展状况，为探索良渚古城的崛起背景提供新资料。

【重温习近平关于良渚遗址重要批示精神理论研讨会】2021年7月6日，重温中共中央总书记习近平关于良渚遗址重要批示精神理论研讨会暨“杭州良渚日”活动在良渚古城遗址公园举行。中国文物学会会长、故宫博物院原院长单霁翔，中国文化遗产研究院院长柴晓明，浙江省社科院副院长陈野等来自相关领域的专家学者参加，围绕遗产的保护传承、展示利用、宣传推广和学术研究开展专题研讨，为良渚遗址管理区做好文化遗址保护研究传承利用、在守正创新中探索文化遗产保护的有效路径建言献策。

【良渚文化国际影响力提升】2021年4月20日，良渚文化亮相联合国中文日“聚焦象形文字”系列活动。良渚博物院工作人员通过远程网络直播的方式，分别用中、英文向来自世界各地的联合国官员、外交官以及海外华侨展示良渚文化。6月24—27日，第三十六届韩国国际旅游展在首尔贸易中心举行，良渚古城遗址公园亮相“诗画浙江”专题展台，良渚古城遗址公园照片在韩国《中央日报》头版登载。10月13日，“2021境外主流媒体杭州行”媒体采访团到良渚博物院采访。活动有10多个境外主流媒体的记者参加，向全世界介绍良渚古城遗址的魅力和历史。11月4日，“曙光之约·东方泽国”中国良渚文明主题展及“文明的回望”良渚文明与希腊文明对话交流活动在希腊雅典文化中心开幕。“曙光之约·东方泽国”主题展以良渚文明的发展时间轴为叙事顺序，由“稻与王国”“城与创造”“神与信仰”3个板块构成，通过展现文物复制品、三维实景复原视频、图文资料以及光影艺术装置等形式，展示良渚文明。

【融媒体专著《良渚》项目入选浙江省社科普及创新项目】2021年4月23日，省社科联发布2020年度浙江省社科普及创新项目名单，良渚博物院实施的融媒体专著《良渚》项目入选。《良渚》一书汇集多年来良渚文物数字化保护研究成果，通过文字、图片和扫码视频，呈现良渚古国风貌，突出良渚古城遗址的价值内涵，是良渚古城遗址及良渚文明研究的标准普及读本。

【“良良的世界”项目入选“全球世界遗产教育创新案例”】2021年7月6日，联合国教科文组织亚太地区世界遗产培训与研究中心发布“全球世界遗产教育创新案例”国际征集活动评选结果，“良良的世界”——良渚古城遗址的“绘本+”全域遗产教育理念项目入选全球世界遗产教育创新优秀推荐案例。“良良的世界”是良渚博物院于2018年创作的儿童科普系列绘本，出版发行《良良的陶器世界》《良良的古城世界》《良良的玉器世界》3册。（黄银炜）

【玉架山遗址入选省级考古遗址公园】2021年1月，省文物局公布第三批10个省级考古遗址公园名单，余杭区玉架山考古遗址公园入选。玉架山遗址是良渚大遗址的重要组成部分，与周边遗址共同反映临平遗址群作为良渚文化次级文化中心的地位；反映良渚文化的基本居住单元和社会结构，体现良渚文化时期的自然环境及发展水平。玉架山考古遗址公园（博物馆）位于临平，北至五洲路，南至绿洲路，东至星河路，西至兴中路，总面积超过12万平方米。（李景苏）

【北村遗址获评2021年度浙江考古重要发现】2021年12月26日，2021年度浙江考古重要发现名单揭晓，瓶窑北村遗址入选。北村遗址位于杭州市余杭区瓶窑镇，北距良渚古城2千米左右，是一处良渚早期的聚落遗址。6月，考古人员在对北村南地点进行发掘时，发现一批高等级墓葬，其中M106出土龙首镯、镂孔兽面纹冠状器、璜串、玉蝉等玉器。北村遗址是继官井头之后，良渚古城外围的又一次重要发现，揭示良渚古城建成之前贵族阶层的发展状况，为研究良渚早期社会的发展、阶级分化和探索良渚古城的崛起背景提供新资料。

【《良渚遗址和鲤鱼山、老虎岭水坝遗址保护总体规划》修编】2021年3月5日，良渚遗址管委会协同省文物局专题研究《良渚遗址和鲤鱼山、老虎岭水坝遗址保护总体规划》修编工作，对保护范围内部分遗存保护区划定、建设控制地带及环境控制区内高度管控等重要存疑问题进行讨论交流。4月30日，该规划被列入市政府2021年度重大行政决策事项并公布。10月13日，余杭区城乡规划委员会2021年度第4次会议专题听取规划有关内容并同意该规划。10月28日，省文物局组织有关专家对规划进行评审，会议认为，修编工作深度结合考古最新成果和文物保护最新相关规定，针对良渚遗址和鲤鱼山、老虎岭水坝遗址进行全面、系统、细致的保护规划，严格遵守国际承诺和上位要求，结合遗址特点科学制定近期和中远期工作方向，正确处理遗址区保护与发展关系。11月15日，市政府召开会议专题研究规划修编工作。12月24日，规划送审稿通过省文物局审查，按照规定报送国家文物局。

【良渚古城南城墙遗址剖面首次系统性修复】自2021年5月8日起，良渚古城南城墙遗址剖面首次进行系统性修复。在南城墙遗址剖面上进行的修复工作主要为裂缝修补，用塑胶注浆管将泥浆注射进深处的裂缝进行填实，运用修复刀和泥浆修复城墙表面的裂缝，修补之后的南城墙遗址剖面与原貌高度近似。

【宫殿巨型木构展示点开放】2021年7月8日，良渚古城遗址公园宫殿巨型木构复原展示点对外开放。2015年冬，省考古所在钟家港河道南段进行考古挖掘，到2017年春，河道中陆续发掘出长短不一的神秘巨型木构件，其中3根体量较大的被俗称为“大木作”，最长的达17.2米。这次展示的巨型木构是根据2017年考古发掘时从原件上采集到的三维数据以3D扫描后，利用数字模型1∶1精准复原而成，最大限度还原当时的面貌。

【良渚古城瑶山遗址公园试开园】2021年9月29日，良渚古城瑶山遗址公园试开园。瑶山遗址公园位于良渚街道安溪村，由瑶山、凤凰山、馒头山3座山峰组成，占地面积0.66平方千米，核心遗址点为瑶山祭坛和高等级墓地。瑶山祭坛和墓地呈叠加状态，复原后是一座方形红土台，访客可通过透明玻璃地面近距离观察“坛墓一体”的结构特征。

【“良渚遗址文物安全巡查网格智治”应用场景】2021年12月24日，省文物局公示第一批“文物安全”应用场景建设试点“揭榜挂帅”项目名单，“良渚遗址文物安全巡查网格智治"应用场景入选。该应用场景立足良渚遗址文物安全实际，以"遗址本体""环境风貌"为小切口，与属地镇街、公安、林水、气象等单位的多跨协同线上全流程管控、与基层治理网格化联动闭环管理、多学科的大遗址保护技术开发与运用、多跨系统的创新集成与融合为创新亮点，旨在解决工作中存在的安全隐患与堵点、难点问题，实现文物安全巡检、管理、预警、处置、监管的网格化全流程闭环管控。

【智慧景区二期建设】2021年，良渚古城遗址公园实施智慧景区二期建设，整合城址区、瑶山遗址数据，升级数据门户、综合管控、可视化大屏等，建设统一登录入口的指挥中心；建设"良渚古城"小程序，全方位提供预约购票、公园介绍、智慧导览、周边推荐、文创购物等服务，打造以良渚古城遗址公园为中心的在线旅游。加强园区内安全管理，划定虚拟电子围栏，根据视频分析算法对越界情况自动报警，分析园区内各个点位人数，形成热力图，实现拥挤监测。在南城墙、钟家港等4个景点新增6个搭载5G技术的摄像头，游客可体验"神王之城""匠作生辉"等主题场景。投入使用良渚AR眼镜2.0，提升参访体验。

【小微水体治理】2021年，良渚古城遗址公园开展小微水体治理。采用"水生态立体修复集成技术"，构建"食藻虫—水下草坪—水生动物—微生物共生体系统"，恢复"草型清水态"自净系统，提高水域生态系统对各类污染物质的自净能力。良渚古城遗址公园29个景观池塘全部达到Ⅱ类及以上水质标准，其中雉山港获评2021年杭州市小微水体样板。

【良渚遗址管委会与延安革命纪念地管理局战略合作】2021年7月6日，良渚遗址管委会与延安革命纪念地管理局战略合作签约仪式暨"弘扬延安精神，共筑文化自信"宣讲报告会活动举行。根据战略合作协议，双方将通过开展研学、互访、互讲、互助、互展等交流活动，围绕良渚文化、红色革命文化的保护、研究、传承、利用，探索实践创造性转化、创新性发展，共同讲好良渚故事、延安故事、革命故事和中国故事，推动良渚文化、延安精神的价值内涵和时代精神传播，增强社会公众对中华优秀传统文化和红色革命文化的了解。

2021年9月2日，良渚文化主题展在2021年中国国际服务贸易交易会浙江综合展区亮相
（良渚遗址管委会 供稿）

【良渚文明线上主题展】2021年1月1日，由省文化和旅游厅主推、良渚博物院全方位参与的"云上泽国——良渚文明线上主题展"在全球中国文化中心和旅游办事处的官网及社交媒体上线，并在文化和旅游部海外中国文化中心平台同步上线，展览的国际宣传推介全面启动。主题展采用交互技术，以沉浸式沙盘动画及嵌入式视频还原良渚古城风貌，制造出让人身临其境的观展体验，其间穿插知识问答、VR互动、小游戏、影音艺术等交互形式。至年末，主题展在63个国家宣传推广，打通良渚文化国际交流传播的链路。

【纪录片《良渚》开播】2021年1月31日，《万里走单骑——遗产里的中国》第一集《良渚》在浙江卫视首播。《万里走单骑——遗产里的中国》以"宣传中国世界遗产、探寻文化之根"为核心，探访中国世界遗产地，展示其遗产价值和自然之美，传播中华优秀传统文化。《良渚》为该纪录片第一集，时长60分钟，宣传推介良渚遗址保护研究传承利用工作的历程和成果，带观众感受中华五千年文明圣地的文化魅力。

【良渚古城风筝文化节】2021年4月10日至5月5日，"良渚之上，文明翱翔"良渚古城风筝文化节在良渚古城遗址公园举行。风筝文化节以"良渚是实证中华五千多年文明史的圣地"为基点，以风筝文化节为载体，通过放飞风筝的形式，对5000多年前先民创造出来的物质形态致敬。活动通过线上线下、主题活动、文化展览等板块展示良渚文化。

【良渚文化主题展亮相中国国际服务贸易交易会】2021年9月2日，中国国际服务贸易交易会在北京开幕，由良渚遗址管委会策划的良渚文化主题展在浙江综合展区亮相。良渚文化主题展位于浙江展区的中心区域，由玉琮、玉璧、玉钺实物仿制品和视频，良渚古城介绍文字，遗址风貌图片组成，展示良渚的价值内涵和文化成就。

【"金钰良源"获评首届全国百佳文化创意产品】2021年5月8日，首届全国文化创意产品推介活动终评会在北京召开，经过专家现场观摩文创产品、综合评议等环节，遴选出100件（套）全国百佳文化创意产品，良渚博物院选送的"金钰良源"入选。"金钰良源"融合良渚五千年文明起源、中华民族团结互助精神、人民对美好生活的愿景3个主题，产品以黄金镶嵌和田玉玉璧的形式进行打造，以良渚文化的标志“神人兽面纹”和良渚最具代表性的玉琮、玉钺、玉璧等玉器元素进行设计，涵盖良渚文化精髓，体现对良渚古城五千年文明史和中华民族精神的传承。

【良渚元素融入杭州亚运会、亚残运会火炬】2021年9月10日，杭州亚运会火炬“薪火”发布。火炬设计思想源自实证中华5000多年文明史的良渚文化，火炬造型自下而上“生长”，整体高730毫米，净重1200克。10月9日，杭州亚残运会火炬“桂冠”发布。火炬设计思想源自良渚玉琮和桂花，尊良渚玉琮为文化本源，以桂花寓意阳光、和谐、自强、共享的办赛理念。

【“良渚文化传承示范基地”挂牌】2021年7月12日，“良渚文化传承示范基地”授牌仪式在中国工商银行杭州良渚文化支行举行。工商银行杭州良渚文化支行采用良渚玉琮、玉璧、玉钺的外观造型，内部设计和金融产品彰显良渚文化元素。2019年，良渚遗址管委会与中国工商银行杭州分行签署战略合作协议，双方探索“文化+金融”模式推动文化遗存保护和城市文脉延续。（黄银炜）

非物质文化遗产

【概况】2021年，杭州市通过加强非物质文化遗产法规建设、名录体系建设、文化传承生态保护区建设，加强“非遗+旅游”“非遗+互联网”探索等举措，推进非物质文化遗产的传承传播，推动非物质文化遗产融入现代生活。出台《杭州市市级非物质文化遗产代表性项目管理办法》《杭州市市级非物质文化遗产代表性传承人管理办法》，与全市国家级传承人签订年度传承协议，对全市7个门类99个省级非物质文化遗产项目及106名省级传承人开展第三方评估。4个项目入选国务院公布的第五批国家级非物质文化遗产代表性项目名录，26人入选第六批省级非物质文化遗产代表性传承人名录。至年末，杭州市有被列入联合国教科文组织人类非物质文化遗产代表作名录4项；被列入国家级非物质文化遗产代表性项目名录48项；被列入省级非物质文化遗产代表性项目名录184项，入选数量居全省第一位；被列入杭州市级非物质文化遗产代表性项目名录368项。全市有入选国家级非物质文化遗产代表性项目代表性传承人34人、省级非物质文化遗产代表性项目代表性传承人230人、市级非物质文化遗产代表性项目代表性传承人388人。

【非物质文化遗产保护发展指数居全省首位】2021年5月，省文化和旅游厅发布《浙江省非物质文化遗产保护发展指数评估指标数据（2020年度）》，杭州市在全省11个设区市中排名第一位，余杭区在全省89个县（市、区）中排名第一位。该指数评价体系包含非物质文化遗产保存保护、传承传播、创造创新、组织体系4个方面共67个具体评估指标，较为全面地反映一个地区非物质文化遗产保护工作的基本情况。

【非物质文化遗产抢救性保护】2021年，市非物质文化遗产保护中心重点督查推进濒危戏曲剧种专项保护工作。为濒危戏曲剧种争取省级专项保护资金35万元，落实绍剧创（复）排传统剧目数（含折子戏）20个，公开展演43次；开展戏曲曲艺节目进社区、进校园、进文化礼堂活动16场；开展省级非物质文化遗产项目抢救性记录，完成72个省级非物质文化遗产代表性项目抢救性记录的拍摄工作。

【区域保护及载体建设】2021年，杭州市加强非物质文化遗产区域保护及载体建设。大运河文化传承生态保护区、钱塘潮涌文化传承生态保护区、钱塘江诗路（富春山水）文化传承生态保护区3个省级文化传承生态保护区创建工作通过省文化和旅游厅中期评估。龙坞茶镇村等7个非物质文化遗产小镇及桐庐县江南镇深澳村等12个民俗文化村进入第六批浙江省非物质文化遗产旅游景区初选名单。全年创建“王星记文化创意产业园”等40个“首批杭州市非物质文化遗产体验点”。

【“非遗+旅游”推广】2021年，杭州市开展非物质文化遗产旅游商品评选，真丝手绣旗袍系列等19个推荐商品入选第三批浙江省优秀非物质文化遗产旅游商品，入围数量在全省11个设区市中居第一位。开展首批杭州市非物质文化遗产主题旅游线路征选体验活动，推出“寻迹宋韵遇见非遗——南宋有约传承之旅”等10条杭州市首批非物质文化遗产主题旅游线路，招募60名体验官开展“乐享非遗，悠游杭州”实地体验、“我眼中的非遗”摄影大赛等活动。媒体刊发报道62篇，搜狐网、腾讯网、网易网做首页活动推荐，新浪微博发起“杭州非遗新玩法速来GET”话题，总关注量919.1万人次。

【“文化和自然遗产日”活动】2021年6月12日，“文化和自然遗产日”杭州系列活动启动仪式暨杭州市传统体育类非物质文化遗产项目展演活动在拱墅区运河文化广场举行。活动由“寻梦环游”非物质文化遗产体验、“薪火相传”非物质文化遗产展演、“光影拾遗”非物质文化遗产图片展3个板块组成，15个演出团队、400多名演职人员展示展演武林活拳等11个传统体育类项目。开幕式活动服务线上和线下10万余人次，媒体报道28次，展演活动入选国家公共文化云课堂。市、区两级开展“文化和自然遗产日”系列活动25场。

【非物质文化遗产主题活动】2021年9月16—20日，市非物质文化遗产保护中心承办第十三届浙江·中国非物质文化遗产博览会（杭州工艺周），活动以“共享非遗，共同富裕”为主题，围绕“薪火传承之光、乡村振兴之路、少年研学之行、文旅融合之美”4个板块展开。其中：在富阳区富春山馆举办线下展，展陈非物质文化遗产项目240多个、展品1200多件，观展人数超过150万人次；举办大运河文旅节百人百匠“非遗+文创”好运市集，市集人流量29.5万人次，188.7万人次线上观看直播，带动线上销售200多万元；举办“2021

杭州非遗线上年货节”，将非物质文化遗产年货进行“云”上销售，在平台免费开设非物质文化遗产课堂，通过多平台矩阵互动，进入企业集采市场，达成交易额315万元；举办“传承红色基因，坚守红色根脉——礼赞建党百年非遗剪纸艺术展”、“山花烂漫”杭州民间美术作品展、西湖中秋赏月、浙派古琴雅集、杭州市戏曲曲艺“三进”（进校园、进社区、进文化礼堂）等活动。

【非物质文化遗产研究培训】2021年，市非物质文化遗产保护中心针对全市非物质文化遗产管理人员举办杭州市非物质文化遗产保护工作培训班，60多人参加。面向社会人员举办非物质文化遗产免费培训班。市文化馆开设非物质文化遗产类春季秋季培训班36个，培训7200多人次。市党群服务中心非物质文化遗产大师工作室举办杭州剪纸等技艺传习班，培训1200多人次。面向专业人才开展传承人群研培班。杭州滑稽艺术剧院举办杭剧传承人群研培班，培训杭剧传承人80多人；桐庐县合村举办刺绣类传承人群研培班，培训传承人50多人。全市编撰出版《“城市记忆”杭州市非物质文化遗产丛书·传统体育游艺与杂技卷》《从杭州小热昏到滑稽戏》等非物质文化遗产类书籍59册。 （陈睿睿）

西泠印社

【概况】西泠印社创立于清光绪三十年（1904年），是中国成立最早的金石篆刻专业学术团体。西泠印社秉承“保存金石、研究印学、兼及书画”的宗旨，在国际印学界享有崇高地位。至2021年年末，西泠印社有在册社员510人（其中名誉社员43人），分布于中国26个省（自治区、直辖市）和香港、澳门、台湾地区，以及美国、日本、韩国、新加坡、马来西亚、法国、瑞典、加拿大等国家。2021年，西泠印社被确定为浙江省国际人文交流基地和浙江省华侨国际文化交流基地。

【辛丑春秋两季雅集】2021年4月，西泠印社辛丑春季雅集活动在海宁市的张宗祥纪念馆举行，西泠印社社员及诗书画印同道100多人举行拜祭印学先贤仪式，举办“纪念张宗祥先生作品展”和现场创作笔会。同期举行“‘大印学’概念的产生——当代印学研究新时代新路径新视野的探索”学术座谈会。11月，辛丑秋季雅集活动在杭州举行，其间举办西泠印社社藏“革命胜迹”篆刻原作展、西泠印社社藏捐赠青华展、西泠印社第十届篆刻艺术评展、西泠印社社员（60~70岁）新作展。

【篆刻艺术评展】2021年，西泠印社举办第十届篆刻艺术评展，延续公开征稿、分选区选拔的组织模式，收到国内30个省（自治区、直辖市）及港澳台地区和其他8个国家1000多名篆刻专业创作者的作品。10月15—16日，终评活动在临安举行，评选出入选作品、入展作品（含优秀和优胜作品）390件。44名优秀创作者到杭州完成现场创作测试，5名选手获评篆刻艺术评展优胜奖并提名西泠印社2021年度创作评奖入社候选人。入展佳作于11月辛丑秋季雅集期间在浙江展览馆展出，展览作品集同期出版面世。

【“大印学”学术研究】2021年8月20日至9月29日，西泠印社完成“百年西泠，百年印记”大印学——“两宋金石学与印学：文献、实物、图像”国际学术研讨会评审工作。研讨会收到投稿107篇，汇集出版论文集。10月30日至11月12日，联合中国美术学院、浙江美术馆等单位举办“两宋的金石世界——宋代印学与金石文献、实物、图像特展”，展出来自国内众多公私机构的藏品约170件，涵盖青铜器实物、图像、摩崖石刻、卷轴绘画、书籍等品类，展示浙江境内宋代书法碑刻和当代学者对宋代金石学发展的再思考与研究成果。

【“庆祝中国共产党成立100周年”系列展】2021年，西泠印社举办“庆祝中国共产党成立100周年”系列展。5月19日，庆祝中国共产党成立100周年“心向南湖”——西泠印社嘉兴籍社员主题创作展及红船精神宣讲会在中国印学博物馆开幕，创作展持续到5月31日。7月7—18日，该展在嘉兴举行。6月，百年印记——庆祝中国共产党成立100周年西泠印社青田石篆刻邀请展在中国印学博物馆开幕，该展先后在杭州、丽水、青田三地举行。6月28日至7月16日，“印迹初心”西泠印社百名艺术家篆刻展在《共产党宣言》首译地——义乌市城西街道分水塘村望道展示馆举行。

【亚运主题篆刻创作活动】2021年9月，西泠印社开展迎亚运主题篆刻创作活动。以历届亚运会主题和第19届亚运项目名称为主要内容，发动社员志愿参与篆刻创作。11月，70多件亚运主题篆刻作品在杭州亚组委首展，随后到市民中心、各区县（市）巡展。

【篆刻文化推广普及】2021年，西泠印社组织展品参加文化和旅游部非物质文化遗产司在上海市、安徽省黄山市举办的“百年百艺·薪火相传”中国传统工艺邀请展等非物质文化遗产展览2场。牵头完成“五进”活动20场，协助2所学校成立篆刻社团；在“杭工学堂”开设篆刻公益课程10期；在萧山区义桥镇渔浦社区开设篆刻、书法公益课程16期；在建德市大同镇开展文化讲座，赠送书法作品；在原下城交警大队开展书福、写春联活动；在杭州第七中学开展篆刻、书法讲座，与师生共同举办艺术创作交流活动，挂牌成立西泠印社艺术指导站，2名社员受聘担任指导老师。西泠印社书画篆刻院开设专题培训班15个，参与培训276人次。

【孤山社址社员作品系列展】2021年1—6月，西泠印社在孤山社址举办“雅谊铁笔”全国印社系列展之“鄱湖雅韵”鄱湖印社作品展、“百年百联”西泠名家迎新春联展、“西泠皖风”西泠印社安徽籍社员作品展、“粟水孤山”西泠印社黑龙江籍社员五人联展、“海上印象”上海西泠印社社员暨上海书协篆刻委员会委员书画篆刻作品展、西泠印社济宁籍六人作品展。孤山社址社员作品系列展平台的打造，增强社员对印社的凝聚力和向心力，打通与全国其他印社间的沟通与交流。

【孤山社址保护提升工程】2021年7月起，因提升改造工作要求，孤山社址闭园，实施保护提升工程。工程被列入杭州西湖西溪一体化保护提升六大文化项目，总投资3657万元。工程坚持“最小干预、不改变文物原状”，对四照阁、凉堂、柏堂、仰贤亭、山川雨露图书馆、观乐楼、题襟馆、鹤庐、还朴精庐、遁庵、石交亭、鸿雪径廊架和中国印学博物馆等建筑进行保护修缮，消除结构安全隐患、重新规划功能定位、根据史料恢复建筑历史风貌；对汉三老石室、华严经塔、前后山石坊、文泉、闲泉、潜泉、小盘谷等石质文物进行维修保护，消除结构安全隐患，解决渗漏和风化等“病害”问题。坚持“彰显文化、厚植底蕴”，提升优化孤山社址及中国印学博物馆文物展陈设施和技术，完善导览标识系统和楹联匾额，增设注释说明，做到建筑与书、画、印等展陈内容的有机结合，强化“印学圣地”文化内涵。坚持“提升品质、展现形象”，突出西泠印社地域形象，改善中国印学博物馆周边道路铺装形式，营造社址入口广场空间引导氛围；完善孤山社址及中国印学博物馆供电、通信、给排水、路灯、安防、消防等基础设施；维修局部破损及后期不当修补的铺装和道路；梳理郁闭植物，系统提升原生态绿化景观，打造江南文人士大夫园林风貌。

【“西泠学堂”系列活动】2021年，香港“西泠学堂”继续采用线上和线下相结合的授课方式，开办35个班，招收学员525名。6月起，“西泠学堂”开展进校园活动，与香港理工大学、香港都会大学、香港教育大学、新界乡议局大埔区中学等学校合办广彩陶瓷、书法、绘画等文化艺术课程，举办10个班，近400名学生参加。“西泠学堂”协同中华教育文化交流基金会、香港文联、香港美术家协会、香港中华书局、香港管理学院、中华教育基金会共同举办“校长论坛”，全年举办论坛10场。“西泠学堂”参与举办“迈向碳中和，湾区少年行”——粤港澳青少年文化交流系列主题活动，共同推动“碳中和”宣传。“西泠学堂”举办同心战“疫”——全港青少年书法绘画比赛，评选出一等奖4名、二等奖7名、三等奖12名、优秀奖10名、创意奖11名，于12月11日在中商艺术大厦举办颁奖典礼。9月11—12日，澳门“西泠学堂”首期书画篆培训班开班，特邀5名澳门专业导师执教，招收学员42名。

【文物资料收藏与交流】2021年，西泠印社文物库房接受捐赠、移交文物资料505件（组），主要包括社员、社友、社会人士捐赠，名家书画班移交等。西泠印社主办、协办、参与“超然峰上——张宗祥先生纪念特展”、“金石力·草木心——吴昌硕与上海”展、“西泠印社辛丑春季雅集暨纪念张宗祥先生书画作品展”、“春色如许——江南园林文化展”、“美德嘉行——椿农堂捐赠西泠印社藏品展”、“百年风华千秋伟业——杭州市庆祝中国共产党成立100周年诗书画印联展”、“畸人青藤——徐渭的故事”展览、西泠印社社藏捐赠菁华展、革命胜迹原印展、“涵抱万有——何绍基书法展”、“百川入海——20世纪海派代表性书家作品大展”、“潮上风华——海上四任人物画作品特展”、“湖上流风——金农、丁敬与杭州艺文圈”展等。

【《西泠印社社藏名家大系》出版】2021年，西泠印社继续推进《西泠印社社藏名家大系》系列丛书出版。在先期出版《中国印学博物馆展陈印章精粹》的基础上，2021年出版《西泠印社社藏捐赠菁华》《李叔同卷：印藏》。《西泠印社社藏捐赠菁华》展现西泠印社捐赠史；《李叔同卷：印藏》解读李叔同在篆刻方面的艺术成就及民国时期爱国知识分子的精神气质，是西泠印社在让文物菁华走向社会的有益探索实践。至年末，《西泠印社社藏名家大系》系列丛书有《葛昌楹卷》《黄宾虹卷》《西泠八家卷》《王福庵卷》在编制中。

【宣传形式多样化】2021年，《西泠艺丛》推出《“一带一路”碑刻研究》《西泠印社新入藏古玺印研究》《“书法学”学科建设与发展学术研讨会论文选粹》《秦陶文陶印研究》《“大印学”概念的产生》《庆祝中国共产党成立一百周年》《徐渭绘画研究》等12个专题。期刊与国家哲学社会科学文献中心及“知网”“万方”“超星”等平台签订数字化合作协议，实施期刊数字化项目。《西泠艺丛》第四年入选由中国期刊协会主办的“中国精品期刊展”，获首届“方正电子”杯中国期刊设计艺术周“优秀封面设计”与“优秀版式设计”奖项。完成西泠印社庆祝中国共产党成立100周年纪录片《党建引领西泠印社谱写百年传奇》。新拍摄4部非物质文化遗产纪录片《张耕源》《林乾良》《黄镇中》《杜高杰》。《西泠群星谱——童衍方》被列入杭州市文艺精品工程。西泠印社官方网站、

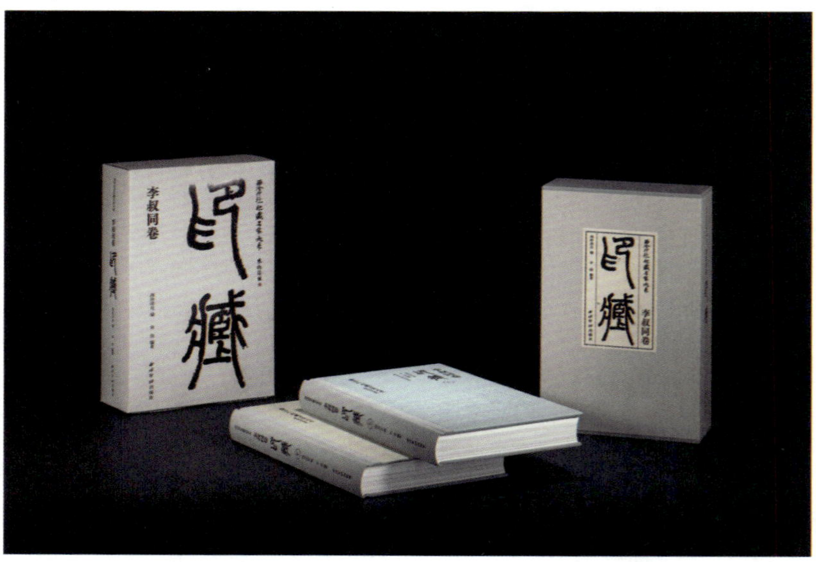

《西泠印社社藏名家大系》系列丛书之《李叔同卷：印藏》（摄于2021年）

（西泠印社社委会 供稿）

微信、微博全年发布信息2100多条，各平台粉丝数超过56万人，阅读量约530万人次。合作媒体《杭州日报》发布相关报道50多篇，“学习强国”“西湖先锋”“韵味杭州”“数智杭宣”等平台发布110多篇，其他省、市媒体发布24篇。

【中国印学博物馆】2021年1—6月，中国印学博物馆接待参观者6万余人，接待社会各界参观交流团队42个；主办、承办各类临时展览12个，围绕印学、印史、印人研究，推出系列展览。中国印学博物馆借助举办高质量临时展览，鼓励藏家捐赠，新增张纯连雕纽印材寿山石方章1枚。7月起，根据市委、市政府统一部署，中国印学博物馆作为西泠印社孤山保护提升工程的重要部分进行闭馆施工。中国印学博物馆全年组织、参与“篆刻进校园，进社区”活动，开展定期授课和篆刻社团辅导，获评2021年“红色印记”网络平台线上文物资源“优秀报送单位”。（西泠印社社委会）

【西泠印社集团持续发展】西泠印社集团成立于2008年，是市属一级国有文化产业集团。集团旗下有10多个一、二级全资，控股或参股子企业（单位），形成以拍卖、出版、文创3个板块为龙头，以艺术品鉴定评估中心、美术馆为学术支撑，以展览展示、拍卖交易、图书出版、创作设计、非物质文化遗产传承等为一体的艺术品产业链。2021年，西泠印社集团保持良好发展，拍卖、出版、文创等业务均稳步增长。策划庆祝中国共产党成立100周年系列活动，助力杭州亚运会工作，品牌影响力持续提升。

【拍卖业务保持行业领先】2021年，西泠印社拍卖有限公司总成交额超过24亿元，净利润6000多万元，成交率保持行业领先。1月，西泠印社拍卖有限公司再次当选为中国拍卖行业协会第六届理事会理事单位。11月，中国拍卖行业协会发布《2020中国文物艺术品拍卖市场统计年报》，西泠印社拍卖有限公司各项重要指标排名均列全国前三位。其中，主营业务利润列全国第二位。

【出版业务稳步增长】2021年，西泠印社出版社实现营业额1亿余元，实现净利润1630万元，比上年增长35%。全年申报选题659个，出版新书382种，重印图书133种。“西泠版”书法教材获首届全国教材建设奖全国优秀教材（基础教育类）二等奖，成为浙江省书法类唯一获奖教材，全国超过1亿人使用。10种图书获第二十三届华东地区古籍优秀图书奖。《晴雨楼藏砚馆精选：宋砚五十品》获第五届中国出版政府奖印刷复制奖提名奖，《中国印学博物馆展陈印章精粹》等7种图书获浙江优秀出版物奖。《国家图书馆藏陶文集成》《鉩文印典》被列入“十四五”时期国家重点出版物出版规划，《宝鸡青铜器金文书法菁华》获2021年度国家出版基金资助，《中国珍稀印谱原典大系（第二编）》和《国家图书馆珍藏善拓儒家石经系列》丛书等4种图书被列入浙江省“十四五”时期重点图书出版规划。西南地区首个“西泠书房”在重庆启用，探索出版业务发展新路径。

【文创业务拓展加快】2021年，杭州西泠文化创意有限公司线上与线下、展览与直播多渠道共同发力，实现营业额1亿余元，比上年增长15%。全年新开线下店铺10个，与成都杜甫草堂、国家博物馆达成合作意向，合作点及店铺累计达40个。策划组织“同心共筑中国梦——文化进国企”浙江国有企业职工书画培训活动，来自省海港集团、省能源集团、省交投集团等30多个单位的员工代表参加培训。扩大对外交流与合作，参加第八届中国国际版权博览会、中国（北京）国际服务贸易交易会等展会活动，展示西泠印社品牌形象、做好产品服务推介。与北京工美集团建立战略合作关系。

【集团庆祝中国共产党成立100周年活动】2021年，西泠印社集团举办“庆祝中国共产党成立100周年：百年百印祝福祖国——西泠印社100位社员篆刻‘福’文化作品展”“‘艺’起就地过年·云赏西泠印社春联作品”等红色主题展20多场。策划《百年印记·庆祝中国共产党成立100周年西泠印社青田石篆刻展作品集》《盛世承平·金石留声——庆祝中国共产党建党一百周年西泠百家题刻淄砚铭文展作品集》等主题出版物。开展庆祝中国共产党成立100周年主题系列产品研发，在“学习强国”学习平台“强国城”板块设立“建党百年西泠有礼”专区，推出文创产品165款，销售6万余件。

【文创助力杭州亚运】2021年，杭州西泠文化创意有限公司作为杭州2022年第19届亚运会的特许生产商、零售商，推进亚运产品研发及亚运专营店铺设工作，开设专营店4个，为富阳、萧山等外赛地区设计专属亚运产品。旗下设计团队西泠东道作为第19届亚运会官方品牌设计服务供应商，设计打造的12款“亚运倒计时”装置启用。公司助力城市基础设施建设，提升杭州城市韵味，深化杭州地铁“一站一印”项目，完成3号线一期、4号线二期、8号线等88个站点的印章篆刻。

【西泠品牌影响力提升】2021年，西泠印社集团采取线上和线下相结合形式，围绕“先生归来”“大美与共”“典藏活化”等主题，策划“‘永和雅集——晋永和十二品砖’西泠印社名家题跋邀请展”“走进传承——纪念甲骨文发现122周年纪念甲骨文入书法100周年，罗振玉罗琳甲骨文书法艺术展暨甲骨文学术论坛”等特色展览40多场、学术公益讲座10场，组织孤山雅集6场、社员采风2次、鉴定活动11期，鉴定藏品艺术品400多件。深化东西部协作，到湖北恩施土家族苗族自治州、新疆阿克苏地区等帮扶地区开展结对文化帮扶。开展各类文化艺术交流活动，与新华社、中华书局等70多个单位开展交流互动。连续10年承办“期颐之贺·百岁老人赠印活动”，累计有2019位百岁老人接受“期颐之贺”祝福。以“助学公益行”“西泠春运会”“艺苑国学馆”等公益活动为载体，促进中华优秀传统文化活态传承。（西泠印社集团）

责任编辑　郦　晶

39 文化事业

公共图书馆

【概况】至2021年年末，杭州市有1个副省级公共图书馆，12个县级公共图书馆，188个乡镇（街道）图书馆，2943个村（社区）图书馆（室），其中纳入通借通还系统的街道（乡镇）图书馆181个、村（社区）图书馆（室）2538个。所有县级以上公共图书馆分两批参与全省满意图书馆考评工作，达到省级满意图书馆服务标准，实现满意图书馆全覆盖。

【杭州书房数量质量同步提升】至2021年年末，杭州市建成杭州书房94个（2019年建成11个、2020年建成36个、2021年建成47个），每个区县（市）都有覆盖。杭州书房建筑总面积6.34万平方米，累计举办2000多场主题活动，实现图书流转70多万册（次）；与未来社区、未来乡村、A级景区结合，开设旅游推荐、线上订票等旅游服务功能，提升公共文旅服务效能。

【图书馆红色主题活动】2021年，杭州图书馆围绕中国共产党成立100周年，突出图书馆资源优势和社会教育功能，开展“传承红色记忆，创树百场精品”庆祝中国共产党成立100周年系列活动启动仪式之《红星照耀中国》阅读分享会、红色经典电影展映、庆祝中国共产党成立100周年文献展，及“觅·杭城街巷里的党史故事”“我们的党课”“童心向党·2021魅力声音之寻找家乡的红色印记”等红色主题活动，承办首届以“最美歌声献给党”为主题的中国杭州合唱指挥大会暨合唱艺术节。利用“杭州图书馆”微信公众号等平台开展红色图书推荐、红色数字资源体验、红色图书有奖问答、红色故事绘展览、连载发布有声书等线上活动340多场次，126万人次参加，形成红色文化传播矩阵。

【“一键借阅”平台升级】2021年，杭州图书馆结合全市“数智杭州，宜居天堂”数字化改革，进行技术迭代升级，打造“一键借阅”杭州地区公共图书馆线上服务一体化平台2.0版，创立“1+13+X”服务模式，把市、区县（市）两级14个公共图书馆的馆藏文献资源、数字资源、书店和书商的新书资源，以及物流公司的服务能力全方位深度整合，形成以数字化平台为依托，全体、全域、全时段覆盖的图书馆线上服务网络，实现线上借书、书店借书、数字阅读3个图书馆服务应用场景的多跨联动。杭州市民读者登录“一键借阅”平台即可享受“手机下单，纸本图书快递到家”“书店选书图书馆买单”“手指点点，尽享百万免费数字资源”的图书馆服务。全年线上服务新增用户7.4万人、借还文献7.1万人次17.9万册（次），数字资源访问量87万人次。“一键借阅”平台入选省发改委“关键小事智能速办”项目和首批接入“浙里办”50件“关键小事”，入选浙江省数字赋能新业态新模式典型平台，入选2021年品牌杭州·生活品质总点评年度事件和全民阅读案例。省委改革办《竞跑者》杂志专题推广“一键借阅”建设经验，《以微服务架构实现公共图书馆线上服务模式的创新与实践》获评国家文化和旅游科技创新工程定向推荐项目。

2021年7月28日，“一键借阅”杭州地区公共图书馆线上服务一体化平台启动仪式举行
（市文化广电旅游局 供稿）

【"中国阅读"图书推荐榜发布仪式在杭州举行】2021年5月26日，第四届"中国阅读"图书推荐榜发布仪式在杭州图书馆举行。活动收集来自全国31个省（自治区、直辖市）287个公共图书馆的图书流通数据183万条，通过专家评审，70本图书入围。发布仪式通过"央视频""新华社现场云""今日头条"及杭州图书馆微博等平台进行网络直播，12万人次在线观看。杭州图书馆联合国家图书馆、中国图书馆学会，面向全国公共图书馆联合开展"阅读点亮心灯、好书点燃生活"主题阅读推广活动，推动全民阅读。

【"杭州·亚运文化空间"开设】2021年，为迎接和助力杭州亚运会，杭州图书馆开设"杭州·亚运文化空间"。运用亚运元素营造特色阅读空间，并通过设立"亚运专题文献区"，开展"亚运文化系列展览""亚运真人图书馆"等活动，将亚运文化展示和体验阅读融合。全年开展亚运主题活动9场，38.3万人次参与。

【图书馆无障碍设施改造】2021年，杭州市、区县（市）两级公共图书馆落实无障碍常规设施改造提升，设立"视障阅览室"。其中，杭州图书馆打造的"视障阅览室"不仅可无障碍进入，还配有电子助视器、一键式智能阅读器、残人专用朗读机等专用设备，得到世界知识产权组织副总干事西尔维·福尔班肯定。

【"音乐党课"党史学习教育品牌打造】2021年，杭州图书馆打造党史学习教育品牌活动"音乐党课"。以音乐作品为载体，开设"世纪放歌——新中国优秀歌唱家作品赏析""穿越时空的经典旋律""学七一讲话，听音乐党课"3个主题，通过讲述创作故事、普及音乐知识、表演弹唱互动等形式，将音乐赏析与党课宣讲相结合。全年举办活动28场，服务不同单位党组织30多个。

【中国杭州合唱指挥大会暨合唱艺术节】2021年5月14—17日，杭州图书馆承办的首届中国杭州合唱指挥大会暨合唱艺术节举行。活动为2021年杭州市"西湖之春"艺术节项目之一，主题为"最美歌声献给党"，众多国内合唱团、音乐家和国内外指挥大师参加。举办9场大师课、工作坊，4场原创新作品视唱课，2场合唱论坛和3场高水准合唱交流音乐会，20多万人次参加。

【"宋韵文化"系列活动】2021年，杭州图书馆围绕"宋韵"主题，结合馆藏珍贵古籍，举办"生活在宋画里——宋茶文化专题展"、德寿宫与南宋历史文化系列及"宋韵之雅——琴器书画"系列讲座，线下线上相结合，推进南宋文化传播，共举办8场活动，220万人次观看。由杭州图书馆策划布置的"宋韵书房"展区首次亮相2021年宋韵杭式生活节。

【数字化改革提升图书馆服务水平】2021年，杭州市通过技术创新，用数字赋能图书馆各项业务发展，各区县（市）图书馆联合打造杭州地区融媒体阅读推广及线上直播平台，为用户提供智慧阅读体验。将AI技术应用在"文烁古今"中秋特辑活动中，将古籍文献中的插图变成动态图片，市民不仅可与文献互动，还可参与配音，体验活态传统文化。杭州市通过技术升级，实现长三角地区社保卡"一卡通"，长三角地区的游客凭社保卡可在杭州区县（市）级以上公共图书馆借还书，享受异地阅读资源。

（市文化广电旅游局）

博物馆

【概况】至2021年年末，杭州市有公共博物馆80个，其中国家级、省级博物馆5个。按类型分，有综合性博物馆10个，专题性博物馆、陈列馆70个。按办馆对象分，有国有博物馆50个，民办博物馆30个。

2021年，杭州市博物馆建设取得重大进展。推进杭州博物院筹建工作，初步完成建筑设计任务书。推进中国江南水乡文化博物馆改扩建、中国京杭大运河博物院（暂名）、茅湾里印纹陶博物馆建设。实施萧山博物馆基本陈列改造提升工程、中国茶叶博物馆提升工程。杭州工艺美术博物馆办公楼（杭一棉医务室旧址）修缮工程竣工。举办杭州博物馆[杭州博物院（筹）]学术委员会成立大会暨第一次全体委员会议。新设立富春江水利博物馆、桐庐桐君山中药博物馆2个非国有博物馆。

杭州博物馆新增征集藏品95组808件；杭州工艺美术博物馆新增馆藏1406件（套），其中捐赠550件（套）；杭州西湖博物馆总馆征集藏品37件；富阳区博物馆接收捐赠器物85件；临安博物馆接收移交文物9批次855件；桐庐博物馆征集历史文物及资料60件（套）；建德市博物馆征集动物标本16件。

全市各大博物馆开展各类展览和教育活动100多次，观众2700多万人次，其中青少年观众200多万人次。1个博物馆获第十八届全国博物馆十大陈列展览优胜奖。在第十五届浙江省博物馆陈列展览中，4个博物馆获精品奖，2个获优秀奖。杭州工艺美术博物馆的"趣玩大运河"青少年教育体验展入选2021年度国家文物局"弘扬中华优秀传统文化、培育社会主义核心价值观"100项主题展览推介。杭州博物馆与杭州师范大学第一附属小学合作的"宋韵游艺博物馆"项目入选2021年"全省博物馆十佳青少年教育项目"。

【博物馆建设】2021年，中国江南水乡文化博物馆改扩建项目实施。至年末，水乡馆基本完成，历史馆完成总工程量的70%，室外附属工程基本完工，计划于2022年重新对外开放。萧山博物馆展陈改造提升工程进场施工，预计于2022年年初重新开放。茅湾里印纹陶博物馆建筑主体基本完工，展览文本和设计方案基本确定，基本陈列分为印纹硬陶专题厅、古越瓷韵专题展厅、萧然古越情专题展厅，预计于2022年建成。该馆位于萧山区进化镇大汤坞新村，紧邻茅湾里窑址，为印纹硬陶专题展馆。

【中国茶叶博物馆30周年活动】2021年4月24日，中国茶叶博物馆举办建馆30周年活动，全国茶界、文博界知名人士，省、市相关部门，其他博物馆代表、各级媒体以及市民、茶友参加。活动介绍中国茶叶博物馆30年发展历程，表彰一批"30年感动

2021年杭州主要博物馆特色临时展览一览表

表46

博物馆	主要临时展览名称
杭州博物馆	“红色印记：1921—2021潮起钱塘”“‘粮道山18号计划’——杭州博物馆建馆20周年特展”“清风扇语——馆藏扇面书画精品展”“赏石记——馆藏赏石题材书画展”
杭州工艺美术博物馆	“大匠之风”大师个展系列六“叶克伟陶瓷艺术展”，“当时只道是寻常”系列展三“桃花坞与杨柳青年画展”，“美美与共”系列展三“刻艺求工——乐清细纹刻纸艺术联展”，“‘趣玩大运河’青少年教育体验展”，“庆祝建党100周年百幅剪纸作品展”，“当时只道是寻常”系列展四“千里长河·中国大运河文化主题展”，“发现杭州2021——杭州考古工作年度盘点暨出土文物展”
杭州西湖博物馆总馆	“象外之境——西湖十景与题名景观文化展”“双遗合璧——江南园林文化特展”“人间始觉重西湖：庆祝中国共产党成立100周年主题特展”“弄青影——南宋青瓷造物美学侧记”“南宋临安城的故事之临安城中行”“他是谁——探秘兰若寺大墓”“金石之味——章太炎藏金石碑帖与钱币展”“跟着苏东坡游杭州——青少年教育体验展”
中国茶叶博物馆	“甘传天下·中国茶叶博物馆建馆三十周年纪念展”“绿色黄金——17—19世纪中国和欧洲的海上茶叶贸易”
杭州京杭大运河博物馆	“追寻红色印迹，传承百年党史——杭州市党史教育基地巡展”“乐享非遗传承·庆祝建党百年——‘光影拾遗’摄影主题展”
中国湿地博物馆	“研取青光——中国竹篾文化展”“传承红色基因 践行初心使命——湿地红色印记展”“‘湿地万物生’第十届湿地主题绘画大赛获奖作品展”“‘草木有心’诗经湿地植物文化展”
章太炎故居纪念馆	“原墨寻韵——中国书画小品展”“‘翰墨颂党恩 奋斗新征程’书画展”
良渚博物院	“早期良渚——良渚遗址考古特展”“意向良渚——跨媒体艺术沉浸展”
萧山博物馆	“澎湃钱潮——钱江南岸的百年红色故事”“初心匠心：萧山革命文物修缮与利用成果展”“杭州市革命文物摄影作品展”
萧山跨湖桥遗址博物馆	“勇立潮头——跨湖桥文化主题展”
桐庐博物馆	“中国木板年画——桐庐特展”“普洱岁月，古道春秋——普洱茶马文化风情展”“庆祝建党100周年剪纸作品展”“‘桐’你‘艺’起 献礼祖国——桐庐县教育系统庆祝建党100周年师生美术作品展”“桐庐党史百年大事主题展”“先哲——章太炎先生生平展”
富阳博物馆	“百年征程——庆祝中国共产党成立100周年特展”“发现杭州2020——杭州考古工作年度盘点暨出土文物展”“问源富春 山居寻茶——富阳茶文化特展”“向阳而生——2021杭州公望少儿美术作品展”“科学与艺术——《集古学社》院士学者书法展”
临安博物馆	“中国木版年画精品展”“选择——钱学森的初心与信仰展”“天目丰碑——临安不可移动红色文物图片展”“‘红色印记’杭州市革命文物摄影作品展”“清风隽永——明清江南扇面精品展”“润物锡无声——传统锡器匠艺文化展”
淳安博物馆	“‘百印迎春’北京大学校友书画协会·苏州亭林印社篆刻作品交流展”“红色之旅，红色回响——庆祝建党100周年淳安红色资源特展”“张功华书法作品展”
建德市博物馆	“薪火相传百年路，建功立德新征程——建德市庆祝建党100周年主题图片展”“唐音铿锵音乐文化展”“晨晓的色彩世界”“自水而生，承水之德——新安江水力发电厂藏品展”“寿再生国画作品展”“江月清晖中国书画百家展”

中茶博人物”，举办“百年古树·拾年拾香”品鉴会，中国茶叶博物馆和浙江树人大学签署《“文化传创·产教融合”战略合作协议》。当天，“2021聚焦中茶博展望茶未来”发展论坛在浙江梅地亚新闻交流中心举行，全国茶文化及博物馆专家从“茶产业发展、茶文化研究与传播”等方面进行解读和分享。

【杭州博物馆建馆20周年活动】2021年11月12日，杭州博物馆举办建馆20周年活动。省文物局、市园文局、杭州国际城市学研究中心（杭州研究院）、其他文博单位负责人、杭博理事会理事和学术委员会委员、藏家代表、新闻媒体、共建单位、志愿者以及合作单位代表参加开幕式。开幕式上，播放杭州博物馆20年历程短片；回顾20年来社会捐赠情况，介绍“百万收藏”计划进展；阐释粮道山18号特展的策划理念与构思；开启“杭州人的第一课”文化推广战略合作；与成都博物馆、苏州博物馆、深圳博物馆、天津博物馆达成共建意向。“粮道山18号计划——杭州博物馆建馆20周年特展”同日开幕。

【“勇立潮头——跨湖桥文化主题展”获全国十大陈列展览优胜奖】2021年5月18日，由国家文物局指导，中国博物馆协会、中国文物报社主办的第十八届全国博物馆十大陈列展览精品推介活动颁奖仪式在首都博物馆举行。萧山跨湖桥遗址博物馆的“勇立潮头——跨湖桥文化主题展”获优胜奖。展览在原有基本陈列的基础上，围绕中共中央总书记习近平提出的浙江精神核心要义，从跨湖桥文化中提炼总结“勇立潮头”主题，分为“勇立潮头”主展厅、“中华第一舟”水下遗址原址保护厅和部落学校3个部分。

【全国青少年创意剪纸大赛】2021年，全国青少年创意剪纸大赛沿用双赛区赛制，杭州赛区以“红色印记——中国共产党成立100周年”为主题，由市园文局、市文明办、市教育局联合主办；全国赛区以“红色印记·童心向党”为主题，联合中华文化促进会剪纸艺术委员会主办。两大赛区共收到剪纸作品1875幅，参赛地区涉及30个省（自治区、直辖市）。7月16日，“红色印记·庆祝中国共产党成立100周年青少年创意剪纸大赛优秀作品展”在杭州市民中心展出。12 月 26 日,“红色印记·童心向党”青少年创意剪纸大赛成果展在杭州中国刀剪剑博物馆大厅开幕,对赛事成果进行宣传推广。4—11 月,杭州工艺美术博物馆开展“红色印记·青少年创意剪纸大赛优秀作品展”系列活动共 20 场。

【杭州市中小学生陶艺大赛】2021 年 4 月,第十四届杭州市中小学生陶艺大赛启动。大赛主题为“红色印记”,收到来自 92 所学校选送的 194 组参赛作品,其中小学组 107 组、初中组 87 组。最终评选出 99 件获奖作品,其中:一等奖 11 件,二等奖 27 件,三等奖 58 件,最佳工艺奖、最佳创意奖、最佳组合奖各 1 件。

【青少年西湖明信片设计大赛】2021 年 6 月,第十届青少年西湖明信片设计大赛启动。大赛主题为“红色印记”,近 200 所学校及美术机构参加,收到参赛作品 1 万多幅,评选出获奖作品 416 幅,其中特等奖 2 个、一等奖 22 个、二等奖 71 个、三等奖 87 个、优胜奖 234 个。

【“童画杭州名人”主题绘画大赛】2021 年 10 月,第十二届“童画杭州名人”主题绘画大赛启动。大赛主题为“红色印记”,以杭州红色历史名人故事结合“西湖西溪红十景”为创作背景,吸引 115 所中小学校参与,收到作品 1500 多幅,评选出一等奖 15 个、二等奖 30 个、三等奖 75 个、优胜奖 90 个。（章珠裕）

文　物

【概况】至 2021 年年末,杭州市有世界遗产 3 处、全国重点文物保护单位 48 处、省级文物保护单位 93 处、市（县）级文物保护单位 542 处、市级文物保护点 508 处。2021 年,杭州市部分行政区划优化调整,市、区县（市）两级文物管理机构发生重大变化。区县（市）文物管理部门全部增挂文物局牌子。文物机构编制增加,市园文局增加行政编制 5 人,增设文物安全监管处。市文物考古研究所增加编制 25 人。杭州市出台《杭州市关于加强文物保护利用改革实施方案（2021—2025 年）》《杭州市文物博物馆事业发展“十四五”规划》;开展全市文物安全大排查大整治大提升攻坚行动,文物安全责任人公告公示全面落实;策划“追寻杭州红色印记,推进七个一工程”主题系列活动;启动第七批市级文物保护单位申报推荐工作;编制《第六批市级文物保护单位用地保护规划》《杭州市文物保护点用地保护规划（二期）》,修改完善《杭州市国土空间规划文化遗产专项规划》《省级文物保护单位杭州钱塘和萧绍海塘（杭州段）保护规划》,启动《杭州西湖文化景观保护管理规划》修编;完成石窟寺调查专项工作。全年受理文物和历史建筑方案审查 146 件,办结行政许可 70 件、备案 52 件。实施乡土建筑保护工程,安排专项资金 2121.8 万元,修缮 68 处乡土建筑。

全年完成考古勘探项目 537 个,勘探面积约 1153 万平方米;完成考古发掘项目 33 个,发掘面积 3 万余平方米,清理墓葬 417 座、窑址 6 座,出土器物标本 5406 件（套）;完成文物修复 200 件（组）。完成建德 320 国道改道、大同古城、萧山区浦阳镇先秦时期文化、桐庐地区新石器时代文化考古调查。完成钱江经济技术开发区、余杭经济技术开发区、桐庐经济开发区区域文物评估。南宋临安城遗址、南宋官窑遗址入选“百年百大考古项目”,杭州余杭跳头遗址、富阳新登古城遗址入选“2021 年度浙江考古重要发现”。

【德寿宫遗址保护展示暨南宋博物院（一期）工程】2021 年,杭州市推进德寿宫遗址保护展示暨南宋博物院（一期）工程。工程于 2020 年 12 月 28 日开工,计划于 2022 年完工。至 2021 年年末,完成中西区土建地下部分和地面钢结构的主体部分,室内展陈完成施工招标。

【吴越国王陵考古遗址公园建设】2021 年,杭州市继续推进吴越国王陵考古遗址公园建设。太庙山区块工程完成并于 8 月 16 日开园。至年末,功臣山区块项目推进中,塔山路街区区块商业街提升改造工程完成概念性方案设计,塔山路道路提升改造工程正在建设,城址展示馆开展设计方案公开招投标。

【跳头遗址考古发掘项目】2020 年 7 月至 2021 年 12 月,杭州市对位于余杭区中泰街道跳头村的跳头遗址进行考古发掘,发掘面积约 3000 平方米。跳头遗址文化层年代从良渚文化时期延续至春秋时期,出土遗物 500 多件。在发掘区西北部的红烧土堆积中出土多件石范。

【祝家桥遗址考古发掘项目】2021 年 4 月,杭州市基本完成对位于萧山区蜀山街道祝家桥社区的考古发掘,发掘面积 1.09 万平方米。发掘项目基本明确祝家桥遗址为一处良渚文化至明清时期的基层聚落遗址,出土遗物 800 多件。

【古海塘遗址考古发掘项目】2021 年 4—12 月,因京杭运河浙江段三级航道工程涉及古海塘迁移保护,杭州市对位于临平区乔司街道东湖高架路与杭海路（外翁线）交叉口东南侧牛角村的古海塘遗址进行考古发掘,发掘面积约 4300 平方米。发现老土塘、石塘、柴塘和范公塘 4 条平行海塘,这是杭州地区历年考古发现中规模最大、整体结构保存最完整的古海塘,并首次发现沉船遗存。

【净慈寺遗址考古发掘项目】2021 年 5—12 月,杭州市对位于西湖景区南屏山中峰慧日峰下的净慈寺遗址进行考古发掘工作,发掘面积 3000 平方米。遗址年代从五代时期至明清时期,出土 650 多件标本。四层下发现一组建筑遗迹,结构清晰,主要由八边形夯土台基、天井、连廊、踏步、散水、排水沟等组成。

【径山古墓葬和古窑址考古发掘项目】2021 年 5—12 月,杭州市对位于余杭区径山镇西山村的古墓葬和古窑址进行考古发掘。清理古墓葬 76 座、古砖窑 5 座,出土遗物 369 件。其中:M28 是迄今为止浙江地区发现的规模最大、结构最复杂的东汉砖室墓,M61 首次考古出土“蚩尤辟兵钩”实物。

古海塘遗址柴塘迎水面（摄于 2021 年） （市园文局 供稿）

【天目窑谢家一号窑址考古发掘项目】2021 年 7—12 月，杭州市对天目窑谢家一号窑址进行考古发掘。项目位于临安天目窑遗址群分布区西区松毛坞内，是一处宋元时期瓷窑遗存。发掘面积 800 平方米，揭露相互叠压的窑炉 2 座，出土遗物有青瓷、黑釉瓷、窑具等。

【新登古城遗址考古发掘项目】2021 年，杭州市对位于富阳区新登镇的新登古城遗址继续进行考古发掘。发掘南门遗址、西门遗址，新发掘东门遗址、小东门遗址、停车场发掘区（县学），出土大量唐五代至明清时期陶瓷器、建筑构件和城墙砖等遗物。新登古城墙为市级文保单位，是目前浙江省内保存最完整的古城墙之一。

【文物安全监管】2021 年，杭州市开展文物执法检查，出动 3743 人次，检查文博单位 1764 个，办理文物行政违法案件 6 件，其中整改结案 2 件、行政处罚 4 件，罚款 60 万元。破获文物犯罪案件 5 起，抓获嫌疑人 9 名，追缴文物 32 件。开展全市文物安全大排查大整治大提升攻坚行动，开展春节前、劳动节、安全生产月等关键节点文物安全大检查和文物“双随机”检查，开展革命文物消防安全和古民居类文物建筑火灾隐患专项整治行动。在全市推广文物建筑“智慧消防”系统。全市 683 处市级以上文保单位、325 处一般不可移动文物、33 个文物收藏单位、11 处临时文物库房和 19 处考古发掘工地落实文物安全直接责任人公告公示。

【文物宣传活动】2021 年，市园文局主办的“让文物活起来”主题宣传活动获 2021 年度中华文物全媒体传播精品（新媒体）推介项目奖。市园文局联合“杭州网”，推出“红色印记”网络宣传平台。5 月 18 日“国际博物馆日”，杭州博物馆举办“跟着邮票游杭州”“丹青墨香，纸上流年”线上线下活动，杭州西湖博物馆总馆举办“双遗合璧——江南园林文化特展”。6 月 12 日，杭州市“2021 文化和自然遗产日”活动暨“红色印记——庆祝中国共产党成立 100 周年杭州市革命文物摄影作品展”在杭州工艺美术博物馆举行，仪式上发布 30 条“杭州市红色精品研学线路”。

（章珠裕）

【“杭州文物轻科普”系列短视频发布】2021 年 7—10 月，市文化广电旅游局选取浙江省博物馆、良渚博物院、中国丝绸博物馆等在杭博物馆代表性文物元素，制作“杭州文物轻科普”系列动画短视频。短视频分为《良渚人的“日记”》《吴越国的“祈愿塔”》《宋人的“摩登”生活》《明朝出口的“爆款”》4 个篇章，于国庆期间在新华网、“抖音”、杭州文旅海外社交媒体平台进行发布，点击量超过 1994 万人次。

【“杭州宝贝过大年”互动活动】2021 年 2 月 9—25 日，“杭州宝贝过大年”互动活动举行。活动主题为“云拜年、秀宝贝、嬉新春”，选取省级、市级 8 个博物馆代表性文物元素，线上推出专属拜年帖、云上看展览、文物趣味动画视频等内容，线下开展创意作品征集、博物馆打卡等活动。 （市文化广电旅游局）

档　案

【概况】2021 年，杭州市档案部门围绕中心大局，发挥档案工作在服务党史学习教育中的作用，以数字化改革为牵引，推进档案工作流程和制度完善。至年末，全市有 14 个综合档案馆和 1 个市城建档案馆，总馆藏档案 443.4万卷 329.02万件，资料 21.07 万册 1795GB，实物档案 8.69 万件。市档案馆馆藏纸质档案 174.08 万卷 66.23 万件，电子档案 2135.07GB，实物档案 5.43 万件，馆藏资料 2.63 万册。

全年全市档案新馆建设扎实推进。市城市档案中心项目有序推进，临安新馆建成并投入使用。

【档案服务建党 100 周年活动】2021 年，杭州市档案部门发挥红色档案在传承红色基因方面的价值，助力党史学习教育。市档案馆承办“建党百年，初心如磐——长三角红色档案珍品展”和“百年恰是风华正茂”主题档案文献展，近 1 万人次参观。联合杭州日报社举办“百年·百姓·百档——家庭记忆见证钱塘潮涌”系列活动，发布故事 30 多篇，网络点击量 160 多万人次。组织拍摄《道路夷险，光明靠党——档案记录杭州战“疫”红色故事》宣传片，入选“凝百年之辉，筑兰台之梦”全国档案系统庆祝中国共产党成立 100 周年百部微视频展播作品。6 月 24 日，市档案局、市档案馆联合举办“倾听档案中的红色回音”——杭州红色档案故事展示会，以现场采访、视频分享、网络直播等方式展示红色档案背后的故事，追寻红色记忆。西湖区开展以“庆建党百年，忆红色初心”为主题的系列宣传活动。临平区举办“百年百忆”主题展览，同步开展“童心向党”第二课堂活动。桐庐县举办“不忘初心、牢记使命——桐庐党史百年大事主题展”，5万余人次观展。

【重点工作档案收集利用】2021年，杭州市各级综合档案馆贯彻落实国家档案局关于做好脱贫攻坚和疫情防控档案工作（简称“两类档案”）要求，归集“两类档案”记录发展成就。市档案馆接收市疫情防控指挥部2020年疫情防控档案3700多件，征集西溪医院、机场专班疫情防控档案300多件，采集包括市交通运输局、市卫生健康委等单位共27的人口述档案，接收两地帮扶工作队实体和电子档案1.2万件（张）。全市各级综合档案馆均建成“两类档案”专题数据库，归集档案14.6万件，确保“两类档案”应收尽收、应归尽归。

市档案部门服务宪法宣传教育，市档案馆协助“五四宪法”历史资料陈列馆征集到中央档案馆关于“五四宪法”起草讨论过程等珍贵档案复制件20件。与市保密局联合编制工作标准和规范，研究确定第二批拟开放鉴定档案125件、1476页，对市人大常委会办公厅、市政协办公厅、市委宣传部等14个归口单位进行业务培训与指导。6月29日，市档案馆与市人大常委会办公厅、市保密局等联合举办“‘五四宪法’的杭州记忆——‘五四宪法’历史档案解密工作阶段性成果展”。

【依法治档】2021年，市档案局深化档案依法治理，组织新修订档案法的培训、解读和宣传活动，启动《杭州市档案管理条例》等地方性法规、规章和规范性文件的立改废释工作。开展档案行政执法和监督检查，加大对市直属各单位和档案服务企业的监管力度，对脱贫攻坚、疫情防控等重点工作开展专项检查。拱墅区档案行政执法检查事项监管覆盖率和“双随机”执法检查事项覆盖率达到100%。萧山区利用“浙政钉”App掌上执法平台，完成区级部门、乡镇（街道）、重点建设项目和档案服务企业执法事项全覆盖，富阳首次面向基层一线村（社区）档案员开办档案管理岗位培训班。临安实行档案服务企业、项目实施双登记备案制度。桐庐针对重大活动、重点项目、重大行政决策档案管理和档案数字化加工等执行“双随机”检查4次、重点监管检查4次。建德市机关、乡镇档案持证上岗率达100%。

【档案数字化改革】2021年，市档案部门贯彻落实省、市数字化改革会议精神，制定《以数字化改革推进杭州档案工作整体智治实施方案》，以问题清单、需求清单和改革清单为突破口，推进业务和流程改进，建成一中心、三平台、多服务的“1+3+N”市域一体化数字档案智慧服务平台，开发“杭州档案工作智治门户”和“档案进馆一件事”业务应用场景，推动档案行政监管和档案馆核心业务实现智能化闭环管理。全市14个国家综合档案馆建成“查档直通车”场景，纵向上实现从市本级到村（社区）一贯到底的档案查询利用服务，被评为杭州市“民呼我为”最佳案例；横向上实现机关单位在线直接查阅馆藏历史档案数据和档案原文，推动机关内部“一件事”集成改革迭代升级、延伸扩面。9月24日，杭州市档案数字化改革工作情况在全省档案系统数字化改革第二次工作专班视频会议上做交流发言。余杭区依托“浙里办”开发建设“掌上查档”应用，实现查档申请、认证、查阅“掌上办”；富阳区以“人生档案一件事”为场景开展人生档案专题数据库建设；市城建档案馆电子文件单套归档和电子档案单套管理通过全国试点验收。

【档案公共服务】2021年，杭州市综合档案馆和市城建档案馆共接待档案利用6.91万人次55.25万卷（件）次；市档案馆接待档案利用4773人次1.51万卷（件）次。

市档案馆推进制度建设、环境优化、服务提升等工作，拓展服务模式，实现全市婚姻、职称、退伍军人等民生档案一站式查档。服务长三角区域一体化发展国家战略，与哈尔滨市、南昌市等地档案馆签订异地查档协议，参与推进婚姻登记、知青等民生档案资源共享利用。全年办理异地查档、跨馆服务299件，群众满意率100%。推进“网上可办”全覆盖。全年接待网上查档2203件，网上咨询121件，电话咨询1680人。上城区档案馆打造“两点一线”查档服务体系，网上查档和咨询人次比上年增长60%。淳安通过山林延包档案7.93万条文件级档案的资源共享，为全县农村集体“三资”管理数字化改革工作提供便利。

【档案基础业务建设】2021年，杭州市档案工作服务农村基层社会治理国家级、省级试点工作推进。余杭区、临平区通过档案工作服务农村基层社会治理国家级试点验收，拱墅区、萧山区、富阳区、建德市通过省级试点预验收。编制《杭州市档案事业发展“十四五”规划》，于9月1日由市委办公厅、市政府办公厅印发。全市13个区县（市）均制定出台“十四五”档案事业发展规划或实施意见。全市馆藏档案资源持续丰富，市档案馆完成杭州美华医院、滨江妇幼保健院、仁德医院等8个单位出生医学证明档案接收进馆工作。第十五届“杭州印象”纪实摄影作品征稿活动举行，征集到反映杭州城市文明建设、社会文化发展和庆祝中国共产党成立100周年活动等各类照片7000多张。加强红色档案、“四史”档案和“重要窗口档案”征集，征集到作家黄亚洲红色作品档案、照片及视频材料1.3万件，新四军金萧支队队员李伏雨个人档案等资料。萧山区征集到中国共产党成立100周年各类红色档案资料3000多件。滨江区接收进馆婚姻档案5673件、文书档案544卷。临安区接收征集中国共产党成立100周年荣誉档案1000多项，接受捐赠的特色档案资料近4000件。

【档案人才队伍建设】2021年，市档案局、市档案馆联合制定《杭州市档案人才发展“十四五”规划》，实施“人才强档工程”，组织全市各类档案专业知识技能培训班，开展从事档案工作20年、30年荣誉证书颁发工作。举办“我们”论坛暨党办系统档案业务技能比武大赛，组建杭州代表队参加全省档案职业技能大赛，获团体一等奖、总分第一名，2名队员获个人二等奖、单项考核奖。强化档案科研创新，市档案局、杭州互联网法院、浙江大学合作的课题“互联网法院电子卷宗单轨制归档及四性保障机制研究”通过国家档案局专家组验收，市档案馆信用档案管理模式研究被国家档案局评为优秀科技成果三等奖，“基于安全的档案痕迹定位跟踪系统研究与应用”“OCR+NLP 技术在档案数据化中的研究与实践”2 项课题获国家档案局立项。（周道彩）

群众文化

【概况】2021 年，市文化广电旅游局面向全市村（社区）配送文艺演出 258 场，其中戏曲 120 场、综艺 77 场、歌舞 61 场，在保持“你点我演”特色的同时，推广“我送你秀”模式，邀请当地群文团队参与配送演出。邀请演出院团创排 10 场环保专场演出，节目融入迎亚运、防邪教、法治宣传、健康宣传等主题。引导区县（市）开展文化下乡活动，全市送戏下乡 5857 场、送书下乡 111.76 万册、送讲座展览 9498 场，举办线上文化活动 5943 场次，2566.7 万人次参与。各地围绕中国共产党成立 100 周年开展各类庆祝活动 1000 多场，其中线上和线下参与人数在 1 万人以上的活动有 20 多场，600 万余人次参与。（市文化广电旅游局）

【杭州文化品牌塑造】2021 年，杭州市成功申请第十八届、十九届、二十届中国戏剧节主办权。举办 2021 年杭州新年音乐会、“我们的中国梦——文化进万家”和“留杭过大年，邀您看大片”等系列文化活动。围绕中国共产党成立 100 周年，举办杭州国际音乐节、“西湖之春”艺术节、杭州戏剧节、“永远跟党走”“十个一百”系列活动、“百年风华，千秋伟业”诗书画印联展等活动。“永远跟党走”“十个一百”系列活动整合宣文系统资源，与区县（市）联动，通过理论宣讲与文艺演出、电影放映、电视剧欣赏、学习阅读、云上展播、文艺下基层等形式，以“线上＋线下”多渠道推送，扩大党史宣讲的影响力和覆盖面。（钱　康）

【文化基因解码和浙江文化标识培育推进】2021 年，杭州市 13 个区县（市）和西湖风景名胜区全部通过文化基因解码省级评审，萧山区、上城区、富阳区、钱塘区、拱墅区 5 个区获评优秀等次（占全省优秀等次数的 17.9%）；全市 52 个项目获评优秀解码项目（占全省优秀项目数的 14.4%）。在首批 100 项“浙江文化标识”培育项目中，杭州市有 16 个项目入围，占全省入围数的 16%，其中富阳区和临安区各入围 2 个。

【公共文化服务示范创建】2021 年，余杭区径山镇（茶文化）被文化和旅游部命名为“2021—2023 年度中国民间文化艺术之乡”，4 个乡镇（街道）被评为浙江省民间文化艺术之乡。临平区政府、余杭区政府被列入浙江省第一批公共文化现代化服务先行县创建（培育）名单，桐庐县“文化艺术赋能乡村建设项目”被列入浙江省第一批公共文化服务领航项目创建名单。全市有 4 个乡镇（街道）被评为 2021 年省级文化强镇，18 个村（社区）被评为 2021 年省级文化示范村（社区），26 户获评省级示范户，48 人获评省级乡村文化能人。余杭区的“文旅融合下公共文化服务精准扶贫的‘余杭样本’”被列入第四批浙江省公共文化服务体系示范区项目名单。全市有 13 个公共图书馆进入全省满意图书馆达标名单；1 个图书馆、1 个文化馆、3 个乡镇文化综合站、16 个农村文化礼堂入选浙江省公共文化场馆服务功能拓展先行先试单位。在第七次乡镇街道综合文化站评估定级中，全市 191 个乡镇（街道）有 68 个文化站被定为特级站、83 个文化站被定为一级站，合计占全市文化站总数的 80%。

【“三江”歌手大赛】2021 年 3 月，第二十六届“三江”歌手大赛启动，7 月 26—29 日在淳安县举办总决赛和颁奖晚会。其间，区县（市）举办公开选拔赛 13 场，参与歌手 3000 多人，宣传报道 30 多篇，专题网站浏览量 12 万人次。“三江”歌手大赛于 1987 年创办，每两年举办一届，秉持“推新人、出新作”理念，由各区县（市）文化馆牵头举办歌手选拔赛，发掘民间歌手，累计推出 1400 多名民间歌手和 300 多部原创作品。

【杭州“十二 Yuè”文化跨年活动】2021 年元旦期间，市文化广电旅游局举办杭州“十二 Yuè”文化跨年活动。推出“阅”“悦”“乐”“越”4 个主题，设置“与大咖共读一本书”“宋韵‘潮’玩夜”“总有一种声音打动你”“共迎亚运新年”等环节。其间，收到市民朗读视频 200 多个。跨年夜直播推出由杭州市民推荐的“2022 杭州书单”，共 50 本图书。这是杭州首次推出文化跨年活动并进行网络直播。（市文化广电旅游局）

文学艺术

【概况】杭州市文联实行团体会员制，至 2021 年年末，有团体会员 50 个，包括作家协会、美术家协会、书法家协会、戏剧家协会、音乐家协会、舞蹈家协会、摄影家协会、民间文艺家协会、曲艺家协会、杂技家协会、电影电视家协会、文艺评论家协会、网络作家协会、文艺志愿者协会 14 个直属文艺家协会，13 个区县（市）文联，公安文联、公交文联、消防文联、城管文联、青年文联、城市学院文联等行业和高校文联，以及 17 个其他团体会员。14 个直属文艺家协会有会员 9800 多人。全年认定杭州市高层次人才（文艺类）38 名，评选出第十一批市文联青年文艺人才 35 名。制定《杭州市文艺工作者职业道德公约》，成立文艺工作者职业道德建设委员会。围绕“会员管理服务”和“群众艺术共享”两个核心业务，建设“数智群团”“文 e 家”独立应用场景，把文艺界会员服务管理的功能、群众参与艺术活动的资源和途径，通过数字化手段向手机端延伸。

2021 年，杭州文广集团推进文化体制改革，深化国有文艺院团“一团一策”改革，落实扶持政策，健全院团制度，激发院团活力，形成“出人、出戏、出效益”局面。集团所属文艺院团围绕中国共产党成立 100 周年重大主题进行艺术创作。杭州演艺集团牵头市属文艺院团创作演出一批原创红色主题文艺作品。文艺院团全年获国际级奖项 6 个、国家级奖项 19 个、省市级奖项 64 个。杭州文广集团不断提升杭州国际音乐节、杭州戏剧节、新年音乐会等城市文化品牌影响力。配合重大文化活动进行宣传报道，策划文博会“抖音”平台“创意精斗云”等项目，扩大品牌影响。集团所属文艺院团参与“新春欢乐送”“文化走亲”“文化进万家”等公益演出，全年演出1000多场。新农村数字电影院线做好全市农村电影影片供给服务、电影放映GPS/GPRS平台监管等工作，放映影片661部、2.7万场次，186.9万人次观影。（市文联 杭州文广集团）

【文艺人才培养】2021年，杭州文广集团探索文艺院团联合培养文化人才机制。杭州越剧传习院与浙江艺术职业学院联合开设“2021级越剧表演班”。杭州滑稽艺术剧院开办杭剧传承人群研培班，做好“传帮带”，建立曲艺后备人才库。杭州话剧艺术中心选送艺术骨干到上海戏剧学院等单位培训提升。杭州爱乐乐团向全球招募文艺人才，加大高层次文艺人才培养和引进力度。（邹 争）

【文艺基层组织建设】2021年，市文联加强“文艺两新”引领，注重“文艺两新”人才政治安排、荣誉安排的推荐工作，承办中国文联“文艺两新”座谈会，拓展“文艺两新”工作覆盖面，成立市级文艺两新发展促进会。加强基层建设，扩大文联组织的覆盖面，萧山区文联、滨江区文联、市戏剧家协会作为成绩突出集体获省文联通报表彰。

【文艺精品创作】2021年，杭州市入选“浙江省文化艺术发展基金”创作项目9个，入选市“文艺精品扶持工程”创作项目14个；征集市文联文艺精品工程创作项目126个，列为扶持项目25个。围绕中国共产党成立100周年组织创作《红船起航》《毛泽东在杭州的77天》等党史题材文艺作品，编辑出版《西湖》增刊——《庆祝中国共产党成立100周年》专号，广播剧《红船·初心》在中央人民广播电台播出。完成《最美是杭州》第二辑的创作编纂，出版长篇纪实文学《我有一条江》《逆流而上的力量》，长篇小说《湖山之间》《中国农民城》《过往》《淡妆浓抹总相宜——杭州文艺家访谈录》等文学作品。136项（人）优秀作品和优秀艺术家获省级以上奖项，获中国杂技金菊奖、第三十一届中国新闻奖特别奖等奖项。

【文艺主题活动】2021年，市文联组织一系列重大文艺主题实践。围绕庆祝中国共产党成立100周年主题，开展系列文艺活动100多场次。举办“百年风华，千秋伟业”诗书画印联展、“百名戏剧人歌颂党”大型戏剧晚会等活动。组织各类主题文艺实践活动，举办白马湖杯全国网络文学评论大赛、钱潮杯青年创意家全国网络文艺评论大赛、第十八届“西湖杯”全国青少年征文大赛、第二届“西湖文学周”等系列活动，举办首届杭州杂技魔术民间达人秀、第九届杭州大学生戏剧节，首次承办浙江青年电影周。

【文艺志愿服务】2021年，市文联完善“到人民中去”主题实践常态化机制，推动文艺工作者服务基层。组织“百支文艺轻骑兵在行动”活动，到基层开展文化惠民活动533场，1600多名文艺志愿者参与服务，线下受益群众9.7万人次，线上受益群众27.7万人次。其中，“文艺播种计划”开展线下活动448场，线下受益群众5万余人次，线上受益群众12万余人次。助力疫情防控，以文艺形式宣传抗疫知识，致敬“最美逆行者”；抗击台风期间，组织一批红色主题影片到避灾安置点放映，组织文艺志愿者送演出，惠及安置点群众6500多人次；助力教育“双减”，开展优秀传统文化进校园等文艺志愿服务，举办“未来舞蹈家”第四届杭州市少儿舞蹈展演、杭州青少年电影美育周等活动。

【杭州市文联第九次代表大会】2021年6月24—25日，杭州市文联第九次代表大会召开。大会总结回顾过去5年市文联开展的工作和取得的成绩，明确今后5年的工作目标和具体安排。审议通过市文联第八届委员会工作报告和修改后的市文联章程，选举产生市文联第九届委员会和主席团。竹雄伟当选市文联第九届委员会主席。（蒋卓斌）

【杭州演艺集团稳步发展】2021年，杭州文广集团以做强做大杭州演艺集团为重点，引进优质剧目，演出超过1000场次。演艺集团不断拓展剧场资源，加强区域合作，与宁波日报报业集团、浙江艺术职业学院、宁波市演艺集团、中国国家话剧院等深化战略合作，杭州演艺剧场联盟所辖剧场达14个。演艺集团服务文艺院团，推出“新春演出季”活动，助力“花开正当时·西子国乐”专场音乐会和杭州爱乐乐团全国巡演。

【“名团名校艺教融合”战略合作】2021年8月5日，杭州演艺集团和市教育局举行“名团名校艺教融合”战略合作签约仪式，双方将通过建立长效合作机制，提升杭州市中小学生的艺术素养和教育质量。合作内容包含名团名校结对共建、进校园普及传统文化、研发艺术教育品牌课程、合作打造艺术节庆品牌、高雅艺术进校园、建立艺术创演联动机制6个方面。签约仪式现场，6个市属文艺院团分别与杭州第二中学、杭州学军中学、杭州第十四中学、杭州人民职校、杭州中策职业学校等学校的艺术团组成分团的结对共建。结对之后，彼此建立长期合作计划，专业团队对中小学生艺术团的日常排练、团队管理、节目创编、演出平台等提供指导。

【“贺牛年新春、迎百年大庆”云演艺活动】2021年1月27日至2月26日，杭州演艺集团和6个市属文艺院团开展“贺牛年新春、迎百年大庆”云演艺活动，以“云上欢乐送”方式推出一系列文艺节目。活动全程在新媒体端和电视端同时推出。新媒体端以“杭州之家 ”App和杭州演艺集团微信公众号为主平台，同时推送至“今日头条”“央视新闻”“新华社现场云”“网易新闻”等平台。电视端以杭州电视台西湖明珠频道和导视（文化）频道为主平台。活动重点为3场云端直播晚会，即云演艺活动新闻发布会暨启动仪式、“我们的‘云村晚’”云直播以及云端元宵晚会。

【话剧《红船·追梦》展演】2021年4月23—25日，由杭州演艺集团、杭州话剧艺术中心出品创排的情景诗话剧《红船·追梦》作为“演艺大世界”首届长三角城市戏剧节展演作品之一，在上海的中国大戏院演出，献礼中国共产党成立100周年。《红船·追梦》讲述一名当代年轻人参观嘉兴“红船”时，与中国首位《共产党宣言》翻译者陈望道发生的跨越时空的交流。该剧自2017年首演以后，累计有1000多个单位、2.2万人次观看。

【魔术《牌·魂》获金菊奖】2021年5月1—5日，第十一届中国杂技金菊奖全国魔术、滑稽比赛在深圳欢乐谷举行。杭州杂技总团演艺有限公司肖兵表演的原创魔术节目《牌·魂》获中国杂技界最高奖项金菊奖。《牌·魂》节目在传承中华传统文化的基础上，将徒手牌技巧与传统川剧变脸艺术融合。

【“你是灯塔”音舞诗画主题晚会】2021年6月5—6日，杭州江南丝竹南宋乐舞传习院创排的大型音舞诗画主题晚会“你是灯塔”在杭州演艺·红星剧院上演。晚会分5个篇章，以一个红色家庭第四代人的讲述为主线，通过重温党的重要历史节点，对各历史时期的篇章进行承上启下的串联和演绎，用舞、歌、乐及视频影响等多种艺术表现手法，展现中国共产党100年来带领人民进行革命、建设、改革、复兴的历程。

【春季杭州文物古玩艺术品交流博览会】2021年6月18—20日，春季杭州文物古玩艺术品交流博览会在杭州维景国际大酒店举行。现场设置古董文玩展区和专场拍卖区，设119个展位，近30个国有文物商店和100多个行业古玩商参展。开幕式现场，西泠书画院向主办方赠送为博览会创作的作品，杭州市拍卖行有限公司、杭州市燃气集团绿色能源体验中心进行合作签约，双方将共建杭州燃气陶瓷文化展厅与绿色艺术会客厅。开幕式之后，第八届文广雅集活动举行。

【庆祝中国共产党成立100周年交响合唱音乐会】2021年6月25日，

2021年6月5—6日，“你是灯塔”主题晚会在杭州演艺·红星剧院上演

（杭州文广集团 供稿）

信仰的旗帜——庆祝中国共产党成立100周年交响合唱音乐会在杭州奥体中心举行。音乐会由市委、市政府主办，以“百年风华、千秋伟业”为主题，分序曲、“激荡青春追寻”、“浴血青春奉献”、“奋斗青春前进”、“壮丽青春改革”、“永恒青春复兴”、尾声7个篇章，近1000名演职人员通过领唱合唱、配乐诗朗诵、交响乐演奏、器乐演奏等艺术表现形式，再现中国共产党从成立到成长壮大，带领中国人民取得一系列伟大胜利，最终走向中华民族伟大复兴的历程。

【“悦动杭州”文化演出活动】2021年，“悦动杭州”文化演出活动在杭州各处演出超过100场。国庆期间，“悦动杭州”10多支表演团队在西湖、运河、良渚3个世界遗产地和热门景区商圈、客运场站进行4场户外民乐专场音乐会及23场快闪演出，获中央广播电视总台《新闻联播》节目报道。10月22—24日，“悦动杭州”推出“越”咏之江，由“梅花奖”演员领衔的专业演出团队沿钱塘江、富春江、新安江推出10场演出活动。

【杭州戏剧节】2021年9月16日至10月2日，第十届杭州戏剧节举行。戏剧节由市委宣传部、杭州文广集团主办，设置6个板块的21部剧目和43场演出，4万余名观众观看演出。戏剧节与多个平台开启艺术共建共享模式，与北京国际青年戏剧节、齐长城乡村艺术节、宁夏青年戏剧节和江南青年戏剧节合作联盟，共享优秀剧目资源。戏剧节期间，举办艺术现场、快闪朗诵、戏剧沙龙、工作坊、讲座等活动20多场，8万余人次参与。

【魔术谍战剧《明家大小姐》公演】2021年10月24日，由杭州演艺集团、杭州杂技总团演艺有限公司出品，国家一级演员、中国杂技“金菊奖”金奖获得者李洁主演的大型原创魔术谍战剧《明家大小姐》在杭州蜂巢剧场公演。该剧为庆祝中国共产党成立100周年献礼剧目，总时长约90分钟，为魔术表演艺术开拓题材范式。该剧为国家艺术基金2020年度资助项目和浙江文化艺术发展基金2020年度资助项目。（邹　争）

【“西湖之春”艺术节】2021年5月21日至6月18日，“西湖之春”艺术节举行，推出3个板块的26个公益免费观演观展项目。通过“本地+外邀”的模式，组织杭剧《结发缘》等10部剧目展演；通过“展览+讲坛”的模式，策划“‘百年浙派书画’藏品联展”等5场主题书画展和雅集活动，以及5场不同艺术门类的名家讲堂；通过“大节套小节”的模式，同期举办“最美歌声献给党”——首届中国杭州合唱指挥大会暨合唱艺术节等节庆或赛会活动。艺术节组委会在各板块单独设置“舞动红韵”原创剧目展演、“红曲声动”致敬经典民乐演奏等红色主题单元，突出庆祝中国共产党成立100周年主题。艺术节期间吸引6.7万人次观演观展和参与网络互动活动。

【“‘艺’起过大年”剧目云展活动】 2021年2月4—27日，“‘艺’起过大年”剧目云展活动举行。发动杭州艺术学校、杭州黄龙越（杭）剧团，以及区县（市）国有文艺院团和民营文艺表演团体代表挑选优质剧目，通过“杭州文广旅游发布”微信公众号和“文化管家”在线视频平台，免费向市民大众推送戏剧作品37部。其中包括越剧（含折子戏）21部、舞蹈（音乐剧）8部、杭剧4部、婺剧3部、绍剧1部。活动在线观看量超过4万人次。

【“丹心·华章”主题书画展】 2021年6月21日至7月2日，“丹心·华章”——杭州市庆祝中国共产党成立100周年主题书画展在杭州图书馆艺术展览中心举行。书画展以“丹心颂盛世，翰墨书华章”为主基调，在发动征集社会作品的基础上，邀请杭州书法美术篆刻大师命题创作书画作品。通过专家评审，从征集到的600件作品中，遴选100幅优秀书画作品策展并结集成册，以“百年百幅”庆祝中国共产党成立100周年。

（市文化广电旅游局）

【吴山明美术馆开馆】 2021年6月19日，由市政府、中国美术学院主办的吴山明美术馆开馆，“赤子之心——吴山明美术馆开馆特展”同时开幕。吴山明美术馆位于杭州六和塔景区，占地面积1747.02平方米，总建筑面积2884.5平方米，总投资2820万元，设置2个展厅和藏品库房。该馆承担吴山明捐赠艺术作品和文献资料的收藏、展示等功能，开展吴山明艺术学术研究与交流、公共艺术教育等活动。

（梁　之）

文化交流

【概况】 2021年，杭州市加强国内外文化交流，提升杭州文化影响力。举办“杭州·上海”街头艺术节、“花开正当时·西子国乐”全国文化巡演、杭州国际音乐节、“西湖杯”中国硬笔书画大赛、“江南丝竹”推广交流等活动。

【“杭州·上海”街头艺术节】 2021年5月21—22日，首届“杭州·上海”街头艺术节举行。来自杭州和上海两地的近200名街头演艺人员在湖滨步行街、拱墅新天地和嘉里中心等近10个点为杭州市民和游客展示电音演唱、青年涂鸦、霹雳街舞、乐器声歌和杂技杂耍等节目。开幕式当天，活动主会场湖滨步行街游客流量3.6万人次，超过平时同期客流量15%。

（市文化广电旅游局）

【“花开正当时·西子国乐”全国文化巡演】 2021年，杭州演艺集团和杭州江南丝竹南宋乐舞传习院联合策划“花开正当时·西子国乐”全国文化巡演活动。3月8日，巡演活动在武汉启动，以“致敬英雄城市”“寻访红色革命发源地”“深入新时代中国特色社会主义思想重要孕育地和实践地”为主线，设“春意盎然”“春暖人间”“春风拂面”3个篇章。巡演历时2个多月，在湖北、江西、福建3个省的9座城市演出10场。

【杭州国际音乐节】 2021年4月13日至5月3日，由市委宣传部和杭州文广集团主办的2021年杭州国际音乐节举行。音乐节安排12场驻节演出、4场线上音乐会、10场普及音乐会、3场大师公开课和3场音乐讲堂等32项活动。音乐会节目录音覆盖收听者达1000万人次。自2021年起，杭州国际音乐节固定在春季举行。

（邹　争）

【“西湖杯”中国硬笔书画大赛】 2021年5月，“丹心·印记”第三届“西湖杯”中国硬笔书画大赛启动。大赛设成年组和青少年组2个组别，向国内外硬笔书法爱好者征集作品，收到稿件1.5万件。经专家评审，评选出金奖作品70件、银奖作品180件、铜奖和优秀奖若干。10月9日起，大赛精选100幅优秀作品在杭州图书馆艺术中心进行展示。

【“江南丝竹”推广交流】 2021年，杭州市桐庐县分水实验小学被授予“江南丝竹”非物质文化遗产传承点，推进“非遗进校园”活动，加强“江南丝竹”传承交流。参加“同心筑梦跟党走——百年百联·同心同行雅集活动”、长三角地区“江南丝竹”音乐会等民族器乐展演，完成浙江省第一批非物质文化遗产杭剧的音频录制和抢救性记录工程视频录制，到四川省参加“江南丝竹”交流活动。

（市文化广电旅游局）

责任编辑　郦　晶

2021年4月13日至5月3日，2021年杭州国际音乐节举行

（杭州文广集团 供稿）

40 社会科学

综　述

【社会科学服务社会】2021年，市社科联、市社科院抓好党史学习教育、咨政服务、理论研究、社科普及、基地建设、社团管理、自身建设各项工作，市社科院获评全国城市社科院先进单位，市社科联在浙江省各市社科联综合测评中排名第一位。

市社科联（院）加强习近平新时代中国特色社会主义思想研究阐释，组织编纂《“八八战略”与“重要窗口”研究·杭州卷》《市域治理的杭州实践——善治六策》两部理论研究专著。推出中共中央总书记习近平对杭州系列指示精神研究规划课题项目，组织专家围绕总书记对杭州提出的“四个一流”要求开展研究，举办专题研讨会，委托相关专家撰写理论报告呈报市委相关部门。开展庆祝建党百年系列活动，策划举办“百年大党与杭州现代化”全国社科学术研讨会，举办全市社科界“贯彻讲话精神，砥砺奋进力量”研讨座谈会。抓好党史学习教育，制订实施社科系统党史学习教育方案，党组开展理论学习中心组集中学习20次、专题交流研讨5次，各支部开展党史学习教育理论学习13次。开展“民呼我为”，市社科联（院）党组书记带领联（院）干部和社科专家与结对地区淳安县宋村乡签订提升茶产业发展战略合作协议，帮助宋村乡增加茶业亩产收益。

继续实施“领导圈选课题”机制，立项院级课题26个，其中重大课题11个、重点课题10个、一般课题5个。全年编发《杭州社科成果》6期，获市领导批示6次，其中市委、市政府主要领导批示3次。编发《杭州社科成果》专报10期，获市领导批示6次，其中市委、市政府主要领导批示4次。全年编撰出版《创意城市学刊》4册，每册30万字。编撰《杭州蓝皮书》社会、经济、文化3卷。与市咨询办、市政协（研究室、文史委）、市总工会、市改革研究与促进中心、市工商联5个单位合作招标立项专项课题31项。联合市政府研究室、市咨询办举办杭州市社会科学界第七届学术和咨政年会及3个专题论坛，收到年会理论文章157篇，其中30篇文章获优秀论文奖。

2021年，市社科联（院）举办9场“钱塘大讲坛”活动。举办以“传承红色基因、担当历史使命”为主题的2021年杭州市社科普及周活动，线上观看直播人数主会场169万人次、分会场105万人次。发布《杭州市社科普及基地手绘地图》和“乐游基地”应用程序，推出“我心中的社科基地”征文、绘画、摄影等系列活动。持续开展“我们的价值观”主题研讨，举办“中国共产党历史与青年人核心价值观研讨会”“牢记讲话精神，再创辉煌征程”“伟大抗战精神凝聚砥砺奋进力量”等10场“我们的价值观”研讨活动，新华社客户端和《杭州日报》《都市快报》进行报道。

市社科联（院）召开杭州社科智库年度工作会议，新聘智库特聘专家15名。编报《杭州社科智库专报》3期，获市领导批示2次。市社会治理现代化研究中心组建专家队伍，立项委托5项重点课题，开展数字治理理论笔会，相关研究成果被市委政法委采纳。市属社科研究基地通过专项课题61项，基地考核合格率100%。加强与区县（市）社科联工作协调，全年立项课题60个。社科团体规范化水平提高，组建社科团体联盟6个，完成各联盟学术交流活动，开展社团年审和社团秘书长和工作骨干培训班，新认定28名社科青年人才。

【杭州市社会科学界联合会第八届代表大会】2021年1月7日，杭州市社会科学界联合会第八届代表大会在杭州召开，市委主要领导出席会议并做重要讲话。会议听取市社科联第七届理事会工作报告、市社科联章程修改的说明，审议通过《市社科联第八次代表大会关于市社科联第七届理事会工作报告的决议》《市社科联第八次代表大会关于修改〈杭州市社会科学界联合会章程〉的决议》，选举产生由149名理事组成的杭州市社科联第八届理事会。1月8日，市社科联第八届理事会召开第一次理事会议，选举产生23名市社科联第八届理事会常务理事，选举卓超为杭州市社科联第八届理事会主席，叶素、朱师钧、朱学路、孙璐（女）、何善蒙、张旭东、胡华、俞伟英（女）、章明、翟慧清、潘红华为副主席，孙璐（女）为秘书长。会议同意聘请沈翔为杭州市社科联第八届理事会名誉主席，周膺、徐晖、黄菊火、张志军、许杭、周建华、涂冬山、丁永刚为杭州市社科联第八届理事会顾问。

【《杭州市哲学社会科学发展"十四五"规划》发布】2021年9月23日，杭州市哲学社会科学规划领导小组会议审议通过《杭州市哲学社会科学发展"十四五"规划》（2021—2025年）。该规划分发展基础与面临形势、指导思想与发展目标、主要工作计划、重点研究领域、组织保障5个部分，提出智库功能充分发挥、学术平台快速发展、人才队伍逐步壮大、社科普及便民有效、社科服务精准高效5项具体目标，明确理论研究阐释、学术平台优化、科研项目提升、社科杭军建设、社科组织提升、社科普及创新6项计划，提出实施建设"重要窗口"为核心的发展战略研究等11个重点研究领域。会议还通过《关于进一步加强区县（市）社科联工作的指导意见》。

【社科规划课题研究】2021年，市社科联（院）通过杭州市哲学社会科学规划课题形式，引导全市社科工作者开展重大理论和现实问题研究。全年编制8个系列课题指南，组织申报、评审、立项常规课题210个。立项重大课题16个、重点委托课题17个，与市咨询办、市政协、市总工会、市数字改革办等组织申报立项31项专项课题。全年受理开展市哲学社会科学常规性课题成果结题评审78个，完成各类课题结题226个。全市市属高校（党校）、科研院所获国家社科基金年度项目立项23个，其中重点项目3个、一般项目14个、青年项目6个。

【社会科学科研成果转化】2021年，杭州市社科院编发《杭州社科成果》6期、专报10期，获省、市领导批示12次。编报《杭州社科智库专报》3期，获市领导批示2次。市社科院科研人员发表论文36篇，承担课题28项，研究成果获省、市领导批示7次，出版《战略性新兴产业的创新驱动发展研究——以杭州为例》《数字经济时代的服务业与城市国际化》《2018年杭州市民公共文明指数调查分析报告》《随缘荷花塘》《聆听钱塘江》《记忆·诗意·创意》6部著作。

【社会科学人才队伍建设】2021年，市社科联（院）继续推进"杭州市社科优秀青年人才培育计划"第三期培育任务，完成第三期33名培育对象考核工作，其中28名被授予第三期"杭州市哲学社会科学优秀青年人才"称号。市社科院1人晋升为副研究员职称。至年末，市社科院有专职科研人员15名，正高级职称占20%，35岁及以下青年科研人员3人，女性科研人员8人。

【市哲学社会科学"十四五"学科专家库】2021年，市社科联（院）组建完成市哲学社会科学"十四五"学科专家库。经个人申报、单位推荐确认、市社科规划办审核，入库专家339名，并颁发聘书。

【社会科学团体建设】2021年，市社科联优化杭州市社会科学团体建设，调整后市社科联共有杭州城市学研究会、杭州市哲学学会、杭州市历史学会、杭州茶都品牌促进会、杭州市孔子研究会、杭州市党史学会等63个社团团体会员。推进社科团体联盟运行，按照学术门类、主业性质相近和方便组织活动的原则分组，推动6个社科团体联盟优化运转机制，并在各联盟设两个牵头社团，常态化组织社科活动，全年开展社团联盟活动12场次。

【社会科学普及活动】2021年，杭州市新认定"五九"批示纪念馆、围垦历史陈列馆、杭州青年运动史馆、马寅初纪念馆、杭州市文史研究馆5个单位为杭州市级社科普及基地。全市有区县（市）级社科普及基地246个、市级社科普及基地100个，其中48个为浙江省社科普及示范基地。是年，融媒体专著《良渚》、"钱塘大讲坛"、"云上社科普及"矩阵、"听爸爸妈妈讲故事"亲子宣讲系列活动、"诗词里的富春人文故事"系列微科普活动5个项目被评为浙江省社科普及创新项目，数量居全省第一位。举办以"传承红色基因、担当历史使命"为主题的2021年杭州市社科普及周活动，13个区县（市）同步联动，线上观看直播人数主会场169万人次，分会场105万人次。全年举办杭州市"钱塘大讲坛"品牌科普活动9期，334万人次线上观看直播。

【社会治理现代化研究】2021年，杭州市社会治理现代化研究中心继续发挥杭州市特色新型智库职能，围绕杭州社会治理现代化战略部署、现实实践、制约短板、热点难点问题开展研究。"数字赋能镇街四个平台推动基层减负增效的对策研究""杭州县级社会矛盾纠纷调处化解中心功能发挥的制度环境优化研究""杭州城市社区智慧治理评价及典型案例研究""城市更新背景下流动人口住房租赁的管理和服务研究——以杭州城中村、老旧小区改造为切入口""社会力量参与基层社会治理的杭州探索与优化路径研究"5项课题通过评审，相关研究成果被有关部门采纳。

【"数智社科联"建设】2021年，市社科联启动"数智社科联"建设，结合杭州市"数智群团"工作，开发"点课啦"小程序，在全市首批上线"群团集市"，形成线上点课线下配送的宣讲模式，42个宣讲点完成45场社科普及宣讲。建设"数智群团"杭州社科特色资源库，全年录制并上线48门视频课程。全市社科系统发布风采展示宣传图文503条，举办各类活动369场，1.04万人次参与。升级改版社科业务综合管理平台如期上线运行。开发"乐游基地"小程序，发布《杭州市社科普及基地手绘地图》，实现在"乐游基地"打卡社科普及基地功能。（市社科联）

杭州特色研究

【宋韵文化研究与传播】2021年，市社科联、市社科院聚焦宋韵文化研究传承主攻方向，围绕未来3~5年重点研究课题、宣传成果、举办活动等内容，制定出台《宋韵文化研究三年行动计划》《宋韵文化传承普及三年行动方案》，明确未来宋韵文化建设工作方向。继续发挥南宋史研究专长，出版《伪齐政权研究》，填补学术空白。陆续出版《宋高宗新论》《王十朋研究》《二程语录与程门弟子研究》等重点专著。举办"南宋史研究回顾与展望活动",展现南宋史研究中心地位。召开全市社科界宋韵文化研究与传承研讨会,形成研究论题和传承路径的共识。单独编制"宋韵文化研究与传承"课题指南,引导全市社科界和社科工作者加强宋韵文化研究。联合浙江大学成立"宋韵与文明互鉴研究中心"。培育特色化宋韵文化传播品牌和载体,在省、市各类媒体平台推出10期社科普及专栏《南宋十万个为什么》,点击量超过260万人次。启动"大家写小书"计划,编撰《写给孩子的宋韵百讲》,为宋韵文化传承提供通俗化读物。探索追寻宋韵文化的互动式传播。举办"北宋将作监《营造法式》概述""透物见人——德寿宫遗址考古发掘记""意匠盛辉——浙江宋式建筑概说""德寿重华——德寿宫与南宋前期政治"德寿宫与宋韵文化系列讲座4场;开展"潇湘水云——宋元浙派琴曲""吉光片羽——宋代艺术品鉴赏""学书当学颜——陆游和他朋友们的书法观""画为心印——南宋首都临安的绘画"等"宋韵之雅"——南宋的琴、器、书、画系列讲座4场,200万人次线上观看直播;策划"宋韵之雅:琴·书"和"宋韵之雅:器·画"主题图片展;启动"宋韵——杭州宋代文化遗迹点"评选活动。

【法治杭州建设研究】2021年,市社科院受市委全面依法治市委员会办公室委托,开展年度法治杭州(法治政府)建设第三方专业评估。评估工作包括对市城市管理局(市综合行政执法局)、市生态环境局、市农业农村局等6个部门依法行政的情况、全市水利系统依法行政的情况,开展质效评议;对全市法治建设的总体成效进行评估;对基层社会治理法治化案例进行总结梳理等。同时在评估方案、评估指标、评估课题组方面进行调整优化和重组。

【市民公共文明指数调查】2021年,市社科院受市文明办委托继续开展市民公共文明指数调查,通过问卷调查和现场观测,查找城市公共文明建设领域的短板,形成提升市民公共文明素养的思路、方法和政策性建议,共调查1300名杭州市常住居民。与杭州2022年第19届亚运会组委会合作,开展杭州市民公共文明手册和亚运文明礼仪手册文字版、漫画版编撰。

【"城市大脑+社区小脑"基层减负研究】2021年7月2日,《杭州社科成果》第一期刊载市社科规划课题研究成果《关于构建"城市大脑+社区小脑"精准智治模式持续推动基层减负的对策建议》。文章指出,杭州推进基层减负后,在数智赋能基层减负方面取得一定成效,在调研杭州4个区10个街道(社区)中也发现一些问题。课题组提出推动基层减负建议:加强"城市大脑+社区小脑"的顶层设计,打通基层数字供销的技术壁垒,构建数字助推基层减负的保障机制。

【杭州圈层郊区新城研究】2021年6月24日,《杭州社科成果》(专报)刊载市社科院课题组研究成果《把握区划调整良机,构建圈层郊区新城》。研究以杭州城市空间四大圈层为起点,分析各个圈层的产业特征、人口特征,分析区划调整的6个效应,提出加快核心区产业布局和城市更新、重点推进近核新城发展、加快推进近郊新城发展、稳步推进郊区新城发展4条对策建议。

【杭州未来乡村建设研究】2021年8月1日,《杭州社科成果》(专报)刊载杭州师范大学课题组研究成果。课题组以杭州市11个村落调研为基础,对杭州未来乡村的基础、问题及对策进行研究。从土地规模、人口规模、富裕情况、村级支撑产业情况4个方面开展调查。研究指出,杭州乡村建设具有村集体经济富裕、村民收入相对较高、村落规模不大、地理位置相对优越、产业支撑有一定力度等共性特点,也存在耕地面积不等、产业发育程度不同、发展思维不同等差异性特征。研究指出,未来乡村建设理念必须具有包容性和可操作性;充分发挥杭州制度创新能力,突破体制局限;通过社区化改制构建城乡均等化公共服务体系;改善产业布局,提升乡村人口与技术吸纳能力。

【杭州新消费格局研究】2021年9月3日,《杭州社科成果》(专报)刊发市社科院课题研究成果《杭州以新消费促新发展格局研究》。研究从新消费群体加速崛起、新消费模式蓬勃发展、新消费热点不断涌现、新消费场景悉心营造、新消费布局链动全球5个方面分析杭州新消费基本特征;从优供给、满足美好生活需要,筑场景、引领全球消费形态,畅流通、辐射国际国内市场,育生态、优化新型消费环境4个方面提出建议。

【杭州南宋文化标识系统研究】2021年9月17日,《杭州社科成果》(专报)刊发市社科院课题研究成果《建立杭州南宋文化标识系统,服务宋韵文化建设》。研究提出建立杭州南宋文化标识系统,展现南宋临安研究成果,让市民游客体验南宋古都城市风貌的8点建议:建立杭州历史文化数据资源平台;展示临安城城墙,明确南宋文化标识核心范围;标识街道街巷走向,标识南宋临安城城市框架;标识水系网络,展示江南都城格局;采取想象复原、三维数字模型等数字化方式展示重要遗址;由点及面,建立杭州南宋文化标识系统;加强南宋遗址实体保护和展示;加强南宋临安城市的遗址保护和学术研究。

(市社科院)

【两宋论坛】2021年10月18日,由杭州国际城市学研究中心(浙江城市治理研究中心)等单位主办的第六届"两宋论坛"在开封市举行。论坛围绕"两宋与都市化"主题,突出文化传承创新、成果转化、学术成果文化活动与文化产业融合。与会专家聚焦"学术+活动+文化产业"模式,扩大两宋"朋友圈",深挖宋文化内涵,展现开封、杭州、绍兴等地作为华夏历史文明宋文化承载地的魅力,从各自研究领域开展研讨交流。

【大运河文化保护传承利用暨国家文化公园建设工作】2021年5月18日,2021年浙江省大运河文化保护传承利用暨国家文化公园建设工作专家咨询委员会第一次会议在杭州召开。在会上省大运河文化保护传承利用暨国家文化公园建设工作专家咨询委员会秘书处揭牌仪式，以及省大运河文化保护传承利用暨国家文化公园建设工作专家咨询委员会增聘副主任仪式举行。会议审议通过专家咨询委员会《工作规则》和秘书处《工作要点》。浙江大运河沿线重要节点城市杭州、宁波、湖州、嘉兴、绍兴市分别汇报各市大运河国家文化公园建设计划，相关领域专家做交流研讨。

【超常儿童教育研究】2021年5月，杭州国际城市学研究中心（浙江省城市治理研究中心）围绕“拔尖创新人才（超常儿童）选拔标准与培养体系”，举办天元拔尖创新人才（超常儿童）选拔培养工作会议。专家学者、相关院校、教育主管部门、媒体、企业界代表参加会议，探讨拔尖创新人才选拔培养。会议同时举办天元超常儿童教育研究院成立仪式、第一届天元超常儿童教育奖征集评选活动、天元超常儿童教育论坛等，打造超常儿童教育研究活动品牌。

［杭州国际城市学研究中心（浙江省城市治理研究中心）］

社会科学成果

【市委调研成果】2021年，市委学习贯彻习近平新时代中国特色社会主义思想，贯彻落实中央和省委部署要求，聚焦经济社会发展重大问题开展调查研究工作。全年完成市领导年度重点课题成果18个、市第十三次党代会前期调研成果40个、市各民主党派协同调研成果9个，组织评选市直单位和区县（市）优秀调研成果34个，编发《杭州政研》22期。

市委围绕“办一届成功的亚运会”，完成《杭州亚运会风险管理工作研究》《平安护航二十大、全力做好亚运会、亚残运会维稳安保工作，高水平推进平安杭州、法治杭州建设》《亚运前阶段杭州形象传播建构的问题和对策建议》等专题研究成果。聚焦高质量发展建设共同富裕示范区城市范例，完成《推进扩中提低改革率先形成橄榄型社会结构的对策思考》《“定制化”新型集体经济：要素下乡推动共同富裕的撬动点》《新业态发展背景下灵活就业现状及对策研究》《共同富裕背景下我市基础教育改革发展问题研究》等调查研究成果。针对数字化改革，完成《杭州市数字化改革工作成效及今后五年工作思路》《全面深化数字化改革、扎实推进新型智慧城市建设》等研究成果。在数字经济与产业转型发展方面，完成《杭州制造业高质量发展研究》《杭州市加快推进数字经济二次攀升研究》《关于推进杭州数字金融产业发展的思考与建议》《关于新发展阶段创新驱动发展战略的调查研究》《推进杭州数字文化产业高质量发展研究》《关于杭州发展乐园经济的思考与建议》等研究成果。面对基层治理和重大民生问题，完成《深化党组织领导，三方协同小区微治理的实践和思考——以拱墅区为样本》《更好发挥“基层治理四平台”作用的路径研究》《关于老旧小区“拆改结合”的思考与建议》《关于完善我市住房供应体系的思考和建议》等课题研究成果。（市委政研室）

【市人大常委会调研成果】2021年，市人大常委会围绕全市中心大局，发挥人大制度优势，加强调查研究工作，形成调研成果32篇，编印《调查研究》16期，编发《杭州人大》专刊2期。在浙江省人大工作研究会理论研讨会优秀论文评选中，杭州市两级人大的8篇论文获奖，总数列全省第一位，其中《有序推进开发区（园区）人大工作探析》获一等奖。

围绕人大数字化改革工作，开展相关理论研究，形成人大数字化改革的基本特征、社会建设领域地方人大监督实效性研究、地方人大新闻宣传融媒体系统的初探实践与构建思考、为代表提供全方位全周期全闭环履职服务等调研成果。落实中央和省、市委重大决策部署，开展助推共同富裕、助力亚（残）运会筹备、推进落实“十四五”规划科技创新发展、换届选举等工作调研，形成做好全市县乡两级人大换届选举工作、推进乡村建设行动、推进文旅融合等调研成果。开展第二届“杭州人大工作与时俱进案例”推荐工作，推荐和宣传近两年全市各级人大具有创新性、典型性意义的工作。确定西湖区人大常委会《智联线应用场景架起代表和选民的数字桥梁》、上城区人大常委会《“三化协同”探索践行“全过程民主”》等12件案例为“杭州人大工作与时俱进案例”。（市人大常委会研究室）

【市政府调研成果】2021年，市政府围绕市委中心工作，深入调查研究，加强理论指导，促进政府工作。全年形成各类调研成果69项。全年编发《政府决策参考》120期、《调查研究》50期，发挥服务科学决策、推进全市政府系统调研工作的作用。

围绕高质量发展，开展方向性研究。完成市政府主要领导年度重点课题，形成《杭州构建社会主义现代化国际大都市指标体系研究》《关于杭州高质量建设共同富裕示范区的乡村振兴思考》等调研报告。促进区域、产业高质量发展，完成《深入推进淳安特别生态功能区建设的思考及建议》《“专精特新”企业发展专题》《历史经典产业发展的杭州实践》等区域、产业发展类调研报告。

抓住发展重点难点，形成专题性成果。调研重点工作，形成《强化隐私计算应用，促进数据资源流通，助力杭州打造数据使用规则首创地》《推进我市政务服务“去中心化”的思考》等自主调研报告21篇。针对不同专题开展系列策划，推出“聚焦区县（市），发现新亮点”系列专题调研9期，“三城建设”系列专题调研10期。分批推进对外委托课题8项。依托市政府参事开展专题咨询，形成《参事建议》25篇，投稿“国是论坛”征文5篇。

开展民生改善针对性调研。在交通治理方面，形成《从民生视角看城市交通系统化治理》《杭州地铁营收排名情况分析及建议》等调研成果。在公共服务和基层服务方面，完成《均衡化，高质量，共富裕——共同富裕示范区视角下杭州民生工作的思考与建议》《高水平建设新时代“美好教育”——共同富裕背景下我市基础教育优质均衡发展问题研究》《青山村未来乡村建设实践与思考》等基层民生类调研报告。

（市政府研究室）

【市政协调研成果】2021年，市政协

理论研究工作紧扣杭州政协事业发展和履职实践,发挥政协专门协商机构作用,在发展全过程人民民主中展现政协作为,为政协工作提质增效高质量发展提供理论支撑。围绕全国政协、省政协年度理论研究计划,瞄准理论研究前沿问题,紧密结合政协工作实际开展研究。参加中国人民政协理论研究会"发挥人民政协专门协商机构作用"理论研讨会,参与省政协"构建政协协商民主体系"课题研究,形成《构建更加完善的政协协商工作制度体系》研究报告。持续开展"人民政协理论"社科规划专项课题研究,《加强党委、政府工作与政协协商有效衔接的机制研究》《数字赋能政协协商的路径研究》课题成果在省政协年度研讨会上分别获一等奖和二等奖,并在会上做交流发言。开展全市政协系统征文活动,汇总整理优秀论文编辑出版政协理论与实践文集。

市政协举办学术研讨、编撰图书、组织课题研究,文史研究工作取得新成果。举办2021年杭州文史论坛暨"辛亥革命与近代浙江"学术研讨会、杭州文史小讲堂、文史沙龙。开展"杭州历史地理环境"专项课题研究。编辑出版《江南忆,最忆是杭州——千年以来东南地区文化区位重构与杭州的崛起》、《杭州文史》(第25~28辑)、《杭州文史小丛书》(第六辑)等文史图书。

(市政协研究室 市政协文化文史和学习委员会)

【市委党校科研成果】2021年,市委党校获国家哲学社会科学基金项目立项2个,列全国副省级党校第一位,获浙江省社科规划立项课题8个,以总分第一获全省党校系统科研组织工作优秀奖。策划出版《市域治理的杭州实践》,开展共同富裕的杭州案例编写工作。在副省级及以上刊物公开发表论文62篇,其中核心及以上刊物14篇、省级刊物19篇、副省级刊物29篇。有2篇论文被中国人民大学《复印报刊资料》全文转载。

依托社科重点研究基地平台,开展学术交流研讨活动。联合中国社科院主办第六届习近平新时代中国特色社会主义思想高层论坛,以"建党百年视野中的中国特色社会主义"为主题,邀请中国社科院、党校系统、高校等专家学者100多人就"百年大党的伟大历程与宝贵经验""百年大党的组织和制度建设""新时代学术期刊质量提升"等方面议题开展研讨。聚焦市委、市政府中心工作开展市情研究,新成立中国共产党党建研究院、共同富裕研究中心等学术平台。完成各类市情研究课题78个,其中杭州市规划课题7个、市软科学课题1个、政校合作委托课题4个、校级课题42个、其他部门委托课题24个。

在各类成果评审中获优秀成果奖52个。其中:全国党校(行政学院)系统第十三届科研成果奖6项、全国党校(行政学院)系统学习贯彻党的十九届五中全会精神入选征文1个、全国党校(行政学院)系统庆祝中国共产党成立100周年学术研讨会入选征文3个;全省党校(行政学院)系统"庆祝中国共产党成立100周年"理论研讨会论文奖10个、入选征文7项;全省党校(行政学院)系统2020年度优秀决策咨询成果奖2个。全年编送《领导参阅》17期,21项决咨成果获省部级领导和市委、市政府领导批示,2篇研究报告被中央党校(国家行政学院)《行政改革内参》、人民日报社《内部参考》刊发。

(市委党校)

【杭州市团校(杭州青年运动史馆)科研成果】2021年,杭州市团校(杭州青年运动史馆)做好杭州市哲学社会科学研究培育基地——"习近平新时代中国特色社会主义思想与杭州青年工作研究中心"建设,中心研究人员撰写的4篇文章在核心期刊发表。市团校3个课题获市社科联立项,其中1个获市社科联立项资助课题。3个课题立项为2021年度杭州市学校共青团研究课题,其中2个获杭州市学校共青团研究课题一等奖、二等奖。组织教师承接完成西湖团区委《西湖区中长期青年发展规划》,为出台青年发展政策措施提供理论支撑和智力支持。

11月,联合市教育局、团市委开展2021年度学校共青团研究课题立项申报和上年度结题评审工作。完成年度学校共青团研究课题结题鉴定67项,评选产生2020年度杭州市学校共青团研究课题优秀成果16项;完成2021年度学校共青团研究课题立项50项。编辑出版《杭州青年研究》4期。市青年研究会新增会员10人,累计会员数98人。完善全市青年舆情监测工作机制,青年舆情监测队伍共计126人。利用省级舆情直报点平台开展舆情调研,每期舆情调查数量平均约1200份,总结撰写《杭州青年人才问题调研报告——基于杭州1089名青年人才的问卷调查》《幸福的杭州青年,数智的杭州城市——杭州青年幸福感调查报告》《杭州青年对如何参与共同富裕的调查报告》《杭州青年看"党的十九届六中全会"》4期舆情调研报告。

〔杭州市团校(杭州青年运动史馆)〕

【杭州师范大学科研成果】2021年,杭州师范大学科研发展全面提升,纵向科研项目多点突破,学校获国家社科基金立项41个,其中重大项目2个、重点项目7个,总数列浙江高校第二位(不含浙江大学)。教育学院教授黄兆信申报的《科技自立自强背景下高校创新体系构建研究》获教育部哲学社会科学研究重大课题攻关项目。学校获国家社科基金年度项目和青年项目立项19个;人文学院教授邵宁宁担任首席专家的项目《中国现当代文学思潮中的古典传统重释重构及其互动关系史研究》、外国语学院教授周敏担任首席专家的项目《加勒比文学史研究(多卷本)》获国家社科基金重大项目立项,立项数列省内第二位。学校获国家社科基金后期资助暨优秀博士论文出版项目立项8个,立项数和浙江师范大学、浙江工商大学并列居浙江高校第一位(不含浙江大学)。获国家社科基金教育学项目立项7个,立项数居全国高校第六位,浙江高校第二位(不含浙江大学)。获国家社科基金学术外译立项2个。获省部级项目立项52个(其中教育部人文社科项目10个),市厅级项目立项79个。

学校获省部级奖33个,其中浙江省第二十一届哲学社会科学优秀成果奖29个(一等奖10个、二等奖14个、青年奖5个),获奖总数和一等奖总数居省内高校第一位（不含浙江大学）；获教育部第六届全国教育科学研究优秀成果奖4项（一等奖1项、二等奖1项、三等奖2项），获奖数居全国第十九位，浙江高校第一位（不含浙江大学）。发表人文社科类论文1026篇，其中文科权威论文22篇、SSCI收录论文87篇、AHCI收录论文19篇、文科一级论文278篇，获省部级领导批示30次。出版学术著作（含译注和教材等）86部。

学校获批2个人文社科类省部级研究基地——浙江省习近平新时代中国特色社会主义思想研究中心基地（马克思主义学院）、教育部高校国别和区域研究备案中心“环波罗的海国家研究中心”（外国语学院）。组织浙江省哲学社会科学重点研究基地——文艺批评研究院年度检查，以及4个市哲学社会科学重点研究基地——体育赛事与健康促进研究中心、杭州城市国际化研究院、杭州文化国际传播与话语策略研究中心、习近平新时代中国特色社会主义思想与杭州实践研究中心考核工作。

根据《杭州师范大学服务杭州经济社会发展五年规划（2017—2021年）》，围绕《2021年市政府工作报告重点工作责任分解》《中共杭州市委全面深化改革委员会2021年工作要点》精神，主动设计、研讨修改，形成《杭州师范大学服务杭州经济社会发展2021年工作任务安排表》，服务任务涉及数智杭州建设、健康杭州建设及后疫情防控、城西科创大走廊建设、杭州拥江文化带建设、乡村振兴、美丽杭州建设、美好教育、第19届亚运会、新型智库建设、生态环境治理、科技特色等11个领域、88个项目。（杭州师范大学）

【浙大城市学院科研成果】2021年，浙大城市学院承担各级各类人文社科类科研项目193个，其中纵向项目73个（国家级项目5项，省部级项目22个，市厅级项目46个）、企事业单位委托课题120个。人文社科类科研项目拨款经费2686.09万元（包括横向科研经费）。发表学术论文159篇，其中一级期刊28篇、核心期刊17篇、国际期刊40篇（含美国《社会科学引文索引》17篇、美国《艺术与人文科学引文索引》3篇）。出版学术著作14部，其中专著12部、编著2部。咨询报告8篇，其中获省级领导批示3篇，获市委、市政府领导批示5篇。获得省部级优秀成果奖2项，其中一等奖1项、青年奖1项。

2021年，有哲学社会科学研究基地4个，其中重点研究基地2个，培育基地2个。数字化转型与社会责任管理研究中心、文化和旅游法治研究中心在第4轮杭州市社科重点研究基地年度考核中获得优秀。面向省、市重大战略需求，聚焦科研平台及聚合研究力量，新增人文社科科研机构6个，包括市发改委和学校合作，成立杭州市“双碳”研究中心暨浙大城市学院双碳研究中心、浙大城市学院共同富裕研究院；市委党校与学校合作共建浙大城市学院中国共产党党建研究院；引进北京大学教授俞虹，成立浙大城市学院文明与传播研究院；引进浙江省特级专家、教授杜正贤，成立全省第一个考古系、高校第一个文物考古研究所，并获国家文物局野外考古资质。全年参加国际研讨会等学术交流活动30多次，学校社科联组织40多名师生参加浙江省、杭州市、拱墅区社科普及周相关活动。（浙大城市学院）

【杭州职业技术学院科研成果】2021年，杭州职业技术学院承担市厅级及以上纵向项目立项102个。其中国家级2个、省部级18个、市厅级82项。开展应用性科研、与企业联合签订横向课题合同55个，合同金额1913.38万元。学校教职工在国内外期刊上发表核心及以上论文85篇，其中一级期刊3篇、核心期刊46篇、国外期刊36篇（SCI收录26篇、EI收录10篇），出版学术专著36部。全年申请知识产权专利427件，其中发明专利33件、实用新型专利253件、外观设计16件、软件著作权125件。完成市哲学社会科学重点研究两个基地现代职业教育研究中心、产教融合研究院中期检查工作，做好基地立项、评审工作，年度两个基地拟立项课题7个，预立项11个。学校承办杭州市社会科学界第七届学术和咨政年会经济学专场研讨会。

（杭州职业技术学院）

【杭州科技职业技术学院科研成果】2021年，杭州科技职业技术学院立项各级各类科研项目121个，其中浙江省社科规划等省部级课题2个、浙江省社会科学界联合会等市厅级课题35个、校级科研课题39个、杭州市社会科学界联合会等其他纵向研究课题7个。立项横向科研课题38个，到账经费1156.55万元。

全年出版学术著作13部，授权专利101件，其中发明专利26件、获软件著作权13件。在各类学术期刊发表学术论文189篇，其中一级期刊2篇、《中文核心期刊要目总览》37篇、美国《科学引文索引》3篇、美国《工程索引》1篇。专著《县域会展经济发展研究：经验、模式与路径》获2021年文化和旅游优秀研究成果专著三等奖，研究成果《关于杭州高水平举办首届数贸会面临的挑战与对策建议》被市委市政府咨询委员会《杭州信息·咨政建言》采用，获市委主要领导批示。

学校机构调整后单设陶行知研究中心，承担市哲学社会科学重点研究基地、杭州陶行知研究馆和杭州市陶行知研究会管理职责，弘扬行知文化和学校学陶、师陶、研陶、践陶成果。10月18日，举行陶行知130周年诞辰纪念活动，上海、南京、安徽、杭州4地以杭州陶行知研究馆为依托组成的长三角青年陶行知教育研究联盟成立。10月31日，举行“陶行知生活教育学说在新时代职业教育的转化与发展”学术会议，邀请专家做大会主旨报告。学校杭州陶行知研究馆被列入杭州51个党史现场学习基地。至年末，杭州陶行知研究馆已挂牌10个学习教育基地。市哲学社会科学重点研究基地——高等职业教育（陶行知教育思想）研究中心在杭州市哲学社会科学重点研究基地年度考评中列优秀等次。

完善乡村振兴学院工作机制，召开杭州乡村振兴学院第三届理事会，修改理事会章程、调整组织机构和理事人员组成。学校组建12支跨学科“乡村共富”专家团队，开展乡村振兴对策研究，完成市委市政府咨询委员会课题4个，立项跨年度课题2个。围绕“富阳区域联动发展项目”完成研究报告和成果要报，项目被推荐为

2021年杭州市区县（市）“揭榜挂帅”重点改革项目。推进乡村应用人才培养培训，加快对口支援步伐。全年培训学员2123名，其中杭州市内培训学员1919人次，四川甘孜州和广元市培训学员208人次。立项在线开放课程7门，打造“乡村振兴在线金课”。培育“美丽样本”，践行乡村振兴示范点建设。学校与桐庐县分水镇政府、桐庐笔业产业创新服务综合体共建模具精密检测技术应用中心，为分水当地制笔企业提供技术技能培训等服务。与富阳区东洲街道签约共建乡村振兴示范点，共建党建联盟，推进新沙岛民宿产业升级项目。开展社科普及活动。10月15日，组织教师到富阳三联村开展“迎亚运说英语”科普下乡宣传服务活动，赠送《“迎亚运”杭州市民英语口语手册》。10月16日，组织教师在文新街道府新社区开展“应急知识社科普及——无人驾驶汽车技术”宣讲活动。10月18日，学前教育学院师生在富春三桥幼儿园（三联嘉苑园区）开展“远离病毒勤洗手”健康科普活动。10月20日，为富阳区市民开展网络诈骗预防主题讲座。教师丁水娟作为杭州市社科能人讲师团成员，举办5场专题讲座，向社会宣传陶行知思想和精神，录制的90分钟视频《大爱无疆——走进陶行知》在杭州电视台综合频道《市民大学堂》栏目分两期播出。

（杭州科技职业技术学院）

【杭州万向职业技术学院科研成果】2021年，杭州万向职业技术学院在国内外期刊上发表论文136篇。其中中文核心期刊5篇。获得专利28件，其中实用新型22件、外观专利6件。出版专著3部，教材3部。申报各级各类课题200多个，获立项111个，其中省级以上课题4个、厅局级课题25个、其他课题77个。获教科研成果奖14个，授权专利26个。

学院坚持全人发展教育理念，构建“五化”（课程化、项目化、活动化、社团化、社会化）全人教育模式。在全国高职院校党委书记庆祝中国共产党成立100周年南湖论坛上，题为《全人教育：贯穿高职高质量发展全过程》的介绍获得好评。《全人教育——校本实践与研究》一书由浙江教育出版社出版。

组建杭州新时代城市品牌研究与开发中心，围绕“数智杭州，宜居天堂”，开展“三化杭州”（数字化杭州、都市化杭州、国际化杭州）、“三在杭州”（创在杭州、学在杭州、行在杭州）、“六美天堂”（美丽天堂、美色天堂、美好天堂、美德天堂、美服天堂、美食天堂）城市品牌建设研究，形成有价值的研究成果16个，其中3个获社科联咨政年会优秀成果三等奖。

（杭州万向职业技术学院）

【杭州市教育科学研究院科研成果】2021年，杭州市教育科研立项课题评出综合课题234个，其中普教150项、职教61项、成教23个；专项课题155个，其中普通高中课程建设45个、美好教育60个、公办初中提质强校50项；教师小课题530项。推荐77项年度规划课题、15项体卫艺专项课题、2项党建专项课题和2项共同富裕专项参评省立项评审。推荐30项优秀课题参加省“双减专项”认定性课题申报。完成第四届教育科研重大课题立项评审工作，15项课题签约并启动研究。完成省教科规划课题74项、市综合课题134项、专项课题155项、教师小课题521项和职业教育和成人教育专项课题189项的结题工作。

教育科研优秀成果（论文）评出综合类优秀成果一等奖40个、二等奖111个、三等奖133项；职业教育和成人教育专项课题成果一等奖17项、二等奖42项、三等奖52项；教师小课题优秀成果一等奖49项、二等奖136项、三等奖150项；职业教育和成人教育专题论文一等奖31项、二等奖78项、三等奖94项。14个单位被评为浙江省教科研先进集体，19名个人被评为省教科研先进个人。全市有80所学校教科室被评为市第六批中小学（幼儿园）合格教科室，40所学校教科室被评为示范教科室。52所学校教科室通过合格教科室复查，30所学校教科室通过示范教科室复查。49名教科研骨干教师被评为杭州市第四届教育科研标兵。

组织参加浙江省中职学校技能大赛，获得金牌12块、银牌17块、铜牌21块，获9个国赛名额，取得金牌4块、银牌3块、铜牌1块。参加省职业学校教师教学能力大赛，获得一等奖6个、二等奖5个、三等奖4个。承办杭州市中职师生职业能力大赛，设21个专业类别、86个项目，近50所职业高中、技工院校2673人参加（其中学生2269人、教师404人），指导教师2333人。大赛产生学生组一等奖182个、二等奖332个、三等奖507个，教师组一等奖45个、二等奖83个、三等奖126个。在浙江省专业教师技能大赛中，5个专业大赛杭州市获一等奖7个、二等奖3个、三等奖2个。在浙江省中等职业学校“多彩课堂”教学评比中，杭州市获一等奖6个、二等奖8个、三等奖6个，列全省第一位。全省中等职业学校创新创业大赛，杭州市获金牌7块、银牌12块、铜牌15块，专利发明申请38项。

完成推荐23所幼儿园、30所小学、18所初中、5所普高、3所职高和12所社区学校参加浙江省现代化学校创建工作。对24所省二级幼儿园规范办园行为进行督导与评估。完成市管民办学校民办教育现场核评和区县（市）民办教育数据核评。开展教科研课题大众评委、拟立项课题负责人培训，举办杭州市第31期骨干班主任研修班，承担市班主任基本功比赛及浙江省比赛选手选拔集训。省班主任基本功比赛中，杭州代表队6位选手获一等奖，包揽各组第一名。举办2021年市教科研学术节，邀请16位国家、省级学术专家，开展学术活动13场，3707人次参与，全国12万名教师通过直播同步参与。发起组建“中国中、小学心理健康教育研究城市共同体”，20个省、市教科研机构和200多所中小学校参与。开展市中、小学心理活动月，举办心理健康教育活动230场，80%以上面向学生。参与浙江电视台《“校长来了”栏目》、杭州少儿频道、市文明办组织的“心理成长微课”拍摄，参加杭州电视台“我们圆桌会”教科研专题研讨。组织“我与子女共成长”家长征文评选活动，选送15篇论文参加长三角地区家校合作论坛主题征文，3篇获一等奖，4篇获二等奖，6篇获三等奖。组织家庭教育

"乡村百校行"活动,面向建德、桐庐两地中小学和幼儿园家长开设线上、线下讲座20多场。组建成立杭州市中职教育与成人教育新一届专业(学科)教学研究会,设30个专业/学科。组织全省中职学校"面向人人"大赛,获团体总分第一名,烹饪专业、机械专业、语文、数学成绩获全省第一名。举办"基于单元教学的作业设计"比赛,评出一等奖15个、二等奖25个、三等奖35个。推进试点学校联盟组建设,分批次、分层级地开展指导与各类研讨活动。3项研究成果发表在《教学月刊·教学管理》2021年第10期、《教学月刊·中学版》第12期。经增补、更新、征集,杭州市教育督导评估专业人员和专家有186人。承办长三角教育评价城市联盟成立仪式暨2021年专题研讨会,上线"长三角教育评价城市联盟资源平台"。完成新一轮长三角教育评价联盟论文选送,进入复审的12篇获一等奖、23篇获二等奖、9篇获三等奖、12篇获优胜奖。

参与完成《杭州市教育事业发展"十四五"规划》。开展党建工作研究,完成并发布2020年年初中课业负担和家长满意度调研。参加高校与义务教育段学校合作办学情况调研,开展班主任职级制、家访制度的调研。参与"双减"工作调研,开展市中、小学生心理危机筛查,深化家校社医融合,完善心理危机预警、诊断评估、转介干预的四方联动机制和医校双向联系绿色通道。全市专任老师C证持证率保持在95%左右。开展"社区示范性学习型社团(学习共同体)"认定和选树,认定杭州市示范社区学习共同体56个、学习共同体建设先进区5个社区、最佳杭州市示范社区学习共同体10个、社区学习共同体最佳核心成员10名。召开第四届全国社区共学养老研讨会,200多名专家、代表参与研讨交流。完成成人中等学历和双证制教育文化课考试2.79万人次,开展"好课堂"评审、表彰及现场展示活动,组织市老年人智能技术应用视频、纸媒教材及优秀案例征集活动,完成市政府委托的关于老年教育情况的调研报告。发布第三届教育科研重大课题成果,出版2020年教科研立项课题方案与成果集光盘3000张,发放给全市公办学校。撰写《新名校集团化:市域教育供给侧改革的"杭州实践"》研究报告。完成《2020年度杭州市中等职业教育质量报告》和《脚印:2020年度杭州市中等职业教育十件大事》。

(杭州市教育科学研究院)

区县(市)社科研究

【上城区社科联工作成果】2021年,新的上城区社会科学界联合会(简称上城区社科联)组织融合全区社科工作者围绕上城建设献智献策。突出宋韵文化研究,开展"宋韵文化与旅游融合发展研究""挖掘传承宋韵文化精神特质的几点思考""宋韵文化与上城区城市文化品牌传播战略"等13个课题研究。安蓉泉课题组撰写的《准确把握"宋韵文化"内涵,打造文化研究工程的精品力作》在浙江省委党校《决策内刊》(2021年第58期)刊发,获省委书记袁家军批示。"隔代教养的现状、问题及对策研究"得到杭州市社科联课题立项,研究成果引起媒体关注和热议。与省新四军历史研究会合作开展党史学习研究,签署上城区红色文化建设备忘录,开展红色文化宣讲、红色棋类活动。落实省、市社科助力教育"双减"工作,编撰《江南有条钱塘江》儿童读本,开展"建党百年、走进百校"红色宣讲活动。扶持申报的杭州西湖国学馆"《诗经》启蒙互动系列读本"项目,被省社科联作为省社科普及重大课题立项。在全省社科系统社科普及培训会上,上城区做社科普及工作交流发言。上城区社科联被浙江省社科联评为区县级社科联优秀单位,测评成绩列杭州城区第二名,信息工作列全省区县首位。

(上城区社科联)

【拱墅区社科联工作成果】2021年,新的拱墅区社会科学界联合会(简称拱墅区社科联)发挥桥梁纽带作用,团结带领全区社会科学工作者开展理论研讨、社科普及、文化研究交流等活动,承担理论学习中心组学习等任务,社科研究取得一定成果。"提升大运河文化带(杭州段)文旅融合的对策研究"课题获2021年度杭州市社科联立项资助,"独立书店在浙江传统文化传播中的创新应用——以晓风书屋为例"获得立项,"红色印记——家门口的运河故事"获评2021年度杭州市社科普及基地重点项目,科普基地马寅初纪念馆获评市级科普基地。完成《浙江文史记忆丛书·拱墅卷》《大运河文化带建设·拱墅丛书》编纂工作。举办第二届中国大运河沿岸区县合作论坛,来自大运河沿岸8个省、市代表、运河研究机构专家学者、实践者200多人参会,推动沿岸区县协同发展好大运河文化。"中国大运河沿岸区县合作联盟"同时成立。"浙江人文大讲堂·大运河讲堂"开办3场党史主题讲座。社科基层宣讲点和睦街道"墅说心语·和学堂"宣讲中共中央总书记习近平系列讲话、党中央治国理政新理念新思想新战略、法律法规、传统文化等内容;讲授志愿服务、医疗保健、环境保护、智能手机运用等群众关心的生活类知识共60多场,受众2000多人次。开展拱墅区2021年度社会科学普及周,各基地根据自身特色,举办科普活动近100场。组织理论学习中心组到浙江省档案馆召开现场交流会,参观学习"建党百年初心如磐——长三角红色档案珍品展"。联络省内红色教育实践基地,组织区委理论学习中心组到嘉兴市南湖、乌镇学习考察。

(拱墅区社科联)

【西湖区社科联工作成果】2021年,西湖区社会科学界联合会(简称西湖区社科联)围绕党史学习教育,推进社科理论宣讲,构建"多声部"基层社科宣讲工作体系。组织"西湖新声·博士论""西湖新声·少年说"等特色宣讲团队,宣讲阵地由社科普及基地延伸到新时代文明实践站所、城市青年音乐角等场所。参加全市青年理论宣讲大赛获一等奖2个,培养金牌宣讲员3个。推进社科课题研究,立项"《水浒传》及其作者与西溪的关系研究""西湖区推进高校与驻在地经济深度融合机制研究""以数字化改革引领未来社区建设,打造共同富裕西湖样板研究"3个重点社科课题,课题成果得到区领导批示肯定。全年收到区社科课题立项申请31份，结题25个，承办“呼应为”理论创新座谈会，邀请专家学者参加，为西湖区推动“呼应为”一体化智治中心建设提供理论支撑。开展“传承红色基因，担当历史使命”2021年社科普及周活动，各科普基地举办社科普及活动60多场。推荐“转塘·石榴籽家园”为省级社科普及基地，命名杭州西湖龙井茶博物馆等4个单位为第二批“区社会科学普及基地”。承担《浙江文史记忆丛书·西湖区卷》编撰工作，挖掘西湖人文社科底蕴。（西湖区社科联）

【高新区（滨江）社科联工作成果】2021年，高新区（滨江）社会科学界联合会（简称滨江区社科联）围绕区委、区政府中心工作，发挥社科联“服务中心、引领风尚”功能，制定出台《高新区（滨江）文化发展“十四五”规划》，邀请省委党校专家开展经济发展专题研究，形成《坚持以创新发展为主线，高水平全面建成小康社会的高新区（滨江）样本》研究报告。与国内社会智库和新经济专业咨询领域权威机构北京长城企业战略研究所联合出版刊物《学习参阅》，聚焦城市、人才、高新主题，全年编发12期，为全区领导干部和企业提供决策参考。“钟书阁”杭州店被浙江省社科联评为省级社科普及基地。建立非公企业首席学习官、定期通报等制度，巩固马克思主义和习近平新时代中国特色社会主义思想指导地位。区社科联围绕历史文化传统、人生哲理和社会热点，在“网易蜗牛图书馆”“钟书阁”“王小波书店”等场所举办“滨江人文大讲堂”系列讲座30多场。联合公益机构向各社区免费推出“滨滨有课”社区文化活动，将绘本阅读、手工美术等公益课程直接送到居民家门口，全年开展活动70多场。开展爱国主义题材、当代现实题材、本土文化题材作品创作，创作出《共有一个家》《小小的音量》《生死突围》等音乐影视作品。动漫《下姜村的绿水青山梦》获评中国文化艺术政府奖第四届动漫奖最佳动漫作品。网络电影《金山上的树叶》入选国家广电总局2021年网络视听节目精品创作传播工程。电视动画片《天眼归来第二季》在中央广播电视总台少儿频道黄金时段播出。电视动画片《乐比悠悠学成语》入选国家广电总局推荐2021年第一季度、第二季度优秀国产动画电视片。网络视听《19层》入选浙江文化艺术发展基金2021年度资助项目。电影《爆炸声中的寻找》入选2021年杭州市文艺精品创作扶持项目。亚运主题音乐作品《TO WIN》在央视新闻客户端、地铁等平台宣传。微视频《心若有莲，花自盛开》获第三届“玉琮杯”清廉微电影视频大赛入围奖。针对高新区企业员工特点，打造“高新味道”1.0版应用场景，为新滨江人提供文化资源和服务，增强文化归属感。整合全区20多个部门、企业、机构的数字文化资源，打造“打卡滨江”等数字文化小程序，“文化地图”划出身边15分钟文化圈，“数字阅览”免费向公众开放国内1300多种数字图书、报刊、音频，并实时更新。“慢直播”平台提供文化“精品课程”为市民群众提供文化服务。

（滨江区社科联）

【萧山区社科联工作成果】2021年，萧山区社会科学界联合会（简称萧山区社科联）结合全区经济社会发展热点难点问题，开展重点委托课题招标和常规课题申报。完成“萧山在双循环新环境下经济持续发展新动能研究”“‘十四五’时期数智萧山发展研究”“‘十四五’时期，萧山打造杭州新中心的方向和举措研究”“萧山如何以自贸试验区建设为新起点，进一步提高对外开放水平的研究”4个重点委托课题社会招标。开展常规性区级社科课题申报，收到来自乡镇街道、部门、社科团体申报课题108个，立项49个，并择优向市社科联申报。优化社科人才队伍，成立首批萧山区人文社科讲师团。依托全区40多个社科团体、60个社科基地开展社科普及类活动。由各乡镇街道、平台申报筛选确定27个社科基地成立宣讲点，由各行各业25位专家组成的萧山人文社科讲师团到基层普及党的理论和社科知识，宣讲涵盖党史、萧山特色文化、家风家训、教育、就业、健康等。杭州市萧山区吴越历史文书博物馆申报的“庆祝中国共产党成立100周年——萧绍红色记忆史料展”获市级基地补助5000元。择优申报市级社科基地，“萧山围垦纪念馆”被列入杭州市社科普及基地。加强与社科团体、社科基地、社区联动，开展“宅家抗疫情，读书养修为”全民阅读活动，以及“在萧过大年，书香暖人家”送书活动、“诵读中华经典，弘扬优秀传统文化”读书会、“尺素初心——信札里的萧山人”展览、“唐诗之路·谷雨有云——萧山智慧气象科普馆天籁童声评选活动”“第二季萧山名人后裔访谈活动”等社科普及活动。协同浙江省社科联拍摄文化专题节目“文化浙江·大讲堂”中的《浙江文化大讲堂·萧山卷》，拍摄进化、河上、楼塔等古镇古村，节目在浙江新闻频道、“中国蓝”微信公众号同步推送。杭州社科能人讲师团到杭州国际博览中心等基层宣讲点普及社会科学知识。联合杭州湘湖（白马湖）研究院召开国际儒联研讨会，“儒学书房”落户湘湖。（萧山区社科联）

【余杭区社科联工作成果】2021年，新的余杭区社会科学界联合会（简称余杭区社科联）开展社会科学研究和普及。全年完成“共同富裕视角下余杭乡村未来社区规划建设对策建议”等44个课题研究，课题成果获浙江省、杭州市、余杭区相关领导批示肯定18件，其中省领导批示3件。获浙江省社科联研究课题立项1个，杭州市社科联立项课题2个。实施地方历史文化研究工程，开展良渚文化相关课题研究6个，大运河余杭段课题研究2个，宋韵文化研究课题2个，其中《打造宋韵文化工程经典之作》获余杭区委主要领导批示肯定。拍摄《诗路明珠：古城古镇古村落》余杭电视专题片并在浙江卫视播出。完成《浙江文史记忆丛书·余杭卷》编撰工作。加强沈括科技文化研究，推动中国沈括研究会筹备申报工作。策划论证陈元赟纪念馆和丁丙纪念馆等文化场馆建设工作，于10月1日开馆。举办“赓续百年党史 塑造新时代精神”——“浙江人文大讲堂·未来讲堂”暨社科理论界庆祝中国共产党成立100周年研讨会、第八届浙江城市治理论坛、城乡融合发展促进共同富裕研讨会等论坛研讨会6场。创建"新时代创客说"社科宣讲品牌,挑选203名新社会阶层青年、企业首席执行官和首席运营官加入社科宣讲队伍,组建"新时代创客说"宣讲团。余杭社科宣讲在中央广播电视总台《新闻联播》3次播出,人民日报客户端、新华社客户端等中央主流媒体刊登56次,《浙江日报》、浙江新闻客户端等媒体刊登77次,创新做法获省、市领导批示肯定。举办余杭区2021年度社会科学普及周,围绕"韵味·余杭""传承·余杭""共富·余杭"3个篇章进行主题展演,开展社科普及活动150多场。开办"余杭社科人文大讲堂""社科理论宣讲走亲""社科宣讲进基层"等活动100多场,受众10万余人次。播出迎亚运等直播课程"云课堂"90多期、"社科之光"数字媒体栏目150多期。"五九批示"纪念馆被评为市级社科普及基地。余杭区社科联被推荐为"全国先进社科组织"、2021年度全省"区县社科联测评优秀单位"。在省社科年度测评中居第一位,创建浙江省"重要窗口"建设社科调研基地。 (余杭区社科联)

【临平区社科联工作成果】2021年9月29日,临平区社会科学界联合会第一次代表大会召开,临平区社会科学界联合会(简称临平区社科联)成立。大会选举产生临平区社科联第一届理事会,沈晓峰当选理事会主席。12月3日,临平区社科联承办浙江省社科联"长三角高质量一体化发展"研究成果发布暨研讨会。12月25日,临平区联合复旦大学、中国训诂学研究会举办纪念俞樾200周年诞辰研讨会暨《俞樾全集》新书发布会,会议通过视频连线方式在杭州、上海两地进行。会上进行临平学研究中心专家顾问聘任、《俞樾全集》新书捐赠仪式。 (临平区社科联)

【钱塘区社科联工作成果】2021年10月28日,钱塘区社会科学界联合会成立暨第一次代表大会召开。会议选举产生钱塘区社会科学界联合会(简称钱塘区社科联)第一届理事会,楼复进当选理事会主席。理事会吸收浙江理工大学、浙江工商大学、浙江财经大学、浙江传媒学院、中国计量大学、杭州电子科技大学为钱塘区社科联副主席会员。会议通过钱塘区社科联章程,明确后续5年社科工作重点任务和发展目标。组织辖区各部门、街道和村社开展地方历史文化、民俗研究,推进东海禅寺、明清古海塘、创业一号闸等5处遗存遗址保护工作;开展头蓬老街、南沙公园等围垦相关遗址集中整治提升,收集整理围垦老照片、老物件等600多件。牵头成立杭州市钱塘区围垦历史研究会,整合辖区专家、学者以及热心围垦事业群众、围垦亲历者、企业家等63人组成骨干力量,填补钱塘区围垦历史研究空白。发挥社科团体普及宣传作用,开展各类社科普及宣传8场。 (钱塘区社科联)

【富阳区社科联工作成果】2021年,富阳区社会科学界联合会(简称富阳区社科联)围绕庆祝中国共产党成立100周年主题做好顶层设计。5—6月,联合抗日战争胜利浙江受降纪念馆等红色联盟平台,组织省新四军研究会成员、区社科专家在全区机关、乡镇、农村、学校、企业、社科基地等开展"讲好革命故事、传承红色基因"党史宣讲活动60多场,1万余人次参与。9月,在全区中、小学生中开展"我心中的红色印记"宣讲比赛。确定"共同富裕理论背景下新时代乡村旅游高质量发展的路径研究"等18个重点课题开展调查研究,做好区委、区政府咨政服务工作。其中"共同富裕理论背景下新时代乡村旅游高质量发展的路径研究""古村落保护与利用的问题研究""'钱塘江诗路'视阈下的'古城复兴'路径设计研究"等3个课题入选杭州市社科联立项课题。推出"社科有研"成果6期,提升全区社会科学理论研究影响力。打造"社科有卷"读书会、"社科有约"沙龙等社科特色品牌,服务中青年群体,采用走读朗读、讲故事、话题讨论、视频分享等方式,围绕《植物先生》二十四节气、读书人的不同路标、红色革命故事、《三国志》和《三国演义》的分析鉴赏、本土文化文学等主题开展"社科有卷"读书会8期。全年召集本土文化人士到富阳24个乡镇街道开展"社科有约"活动17期。5月12日,邀请《茶人三部曲》作者王旭烽、浙江大学茶叶研究所所长王岳飞到富春山馆,举办"茶文化沙龙"。7月18日至8月1日,浙江电视台"浙江文化大讲堂"栏目陆续播出富阳区千年古城古镇古村文化系列专题片——《城墙里看新登古城》《蒋家门造祠堂,可以观德》《此地山清水秀,胜似吕梁龙门》,总时长54分钟,"中国蓝"微信公众号同步报道。通过张宝昌、蒋金乐等专家视角,展现富阳历史文化故事和人文自然风貌,展示钱塘江诗路富阳段的文化底蕴。"富阳宣传"微信公众号开设"社科有料"专栏,发文《富春江畔话富春》等12则。邀请全国、省、市社科界专家学者到富阳进行社科学术座谈交流,举办纪念中央调查组在富阳60周年暨作风传承研讨会、三国演义协会年会、望诗会等。

(富阳区社科联)

【临安区社科联工作成果】2021年,临安区社会科学界联合会(简称临安区社科联)有省、市、区级社会科学普及基地26个。组织首次区重点委托社科研究课题申报,围绕临安区核心文化产业发展研究主题确定立项课题,经公开招投标,浙江农林大学风景园林与建筑学院课题组报送的课题"临安区核心文化产业发展研究"入选,并如期结题。实施区常规社科课题申报,区委党校报送的"'绿水青山就是金山银山'理念视域下,乡村振兴的实现路径研究——以临安区为例""全面推进乡村振兴战略下,村'一肩挑'干部胜任力研究——以杭州市临安区为例""杭州市农村产业融合测度与区域差异分析"3个课题获市社科联(市哲学社会科学规划领导小组办公室)立项。确定杭州电子科技大学信息工程学院报送的"知识创造能力与绩效关系分析——对临安区高新技术企业的启示"等8项课题为年度优秀课题并予以经费补助。临安区鸡血石博物馆、锦南街道昌化鸡血石博物馆、於潜镇生命教育体验馆、昌化镇8300体验中心入选第三批临安区级社科普及基地。原第一批区级社科普及基地城东小学禁毒教育科普基地、钱王陵、藻溪小学(对石校区)竹文化体验基地取消"杭州市临安区社科普及基地"称号。原第二批区级社科普及基地"昌化印象馆"更名为"昌化镇南门弄古建筑群",并重新核定公布。做好数字化改革工作,发动社团学会、社科基地注册"杭工E家·群团集市"230多人次。在"群团集市"展示社科联工作动态20多条,阅读量超过1.5万人次。10月29日,举办区社科联一届八次理事(扩大)会议暨2021年度社科普及周启动仪式,周忠辉当选区社科联主席。组织社科理论界学习贯彻中共十九届六中全会精神,在《今日临安》头版头条刊发《凝心聚力 继往开来——区社科理论工作者学习贯彻党的十九届六中全会精神》。在《杭州宣传》2021年3月刊发表《开展"一讲、三写、六比拼",推动"四力"教育走深走实走心——专访临安区委常委、宣传部长李赛文》《深化历史建筑保护,传承乡愁文脉记忆》。与浙江农林大学文法学院联合编印出版《吴越家声陌上花——第三节吴越钱王文化论坛文集》。走访27个社团、25个社科普及基地,落实意识形态工作责任制。临安区社科联被省社科联核定为2021年度"全省区县社科联测评优秀单位"。（临安区社科联）

【桐庐县社科联工作成果】2021年,桐庐县社会科学界联合会(简称桐庐县社科联)开展社科研究和社科普及活动。会同桐庐县委宣传部邀请中国辩证唯物主义研究会,于5月29日在桐庐举办"中华民族伟大复兴与百年哲学发展"理论研讨会暨第八届中国辩证唯物主义研究会常务理事会。中国社会科学院中国社会科学出版社桐庐调研基地、21世纪马克思主义研究院桐庐调研基地、中国辩证唯物主义研究会常务理事会永久会址落户桐庐。制定印发《桐庐县社科普及基地管理考核办法》《桐庐县2021年度社科课题指南》,加强社科普及基地规范化、精细化建设管理。部署年度县级课题研究申报工作,全年完成立项课题25个,评选出优秀课题15个。开展省、市社科联课题申报,上报课题获市级立项课题2个、省级立项资助课题1个、国家级立项资助课题1个。编发《社科专报》3期,其中《桐庐县高质量发展大旅游产业的问题及对策》获县委书记批示。对《百江人文录》《口述梅蓉》等学术编印成果进行资助。会同历史文化研究会编纂出版《桐庐历史文化研究第五辑——古桐江山(钩沉)》。结合中国共产党成立100周年,联合分水镇、新合乡挖掘研究桐庐红色历史文化,编纂《分水江畔的丰碑》《革命老区新合之旅》两本桐庐红色文化科普丛书。新认定桐庐县气象科普基地、中共分水支部陈列馆等4个单位为第4批县级社科普及基地。至年末,有县级社科普及基地31个。对翙岗洗街民俗文化活动、富春大讲堂之致敬建党百年、未成年人心理健康科普教育等8个年度基地重点项目进行资助。南堡精神纪念馆的"五个'一'焕发党史教育新活力"活动获市级立项资助。开展以"传承红色基因,担当历史使命"为主题的2021年社科普及周活动,举办老党员讲述红色故事、革命历史文物图片巡展、党史知识竞赛等5个类别20多个社科普及活动。会同县融媒体中心开设"品读桐江名人"栏目,邀请桐庐文化名家以音频访谈形式开展桐庐历史名人传颂,获2021年度全县宣传思想文化工作"创新奖"。结合"社科理论下基层"活动,开展"百年百讲"专题宣讲50场。联合浙江电视台《文化浙江大讲堂》栏目拍摄播出"诗路明珠——古城古镇古村落"专题节目4期。征集组建41人的县级社科理论宣讲团,首次成立桐庐县社科智库专家团。"桐庐县社科联"微信公众号页面设有"数智群团"一键式登录菜单,为群众提供社科普及、志愿服务等内容。（桐庐县社科联）

【淳安县社科联工作成果】2021年,淳安县社会科学界联合会(简称淳安县社科联)加强社科咨政研究,1个课题获杭州市党政系统优秀调研成果二等奖,1个课题获杭州市社科联立项。完成年度县社科课题评审,确定16个课题结题,评定优秀成果奖8个,推动15个年度县社科重点课题研究。实施邀约式课题研究机制,推进8个县《社科要情》专报成果提升工作,编发4期。开展全省"社科赋能山区26县跨越式高质量发展行动",做好县域深度调研。加强社科普及宣传,全县54个省、市、县级基地开展各类社科普及活动178场,受众2.1万人次。按省级红色基地联盟工作要求,组织11个红色基地完成"四史"主题宣传普及76场。开展市级社科宣讲点宣讲活动,完成党史专题宣讲活动16场。推出淳安县社科普及基地2021年"百堂社科"课程菜单,编发课程54堂。组织推动社科基地年度重点活动项目省级7个、市级5个、县级17个。加强平台队伍管理,探索县基地联盟建设,按地域和特色初步组建红色联盟、东部联盟、西部联盟、空中联盟4个联盟,结合省社科普及周,做好5个红色基地推广。参与做好市"云上基地"建设,5个基地入选首批云上基地。优化主管社团年审,做好宣传部主管的9个社团和1个民办非企业组织的培训、年审、注销等工作。加强机构建章立制,建设县数智群团,动员参与群团集市注册、应用场景投票等工作。完成社科联品牌项目制定、工作体系大数据录入,做好活动共推、风采共展等工作。召开一届五次常务理事会、理事会,审议研究理事变动调整、各类先进评选标准等,完善社科工作推进机制和方法。加强省、市和周边区、县走访互动,做好政策对接和经验学习。做好基地、社团两大线路工作体系建设,理顺工作关系,明确工作路径。（淳安县社科联）

【建德市社科联工作成果】2021年,建德市社会科学界联合会(简称建德市社科联)以多种形式和平台,激发基层社科队伍积极性和创造性,打造社科宣讲品牌,参与省、市级课题研究,推进各级社科普及基地提升。指导社科宣讲点立足自身优势,做好特色传承及互动宣讲。全年各宣讲点完成128场社科宣讲,受众1.6万人次。其中"燕前堂·永成茶馆"、杨村桥"莓好播报"总站、新安江街道党群服务中心获评杭州市级社科普及宣讲点,通过"点课啦"App邀请杭州社科讲师专题授课12场。推动"西乡讲堂""莓好播报""百场社科讲座进基层"等宣讲活动,以新安江街道党群服务中心、大同书院、杨村桥成校为中心点，将精选课程推送至新时代文明实践站所、村文化礼堂等基层阵地，形成社科宣讲辐射圈。贴近群众需求，增选红色文化、为民政策、产业技术等内容，形成社科课程，纳入年度社科讲师团点课菜单。适时推出《莓好影音》《慈言慈语》《西乡夜话》等网络宣讲栏目，增强社科宣讲实效。认定龙山书院、建德市博物馆、新时代文明实践中心3个场馆为年度建德市级社科普及基地，“千鹤妇女精神”教育基地晋级为第十批省级社科普及基地。采用“基地+”模式，通过专题授课、参观学习、相互交流，搭建互相促进、资源共享的社科平台。社科基地周周有主题，月月有活动，发挥基地宣传普及功能。建德市社科联发动建德市委党校、社科类社团等社科人才参与省、市课题申报，杭州市社科联重点课题“党建统领四治融合的乡村治理体系研究——基于建德市的调研”结题。严州中学“红色足迹”百场讲座、大同书院“学党史，听党话，跟党走”红色文化系列宣讲活动被评为2021年度杭州市社科普及基地重点项目，分别获项目资助。牵头做好《建德》杂志、“浙江文化大讲堂”之古韵严州、第八届中国范仲淹国际学术大会筹备工作。撰写拍摄《钱塘江诗路》脚本，制作《范仲淹与睦州》书稿，专题展示建德市委、市政府专项工作，将文化核心元素与经济社会发展结合。做好“数智群团”工作，完成“数智群团”注册313人次，风采展示26条，活动集市14条，筹备“云上社科讲堂”应用场景。推动社科资源和服务的数字化、集成化，实现群团资源整合、力量融合、工作聚合，打造群众爱用管用的服务平台。

（建德市社科联）

社会科学活动

【杭州市社会科学界第七届学术和咨政年会】2021年11月2日，由市社科联、市社科院、市委市政府咨询委员会办公室、市政府研究室共同主办的杭州市社会科学界第七届学术和咨政年会召开。年会以“助力杭州高水平打造‘数智杭州·宜居天堂’”为主题，130多位来自市社科联（院）、有关市直单位、市属高校、区县（市）社科联的专家领导和市属各社科社团、市社科重点研究基地、年会优秀论文作者、市社科优秀青年人才参加会议，探讨杭州城市发展路径，促进学术成果转化，提高决策咨询水平。年会设主会场和3个专题论坛，收到论文157篇，其中30篇文章获优秀论文奖。

【“我们的价值观”主题词研讨会】2021年，市社科联（院）举办“中国共产党历史与青年人核心价值观研讨会”“牢记讲话精神，再创辉煌征程”“伟大抗战精神凝聚砥砺奋进力量”等“我们的价值观”主题词研讨会10场，邀请高校专家学者及相关单位负责人参与研讨。新华社客户端、《杭州日报》、《都市快报》等媒体进行报道。

【“百年大党与杭州现代化”全国社科学术研讨会】2021年5月22—23日，市社科院联合杭州师范大学举办“百年大党与杭州现代化”全国社科学术研讨活动，来自全国18个省（自治区、直辖市）100多名专家学者和省、市有关部门领导参会。会议收到主题征文100多篇，经专家评选，评出优秀论文一等奖3篇、二等奖5篇、三等奖7篇。

【杭州市社会科学普及周活动】2021年9月28日，由市社科联主办，上城区委宣传部、上城区社科联、小营街道党工委承办的2021年杭州市社会科学普及周在小营·江南红巷启动。活动主题为“传承红色基因，担当历史使命”，设主会场启动仪式、分会场“传承红色基因，推动共同富裕”直播访谈、广场咨询3个板块。市翻译协会、市杭商研究会、杭州传媒品牌促进会等10个社团参与在小营公园开展的广场咨询，发放社科资料、书籍200多册，定制款科普周手袋100多份。科普周采取线下、线上的方式同步进行，线上观看直播人数主会场169万人次、分会场105万人次。科普周期间，现场发布“乐游基地”小程序，设置“我要参与”和“我要打卡”两个板块。“我要参与”可查看近期活动，用户可直接报名参与；“我要打卡”呈现“杭州市级社科普及基地手绘地图”，在“地图”中点击任一基地，都可“直达”基地介绍界面，了解相关信息。用户在实地参观基地后，地图上会相应地亮灯表示打卡成功，打卡超过一定数量，还能获取相应的荣誉等级称号。启动面向18周岁以下的青少年的“我心中的社科普及基地”系列征集活动，内容围绕“杭州市级社科普及基地手绘地图”45个市级社科普及基地展开，参与形式包括绘画类、摄影类和作文类。

【“钱塘大讲坛”品牌提升】2021年，杭州市社会科学普及品牌栏目“钱塘大讲坛”全新定位为“名师名家大讲坛、智汇党群云平台、人文社科新IP”，并增加直播平台数量，通过“西湖先锋”App、杭州新闻客户端、“直播大杭州”、“我们大杭州”、“新华社现场云”、“央视网”、“抖音”、“B站”、“优酷”、“映客直播”等平台播出。全年举办讲座9场，内容涵盖政治、经济、历史、文化、科技各个领域，现场听众累计近1800人次，全年线上直播观众和听众累计334万人次。“钱塘大讲坛”活动利用华数数字电视专网，通过定制机顶盒，实现全市190个乡镇街道、3419个村（社区）站点直播收看。（市社科联）

【宋韵文化社科普及品牌打造】2021年，上城区社科联以骨干专家为主，依托基层直播阵地，开展“智者面对面——尚城社科直播间”宋韵主题直播访谈活动，全年举办10场，场均10万人次收看。邀请专家到直播间分享宋韵文化，打造线上宋韵文化学术活动品牌。与杭州西湖之声电台合作，开辟“夜听宋韵”专题，节目分主题、成系列，每周五晚播出，省市社科联官微、“学习强国”浙江平台、群团集市平台同步推发。配合宋韵文化节，开展“宋韵千年、中国气派”线上小程序答题活动，设置都城繁华、诗词之韵、古物至巧3期专场。

（上城区社科联）

【“樱花跑”活动】2021年3月27日，由高新区（滨江）举办的“2021和滨滨一起樱花跑”活动在闻涛路“最美跑道”举行。活动结合党史学

2021 年 5 月 22—23 日，"百年大党与杭州现代化"全国社科学术研讨会在杭州召开。图为向论文获奖者颁奖　　（市社科联　供稿）

习教育，在快闪"灯火里的中国"中拉开序幕，全场唱响红色歌曲。现场队伍形成"不忘初心"字形，1800 多人参与。

【国际体育幽默画展】2021 年 9 月 30 日，滨江区首届国际体育幽默画展启动仪式暨新闻发布会在白马湖国际会展中心举行，向全球漫画爱好者征集优秀体育幽默漫画。10 月 13—15 日，首届国际体育幽默画展——漫画家滨江采风暨漫画研讨会在滨江举行。漫画家们到亚运体育场馆、杭州海康威视数字技术股份有限公司、浙江中南卡通股份有限公司、中国网络作家村及中国动漫博物馆采风，研讨交流，现场作画。

【诗路浙江影像叙事工程启动】2021 年 9 月 3 日，"从西兴出发——浙东唐诗之路影像展"启动仪式暨"诗路·丝路·思路"学术研讨会在高新区（滨江）智慧 e 谷举行，活动旨在以摄影艺术探寻浙江发展之血脉，共同富裕的思路。会议邀请浙东运河、唐诗之路方面专家学者探讨"唐诗之路、海上丝路、共富思路怎样在这里交相辉映""如何让无限荣光的唐诗，照亮今天的浙里山河"。会议当天，西兴古镇浙东运河源头举办摄影采风创作活动，现场表演汉服展示、西兴灯笼、诵写唐诗等活动。

（滨江区社科联）

【良渚古城遗址研究】2021 年，余杭区强化良渚古城研究，普及良渚考古文化。召开"良渚与中华文明起源"学术研讨会，推动中国古代优秀传统文化大众化传播；编纂出版《良渚文化研学读物》《建构神圣》等学术专著，以及《良良的古城世界》《良良的玉器世界》等儿童科普绘本。举办"意象良渚——跨媒体艺术沉浸展""早期良渚——良渚遗址考古特展""指间经纬——中国妇女儿童博物馆藏南方少数民族织锦展"等展览 6 场。在社教科普方面，结合传统节日举办"良博奇妙夜"、"良·雅·集"中秋音乐会、"良心匠艺——世遗 X 非遗"手工课程等特色活动；在"良博奇妙夜"展演儿童剧《来自良渚的想象》，线上直播观看量 30 万余人次；发布博物馆教育 IP 品牌"良良"，打造完成"良良的家"并面向社会公众开放。良渚博物院被命名为全国爱国主义教育示范基地和全国华侨国际文化交流基地，"《良良的世界》绘本 +"遗产教育理念被联合国教科文组织亚太遗产中心评为全球世界遗产教育创新案例，并在第 44 届世界遗产大会推介展示。"绘本 +"博物馆青少年教育模式的探究获 2021 年度全国优秀文博社教案例，融媒体专著《良渚》被省社科联推介为年度浙江省社科普及创新示范项目，主题教育活动"良良漫游记"获评 2021 年度全省博物馆十佳青少年教育项目。　（余杭区社科联）

【"听爸爸妈妈讲红色故事"微宣讲】2021 年，临安区社科联联合区委党史研究室、区精神文明建设委员会办公室，启动第三季"听爸爸妈妈讲红色故事"，面向小学生家庭征集红色文化故事 100 多个。区有关专家对故事进行评审，选出 18 个优秀故事，指导亲子家庭进行故事改编。在区融媒体中心 FM96.4 "乐活广播"及公众号开设《听爸爸妈妈讲临安故事》专栏，编印《忆先辈·颂英烈·永前行——听爸爸妈妈讲红色故事集》读物 1000 册，发放到全区中、小学。

【"青"说党史活动】2021 年，临安区社科联联合区委党史研究室、区教育局收集资料进行查考，推出"天目心语"社科理论微讲堂之庆祝建党百年特别节目："青"说党史——临安党史人物 20 讲。让 20 名小学至高中不同年龄段的孩子，讲述 20 名最具代表性的临安籍或在临安有过重要革命活动的烈士先驱、中华人民共和国成立后临安优秀共产党员代表的事迹，让青少年了解党在临安的历史。编印《红色信仰——2021 天目心语，"青"说党史微宣讲优秀作品集》发放到中、小学。

（临安区社科联）

【李大钊研究会杭州基地揭牌】2021 年 5 月 15 日，由杭州市委宣传部、中国李大钊研究会共同主办，杭州国际城市学研究中心（浙江省城市治理研究中心）、杭州师范大学承办的"李大钊社会主义思想与中国社会主义现代化建设新道路"学术研讨会在杭州举行，由杭州国际城市学研究中心与中国李大钊研究会共同成立的杭州李大钊研究中心、中国李大钊研究会杭州基地揭牌。会议旨在庆祝中国共产党成立 100 周年，研究学习李大钊理想信念和革命精神。

【城市学智库平台建设】2021 年，杭州国际城市学研究中心围绕"一流智库"建设和"杭州学派"打造，以省级新型重点专业智库为契机，推进智库平台建设。围绕城市流动人口、交通、教育、医疗卫生、土地（住房）、文化遗产保护、环境 7 个问题，设 7

个平台，分别与浙江大学等7个院所共建共享，集聚国内外城市学领域各类专家学者，共同围绕学术研究、人才培养、成果发布、资政服务、成果评选、论坛活动开展工作，影响力不断扩大，成为国内外城市学研究领域的知名平台型智库。

【（中国）城市学年会在杭州举行】2021年10月30日，由杭州国际城市学研究中心（浙江省城市治理研究中心）主办的“（中国）城市学年会·2021”在杭州举行，中国城市学研究领域的专家学者和来自广州、济南、开封、新乡、台州、潍坊、吉安、新疆生产建设兵团第九师等地领导围绕“城市高质量发展与共同富裕”主题建言献策。现场举行浙江图书馆教育分馆、杭州市社会科学普及基地、天元公学教育戏剧中心、天元OTO（OMO）教育发展联盟、“城市书房”揭牌，著名国画家王书平作品捐赠、杭州城市学智库与中国铁建投资集团华东指挥部和浙江省建筑设计研究院签约仪式。第十一届钱学森城市学金奖、第十一届西湖城市学金奖、第一届超常儿童教育奖等优秀研究成果同步颁奖。

【天元教育论坛】2021年10月30日，“天元教育论坛·2021”在天元公学举行。论坛由中国教育学会、杭州市教育局指导，杭州国际城市学研究中心（浙江省城市治理研究中心）、余杭区教育局、之江实验室智能教育研究中心主办，天元公学承办，未来科技城管委会等单位支持。论坛以“‘双减’背景下的教育体系与教育治理能力现代化”为主题，聚焦时下教育热点，探讨“新时代教育高质量发展”。专家学者从不同视角对教育体系与教育治理能力现代化进行探讨。论坛设分论坛，天元OTO（OMO）教育发展论坛围绕智能教育（VR、AI方面）、5G+智慧教育、游戏化学习（教学）、翻转课堂、在线教学5个方面进行探讨，发掘新时期教育改革实践新方法。名师名校长论坛围绕“双减”政策背景下教育带来的思考，探讨教育新政策下的学校行动。天元公学首届教育戏剧专家论坛探究教育戏剧对青少年成长的影响，促进学生多元能力的发展和基本素养的形成。天元超常儿童教育论坛关注超常儿童培养过程中的政策引导与教育实践，遵循教育规律和人才成长规律，探索推进超常教育。

【“两奖”征集评选】2021年10月29日，由杭州国际城市学研究中心主办的第十一届钱学森城市学金奖、西湖城市学金奖（简称“两奖”）专家评委会会议在杭州举行。活动征集到专业作品1450篇（部）、民间点子2080个，经专家无记名投票，产生第十一届钱学森城市学金奖候选作品7篇（部）、西湖城市学金奖评委会特别奖候选点子1个。

［杭州国际城市学研究中心（浙江省城市治理研究中心）］

社会科学刊物

【《创意城市学刊》】《创意城市学刊》是由市社科联、市社科院主办，指导杭州市社会科学的理论刊物。原名《杭州学刊》。2011年由内刊改为公开出版，2014年加入“中国集刊”智库，2015年加入中国邮政发行，由社会科学文献出版社出版，2019年由《杭州学刊》转型为《创意城市学刊》，并向南京大学社科文献中心申报《中文社会科学引文索引》学术集刊。设《特稿》《创意城市研究》《创意经济研究》《创意文化研究》《政务创新研究》《历史文化研究》《创意人才研究》《治理创新研究》《创意社会研究》等栏目。2021年，编辑出版2期4册，登载文章84篇，计100.4万字。

【《杭州师范大学学报（社会科学版）》】《杭州师范大学学报（社会科学版）》由杭州师范大学主办的学术理论刊物，1979年8月创刊，1982年3月起向国内公开发行。学报相继入选全国高校精品社科期刊、华东地区优秀期刊、CSSCI来源期刊、全国中文核心期刊、中国人文社会科学核心期刊、中国核心学术期刊、中国科技核心期刊。2021年，出版6期，刊发文章100多篇。

【《现代城市》】《现代城市》是由省教育厅主管，浙大城市学院主办的综合性技术期刊（季刊）。主要刊登中国城市建设学科领域中最新科技成果和工作经验，阅读对象为城市与村镇建设管理部门、教育、科研及相关企（事）业单位等工作人员，设《规划与建设》《城市经济》《城市管理》《城市文化》等栏目。杂志被《中国学术期刊网络出版总库》和《中文科技期刊数据库》全文收录。2021年，刊发文章54篇。

【《美育学刊》】《美育学刊》是由杭州师范大学主办的美育研究专业学术期刊。2010年11月创刊，设有《美育理论》《美育史论》《美育实践》《艺术教育理论与实践（含实验）》《艺术与审美文化》等专栏。2021年，出版6期，刊发文章104篇。

【《中共杭州市委党校学报》】《中共杭州市委党校学报》是中国人文社会科学综合评价AMI核心期刊、RCCSE中国核心学术期刊、中国人民大学复印报刊资料重要转载来源期刊、《中国学术期刊影响因子年报》统计源期刊。《新华文摘》全文转载1篇、论点摘编3篇，《中国社会科学文摘》全文转载1篇，中国人民大学《报刊复印资料》全文转载11篇。根据中国人民大学人文社会科学学术成果评价研究中心和书报资料中心联合研制的《2021年度复印报刊资料转载指数排名》，在“党政干部院校主办学报 / 综合性期刊”全文转载排名中，全文转载量列第14位，转载率排名列第8位，综合指数排名列第11位，上述排名均居全国副省级城市党校学报前2名。2021年，出刊6期，刊发文章62篇，总字数约100万字。

（市社科联）

责任编辑　须同威

41 出版传媒

出版发行

【概况】2021年，市新闻出版局（市版权局）开展“正道”“新风”集中行动，强化“扫黄打非”宣传教育，净化文化市场环境。余杭区余杭街道被评为第五批全国“扫黄打非”进基层示范点，上城区彭埠街道等6个基层站点被评为全省第五批“扫黄打非”进基层示范标兵和示范点。全市创建全国示范点5个、全省示范点35个。做好印刷、发行单位年度核验等工作，促进出版物发行及印刷行业规范发展，全市1803个印刷企业、2051个出版物发行企业通过年度核验。

【中国国际版权博览会在杭州举行】2021年10月16—18日，第八届中国国际版权博览会在杭州举行。其间，举办中国版权金奖颁发仪式、“2021国际版权论坛”等12项主题活动。300多个版权组织、机构和单位参展参会，嘉宾近6000人，4个展区展出国内外优秀版权作品1.2万种，《大江大河》等20部作品及制作单位获中国版权金奖。中央广播电视总台、《人民日报》、新华社等近100个中央和省、市主流媒体及网络媒体平台刊播转发相关资讯近3000篇（条）。杭州市版权局、杭州市版权保护中心、中国网络作家村、都市快报社4个单位获版权博览会“金惠奖”。

【中华版本资源征集】2021年，杭州市推进中华版本资源征集工作，市、区两级设立征集工作办公室，增强组织领导和人力资源。召开市级宣传系统、区县（市）、市级机关部门3个层面的动员部署会，分别对版本资源征集做出总体部署、明确任务分工，层层带动征集积极性。省市联合调研指导组多次到区县（市）和相关重点单位，指导敦促各地征集工作。建立考核通报制度，按季度通报各地呈缴情况。全年，全市呈缴中华版本资源16.31万件（册），其中实物版本15.04万件（册）、数字版本1.27万件（册）。

【新闻出版行业管理】2021年，杭州市开展全市18种公开期刊、9种公开报纸、230多种连续性内部资料年度核验换证，完成全市图书出版数量统计填报、相关社团核验以及《杭州日报》临平区记者站设立初审工作，着重对杭州出版社、西泠印社出版社、汽车杂志社及杭州日报社等13个单位进行社会效益评价考核。开展对市属9种公开报纸审读评议，每月按时向上级职能部门上报审读报告，促进市属报纸出版业健康发展。落实中共中央宣传部出版局开发完成的国家网络游戏防沉迷实名认证系统工作，省委宣传部公布的杭州市范围内网络游戏企业356个，全年落实相应要求293个，完成率82.3%。

【版权管理】2021年，杭州市以知识产权宣传周的版权宣传为载体，开展主题宣传活动300多场次，组织讲座培训100多场，发放知识产权宣传资料5万余份，营造尊重版权、保护版权的氛围。抓好版权作品日常审理、审核、申报等服务工作，杭州数字备案网络申报服务平台完成登记备案作品4200件，使版权创作无后顾之忧。推进全市范围内的软件正版化进程，新增教育、交通、卫生3个部门为软件正版化联席会议成员单位。召开联席会议暨全市软件正版化工作部署会，制定《杭州市推进使用正版软件工作考评办法》，在萧山区、临安区开展软件正版化全覆盖检查，检查结果纳入两区年度考核内容。

【农家书屋提档升级】2021年，杭州市做好农家书屋提档升级工作，根据“建强一批、提升一批、整合一批”要求，共呈报精品（示范）书屋174个，初步实现“镇镇有示范、乡乡有精品、村村有书吧”目标。在省委宣传部、省农业农村厅在丽水市缙云县举办的“农民讲党史·农村看发展”第二届农民故事大赛中，杭州市选送的萧山区文化馆邵菲和桐庐县文化馆江吉颖获二等奖，市委宣传部和市农业农村局获优秀组织奖。（何国江）

【出版行政审批】2021年，杭州市本级办理各类出版行政审批事项1.15万件（其中：许可类、变更类等249件，“亲清在线”办理1.13万件），许可类办件量比上年增长111%，“亲清在线”办件量列市级第八名。按照《政务办事“最多跑一次”工作规范》，对每个事项的法律依据、申请条件、申报材料、办理流程、常见问题等进行多次动态调整和完善，市本级事项全部实现“最多跑一次”、网上办、掌上办。

【出版发行市场管理】2021年，杭州市1803个印刷企业参加年度核验工作，其中出版物印刷企业113个、包装装潢企业1130个、其他印刷企业492个、数字印刷企业68个、涉外印刷企业23个。年度核验数据显示，杭州市有规模以上印刷企业97个，上市印刷企业2个；2个印刷企业获国际印刷奖项7个。全市有发行单位2051个，其中批发单位331个、零售单位1720个、网上书店517个、外资企业29个。完成市本级和各区县（市）的出版物鉴定小组组建工作，年内共鉴定13批次、500多册出版物。组织全市出版物市场专项暗访检查，对全市从事出版物批发、零售的100多个单位进行检查。

【文化出版“扫黄打非”】2021年，市新闻出版局（市版权局）印发《杭州市2021年“扫黄打非”工作举措》《2021年度杭州市“扫黄打非”工作核查验收细则》。全市开展“绿书签2021”护苗宣传活动821场，参加总人数17万人。全年检查互联网文化经营单位1.3万个（次），查处网络涉黄涉非类案件9起，行政约谈35个（次）；清理各类违规信息66万余条，封禁各类违规账号1.8万个，取缔关闭网站1.1万个。核验平台出版物许可证1228个，确认假证1026个，全部闭店处理。公安部门办理“扫黄打非”类刑事案件189起，采取刑事强制措施282人，收缴各类违法出版物1.1万件，罚款330多万元。年内有5起案件被全国“扫黄打非”办公室和公安部联合挂牌督办，打击“黄瓜视频传播淫秽物品牟利案”入选全国“扫黄打非”十大案件。（费翱翔）

广播影视

【概况】2021年，杭州文广集团深化集团发展战略布局，推进媒体深度融合，统筹抓好新闻宣传、新冠肺炎疫情防控、产业经营等方面工作。围绕庆祝中国共产党成立100周年、党史学习教育、共同富裕、中共十九届六中全会、“十四五”规划开局等重大主题，集团策划推出“奋斗百年路，启航新征程”等一批全媒体新闻报道，开展“百年初心，依然少年”——2021年“我是星力量”大型媒体采风行动。全年，集团及下属单位获中国新闻奖、中国广播电视大奖6个；获省级奖项100个，其中一等奖13个；在中央广播电视总台综合频道《新闻联播》栏目发稿72条。集团策划做好杭州亚运宣传，推出《亚运会客厅》《奔跑吧杭州》《今日说亚运》《亚运抢先听》等广播电视栏目，承办亚运会倒计时一周年、亚运国际文明礼仪大赛、亚运志愿者招募、“走近亚运”采风等活动，扩大国际影响。双语节目《看杭州》全年面向海外220多个国家和地区播出100期节目，《走近亚运》通过海内外多个主要媒体播出。

集团加快媒体融合步伐，拥有100万关注人数的新媒体平台（账号）15个。杭城户外第一融媒体增量扩容。无线数字电视竞得地铁3号、6号、7号、8号、9号、10号、16号线和机场快线运营权，信号覆盖地铁、公交、游船等移动端设备3.3万个。与浙江长龙航空公司签署战略合作协议，实现“水陆空”一体化传播。海外传播阵地初具规模，建成杭州市国际网络传播中心，海外社交媒体全球关注量超过2亿人次；国际网络传播矩阵建设项目入选国家广电总局广播电视和网络视听产业发展项目库。

【国家（杭州）短视频基地建设】2021年4月30日，国家（杭州）短视频基地开工奠基仪式在杭州文广集团举行。浙江省委书记、省人大常委会主任袁家军，中共中央宣传部副部长、中央广播电视总台台长兼总编辑慎海雄共同为国家（杭州）短视频基地揭牌奠基。同日，中央广播电视总台大型融媒体节目《中国短视频大会》落户杭州，浙江省政府与中央广播电视总台签署《杭州亚运会广播电视宣传战略合作协议》。年末，国家（杭州）短视频基地项目取得杭州市规划和自然资源局方案设计批复、建设工程规划许可证、市建委方案初步设计批复，该工程被列入2022年杭州市重点建设项目。

【中国共产党成立100周年主题宣传】2021年，杭州文广集团围绕中国共产党成立100周年主题，持续开展宣传报道。截至7月上旬，集团下属各频道、频率以及“杭州之家”App推出相关主题报道1130多篇，开展线下主题活动近70场，图文视频推送内容670多条，全网点击量超过1亿人次。党史学习教育和“民呼我为”活动是主题宣传的两大重要部分。综合频道启动《红色印记》《红色宝藏》《红色精神》系列红色报道，制作播出39集纪录片《复兴路上》；西湖明珠频道推出《光荣在党50年·向您致敬》等系列特别节目，配合市委、市政府各部委办局承办12场大型主题活动；影视频道推出《建党百年杭州影像——云游红色博物馆》系列短视频及“青春向党红色

2021年4月30日，《中国短视频大会》落户杭州签约仪式举行

（杭州文广集团 供稿）

追梦”红色观影活动；综合广播电台（FM89）推出《办实事开新局》《民呼我为》《百年百人话初心》等系列报道，举办“党旗下的诵读”“庭院党课”等品牌活动；“西湖之声”广播电台推出《少年狂，铸中国脊梁》《隐蔽战线的杭州故事》系列报道及“我为七一献热血”公益活动；交通经济广播电台推出《百年见证我与奋斗者同行》H5 微信互动；“杭州之家”App 推出“永远跟党走——学党史悟思想办实事开新局”活动，联合京、冀、晋、陕、粤、沪等 11 个省、市广电融媒体参与，全网点击量超过 2000 万人次。

【“爱上长三角”跨省全媒体行动】 2021 年 5 月 20 日，由杭州文广集团、拱墅区委宣传部、西湖区委宣传部、钱塘区委宣传部共同主办，杭州市商务局特别支持，杭州文广集团融合发展中心、生活频道共同策划执行的“爱上长三角”跨省全媒体行动启动。活动联手杭州、上海、嘉兴、湖州、苏州、黄山、南京、芜湖 8 个长三角地区的城市，紧扣“一体化”和“高质量”两个主题，用全媒体方式记录各地践行国家战略的决心和合力。活动开展 5 组行动：公路行进式网络移动直播，展现区域环境面貌的提升、跨省公共交通的合作成效；8 个城市同唱一首《妈妈教我一支歌》的线下快闪，表达各城市市民对长三角地区的热爱；制作系列微纪录片，讲述长三角地区居民在一体化发展中感受到的生活变化；启动全景式 H5 互动程序，邀请网友互动打卡；寻找长三角地区城市美好愿景，送上数智消费大礼包。该活动也是杭州文广集团近年“爱上”系列大型全媒体品牌活动的主题策划之一。

【“爱上大运河”全媒体行动】 2021 年 10 月 22 日，“2021 中国大运河文化带京杭对话”活动在杭州开幕。由杭州市政府新闻办牵头，杭州文广集团联合大运河沿线城市广播电视集团融媒体中心，推出主题为“雅宋韵致，千年运河”的“爱上大运河”全媒体行动。活动立足北京、山东济宁、江苏扬州和浙江杭州 4 座大运河沿线城市，通过线上与线下结合方式，将“宋韵文化”和“大运河文化”融合传播，讲好大运河故事、擦亮大运河品牌，同心协力保护、传承、利用好大运河。活动为期 3 天，内容集政产学研成果发布、专家研讨、文化交融、艺术雅集、文旅推介、科技交流、媒体传播于一体，共同组成一场全媒体行动。

【“云听杭州”频道上线】 2021 年 7 月 22 日，“叩响共同富裕之门”——中央广播电视总台“云听杭州”频道上线，云听（杭州）运营中心同时揭牌并落户杭州文广集团。该频道是中央广播电视总台推出的国家级 5G 高品质声音聚合分发平台，由中央广播电视总台央广发展总公司与杭州文广集团合力打造，旨在立足杭州、面向全国，丰富高品质文化产品和服务供给，更好满足人民群众文化需求。

【“红色电波”联盟组建】 2021 年 7 月 15 日，由杭州市党史学习教育领导小组办公室、杭州文广集团等单位联合发起，杭州、上海、嘉兴、吉安、遵义、延安和石家庄 7 个红色城市的电台共同组建的“红色电波”联盟成立。来自杭州相关部门、街道乡镇、企业、社会团体的 50 多个党组织成为首批“红色电波联盟单位”。联盟成立后，以“伟大建党精神”进庭院、“民呼我为”现场办、“党旗下的诵读”红色行三大行动为载体，打破地域限制，发动社会各界深入学习中共中央总书记习近平“七一”重要讲话精神，在 7 个城市共同打造党史学习教育“示范圈”。

【“共同富裕”主题宣传】 2021 年 8—11 月，杭州文广集团所属媒体围绕“高质量·共富裕”的主题，开设专栏，推出系列报道和新媒体产品。其间，播出相关新闻 140 多篇，新媒体图文视频内容 80 多条，点击量 300 多万人次。推出新闻报道的同时，集团主要频道、频率注重发挥新闻评论的力量，解读和阐释“共同富裕”主题。综合广播电台的《连线快评》、综合频道的《杭州新闻联播》《我们圆桌会》等栏目就助力共同富裕和探索未来发展展开讨论，让受众听到和看到“共富故事”，了解其背后的意义。

【“韵味杭州 2021 田径邀请赛”直播】 2021 年 7 月 9—11 日，“韵味杭州 2021 田径邀请赛”在杭州奥体中心主体育场（大莲花）举行，来自全国的 29 支代表队 500 多名运动员、技术官员参赛。该比赛是杭州奥体中心主体育场建成后举办的首场正式田径比赛，杭州文广集团派出近 100 人的赛事直播团队，“零差错”完成 5 个单元、15 个小时的公共信号制作及直播任务。

2021 年 7 月 9—11 日，杭州文广集团派出近 100 人的直播团队，完成“韵味杭州 2021 田径邀请赛”直播任务　（杭州文广集团 供稿）

【"三为"专题实践活动宣传】2021年，杭州文广集团开展"为党旗增辉、为发展服务、为百姓造福"的"三为"实践活动宣传报道，主要频道、频率、"杭州之家"App相继开设专栏板块，推出系列新闻报道和主题活动，播发广播电视新闻960多篇，专题节目70多期，举办线下主题活动10多场，推出新媒体图文视频内容600多条，点击量570多万人次。通过征集意见解决问题2000多件。专题实践活动营造良好的舆论氛围，通过媒体的桥梁作用，推动"我为群众办实事""我为企业解难题""我为基层减负担"3个项目落到实处。（邹　争）

网络媒体

【概况】2021年，市委网信办开展40多次重大主题网络宣传，营造良好网上舆论环境。全网推出"习近平在浙江""春风又绿江南岸，一步一履总关情"、学习贯彻中共十九届六中全会精神等专题，吸引阅读量3000多万人次。开展庆祝中国共产党成立100周年网上宣传，全网推出"奋斗百年路，启航新征程""胸怀千秋伟业，恰是百年风华"专题专区，开展"杭州党史故事100讲"新媒体传播、"初心在身边"等网络主题宣传活动，吸引阅读量1亿余人次。开展"建设共同富裕示范区杭州在行动""湿地水城·大美杭州""杭州院士说""工匠之声"以及防台抗汛等重点工作主题网络宣传。开展杭州市青少年网络文明素养提升活动。

【100个网络正能量精品评选】2021年，市委网信办开展第二届杭州市100个网络正能量精品评选活动，评选和展示杭州在出台重大政策、举行重大活动、发生重大事件，以及在热点问题、突发事件中发挥网络正能量引导作用的优秀榜样人物和网络精品力作。杭州属地的优秀网络平台挖掘、推荐杭州各行各业先进人物和事迹参与评选。活动分为网络征集、专家评审、结果揭晓（网络展示）等阶段，以公开、公平、公正原则，评选出"网络正能量榜样""网络正能量音视频作品""网络正能量文字作品""网络正能量图片""网络正能量专题活动"5类、100个网络正能量精品。通过先进榜样和精品力作展现，营造风清气正的网络空间。

【"遇见美好杭州"正能量短视频大赛】2021年，市委网信办整合主流网络媒体、政务发布、自媒体、网络杭军、网络国际传播、网民等力量，开展"遇见美好杭州"正能量短视频大赛，带动全国全网关注传播杭州城市形象，吸引全网阅读量11亿余人次。大赛发动市直部门、区县（市）融媒体中心及街道、社区微融媒体中心等，挖掘基层一线素材线索。加大策划力度，采发"温暖杭州的100件故事""共富路上看杭州""夸夸我的家乡美"等系列主题视频。组织主流媒体在新浪微博、"抖音"平台设置"遇见美好杭州"集纳话题，持续关注跟进，引导市民网民参与互动。

【"韵味杭州"官方"抖音"平台影响力提升】2021年，"韵味杭州"官方"抖音"平台以宣传"有颜、有品、有爱"的杭州为目标，聚焦杭州人文历史、旅游风光、优美生态、城市建设、生活品质、社会民生等领域，依托短视频流量重地，面向全网展示杭州城市形象，扩大城市正能量传播。"韵味杭州"短视频多个作品被转载至微博、微信等平台，实现跨平台传播。多条短视频内容被新华网、《人民日报》、央视网等媒体转发，在微博平台形成热门讨论话题。

【网络国际传播加强】2021年，市委网信办联合《人民日报》（海外网），拓展"印象杭州"海外网络媒体矩阵，成立"西湖使者"海外社交平台账号矩阵。加强海外发声，实现向40多个国家和地区的100多个中英文网络媒体发布网络外宣精品稿件，吸引阅读量9000多万人次。加强品牌打造，组织国际网络专家到杭州开展"我在杭州过大年，外国友人云推荐""外国人眼中的杭州记忆"等系列网络国际传播活动，创作推出100多个稿件和新媒体产品，吸引阅读量5000多万人次。

【省级网络文化家园基地打造】2021年，市委网信办推进市、区两级网络文化家园建设工作。在已有6个省级网络文化家园的基础上，重点打造萧山区、富阳区、临平区、临安区、钱塘区、建德市、桐庐县、淳安县8个区县（市）的网络文化家园，均获评省级网络文化家园。

【杭州最具影响力网络公益项目评选】2021年10—12月，由中国网络社会组织联合会、浙江省委网信办指导，市委网信办、市民政局联合举办2021年度杭州最具影响力网络公益项目评选活动。活动收到来自各地各单位、互联网企业、网络社会组织、网络媒体等单位和个人报送的项目95个，经专家评审及网上公示，"杭州亚运益起来"网络公益活动、"E路守护者计划"网络普法行动、"青骄第二课堂"网络平台等10个项目获评2021年度杭州最具影响力网络公益项目。

【"数字乡村助力特派员"网络公益活动】2021年9—12月，市委网信办发挥属地重点互联网企业及网络媒体力量，建立"数字乡村助力特派员"机制，通过一个网络平台对口联络一个乡村建设的形式，助力一批杭州数字化美丽乡村建设。活动组织浙江力石科技股份有限公司等7个企业与杭州地区的桐庐县富春江镇芦茨村等7个美丽乡村结对，在数字文旅、数字医疗、数字生活、品牌联创、电商服务以及网络文明建设等方面推出个性化举措，与结对村共建数字化美丽乡村。（林　智）

报业集团

【概况】2021年，杭报集团开展庆祝中国共产党成立100周年、党史学习教育、贯彻中共十九届六中全会精神、高质量发展建设共同富裕示范区等50多项重大主题报道，采编工作获得中央、省、市宣传主管部门领导肯定及阅评表扬59次。集团41件新闻作品获评"2020年度浙江省新闻奖"，其中一等奖10个、二等奖10个、三等奖21个，获奖数量创历史新高，继续在省内各市媒体中保持领先地位。"杭州城市大脑市域媒体一体化云平台项目""'橙柿互动'主流都市融媒体传播体系”2个项目入选中国报业深度融合发展创新案例；杭报集团与拱墅区委、区政府联合出品的纪录片《我与大运河》获评国家广电总局2021年第二季度优秀国产纪录片；杭州日报社有声读物《见证——倾听人生20年精选集》入选中国新闻出版传媒集团2020年度全国新闻出版深度融合发展创新案例；杭州日报社联合投资制作、记者参与编剧的广播剧《苗疆的早晨》获浙江省广播电视文艺奖一等奖，入选杭州市文艺精品工程主题创作重点扶持项目；《杭州日报》的“‘陋室画家’位光明系列报道”获全国副省级城市党报媒体融合新闻大赛优秀案例奖；杭州网获评2021年中国城市网媒奖年度评选优秀网媒奖，作品《让文物活起来》获国家文物局2021年度中华文物全媒体传播精品（新媒体）称号，作品《数看杭州复苏》入选人民网全国数据新闻优秀案例并获第一名。

2021年6月28日，杭州日报社《发现都市圈》栏目组记者报道杭绍地铁开通情况（李　忠　摄）

【中国共产党成立100周年报道】2021年，杭报集团以庆祝中国共产党成立100周年宣传为主题主线，以高质量发展建设共同富裕示范区、“十四五”规划开局、数字化改革等为报道重点，提升全媒体传播体系的传播力、引导力、影响力、公信力。全年推出专栏专题118个，纸媒、新媒刊发报道1.5万篇，总阅读量4.2亿人次。《杭州日报》的“永远跟党走，庆祝中国共产党成立100周年”特别报道，推出200多个整版；《都市快报》的“青春访谈·致敬百年”庆祝建党百年大型互动专题，吸引1万余名学生参与；杭州网“杭州党史故事100讲”，寻访挖掘100个与杭州党史有关的历史遗迹、文化场馆、红色景点、城市地标等，推出系列短视频等可视化产品，播放量超过1000万次。

【杭州亚运宣传】2021年，杭报集团开设《新时代新亚运》《与亚运同行》《迎亚运·燃起来》《迎亚运·展风采》等专栏专题，推出《跟着Hangzhoufeel学英语》等互动栏目。杭州网全年刊发原创报道500多篇；《城报》办好亚运官方会刊及《杭州亚运》杂志，实现融合传播，营造“全民迎亚运”浓厚氛围。在杭州亚运会倒计时一周年之际，《杭州日报》的《亚运有我》栏目，《都市快报》8个整版《亚运会倒计时1周年》专版报道，《每日商报》的《奔跑的新界首——共富共美迎亚运游乡村》特色宣传报道，《城报》的《共有一个家，共盼亚运盛宴》特别报道，《萧山日报》的《全力备亚运，办好一个会——亚运倒计时一周年综述》，《富阳日报》的《市民体验团策划活动》《行走十字黄金轴策划活动》等，均取得良好传播效果。

【高质量发展建设共同富裕示范区宣传】2021年，杭报集团推出《促进共同富裕，争当城市范例》《全面小康看杭州》《共同富裕·杭州有力量》《浙江高质量发展建设共同富裕示范区》等专栏专题，以及《大杭州高质量共富裕·区县在行动》专栏、《共同富裕的萧山实践》系列报道、《在富阳读懂共同富裕夸夸我的家乡》系列报道等，助力高质量发展建设共同富裕示范区。《杭州日报》的《陋室画家》报道被《人民日报》、新华社等中央媒体官微转发，中央广播电视总台新闻频道《24小时》栏目跟进报道；《都市快报》的《杭州导游妙说共同富裕》报道，引发中央广播电视总台新闻频道《东方时空》栏目关注报道。

【“十四五”规划开局报道】2021年，杭报集团推出《开启“十四五”奋进新征程》《展望“十四五”，实干开新局》《读区县经济半年报·看“十四五”新开局》栏目，聚焦各地各部门“扎实干、谋新篇、显担当”的实际行动，以小切口反映大主题；策划“开新篇交高分报表，‘十四五’我们这样干”的大型融媒体访谈，到杭州市有关部门、乡镇（街道），采访报道主要负责人答题思路；各媒体推出“拥抱‘十四五’，共建城市美好”“温暖2020·杭州十大城市细节”案例评选活动，做好《记者走进重大项目一线》《数说余杭》等栏目报道。

【深度报道品牌打造】2021年，杭报集团持续提升栏目报道质量，《杭州日报》的《寻访经典》栏目寻访珍贵历史现场，品读城市发展基因，做好各项重大主题报道的解读和呈现；《读城·深1度》栏目打通纸媒和新媒体路径，围绕市委、市政府中心工作及民生热点难点问题调查、解析；《城市眼》栏目以深度报道形式记录城市发展。《都市快报》在《深8度》系列报道中凭借《基础教育不能成为资本逐利竞技场》等报道，成为助力减轻学生作业负担和校外培训负担的重要媒体之一，推动相关政策形成。《每日商报》推出50多组《商报深1度》融合报道，围绕杭州经济、消费、养老、教育等热点问题进行解读。

【集团全媒体宣传矩阵扩容】2021年，杭报集团从平台、应用、用户3个层面扩容升级全媒体宣传格局。《都市快报》6月上线“橙柿互动”App，以中国一流城市主流融媒体为目标，形成以城市大数据、电商能力为技术驱动，以同城社交为用户基础的“优质新闻+同城社交+新消费”的都市融媒体模式。《萧山日报》的图片和视频库全面启用，为融媒内容生产提供保障；《富阳日报》关注“富阳新闻”App系列新产品开发与运营，推出日更产品《Hi，富阳你早！》；《余杭晨报》上线运行“看余杭”3.0版，从新闻客户端升级到集资讯发布、应用综合、数据归集、场景应用等功能于一体的融合平台；《休闲》杂志在全国期刊界首创成立“有味道”的杂志，将气味植入杂志纸张。各媒体发布平台关注量攀升，《杭州日报》“抖音”用户数从200多万户增至510多万户，杭州网“抖音”用户数从320多万户增至590多万户，《都市快报》官方微博关注数超过1100万人次。

【杭州融媒联盟“区县微融圈”】2021年，杭报集团组建杭州融媒联盟“区县微融圈”，在“杭+新闻”客户端开设区县（市）频道，推动与区县（市）、乡镇（街道）在媒体融合中的资源共享、技术共通、人才共用、平台共建，推进市、区县（市）、镇（街）三级媒体深度融合，建设市域融合“一张网”。全市13个区县（市）先后与杭州日报社合作组建微融圈，入驻“杭+新闻”客户端。《杭州日报》的“韵味杭州”抖音号利用网络短视频等技术和应用，构建涵盖全市政府机构及区县（市）的供稿团队，加强杭州城市形象的网上宣传。

【“民呼我为”平台优化升级】2021年，杭报集团在《民意直通车》栏目基础上，升级“民呼我为”平台，开设专栏、专版、专门频道和线下直通车，聚焦老百姓关心的问题，收集民意，实现政府、专家、市民、媒体联合，推进问题解决，成为政府倾听群众呼声的重要通道。“杭网议事厅”入驻“民呼我为”数字平台，并上线城市大脑App。围绕党史学习教育，“杭网议事厅”在杭州市党群服务中心开展“民呼我为”线下活动，现场听民意，开展记者服务活动，全年搜集网民反映的问题3400多个，“杭网议事厅”被评为杭州市“民意好声音”优秀载体和优秀组织者。“19楼”的《网言网事》栏目入驻杭州城市大脑“民呼我为”数字平台，全年收到网友相关求助2100多起，联合政府部门成功解决民意求助584起，被评为杭州市“民意好声音”优秀组织者。每日商报社组织“幸福养老进社区”活动27场，服务老年读者1万余人，面对面解决群众关心问题。

2021年6月7日，“民呼我为·橙柿互动直通车”首班车从杭州市民中心发车。图为《都市快报》互动主播在车上直播介绍　　（陈中秋　摄）

【会展文化领域拓展】2021年，杭报集团拓展会展文化领域，旗下“会展联盟”与各媒体公司会展品牌形成联动，先后举办杭州“万物生长大会”“西湖音乐节”“杭州奇妙夜”“未来生活节”等品牌会展；完成杭州亚运会第一次世界媒体大会、第八届中国国际版权博览会等重要会展的承办工作；推进“首届全球数字贸易博览会”“首届全国新职业和数字技术技能大赛”“第十七届‘振兴杯’全国青年职业技能大赛（学生组）决赛”等政府重大会展的筹办工作。

（胡明辉）

记者协会

【概况】2021年，杭州市新闻工作者协会（简称市记协）团结凝聚全市新闻工作者履行职责使命，组织新闻工作者学习习近平新时代中国特色社会主义思想、中共十九届历次全会特别是六中全会精神和百年党史，提高理论素养和政治素质。引领新闻工作者坚持“四位一体、五轴联动”重大主题报道机制，以建党百年宣传作为主题主线，以高质量发展建设共同富裕示范区、“十四五”规划开局、数字化改革等为重点，提升全媒体传播体系的传播力、引导力、影响力、公信力。

4月，组织召开市记协八届理事会第三次常务理事会，审议通过《关于2020年度工作总结与2021年工作要点的报告》《关于市记协学习执行中国新闻工作者职业道德准则事项的报告》以及人事调整方案等。市记协《传媒纵横》杂志全年出刊6期、60多万字、200多幅图片；市记协微信公众号发布文章216篇，传播杭州新闻界最新消息、重大主题报道经验、行业各种先进人物和先进事迹。

【重大主题宣传组织】2021年，市记协配合各新闻媒体，做好一系列重大主题宣传。全市媒体推出一批声势大、影响广、效果好的全媒体报道，市记协通过刊物《传媒纵横》和微信公众号进行交流。组织全市新闻媒体在主要版面和广播电视上播发重要报道、节目和文章。抓好“浙江高质量发展建设共同富裕示范区”的报道，结合杭州特色，挖掘基层共同富裕案例。围绕“十四五”规划开局、全市“两会”、市委全委会、迎亚运、数字化改革、长三角区域一体化、西湖“申遗”十周年、宋韵文化等重点，宣传报道杭州市各行各业“牢记嘱托，接续奋斗，干在实处、走在前列”取得的实践成果。在抗击新冠肺炎疫情、防汛抗台等重要工作中，反映各新闻媒体的责任和担当。

【新闻作品评奖】2021年，市记协抓好2020年度新闻评奖工作。全市评出年度新闻奖263件，其中一等奖63件、二等奖87件、三等奖113件。推荐参评浙江省好新闻作品中，被评为一等奖的作品14件、二等奖20件、三等奖36件。参评中国新闻奖的作品获三等奖2件。协助市委宣传部开展杭州市年度创新重大主题报道评选工作，评出创新重大主题报道优秀新闻作品45件、优秀融媒体项目（活动）14件、优秀国际传播作品11件。组织做好浙江省第二十二届对外传播“金鸽奖”推荐与报送工作，《都市快报》作品《In Hangzhou》系列短视频获三等奖。

【“好记者讲好故事”演讲比赛】2021年8月，市记协举办年度杭州新闻界“好记者讲好故事”演讲比赛。因防控新冠肺炎疫情需要，比赛采用各新闻单位推荐，选手录制视频，以线上展示的形式进行。7名来自杭州新闻一线的记者（编辑）做演讲，展现杭州市新闻工作者的风采。活动评出演讲优胜记者（编辑）等，《杭州日报》记者赵芳洲获一等奖。

【杭州新闻界庆祝中国记者节】2021年11月8日是第22个中国记者节。市记协协助杭州文广集团杭州电视台明珠频道，组织策划杭州市庆祝第22个中国记者节暨重大主题报道表彰·记者分享会。大会以“守正创新，我们再出发”为主题，宣布杭州市2021年度创新重大主题报道优秀新闻作品（含新媒体作品）45件、优秀国际传播作品11件、优秀融媒体项目（活动）14件的评选结果，并对优秀作品和优秀新闻工作者进行表彰。杭报集团、杭州文广集团优秀记者代

2021年9月28日，市记协举办“凝聚正能量，共绘同心圆”新闻人才座谈会
（市记协 供稿）

表上台分享“我的故事”，澎湃新闻网副总编辑胡宏伟做工作体会交流。

【融媒体发展推进】2021年，市记协推进融媒体发展，组织新媒体作品评奖。全年收到各区县（市）132件新媒体作品参评，涉及新闻专题、新闻评论、文字消息、短视（音）频、移动视频专题、移动直播、数据新闻、创意互动、融合创新、媒介设计、新媒体服务等门类，评选出一等奖28件、二等奖35件、三等奖35件。市记协《传媒纵横》刊物邀请业界资深人士撰写获奖作品赏析并刊发，为一线采编人员提供学习借鉴。市记协承办浙江新闻奖新媒体作品评选工作，对370件参评作品进行初评、终评，评选出一等奖36件、二等奖54件、三等奖76件。市记协新媒体专委会承办“寻红色印记——看美好窗口”全省融媒体异地蹲点（杭绍）采访行动，来自杭州、绍兴两地近30个媒体组成的采访团到杭州、绍兴采访，4天发稿50多篇。

【新闻职业道德监督】2021年12月，市记协召开由市新闻道德委员会委员、新闻行业社会监督员及新闻工作者代表参加的座谈会，就坚持正确政治方向、提高新闻工作者自身修养、加强新闻单位内部管理与党建等方面展开讨论。市记协依托公开电话、微信公众号和《传媒纵横》杂志等平台，针对社会各界对全市新闻机构以及新闻从业人员新闻职业道德失范行为，接受举报与投诉。

【市记协服务工作提升】2021年3月，市记协组织“奋斗百年路，奋进新征程——杭州市新闻界庆祝中国共产党成立100周年书画摄影大赛”，全市各新闻单位、各区县（市）融媒体中心和华数集团等参加，收到书画摄影作品154幅，评出书画类作品一等奖2件、二等件4件、三等奖6件，摄影类作品一等奖3件、二等奖6件、三等奖8件。9月，举办“凝聚正能量，共绘同心圆”新闻人才座谈会，就如何凝聚正能量、改进媒体宣传报道方式、创作新闻作品、构建全媒体传播体系的实践和成果做交流。会同杭州文广集团开展历时近4个月的“我是星力量”大型媒体采风行动。市记协组织一线记者和编辑参与省记协举办的“宋韵文化专题培训暨采风创意技能大赛”，组织杭报集团、杭州文广集团、各区县（市）采编播一线新闻工作者和业务骨干参加省记协各类线上培训和学习，提高媒体从业人员政治素质与业务水平。发挥市记协小记者工作委员会作用，指导明珠CNC小记者团定期进行新闻采写、调查活动及亚运场馆采访；《城报》小记者开展“第二届我的亚运梦”绘画大赛；杭州网完成小记者项目设定、资源搭建和平台搭建等；《每日商报》《富阳日报》的小记者团均扩大规模，发展良好。（季　谐）

责任编辑　汤　峻

42 卫生健康

综 述

【杭州卫生健康事业发展】2021年年末，杭州市有卫生机构数（含村卫生室）5633个（含市直属23个、省直属36个），比上年减少42个。其中医院370个（含市直属15个、省直属26个）、社区卫生服务中心（站）1314个（含社区卫生服务中心138个）、卫生院81个、门诊部872个、诊所（含卫生所、医务室）2130个、妇幼保健院（所）10个、疾病预防控制中心15个、卫生监督机构12个。实有医疗床位9.08万张，其中医院床位8.55万张、社区卫生服务中心床位2413张。卫生技术人员14.23万人，其中执业（助理）医师5.5万人、注册护士6.3万人，医护比例1∶1.15。平均每千人拥有医疗床位10.87张、医院床位10.24张；平均每千人拥有卫技人员17.06人、执业（助理）医师6.59人、注册护士7.55人（含省级在杭卫生资源）。全市医疗机构诊疗总数1.42亿人次（其中市直属1255万人次、省直属3340.58万人次），增长11.9%；门（急）诊总数1.35亿人次（其中市直属1248.5万人次、省直属3325.24万人次），增长9.8%。全市医疗机构入院总数290.18万人（其中市直属37.66万人、省直属143.31万人）。全市居民到医疗机构就诊的门（急）诊诊疗年人均次数16.15次。2021年人均期望寿命83.63岁，比上年增加0.51岁；孕产妇死亡率1.85/10万，上升0.16/10万；5岁以下儿童死亡率2.43‰，下降0.35‰；婴儿死亡率1.54‰，下降0.25‰；全市甲、乙类传染病发病率160.60/10万，比去年同期下降3.22/10万。2021年，全市户籍出生53930人，比上年减少5331人，下降9%。全市一孩率为54.24%，上升1个百分点。

【高水平卫生健康体系打造】2021年，市卫生健康委印发《杭州争当浙江高质量发展建设共同富裕示范区卫生健康领域城市范例实施方案》，提出打造高水平建设公共卫生体系等10项重大任务和47个项目，依托杭州健康大脑构建共同富裕数字化监管系统模块，抓好目标任务的落地落实。推进5个城区（上城区、拱墅区、西湖区、滨江区和钱塘区）医联体网格化布局，组建由杭州市第一人民医院、杭州师范大学附属医院、杭州市第三人民医院、杭州市红十字会医院、杭州市西溪医院、杭州市中医院、杭州市第九人民医院7个市级医院牵头，基层医疗机构、公共卫生机构、院前急救机构等为成员单位的7个城市医联体，实现对城区政府办社区卫生服务中心全覆盖。支持构建杭州市中医药大联盟、中医（中西医结合）专科专病等专科联盟加入城市医联体，推进医防融合、全专联合、防治结合。市卫生健康委对医疗资源相对薄弱的杭州西部地区采用"委县合作""一县一策"形式整体帮扶，推动市域医疗服务均衡发展。

【卫生健康数字化改革】2021年，杭州市迭代升级一站式预约中心服务，实现检查预约、体检预约、排队叫号、电子处方等功能。杭州市三级医院门诊智慧结算率92.5%，二级医院门诊智慧结算率89.3%。市卫生健康委联合市数据资源管理局、市医疗保障局，以杭州市红十字会医院为试点，实现省医保、自费人群先看病后付费。11个市属医院、35个区级医院、11个社区卫生服务中心完成先看病后付费标准化改造。全市先看病后付费场景平均使用率83.2%。全市推进检查结果互认共享重大多跨应用场景建设，246个公立医院累计互认检查检验67.96万项（次），节约医保基金、个人费用3271.52万元。

杭州市入境防疫管理、医院周边综合治理、一站式名中医服务中心、数智托育、智慧监管6个市本级项目和8个区县（市）项目被纳入首批省级卫生健康数字化改革基层创新项目。8月，杭州市城市大脑卫生健康系统建设指挥部获评国家卫生健康委"卫生健康行业网络安全保障工作表现突出集体"；杭州市急救中心、余杭区第二人民医院等单位的10个项目获批工业和信息化部和国家卫生健康委"5G+医疗健康应用"试点项目。

【卫生健康重点项目】2021年8月26日，市政府召开第八十一次常务会议，原则同意调整杭州市第一人民医院新院区项目建设总规模及根据实际情况适度提高造价标准。10月，杭州市城北老年活动中心建成启用。杭州市第七人民医院浙西院区一期工程、杭州康复医院（市特殊康复中心）建设持续推进。杭州市第一人民医院新院区建设工程、杭州市西溪医院二期工程项目完成可行性研究报告批复。

【健康城市试点建设】2021 年，杭州市持续推进全国健康城市试点建设工作，将健康杭州建设纳入共同富裕示范区建设、亚运城市保障等重大任务。成立北京大学公众健康与重大疫情防控战略研究中心（杭州中心），强化在健康治理领域合作。组建杭州市健康管理（健康治理方向）重点培育学科，推动健康治理现代化进程。杭州市与同济大学、清华大学、国家卫生健康发展研究中心等机构在健康发展指数体系、国土空间健康规划、健康影响评价等领域开展合作，参与《中国健康城市建设技术指南》《健康影响评价实施操作手册（2021 版）》专著编写，出版蓝皮书《健康杭州发展报告（2021）》。完成《杭州市健康城市促进条例》立项说明和草案，向市人大常委会法工委提交《关于申报 2022 年地方性法规建议项目和五年（2022—2026 年）立法规划建议项目的报告》。2021 年，杭州市获 2018—2020 年健康浙江建设先进市（位列全省第一）、2020 年度全国健康城市建设样板市、健康中国年度标志城市、《清华城市健康指数 2021》引领型城市等荣誉。

【医疗对口支援】2021 年，杭州市东西部医疗协作支援地区转为四川甘孜和广元两地，组织杭州市 42 个医疗机构与当地医疗机构进行结对帮扶。选派 109 名医疗人才赴甘孜和广元开展帮扶工作，开展门（急）诊疗 1 万多人次、住院手术 620 台（次）、远程会诊 219 人次，培训当地医务人员 7490 人次，实施新技术、新项目 74 项，提升受援地医疗卫生服务能力。杭州市红十字会医院等 3 个医院与新疆阿克苏地区第三人民医院等医院签订柔性援疆帮扶协议，助力当地结核病、艾滋病等重点疾病攻坚行动。是年，阿克苏市人民医院 25 名业务骨干到杭州进行为期 1～6 个月的跟班实训。杭州市卫生健康委创新在西藏那曲市实施互联网医院项目，杭州市市级医院的互联网医生在诊间直接连线当地医务人员，实现在线咨询、会诊和指导当地医务人员开展诊疗活动的功能。

【新冠肺炎疫情常态化防控策略】2021 年，杭州市贯彻落实“外防输入、内防反弹”总策略和“动态清零”总方针。强化重点场所监测预警敏感性，全市医疗机构实现传染病自动采集实时报送。开发传染病症候群监测系统，建立智慧化预警多点触发机制，建立入境人员疫情防控管理平台，实现对入境人员可追踪、可溯源闭环管理，通过“浙里办”App 中的“健康杭州”模块，上线“核酸检测”“疫苗接种”等应用。充实疾控流行病学调查队伍，组建流行病学调查排查“3 人小组”，完善首席流行病学调查员负责制的“一案一专班”，启用杭州市智慧流行病学调查溯源信息系统。强化涉疫垃圾、在杭既往病例、解除隔离后的入境人员等风险环节的监测管控。确保大型活动办前必评，组织专题风险评估，落实驻点保障。根据国家和省统一部署推进新冠疫苗接种工作，完善以“医联体”“医共体”牵头单位组成的疫苗接种医疗保障组，共派出医生、护士和驾驶员 5000 多人次，对全市 200 多个疫苗接种点进行保障。（李金涛）

人口监测与家庭发展

【生育登记】2021 年，市卫生健康委贯彻《中共中央国务院关于优化生育政策促进人口长期均衡发展的决定》《中华人民共和国人口与计划生育法》《浙江省人口与计划生育条例》，完善生育登记制度，加强基层服务管理，落实线上办件要求，持续做好生育登记工作。全市生育登记共 56806 人，其中一孩 35421 人、二孩 20614 人、三孩 771 人。

【计划生育扶助关怀】2021 年，杭州市全面落实奖励扶助、特别扶助、公益金 3 项计划生育扶助制度，确保资金到位、程序到位、发放到位。全年发放奖扶金、特扶金、公益金共 2.55 亿元，无违规违纪发放。完善杭州市计划生育特殊家庭帮扶，落实计划生育特殊家庭双岗联系人、就医绿色通道、家庭医生签约服务 3 项制度，全年落实率 100%。

【出生人口监测】2021 年，杭州市开展出生人口监测，加强人口发展态势和生育形势分析，开展人口形势预测预报。全年全市共出生 56944 人，比上年减少 7262 人，减幅 11.31%。加强出生人口性别比综合治理，常住人口出生性别比 109.83；保持治理工作常态化，加大宣传力度，提高群众男女平等意识，营造良好社会氛围。

【“5·15”国际家庭日宣传】2021 年，杭州市组织第 28 个“5·15”国际家庭日主题宣传活动，突出“科学养育助力成长，构建生育友好社会”主题，通过线上生育政策与育儿知识竞答、线下“婴幼儿养育技能”讲课大赛和现场宣传，普及生育政策法规和育儿知识，分享婴幼儿养育方法、经验，提高婴幼儿照护能力，增强健康幸福家庭意识。活动吸引 1 万余人关注、浏览和参与，累计答题 5.3 万人次。

【公共场所母婴设施建设】2021 年，杭州市完善母婴室管理平台相关数据，适时掌握全市已建成并投入使用的公共场所母婴设施的名称、面积、位置等信息。跟踪指导亚运场馆母婴室规划、建设，对照《母婴室建设和管理规范》省级地方标准，指导各单位结合实际对母婴设施进行完善。督促拱墅区、萧山区和余杭区按省计划完成母婴室达标建设。至年末，全市建成并投入使用公共场所母婴室 605 个，其中五星级 36 个、四星级 136 个、三星级 423 个、其他 10 个，总使用面积 9110 平方米。（李金涛）

预防保健

【传染病防控】2021 年，杭州市组建由卫生健康行政部门、高等院校、医疗卫生机构和学生社团协同参与的“杭州市高校防艾联盟”，推广“互联网 + 自我检测艾滋病”，运营“青年学生红 style”微信公众号，招募社会组织参与艾滋病防治培育与管理，多渠道推进第 4 轮全国艾滋病综合防治城市示范区创建工作。全市新报告

HIV/AIDS 病例比上年上升 8.6%；报告性病病例上升 11.7%。完成 7 类人群 12 个艾滋病哨点监测任务。全市报告肺结核发病率下降 13.8%，结核病发病水平稳定控制在历史低水平。制作 7 辑、25 集结核病防制科普短视频并通过“云上结防”等平台推广。主动监测发现并报告全国首例境外输入性间插血吸虫病病例。

【社会心理服务体系建设】2021 年，杭州市推进社会心理服务体系建设国家试点收官工作。实施市域社会心理服务能力和全市儿童青少年心理健康诊疗服务能力提升行动，成立“杭州市儿童青少年心理健康诊疗（促进）中心”，推进“心理咨询进社区进单位”亚运城市专项行动；打造全市社会心理健康服务在线平台“心理杭站”，完善严重精神障碍患者管理系统，实行在册患者“红、黄、绿”三色预警。做好新冠肺炎疫情下重点人群心理危机干预工作，加强隔离管控工作人员及对象的心理援助。

【基本公共卫生服务项目】2021 年，杭州市在 2020 年度全省基本公共卫生服务项目绩效评价中排名全省第一位。杭州市电子健康档案开放工作接受国家基本公共卫生服务项目单项评价。全年杭州市建立健康档案 960 万份，建档率 92.7%；老年人城乡社区规范健康管理率 67.7%，高血压患者规范管理率 71%，Ⅱ型糖尿病患者规范管理率 69.3%。电子健康档案开放 722.72 万份，开放率 75.2%，居民规范化电子健康档案覆盖率 73.6%。市卫生健康委联合市教育局印发《杭州市学生常见病和健康影响因素监测与干预工作方案》，所有区县（市）监测点学校的学生监测信息录入信息系统，并向家长开放实时查询功能。完成适龄儿童涂氟防龋干预 8417 人。主城区增设犬伤暴露后处置点 2 处，全市累计处置点 14 处，提供 24 小时诊疗服务。

【公共场所控烟】2021 年，杭州市完成《杭州市公共场所控制吸烟条例》效果评价前期调查，全市 992 个市区级党政机关和 1853 个事业单位开展“无烟党政机关”建设。开展杭州市

2021 年 9 月 1 日至 12 月 20 日，杭州市举行“无烟亚运跑·聚爱在杭城”活动
（市卫生健康委 供稿）

无烟餐厅、宾馆、娱乐场所和无烟党政机关评选活动。对全市 251 个党政机关、医疗机构、餐厅、宾馆、娱乐场所开展第三方暗访。与市文明办联合发起“全面无烟迎亚运”全媒体宣传活动。市卫生健康委联合市妇联、市关心下一代工作委员会等发起创建杭州市“无烟家庭”倡议书，组织 190 支“无烟跑”队伍参加“无烟亚运跑·聚爱在杭城”中国家庭乐跑大赛，并获 2021 年全国健康促进优秀案例。杭州市控烟宣传片《少年何愁》获第六届（2021 年）健康中国微视频大赛优秀公益广告奖。杭州市被《中国家庭报》评选为“无烟先锋城市”。（李金涛）

基层卫生

【基层卫生服务能力】2021 年，杭州市全面推进“优质服务基层行”活动。全市 191 个基层医疗机构全部达到国家基本标准。其中：达到国家推荐标准 70 个，占 36.7%；达到社区医院标准 13 个，占 6.8%。全市完成传染性疾病监测哨点规范化建设 191 个，实现应建尽建。助力淳安县特别生态功能区建设，主城区 23 个医疗机构与淳安县 23 个基层医疗机构在管理、业务、党建等方面开展结对帮扶。推进慢性病一体化门诊建设，发布全市统一的标识，优化诊前、诊中、诊后管理。全市建成慢性病一体化门诊 56 个。全市初步建成未来社区智慧健康站 6 个、未来村卫生室 2 个。升级改造杭州市社区服务平台，电子健康档案首批全域接入“浙里办”平台。依托城市“医联体”、县域“医共体”牵头医院的帮扶和指导，累计开展模块化卫生项目 142 个，培训 600 多次、3 万余人次。

【基层卫生综合改革】2021 年，市卫生健康委支持拱墅区以区划调整为契机，开展基层卫生健康综合试验区建设，在投入保障、管理体制、运行机制、人才队伍、服务模式、信息化建设等方面改革创新，提升基层医疗服务能力，打造基层医疗卫生健康服务高质量发展“城市样板”。推进基层补偿机制改革和绩效考核工作，各区县（市）均制定《基层医疗卫生机构绩效考核方案》，实施按标准化工作当量购买基本公共卫生服务、基本医疗服务，建立“多劳多得、优绩优酬”的激励性分配机制。

【家庭医生签约服务】2021 年，杭州市签约家庭医生服务 378.98 万人，10 类重点人群签约覆盖率 87.2%，签约两慢性病患者基层就诊率 61.3%，累计建立家庭病床 7233 张，开具慢性病长处方 492.18 万张。全市建立家庭医生签约团队 1891 个、“全—专联合”团队 339 个，推出个性化签约服务包 68 种。评选全市家庭医生签

约服务创新案例14个，与市残疾人联合会共同开展全国“残疾人家庭医生签约服务重点联系点”。第三方测评显示，主城区签约居民对签约医生的知晓率94.3%，满意率99%。

【妇幼健康服务】2021年，杭州市“出生一件事”服务迭代升级服务范围扩大到省域内，共为5.6万个符合条件的在杭州出生的新生儿提供《出生医学证明》、预防接种、落户、医保参保、市民卡办理等多证联办服务。全年累计为8.5万名孕产妇及57.6万名0～6岁儿童提供基本公共卫生妇幼健康服务。0～3岁儿童发育筛查19.1万人次，筛查率94%；0～6岁儿童眼保健与视力检查57万人次，覆盖率98%。为18.3万育龄人群提供规范的避孕节育服务。规范开展城乡妇女增补叶酸、孕前优生检查、产前筛查、产前诊断、新生儿遗传代谢性疾病筛查、听力筛查、先天性心脏病筛查等出生缺陷防治项目。全市增补叶酸3.1万人，孕前优生检查8.06万人次，目标人群覆盖率136%；产前筛查8.3万人，筛查率97.6%；新生儿疾病筛查9.5万人次，筛查率99.9%；新生儿先天性心脏病筛查9.4万人次，筛查率98.4%。全市适龄妇女宫颈癌筛查35.48万人，筛查率88.8%；乳腺癌筛查38.75万人，筛查率79.7%。发现宫颈癌前病变164人、宫颈癌9人、乳腺癌310人。

【3岁以下婴幼儿照护服务】2021年，杭州市合理规划布局与常住人口规模相适应的婴幼儿照护服务设施，并纳入社区公共服务配套规定修编计划。印发《关于加强婴幼儿成长驿站建设的实施意见》《2021—2023年杭州市示范托育机构奖补方案》《杭州市婴幼儿照护服务机构质量评估标准（试行）》，首次开展示范性托育机构评选。推进街道社区举办普惠性托育园，在2021年度杭州出让土地中，落实新建居住区1万余平方米托育服务用地。市卫生健康委与市发改委、市教育局共同制定《关于产业园区嵌入式幼儿园（含托育）建设的实施细则（试行）》，引导产业园区建设嵌入式婴幼儿照护机构。鼓励单位内部挖掘潜力办园，成立市属医疗机构托育服务联盟。至年末，全市有婴幼儿照护服务托位3.3万个，每千人拥有托位数2.8个；公建民营托育机构14个，企事业单位内部办托育机构10个。制定《婴幼儿照护服务技能提升培训教材》，举办杭州市首届婴幼儿家长养育技能专业课堂讲师竞赛，组织婴幼儿家长培训592场。

【老年健康服务】2021年，杭州市评选出“杭州市老年友好型社区”50个，其中9个社区被国家卫生健康委、全国老龄办命名为“全国示范性老年友好型社区”。50%以上的综合性医院、康复医院、护理院和基层医疗卫生机构建设成为“老年友善医疗机构”。10个市、县级医院与36个医养结合机构签订合作协议并开展工作。在拱墅区、西湖区试点开展老年失智症筛查干预，建立老年“失智症筛查—社区干预—转诊专科—回社区干预”闭环管理模式，2万名老年人受益。持续推进安宁疗护试点工作，全市有30个医疗卫生机构设置安宁疗护床位215张。举办“杭州市老年健康促进行动暨全国智慧助老公益行动——杭州站”启动仪式，累计开展活动1493场次，服务群众12.41万人次。（李金涛）

中医中药

【中医药政策与规划】2021年5月，杭州市委、市政府印发《关于促进中医药传承创新发展的实施意见》，从完善体制机制、健全服务体系、构建科创平台、强化队伍建设、打造全产业链、铸就杭州品牌等方面提出相关举措，开启杭州市中医药事业与产业在传承精华、守正创新中高质量发展新篇章。7月，市卫生健康委联合市发改委编制涵盖中医药事业和产业的《杭州市中医药发展“十四五”规划》，明确“十四五”期间杭州市中医药发展目标及重点任务，公布涉及医疗服务、中医药产业、科研创新3个板块的30个重大项目。

【中医药服务能力】2021年10月，杭州市通过全国基层中医药工作先进单位复审。全市社区卫生服务中心、乡镇卫生院全部能提供6种以上中医药服务，全部社区卫生服务站和90.4%的村卫生室能提供4种以上中医药服务。65岁以上老年人和0～3岁儿童中医药健康管理率分别达73.4%和77.7%。开展中医药适宜技术应用培训，发挥其在防治常见病、多发病中的作用和优势，举办“杭州市中医住院医师综合技能竞赛”“杭州市中医药适宜技术推广应用竞赛”“中医护理创新大赛”。在2021年浙江省中医药适宜技术推广应用竞赛中，杭州市代表队获团体二等奖。

【中医药质量管理】2021年5月，全国人大常委会副委员长蔡达峰一行对杭州市贯彻《中华人民共和国中医药法》情况开展执法检查，对杭州市中医药工作给予充分肯定。在国家卫生健康委公布的2019年度绩效考核中，杭州市中医院、杭州市红十字会医院分别居浙江省中医类医院、中西医结合类医院第一名。杭州市中医院获评2021年首届浙江省“十佳医院”，成为省内唯一获该荣誉的中医医院。全市开展15个中医药质控检查，运用中药饮片处方集中点评管理系统，实行市级医院中药饮片处方集中点评。探索开展若干杭产重点品种中药材的优质优价工作，加强医疗机构中药饮片使用管理。在全市5个中医医院推进开展中医日间诊疗，至年末，病种50项以上，中医多技术联合应用服务惠及20多万人次。

【中医药人才学科】2021年1月，杭州市中医院挂牌成为浙江中医药大学附属医院和杭州临床医学院，在“产学研医用”方面开展战略合作。中医妇科、肾病等28个学科成为市级中医或中西医结合类高峰学科、重点学科或培育学科。全市先后引进国医大师7名、全国名中医3名，选树市级各类名中医103名、中医类“杭州市最美医师”25名。杭州市中医院王永钧主任中医师获浙江省“医师终身成就奖”，朱彩凤主任中医师获浙江省“仁心仁术奖”。在全市范围组织遴选100名青年中医骨干跟师培养，开展100名中医护理优秀人才“岐黄培育双百工程”。开办第16期“西学中”培训班，新招录学员1418名。推进中医药科研成果转化，全年新增研发使用中药制剂4种、中药协定方92种；获批2022年浙江省中医药科技计划项目立项145个，比上年增长21%。

【中医药防疫】2021年，市卫生健康委落实24小时内全市各集中隔离点密接、次密接及封控区人员预防性中药干预全覆盖，选派中医骨干医师进驻定点医院负压病房，做到对高风险人群中药干预率100%，中医药参与确诊病人治疗率100%。全市免费发放中药预防方9.63万人（份）提供中药代茶饮服务109.63万人次和中药防疫香囊12.44万个。杭州市西溪医院总结全方位、立体化的中西医结合诊疗方案，自主研发两款中药制剂，临床累计使用1800瓶，对减轻病人症状等方面具有积极作用。（李金涛）

医教科研

【卫生健康科研】2021年，杭州市属医院每百人卫技人员科研项目经费比上年增长194%。市属卫生健康单位共获得国家级科技计划项目18个，其中在国家级重点、重大科技计划项目上取得"零的突破"。由杭州市第一人民医院院长徐骁牵头的《中内胚层来源组织器官间互作对干细胞命运的转录调控》获2021年科技部重点研发计划干细胞专项资助，《肝癌肝移植诊疗关键分子智能可视化研究》获2021年国家自然科学基金重大研究计划重点支持项目资助。全市获省部级科技计划项目56个，其中重大、重点项目7个；厅市级科技计划项目251个，其中市科技局重点项目13个，共获经费资助9330万元，吸引横向科研经费投入2602.37万元。获杭州市卫生科技项目334个，资助经费250万元。全市获包括浙江省科学技术进步奖一等奖在内的省部级科技奖项6个，获中华医学科技奖等国家级学（协）会科技奖励4个。发表SCI论文632篇、中华系列135篇，其中在影响因子>10的国际期刊发表论文5篇，在影响因子>5的国际期刊发表论文近30篇。获得国家发明专利43件、实用新型专利723件。全年中医科研项目中，2个入选省中医药现代化专项项目、34个入选省中医药科学研究基金A类项目、64个入选省中医药科学研究基金B类项目、20个入选省优秀青年人才基金项目。

【卫生健康重点学科建设】2021年，2020—2024年建设周期市级医学重点学科建设有序推进，重点建设以转化精神医学、普通外科学、妇产科学为代表的10个高峰学科，以心血管病学、重症医学、感染性疾病学、卫生微生物学为代表的22个重点学科。加强扶持院前医疗急救学、老年医学、中医儿科学等14个培育学科和儿科学、骨伤科学、妇产科学、创伤急救学等25个区域共建学科。杭州市第七人民医院获批浙江省精神心理疾病临床医学研究中心，杭州市第一人民医院、杭州市西溪医院获批浙江省肿瘤融合研究与智能医学重点实验室。杭州市红十字会医院牵头发起组建"长三角肺科联盟"，杭州市西溪医院成为浙江临床医学研究中心核心单位之一。

【住院医师规范化培训和岗位培训】2021年，全市参加住院医师规范化培训结业考核555人，理论考试合格率97.1%，综合合格率90.3%，居全省前列，其中杭州市肿瘤医院、杭州市红十字会医院、杭州市西溪医院、杭州市妇产科医院、杭州市儿童医院综合通过率100%。新招录住院医师学员648人，完成2021年度考核学员1039人。定向招录免费培养农村社区医生153人，其中本科层次123人、专科层次30人。招录基层全科医生参加全科医学继续教育2018人，结业1952人；开展社区护士培训223人，结业193人。举办第12期中青年医务骨干英语口语提高班，结业学员49人。

【继续医学教育】2021年，全市初级卫生技术人员继续医学教育招生2107人，结业1495人。中级高级继续医学教育获国家级项目50个，其中新立项23项；获省级项目195个，其中新立项104项。立项市级项目331个，其中线上134个、线下197个，覆盖57个学科、69个医疗机构。有中医继续教育项目121个，其中国家级立项8个、省级33个、市级80个。执行《关于做好新冠肺炎疫情防控期间继续医学教育有关工作的通知》要求，对抗疫一线的医务人员进行免修认定，适度放宽当年继续教育合格的认定标准。开展中级高级卫技人员继续教育学分周期审验，全市首次发放电子继续教育合格证2343张、学分审验合格证明2943张。

【实验室生物安全管理】2021年，杭州市备案实验机构812个、实验室1171个；新增或更新备案信息单位312个、实验室578个。全年组织生物安全岗前培训3批次，培训出入境检验机构、定点医疗机构和疾控中心、基层医疗机构以及社会检验检测公司等单位的采样工作人员和实验室检测操作人员，经考核合格发放证书1770人；组织3次医务人员网上培训，包括实验室核酸检测操作规范、采集人员工作规范以及其他实验室生物安全相关内容，累计培训7.39万人次。开展杭州地区生物安全风险评估，编制年度全市生物安全风险评估报告。依法开展感染人的高致病性病原微生物菌（毒）种或样本省内运输、跨省运输的初审。组织实验室生物安全隐患排查专项整治，对全市生物实验室机构进行自查，组织区、市、省各级专家督查。

【生物医药产业发展】2021年，市卫生健康委联合市科技局、市经信局开展医企融合项目"杭州市生物医药和健康产业发展扶持专项"，下达3个批次、252个生物医药和健康产业发展扶持项目，研发资金1.8亿元。杭州市制定《杭州市伦理审查联盟制度》，首批8个市（区）属（管）医疗机构加入协作联盟。市卫生健康委印发《关于加强研究型病房建设的通知》，力争建设"省内领先、国内一流"的临床研究基地。11月23日，杭州市成立卫健科技成果转化平台——"杭州市卫生健康创新与转化中心"，打通医学创新转化"最后一公里"。启动集约型、开放型、共享型市级样本库建设。（李金涛）

医政医管

【医疗质量管理】2021年，杭州市新设皮肤病等6个质控中心，组织18个质控中心申报全市青工技能比武活动。成立杭州市公立医院绩效考核专班，将公立医院考核指标与处室日常工作有机结合，从制度设计、政策保障上推进公立医院考核各项指标完成。研发杭州市医疗质量综合监管系统，建立诊疗数据库和机构数据库，制定病案首页质控标准、医疗机构人力资源数据集、公立医院绩效考核系统对照数据集、医政医管报表数据集标准，实现智能监管。制定《杭州市抗肿瘤药物分级目录》，要求各医疗机构根据浙江省抗菌药物分级目录及杭州市抗肿瘤药物分级目录，将本机构相关药物目录报卫生健康行政部门备案，加强抗菌药物及抗肿瘤药物品种品规管理。

【互联网诊疗推进】2021年，杭州市181个基层医疗机构及11个市属医院、4个区级医院接入杭州市互联网诊疗服务平台。所有上线互联网诊疗（互联网医院）业务的机构，均通过"云药房"实现互联网医院处方流转及配送，其中市级医院11个、主城区社区卫生服务中心52个、淳安县卫生服务中心21个、桐庐县4个、建德市15个、余杭区20个、萧山区24个、临安区24个、富阳区25个。全市有301个医院开通互联网医院，累计问诊量15.39万人次，累计开出互联网处方13.09万张。

【医院电子病历等级评价】2021年，杭州市17个医疗机构通过电子病历系统功能应用水平分级评价4级及以上水平，其中杭州市第一人民医院通过国家电子病历等级评价6级，杭州师范大学附属医院、杭州市第三人民医院、杭州市中医院、杭州市红十字会医院、建德市第一人民医院等5个医院通过国家电子病历等级评价5级。市属医院全部通过互联互通标准化成熟度4级甲等评估，杭州市师范大学医院通过智慧服务3级评估。

【院前急救】2021年，杭州市在"城市急救应急智能联动"系统基础上，推进省、市急救平台对接，实现"一键呼救""患者—救护车双向定位"功能全覆盖。在杭州市急救中心新建一个集待命、急救、清洗消毒于一体的综合急救站点，总面积708平方米，可同时进行4辆救护车清洗消毒。配备2套全自动清洗消毒机，设置10间配备独立卫生间的值班室。全市院前医疗急救调度系统上线文字报警功能，满足聋哑人遇到突发紧急状况需要急救时，可使用文字报警功能进行报警的需要。

【国际化医疗推进】2021年，杭州市加快国际化医院的建设进程，确定浙江医院等5个医院为杭州市第二批国际化医院。全市共有省级、市级医院国际化医疗服务区域面积1.85万平方米、专用床位225张、专职医务人员286人。15个医院单独设置国际化医疗服务专区，实现检查、治疗、结算一条龙功能，满足国际化医疗服务的要求。至年末，杭州市各级医疗机构与100个国（境）外医疗机构建立远程会诊关系，比上年增加18个；开展国际远程临床会诊259例、远程病例讨论87例、远程手术观摩84例、远程学术交流563例。

【长三角区域医疗合作】2021年，杭州市卫生健康委推进长三角城市间卫生健康领域合作。5月27日，杭州市儿童医院与上海交通大学医学院附属新华医院开展医疗合作。上海新华医院选派普外科、神经外科、麻醉科、血液肿瘤科等高年资专家长期驻点杭州市儿童医院开展学科建设与日常诊疗服务；杭州市儿童医院选派骨科、心内科、重症医学科、血液肿瘤科、消化内科等专科15名业务骨干至上海进修学习。在上海专家的帮助下，杭州市儿童医院成立新学科小儿神经外科（筹），填补神经外科手术空白。杭州市属公立医院与上海有关医院开展医疗合作项目7个、科研项目7个，参与专科联盟5个，合作建立联合诊疗中心1个。杭州市参与长三角地区院前救援网络的搭建，组织杭州市急救中心、杭州市儿童医院建立新生儿急救转运系统，实行转运团队24小时待命制，转运辐射省内及安徽省、江苏省等地。

【城市医疗资源"双循环"管理】2021年，杭州市出台《城市医疗资源双循环管理实施方案（试行）》，推进以家庭医生签约服务为纽带，以双向转诊服务、双向业务交流、双向绩效考核为重点的纵向循环。梳理市、区两级优质医疗资源清单，印刷口袋书1万余份，开展培训交流5场，800多人次参加。鼓励基层医疗机构医务人员到上级医院开设全科门诊、中医科门诊，提升业务能力与水平。全年杭州主城区签约居民医联体转诊率62%，精准转诊5.44万人，比上年增加7340人，精准转诊率7.3%。全市建立全专联合门诊92个、慢性病一体化门诊21个，33名基层医务人员到上级医院设立门诊。

【医疗服务价格调整】2021年，杭州市调整29项与冠状动脉支架植入、全髋关节置换相关的医疗服务项目价格，公布首批互联网诊疗、远程会诊、远程监测3类"互联网+"医疗服务价格项目，新增77个医疗服务项目，将54个医疗服务项目及其对应的医用材料纳入医保支付范围，将PET-CT检查费用纳入市大病保险支付范围。全市公立医院门诊均费253.84元，比上年下降2.4%；住院均费为1.08万元，下降2.2%；医疗服务收入（不含药品、卫生材料、检查化验收入）占比35%；百元医疗收入的医疗支出（不含药品）117.75元，下降6.24元。（李金涛）

卫生监督

【卫生依法行政】2021年，市卫生健康委推行行政执法公示制度、执法全过程记录制度和重大执法决定法制审核制度，规范公正文明执法。加强行政规范性文件制定指导及清理评估。深化"证照分离"改革，涉企事项审批服务不断优化。"互联网+政务"服务巩固提升，事项网办、掌办开通率100%，材料电子化率100%。全市受理办结行政审批事项7.35万个。市本级完成浙江省下放事项1898个，法定本级审批事项3708个，审批事项系统录入率和及时办结率均为100%，未出现因程序不当或条件不符被提起行政复议或行政诉讼的情形。医疗广告审查实现全程"网办+电子证照"应用。办结非法医疗美容案件325宗、传染病防治案件1418宗；查处非法行医案件180宗；处罚消毒产品生产经营单位案件26宗、餐饮具集中消毒单位案件26宗、公共场所案件2141宗、生活饮用水生产企业及经销单位案件 14 宗、医疗机构及公共场所控烟案件 71 宗、学校幼儿园及托育机构案件 208 宗、爱国卫生监督案件 22 宗。开展建筑行业职业卫生专项治理，处罚企业 60 个；开展放射诊疗机构执法检查，处罚机构 213 个。

【卫生监督综合执法】2021 年，全市查处各类卫生违法案件 6017 件，罚没款 3426.89 万元，比上年分别增长 5.9% 和 68.1%。其中，入选国家卫生健康执法典型案例 1 件，入选省十大卫生健康执法优秀案例 2 件，入选省司法厅涉及新冠肺炎疫情指导案例 1 件，入选市司法局十大行政执法典型案例 1 件。完成国家“双随机”检查任务 4407 个、省级“双随机”检查任务 3073 个。新认领和编制浙江省监管事项库的事项和实施清单，行政检查 37 项、行政处罚 367 项、行政强制 17 项、其他省级权力事项 146 项。市卫生健康委对所辖 13 个区县（市）开展二级以上医疗机构、卫生健康相关企业的实地检查和行政处罚案卷、投诉举报处理、执法全过程音像记录制度等，落实法制稽查，对 26 个医院和 30 个企业开展实地检查，对投诉举报、处罚案卷进行台账审核。

【医疗服务市场执法】2021 年，杭州市对医疗违法行为进行大数据监测和非现场执法，实现诊疗行为智能监管。开展打击非法医疗美容专项治理和医疗美容行业乱象整治百日攻坚行动，办结案件 325 宗，罚款 602.59 万元，吊销医疗机构执业许可证（科目）10 个。查处非法行医案件 180 宗，罚款 606.39 万元，没收违法所得 184.09 万元。在西湖区试点医疗美容主诊医师挂牌亮证服务。放射诊疗机构共处罚 213 个，罚款 61 万元。联合有关部门开展非法应用人类辅助生殖技术、黑救护车和医疗美容行业乱象等违法犯罪行为专项整治行动。

【职业卫生执法】2021 年，全市办结职业卫生案件 303 件，处罚金额 714.26 万元。职业卫生技术服务机构处罚 1 个，罚款 89.52 万元，放射卫生技术服务机构处罚 1 个，罚款 6800 元，职业健康检查机构处罚 5 个，均为警告处罚。开展建筑行业职业卫生专项治理，共计检查 330 个（次），处罚相关用人单位 60 个，罚款 126.75 万元。组织开展放射诊疗机构执法专项监督检查，查处 157 个，罚款 37.21 万元。

【公共场所和饮用水卫生执法】2021 年，全市开展公共场所、饮用水卫生监督检查 5930 个（次），办结行政处罚案件 2155 宗，罚款 272.8 万元。监测公共场所顾客用品用具 784 个（次），监测水源水、出厂水、末梢水和二次供水 1247 份。游泳场所执法监督监测 869 个（次），立案处罚 228 宗，罚款 83.86 万元。开展公共场所集中空调通风系统监督检查 1082 个，立案查处 15 个。开展饮用水供水单位量化分级管理工作，量化分级率和信息公示率均 100%，16 个水厂通过浙江省 2020 年度饮用水供水单位卫生监督量化分级 A 级单位的考评。全年监督检查 150 个涉水产品生产经营单位和 293 件涉水产品，办结行政处罚案件 6 宗。开展医疗机构、公共场所控烟执法检查，检查各类场所 1.03 万个（次），查处案件 71 件，罚款 10.01 万元。（李金涛）

爱国卫生

【爱国卫生运动新方式】2021 年，杭州市推出动员群众参与爱国卫生运动新方式，在全市开展“月末周五卫生大扫除”“季节性除四害”“爱国卫生运动月”“文明健康绿色环保”等爱国卫生活动；探索爱国卫生运动助力传染病防控新方法，发挥爱国卫生运动群众动员优势，做好新冠肺炎疫情防控工作。全国爱国卫生运动纪念馆（小营巷）全年接待参观人员超过 30 万人次，以该馆为基础，配合浙江省爱卫办建立全国首个线上爱国卫生纪念馆，树立全国爱国卫生新典范。

【国家卫生城市复审】2021 年，杭州市国家卫生城市进入第 6 轮复审周期。全市迎检工作开展 3 轮培训、4 轮行动、7 轮督导，发现并整改各类问题 200 多个，整改率 100%。各地探索总结“红黄黑”“预扣分”等常态化巩固机制，顺利通过省级明察和国家暗访，被全国爱国卫生运动委员会再次确认为国家卫生城市。该轮（2020—2022 年）新申报的 41 个国家卫生乡镇（其中 37 个乡镇、4 个行使镇职能街道）全部通过省级暗访。2021 年复审的国家卫生县城——淳安县，国家卫生镇——临浦镇、瓶窑镇，以及 26 个省级卫生乡镇分别通过复审。全市新创建浙江省卫生村 137 个，完成省级卫生村复审 536 个。

【爱国卫生月活动】2021 年 4 月，市爱卫会印发《关于开展第 33 个爱国卫生月活动的通知》，在全市范围内开展以“文明健康绿色环保”为主题，落实“三个一”（开展一次“文明健康始于心”科普活动，策划一次“低碳环保践于行”群众实践活动，组织一次“绿色家园齐守护”共建活动）为重点的第 33 个爱国卫生月活动。活动期间，全市开展科普宣传活动 1398 场，发放和张贴宣传材料 42.16 万份；开展城乡环境卫生集中整治活动 5851 次，参与实践活动 13.06 万人次。

【病媒生物防制】2021 年，杭州市以“清环境、迎亚运、讲卫生、促健康”为主题，结合国家卫生城市复评，全域开展季节性“四害”防制行动。以打造“健康亚运”为目标，制定杭州亚（残）运会期间病媒生物防制实施方案，开展病媒生物密度控制 B 级水平街道建设试点。在城区每月开展病媒生物防制效果评价，公布月度“红黑榜”。在乡镇启动除“四害”村建设，全年有 42 个村通过市级评估，并推荐为省级除“四害”村，其中 28 个村推荐为省级除“四害”样板村。

【农村改水改厕】2021 年，全市新建和改建改水项目 20 个，全部竣工通过验收，其中萧山区 3 个、富阳区 4 个、临安区 4 个、桐庐县 3 个、淳安县 3 个、建德市 3 个。全市新改造农村无害化卫生户厕 3936 座，其中富阳区 1462 座、临安区 809 座、建德市 1165 座、桐庐县 500 座。至年末，全市农村户厕无害化卫生厕所改造建设覆盖率 100%。（李金涛）

责任编辑　汤　峻

43 体育

综述

【体育社会组织建设】2021年，市体育局推进体育社团等级评估和争先创优工作，引导体育社会组织健康发展，市级体育社团年检合格率100%，市级体育社团AAA级以上达标率70%以上。全市新增市本级体育社团4个、民办非俱乐部1个。至年末，全市有体育社会组织115个、市本级体育社团73个、民办非体育俱乐部41个。其中AAAAA级社团5个、AAAA级社团15个、AAA级社团26个。

【“数智体育”建设】2021年，市体育局牵头成立杭州市数字体育促进会，整合社会专业力量，对体育数字化改革的建设标准和内容进行专门研究，确定6个板块、21个大项、60个应用场景的治理内容，入选数量居全省第一位。

针对群众健身需求和关键问题，打造“AI动杭州”体育服务线上平台，以“一屏呈现”“一键触达”“一端链接”的形式提供全民健身全流程服务。全市36个公共体育场馆、104个城市百姓健身房和134个民营健身场所被纳入平台管理，为群众提供线上查询、导航、预约、支付等便捷服务。推进场馆数智治理，引入自助服务机、无人值守闸机等智能化设备，实现场馆运营服务的全流程自助。搭建客流、能耗、水质等监测平台，建设公共体育场馆数字化驾驶舱。围绕训练、办赛、参赛等“子场景”，迭代升级一体化综合赛事管理平台，实现各类体育业务数据展示、统计分析、辅助决策、跟踪评价等功能，完成公共体育智慧管理水平提升。在杭州城市大脑App开设“体育健身”场景，上架健身地图、体育大讲堂、赛事报名、健身指导视频、百姓健身房、体育场馆、培训报名、校园健身8个应用。在“浙里办”App上架体育培训、校园健身2个应用，并对项目应用进行适老化改造，方便更多老年群体享受数字化改革成果。

【体卫融合试点医院确定】2021年，市体育局贯彻落实《“健康中国2030”规划纲要》精神，推进健康浙江、健康杭州建设，在2019年开展“体医融合”试点工作的基础上，推进“体卫融合”运动促进健康指导中心试点工作，确定杭州市五云山医院（杭州市健康促进研究院）、杭州师范大学附属医院、杭州市儿童医院、杭州市妇产科医院（杭州市妇幼保健院）为杭州市运动促进健康指导中心试点单位。

【“赛事之城”打造】2021年，杭州市举办国际（杭州）毅行大会暨杭州绿道健康行（线上）、长三角水上运动节、首届全国青少年高尔夫城际锦标赛、大型排舞展演活动（线上）等赛事活动。其中，毅行大会参与人数50多万人，排舞展演活动参与人

2021年9月28日，杭州市主办的全国首届青少年高尔夫城际锦标赛在观云高尔夫球场举行
（市体育局 供稿）

数25万余人。发挥各区县（市）场馆、旅游等资源禀赋优势，结合各地体育特色，持续打造“一区（县）一品牌”。经国家体育总局和中国足协批准，成立东亚足联（杭州）足球发展有限公司。推进东亚足联秘书处落户杭州。与体育总局文化中心、萨马兰奇体育发展基金会开展战略合作，萨马兰奇体育发展基金会杭州办公室、中国体育博物馆书画院秘书处、中国体育文化创意活动组委会落户杭州，中国老年医学学会运动健康分会落户杭州。

【杭州都市圈亚运主题研讨会】2021年12月3日，“迎冬奥·盼亚运”杭州都市圈亚运主题研讨会由萨马兰奇体育发展基金会和市体育局共同主办，杭州亚组委支持。来自省残联、省体育局、省网球协会、杭州亚组委、市羽毛球协会等体育组织的代表，萨马兰奇体育发展基金会等机构代表，特许商品生产商、零售商代表通过多主题互动交流，聚焦奥林匹克文化遗产、艺术与奥林匹克、杭州都市圈板块等主题，以及杭州亚运会的场馆展示、东京奥运会上浙江籍运动员的表现，共同探讨大型体育赛事如何带动城市发展，提升城市品牌形象，推进全民健身等内容。

【《2020年市民体质测试数据分析报告》发布】2021年5月，杭州市发布《2020年市民体质测试数据分析报告》。报告显示，2020年全市达到《国民体质测定标准》“合格”等级以上的人数比例为95.1%，“优秀”等级的人数比例为25.3%；“健康浙江”考核反馈的杭州市民体质达到“合格”等级及以上的人数比例为94%。3～6岁幼儿达到“合格”等级及以上的占96%；20～39岁成年人占94.7%；40～59岁成年人占95%；60～69岁老年人占95.3%。男性达到“合格”等级及以上的比例为93.8%，女性为96.2%。（杨凯婷）

群众体育

【全民健身空间打造】2021年，杭州市制定实施《杭州市全民健身实施计划（2021—2025年）》《杭州市全民健身设施补短板攻坚行动计划（2021—2025年）》《杭州市全民健身设施补短板工程建设及补助标准》等文件。全市利用建筑物屋顶、地下空间等“金角银边”建设体育设施的做法，得到国家体育总局肯定并在全国体育局长会议上推广。上城区原麦德龙超市仓储空间被打造成超7000平方米的公益性体育设施场馆，填补周边综合性体育场馆的空缺；建德市新安江特大桥下占地1.1万平方米的洋安健身广场，成为当地规模最大、设施最全的免费户外运动场所；余杭区良渚街道将部分“低小散”闲置工业园区改建成足球场等群众运动空间。西湖区、上城区、萧山区通过2019—2021年省级体育现代化区县（市）考核验收。

【杭州在省第四届体育大会获佳绩】2021年10月22日，浙江省第四届体育大会在衢州市体育中心体育场开幕。体育大会设46个大项、457个小项，有11个设区市代表团、12个省级行业体协（系统）和有关省（部）属企业代表团参赛，是杭州亚运会前省内举办规模最大、项目最多、影响最广的综合性群众体育大会。体育大会设区市组36个比赛大项、267个比赛小项。杭州市代表队770多名运动员参加比赛，共获得金牌83枚、银牌67枚、铜牌54枚，总分1903.75分，金牌数、奖牌数、总分数均列全省首位。

2021年10月22—24日，长三角地区水上运动节在杭州市城北体育公园和上塘河流域举行 （市体育局 供稿）

【全民健身全市大联动活动】2021年9月12日，杭州市全民健身全市大联动活动在13个区县（市）以趣味大挑战模式开展，全能闯关需完成亚运知识问答、跳绳、投壶、开合跳、俯卧撑、仰卧起坐等任务，竞技与趣味结合，考验参赛者灵敏度、反应力、体能耐力、平衡性、柔韧性等综合素质。主会场设在拱墅区西湖文化广场，由挑战赛颁奖仪式、第二届夜健身节、全民科学健身行动、全民亚运健康促进行动启动仪式等组成，营造“全民健身共享亚运”的氛围。

【长三角地区水上运动节】2021年10月22—24日，长三角地区水上运动节在杭州市城北体育公园和上塘河流域举行。运动节以水上赛事为依托，集运动、观赛、体验、娱乐等于一体，分竞赛与嘉年华两部分。其中竞赛活动设置电动冲浪板、赛艇、皮划艇3个项目的竞速赛和龙舟表演赛，吸引长三角地区的300多名选手参赛；嘉年华活动分为“好酷·运动秀”“好奇·国潮展”“好物·装备集”“好游·新拱墅”“好运·音乐节”5个系列活动，吸引近1万名市民参与。

【杭州高塔竞速赛】2021年10月17日，杭州高塔竞速赛在杭州·来福士广场塔楼举行。赛事由市体育局、上城区政府主办，世界高塔竞速协会官方授权。赛事以“蓄势而上，喜迎亚运”为主题，设男子组、女子组及家庭组3个组别，近1000名参赛选手向有60层楼、高达250米、1647级台阶的来福士2号楼发起挑战。赛事被纳入世界高塔竞速协会全球巡回赛，为2021年亚太地区首站竞赛。各组选手分批分次出发，最终王国龙以8分51秒的成绩获得男子组冠军，乐青华以11分11秒的成绩获得女子组冠军。超过30个家庭组成功完成25层楼的挑战。

【“舞动中国——排舞联赛”总决赛】2021年12月14日，“舞动中国——排舞联赛”总决赛在杭州滨江体育馆开幕，来自18个省（自治区、直辖市）以及香港和澳门特别行政区的69个城市的338支队伍、5600多人参赛。比赛采取线上模式举办，参赛者身处各地可以同场竞技和互相交流。“互联网+体育”的赛事模式突破时空约束，使总决赛参赛人数创下历史新高，并吸引数十万人在线观看比赛。

【杭州第四届市民体质大赛】2021年11月19日，杭州市第四届市民体质大赛暨国家体育锻炼标准精英赛在上城区体育中心举行。大赛依据国家体育锻炼标准，根据年龄段分为青年组（18～24岁）、壮年一组（25～44岁）、壮年二组（45～59岁）；比赛项目为50米跑、25米×4往返跑、30秒跳绳、绕杆跑、十字象限跳、引体向上、俯卧撑、1分钟仰卧起坐、立定跳远、坐位体前屈、掷实心球、曲线托球跑、1分钟仰卧举腿、800/1000米跑和3000米快走等内容；大赛从速度、耐力、力量、灵敏和柔韧5个方面对参赛者进行检验。全市有15支队伍、200多名队员参赛。（杨凯婷）

竞技体育

【杭州运动员在东京奥运会获佳绩】2021年，在日本举办的第32届东京奥运会上，杭州有10名运动员代表国家队分别参加羽毛球、游泳、皮划艇静水、帆船、射击、足球6个大项、10个小项的比赛。其中：陈雨菲获得羽毛球女子单打金牌，为中国时隔9年再次夺得该项目金牌；黄雅琼获得羽毛球混双银牌；王楠获得女子四人皮划艇第6名，创中国女子皮划艇历史最好成绩；朱梦惠获得女子4×100米自由泳接力赛第7名，破亚洲纪录；王丛康获得男子双人皮划艇1000米第8名，是中国时隔13年再次进入男子双人皮划艇1000米决赛，并创造中国历史最好成绩。

【杭州在全国运动会获佳绩】2021年9月15—27日，第十四届全国运动会在陕西省西安市举行。杭州市派出131名运动员参加23个大项、28个分项、175个小项的竞技体育项目比赛，获得金牌16枚、银牌11枚、铜牌12枚，奖牌总数39枚。杭州金牌数占全省的36.4%，奖牌总数占全省的33.6%，为浙江竞技体育综合实力跻身全国前三位做出重要贡献。

2021年12月14日，“舞动中国——排舞联赛”总决赛在杭州滨江体育馆开幕（市体育局 供稿）

【杭州市第二十届运动会】2021年4—10月，由市体育局主办的杭州市第二十届运动会在全市区县（市）先后举行，约1.5万人参加竞赛。其中青少年部设置24个大项、33个分项、777个小项、946枚金牌，与上届相比，增加攀岩、空手道2个大项，山地车、小轮车、激流回旋3个分项；行业部设置8个大项。运动会开幕式、闭幕式于10月在杭州市举行。

【体教融合发展】2021年，市体育局加强与杭州市中小学的合作。按照市级“市队联办”体育后备人才基地类型布局，确定杭州第四中学等101所学校（校区）为杭州市市级“市队联办”体育后备人才基地学校，并与上海体育学院体育教育训练学院共建实践教学基地，打造康复体能复合型团队。加强运动员教学工作，杭州市陈经纶体育学校报名参加2021年单招单考的73名运动员中，50名运动员被各类高等院校录取，录取率68.5%。其中12人被“双一流”大学录取，38人被普通高校录取。

【竞技体育后备力量】2021年，市体育局组织杭州市青少年运动员进行省注册工作和运动员等级审核工作。全年杭州市新注册青少年（儿童）运动员近8000人次，授予国家二级运动员技术等级称号707人次，申报国家一级运动员208人次。向国家和浙江省培养输送优秀运动员，杭州市有国家队运动员22人、省队运动员237人。杭州有2个“国字号”运动队落户，其中跳台滑雪国家青年集训队中2名运动员获得北京冬奥会参赛资格。（杨凯婷）

体育设施

【群众体育场地设施建设】2021年，杭州市新建群众身边的体育设施204处，新增体育场地面积500万余平方米，全市人均体育场地面积2.5平方

2021 年 8 月 1 日，杭州运动员陈雨菲在第 32 届奥运会上获羽毛球女子单打金牌 ［桐庐县委党史研究室（桐庐县地方志研究室）供稿］

米，实现突破性增长。至年末，杭州市有篮球场地 6753 个、乒乓球场地 5271 个、全民健身路径场地 1 万余个、足球场地（含校园足球）1029 个、百姓健身房 257 处。

【市属亚运场馆建设】 2021 年，市体育局加快市属 1 个市级亚运会竞赛场馆——杭州体育馆（举办亚运会拳击比赛和亚残运会硬地滚球比赛），以及 3 个亚运会训练场馆——杭州游泳健身馆水球训练馆、全民健身中心手球训练馆和陈经纶体育学校足球训练场的建设进度。市体育局通过现场办公、在工程一线成立临时党支部和党员先锋突击队等举措，动员全市体育系统内干部职工 2200 多人次支援体育馆建设，在馆内环境清洁、馆外绿化种植、夜间值班值守、保障工人餐食等方面助力市属亚运场馆工程按时竣工。 （杨凯婷）

体育产业

【体育产业扶持资金争取】 2021 年起，浙江省体育产业发展资金项目库项目申报评审工作由各地市独立完成。经专家评审、现场查验、公示汇报，确定对杭州市 14 个顶级联赛俱乐部、5 个产业示范项目和 12 个其他产业奖补项目给予产业发展资金扶持奖励，共争取到省级体育产业扶持资金 2339 万元。

【体育市场管理】 2021 年，市体育局严抓高危险性体育项目、体育健身、体育培训等经营活动的安全监管工作，督促和指导各地体育部门在把握高危险性体育项目审批的基础上，加大对体育健身、体育培训、旅游新业态体育项目的安全监管，落实经营主体安全责任。针对体育健身行业预付式消费风险，督促和指导各地体育部门和体育行业协会，做好预付式消费政策法规宣传教育，及时掌握属地体育健身企业经营状况，及时提前介入，处理预付式消费纠纷。推进体育市场“互联网 + 监管”工作，在全市体育系统推广使用“浙江省行政执法监管平台”和“浙政钉”掌上执法，监管事项“清单应领事项”认领率和“行政检查事项”年度覆盖率均为 100%。

【“体育 + 旅游”产业】 2021 年，杭州乐刻网络技术有限公司、杭州孚德品牌管理有限公司、浙江黄龙体育中心获评“国家体育产业示范单位”，历年累计获评国家级示范单位 5 个、示范基地 2 个、示范项目 2 个、运动休闲特色小镇试点 1 个。新创建浙江省运动休闲旅游示范基地 1 个，即湘湖旅游度假区；精品线路 1 条，即萧山戴村国家登山健身步道（登山）—戴村森林骑行道（骑行）—云石滑翔伞基地（无动力滑翔）—三清园户外运动公园（户外拓展）。新增浙江省运动休闲旅游优秀项目 5 个，即桐庐生仙里国际滑雪场（滑雪）、千岛湖沪马探险乐园（超级滑板车）、富阳永安山滑翔基地（滑翔伞）、杭州勇峰自行车公园（越野速降骑行）、临安大明山（滑雪）。新培育省级运动休闲小镇 2 个，即建德市乾潭山水运动乡镇、淳安姜家山地探险运动乡镇。全市在培育的有省级运动休闲小镇 6 个、运动休闲旅游示范基地 5 个、精品线路 7 条、优秀项目 29 个，19 项赛事入选省体育品牌赛事名录库。

【杭州市体育产业发展论坛】 2021 年 7 月 21—22 日，杭州市第九届体育产业发展论坛分论坛暨数字体育发展论坛在滨江区举行，来自长三角地区的 200 多名从业者与会，探讨未来发展趋势。来自浙江大学、市体育局数字专班、省内体育服务业经营企业等单位的专家学者和代表，围绕体育产业数字化发展、数字体育建设、智慧场馆和数字化门店等主题，以《数字体育建设——AI 动杭州》《5G 时代发展趋势以及对数字技术的影响》《体育产业数字化发展》等报告展开讨论和分享。来自“舒适堡”“锐动”等知名体育企业的代表围绕“体育商家如何实现数字化”“体育数字化转型新机遇”等议题展开交流。

【体育彩票销售】 2021 年，杭州市体育彩票销售实现销售和税收贡献稳中有升，全年完成体育彩票销售额 38.33 亿元，比上年增长 30.1%，占全省的 22.7%，继续稳居全省第一位，在全国同类城市中排名第五位。为国家筹集体彩公益金 10.06 亿元，杭州贡献中奖票代扣代缴税收 8000 万元。以“亚运主题即开票”发布为契机，在实体店组织户外销售 316 场，举办以年轻群体为主的品牌落地活动 15 场，开展杭州市青少年体育联赛等公益活动 30 多场。邀请奥运冠军陈雨菲为杭州体彩公益金做宣传。

（杨凯婷）

责任编辑 汤 峻

44

人力资源

综　述

【人力资源事业发展】2021年，市人力社保局实施人力资源“十四五”规划，稳就业、保民生、促发展、防风险，统筹疫情防控和业务工作，发挥保障民生和服务发展功能。举办、承办第九届中国（浙江）人力资源服务博览会、2021年杭州国际人才交流与项目合作大会、“创客天下·杭向未来”2021年杭州海外高层次人才创新创业大赛等重大活动。杭州连续11年入选外籍人才眼中最具吸引力的中国城市。

【人力资源政策体系完善】2021年3月，市人力社保局、市财政局印发《杭向未来·大学生创业创新三年行动计划（2020—2022年）实施细则》，构建大学生创业生活补贴、项目资助、场地补贴、担保贷款、融资支持“一条龙”政策扶持体系。8月，市人力社保局、市财政局、市税务局印发《关于印发部分特定人员参加工伤保险办法（试行）的通知》，允许部分超龄人员、职业技术院校实习生、新业态从业人员单险种参加工伤保险，扩大工伤保险覆盖面，分散用人单位工伤风险，加强部分从业人员工伤权益保障。10月，调整应届毕业生生活补贴政策，由一次性发放改为分两笔发放，博士研究生补贴标准由5万元提高到10万元。

【人力资源制度改革推进】2021年，杭州市强化国有企业薪酬分配调控，做好国有企业收入分配制度、特殊工时审批清单式改革，提高行政服务效率。杭州市建设职业学校等30所中等职业学校开展高级讲师及以下职称自主评聘改革工作。

【就业创业数字化改革】2021年，市人力社保部门推进就业创业无感智办、根治欠薪精密智控等10项“数智”场景应用，数字就业、电子劳动合同、智慧技能3个项目入选浙江省人社系统数字化改革“对标争光”试点名单。杭州市试点的“浙里就业—重点群体就业帮扶”应用子场景入选全省数字社会第二批最佳应用，“靶向”解决重点群体就业难题，服务40万人次以上，其中11.1万人实现就业或再就业。“网签电子劳动合同”平台汇聚电子劳动合同270多万份。“数智就业”应用场景实现从人找政策到政策找人，失业保险金申领、技能提升补贴申领等8个高频事项实现无感智办，入选全省数字社会第一批案例集，被《全国优化营商环境简报》刊发推广。推进人力资源服务快办行动，个体劳动者就业、社保关系转移等10个民生关键小事上线“浙里民生关键小事智能速办”专区。

（骆椿美）

就业创业

【就业形势稳定】2021年，杭州市出台实施企业复工用工服务保障一系列稳就业保就业政策，就业形势总体稳定。全年城镇新增就业92.79万人，失业人员实现再就业5.97万人，失业保险参保净增40.04万人。至年末，城镇登记失业率2.34%。拱墅区潮鸣街道、西湖区西溪街道溪畔社区、余杭区余杭街道凤凰山社区被人力社保部评为第五批国家级充分就业社区。

【城乡统筹就业】2021年，杭州市促进城乡失业人员再就业，帮扶就业困难人员实现就业2.52万人。发挥失业保险稳就业作用，对不裁员或少裁员的参保企业实施失业保险稳岗返还政策，向4.4万个企业返还失业保险费3.89亿元，惠及148.75万人。发放用工社保补贴、自主创业社保补贴、公益性岗位社保补贴和岗位补贴、灵活就业社保补贴等各类补贴10.17亿元，惠及各类就业人员27.83万人。

【就业创业平台建设】2021年，杭州市加强就业创业平台建设，举办2021年杭州众创大会、2021年“有梦想，一起跑”杭州创业马拉松、2021年杭州市大学生就业创业师友计划、2021年杭州大学生创业创新日等活动。认定建德农创客中心、NICE共创空间2个单位为市级大学生创业园。杭州LOMO创意谷、杭州市大学生创业园（浙大城市学院分园）、杭州湾信息港被省人力社保厅评为第四批省级创业孵化示范基地。杭州万轮科技园被人力社保部认定为第五批全国创业孵化示范基地。新认定市级创业陪跑空间9个，认定首批市级创业孵化示范基地17个，新增大学生就业创业见习训练基地103个，组织见习训练大学生8672人，审核拨付见习补贴3271.33万元，发放创业担保贷款10.56亿元。依托大学生创业平台“有何高见”小程序，引导大学生创业者对接淳安、建德及杭州各区垂直培育示范基地，吸纳大创项目回乡创业。新聘“杭州就业校园大使”277名，发挥大学生就业创业“朋辈互助”作用。

2021年6月22—24日，2021年“杭州—广元”东西部劳务协作暨高校毕业生招聘会在四川省广元市举行（市人力社保局 供稿）

【高校毕业生就业服务】 2021年，杭州市人力社保部门接收应届高校毕业生14.20万人，比上年增长8.3%。其中：博士生884人，增长19.3%；硕士生2.19万人，增长8.2%；本科生9.53万人，增长11.9%。调整应届毕业生生活补贴政策，对到杭工作毕业生分两笔发放生活补贴（本科生1万元、硕士生3万元、博士生10万元），全年发放补贴22.73亿元，惠及16.30万人。发放大学生“青荷礼包”1410.7万元，惠及11.04万人。发放高校毕业生求职创业补贴2557.5万元，惠及8525人。上线应届高校毕业生就业数据智集1.0版、“杭州校招”云聘平台，提供应届毕业生岗位1.3万个。杭州人力社保部门与108个国内高校签订就业创业战略协议，组织用人单位到市外及在杭高校举办现场招聘会23场，提供岗位7万余个。

【大学生创业服务】 2021年6月8日，杭州市政府举办第七届中国杭州大学生创业大赛总决赛，国内外439个团队、1400多名大学生参赛。首次举办“青春飞扬，杭向未来”大赛“创业服务季”活动，促成118个项目在杭州注册企业。杭州市无偿资助大学生创业项目714个、资助金额6120万元，毕业5年内的全日制大学生新创办企业8812个，带动就业2.13万人。选拔杭州大学生杰出创业人才培育计划培育对象20人，举办大学生“创业训练营”“创业实践营”。杭州大学生创业学院设立先进制造业和数字经济行业专题班，全年培育各类大学生创业者及创业工作者530多人次。开展大学生创业见习工作，新增大学生创业见习主题9个，学员50人，拨付创业见习补贴8.85万元。

【公共就业服务】 2021年，市人力社保局开展就业援助月、“春风行动”、民营企业招聘周、省内人力资源余缺调剂招聘会、社会单位招用残疾人专场招聘会等公共就业服务专项活动，开展东西部帮扶协作和省内劳务协作，搭建人力资源对接平台。全年举办招聘会753场，推出岗位76.09万个，达成就业意向4.96万人。杭州公共招聘平台有有效会员单位3.2万个，采集用工信息单位5.57万个（次），发布岗位信息85.3万个，求职登记3.2万人次，为3.3万人次提供职业介绍与职业指导服务，促进劳动力供需对接和有效就业。

【对口支援帮扶】 2021年12月，市人力社保局、市财政局、市对口和山海协作工作领导小组办公室印发《关于加强就业帮扶，巩固拓展脱贫攻坚成果，助力乡村振兴的通知》，推出支持对口地区有组织劳务输出、鼓励对口地区劳动力到杭州就业、劳务协作活动补贴等10项暖心政策。杭州市成立四川省广元市驻杭州市劳务协作工作站、杭州广元“双创”共建示范基地，帮助7.9万名四川省农村劳动力、5193名四川省脱贫人口在杭州就业。评选出9个就业扶贫“爱心企业”，每个企业给予5万元一次性奖励补助。9月28日，东西部劳务协作数字化服务平台“杭广共富云”在广元市昭化区启动，集聚杭州、广元两地招聘企业784个、就业岗位2832个、创业服务机构79个、创业载体16个、注册用户1.42万人，匹配就业岗位3273个。该项目入选浙江省人力社保厅东西部劳务协作案例集、杭州市共同富裕示范区城市范例十个“揭榜挂帅”项目。

（骆椿美）

人事管理

【事业单位人事管理】 2021年，杭州市开展事业单位统一公开招聘，招聘事业单位工作人员9568人。市属事业单位以备案方式引进A、B、C类高层次人才16名。全年新聘任专业技术二级岗31人、专业技术三级岗77人。推广使用浙江省事业单位人事管理服务系统和事业单位“一件事”平台，通过系统办理公开招聘、交流调动、岗位聘任、政策性安置等事业单位人事管理业务3.22万件，涉及28.02万人；受理社保、公积金、编制等事业单位“一件事”业务4.08万件。

【事业单位工资福利】 2021年，杭州市根据国家综合性消防救援队伍职业保障方案和浙江省实施办法，完成消防员工资套改工作，确保消防体制改革平稳过渡。制定落实新冠肺炎疫情防治一线医务人员薪酬待遇操作口径，做好一次性绩效工资总量核增工作，卫生防疫津贴发放范围扩大到一线医务人员。保障教师工资待遇，落实教育“双减”要求，把用于义务教育阶段教师课后服务补助经费额度作为增量纳入绩效工资，指导完

善教师收入分配政策。（骆椿美）

人才服务

【《杭州市人才发展“十四五”规划》发布】2021年8月，市委人才办、市人力社保局、市发改委印发《杭州市人才发展“十四五”规划》。该规划分发展背景、总体要求、发展重点、以全球视野加强高素质人才队伍建设、以窗口意识推进高水平人才改革、以用户思维优化高质量人才服务、组织保障7个部分，为高水平打造“数智杭州·宜居天堂”、建设现代化国际大都市提供人才支撑。

【高层次人才分类认定】2021年，杭州市开展高层次人才分类认定，新认定高层次人才22592人，其中，A类3人、B类101人、C类376人、D类1816人、E类20296人。

【紧缺人才需求目录发布】2021年12月，杭州市人才管理服务中心联合市统计局、“智联招聘”平台编制发布《杭州市2021年重点产业紧缺人才需求目录》。该目录着眼杭州市重点产业，聚焦数字经济、高端装备制造、生命健康、金融服务、文化、旅游休闲等产业领域，对紧缺人才需求状况开展调研，为杭州市打造人才生态最优市提供有效支撑和发展建议。

【海外引才交流合作】2021年3—11月，杭州市举办“创客天下·杭向未来”2021年杭州海外高层次人才创新创业大赛。大赛设置留学人员项目和外国人项目两个专场，遴选引进世界各地创新创业人才项目，1341个项目进入海选，其中外国（非华裔）人才项目410个，10个项目在杭州签约落户。大赛入选人力社保部2021年度海外赤子为国服务行动计划。举办2021年杭州国际人才交流与项目合作大会，26个国家和地区的100多名高层次人才参会，长三角地区和省内城市代表出席开幕式和各分会场活动，签约项目182个、金额119.2亿元。评审资助2021年度高层次留学回国人员在杭创新创业项目37个，资助金额783万元。杭州市4个项目入选2021年中国留学人员回国创业启动支持计划项目4个，其中重点类项目2个、优秀类项目2个。

【专业技术人才培养】2021年，杭州市实施人才引育工程，以高层次青年人才为重点加快专业技术人才队伍建设。14人入选浙江省高层次人才特殊支持计划青年拔尖人才。结合杭州市重点发展产业领域选聘钱江特聘专家100名。实施博士后倍增计划，新设立省级博士后科研工作站53个，杭州海康威视数字技术股份有限公司等3个单位获批独立招收资格。引进博士后研究人员608人，在首届全国博士后创新创业大赛获1项金奖、3项银奖、2项铜奖。杭州海康威视数字技术股份有限公司获评第六届全国专业技术人才先进集体。杭州市成立杭州博士后联谊会，有5人获评浙江省优秀博士后。推进中小学教师职称自主评聘改革，指导杭州市建设职业学校等30所中等职业学校高级讲师及以下职称自主评聘改革工作。至年末，“专业技术人员学习新干线”平台注册单位1.6万个、学员38.6万人。

【高技能人才培养】2021年，杭州市优化“名城工匠”培养生态，培养高技能人才3.97万人，开展职业技能培训，惠及19.7万人次。新建省级技能大师工作室4个、市级技能大师工作室25个，认定杭州市首席技师20人、杭州市技术能手78人。组织市级和区县（市）级技能竞赛164场，带动岗位练兵超过11万人次。市公共实训基地实训、鉴定22.94万人次（天），其中高级工及以上实训5.85万人次（天）。

【人力资源服务业发展】2021年，杭州市举办“创新驱动·智享未来”2021年杭州人力资源服务机构招才引智群英榜发布暨人力资源服务和产品创新创优路演，发布“人力资源服务机构招才引智群英榜”，20个机构上榜。对在助力乡村振兴、稳就业、双招双引等重大发展战略中发挥作用的5个人力资源服务机构分别给予20万元资助。举办中国杭州国际人力资源峰会、第九届中国（浙江）人力资源服务博览会，组团参加全国人力资源服务业发展大会。新增1个省级产业园——浙江省（余杭）数字经济人力资源服务产业园、1个市级产业园——杭州市萧山经济技术开发区人力资源服务产业园。参与共同富裕、东西部劳务协作，人力资源产业园拱墅园区、上城园区分别与衢州、淳安建立一对一共享互助关系，拱墅园区还与四川省广元市签订产业园合作协议。至年末，全市有各类人力资源服务机构1059个，从业人员2.8万人，实现产值826.4亿元，服务用人单位233.9万个（次），帮助实现就业和流动654.7万人次，通过猎头服务引进人才2.51万人。

【公益性人才招聘活动】2021年，杭州市人才管理服务中心开展公益性人才招聘活动，通过“云上＋线下”举办各类人才招聘会269场，其中云聘会138场。举办“新春纳才，杭向未来”长三角高层次人才云聘会、中国（杭州）外国人才暨长三角人才云市场招聘大会、“万朵浪花”杭州全球大学生实习计划云聘会等系列云聘会16场，组织招聘单位19.6万个，推出需求岗位214万余个，在线参会798万人次。10月29日，市人力社保局、市教育局举办杭州市教育类人才专场招聘会暨教培行业人才转岗转业专场招聘会，助力“双减”政策。线下78个单位提供就业岗位900多个，吸引求职者700多人次到场应聘，达成初步意向210人次；线上320个单位推出岗位6192个，专题页访问量9417人次，投递简历2391人次。11月7日，线下组织首次“杭向未来”长三角博士专场洽谈会，长三角地区23个节点城市161个名企、名院和名所参会，推出5531个博士、博士后需求岗位，1305人到场应聘，达成初步意向1776人次。6月15日至7月15日、10月21日至11月30日，杭州市人才管理服务中心、宁波市人才服务中心联合举办“双城记”杭州—宁波联合云聘会2场，1191个企业推出需求岗位3.22万个，4076名求职者线上参会应聘。

【流动人员人事档案公共服务】2021年，杭州市人才管理服务中心提供各

表 47

2021 年杭州人才市场人才招聘岗位需求前 15 位排行一览表

序号	岗位类别	总需求数（人）
1	销售代表	31722
2	房地产销售人员	16019
3	保安人员	15898
4	保险代理 / 经纪人 / 客户经理	10807
5	咨询热线 / 呼叫中心服务人员	7834
6	房地产中介 / 交易	6399
7	销售经理	5959
8	电话销售	5854
9	客户代表	5277
10	销售助理	4535
11	预结算员	4248
12	客服专员 / 助理（非技术）	3946
13	销售工程师	3505
14	理财顾问 / 财务规划师	3243
15	储备干部	3184

说明：数据来源于现场招聘会

类流动人员人事档案管理服务 14.6 万人次。至年末，完成流动人员人事档案数字化 32 万卷，管理流动人员人事档案 35.09 万卷，人才集体户挂靠数 6.67 万人。

【人事考试】2021 年，杭州市扩大下放考试项目范围，一级建造师、二级建造师、社会工作者等考试组织工作向区县（市）延伸，根据考生报名地点，安排考生就近参加考试。至年末，完成人事考试项目 25 个，服务考生 37.91 万人次。设置区县（市）考区 22 个（次），考场 2111 个，方便考生 6.33 万人次。（骆椿美）

劳动关系

【《劳动关系“和谐同行”三年行动计划（2021—2023 年）》实施】2021 年，杭州市实施《劳动关系“和谐同行”三年行动计划（2021—2023 年）》，优化营商环境，夯实构建和谐劳动关系基础，推进劳动关系治理体系和治理能力建设。开展劳务派遣经营情况报告年度核验、劳务派遣用工情况“双随机”检查，规范劳务派遣用工行为。推行特殊工时审批清单式改革，优化特殊工时审批服务，强化事中事后监管，提高行政服务效率。

【企业工资收入分配】2021 年，市人力社保部门加强国有企业薪酬分配调控，落实薪酬管理制度和省人力社保厅发布的国有企业工资指导线，做好国有企业收入分配制度改革。健全工资增长机制，组织开展集体协商要约行动，促进劳动者薪酬水平合理增长。8 月 1 日起，杭州市区最低月工资标准提高至 2280 元，最低小时工资标准提高至 22 元；桐庐县、淳安县、建德市最低月工资标准提高至 2070 元，最低小时工资标准提高至 20 元，城乡工资收入差距缩小。

【企业薪酬调查】2021 年，市人力社保局开展企业薪酬调查，对全市 3191 个样本企业进行抽样调查，涉及在岗职工 45.2 万人。通过数据分析汇总，发布 2021 年杭州市人力资源市场部分职位工资价位，为企业开展工资集体协商、合理确定职工工资收入提供参考。开展每季一次的制造业人工成本监测试点，监测样本企业 140 多个。

【劳动保障监察】2021 年，杭州市各级劳动保障监察机构监察检查用人单位 13.2 万个（次），协调处置各类劳动保障违法案件 6015 件，其中，立案查处各类劳动保障违法案件 445 件，结案率 100%。开展人力资源市场秩序清理整顿、重大工程建设领域劳资纠纷调解、护航建党百年“浙江安薪”、超时加班问题集中排查化解、新业态行业专项执法等专项治理行动 6 次，检查用人单位 7200 多个（次）。

【“杭州无欠薪”专项治理行动】2021 年，杭州市继续开展“杭州无欠薪”专项治理行动，实行政府负责、部门主管、企业主抓、人力社保部门牵头 4 个责任工作机制，构建市、区县（市）、乡镇（街道）、网格、劳资专管员五级欠薪治理体系。通过建设领域示范样板企业培育，组织欠薪投诉集中接访，常态运行根治欠薪实体化专班，提升根治欠薪成效。全年为 8552 名劳动者追发工资待遇 6450 万元，向公安机关移送涉嫌拒不支付劳动报酬犯罪案件 50 件，立案 25 件，公开曝光“黑名单”企业 30 个、重大劳动保障违法企业 18 个。

【劳动纠纷多元化解】2021 年，杭州市对劳动纠纷诉求实行“一窗式”即接即办工作机制，推进标准化、规范化，提升基层纠纷化解效率。至年末，办结劳动纠纷案件 4.35 万件，其中，基层调解办结 3.80 万件，占 87.4%，调解成功率 94.5%。全市受理劳动人事争议案件 2.30 万件，结案 2.23 万件。（骆椿美）

责任编辑　须同威　孙晟珂

2022
杭州年鉴

45 社会生活

收入消费

【城镇居民收入稳步增长】据抽样调查，2021年，杭州市城镇居民人均可支配收入74700元，比上年增长8.8%，扣除物价上涨因素实际增长7.4%。从四大类收入来源看，城镇居民人均工资性收入、经营净收入、财产净收入和转移净收入全面增长。其中：人均工资性收入43245元，增长8.9%，拉动可支配收入增长5.1个百分点；人均经营净收入6099元，增长8.1%，拉动可支配收入增长0.7个百分点；人均财产净收入11198元，增长10.0%，拉动可支配收入增长1.5个百分点；人均转移净收入14158元，增长7.9%，拉动可支配收入增长1.5个百分点。

【城镇居民消费支出持续平稳】2021年，杭州市城镇居民人均消费支出48629元，比上年增长16.0%，八大类消费支出比上年全面增长。生活用品及服务等4类支出加快恢复。城镇居民人均生活用品及服务支出2949元，增长28.9%，两年平均增长13.2%；人均居住支出12878元，增长12.6%，两年平均增长7.8%；人均食品烟酒支出12129元，增长13.2%，两年平均增长6.7%；人均其他用品及服务支出1470元，增长38.4%，两年平均增长4.6%。交通通信等4类支出恢复速度较慢。城镇居民人均交通通信支出7786元，增长13.1%，两年平均增长2.3%；人均衣着支出2528元，增长16.1%，两年平均增长2.0%；人均教育文化娱乐支出4960元，增长33.9%，两年平均增长2.0%；人均医疗保健支出3929元，增长7.6%，两年平均下降1.6%。至年末，全市城镇居民人均住房建筑

2007—2021年杭州市城镇常住居民人均可支配收入增长情况表

表48

年　份	人均可支配收入（元）	比上年增长（%）
2007	21689	14.0
2008	24104	11.1
2009	26864	11.5
2010	30035	11.8
2011	34065	13.4
2012	37511	10.1
2013	40925	10.1
2014	44632	9.1
2015	48316	8.3
2016	52185	8.0
2017	56276	7.8
2018	61172	8.7
2019	66068	8.0
2020	68666	3.9
2021	74700	8.8

说明：2007—2012年为市区数据，2013年后为全市数据，2013—2021年为城乡一体化改革后新口径数据

2021年杭州市城镇常住居民人均可支配收入构成情况表

表49

项　目	人均可支配收入（元）	比上年增长（%）	占可支配收入比重（%）
可支配收入	74700	8.8	100.0
工资性收入	43245	8.9	57.9
经营净收入	6099	8.1	8.2
财产净收入	11198	10.0	15.0
转移净收入	14158	7.9	18.9

2021年杭州市城镇常住居民消费支出结构情况表

表50

项　目	人均支出（元）	比上年增长（%）	占消费支出比重（%）
消费支出	48629	16.0	100.0
食品烟酒	12129	13.2	24.9
衣着	2528	16.1	5.2
居住	12878	12.6	26.5
生活用品及服务	2949	28.9	6.1
交通通信	7786	13.1	16.0
教育文化娱乐	4960	33.9	10.2
医疗保健	3929	7.6	8.1
其他用品及服务	1470	38.4	3.0

2004—2021年杭州市农村常住居民人均可支配收入增长情况表

表51

年　份	人均可支配收入（元）	比上年增长（%）
2004	6950	11.2
2005	7655	10.1
2006	8515	11.2
2007	9549	12.2
2008	10692	12
2009	11822	10.6
2010	13186	11.5
2011	15245	15.6
2012	17017	11.6
2013	21208	11.2
2014	23555	11.1
2015	25719	9.2
2016	27908	8.5
2017	30397	8.9
2018	33193	9.2
2019	36255	9.2
2020	38700	6.7
2021	42692	10.3

说明：2013—2021年为城乡一体化改革后新口径数据

2021年杭州市农村常住居民人均可支配收入构成情况表

表52

项　目	人均可支配收入（元）	比上年增长（%）	占可支配收入比重（%）
可支配收入	42692	10.3	100.0
工资性收入	25626	9.7	60.0
经营净收入	10297	12.0	24.1
财产净收入	1792	13.0	4.2
转移净收入	4977	9.2	11.7

面积40.2平方米，每百户家庭拥有家用汽车68.1辆、空调258.0台、移动电话263.1部、家用电脑94.2台、淋浴热水器117.5台。

【农村居民收入增长较快】2021年，杭州市农村居民人均可支配收入42692元，比上年增长10.3%，扣除物价上涨因素实际增长8.9%。从四大类收入来源看，农村居民人均工资性收入、经营净收入、财产净收入和转移净收入全面增长。其中：人均工资性收入25626元，增长9.7%，拉动可支配收入增长5.9个百分点；人均经营净收入10297元，增长12.0%，拉动可支配收入增长2.8个百分点；人均财产净收入1792元，增长13.0%，拉动可支配收入增长0.5个百分点；人均转移净收入4977元，增长9.2%，拉动可支配收入增长1.1个百分点。

【农村居民消费支出恢复性增长】2021年，杭州市农村居民人均消费支出30224元，比上年增长17.8%，八大类消费支出全面增长。教育文化娱乐和医疗保健两类支出恢复较快。农村居民人均教育文化娱乐支出2458元，增长47.7%，拉动消费支出增长3.1个百分点；人均医疗保健支出2224元，增长28.6%，拉动消费支出增长1.9个百分点。食品烟酒、居住、其他用品及服务支出稳步增长。人均食品烟酒支出8187元，增长15.1%，拉动消费支出增长4.2个百分点；人均居住支出9348元，增长16.8%，拉动消费支出增长5.2个百分点；人均其他用品及服务支出421元，增长18.6%，拉动消费支出增长0.3个百分点。衣着、交通通信和生活用品及服务支出增长较慢。人均衣着支出1449元，增长13.9%，拉动消费支出增长0.7个百分点；人均交通通信支出4571元，增长11.5%，拉动消费支出增长1.8个百分点；人均生活用品及服务支出1566元，增长10.0%，拉动消费支出增长0.6个百分点。

至年末，全市每百户农村居民家庭拥有家用汽车57.2辆、空调器216.3台、移动电话272.7部、家用电脑61.0台、淋浴热水器129.2台、洗衣机106.5台、电冰箱127.2台。

2021 年杭州市农村常住居民消费支出结构情况表

表 53

项　目	人均支出（元）	比上年增长（%）	占消费支出比重（%）
消费支出	30224	17.8	100.0
食品烟酒	8187	15.1	27.1
衣着	1449	13.9	4.8
居住	9348	16.8	30.9
生活用品及服务	1566	10.0	5.2
交通通信	4571	11.5	15.1
教育文化娱乐	2458	47.7	8.1
医疗保健	2224	28.6	7.4
其他用品及服务	421	18.6	1.4

2021 年杭州市八大类商品及服务项目价格指数表

表 54

类　别	同比指数（上年同期 = 100）
居民消费价格总水平	101.3
食品烟酒	99.5
衣着	101.2
居住	101.1
生活用品及服务	101.0
交通通信	104.4
教育文化娱乐	103.6
医疗保健	100.0
其他用品及服务	97.7

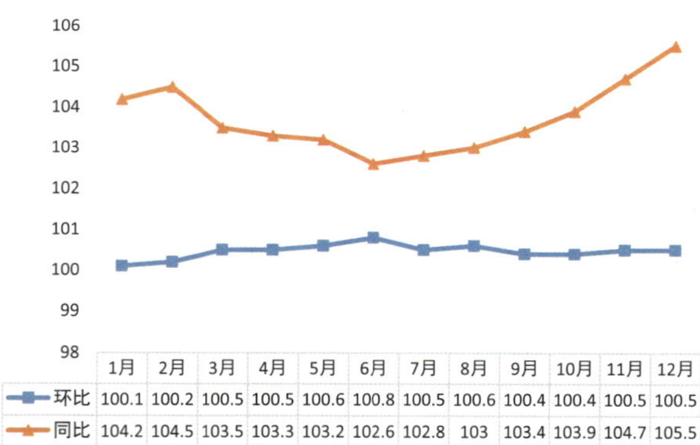

图 3　2021 年杭州市区新建商品住宅价格同比环比指数图

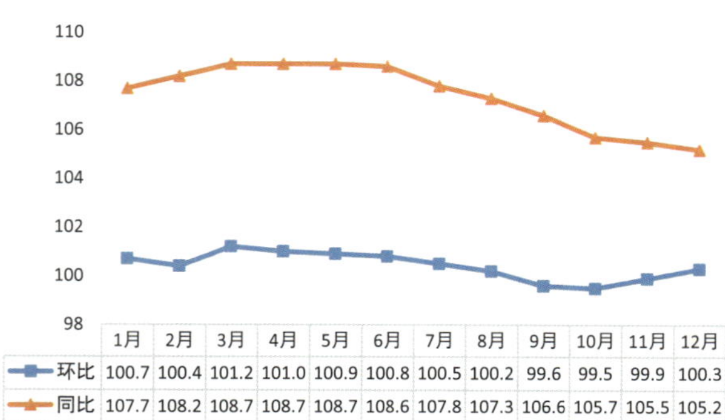

图 4　2021 年杭州市区二手住宅价格同比环比指数图

【物价总体平稳】2021 年，杭州市居民消费价格总水平平均比上年上涨 1.3%，涨幅比上年收窄 0.8 个百分点。食品烟酒类价格下降 0.5%。其中：水产品价格上涨 9.2%，鸡蛋价格上涨 8.4%，在外餐饮价格上涨 1.7%，鲜果价格上涨 0.8%，猪肉价格下降 26.6%，禽肉类价格下降 6.5%，鲜菜价格下降 1.3%。衣着类价格上涨 1.2%。其中：服装价格上涨 1.3%，鞋类价格上涨 0.8%。居住类价格上涨 1.1%。其中：租赁房房租价格上涨 0.1%，住房保养维修及管理价格上涨 7.4%，水电燃料价格上涨 0.6%，自有住房价格上涨 0.1%。生活用品及服务类价格上涨 1.0%。其中：家庭服务价格上涨 2.4%，家用纺织品价格上涨 1.5%，个人护理用品价格上涨 1.0%，家用器具价格上涨 0.9%，家庭日用杂品价格上涨 0.8%，家具及室内装饰品价格下降 0.3%。交通通信类价格上涨 4.4%。其中：汽油、柴油价格分别上涨 17.5% 和 19.4%，车辆修理与保养价格上涨 14.4%，飞机票价格上涨 12.4%。教育文化娱乐价格上涨 3.6%。其中：教育服务价格上涨 4.7%，文娱耐用消费品价格上涨 0.2%，旅游价格上涨 3.2%。医疗保健类价格持平。其中：医疗服务价格持平，中药价格上涨 1.5%，西药价格下降 1.5%。其他用品及服务类价格下降 2.3%。其中：养老服务价格上涨 9.8%，在外住宿价格上涨 3.9%，美发价格上涨 1.5%，金饰品价格下降 3.7%。

【新建商品住宅价格稳中有涨】2021 年，从环比看，杭州 10 个区新建商品住宅价格环比涨幅整体较为稳定，在 0.1% ~ 0.8% 之间波动，其中：1 月涨幅最低，6 月涨幅最高。从同比看，新建商品住宅价格同比涨幅整体呈“V”形，上半年由 4.2% 收窄至 2.6%，下半年稳步扩大到 5.5%。

【二手住宅市场降温明显】2021 年，从环比看，杭州 10 个区二手住宅价格环比由涨转跌，3 月、4 月上涨明显，涨幅超过 1%，5—8 月涨幅逐月收窄，9—11 月转为下降，12 月小幅回升。从同比看，二手住宅价格同比涨幅整体高位运行，后期稳中有降。上半年高位运行，涨幅在7.7%～8.7%之间波动，下半年逐月回落，涨幅由7.8%逐月收窄至5.2%。（马晓丹）

社会保险

【概况】至2021年年末，杭州市职工基本养老保险、工伤保险、失业保险参保人数分别达969.58万人、707.43万人、563.49万人，比上年末分别净增参保46.58万人、48.04万人、40.03万人。全市基本养老保险参保率99.36%，基本实现"人人享有社会保障"。

至年末，杭州市有基本医疗保险参保人数1126.88万人（职工医保760.52万人、城乡居民医保366.36万人）；生育保险参保553.94万人；户籍人口参保率99.72%。

（王凯玲 洪晓静）

【社会保障体系完善】2021年1月起，杭州市企业职工基本养老保险被纳入省级统筹管理，按照"统一养老保险政策执行、统一基金收支管理、统一基金预算管理、统一责任分担机制、统一集中信息系统、统一经办管理服务、统一激励约束机制"等统筹规定实施。实施《企业职工基本养老保险遗属待遇暂行办法》，9月1日起，企业遗属待遇按照新标准执行，大幅提高参保人员死亡丧葬补助费、抚恤费两项遗属待遇标准，进一步保障参保人员及遗属合法权益。根据国家、省有关新就业形态劳动者劳动保障权益维护政策规定，12月1日起，放开新就业形态灵活就业人员户籍限制，允许灵活就业人员办理就业登记后在就业地参加企业职工基本养老保险。8月27日，市人力社保局、市财政局、市税务局印发《关于印发部分特定人员参加工伤保险办法（试行）的通知》，允许部分超龄人员、职业技工院校实习生、新业态从业人员单险种参加工伤保险，进一步扩大工伤保险覆盖面，分散各类用人单位工伤风险，加强对部分从业人员的工伤权益保障，自10月8日起执行，试行期限为2年。12月8日，市人力社保局、市总工会印发《关于调整企业离退休人员死亡后供养直系亲属资格确认事项审批权限的通知》，企业离退休人员死亡后供养直系亲属享受生活困难补助费资格确认事项的审批权限由市总工会负责核定调整为市社会保险经办机构负责核定，自2022年2月1日起施行，理顺该事项的权责关系，规范审批程序。落实被征地农民参加养老保险专项工作，按规定办理被征地存量人员参保工作近6万人。至年末，被纳入杭州市实行社会化管理的企业退休人员为172万人，退休人员人事档案、资格认证和全市域就近体检3个信息化应用实现系统集成。

【原机关事业单位养老保险试点衔接】2021年，杭州市清理规范原机关事业单位养老保险遗留问题，按规定统一转入企业养老保险参保，妥善处理新老政策衔接。12月24日，市人力社保局、市财政局印发《杭州市本级原机关事业单位养老保险试点衔接统筹资金收支管理办法的通知》，规范市本级试点衔接人员统筹资金筹集、使用和管理。

【社会保险待遇提高】2021年，杭州市继续提高企业退休人员基本养老金，其中，杭州市区调整后企业职工养老保险退休人员月人均养老金3135.59元。调整城乡居民基本养老保险基础养老金标准，1月1日起，市区基础养老金标准提高至每人每月310元，桐庐县、淳安县、建德市提高至每人每月275元，单年度调整额为历史最高，平均调整额全省领先。全年认定工伤3.04万人，组织劳动能力鉴定2.03万人次，其中因病非因工劳动能力鉴定1736人次。

【社保基金管理】2021年，杭州市加强社保基金监督，开展社保基金管理问题专项整治、企业职工基本养老保险提前退休问题专项核查、全市社保经办机构工作人员及其亲属社保待遇核查、社保基金疑点数据核查，加强经办管理风险防控。实施社保基金安全评估和第三方审计工作，加强社保基金风险警示教育。构建并启用社保基金风险控制"智治"平台，建立事前风险评估、事中业务控制和事后检查相结合的风险控制体系，从9个维度做风险识别评测，对预警信息进行分级处置。稽核用人单位社会保险缴纳情况69个，涉及1.76万人。

【社会保险经办服务】2021年，杭州市全面升级"社保易窗"智能服务平台，在全天候AI在线咨询服务基础上，启用AI自助收件功能，实现24小时在线接待受理，开发完成退休全事项智能预警、新办企业参保信息云上达、参保变动智能提醒、养老待遇支付智办提醒、关系转移接续全流程可视化、困难群众帮扶助手6种功能应用场景，实现参保情况、退休审批前置事项、关系转移具体进度等主动提醒、全程可查，推送服务短信29万余条，服务群众31万余人次。"社保易窗"被市委组织部列为8个公务员岗位练兵示范点创建单位（平台）之一。实施"人社服务快办行动"，推进网办掌办服务，全年全市社保经办总业务经办量1215.89万件，通过浙江政务服务网、"亲清在线"平台等线上办理1034.9万件，网办率85.1%。开展"社银合作"，全市有707个"社银合作"银行网点经办社保业务高频事项。推动社保医保参保"一件事"改革。（陈　煜 王凯玲）

【定点医药机构服务网】至2021年年末，杭州市有定点医药机构7491个（定点医疗机构4343个、定点零售药店3148个）。有市域外可直接刷卡结算的省"一卡通"定点医疗机构2653个，全国跨省异地就医住院直接结算定点医疗机构4.10万个。

【医保基金运行】至2021年年末，杭州市职工和城乡居民医保基金收入590.50亿元，比上年增长25.9%；支出454.60元，增长20.5%。当期基金结余135.90亿元，基金累计结余728.10亿元。全市医保基金总体呈现良性发展趋势。

【医疗救助实施】2021年，市医疗保障局下调新冠肺炎核酸检测价格，实行全民免费接种新冠肺炎疫苗，上解疫苗费用预算专项资金13.47亿元，拨付疫苗接种费用2.33亿元。全市医疗救助270.60万人次，资金支出

2.78亿元，实现医疗救助政策落实和符合条件困难群众资助参保100%。全年化解全市78名符合条件人员高额医疗费用425.51万元，化解率100%。

【医保制度体系建设】2021年5月31日，《中共杭州市委 杭州市人民政府关于深化医疗保障制度改革的实施意见》印发，持续推进医保制度改革。市医疗保障局于7月29日印发《杭州市医疗保障事业发展"十四五"规划》，于9月22日印发《杭州市医疗保障领域推进共同富裕示范区城市范例建设实施方案（2021—2025年）》，明确未来5年医保事业发展方向。11月16日，市政府印发《杭州市全面做实基本医疗保险市级统筹实施方案》，于2022年1月1日起施行，确保2022年市级统筹平稳实施。市医疗保障局指导推出并多次优化杭州市商业补充医疗保险项目"西湖益联保"。2021年，"西湖益联保"参保人数470.30万人，整体参保率42.5%，总保费7.05亿元；总体赔付6.25万人，48.19万人次，赔付5.41亿元。

【医保改革推进】2021年，市医疗保障局推进DRGs（疾病诊断相关分组）点数付费改革，搭建DRG基金结算管理平台。深化药械采购改革，常态化、制度化推进国家和省级集采中选结果落地执行。超额完成国家、省下达各批次药品和耗材的阶段性集采任务。开展医疗服务价格改革考核，新增80个医疗服务项目，调整完善106项医疗服务价格项目，将55个项目及对应医用材料纳入支付范围，加强中药饮片价格动态调整，满足群众就医需求。

【医保基金监管力度加大】2021年，市医疗保障局开展欺诈骗保专项治理行动，宣传解读《医疗保障基金使用监督管理条例》。至年末，暂停向153个（次）定点医药机构拨付医保基金，暂停协议119个（次），解除协议91个（次），处理医保医师55人次；行政处罚30件，移送公安机关75起；追回医保基金9476.63万元。优化云监控、实名制监管、大数据监管和社会监督管理系统，在创新基金监管方式、信用体系建设、医保智能监控等领域先行先试，基金监管创新试点工作在全国终期评价中获优秀等次。

【医保公共服务水平提升】2021年，市医疗保障局加强医保经办服务，创新"医银合作"模式，向主城区314个银行网点延伸下放医保高频事项。全市开通异地就医定点医疗机构665个。依托国家医保服务平台App实现跨省异地就医自助备案，探索门诊慢特病跨省直接结算，开展淳安—歙县异地就医结算免备案服务试点。

【智慧医保建设】2021年，市医疗保障局推进省级"智慧医保"项目建设，为更深层次融合打实基础。拓展"互联网+"医保服务，190个社区卫生服务中心、11个市属医院和5个区级公立医院开通"互联网+诊疗"医保在线结算服务，63个药店试行医保购药"网订店送"服务。"网订店送"入选杭州市"民呼我为"第一批最佳实践案例。推广医保电子凭证，7014个医药机构完成医保电子凭证改造，接入率100%；960.74万人激活电子凭证，激活率85.4%，其中职工医保的激活率89%。

（洪晓静）

住房保障

【概况】2021年，杭州市加大住房保障力度，在公租房保障基础上推出共有产权保障住房，加快筹集保障性租赁住房，初步构建以公租房、保障性租赁住房和共有产权住房为主体的住房保障体系。放宽市本级公租房收入准入标准，由申请家庭上年度人均可支配收入标准低于66068元放宽至低于68666元。全年发放公租房（廉租房）货币补贴9.08万户，发放金额8.28亿元，推出公租房实物房源6006套，新开工保障性住房111.63万平方米，超额完成年度目标任务。

【住房保障体系构建】2021年，杭州初步构建以公租房、保障性租赁住房和共有产权住房为主体的住房保障体系，工作成效在全国住房保障工作会议上做交流推介。11月，《杭州市加快发展保障性租赁住房实施方案》印发。12月，《杭州市共有产权保障住房管理办法》实施，明确购房家庭与政府按份共有产权的新型保障模式和路径。12月，《关于加快杭州市公共租赁住房筹建工作的通知》印发，明确2年内市区开工建设250万平方米约4万套公租房的目标，加大公租房筹集力度。

【住房制度改革】2021年，市住保房管局提升住房制度改革工作的数字化管理水平。3月，上线主城区"住房补贴一件事"新系统，住房补贴事项实现网上申报，审批数据直接推送杭州公积金中心，实现办事单位"跑零次"。12月，房改维修基金新系统全面上线，通过房改房与商品房维修基金数据共享，实现拨付时统一受理。全年完成公有住房出售审批1013套，审批面积4.24万平方米，审批金额4548.59万元；完成市级住房补贴（含企业、配偶方）审批7116人，补贴面积9.34万平方米，补贴金额4933.11万元；完成维修基金使用审批项目632个，审批金额779.3万元，关联维修项目2118个。

【商品住宅用地配建公租房】2021年，杭州市调整商品住宅用地配建公租房比例，将各区配建比例从"主城区商品住宅项目用地配建比例不低于总建筑面积的10%，萧山、余杭、富阳配建比例不低于5%"调整为"上城区、拱墅区、西湖区、滨江区、临安区5%，萧山区、余杭区、临平区、钱塘区、富阳区10%"。落实公租房配建政策，加快房源筹集，全年公告挂牌配建公租房的商品住宅出让地块115宗，应配建面积80.05万平方米，预计可建房源1.4万套。

【公租房实物配租】2021年，市住保房管局推出公租房实物配租房源6006套。其中，首次推出产业工人专项公租房房源1476套，格力电器（杭州）有限公司、广汽乘用车（杭州）有限公司、长安福特汽车有限公司杭州分公司等179个企业共1901户产业工人家庭进入选房范围，于12月完成选房工作。继续做好教育、医疗、公交、环卫等系统专项房源配租工作，全年完成201户专项公租房退出房源再分配。

【公租房租后管理及便民举措】2021年，在实行“信息化、智能化、社会化”服务管理的同时，市住保房管局试点推行公租房网格化管理模式，提升入户巡查、租金收缴、房屋维修、社区治理等管理服务工作水平。3月，制定《进一步规范房源调换工作的补充通知》，规范房源调换行为，限制房源调换次数不得超过2次；7月，印发《关于重新明确部分公共租赁住房承租家庭租金减免标准的通知》，对城市中等偏下收入住房困难家庭中含有退休人员、残疾人员、烈士遗属、见义勇为家庭成员的家庭（该范围参照公租房实物配租中优先保障的群体确定），因收入调整不再符合公租房保障条件且确无其他住房的，过渡期满后，允许其参照杭州市现行公共租赁住房标准租金的两倍缴纳租金，并随该标准调整而调整。

【人才住房保障】2021年，市住保房管局继续做好各层次人才住房保障工作。推动萧山、余杭、临平、富阳、临安、桐庐、淳安、建德高层次人才购房补贴开通线上申请，发放购房（租赁）补贴2179人、2.4亿元，金额比上年增长114%。加快人才专项租赁住房建设进度，全年新增开工人才专项租赁住房74.74万平方米。9月，人才专项租赁住房项目宁巢·明石公寓启动针对高层次人才的第一期配租。10月15日起，新引进应届大学生租房补贴从“每年兑现一次，每次1万元”调整为“每年兑现两次，每次5000元”，发放方式从原有的“预发模式”调整为“连续缴纳六个月社保（不含补缴）后发放半年补贴”，全年发放17.59亿元（其中续发2.54亿元），增长138%。

【公有住房管理】2021年，市住保房管局持续做好直管公房各项管理工作，开展多种形式的业务知识培训，按季度对各区直管公房日常管理、制度落实、业务审批、房屋安全、租赁租金管理等进行监督检查和业务指导。督促指导各区县（市）完成103处存在安全隐患的直管公房的整改，全面消除直管公房安全隐患。至年末，杭州市主城区（不含滨江、萧山、余杭、临平、钱塘、富阳、临安）剩余直管公房9279套，其中上城区5096套、拱墅区3416套、西湖区767套（含西湖风景名胜区）。

【老旧小区住宅加装电梯】2021年，老旧小区住宅加装电梯工作第五年被列入市政府“十大民生实事”项目，同时被纳入《杭州市争当浙江高质量发展建设共同富裕示范区城市范例重点任务清单》全面推进。全年全市新增完工项目1405处，在浙江省住宅加装电梯工作考核排名中居第一位，相关经验做法被列入住房和城乡建设部《城镇老旧小区改造可复制政策机制清单（第二批）》向全国推广。4月9日，姚招娣加装电梯工作室成立，推出加梯项目公开听证制度，借助律师、专家、热心市民、社会组织等各方力量参与调解，促成上城区未央村11号等10多处难点项目达成加梯意愿统一。项目实施方面，全市各地加大加装电梯与老旧小区综合改造、未来社区创建等重点项目结合力度，成片、整小区推进加装电梯700多台，占当年加梯完工总量的50%以上。

【《杭州市老旧小区住宅加装电梯管理办法》发布】2021年1月4日，《杭州市老旧小区住宅加装电梯管理办法》发布，自4月1日起施行。该办法共35条，规定加装电梯的适用范围、基本原则、申请主体、表决条件、项目流程、审批手续、质量管理、使用责任等内容。4月6日，杭州市既有住宅加装电梯工作领导小组印发《杭州市老旧小区住宅加装电梯项目管理工作指南（试行）》，细化明确加装电梯所涉及的10个具体工作环节及工作要求，并提供全流程示范文本。12月28日，《杭州市人民政府办公厅关于积极推进老旧小区住宅加装电梯工作的实施意见》印发，自2022年1月28日起施行。该实施意见分为3个部分，重点围绕7个方面提出20条主要任务，落实《杭州市老旧小区住宅加装电梯管理办法》相关规定。

【既有建筑幕墙使用安全监管】2021年6月24—25日，市住保房管局开展2021年全市危房治理工作暨房屋安全管理业务培训工作推进会，印发2997幢超10年期幕墙清单，指导全市加强对既有建筑幕墙使用安全监管。市住保房管局督促各区县（市）住建局于8月底前对下发清单完成自查和现场巡查，并对经安全性检测鉴定发现存在安全隐患的130幢建筑幕墙完成整改，消除安全隐患。6—11月，杭州市房屋安全和更新事务中心开展全市城镇既有建筑幕墙安全抽样调查分析，在全市选取500幢临

2021年10月，滨江区缤纷街区3个小区165个单元全部加装电梯，成为杭州市首个实现“区域全覆盖”的电梯加装项目　　（市住保房管局 供稿）

街、人员集聚商场等重点建筑幕墙，开展数据核查和安全性能抽查，检查内容包括开启扇、支承体系、胶体、雨水渗漏等，结合实际检查情况，借鉴国内外先进管理经验，形成《全市城镇房屋建筑幕墙建档及安全抽查专题报告》，探索适用于杭州市的既有幕墙安全监测方法和监管机制，提升既有建筑幕墙使用安全保障能力。

【既有建筑幕墙监测创新技术探索】2021年，杭州市房屋安全和更新事务中心开展既有建筑幕墙监测创新技术探索，结合杭州市既有幕墙现状，搜集国内外既有幕墙先进监测经验，探索研究在线实时监测等创新手段。12月20日，杭州市房屋安全和更新事务中心与浙江省建筑科学设计研究院联合制定的浙江省工程建设标准《既有玻璃幕墙安全性评估技术规程》（DB33/T1263—2021）发布，自2022年4月1日施行。该技术规程主要包括既有玻璃幕墙安全检验评估、构件及材料性能检测、构造与节点的检查检测、结构承载能力验算、检验评估、评估报告等内容，规范浙江省既有玻璃幕墙鉴定的技术要求，完善既有玻璃幕墙评价体系，填补浙江省既有幕墙检测鉴定的技术空缺。

【农村房屋排查及城镇房屋清查】2021年，市住保房管局开展农村房屋排查及城镇房屋清查工作。农村房屋排查方面，排查农村房屋103.3万户、面积3.9亿平方米，其中：用作生产经营的自建房5.9万户，非自建农村公共房屋2.3万户，未用作生产经营的农房95.1万户。按照农村一户一档的要求，排查所得房屋信息均已在浙江省农村房屋信息管理系统建库。城镇房屋清查方面，对全市26.2万幢城镇房屋开展清查工作，逐一采集每幢房屋的39项基础信息和68项行政审批信息。经过农村房屋排查及城镇房屋清查，首次摸清全市城乡房屋底数，为后续开展房屋安全隐患分析和治理奠定基础。

【房屋安全鉴定】2021年4月，市住保房管局完成杭州市房屋安全鉴定应急响应队伍确认就位工作，征集确认29支应急响应队伍，技术人员273人，仪器设备、车辆277台（套）。具体监管上，组织专家对全市房屋安全鉴定单位进行全覆盖的质量检查和现场核查，检查95个鉴定项目，现场核查34个鉴定项目。针对检查中发现的各项问题，市住保房管局逐项反馈鉴定单位要求限期整改，各鉴定单位均按要求完成整改。12月6日，市住保房管局印发《杭州市房屋安全鉴定管理实施细则》，自2022年1月10日起施行。该细则共5章，对市、区两级监管职责、鉴定单位备案、房屋安全鉴定活动要求、监督检查等做出规定。

【城乡危房治理改造】2021年，市住保房管局根据省、市工作部署推进城乡危房治理改造。城镇方面，开展全市城镇危房解危三年行动（2021—2023年），通过“腾、拆、修”方式解危城镇危房67幢，超额完成省建设厅年度任务目标。农村方面，开展全市农村房屋安全隐患排查整治，9月底前完成905户危房整治，提前完成国务院确定的危房整治任务。通过开展危房治理“回头看”、防汛防台应急检查、网格化日常巡查、“丙类房屋”技术防控等举措，全市房屋安全隐患持续消除。

【白蚁防治】2021年，根据白蚁危害综合治理理念，市住保房管局对上城区、拱墅区、西湖区、钱塘区进行白蚁危害状况调查，对各街道白蚁危害状况进行量化，划分相应危害等级。开展文物保护单位白蚁危害专项调查，对杭州地区20处全国重点文物保护单位和45处浙江省级文物保护单位开展白蚁危害情况调查和分析。开展大运河保护区白蚁危害调查，以通益公纱厂、拱宸桥历史文化街区古建筑等运河十大景区为重点进行蚁害情况排查，掌握大运河沿线文物保护单位白蚁危害现状，为做好大运河世界文化遗产的蚁害防控工作奠定基础。至年末，市本级受理新建房屋白蚁预防项目232个（总面积1937.01万平方米），完成预防施工1188.88平方米。（范国强）

【住房公积金业务增长】2021年，杭州市（不含省直单位）住房公积金新开户单位2.65万个，新开户职工76.88万人，比上年增长40.8%。全年缴存公积金624.92亿元，增长18.9%。提取公积金440.06亿元，增长11.5%，其中：购建房、偿还贷款本息、租赁住房等住房消费类提取占89.8%，非住房消费类提取占10.2%。发放个人住房贷款4.81万户，金额275.69亿元，支持职购房面积（不含贴息贷款）499.61万平方米，减少6.24%。实现增值收益16.02亿元，增长25.8%，提取风险准备金8.38亿元，提取城市廉租住房（公共租赁住房）建设补充资金7.46亿元。至年末，住房公积金制度覆盖20.37万个单位，建制职工376.23万人，其中实缴职工302.03万人；住房公积金缴存余额1200.99亿元；个人住房贷款余额1145.92亿元，贷款率95.4%，贷款逾期率0.076‰。

【公积金制度改革】2021年，杭州公积金中心参与公积金制度创新试点工作。根据住房和城乡建设部要求，做好利用公积金支持租赁房发展试点准备工作，研究制定杭州试点实施方案和管理办法，起草完成项目贷款管理办法，落实试点项目储备。重启杭州公积金资产证券化，在总结2016年试点工作和全国住房公积金贷款证券化发行经验的基础上，制定公积金资产证券化重启实施方案，确定发行方案及原则，待住房和城乡建设部批复后发行。开展长三角地区公积金融通机制课题研究，提出联合发行证券、区域统一主体发行、构建区域融通机制等建议，起草《长三角地区共建公积金融通机制专报》，获住房和城乡建设部肯定。探索构建公积金信用新监管机制，完善公积金信用分级分类评价管理，研究制定《杭州住房公积金信用评价管理办法》，废止公积金黑名单管理制度，推进落实用信用报告代替建缴证明工作。领办全省改革优化公积金“存贷提”政策研究任务，结合浙江高质量发展建设共同富裕示范区要求，完成《浙江省人民政府办公厅关于推动浙江住房公积金制度改革完善高质量发展助力共同富裕的若干意见（代拟稿）》起草，提出到2025年和2035年的浙江省住房公积金改革目标任务、19条重大政策建议和3项保障措施，综合体现杭州对改革完善浙江省住房公积金制度，推动高质量发展助力共同富裕的深层次思考。牵头研究编制资金管理、贷款、归集、提取业务规范，为全省统一业务和资金运行奠定基础。对全省各地公积金政策、业务管理模式开展全面调研，收集全国其他主要城市的政策、管理办法和业务规范，围绕统一规范目标，结合政策改革优化研究和浙江省实际，会同省住房和城乡建设厅数字化改革专班集中编制完成4个业务规范形成修订稿。针对归集、提取、贷款业务，在现有浙江省各地公积金业务基础上，对差异化政策进行研究，提出实现全省统一的意见和建议。对全省统一资金运行模式和管理框架进行设计，提出资金管理解决方案，推动实现设区城市“四统一”和省级统筹工作。启动全省一体化业务操作系统建设，摸底调研全省行业信息化情况，协同省住房和城乡建设厅专班对省医保、省农信一体化系统进行调研。

【公积金业务数字化】2021年，杭州公积金中心持续推进公积金业务数字化改革。推进省政务服务2.0平台建设，梳理框架性、安全性和适用性等系统建设问题，完善柜员身份信息，解决刷脸、高拍仪设备兼容性问题，自主开发年度基数调整、退缴、还贷提取等功能。创新“易贷”场景建设，探索全程线上签约新模式，运用电子签章、人脸识别、线上视频交互、区块链等技术，为客户提供申请、审批、签约、放款全流程线上贷款服务，实现全时空、全天候、零距离；创新前置现场一站式服务，授权公积金委贷银行使用平板电脑移动端作业平台，在购房现场受理贷款业务，将受理窗口从银行网点前置至购房现场；创新全方位管家式服务，推出公积金“E贷大厅”，整合商品房楼盘信息，构建全市公积金楼盘地图，直观展示楼盘区域位置及公积金委贷银行信息，提供从购房申请贷款到贷后管理的全周期管家式服务。“易贷”场景入选杭州市党史学习教育“民呼我为”最佳实践案例，在云栖大会上进行展示。完善决策分析管理系统，推动多维指标体系建设，建立公积金缴存、提取、贷款、财务等47个主题库，以及近1000个分析指标，实时监测公积金各项业务指标变化。组织做好贷款金额预测、租赁提取模型的开发上线，提高指标的可读性和实用性。构建网络数据安全屏障，启动决策分析系统和综合服务平台等保评级备案工作，排查信息系统口令规则、账户登录认证等安全问题，按季做好系统漏洞扫描和安全加固。建成公积金系统国产密码应用体系和异地灾备平台。开展网络舆情监测分析工作，关注网络舆情动态。

【公积金依法行政】2021年，杭州公积金中心规范行政程序，推行重大行政决策目录化管理，确保所有重大行政决策履行合法性审查和集体讨论决定程序。健全行政规范性文件实施后评估制度，对《杭州市住房公积金行政执法管理办法（试行）》实施情况进行评估。加强规范性文件、合同、重大复杂案件的合法性审查，推进公积金制度法治化建设。加强溯源治理，针对近年来大幅增长的职工公积金维权案件，探索推进单位和职工住房公积金纠纷调解工作，7月实施《杭州市住房公积金纠纷调解程序规定（试行）》，在执法程序中引入第三方调解程序，自调解程序实施以后，开展调解案件649件，占同期受理案件量的90%左右。提高执法效率，推行行政执法“三项制度”，通过优化执法岗位、开展比学赶超、完善执法预警系统等方式。全年受理案件1521件，立案1373件，调查取证1432件，制发责令限期纠正违法行为决定书177件，申请法院强制执行33件，结案1339件。收到行政复议立案6件，复议调解3件，未发生行政诉讼案件，无败诉案件发生。

【公积金政务服务】2021年，杭州公积金中心实施多方面举措提升政务服务水平。创新“7×24小时”在线智慧化政务服务新模式，个人住房公积金账户设立、停缴、补缴、租赁提取、离退休提取、提前还贷等全部29个业务事项实现“7×24小时”线上办理，工作时间外办理业务26万笔。利用全国公积金微信小程序、省政务服务2.0平台、长三角政务服务“一网通办”平台，推出8个公积金办事事项的全程网办、代收代办、两地联办，实现缴存职工跨区域办理公积金“只跑一地”。推出公积金还贷抵押注销登记一件事、企业退休提取公积金一件事应用服务，协同推进职工退休、高校毕业生就业、身份信息连锁变更、社会救助、社会保障卡等“一件事”改革，推进公积金与其他业务事项跨部门、跨层级“一件事一次办”。服务体系多元化，加强窗口管理，提高服务标准，建立“网办”咨询服务专窗、“跨省通办”专窗，专人专窗做好政策解答和政务服务，全年全市窗口办理各类缴存、提取业务102.16万笔。畅通“12345”“12329”“亲清在线D小二”等客户服务渠道，解答群众疑惑。拓展公积金服务途径，公积金在线客服上线运行，至年末，在线客服受理量1.87万件。开展“一把手”公开接访、“民情热线”等系列活动，了解群众关心的热点问题，破解公积金管理和服务的难点、堵点。

【公积金政策宣传】2021年，杭州公积金中心每月梳理公积金咨询热点问题，收集缴存单位职工意见和建议，加强热点问题的“靶向宣传”。全年各渠道发布政务信息3833篇，微信公众号关注量38万人次，“自动答疑”系统服务群众1.47万人次。线上和线下结合，修订业务指南，印制新版宣传资料，办事场所发放到位，发挥政务新媒体作用，结合庆祝公积金制度建立30周年，开展“历史上的杭州公积金”“公积金知识竞答”等专版、专题活动，制作发布政策图解12篇，漫画解读1期，拓宽制度知晓率。制作视频，借力市级报纸媒体专版，宣传公积金各类政策及中心各项便民惠民举措。

【公积金风险防控】2021年，杭州公积金中心防范提取风险，加强对房屋频繁交易、多人购买同一套住房提取住房公积金的审核。3月17日，杭州公积金中心印发《关于进一步加强住房公积金提取审核有关事项的通知》；6月16日，印发《关于加强住房公积金提取审核有关事项的补充通知》及政策解读。防范贷款风险，常态化开展楼盘开发商运营状况、股东方及法人信用调查，跟踪资产融资情况，做好隐性风险应对预案，全年全市新增商品房准入项目169个。针对房产公司出现的系统性风险问题，开展全市楼盘合作项目风险排查，针对楼盘出现工程停工、资金抽逃、交付延期、投诉纠纷等风险，第一时间进行应对处理。加大逾期贷款催收力度，全年新发起处置不良贷款21起，11笔完成判决，11笔完成清收。防范资金流动性风险，开展资金使用规模跟踪分析，及时掌握公积金资金需求，统筹资金规模分配和调剂管理，动态做好资金测算、分析预警、缺口调剂、动态平衡等工作。全年开展存量公转商贴息贷款57.5亿元，平均资金价格4.7%，适时对部分价格较高的历史存量公转商进行置换转回，全年置换转回16.67亿元。开展存款竞争性存放87.33亿元。（韩 燕）

民政事务

【概况】2021年，杭州市围绕共同富裕示范区建设和全面数字化改革，推进杭州民政事业发展。深化殡葬综合改革，加强新时代社会救助体系建设，托稳兜实基本民生保障，加快完善基本社会服务，推进精准保障。完善慈善事业体制机制，优化慈善服务社会形式。

【婚姻登记】2021年，杭州市办理结婚登记5.98万对，比上年增长3.7%，其中：复婚4693对，补办1863对。办理离婚登记1.66万对，下降26.8%。办理涉外国人、港澳台地区居民及华侨结婚登记150对，其中：涉及外国人96对，涉及香港居民16对，涉及澳门居民6对，涉及台湾居民32对。办理涉外国人、港澳台地区居民及华侨离婚登记20对，其中涉及外国人10对。全市办理补发婚姻登记8.85万件，增长510.6%。

全市婚姻登记机关继续开展婚姻家庭辅导工作，服务当事人1.09万人次，其中：婚前辅导服务5921人次，婚姻家庭问题咨询服务975人次，离婚劝导和调解服务3984人次，群众满意率100%。

杭州市部分行政区划优化调整后，增加临平区民政局婚姻登记处和钱塘区社会发展局婚姻登记处，撤销下城区民政局婚姻登记处、江干区民政局婚姻登记处、杭州经济开发区社会发展局婚姻登记处、杭州大江东产业集聚区社会发展局婚姻登记处。杭州市为全省集中补领婚姻登记证试点市，试点时间为2021年6月至2022年6月。自启动试点至2021年年末，全市补发婚姻登记证8.05万件，比上年同期增长724%。（许东良）

【殡葬管理】2021年，杭州市火化遗体4.77万具，火化率100%，其中杭州殡仪馆火化遗体1.32万具。杭州市13个区县（市）全部实施基本殡葬费用减免政策，有4.46万名逝者家属享受惠民殡葬政策，减免金额3325.94万元，平均每户减免746元，享受政策的比例为93%。举办第28次骨灰撒江活动，有273例骨灰撒入钱塘江，累计有2496例骨灰撒入钱塘江。因数字化改革和新冠肺炎疫情防控工作需要，杭州市推出智慧陵园建设，陵园环境、管理水平、公墓信息化，提升办事便捷性。墓区导航系统的建筑三维模型和墓位平面导航解决找墓难问题。开发“云祭扫”，推出网上祭祀平台5个，实行预约祭扫，清明节有1.24万人次在线上祭扫。预约祭扫的经验做法被《中国民政》和《中国社会报》刊发推广。

【殡葬综合改革】2021年，为推进“节地生态、节俭惠民”殡葬改革，加大公益性安葬设施建设，杭州市推出骨灰堂、树葬、江葬等多样化节地生态安葬方式，杭州市南山陵园和苑、余杭区仓前街道仓安阁等12个安葬设施被省民政厅评为第一批省级公益性节地生态安葬示范点。

杭州市加快推进殡葬业务数字化改革。建立殡葬条线数字化改革工作专班，新建死亡人员主题数据库，归集各殡仪馆2010年以后的历史火化人员信息，同时为卫生健康、公安、人力社保、医保等其他部门预留数据归集接口，多部门数据经清理比对后可为各相关部门提供准确、实时的死亡人员信息数据。对“身后一件事”联办系统进行迭代升级，新增公积金、市民卡等部门，联办率97%以上。

杭州市开展专项整治工作，完成漠视侵害群众利益问题专项治理、惠民殡葬专项治理和提标增项扩面、全国殡葬业价格秩序和公益性安葬设施建设经营专项整治3项重点工作。完善乡村公益性安葬设施审批手续，价格制定体现公益性，各地均按核定价格标准进行公开公示。（金茂贤）

【流浪乞讨人员救助管理】2021年，杭州9个救助管理机构救助3838人次，比上年下降17.3%。受助人员中有乞讨行为的165人次，无乞讨行为的3673人次；主动求助的1584人次，被引导护送入站受助的2254人次。其中，杭州市救助管理站救助流浪乞讨人员2657人次。

富阳区亭山公墓（摄于2021年） （市民政局 供稿）

杭州市流浪乞讨人员救助管理工作在新冠肺炎疫情防控常态化环境中实现有序安全运转，实现救助对象零感染。推进杭州市救助管理站（杭州市救灾物资储备库）迁扩建工程建设。杭州在民政部召开的流浪乞讨救助管理工作标准化建设推进会上做典型发言。全市开展救助管理服务质量大提升行动和"寒冬送温暖""夏季送清凉"等流浪乞讨人员专项救助行动，保障在杭州市生活无着的流浪乞讨人员的基本生存权益，维护城市正常秩序。杭州市"寒冬送温暖"专项救助工作被民政部《每日民政舆情摘报》刊载，得到民政部领导批示肯定。6月，全市举办以"携手相助，让爱团聚"为主题的"6·19"第九个救助管理机构开放日活动，吸纳多领域社会力量参与救助工作，提升社会大众对救助工作的认知。

（徐晓丹）

【困境儿童救助保障】2021年，杭州市固化分类保障自然增长机制。自12月1日起，孤儿和困境儿童保障标准全市域统一，桐庐县、淳安县和建德市均参照市级标准执行，机构孤儿月度养育标准为2571元；社会散居孤儿月度基本生活费为2057元；事实无人抚养儿童参照社会散居孤儿标准发放基本生活补贴；低保、低保边缘家庭重残、患重病和罕见病儿童及三级四级精神、智力残疾儿童，低保家庭儿童，低保边缘家庭儿童生活补贴标准分别为每人每月955元、478元和287元。至年末，杭州市538名孤儿、8969名困境儿童和3名艾滋病儿童被纳入福利保障范围，发放保障资金6925万余元。

【农村留守儿童关爱保护】2021年，杭州市继续开展"合力监护，相伴成长"农村留守儿童关爱保护专项行动。全市4811名农村留守儿童逐人建档立卡，关爱监护实现动态管理。开发设计"数智护童"应用场景，1063名重点监护儿童上线使用，归集亲情通话3.20万次、精准定位3993次、轨迹呈现1.31万次、实时救助558次、栅栏报警570次。

【未成年人保护体系建设】2021年，杭州市调整完善未成年人保护工作协调机制。自5月26日起，杭州市未成年人保护工作委员会办公室由团市委调整为市民政局。实现市、区县（市）两级未成年人保护工作协调机制全覆盖，构建未成年人保护工作委员会全面统筹、办公室具体协调、成员单位按责履职的工作格局。推进未成年人保护工作站建设，建成未成年人保护工作站193个，实现乡镇（街道）全覆盖。加强基层儿童工作队伍建设，建立儿童主任激励机制，自4月1日起，全市3187名儿童主任均可获得每人每月100元的服务报酬补贴。建德市大同镇儿童主任汪国云被评为全国农村留守儿童关爱保护和困境儿童保障工作先进个人。持续推进"儿童之家"建设三年计划，建成儿童之家2522个，其中示范型533个、基础型1989个。

【儿童福利机构转型发展】2021年，杭州市推进儿童福利机构优化提质和创新转型高质量发展，采取"户随人走"的方式，临安区、桐庐县、淳安县和建德市共24名机构孤儿转入杭州市儿童福利院养育，促进儿童福利机构向未成年人救助保护机构转型，提升未成年人救助保护机构实体化运行率。依托杭州市儿童福利院和萧山区、余杭区、临平区、富阳区、临安区儿童福利机构优质康复资源，开展"添翼计划"提质拓面活动，77名困境儿童获集中康复服务。实施"孤儿医疗康复明天计划"项目，34名孤儿获医疗救助，报销医疗费103万余元。杭州市儿童福利院被评为全国农村留守儿童关爱保护和困境儿童保障工作先进集体。

【收养登记】2021年，杭州市进一步规范落实收养能力评估。贯彻落实《中华人民共和国民法典》和《浙江省收养评估实施办法（试行）》，遵循最有利于被收养人的原则，明确评估范围、评估机构及人员、评估流程及方式，按照评估内容、指标和"一票否决"情形，对收养申请人进行评估，并加强评估后融合情况的跟踪，科学判断收养申请人"抚养、教育和保护被收养人的能力"。全年办理国内收养登记127件，解除收养登记证明10件，撤销收养登记证1件，补领收养登记证1件，全部实现线上办理。

（潘琼翼）

【"春风行动"送温暖活动】2021年，杭州开展第二十一次"春风行动"送温暖活动。全年惠及困难群众1.35万户，比上年减少345户；发放慰问金3933.65万元，减少113.73万元。

【社会救助标准全市域统一】2021年12月1日起，杭州市实现全市域低保

2021年杭州市城乡居民最低生活保障标准一览表

表55 单位：元/人

地　区	城镇月保障标准	农村月保障标准	执行时间
上城区	1102	—	2021年12月1日起执行
拱墅区	1102	—	
西湖区	1102	1102	
滨江区	1102	—	
萧山区	1102	1102	
余杭区	1102	1102	
临平区	1102	1102	
钱塘区	1102	1102	
富阳区	1102	1102	
临安区	1102	1102	
桐庐县	1102	1102	
淳安县	1102	1102	
建德市	1102	1102	
杭州西湖风景名胜区	1102	—	

标准、低边认定标准和低边价格补贴、生活补贴标准、特困标准全市域统筹。全市域最低生活保障标准为每人每月1102元，年标准为每人每年13224元，提前完成省"十四五"规划目标。至年末，全市有低保家庭7.25万户9.33万人，发放低保金9.8亿元。

【特困人员供养】2021年12月1日起，杭州市全市域特困人员基本生活标准为每人每月1837元，照料护理标准参照省、市重度残疾人护理补贴标准执行，分为生活完全不能自理、基本不能自理、部分不能自理3档。至年末，全市有特困供养对象3462人。

【低保边缘家庭定期生活补助制度】2021年12月1日起，杭州市全市域范围内的最低生活保障边缘家庭成员，每人每月发放74元定期生活补助。至年末，全市有低保边缘家庭1.17万户，2.39万人，发放低保边缘补助金1733.04万元。

【支出型贫困家庭救助】2021年，杭州继续实施《杭州市支出型贫困家庭基本生活救助办法》。全年救助支出型贫困家庭4853户、1.03万人，占低保总人数的11.0%，有效保障因病致贫、因学致贫、因灾致贫等支出型贫困家庭的基本生活。

【临时救助制度】2021年，杭州市继续实施《杭州市临时救助办法》，将困难发生在本市的户籍人口、流动人口和外籍人员纳入临时救助，对因医疗费用负担过重导致基本生活发生严重困难的家庭给予及时救助，解决群众突发性、临时性的基本生活困难。全年发放临时救助资金3450.83万元，惠及困难群众7688户（次）、1.13万人次，其中救助非本地户籍人员13户（次）、30人次。

【困难群众物价补贴】2021年，杭州市因全省城镇低收入居民基本生活费用价格指数（SCPI）单月同比涨幅与全省居民消费价格指数（CPI）中的食品价格单月同比涨幅均未达到价格补贴机制的启动条件，全年未发放困难群众物价补贴。杭州市根据《关于完善困难群众基本生活价格补贴机制的实施意见》文件，按照浙江省统一部署启动或中止价格补贴机制。满足以下任一条件，全省启动价格补贴机制：全省城镇低收入居民基本生活费用价格指数单月同比涨幅达3%，全省居民消费价格指数（CPI）中的食品价格单月同比涨幅达6%。

【市区征地"农转非"人员生活补贴】2021年，杭州市区征地"农转非"劳动年龄段以上人员生活补贴标准为每人每月220元。向市区参加城乡居民社会养老保险并享受养老金待遇后，因集体土地被征用或撤村建居的"农转非"人员发放生活补贴。全年向641名补贴对象发放补贴177.04万元。

【社会救助服务公益创投】2021年，杭州市投入福彩公益金484.18万元，开展多元化社会救助服务。其中，通过公益创投形式开展社会救助类服务项目17个，提供扶持资金284.18万元，17个社会组织参与提供农村散居特困人员探访关爱、困难群体眼科（骨科）专项医疗救助、扶志（扶智）托底保障、吸毒（归正）人员犯罪预防、特困人员体检和自理能力评估、困难群体个性化帮扶等社会救助服务，直接服务7678人（3.75万人次），覆盖社区336个，平均服务满意度92.9%；投入200万元开展"救助直通车"专项救助项目，为全市1000户重病困难家庭提供每户2000元专项救助金，帮助减轻困难家庭负担。

（汪　笑）

【康复辅助器具产业国家试点】2021年，杭州市入选康复辅助器具产业第二批国家综合创新试点城市，市政府办公厅印发《杭州市康复辅助器具产业综合创新试点实施方案》，明确今后3年全市促进产业集聚发展、加强服务网络建设、推动政产学研用模式创新、实现业态融合发展、推进康复辅助器具社区租赁服务5项试点任务。

【残疾人"两项补贴"发放工作交接】2021年，杭州市完成困难残疾人生活补贴和重度残疾人护理补贴发放工作职能调整，明确自2022年1月起，残疾人"两项补贴"发放工作由市残联转移到市民政局。"两项补贴"以残疾人自愿申请为原则，通过"浙里办"App、浙江政务服务网或省内任意乡镇（街道）受理窗口提出申请，也可通过困难群众救助"一件事"申请"两项补贴"。残疾人的监护人、所在村（居）民委员会或其他受托人可以代为提出申请。困难残疾人生活补贴标准，按照当地低保标准的30%确定；重度残疾人护理补贴标准，按照生活完全不能自理、生活基本不能自理、生活部分不能自理、其他重度残疾人分为4档，全省指导线分别为每人每月500元、250元、125元、50元。对家庭不具备照料条件，经当地民政部门、残联组织批准由机构托养照料的残疾人，在上述补贴标准基础上上浮50%，其中，对生活完全不能自理的残疾人，每人每月再增加200元。（崔　剑）

【慈善体制完善】2021年12月27日，市委办公厅、市政府办公厅印发《关于加快推进新时代慈善事业高质量发展的实施方案》。方案从培育公益慈善力量、推动慈善多元发展、推进慈善融合发展、加强慈善监督管理4个方面明确具体举措，在优化保障支持体系、强化人才队伍建设、健全激励褒扬机制、突出慈善文化引领4个方面完善保障。

【慈善事业发展】2021年，杭州市推动慈善组织培育。至年末，杭州市有慈善组织227个（其中基金会123个、民办非企业49个、社会团体55个），具有公开募捐资格的慈善组织20个，社区基金会28个。余杭区实现慈善组织区域镇街全覆盖，数量居全省第一位。建设慈善基地服务体系，通过全市统一标准、整体规划、合理布局，各类慈善基地形成市、区县（市）、乡镇（街道）、村（社区）四级服务体系。至年末，全市建成14个慈善基地，其中7个为省级示范型基地。

【慈善文化宣传】2021年9月5日是第六个"中华慈善日"。9月3日，"数字公益 × 共同富裕"2021年杭州市

“中华慈善日”主题宣传活动暨“钱塘善潮”论坛在杭州电视台演播厅举行，同时启动“钱塘善晓”和“9·9”公益日等系列宣传活动，组织“钱塘善集”嘉年华活动，让公益慈善走进社区。便民提供服务活动情况相继在“学习强国”平台、《经济日报》、浙江新闻频道、“浙江之声”电台等媒体报道。各区县（市）通过召开会议、电视宣传、张贴海报、悬挂横幅等形式，提高群众对慈善事业的知晓度。

【慈善金融业务】2021年，市民政局围绕“整体推进、紧盯难点、服务本土、助力共富”的总体思路，起草《杭州市高质量发展慈善信托专项改革试点方案（2021—2025）》，推进慈善信托试点工作，实现慈善信托备案在区县（市）全覆盖。至年末，在杭州市备案的慈善信托有132单，资产总规模11.28亿元，占全国现有备案慈善信托财产规模总量的30%，居全国各城市首位。

【慈善数字化建设】2021年，杭州市建成城市大脑“民生直达慈善捐赠”平台，用数字化手段促进慈善事业发展。坚持全市“一盘棋”和“项目化”运作，联动相关部门对慈善捐赠工作进行智能监管、数据归集和资源共享，依托城市大脑及阿里巴巴集团在数字信息技术领域的资源和经验，打造公益慈善资源大数据平台，畅通政府部门、慈善组织、社会企业间的数据渠道，整合数据资源。

（陈　翔）

【水库移民后期扶持】2021年，杭州市持续推进水库移民扶持工作。全市有大中型水库18座，大中型水库农村移民后期扶持人口34.84万人，其中直补人口18.55万人、项目人口16.29万人。全市后期扶持资金到位5.15亿元，其中直补资金1.11亿元、项目资金4.04亿元。全市588个后期扶持项目被列入计划。水利部水库移民司编纂《水库移民后期扶持——典型案例选编》，杭州市富阳区的《开展“立体化”培训，促移民就业创业——浙江省富阳区水库移民培训案例》和建德市的《积极探索增收路，抱团引领新发展——浙江省建德市移民创新创业小微企业园发展案例》入选。

【水库移民资金集约管理杭州模式多点落地】2021年，杭州市移民办把握杭州市资产升值、产业升级的契机，推动集体经济相对薄弱移民村抱团发展。聚合移民资金2.7亿元，谋划移民航空产业园、千岛湖智海大厦、三峡移民村抱团投资等移民村持股大项目，打通移民村长效稳定收益路径，建立移民收益共享机制，多次获国家、省、市领导批示和推广，接待全国20多批考察团专题调研学习，水库移民资金集约管理的杭州模式被多点推广。

【5个项目获评浙江省水库移民共同富裕示范项目】2021年起，浙江省移民办每年出资1.5亿元在全省开展水库移民共同富裕示范项目评选工作。在2021年9月的评比中，杭州市5个项目入选2022—2023年度浙江省水库移民共同富裕示范项目，分别为余杭区闲林街道西溪源村级留用地建设项目、富阳区洞桥镇石羊村“碧山隐村”文旅村落项目、桐庐县分水镇富源村忆长征红色素质营地提升改造项目、建德市下涯镇之江村未来乡村数字化建设项目（一期）、淳安县杭千智造产业园项目，共获移民后扶资金补助3850万元。

（高璐杰）

退役军人事务

【概况】2021年，杭州市推进退役军人权益保障、拥军优抚等工作，推动服务平台建设，建立退役军人全生命周期综合数据库和数字驾驶舱。开展全市退役军人和其他优抚对象“大走访”活动。市、区县（市）、乡镇（街道）、村（社区）四级联动开展“大走访”，采取入户走访、集中座谈、电话短信、视频网络等形式进行全覆盖走访慰问。

【退役军人服务保障体系建设】2021年，杭州市推进“示范型”“枫桥式”退役军人服务中心（站）创建行动，建设集走访慰问、帮扶解困、权益保障、就业创业扶持于一体的服务阵地。全市有退役军人服务中心（站）3375个，申报全国示范型服务中心（站）2486个，占全市总数的74%；申报全省枫桥式服务中心（站）344个，其中290个退役军人服务中心（站）获评全省“新时代枫桥式服务中心（站）”；20个服务站获评省“百家红色退役军人服务站”，数量居全省第一位。15个退役军人服务中心（站）被评为省退役军人服务保障体系建设先进单位，数量居全省第一位。

【双拥共建】2021年，杭州市建立健全“双清单”制度，开展拥军优属“百件实事”活动，提报并办理24件涉及部队、军人军属事项，省下达实施清单15项任务全部完成。完成战区组织的拥军支前演练，受到战区书面表扬。对官兵子女安排就近就便入学照顾、享受中考加分优惠政策。推进“慈善拥军情”活动，拨付年度专项资金补助经费。市四套班子领导带队慰问部队和退役军人，发放慰问品，解决各类问题280多个。

【退役军人事务数字化转型】2021年，杭州市设计“智慧老兵系统”，打通人力社保、医保、民政、公安、住保房管等9个部门2800万条数据，建立退役军人全生命周期综合数据库和数字驾驶舱。退役军人凭“老兵码”可享受医疗、养老、就业、教育、消费等各类优先优惠优待服务。至年末，“杭州老兵码”崇军优惠商家超过1.2万个，入选杭州市“民呼我为”优秀案例。“智慧老兵”云上工作法被列入中央退役军人事务工作领导小组全国十大工作法，并被省退役军人事务厅升级为“浙江老兵码”。

【退役军人安置服务】2021年，杭州市完成军转干部、退役士官安置和随军随调家属安排等工作，提升退役军人安置质量。购置完成滨江军休服务活动用房480.91平方米。拓宽就业培训渠道，全市17个承训机构组织职业技能培训。全市举办退役军人专场招聘会22场。利用就业援助云服务平台，提升退役军人就业水平。深化创业服务，举办“建行杯”

2021年7月29日，杭州市第三届"最美退役军人"发布仪式举行

（市退役军人事务局 供稿）

退役军人创业创新大赛。建设银行总授信额1.3亿元，其中2个项目代表浙江省参加全国总决赛。落地21个杭州市首批退役军人就业创业基地，为军创企业的科技、人才、金融和市场赋能。

【优抚优待】2021年，杭州市实施重点优抚对象待遇保障动态增长机制，各类抚恤优待标准高于全省、全国平均水平。为现役义务兵父母、享受定期抚恤补助的烈属进行一次免费体检。认定核查优抚对象，为残疾军人发放新版残疾军人证。推进县级以下纪念设施建设整修，完成609处烈士纪念设施校核普查，启动110处纪念设施的修缮提升工作。在市民政局福利院增设"杭州光荣院"牌子。

【拥军崇军宣传】2021年，市退役军人事务局指导成立杭州市关爱退役军人协会。选树先进典型，开展"擦亮崇军之光·八一崇军周"主题宣传系列活动，展示杭州退役军人和双拥工作成效。举办杭州市第三届"最美退役军人"选树宣传活动，评选发布"最美退役军人"。创设"钱潮老兵"志愿服务品牌，"兵支书""兵委员"和退役军人参与乡村振兴、防疫抗台和应急救援等社会服务，招募退役军人志愿者助力杭州亚运。（周晗棋）

老龄事业

【概况】2021年，杭州市老年人口持续增长，人口高龄化日益显著。按户籍人口统计，至年末，全市60岁及以上老年人口193.23万人，占总人口的23.15%，比上年增加4.94万人，增长2.62%；65岁及以上老年人口140.19万人，占总人口的16.80%；80岁及以上高龄老人29.58万人，占老年人口的15.31%。老年人口按年龄段分组，60～69岁105.07万人，占老年人口的54.37%；70～79岁58.56万人，占老年人口的30.31%；80～89岁24.89万人，占老年人口的12.88%；90岁以上4.68万人，占老年人口的2.42%。

全市多个区县（市）老龄化程度加深，老年人口比例超过25%：西湖风景名胜区34.29%、临安区26.75%、上城区26.22%、建德市26.21%、拱墅区26.10%、桐庐县25.57%、萧山区25.23%。全市纯老年人家庭25.97万人，占老年人口的13.44%，比上年有所下降。纯老年人家庭老年人口数居前三位的是拱墅区、上城区、临安区，分别是5.59万人、5.08万人、3.53万人。至年末，全市有百岁老人1020位（含虚岁）。上城区有272位百岁老人，居全市之首，其次是萧山区，为232人。

至年末，全市建有康复医院15个、护理院23个、疗养院8个。全市有医养结合机构77个，有床位2.86万张。建有养老机构258个，其中公办养老机构41个、民办养老机构（包括公建民营）217个。有养老机构床位4.09万张（其中护理型床位2.54万张），其中2021年新增养老机构床位2475张。全市建成并正常运行的城市、农村社区居家养老服务日间照料中心2917个，老年食堂（包括助餐点和社会餐饮企业）1640个。全市建有（公建民营、民办）老年公寓5个，有床位7665张。全市有各级老龄工作机构205个，各级老龄基金会8个，老龄公益事业投入经费833万元，有养老服务专职护理人员1.03万人。（詹雅 崔剑）

【老年人社会保障落实】2021年，除基本养老金外，杭州市80岁以上高龄老人均享受政府高龄津贴补助，80～89岁老年人每人每月为50元，90～99岁老年人每人每月为100元，100岁以上老年人每人每月为300元。多个区县（市）在此基础再增加30～50元不等。全市享受高龄补贴的老年人有29.58万人。

【老年人意外伤害保险】至2021年年末，杭州市有112.83万个老年人参加老年人意外伤害保险，占老年人人口总数的58.4%。全市投保金额3710.08万元，其中政府补助金额2919.25万元，100.31万人享受政府补贴。杭州市推进老年人意外险"线上直赔"工作。搭建杭州市老年人意外险直赔服务平台，建立受意外伤害老年人免办理赔手续服务的新模式，并纳入"健康大脑"应用场景。7月，在上城区、拱墅区、西湖区、滨江区、钱塘区5个区先行试点。至年末，在11个试点地区直赔854件（次），赔付金额20.5万元。

【老年健康服务体系建设】2021年，市卫生健康委完善老年健康服务体系建设。成立杭州市老年健康指导中心、老年健康（医养结合）质控中心、老年学和老年医学学会（均设在市老年病医院），整合老年医学、老龄社会学、老年管理学等多学科资源，发挥专家智库作用，促进全市老年病诊治、康复和护理等老年健康服务能力提升。至年末,全市基层医疗卫生机构护理床位占比25%以上,二级及以上综合医院和二甲及以上中医医院规范设置老年医学科的比例在30%以上,均超过省级标准,居全省前列。全市新增老年医院、护理院、康复医院等接续性医疗机构5个,每个区县(市)新增1个医疗机构开展康复护理、安宁疗护或养老服务。推进安宁疗护试点工作,依托杭州市第一人民医院、杭州市肿瘤医院建立市级安宁疗护技术指导中心,区县(市)试点基层医疗机构开设安宁疗护科,探索以市级安宁疗护技术指导中心为引领、县级安宁疗护中心或病区为支撑、社区卫生服务中心(乡镇卫生院)和护理院、医养结合机构等机构为主体,构建机构、社区、居家相衔接的安宁疗护服务体系,全市26个医疗机构建立安宁疗护联合体,开设安宁疗护病床200多张。探索建立老年人失智症筛查评估体系,在拱墅区、西湖区试点开展老年人失智症筛查干预,建立老年痴呆筛查—社区干预—转诊专科—回社区干预闭环管理模式。

【医养结合工作体系建设】2021年,杭州市推进医疗和养老资源有效融合,为老年人提供预防保健、治疗期住院、康复期护理、稳定期生活照料及安宁疗护一体化的健康服务。5月31日,市卫生健康委、市民政局、市发改委、市人力社保局、市医保局联合印发《关于深入推进医疗健康与养老服务相结合的实施意见》。开展紧密医养联合体试点,打通社会办医养结合机构参与医联体通道,7个市级医院、3个社区卫生服务中心与27个医养结合机构签订紧密医养联合体合作协议,联合体之间建立业务协作、双向转诊机制。全年,双向转诊患者398人次,市级医院接收医养结合机构医务人员进修学习111人次,开展学术讲座58场,专家到基层305人次,帮扶医养结合机构开展新技术、新项目7项。

【老年友好型社区创建】2021年,市卫生健康委开展全国示范性老年友好型社区创建,报请市委、市政府批准开展“杭州市老年友好型社区创建”活动,创新工作机制,确定各相关部门职责,将创建活动纳入市委党史学习教育“民呼我为”主题实践活动。指导和睦社区等4个不同类型社区先行先试,建立示范样板,召开现场观摩会。推进“加快老年友好型社区建设,打造‘健康老龄幸福颐养’之都”成为杭州市争当浙江高质量发展建设共同富裕示范区城市范例首批试点项目。经评审,评选出“杭州市老年友好型社区”50个。上城区清波街道柳翠井巷社区等9个社区被国家卫生健康委、全国老龄办命名为“全国示范性老年友好型社区”。（詹　雅）

【智慧养老服务体系建设】2021年,杭州市入选国家智慧健康养老示范基地、全国人工智能养老社会实验试点、国家智能治理特色基地(养老)建设试点,推动完善全市养老服务体系,提升老年人的获得感和幸福感。全市搭建涵盖“业务管理、公众服务、机构运营、支付结算、数据应用”5个平台的“互联网+养老”系统,17个项目被列入全市民政系统数字化改革应用场景建设清单,初步建成覆盖城乡、全民共享的智慧养老服务体系。（崔　剑）

【智慧助老活动】2021年,杭州市把解决老年人运用智能技术困难问题作为重点工作之一,市卫生健康委协同市发改委在全市开展智慧助老活动。制定《切实解决老年人运用智能技术困难工作方案》,围绕老年人出行、就医、消费、文娱、办事等高频事项和服务场景,明确相关单位职责任务分工。市卫生健康委印发《关于印发切实解决老年人运用智能技术困难改善服务便利老年人就医实施方案的通知》和《关于转发〈省卫生健康委关于加快解决老年人在就医服务中运用智能技术困难的通知〉》,市老龄办印发《关于开展“智慧助老”行动的通知》,要求全市涉老单位解决老年人运用智能技术困难,开展各种形式的助老服务,让老年人便捷享受智能化服务。市直相关部门制作100多个应用视频、50多本纸质教材、50多个优秀案例开展宣传培训。举办“桑榆金辉,数智生活,万名大学生伴你行”志愿服务活动。全市全年开展志愿服务活动2000多场,参与志愿者2.5万人次,服务老年人3万余人。市老年电视大学“老年人跨越‘数字鸿沟’服务项目”获中国公益慈善项目大赛“百强项目”称号。

【老年友善医疗机构建设】2021年,市卫生健康委(老龄办)细化友善医疗机构建设内容,制定量化评价标准,印发《关于开展建设老年友善医疗机构工作的通知》,在全市卫健系统开展“老年友善医疗机构”创建活动。经评审验收,全市有203个综合性医院、康复医院、护理院和基层医疗机构创建成为“老年友善医疗机构”,占涉老医疗机构的52.7%。其中:二级医疗机构16个,三级医疗机构17个。（詹　雅）

【养老服务机构护理补贴】2021年,杭州市在上城区、拱墅区、西湖区、滨江区、钱塘区、西湖风景名胜区实施失能老年人入住养老服务机构护理补贴制度,给予辖区内入住社会办养老机构(含公建民营)或在居家养老服务机构中进行全托服务的中、重度失能老年人每人每月最高600元的补贴。至年末,有1218名老年人享受机构护理补贴。

【居家养老服务】2021年,杭州市新建镇街级示范型居家养老服务中心50个。至年末,全市建成居家养老服务中心2917个,其中:乡镇(街道)级示范型居家养老服务中心235个、村(社区)级居家养老服务照料中心2682个;城市地区994个,农村地区1923个。

【家庭养老照护床位建设】2021年,杭州市进一步扩大家庭养老照护床位建设试点,制定覆盖7个城区的《杭州市家庭养老照护床位试点工作方案》,明确指导思想、建床对象、建设标准、服务项目、办理流程、资金补助的制度体系,形成可复制、可推广的“家院互融”养老服务新模式。至年末,累计建成床位779个。家庭养老照护床位建设工作入选民政部、财政部“居家和社区养老服务改革试点工作优秀案例”。

【家庭适老化改造】2021年，杭州市推进困难老年人家庭适老化改造。按照“一户一策”要求，围绕如厕洗澡安全、室内行走便利、居家环境改善、智能监测跟进、辅助器具适配5个方面功能进行改造。全年完成适老化改造4201户，改造标准平均每户1万元，降低安全隐患，改善居住环境。

【为老服务公益创投】2021年，杭州市发布3个大类、11个小项，共计40个为老服务公益创投项目。经现场陈述和专家评审，确定40个为老服务项目，提供扶持资金655万元。社会组织参与为老服务，开展老年人跨越数字鸿沟服务、农村留守独居等困难老人探访、养老护理员与家庭照护者能力提升、关爱“杭漂”老人、“银龄迎亚运”、养老服务数字化等项目。其中，老年人跨越数字鸿沟服务项目以老年人为中心，以智能手机学习使用为切入点，开展系列课程、活动360多场次，服务老年人1.2万人次。农村留守独居等困难老人探访项目上门探访农村留守独居等困难老年人8万余人次，定期开展节日慰问、上门理发等多样化服务，解决老年人生活问题，提升老人生活质量。养老护理员与家庭照护者能力提升项目科学化、精准化培训养老护理员及家庭照护者3000多人，规范养老护理操作技能，提升整体照护水平。

【养老人才队伍建设】至2021年年末，杭州市有养老护理人员1.03万人，其中机构养老护理员3817人、居家养老服务中心护理员3207人、居家养老服务专业组织护理员3068人。8月9—11日，第十二届全市养老护理员技能大赛举行，17支代表队68名选手参加。选送优秀养老护理员参加全国护理员职业技能大赛浙江赛区选拔赛和全国护理员职业技能大赛。

【海岛支老行动】2021年5月，杭州市开启为期3年的“海岛支老，一起安好”行动，与舟山市嵊泗县嵊山镇、枸杞乡、黄龙乡3个乡镇开展养老服务对口协作，提升海岛为老服务水平。至年末，市属养老机构派出10名党员及业务骨干到海岛支老，全市捐赠10万元慈善资金定向用于当地敬老院建设，为海岛高龄老人发放价值11.5万元的慰问物资。

【养老服务行业党建】2021年，杭州市组建全市养老服务行业党建红色联盟，首批成员单位17个，明确打造养老服务行业党建新形态、养老服务发展策源中心、助老爱老孝老服务公益团队3项任务，每年确定1～2个重点项目扶持，通过常态联系、定期会商、项目化、品牌化、典型选树5项机制，以高质量党建带动养老服务行业高质量发展。（崔　剑）

【老年文教体育事业】至2021年年末，杭州市建有老年电视大学分校15所，老年电大教学点3029个，设教学课目、班次2582个，参加学习的老年学员共35.90万人，平均入学率18.6%，继续保持全省前列。全市有备案或注册老年文艺团队2900个，8.11万人次参与；有备案或注册老年体协及各类老年体育团队1887个，16.10万人次参加。4月7日至10月28日，杭州市第九届老年人体育健身运动会举行，设置地掷球、太极拳（剑）等14个大项比赛，2130多人次参加。市、区县（市）两级老体协联动开展“与亚运同行”系列老年健身活动，举办地掷球等9个项目的裁判员、教练员培训及全国太极拳大联动主会场活动等。

【杭州市老年活动中心新场馆启用】2021年，杭州市改善提升涉老服务设施。10月28日，杭州市老年活动中心新场馆启用仪式举行。新场馆位于拱墅区顾扬路200号，于2018年11月15日开工建设，2021年9月16日完成竣工验收，总建筑面积2.24万平方米，总投资1.48亿元，集休闲、娱乐、健身、学习、交流、展示功能于一体，有阅览室、乒乓球室、气排球馆、多功能厅、舞蹈排练厅、多媒体厅、展示厅等活动室，以及合唱、书法、绘画、乐器等各类教室，可满足老年人强身健体、休闲娱乐、学习交流等需求。

【老年健康宣传周活动】2021年7月20日，“杭州市老年健康促进行动（2021年老年健康宣传周）暨全国智慧助老公益行动——杭州站”启动仪式在市老年活动中心举行。围绕“关注口腔健康，品味老年幸福”的主题，开展老年人口腔保健知识讲座和竞答，启动市卫生健康“助老义诊日”活动，为杭州市第一人民医院等11支“助老义诊服务队”授旗。活动现场同步设置医院义诊、老年意外险介绍、防诈骗宣教等10个服务展位，向老年人群体宣传健康知识，提供优质贴心服务。宣传周期间，全市开展活动1493场次，服务群众12.41万人次，发放宣传资料13.15万份。

【“敬老月”活动】2021年10月是全国第十二个“敬老月”。“敬老月”期间，市老龄办开展系列社会宣传活动和老年健康、智慧助老服务。结合

2021年10月28日，杭州市老年活动中心新场馆启用（市卫生健康委 供稿）

庆祝中国共产党成立100周年，举办“颂党爱党，圆梦小康”全市老年书画摄影大赛，收到参赛作品1700多幅，90岁以上的有23人参加，评出获奖作品184幅。获奖作品于“敬老月”期间在市民中心展出。

重阳节前夕，市四套班子领导走访慰问百岁老人，各级组织对全市1300多位百岁老人（含虚岁）开展慰问活动，发放慰问金130多万元，并为340位新满百岁老人赠送西泠印社“期颐之贺”印章。

10月28日，杭州市敬老爱老助老“最美”系列选树大会暨市老年活动中心新场馆启用仪式在市老年活动中心新场馆举行。敬老爱老助老“最美”系列选树活动由市卫生健康委、市文明办、市老龄办主办，历时4个月，评选出“最美敬老爱老助老示范社区（村）”“最美敬老爱老助老模范”和“最美敬老爱老助老医护”等6个系列132个敬老爱老助老典型和“最美长者”，其中“最美敬老爱老助老医护”为首次评选。典型选树大会通过“杭州之家”App等网络平台在线直播，20多万人次收看。

（詹 雅）

残疾人事业

【概况】至2021年年末，杭州市有残疾人47.78万人（2006年抽样调查数据），占全市总人口的6.36%。全市有持证残疾人22.78万人，其中：视力残疾2.70万人，占12％；听力和语言残疾3.98万人，占17.4%；肢体残疾10.61万人，占46.5%；智力残疾2.26万人，占9.9%；精神残疾2.37万人，占10.4%；多重残疾8614人，占3.7%。

2021年，市政府残疾人工作委员会获“全国残疾人工作先进单位”称号，全市20个单位和个人被省政府残疾人工作委员会评为“十三五”期间浙江省残疾人工作先进集体（个人）。残疾人特色亮点工作获省、市领导批示肯定9次。中国残联主要领导、分管领导6次到杭州调研，对杭州残疾人工作给予肯定。杭州市落实残疾人相关场所疫情防控常态化工作和安全生产工作，保障残疾人、残疾人机构及企业的安全有序。深化疫情期间关爱举措，新年为残疾人赠送1400份新春礼包。全市3000多名基层工作者到残疾人家庭开展动态更新数据采集，并开展送政策、送服务、送关爱行动。

【残疾人社会保障落实】2021年，杭州市全面落实残疾人社会保障。“两项补贴”发放工作移交市民政局，17.1万人次享受困难残疾人生活补贴、重度残疾人护理补贴“两项补贴”5.31亿元。残疾人参加社会保险补贴应补尽补。实施残疾人医疗困难救助2300人，救助资金1050万元。开展残疾人意外伤害保险和残疾人服务机构综合保险，受益残疾人22.6万人，受益残疾人服务机构223个。

【残疾人共同富裕推进】2021年3月18日，市委、市政府印发《关于在新时代建设“重要窗口”中加快残疾人事业高质量发展的意见》，提出打造高质量就业、高质量康养、高质量保障、高质量文体、高质量数智、高质量融合6个示范板块。12月28日，市政府残疾人工作委员会印发《杭州市高质量促进残疾人共同富裕行动计划（2021—2025年）》，提出构建“1+8+3”共富体系，即设立1套涵盖24项量化指标的目标体系和评价体系，实施8项共富行动，推出24个标志性项目、13个政策项目、9个先行先试项目共3张清单，促进残疾人共同富裕。

【残疾人民生实事推进】2021年，杭州市高质量规范提升残疾人之家94个、残疾儿童定点康复机构30个，新创省级无障碍社区25个。至年末，全市有残疾人之家204个、残疾儿童定点康复机构51个，累计创建省级无障碍社区81个。

【“数智助残”服务提升】2021年，杭州市推出全生命周期智慧助残服务体系，以数字化驱动助残服务提升和残疾人工作体制机制转型。开发10个应用系统和8种服务场景上线“浙里办”“浙政钉”，惠及全市残疾人及家属、基层残疾人工作者、助残社会组织和志愿者。在西湖区试点的“辅具智配”应用场景得到市发改委支持，入选全省第三批数字社会案例集，市总工会在牵头的“数智群团”工作中重点推介“数智助残”应用场景。

【残疾人康复服务】2021年，杭州市持续开展残疾人基本康复服务，惠及11.8万人，辅助器具适配8334人次，残疾儿童康复救助1983人次。8月10日，市残联联合市卫生健康委、市医保局、市民政局、市财政局印发《关于进一步做好杭州市持证困难精神残疾人服用基本抗精神病药物费用全额保障工作的通知》，修订完善精神残疾人免费服药政策。市残联联合市卫生健康委推进全国残疾人家庭医生签约服务重点联系点和残疾人“康复之家”国家级试点创建工作，于12月31日印发《关于进一步加强残疾人社区康复工作指导意见的通知》，形成康复之家和康复站建

改造提升后的拱墅区潮鸣街道康复会所（摄于2021年） （市残联 供稿）

设服务标准(试行),初步形成家庭康复服务标准(试行)。

【残疾人就业】2021年,杭州市打造残疾人就业示范"窗口",实施"三个百分百"专项行动,即有就业诉求的、有就业愿望的应届大学生、有培训诉求的残疾人均得到100%实现。全年新增残疾人就业1764人,落实残疾人公务员、事业岗位3个。依托"亲清在线""民生直达"核定按比例就业单位1.6万个,新增核定1.5万名残疾职工,实现11项涉残补贴"一键直达、秒速到账"1.9亿元。

【残疾人权益保障】2021年,杭州市受理残疾人权益相关来信、来访、来电1700多件,受理率100%,办结率100%,满意率97%以上。完成227辆新购残疾车的人员培训考试和登记上牌,发放5700多辆残疾车燃油补贴。全市消除8.2万个无障碍环境建设存量问题。8月,《杭州市无障碍环境建设和管理办法》发布,于10月1日起施行。该办法对无障碍设施建设和管理、无障碍信息交流、无障碍社会服务、法律责任等方面做出规定,首次明确"无障碍环境建设是全社会的共同责任",规定任何单位和个人都可以就无障碍环境建设情况向有关部门提出意见和建议。市残联联合市建委组织残障人士、技术专家在新建、改建、扩建工程竣工前,对其无障碍设施开展试用体验571次。推广普及通用手语进学校、进机关、进景区,将"手语姐姐"在线实时翻译系统布局到生活工作的多个环节。

【残疾人文体活动】2021年,市残联举办"同心同梦,澎湃百年"残疾人艺术会演、"六进六讲"百场巡回宣讲、"喜迎亚运会,爱达百千万""亚运四进"活动和"相约亚残,共富添艺"残疾人文化艺术周等300多场活动,覆盖线上和线下30万余人次。在第16届东京残奥会上杭州籍残疾人运动员获3枚金牌、5枚银牌、3枚铜牌,以及2个第四名、2个第五名、2个第六名和1个第七名,市委、市政府两次致贺电。在第十一届全国残运会上杭州运动员获60枚金牌、31枚银牌、25枚铜牌,奖牌数居浙江省首位。 (冯 丽)

红十字会

【概况】杭州市红十字会是中国红十字会的地方分会。2021年,市红十字会贯彻落实省委、市委工作部署和中国红十字会总会、省红十字会的工作指导与要求,强化工作执行力。全市13个区县(市)全部建立红十字会。全市乡镇(街道)红十字会建会率100%,学校红十字会建会率97.7%。至年末,全市有团体会员447个,个人会员4.68万人。

【应急救护新模式深化】2021年,市红十字会深化应急救护新模式,打造"快一点,救在身边"文明新标杆。6月22日,"红十字救在身边"平台被确定为中共中央文明委重点工作项目基层联系点。12月31日,由市红十字会牵头起草的《红十字救护人员管理规范》发布,以地方标准助推救护培训流程规范化。录制"杭红急救课堂",建立杭州市救护培训考官库,至年末,在库考官有149名。9月8日,市红十字会、市文明办联合印发《杭州市"红十字救在身边"文明行动实施意见》,建设示范区县(市)4个、示范乡镇(街道)9个、示范点33个。与市文明办、市文化广电旅游局联合印发《关于推进景区红十字救护站建设的通知》,召开中共中央文明委基层联系点项目景区文明实践活动现场会,以临安区龙门秘境为试点,探索村落景区救护站建设新模式。全年,全市红十字系统开展应急救护培训838场,培训4.8万人次,救护员培训数比上年增长67%,救护技能普及数增长9倍以上。

【红十字会助力疫情防控】2021年,市红十字会募集新冠病毒抗原检测试剂盒1577.76万份,价值1.31亿元。组织系统内党员干部到社区参与一线疫情防控。利用数字化平台实现物资点对点运送,向抗疫一线拨付捐赠物资总价值150多万元。与中国人民财产保险股份有限公司杭州分公司合作,设立"逆行无忧险",为抗疫一线的工作人员及其家属提供保障。

【红十字会助力民生改善】2021年,市红十字会做好生命关爱工作,助力保障和改善民生。与杭红公益联盟联合推出"云帆计划"项目,募集善款近16万元,举办夏令营、生日会,成立云帆计划网易公益小蜗牛图书馆。开展"9·9"公益日主题活动,线上和线下募捐金额106.07万元,1.11万人次参与捐赠。为100户特困艾滋病患者发放救助金20万元。组织器官捐献困难家庭孩子助学工作,帮扶孩子66名,发放助学金17.4万元。推进生命关爱工作,全市器官捐献登记志愿者4.38万人,器官捐献46人,遗体(组织)捐献96人,大器官捐献142个,捐献数量居全省首位。全市有2万余名志愿者加入中华骨髓库,223人实现捐献,居全国副省级城市第二位、省会城市第二位。与市应急管理局联合开展救援队等级测评,全市18支红十字救援队出动近1万人次。新建成红十字博爱家园52个,上城区芙蓉社区、西湖区东岳社区被确定为全国博爱家园创建点,拱墅区和睦社区被确定为省级博爱家园创建点。

【"数智红会"建设】2021年,市红十字会推进"数智红会"建设,深化数字化改革。迭代升级"数字红会",工作端入驻"浙政钉",新增任务管理、智能填表等功能。"杭红捐赠"平台开发线上自动开票功能,上线30个资金项目,募集资金754.34万元和9个物资项目,物资价值962.78万元。发布"救在身边"2.0版本并入驻"浙里办"的"志愿浙江"板块。

【"红十字"宣传强化】2021年,市红十字会做好宣传工作,营造良好舆论氛围。在全市范围内投入200多块公益广告牌,拍摄红十字公益广告。创办电子期刊《奋进·杭红》,开展"5·8"红十字博爱周、纪念杭州市红十字会成立110周年宣传活动。将现场施救列入"数智杭州"爱心积分,对成功施救者上门慰问嘉奖。市红十字会获中国红十字会总会报刊宣传先进集体一等奖,西湖区万科物业员工夏振辉获评首届全国"十大最美救护员"。 (肖彩霞)

社区(村)建设

【概况】至2021年年末,杭州市有社区1273个,其中上城区197个、拱墅区174个、西湖区177个、高新区(滨江)62个、萧山区216个、余杭区97个、临平区127个、钱塘区61个、富阳区59个、临安区36个、桐庐县22个、淳安县18个、建德市27个。全市有社区工作者1.58万人。其中:大专以上学历1.35万人,占85.9%;研究生以上学历263人,占1.7%;取得助理社会工作师及以上资格的7923人,占50.3%,其中取得社会工作师资格的3345人,占21.2%。

全市有村委会1913个,其中上城区4个、西湖区41个、萧山区343个、余杭区116个、临平区57个、钱塘区59个、富阳区276个、临安区270个、桐庐县181个、淳安县337个、建德市229个。杭州市通过健全村务公开机制、强化民主监督机制、完善民主管理机制、加大检查力度等举措深化村务公开和民主管理工作。

【城乡社区治理和服务创新】2021年,杭州市推进城乡社区治理和服务创新工作。6月25日,拱墅区小河街道、临平区塘栖镇、西湖区西溪街道3个单位通过第二批省级社区治理和服务创新实验区结项验收,其中拱墅区小河街道、临平区塘栖镇结项验收结果为"优秀"。7月20日,省民政厅确认上城区为智慧社区试点。10月22日,民政部确认拱墅区通过全国街道服务管理创新实验区结项验收;10月29日,拱墅区在全国街道服务管理创新实验区结项视频会议上做典型发言。11月23日,民政部确认富阳区春江街道春江村、建德市寿昌镇桂花村为全国村级议事协商创新实验试点单位。12月3日,民政部确认上城区通过全国社区治理和服务创新实验区结项验收。

【"社区智治"计划】2021年,杭州市推进"社区智治"计划。6月22日,市民政局发文确认上城区、西湖区、临安区、建德市、拱墅区湖墅街道、拱墅区小河街道、萧山区瓜沥镇、萧山区义桥镇、上城区丁兰街道皋城村、西湖区古荡街道文华社区、滨江区长河街道冠山社区11个单位为杭州市第二批"社区智治"试点单位。9月27日,杭州市以"社区智治"为主题在全省社区治理创新研讨会上做主题发言,相关经验在全省推广。

【亚运进社区活动】2021年,杭州市推进亚运进社区工作,助力亚运会、亚残运会。3月12日,市民政局会同第19届亚运会组委会宣传部印发《2021年度杭州市亚运进社区活动方案》。围绕亚运文化宣传、亚运体育活动、亚运空间营造、社区环境提升等主题开展活动,至年末,全市开展各类亚运进社区活动3185场次,9万余人次参与。

【国际化社区建设】2021年,杭州市持续推进国际化社区建设。10月25日,杭州市和谐社区建设领导小组发文确定上城区清波街道劳动路社区、拱墅区天水街道环北新村社区、拱墅区大关街道德胜社区、拱墅区半山街道金星社区、西湖区古荡街道益乐社区、西湖区留下街道翰墨香林社区、滨江区长河街道中兴社区、萧山区新塘街道罗婆路社区、临平区南苑街道文仪社区、钱塘区白杨街道邻里社区、富阳区鹿山街道山水社区、临安区锦北街道平山社区12个社区为杭州市2021年度国际化社区示范点。

【撤村建居社区示范点】2021年,杭州市持续推进撤村建居社区建设。10月25日,杭州市和谐社区建设领导小组发文确定上城区彭埠街道御道社区、九堡街道八堡社区,拱墅区石桥街道杨家社区、上塘街道拱宸社区,西湖区留下街道小和山社区、三墩镇虾龙圩社区,滨江区西兴街道襄七房社区,余杭区仓前街道朱庙社区,钱塘区下沙街道头格社区,富阳区富春街道虎山社区,临安区青山湖街道青山社区11个社区为2021年度杭州市撤村建居社区示范点。

【农村田园社区建设】2021年,杭州市深化推进农村田园社区建设。10月25日,市和谐社区建设领导小组确定西湖区双浦镇三阳村等50个农村社区为2021年度杭州市田园社区示范点。12月25日,省民政厅确定上城区九堡街道宣家埠村等56个村为省级农村引领型社区。

【社区服务业发展】2021年,杭州市拨付公益创投项目资金491.95万元,经社会组织申报、专家评审、项目公示、评审委员会审定等程序,由31个社会组织分别承接开展项目33个。项目涵盖社区治理、社区融合、专业服务、社区公益、亚运进社区等内容,实施周期为11个月。后因受疫情影响,允许项目结项时间最迟延期到2022年8月31日。

【社区(村)减负】2021年,杭州市落实社区(村)准入制度,将社区(村)减负纳入大党建考核,以数字赋能推进社区(村)减负,深化社区(村)减负工作。6月21日,市和谐社区建设领导小组印发《关于深化全市社区(村)减负监测工作的意见》,深化社区(村)减负监测工作。8月2日,《浙江政务信息》刊发《杭州市"数智治理"跑出社区减负实干"加速度"》,相关经验做法得到省政府主要领导批示肯定,并向全省推广。

【社会工作专业人才建设】2021年,杭州市加强社会工作专业人才队伍建设,围绕"五社联动"、志愿服务、实务督导等主题,开展"五社联动"实务能力、社会工作督导实务提升、第四批杭州市社会工作督导助理、社会工作领军人才4类培训班。全市2247人通过全国社会工作师职业水平考试。至年末,全市持证人数达2.14万人,连续14年总人数居全省第一位。建立社会工作人才梯队,8人成为全国高级社会工作师,3人获评全省首批社会工作领军人才,培育社会工作督导助理33人,累计培养市级社会工作督导助理135人。

【社会工作站建设】2021年,乡镇(街道)社会工作站建设被纳入年度省民生实事项目,至年末,杭州市累计建成乡镇(街道)社会工作站139个。1月20日,《浙江民政信息》刊发《杭州市"三聚焦"推进乡镇(街道)社会工作站和社区特色社会工

2021 年 10 月 21 日,杭州市第十二届社工节暨社工"迎亚运"欢乐嘉年华活动举行。图为 2021 年度杭州市"最美社工"颁奖典礼 (市民政局 供稿)

作室建设》,在全省推广杭州经验。3 月 16 日,举办第 15 个国际社会工作日主题宣传活动,发布学校、医务、老年、企业等特色领域社会工作站专业联动计划。12 月 30 日,市民政局会同市财政局印发《关于全面推进乡镇(街道)社会工作站建设的实施意见》,推进社会工作站建设。

【专职社区工作者队伍建设】2021 年,杭州市贯彻落实《关于深化专职社区工作者队伍建设的实施意见》,深化"三岗十八级"动态薪酬体系,打通专职社区工作者晋升通道。全市 2021 年度选树"最美社区工作者"40 名。2 月 1 日,《浙江政务信息》刊发《杭州市推进"提质增能"工程,打造新时代社区工作者人才队伍》,在全省推广杭州经验。

【社工"迎亚运"欢乐嘉年华活动】2021 年 10 月 21 日,杭州市第十二届社工节暨社工"迎亚运"欢乐嘉年华活动在拱墅区运河大剧院举行。活动以"同心迎亚运,聚力助共富"为主题,分为社工节仪式和"迎亚运"欢乐嘉年华两个部分。社工节仪式分为序幕和"回望·来路""坚守·初心""拥抱·未来"4 个篇章,采用播放短片、讲故事、访谈等形式,展现社区工作者的工作成果和风采。

【杭州市第十八届邻居节】2021 年 12 月 30 日,杭州市第十八届邻居节在上城区小营街道西牌楼社区举行。邻居节以"邻里关爱,文明你我"为主题,倡导团结友爱、互助奉献、温馨和谐的邻里关系,建设美好家园,推进管理有序、文明祥和的新型社区建设,进一步夯实全国文明城市的创建基础。邻居节活动已成为杭州市打造和谐社会、改善邻里关系、建设独特韵味别样精彩国际化城市的金名片。 (陈亦楠)

社会组织

【概况】至 2021 年年末,杭州市有各类社会组织 5.8 万个。其中,注册社会组织 1.25 万个(市本级 1285 个):社团 3495 个(市本级 792 个)、民办非企业单位 8586 个(市本级 442 个)、基金会 141 个(市本级 51 个)。开展 2020 年度社会组织年检工作,市本级 1173 个社会组织参加年检,其中合格 1003 个、基本合格 86 个、不合格 84 个,分别占参加年检的社会组织总数的 85.5%、7.3%、7.1%,年检合格率 92.8%。开展社会组织等级评估,完成 302 个社会组织的等级评估工作,其中 AAAAA 社会组织 20 个、AAAA 社会组织 47 个、AAA 社会组织 211 个。

【社会组织党建】2021 年,杭州市围绕"党建引领、社会协同、公众参与、服务民生"的工作理念,构建完善党建与社会组织发展深度融合的"一心、两翼、三归口、六同步"的"四维"工作体系。全年全市建立社会组织综合党委 14 个,社会组织党校 6 个,市、区县(市)两级社会组织综合党委兜底管理社会组织基层党组织 94 个。全市建成社会组织党群服务中心 833 个,其中 24 个成功创建省级示范点,数量居全省第一位。从市民政局系统选派 73 名党员干部,为 153 个市级兜底管理社会组织配齐配强党建指导员,实现全市 9592 个参检社会组织党建入章全覆盖。建立市养老服务行业党建红色联盟等 11 个,形成双促双强的区域行业党建示范样板。

【社会组织培育扶持】2021 年 5 月 14 日,市委办公厅、市政府办公厅印发《关于促进公益性社会组织发展的实施意见》,探索扶持 10 类公益性社会组织发展新政。全年新增培育 AAAA 级以上公益性社会组织 17 个。编制出台《2021 年市本级政府向社会力量购买服务推荐性目录》。评选品牌社会组织 19 个、品牌项目 10 个、社会组织领军人才 22 人。市本级投入 1413.946 万元公益创投项目资金,资助社会组织公益项目 88 个。

【社会组织迎亚运活动】2021 年,杭州市建立社会组织服务亚运党建红色联盟,开展"万社联动迎亚运"活动,鼓励引导社会组织参与亚运、助力亚运和服务亚运。组建以社区社会组织为主的各类社会组织迎亚运志愿服务队伍 335 支,招募志愿者 9.5 万人,志愿服务时长 24.73 万小时。

【社会组织公益嘉年华】2021 年 6 月 18 日,2021 年杭州市万社联动迎亚运暨社会组织公益嘉年华活动在杭州滨江星光大道中心广场举行。活动将庆祝中国共产党成立 100 周年与社会组织"迎亚运"风采展示相结合,以"万社联动聚力,同心共迎亚运"为主题,设置全面亚运、数智未来、益路同行和幸福家园 4 个主题互动板块,发布 90 个社会组织助力服务亚运党建红色联盟成员名单和项目书，对18个社会组织迎亚运志愿服务队伍进行授旗，邀请2020年度省级品牌社会组织和领军人物代表进行风采展示。

【非法社会组织整治】2021年5月，市民政局牵头组建由19个市级部门参加的工作专班、设立公开举报热线、明确职责分工，推进打击整治非法社会组织专项行动。在媒体、网站和公众号上发布打击整治非法社会组织信息6次，《浙江民政信息》6月28日刊发《提高政治站位，强化责任担当，杭州打击整治非法社会组织工作取得阶段性成效》，相关经验做法在全省推广。全市受理核查举报投诉线索176个，打击非法社会组织121个（取缔16个，劝散80个，引导登记25个），开展联合执法121次。杭州市打击整治非法社会组织工作经验相关信息被中共中央办公厅录用。

【行业协会商会乱收费清理整治】2021年，杭州市开展行业协会商会乱收费专项清理整治工作和“我为企业减负担”活动。抽查检查行业协会商会274个，查处违法违规收费协会7个，查处违法违规收费金额131万元。1158个行业协会商会推出减免收费举措，降低29个收费项目收费标准，减轻9485个会员企业负担金额1514万元；185个行业协会商会通过规范会费标准减轻企业负担金额626万元。

【“僵尸型”社会组织专项整治】2021年8月12日，《杭州市民政局关于开展“僵尸型”社会组织专项整治行动的通知》印发，采取限期整改、注销、撤销（吊销）登记证书等措施，整治“连续不参加年检、未按规定开展业务活动、无法取得联系”等“僵尸型”社会组织。全年全市社会组织注销登记250个、撤销登记4个、限期整改10个。

【“双减”政策落实】2021年，市民政局印发《杭州市义务教育阶段营利性学科类线下校外培训机构转登工作指引》。采取成立转登统一受理窗口、统一流程、工作指引、岗前培训、暗访检查、分类指导等方式，实现全市1247个企业转登民办非企业组织85个，压减率93.2%；293个原在民政部门登记的学科类民办培训机构完成章程修订，修订率100%，提前完成国家和省规定要求。

【社区社会组织培优】2021年，杭州市深化“网格＋社会组织”工作机制，城市社区平均拥有社区社会组织22个，农村社区平均拥有社区社会组织10个。推进乡镇街道社会组织服务中心实体化运营，启动社区社会组织培优计划。11月15日，市民政局印发《社区社会组织双孵化服务规范》。至年末，杭州市乡镇（街道）级社会组织服务中心实体化运营率达80%，其中AAA以上服务中心比例提升到47%，社区社会组织活跃度和参与力提高。

【社会组织参与社会治理】2021年，杭州市推进市域社会治理现代化“社会协和”工程，推动社会组织参与基层治理。鼓励社会组织参与社区服务、养老服务、救灾救助、困难帮扶、应急救援、心理服务等社会治理领域。全市57个社会组织参与东西部合作和山海协作，投入资金1179万余元，开展项目82个，惠及群众3.6万人；866个社会组织助力乡村振兴，投入资金4000多万元，开展项目390多个，惠及群众66万人；1332个社会组织出动3.93万人次参与各地抗台抢险、紧急转移，出动抢险救援车281辆、橡皮艇80艘、抽水泵199台、救生衣1080件、发电机45台、沙包2.54万个，及其他相关救援装备1000多件。（刘秋芳）

民族·宗教

【概况】据第七次全国人口普查（2020年11月1日标准时点数据），杭州市常住的民族有56个。少数民族人口27.72万人，1万人以上的少数民族有苗族、土家族、侗族、壮族、布依族、畲族、回族、彝族、满族。流动少数民族人口37.73万人。全市有1个民族乡（桐庐县莪山畲族乡），19个民族村（富阳区双江村，临安区铜山村、逸逸村、众社村、浪山村、枫树岭村，桐庐县莪山村、中门村、新丰村、龙峰村、湾下村、大庄村、金塘坞村，淳安县富泽村，建德市胡村源村、双泉村、高桥村、小溪源村、团结村）。

杭州市有佛教、道教、伊斯兰教、天主教、基督教五大宗教，各级宗教团体41个，另有2个带有基督教性质的社会团体（杭州基督教青年会、杭州基督教女青年会）。全市经登记开放的宗教活动场所有841处（其中佛教279处、道教36处、伊斯兰教1处、天主教12处、基督教513处）。纳入登记编号的民间信仰活动场所有831处。

【百名艺术家进乡村暨西金坞艺术村落建设启动仪式】2021年3月20日，桐庐县莪山畲族乡举行2021年“文艺桐庐”百名艺术家进乡村暨西金坞艺术村落建设启动仪式，120多万名网民通过线上观看直播。来自国内外的50多名艺术家代表齐聚畲乡，共同研讨地方文化复兴与旅游发展的新思路、新方向，体验畲族传统文化“长桌宴”。启动仪式后，100多名国内外艺术家创作的反映莪山、翙岗、白云、芦茨、母岭等十大特色乡村的艺术作品巡展开幕，并设立线上展馆，线上和线下可共同观看。

【畲族“三月三”云歌会】2021年4月14日，“庆祝建党100周年·唱响畲歌献给党”畲族“三月三”云歌会杭州分会场在拱墅区东新街道新颜苑社区举行。畲族“三月三”云歌会，让浙江、福建、广东、江西、安徽五省九地的畲族等各族同胞借助数字化手段在“云”端相聚，以最传统的民歌颂党恩、唱民情，庆祝中国共产党成立100周年。

4月10—14日，桐庐县莪山畲族乡、富阳区双江村、建德市团结村举办“三月三”民俗文化活动。

【中国（浙江）民族服饰设计展演】2021年4月28日，第三届中国（浙江）民族服饰设计展演在桐庐县莪山畲族乡莪山村西金坞举行。展演以“织件华服献给党”为主题，展示18个民族的近100件优秀民族服饰设计作品，借创意设计之力糅合民族服饰与现代时尚，弘扬中国民族服饰文化，发掘民族服饰设计人才。活动于1月启动，收到来自10多个省的693件参赛作品。展演当天评选出优秀奖10名、最具网络人气奖1名、最佳文创配饰奖1名、最具市场价值奖1名、十佳设计师10名。莪山民族服饰馆揭牌仪式、中国民族服饰创新发展论坛等活动同步举行。

【“党恩各族颂·民族一家亲”主题故事会】2021年6月4日，以“党恩各族颂·民族一家亲”为主题的故事会暨宣讲启动仪式在杭州市旅游职业学校举行，300多人参加。会上，民族团结专项基金——“红石榴基金”发布。“红石榴基金”由高新区（滨江）慈善总会、高新区（滨江）民族宗教局共同发起，执行周期为3年，将分别为杭州市旅游职业学校新疆班家庭经济困难同学提供“雪莲花”助学金，为浙江警察学院西藏班家庭经济困难同学提供“格桑花”助学金。

【杭州民族宗教界与党同心同行故事会】2021年6月15日，“同心筑梦跟党走”——杭州民族宗教界与党同心同行故事会在杭州文广集团演播厅举行。全市民族宗教界代表人士、全市民族宗教工作干部代表等180多人参加活动。故事会以诗朗诵《同一艘航船》开场，全市11位民族宗教界人士从各自视角讲述在党的领导下开展民族团结进步创建、支援民族贫困地区精准脱贫、携手开展抗日救亡运动、坚持“三自”原则走爱国爱教道路等故事。

【民族宗教界庆祝中国共产党成立100周年】2021年7月1日，市民族宗教局邀请民族宗教界代表人士共同收看庆祝中国共产党成立100周年大会直播，学习中共中央总书记习近平重要讲话，并召开座谈会，市民族团结促进会、市各宗教团体和杭州基督教青年会、杭州基督教女青年会主要负责人做交流发言。当日，杭州市各宗教活动场所分别组织收看庆祝中国共产党成立100周年大会直播，并举行升国旗仪式。

2021年7月1日，杭州佛学院举行升国旗仪式，庆祝中国共产党成立100周年（市民族宗教局 供稿）

【“石榴籽”党建联盟成立】2021年9月28日，市民族宗教局在西湖区“转塘·石榴籽家园”举办杭州“石榴籽”党建联盟启动仪式。西湖区转塘街道、浙江工业大学、浙江警察学院、杭州师范大学附属中学等14个单位基层党组织负责人应邀参加，宣告成立杭州“石榴籽”党建联盟并授牌。该党建联盟创建政治联学、阵地联用、实践联动、队伍联建、活动联欢的工作机制，使党建引领成为推动民族工作的“红色引擎”，形成资源清单，在基层建设各具特色的“石榴籽驿站”。

【中国西湖情玫瑰婚典】2021年10月6日，第二十三届中国西湖情“五粮液”玫瑰婚典在杭州举行。婚典以“56个民族，和美一家亲”为主题，展现全国各族新人在新时代的精神风貌。婚典活动分为幸福启程、花车巡游、红毯风采、彩船畅游、西湖迎亲、醉美喜宴、盛世华典7个篇章，100对来自全国各地的新人参加。在“印象·西湖”的大型水上舞台，新人们在全场嘉宾的祝福下举行婚礼，婚典在全场集体大合唱《没有共产党就没有新中国》的歌声中落下帷幕。

【浙江省畲乡农民丰收节在临安举行】2021年10月14日，2021年浙江省畲乡农民丰收节系列活动在临安区太阳镇枫树岭村启动。活动以“庆丰收、感党恩”为主题，介绍枫树岭村数字乡村应用场景建设情况，展示数字民族乡村振兴示范成果。临安区5个民族村的村民和浙江农林大学新疆籍学生、浙江警察学院西藏班学生，通过节目抒发对党和祖国的热爱，展现全省各族群众团结奋进的新气象。活动设置“丰收市集”，展销临安区代表性农产品。

【14个单位入选省级民族团结进步创建重点培育单位】2021年12月9日，省民族宗教委公布第四批省级民族团结进步重点培育单位名单。杭州市有14个单位入选，分别为拱墅区祥符街道贤聚堂民族家园、杭州市旅游职业学校、上城区笕桥街道水墩社区、富阳区富春街道蒋家桥社区、杭州惠光科技有限公司、淳安县千岛湖镇淡竹小学、临平区崇贤街道办事处、桐庐县莪山畲族乡莪山民族村、临安区锦南街道锦溪社区、钱塘区下沙街道早城社区、拱墅区米市巷街道“民悦轩”民族文化之家、萧山区第三高级中学、富阳区大源镇育才学校、钱塘区临江新城实验学校。

【净慈寺新年祈福敲钟活动】2021年元旦前夕，灵隐寺、净慈寺等重点场所提前向社会发布公告，元旦假期暂停对外祈福活动，严防聚集性疫情传播风险。1月1日零时，净慈寺敲响三声新年祈福钟声，追思在新冠肺炎疫情中不幸逝去的同胞，为各行各业抗击疫情的逆行者祈福，为祖国祈福。

【中国佛教协会第十届理事会文化艺术委员会第一次会议在杭州召开】2021年5月12日，中国佛教协会第十届理事会文化艺术委员会第一次会议暨2021年佛教书画高级研修班开幕仪式在杭州永福寺举行，第十届理事会文化艺术委员会委员、书画研修班学员及相关艺术家等出席会议。会议原则审议通过《中国佛教协会第十届理事会文化艺术委员会五年工作计划（2021—2025）》。开幕仪式后，参会人员到灵隐寺参加杭州市佛教协会举办的“沧桑百年·中国梦——杭州佛教书画展”开幕式。书画展精选100幅杭州市属寺院、杭州佛学院及部分艺术界人士的作品。展览持续至5月31日。

【14处宗教活动场所入选省级宗教普法示范点和省级宗教法治宣传教育基地】2021年12月1日，省民族宗教委和省普法办命名第四批省级宗教普法示范点和省级宗教法治宣传教育基地，杭州市有14处宗教活动场所入选。入选2021年度省级宗教普法示范点的为杭州市基督教鼓楼堂和杭州永福寺。入选2021年度省级宗教法治宣传教育基地的为杭州基督教会磐石堂、上城区九龙寺、拱墅区基督教拱宸堂、西湖区永兴寺、滨江区冠山禅寺、萧山区莲华寺、余杭区瓶窑长命基督教堂、临平区临平基督教堂、富阳区基督教周家弄堂、桐庐县桐庐教堂、淳安县王阜乡马山村基督教聚会点、建德市西竺山万福寺。

【6处宗教活动场所入选浙江省宗教中国化示范场所】2021年12月14日，省民族宗教委召开2021年度浙江省宗教中国化示范场所评审会。12月31日，2021年浙江省宗教中国化示范场所名单公布，杭州有6处宗教活动场所入选，分别为灵隐寺、永福寺、万寿禅寺、福星观、思澄堂、鼓楼堂。

【推进宗教中国化研讨会】2021年12月22日，杭州市召开推进宗教中国化研讨会。会议传达全国宗教工作会议精神。市各宗教团体负责人围绕中共中央总书记习近平关于“坚持我国宗教中国化方向”的重要论述和全国宗教工作会议精神，结合各宗教实际做交流发言。

【省级宗教团体负责人座谈会在杭州召开】2021年12月28日，省委书记袁家军在杭州调研宗教中国化工作，并主持召开省级宗教团体负责人座谈会。袁家军走访省天主教协会、省伊斯兰教协会、省基督教协会、省道教协会、省佛教协会等宗教团体，看望宗教界代表人士，实地了解宗教活动场所建设、管理等情况。座谈会上，5个宗教团体负责人汇报宗教中国化工作情况。

【慈孝文化节】2021年9月22日，由中国新闻社与杭州灵隐寺合作举办的第七届慈孝文化节在杭州开幕，150多名代表参加开幕式。文化节举办年度慈孝人物颁奖盛典、“慈孝养老”论坛、慈孝漫画纪念展、慈孝专列主题活动等系列活动，启动“星空守护——助力星孩成长公益行动”和《推进佛教中国化进程的实践——灵隐报告》项目，从多元角度创新阐释、传播慈孝文化。

【周雄孝文化节】2021年10月14日，“民间民俗·多彩浙江”周雄孝文化节开幕式在中国孝道文化之乡富阳区渌渚镇举行。文化节以“传承孝善文化，推动共同富裕”为主题，设置讲述“孝善微心愿”、发布《孝富宣言》、普及“富春风尚汇”3个核心环节。开幕式上，当地党员干部和群众用童谣、情景歌舞剧、情景诗、朗诵、访谈等形式，展现当地孝善氛围和精神文化标识。

【径山禅宗祖庭文化论坛】2021年10月15日，第五届径山禅宗祖庭文化论坛暨径山万寿禅寺重修圆满落成庆典在杭州径山禅寺举行。佛教界的高僧、诸山长老及有关专家学者和护法居士参加，日本、韩国等地的径山法脉寺院以视频方式表示祝贺。论坛以“佛教中国化视域下的径山研究”为主题，征集论文30多篇，来自中国人民大学、浙江大学、南京大学等单位的20多名专家学者进行研讨，挖掘径山禅宗祖庭文化历史资源，深化“春茶、夏禅、秋学、冬参”四大理念，推动径山禅寺的佛教中国化实践和禅宗文化建设。

【文化国际论坛暨《灵隐寺志》研究工作坊会议】2021年10月16日，文化国际论坛暨《灵隐寺志》研究工作坊会议在灵隐寺召开，来自佛教界、学术界的50多名法师、专家学者参加。论坛以“灵隐山”为主题，围绕“灵隐山”的地理范围、历史影响、文献资料等进行研究，收到学者专家论文近50篇，内容涵盖灵隐寺高僧研究、诗歌文学研究、历史文献研究（包括对历代《灵隐寺志》的研究）和当代文化传播研究等学术成果。

【灵隐寺捐赠助力疫情防控】2021年12月20日，灵隐寺向浙江省慈善联合总会捐赠善款500万元。根据浙江省疫情防控的实际需要，捐赠的善款定向用于杭州、宁波、绍兴三地因疫情影响造成生活困难的特殊群体的救助、疫情防控一线的志愿者慰问，以及疫情后期的复工、复产、复市等方面。（汪文珊）

责任编辑　郦　晶

46 区县（市）

上城区

【概况】2021年，上城区辖14个街道，有197个社区、4个村。至年末，全区户籍人口86.61万人、暂住人口77.80万人，人口自然增长率1.7‰。全区生产总值2417.51亿元，比上年增长7.2%。其中：第二产业增加值604.66亿元，增长5.1%；第三产业增加值1812.85亿元，增长7.8%。二、三产业增加值结构为25∶75。按常住人口计算，人均生产总值18.18万元，按可比价计算，增长5.5%。按国家公布的2021年平均汇率折算，为2.82万美元。财政收入377.79亿元，增长5.7%。其中，地方一般公共预算收入201.38亿元，增长7.6%。一般公共预算支出140.78亿元，增长4.4%。全区居民人均可支配收入76652元，增长8.4%。

全区规模以上工业总产值1050.55亿元、销售产值1049.7亿元，分别增长10.9%和11.5%。固定资产投资下降8.3%。全区社会消费品零售总额976.9亿元，增长10.6%。全区货物进出口总额633.08亿元，增长11.3%。其中：进口总额271.28亿元，增长1.6%；出口总额361.8亿元，增长19.8%。全年新增上市企业11个。“三圈三街”营业收入272.3亿元。落地1亿元以上产业项目165个。清河坊历史街区、皋亭山等五大景区、景点接待游客超过7000万人次。健康产业增加值226.8亿元，增长12.6%。

全区新增发明专利947件、国家高新技术企业160个，新建院士、专家工作站3个。新认定省级企业研究院3个、省级科技型中小企业301个、省级高新技术企业研究开发中心9个。2个企业入选2021年省高新技术百强企业，13个企业上榜2021年杭州独角兽和准独角兽企业榜单。4项科研成果在国家科学技术奖励中获奖，53项科研成果获省科学技术奖。

全区有各类学校（幼儿园）201所（不含高校、市属高中和国际学校等），其中幼儿园107所、小学52所、初中19所、九年一贯制学校16所、十二年一贯制学校2所、普通高中1所、职业高中2所、特殊学校2所。在校（园）学生15.25万人，其中义务教育阶段中小学生10.79万人（含特殊教育学生241人）、高中生2345人、在园幼儿4.25万人。有在编教职工9794人。浙江省义务教育标准化学校比例100%，标准化学校建设100%。

全区有区文化中心、区图书馆、区非物质文化遗产展示馆、杭州海塘遗址博物馆、龚自珍纪念馆等文化场馆。全年举办各类社区级以上文化惠民活动3200多场。作为浙江省“文化基因解码工程”试点之一，上城区梳理文化元素757个，重点解码宋韵文化元素38个，科学解码“德寿宫遗址”等宋韵文化元素20个，基本形成上城文化基因调查表、解码报告、解码图册及电子数据库。钱塘江文化节系列活动举行，2021年宋韵文化节升格为省级重大节庆活动。

全区有各类医疗卫生机构677个（含省市医疗机构，不含停业医疗机构及筹建机构），床位2.03万张，各类专业卫生技术人员3.85万人。全年新增婴幼儿照护服务机构6个、托位250个，新建“成长驿站”23个。推进医养结合能力提升，实现“护理站”植入社区站点，深化安宁疗护服务，上城区被确定为全市唯一试点区。

上城区体育中心亚运场馆改造提升项目建设启动，基本构建完成以李宁体育园、区体育中心、区全民健身中心、定安路体育中心、九堡文体中心、丁兰文体中心为核心的“一园五中心”大型体育场馆布局。全区新建绿道58千米，建成体育场地设施2703处，人均体育场地面积1.99平方米以上。

全区城镇新增就业11.87万人，新增高技能人才5489人，失业人员再就业6625人，新增大学生创业企业800多个，无偿资助大学生创业项目571万元，发放创业担保贷款1.69亿元。全区养老保险参保64.99万人，工伤保险参保72.48万人，医疗保险、生育保险参保116.76万人。成功创建省级高质量充分就业社区15个，全区“零就业”家庭实现动态“清零”。

【上城区国有企业改革】2021年，上城区以“市场化、平台化、一体化、规模化”为导向，进一步提高国有资本配置和运营效率，整合85个区属国有企业和25个指挥部，搭建形成“一平台、四集团”的国有企业改革架构。9月9日，全区国有企业改革大会召开。9月16日，上城区委、区政府印发《区属国有企业深化改革实施方案》。12月9日，上城区在区行政中心举行区属国有企业揭牌仪式。杭州上城区国有资本运营集团有限公司及杭州上城区国有投资控股集团有限公司、杭州上城区市政工程集团有限公司、杭州上城区城市建设投资集团有限公司、杭州上城区城市建设发展集团有限公司4个集团公司的“1+4”国资格局形成。年内，区属国有企业总资产规模超过1300亿元，净资产500亿元。

【共同富裕基本单元建设推进】2021年，上城区成立共同富裕基本单元研究中心，确定共同富裕基本单元建设实践基地——杨柳郡社区为研究对象进行课题研究。年内，该社区基本实现未来社区9个数字化应用上线，其中社区“邻里帮”应用作为全省试点，嵌入“浙里办”志愿浙江平台。4个“邻系列”特色应用作为全市首个社区级模块上架“浙里办”平台。上城区与浙江工商大学研究团队合作，签订“共同富裕基本单元建设”合作协议，共同开展“共同富裕现代化基本单元建设指标体系研究”课题研究。10月27日，《上城区“五社联动”共建共同富裕现代化基本单元十大专项行动方案》发布，并为14名上城区社区治理智库专家颁发聘任证书。全年投入8500万元拓宽养老服务链，发放社会救助金7638.76万元提高救助标准，募集慈善资金2043.9万元扩展公益圈。

【上城区“数智报表（一表通）”场景建设】2021年9月，上城区“数智报表（一表通）”应用场景在全市推广。该应用以基层表单智能填报为切入口，按照“121X”进行整体架构。第一个“1”指依托一体化智能化公共数据平台形成“一表通”专题库；“2”指基于基层治理四平台建设应用治理端和服务端；第二个“1”指构建“一表通”场景界面，形成整体画像；“X”指基于“一表通”延伸的“平安一件事”等多跨场景。该应用上线运行后，实现数据“实时在线”、系统“智能联动”、报表“一键生成”、基层“减负增效”。

【《城管驿站建设与管理规范》创建为省级地方标准】2021年8月9日，省市场监管局批准并发布由上城区综合行政执法局主编的《城管驿站建设与管理规范》，成功创建为省级地方标准。该规范涵盖城管驿站基本要求、建设要求、运行管理、服务内容、评价和改进5个方面，于9月9日起正式施行。上城区打造驿站体系，在建成集用餐、休息、学习、应急于一体的城管驿站基础上，融入党建共建、社会企业、志愿服务等力量，形成驿站“微心愿”、驿站志愿服务、驿站爱心日等服务品牌。升级打造“Mini小红车城管驿站”，布局扩点、延伸服务半径，建设体系更完善。全区打造“弄潮”党群服务站等红色城管驿站18个，作为全市百个红色城管驿站的重要组成部分。全年70个城管驿站服务一线作业人员和市民游客97.55万人次，接待全国各地考察团296个。

【运河·映巷一期开街】2021年4月30日，杭州市首条影视文化街区——运河·映巷开街。该街区位于大运河文化带沿岸的严家路与新塘路交叉口，是“大运河文化带”和杭州市“拥江发展行动规划”的重点项目之一。街区总建筑面积7.9万平方米。一期由一条东西走向的水平商业街区和能容纳300多人的实验型剧场组成。街区整体建筑风格以传统民国元素为基调，有机结合现代建筑设计语言，在商业环境下营造出浸润式的人文风情。运河·映巷以影视文化为特色，多种业态融合。至年末，入驻街区品牌47个，涵盖戏剧表演空间、餐厅、爵士酒吧、婚庆店、拳击馆等各种商铺，营业总额3500万元。

【钱学森故居入选“科学家精神培育基地”名单】2021年5月24日，钱学森故居入选首批中国科学技术协会的“科学家精神培育基地”全年。11月7日，钱学森故居经过提升改造后重新对外开放，同时举行纪念钱学森110周年诞辰活动暨钱学森故居“科学家精神培育基地”挂牌仪式。故居从展陈史料、空间布局、展示形式上进行改造，融入新媒体展示手段，增加更多展品，包括钱学森用过的实物。故居室内面积780平方米，分上下两层，展陈面积由1100平方米增至1200平方米，分为“书香门第，吴越世家”“家学记忆，杭州之子”“初心报国，成才之路”“科学巨星，卓越贡献”4个部分。通过陈列展示、环境布置、活动平台创设等手段和方式，宣传钱学森生平事迹、科研成就，传播他勇于创新、甘于奉献的时代精神。在方谷园巷子内，上城区打造以钱学森为代表的“两院”院士墙。

【《口袋森林（第一季）》获评优秀海外传播作品】2021年2月23日，上城区辖区文化企业杭州蒸汽工场文化创意有限公司申报的动画片《口袋森林（第一季）》入选国家广电总局公布的2020年度优秀海外传播作品名单。254部参选作品涉及电视剧、纪录片、动画片和综艺节目。经专家评审，20部作品被评定为年度优秀海外传播作品，其中动画片5部。《口袋森林（第一季）》是全省唯一入选作品。该动画片有52集，每集平均时长约4分30秒，故事讲述7岁女孩布蕾（口袋熊）和她的家人及小伙伴在口袋镇中的幸福生活，围绕布蕾成长过程中的趣事展开，以小朋友的眼光去看待、研究、探索、发现生活中的一些事情。该动画片在中央广播电视总台少儿频道、浙江电视台少儿频道等近30多个电视台及海外平台播放。

【学校社会工作启动】2021年3月16日，上城区发布学校社会工作系统性发展规划——《上城区学校社会工作发展书》，同时为学校社会工作人才成长支持中心揭牌，启动区学校社会工作。该发展书系统阐释学校社会工作的概念、核心理论、现状及紧迫性、资源优势、发展规划、督导体系建立等内容，规划用3年时间，探索和实践符合区域实际的学校社会工作内容与模式，提炼出具有借鉴意义的实例，最终形成惠及学生—学校—家庭生态系统的社会教育服务模式。

2021 年 10 月 29 日，"宋韵最杭州" 首届宋韵文化节开幕式在杭州市上城区钱江新城城市阳台举行

[上城区委党史研究室（上城区地方志编纂研究室） 供稿]

学校社会工作人才成长支持中心将引入高校和专业机构，研发符合上城区情、富有上城特色的学校社会工作者专业能力提升课程体系，提供专业督导和其他形式的专业能力成长支持，从专业理论和服务实践两大维度为辖区从事学校社会工作的人员进行全面赋能。首批派驻社会工作者与杭州市杭州中学、杭州市天长小学等涵盖幼儿园、小学和中学 3 个教育阶段的 6 所试点学校达成协议，将困境学生校内访谈、家访、个案建档、危机介入、校内老师支持服务等专业社会工作应用到实践中，探索 "学校—家庭—社区" 3 个层面社会工作开展路径。

【杭州李宁体育园竣工】2021 年 6 月 18 日，杭州李宁体育园在艮北新城竣工。该体育园是公益性亚运体育主题公园，是杭州首座 PPP（政府和社会资本合作）模式的全民健身体育公园，并入选全国海绵城市杭州示范项目。该项目总投资超过 8 亿元，总用地面积 5.79 万平方米，总体空间结构为 "一环一心六片区"。"一环" 为环绕公园 800 米架空跑道；"一心" 为主建筑文体中心；"六片区" 为滨河漫步区、广场休闲区、运动文化区、亲水游览区、景观绿化区和停车区，其中运动区块涵盖羽毛球、乒乓球、排球、篮球等运动项目。体育园还设有图书阅览室、小剧场、青少年活动中心及老年活动中心等区块。

【上城区"共享法庭"建设】2021 年 8 月 18 日，上城区对接钱塘智慧城东方电子商务园需求，在东方电子商务园揭牌成立 "数智共享法庭"。10 月 28 日，在浙江省（杭州市）银行业保险业人民调解委员会挂牌成立 "金融共享法庭"。结合区域特色，相继成立 "中国服装第一街" 共享法庭、凯东共享法庭、家事共享法庭，打造 135 个 "共享法庭" 组成的网络体系。"和家园" 物业调解共享法庭在全市经验推广。审结涉网纠纷 58 件，打击 "刷单返现" 等利用电信网络实施诈骗的新型犯罪，推进网络空间依法治理、服务数字经济健康发展。

【首届宋韵文化节】2021 年 10 月 29 日至 11 月 10 日，"宋韵最杭州" 首届宋韵文化节举行。宋韵文化节以清河坊历史街区、钱江新城、湖滨步行街等为主要展示空间。活动内容主要包括 "七个 1、两场会、N 个系列活动"，即一场开幕式主题晚会、一场主题灯光秀、一场悦读节、一场宋画展、一届杭式生活节、一届陆游诗歌节、一场宋韵研究成果发布会，两个研讨会，以及 N 个系列活动。开幕式在钱江新城城市阳台举行，并举行 "宋韵文化研究传承中心" 揭牌仪式、"宋韵最杭州" 主题晚会、"宋风物语" 非物质文化遗产（文创）大观园等系列活动。

【河坊街开街 20 周年主题活动】2021 年 10 月 17 日，杭州河坊街开街 20 周年主题活动暨宋韵文化项目发布会在清河坊历史街区举行。活动通过街区商户、游客、专家学者、周边市民等亲历者的视角展现清河坊历史街区 20 年的发展历程与共同富裕建设成果。活动现场发布清河坊历史街区宋韵文化传承展示五大工程，即宋韵研学游工程、宋韵文创汇工程、宋韵微展厅工程、宋韵文艺精品工程及宋韵品牌传播工程。通过挖掘区域历史文化资源，整合人文景观和文旅体验展示空间，联动相关文化企业和研究机构，多角度、多业态、多渠道向游客讲述千年文化，品味百味宋韵。发布会现场启动 "千百乡村传统匠人孵化基地" 项目，鼓励更多工艺大师带动匠人提升发扬浙江乡村传统技艺。（许红霞）

拱墅区

【概况】2021 年 4 月 9 日，根据国务院批复，杭州市对部分行政区划进行优化调整，其中撤销下城区和拱墅区，设立新的拱墅区。新拱墅区辖 18 个街道，174 个社区，面积 119 平方千米。至年末，全区常住人口 112.2 万人，其中户籍人口 87.68 万人，人口出生率 7.74‰，人口自然增长率 0.44‰。全区生产总值 1968.6 亿元，比上年增长 8.1%。其中：第二产业增加值 193.79 亿元，增长 4.3%；第三产业增加值 1774.77 亿元，增长 8.5%。二、三产业增加值结构为 9.8 : 90.2。财政总收入 322.04 亿元，增长 7.3%。地方一般公共预算收入 179.54 亿元，增长 6.9%。一般公共预算支出 118.79 亿元，增长 3.4%。民生事业投入 101.18 亿元，占一般公共预算支出的 85.2%。其中：教育支出 30.84 亿元，增长 10.2%；科学技术支出 7.05 亿元，增长 15.0%；卫生健康支出 7.24 亿元，增长 6.9%。

工业增加值 127.04 亿元，增长 5.1%，其中规模以上工业增加值 110.82 亿元，增长 5.1%。规模以上工业销售产值 317.83 亿元，增长 3.2%。规模以上工业新产品产值 131.78 亿元，新产品产值率 41.1%，提高 1.56 个百分点。建筑业增加值 67.19 亿元，增长 2.8%。建筑业总产值 687.0 亿元，增长 4.2%；建筑业竣工产值 247.92 亿元，下降 2.7%。

拱墅区聚焦创新驱动、产业重构，加快打造“一核一带一极”（“一核”即大武林商圈，“一带”即大运河文化产业带，“一极”即大运河数智未来城）发展格局，构建现代产业体系，促进“1+3”（“1”即商贸金融产业，“3”即数字经济、生命健康、文化产业）产业健康发展。全年商贸业增加值 320.6 亿元，占全区生产总值的 16.3%，增长 5.4%。金融业增加值 625.12 亿元，占全区生产总值的 31.8%，增长 6.1%。数字经济核心产业增加值 72.4 亿元，增长 14.4%，占全区生产总值的 3.7%。生命健康产业增加值 226.7 亿元，增长 4.1%。文化产业增加值 102.5 亿元，增长 8.0%。社会消费品零售总额 1273.38 亿元，增长 11.2%，总量居全省第一位。从限额以上主要商品看，汽车类增长 11.1%，石油及制品类增长 32.4%，服装、鞋帽、针纺织品类增长 21.0%，通信器材类零售额增长 34.9%，金银珠宝类增长 21.2%。线上消费持续增长。限额以上批发和零售业单位通过公共网络实现的零售额增长 30.1%，高出限额以上批发和零售业单位零售额增速 17.6 个百分点。区属各类有证在业商品交易市场 75 个，城乡集市贸易成交额 616.91 亿元。

货物进出口额 883.08 亿元，增长 26.8%。其中：进口 481.68 亿元，增长 23.3%；出口 401.40 亿元，增长 31.3%。完成跨境电商出口 13.38 亿美元，减少 1.96 亿美元。服务贸易出口额 11.88 亿美元，下降 14.1%，其中服务外包离岸执行额 3.67 亿美元。

收储经营性地块 14 宗、66.62 公顷，出让经营性地块 17 宗、73.89 公顷。完成 95 个老旧小区改造，涉及 1584 幢、7.5 万户、537 万平方米，惠及居民约 20 万人。完成加装电梯联审 316 台，其中完工 165 台。治理改造 C、D 级危旧房 10 处。推进重点道路沿线 386 个项目开发建设，完工 74 个。大城北地区规划建设项目完工 51 个。推进萍水东路等 149 条 91.5 千米路网建设，建成道路 29 条。推进 14 条地铁重建道路建设，24 个地铁站点基本建成。新增地下空间 90.87 万平方米、公共停车泊位 1497 个、新能源汽车充电桩 297 个。开展雨污分流整治，完成 18 个街道“污水零直排”创建。新创建武林新城片区、上塘河片区 2 个省级“美丽河湖”。全区建立大气自动监测站 20 个，建筑工地扬尘在线监测点位 236 个，杭州市重点道路扬尘在线监测建设点位 26 个，布点餐饮油烟在线监测系统 193 个。

新认定高新技术企业 117 个、省科技型中小企业 321 个，新培育“雏鹰企业”57 个。专利授权量 9771 件，增长 27.5%，其中发明专利授权量 2437 件，增长 48.5%。新设内资企业 1.35 万个，增长 24.4%。3 个企业入选独角兽企业名单，2 个企业入选全国文化企业 30 强名单。

拱墅区有各类学校（幼儿园）207 所（不含高校、市属学校和国际学校等），其中职业高中 1 所、完全中学 1 所、高中 3 所、初中 27 所、九年一贯制学校 12 所、小学 49 所、幼儿园 112 所（含民办、部门办、街道办幼儿园）、特殊教育学校 2 所。有在校学生 13.93 万人，其中幼儿园在校幼儿 3.84 万人、小学在校学生 6.86 万人、初中在校学生 2.85 万人、高中（含职业高中）在校学生 3655 人、特殊教育学校学生 198 人。教师 1.14 万人。10 所校园获评省现代化学校。

全区有各类医疗卫生机构 790 个，实有床位 2.06 万张，每千人执业医师数 8.72 人，每千人注册护士数 10.59 人，社区卫生服务机构年诊疗量 471 万人次。新增就业 13.5 万人，实现失业人员再就业 6371 人；发放促进就业专项资金 1.27 亿元，惠及 3.81 万人次。新建成示范型街道居家养老服务中心 6 个，全部由第三方专业团队运营，总面积约 6890 平方米。至年末，全区职工养老保险参保 66.34 万人，增长 3.1%；生育保险参保 63.86 万人，增长 3.4%；工伤保险参保 79.99 万人，增长 7.3%；医疗保险参保 122.77 万人，户籍人口基本医保参保率 99.5%。

【行政区划优化调整平稳推进】 2021 年 4 月 9 日，根据国务院批复，杭州市对部分行政区划进行优化调整，其中撤销下城区和拱墅区，设立新的拱墅区。区委、区政府统筹全局、科学谋划，成立工作专班，围绕“产业转型升级、城市有机更新、大运河国家文化公园”三大样板区建设，编制新的发展规划。全区推进优化调整工作平稳、有序实施，调整调出新气象、促进新发展。年内，各街道、职能部门完成挂牌，人员力量充实优化，人事、财政、审批服务等各领域事项有序接转，重大资产处置、政府投资项目管理、留用地开发统筹等 124 项重大制度和存异机制融合提升，全区裁撤 107 个、精简优化 113 个议事协调机构，完成 26 处、25 万平方米办公用房调整。“三领三联三服务”活动深入开展，106 项政府工作报告分解任务和十件民生实事完成。

【拱墅区数字化改革成果】 2021 年，拱墅区全面部署全区数字化改革工作。区级层面成立数字化改革领导小组，统筹领导全区数字化改革工作。领导小组下设办公室和工作专班，组织制订全区数字化改革总体方案，召开全区数字化改革工作推进会暨数字赋能攻坚行动第一次大比武活动，组织到上海学习考察数字化改革“一网统管、一网通办”经验做法。《拱墅区政府投资信息化项目管理暂行办法》《拱墅区应用场景网络数据安全管理规范》等规范意见出台，构建数字化场景应用全流程闭环管理机制。全年归集数据 17 亿条、数据目录 1132 个、数据项 2.05 万个。社区智治在线“一表通”场景应用在全市推广。数字政府系统初步完成疫情防控、营商环境、科技创新等 12 个重大任务 4 个体系门户页面配置。城市治理问题发现效率提高 56 倍，路面巡查力量下降 45%，被省大数据局列入“揭榜挂帅”项目，“工业设计引擎”等项目被纳入省数字化改革“示范试点”榜单。数字法治系统上线，区司法拍卖辅助事务综合集成做法被省委改革办列为全省试点推广项目。区检察院创新“检察指数”做法，被写入《浙江数字检察建设“十四五”规划》，并在全省范围推广。

【产业转型升级加快】2021年，拱墅区把推动产业转型升级放在重大战略首位。围绕商贸金融、数字经济、生命健康、文化产业主赛道和“一核一带一极”空间主平台，召开拱墅区高质量发展大会、首届浙江省数字医疗健康产业杭州峰会，推动阿斯利康制药有限公司中国东部总部、韩国大邱生命健康产业集群、中国科学院空间应用工程与技术中心等一批引擎性项目落地。抓住电子竞技成为杭州亚运会正式项目的契机，与深圳市腾讯计算机系统有限公司、广州网易计算机系统有限公司、完美世界股份有限公司达成合作意向，签约及开工重大项目129个，总投资845亿元。浙江云计算数据中心、恒隆广场、“杭州中心”、华东医药生命科学产业园等重大产业项目加快建设。全区在建重点项目154个，总投资2154亿元。全年4个企业上市。全区新设市场主体比上年增长28.4%，注册资本增长30.5%。

【京杭大运河文化保护传承利用】2021年，拱墅区制定《拱墅区大运河国家文化公园项目群建设三年行动计划》，加强对京杭大运河（拱宸桥—武林段）文化节点设置、上塘古运河夜游项目优化提升、亚运会期间大运河文化带亮点展示、拱墅大运河文化带建设等课题调研。运河大剧院、“武林之星”博览中心、运河体育公园、中国杭州电竞中心、上塘古运河景区等文化项目建成并投入使用。杭州音乐厅建设启动，祥符桥历史街区、平炼路景观大道、舟山东路步行街、“百县千碗”文旅小镇、大运河武林门码头风情街区等项目加快建设。全区有运河大剧院、京杭大运河博物院等11个项目被纳入国家文旅项目库。“大运河文化（拱墅段）”项目入选首批100项“浙江省文化标识”培育项目名单。大运河庙会、第二届大运河沿线区县合作论坛、中国大运河文化带京杭对话、首届“大运河戏曲廊道”演出季暨长三角戏曲文化走亲、“最江南·杭州味”大运河文化旅游季、长三角水上运动节暨京杭大运河（杭州）运动·文旅嘉年华等活动举行。其中，“最江南·杭州味”大运河文化旅游季项目推出“运河有戏”“运河有趣”“运河夜游”“运河旗妙夜”等沉浸式场景，展示大运河背景下“最江南”的文化盛景。拱墅区大运河文化带建设成效被省委列为“两个维护”的先进典型，中央广播电视总台推出《运河南端，醉美拱墅》系列报道。省委书记袁家军专题调研拱墅区大运河文化保护传承利用工作，并给予肯定。

【拱墅区亚运会、亚残运会场馆建设】2021年，拱墅区加快推进亚运会、亚残运会场馆规划、建设、管理和运行等工作。拱墅运河体育公园场馆群竣工交付。该公园总建筑面积18.5万平方米，工程造价约20亿元，获评“省级质量安全标准化示范项目”。中国杭州电竞中心基本建成，总面积8.2万平方米，总投资45.86亿元。杭州市体育馆完成改建，改造建筑面积3.4万平方米，总投资2.4亿元，将承办亚运会拳击比赛和亚残运会硬地滚球比赛2项赛事。11月19—21日，拱墅区组织全省首个由属地城区承办的亚运测试赛——“韵味杭州”2021年首届京杭大运河沿线城市乒乓球邀请赛暨杭州亚运会乒乓球测试赛，148名运动员参加，完成竞赛技术运行、场馆设施运维、反兴奋剂等49项测试任务。全区8类、59项亚运城市行动进展有序。其中长三角水上运动节，拱墅区5个亚运项目展示吸引3万余人次现场体验。

【拱墅区获评“中国最具幸福感城区”】2021年12月30日，“中国最具幸福感城市”调查推选结果在北京发布，拱墅区获评“中国最具幸福感城区”。该项调查推选活动由《瞭望东方周刊》、瞭望智库共同主办，中国幸福城市实验室和百度研究院商业智能实验室提供技术支持。活动历时5个多月，经过大数据采集、问卷调查、材料申报、实地调研、专家评审等环节的严格遴选，杭州等10个城市、拱墅区等8个城区当选。幸福城区评选项目包括就业指数、居民收入指数、生活品质指数、生态环境指数、城市吸引力指数、公共安全指数、教育指数、交通指数、医疗健康指数9个一级指标以及100多个二级细分指标。

【青年清廉馆开馆】2021年5月18日，由区纪委区监委联合团市委、团区委、上塘街道打造的青年清廉馆在拱墅区瓜山未来社区开馆。该场馆占地面积300多平方米，从年轻人的视角，把多样化的体验装置融入层层递进的叙事脉络，分“青”风正茂、“青”廉为伴和“青”廉有为3个篇章，集艺术创新、清廉文化为一体的青年人清廉主题体验展示馆，被授予“青年之家”称号。

大运河亚运公园（摄于2021年）（拱墅区住建局 供稿）

【浙数文化产业园获评"浙江省智慧工地示范项目"】2021年11月，浙数文化产业园凭借"智能建造"的融合创新和深度应用，在省建筑业行业协会主办的全省智慧工地示范项目评选活动中，经初审、终审和项目现场抽查后，获评浙江省智慧工地示范项目。浙数文化产业园位于拱墅智慧网谷小镇。园区引进"智慧工地"管理平台，通过物联网、大数据、人工智能等技术与施工现场深度配合，实现施工现场可视化、精细化和智能化管理。产业园对管理平台进行全新升级，新增智能物料系统、临边防护等硬件系统，"智能建造"水平进一步提升。

【运河财富小镇获评省最具综合活力的十大特色小镇】2021年5月18日，在全省特色小镇高质量发展和数字化改革培训会议上，《基于大数据的浙江省特色小镇活力评估报告》发布，评估报告公布全省特色小镇活力指数评估结果，运河财富小镇被评为浙江省最具综合活力的十大特色小镇。评估报告表明，运河财富小镇的产业聚集趋势向好，小镇访客人口聚集度提升。小镇通过产、城、人、文结合，其环境更加适宜创新创业。

【"半山立夏习俗"被列入国家级名录】2021年6月，国务院公布第五批国家级非物质文化遗产代表性项目名录，拱墅区"半山立夏习俗"入围扩展项目名录。半山立夏习俗是"二十四节气"知识与实践体系地方性传承保护的重要组成部分。半山立夏习俗是拱墅半山地区民众在立夏节气前后，世代传承的系列送春迎夏民俗活动。该习俗包括节令信俗仪式活动、节令游艺习俗、节令饮食、商贸集市等。该习俗以半山街道所辖区域为核心传承地，影响辐射杭州、嘉兴、湖州一带，并延伸至苏南、上海周边地区。2016年，"二十四节气"被列入联合国教科文组织人类非物质文化遗产代表作名录，拱墅区以"半山立夏习俗"成为全国10个代表性社区之一。（蒋　珏）

西湖区

【概况】2021年，西湖区辖10个街道、2个镇，有171个社区、32个村。至年末，全区户籍人口79.6万人，比上年增加2.2万人。全区生产总值1904.2亿元，增长10.7%。其中：第一产业增加值3.1亿元，下降1.2%；第二产业增加值144.0亿元，增长10.5%；第三产业增加值1757.1亿元，增长10.8%。三次产业增加值结构为0.16 ：7.56 ：92.28。

财政总收入345.67亿元，增长8.8%。其中一般公共预算收入175.67亿元，增长8.5%。一般公共预算支出126.98亿元，增长15.9%。其中：教育支出45.42亿元，增长64.23%；社会保障和就业支出15.16亿元，下降3.19%；文化惠民支出1.23亿元，下降12.22%；城市环境治理支出19.84亿元，下降0.42%；医疗卫生健康支出7.18亿元，下降18.5%。

农林牧渔业总产值4.65亿元。其中，农业种植业产值3.1亿元，渔业产值1.3亿元。经济作物播种面积0.9万亩。龙井茶、无公害蔬菜、水产养殖及花卉苗木等优势产业产值4.2亿元，占全部农业总产值的91.3%。全年淡水产品产量5833吨。

规模以上工业总产值378.9亿元，增长37.8%；规模以上工业企业销售产值364.7亿元，增长34.2%；规模以上工业企业增加值91.8亿元，增长20.5%。规模以上新产品产值143.2亿元，新产品产值率37.8%；规模以上工业高新技术产业增加值76.9亿元，增长24.1%，占工业增加值的83.9%。规模以上数字经济企业（单位）218个，数字经济增加值790.5亿元，占全区生产总值的41.5%。西湖区资质内施工总承包和专业承包建筑业企业139个，完成建筑业产值1049.6亿元。房屋建筑施工面积8458.8万平方米。

固定资产投资472.14亿元。其中：交通运输业投资17亿元，高新技术产业投资51.9亿元，生态环境和公共设施投资17.2亿元，项目民间投资96.8亿元，工业投资25.1亿元。房屋新开工面积51.68万平方米，竣工面积127.15万平方米，销售面积91.8万平方米，销售金额314.05亿元。

服务业增加值1757.1亿元，增长10.8%。服务业完成一般公共预算收入153.3亿元，对地方财政贡献率为87.2%。文化创意产业增加值401.8亿元，占全区生产总值的21.1%。

社会消费品零售总额787.6亿元，增长14.2%。其中：限额以上单位中，粮油食品零售额41.0亿元，增长8.6%；服装鞋帽类零售额28.2亿元，增长37.6%；石油及制品类零售额172.0亿元，增长33.5%；汽车类零售额88.8亿元，增长6.2%。限额以上批发和零售业单位通过公共网络零售额107.7亿元，增长48.8%。

市场主体新增2.18万个（其中个体户8767个），增长20.0%；新设小微企业1.1万个，增长19.7%；新增省级科技型中小企业754个，增长39%。全年办理企业迁入登记5362个，增长20.5%，办理企业迁出手续3870个，下降29.3%。挽留拟外迁企业753个（其中重点企业53个）。注销企业4719个，其中通过简易注销办理3495个，占比74.1%，增长9.2%。

全区参加职工基本养老保险57.26万人，增长7.9%；失业保险参保57.26万人；辖区户籍居民医疗保险参保率99.6%。新增城镇就业人员11.54万人，帮扶就业困难人员6200人。全区养老机构16个，床位3297张。城乡低保标准每人每月1102元，保障全区3248户、3990名困难群众基本生活。城乡社区居家养老服务照料中心147个。

全区幼儿园86所，在园幼儿3.87万人；小学29所，在校学生7.20万人；中学29所（含九年一贯制），在校学生2.56万人；特殊教育学校1所，在校学生124人；普通高中5所，在校生4579人，职业高中1所，在校学生1833人。在职在编教职员工6911人。学前儿童入园率103.2%，小学生入学率、初中生入学率均为100%。全区有公共图书馆1个、文化馆1个、市级以上文物保护单位（点）34处。建成农村文化礼堂31个、社区文化家园157个，举办各类文体活动780多场次。

全区发明专利授权量4780件，万人发明专利拥有量226件，国际申请（PCT）申请量为526件，新增注册商标2.08万件。10项科技成果获省科技进步奖，其中2项科技成果获省科技进步奖一等奖、2项获省自然科学奖。西湖区丰潭文化公园获2021年度杭州市省级"优质公园"称号，浙大路获2021年度杭州市省级"绿化美化示范路"称号。在杭州市绿化"双最"考核评比中，古新河、冯家河获评2021年度"示范滨水绿地"，丰潭路获评"示范道路绿地"，余杭塘路获评"最佳道路绿地"，浙大路、黄龙路获评"优胜道路绿地"，沿山河三期、沿山河四期获评"优胜滨水绿地"，嘉绿苑公园获评"优胜公园绿地"。

全年区人大代表提出议案建议81件，受理群众来信、来访、来电16件，办结率100%。

【"中国视听创新创业大会暨'视听西湖'高峰论坛"系列活动】2021年5月12—14日，由中国网络视听节目服务协会，浙江省广播电视局，西湖区委、区政府等单位联合主办的首届"中国视听创新创业大会暨'视听西湖'高峰论坛"系列活动在西湖区艺创小镇举行。活动以"聚焦数智新时代，共创视听新蓝海"为主题，主要包括"之江杯"中国视听创新创业大赛总决赛、人才市集、基地授牌、高峰论坛、训练营5项主题活动。来自政府管理部门、行业协会、专业院校、视听头部企业、投资机构、科研院所等近600个单位参加，超过2000人次参会，50多名专业嘉宾参与。论坛为视听行业中的青年创作者、创业者与行业领军人物、专业人士搭建一个全产业链的学习交流平台。

【老年人数字化服务体验点落地西湖区老年大学】2021年5月17日，由西湖区老年大学、支付宝（中国）网络技术有限公司联合发起的"跨越数字鸿沟，智享美好生活"活动仪式在西湖区老年大学举行，标志着西湖区老年大学成为老年人数字化服务体验点。该体验点为老年人提供智能手机用于学习防骗知识、金融安全教育等，开展适老化公益服务，帮助老年人融入数字生活。

【文三数字生活街区打造】2021年6月，文三数字生活街区项目被列入浙江省数字政府"双循环"应用场景首批培育库。街区围绕"数字、生活、打卡、流量、年轻、全时"6个主题，以数字创新赋能街区发展，丰富街区数字生态场景，为市民游客提供沉浸式数字体验，从数字消费、数字产业、数字治理3个领域入手，聚焦数字生活、数字教育、数字文化、数字体育、数字智能家居5类消费需求，对街区进行改造升级，把街区打造成引领示范的网红打卡点、全国数字生活第一街和数字应用场景示范区。至年末，完成沿线立面改造7处、店招店牌243个、灯光亮化43处，裸眼3D大屏完成安装和调试；对接产业项目200多个，重点在谈"完美世界"等项目43个，其中"气味元宇宙"等18个项目签约落地。智慧停车、云逛街小程序、"平行世界"、"高德一键游"和"运营魔方"管理平台5个数字化应用场景完成初步建设。

【西湖区数智汽车消费节】2021年7月10—11日，由西湖区商务局主办的西湖区数智消费嘉年华暨西湖区数智汽车消费节在西湖区黄龙万科中心开幕。活动汇集西湖区12个汽车流通企业，现场采用直播说车、VR试车等新技术新模式，线上和线下相融合的方式，为消费者"货比三家"提供便利。展销成交车辆订单57辆，成交金额1425万元。

【数字音乐智能处理技术文化和旅游部重点实验室落户】2021年7月13日，数字音乐智能处理技术文化和旅游部重点实验室在浙江音乐学院揭牌成立。该实验室是文化和旅游部重点实验室，以"数字音乐技术"为主体研究领域，聚焦数字音乐领域的系统研究方向，开展基础、应用型研究，培养领军科技人才，产出高质量成果，进行高水平学术交流，为文化和旅游发展提供支撑。

【西湖区西湖龙井茶茶农协会成立】2021年8月3日，西湖区委、区政府召开西湖龙井茶茶农协会成立大会。该会由168名茶农会员自愿结成，围绕西湖龙井品牌建设和保护，引导茶农建立西湖龙井茶生产体系，倡导茶农共商、共建、共享、共赢，提高茶农自治水平和自治能力，将更多的茶产业增值收益留给农村和农民，推动茶产业高质量发展，带动茶农增收致富。

【杭州现代音乐节】2021年10月15—19日，由浙江音乐学院、西湖区政府共同主办的"第二届杭州现代音乐节"在浙江音乐学院和西湖区艺创小镇举行。音乐节以向公众展现现代音乐艺术魅力，培养中国青年作曲家群体，推出中国优秀现代音乐作品为宗旨。聚焦音乐产业发展和创作，邀请多个国内优秀艺术团体和近300

2021年2月8日，浙大路获2021年度杭州市省级"绿化美化示范路"称号
（西湖区志编纂委员会办公室 供稿）

位音乐人，上演13个国家的44首现代作品，其中有27首作品为世界首演，并开展“艺创奖”国际管弦乐作曲比赛、“艺创奖”国际室内歌剧作曲比赛、作曲家与乐评家讲座、金星舞蹈讲座、歌剧研讨会等活动，拓宽学术交流的视野与内涵。

【杨奇瑞红色记忆雕塑长廊项目启动】2021年12月1日，西湖区艺创小镇杨奇瑞红色记忆雕塑长廊项目正式启动建设。杨奇瑞红色记忆雕塑长廊位于西湖区艺创小镇象山艺术公社南麓，分布在公社河流两岸，沿河大约1千米。长廊主要分为“长坡＋红色主体段”林道＋代表作品段“高台＋抽象小品段”3段，主要展陈中国美学家杨奇瑞教授的雕塑作品，包括《仇娃参军》《红船》《婆娑世界》等10多件。其中《仇娃参军》获文化和旅游部艺术局、中国美术家协会“庆祝中国共产党成立七十周年美术作品展览”金奖，《红船》是浙江省重大历史题材创作作品。

（西湖区志编纂委员会办公室）

滨江区

【概况】2021年，滨江区辖3个街道、59个社区，常住人口52.5万人，户籍人口31.12万人。全区生产总值2022.6亿元，比上年增长11.3%。财政总收入407亿元，增长13.5%，其中一般公共预算收入202.9亿元，增长11%。一般公共预算支出143.17亿元，增长13.3%。其中：民生保障支出124.1亿元，减少0.4%；教育、产业扶持支出分别为27亿元和61.5亿元，分别增长12.3%、14.6%。全社会固定资产投资302.9亿元，增长14.2%。社会消费品零售总额476.7亿元，增长11.2%。规模以上工业增加值771.1亿元，增长16.6%；规模以上服务业营业收入3253.6亿元，增长18.7%，服务业综合评价居全省第一位。新增上市企业10个，累计63个。新认定国家高新技术企业432个，有效数1928个；新增省科技型中小企业674个，居全省第一位；新增注册企业1.6万个，累计6.7万个，市场主体8万余个。2个企业入围中国民营企业500强。辖区内的“浙江数字文化国际合作区”入选第二批国家文化出口基地。

滨江区推进全域征迁“清零”，完成拆迁收购278户、交地402.4公顷。优化完善做地收储工作机制，全年经营性用地收储57.3公顷、出让49.6公顷。开展传统工业园区提升改造，完成长河工业园一期整体收购。开工留用地统筹开发项目5个，总建筑面积75.7万平方米。

滨江区总体城市设计获全国首批国土空间规划优秀案例。杭州奥体中心体育场工程获中国建设工程“鲁班奖”，杭州奥体网球中心获中国钢结构金奖，区体育馆提升改造工程完工。冠山路、时代大道、滨盛路下穿隧道、江南大道地下快速路通车，科技馆街、坚塔街等“断头路”打通。6个安置房小区综合整治完成，拆除保笼1.7万套，加装电梯414处。新增（优化）公交线路17条、定制线路5条，新增机动车泊位8884个。开展“美丽杭州”专项行动，创建市级“美丽河道”9条、省级“美丽河湖”1个。滨江区获2020年度全省五水共治工作优秀县（市、区）“大禹鼎”，华家排灌站获中国水利工程优质奖。北塘河游步道全线贯通，原塘子堰等3个村全域土地综合整治与生态修复工程绩效评价居全省第一位。建成口袋公园10个，新增绿化面积32.9万平方米，成功创建省级生态文明示范区。建成百姓健身房、口袋运动场、健身苑点27个。

全区投用钱江湾小学等学校4所，开工浦乐单元中学等学校12所，新增学位2970个。杭州二中白马湖学校等4个教育集团成立，名校集团化实现全覆盖。4所学校入选首批浙江省现代化教育名单。落实“双减”政策，课后服务开设率、校外培训机构压减率均为100%。创建全国学前教育普及普惠区，政府履职教育评价指标居全省第一位。四方共建医务社会工作基地成立，新（改）建社区卫生服务站5个。中国动漫博物馆启用，第十七届中国国际动漫节、第十五届杭州文化创意产业博览会等活动举行。

全区安置房项目26个、面积395万平方米，交付项目6个、面积63万平方米、3401套，安置3008户（次）。城镇新增就业13.6万人，帮扶2283名就业困难人员实现再就业。为征地拆迁家庭发放大病医疗补助600.6万元。创建示范型居家养老服务中心2个，建成婴幼儿“成长驿站”10个，新增3岁以下婴幼儿托位105个。制定全域未来社区建设实施方案，缤纷、冠山、东信等16个社区被列入省、市未来社区创建单位。推进物业服务企业红黑榜、“和滨江”物业纠纷调解机制，实施社工错时上下班制度。《杭州市滨江区社会组织培育发展办法实施细则》印发，新增社会组织73个，区慈善发展指数居全省第一位。

“数智滨江”在线办公系统和5个综合应用上线，29个应用场景获省级、市级试点，5个项目获省级科研资助。建成全省首批“一网通办”示范大厅，“浙里办”App中“平安工地通”功能模块入选省社会治理十大创新项目，“一码解纠纷”诉源治理平台小程序获评“法治浙江十五周年十大最佳实践”。

滨江区推进“平安滨江”建设，做好防范电信网络诈骗等工作，受理群众来信、来访、来电6.6万件，满意率98.4%。办理人大代表建议78件、政协提案69件，满意和基本满意率100%。完成区政府民生实事24个子项30个分项、市政府民生实事16个子项和省政府民生实事19个子项，满意和基本满意率100%。

【4所学校（幼儿园）入选省现代化学校名单】2021年1月26日，首批浙江省现代化学校名单公布，滨江区的钱塘春晓幼儿园（春晓园区）、杭州市闻涛小学、杭州闻涛中学、长河街道成人文化技术学校4所学校（幼儿园）入选。浙江省现代化学校评选分幼儿园、小学、初级中学、普通高级中学、中等职业学校和社区学校6类。入选学校在办学思想、育人模式、队伍建设等有发展亮点，显示学校发展的时代性、示范性和教育改革领导力、执行力，对于推动学校新一轮教育教学改革创新，提升教育教学质量作用明显。

【杭州奥体中心体育场工程获“鲁班奖”】2021年2月27日，杭州奥体中心体育场工程获中国建筑行业工程质量的最高荣誉奖“鲁班奖”。杭州奥体中心体育场工程位于滨江区，外形似大莲花，由28片大花瓣和27片小花瓣组成，于2009年奠基开工，2019年竣工投入使用，占地面积28.67公顷，总建筑面积22.9万平方米，有地上6层、地下1层，可容纳8.08万名观众。项目在建设过程中攻克深基坑安全施工、上部看台构件的精准定位及支模、悬挑构件加工与安装、空间弯曲构件加工制作及支撑架卸载、体育设施（场地、灯光、音响）施工及综合调试等多项工程技术难题，尤其是钢结构的架设。

【公安部检测中心滨江实验室揭牌】2021年4月9日，公安部检测中心滨江实验室揭牌仪式在滨江区物联网小镇举行。滨江实验室在智慧安防领域提供检测认证服务，联合本地企业、技术机构、行业团体等开展关键技术攻关、标准制定和修订等工作。滨江实验室建有3个公共安全防范产品检验检测实验室，能够对主要的安防电子产品开展检验检测。功能和性能实验室具备安防监控视频感知存储和传输等设备的检测能力；电磁兼容与安全性实验室具备电磁骚扰、电磁抗扰度和电气安全检测的能力；环境适应性实验室完成公共安全行业中常用设备的高低温、恒定湿热、交变湿热、冲击、碰撞、震动、盐雾以及外壳防护等级等环境适应性实验。

【滨江区民族专项基金设立】2021年6月4日，以“党恩各族颂·民族一家亲”为主题的民族故事会暨宣讲启动仪式在杭州市旅游职业学校举行，省、市、区相关单位300多人参加。仪式上，中华民族共同体意识宣讲启动，全省首个民族专项基金——红石榴基金发布。红石榴基金由滨江区慈善总会和滨江区民族宗教局共同发起，执行周期为3年，为杭州市旅游职业学校新疆班困难同学提供“雪莲花”助学金，为浙江警察学院西藏班困难同学提供“格桑花”助学金。申请由学校审定，符合条件的学生每学年可获得助学援助金3000元。

【中国动漫博物馆开馆】2021年6月26日，中国动漫博物馆开馆。中国动漫博物馆位于滨江区白马湖畔，占地面积2.77公顷，主体建筑面积3.04万平方米，有4个常设展厅。一楼序厅“动漫你的遐想”展示经典的动漫片段和经典的动漫形象。二楼展厅“动漫你的回忆”以时间为线索，讲述2004年前中国动漫发展历史，从动画、漫画的起源、萌芽开始，依次展现清朝末期、“中华民国”、中华人民共和国社会主义建设时期及改革开放时期的动画和漫画，设置互动游戏和报亭、租书屋、老式电视机等具有年代特色的制景。三楼展厅“动漫你的今天”展现2004年后中国动漫产业发展状况，展示作者手稿和各类动漫衍生品，配置动漫图书馆。四楼展厅“动漫你的未来”通过多种AR（增强现实）、VR（虚拟现实）、MR（混合现实）等设备，展现动漫与其他领域的融合应用，设立电竞专区、动画教室等。动漫博物馆有原画、史料、刊物、模型等各类动漫藏品2万余件，包括各国动漫大师和专家学者捐赠的藏品。中国动漫博物馆是经国家广播电视总局和中国动画学会批准的“国字号”动漫博物馆，是浙江省“之江文化产业带”及“之江艺术长廊”的重点项目。

【滨江区“亚运靓城”攻坚行动】2021年7月21日，滨江区在杭州奥体网球中心（小莲花）举行“亚运靓城”攻坚行动大会。会上，“亚运靓城”五大攻坚行动和各项具体措施、亚运数字场馆管理系统和运营计划等发布。五大攻坚行动群体代表和青年志愿者代表集体宣誓。五大攻坚行动包括数智靓城、洁美靓城、品质靓城、文明靓城、平安靓城。数智靓城行动包含智慧场馆提升、数字赋能治理、未来社区建设3个类别、8项具体措施。洁美靓城行动包含绿色生态保护、基础设施建设、全域面貌提升和重要节点扮靓4个类别、18项具体任务。品质靓城行动包括畅通出行、公共服务提升、商业服务配套、无障碍设施改造4个类别、17项举措。文明靓城行动围绕基层文明建设、推进全民健康、志愿服务3个类别、14项进行全面提升。平安靓城行动从覆盖基层治理、亚运安保、城市安全的3个类别、18项具体任务改进。

【滨江区获评省级生态文明建设示范区】2021年7月21日，滨江区被省政府命名为省级生态文明建设示范区。滨江区先后编制实施《新时代美丽滨江实施纲要》《新时代美丽滨江建设三年行动计划》，出台《杭州高新区（滨江）生态环境保护“十四五”规划》《杭州高新区（滨江）流域水生态环境保护“十四五”规划》等生态文明建设指导性文件，把生态文明建设内容纳入区政府常务会议专题研究议题，并纳入区综合目标考评体系，明确各部门、街道责任并抓好落实。推进中央和省级生态环保督察

2021年2月27日，杭州奥体中心体育场工程获中国建筑行业工程质量“鲁班奖”

［杭州高新区（滨江）地方志编研室 供稿］

整改，开展印刷、汽车修理等行业专项整治行动，21个汽车修理企业完成水性油漆替代。对重点企业周边环境进行空气采样分析，开展现场调查958个（次），开展工业企业异味综合整治。“无废城市”创建任务及责任清单完成率100%，项目清单完成率100%。深化“环保智管服”系统运用，整合企业日常需要填报的多个环保业务系统，把年度生态文明、水、气、土各目标任务通过“环保智管服”系统落到具体企业。全面建成“滨江数字治水云平台”，实现治水数据整合。

【“浙江数字文化国际合作区”入选国家文化出口基地】2021年8月27日，第二批国家文化出口基地名单公布，滨江区的“浙江数字文化国际合作区”入选。浙江数字文化国际合作区是滨江区数字经济、动漫文创产业和数字贸易发展的核心区域，依托滨江区数字贸易优势，通过构建工业化、数字化、标准化、国际化和融合化“五大体系”，和建设国际动漫数字内容智创平台、“之江一号”AI表演数字动画平台、动漫数字化制作及衍生品开发智造平台、动漫数字化贸易平台、国际动漫技术标准研发平台、动漫行业专家智库平台、海外动漫交易平台、国际动漫版权保护平台、国际动漫交易公共服务平台和数字动漫文创产业融合发展平台“十大平台”，实行“政府监管、市场运作、企业运营”的创新工作机制，打造以数字文化出口为特色的集聚区，引领中国数字文化贸易发展。合作区运营主体为浙江中南卡通股份有限公司，引入数字文化技术、内容、贸易等创新型企业30多个，形成近5万分钟的动漫数字内容年生产能力，有近50万分钟多语言片库，出口原创动画60万分钟以上，出口覆盖100多个国家和地区，形成集数字技术研发、数字内容创作、数字文化出口为一体的数字文化产业和贸易生态链。

【网络安全主题公园落户滨江】2021年10月14日，2021年浙江省（杭州市）网络安全宣传周“法治日”活动在滨江区启动，宣布全省首个网络安全主题公园落户滨江互联网小镇。主题公园采用“网络安全＋公园”方式，利用开放式公园进行网络安全普法教育。公园内设置网络安全视频播放点、网络安全网红打卡点、网络安全普法知识点、网络安全案例警示点以及网络安全公益大讲堂等内容。公园以小镇近1万个互联网企业为载体，通过日常普法宣传教育和警企党建共建等方式，提升行业主体的互联网法治意识。公园对外免费开放，供市民在休闲中学习网络安全知识。

［杭州高新区（滨江）地方志编研室］

萧山区

【概况】2021年，杭州市对部分行政区划进行优化调整，原萧山区所辖河庄、义蓬、新湾、临江、前进5个街道划为钱塘区。调整后的萧山区设城厢、北干、蜀山、新塘、闻堰、宁围、盈丰、新街、靖江、南阳10个街道，楼塔、河上、戴村、进化、浦阳、临浦、所前、义桥、衙前、瓜沥、益农、党湾12个镇。全区有社区216个、村343个。户籍人口124.01万人，自然增长率3.64‰，登记在册的流动人口130.79万人。全区生产总值2011.62亿元，比上年增长8.7%。其中：第一产业增加值58.41亿元，增长1.7%；第二产业增加值775.27亿元，增长7.7%；第三产业增加值1177.94亿元，增长9.7%。三次产业增加值结构为2.9∶38.5∶58.6。按常住人口计算，萧山区人均生产总值9.88万元，按国家公布的2021年平均比率折算为1.55万美元。

财政总收入564.98亿元，增长22.5%。一般公共预算收入343.03亿元，增长14.3%。公共财政预算支出324.23亿元，增长17.6%。其中：用于民生支出228.2亿元，增长13.0%，占公共财政预算支出的70.4%；城乡社区支出、教育支出、卫生健康支出分别为49.73亿元、62.63亿元和26.45亿元，分别增长22.8%、10.2%和15.9%。

金融业增加值213.39亿元，增长5.1%。金融机构本外币存款余额5919.69亿元，增长7.0%；贷款余额5897.40亿元，增长15.7%。新增5个上市企业，“新三板”挂牌企业迁入1个。城镇、农村居民人均可支配收入分别为75935元和46657元，增长8.5%和9.5%。人均消费支出42245元，增长14.9%。按常住地分，城镇、农村居民人均消费支出分别为44346元和36565元，增长13.9%和16.7%。年末城镇居民人均住房建筑面积54.1平方米，增长1.2%；农村居民人均住房建筑面积78.3平方米，增长0.3%。

数字经济核心产业增加值150.66亿元，增长18.0%，占全区生产总值的7.5%。规模以上数字经济核心产业中，制造业企业138个，增加值71.72亿元；服务业企业115个，增加值56.94亿元。

农林牧渔业增加值60.77亿元，增长2.0%。全年农林牧渔业总产值90.16亿元，其中农业61.12亿元、林业1.33亿元、畜牧业10.52亿元、渔业10.53亿元、农林牧渔服务业6.65亿元，分别增长1.7%、16.5%、95.3%、3.0%和8.1%。蔬菜、花木、畜牧、水产和茶果五大特色产业产值77.5亿元，占农业总产值的86.0%。瓜果类产量7.37万吨，增长4.8%；水产品产量3.69万吨，增长0.3%。萧山区被评为浙江省新时代美丽乡村标杆县，创建美丽乡村提升村47个，新街、戴村、衙前3个乡镇（街道）创建成为美丽城镇省级样板。

工业增加值686.14亿元，增长7.8%。其中：规模以上工业增加值554.11亿元，增长8.5%。规模以上高新技术产业增加值351.97亿元，增长9.8%；战略性新兴产业增加值130.67亿元，增长13.8%；装备制造业增加值227.08亿元，增长14.7%。规模以上工业企业利税总额284.34亿元，其中利润总额213.38亿元，分别增长28.2%和40.1%。营业收入利润率5.4%，提高0.6个百分点。规模以上工业企业全员劳动生产率25.0万元/人。建筑业增加值89.35亿元，增长7.0%。

固定资产投资增长13.0%。房地产开发投资786.72亿元，增长7.1%。房屋施工面积2452.90万平方米，下降4.7%；竣工面积332.11万平方米，下降27.7%。商品房销售面积488.04万平方米，增长44.9%。综合改造提升老旧小区26.77万平方米，既有住宅加装电梯55台。新开工公租房18.61万平方米,交付运营蓝领公寓4368套。完成5个城中村征迁工作。新开工安置房112万平方米,竣工269.83万平方米,回迁安置4169户。新增住房公积金建制职工11.87万人。

批发和零售业增加值208.87亿元,增长13.3%。社会消费品零售总额813.43亿元,增长14.4%。其中,限额以上社会消费品零售总额422.09亿元,增长26.9%。在限额以上批发零售贸易业零售额中,汽车类增长53.8%,服装鞋帽针纺织品类增长10.2%,石油及制品类增长27.9%,日用品类下降22.0%。网络零售额1363.68亿元,增长5.5%。

进出口总额1027.07亿元,增长29.7%。其中:进口总额238.64亿元,增长31.7%;出口总额788.42亿元,增长29.2%。进口总额中:机电产品238.18亿元,增长22.0%;纺织品204.52亿元,增长24.8%;羽绒及其制品59.25亿元,增长10.2%;服装32.60亿元,下降5.9%;家具32.99亿元,增长35.4%;化工30.54亿元,增长23.7%。出口总额中:汽车配件31.47亿元,增长24.7%;新能源16.11亿元,增长17.1%;高新技术产品16.08亿元,下降1.9%。

浙江大学杭州国际科创中心启用,西安电子科技大学杭州研究院被认定为省级新型研发机构。北京大学信息技术高等研究院与企业新建联合实验室9个。新增省级博士后科研工作站8个、省重点企业研究院1个、省企业研究院8个、省高新技术企业研究开发中心44个、市级以上科技企业孵化器(众创空间)11个。新增发明专利授权1122件,增长108.9%。参与制(修)订国家标准、行业标准和"浙江制造"标准32项,新增"品字标浙江制造"企业认证20个。新认定国家高新技术企业470个、省科技型中小企业806个,28个企业入选"独角兽""准独角兽"榜单。

全区有小学80所,在校学生11.01万人;初中53所,在校学生4.04万人;普通高中13所,在校学生2.06万人。学前三年幼儿园净入园率99.6%,初中毕业生升入各类高中比例为99.97%。新增学位1.68万个。义务段学后托管服务覆盖率、营利性学科类机构"压减率"100%。高考一段上线率78.9%,高于全省平均18.9个百分点。

全区有各类旅行社64个,增长1.6%;星级宾馆8个,其中五星级3个、四星级4个;AAAA级景点5个。萧山区成功创建省级全域旅游示范区、省AAA级景区城,建成4个省级景区镇和25个省A级及以上景区村庄,设计发布萧山文旅亚运线路。新建全民健身设施354个,"15分钟健身圈"实现全覆盖,创建省体育现代化区。城市文化公园开工建设,浙农·东巢艺术公园建成开园,新建城市书房10个,打造全省首个钱塘江古海塘遗址公园。跨湖桥遗址博物馆"勇立潮头——跨湖桥文化主题展"获评第十八届全国博物馆十大陈列展览优胜奖。全年艺术表演团体演出840场次,观众22.5万人次。至年末,全区图书馆藏书301.18万册。

全区参加企业职工基本养老保险109.88万人;参加医疗保险151.16万人;参加工伤、生育和失业保险分别为99.79万人、70.39万人和69.93万人。养老保险参保率99.1%,城乡居民医疗保险参保率99.7%。社区居家养老服务照料中心478个,示范型居家养老服务中心27个。各类养老机构40个,养老机构床位4993张。儿童福利机构1个,床位200张。城乡居民最低生活保障标准为每人每月1102元。享受城乡最低生活保障1.27万人。全年发放最低生活保障金额1.56亿元,发放救助资金1.78亿元,发放善款8885.2万元。

亚运场馆主体验收和赛事功能验收基本完成,亚运村竣工。博奥隧道、滨盛路隧道建成通车,钱江世纪公园亚运观赛空间设施完成改造。萧山机场T4航站楼和陆侧交通中心主体基本完工,萧山区人民广场、铁路杭州南站综合交通枢纽东广场建成,地铁6号线二期正式运营。时代大道高架、03省道东复线高架南延建成通车,风情大道、彩虹大道部分通车,新康路等一批支小断头路打通。

全社会用电量214.26亿千瓦时,增长11.7%。其中:工业用电140.44亿千瓦时,增长8.8%;城乡居民生活用电25.19亿千瓦时,增长12.7%。供水37362万立方米,供水能力160万立方米/日。公交线路192条,全年公交汽车客运总量1.06亿人次。建成区面积125.23平方千米,建成区绿化覆盖率38.2%。

地表水各级控制断面水质均为Ⅲ类及以上,集中式饮用水源地水质100%达标。PM2.5浓度降至31.6微克/立方米。617个垃圾分类小区实现"定时定点"全覆盖,318个垃圾分类村实现"四定一撤"全覆盖。获评省生活垃圾分类工作优秀区。规模以上工业单位增加值能耗下降0.3%。

【中国(浙江)自贸试验区杭州片区萧山区块建设初步成果】2021年7月30日,省政府新闻办举行中国(浙江)自由贸易试验区建设新闻发布会,公布第五批十大标志性成果,其中萧山区块2项成果入选,分别为率先完成首笔新型离岸转口业务、美国开市客(Costco)仓储批发卖场落户。中国(浙江)自由贸易试验区杭州片区萧山区块形成飞机进口保税租赁海关异地联动监管、空港园区复合型监管场所创新暨"数字清关"等8个制度创新案例,参与杭州片区第一批评选,3个入选市级优秀创新案例。形成杭州萧山国际机场改扩建(国际货站及机坪)工程项目、杭州大会展中心项目一期工程等4项自贸建设成果,入选浙江自贸试验区重大标志性成果。ABB过程自动化事业部中国技术中心、圣戈班生物制药一次性系统本地化产线、德国采埃孚电驱动车辆关键零部件、美国开市客(Costco)仓储批发卖场等5个世界500强项目落户自贸试验区萧山区块。萧山区行政服务中心的"无窗化"自贸审批服务专区,打造全生命周期多跨场景式自贸审批服务模式,入选第二批杭州自贸片区优秀改革"试点经验"。

【纪念衙前农民运动100周年学术研讨活动】2021年9月29日,由中国中共党史学会和浙江省委党史和文献研究室主办,杭州市委党史研究室(杭州市人民政府地方志办公室)、杭州师范大学和萧山区委承办的"传承百年火种·奔向共同富裕——纪念衙前农民运动100周年学术研讨活动”在萧山区召开。来自全国党史、党建、马克思主义研究、社会学等领域的60多位专家、学者参会。会上，党史专家、一级教授邵维正做主旨演讲。研究衙前农民运动的论文作者代表进行交流研讨。与会人员参观衙前农民运动纪念馆、衙前镇凤凰村、杭州亚运场馆、杭州国际博览中心。

【萧山中学在全国中学生生物学奥赛中获佳绩】2021年10月5日，第30届全国中学生生物学奥林匹克竞赛闭幕。萧山中学12名学生参赛，分别获金牌11枚、银牌1枚。11名获金牌的学生中有10名进入全国前50名，入选国家集训队，并获清华大学、北京大学入学资格。

【“一体化数字驾驶舱”入选政府信息化创新成果与优秀案例】2021年10月22日，在中国信息协会主办的2021年政府信息化大会上，萧山区“一体化数字驾驶舱”案例入选政府信息化创新成果与优秀案例。2020年11月，萧山区发布区、镇、村三级一体化数字驾驶舱，2021年实现1个区级驾驶舱、22个镇（街道）级驾驶舱和549个村（社区）级驾驶舱的一体化建设。纵向实现杭州城市大脑“五级机长制”在区、镇、村三级的贯通落地；横向联动基层四平台、“12345”、数字城管、“110”等业务系统，打通基层数字治理“最后一公里”。

【全省深化“千万工程”建设新时代美丽乡村现场会在萧山召开】2021年11月16日，全省深化“千万工程”建设新时代美丽乡村现场会在萧山区召开。与会代表走访衙前镇凤凰村、进化镇欢潭村、临浦镇横一村3个具有代表性的美丽乡村。萧山区通过3年多努力，打造全域美丽大花园，按照示范村、提升村、整治村分类分批推进。至年末，累计启动18个示范村、161个提升村、126个整治村创建工作和4个未来乡村建设，基本实现美丽乡村全覆盖。推动“美丽河湖”“美丽林道”建设。累计创建省级美丽乡村示范乡镇10个、省级美丽乡村特色精品村25个。A级以上景区村庄108个，其中进化镇欢潭村、戴村镇佛山村成为示范典型。

【萧山区省级小微企业园增量居全省第一位】2021年，萧山区新增省级小微企业园15个，增量居全省第一位。以萧山区三江汇·创谷、紫橙国际创新中心和浙江国际影视中心等为代表的小微企业园凝聚合力、创新开发。三江汇·创谷入园企业中包括世界500强分支机构2个、中国500强控股公司1个、上市企业子公司分公司4个。紫橙国际创新中心围绕“数智新萧山”建设，以新华三人工智能研究院、中睿信数字技术有限公司技术总部、云尖信息技术有限公司等企业为重点，进行招商引资。宏胜集团食品饮料全产业链小微园培育集聚产业上下游企业，形成食品饮料全产业链集群，在园内可以提供饮料生产一站式解决方案。友成模具园为入驻企业提供研发、制造、资金、团队等资源共享平台，打造模具制造未来工厂。（王　鸣）

2021年9月29日，“纪念衙前农民运动100周年学术研讨活动”在萧山区召开
［萧山区委党史研究室（萧山区地方志办公室）供稿］

余杭区

【概况】2021年4月9日，杭州市部分行政区划优化调整实施动员大会召开，会议宣布《浙江省人民政府关于调整杭州市部分行政区划的通知》，明确撤销杭州市余杭区，设立新的杭州市余杭区。至年末，余杭区辖7个街道、5个镇，有村116个、社区97个。全区户籍总人口70.14万人，人口自然增长率8.20‰。全区生产总值2502.20亿元，比上年增长7.5%。其中：第一产业增加值39.74亿元，增长1.7%；第二产业增加值336.98亿元，增长13.5%；第三产业增加值2125.48亿元，增长6.7%。三次产业增加值结构为1.6∶13.5∶84.9。其中，全区数字经济核心产业增加值1605.70亿元，占全区生产总值的64.2%。财政总收入745.31亿元，其中地方一般公共预算收入375.69亿元，分别增长20.2%、19.5%。财政预算支出334.11亿元，预算内用于民生支出242.48亿元，占财政预算支出的72.3%。

1月11日，省城乡环境整治工作领导小组印发《关于新时代美丽城镇建设2020年度工作考核结果的通报》，其中余杭区被评为2020年度新时代美丽城镇建设优秀县（市、区）。余杭区在“2021中国县域综合实力百强榜”中列全国第五位，在“2021中国数字治理百佳县市”榜单中列全国第三位。2月，余杭区被评为2020年度全省垃圾分类工作优秀县（市、区）。余杭区获评2020年度浙江省“小微企业三年成长计划”工作优秀区。11月，余杭区获全省服务业发展综合评价第一名。12月15日，余杭区获“2017—2020年度平安中国建设示范县”称号。

农林牧渔业总产值64.69亿元，增长3.7%；增加值41.63亿元，增长2.1%。农产品网络销售额10.1亿元，增长23.2%。余杭区获全省"产粮大县"称号。推进美丽乡村"1510"示范创建项目10个，扩面提升新时代美丽乡村85个，创建市、区两级数字乡村样板14个，鸬鸟镇获评全国"一村一品"示范乡镇。12月，余杭区获评全国县域农业农村信息化发展先进县。

规模以上工业增加值248.44亿元，增长16.7%。规模以上工业高新技术产业增加值198.0亿元，增长22.2%，占规模以上工业增加值的79.7%。规模以上工业新产品产值率46.7%，提升4.4个百分点。装备制造业增加值141.83亿元，增长20.2%；战略性新兴产业增加值126.89亿元，增长33.4%。健康制造业增加值31.16亿元，增长133.8%，拉动全区规模以上工业增加值增长10.2个百分点。规模以上工业营业收入1090.08亿元，增长18.6%。

全区固定资产投资增长4.9%。进出口总额348.58亿元，增长34.3%。其中：进口额23.57亿元，增长18.0%；出口额325.01亿元，增长35.6%。全区社会消费品零售总额676.29亿元，增长22.7%。

全区接待国内外游客731.5万人次，增长10.3%；旅游总收入122.4亿元，增长18.6%。创建省级以上乡村旅游重点村3个、AAA级以上景区乡镇（街道）5个、A级以上景区村庄8个，入选全省全域旅游示范区。新改造绿道33.03千米，径山绿道获评"浙江最美绿道"。实施"四好农村路"三年行动，建成"四好农村路"63条、105.55千米。11月，余杭区入选"四好农村路"全国示范县名单。

全年营运客车客运量47.66万人次，港区完成货运吞吐量3945.3万吨。运溪高架建成通车。全区范围累计建成"四好农村路"404条、537.19千米。

国际专利申请量187件，专利授权量1.5万件。新增国家高新技术企业507个，列全省第一位；新增科技型中小企业1292个。新增专精特新"小巨人"企业6个、单项冠军产品企业1个。强化品牌建设，新增"浙江制造"品牌企业10个，发布浙江制造标准6项。迭代升级大孵化器战略，新增孵化载体32个、物理空间158.83万平方米，新增国家级孵化器、众创空间15个，省级新型研发机构2个。6月15日，在浙江省科学技术奖励大会上，公布《关于2020年度市县党政领导科技进步目标责任制考核优秀单位和授予杭州市等市县"科技创新鼎"的通报》，余杭区获"科技创新鼎"，获评2020年度市县党政领导科技进步目标责任制考核、人才工作述职评议考核优秀单位。

全区有幼儿园108所，在园幼儿4.11万人；小学36所，在校学生6.60万人；初中（含九年一贯制学校）23所，在校学生2.18万人；普通高中（含十二年一贯制学校）12所，在校学生8055人；职业高中2所，在校学生3335人，毕业生1045人。小学适龄儿童入学率100%，初中毕业生升学率99.97%。全区有文化体育场所60处，其中游泳场所19处。11月，余杭区瓶窑镇获评"浙江省戏曲之乡"。

各类医疗卫生机构446个，其中区属医院3个、社区卫生服务中心12个。全区各医疗机构实际开放床位5873张，其中区属医院1299张。区属医院、社区卫生服务中心有卫生技术人员2688人，其中执业医师1349人，注册护士921人。全年家庭医生签约服务28.58万人。

全区基本医疗保险参保93.0万人，工伤保险参保69.53万人，生育保险参保48.39万人。全区职工养老保险参保66.74万人，城乡居民基本养老保险参保7.89万人。新增示范型居家养老服务照料中心25个，实施生活困难老年人适老化改造367户，发放老年人生活补贴、端午节、中秋节慰问费9020万元。建成示范型儿童之家40个，发放各类救助资金1.2亿元。

城镇和农村常住居民人均可支配收入为77184元、48705元，分别增长9.2%、10.4%。城镇常住居民消费支出为49426元，增长17.1%；农村常住居民消费支出为37727元，增长18.8%。

【余杭区获评国家生态文明建设示范区】 2021年10月14日，在联合国《生物多样性公约》第十五次缔约方大会生态文明论坛开幕式上，余杭区被命名为国家生态文明建设示范区。余杭区坚持"生态立区"，加强生物多样性的保护力度，东方白鹳、彩鹮、黑鹿等珍稀物种在境内多次出现。开展国家生态文明建设示范区创建，在平衡经济发展和生态保护、构建人与自然生命共同体等方面取得明显成效。

【余杭区3个项目被评为省"红旗"项目】 2021年9月，省发改委发布2021年全省二季度"红旗"项目和"蜗牛"项目。余杭区中法航空大学项目、杭州西动车所盖板项目、235国道杭州老余杭至五常段改建工程被列入省"红旗"项目。中法航空大学项目总用地面积67公顷，规划建筑面积77万平方米，规划在校生1万人、教职工2000人。杭州西动车所盖板项目用地面积74公顷，总投资84.5亿元。235国道杭州老余杭至五常段改建工程项目总投资94.5亿元。

【余杭水稻亩产创杭州市新纪录】 2021年11月，中国水稻研究所、省农技推广中心、市农业农村局有关专家到仁和街道东风村，对余杭益民农业生产服务专业合作社申报的省级超级稻百亩攻关方进行实割产量验收。该攻关方面积7.67公顷，种植品种为"甬优12"。专家组在攻关田实割1.1亩，平均亩产1012.7千克，打破2017年杭州市单季晚稻最高亩产1007.38千克的纪录。

【余杭10种林产品获"森博会"金奖】 2021年11月，第14届中国义乌国际森林产品博览会在义乌举行。余杭区组织21个企业的家具板材、森林食品、茶产品、花卉等5类100多件展品参展。其中，千年舟集团的抗菌生态板、物产长乐创龄生物科技有限公司的铁皮石斛花茶、宝晟生态农业开发公司的春笋等10种林产品获"森博会"金奖，杭州绿丰竹笋专业合作社春笋等20种林产品获"森博会"优质奖。

【梦想小镇、人工智能小镇获评省级优秀】 2021年11月，浙江省命名和

2021 年 8 月 1 日，运溪高架路通车
［余杭区委党史研究室（余杭区地方志编纂研究室）供稿］

创建特色小镇 2020 年度考核结果公布，余杭区梦想小镇获评“浙江省命名特色小镇”优秀等级，中国（杭州）人工智能小镇获评“浙江省创建特色小镇”优秀等级，并入选第五批省级特色小镇名单。

梦想小镇位于未来科技城，核心区规划面积 3 平方千米。小镇园区内累计引进各类创业孵化机构 50 多个，累计集聚创业项目 2565 个、创业人才 2.14 万名；国家级众创空间 16 个，省级众创空间 24 个，孵化国家高新技术企业 65 个。中国（杭州）人工智能小镇位于未来科技城核心区块，规划面积 3.43 平方千米。至年末，人工智能小镇有高端研发机构 19 个、项目 914 个，集聚创新创业人员近 8800 名；77 个企业获社会融资，融资规模近 56 亿元。小镇有独角兽、准独角兽企业 13 个，国家高新技术企业 102 个，市级高新技术企业 42 个，“雏鹰计划”企业 95 个。

【余杭区鸬鸟镇获评省 AAAA 级景区镇】2021 年 1 月，浙江省发布 2020 年度全省 AAAA 级以上景区城、AAAAA 级景区镇名单。余杭区鸬鸟镇被认定为浙江省 AAAA 级景区镇。鸬鸟镇境内山水资源丰富，森林覆盖率 87.9%，有余杭第一高峰海拔 1095 米的窑头山及次高峰海拔 1025 米的红桃山。境内有国家 AAAA 级景区山沟沟、仙山谷激浪漂流景区、房车露营公园、野天堂小镇、滑翔伞基地等景区景点，有 AAA 级景区村庄 4 个、AA 级景区村庄 2 个。至 2020 年，该镇获评中国生物圈保护区、国家森林公园、国家级生态镇（全国环境优美镇）、“全国旅游百强乡镇”，成功创建全域“国家 AAA 级景区”、省乡村旅游产业集聚区“2020 杭州·浙西文旅消费示范点”、省旅游风情小镇等。

【径山镇获评多项荣誉】2021 年 10 月，文化和旅游部公布 2021—2023 年度“中国民间文化艺术之乡”名单，径山镇以“茶文化”被列入其中。11 月，第五届“浙江最美绿道”名单公布，径山（双溪、小古城村）绿道入选。径山绿道全长 9.5 千米，绿道串联起观景平台、休闲廊架、竹寮、公园和游乐设施等景观节点，将自然风光、美丽村庄、生态公园、历史文化古迹等有机融合。11 月，农业农村部公布第二批“全国乡村治理示范村镇”名单，径山镇入选。12 月，浙江省生态文化协会、省林业局公布 2021 年浙江省生态文化基地名单，径山镇小古城村入选。小古城村属大径山乡村国家公园核心区，村域内有稻田 130 多公顷、生态茶园 170 多公顷，村内有民宿 26 个。

【中国智慧医疗创新大赛在余杭区举行】2021 年 7 月 22 日，2021 年第三届中国“AI+”创新创业大赛——智慧医疗创新大赛在良渚生命科技小镇举行。大赛由中国人工智能学会和杭州市科技局联合主办，来自智慧医疗领域政、产、学、研的 100 多人参加。参赛项目均是 AI 在医疗行业应用的热门场景，包括康复、制药、影像、医疗信息化、医疗器械、机器人等领域。由资深投资人和医疗机构专家组成的评审团进行评分。最终，深圳瀚维智能医疗科技有限公司获大赛冠军。该公司的项目融合人工智能、计算机视觉、大数据、超声系统等技术，通过智能乳腺超声机器人采集和输出标准化乳腺超声影像数据，应用人工智能技术进行阅片分类，实现全自动规范扫查与人工智能诊断一体化；超声影像数据同步传输到服务器，建立个人乳腺健康档案，监测随访记录，诊疗全过程数据可追溯，汇总区域性乳腺健康管理档案。

【运溪高架路通车】2021 年 8 月 1 日，贯通余杭区、临平区的运溪高架路通车。该高架路全长 34 千米，东起临平区崇贤街道与杭州主城区衔接处，西至余杭区余杭街道城南路和运溪路交叉口，总投资 80 多亿元，是“杭州中环”首个启动开工、首个通车的项目。

【余杭区最大单体排涝泵站投入运行】2021 年 11 月，余杭区最大单体排涝泵站——余杭街道下陡门排涝机埠新建工程通过竣工验收，投入运行。该工程规模为Ⅲ等中型工程。泵站总装机容量 2400 千瓦，总排涝流量 30 立方米/秒，设计洪水标准为 30 年一遇，校核洪水标准为百年一遇。永建圩区位于南苕溪下游段，总面积 41.15 平方千米，圩区总装机容量近 3000 千瓦，总排涝流量 35.4 立方米/秒。

【四星级民生药事服务站建成】2021 年 9 月，余杭区 2 个四星级民生药事服务站建成，分别是良渚街道的邻家大药房和余杭街道的海王星辰健康药房。居民遇到药品、医疗器械等方面的问题，可到就近的民生药事服务站寻求专业解答与帮助。民生药事服务站提供用药指导、"网订店送"、用药随访等民生药事服务项目，除"网订店送"项目会根据实际收取费用，其他项目均为免费。站内配备执业药师4人和健康顾问2人，为顾客提供18项药事服务。

【浙江大学先进电气装备创新中心开园】2021年1月16日，浙江大学先进电气装备创新中心开园。创新中心位于钱江经济开发区，下设机器人与智能制造伺服系统研究院、先进工业装备电机系统研究院和新能源汽车电驱动系统研究院，致力于整合浙江大学电气工程学院创新学术成果及人才资源，对接余杭产业，开展技术攻关，建设智能制造创新成果转化基地和先进电气装备创新中心。

（李景苏）

临平区

【概况】2021年，临平区辖7个街道、1个镇，有村57个、社区125个。至年末，全区户籍人口58.34万人，人口自然增长率6.20‰。全区生产总值940.09亿元，比上年增长10.6%。其中：第一产业增加值15.42亿元，增长3.8%；第二产业增加值505.89亿元，增长10.8%；第三产业增加值418.78亿元，增长10.6%。三次产业增加值结构为1.6 ：53.8 ：44.6。

财政总收入247.08亿元、地方一般公共预算收入151.33亿元，分别增长20.2%和19.5%。税收收入占地方财政收入的95.9%。财政预算支出183.40亿元。其中，用于民生支出131.97亿元，占全区财政预算支出的72.2%。

农林牧渔业增加值16.13亿元，增长4.1%；总产值24.05亿元，增长9.9%。其中：种植业产值12.83亿元，增长7.3%；畜牧业产值0.45亿元，增长12.2%；渔业产值9.06亿元，增长14.3%。全区农产品网络销售额6.3亿元，增长8%。

规模以上工业增加值409.99亿元，增长13.0%。规模以上工业高新技术产业增加值328.15亿元，增长15.8%，占规模以上工业增加值的80.0%；规模以上工业新产品产值率54.4%。装备制造业增加值252.15亿元，增长16.6%；战略性新兴产业增加值159.98亿元，增长16.4%；生物医药产业增加值44.62亿元，增长17.9%。规模以上工业营业收入1732.05亿元，增长22.6%；利润总额125.41亿元，营业收入利润率7.0%。

固定资产投资增长18.9%。进出口总额350.72亿元，增长29.7%。其中：进口额22.59亿元，增长29.1%；出口额328.13亿元，增长29.8%。全区社会消费品零售总额349.00亿元，增长11.8%。全区接待国内外游客351.60万人次，增长4.1%；旅游总收入61.69亿元，增长1.3%。A级景区5个，其中AAAA级以上景区2个；四星级以上饭店4个；星级旅行社5个；省级旅游风情小镇1个；省级景区镇3个，其中AAAA级以上景区镇2个；省级景区村庄36个，其中AAA级以上景区村10个；市级中小学生研学基地1处；非物质文化遗产体验基地（街区）3处。临平区获评"浙江省全域旅游示范区"。

全年营运客车客运量31.45万人次，港区完成货物吞吐量3813万吨。崇贤至老余杭连接线（高架）工程完成。杭州地铁9号线、杭海城际铁路开通运营，高铁临平南站北广场建成启用。运溪高架路、沪杭高速临平段主线高架建成通车。

全区新增专利授权量1.04万件，新增国家高新技术企业280个，新增省科技型中小企业373个、孵化载体20个、物理空间118万平方米，新增专精特新"小巨人"2个。临平国家级经济技术开发区入选全省首批区域新智造试点、全省双创示范基地。新增省级新型研发机构1个，省级重点企业研究院1个，省级企业研究院7个，省级企业研发中心14个。中国工业互联网研究院浙江分院、中国服装科创研究院、浙大高端装备研究院、浙大基础医学创新研究院、工业和信息化部服务型制造研究院投入运营。

全区有幼儿园61所，在园幼儿3.58万人；小学26所，在校学生6.90万人；初中（含九年一贯制学校）19所，在校学生2.39万人；普通高中（含十二年一贯制学校）7所，在校学生9514人；职业高中4所，在校学生7995人。"1+X+T"课后托管服务实施，全区中小学参与学生共计8.26万人。设立营利性培训机构"转登"专窗，66个培训机构落实"转登"工作，压减率100%。

全区有体育场地3000多个，新增体育场地面积160万余平方米。临平体育中心通过亚组委赛事功能综合验收。亚残运会浙江盲人门球馆完成改造提升。玉架山考古遗址公园（博物馆）入选省级考古遗址公园，南苑街道获评省级文化强镇（街道），区图书馆获评第一批浙江省"满意图书馆"。各类医疗卫生机构481个，其中区属医院4个、社区卫生服务中心8个、社区卫生服务站74个。全区医疗机构核定床位3998张，其中区属医院2516张。卫生技术人员8150人，其中执业（助理）医师3528人、注册护士3638人，全年医疗机构完成诊疗948万人次，县域就诊率95.2%。家庭医生签约服务22.32万人。

全区基本养老保险参保55.68万人，基本医疗保险参保53.56万人，工伤保险参保51.89万人，生育保险参保40.08万人。建成示范型居家养老服务照料中心14个、镇街级居家养老服务中心4个，基本实现养老助餐服务全覆盖。发放各类救助资金4500万元。实现"残疾人之家"全覆盖，创建省级无障碍社区3个。

城镇常住居民人均可支配收入77184元，增长9.2%；农村常住居民人均可支配收入48705元，增长10.4%。城镇常住居民人均生活消费支出49426元，增长17.1%；农村常住居民人均生活消费支出37727元，增长18.8%。（居民收支沿用原余杭区口径）

【临平区设立】2021年3月11日，浙江省政府办公厅印发《浙江省人民政府关于调整杭州市部分行政区划的通知》，根据《国务院关于同意浙江省调整杭州市部分行政区划的批复》精神，以原余杭区的临平街道、东湖街道、南苑街道、星桥街道、运河街道、乔司街道、崇贤街道、塘栖镇的行政区域为临平区的行政区域，临平区人民政府驻临平街道西大街33

号。4月9日，杭州市部分行政区划优化调整实施动员大会召开，临平区成立。5月4日，临平区委、区纪委举行揭牌仪式。6月21日，中国共产党杭州市临平区第一次代表大会开幕。7月19日，临平区第一次“两会”召开。7月26日，临平区人大、区政府、区政协、区监委举行揭牌仪式。

【临平区获评国家生态文明建设示范区】2021年10月14日，在联合国《生物多样性公约》第十五次缔约方大会生态文明论坛开幕式上，临平区获评国家生态文明建设示范区。全年临平区环境质量提升，空气质量优良率82.3%，PM2.5平均浓度明显下降，运河、上塘河、两大流域总体水质分别为III类和IV类。建成小城镇环境综合整治省级样板15个、新时代美丽城镇建设省级样板1个、市级样板1个、省美丽乡村示范乡镇2个、精品村34个、景区村庄36个。临平国家级经济技术开发区获评“国家级循环化改造示范试点园区”和第四批国家级“绿色园区”。

【临平区“云上中心”获评全国十大创新案例】2021年，杭州市临平区矛盾调解中心“云上中心”获评全国政法智能化十大创新案例。“云上中心”通过规范推进1个区级中心、8个乡镇（街道）中心和185个村（社区）中心建设，形成“1+8+185”覆盖全区的金字塔形矛盾纠纷化解结构。以信息系统归集矛盾纠纷全量数据和线下化解资源力量，实现全区社会矛盾全业务、全流程智能化解处置。推动社会矛盾纠纷调处化解从“最多跑一地”到“一地不用跑”，为当事人处理矛盾纠纷节省大量时间和经济成本。减少社会矛盾纠纷不经前道化解即进入“110”、信访、仲裁、诉讼程序的情况，节省行政资源和司法资源。

【临平区两个村获国家级荣誉】2021年11月15日，农业农村部办公厅发布《关于公布2021年中国美丽休闲乡村名单和2010—2017年中国美丽休闲乡村监测合格名单的通知》，塘栖镇丁山河村获评中国美丽休闲乡村。10月29日，中央农村工作领导小组办公室、农业农村部、中央宣传部、民政部、司法部、国家乡村振兴局联合发布《关于公布第二批全国乡村治理示范村镇名单的通知》，运河街道双桥村获评全国乡村治理示范村。

2021年9月5日，临平区亚运场馆（区体育中心）启用　（王　珏　摄）

【杭海城际铁路通车】2021年6月28日，临平区举行杭海城际铁路通车暨高铁临平北广场启用仪式。临平区轨道交通进入高铁、城际铁路和地铁的新阶段。杭海城际铁路起于临平区高铁站，终于嘉兴海宁市碧云站，全长48.1千米、设站点13座，于2017年9月全线开工，总投资142亿元。建成高铁站至浙大国际学院站（含）段，全长46.38千米，设站点12座（高架8座、地下4座），和杭州地铁1号线在临平高铁站换乘，车辆采用4辆编组的B型车，最高运行速度120千米/小时，沿途串联起翁梅、许村、盐官等多处新兴发展区域，是打造杭嘉一体化合作先行区的重大项目之一。

【临平亚运场馆启用】2021年9月5日，“亚运来临·幸福来临”临平区迎亚运倒计时一周年系列活动暨临平区亚运场馆（区体育中心）启用仪式举行。临平亚运场馆由临平新城承担建设，在原先的余杭区体育中心基础上改建，于2019年3月开工，历时2年。场馆用地面积约9万平方米，总建筑面积约9.5万平方米，设观众席位1.48万个，内设体育馆、体育场、游泳馆、综合训练馆和风雨操场5个场馆。通过融入“丝绸之路”设计理念，以灵动的曲线设计和连廊平台构造，实现5个场馆之间的流畅串联。作为省内首批启用的亚运场馆，临平亚运场馆将承担亚运会足球和排球预赛、空手道预赛和决赛，以及亚残运会坐式排球预赛和决赛。

【大运河国家文化公园（临平段）建设】2021年10月30日，临平区大运河国家文化公园建设动员大会召开，启动大运河国家文化公园（临平段）暨大运河科创城建设。临平区大运河国家文化公园暨大运河科创城建设指挥部和临平区大运河国家文化公园建设管理委员会、临平区大运河科创城建设管理委员会揭牌。大运河（临平段）是中国大运河世界文化遗产的一部分，主要涉及崇贤、塘栖、运河、东湖等乡镇（街道），并辐射全区。河道总长约40千米，由杭州塘（临平段）约29千米、上塘河（临平段）约11千米组成，沿线文化遗产众多。

【中国（杭州）算力小镇开园】2021年12月28日，中国（杭州）算力小镇开园仪式在杭州九乔国际数字商贸城举行。算力小镇位于临平九乔国际数字商贸城核心商务区，紧邻地铁9号线乔司南站，占地面积3.52平方千米。一期启动区总体量46万平方米，由4幢产业楼宇层、中央景观和周边区域组成。中国（杭州）算力小镇依托算力研究院和算力企业，发展芯片设计、人工智能等产业，致力于打造长三角地区算力产业应用端枢纽中心。开园仪式上，浙江图灵算力研究院揭牌，并与3个机构签约，临平新城管委会与8个入驻企业签约。杭州联芯通半导体有限公司、杭州大热若寒科技有限责任公司、地卫二空间技术（杭州）有限公司、杭州鸿道商业管理咨询有限公司、杭州枫惠六和桥创投科技有限公司5个企业举行入驻仪式。

【服务型制造研究院启用】2021年9月9日，服务型制造研究院在临平区正式启用。该研究院位于临平区国家级经济技术开发区，由工业和信息化部电子第五研究所联合杭州市临平区政府、临平区国家级经济技术开发区管委会共同创建，是支撑政府决策、服务行业发展的制造业高质量发展综合创新平台。在启用仪式上，“临聚里”全国未来智造工程师系列活动启动，全国“未来智造工程师联盟”宣布成立。通过在全国范围内征集100个工程师技术解决方案，分工业机器人、AI、仿真技术、综合4个方向，评选出优秀工程师（团队）进行奖励。（张婷婷）

钱塘区

【概况】2021年4月9日，杭州市行政区划部分优化调整，钱塘区正式成立，实现“区政合一”。有杭州经济技术开发区、临江高新技术产业开发区、浙江杭州综合保税区、中国（浙江）自由贸易试验区杭州片区钱塘区块4块国家级牌子。钱塘区辖7个街道，有61个社区、59个村。至年末，全区户籍人口33.50万人，人口自然增长率7.83‰。全区生产总值1218.23亿元，比上年增长6.6%。其中：第一产业增加值13.96亿元，下降5%；第二产业增加值828.63亿元，增长5.7%；第三产业增加值375.65亿元，增长9%。三次产业增加值结构为1.1∶68.0∶30.9。财政总收入240.61亿元，增长26.5%，其中一般公共预算收入117.31亿元，增长17%。一般公共预算支出156.25亿元，增长24.9%。

固定资产投资增长12.1%。杭州经济技术开发区综合发展水平在全国230个国家级经济技术开发区中列第九位；在全省22个国家级经济技术开发区中列第一位。在省级新区、产业集聚区综合评价中列第一位，入选全省首批高能级战略平台培育名单。

全区规模以上工业产值3169.11亿元，增长7.3%。其中：半导体产业产值658.07亿元，增长10.3%；生命健康产业产值473.26亿元，增长8.7%；智能汽车及智能装备制造产业703.43亿元，下降15.5%；新材料产业824.17亿元，增长28%；航空航天产业2.35亿元，增长39.5%。规模以上工业增加值677.17亿元，增长6.5%。

全年招引1亿元以上产业项目75个，总投资594.8亿元。落地制造业项目44个，其中10亿元以上项目28个，列全市赛马榜第一位。6个“152”重大产业项目全部开工。出让工业用地38宗、176.8公顷，列全市第一位。实际利用外资9.9亿美元。货物贸易进出口总额1028.60亿元，增长15.5%。全年社会消费品零售总额339.50亿元，增长9.6%。龙湖江东天街开业运营。

钱塘区实施“新制造业计划”，新增规模以上工业企业78个。杭州医药港创建为省级特色小镇、全市“最强产业小镇”。“芯智造”、生物医药产业链获评全省经济技术开发区“链长制”优秀示范单位。新增经常性税收亿元企业9个，培育省级企业研究院8个、研发中心23个，新认定国家高新技术企业205个，培育省科技型中小企业528个，新增上市企业4个、“准独角兽”企业18个。杭州格林达电子材料股份有限公司获评国家级制造业单项冠军。德帕姆（杭州）泵业科技有限公司和杭州沃镭智能科技股份有限公司入选国家级专精特新“小巨人”企业。

全年引进校友经济项目153个，促成产学研合作项目75个，有效发明专利1.18万件。大创小镇获评全市首批侨联侨界创新创业基地。建成中国科学院医学所一期，新增博士后工作站7个、省级孵化器和众创空间4个。建成2个特别人才居住区，引进全球顶尖及领军人才60名、35岁以下大学生3.7万名，培育高技能人才3260人，获评“浙江青年工匠”18人。

至年末，有幼儿园86所，在园幼儿2.22万人；小学27所，在校学生3.90万人；普通中学19所，在校学生1.89万人。开工学校项目16个、竣工8个，新增学位4260个，新增市级以上名师36名、名优学校16所。

全区有各类医疗卫生机构429个，其中医院16个、社区卫生服务中心8个。医疗床位3645张。有各类专业技术人员3209人，其中执业医师（含执业助理医师）1632人，注册护士1577人。投用社区卫生服务站8个，新增婴幼儿“成长驿站”10个，培育儿童保健科等基层名科10个。艮山东路过江隧道双线贯通，机场高铁和城际铁路获批启动。杭州地铁8号线开通，杭绍甬智慧高速公路项目开工建设。竣工安置房6240套，开工河庄安置房四期一标段，整户回迁安置1628户。开工4个邻里中心。推出公租房、蓝领公寓3840套。新增养老机构床位130张，适老化改造110户，启用AAAAA级居家养老服务中心1个。提升残疾人之家3个，建设儿童之家92个，创建无障碍示范场所10处。首届稻香节、首届杭州钱塘潮玩节、围垦文化节举行，钱塘书房上榜全市十大最美书房。“钱塘大围垦文化”入选首批浙江文化标识培育项目。启用亚运观赛空间，举办亚运主题健身活动109场，新建公共体育配套设施22处。工业旅游项目被列入省、市重点培育金名片。

全区城镇新增就业8.9万人，失业人员再就业3259人。至年末，钱塘区职工养老保险参保38.4万人，增长13.8%；医疗保险参保58.8万人，增长10.2%。

【钱塘区行政区划代码确定】2021年4月9日，杭州市召开部分行政区划优化调整实施动员大会，宣布正式启动实施部分行政区划优化调整。经国务院批复同意，设立杭州市钱塘区，以原江干区的下沙街道、白杨街道和萧山区的河庄街道、义蓬街道、新湾街道、临江街道、前进街道的行政区域为钱塘区的行政区域，区政府驻河

钱塘区智慧谷（摄于 2021 年）　　（钱塘区地方志编纂研究室 供稿）

庄街道青六北路 499 号。6 月 11 日，根据《杭州市民政局关于确定部分区镇（街道）行政区划代码及村（社区）代码的通知》，钱塘区及所辖 7 个街道的行政区划代码确定，其中钱塘区行政区划代码为 330114，下辖的下沙街道为 330114001、白杨街道为 330114002、河庄街道为 330114003、义蓬街道为 330114004、新湾街道为 330114005、临江街道为 330114006、前进街道为 330114007。“33” 表示浙江省，“01” 表示杭州市，“14” 表示钱塘区，“001~007” 分别表示 7 个街道。

【中国（浙江）自由贸易试验区杭州片区钱塘区块挂牌】2021 年 7 月 6 日，中国（浙江）自由贸易试验区杭州片区钱塘区块挂牌。钱塘区块面积 10.1 平方千米，由杭州综合保税区、大创小镇、东部湾总部基地组成，围绕“双一流、双领先”的目标任务，以综保区“保税 +”功能为基础，推进数字贸易高质量发展、建设数字综合保税区、培育数字经济产业集群、打造合作先行示范区四大专项行动，发展数字贸易、跨境电商、生物医药、智能制造、保税经济等产业，构建“自贸试验区 + 联动创新区 + 钱塘区”的全域自贸发展新格局。钱塘区块累计入驻企业 5200 多个，税收 36.6 亿元，外贸进出口总额 402.6 亿元，以占全区 1.8% 的面积，实现全区 15.2% 的税收和 39.1% 的外贸进出口。

【五大主导产业产值 2661.28 亿元】2021 年，钱塘区推进半导体、生命健康、智能汽车及智能装备、新材料、航空航天五大主导产业发展。全年五大主导产业产值 2661.28 亿元，比上年增长 6%，占工业总产值的 84%。其中：半导体产业产值 658.07 亿元，增长 10.3%；生命健康产业产值 473.26 亿元，增长 8.7%；智能汽车及智能装备产业产值 703.43 亿元，下降 15.5%；新材料产业产值 824.17 亿元，增长 28%；航空航天产业产值 2.35 亿元，增长 39.5%。

【浙江华瑞航空制造项目主体工程开工】2021 年 9 月 29 日，浙江华瑞航空制造项目主体工程开工仪式在钱塘区举行。浙江华瑞航空制造项目坐落于前进智造园，总投资约 100 亿元，规划建筑面积 53.8 万平方米。项目建成后将成为国内单体最大的航空复合材料厂房，满足配套中国商业飞机中机身大部件生产的要求，助力国产大飞机 CR929 研发、试飞和量产。

【“拿地即开工”改革】2021 年 6 月 17 日，钱塘区前进智造园企业杭州世如家居科技有限公司的智能家居项目仅用一天时间就取得“建设用地规划许可证”“建设工程规划许可证”“建筑工程施工许可证”3 本证书，实现项目“拿地即开工”。该项目总投资约 2 亿元，项目建成后年产 2.5 万套智慧型整体橱柜，预计年产值 2.5 亿元。该项目于 6 月 8 日签订土地出让合同，6 月 17 日完成施工许可证申领，从土地出让合同到申领施工许可证用时 9 天。除去法定规划设计方案公示时间，办理手续仅用时 1 天，成为钱塘区审批用时最短项目，也是全市项目开工用时最短项目。该改革案例被编入“省工程审改办关于推广部分地区‘拿地即开工’改革探索经验做法案例”。

【钱塘区产业数字化】2021 年，钱塘区以打造智能化标杆为目标，围绕智能化生产、网络化协同、数字化设计、共享化制造、个性化定制 6 个场景，深化应用 5G、人工智能、大数据等先进适用技术，培育一批技术水平领先、应用效果显著的“智能工厂”和一批具有较高生产效率和柔性制造能力的“数字化车间”，实现规模以上工业企业数字化覆盖率 100%。至年末，认定省级“未来工厂” 1 个、培育 1 个；认定省级智能工厂、数字化车间 14 个；培育市级“未来工厂”体系企业 45 个，其中链主工厂 2 个、智能工厂 8 个、数字化车间 32 个。近三年累计实施制造业数字化改造攻关项目 97 个、实施工厂物联网项目 140 个、实施机器换人项目 393 个、新增工业机器人 2237 台。

【钱塘区市场主体总量超过 10 万个】2021 年 11 月 16 日，在钱塘区行政服务中心江东分中心，钱塘区市场监管局向杭州裕诚新能源有限责任公司颁发营业执照，是钱塘区核发的第 10 万份市场主体营业执照。钱塘区深入推进商事制度改革，在全市率先推出全域住所申报承诺制改革，试点自贸区商事主体登记确认制，开设“商事登记零窗服务专区”，打造“审批更少、流程更优、体制更顺、机制更活、效率更高、服务更好”的极简化审批，激发更多投资者创新创业。全年钱塘区新增市场主体 2.65 万个，比上年增长 67.6%，增幅列全市第一位。

【“塘塘”协作开启】2021 年 4 月 25 日，根据杭州市新一轮东西部协作县县结对关系优化方案，钱塘区与四川省甘孜州理塘县建立对口关系，在产业、消费、就业、教育、医疗、社会帮扶等多领域开展东西部协作。全年结对学校 6 所、医院 2 个、社会组织 3 个，选派 14 名医疗、教育领域专业技术人才前往理塘县挂职。落实财政援助资金4566万元,用于学校设施改善、牦牛现代农业园区建设等对口支援项目。引导企业到四川省投资,完成实际投资额7.8亿元。培训理塘农村劳动力206人,其中141人为脱贫人口。采购四川省农特产品4688万元,动员社会各界捐款捐物逾5500万元。钱塘区22个企业与理塘县22个村完成结对,实现"村企结对"全覆盖。

【杭州地铁8号线开通】2021年6月28日,杭州地铁8号线一期工程(文海南路站—新湾路站)正式开通,开启首次载客运行,钱塘区正式进入地铁1号、7号、8号线"三线换乘"时代。杭州地铁8号线一期线路全长17.1千米,共设9个站,全部位于钱塘区内,其中换乘站2座,分别在文海南路站与1号线换乘、青六中路站与7号线换乘。列车采用"四动二拖"6辆编组,A型铝合金焊接鼓形车体,最高运行时速100千米,最大载客能力2460人。

【亚运轮滑馆通过赛事验收】2021年11月26日,位于东部湾总部基地的钱塘轮滑中心通过赛事功能验收。该项目位于22/24号大街以南,绕城高速公路以西,之江东路以北,建筑面积4.5万平方米。亚运轮滑馆内设标准的室内速度轮滑场地,赛场设计主要是以蓝色为主,设有国际轮滑协会最新标准速度轮滑赛道和花样轮滑比赛场地。该场馆将在亚运会期间承担滑板、轮滑两项赛事。项目建成后在满足亚运比赛需求的基础上,也为下沙沿江区块群众提供休闲锻炼的场所。

【中国药学大会在钱塘区举行】2021年9月18日,2021年中国药学大会开幕式在钱塘区举行。大会总结"十三五"时期医药事业所取得的成绩,围绕"十四五"时期中国医药产业发展的目标和任务,重点探讨新时代药物创新新理论、新方法、新技术、新进展;展望药学事业发展前景,对重大疾病防治进行深入研讨。中国药学会常务理事、理事、监事,2021年学会最美科技工作者、第十六届中国药学会科技奖等获奖代表,以及浙江省、杭州市有关部门领导,科研院所、高等院校、医疗机构、医药企业、监督管理等领域专家学者1000多人参加大会。大会邀请6位院士做主题报告。大会设8个分会场,123名专家在8个分会场做专题报告,为生物医药产业高质量发展献计荐策。

【世界青年高质量创新创业(杭州)论坛】2021年6月18日,2021年世界青年高质量创新创业(杭州)论坛在钱塘区举办。论坛以"智青春 赢未来"为主题,搭建世界青年创新创业研究平台,推动青年创新创业高质量发展,邀请教育部科技管理学部委员、清华大学教授陈劲,阿里巴巴集团副总裁、杭州十大青年科技英才王刚等多位专家学者进行主题分享和圆桌讨论。活动现场,"长三角青年双创发展联盟""杭州钱塘国际博士后创新孵化中心"成立,全球青年创新创业杭州成长营落地启动。

【杭州钱塘潮玩节】2021年10月9日,首届杭州钱塘潮玩节在钱塘区国际创博中心正式开幕。潮玩节是钱塘区成立之后举办的首场产业创新盛会,旨在通过汉服国风走秀、网红直播带货、创新产品首发、钱塘高峰论坛等形式,为杭州市民打造一场传统文化与创新产业融合碰撞的文化盛宴。活动现场,黄小建、金家虹、鲁华芳、严美娟等国家级、省级大师展示铜雕、雕版印刷、盘纸、刺绣等非物质文化遗产技艺和文创产品,被授予"钱塘文创产业顾问"称号,并集体落户浙江经济职业技术学院"钱塘文创产业实践基地"。杭州宜格化妆品有限公司、杭州郝姆斯食品有限公司、杭州微念科技有限公司等企业获评"钱塘领潮者"年度十大创新企业。活动期间,"钱塘潮"年度文化旅游十景发布,"钱塘潮IP文创联盟"成立,并启动钱塘江诗路IP创意设计大赛。围绕数字经济与传统文化资源融合主题,举办"钱塘论潮"圆桌论坛,为钱塘区文化产业发展建言献策。 (曹文慧)

富阳区

【概况】2021年,富阳区辖6个乡、13个镇、5个街道,有59个社区、3个居民区、276个村。至年末,全区户籍人口69.5万人,人口自然增长率1.5‰。全区生产总值873.3亿元,比上年增长7.7%。其中:第一产业增加值49.5亿元,增长2.2%;第二产业增加值391.4亿元,增长9.6%;第三产业增加值432.3亿元,增长6.8%。三次产业增加值结构为5.7∶44.8∶49.5。按户籍人口计算人均生产总值12.60万元,按2021年平均汇率折算为1.95万美元。数字经济核心产业增加值97.2亿元,增长11.1%,占全区生产总值的11.1%。

农林牧渔业总产值69.3亿元,增长2.7%;增加值49.9亿元,增长2.2%。猪牛羊禽等肉产量1.50万吨,禽蛋产量2807吨,蚕茧产量6.8吨。农业骨干企业141个,销售收入88亿元。水利建设投入资金13.6亿元,有各类水库150座。农业机械总动力25.1万千瓦。建设现代版富春山居图东洲样板段、新桐示范段。创建省级历史文化(传统)村落保护利用示范村1个、省级美丽乡村示范乡镇2个、省级美丽乡村特色精品村5个,"富春山居美丽乡村"精品村83个,获省深化"千万工程"建设优胜区。省级民宿示范村3个,现代民宿示范点71个。276个村集体经济经营性收入全部30万元以上。培育高素质农民和实用人才2140人。

规模以上工业增加值250.7亿元,增长9.1%。其中:高新技术产业增加值159.1亿元,增长14.9%;战略性新兴产业增加值99.2亿元,增长21.4%;装备制造业增加值126.2亿元,增长20.4%。全区690个规模以上工业企业营业收入1869.7亿元,增长23.4%;利税140.72亿元,增长16.5%;利润89.2亿元,增长19.9%。建筑业增加值56.0亿元。

社会消费品零售总额417.4亿元,增长9.2%。限额以上批发和零售业、住宿和餐饮业企业销售额1239.3亿元,增长20.8%。万达广场建成投用。全年接待国内旅游者441万人,旅游收入84亿元。接待入境旅游者1268人次,旅游外汇收入85.0万美元。旅行社33个,星级饭店6个,其中五星级2个。创建农家乐休闲旅游村(点)166个。

固定资产投资增长36.2%。全年招引产业项目187个，总投资580亿元，其中10亿元以上项目11个。新批外商投资项目36个，实到外资3.39亿美元。货物进出口总额401.6亿元，增长33.5%。其中：出口总额169.5亿元，增长26.3%；进口总额232.1亿元，增长39.3%。全年完成服务贸易出口总额5.15亿美元，增长2.8%。

财政总收入174.6亿元，增长25.9%。其中，一般公共预算收入105.0亿元，增长16.5%。一般公共预算支出118.0亿元，增长15.1%。至年末，全区金融机构本外币存款余额1741.82亿元，增长11%；本外币贷款余额2242.49亿元，增长23.8%。全年保险费收入25.6亿元，各类保险赔款与给付支出7.7亿元。

杭州“中环”富阳段节点开工，灵桥新互通、柏枝岭隧道加快建设，彩虹快速路、金桥南北路通车。全社会公路运输2459万吨。公路货物周转量28.0亿吨（千米）。完成公路旅客运输量36.0万人次，公路旅客周转量4101万人（千米）。全年邮电业务收入11亿元，邮政特快专递业务604.3万件。全区（固定）互联网宽带接入用户32.2万户；移动互联网用户91.4万户。

至年末，主城区建成区面积31.7平方千米。人均公园绿地面积14.6平方米，建成区绿化覆盖率42.5%。全区森林覆盖率65.8%。富春江出境断面水质连续7年保持优秀，污染地块安全利用率稳定保持100%，完成“无废城市”建设，获评省级清新空气示范区。空气优良天数337天，空气优良率92.3%，PM2.5年均浓度30.3微克/立方米。有国家级生态乡镇（街道）18个、省级生态乡镇（街道）2个、杭州市级生态乡镇（街道）4个。

新增国家高新技术企业158个、省级科技型企业214个。至年末，全区有众创空间6个，入驻创业团队213个；科技企业孵化器8个，入驻企业229个。有效发明专利拥有量3100件；专利授权5816件，其中发明专利780件。新建成投用杭州市富阳区富春第九小学等11所学校，新增学位6700个。引入杭州第二中学富春学校。全区学龄儿童入学率100.0%，初中入学率100.0%，初中升高中段比例99.9%，高等教育毛入学率72.2%。有幼儿园75所，在园幼儿2.66万人；小学46所，在校学生4.62万人；普通中学24所，在校学生3.56万人。职业中学（机构）2所，在校学生7454人。民办学校在校学生9302人。全年普通中小学新增校舍9.36万平方米。年末有中小学专任教师5813人。

全年文化产业增加值61.3亿元，增长5.0%。县级以上文物保护单位162处（群），其中省级以上8处（群）。全区有各类医疗卫生机构579个，医疗床位4880张。其中：医院20个，床位3641张，社区卫生服务中心（站）179个，床位118张。各类专业技术人员6536人，其中执业医师2884人、执业助理医师453人、注册护士3199人。体育场馆28个，健身苑（点）592个。

全体居民人均可支配收入59666元，增长10.1%；城镇常住居民人均可支配收入69316元，增长9.5%；农村常住居民人均可支配收入42051元，增长10.4%。新增城镇就业2.68万人，帮扶5390名城镇失业人员实现再就业，帮扶1885名就业困难人员实现再就业。城镇登记失业率2.3%。参加职工基本医疗保险41.98万人；城乡居民基本医疗保险29.09万人，参保率99.9%。有居家养老照料中心301个，养老床位3266张。

【现代版富春山居图打造】2021年1月15日，富阳区开展“迎亚运、展风采，全面打造现代版富春山居图”行动。行动目标是在杭州亚运会前，建成九大辨识度高的都市工程，培育八大标志性强的产业群落，探索五大富阳特色的治理行动。行动由书记、区长任组长，16位区领导担任项目长、产业链长或治理指挥长，建立推进、监督、激励工作架构，实施周例会、月通报、季比武、红黑榜等工作机制。行动共涉及大项22个，子项222个，其中都市项目106个、产业项目28个、治理项目88个。至年末，222个具体项目中37个完成，169个项目进度正常，同时获国家级经验推广2个、荣誉品牌2个，获省级经验推广6个、荣誉品牌4个。

【“昼访夜谈”调查研究年活动】2021年4月，富阳区开展“昼访夜谈”调查研究年活动，活动时间贯穿全年。根据“我为群众办实事、我为企业解难题、我为基层减负担”专题实践活动要求，围绕富阳区委一届十次全会提出的各项目标任务，组织全区领导干部和各乡镇（街道）、区级机关干部到村（社区）、重点企业、重点项目一线开展调查研究，重点完成“集中开展一轮入户走访、现场踏看一批重点项目、全面化解一批信访积案、及时召开一批专题座谈、统筹组织一轮党课宣讲、牵头领办一批服务事项”6项目标任务。全区组建调研小组675个，下沉一线“昼访夜谈”机关干部5200多名，深入村和社区324个、企业1600多个，共“昼访”8.3万个（次）、“夜谈”5000多场次，收集意见建议和“急难愁盼”问题6500多个。

【“中央调查组在富阳史料陈列室”开放】2021年3月5日，“中央调查组在富阳史料陈列室”揭牌开放。陈列室位于富阳区东洲街道党群服务中心二楼，分史料陈列室和调查研究大讲堂两个部分，其中史料陈列室分“中央领导论调查研究、调查研究年的提出与中央调查组的建立、唯实求真的富阳调查、同心同德真情难忘、习近平同志2004年4月在富阳调研时的讲话和新时代调查研究之风在富阳的传承”等板块，布展面积300多平方米。陈列室展出图板75块、视频2个、实物40多件，投入资金54万元。展现60年前中央调查组在富阳调查时深入群众、求真务实、艰苦奋斗、执政为民的精神。至年末，接待党员群众555批次、2.8万人次。

【“新四军两渡富春江红色研学中心”开放】2021年6月10日，“新四军两渡富春江红色研学中心”开放。研学中心位于富阳区常绿镇大章村，共2120平方米，分为2层，包括6个展厅、多媒体室、多功能教室、报告厅、书吧等。其中，一楼展厅面积1400平方米，二楼展厅面积720

平方米，馆内展品数150多件。研学中心集红色教育、廉政教育、国防教育和党史研究、干部培训、乡村旅游为一体，以时间为脉络，从不同角度将半景画、场景复原、实物展示、多媒体影片、互动展项等技术融入展示环节，配合多种绘画形式、雕塑形式，以“集成式”的展项组合空间，讲述新四军两渡富春江的历史情况。除序厅及尾厅，展馆分为6个部分，分别是中共中央发展东南战略决策、新四军苏浙军区一渡富春江、新四军苏浙军区二渡富春江、路西抗日根据地、军民鱼水情和功绩载史册，介绍新四军两渡富春江的历史概况和主要事迹。

2021年6月10日，“新四军两渡富春江红色研学中心”开放

（富阳区常绿镇政府 供稿）

【富阳入选“公共服务优质共享领域”试点】2021年7月26日，浙江省公布首批高质量发展建设共同富裕示范区试点名单，杭州市富阳区入选“公共服务优质共享领域”试点。首批试点名单由县（市、区）人民政府自愿申报、经设区市人民政府审核、领域内外专家和领导小组成员单位联审，形成建议名单，并提交浙江省高质量发展建设共同富裕示范区领导小组审议通过确定。名单分“缩小地区差距、缩小城乡差距、缩小收入差距、公共服务优质共享、打造精神文明高地、建设共同富裕现代化基本单元”等领域，全省共28个试点，其中地级市5个、县（市、区）23个。杭州市有3个县(市、区）入围，其中富阳是杭州在“公共服务优质共享领域”唯一入选的区。至年末，富阳区出台《关于杭州市富阳区进一步扶持低收入农户增收的实施方案》《杭州市富阳区养老服务电子津贴制度的实施意见》《杭州市富阳区困难群众探访关爱制度》等相关政策。实施“新富阳人15条”，新增城镇就业2.68万人。出台《支持引导社会力量参与社会救助实施细则》，“助联体”共链接帮扶项目38个，带动社会资金500万元，惠及4.2万人，脱离低保边缘群体1000多人。

【富春街道湖塍村城中村自主改造安置房建设项目开工】2021年6月29日，富春街道湖塍村城中村自主改造安置房建设项目开工建设。该项目创立“村为主体、市场运作”模式，通过公开招投标招引社会资本参与城市开发建设，打破一级土地整理和二级土地市场开发分离的投资模式，实现政府、村集体和社会资本多方合作共赢。项目分两个地块。安置房地块一位于金浦路与北环路交叉口东北侧，总建筑面积8.0万平方米，地上计容建筑面积5.23万平方米，地下总建筑面积2.21万平方米。安置小区由高层住宅楼10栋和办公楼1栋组成，中央有集中绿地807平方米、体育健身场地225平方米、文化活动场地100平方米。安置房地块二位于金浦路与民康街交叉口西北侧，总建筑面积19.39万平方米，地上计容建筑面积13.87万平方米，地下总建筑面积5.35万平方米。安置小区共有住宅楼15栋和商业楼1栋组成，内部将配建幼儿园1所，文化活动场地100平方米，中央有集中绿地1901平方米。建设项目共建造房屋1557套，由杭州市房地产开发集团有限公司代建，计划于2024年7月竣工。

【富阳区内亚运场馆通过验收】2021年，富阳水上运动中心、富阳银湖体育中心和富阳区体育中心体育馆等亚运场馆项目竣工并通过亚运赛事功能验收。亚运会期间，富阳将承办赛艇、皮划艇、射击、射箭、现代五项、女子篮球竞赛6个项目，预计产生金牌77枚。富阳水上运动中心位于东洲街道东洲村，将举办赛艇、皮划艇（静水、激流回旋）等水上项目比赛。富阳银湖体育中心位于银湖街道九龙大道和320国道北侧，将举行射击、射箭和现代五项射击、击剑、游泳、马术和跑步三大赛事。富阳区体育中心体育馆将承办亚运会女篮小组赛。9月，富阳区体育中心体育馆通过杭州亚组委组织的体育馆赛事功能验收。10月，富阳区体育中心体育馆举办2021年浙江省青少年男子甲组篮球冠军赛小组赛作为测试赛。11月23日，富阳水上运动中心通过亚运赛事功能综合验收。12月，富阳银湖体育中心通过赛事功能综合验收。

【医学检查检验结果互认共享改革试点经验全省推广】2021年10月22日，全省医学检查检验结果互认共享改革工作推进会议召开。在省主会场，富阳区介绍富阳医学检查检验结果互认共享改革试点情况。自启动医学检查检验结果互认共享改革以来，富阳区针对患者跨医院重复检查检验的问题，通过建设互认信息系统、互认标准体系、互认保障制度，推进检查检验结果互认共享改革，取得阶段性成果，获省委、省政府领导批示肯定，入选省发改委第二批数字社会典型案例、省数字社会首批最佳应用项目和“三为”主题教育活动最佳案例，并在全省数字化改革例会上作为数字社会关键小事范例演示。至年末，实现共享调阅105万余人次、互认22万余项（次），节省费用1200多万元。

【秦望通道工程盾构机始发仪式举行】2021年12月27日，秦望通道工程盾构机始发仪式在杭州富春湾新城秦望通道工程江南工作井施工现场举行，“富春号”“秦望号”两台盾构机命名揭牌。“富春号”超大直径泥水平衡盾构机由德国海瑞克公司生产，总重约4000吨，总长167米，刀盘直径15.76米。盾构机始发后，将24小时不间断施工，掘进过程中利用泥浆循环系统，将挖掘出的土方送出隧道，并通过管片自动装运系统，同步完成隧道永久衬砌结构。“富春号”以每天8~10米的速度向前推进，抵达秦望通道江北盾构接收井。秦望通道工程集超大型地下空间、综合性交通换乘枢纽、立体交通、轨道交通以及过江隧道建设为一体。工程总投资约78亿元，主要建设内容包括秦望隧道公路地铁合建及秦望广场地下综合体，并同步预留建设轨道交通秦望广场站与中沙站。秦望通道全长3066米，过江盾构段长1254米，采用公路地铁合建制式，隧道上层为双向6车道市政道路，隧道下层为地铁通道，隧道外径15.2米，内径13.9米。

【“现代版富春山居图内涵与指标体系”发布】2021年10月30—31日，“现代版富春山居图”理论研讨会在富阳召开。会上，“现代版富春山居图内涵与指标体系研究”成果发布，科学构建“现代版富春山居图”评价指标体系。“现代版富春山居图”评价指标体系包含高质量发展、高品质生活、高水平治理和地方特色等一级指标4个、下设具体指标25个。其中：高质量发展选取人均生产总值、万元生产总值能耗、万元生产总值用水量、万元生产总值建设用地面积、规模以上工业亩均增加值等二级指标5个；高品质生活选取人均可支配收入、城乡居民可支配收入比例、居民人均消费支出、平均预期寿命、人均住房面积、低收入农户收入等二级指标6个；高水平治理选取营商环境便利度、法治政府建设考核评价、平安指数、健康浙江建设考核得分、县级以上文明乡镇（街道）占比等二级指标5个；地方特色选取生态环境状况指数、生态红线面积比重、居民生态环境满意度、居民人均生活垃圾日产生量、景区村庄比例、文化产业增加值占地区生产总值比重、旅游休闲产业增加值占地区生产总值比重、居民教育娱乐文化消费支出比重、历史文化传承项目等二级指标9个。

（刘　亮）

临安区

【概况】2021年，临安区辖5个街道、13个镇，有社区36个、村270个。至年末，全区户籍人口54.22万人，比上年末增加2702人。人口出生率6.3‰，死亡率6.8‰，自然增长率－0.5‰。常住人口64.2万人，增加0.7万人。全区生产总值658.35亿元，比上年增长7.6%。其中，第一产业增加值45.57亿元，第二产业增加值331.99亿元，第三产业增加值280.79亿元，分别增长2.1%、8.5%和7.6%。三次产业增加值结构为6.9∶50.4∶42.7。按户籍人口计算，人均生产总值12.16万元。按国家公布的2021年平均汇率折算，为1.89万美元。数字经济核心产业增加值83.1亿元，增长18.3%，占全区生产总值的12.6%。其中，电子信息制造产业增加值76.2亿元，增长25.4%。

农林牧渔业增加值46.21亿元，增长2.2%。农林牧渔业总产值66.06亿元，增长2.7%。其中：农业种植业（含坚果类）产值34.34亿元，增长3.3%；林业（不含坚果类）产值20.21亿元，增长2.7%；畜牧业产值7.52亿元，增长0.1%；渔业产值2.18亿元，增长7.5%；农业服务业产值1.81亿元，增长9.2%。

全区有规模以上工业企业660个，规模以上工业企业产销率99.7%，规模以上工业新产品产值率36.3%。规模以上工业总产值1218.51亿元，增长22.3%。规模以上工业增加值230.82亿元，增长13.2%。规模以上工业企业营业收入1358.46亿元，增长25.1%。利税总额117.80亿元，增长5.8%。其中，利润总额88.83亿元，增长3.6%。高新技术产业增加值占规模以上工业增加值的81.4%，增加2.4个百分点。

固定资产投资增长14.6%。全区106个重点实施项目完成投资190.4亿元。房地产开发投资313.51亿元，增长12.8%。房屋施工面积1448.03万平方米，增长8.6%，新开工面积308.08万平方米，下降21.8%；竣工面积271.14万平方米，增长69%。商品房销售面积230.5万平方米，下降14.3%；商品房销售额484.81亿元，下降6.8%。

批发和零售业增加值45.8亿元，增长10.1%；住宿和餐饮业增加值9.81亿元，增长9.4%。社会消费品零售总额212.68亿元，增长11.4%。进出口总额244.43亿元，增长32.6%。其中，出口额164.85亿元，增长25.3%。

实际利用外资2.63亿美元。招引投资1亿元以上项目42个，其中10亿元以上签约注册项目10个，总投资263亿元。财政总收入148.92亿元，增长35.9%。一般公共预算收入90.39亿元，增长31.9%。一般公共预算支出103.69亿元，增长14.6%；用于民生支出83.94亿元，增长19.7%，占一般公共预算支出的80.9%。金融机构本外币存款余额1253.39亿元，增长7%，其中：居民储蓄525.06亿元，增长11.7%；本外币贷款余额1218.35亿元，增长25%。

旅游接待游客575.5万人次，旅游综合收入107.94亿元，分别增长2%和3.2%。旅游景点接待游客447.29万人次，下降14.7%；门票收入6996.52万元，增长12.5%。乡村旅游接待游客831.31万人次，下降25.4%；经营收入9.37亿元，增长0.3%。

城中村改造征迁签约300户，限价房交付4835套。老旧小区综合改造64.7万平方米，加装小区电梯65台。新增停车位6000多个。建成秀水公园等城市小公园5个，建设绿道68.5千米。新建5G基站436个。75个停车场实现“先离场后付费”。38家医疗机构开通“先看病后付费”系统。

全区用电量47.1亿千瓦时，增长10.3%。其中，城乡居民生活用电7.88亿千瓦时，增长8.8%。自来水日供水能力18.81万吨，全年供水量6865.23万吨，其中居民家庭用水量2445.83万吨。修复城区路面17.33万平方米、人行道2.68万平方米、道路侧平石约2700米，养护桥梁47座。疏通管道151千米，清理各类窨井1.08万只。全年处理数字城管案件12.8万条、民生热线3685件。

完成5个乡镇（街道）、10个工业园区、30个生活小区污水零直排区建设，农村生活垃圾分类“三率”实现全覆盖。空气质量优良天数346天，优良率94.8%；全区PM2.5平均浓度29.5微克/立方米。

全年发生生产安全事故11起，死亡10人，事故起数、死亡人数分别下降8.3%、9.1%。建设和改造城市道路30条，打通城市“断头路”6条。公路客运量84万人次，公路旅客周转量7001万人千米。公路货运量1303万吨，公路货运周转量10.48亿吨千米。年末高速公路里程104千米。快递业务收入2.59亿元，增长8.5%；快递业务量0.64亿件，增长15%。全年专利授权8979件，增长88.9%。其中，发明专利授权517件，增长67.3%。新增国家高新技术企业100个，累计443个；省科技型中小企业221个，累计1035个。全年研究与试验发展（R&D）经费支出与地区生产总值比为3.3%，财政一般公共预算支出中科技支出4.23亿元。

全区有小学42所，在校学生3.39万人；初中18所，在校学生1.48万人；普通高中5所，在校学生7200人；职业高中2所，在校学生3837人。学前三年幼儿园入园率99.2%，初中毕业生升入各类高中比例99.5%。新建、改建城南小学等学校（幼儿园）14所。

文化产业增加值15.4亿元，增长8%。建设城市书房4个，开展“送戏下乡”108场、“送书下乡”4万余册，组织全民阅读活动660场、全民健身活动100多场次。

全区有各类医疗卫生机构513个，增加19个；有床位2929张，专业卫生技术人员5264人，其中执业（助理）医师2465人。健康产业增加值43.3亿元，增长8.9%。完成临安区中医院新院区、临安区第五人民医院（原安康医院）扩建等项目6个。家庭医生签约服务28.56万人。

新增参保企业1702个、参保人员1.34万人，养老保险、基本医疗保险、工伤保险、生育保险参保分别为42.18万人、53.4万人、28.16万人和16.59万人。有城乡社区居家养老服务照料中心306个，镇（街道）级居家养老服务中心20个。有各类福利院、敬老院、养老机构25个，床位2599张，收养1495人。居民最低生活保障标准调整至每人每月1102元。全区最低生活保障对象1.34万人，全年发放各项困难家庭救助金1.94亿元。新增城镇就业4.10万人，就业安置815人。全区城镇登记失业人口5045人，城镇登记失业率2.3%。

【临安区被评为全国休闲农业重点县】2021年8月11日，农业农村部印发《关于公布2021年全国休闲农业重点县的通知》，临安区入选2021年全国休闲农业重点县名单。临安区推进休闲农业发展，按照“一镇一品、一村一品”要求，建成浙江省现代农业园区1个、浙江省美丽农业特色镇4个，浙江省家庭农场17个、浙江省家庭林场4个、浙江省美丽牧场3个。发展特色民宿，形成“太湖源山居”“天目宿集”“古韵河桥”等10个民宿集群和指南、天目、白果等30个民宿集聚区，有特色民宿187个，培育浙江省白金宿2个、浙江省金宿2个、浙江省银宿4个。强化规划引导，出台《杭州市临安区西部旅游业发展十年规划》《杭州市临安区文旅产业“十四五”发展规划纲要》《杭州市临安区“十四五”美丽乡村建设规划》《杭州市临安区“十四五”现代农业产业规划》等文件，形成旅游景区、村落景区、农业园区“三区”联动发展的休闲农业模式，打造东部都市休闲农业、中部农耕文化和西部山地特色观光农业三大组团。至年末，全区休闲农业接待1347万人次，经营性收入14.62亿元。

【吴越国王陵考古遗址公园太庙山区块开园】2021年8月16日，吴越国王陵考古遗址公园太庙山区块开园。该区块是五代十国时期吴越国王钱镠的陵寝，位于临安区锦城街道衣锦街338号，为全国重点文物保护单位。2019年12月，工程动工建设；2021年6月，工程竣工。经过改造，陵园面积由8公顷扩至15.13公顷，恢复原有的规模和形制。中轴线区域建有冲天石牌坊、墓阙、钱王祠、墓道门楼等建筑，300米神道自衣锦街直达钱镠墓祭台。遗址公园建设中新发现石象、石虎等石像生5尊，为展现王陵原貌，对石像生实施保护性修缮和原址保护。

【中国农民丰收节杭州主场庆祝活动】2021年9月23日，中国农民丰收节杭州主场庆祝活动在临安区於

吴越国王陵遗址公园太庙山区块（摄于2021年）

［临安区委党史研究室（临安区地方志研究室）供稿］

潜镇光明村举行。活动由杭州市政府主办，杭州市农业农村局、杭州市供销社、临安区政府承办。活动以“庆丰收、感党恩、奔共富”为主题，开展群众文艺会演、乡村振兴成果展、丰收集市、乡村产业大师成果展、农博会线上线下展销等活动。活动现场，市领导向获“2021年杭州市乡村产业技能大师”称号的人员授牌，为杭州庞大农业开发有限公司、杭州鼎金果品专业合作社等首届杭州市农民合作经济组织联合会“双十佳”会员代表颁奖。临安区光明村、萧山区航民村、余杭区青山村、淳安县下姜村的4个“强村公司”负责人分享成果经验。乡镇代表、“强村公司”代表、乡村产业技能大师代表和杭州市农合联“双十佳”代表共同宣读《共富宣言》。现场举行“杭州市数字乡村智慧平台”上线仪式。

【临安区入选全国农业社会化服务创新试点单位】2021年11月，农业农村部办公厅印发《关于全国农业社会化服务创新试点单位的批复》，确定100个县（市、区）、100个服务组织为全国农业社会化服务创新试点单位，临安区入选。试点期限为3年，自2021年11月起至2024年10月止。按照试点方案，临安区将利用3年时间，开展农业社会化服务创新试点工作，制定农业社会化服务体系，提升农业社会化服务专业化、信息化、市场化水平。与金融机构开展战略合作，推出以支持社会化服务为导向的金融产品。创新社会化服务组织的运行模式，整合服务资源，健全4个镇级区域性数字化农业社会化服务中心。探索多元主体联合合作，推动服务领域拓展和服务链条延伸。创新规模化服务机制，建设提升区域性农业社会化服务中心。

【10千伏配网直流线路融冰作业】2021年12月25日，临安区供电公司与国家电网浙江省电力有限公司电力科学研究院合作在天目山国家级自然保护区开展10千伏配网直流线路融冰作业。开展直流融冰的线路为10千伏告岭V293线气象站分线，是该自然保护区唯一的供电线路，整体海拔较高，受暖湿气流和冷锋交汇的影响，产生较严重的覆冰现象。当线路覆冰超过设计承重时，可能会造成断线、断杆故障。工作人员将气象站分线末端进行短接，然后通过直流融冰装置，将发电车产生的交流电输出转化为直流电加在线路上，利用直流电流的热效应加热线路。10千伏绝缘导线无法直接测量金属导体温度；一旦电流过大或导线温度过高，有可能对原有线路造成损伤。在该次融冰过程中，工作人员通过红外测温仪，对导线、接头等各个部位开展测温，详细记录线路升温数值。融冰设备接入线路后半小时，气象站分线表面温度从-10℃升至14℃，线路表面原有的薄冰随之融化，融冰实战效果显著。

【“山核桃产业大脑”系统打造】2021年，临安区农业农村局打造“山核桃产业大脑”系统。该系统归集山核桃种植分布、面积、生产主体、加工数据、产量产值、病虫害数据、销售数据、品牌数据等全产业链数据，通过生态化治理、病虫害预警、营销分析等场景建设，运用数字化手段，打通种植、加工、品牌、营销等全环节业务流和数据流。服务覆盖山核桃主产镇（街道）8个、数字赋能示范基地11个、种植大户33个、合作社262个、加工厂160个、协会企业80个。通过“山核桃一件事”应用，为林农提供全产业服务，并通过监测预警与决策分析，促进产业增效、农民增收。“山核桃产业大脑”系统被推荐为农业农村部数字农业农村新技术新产品新模式优秀案例、浙江省农业农村领域数字化改革第一批优秀应用和杭州市农业农村局“景秀计划”优秀应用。

【临安区数字外贸服务平台“一键找订单”应用场景】2021年，结合新冠肺炎疫情背景下外贸企业新兴市场拓展和政府部门智能管理的实际需求，临安区商务局推进数字外贸服务平台“一键找订单”应用场景。该应用场景归属于数字经济子系统——数字贸易项下的场景，集成国际贸易交易数据，通过对数据进行分析研判，一方面服务外贸企业自动匹配海外客户，为企业提供客户管理、线上交流、预警发布和订单交付服务功能；另一方面帮助政府实现对外贸企业的智慧化管理，提高科学决策能力，达到政府部门管理智治和外贸企业精准服务的目的。6月，“一键找订单”应用场景入选省商务厅数字经济系统数字贸易子系统第二批应用场景先行示范点名单；7月，入选全省数字经济系统第二批多跨场景应用“揭榜挂帅”目录。

【“青小服·无障碍数治平台”推出】2021年，临安区青山湖街道办事处在区无障碍环境建设推进办公室的指导下，以青山社区为试点，结合信息无障碍的数字化、移动化功能，推出全省首个“青小服·无障碍数治平台”。平台采用“1(街道)+N(社区)”模式，集“青听码”“手语翻译”“助视器”“无障碍地图”“120呼救”等小程序于一体，为青山湖街道的特需群体提供线上智能服务。在线下打造4千米“无障碍生活圈”，完成166处无障碍点位设施改造，涵盖街道党群服务中心、医院、学校、银行、公园等公共场所。至年末，平台涵盖社区居民4500多名。

【杭州可靠护理用品股份有限公司上市】2021年6月17日，杭州可靠护理用品股份有限公司在深圳证券交易所上市，股票简称“可靠股份”，股票代码301009.SZ。公司公开发行股票6797万股，总股本约为2.72亿股，发行价12.54元/股，募资8.52亿元。该公司位于市临安区锦城街道花桥路2号，从事一次性卫生用品的设计、研发、生产和销售，公司的主要产品包括婴儿护理用品、成人失禁用品和宠物卫生用品。（柴钰灿　许锦光）

桐庐县

【概况】2021年，桐庐县辖4个街道、6个镇、4个乡，有22个社区、181个村。户籍人口41.92万人，人口自然增长率0.15‰。全县生产总值413.88亿元，比上年增长9.5%。其中：第一产业增加值26.11亿元，增长2.6%；第二产业增加值188.04亿元，增长11.2%；第三产业增加值199.73亿元，增长8.9%。三次产业增加值结构为6.3 ∶ 45.4 ∶ 48.3。常住人口人均生产总值9.11万元。按国家公布的2021年平均汇率折算,为1.52万美元。

财政总收入67.58亿元,增长15.9%。一般公共预算收入38.40亿元,增长12.2%。财政民生支出51.21亿元,增长8.5%。全县金融机构本外币各项存款余额753.79亿元,增长5.1%。本外币贷款余额825.86亿元,增长18.5%。

农林牧渔业总产值39.22亿元,增长3.3%。粮食总产量4.79万吨、肉类产量0.57万吨、禽蛋产量0.24万吨、蔬菜产量24.09万吨、水产品产量0.95万吨、水果产量9.54万吨、茶叶产量0.40万吨。全年实施省、市、县美丽乡村项目292个,投入资金7.2亿元。创建省级新时代美丽乡村达标创建村60个,其中精品村17个、省级历史文化村落保护利用重点村1个、一般村2个。启动省级历史文化村落保护利用重点村1个、未来乡村3个。全年村级集体经济总收入2.94亿元,其中经营性收入1.97亿元。181个村集体经济收入全部超过50万元、经营性收入超过30万元。

规模以上工业增加值107.33亿元,增长11.6%。规模以上高新技术产业、装备制造业、战略性新兴产业增加值分别增长10.5%、20.4%、16.5%。商品房销售面积46.97万平方米,增长17.8%;商品房销售额74.48亿元,增长11.0%。其中住宅类销售面积42.06万平方米,增长19.3%;住宅类销售额71.68亿元,增长14.5%。

社会消费品零售总额158.62亿元,增长15.4%。按消费类型分,商品零售额118.89亿元,增长15.1%;餐饮收入39.73亿元,增长16.4%。全年网络零售额89.71亿元,下降13.0%。至年末,各类商品市场17个,其中1亿元以上市场4个;全年交易额24.86亿元,增长8.2%。

货物进出口总额95.86亿元,增长26.7%。其中:进口总额8.73亿元,增长71.8%;出口总额87.12亿元,增长23.4%。全年跨境电商进出口总额2.37亿美元,其中跨境电商出口额2.22亿美元、跨境电商进口额0.15亿美元。

交通建设投资5.2亿元。公路总里程1970.7千米。全县有城区公交线路21条,营运公交车136辆;城乡公交线路104条,城乡营运公交车280辆;营运出租车134辆;长途客运及旅游包车等146辆。全年高铁桐庐站发送量124.73万人次,到达量105.67万人次。邮政业务收入(不含邮政储蓄银行直接营业收入)10.81亿元,下降24.3%。全年快递业务量2.08亿件,下降17.2%。

全县接待国内外游客531.7万人次,增长11.6%。旅游业总收入94.20亿元,增长18.5%。乡村旅游经营收入16.4亿元,增长15.8%。全县A级景区7个,其中AAAA级6个、AAA级1个。AAA级以上村落景区8个,其中AAAA级1个、AAA级7个。浙江省景区村庄181个,其中AAA级40个、AA级24个。

全年PCT(国际专利合作协定)专利申请量11件,发明专利授权量192件,有效发明专利拥有量722件,万人发明专利拥有量15.9件。全年品牌企业和实施“浙江制造”标准企业44个。新增国家高新技术企业80个、省科技型中小企业122个、省重点企业研究院2个、省企业研究院1个、市级及以上企业研发中心14个。新增省“领雁”研发攻关项目2个。2个企业获2020年度省科学技术进步奖一等奖,1个企业获国家科学技术进步奖二等奖。

幼儿园47所,在园幼儿1.50万人;全日制小学27所,在校学生2.65万人;初级中学14所,在校学生1.11万人;中等职业技术学校1所,在校学生2285人;普通高中3所,在校学生5955人;普通高校1所,在校学生9869人;特殊教育学校1所,在校学生44人(含附设中职班19人)。全县小学巩固率100%,初中巩固率100%,高中入学率99.7%,全县教职工5422人。

公共图书馆1个、乡镇图书分馆12个、文化馆1个、乡镇文化分馆14个、博物馆1个。建有乡镇(街道)综合文体站14个,新建新型综合文化空间10处。全年放映电影6.5万场次。年末有线电视注册用户数19.6万户,广播、电视人口覆盖率均为100%。全县体育场地面积172.7万平方米,人均体育场地面积3.81平方米。有中型、大型体育场馆4个、百姓健身房15个、省级中心村体育休闲公园2个、省级全民健身中心1个、省级全民健身广场2个、省级社区多功能运动场3个、足球场52个、拆装式游泳池4个、市级健身广场(健身中心、健身公园)23个。桐庐籍运动员陈雨菲获第32届夏季奥运会羽毛球女单冠军,在2021年第十四届全国运动会中获金牌2枚、银牌2枚、铜牌1枚。

全县有各类医疗卫生机构355个,其中医院21个、卫生院11个、社区卫生服务中心(站)107个、诊所(卫生室、医务室、卫生所等)61个、门诊部33个、村卫生室117个、急救中心1个、疾病预防控制中心1个、卫生健康行政执法队1个。卫生技术人员4564人,其中执业(助理)医师1741人、注册护士1745人。医疗卫生机构床位数2682张。养老保险参保31.97万人,参保率99.4%。基本医疗保险参保40.93万人。工伤保险参保17.69万人。失业保险参保11.82万人。

全县城镇常住居民人均可支配收入61982元,增长9.8%。其中,人均工资性收入37598元,增长9.9%。人均生活消费性支出34444元,增长17.7%。全县农村常住居民人均可支配收入37951,增长11.0%。其中,人均工资性收入21037元,增长11.0%。人均生活消费性支出22959元,增长20.1%。

【快递进村全覆盖】2021年,桐庐县创新合作模式,推进资源整合,在各村因地制宜借助村委楼、便利超市等地打造“快递驿站”,推进快递进村全覆盖。桐庐县转变以往“快递进村是市场行为”的观念,由政府主导,“三通一达”“百世”等民营快递公司联合入股,成立桐庐驿站共享供应链管理有限公司,明确公司运营模式、共配网络、村级驿站管理等工作,聘请职业经理人团队负责推进“快递驿站”全覆盖工作和整体运营,搭建起县、乡镇、村三级投递网络。全县有乡镇快递中转仓6个、乡镇配送员13名。自2020年11月30日启动以后，累计配送快递16.9万件，快递进村率100%，全县181个村全部建成“快递驿站”，实现快递进村。桐庐县对快递共配公司前三年建设运营费用予以补助，加快提升快递进村工作质效。乡村所有农产品均可以通过“快递驿站”进行寄递，量大可以实现上门取件，满足游客与民宿主的寄递需求。

【中国围巾城开业】 2021年1月9日，中国围巾城开业暨“圆通速递杯”第二届横村国际围巾设计大赛颁奖典礼在桐庐县横村镇举行。中国纺织工业联合会党委书记、“圆通速递”董事长，东华大学、浙江理工大学、浙江工商大学等高校相关负责人，横村镇乡贤代表，县时尚针织产业联盟顾问团成员，针织企业代表等参加。活动中，中国毛纺织行业协会授予横村镇“中国围巾之乡”称号。其间，中国围巾城直播大赛启动，桐庐县横村时尚针织产业联盟顾问聘任仪式、“圆通速递”教育基金捐赠仪式等活动举行。中国围巾城位于横村镇徐家埠路20号，总投资近1.5亿元，建筑面积2.5万平方米，有店铺153个，配有电商、直播培训、产学研合作室、活动中心、针织党建博物馆、运营团队办公区域等功能。区别于传统市场模式，围巾城可以为入驻企业提供平台对接、培训、孵化、人才引进、投资和融资、供应链、物流、视频内容制作、产学研实训等服务，打造融合生产厂家、线下商家、直播机构、线上销售的产业公共共享平台。

【桐庐马术中心主场馆通过赛事功能预验收】 2021年12月29日，杭州亚组委场馆建设部、竞赛部、信息技术部、安保部、宣传部、外联部等联合对桐庐马术中心开展亚运会马术主场馆赛事功能预验收。杭州亚组委各部门现场检查桐庐马术中心主场馆体育工艺、信息技术、通信保障基础设施、无障碍环境等软件和硬件基础建设情况，认为桐庐马术中心主场馆总体情况好，准备工作充分，对外展示形象佳。中心主场馆设计采用柔和弯曲的波浪形态，从高空俯瞰则呈现出一个“马”字。靠山面水的方位优势，打造极佳的观赛视野和开放的观赛环境。主场馆总建筑面积约5.4万平方米，整个建设项目包括100米×120米主赛场、60米×80米室内训练场、240个高标准马厩、近5000米越野赛道以及3104个观众席位等，还有马童宿舍、马诊所、饲料仓库和蹄铁工厂等相关功能区。场馆将承办杭州2022年亚运会马术比赛盛装舞步、场地障碍赛和三项赛3个比赛项目。

桐庐县桐君街道梅蓉村（摄于2021年）

［桐庐县委党史研究室（桐庐县地方志研究室）供稿］

【中国·桐庐山水艺术季活动】 2021年10月1日，由桐庐县委、县政府和中国美术学院美丽中国研究院共同主办的“浙里富春·那么乡田”中国·桐庐山水艺术季活动在桐君街道梅蓉村开幕。艺术季为期3个月，以《天下桐庐》《富春棹歌》《耒耕田肥》等20件公共艺术作品为主线，一场田野公益活动、六大主题艺术联展为支线，串联起活动的整体脉络。活动中，中国公共艺术乡村实践基地联盟成立，县领导为十大美院代表颁发“金钥匙”。艺术季制定“数字化场景应用”，以“积分一张图游桐庐”的概念打造桐庐线上旅游集散中心“桐你游”小程序。游客可通过小程序了解公共艺术展各板块活动介绍、旅行攻略，实现在线预约门票、地图导航、社交分享等功能。

【“桐庐工程助手”上线】 2021年3月5日，工程项目现场移动考勤系统“桐庐工程助手”在桐庐上线运行。桐庐县所有采用招标投标的工程建设项目将启用“桐庐工程助手”开展项目考勤，并对施工现场关键岗位人员进行规范管理。“桐庐工程助手”能够实时动态反映施工现场管理人员考勤情况，切实加强对施工现场管理人员在岗履职情况的监管。企业无须购买考勤设备，使用手机安装“浙里办”App就可以实现刷脸打卡，降低运营成本。企业依托“浙里办”App实名认证，无须到招标现场进行人员信息采集录入，通过手机端进行中标项目信息关联。利用“人脸识别+活体校验”生物识别技术，只需手机App即可进行项目考勤打卡。项目业主和企业可通过手机实时查看项目考勤情况，掌握项目进展情况，项目开工、停工、完工信息以及人员变更信息全过程留痕。“桐庐工程助手”小程序通过比对预设信息、实时监控考勤情况，对严重滞后项目、考勤异常项目进行智能分析，相关数据将分别纳入个人、企业信用评价，并作为行业主管部门差别化管理及各类评优评先的依据。

【桐庐红色精神谱系发布】 2021年4月15日，桐庐红色精神谱系和8条红色研学线路发布。桐庐县立足“资源+”思路，依托现有的红色教育资源，共梳理筛选出具有代表性的重要党史事件、在桐庐发生过的重大战斗、为党和国家及人民做出积极贡献的重要人物、具有代表性的精神体系等内容，以及新中国成立以后兴建的各类纪念馆、纪念设施等阵地资源，形成具有本地特色的桐庐红色精神谱系。谱系以地图形式呈现，在县域地图上标注1927年桐庐第一个党组织诞生后发生的重要事件、重大战斗、重大精神、重要人物、红色场馆5个类目、26项谱系内容。在梳理红色精神谱系的基础上，根据县内红色教育资源的地理位置分布特点，推出8条红色研学线路，涉及革命遗址、旧址，涵盖"梅蓉精神""南堡精神"等多个学习主题。

【富春江国际论坛】2021年11月8日，由全球化智库（CCG）、桐庐县委和县政府主办，全球化智库（CCG）长三角研究中心、桐庐县委组织部、桐庐县富春山健康城管委会承办的首届富春江国际论坛在桐庐举行。论坛中，来自国际组织的代表、国际商会负责人、中外公司高管、智库专家、商界代表等以"杭州特色资源与绿色可持续发展"为主题，围绕"长三角区域一体化发展格局中的桐庐机遇""大健康产业与绿色发展前景"两个话题展开对话。论坛期间，全球化智库长三角研究中心揭牌成立。该中心致力于在桐庐县打造具有全球百强国际智库特色的公共文化空间，汇聚国际国内政产研学商等跨境跨界资源，打造集政策与产业研究、文化交流、专业培训等功能于一体的国际交流中心平台，通过举办智库系列活动，为桐庐县在招才引智、招商引资、产业创新发展、城市品牌建设与打造国际影响力等方面提供有力支撑。

【"新村夜话"基层宣讲】2021年，桐庐县推出"新村夜话"基层宣讲工作机制，成立204支县、乡、村（社区）"新村夜话"志愿宣讲队伍，将农户家里、庭院公园、文化礼堂等作为"新村夜话"学习宣讲阵地，以谈体会、故事会、大讲堂等方式，利用晚上时间面向农村群众开展宣讲。通过"访、讲、议、办、评"5个环节，拓展民意收集和需求协调功能，使"新村夜话"成为一个集理论宣讲、为民办事于一体的综合性服务平台。全年组织开展"新村夜话"2376场次，受众13万余人次，收集民生需求5669件，办理问题5108件。"新村夜话"宣讲团获评中共中央宣传部2021年度基层理论宣讲先进集体。（张　红）

淳安县

【概况】2021年，淳安县辖11个镇、12个乡，有337个村、18个社区。至年末，全县常住人口33.0万人，户籍人口45.28万人。人口自然增长率－1.64‰。全县生产总值255.17亿元，比上年增长5.2%。其中：第一产业增加值40.42亿元，增长2.6%；第二产业增加值63.70亿元，下降0.5%；第三产业增加值151.05亿元，增长8.5%。三次产业增加值结构为15.8∶25.0∶59.2。全县数字经济增加值7.41亿元，增长3.6%，占全县生产总值的2.9%。2021年7月30日，《杭州市淳安特别生态功能区条例》经浙江省十三届人大常委会第三十次会议批准，将于2022年1月1日起施行。该条例分总则、规划与管控、生态保护、绿色发展、民生保障、支持与监督和附则共7章、42条。

财政总收入47.76亿元，增长19.0%。一般公共预算收入25.94亿元，增长13.9%，其中税收收入22.95亿元，增长10.1%。一般公共预算支出77.37亿元，增长0.9%。全年城镇常住居民人均可支配收入53002元，增长8.2%；人均生活消费支出30755元，增长17.2%。全年农村常住居民人均可支配收入24675元，增长9.8%；人均生活消费支出16366元，增长15.0%。全县金融机构本外币各项存款余额405.59亿元，增长3.4%。金融机构本外币各项贷款余额414.60亿元，增长15.9%。

农林牧渔业总产值57.20亿元，增长5.5%。其中：农业产值40.74亿元，增长9.2%；林业产值7.16亿元，下降1.4%；牧业产值4.87亿元，下降1.2%；渔业产值3.18亿元，增长16.2%。粮食总产量4.56万吨，增长7.3%；茶叶产值9.67亿元，增长20.5%；水果产值6.90亿元，增长6.9%；中药材产值5.07亿元，增长4.3%；肉类产量1.01万吨，增长35.6%。《淳安县农业现代化"十四五"规划》完成。2021年中国·千岛湖茶博览会、2021年第十二届千岛湖农业博览会等活动举行。注册"千岛农品"集体商标和版权登记，"千岛湖茶"品牌估值21.35亿元。创建省级美丽乡村示范乡镇11个、省级美丽乡村特色精品村33个、省级新时代美丽乡村达标村275个。千岛湖中药材产业化联合体入选省级农业产业化联合体，"千岛湖寻根探源之旅"入选全国"百条红色茶乡旅游精品路线"和全省"百条休闲农业和乡村旅游精品线路"。

工业增加值39.66亿元，增长1.5%。其中规模以上工业增加值28.79亿元，增长6.4%。规模以上工业新产品产值10.77亿元，增长36.2%；新产品产值率11.5%。高新技术增加值12.14亿元，增长18.8%；装备制造业增加值3.73亿元，下降1.5%；战略性新兴产业增加值2.24亿元，下降16.8%。全县有市场经营主体3.40万个，其中企业1.35万个、个体工商户1.89万个、农业专业合作社515个。

建筑业增加值24.07亿元，下降3.6%。全县房地产业增加值24.25亿元，增长3.6%；房地产开发投资增长19.4%。房屋施工面积284.09万平方米，下降0.5%；竣工面积50.94万平方米，增长116.4%。全年商品房销售面积32.11万平方米，增长1.0%；实现商品房销售额43.9亿元，增长1.1%。

全县固定资产投资下降14.8%，其中项目投资下降38.4%。按投资"4+1"结构看，交通投资下降82.5%；生态环保、城市更新和水利设施投资增长19.7%；高新技术产业投资增长40.4%；民间项目投资增长19.0%；工业投资增长41.9%。

全县社会消费品零售总额90.03亿元，增长7.5%。自营进出口总额2.23亿美元，增长20.5%。其中：自营出口2.04亿美元，增长23.5%；进口1900万美元，下降4.1%。新引进个性化产业项目91个；全年实际到位外资资金3326万美元。有生态金融（总部经济）2242个，其中新引进510个，实现税收15.65亿元。

接待国内外游客932.50万人次，旅游经济总收入154.18亿元，分别下降51.6%和33.6%。《淳安县

"十四五"文旅体发展规划》编制完成并发布实施，《淳安县全城旅游产业发展与空间布局规划》启动编制，制定《淳安县旅游业"微改造、精提升"行动方案（2021—2025）》。燕山文化景区、千岛湖冰雪联合体等项目推进。有各类旅行社66个；星级宾馆14个，其中五星级2个；挂牌五星及标准建造酒店14个、挂牌四星及标准建造酒店22个、精品度假及主题特色酒店8个。

9月，屏三公路东方大桥至唐村段改建工程建成通车。杭淳开高速公路浙江段可行性研究报告通过省交通运输厅专家预审并启动设计工作。完成亚运赛道提升160.76千米。全县公路总里程2862.27千米，其中高速公路65.62千米、国道89.78千米、省道29.26千米。邮政业务总量5278.76万元。邮电局所总数36个，其中邮电支局6个、邮电所23个、代办所7个。

完成新安东路（花园饭店至浪达岭加油站）交通治堵改造工程，实施景湖花园康和路改造提升工程、富力幼儿园门口道路堵点治理工程及一家山水、城东停车场等红绿灯改造工程。新增地下空间面积28万平方米。城市污水处理率97.1%。改造17个"老旧特韵"小区，创建6个市级美好家园，安装55台电梯。完成坪山路、阳光路2条道路无障碍设施改造。7月，《淳安县探索"生态银行"绿色金融模式》入选生态环境部首批绿水青山就是金山银山实践模式与典型案例。10月，"千岛鲁能胜地生物多样性保护与可持续利用"案例、"千岛湖水基金——千岛湖流域生态可持续发展探索"案例入选"生物多样性100+全球典型案例"名单。全县环境空气优良天数356天，优良天数比例97.8%（有效监测天数为365天）。全县二氧化硫年均浓度值4微克/立方米，二氧化氮年均浓度值12微克/立方米；细颗粒物（PM2.5）年均浓度值18微克/立方米。全年发生生产安全事故8起，死亡6人。

全县有学校110所，在编教职工3858人，在校学生4.20万人。其中：幼儿园40所，在校幼儿9222人；小学48所（含17所校区），在校学生1.59万人；初中13所，在校学生8417人；普通高中5所，在校学生5277人；职业中学2所，在校学生3217人；培智学校1所，在校学生39人；电大教师进修学院1所。8月，启用千岛湖镇第八小学、千岛湖镇中心幼儿园。

淳安县中洲镇茶山村（摄于2021年）　（淳安县中洲镇政府 供稿）

全县累计有有效发明专利309件。全年新增国家高新技术企业9个，新增省科技型中小企业27个，市雏鹰企业2个。新增省级企业研究院1个，省级高新技术企业研发中心1个。

全县有文化馆（站）24个，公共图书馆24个（含乡镇分馆），城市书屋（含新安书屋、杭州书屋）23个，艺术馆1个，电影院3个。全年开展送文化活动、展览展示、文化培训等活动300多场，送春联下乡1万余副，送书下乡3万余册。11月，淳安县获评"浙江省第二批戏曲之乡"。

各类医疗机构331个，医护人员3164人。全县医共体总门诊211.85万人次，增长1.8%。医共体总出院6.08万人次，增长1.4%，其中基层医院下降3.4%。县域就诊率90.1%，基层就诊率69.6%。县中医院病房综合楼主体结顶，千岛湖镇、威坪镇等5个环境卫生提升工程完工。浙江省人民医院与淳安县第一人民医院续签合作，长期选派专家12名。

新建和改造绿道174千米，建成基层体育场地设施75处，新增体育场地总面积9.26万平方米，人均体育场地面积4.33平方米。淳安籍选手在全国第十一届残运会、杭州市第二十届运动会中分别获金牌6枚、银牌2枚和金牌4枚、铜牌4枚。11月，淳安县文化和广电旅游体育局获"2017—2020年度全国群众体育先进单位"称号。新培育浙江省运动休闲乡镇1个，获评浙江省运动休闲旅游优秀项目1个。举办千岛湖公开水域游泳公开赛、环千岛湖公路自行车赛、千岛湖铁人三项赛等大型精品体育赛事15场、群众体育活动100多场。全年运动休闲游总量312.4万人次。

全县各类养老保险参保37.79万人，参保率99.5%；各类医疗参保45.04万人，参保率99.7%；工伤保险参保7.69万人。养老机构26个，其中县级公办1个、乡镇敬老院19个、民办养老机构6个，床位3118张，在院供养老人1125人。至年末，全县有在册低保户数9543户、1.24万人，其中残疾人单列户5680户、5795人。

【千岛湖生态系统研究站成立】 2021年3月26日，千岛湖生态系统研究站成立。千岛湖生态系统研究站是在淳安县人民政府支持下，由中国科学院南京地理与湖泊研究所负责建设的水库生态学科研、科普基地。研究站以国家湖库水环境与水生态保护及流域绿色发展的科技需求为目标，紧贴水库生态学理论的国际前沿，对千岛湖及其流域生态系统结构的关键要素及过程实施长期观测，构建千岛湖生态数据库，持续开展千岛湖湖沼学理论研究，研发环境治理与生态修复技术并开展应用示范，强化科研成果的宣传和应用推广，打造开放、共享的国际水库学科理论研究与保护实践的交流平台，为河流、湖泊、水库等水环境生态环境保护及流域社会可持续发展提供一流的科技服务。

【"千岛农品"区域公用品牌发布】2021年6月26日，"千岛农品"区域公用品牌发布会举行。发布会以"好山好水出好品，共建共享促共富"为主题，推出"千岛农品"全新品牌形象及系列产品。"千岛农品"品牌标识由跃起的鱼、茶叶、岛屿和水花组成，整体的水滴外形表示千岛农品产品的纯净健康，也寓意千岛农品源自一湖秀水，为消费者带去千岛湖的鲜活滋味。"千岛农品"既是以生态为内核的淳安优质农产品区域公用品牌，也是统一规范使用的品牌传播符号，涵盖农产品、农制品、农创品等。品牌矩阵总的品牌价值超过100亿元。发布上，还举行银泰城"千岛农品"主题馆、新零售产销、千岛农品高铁推广销售项目签约，以及千岛农品共富促进会、淳安县千岛农品文化传播有限公司揭牌等活动，并宣布"千岛农品"产品将上线铁路"12306"平台销售。

【Qdol饮品生产与研发项目签约】2021年3月31日，由上海焕睿国际贸易有限公司投资的Qdol饮品生产与研发项目签约仪式在淳安经济开发区管委会举行。该项目选址千岛湖镇鼓山工业区块，为"腾笼换鸟"二次招商项目，总投资5亿元，主要生产经营碳酸气泡汽水、奶茶等饮品，并打造集生产、旅游、观光为一体的生态旅游式工厂。一期项目计划于2022年10月投产。项目全部达产后，预计年纳税销售收入2亿元，年上缴各类税收1500万元。

【淳安县政府与华能（浙江）能源公司签署战略合作协议】2021年12月30日，淳安县政府与华能（浙江）能源开发有限公司签署战略合作协议，共同建设千岛湖抽水蓄能电站。项目拟选址大墅镇，规划总装机容量120万千瓦，计划2022年底前完成规划设计、项目核准，2025年底前完成主体建设，2026年并网发电。双方将成立项目推进专班，排定项目建设时间表，加强项目协调和跟踪服务。

【"典型湖泊水域净水渔业模式示范"项目启动】2021年1月，由杭州千岛湖发展集团有限公司牵头的"典型湖泊水域净水渔业模式示范"项目在千岛湖启动。该项目是国家重点研发计划"蓝色粮仓科技创新"的重点专项，于2020年获批，执行周期为2020年10月至2022年12月。项目总经费5853万元，其中中央财政专项资金1653万元。项目下设5个课题，来自中国水产科学研究院淡水渔业研究中心、中国科学院水生生物研究所、杭州千岛湖发展集团等10个科研单位、高校、机构和企业参与。该项目从水域生态文明建设和优质水产品供给保障等国家战略出发，针对典型湖泊水域净水渔业面临的生态系统衰退、保护与利用不协调、水产品质量安全风险高等问题，集成典型湖泊生物资源利用、生态综合修复、生物操控净水和生物多样性保护等技术，配套人工鱼巢、生态浮床、幼鱼庇护所等设施，构建典型湖泊资源养护、环境修复、水质调控、生物多样性保护和外来种防控等净水渔业新模式。建立典型湖泊水域净水渔业示范区，并在东北、华北、华东和西南等重点地区进行推广，综合提升示范区和推广区内的湖泊水环境质量、水产品品质和水域生态环境，实现湖泊环境保护与净水渔业的协调发展。（刘东山）

建德市

【概况】2021年，建德市行政区域面积2314.19平方千米，辖3个街道、12个镇、1个乡；229个村、27个社区、15个居民区。户籍人口50.75万人，常住人口44.4万人，人口自然增长率为-1.05‰。建德市生产总值430.60亿元，比上年增长7.5%。第一产业、第二产业、第三产业增加值分别为37.81亿元、217.09亿元和175.70亿元，比上年分别增长3.8%、9.0%和6.6%。三次产业增加值结构为9.5∶48.1∶42.4。按常住人口计算，人均生产总值为9.71万元，按国家公布的2021年平均汇率折算为1.50万美元。数字经济核心产业增加值13.2亿元，增长18.5%，占生产总值的3.1%。

财政总收入66.61亿元，增长19.7%；地方财政收入38.50亿元，增长12.5%。其中，税收收入34.40亿元，增长13.7%，占地方财政收入的89.4%。一般公共预算支出63.67亿元，增长7.3%。其中，用于民生支出48.10亿元，增长7.1%，占一般公共预算支出的75.6%。节能环保支出、科学技术支出、卫生健康支出分别增长17.4%、15.1%和11.0%。金融机构本外币各项存款余额713.60亿元，增长10.6%。金融机构本外币各项贷款余额684.34亿元，增长21.2%。

居民人均可支配收入46282元，增长10.0%。其中城镇居民人均可支配收入60183元，增长9.5%；农村居民人均可支配收入33807元，增长9.9%。

农林牧渔业增加值38.65亿元，增长3.9%；总产值61.06亿元，增长4.7%。全年粮食播种面积12607公顷，增长0.3%；粮食总产量7.11万吨，增长3.8%；蔬菜9288公顷，增长1.2%；蔬菜产量26.84万吨，增长1.5%；水果产量23.33万吨，增长0.4%；茶叶产量3192吨，增长2.8%。肉类总产量2.16万吨，增长13.9%。水产品总产量1.01万吨，增长3.5%。木材产量6.51万立方米，下降10.5%。全年新增高标准农田1440公顷。改造中低产田350公顷，标准农田地力提升440公顷。农业机械总动力1.05万公顷。农业骨干企业102个。

全年完成造林更新面积786.7公顷，其中人工造林313.33公顷、更新造林473.3公顷。全市森林覆盖率76.4%。全年除险加固病险水库6座、水塘22座。农村饮用水工程各级投入资金900万元，完成43个村庄饮用水工程。投入美丽乡村建设资金1.32亿元。新增美丽乡村精品示范线2条，累计14条。新增历史文化村落2个，累计45个。新增风情小镇1个，累计7个。累计美丽乡村精品村67个。农家乐（民宿）381个，增加164个，全年接待游客17.7万人次，经营收入5401万元。

全市规模以上工业企业378个，其中1亿元以上110个。规模以上工业增加值158.47亿元，增长

11.7%。规模以上工业总产值641.94亿元，增长27.1%。其中，新产品产值264.10亿元，增长16.3%。规模以上工业销售产值633.19亿元，增长27.7%。规模以上工业中，高新技术产业、战略性新兴产业、高技术制造业、装备制造业增加值分别增长11.9%、18.3%、24.9%和36.5%，占规模以上工业比重分别为44.1%、20.4%、5.3%和11.7%。规模以上工业企业利税85.96亿元，增长18.2%。全年建筑业增加值34.81亿元，增长1.1%，占全区生产总值的8.1%。

固定资产投资下降12.3%。全年房地产开发投资增长3.5%。房屋施工面积277.94万平方米，下降14.7%；新开工面积59.19万平方米，增长34.5%；竣工面积61.14万平方米，下降37.2%。商品房销售面积46.30万平方米，下降14.4%，其中住宅销售42.49万平方米，下降14.8%；商品房销售额59.54亿元，下降10.6%。

批发和零售业增加值25.93亿元，增长6.1%。社会消费品零售总额126.06亿元，增长10.5%，两年平均增长4.8%。在限额以上批发零售企业零售额中，石油及制品类、日用品类、中西药品类、粮油食品类零售额分别增长40.9%、31.6%、7.0%和5.8%。

货物进出口总额99.27亿元，增长19.1%。其中：进口额12.71亿元，增长82.6%；出口额86.56亿元，增长13.3%。服务贸易出口额1.4亿美元，增长2.6%。跨境电商进出口总额4.06亿美元，其中出口额3.75亿美元、进口额0.31亿美元，分别增长19.1%、20.6%和3.5%。全年新批外商投资项目6个。实际利用外资1.3亿美元，下降10.9%。

旅游接待总人次263.3万人次，增长8.0%。其中，接待国内游客263.2万人次，接待境外游客0.1万人次。旅游总收入48.63亿元，增长14.7%。年末各类旅行社22个，星级宾馆1个。AAAA级景区5个。乡村旅游人数533.12万人次，下降9.6%，乡村旅游收入8.14亿元，增长20.9%。

城区建成区面积10.60平方千米，城区道路长度138.92千米。建成区绿化覆盖率45.75%，提高0.84个百分点。城区园林绿地面积486.23公顷，增长2.1%；公共绿地面积251公顷，增长4.2%。人均公园绿地面积17.85平方米，增长11.8%。全年空气优良天数356天，空气优良率97.5%。PM2.5年平均浓度每立方米23微克，下降5.0%。主要水系监测断面III类及以上占比100%。

全年交通运输、仓储和邮政业增加值13.31亿元，增长12.5%。年末公路总里程2092.78千米，增加60.06千米，其中高速公路里程135.39千米。全年公路货物运输总量2395.5万吨，增长20.0%；公路旅客运输总量1401.1万人次，增长19.1%。航空小镇通航机场跑道延伸至1200米，空域范围扩展至5700平方千米，获批低空运输航线开通权20条。

新认定高新技术企业45个，累计高新技术企业148个。新增省科技型中小企业124个，累计546个。全市有杭州市级以上高新技术企业开发中心121个，其中省级以上50个。科技企业孵化器11个，其中省级1个；众创空间3个。全年专利授权量1987件，其中发明专利授权量136件，分别增长78.5%和88.9%。

幼儿园41所，在园幼儿1.37万人；小学30所，在校学生2.32万人。学龄儿童毛入学率100%。普通中学24所，其中初中18所、普通高中（含民办）6所；在校学生数1.76万人，其中初中1.04万人、普通高中7249人。初中升高中段比例99.76%。中等职业教育学校1所，在校学生1501人。全市专任教师4457人。

县级及以上文物保护单位91处（群），其中国家级重点文物保护单位4处（群）、省级文物保护单位5处（群）。举办各类群众性体育比赛121场，参赛运动员3万人次。全市健身苑点581个，其中新建11个。

各级各类医疗卫生机构401个，实有床位2940张。卫生专业技术人员3974人，其中执业医师1189人、执业助理医师241人、注册护士1682人、药剂人员294人、检验人员156人。全市养老机构18所，其中敬老院8所；养老机构床位3006张，其中敬老院床位1071张；供养老人1350人，其中敬老院在院老人410人。至年末，有五保对象405人，其中集中供养271人。

年末，全市参加基本养老保险35.18万人，其中城镇企业职工基本养老保险人数21.35万人，城乡居民基本养老保险11.07万人。参加基本医疗保险43.69万人，其中职工基本医疗保险17.99万人、城乡居民基本医疗保险25.70万人。参加生育、工伤、失业保险分别为9.72万人、15.46万人和9.49万人。基本医疗保险参保率99.6%。1.03万人享受最低生活保障。城乡居民最低生活保障标准为平均每人每月882元。全年发放困难家庭救助金1.09亿元。

【“数智建德”改革创新实验室打造】2021年，建德市成功打造“数智建德”改革创新实验室，建成一体化智能化公共数据平台，累计归集数据8.0亿条。高铁新区（高新园）成为浙江首批、杭州唯一省级化工产业大脑试点园区，“数智草莓”获评浙江数字经济优秀地方特色应用，“数智殡”“网签电子劳动合同”等多个场景在浙江推广。全年通过数字化为制造业高质量发展提供动能，规模以上工业总产值641.9亿元，增长27%，首次超过600亿元。“互联网平台+园区/产业集群解决方案试点示范”项目被评为工业和信息化部工业互联网平台试点示范项目。高新园化工大脑“智慧园区”场景构建“1+5+X”平台。数字经济核心产业增加值13.0亿元，增长18.5%，列杭州市第一位。

【草莓新品种“建德红”上市】2021年，建德市依托浙江省农科院联合推出具有完全自主产权的新品种“建德红”。该品种经过专家团队16年时间的研究和培育，具有上市早、效益高、产果期长、硬度适中便于运输、自身抗病害能力强等多个优势。果实呈圆锥形，界面光洁，果肉淡红、脆、味甜、多汁、有清香，被认定为草莓新品种。

【建德市获评全国农村人居环境整治成效明显激励县】2021年5月11日，建德市获评全国农村人居环境整治成效明显激励县，为浙江省唯一。建德市实现农村生活垃圾分类、生活污水治理、厕所改造、农村人居环境整治、美丽乡村创建“5个100%全覆盖”，获评2020年度全国农村人居环境整治提升优胜县、农村生活垃圾分类处理优胜县、农村生活污水治理优秀县、新时代美丽乡村示范县。

【“巨型稻”收割】2021年10月16日，建德市三都镇新和村袁隆平生态水稻种植基地试种的“巨型稻”获丰收。该“巨型稻”是由中国科学院夏新界研究员团队研发，浙江敏轩农业科技有限公司种植，也是该品种首次在浙江试种成功。“巨型稻”的特点是外形高大，稻株粗壮挺拔，平均每株水稻植株高达1.8米，高度一般是常规稻的2倍。穗长粒多，单穗最高实粒数达到500粒左右。预计亩产900~1000千克，比普通稻亩产增加200~300千克。

【全球女性发展论坛在建德举行】2021年10月23—24日，第三届全球女性发展论坛在建德市举行。该论坛由中华女子学院（全国妇联干部培训学院）、浙江省妇联主办，建德市委、市政府，杭州市妇联，中华女子学院（全国妇联干部培训学院）全球女性发展研究院承办。论坛主题是“传承·弘扬·创新：中国共产党领导下的妇女解放与妇女发展——发挥‘半边天’作用，实现共同富裕”。来自联合国教科文组织、联合国妇女署、埃塞俄比亚、尼泊尔、巴基斯坦等国家的专家学者与中国专家学者通过线上、线下相结合的方式，围绕中国共产党领导下的中国妇女事业发展取得的伟大成就、如何发挥以千鹤妇女精神为代表的妇女“半边天”作用的制度机制、各国在促进性别平等方面所面临的机遇和挑战等重大理论和实践问题展开学术交流。

【建德市获评“全球绿色城市”】2021年10月29日，在第十六届全球人居环境论坛年会暨2021年可持续城市与人居环境奖盛典上，建德市获评“全球绿色城市”。“全球绿色城市”由全球人居环境论坛于2005年设立，是综合反映一座城市在改善人居环境方面总体成就的世界级荣誉。近年来，建德坚持“生态立市”发展战略，在可持续环境、可持续水资源、城市弹性、绿色公共空间、宜居社区、珍稀物种保护、可持续旅游、城市治理及文化遗产等方面亮点突出。全市森林覆盖率76%以上，绿化率95%以上；全年空气质量优良率保持在97.5%以上。

2021年9月30日，建德严州古城三期开城

（建德市委党史和地方志编纂研究室 供稿）

【“共同富裕先行区·安仁联合体”建设启动】2021年，建德市在乾潭镇划定安仁片6个村组建“共同富裕先行区·安仁联合体”，启动区域共同富裕模式试点。围绕“党建共领、事务共议、项目共建、数智共治、区域共享”建设思路，打造区域可复制、群众可感知的“镇+联合体+村”共富新模式。按照总体思路要求，系统谋划、分部先行，实施并完成集镇外立面环境整治、后坞线道路改造、高速口绿化提升、后山村美丽庭院风情带打造、清渚溪沿线整治等13个项目。

【杭州沈氏节能科技股份有限公司被评为国家级专精特新“小巨人”企业】2021年，杭州沈氏节能科技股份有限公司获评工业和信息化部第三批专精特新“小巨人”企业，同时入围国家支持第二批“专精特新”重点“小巨人”企业名单。该公司位于建德市航头镇工业功能区，是以微小型换热装备生产和节能产品技术开发为主的国家高新技术企业。企业研发生产的微通道换热器、微通道反应器等高端装备销往航天航空、精细化工、生物医疗等领域。公司建有省级企业研究院、省级高新技术研发中心、市级企业技术中心等多个研发机构，与中国计量大学生命科学学院建立校企合作，为企业“保驾护航”。该公司通过ISO9001-2015国际质量体系认证、ISO14001-2015环境体系认证、UL认证、ROHS认证、CRAA认证、压力容器制造许可证、欧盟CE认证等各类资质认证，获得授权专利63件，其中发明专利17件。

（胡政成）

责任编辑　秦文蔚

47 人 物

中国共产党成立100周年“七一勋章”获得者

瞿独伊 女，1921年11月出生，浙江萧山人，1946年8月入党。她是赓续红色基因的革命先烈后代，1941年被捕入狱，面对敌人威逼利诱，绝不屈服。开国大典上，她用俄语向全世界播出毛泽东主席的讲话。作为中国第一批驻外记者到莫斯科建立新华社记者站，其间多次担任周总理和中国访苏代表团的翻译。瞿独伊一生淡泊名利，从不搞特殊化，始终保持共产党员的精神品格和崇高风范。2021年6月，被中共中央授予庆祝中国共产党成立100周年“七一勋章”。11月26日，瞿独伊因病医治无效在北京逝世，享年100岁。

全国脱贫攻坚先进个人

叶正猛 男，1958年12月出生，中国共产党党员，浙江新湖慈善基金会秘书长。2021年2月，被评为全国脱贫攻坚先进个人。叶正猛组织实施“新湖乡村幼儿园建设暨怒江州幼儿园全覆盖项目”，建立近260所“新湖乡村幼儿园”，惠及近1万名学前儿童。怒江州学前儿童入园率由3年前的58%上升到85%。叶正猛实施对口地区“新湖·恩施枫香河村益贫乡村计划”，实现“整村改造、整村脱贫”；指导创建“保险＋期货”精准扶贫新模式，破解农民“增产不增收”困局，使广西等省20个县的10万余户农户直接受益；发起、负责持续10年的玉树地震百名孤儿抚养项目，并继续筹集资金资助全部孤儿直至2026年大学毕业；筹划设立中国首家公益创投基金，帮助陕西妇女等群体发展产业；指导组织下辖企业在贵州等省的8个国家级贫困县结对帮扶，重点开展产业扶贫；负责为新疆民族团结捐款，并开展资助困难学生等公益活动。2021年，他筹划发起公益项目“脱贫摘帽地区乡村经营管理人才培育计划”。

汪四花 女，1962年8月出生，中国共产党党员，浙江大学医学院附属第二医院党委委员、工会主席。2021年2月，被评为全国脱贫攻坚先进个人。2016年9月至2020年11月，汪四花受医院委派至贵州省台江县人民医院帮扶，并任院长。在帮扶期间，她明确医院发展目标，将原来“以医护人员为中心”的医院制度和流程，改变为“以患者为中心”的制度和流程，制定和修订制度、流程近300个。医院新建学科及平台18个，建成黔东南苗族侗族自治州第一个远程会诊中心、组建泌尿外科、建成核磁共振室、创建消化内镜中心、心血管介入中心（DSA）、eICU远程平台、心电远程平台、微生物实验室等。医院按“制定质量管理架构、落实目标管理、持续质量改进”等方法提升医疗质量，医疗纠纷和投诉持续减少。

沈　翔 男，1969年11月出生，中国共产党党员，中共杭州市委统战部常务副部长。2021年2月，被评为全国脱贫攻坚先进个人。沈翔带队深入近200个乡镇、400多个贫困村、500多个项目点开展调查研究，提出“三结合三转变”的工作思路，研究制定扶贫协作三年行动计划。创新“六个三”工作方法，整合帮扶资源，推进产业、就业和社会事业“三业联动”精准扶贫。探索出“筑巢引凤、以短养长、东品西移”等12个精准帮扶模式，“山凤凰”基金、网易品牌共创脱贫计划、中华职业教育社职业教育精准扶贫模式等典型案例入选全国携手奔小康行动及全国企业精准扶贫、社会组织扶贫百佳案例。他研究制定东西部扶贫协作项目管理和资金使用办法，建立健全项目推进工作机制。围绕“项目建设有效率、项目运营有效益、项目带贫有效果”总目标，精准用好21亿元帮扶资金和6亿元社会捐赠资金，有效引导126亿元社会投资，实施685个帮扶项目，利益联结1566个贫困村。帮助销售农特产品20.26亿元。创新“1243”劳务协作模式和“五位一体”就近就业体系，帮助7.3万贫困人口实现就业。累计带动22.72万贫困人口脱贫增收。

吴　斌 男，1983年4月出生，中国共产党党员，杭州市小河街道党工委委员。2021年2月，被评为全国脱贫攻坚先进个人。2018年4月，吴斌经组织选派到恩施土家族苗族自治州的贫困县巴东县挂职，实地调研全县12个乡镇、118个贫困村、40多个非贫困村。开展针对性培训，共组织各类人才培训7866人次，累计协调专业技术人才到巴东帮扶80人次，巴东到杭州挂职跟岗99人。先后协调下城区11个卫生服务中心与巴东16个卫生院、16所学校与巴东16所学校建立结对协作关系，开展各项交流活动。围绕巴东茶叶、柑橘、药材三大带贫主导产业，新建基地3466.67公顷，共建产业园区5个。累计帮助销售巴东农副产品价值1.36亿元。吴斌协调社会帮扶资金4200万元。通过引进“加油·木兰”女性保险，实现全县8.52万名贫困女性上学、生育、大病全覆盖保障，投保7382人次，理赔1528.4万元。

刘启宏 男，1971年6月出生，浙江长龙航空有限公司董事长。2021年2月，被评为全国脱贫攻坚先进个人。刘启宏带领企业发挥航空优势，开通新疆维吾尔自治区阿克苏市、贵州省黔东南苗族侗族自治州凯里市、湖北省恩施土家族苗族自治州、陕西省延安市等地航线230多条，承运旅客超过1800万人次，累计亏损近3亿元。在新冠肺炎疫情严控时期，刘启宏要求凯里市、阿克苏市等独飞帮扶航线不断航、不停航。浙江长龙航空有限公司主动开通东西部协作与帮扶航线。刘启宏捐款50万元用于建设新疆维吾尔自治区策勒达玛沟乡的农业科技示范园项目。先后捐赠38万余元用于资助四川阿坝、凉山以及贵州从江、榕江的118名贫困生。

盛春霞 女，1978年5月出生，中国共产党党员，中共杭州市委统战部副部长。2021年2月，被评为全国脱贫攻坚先进个人。2018年4月，盛春霞经组织选派到贵州榕江县挂职。她深入榕江19个乡镇和150多个村寨走访调研。谋划实施帮扶项目42个，投入帮扶资金1.57亿元，争取社会帮扶资金4500多万元。促进两地互派党政干部149人次、专业技术人才314人次，利用桐庐师资在榕江培训党政干部和人才2337人次。打造扶贫产业项目27个，利益联结贫困人口1.24万人，带动700多名贫困人口就业。开通“扶榕乐购”线上平台，开设“榕江特色产品展销馆”，累计帮助榕江销售农特产品5600多万元，带动5000多名贫困人员增收。打造“苗山侗水·醉牛之旅”精品旅游线路。推动两地职校合作办学，输送64名榕江贫困生到杭州职校就学。带头并发动亲朋好友资助30名贫困学生。实施“银龄计划”，引进6名退休校长到榕江担任初中、高中校长。

王晓桢 女，1979年11月出生，浙江安厨大数据技术有限公司董事长。2021年2月，被评为全国脱贫攻坚先进个人。2013年，王晓桢带领团队建立“农创客服务中心”。帮助省内30多个集体经济薄弱村做强产业、增大收入。研究创新“消费扶贫3.0”模式，帮助对口帮扶地区政府搭建“消费扶贫专项账户+农投集中运营+扶贫产业主体”直连模式。组建研究院运用农业大数据，为常山、文成、武义等26个加快发展县提供农业行业研究、部门监管、产业规划等数据及产业服务。她自筹资金3700多万元带领团队建设“网上农博”平台，为省内26个加快发展县开辟帮扶专区，开通专场推荐会20多场，直播推荐32场。出资472万元，联合媒体平台为26个县的产品免费宣传推广。2020年新冠肺炎疫情期间，开展“抗疫情·食材保障行动”，免费为26个县的739个主体提供服务，累计为全省保障各类农产品2600吨，帮助经营主体销售滞销农产品3000多万元。

王　强 男，1982年11月出生，杭州轻工技师学院党委委员、副院长。2021年2月，被评为全国脱贫攻坚先进个人。王强主动赴湖北省恩施土家族苗族自治州脱贫攻坚一线，实地走访调研200多个贫困村和300多个帮扶项目。修订《东西部扶贫协作项目资金管理办法》。撰写《恩施州脱贫攻坚存在的主要困难与破解途径》《恩施州农业生产概况和发展瓶颈》《聚焦提升绩效，创新开展东西部扶贫协作的路径研究》等调研文章。总结提炼《通过实施“四建、两促进”，不断深化杭恩两地劳务协作》《发挥比较优势，合力提升恩施农特产业》等扶贫协作典型案例报告。做好950个帮扶项目的立项、审核、绩效分析等工作，实地督查项目进度，核查项目利益联结方式。建立两地劳务供需平台，开展1.77万人次贫困户劳动技能培训，累计帮助3.2万名贫困劳动力实现稳定就业。帮助开设“职教就业直通班”，累计招收近600名恩施籍建档立卡贫困学生到杭州职业院校免费学习。先后被评为“恩施州劳动模范”“恩施州脱贫攻坚先进个人”“湖北省东西部扶贫协作优秀干部人才”。

陈立群 男，1957年11月出生，中国共产党党员，台江县教育总顾问、台江县民族中学终身名誉校长。2021年2月，被评为全国脱贫攻坚先进个人。陈立群担任中学校长34年，在浙江省内首创宏志班，杭州市长河高级中学的宏志班延续至今。从校长岗位上退下来以后，他到贵州、四川、甘肃等地义务支教，并于2016年8月开始，担任黔东南苗族侗族自治州台江县民族中学校长。他家访并资助180多户苗族贫困家庭。近5年来，培养出一支优秀教师队伍，学校办学质量大幅跃升。他以“贵州省陈立群名校长领航工作室”和“黔东南州校长教师专业发展培训首席专家”为平台，累计义务做报告、开讲座100多场，接受培训的校长和教师超过1万人。2020年8月开始，陈立群转任台江县教育总顾问和台江县民族中学终身名誉校长。他先后9次回到台江，为学生做报告、开讲座，组织爱心人士在台江助学奖教等180多万元。设立“台江县民族中学陈立群奖教金”，颁发22.5万元。

周　君 女，1981年11月出生，杭州联华华商集团有限公司总经理助理。周君立足本职业务优势，确立“‘31590’项目推”“十城百店项目推”“线上线下同步售”“党建统领进社区”4个项目。其中“31590”项目通过设立3个消费扶贫示范店、15个扶贫馆，90个扶贫售卖专区，联动打造消费扶贫新模式。她利用联华华商集团特色的消费扶贫模式，打通产业扶贫的全链路，让产业活起来，帮农户增收。她对接13个省（自治区、直辖市）的32个县（市），帮扶采购品种1600多个，助销量6.73万吨、助销额6.08亿元。

（市对口支援和区域合作局）

先进模范人物

方建营 男，1979年6月出生，中共党员，西湖电子集团公司充电场站运营管理项目组组长，2021年全国五一劳动奖章、浙江省劳动模范获得者。方建营从事杭州市90%以上新能源纯电动公交大巴及30个社会充电站运营保障工作。他勤学钻研爱创新，首创纯电动公交车夜间充电模式，有效提高杭州市电力资源的合理使用；所建议的“二桩三位充电”方案，为企业减少投资额近3000多万元；所探索的移车交替充电模式，每年为企业节约电成本超过100万元。2020年新冠肺炎疫情期间，他带领“方建营新能源志愿者服务队”服务在抗疫和复工复产第一线。

陆立军 男，1972年8月出生，中共党员，高级技师，杭州前进齿轮箱集团股份有限公司机修钳工，2021年全国五一劳动奖章、浙江省劳动模范获得者。陆立军20多年坚守设备维修岗位，爱岗敬业、诚实劳动，曾获杭州市钳工技能大赛第一名、浙江省钳工技能大赛第二名，分别被授予杭州市、浙江省“技术能手”称号。他善于学习、注重实践，为企业解决许多生产技术上的难题，为企业节约资金200多万元。作为杭州市陆立军钳工技师工作室、浙江省高技能人才创新工作室领衔人，开展技能培训与技术难题研究，及时解决在实际操作中的技术难题，所带的徒弟技能等级得到提升，多次在市级和区级钳工技术比武中获奖。

沈 辉 男，1966年4月出生，中共党员，高级工程师，浙江中控技术股份有限公司高级副总裁，2021年全国五一劳动奖章、浙江省劳动模范获得者。沈辉致力于振兴民族自动化事业，为国产自主研发的自动化产品和技术打破长期以来被国外系统所垄断的局面，成功走向大规模应用，并走向海外，做出贡献。他和他的团队完成国产化首台（套）项目，使浙江中控技术股份有限公司DCS的市场占有率逐年提高，最终超过国外同行，连续9年保持国内市场占有率第一位，2019年市场占有率27%。他带领团队积极寻找机会，参与“一带一路”建设。浙江中控技术股份有限公司的产品和技术获巴斯夫股份公司（BASF）、马来西亚国家石油公司（PETRONAS）等国际客户的认可。

梁 骏 男，1978年7月出生，中共党员，杭州国芯科技股份有限公司首席技术专家，2021年全国五一劳动奖章、浙江省劳动模范获得者。梁骏从事集成电路开发工作20年，在关键领域、关键问题上下功夫，擅长科学技术产业化。带领团队掌握集成电路先进工艺的设计能力，突破信号干扰等关键技术，解决国家“核高基”重大专项“数字电视SOC芯片”项目的重大技术难题，助力中国高清机顶盒的普及。他开发国内首款语音物联网应用AIoT芯片，并在2020年新冠肺炎疫情期间研发智能语音控制算法，应用于武汉第六人民医院等防疫场所。根据工业和信息化部、公安部的指示，研发电子雷管芯片，提升社会公共安全。

陈 楚 男，1979年3月出生，中共党员，杭州职业技术学院专任教师，2021年全国五一劳动奖章、浙江省劳动模范获得者。2017年2月，陈楚以杭州市高层次人才“C类”引进杭州职业技术学院，在教学改革方面做出较大的成绩。他指导学生及青年教师参加第十五届、第十六届“振兴杯”全国青年职业技能大赛，获一等奖3个、二等奖1个，1人次获“全国技术能手”、4人次获“全国青年岗位能手”；省级比赛获一等奖4个、二等奖1个，5人次获“浙江省青年岗位能手”；市级比赛一等奖2个、二等奖3个。陈楚积极参与技术研发，有实用创新型专利18件（第一作者14件、第二作者4件）。

杨金龙 男，1994年10月出生，杭州技师学院教师，2021年全国五一劳动奖章、浙江省劳动模范获得者。杨金龙为第43届世界技能大赛汽车喷漆项目冠军，助力中国实现世界技能大赛金牌“零的突破”。他是第44届、第45届、第46届世界技能大赛汽车喷漆项目教练组成员，其学生蒋应成在阿联酋阿布扎比举行的第44届世界技能大赛中获汽车喷漆项目金牌。杨金龙作为第十三届全国人大代表，提交12份建议，为技能人才培养、大国工匠精神弘扬和职业教育呼吁发声。

（市总工会）

第五届“杭州工匠”

王剑云 男，1971年12月出生，杭州铂丽大饭店有限公司餐饮总监，高级烹饪技师，第五届“杭州工匠”。王剑云扎根厨房30年，精通雕刻和美术，擅长杭帮菜、花式冷热菜的创新设计与烹制，以及大型主题活动策划、宴会设计，团队专业管理，雕刻与美食研究，传统菜肴整理发掘。先后被评为浙江省烹饪大师、中国烹饪大师、国际烹饪艺术大师。

方 浩 男，1988年9月出生，杭州友佳精密机械有限公司机床研发部课长，高级技师，第五届“杭州工匠”。方浩通过12年的辛勤耕耘，坚持学习奋斗，练就高超的技能本领，从一名普通机床装调学徒成长为企业研发技术带头人，擅长数控机床电气自动化技术运用、PLC编程技术、伺服调试、机器人自动化联调、工业4.0工厂信息化技术。先后被评为浙江省技术能手、浙江省青年岗位能手、浙江工匠。

卢国强 男，1971年1月出生，杭州东华链条集团有限公司钳工，高级技师，第五届“杭州工匠”。卢国强做好技术创新，参与公司承担的国家工业强基工程“CVT链条”项目，填补国内产业化空白，打破国外同类产品在中国市场的垄断，取得《链条、链条过渡链板以及链条过渡链板集成自动冲压成型工艺》等发明专利3件。

叶金荣 男，1975年1月出生，新华三技术有限公司高级软件专家，第五届“杭州工匠”。叶金荣从事数据通信网络设备专用操作系统一线研发工作20年，带领团队研发的Comware网络操作系统作为有2000多万行C语言代码的超大型操作系统，支持居家办公、数据中心、企业级和运营商级的全系列网络设备等场景。获浙江省科学技术进步奖一等奖。

刘志雄 男，1972年7月出生，万向集团公司制造一部车加工工段长，第五届“杭州工匠”。刘志雄从事数控车加工和设备维修工作，精通国产、进口数控车加工设备的操作、维护及故障处理，先后完成科技攻关项目18个，获国家发明专利1个。先后获杭州市职工经济技术创新能手、杭州市五一劳动奖章，入选浙江省“百千万”高技能领军人才培养工程第三层次“优秀技能人才”培养项目。

杨 莅 女，1968年2月出生，杭州文化广播电视集团杭州电视台生活频道副总监，第五届“杭州工匠”。杨莅担任主持人和策划编导的大型活动近2000场，主持新闻和各类栏目近6000小时，曾担任G20杭州峰会大型水上情景交响音乐会《最忆是杭州》策划和导演统筹。先后被评为全国德艺双馨电视艺术工作者、全国“到人民中去”优秀志愿者、杭州市优秀党课主讲人，并获全国电视文艺星光奖、中国电视新闻奖、中共中央宣传部“五个一”工程奖、牡丹奖主持人一等奖。

余 宏 男，1980年10月出生，浙江万马高分子材料集团有限公司工程师，第五届“杭州工匠”。余宏发表国家实用新型专利3件，完成车间技改超过100件，攻克生产设备的温度失真、提高超高压成品出产率技术改造、交联2线控制屏改造等难题16个。先后获浙江省“万人计划”高技能拔尖人才（第二层次）、浙江省技能大师工作室领办人、杭州市五一劳动奖章。

余求问 男，1976年12月出生，杭州汽轮机股份有限公司静子车间镗工一班班长，第五届“杭州工匠”。余求问入职28年以来一直奋战在生产一线，凭借专注和坚守，完成近1000台的汽轮机静子部件的加工。先后获杭州市首席技师、浙江省镗工技能大师工作室领办人，负责国内高端工业驱动汽轮机的重要静子部件的镗铣加工工作。

沈 涛 男，1976年12月出生，中国邮政集团有限公司杭州市寄递事业部滨江区分公司滨安路营业部投递员，第五届“杭州工匠”。沈涛钻研投递操作技能，在11年的职业投递生涯中，没有发生一起误投、漏投邮件现象，没有收到过一起用户的有责投诉。先后获杭州市金融系统劳动模范、杭州市优秀青年岗位能手、浙江省技术能手、第五届浙江省邮政通信特有职业技能竞赛暨第五届全国邮政通信特有职业技能竞赛浙江省选拔赛（邮政投递员）个人全能第一名。

张志伟 男，1970年7月出生，杭州市粮食收储有限公司机修钳工高级技师、维修电工技师、高级PLC程序设计师，第五届“杭州工匠”。张志伟在机电自动化专业领域获“一种粮仓巡查取样装置重大”等实用新型专利2件，“多功能堆包机”发明专利1件。他是杭州市张志伟机修钳工技能大师工作室领办人，并先后获浙江财贸工匠称号、杭州市五一劳动奖章。

张献涛 男，1981年5月出生，阿里巴巴（中国）有限公司研究员，阿里云弹性计算产品技术总负责人，弹性计算浙江省工程研究中心主任，第五届“杭州工匠”。张献涛为英特尔最高成就奖获得者，领衔研发的“神龙：新一代软硬一体化虚拟化技术架构”获世界互联网大会组委会颁发的世界领先科技成果奖。他推动云计算核心科技虚拟化技术变革，提出软硬件协同设计思路重构虚拟化技术，打造神龙计算架构，奠定阿里云有限公司在云计算核心科技领域的领先地位，共提交高价值国内外创新型专利申请30多件，获授权13件。

陈 楚 男，1979年3月出生，杭州职业技术学院专任教师，第五届“杭州工匠”。详见“人物”类目“先进模范人物”分目。

陈小波 男，1976年6月出生，杭州云鼎文化创意有限公司设计总监，第五届“杭州工匠”。陈小波为浙江省工艺美术大师、高级工艺美术师、中国工艺美术协会高级会员。他潜心钻研陶瓷艺术设计和创作20年，致力于青瓷造型艺术设计与陶瓷文创产品设计，获中国（浙江）工艺美术精品博览会金奖5次、中国（杭州）工艺美术精品博览会金奖6次。青瓷作品《吉祥如意尊》入选G20杭州峰会国礼。

陈郁涛 男，1976年8月出生，浙江

2021年9月25日，第五届“杭州工匠”认定发布会在杭州市职工文化中心五一剧场召开（市总工会 供稿）

奥达通汽车销售有限公司钣喷技术总监，第五届“杭州工匠”。陈郁涛25年来坚守一线工作岗位，擅长汽车无尘干磨、水性漆调色等整套流程及疑难杂症处理，公司的钣喷工艺改善，小损伤快速修复及钣喷流水线导入。他指导的学生杨金龙、蒋应成分别获第43届、第44届世界技能大赛汽车喷漆项目冠军，胡斌、陈彬彬分别获第45届、第46届世界技能大赛全国第一名，共培养全国及省、市技术能手、骨干20多位。

茅威涛 女，1962年8月出生，百越文化创意有限公司董事长，第五届“杭州工匠”。茅威涛是中国当代著名越剧表演艺术家，5次获文化和旅游部颁发的“文华表演奖”。从艺40多年里，主演10多部剧目，塑造众多性格迥异的舞台形象。她的主要代表作有《五女拜寿》《汉宫怨》《陆游与唐琬》《西厢记》《唐伯虎落第》《胭脂》《蓦然又回首》《寒情》《孔乙己》《藏书之家》《江南好人》《二泉映月》《寇流兰与杜丽娘》及新版《梁山伯与祝英台》等。

金家虹 女，1969年12月出生，杭州映山静水刺绣有限公司刺绣创作及艺术总监，第五届“杭州工匠”。金家虹为浙江省工艺美术大师、杭州刺绣省级非物质文化遗产传承人、杭州“万人计划”传统工艺领军人才。她30多年来一直坚持对杭绣传统针法进行挖掘和整理，研究恢复杭绣失传针法“一根金”盘金绣，著有杭州刺绣史上第一本教材《素绢彩绣》，作品多次获全国金奖、银奖。她创作的作品《良渚神人兽面纹》《吉祥中国龙》《莲花藏界》被多个博物馆展出或收藏。

周生德 男，1969年1月出生，杭州狮峰茶叶有限公司质量负责人，第五届“杭州工匠”。周生德为国家高级评茶师，非物质文化遗产代表性项目绿茶制作技艺（西湖龙井）代表性传承人，西湖龙井核心产区制茶技艺大师，“狮峰龙井茶”团体标准起草人之一。他从事西湖龙井茶生产加工和茶叶审评工作30多年，带领团队致力于保护、传承和弘扬西湖龙井茶文化，专注于西湖龙井茶制作工艺的改良，促进西湖龙井茶的技术革新和产业升级。

周慧洪 男，1977年6月出生，桐庐县钟山乡慧洪石雕艺术工作室艺术总监，第五届“杭州工匠”。周慧洪为浙江省级非物质文化遗产项目钟山石雕桐庐县非物质文化遗产代表性传承人。从事石雕艺术28年，一直致力于“钟山石雕”的传承发展。他雕刻出来的作品既有深厚的传统底蕴，又富有浓郁的生活气息，厚重质朴、独特古朴，有独到美学价值。2020年，周慧洪被浙江省珠宝流通行业协会授予“浙江省玉石雕刻艺术大师”称号。

郑联萍 女，1975年8月出生，浙江新化化工股份有限公司仪表维修主管，第五届“杭州工匠”。郑联萍为杭州市郑联萍仪表维修技能大师工作室领办人、建德市郑联萍仪表维修技能大师工作室领办人。该工作室在郑联萍带动下参与公司多个新项目、技改项目的仪表安装调试，每年维修仪表数量超过1000只，为公司安全生产保驾护航。工作期间，她发表仪表维修及自动化专业论文5篇、申请专利2件、申请计算机软件著作权1件。

项发建 男，1973年2月出生，杭州千岛湖啤酒有限公司酵母扩培主管，第五届“杭州工匠”。项发建为浙江省首席技师，获2020年啤酒世涛布鲁塞尔国际挑战赛银奖（国际酒类权威奖项）。1993年以后，一直从事啤酒酿造工作，逐渐成长为啤酒酿造的核心和骨干人物，主持和参与公司多项啤酒酿造的技术革新与创新，攻克啤酒酿造专业技术上多个难题。

胡芳铁 男，1979年11月出生，杭州市地铁集团有限责任公司运营分公司维保公司设施维修部电子维修中心胡芳铁工作室负责人，第五届“杭州工匠”。胡芳铁技术精湛，善于思考，针对单位员工处理故障难的问题，总结《PLC控制的中小型设备故障诊断操作法》，将设备故障诊断方法标准化，刚进单位的新员工也能利用该方法快速定位设备故障点。该操作法被命名为浙江省先进职业操作法。胡芳铁曾获浙江省杰出职工金锤奖，是浙江省技能大师工作室领办人。

胡春芳 女，1975年6月出生，鲜丰水果股份有限公司职工，全国技术能手，第五届“杭州工匠”。胡春芳是一名听力残疾人，16岁在家玩毛线时爱上手工编织。从2008年首次参加市级编织比赛开始，她在各级比赛中屡次获奖。在第六届全国残疾人职业技能竞赛中，胡春芳设计并完成的作品获全国亚军。

侯定华 男，1980年9月出生，长安福特汽车有限公司杭州分公司技师，杭州市技能大师工作室领办人，第五届“杭州工匠”。侯定华入职长安福特杭州分公司以后，先后制定模具拉延筋修理标准、模具切边与翻边修理标准、模具焊接补焊标准、零件拉毛模具修理标准、模具卡废料问题修理标准、零件缺陷修理标准等模具调试与维修标准，使新员工能够快速掌握维修技能。他多次带队参加省级、市级技能竞赛，获省级、市级各项荣誉30多个。

俞文华 男，1969年9月出生，杭州市第九人民医院党委委员、常务副院长，第五届“杭州工匠”。俞文华从业23年，一直在临床一线工作，致力于颅神经疾病的微创治疗。经过多年的探索，他在三叉神经痛个体化微创治疗方面取得巨大突破，独创显微血管减压治疗三叉神经感觉根定位分区法、三叉神经痛半月节球囊压迫撕脱术，极大提高三叉神经痛疗效及显著降低术后的复发率，经治病例及疗效在国内居领先水平。

贾炳校 男，1963年10月出生，杭州贾氏茶叶有限公司总经理，第一批西湖区非物质文化遗产代表性项目“九曲红梅茶制作技艺”代表性传承人，第五届“杭州工匠”。贾炳校于1986年开始学习九曲红梅茶制作技艺，35年来潜心钻研，针对年轻人对文化和时尚的追求，在九曲红梅茶口感多样性上大胆创新，运用石灰窑制的特殊技艺，开辟花茶九曲红梅系列茶品，成为杭州市第一个将花与九曲红梅茶制作结合的技艺人。

翁祝红 男，1973年10月出生，杭州余杭区良渚街道翁祝红工艺品设计工作室艺术总监，中国玉石雕刻大师、省工艺美术大师、市工艺美术大师，第五届“杭州工匠”。1991年，翁祝红从工艺美术学校毕业后进入杭州玉雕厂学习玉雕技艺，1995年起专门从事水晶佛像雕刻。他的作品在天工奖、百花奖等全国性大赛中奖屡获金奖、银奖，并培养5位省级玉雕大师。

高国强 男，1970年9月出生，杭州华东医药集团控股有限公司总经理助理、浙江省非物质文化遗产张同泰道地药材文化传承人，第五届“杭州工匠”。高国强出生于中药世家，传承传统匠心技艺，秉承百年老字号药材文化的精髓，精通煎制膏方、泛制丸药等传统手工技艺，以“择药尤精，选料尤佳，选工尽善”的祖训严格要求自身及从业者，把“道地”贯穿于药材制作等各个环节。

姬战生 男，1980年12月出生，杭州市水文水资源监测中心水情科科长，浙江省五一劳动奖章获得者，第五届“杭州工匠”。姬战生多年来坚持奋战在防灾减灾第一线，做实做快全市雨水情监测，精准预报江河洪水和钱塘江潮汐，及时发布雨量预警、洪水预警和水利旱情预警。2017年主持建成全省第一个市级数据中心，并在全省作为样板推广。2019—2020年主持建成杭州市水旱灾害监测预警平台，在市、县水利部门推广应用，并被金华、绍兴、义乌等地借鉴复制。

蒋玉宇 女，1967年9月出生，杭州照晖冠江楼餐饮有限公司总经理，高级营养师，第五届“杭州工匠”。蒋玉宇入行20多年，打造“中华餐饮名店”招牌。她创立的“冠江楼”品牌传承杭帮菜历史韵味，保存食材本真味道，保留老师傅制作工艺的使命，对杭帮菜进行“老菜新做”的全新演绎，为餐饮界竖起“老底子”的风向标。

廖　军 男，1977年2月出生，杭州市公安局特警支队技术大队安检排爆中队中队长，第五届“杭州工匠”。廖军从警23年来，累计处置各类涉爆警情310多次，处置可疑爆炸物80多个，转运废旧炮弹2200多枚，做到“零误差”，为保卫人民群众生命财产安全、守护杭城一方平安做出贡献。他创新涉爆现场远距离处置法，成为安全排爆的先行者。2019年10月，廖军参与设计建成“平安中国之珠”国际执法安检排爆交流合作示范窗口——安检排爆研究中心，得到国内外同行的认可。（市总工会）

荣立二等功及以上杭州籍军人

吴南征 男，1982年11月出生，2001年入伍，2003年开始飞行员生涯。2009年，因军事训练过硬，立个人三等功；2021年，因军事训练中成绩突出，立个人二等功。作为飞行教官，为部队培养输送飞行员。

金晓辉 男，1979年3月出生，1998年9月入伍，上校军衔。2021年因长期安全飞行无事故，立个人二等功。

巫文重 男，1996年12月出生，2015年9月入伍，中士军衔。巫文重能够熟练掌握消防灭火、战场救护等8项专业技能，驾驶操作4型消防车和5类、12种灭火救援设备，先后参加应急救援消防演练50多次，消防应急保障近1000场次。2021年1月，因在重大救援行动中的突出表现，立个人一等功，所在班级立集体一等功。

（市退役军人事务局）

逝世人物

卜昭晖 男，杭州市政协原副主席、民进杭州市委会原主委，因病医治无效，于2021年2月12日在杭州逝世，享年83岁。

卜昭晖，1938年2月出生，天津市人，1962年9月参加工作，1993年10月加入中国民主促进会。历任杭州市植物园技术员，杭州市园林文物局规划设计室副主任、园林设计院院长和园林文物局总工程师、副局长，杭州之江国家旅游度假区管委会副主任，民进中央第十届委员会委员，民进浙江省第六届委员会副主任委员，民进杭州市第八届委员会副主任委员、第九届主任委员、第十届名誉主任委员，第八届、第九届全国人大代表，政协第七届杭州市委员会副主席等职务。2004年2月退休。

（市委老干部局）

马樟强 男，1990年7月出生，浙江临安人，中国共产党党员，生前是浙江省杭州市临安区於潜镇担任专职消防队队员。马樟强于2008年12月入伍，2010年12月退伍。2011—2016年，他在临安市公安局交通警察大队事故中队任职（协警）。2017年2月，到於潜镇专职消防队工作。2020年8月30日，杭州市临安区天目山镇九里村贤居坞16号民房发生火灾。由于是老旧土木房子、家中可燃物多，火势猛烈。马樟强所在的於潜镇专职消防队接到报警后，赶赴灾害现场，展开人员疏散和火灾扑救，疏散提醒周边邻居远离火场至安全场地。民房东南侧突然坍塌，正在火灾扑救的水枪手马樟强被房檐雨水沟砸中，队友们和公安民警第一时间将马樟强送往医院抢救。8月31日，经抢救无效牺牲。2021年1月30日，马樟强被浙江省政府评定为烈士。

（市退役军人事务局）

责任编辑　秦文蔚

48 附　录

政府工作报告

（2022年3月26日在杭州市第十四届人民代表大会第一次会议上）

杭州市人民政府市长　刘　忻

各位代表：

现在，我代表市人民政府向大会报告工作，请予审议，并请市政协委员提出意见。

一、2021年及过去五年工作回顾

2021年是中国共产党成立100周年，是党和国家历史上具有里程碑意义的一年。我们坚持以习近平新时代中国特色社会主义思想为指导，全面贯彻党的十九大和十九届历次全会精神，深入贯彻习近平总书记对杭州工作的重要指示批示精神，认真落实党中央国务院、省委省政府决策部署，在市委坚强领导下，忠实践行“八八战略”、奋力打造“重要窗口”，高质量发展建设共同富裕示范区，统筹推进疫情防控和经济社会发展，努力为人民创造幸福生活，圆满完成市十三届人大六次会议确定的目标任务，实现了“十四五”良好开局。全市生产总值18109亿元、增长8.5%，一般公共预算收入2387亿元、增长14%，研发投入强度3.6%，城乡居民人均可支配收入分别增长8.8%和10.3%，高质量完成十件民生实事，连续15年蝉联“中国最具幸福感城市”。主要做了以下工作：

（一）突出科技创新，引领经济高质量发展

*创新创业成效显著。*着力推进城西科创大走廊创新策源地建设，之江实验室纳入国家实验室体系，大科学装置超重力离心模拟与实验装置、超高灵敏量子极弱磁场和惯性测量装置先后启动。29项成果获国家科技进步奖，有效发明专利拥有量9.5万件、居全国省会城市首位。新增在杭两院院士5名、院士工作站10家。新增国家高新技术企业2800家，总数突破1万家。新增上市公司52家、累计262家，总数居全国城市第4位。新设市场主体27.7万户、增长16.4%。认定高层次人才2.3万人，引进35岁以下大学生48.3万人，连续11年入选外籍人才眼中最具吸引力的中国城市。

*产业结构优化升级。*深化供给侧结构性改革，三次产业比重为1.8∶30.3∶67.9。二产比重自2011年以来首次提高，杭州的“硬”实力得到增强。深入实施数字经济“一号工程”，数字经济核心产业增加值4905亿元、增长11.5%，占GDP比重27.1%。大力推进新制造业计划，实施“腾笼换鸟、凤凰涅槃”攻坚行动，规上工业增加值增长10.6%、“十三五”以来首次高于GDP增速。加快发展金融服务、集成电路设计、医药研发外包等高端服务业，服务业增加值增长8.7%，入选国家级服务型制造示范城市。积极培育现代农业，特色产业产值占比提高到89.6%，“西湖龙井”茶列入全国首批国家地理标志产品保护示范区名单。

*投资消费增长较快。*实施浙商回归、杭商回家工程，落地10亿元以上制造业项目46个、增长15%。工业投资增长15.2%，制造业投资增长28.4%，扭转多年来增长乏力态势。积极发展新消费、新零售，社会消费品零售总额6744亿元、增长11.4%。

（二）突出亚运牵引，加快推进城市现代化建设

*亚运筹备有力有序。*统筹推进“体育亚运、城市亚运、品牌亚运”，实现“办赛条件基本具备、赛事运行基本就绪”的年度目标。56个竞赛场馆及亚运村基本完工。开闭幕式方案持续深化，交通、物流、餐饮、住宿、气象等服务保障工作有序开展。

*城市品质持续提升。*精心编制国土空间总体规划，完成历史文化名城保护、综合交通等35个专项规划。杭台高铁和杭海、杭绍城际铁路开通运营，地铁新开通94公里，建成高速公路4条133公里、快速路10条75公里、城市道路132条118公里。推进云城、会展新城等重大工程建设，新建和提升改造城市小公园53个、健身绿道821公里。

*美丽乡村扎实推进。*开展新一轮美丽乡村建设行动，110个数字样板镇（村）、38个未来乡村加快建设。实施乡村集成改革，探索创新承包地、宅基地“三权分置”有效实现形式，全市土地流转率达65%，临安成为全国农业社

会化服务创新试点。92% 村集体经济年收入达到 50 万元以上、经营性收入达到 30 万元以上。

对外开放不断深化。积极融入长三角一体化国家战略，出台唱好杭甬"双城记"杭州行动计划，成立杭州都市圈数字协作联盟。中国质量（杭州）大会、中国国际茶叶博览会成功举办。新增国际航线 6 条。全国首创"杭信贷"贸易融资模式，货物出口 4647 亿元、增长 25.9%，跨境电商出口 131.3 亿美元、增长 20%。实际利用外资 81.7 亿美元、增长 13.5%。

（三）突出数字化改革，打造制度重塑标志性成果

以数字化改革创新共富机制。用数字变革赋能共同富裕示范区建设，实施争当城市范例行动计划，开展"扩中""提低"行动，实施高质量促进农民农村共同富裕行动，推进西部区县（市）跨越式发展，6 个案例入选省第一批典型案例。部分行政区划优化调整顺利完成。

以数字化改革理顺政府市场社会关系。"亲清在线"累计上线政策 639 条、兑付资金 163 亿元，办件 1287 万件、服务企业 46 万家，"数智化"在线商事调解模式入选国务院最佳实践案例。建设"产业大脑 + 未来工厂"，化纤、快递"产业大脑"上线运行，培育"未来工厂"企业 326 家，企业"三色码"监管经验在全国推广。实施"大综合一体化"行政执法改革，桐庐入选全省首批试点。"社会矛盾风险防范化解""民呼我为""城市安全 CT"等入选省数字化改革最佳应用。

以数字化改革倒逼营商环境优化。国家营商环境评价 18 个指标均为"全国标杆"，入选国家首批 6 个营商环境创新试点城市。加快"分钟制""小时制"改革，开办企业审批压减至 25 分钟，工业项目开工审批压减至 7 小时。全面落实减税降费惠企政策，为企业减负 927 亿元。扎实推进区域性国资国企综合改革，组建总规模 1000 亿元杭州创新基金。依法构建公平竞争市场环境，防止资本无序扩张。建成中国（杭州）知识产权保护中心。

（四）突出历史文化传承，持续增强城市软实力

文化底蕴进一步彰显。加强三大世界遗产综合利用，大运河国家文化公园加快建设。实施宋韵文化传世工程，南宋皇城遗址考古前期工作启动。加大文物保护力度，文物安全整治提升行动深入开展。

文化惠民成效明显。国家版本馆杭州分馆建设扎实推进。开展"书香杭州"系列活动，创作杭剧《结发缘》、越剧现代戏《南堡壮歌》等 11 部文艺精品。中国国际动漫节、杭州文博会、"西湖之春"艺术节等品牌影响力进一步扩大。

文化创新活力焕发。加快之江文化产业带建设，积极培育数字内容、影视音乐、电子竞技等优势产业，文化产业增加值 2586 亿元、增长 8.7%。宋城、清河坊入选首批国家级夜间文旅消费集聚区。国家（杭州）短视频基地开工建设。

（五）突出生态优先，深化美丽杭州建设

环境质量持续改善。认真抓好中央生态环保督察反馈问题整改，深化治水治气治废，市控以上断面水质 100% 达标，市区 PM2.5 平均浓度 28.2 微克 / 立方米，天子岭填埋场生态治理取得阶段性成效，临江环境能源工程等 8 个项目投入运行。

生态修复加快推进。实施西湖、西溪湿地生态项目，大力整治修复裸露山体 1658 处，坚决关停非法采矿点 168 个。淳安特别生态功能区条例获批实施，余杭区、临平区成功创建国家生态文明建设示范区。

"双碳"工作稳步实施。出台碳达峰、碳中和实施意见，落实能源"双控"制度，加强重点区域和重点用能企业管理，整治"两高"项目 50 个。

（六）突出人民至上，擦亮最具幸福感城市"金名片"

疫情防控更加精准有力。坚定不移贯彻"外防输入、内防反弹"总策略和"动态清零"总方针，全面落实"七大机制"，强化"五快"响应，不断提升疫情防控平战应对能力，构筑起联防联控的安全堤坝。岁末年初，面对多轮疫情考验，全市上下众志成城、同心战疫，用行动创造了城市速度，用服务彰显了城市温度，用果敢书写了城市担当，让雨雪纷飞的冬日春意盎然，让杭州这座天堂城市充满人间大爱！

公共服务更加优质均衡。落实稳就业举措，城镇新增就业 92.8 万人，城镇登记失业率 2.3%。企业职工基本养老保险纳入省级统筹，基本医保实现市级统筹、户籍人口参保率 99.7%，社会救助实现市域同标。"双减"工作稳步推进，公办民办教育协调发展，新建成中小学、幼儿园 104 所，新增学位 9.7 万个。深化健康杭州建设，通过国家卫生城市复评，实行 10 个医学高峰学科"一峰一策"，引进 7 名国医大师在杭开设工作室。坚决落实"房住不炒"，房地产市场保持平稳发展。构建多层次住房保障体系，完成回迁安置 1.2 万户，改造提升老旧小区 211 个，创建"美好家园"住宅示范小区 148 个，既有住宅加装电梯 1405 台，新开工保障性住房 111.6 万平方米，分配公共租赁住房 6006 套、货币补贴保障家庭 5.4 万户。

社会治理更加精细高效。推进全国市域社会治理现代化试点城市建设，迭代升级"六和指数"，新创建全国民主法治示范村社 8 个，加强 20 个镇街级、100 个村社级矛调中心示范培育，促进矛盾纠纷化解"最多跑一地"，信访、走访总量分别下降 36%、27.5%。深入开展十大领域隐患整治，打击黑车、野导、出租车诱购等行为，规范网约车、家政、快递等平台从业人员管理，管控预付式消费，创建建筑工地综合评价体系，市场环境、社会秩序显著改善。

城市运行更加安全稳定。持续推进城市内涝治理，完成 2.6 万公里管网清疏及 15 条城市河道清淤，有效应对台风"烟花""灿都"和梅雨汛期。深入开展安全生产大排查大整治，各类生产安全事故起数、死亡人数较前两年平均值下降 28.6%、26.3%。妥善处置房地产企业爆雷事件，清退问题金融机构 29 家。实施平安创建突出问题专项整治，刑事、治安警情分别下降 11.4%、5.3%。获评首批全国禁毒示范城市。

一年来，我们持续推进政府自身建设。始终牢记初心使命，扎实开展党史学习教育，深入实施"办实事、解难题、减负担"专题实践活动和"民呼我为"主题活动，高标准推进中央和省委巡视反馈问题整改，坚定不移做"两个确立"忠诚拥护者、"两个维护"示范引领者。加强法治政

府建设,严格依法行政,提请审议地方性法规草案6件,制定修改政府规章5件,行政机关负责人出庭应诉率95%。坚持重大问题向市委报告,主动接受人大法律监督、政协民主监督,办理代表建议371件、委员提案497件,满意率99%。健全市政府党组集体学习制度,推进变革型组织建设,狠抓"七张问题清单"整改落实,深入开展影响亲清政商关系突出问题专项治理,风清气正的良好政治生态进一步形成。

各位代表,2021年目标任务顺利完成,为本届政府工作画上了圆满句号。过去五年,极不平凡、极具考验、极富成效:

——这是杭州牢记殷殷嘱托、展现头雁风采的五年。我们坚持以习近平新时代中国特色社会主义思想为根本遵循和行动指南,忠实践行"八八战略"、奋力打造"重要窗口",坚持"四个杭州、四个一流"标准,紧紧抓住"后峰会、前亚运"战略机遇,全面推进重大改革、重大政策、重大平台、重大项目落地,在全力筹备亚运中不断厚植历史文化名城、创新活力之城、生态文明之都的特色优势,杭州在全省龙头地位日益彰显,在全国战略地位日益提高,在国际城市排名和影响力日益提升,独特韵味、别样精彩的杭州正成为中国走向世界舞台中央的城市典范。

——这是杭州强化创新驱动、激发澎湃动能的五年。我们深入实施"三名"工程,引进培育西湖大学、中法航空大学、之江实验室等高等院校和科研院所。大力推动科技创新,启动建设国家新一代人工智能创新发展试验区和创新应用先导区,有效发明专利拥有量年均增长21%,全球创新指数排名跃至第21位。加快企业培育和产业升级,民企500强数量连续19年蝉联全国城市第一,数字安防产业入选国家先进制造业集群,获批国家区块链创新应用综合试点城市,人均生产总值达到高收入经济体水平。杭州创新主体倍增、民营经济实力跃升,正爆发出昂扬向上的强劲动力。

——这是杭州推进拥江发展、加速城市蝶变的五年。我们全力加快现代化大都市建设,新增住宅85.5万套,城乡居民人均住房分别达40.2平方米、77.1平方米,新增绿地31平方公里。开展"5433"综合交通大会战,形成总长401公里城市轨道交通网、801公里高速公路网、330公里快速路网,新改建农村公路4220公里、建设美丽经济走廊3207公里。完成149个小城镇环境综合整治、365个城中村改造、714个老旧小区改造,建成美丽乡村276个,坚持打好"五水共治""五气共治""五废共治"组合拳,实现西湖西溪一体化保护管理,荣获国家生态园林城市。杭州正成为生态与人居掩映、时尚与人文辉映、历史与现代交融的现代版"富春山居图"。

——这是杭州深化改革开放、优化发展环境的五年。我们以数字化改革为引领,用城市大脑赋能智慧城市建设,在全国首创健康码和"亲清在线",数字治城、数字治疫成效明显,率先实现企业开办"分钟制"和项目审批"小时制",营商环境持续优化,市场主体净增66.7万家、总数152.9万家。中国(浙江)自由贸易试验区杭州片区获批成立,实际利用外资累计300亿美元,出口总额全国占比突破2%,入选全球15个旅游最佳实践样本城市。杭州活力四射、魅力无限,正日益成为改革开放新高地、营商环境新标杆、数智治理新样板。

——这是杭州践行人民至上、奔向共同富裕的五年。我们坚持以人民为中心的发展思想,深入推进就业惠民、美好教育、健康杭州、文化传承、住房保障、精准脱贫等各项工作。城乡居民人均可支配收入年均分别增长7.4%和8.9%、倍差由1.87缩小至1.75,新增基础教育学位40.2万个,居民人均期望寿命83.1岁,实证中华5000年文明史的良渚古城遗址成功申遗,千岛湖配供水工程通水,保障住房困难家庭47万户,帮扶恩施州、黔东南州23个贫困县全部脱贫摘帽,全国双拥模范城创建实现"八连冠"。我们迈向共同富裕的步伐越走越坚定,道路越走越宽广。

各位代表,过去五年能够取得以上成绩,根本在于习近平新时代中国特色社会主义思想的科学指引和习近平总书记对杭州的关心厚爱,是党中央国务院、省委省政府坚强领导的结果,是市委团结带领全市人民拼搏奋斗的结果,是市人大、市政协监督支持的结果。在此,我代表市人民政府,向全市人民和城市建设者,向市人大代表和政协委员,向各民主党派、工商联、人民团体和社会各界人士,向中直驻杭单位和省级各部门,向驻杭解放军、武警部队、公安民警、消防救援队伍,向关心支持杭州发展的港澳台同胞、海外华人华侨和国际友人,表示衷心的感谢!

同时,对照习近平总书记"四个杭州、四个一流"、"重要窗口"、共同富裕的政治嘱托,对照百姓之需、城市之要、时代之问,对照城市自身发展趋势、国内城市竞争态势、国际城市发展走势,还存在不小差距。主要体现在:杭州在产业国际影响力、国家创新引领力和全省重大项目支撑力上还有差距。城市治理体系和治理能力需要进一步加强,交通治堵、市场市政市容治乱、安全治本、生态治理、社会治安、网络治谣的能力还要通过数字化改革加以提升,城市运行安全任重道远。城市国际化相对滞后,城市标识、学校、医院、科研、产业、社区、中介的国际化水平有待提高。公共服务供给不平衡不充分的矛盾依然突出,教育、医疗、养老、住房等群众关心的"急难愁盼"问题仍需大力解决。政府系统干部队伍专业化现代化国际化水平亟待提高。全面从严治党还存在薄弱环节,特别是周江勇案对杭州城市形象、改革发展、干部队伍思想造成了严重影响。对此,市政府将始终保持赶考的清醒,以永远在路上的坚韧和执着,全力破解发展中的难题。

二、今后五年发展目标任务

今后五年是深入贯彻落实习近平总书记对杭州重要指示批示精神的关键时期,我们要全面贯彻落实市第十三次党代会精神,奋进新时代、建设新天堂,向着世界一流的社会主义现代化国际大都市阔步前进,争当浙江高质量发展建设共同富裕示范区城市范例,为2035年基本实现高水平现代化、到本世纪中叶建成具有全球影响力的独特韵味别样精彩世界名城打下坚实基础。

今后五年发展主要目标是:到2026年,全市生产总值达到2.5万亿元,人均生产总值达到19万元;历史文化名城、创新活力之城、生态文明之都三张"金名片"进一步擦亮;区域、城乡、收入差距持续缩小,居民人均可支配收入达9万元,家庭年可支配收入20万至60万群体比例超过

50%,城乡居民收入倍差缩小至1.7以内,努力打造新时代全面展示中国特色社会主义制度优越性的创新之窗、人文之窗、美丽之窗、开放之窗、善治之窗、幸福之窗。

（一）在打造创新创业的新天堂上埋头苦干、勇毅前行。以超常规举措加快城西科创大走廊高质量融合发展,推动杭州高新区建设世界领先高科技园区,加快建设国家实验室和国家实验室基地群,积极争创综合性国家科学中心。打造全球人才蓄水池,集聚形成百名全球顶尖人才、千名领军人才、百万大学生的创新创业队伍。实现研发投入强度4%以上,力争国家高新技术企业达2万家,打造科技成果转化首选地、国家战略科技力量集聚地、全球科技创新策源地。

（二）在打造产业兴盛的新天堂上埋头苦干、勇毅前行。聚力发展“芯屏端网云用智”,力争数字经济核心产业增加值占GDP比重超30%。加快食品饮料、纺织服装、化工化纤、汽车零配件等传统优势产业转型升级,聚焦发展智能装备、智能家居、智慧办公、智联汽车、智能物联及机器人、可穿戴设备等智慧制造产业,加快培育生物医药、新材料、新能源、航空航天等战略性新兴产业,积极发展量子科技、基因技术、未来网络、人工智能、元宇宙等未来产业。深化钱塘江金融港湾建设,加快建设国际金融科技中心。大力发展工业设计、集成电路设计、医药研发外包等高端生产性服务业,积极培育总部经济、美丽经济、共享经济。推动农业智慧化、科技化、现代化、国际化发展,大力发展现代种业、循环农业。

（三）在打造活力迸发的新天堂上埋头苦干、勇毅前行。坚持以数字化改革引领系统性变革,创造性深化国家营商环境创新试点等改革。坚持“两个毫不动摇”方针,理直气壮支持民营经济发展,持续提升民营企业500强全国首位度,激发企业家创新创业创造激情和担负社会责任的行动自觉。全方位融入长三角高质量一体化发展,加强大湾区大花园大通道大都市区建设,深化落实杭甬“双城记”行动,加快杭州都市圈联动发展。进一步发挥“自贸试验区+跨境电商综试区+临空经济示范区”叠加效应,积极创建全球数字贸易中心。

（四）在打造别样精彩的新天堂上埋头苦干、勇毅前行。用心守护“红色根脉”,深入实施城市记忆工程,着力构建世界遗产群落,全面加快宋韵文化传世工程,加强南宋皇城遗址综合保护。促进文旅深度融合,培育壮大文化产业,将时代精神、时尚元素镌刻在大运河文化带、之江文化产业带、钱塘江诗路文化带。加快打造“三馆一中心”等地标性文化设施,构建“15分钟品质文化生活圈”。认识、尊重、顺应城市发展规律,坚持高水平规划、高质量建设、高标准管理,努力把杭州建成具有国际水准、江南意象、人民满意的高品质城市。加快基础设施、优质公共服务向西部区县（市）和农村延伸覆盖,高质量建成全国乡村振兴示范市,打造世界一流的美丽乡村。

（五）在打造共享幸福的新天堂上埋头苦干、勇毅前行。坚持全市公共服务一体化均衡发展,坚持创业带就业,高水平发展“美好教育”,争取三甲医院区县（市）全覆盖。完善“房住不炒”“住有所居”的住房保障体系,加快构建“一老一小”友好型社会,深化协作结对“五大机制”,推广大下姜乡村联合体共富模式,持续擦亮中国最具幸福感城市金字招牌,在共同富裕的康庄大道上展现东南形胜、今更繁华的人间天堂。

（六）在打造独特韵味的新天堂上埋头苦干、勇毅前行。深入实施新时代美丽杭州建设规划,统筹山水林田湖草系统治理,强化水气土固污染防治,高水平建设湿地水城。开启杭黄世界级自然生态和文化旅游廊道建设。加强碳达峰碳中和制度性创新,大力推动能源结构调整,积极发展生态友好型和节能环保型产业,倡导绿色低碳生活方式。完善跨流域跨区域生态补偿和污染联防联控机制,加快建设诗画江南、最忆杭州的生态文明之都。

（七）在打造良法善治的新天堂上埋头苦干、勇毅前行。加强法治政府建设,健全协同高效的依法行政体制,全面深化“大综合一体化”行政执法改革。坚持和发展新时代“枫桥经验”,推进“县乡一体、条抓块统”治理模式,建成全国首批市域社会治理现代化标杆城市。健全常态化疫情防控体系,落实安全生产责任制,加强城市“里子工程”“避险工程”建设,加快重复信访和信访积案攻坚清零,完善扫黑除恶长效常治机制,筑牢网络安全防线,打造家庭和睦、邻里和谐、社会和美的平安杭州。

三、2022年政府工作安排

2022年是党的二十大召开之年,是亚运会举办之年,更是新一届市政府开局之年。今年政府工作的总体要求是:坚持以习近平新时代中国特色社会主义思想为指导,全面贯彻落实党的十九大和十九届历次全会精神,忠诚拥护“两个确立”、坚决做到“两个维护”,坚持稳中求进工作总基调,完整准确全面贯彻新发展理念,忠实践行“八八战略”、奋力打造“重要窗口”,对标“四个杭州、四个一流”要求,奋进新时代、建设新天堂,统筹疫情防控和经济社会发展,统筹发展和安全,确保经济社会大局稳定,全力举办一届成功的亚运会,加快打造世界一流的社会主义现代化国际大都市,争当浙江高质量发展建设共同富裕示范区城市范例,以优异成绩迎接党的二十大胜利召开。

2022年经济社会发展主要预期目标:全市生产总值增长6.5%以上;城乡居民人均可支配收入高于GDP增速,收入倍差持续缩小;研发投入强度3.7%左右;固定资产投资增长6%;社会消费品零售总额增长7%;完成国家和省下达的能源环境指标计划目标。

（一）举全市之力办好亚运会。坚决扛起习近平总书记“相信杭州有能力举办一届成功的亚运会”的千钧重托,按照“简约、安全、精彩”要求,确保呈献一届“中国特色、浙江风采、杭州韵味、精彩纷呈”的体育文化盛会。

全面做好赛会保障。高标准抓好亚运场馆和亚运村建设管理运营。深入开展城市环境品质提升行动,实现“美丽杭州迎亚运”。建设“亚运在线”平台,用心用情做好各项服务保障。统筹亚运防疫和城市防疫,坚决筑牢安全办会底线。

精彩打造标志性成果。突出特色亮点,细化落实办赛方案。精心策划开闭幕式,打造零碳亚运、数智亚运、无障碍亚运、全民亚运,展示中国之治“重要窗口”的标志性成果,让杭州亚运只留经典、不留遗憾。

放大亚运综合效应。大力倡导“人人都是东道主”理念，深入宣传亚洲文化、传播中华文明、展示浙江精神、讲好杭州故事。用好亚运遗产，统筹亚运场馆可持续综合利用，加快群众身边体育场地设施建设，大力推动全民健身。

（二）厚植创新活力之城新优势。牢记习近平总书记要求杭州打造“硅谷天堂、高科技天堂”的重要指示，占据科创制高点，建设世界重要人才中心。

全力打造全球创新策源地。构建“核心＋基地＋网络”的跨学科跨领域产学研用协同攻关体系，加强国家实验室及国家实验室基地群建设，举全市之力加快三大科创高地建设和城西科创大走廊创新发展，支持浙江大学、西湖大学、之江实验室等高能级平台创新，加快世界级大科学装置群建设，提升中科院医学所平台能级。加快建设以企业为主体的“产业链＋创新链＋价值链＋服务链”创新联合体，支持龙头企业创建国家重点实验室、国家企业技术中心。

激发创新主体活力。实施科技企业“双倍增”“雏鹰”计划，新增国家高新技术企业2500家、省科技型中小企业2000家、雏鹰企业800家。培育更多独角兽企业，引领世界科技创新舞台。深入实施“全球英才杭聚”等人才工程，新增领军型创新创业团队15个、引进海外人才4000名。

聚合科创最优生态。坚持政府引导、市场主体、平台支撑、制度创新，以国家级开发区、国家级孵化器、省级园区、特色小镇为载体，以网上网下创新创业创造服务平台为纽带，以“产学研用金、才政介美云”为抓手，打造全域科创孵化生态。深化落实“揭榜挂帅”机制，完成“尖峰、尖兵、领雁、领航”研发攻关项目100项以上。争创国家知识产权强市建设示范城市，力争每万人高价值发明专利拥有量35件以上。

（三）稳中求进推动经济高质量发展。牢记习近平总书记“切实抓好先进制造业基地建设，大力发展有杭州特色、杭州优势的产业”的重要指示，大力推动数字经济与制造业高质量融合发展，继续做好“六稳”“六保”工作，促进经济稳中向好。

加快构建现代产业体系。实行产业链链长制、产业生态圈圈主制，实施“万千百产业生态工程”，加快培育和形成一批世界领先的万亿产业、千亿企业、百亿项目。发展壮大数字视觉、区块链、云计算、大数据、电子商务等产业，推进“中国视谷”建设，打造2万亿数字经济产业生态圈。打好新一轮制造业“腾笼换鸟、凤凰涅槃”攻坚战，打造智慧制造万亿产业生态圈，加快生物医药、新材料千亿级先进制造业集群建设。实施“鲲鹏”“凤凰”和专精特新企业培育行动，新增上市公司30家、专精特新“小巨人”企业40家。大力发展科技、金融、文化、健康等高端服务业。坚持“楼均论英雄”，积极发展楼宇经济，新增税收亿元楼26幢、总数达240幢。深化浙商回归、杭商回家工程，新引进回归项目60个。实施农业“三个百亿”工程，培育农业金融体系、服务体系、生产体系、营销体系，促进农业“接二连三”，提升都市农业、订单农业、精品农业、体验农业、生物农业发展水平。

着力促内需稳外贸。实施抓项目扩投资“1+4”行动，深化产业链招商、产业生态助商，强化专班抓项目、专员跟企业、现场解难题的工作机制，加快重大项目招引落地。强化项目要素保障，工业用地出让不低于1万亩，鼓励标准厂房建设。围绕打造新型消费中心城市，发展夜间经济、首发经济、首店经济、品牌经济、流量经济，深化“三圈三街三站”消费新场景建设。支持外贸综合服务企业、海外仓发展，实现货物出口占全国比重稳中有进。积极参与国际跨境贸易规则制定，加快“一带一路”、RCEP市场布局，深化杭州自贸片区建设，努力打造全球数字贸易中心、数字监管标杆区等一批标志性工程。高质量筹办首届全球数字贸易博览会。

千方百计稳企惠企助企。坚决落实国家和省减税降费措施，进一步清理规范涉企行政审批类中介、协会商会和供水供电供气等领域收费。坚持“第一时间＋顶格优惠＋政策直达”，为企业减负1000亿元以上，让市场主体切实感受到政策落实有力度、政府服务有温度。

（四）以数字化改革撬动各领域改革。牢记习近平总书记“加大改革力度，完善改革举措，加快取得更多实质性、突破性、系统性成果，为全国改革探索路子、贡献经验”的重要指示，坚持以数字化改革倒逼制度重塑，加快形成更多富有杭州特色的标志性改革成果。

擦亮数字化改革“金名片”。以数字化改革“1612”体系为引领，提升全市一网通办、一网统管、一网监督能力，做到“一屏统览、一键直达”。构建城市数智治理体系，建设“数字体征＋现场联动＋专家会诊＋智慧研判”数智指挥平台，打造“天空地车人”一网感知系统，推进全市域全领域应急响应、行政执法、疫情防控等应用。深化“城市大脑＋现代城市＋未来社区＋活力乡镇＋未来乡村”“产业大脑＋未来工厂”核心场景建设，打造一批实用管用好用的特色应用，高质量建设智慧城市窗口。

创建全国最优营商环境。扎实开展国家营商环境创新试点城市建设，细化落实101项344条改革举措，实施52项165条杭州特色改革事项。深化“分钟制”“小时制”集成式改革，努力实现零干预、零材料、零费用、零跑动。整合测绘测量事项，深入开展项目联合验收。推动平台经济规范健康发展，引导各类市场主体合法经营、依法纳税。大力弘扬新时代企业家精神，让创造价值的人更有信心，让热心慈善的人更受尊重。

深化要素市场化配置改革。全力争取国家要素市场化配置改革试点，做大做强公共资源交易平台。深化“亩均论英雄”“标准地”改革，盘活存量土地12.5万亩以上。深入推进人才管理、评价、激励、流动体制机制改革。加快数据开放共享，探索数字知识产权保护交易机制。深化区域性国资国企综合改革，完成国企改革三年行动。

（五）乘势而上提升城市能级。牢记习近平总书记“杭州的城市化问题，必须坚持以人为本”的重要指示，规划、建设、管理让人民做主、让人民监督、让人民满意，打造宜居宜业宜养的人间天堂。

高水平规划城乡空间格局。坚持多规合一、市域一体，实施国土空间总体规划。突出全市统筹、优势互补、服务均衡、职住平衡，以规划引领各区块特色发展。高标准规划建设未来社区、未来乡村100个。

高品质推进城乡建设。加快构建4个“1小时交通圈”，全面建成地铁三期、运营总里程达到516公里，建成萧山机场三期、杭州西站枢纽暨湖杭铁路、运河二通道等重大工程，加快临建高速等一批高速路建设，健全智慧交通体系，加速布局数智新基建。有序推进城市有机更新，重点开展老旧小区改造、电梯加装、二次供水设施改造，实施既有建筑外墙隐患治理260栋，深化地下管网及地下空间隐患排查。加快美丽城乡建设，建成省级风貌样板区8个、美丽城镇样板10个、美丽宜居示范村16个。加快第二植物园建设、国家植物园申报，开工建设城市公园、体育公园110个，启动郊野公园建设，新增绿地1000万平方米，进一步打造高品质江南园林城市。

高标准提升城乡治理水平。以绣花功夫实施“全周期、全时段、全覆盖”精细化管理，实现道路、绿化、城市家具等“一把扫帚扫到底”，做精做优停车管理、公厕服务、垃圾分类等工作，深化无违建区县（市）建设。攻坚“大综合一体化”行政执法改革，建立健全十大领域隐患治理长效机制，完善城市管理标准体系，持之以恒用西湖品质、西溪意境、湘湖风韵扮靓杭州，努力打造一座最江南的锦绣城市。

（六）传承弘扬千年历史文脉。牢记习近平总书记“杭州的灵魂在于历史文化名城”的重要指示，守好“红色根脉”，传承宋韵文化，全方位展示杭州处处是历史、步步有文化的深厚底蕴。

加强新时代精神文明建设。大力弘扬红船精神、浙江精神和杭州人文精神，践行社会主义核心价值观。启动国家宪法宣传教育馆建设，建成国家版本馆杭州分馆。构建“15分钟文明实践服务圈”，争创全国文明典范城市。大力弘扬工匠精神。做好民族宗教、全国双拥模范城建设等工作。

实施精品文化传世工程。加大南宋皇城遗址综合保护力度，实现德寿宫遗址保护展示工程精彩亮相。深化良渚古城遗址综合保护，加快大运河国家文化公园、西湖世界爱情文化公园建设，持续活化三大世界遗产综合带动效应。实施千年古城复兴行动，加强历史文化街区、古镇、古村落、古建筑保护。加强文物安全智慧监管应用，筑牢文物安全防线。

完善公共文化服务体系。积极推进杭州音乐厅、杭州未来科技文化中心等城市文化地标建设。繁荣发展新闻出版、广播影视、文学艺术、哲学社会科学和档案等事业。扶持文艺精品项目40个以上，推出《苏东坡》等杭产文化精品和戏剧作品。大力打造各类文化平台载体，继续办好动漫节、文博会等，举办好“亚洲之光”国际艺术节。

推动文化产业融合发展。高水平打造之江艺术长廊，提升中国网络作家村、之江编剧村等文艺创作平台。加快动漫、影视、音乐、演艺、网络文创等产业发展，培育电子竞技等新型业态，文化产业增加值增长7%。巩固首批国家文化和旅游消费示范城市创建成果，持续擦亮18张文旅融合“金名片”。

（七）加快建设新时代美丽中国样本。牢记习近平总书记“统筹好生产、生活、生态三大空间布局，建设人与自然和谐相处、共生共荣的宜居城市”的重要指示，大力推进新时代美丽杭州建设，绘就山明水秀、晴好雨奇的美丽画卷。

加强湿地水城建设。深化西湖西溪一体化保护工程，提升湘湖综合保护和利用水平，加强钱塘江综合保护与发展，高标准建设淳安特别生态功能区，精心打造“三江两岸”生态人文景观和湿地公园群落，积极争创国际湿地城市。全面推行林长制，新增绿化造林5.6万亩。

持续提升环境质量。打好治气攻坚升级战，确保空气质量优良天数比例高于87.4%、PM2.5平均浓度低于30微克/立方米。深入实施河（湖）长制，深化“污水零直排区”建设，市控以上断面水质继续保持100%达标。完善生活垃圾治理体系，深化资源化利用，建设全域“无废城市”。加快中央和省委生态环保督察问题整改，巩固天子岭填埋场臭气治理和运河渣土码头等问题整改成效。

加快绿色低碳转型。建立健全碳达峰碳中和政策体系，争创全国碳达峰、碳中和示范城市。坚决遏制高耗能、高排放、低水平项目盲目发展，大力发展储能产业、分布式发电产业和智慧电网。开展十大低碳应用场景创建，建成绿色低碳工业园区2家、绿色低碳工厂80家。鼓励清洁能源发展和应用，积极推进建德、桐庐等5个抽水蓄能电站建设。

（八）努力创造共同富裕美好生活。牢记习近平总书记“人民对美好生活的向往就是我们的奋斗目标”的重要指示，加强共同富裕体制创新和改革探索，坚持办好民生实事，打造民生“七优享”金名片。

扎实推进共同富裕。紧扣省共同富裕重点工作和重大改革，全面落实74项工作举措和50项改革措施，加快首批3+30个试点建设，出台缩小三大差距政策，打造共同富裕数智平台，全面促进公共服务优质共享，加快形成强村富民发展共同体等19个标志性成果。

实施“扩中”“提低”行动。落实新一轮促进就业政策，加快社保、收入分配等配套制度改革，城镇新增就业25万人，农村居民人均可支配收入增长8%以上，城乡居民收入倍差缩小至1.74以内，基本养老保险参保率稳定在98%以上。

促进城乡区域协调发展。落实国家粮食安全战略，实行“田长制”，坚决遏制耕地“非农化”、基本农田“非粮化”，加强高标准农田建设，粮食播种面积和总产量分别达137.8万亩、10.58亿斤以上，切实保障“米袋子”“菜篮子”供给。发展新型农村集体经济，力争全部实现“5030”目标，东部地区75%以上村经营性收入超过100万元。高水平建设新时代美丽乡村，启动创建美丽乡村特色村30个。加快农业标准地改革，实施闲置宅基地和闲置农房盘活利用计划。健全“两进两回”长效机制，增加乡村科技、资金、人才供给，进一步激发乡村发展活力。深化区县协作、联乡结村等机制，大力提升西部区县（市）发展水平。推广滨江富阳合作区模式，高水平建设滨江萧山特别合作园，深化淳安生态飞地建设。加强杭州都市圈建设，加快杭甬“双城记”行动，全力打造长三角金南核。不断提升对口支援、对口协作、对口合作水平。

提供高品质公共服务。继续巩固“双减”成果，新建成中小学、幼儿园70所，支持在杭高校“双一流”建设，支持杭师大、浙大城市学院、杭职院等市属高校高质量发展。

健全公共卫生体系，支持国家医学中心、区域性医疗中心建设，创建全国中医药示范区，建设医药、医疗、医疗设备成果转化医学中心，提升临床研究及应用能级，实施名医团队引育、中医药传承创新工程，创新城市医联体、县域医共体模式，开工建设市一医院新院区、西溪医院二期工程，新增院前医疗急救站点 10 个、救护车 50 辆。大力推动优质教育医疗资源全市域布局，让每个西部区县（市）都有优质高中、三甲医院资源支撑。强化“一老一小”照护服务，加快养老服务设施建设和改造提升，落实三孩生育政策及配套措施，建立长期护理保险制度，加强残疾人康养服务体系建设。坚持“房住不炒”定位，抓好稳地价、稳房价、稳预期房地产精准调控，加大保障性住房供应，累计筹措保障性租赁住房 14 万套，筹建共有产权保障住房 1 万套。

*着力办好十件民生实事。*前期，市政府从市民群众、“两代表一委员”等层面广泛征集民生实事，初步遴选形成 13 件候选项目（详见《杭州市人民政府 2022 年度民生实事候选项目情况说明》）。市人大代表票选确定后，市政府将全力把民生实事项目办实办好。

*（九）建设人民满意的安全城市。*始终牢记习近平总书记“安全和发展要同步推进”的重要指示，强化风险意识和底线思维，着力防范化解各类风险挑战，让安全成为杭州的底气和标识。

*毫不放松做好疫情防控。*坚决筑牢“外防输入、内防反弹”坚固防线，坚持“动态清零”总方针不动摇，深化落实“七大机制”，强化人、物同防，守住机场口岸“大门”、入杭通道“中门”、单位社区“小门”，扩大重点人群监测，完善全方位监测预警机制，大力推动“无疫单元”创建，堵住漏洞、消除隐患。强化流调溯源、集中隔离、核酸检测、疫苗接种、医疗救治能力建设，努力用最小代价实现最大防控效果，最大限度减少疫情对经济社会发展影响。

*努力建设韧性城市。*加快海塘安澜工程建设，建成投用八堡排水泵站，提升青山水库防洪能力，开工建设城西南排通道、西险大塘达标加固等工程，完成病险水库除险加固 27 座、山塘整治 80 座。系统化推进海绵城市建设，重点实施生态修复、防洪排涝、水环境治理、水资源利用、城市更新五大领域工程项目。健全应急救援物资储备调用机制，规范化改造避灾安置场所，完成地质灾害隐患点治理 40 处，提升台风洪涝、森林火灾等应急处置能力。

*深化平安杭州建设。*全面压实安全生产主体责任，常态化数智化开展“城市体检”，加强重点行业领域安全监管，特别是在燃气、危化、消防、食药、特种设备、电动自行车、地下空间、建筑工地、高层建筑、轨道交通、人员密集场所等重点领域加大治理力度，生产安全事故起数和死亡人数较前三年平均值分别下降 20%。防范化解企业债务风险，稳妥处置房地产领域风险，稳步化解地方政府隐性债务，坚决守住不发生区域性金融风险底线。深化法治杭州建设，加强基层社会治理体系和治理能力现代化建设，支持工会、共青团、妇联等群团组织更好发挥作用，深入开展矛盾纠纷排查化解，加快信访积案清零，争创全国社会治安防控体系建设示范城市，支持国防和军队建设，全力做好党的二十大、亚运会等重大会议活动维稳安保，营造国泰民安的良好环境。

各位代表！完成上述目标任务，对新一届政府自身建设提出了更高要求。我们要始终坚持党的领导，持续推进数字赋能、转变职能、提高效能，着力打造整体智治、唯实惟先、善作善成的现代政府。*践行政治忠诚。*常态化长效化开展党史学习教育，深入贯彻落实习近平总书记重要讲话精神，高质量抓好“七张问题清单”整改，坚定不移做“两个确立”忠诚拥护者、“两个维护”示范引领者。*坚持依法行政。*始终把法治思维和法治方式贯穿到政府工作各领域全过程，作决策、办实事、解难题都要依法守法用法，自觉接受市人大及其常委会法律监督和市政协民主监督，主动接受社会和舆论监督，争创全国法治政府建设示范市。*增强执行效能。*加快变革型组织建设，着力打造智慧化、集成式、掌上办、下沉型政府，加大干部培训力度，激励干部真抓实干、担当作为、争创一流，不断增强干部队伍塑造变革能力。*力促作风转变。*严格落实中央八项规定精神，坚持不懈纠治“四风”，持续锤炼“深严细实快勤俭廉”的工作作风，从严控制“三公”经费，统筹整合部门预算 5%、专项资金 10%，更好支持民生事业发展。*严守廉洁底线。*彻底肃清周江勇案影响，以案促改、以案促治，大力推动政府系统全面从严治党，加强对各级“一把手”和领导班子监督，着力构建亲清政商关系，以零容忍态度正风肃纪反腐，确保干部清正、政府清廉、政治清明。

各位代表！杭州人民是伟大的人民，杭州是一座伟大的城市，更是一座倍受习近平总书记关心关爱的城市。让我们更加紧密地团结在以习近平同志为核心的党中央周围，在中共杭州市委的坚强领导下，奋进新时代、建设新天堂、一起向未来，接续谱写“八八战略”杭州实践新篇章，奋力打造世界一流的社会主义现代化国际大都市，以优异成绩迎接党的二十大胜利召开，为实现中华民族伟大复兴中国梦贡献杭州力量！

组织机构名录

【市级主要机构及负责人名单】（2021 年 1—12 月）

中国共产党杭州市第十二届委员会

书　记：周江勇（至 2021 年 8 月，并接受中央纪委国家监委纪律审查和监察调查）
（空缺）（2021 年 8—11 月）
刘　捷（2021 年 11 月始）

副书记：刘　忻
佟桂莉（女）（至 2021 年 12 月）
金　志（2021 年 12 月始）

常　委：周江勇（至 2021 年 8 月，并接受中央纪委国家监委纪律审查和监察调查）
刘　捷（2021 年 11 月始）
刘　忻
佟桂莉（女）（至 2021 年 12 月）
金　志

陈擎苍（至 2021 年 12 月）
戚哮虎　　许　明
戴建平（至 2021 年 12 月）
柯吉欣（2021 年 12 月始）
毛溪浩（至 2021 年 12 月）
马小秋（2021 年 12 月始）
陈新华
张振丰（至 2021 年 11 月）
朱建明　　唐春所
陈一行（2021 年 12 月始）
胥伟华（挂职）（2021 年 4 月始）

委　员:（按姓氏笔画为序）
丁狄刚　　于跃敏（女）
马小秋（2021 年 12 月始）
王　宏　　王　敏
毛溪浩
方　毅（至 2021 年 8 月）
卢春强　　冯国明
朱　华　　朱　欢
朱建明　　朱党其
刘　忻
刘　捷（2021 年 11 月始）
刘　颖　　许　明
李　玲（女）　　吴仁财
吴玉凤（女）
何美华（至 2021 年 9 月）
佟桂莉（女）（至 2021 年 12 月）
沈建平　　张仲灿
张如勇
张振丰（至 2021 年 11 月）
陈　瑾（女）
陈一行（2021 年 12 月始）
陈卫强　　陈如根
陈红英（女）　　陈国妹（女）
陈春雷　　陈新华
陈震山
陈擎苍（至 2021 年 12 月）
金　志　　金　翔
金承涛
周江勇（至 2021 年 8 月，并接受中央纪委国家监委纪律审查和监察调查）
胡海燕（女）
柯吉欣（2021 年 12 月始）洪庆华
胥伟华（挂职）（2021 年 4 月始）
骆安全　　柴世民
徐小林　　唐春所
黄进宇　　黄海峰
戚哮虎　　章　燕（女）
斯金锦　　董　悦
董毓民　　童定干
楼建忠　　缪承潮
滕　勇　　潘家玮
戴建平　　魏　颖（女）

候补委员：
郭东风　　范建军
高国飞　　何凌超
钱美仙（女）　　翁文杰
余新平　　陈祥荣
金志强　　陈　健
钮　俊

秘书长:许　明（至 2021 年 3 月）
朱建明（2021 年 3 月始）

市委工作机关:

市纪律检查委员会（市监察委员会）

书记（主任）:陈擎苍（至 2021 年 12 月）
陈一行（2021 年 12 月始）
副书记（副主任）:朱　华
童定干（2021 年 11 月始）
陈建华
邬月培　　张慧娟（女）
纪委常委:陈擎苍（至 2021 年 12 月）
陈一行（2021 年 12 月始）
朱　华　　童定干（2021 年 11 月始）
陈建华　　邬月培
张慧娟（女）
王伟平　　胡飞龙
沈海军　　金　伟
唐小辉（至 2021 年 11 月）
方顺才（至 2021 年 6 月）
徐恒辉（2021 年 11 月始）
监委委员:沈海军　　金　伟
方顺才（至 2021 年 6 月）
俞　振　　王　伦
杨　霞（女）（至 2021 年 3 月）

办公厅

主　任:郭东风

政策研究室

主　任:陈国强

全面深化改革委员会办公室

主　任:许　明（至 2021 年 3 月）
朱建明（2021 年 3 月始）
第一副主任:戴建平（至 2021 年 12 月）
柯吉欣（2021 年 12 月始）

组织部

部　长:毛溪浩（至 2021 年 12 月）
马小秋（2021 年 12 月始）

宣传部

部　长:戚哮虎

统战部

部　长:陈新华

政法委员会

书　记:许　明（至 2021 年 12 月）
金　志（2021 年 12 月始）

市委机构编制委员会办公室
主　任:何利松
市委军民融合发展委员会办公室
主　任:戴建平（至2021年12月）
　　　柯吉欣（2021年12月始）
市委台湾工作办公室（市政府台湾事务办公室）
主　任:陆献德
市委直属机关工作委员会
书　记:许　明（至2021年3月）
　　　朱建明（2021年3月始）

市委巡察工作领导小组办公室、市委巡察组
主　任:胡飞龙
组　长:魏　颖（女）　　蒋杭平
　　　洪晓明
　　　江小华（至2021年4月）
　　　金晓东（2021年3月始）
　　　方顺才（2021年6月始）
市委、市政府信访局
局　长:周徐胤
市委老干部局
局　长:应敏扬（女）（至2021年11月）
　　　（空缺）（2021年11—12月）
市委党校
校　长:毛溪浩（至2021年12月）
　　　马小秋（2021年12月始）
市委党史研究室（市政府地方志办公室）
主　任:郎健华
市档案馆
馆　长:范　飞（女）
杭州国际城市学研究中心（杭州研究院、世界遗产保护杭州研究中心）
党组书记、主任（院长）:江山舞

杭州市第十三届人民代表大会常务委员会
主　任:于跃敏（女）（至2021年2月）
　　　李火林（2021年2月始）
副主任:郑荣胜　　陈红英（女）
　　　罗卫红（女）　　卢春强
　　　徐小林
秘书长:张如勇
委　员:（按姓氏笔画为序）
　　　马利阳（至2021年1月）
　　　王　辉（女）
　　　王木刚（至2021年1月）
　　　王荣富（至2021年1月）
　　　毛文峰（女）
　　　方月仙（女）
　　　江成器（2021年2月始）
　　　阮　英（女）　　阮重晖
　　　严伟明
　　　李莲萍（女）（2021年2月始）
　　　杨英英（女）　　肖仁东
　　　吴建华
　　　汪华瑛（女）（至2021年1月）
　　　沈旭微（2021年2月始）
　　　张永谊（至2021年1月）
　　　张邢炜　　张治芬（女）
　　　陈　健　　陈马多里
　　　陈伟民　　邵剑明
　　　林　沛（女）（2021年2月始）
　　　尚永丰
　　　郑利敏（女）（2021年2月始）
　　　郑健波　　赵　敏
　　　赵　敏（桐庐）
　　　赵国钦（2021年2月始）
　　　俞雪坤
　　　姚　坚（至2021年1月）
　　　骆　寅
　　　骆安全（2021年2月始）
　　　聂　江（2021年2月始）
　　　徐文霞（女）　　徐建国
　　　奚国强
　　　黄昊明（2021年2月始）
　　　龚志南　　麻承荣
　　　章一超（至2021年1月）
　　　章国经　　曾福明
　　　裘　超（女）　　裘建平
　　　解崇明　　谭　飞
　　　潘曙龙　　薛滔菁（女）
党组书记:于跃敏（女）（至2021年2月）
　　　李火林（2021年2月始）

杭州市第十三届人民代表大会专门委员会
法制委员会
主任委员:陈红英（女）（兼）
监察和司法委员会
主任委员:陈红英（女）（兼）
财政经济委员会
主任委员:徐小林（兼）
城乡建设环境保护委员会
主任委员:卢春强（兼）
教育科学文化卫生委员会
主任委员:罗卫红（女）（兼）
农业和农村委员会
主任委员:郑荣胜（兼）
民族宗教华侨、外事委员会
主任委员:徐小林（兼）
社会建设委员会
主任委员:陈红英（女）（兼）

杭州市第十三届人民代表大会常务委员会各工作机构和工作委员会:
办公厅

主　任:阮重晖（至 2021 年 12 月）

研究室

主　任:聂　江（2021 年 1 月始）

人事代表工作委员会

主　任:陈伟民

法制工作委员会

主　任:陈马多里

监察和司法工作委员会

主　任:王木刚（至 2021 年 1 月）
　　　江成器（2021 年 1 月始）

财政经济工作委员会

主　任:骆　寅

城乡建设环境保护工作委员会

主　任:王荣富（至 2021 年 1 月）
　　　黄昊明（2021 年 1 月始）

教育科学文化卫生工作委员会

主　任:姚　坚（至 2021 年 1 月）
　　　郑利敏（女）（2021 年 1 月始）

农业和农村工作委员会

主　任:赵国钦（2021 年 1 月始）

民族宗教华侨、外事工作委员会

主　任:方月仙（女）

社会建设工作委员会

主　任:王　辉（女）

杭州市人民政府

市　长:刘　忻

副市长:戴建平（至 2021 年 12 月）
　　　柯吉欣　　　　缪承潮
　　　王　宏（至 2021 年 8 月）
　　　胡　伟
　　　陈国妹（女）（至 2021 年 2 月）
　　　陈卫强
　　　胥伟华（挂职）（2021 年 4 月始）
　　　丁狄刚（2021 年 8 月始）
　　　罗　杰（2021 年 12 月始）

党组书记:刘　忻

秘书长:丁狄刚

市政府工作部门:

市政府办公厅

党组书记:丁狄刚

主　任:马杭军

研究室

党组书记、主任:鲍一飞

发展和改革委员会

党组书记、主任:孔春浩

人力资源和社会保障局

党组书记、局长:叶茂东

财政局

党组书记、局长:谢建华

统计局

党组书记:富永伟（至 2021 年 1 月）
　　　　（空缺）（2021 年 1—5 月）
　　　　吴槐庆（2021 年 5 月始）

局　长:宦金元

审计局

党组书记、局长:王　剑

对口支援和区域合作局

党组书记、局长:杨　钊

经济和信息化局

党组书记、局长:夏积亮（至 2021 年 8 月）
　　　　　　（空缺）（2021 年 8—12 月）

应急管理局

党委书记、局长:王　震

城乡建设委员会

党组书记、主任:楼建忠

交通运输局

党组书记、局长:郑翰献

住房保障和房产管理局

党组书记、局长:王　进

规划和自然资源局

党组书记、局长:陈祥荣

人民防空办公室（民防局）

党组书记、主任（局长）:裘新谷

城市管理局（综合行政执法局）

党组书记、局长:李　磊

生态环境局

党组书记、局长:孙国方

园林文物局

党组书记、局长:高小辉

农业农村局

党组书记、局长:赵国钦（至 2021 年 1 月）
　　　　　　（空缺）（2021 年 1—3 月）
　　　　　　柴世民（2021 年 3 月始）

林业水利局

党组书记、局长:钱美仙（女）（至 2021 年 11 月）
　　　　　　（空缺）（2021 年 11—12 月）

商务局（粮食和物资储备局）（至 2021 年 3 月）

党组书记、局长:孙璧庆（至 2021 年 3 月）

商务局[中国（浙江）自由贸易试验区杭州片区管委会、市粮食和物资储备局]（2021 年 3 月始）

党组书记、局长:孙璧庆（2021 年 3 月始）

主　任:胡　伟（兼）（2021 年 4 月始）

常务副主任:孙璧庆（2021 年 4 月始）

市场监督管理局

党委书记、局长:范建军

文化广电旅游局

党组书记、局长:楼倻捷（女）

卫生健康委员会

党委书记、主任:孙雍容（女）

医疗保障局

党组书记:方健国

局　长:石连忠

体育局
党组书记、局长:金承龙
教育局
党委书记、局长:沈建平
公安局
党委书记、局长:金　志（至 2021 年 12 月）
罗　杰（2021 年 12 月始）
司法局
党委书记、局长:吴声华（至 2021 年 1 月）
徐　前（2021 年 1 月始）
民族宗教事务局
党组书记、局长:邵根松
地方金融监督管理局（金融工作办公室）
党组书记、局长（主任）:冯　伟
国有资产监督管理委员会
党委书记、主任:王　希
科学技术局
党组书记:周　扬（女）
局　长:赵喜凯（至 2021 年 4 月）
（空缺）（2021 年 4—6 月）
周　扬（女）（2021 年 6 月始）
民政局
党组书记、局长:何凌超
退役军人事务局
党组书记、局长:郑洪彪
外事办公室（港澳事务办公室）
党组书记、主任:周　澍（女）
机关事务管理局
党组书记、局长:韩　卫
数据资源管理局
党组书记、局长:徐青山
投资促进局
党组书记、局长:王　翀

国防动员委员会
第一主任:周江勇（至 2021 年 8 月,并接受中央纪委国家监委纪律审查和监察调查）
（空缺）（2021 年 8—11 月）
刘　捷（2021 年 11 月始）
主　任:刘　忻

政协杭州市第十一届委员会
主　席:潘家玮
副主席:张仲灿（2021 年 2 月始）
叶鉴铭　谢双成
陈永良（至 2021 年 1 月）
王立华（女）　周智林
冯仁强
陈国妹（女）（2021 年 2 月始）
滕　勇
秘书长:金　翔
委　员:（按姓氏笔画为序）
丁　华（女）（至 2021 年 6 月）
万光政　马　彦
王利民　王新宇
方　春（女）
方中勇（2021 年 2 月始）
方健国
石仕元（2021 年 2 月始）
石利群（女）（2021 年 2 月始）
申屠敏（女）　包嘉颖（女）
冯　镭　吕芬芳（女）
吕建平
朱　铮（2021 年 2 月始）
朱汉良　朱明虬
庄凌云　刘政奇
刘秋敏　次登央吉（女）
江　冰（至 2021 年 1 月）
汤建新
孙月红（女）（2021 年 2 月始）
孙彰道
苏　挺（至 2021 年 1 月）
杜国忠　李玉美（女）
李正刚
李莲萍（女）（至 2021 年 1 月）
杨建华　来　虹（女）
肖　锋　吴　隆
吴　静（女）　吴伟进
吴持瑛（女）
吴南平（至 2021 年 6 月）
何明俊　何黎明
沈　昱　沈小东
沈墨宁　张　钎
张　莉（女）　张慧慧（女）
陈　凯
陈　键（至 2021 年 1 月）
陈　新（2021 年 2 月始）
陈旭虎　陈国兴
陈国安　陈金良
陈建华　林　革
林　蔚（女）　卓　超
金志强　周旭一
周定炎
周妙荣（2021 年 2 月始）
周常生
郑利敏（女）（至 2021 年 1 月）
单　敏（女）　赵海燕
赵喜凯　赵才苗
钟玉腾　侯公林
施永林　娄火明
洪　明　宦金元
倪晓娟（女）
高　宁（2021 年 2 月始）
高德康　郭　兵

郭初民　　郭清晔
唐龙尧　　陶　骏
黄伟源
龚勤芳（女）（至 2021 年 1 月）
章　勤（女）　　蒋吉清（女）
释月真　　温正胞
谢春凤（女）　　裘小民（女）
虞文娟（女）（2021 年 2 月始）
蔡　瑾（女）　　廖杰远
党组书记：潘家玮

市政协工作部门：

办公厅
主　任：郭初民
研究室
主　任：陈国兴
文化文史和学习委员会
主　任：王利民
提案委员会
主　任：杨建华
农业和农村委员会
主　任：周定炎
经济委员会
主　任：杜国忠
港澳台侨和外事委员会
主　任：江　冰（至 2021 年 1 月）
　　孙月红（女）（2021 年 1 月始）
社会法制和民族宗教委员会
主　任：方中勇（2021 年 1 月始）
城市建设和人口资源环境委员会
主　任：何明俊
委员工作委员会
主　任：吴持瑛（女）
教育科技卫生体育委员会
主　任：肖　锋

市中级人民法院
党组书记、院长：斯金锦
市人民检察院
党组书记、检察长：陈海鹰

市民主党派和工商联：

中国国民党革命委员会杭州市委员会
主　委：叶鉴铭（至 2021 年 8 月）
　　林　革（2021 年 8 月始）
中国民主同盟杭州市委员会
主　委：宦金元
中国民主建国会杭州市委员会
主　委：郭清晔
中国民主促进会杭州市委员会
主　委：谢双成（至 2021 年 8 月）
　　楼秀华（2021 年 8 月始）
中国农工民主党杭州市委员会
主　委：周智林（至 2021 年 8 月）
　　於卫国（2021 年 8 月始）
中国致公党杭州市委员会
主　委：胡　伟
九三学社杭州市委员会
主　委：罗卫红（女）
市工商业联合会
党组书记：麻承荣
主　席：冯仁强

部分群众团体：

市总工会
党组书记：王越剑
主　席：郑荣胜（兼）
中国共产主义青年团杭州市委员会
书　记：李莲萍（女）（至 2021 年 11 月）
　　（空缺）（2021 年 11 月始）
市妇女联合会
党组书记、主席：阮　英（女）
市社会科学界联合会、市社会科学院
党组书记、主席（院长）：卓　超
市科学技术协会
党组书记、主席：郑健波
市归国华侨联合会
党组书记：裘建平
主　席：王立华（女）
市文学艺术界联合会
党组书记：汪华瑛（女）（至 2021 年 1 月）
　　沈旭微（2021 年 1 月始）
主　席：艾　伟（竹雄伟）
市残疾人联合会
党组书记、理事长：杨英英（女）

其他机构：

杭州钱塘新区管理委员会
党工委书记：柯吉欣（兼）（至 2021 年 11 月）
主　任：朱党其（至 2021 年 11 月）
杭州城西科创产业集聚区管理委员会
党工委书记：戴建平（至 2021 年 12 月）
　　柯吉欣（兼）（2021 年 12 月始）
　　主　任：李　玲（女）（至 2021 年 11 月）
杭州城西科创大走廊管理委员会
主　任：李　玲（女）（2021 年 11 月始）
杭州余杭经济技术开发区管理委员会
党工委书记、主任：祝振伟
萧山经济技术开发区管理委员会
党工委书记、主任：叶建宏（至 2021 年 11 月）
　　许　昌（2021 年 11 月始）
杭州良渚遗址管理区管理委员会（浙江省杭州良渚遗址管理局）
党工委书记、主任（局长）：张俊杰（至 2021 年 3 月）

王　姝（女）（2021 年 3 月始）

杭州高新技术产业开发区管理委员会

党工委书记：王　敏（至 2021 年 11 月）

章登峰（2021 年 11 月始）

主　任：李志龙（至 2021 年 12 月）

郑　迪（2021 年 12 月始）

杭州之江国家旅游度假区管理委员会

党工委书记：高国飞

主　任：董毓民

杭州西湖风景名胜区管委会（至 2021 年 10 月）

党委书记、主任：翁文杰（至 2021 年 10 月）

杭州西湖风景名胜区管理委员会（杭州西溪国家湿地公园管理委员会）（2021 年 10 月始）

党工委书记、主任：翁文杰（2021 年 10 月始）

钱江新城建设管理委员会（至 2021 年 1 月）

党委书记、主任（总指挥）：黄昊明（至 2021 年 1 月）

钱江新城建设管理委员会（市三江汇未来城市建设管理委员会）（2021 年 1 月始）

党组书记：卢春强（兼）（2021 年 1 月始）

主　任：於卫国（2021 年 1 月始）

对口支援新疆阿克苏地区阿克苏市指挥部

党委书记、指挥长：黄建正

西泠印社社务委员会

西泠印社党委书记、社委会主任：龚志南

行政审批服务管理办公室（公共资源交易管理委员会办公室）

党组书记：赵金龙（至 2021 年 3 月）

李　炜（2021 年 3 月始）

主　任：林　革

市政府驻北京办事处

党组书记、主任：许　昌（至 2021 年 11 月）

（空缺）（2021 年 11 月始）

市政府驻上海（深圳）办事处

主　任：方志华（至 2021 年 1 月）

（空缺）（2021 年 1—4 月）

王永芳（2021 年 4 月始）

党组书记：王永芳（2021 年 6 月始）

市供销合作社联合社

党委书记：李文钢（2021 年 1 月始）

主　任：杨国正（至 2021 年 4 月）

李文钢（2021 年 4 月始）

中国国际贸易促进委员会杭州市委员会

党组书记、会长：郑荣新

杭州住房公积金管理中心

党组书记、主任：刘　强

市农业科学研究院

党委书记、院长：严建立

市实业投资集团有限公司

党委书记、董事长：沈　立

总经理：朱少杰

市交通投资集团有限公司

党委书记、董事长：章舜年

总经理：周建华（至 2021 年 6 月）

郦仲华（2021 年 6 月始）

市城市建设投资集团有限公司

党委书记、董事长：冯国明

总经理：李红良

市运河综合保护开发建设集团有限责任公司

党委书记、董事长：陆晓亮

总经理：章维明（至 2021 年 6 月）

茹　文（2021 年 6 月始）

市地铁集团有限责任公司

党委书记、董事长：邵剑明（2022 年 5 月，涉嫌严重违纪违法，主动投案）

总经理：朱春雷

市钱江新城投资集团有限公司

党委书记、董事长：朱云夫

总经理：於卫国（至 2021 年 1 月）

（空缺）（2021 年 1—6 月）

楼秀华（2021 年 6 月始）

市商贸旅游集团有限公司

党委书记、董事长：赵　敏

总经理：（空缺）（2021 年 1—6 月）

丁永刚（2021 年 6 月始）

杭州银行股份有限公司

党委书记、董事长：陈震山

行　长：宋剑斌

市金融投资集团有限公司

党委书记、董事长：张锦铭

总经理：虞利明

杭州文化广播电视集团

党委书记、管委会总裁：余新平

编委会总编辑：郑桂岚（女）

华数数字电视传媒集团有限公司

党委书记、董事长：陆政品

总经理：鲍林强

杭州日报报业集团（杭州日报报业集团有限公司）

党委书记、社委会社长、公司董事长、总经理：董　悦

编委会总编辑：万光政

西泠印社集团有限公司

党委书记、董事长：谭　飞

总经理：王紫升

【区县（市）主要机构及负责人名单】（2021 年 1 月至 12 月）

中共杭州市上城区第十届委员会（至 2021 年 3 月）

书　记：陈　瑾（女）（至 2021 年 3 月）

中共杭州市上城区委员会（2021 年 3—12 月）

书　记：刘　颖（2021 年 3—11 月）

章　燕（女）（2021 年 11—12 月）

中共杭州市上城区第一届委员会（2021 年 12 月始）

书　记：章　燕（女）（2021 年 12 月始）

杭州市上城区第十五届人大常委会（至 2021 年 3 月）

主　任:袁建强（至 2021 年 3 月）
杭州市上城区人大常委会（2021 年 3 月始）
主　任:(空缺)（2021 年 3—5 月）
　　　占仁义（2021 年 5 月始）
上城区人民政府
区　长:金承涛（至 2021 年 3 月）
　　　(空缺)（2021 年 3—5 月）
　　　章　燕（女）（2021 年 5—11 月）
代区长:惠海涛（2021 年 11 月始）
政协杭州市上城区第五届委员会（至 2021 年 3 月）
主　席:占仁义（至 2021 年 3 月）
政协杭州市上城区委员会（2021 年 3 月始）
主　席:(空缺)（2021 年 3—5 月）
　　　黄爱芳（女）（2021 年 5 月始）
中共杭州市上城区纪律检查委员会
书　记:金晓东（至 2021 年 3 月）
　　　赵欣浩（2021 年 3—11 月）
　　　黄利文（2021 年 11 月始）
上城区人民法院
代院长:陆忠明（至 2021 年 3 月）
　　　(空缺)（2021 年 3—5 月）
院　长:陆忠明（2021 年 5 月始）
上城区人民检察院
检察长:孙　勇（至 2021 年 3 月）
　　　(空缺)（2021 年 3—5 月）
　　　江波均（女）（2021 年 5 月始）

中共杭州市下城区第十届委员会（至 2021 年 3 月）
书　记:刘　颖（至 2021 年 3 月）
杭州市下城区第十五届人大常委会（至 2021 年 3 月）
主　任:杨国琴（女）（至 2021 年 3 月）
下城区人民政府（至 2021 年 3 月）
区　长:柴世民（至 2021 年 3 月）
政协杭州市下城区第五届委员会
主　席:陈　晨（至 2021 年 3 月）
中共杭州市下城区纪律检查委员会（至 2021 年 3 月）
书　记:沈国祥（至 2021 年 3 月）
下城区人民法院（至 2021 年 3 月）
院　长:陈奇策（至 2021 年 3 月）
下城区人民检察院（至 2021 年 3 月）
检察长:王晓光（至 2021 年 3 月）

中共杭州市江干区第十届委员会（至 2021 年 3 月）
书　记:滕　勇（至 2021 年 3 月）
杭州市江干区第十五届人大常委会(至 2021 年 3 月）
主　任:蔡建云（至 2021 年 3 月）
江干区人民政府（至 2021 年 3 月）
代区长:冯　晶（至 2021 年 3 月）
政协杭州市江干区第五届委员会（至 2021 年 3 月）
主　席:黄爱芳（女）（至 2021 年 3 月）
中共杭州市江干区纪律检查委员会(至 2021 年 3 月）
书　记:赵欣浩（至 2021 年 3 月）
江干区人民法院(至 2021 年 3 月）
院　长:楼军民（至 2021 年 3 月）
江干区人民检察院（至 2021 年 3 月）
检察长:江波均（女）（至 2021 年 3 月）

中共杭州市拱墅区第七届委员会（至 2021 年 3 月）
书　记:朱建明（至 2021 年 3 月）
中共杭州市拱墅区委员会（2021 年 3—12 月）
书　记:陈　瑾（女）（2021 年 3—11 月）
　　　李志龙（2021 年 11—12 月）
中共杭州市拱墅区第一届委员会（2021 年 12 月始）
书　记:李志龙（2021 年 12 月始）
杭州市拱墅区第七届人大常委会（至 2021 年 3 月）
主　任:吴才敏（至 2021 年 3 月）
杭州市拱墅区人大常委会（2021 年 3 月始）
主　任:(空缺)（2021 年 3—5 月）
　　　吴才敏（2021 年 5 月始）
拱墅区人民政府
区　长:章　燕（女）（至 2021 年 3 月）
　　　(空缺)（2021 年 3—5 月）
　　　冯　晶（2021 年 5 月始）
政协杭州市拱墅区第五届委员会（至 2021 年 3 月）
主　席:周志辉（至 2021 年 3 月）
政协杭州市拱墅区委员会（2021 年 3 月始）
主　席:(空缺)（2021 年 3—5 月）
　　　杨国琴（女）（2021 年 5 月始）
中共杭州市拱墅区纪律检查委员会
书　记:熊　雄
拱墅区人民法院
院　长:王美芳（女）（至 2021 年 3 月）
　　　(空缺)（2021 年 3—5 月）
　　　陈奇策（2021 年 5 月始）
拱墅区人民检察院
检察长:罗有顺（至 2021 年 3 月）
　　　(空缺)（2021 年 3—5 月）
　　　王晓光（2021 年 5—12 月）
代检察长:冯晓音（女）（2021 年 12 月始）

中共杭州市西湖区第九届委员会（至 2021 年 12 月）
书　记:高国飞（至 2021 年 12 月）
中共杭州市西湖区第十届委员会（2021 年 12 月始）
书　记:高国飞（2021 年 12 月始）
杭州市西湖区第十五届人大常委会
主　任:施迎利（女）（至 2021 年 2 月）
　　　叶伟平（2021 年 2 月始）
西湖区人民政府
区　长:董毓民
政协杭州市西湖区第五届委员会
主　席:叶伟平（至 2021 年 2 月）
　　　叶　泽（2021 年 2 月始）
中共杭州市西湖区纪律检查委员会
书　记:柴国庆（至 2021 年 11 月）

黄光荣（2021 年 11 月始）
西湖区人民法院
代院长:叶　青（女）（至 2021 年 2 月）
院　长:叶　青（女）（2021 年 2—12 月）
代院长:毛志军（2021 年 12 月始）
西湖区人民检察院
检察长:陈平祥（至 2021 年 12 月）
代检察长:王晓光（2021 年 12 月始）

中共杭州市滨江区第五届委员会（至 2021 年 12 月）
书　记:王　敏（至 2021 年 11 月）
章登峰（2021 年 11—12 月）
中共杭州市滨江区第六届委员会（2021 年 12 月始）
书　记:章登峰（2021 年 12 月始）
杭州市滨江区第五届人大常委会
主　任:韩建中
滨江区人民政府
区　长:李志龙（至 2021 年 11 月）
代区长:郑　迪（2021 年 11 月始）
政协杭州市滨江区第二届委员会
主　席:王国珍（女）
中共杭州市滨江区纪律检查委员会
书　记:黄利文（至 2021 年 11 月）
商丽萍（女）（2021 年 11 月始）
滨江区人民法院
院　长:池海江（至 2021 年 11 月）
代院长:赵　平（2021 年 11 月始）
滨江区人民检察院
检察长:夏　涛

中共杭州市萧山区第十五届委员会（至 2021 年 12 月）
书　记:佟桂莉（女）（至 2021 年 11 月）
王　敏（2021 年 11—12 月）
中共杭州市萧山区第十六届委员会（2021 年 12 月始）
书　记:王　敏（2021 年 12 月始）
杭州市萧山区第十六届人大常委会
主　任:裘　超（女）
萧山区人民政府
区　长:章登峰（至 2021 年 11 月）
代区长:姜永柱（2021 年 11 月始）
政协杭州市萧山区第十四届委员会
主　席:洪松法
中共杭州市萧山区纪律检查委员会
书　记:蒋金娥（女）（至 2021 年 11 月）
周萍英（女）（2021 年 11 月始）
萧山区人民法院
代院长:何　敏（至 2021 年 2 月）
院　长:何　敏（2021 年 2 月始）
萧山区人民检察院
检察长:王玉珹

中共杭州市余杭区第十四届委员会（至 2021 年 6 月）
书　记:张振丰（至 2021 年 6 月）
中共杭州市余杭区第十五届委员会（2021 年 6 月始）
书　记:张振丰（2021 年 6—11 月）
刘　颖（2021 年 11 月始）
杭州市余杭区第十五届人大常委会（至 2021 年 7 月）
主　任:阮文静（女）（至 2021 年 7 月）
杭州市余杭区第十六届人大常委会（2021 年 7 月始）
主　任:阮文静（女）（2021 年 7 月始）
余杭区人民政府
区　长:陈如根（至 2021 年 3 月）
（空缺）（2021 年 3—7 月）
金承涛（2021 年 7—11 月）
代区长:王　垒（2021 年 11 月始）
政协杭州市余杭区第十一届委员会（至 2021 年 7 月）
主　席:沈　昱（至 2021 年 7 月）
政协杭州市余杭区第十二届委员会（2021 年 7 月始）
主　席:沈　昱（2021 年 7 月始）
中共杭州市余杭区纪律检查委员会
书　记:邵伟斌（至 2021 年 11 月）
唐小辉（2021 年 11 月始）
余杭区人民法院
院　长:罗　鑫（至 2021 年 7 月）
王文柱（2021 年 7 月始）
余杭区人民检察院
检察长:陈　娟（女）（至 2021 年 11 月）
代检察长:鲍　键（2021 年 11 月始）

中共杭州市临平区委员会（2021 年 3—6 月）
书　记:陈如根（2021 年 3—6 月）
中共杭州市临平区第一届委员会（2021 年 6 月始）
书　记:陈如根（2021 年 6 月始）
杭州市临平区第一届人大常委会（2021 年 7 月始）
主　任:陈　晨（2021 年 7 月始）
临平区人民政府（2021 年 7 月始）
区　长:施华淼（2021 年 7 月始）
政协杭州市临平区第一届委员会（2021 年 7 月始）
主　席:张俊杰（2021 年 7 月始）
中共杭州市临平区纪律检查委员会（2021 年 3 月始）
书　记:张启成（2021 年 3 月始）
临平区人民法院（2021 年 7 月始）
院　长:刘　波（2021 年 7 月始）
临平区人民检察院（2021 年 7 月始）
检察长:高　翔（2021 年 7 月始）

中共杭州市钱塘区委员会（2021 年 3—6 月）
书　记:柯吉欣（2021 年 3—6 月）
中共杭州市钱塘区第一届委员会（2021 年 6 月始）
书　记:柯吉欣（2021 年 6—11 月）
金承涛（2021 年 11 月始）
杭州市钱塘区第一届人大常委会（2021 年 7 月始）
主　任:周志辉（2021 年 7 月始）

钱塘区人民政府（2021年7月始）
区　长:朱党其（2021年7—11月）
代区长:沈燕俊（2021年11月始）
政协杭州市钱塘区第一届委员会（2021年7月始）
主　席:金志强（2021年7月始）
中共杭州市钱塘区纪律检查委员会（2021年3月始）
书　记:张　刚（2021年3—10月）
（空缺）（2021年10—11月）
朱春根（2021年11月始）
钱塘区人民法院（2021年7月始）
院　长:余　晟（女）（2021年7月始）
钱塘区人民检察院（2021年7月始）
检察长:钱　铖（2021年7月始）

中共杭州市富阳区第一届委员会（至2021年12月）
书　记:吴玉凤（女）（至2021年12月）
中共杭州市富阳区第二届委员会（2021年12月始）
书　记:吴玉凤（女）（2021年12月始）
杭州市富阳区第十六届人大常委会
主　任:汤金华
富阳区人民政府
代区长:王　垈（2021年1—2月）
区　长:王　垈（2021年2—11月）
代区长:马利阳（2021年11月始）
政协杭州市富阳区第九届委员会
主　席:陆洪勤
中共杭州市富阳区纪律检查委员会
书　记:胡志明（至2021年11月）
沈阳红（女）（2021年11月始）
富阳区人民法院
院　长:赵　平（至2021年12月）
代院长:余文玲（女）（2021年12月始）
富阳区人民检察院
检察长:任　平（至2021年12月）
代检察长:桑　涛（2021年12月始）

中共杭州市临安区委员会（至2021年12月）
书　记:卢春强（至2021年1月）
童定干（2021年1—11月）
杨国正（2021年11—12月）
中共杭州市临安区第一届委员会（2021年12月始）
书　记:杨国正（2021年12月始）
杭州市临安区第十六届人大常委会
主　任:李文钢（至2021年2月）
（空缺）（2021年2—3月）
杨泽伟（2021年3月始）
杭州市临安区人民政府
代区长:杨国正（2021年1—3月）
区　长:杨国正（2021年3—12月）
代区长:杨泽伟（2021年12月始）
政协杭州市临安区第九届委员会
主　席:张金良
中共杭州市临安区纪律检查委员会
书　记:杨富强（至2021年11月）
斯晓健（2021年11月始）
杭州市临安区人民法院
院　长:王文柱（至2021年7月）
代院长:夏　强（2021年7月始）
杭州市临安区人民检察院
检察长:沈亚平（女）（至2021年9月）
代检察长:李　军（2021年9月始）

中共桐庐县第十四届委员会（至2021年12月）
书　记:方　毅（至2021年8月）
夏积亮（2021年8—12月）
中共桐庐县第十五届委员会（2021年12月始）
书　记:夏积亮（2021年12月始）
桐庐县第十六届人大常委会
主　任:华　健
桐庐县人民政府
县　长:齐　力（至2021年2月）
丁熠锋（2021年2—11月）
代县长:张蕙娜（女）（2021年11月始）
政协桐庐县第九届委员会
主　席:王金才
中共桐庐县纪律检查委员会
书　记:张启成（至2021年3月）
丁　干（2021年3月始）
桐庐县人民法院
代院长:朱晓燕（女）（至2021年2月）
院　长:朱晓燕（女）（2021年2月始）
桐庐县人民检察院
检察长:冯晓音（女）（至2021年12月）
代检察长:祝红雨（2021年12月始）

中共淳安县第十四届委员会（至2021年12月）
书　记:黄海峰（至2021年11月）
杨建根（2021年11—12月）
中共淳安县第十五届委员会（2021年12月始）
书　记:杨建根（2021年12月始）
淳安县第十六届人大常委会
主　任:董文吉
淳安县人民政府
县　长:张鸿斌
政协淳安县第九届委员会
主　席:刘小松（至2021年2月）
郑志光（2021年2月始）
中共淳安县纪律检查委员会
书　记:徐恒辉（至2021年11月）
沈国红（2021年11月始）
淳安县人民法院
代院长:张　波（至2021年2月）
院　长:张　波（2021年2月始）
淳安县人民检察院

检察长:杨 勇(至2021年11月)
代检察长:许哲丰(2021年11月始)

中共建德市第十四届委员会(至2021年12月)
书 记:童定干(至2021年1月)
朱 欢(2021年1—11月)
富永伟(2021年11—12月)
中共建德市第十五届委员会(2021年12月始)
书 记:富永伟(2021年12月始)
建德市第十六届人大常委会
主 任:叶万生
建德市人民政府
市 长:朱 欢(至2021年2月)
富永伟(2021年2—11月)
代市长:王新锋(2021年11月始)
政协建德市第十四届委员会
主 席:吴铁民
中共建德市纪律检查委员会
书 记:周萍英(女)(至2021年11月)
徐军飞(2021年11月始)
建德市人民法院
院 长:毛志军(至2021年11月)
代院长:戴朝阳(2021年11月始)
建德市人民检察院
检察长:高 翔(至2021年4月)
代检察长:邱生权(2021年4月始)

(市委组织部)

2021年杭州市国民经济和社会发展统计公报

2021年,杭州坚持以习近平新时代中国特色社会主义思想为指导,深入贯彻党的十九大和十九届历次全会精神,坚持稳中求进工作总基调,立足新发展阶段,践行新发展理念,构建新发展格局,科学统筹疫情防控和经济社会发展,扎实推进浙江高质量发展建设共同富裕示范区城市范例建设,全市经济社会在逆境中促发展,于变局中开新局,"十四五"新征程迈出坚实步伐。

一、综合

(一)经济增长。

初步核算,2021年杭州实现地区生产总值18109亿元,比上年增长8.5%,两年平均增长6.2%。分产业看,第一、二、三产业增加值分别为333亿元、5489亿元和12287亿元,比上年增长1.8%、8.6%和8.7%,两年平均增长0.6%、5.4%和6.8%。三次产业增加值结构为1.8 : 30.3 : 67.9。人均地区生产总值为149857元(按年平均汇率折算为2.3万美元),增长5.8%。经最终核实,2020年杭州GDP修订为16207亿元,比上年增长3.9%,三次产业增加值结构为2.0 : 29.8 : 68.2。

数字经济保持引领。全年以新产业、新业态、新模式为主要特征的"三新"经济增加值占GDP的36.2%。数字经济核心产业增加值4905亿元,增长11.5%,高于GDP增速3.0个百分点,占GDP的27.1%,其中人工智能产业、集成电路产业、电子信息产品制造产业增加值分别增长26.9%、21.9%和16.2%。规模以上数字经济核心产业制造业增加值同比增长16.4%,高于规模以上工业增速5.8个百分点。

民营经济活力持续增强。全年民营经济增加值占GDP的比重预计为61.3%,比上年提高0.1个百分点。民间投资占固定资产投资总额的49.6%。民营企业货物出口3282亿元,增长26.9%,占出口总额的70.6%。年末,全市私营企业74.3万户,个体工商户71.2万户,分别比上年末增长9.5%和8.1%。

2017—2021年地区生产总值及增速

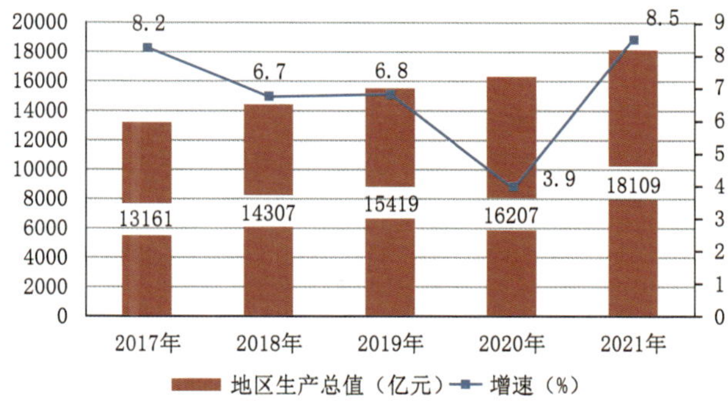

(二)发展质效。

全年财政总收入4561.7亿元,增长18.4%;一般公共预算收入2386.6亿元,增长14.0%,其中税收收入2233.6亿元,增长12.9%,占一般公共预算收入的93.6%。一般公共预算支出2392.0亿元,增长15.6%,其中民生支出1839.7亿元,占一般公共预算支出的76.9%。

2017—2021年一般公共预算收入及增速

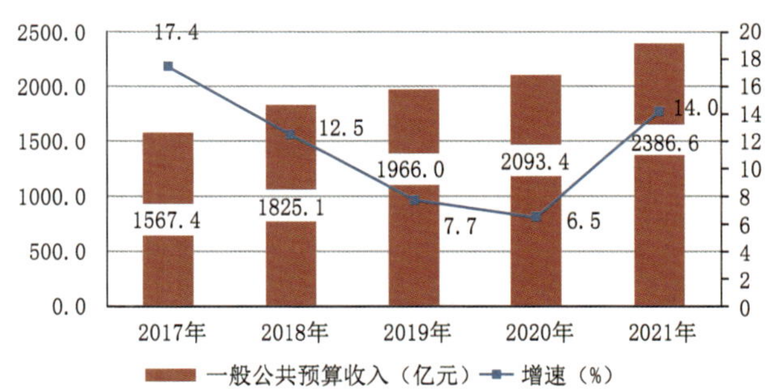

全年规模以上工业全员劳动生产率37.7万元/人,比上年提高11.0%;实现利润总额1515亿元,增长13.5%;营业收入利润率7.4%。规模以上服务业企业实现营业收入18163亿元,增长18.9%,其中信息传输、软件和信息技术服务业营业收入11070亿元,占规模以上服务业的60.9%。

(三)市场价格。

全年居民消费价格比上年上涨1.3%,其中食品烟酒类价格下降0.5%,消费品价格上涨1.1%,服务价格上涨1.5%。商品零售价格上涨1.6%。工业生产者出厂价格上涨4.9%,工业生产者购进价格上涨13.0%。

居民消费价格涨跌幅度（%）

项　目	2020年	2021年
居民消费价格	2.1	1.3
其中：食品烟酒	6.9	-0.5
其中：食品	8.9	-1.9
其中：粮食	1.7	-1.9
鲜菜	2.0	-1.3
畜肉类	36.7	-17.6
衣着	0.1	1.2
居住	-0.3	1.1
生活用品及服务	3.1	1.0
交通和通信	-3.4	4.4
教育文化和娱乐	1.7	3.6
医疗保健	3.1	0.0
其他用品和服务	3.8	-2.3

（四）人口就业。

年末全市常住人口1220.4万人，比上年末增加23.9万人，其中城镇人口1020.3万人，占常住人口的83.6%，比上年末提高0.3个百分点；人口出生率为7.6‰，自然增长率为2.9‰。全市户籍人口834.5万人。年末就业人员760万人，比上年增长1.5%，占常住人口的62.2%。

二、农业和农村

全年农林牧渔业增加值342亿元，增长2.0%，两年平均增长0.8%。

全年粮食总产量53万吨，增长4.2%；蔬菜及食用菌产量344.3万吨，下降0.97%；水果产量82.3万吨，下降0.9%；水产品产量20.0万吨，增长3.7%；肉类总产量11.53万吨，增长4.9%，其中猪肉产量9.1万吨，增长13.7%。市级"菜篮子"基地569个，其中新建6个。新启动5个省级重点历史文化村、15个美丽乡村精品村。农家乐（民宿）接待游客8426万人次，实现经营收入83.3亿元。农村电商销售额186亿元，增长12.7%。低收入农户人均可支配收入20131元，比上年增长14.0%。

三、工业和建筑业

全年工业增加值4805亿元，增长9.0%，两年平均增长5.7%，其中规模以上工业增加值4021亿元，增长10.6%，两年平均增长7.1%。高新技术产业、战略性新兴产业、装备制造业增加值分别增长13.1%、17.6%和14.8%。17个传统制造业增加值增长7.1%。规模以上工业总产值17746亿元，增长15.3%，其中，出口交货值2387亿元，增长25.6%。新产品产值率39.9%，工业产品产销率为98.6%。新能源汽车、工业机器人、工业仪表新产品产量分别增长149.5%、54.1%和51.3%。

全年建筑业增加值685亿元，增长5.7%，占GDP的比重为3.8%。

四、交通运输和邮电业

全年交通运输、仓储和邮政业增加值449亿元，增长13.4%，两年平均增长4.8%。

2017—2021年规模以上工业增加值及增速

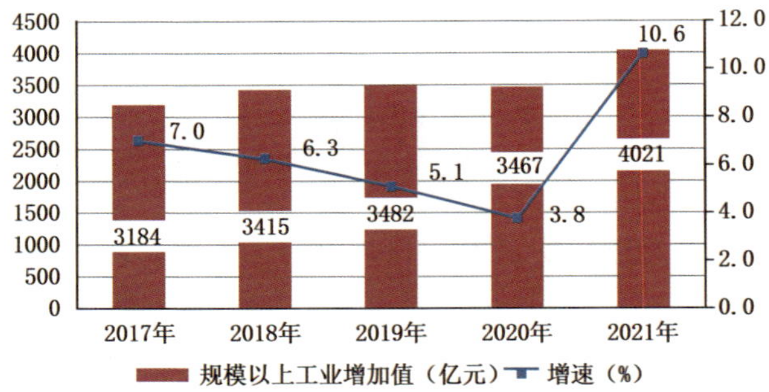

全年货运量4.7亿吨，增长12.0%。客运量1.4亿人次，增长13.5%。至年末萧山国际机场开通航线268条，其中国际航线30条，港澳台航线2条。航空客运吞吐量2816万人次，下降0.2%；货物吞吐量91.4万吨，增长14.0%。地铁客运量9.0亿人次，增长54.2%。

2021年各种运输方式完成货运量和客运量

指标	绝对数	比上年增长（%）
全社会货运量（万吨）	46997	12.0
铁路（万吨）	498	-13.9
公路（万吨）	38804	11.4
水路（万吨）	7645	17.9
航空（万吨）	50	9.4
全社会客运量（万人次）	13823	13.5
铁路（万人次）	6914	17.3
公路（万人次）	5042	11.2
水路（万人次）	436	28.6
航空（万人次）	1432	1.3

年末社会机动车保有量376.6万辆，增长20.7%。非营运汽车保有量348.61万辆，其中私人汽车296.58万辆。

全年邮政企业和规模以上快递服务企业实现业务收入507.1亿元，增长12.7%，其中快递业务收入416.3亿元，增长13.4%。年末固定电话用户194.9万户，移动电话用户1833.0万户，固定互联网宽带接入用户579.4万户。

五、金融业

全年金融业增加值2189亿元，增长6.4%，两年平均增长7.5%。

年末金融机构本外币存款余额61044.3亿元，增长12.5%；贷款余额56274.8亿元，增长13.0%。

年末上市公司262家，其中境内上市201家；全年新增上市公司52家，IPO融资503.2亿元。年末主板上市公司121家，创业板上市公司58家。

全年保费收入969.0亿元，增长3.7%，其中财产险保费收入259.1亿元；人身险保费收入709.9亿元。支付各类保险赔款316.0亿元，增长20.9%，其中财产险赔付162.9亿元；人身险赔付153.1亿元。

2021年末金融机构本外币存贷款余额及增速

指标	年末数(亿元)	比上年末增长(%)
各项存款余额	61044.3	12.5
其中：住户存款	15818.4	9.9
非金融企业存款	27221.7	9.2
各项贷款余额	56274.8	13.0
其中：住户贷款	22648.1	10.9
企(事)业单位贷款	33237.5	14.5
其中：短期贷款	9400.2	4.3
中长期贷款	20497.0	19.2
票据融资	2535.4	37.1

六、固定资产投资和房地产业

（一）固定资产投资。

全年固定资产投资增长9.0%，两年平均增长7.9%。从产业投向看，第二产业投资增长15.3%，两年平均增长10.7%，其中工业投资增长15.2%，两年平均增长11.0%；第三产业投资增长8.3%，两年平均增长7.5%。

基础设施投资增长8.2%，交通投资增长13.0%，两年平均分别增长7.9%和9.8%。

（二）房地产业。

全年房地产业增加值1381亿元，增长13.8%，两年平均增长7.8%。

全年房地产开发投资增长1.5%，两年平均增长3.4%，其中住宅投资增长3.8%。年末房屋施工面积13291万平方米，下降0.1%；新开工面积2447万平方米，下降30.9%；竣工面积1733万平方米，下降3.7%。商品房销售面积2236万平方米，增长31.6%，两年平均增长21.6%；商品房销售额6589亿元，增长43.4%，两年平均增长29.6%。

2021年房地产开发和销售主要指标

指标	实绩数	比上年增长(%)
房地产开发施工面积（万平方米）	13291	-0.1
其中：住宅（万平方米）	6811	-2.1
房地产开发竣工面积（万平方米）	1733	-3.7
其中：住宅（万平方米）	897	-3.9
商品房销售面积（万平方米）	2236	31.6
其中：住宅（万平方米）	1954	32.8

七、国内贸易

全年批发和零售业增加值1432亿元，增长8.6%，两年平均增长5.4%；住宿和餐饮业增加值220亿元，增长9.7%，两年平均下降6.2%。

全年社会消费品零售总额6744亿元，增长11.4%，两年平均增长3.7%。按消费类型统计，商品零售5577亿元，增长10.2%，两年平均增长3.7%；餐饮收入1167亿元，增长17.2%，两年平均增长3.6%。在限额以上批零企业商品零售额中，石油及制品、化妆品和日用品零售额分别增长33.6%、29.7%和19.2%；新能源汽车、智能手机和可穿戴智能设备等数字商品零售额分别增长167.0%、45.0%和36.1%。限额以上批零单位通过公共网络实现的商品零售额增长32.1%。

全年各类商品市场613个，全年交易额3347亿元。

八、对外经济

（一）对外贸易。

全年货物进出口总额7369亿元，增长23.7%，两年平均增长14.5%，其中出口4647亿元，增长25.9%，进口2722亿元，增长20.0%。高新技术产品出口907亿元，增长40.4%。对"一带一路"沿线国家出口1496亿元，占出口总额32.2%。对美国、欧盟、日本、韩国出口分别增长18.5%、29.7%、3.4%和23.9%。服务贸易出口152.5亿美元，增长10.2%。

全年跨境电商进出口总额171.4亿美元，增长9.4%，其中出口131.3亿美元，增长20.0%。

2017—2021年货物进出口总额及增速

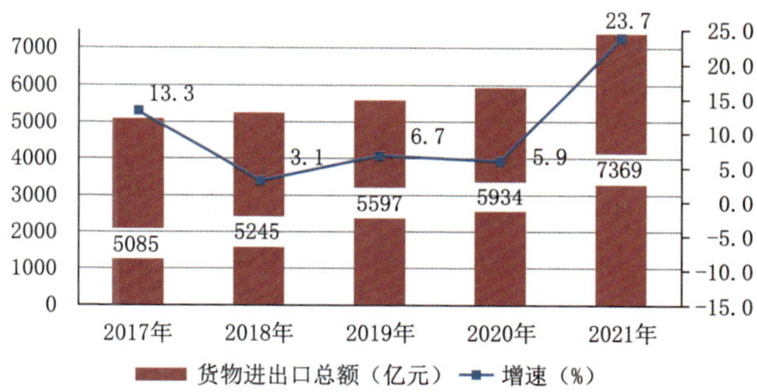

（二）利用外资。

全年新引进外商投资项目989个，其中总投资3000万美元以上项目110个，1亿美元以上项目46个。实际利用外资81.7亿美元，增长13.5%，其中第二产业实际利用外资15.4亿美元，下降33.8%，第三产业实际利用外资66.3亿美元，增长36.0%。至年末，128家世界500强企业来杭投资225个项目。

（三）对外合作。

年末全市设立各类境外投资企业（机构）2701个，增长10.5%。国际经济合作完成营业额27.2亿美元，增长45.8%。全年境外总投资80.5亿美元，增长26.6%，其中中方投资31.9亿美元。离岸服务外包合同执行额83.0亿美元，增长6.8%。

九、人民生活和社会保障

（一）人民生活。

全年全市居民人均可支配收入67709元，增长9.4%，扣除价格因素实际增长8.0%。按常住地分，城乡居民人均可支配收入分别为74700元和42692元，增长8.8%和10.3%，扣除价格因素实际增长7.4%和8.9%。城乡居民人均可支配收入比值为1.75，比上年缩小0.02。

全市居民人均消费支出44609元，增长16.7%。按常住地分，城乡居民人均消费支出分别为48629元和30224元，增长16.0%和17.8%，扣除价格因素增长14.5%和16.3%。

2021年全市居民人均收支主要指标

指标名称	全体居民		城镇居民		农村居民	
	绝对数（元）	增速（%）	绝对数（元）	增速（%）	绝对数（元）	增速（%）
人均可支配收入	67709	9.4	74700	8.8	42692	10.3
（一）工资性收入	39396	9.4	43245	8.9	25626	9.7
（二）经营净收入	7016	8.8	6099	8.1	10297	12.0
（三）财产净收入	9144	11.0	11198	10.0	1792	13.0
（四）转移净收入	12153	8.7	14158	7.9	4977	9.2
人均消费支出	44609	16.7	48629	16.0	30224	17.8

年末城镇居民人均住房建筑面积40.2平方米，每百户居民家庭拥有家用汽车68.1辆、家用电脑94.2台、空调258.0台，分别增长4.3%、4.0%和2.3%。农村居民人均住房建筑面积77.1平方米，每百户居民家庭拥有家用汽车57.2辆、空调216.3台，分别增长4.2%和2.2%，家用电脑61.0台，下降0.5%。

（二）社会保障。

年末职工基本养老保险参保人数、城镇职工基本医疗保险参保人数分别为799.6万人和760.5万人，增长6.4%和6.6%；年末失业保险、职工工伤保险参保人数分别为563.5万人和707.4万人，增长7.6%和11.7%。城乡低保同标，最低生活保障标准平均每人每月1102元。市区职工最低工资标准调整至每人每月2280元。年末全市最低生活保障对象9.3万人，全年发放困难家庭救助金10.65亿元。

社会保障相关待遇标准

	2020年	2021年
失业保险金最低标准（市区城镇居民）	1608元/月	1824元/月
城乡最低生活保障标准（市区）	1102元/月	1102元/月
城乡最低生活保障标准（桐庐、建德）	882元/月	1102元/月
城乡最低生活保障标准（淳安）	955元/月	1102元/月
职工最低工资标准（市区）	2010元/月	2280元/月

（三）社会福利。

年末全市拥有城乡社区居家养老服务照料中心3154个。拥有各类福利院、养老机构252所，床位4.1万张，收养人员3.5万人。儿童福利机构8个，床位1040张。

全年发行各类福利彩票23.0亿元，下降6.8%。

十、科学技术和教育

（一）科学技术。

全年研究与试验发展（R&D）经费支出与生产总值之比为3.68%。财政一般公共预算支出中科技支出179.7亿元，占一般公共预算支出的7.5%。

全年专利授权量12.3万件，增长13.6%，其中发明专利授权量2.3万件，增长32.4%。累计拥有市级以上企业技术中心862家，其中国家级48家；国家技术创新示范企业12家，省级技术创新示范企业11家。科技企业孵化器260家，其中国家级57家，省级117家。众创空间192家，其中国家级91家，省级160家。全年共签订技术合同总量2.2万项，技术合同成交额875.2亿元。

（二）教育。

年末全市拥有普通高等学校40所，在校学生58.5万人，增加3.4万人，其中研究生9.8万人，高等教育毛入学率70.7%；普通高中95所，在校学生13.1万人，增加0.6万人；职高和中等专业学校38所，在校学生6.6万人，增加0.2万人；初中296所，在校学生26.4万人，增加1.4万人，初中毕业生升入各类高中比例为99.79%；小学493所，在校学生68.1万人，增加3.6万人；幼儿园1073所，在园幼儿38.5万人，增加1.0万人，学前三年幼儿入园率为99.25%。流动人口随迁子女在本市义务教育学校就读29.0万人。各级各类中外合作办学项目71个，其中市属高校项目8个，高中段学校项目7个。

十一、文化旅游、卫生健康和体育

（一）文化旅游。

全年文化产业增加值2586亿元，增长8.7%，两年平均增长8.4%。年末全市文化馆（含省）14个，公共图书馆（含省）14个，剧场（含省）11个，音乐厅（含省）12个，博物馆86个，全国重点文物保护单位48处。人类非物质文化遗产代表作名录4项，国家级非物质文化遗产代表性项目名录48项。全年制作电视剧4部142集。年末有线电视注册用户312.4万户。

全年旅游休闲产业增加值1068亿元，增长4.5%，两年平均下降6.5%。旅游总收入1524.2亿元，增长6.9%；旅游总人数8951.8万人次，增长5.0%，其中接待入境过夜游客18.2万人次，增长26.4%。年末各类旅行社959家。星级宾馆105家，其中五星级22家。A级景区111个，其中5A级3个。

（二）卫生健康。

全年健康产业增加值1332亿元，增长8.2%，两年平均增长8.2%。年末拥有各类医疗卫生机构5633个，其中医院370个。各类专业卫生技术人员14.2万人，其中执业（助理）医师5.5万人，注册护士6.3万人。拥有床位9.1万张，其中医院床位8.5万张。全市医疗机构完成诊疗人数14208万人次。

（三）体育。

全年运动员获得全国性奖牌138枚，其中金牌53.5枚，银牌51.5枚。国家级体育后备人才基地4个，省级体育后备人才基地9个，省体育传统项目学校阳光后备人才基地5个。

全年销售体育彩票38.35亿元，增长30.1%。

十二、城市建设

全年境内公路总里程达到16919千米，其中高速公路801千米。年末主城区公共交通运营线路388条，其中新辟线路28条，优化线路35条。加快推进地铁建设，建成地铁3号线首通段、地铁4号线二期，开通地铁8号线一期、7号线过江段、9号线北段、6号线二期等线路。

全市用电量910亿千瓦时，增长12.7%，其中三次产业用电752亿千瓦时，增长13.2%；城乡居民生活用电158亿千瓦时，增长10.0%。

全市新建成停车泊位13.2万个，其中公共泊位1.2万个。

十三、环境保护和安全生产

全年市区年平均气温18.8℃，总降水量1952.1毫米。

全年市区空气优良天数321天，优良率87.9%。市区细颗粒物（PM2.5）平均浓度28.2微克/立方米。二氧化氮年均浓度值34微克/立方米，二氧化硫年均浓度值6微克/立方米。市控以上断面Ⅰ～Ⅲ类水质比例为100%，市县级以上集中式饮用水水源地水质达标率100%。累计建成国家生态文明建设示范市（区、县）5个。森林覆盖率66.85%。

全年规模以上工业企业能源消费量同比增长3.4%，单位增加值能耗下降6.6%，下降率比上年扩大1个百分点，其中千吨以上企业能源消费量增长0.2%，单位增加值能耗下降8.6%。

全年共发生各类生产安全事故162起、死亡130人，分别下降5.3%和4.4%。

公报注释：

1.本公报所列各项数据为年度初步数据。部分数据因四舍五入原因，存在分项与合计不等的情况。

2.全市地区生产总值和各产业增加值绝对数按现行价格计算，增长速度按不变价格计算；三次产业划分执行国家统计局2018年修订的《三次产业划分规定（2012）》。

3.规模以上服务业企业：辖区内年营业收入2000万元及以上服务业法人单位。包括：交通运输、仓储和邮政业，信息传输、软件和信息技术服务业，水利、环境和公共设施管理业三个门类和卫生行业大类。辖区内年营业收入1000万元及以上服务业法人单位。包括：租赁和商务服务业，科学研究和技术服务业，教育三个门类，以及物业管理、房地产中介服务、房地产租赁经营和其他房地产业四个行业小类。辖区内年营业收入500万元及以上服务业法人单位。包括：居民服务、修理和其他服务业，文化、体育和娱乐业两个门类，以及社会工作行业大类。

4.2021年开始，浙江省国内旅游接待主要指标按照文化和旅游部制定、国家统计局批准（国统制〔2020〕186号）的《全国文化文物和旅游统计调查制度》中的《地方接待国内游客抽样调查方案》进行总体推算，旅游接待相关数据为预计数。

资料来源：

本公报中社会保障数据来自市人力社保局；私营企业、个体工商户、专利数据来自市市场监管局；财政数据来自市财政局；农业园区、美丽乡村、农家乐（民宿）数据来自市农业农村局；教育数据来自市教育局；货物进出口数据来自钱江海关；低保、社会服务和救助、福利彩票数据来自市民政局；公路里程、公交运营线路数据来自市交通局；航空客运吞吐量、货邮吞吐量、通航线路数据来自萧山机场；地铁运营数据来自市地铁集团；停车泊位数据来自市建委；生态建设、环境监测数据来自市生态环境局；各类事故发生起数、死亡人数来自市应急管理局；实际利用外资数据来自市投资促进局；对外承包工程、服务贸易数据来自市商务局；用电量数据来自国网杭州供电公司；户籍人口、机动车拥有数据来自市公安局；邮政业务数据来自市邮政管理局；货币金融数据来自人民银行杭州中心支行；保险业数据来自中国保监会浙江监管局；博物馆、纪念馆数据来自市园林文物局；科技创新、高新技术企业、研发中心、众创空间数据来自市科技局；旅游、艺术表演团体、公共图书馆、文化馆数据来自市文化广电旅游局；电影、动画片数据来自市委宣传部；上市公司数据来自市地方金融监管局；卫生数据来自市卫生健康委员会；医疗保险数据来自市医疗保障局；体育数据来自市体育局；森林覆盖率数据来自市林业水利局；固定电话用户、移动电话用户和（固定）互联网宽带接入用户、企业技术中心、技术创新示范数据来自市经济和信息化局；气象数据来自市气象局；价格、城乡居民收支、人均住房面积、百户居民耐用品数据来自国家统计局杭州调查队；其他数据均来自市统计局。

（市统计局）

统计表

杭州市土地面积、年末户数和人口数、人口变动情况表
（2021年）

表56

指 标	计量单位	全 市	为上年（%）	市 区	为上年（%）
一、土地面积	平方千米	16850	100	8289	100
二、年末总户数（户籍）	万户	261.95	102.8	214.44	103.4
三、年末总人口数（户籍）	万人	834.54	102.5	696.59	103.2
按性别分					
男性	万人	412.25	102.4	342.89	103.0
女性	万人	422.30	102.7	353.7	103.3
按城镇、乡村分					
城镇人口	万人	593.36	104.4	541.52	104.7
乡村人口	万人	241.18	98.2	155.07	98.0
四、人口密度（按户籍）	人/平方千米	495	102.5	840	103.2
五、人口自然变动情况					
自然增长人口	人	23994	64.4	25213	70.7
本年出生人数	人	71606	89.7	62554	91.1
本年死亡人数	人	47612	111.9	37341	113.1
自然增长率					
本年	‰	2.91	—	3.68	—
上年	‰	4.63	—	5.35	—
六、人口机械变动情况					
（一）本年迁入人口合计	人	219178	123.0	213914	123.2
省内	人	88527	123.4	86728	123.6
省外	人	130651	122.7	127186	122.8
（二）本年迁出人口合计	人	35492	115.8	25692	118.9
省内	人	15827	113.9	7444	113.3
省外	人	19665	117.4	18248	121.3
（三）本年净迁入人口	人	183686	124.5	188222	123.8
七、年末常住人口	万人	1220.4	102.0	1097.7	102.2

杭州市国民经济主要指标情况表（一）

表 57

指 标	计量单位	2016 年	2017 年	2018 年	2019 年	2020 年	2021 年
年末总人口（户籍）	万人	736.00	753.88	774.10	795.37	813.83	834.54
城镇人口（户籍）	万人	463.86	482.55	515.04	535.96	568.23	593.36
人口自然增长率	‰	7.58	6.19	6.31	6.97	4.63	2.91
市区	‰	8.89	6.85	7.02	7.82	5.35	3.68
年末从业人数	万人	676.95	681.06	696.10	720.00	748.39	759.68
地区生产总值（当年价格）	亿元	11709.45	13160.72	14306.72	15418.80	16206.82	18109.42
第一产业	亿元	293.63	299.96	305.56	325.72	329.56	333.49
第二产业	亿元	4226.87	4453.44	4694.06	4838.08	4823.04	5488.62
第三产业	亿元	7188.96	8407.32	9307.10	10255.00	11054.22	12287.31
地区生产总值指数（上年 =100）	—	109.7	108.2	106.7	106.8	103.9	108.5
人均生产总值（按户籍）	元	160453	176668	187263	196483	201426	219725
人均生产总值指数（上年 =100）	—	108.2	106.0	104.1	103.9	100.0	105.9
规模以上工业企业利税总额	亿元	1655.64	1772.81	1800.26	1854.99	2006.46	2286.68
全社会交通运输客运量	万人次	20541	22289	20121	20888	12183	13823
全社会交通运输货运量	万吨	30170	34785	35180	36384	41944	46997
固定资产投资	亿元	5842.42	5856.65	—	—	—	—
社会消费品零售总额	亿元	4810.95	5300.52	5768.67	6273.22	6055.47	6743.52
旅游总人数	万人次	14059	16287	18403	20814	17573	8952
实际利用外资（外商直接投资）	万美元	720915	661001	682658	612818	720184	817116

杭州市国民经济主要指标情况表（二）

表 58

指 标	计量单位	2016 年	2017 年	2018 年	2019 年	2020 年	2021 年
财政总收入	亿元	2558.41	2921.30	3457.46	3650.04	3854.19	4561.72
一般公共预算收入	亿元	1402.38	1567.42	1825.06	1965.97	2093.39	2386.59
金融机构年末存款余额	亿元	33386.04	36483.24	39810.50	45286.99	54246.47	61044.30
金融机构年末贷款余额	亿元	26169.00	29270.94	36598.25	42245.17	49799.28	56274.77
住户存款	亿元	8493.27	8670.60	10198.52	11901.30	14398.12	15818.40
全市非私营单位从业人员工资总额	亿元	2714.60	2 646.72	2864.69	3298.52	3676.74	4241.82
全市非私营单位从业人员平均工资	元	85022	93 891	103798	117339	128308	146701
市区居民消费价格指数（上年 =100）	—	102.6	102.5	102.3	103.1	102.1	101.3
市区商品零售价格指数（上年 =100）	—	101.5	101.0	102.0	103.1	100.9	101.6
城镇居民人均可支配收入	元	52185	56276	61172	66068	68666	74700
农村居民人均可支配收入	元	27908	30397	33193	36255	38700	42692
高等学校在校学生数	人	480953	484070	496383	518325	550608	584533
中等专业学校在校学生数	人	4402	4566	4448	4535	4540	4493
普通中学在校学生数	人	326187	337851	349327	362109	373997	394788
小学在校学生数	人	543038	560411	590491	616929	645302	680976
年末卫生机构数	个	4691	4933	5377	5925	5675	5633
医院	个	277	302	316	343	353	370
年末卫生技术人员	人	101194	110395	117425	126995	134258	142341
执业（助理）医师	人	38172	41833	44896	48962	51135	55013
年末床位数	张	69452	75948	81215	85708	90057	90754
医院床位	张	63994	70 187	75186	79957	84251	85475

杭州市历年生产总值及指数情况表

表 59

年 份	地区生产总值(亿元,按当年价格计算)				地区生产总值指数(上年=100)			
	合 计	第一产业	第二产业	第三产业	合 计	第一产业	第二产业	第三产业
1978	28.40	6.34	16.93	5.13	120.2	119.1	123.7	111.6
1995	762.01	69.25	410.00	282.75	119.9	107.1	123.1	117.6
1996	906.61	84.00	477.62	344.99	113.0	105.4	114.5	112.2
1997	1036.33	91.36	541.50	403.47	113.1	106.8	112.8	114.8
1998	1134.89	96.06	587.96	450.88	111.2	109.4	111.8	110.7
1999	1225.28	97.58	630.75	496.95	110.2	105.5	110.1	111.1
2000	1395.67	103.96	717.88	573.83	112.0	105.7	112.5	112.1
2001	1582.94	111.46	803.16	668.32	112.2	107.4	112.7	112.5
2002	1798.96	114.64	912.78	771.53	113.2	104.1	113.3	114.7
2003	2118.71	126.59	1087.74	904.38	115.2	106.0	118.6	112.6
2004	2566.46	132.23	1334.99	1099.24	115.0	105.1	116.7	114.3
2005	2973.74	140.29	1524.25	1309.21	113.1	103.4	111.6	116.5
2006	3483.41	149.88	1763.65	1569.89	114.3	104.1	112.5	117.4
2007	4155.84	162.85	2085.15	1907.84	114.7	102.8	114.4	116.3
2008	4850.59	178.50	2419.08	2253.01	111.0	103.8	108.8	114.0
2009	5181.80	188.45	2404.92	2588.44	110.0	103.1	106.0	114.7
2010	6049.56	205.34	2861.45	2982.77	112.0	102.5	111.2	113.5
2011	7153.03	232.32	3326.34	3594.38	110.1	102.5	108.5	112.2
2012	7968.58	249.44	3553.18	4165.95	109.0	102.5	106.9	111.3
2013	8639.91	254.74	3649.62	4735.54	108.0	101.4	106.7	109.5
2014	9502.21	266.62	3953.53	5282.07	108.2	101.9	107.8	108.8
2015	10495.28	278.98	4133.92	6082.38	110.2	101.8	105.5	114.6
2016	11709.45	293.63	4226.87	7188.96	109.7	101.4	104.5	113.6
2017	13160.72	299.96	4453.44	8407.32	108.2	101.7	104.8	110.6
2018	14306.72	305.56	4694.06	9307.10	106.7	101.8	105.8	107.5
2019	15418.80	325.72	4838.08	10255.00	106.8	101.9	104.7	108.1
2020	16206.82	329.56	4823.04	11054.22	103.9	99.4	102.3	105.0
2021	18109.42	333.49	5488.62	12287.31	108.5	101.8	108.6	108.7

杭州市区和各区县(市)人口情况及主要经济指标情况表

(2021 年)

表 60

指 标	计量单位	全市合计	市 区							桐庐县	淳安县	建德市
				萧山区	余杭区	临平区	钱塘区	富阳区	临安区			
年末总户数(户籍)	万户	261.95	214.44	36.44	21.7	17.4	9.13	22.31	19.11	15.04	14.69	17.77
年末总人口(户籍)	万人	834.54	696.59	124.01	70.14	58.34	33.5	69.49	54.22	41.92	45.28	50.75
人口自然增长率	‰	2.91	3.68	3.64	8.20	6.20	7.83	1.51	−0.51	0.15	−1.64	−1.05
地区生产总值	亿元	18109	17010	2012	2502	940	1218	873	658	414	255	431
社会消费品零售总额	亿元	6744	6369	813	676	349	339	417	213	159	90	126
财政总收入	亿元	4562	4380	565	745	247	241	175	149	68	48	67
一般公共预算支出	亿元	2392	2190	324	334	183	156	118	104	61	77	64
规模以上单位就业人员平均工资	元	118835	121289	93961	157465	90122	106113	84654	86986	77404	73799	75805

杭州市规模以上工业企业单位数、总产值情况表
（2021年）

表61

类　别	全　市		市　区	
	单位数（个）	工业总产值（万元）	单位数（个）	工业总产值（万元）
规模以上工业企业合计	6528	177461811	5653	164637453
一、按轻重工业分				
轻工业企业	2953	56168463	2545	52134466
重工业企业	3575	121293348	3108	112502987
二、按经济类型分				
国有企业	7	263794	5	199356
股份合作企业	6	31569	6	31569
有限责任公司	584	43331996	505	39611167
股份有限公司	250	24355982	231	22980677
私营企业	4938	59004235	4208	52499046
外商及港澳台投资企业	741	50467991	697	49311648
三、按企业规模分				
大型企业	133	55382803	126	53169579
中型企业	578	51222747	528	47900478
小微企业	5817	70856262	4999	63567396

说明：规模以上工业企业口径为企业年主营业务收入2000万元及以上

杭州市规模以上工业企业主要经济指标情况表
（2021年）

表62

项　目	总　计	国有企业	股份合作企业	有限责任公司	股份有限公司	私营企业	外商及中国港澳台投资企业
企业数（个）	6528	7	6	584	250	4938	741
亏损企业数（个）	1198	1	3	127	32	855	180
主营业务收入（万元）	192808294	260886	30410	50559116	26473416	61793363	53685321
销售费用（万元）	8922158	1188	658	892554	1676388	2489834	3860974
管理费用（万元）	6919483	3996	2330	1266921	1012194	2632517	1985800
财务费用（万元）	1201189	121	262	380565	166680	433837	68277
利润总额（万元）	15152179	20033	1517	2601117	3218382	4263909	5014287
利税总额（万元）	22866788	27642	2754	6384226	3806367	6013072	6599883
流动资产合计（万元）	142193252	126255	43735	26235395	30306990	43211625	42039819
固定资产净额（万元）	34522038	456465	3138	13544749	3749409	9826087	6840273
累计折旧（万元）	32727116	507989	4917	11974531	3276319	9001293	7952299

杭州市主要工业产品生产量情况表
（2021年）

表63

产品名称	计量单位	全市		市区	产品名称	计量单位	全市		市区
		数值	为上年（%）				数值	为上年（%）	
发电量	亿千瓦时	187	115.9	149	合成洗涤剂	吨	91301	55.0	68734
水力发电	亿千瓦时	35	82.7	3	化学药品原药（化学原料药）	吨	1534	97.2	1534
垃圾发电	亿千瓦时	20	183.2	20	中成药	吨	7986	105.8	6193
罐头	万吨	3	103.3	3	橡胶轮胎外胎（轮胎外胎）	万条	7026	108.6	6198
乳制品	吨	180534	103.7	180534	水泥	万吨	1752	100.9	846
啤酒	千升	1011563	95.7	735407	钢材	万吨	348	70.0	344
精制茶	吨	20355	90.8	14761	精炼铜（电解铜）	吨	400757	101.9	400757
卷烟	亿支	512	101.2	512	工业锅炉	蒸发量吨	9432	118.3	9432
方便面	吨	249031	104.6	249031	金属切削机床	台	14552	132.7	13837
化学纤维	吨	8483163	96.8	8466234	金属成形机床（锻压设备）	台	7561	138.2	7531
合成纤维	吨	8479283	96.8	8462354	泵（液体泵）	万台	171	117.9	169
纱	万吨	31	94.2	31	滚动轴承（轴承）	万套	16114	130.1	16114
布	万米	193319	101.8	192322	汽车	辆	107951	110.1	107951
印染布	万米	575789	118.1	575789	叉车	台	271698	120.5	271698
蚕丝及交织机织物（含蚕丝≥50%）	万米	1152	109.6	1152	两轮自行车（自行车）	万辆	113.0	103.3	112.6
服装	万件	19992	106.0	18736	交流电动机	万千瓦	416	132.3	416
皮革鞋靴	万双	544	82.8	544	钢绞线	吨	51973	96.1	51973
家具	万件	2063	107.4	1846	通信及电子网络用电缆	万对千米	231	95.1	230
塑料制品	万吨	153	102.1	124	光缆（光纤通信电缆）	万芯千米	3555	131.1	3555
机制纸及纸板	万吨	68	37.2	63	家用电冰箱	万台	73	89.2	73
盐酸（含量31%以上）	吨	103429	122.1	103429	家用洗衣机	万台	264	113.5	264
氢氧化钠（烧碱）（折100%）	吨	246970	104.3	246970	吸排油烟机	万台	381	107.2	381
碳酸钠（纯碱）	吨	275603	93.1	275603	移动通信手持机（手机）	万部	93	6.8	93
合成氨	吨	211995	95.0	211995	电工仪器仪表	万台	4037	114.5	4037
农用氮、磷、钾化学肥料总计（折纯）	吨	607833	130.0	607833	工业自动调节仪表与控制系统	万台	673	120.7	673
化学农药原药（折有效成分100%）	吨	91187	102.4	29029	电光源（灯泡）	亿只	5	89.4	5
涂料（油漆）	吨	564385	165.1	236511	微型计算机设备	万台	165	119.7	165

杭州市规模以上工业三大新兴产业发展情况表

表 64

年 份	高新技术产业		战略性新兴产业		装备制造业	
	增加值（亿元）	为上年（%）	增加值（亿元）	为上年（%）	增加值（亿元）	为上年（%）
2014	1096.6	110.5	813.1	113.0	921.4	109.3
2015	1212.6	109.8	877.3	109.4	1086.1	113.5
2016	1372.9	112.5	812.1	111.6	1249.6	114.6
2017	1605.5	113.6	979.5	115.0	1384.2	111.0
2018	1948.4	110.8	1135.3	113.1	1531.0	109.3
2019	2178.4	108.5	1328.6	113.1	1640.5	107.9
2020	2448.3	108.6	1415.1	108.1	1837.0	111.8
2021	2827.7	113.1	1850.6	117.6	2061.9	114.8

杭州市“1+6”产业集群主要指标情况表

表 65

产业分组	2020 年		2021 年	
	增加值（亿元）	速度（%）	增加值（亿元）	速度（%）
数字经济核心产业	4290	13.3	4905	11.5
文化产业	2285	8.2	2586	8.7
金融产业	2041	10.6	2191	6.4
旅游休闲产业	999	-16.3	1068	4.5
健康产业	1156	8.3	1332	8.2
时尚产业（制造业）	282	16.3	288	9.4
高端装备产业（制造业）	791	14.3	860	11.5

杭州市规模以上服务业企业主要经济指标情况表

表 66

单位：亿元

指 标	2014 年	2015 年	2016 年	2017 年	2018 年	2019 年	2020 年	2021 年
单位数（个）	4393	3238	3486	3744	4145	4303	4660	4652
资产总计	14340	15412	18951	20198	27522	29337	31764	38948
固定资产原价	2716	2847	3129	3657	4319	4915	5564	6530
本年折旧	156	177	207	234	303	396	446	493
负债合计	7181	7463	9134	10063	14317	15205	17059	22274
所有者合计	7160	7949	9816	10135	13235	14132	14704	16674
营业收入	4353	5236	6639	8557	11158	12866	15116	18163
营业成本	2650	3215	4111	5410	7280	8102	9614	12074
营业税金及附加	58	59	47	47	54	61	55	72
销售费用	257	314	341	457	651	724	972	1264
管理费用	621	765	932	1223	1747	2064	2042	2485
财务费用	62	65	43	53	37	58	50	38
营业利润	858	1020	1352	1636	1812	1994	2371	2030
利润总额	934	1110	1443	1689	1853	2073	2451	2081
所得税费用	123	110	174	196	192	240	274	361
应付职工薪酬	588	718	904	1123	1344	1599	1936	2490
应交增值税	107	106	153	194	216	253	305	354
平均用工人数(万人)	60.29	63.22	68.92	76.24	81.15	85.43	96.43	109.83

杭州市农林牧渔业总产值情况表

表 67

指　标	2021 年（亿元）	2020 年（亿元）	为上年（%）
农林牧渔业总产值	501.53	500.65	100.2
农业产值	314.29	296.05	106.2
林业产值	56.81	63.10	90.0
畜牧业产值	53.34	70.87	75.3
渔业产值	54.65	49.99	109.3
农林牧渔专业及辅助性活动	22.45	20.62	108.9

说明：产值为现价增速

杭州市主要农产品产量情况表

表 68

指　标	2021 年（吨）	2020 年（吨）	为上年（%）
一、粮食	529994	508643	104.2
二、油料	67890	72178	94.1
油菜籽	57890	61388	94.3
花生	7771	8482	91.6
芝麻	2212	2238	98.8
三、棉花（皮棉）	216	243	88.9
四、糖类	42315	56704	74.6
五、药材	58692	50481	116.3
六、蔬菜	3443174	3476884	99.0
七、果用瓜	337815	359751	93.9
西瓜	238311	267948	88.9
草莓	50530	45768	110.4

杭州市外商直接投资情况表

表 60

指　标	计量单位	2021 年	2020 年
项目个数	个	989	804
协议总投资额	万美元	1898573	3622167
协议利用外资	万美元	993225	1059312
实际利用外资	万美元	817116	720184

杭州市分经济类型进出口情况表
（2021 年）

表 70

项 目	数值（亿元）	为上年（%）
全市进出口总值（海关口径）	7368.97	123.7
一、出口总额	4647.02	125.9
1. 国有企业	491.55	126.1
2. 三资企业	855.37	122.8
（1）中外合作企业	1.93	103.3
（2）中外合资企业	349.56	113.6
（3）外商独资企业	503.88	130.2
3. 集体企业	165.64	159.2
4. 私营企业	3114.12	125.6
二、进口总额	2721.95	120.0

杭州市环境保护情况表

表 71

指 标	计量单位	2020 年	2021 年
工业废水排放量	万吨	14221.55	13954.42
工业废水中 COD 排放量	吨	6049.79	4715.38
工业废水中氨氮排放量	吨	131.28	81.00
工业二氧化硫产生量	吨	59091.77	47774.19
工业二氧化硫排放量	吨	3973.00	3194.72
工业氮氧化物排放量	吨	16055.79	13955.77
工业烟（粉）产生量	吨	3507799.56	3510607.92
工业烟（粉）尘排放量	吨	10411.02	10768.45
一般工业固体废物综合利用率	%	99.03	99.16
城市污水集中处理率	%	97.06	97.09
城市生活垃圾无害化处理率	%	100	100
市区空气质量优良天数	天	334	321
集中式饮用水源地水质达标率	%	100	100

杭州市区城市公用事业情况表

（2021年）

表72

指　标	计量单位	数　值	指　标	计量单位	数　值
一、城市公共交通			四、城市供气		
年末公交运营线路条数	条	1361	城市液化气供气总量	万吨	13.07
年末公交运营线路总长度	千米	25799	家庭用气总量	万吨	7.23
年末运营公共汽车	辆	10850	人工煤气及天然气		
公交客运总量	万人次	71214	家庭用气总量	万立方米	49511
年末轨道交通运营长度	千米	342	家庭用气户数	万户	270.11
轨道交通客运总量	万人次	89837	全社会气化率	%	100
二、城市供电			五、园林绿化		
全年用电总量	亿千瓦小时	823.03	建成区园林绿地面积	公顷	28979
工业用电	亿千瓦小时	386.93	公园绿地	公顷	11124
生活用电	亿千瓦小时	145.09	建城区绿化覆盖率	%	39.74
三、城市自来水供应			公园景点个数	个	355
供水能力	万吨/日	509	公园景点面积	公顷	3668
供水总量	万吨	125396	六、市政建设		
生产用水	万吨	31884	年末实有道路面积	万平方米	12467
生活用水	万吨	52157	年末实有道路长度	千米	6573
			年末实有桥梁数	座	2829
			年末排水管道长度	千米	11362
			城市污水排放量	万立方米	100593

杭州市固定资产投资总额发展指数情况表

表73　　（上年=100）

年　份	固定资产投资	第一产业	第二产业	第三产业
2015	112.2	165.0	101.8	114.3
2016	105.1	125.1	95.2	107.0
2017	101.4	111.2	100.9	101.5
2018	110.8	28.7	88.1	114.2
2019	111.6	61.3	106.2	112.2
2020	106.8	260.9	106.2	106.8
2021	109.0	149.1	115.3	108.3

杭州市金融机构年末本外币存贷款余额情况表

（2021年年末）

表74 单位:万元

指 标	全 市		市 区					桐庐县	淳安县	建德市
	绝对值	为上年（%）		萧山区	余杭区	富阳区	临安区			
一、各项存款	610442955	112.53	591681266	59196919	48167396	17418176	12533936	7537885	4087811	7135994
（一）境内存款	594000251	112.75	575259759	58879026	48068696	17394714	12529509	7520359	4086621	7133512
1. 住户存款	158184001	109.86	147787064	26172275	19236566	7169472	5250578	4108494	2425125	3863317
（1）活期存款	64488969	107.44	60995482	7448146	6297820	2713355	2046737	1337736	925742	1230009
（2）定期及其他存款	93695032	111.60	86791581	18724128	12938746	4456117	3203841	2770759	1499383	2633308
2. 非金融企业存款	272216778	109.17	266860342	22160423	17575695	7833718	5187389	2354739	907142	2094556
（1）活期存款	98042818	103.39	94863659	8424103	8141170	2850745	2661597	1313721	569456	1295982
（2）定期及其他存款	174173960	112.72	171996683	13736320	9434524	4982973	2525792	1041018	337686	798573
3. 广义政府存款	104722878	116.04	102145876	10170385	9890717	1737879	1941671	1021782	714158	841063
（1）财政性存款	20930910	115.42	20695288	1302112	1290042	371145	97745	103324	39314	92984
（2）机关团体存款	83791968	116.19	81450588	8868273	8600675	1366734	1843927	918457	674844	748079
4. 非银行业金融机构存款	58876594	136.08	58466478	375944	1365718	653645	149871	35344	40196	334576
（二）境外存款	16442704	105.27	16421507	317893	98701	23463	4427	17526	1190	2482
二、各项贷款	562747700	113.00	543499571	58973975	39774467	22424912	12183517	8258577	4146119	6843432
（一）境内贷款	559341676	113.07	540094365	58791048	39773377	22424737	12182889	8258577	4145922	6842812
1. 住户贷款	226481187	110.86	217213512	21098593	16584568	8518450	6304404	3648051	2432838	3186785
（1）短期贷款	74138715	97.89	72112702	3693650	2777473	1362834	1050694	786577	431461	807975
（2）中长期贷款	152342471	118.51	145100810	17404942	13807095	7155616	5253710	2861474	2001377	2378811
2. 非金融企业及机关团体贷款	332375444	114.53	322395808	37524455	23026809	13906287	5878485	4610526	1713083	3656027
（1）短期贷款	94002215	104.30	91216445	14413978	6665498	4302573	1457527	1289439	427480	1068851
（2）中长期贷款	204970148	119.21	197950787	21857824	14613053	9009082	4260657	3287753	1235316	2496292
（3）票据融资	25354009	137.06	25179504	1252353	1748210	594512	160043	33334	50288	90884
（4）融资租赁	7942978	84.12	7942978	—	—	—	—	—	—	—
（5）各项垫款	106094	53.31	106094	300	48	120	258	—	—	—
3. 非银行业金融机构贷款	485044	292.12	485044	168000	162000	—	—	—	—	—
（二）境外贷款	3406024	102.39	3405207	182927	1090	175	628		197	620

杭州市城镇常住居民家庭调查情况表

表75

项 目	计量单位	2015年	2016年	2017年	2018年	2019年	2020年	2021年
调查户数	户	1920	1920	1920	2250	2250	2250	2250
平均每户人口	人	2.79	2.80	2.91	2.93	2.96	2.94	3.01
平均每户就业人数	人	1.48	1.49	1.48	1.50	1.53	1.47	1.54
年人均可支配收入	元	48316	52185	56276	61172	66068	68666	74700
年人均消费性支出	元	33818	35686	38179	41615	44076	41916	48629
人均住房建筑面积	平方米	35.5	35.8	36.4	37.3	38.2	39.3	40.2

杭州市区城镇居民家庭每百户平均耐用消费品拥有量情况表

表 76

项　目	计量单位	2015年	2016年	2017年	2018年	2019年	2020年	2021年
家用汽车	辆	48.7	52.3	55.8	59.7	62.6	65.3	68.1
摩托车	辆	5.4	5.0	4.8	7.0	6.2	5.4	4.5
电冰箱	台	92.2	97.6	99.9	107.0	110.0	110.1	112.1
洗衣机	台	86.9	92.6	94.6	98.5	102.3	102.4	103.3
热水器	台	95.5	101.4	105.2	109.2	114.0	115.2	117.5
空调器	台	207.3	226.6	235.3	243.2	250.2	252.2	258.0
彩色电视机	台	174.1	183.1	187.3	187.9	193.8	191.9	191.6
照相机	架	51.5	48.4	49.9	34.9	28.9	27.6	25.4
计算机	台	110.1	112.0	115.1	100.5	89.8	90.6	94.2
接入互联网的计算机	台	99.8	100.8	104.9	92.9	86.0	87.3	87.5
固定电话	部	50.7	47.3	45.9	28.9	19.8	17.6	14.5
移动电话	部	229.9	242.1	245.4	258.3	259.0	260.3	263.1
接入互联网的移动电话	部	155.8	175.3	191.4	212.9	223.6	233.2	251.7

杭州市城镇常住居民家庭人均消费支出情况表

表 77　　　　单位：元

项　目	2020年	2021年
人均消费支出	41916	48629
食品烟酒	10717	12129
衣着	2177	2528
居住	11434	12878
生活用品及服务	2288	2949
交通通信	6883	7786
教育文化娱乐	3704	4960
医疗保健	3651	3929
其他用品及服务	1062	1470

杭州市农村常住居民家庭调查情况表

表 78

项　目	计量单位	2015年	2016年	2017年	2018年	2019年	2020年	2021年
调查户数	户	1280	1280	1280	950	950	950	950
平均每户人口	人	3.36	3.38	3.38	3.40	3.42	3.44	3.38
平均每户就业人数	人	2.02	2.04	2.03	2.05	2.01	2.03	2.03
年人均可支配收入	元	25719	27908	30397	33193	36255	38700	42692
年人均消费支出	元	19334	20563	21983	24203	26296	25664	30224
人均住房建筑面积	平方米	68.8	69.9	70.9	72.5	74.1	75.5	77.1

杭州市农村常住居民家庭人均消费支出情况表

表 79

单位:元

项 目	2020 年	2021 年
人均消费支出	25664	30224
食品烟酒	7114	8187
衣着	1272	1449
居住	8006	9348
生活用品及服务	1423	1566
交通通信	4101	4571
教育文化娱乐	1664	2458
医疗保健	1729	2224
其他用品及服务	355	421

杭州市区居民消费价格分类指数情况表
（2021 年）

表 80

（上年 =100）

项 目	数 值	项 目	数 值
居民消费价格指数	101.3	2. 住房保养维修及管理	107.4
一、食品烟酒	99.5	3. 水电燃料	100.6
1. 食品	98.1	4. 自有住房	100.1
（1）粮食	98.1	四、生活用品及服务	101.0
（2）薯类	93.8	1. 家具及室内装饰品	99.7
（3）豆类	101.1	2. 家用器具	100.9
（4）食用油	107.1	3. 家用纺织品	101.5
（5）菜及食用菌	99.0	4. 家庭日用杂品	100.8
（6）畜肉类	82.4	5. 个人护理用品	101.0
（7）禽肉类	93.5	6. 家庭服务	102.4
（8）水产品	109.2	五、交通通信	104.4
（9）蛋类	104.9	1. 交通	105.6
（10）奶类	104.9	2. 通信	100.1
（11）干鲜瓜果类	100.4	六、教育文化娱乐	103.6
（12）糖果糕点类	101.4	1. 教育	104.7
（13）调味品	102.1	2. 文化娱乐	101.9
（14）其他食品类	101.1	七、医疗保健	100.0
2. 茶及饮料	101.4	1. 药品及医疗器具	99.9
3. 烟酒	101.8	2. 医疗服务	100.0
4. 在外餐饮	101.7	八、其他用品及服务	97.7
二、衣着	101.2	1. 其他用品	99.8
1. 服装	101.3	2. 其他服务	95.7
2. 鞋类	100.8		
三、居住	101.1		
1. 租赁房房租	100.1		

说明:价格指数以上年为 100

杭州市社会保障情况表
（2021年年末）

表81 单位：人

指 标	职工基本养老保险参保人数	职工基本医疗保险参保人数	工伤保险参保人数	生育保险参保人数	失业保险参保人数
全 市	7995826	7605173	7074322	5539373	5634933
市 区	7409012	7105982	6665902	5266907	5370214
桐庐县	240826	205394	176931	120397	118165
淳安县	114661	113923	76911	54879	51696
建德市	231327	179874	154578	97190	94858

杭州市主要经济指标占浙江省的比重一览表
（2021年）

表82

指 标	计量单位	浙江省	杭州市	杭州市占全省比重（%）
地区生产总值	亿元	73515.76	18109.42	24.6
服务业增加值	亿元	40118.1	12287.31	30.6
数字经济核心产业增加值	亿元	8348	4904.72	58.8
社会消费品零售总额	亿元	29210.54	6743.52	23.1
出口总额	亿元	30119.94	4647.02	15.4
一般公共预算收入	亿元	8262.57	2386.59	28.9
实际利用外资	亿美元	183.39	81.71	44.6

杭州市主要经济指标在全国15个副省级城市中的位次一览表
（2021年）

表83

城 市	地区生产总值（亿元）	服务业增加值（亿元）	社会消费品零售总额（亿元）	一般公共预算收入（亿元）	城镇常住居民人均可支配收入（元）	农村常住居民人均可支配收入（元）
杭 州	18109	12287	6744	2387	74700	42692
沈 阳	7250	4353	3985	773	50566	21662
大 连	7826	4011	1910	738	50531	23763
长 春	7103	3619	2219	617	43281	18473
哈尔滨	5352	3484	2380	366	42745	21512
南 京	16355	10149	7899	1730	73593	32701
宁 波	14595	7242	4649	1723	73869	42946
厦 门	7034	4122	2584	881	67197	29894
济 南	11432	7059	5126	1008	57449	22580
青 岛	14136	8596	5975	1368	60239	26125
武 汉	17717	11064	6795	1579	55297	27209
广 州	28232	20203	10123	1883	74416	34533
深 圳	30665	19300	9498	4258	70847	—
成 都	19917	13220	9252	1698	52633	29126
西 安	10688	6794	4963	856	46931	17389
杭州位次	4	4	6	2	1	2

杭州市主要经济指标在长三角地区主要城市中的位次一览表

（2021 年）

表 84

城 市	地区生产总值（亿元）	服务业增加值（亿元）	社会消费品零售总额（亿元）	一般公共预算收入（亿元）	城镇常住居民人均可支配收入（元）	农村常住居民人均可支配收入（元）
杭 州	18109	12287	6744	2387	74700	42692
上 海	43215	31666	18079	7772	82429	38521
南 京	16355	10149	7899	1730	73593	32701
无 锡	14003	7162	3306	1201	70483	39623
常 州	8808	4442	2911	688	65822	35822
苏 州	22718	11656	9031	2510	76888	41487
南 通	11027	5184	3936	710	57289	29134
扬 州	6696	3172	1481	344	50947	27354
镇 江	4763	2287	1347	328	59204	31354
泰 州	6025	2789	1577	420	53818	27401
宁 波	14595	7242	4649	1723	73869	42946
嘉 兴	6355	2770	2275	675	69839	43598
湖 州	3645	1631	1556	414	67983	41303
绍 兴	6795	3340	2477	604	73101	42636
舟 山	1704	791	552	181	69103	42945
台 州	5786	2939	2606	455	68053	35419
合 肥	11413	6891	5112	844	53208	26856
杭州位次	3	2	4	3	3	4

（市统计局）

责任编辑 郦 晶

49

2022
杭州年鉴

索引

说明：

一、本类目设主题索引、照片索引和图表索引 3 个分目。

二、主题索引和照片索引中文标目按汉语拼音顺序排列，同音字按笔画数从少到多排列。第一字相同，按第二字音序排列，依次类推。数字开头的标目则按数字 0 ～ 9 顺序排列。

标目后的阿拉伯数字表示内容所在页码。数字后的英文字母 a、b、c 分别表示从左到右第一、二、三栏。标目后有多个页码的，则表示相关信息在这些页码中均出现。

本年鉴的“特载”“大事记”“附录”均未做主题索引，“卷首彩页”未做照片索引。

三、照片索引仅标注所在页码，不标注分栏。图表索引按序号排列，仅标注所在页码，不标注分栏。

主题索引

0 ～ 9

A

B

C

T

W

X

Y

照片索引

0～9

B

C

D

F

G

H

J

L

M

N

Q

图表索引

杭州年鉴（2022）

排版制版：杭州林智文化

装帧设计：柯华杰 陈 米

封面摄影：骆方正